INDENIZAÇÕES POR ACIDENTE DO TRABALHO OU DOENÇA OCUPACIONAL

abdr

SEBASTIÃO GERALDO DE **OLIVEIRA**

INDENIZAÇÕES POR ACIDENTE DO TRABALHO OU DOENÇA OCUPACIONAL

INCLUI

Nova Lista de Doenças Relacionadas ao Trabalho – Portaria GM/MS 5.674/2024

16ª Edição
Revista e atualizada

EDITORA JusPODIVM
www.editorajuspodivm.com.br

EDITORA *Jus*PODIVM
www.editorajuspodivm.com.br

Rua Canuto Saraiva, 131 – Mooca – CEP: 03113-010 – São Paulo – São Paulo
Tel: (11) 3582.5757
• Contato: https://www.editorajuspodivm.com.br/central-de-relacionamento

Diagramação: PC Editorial Ltda. *(pceditorial@gmail.com)*

Capa: Ana Caquetti

O48i Oliveira, Sebastião Geraldo de.
Indenizações por Acidente do Trabalho ou Doença Ocupacional / Sebastião Geraldo de Oliveira – 16. ed., rev., atual. e ampl. - São Paulo: JusPodivm, 2025.

1.024 p.

Inclui Bibliografia
ISBN: 978-85-442-5937-5

1. Direito do Trabalho. I. Oliveira, Sebastião Geraldo de. II. Título.

CDD 342.6

BIBLIOTECÁRIA RESPONSÁVEL

Ana Carolina Ribeiro Mois – CRB7 – RJ 007348/0

16.ª ed., *2.ª tir.:* ago./2025; *3.ª tir.:* set./2025; *4.ª tir.:* out./2025.

Dedico este livro a duas mulheres especiais:
Ana Maria, minha mãe, e Sueli, minha mulher.
Com Ana Maria, encontrei a vida;
com Sueli, a vida me encontrou.

Agradecimentos,

Nas diversas edições deste livro vários estagiários
ou ex-estagiários colaboraram.
Registro, portanto, meu agradecimento a
Marius Fernando de Carvalho,
Leonardo Nogueira de Oliveira, Cynthia Lessa da Costa,
Henrique Fonseca Alves, Luciana Sifuentes Reis,
Fernanda Marques Parreiras Gondim,
Francisco Tavares Knischewski, Ana Cecília Bitarães
e Laura Melo Mendes, que em períodos distintos,
desde 2005, colaboraram com entusiasmo na pesquisa
bibliográfica e jurisprudencial.

APRESENTAÇÃO À 16ª EDIÇÃO

O esgotamento rápido da 15ª edição animou-nos a realizar, novamente, uma cuidadosa revisão de toda a obra, procedendo aos ajustes, acréscimos e atualizações – necessários para que este livro continue sendo uma ferramenta útil, atual e confiável para todos os que atuam na área.

Nesta nova edição, registramos a consolidação da jurisprudência nos Tribunais Superiores, especialmente dos temas da reforma trabalhista de 2017, que teve reflexos importantes nas indenizações por acidente do trabalho ou doenças ocupacionais.

No capítulo 2, atualizamos o item 2.5 para tratar da nova Lista ampliada das Doenças Relacionadas ao Trabalho (LDRT), aprovada pela Portaria do Ministério da Saúde n. 5.674, de 1º de novembro de 2024. As novas listas A e B da referida Portaria estão reproduzidas nos Anexos IV e V.

No capítulo 10, atualizamos a abordagem a respeito das tabelas de avaliação de danos no Brasil, bem como registramos o recente lançamento da Tabela Brasileira de Avaliação de Danos Corporais, uma iniciativa pioneira da Associação Brasileira de Medicina Legal e Perícia Médica – ABMLPM.

No capítulo 17, analisamos a nova metodologia para cálculo da atualização monetária e dos juros de mora na liquidação das sentenças trabalhistas, introduzida pela Lei n. 14.905/2024, aplicável no processo do trabalho, com vigência a partir de 30 de agosto de 2024.

Estamos conscientes de que a grande aceitação do livro implica, em contrapartida, muito compromisso e dedicação do autor. Com efeito, para tentar corresponder às legítimas expectativas do leitor, não medimos esforços para registrar a evolução ocorrida sobre o tema nos últimos anos, sem deixar de expor nossa opinião devidamente fundamentada.

Na atualização do livro, alguns tópicos foram reescritos para mais bem retratar o pensamento atual sobre o tema, as inovações legislativas pertinentes ou mesmo a sedimentação da jurisprudência a respeito de determinadas controvérsias.

É inegável que a Justiça do Trabalho vive um momento histórico singular, rico em mudanças e com intensa renovação conceitual. Estamos, ao mesmo tempo, aprofundando os avanços rumo ao Estado Democrático de Direito, de acordo com os princípios fundamentais da Constituição de 1988, consolidando a jurisprudência a respeito das matérias decorrentes da ampliação de competência implementada pela Emenda Constitucional n. 45/2004, sem contar as frequentes mudanças legislativas, especialmente aquelas promovidas pela Reforma Trabalhista de 2017. Parece que ingressamos numa era de reformas permanentes, na qual predomina a ideia de renovação continuada.

Diante desse quadro de efervescência, é natural que haja muitas questões controvertidas, que geram substancioso debate doutrinário, antes que se firme o entendimento nos tribunais superiores. Para retratar essa realidade em movimento, indicamos as principais correntes e seus defensores para que o leitor também possa vislumbrar os prováveis caminhos da doutrina e da jurisprudência.

Na esperança de mais uma vez ter atingido o nosso propósito, submetemos esta 16ª edição ao julgamento do prezado leitor, pela conceituada Editora Juspodivm. Até a 11ª edição, este livro foi publicado pela Editora LTr.

Sebastião Geraldo de Oliveira

PREFÁCIO DA PRIMEIRA EDIÇÃO

Desde que, nos primórdios do século XX, concebeu-se a necessidade, entre nós, de acobertar o trabalhador contra os riscos de lesões por acidente do trabalho, surgiu a ideia de que o seguro obrigatório, na espécie, teria duplo objetivo: garantir ao acidentado uma reparação de natureza objetiva, que o isentasse do ônus de provar a culpa do empregador, e, em contrapartida, dispensasse este da responsabilidade pelo risco decorrente da atividade empresarial, uma vez que, custeando o seguro previdenciário, ter-se-ia a transferência total da responsabilidade ressarcitória para a seguradora.

Logo, no entanto, chegar-se-ia à conclusão de que a soma segurada quase nunca se mostrava suficiente para garantir todo o prejuízo suportado pelo acidentado e por seus dependentes. Não seria justo, então, nos casos de culpa do empregador, que o obreiro suportasse sozinho o peso de seu infortúnio. Em nome principalmente da repressão ao dolo, passou-se a entender, na jurisprudência, que o patrão teria de responder civilmente pela complementação do ressarcimento, de modo que, além da verba do seguro obrigatório da infortunística, seria proporcionado ao lesado um suplemento por parte daquele que fora o direto causador da lesão.

No início, a tese se lastreava na gravidade da conduta dolosa do empregador que conscientemente conduzia o empregado a sofrer o dano. Mais tarde, ao dolo se equipararia a culpa grave, por orientação traçada pelo Supremo Tribunal Federal.

O passo seguinte consistiu em eliminar o caráter complementar da indenização a cargo do empregador, quando sujeito à responsabilidade civil concorrente com a reparação previdenciária, a pretexto de que cada uma das indenizações teria causa própria e independente. Se, pois, o patrão, por dolo ou culpa grave, fora o causador da lesão imposta a seu empregado, teria de indenizar por inteiro toda a extensão do mal injusto infligido à vítima. Pouco importava que esta tivesse sido beneficiada também pela reparação previdenciária.

A Constituição de 1988 deu mais um grande passo na tutela dos acidentados no trabalho, dispondo que a reparação previdenciária não excluiria a responsabilidade civil comum na hipótese de culpa do patrão. Eliminando-se a exigência de culpa grave, a concorrência das duas indenizações tornou-se completa. Qualquer que fosse o grau da culpa do empregador na causação do acidente do trabalho, estaria sujeito ao dever de proporcionar indenização comum completa.

A jurisprudência do Superior Tribunal de Justiça fixou-se no sentido de que duas modalidades de responsabilidade concorriam na espécie: uma objetiva, disciplinada pela legislação acidentária, e outra subjetiva, instituída pela regra constitucional e cujo montante haveria de ser apurado segundo as regras comuns de reparação do ato ilícito.

Levando em conta os novos rumos que o Código Civil de 2002 traça para a responsabilidade civil, ao admiti-la em certas situações, como fundada apenas na teoria do risco, o estudo ora divulgado pelo juiz e professor Sebastião Geraldo de Oliveira avança e defende a possibilidade de estender a novidade normativa também à responsabilidade de direito comum do empregador, quando relacionada com dano oriundo do trabalho.

Reconhece o autor a complexidade da controvérsia que envolve a polêmica suscitada pela tormentosa questão; e ressalva que, "de qualquer forma, essas inovações somente estarão consolidadas e seus contornos melhor estabelecidos quando a jurisprudência firmar entendimento sobre o tema".

Por enquanto, o estudo trabalha com perspectivas extraídas daquilo que o autor chama de "um nítido deslocamento do pensamento jurídico em direção à responsabilidade objetiva, especialmente nas questões que envolvem maior alcance social".

O autor se mostra, notoriamente, imbuído da consciência do papel criador que cabe a todo cientista, inclusive o dedicado à ciência do direito. Nesse mister, contestar, inovar e ousar são atitudes naturais e indispensáveis, pois, como adverte Carlos Ari Sundfeld, "ao cientista cabe a angústia de criar" (Direito administrativo ordenador. São Paulo: Malheiros, 1993). Tem-se no presente estudo o exemplo elogiável do jurista que não padece do hábito comum no meio doutrinário apontado por Edmond Picard, configurador de uma "relativa preguiça mental e que o leva a evitar a quebra da segurança representada pela estabilidade de seus preconceitos e da paz estabelecida por suas efêmeras certezas". Como bom jurista, o autor não se contenta com a mansidão das ideias e dos conceitos assentes nem se conforma com a simples exegese das normas positivas da lei. Vai fundo na manifestação dos dados sociológicos, econômicos, morais e humanos em sentido muito amplo. Produz, nesse clima, obra de muita reflexão e estímulo à revisão de dogmas que entrevê como abalados pela nova ordem social implantada no atual Estado Democrático de Direito.

Nessa visão criativa, o autor age como um pensador, que não se contenta em contemplar o que existe à sua volta e que se atreve a imaginar o que ainda virá a existir, levando em conta a experiência já vivida e os rumos que ela permite divisar para o futuro.

Não é, porém, um sonhador, nem um visionário. Tem consciência da gravidade da revolução por que passa a responsabilidade civil no processo lento e espinhoso do plano subjetivo para o objetivo, ou seja, da teoria da culpa para a teoria do risco.

É certo que se faz mais justiça à vítima quando se lhe assegura a indenização em qualquer situação danosa, com ou sem culpa do agente ocasionador de seu prejuízo. É necessário, contudo, imaginar, também, a possibilidade de se fazer injustiça àquele de quem se exige uma indiscriminada e imprevisível responsabilidade indenizatória individual, quando o risco que se põe sobre suas costas decorre de uma verdadeira sujeição social. Numa sociedade de massas estruturada sobre a vida mecanizada, em todos os detalhes, o risco que cada um tem de enfrentar, para amoldar-se ao padrão que a sociedade determina, não pode ser visto como fruto da conveniência e alvedrio de cada indivíduo apenas. O grande problema é social e não individual. A sociedade moderna que o criou é quem, na verdade, tem de suportá-lo. É justo que o indivíduo aprisionado nas garras de um convívio perigoso, sem meios de evitá-lo, reclame responsabilidade para quem lhe impõe danos. Mas, sendo de dimensões sociais esse clima de risco inafastável, sua solução também tem de ser social.

Como registra o autor, valendo-se da lição de Silvio Venosa, em sua obra, o fundamento da teoria da responsabilidade objetiva, que impõe o dever de indenizar apenas em função do nexo causal, sem cogitar da culpa do causador do dano, "atende melhor à justiça social, mas não pode ser aplicado indiscriminadamente para que não se caia no outro extremo de injustiça."[1] Há de se ter em mente que nem sempre o agente dispõe de meios ou recursos para suportar toda a carga da responsabilidade objetiva generalizada sem sacrificar sua própria subsistência e a de sua família.

Daí porque a doutrina europeia e a nacional mais atualizada preconizam o encaminhamento da responsabilidade civil para as "técnicas de socialização do dano para o fim de ser garantida pelo menos uma indenização básica para qualquer tipo de acidente pessoal". É o que — anota Sérgio Cavalieri Filho — a doutrina denomina de "reparação coletiva, indenização autônoma ou social."[2]

"O dano, nessa nova perspectiva, deixa de ser apenas contra a vítima para ser contra a própria coletividade, passando a ser um problema de toda a sociedade."[3]

Os princípios da solidariedade social e da justiça distributiva não podem ser enfrentados apenas com o achar alguém para indenizar o dano em qualquer situação em que ele ocorra, seguindo-se rigidamente a teoria da responsabilidade civil objetiva. Os novos contornos desta visão coletiva da responsabilidade apontam para uma linha de tendência que não se resume apenas à "intensificação dos critérios objetivos de reparação", mas que recomendam, também, o "desenvolvimento de novos mecanismos de seguro social."[4]

O estudo do doutor Sebastião Geraldo de Oliveira não descura desse preocupante aspecto da progressiva implantação da teoria do risco, em cujo nome se instituiu há um século a teoria do acidente do trabalho e se implantou o respectivo seguro obrigatório, à custa dos empregadores.

---

1. VENOSA, Silvio. *Direito civil. Parte geral.* 2. ed. São Paulo: Atlas, 2002. p. 570.
2. CAVALIERI FILHO, Sérgio. *Programa de responsabilidade civil.* 4. ed. São Paulo: Malheiros, 2003. p. 156.
3. MENEZES DIREITO, Carlos Alberto; CAVALIERI FILHO, Sérgio. *Comentários ao novo Código Civil.* Rio de Janeiro: Forense, 2004. v. XIII, p. 40.
4. TEPEDINO, Gustavo. *Temas de direito civil.* 2. ed. Rio de Janeiro: Renovar, 2001. p. 175-176.

Ao sugerir que se cumule ao seguro da infortunística a nova responsabilidade civil de Direito Comum na modalidade objetiva, o autor reconhece a possibilidade de se argumentar, com razão, "que a indenização representará um custo elevado para o empregador, sendo que, em alguns casos, poderá até inviabilizar o prosseguimento de sua atividade". Sua tese, todavia, não se restringe tão apenas à implantação da responsabilidade patrimonial sem culpa. "É provável" — a seu modo de ver — "que a técnica da socialização dos riscos, por intermédio do mecanismo inteligente do seguro da responsabilidade civil, venha a ser o ponto de equilíbrio para acomodar todos os interesses, sem ônus excessivos para ninguém".

O que, enfim, se extrai do estudo é a preocupação do autor com a insuficiência do atual seguro de previdência social para cobrir todo o prejuízo ocasionado pelo acidente do trabalho, havendo, pois, necessidade de se buscarem novos remédios jurídicos para acobertar o acidentado e sua família, de maneira mais efetiva. Talvez não haja necessidade de se cogitar de duas responsabilidades civis objetivas na espécie, uma coberta pelo seguro acidentário e outra pelo seguro de responsabilidade civil. Tudo (quem sabe?) poderia ser enfrentado e solucionado por meio de uma reestruturação e ampliação do seguro de acidente do trabalho.

Além do tema principal já referido, outras questões de alta relevância são inteligentemente tratadas pelo doutor Sebastião Geraldo de Oliveira, merecendo destaque, por sua grande atualidade, as referentes à competência para as causas de responsabilidade civil comum derivadas de acidente do trabalho, ao tema da prescrição dessas mesmas ações e ao problema dos acidentes ocorridos com empregados de empresas terceirizadas.

Merece, ainda, destaque o enfoque específico da obra sobre a teoria do acidente do trabalho em sentido estrito. Antes de ingressar no exame da responsabilidade civil de Direito Comum, o estudo dedica três capítulos, de real substância, ao histórico das leis acidentárias no Brasil, ao conceito de acidente do trabalho e à sua caracterização.

Após abordar a possível concorrência entre a responsabilidade acidentária e a responsabilidade civil comum, outros capítulos importantes cuidam da caracterização das diversas modalidades de danos indenizáveis (dano material, moral e estético), do nexo causal e das respectivas excludentes (culpa da vítima, caso fortuito ou de força maior e fato de terceiro). A culpa do empregador merece, por sua vez, cuidadosa análise. Por fim, dois capítulos são dedicados às particularidades das indenizações nos casos de acidente com óbito e sem óbito.

Pela riqueza e pertinência dos dados úteis aos procedimentos administrativos e judiciais referentes aos acidentes do trabalho, que a obra coligiu e analisou, seu valor se evidencia tanto no plano doutrinário como no plano prático da vida forense, em que, sem dúvida, haverá de ser muito bem acolhida.

Humberto Theodoro Júnior

Maio de 2005

SUMÁRIO

ABREVIATURAS E SIGLAS USADAS

ABNT	–	Associação Brasileira de Normas Técnicas
Ac.	–	Acórdão
ADPF	–	Arguição de Descumprimento de Preceito Fundamental
AGREsp.	–	Agravo no Recurso Especial
AgRg no Ag.	–	Agravo Regimental no Agravo de Instrumento
AI	–	Agravo de Instrumento
AIRR	–	Agravo de Instrumento em Recurso de Revista
ANAMATRA	–	Associação Nacional dos Magistrados da Justiça do Trabalho
APS	–	Agência da Previdência Social
Câm.	–	Câmara
CAT	–	Comunicação de Acidente do Trabalho
CC	–	Conflito de Competência
Cf.	–	Confira
CFM	–	Conselho Federal de Medicina
CID	–	Classificação Internacional de Doenças
CIPA	–	Comissão Interna de Prevenção de Acidentes
CLT	–	Consolidação das Leis do Trabalho
CNAE	–	Classificação Nacional de Atividades Econômicas
CPC	–	Código de Processo Civil
CRPS	–	Conselho de Recursos da Previdência Social
Des.	–	Desembargador
DJ	–	Diário da Justiça
DJe	–	Diário da Justiça eletrônico
DOU	–	Diário Oficial da União
DPVAT	–	Seguro Obrigatório de Danos Pessoais Causados por Veículos Automotores de Vias Terrestres
EPI	–	Equipamento de Proteção Individual
ERR	–	Embargos em Recurso de Revista
FAP	–	Fator Acidentário de Prevenção
FGTS	–	Fundo de Garantia do Tempo de Serviço
HC	–	Habeas corpus

IBGE	–	Instituto Brasileiro de Geografia e Estatística
INPS	–	Instituto Nacional de Previdência Social
INSS	–	Instituto Nacional do Seguro Social
IPCA	–	Índice Nacional de Preços ao Consumidor Amplo
IPCA-E	–	Índice Nacional de Preços ao Consumidor Amplo Especial
JRPS	–	Junta de Recursos da Previdência Social
LER/DORT	–	Lesões por Esforços Repetitivos/Distúrbios Osteomusculares Relacionados ao Trabalho
LDRT	–	Lista de Doenças Relacionadas ao Trabalho
n.	–	número
NR	–	Norma Regulamentar
NTEP	–	Nexo Técnico Epidemiológico
OIT	–	Organização Internacional do Trabalho
PAIR	–	Perda Auditiva Induzida por Ruído
PPP	–	Perfil Profissiográfico Previdenciário
RE	–	Recurso Extraordinário para o Supremo Tribunal Federal
Rel.	–	Relator
REsp	–	Recurso Especial para o STJ
RO	–	Recurso Ordinário
RR	–	Recurso de Revista para o TST
SAT	–	Seguro de Acidente do Trabalho
SBDI-I	–	Subseção I Especializada em Dissídios Individuais
SBDI-II	–	Subseção II Especializada em Dissídios Individuais
SELIC	–	Sistema Especial de Liquidação e de Custódia
SEPT	–	Secretaria Especial de Previdência e Trabalho
SPVAT	–	Seguro Obrigatório para Proteção de Vítimas de Acidentes de Trânsito
STACivSP	–	Segundo Tribunal de Alçada Cível de São Paulo
STF	–	Supremo Tribunal Federal
SUS	–	Sistema Único de Saúde
SUSEP	–	Superintendência de Seguros Privados
TAMG	–	Tribunal de Alçada de Minas Gerais
TJMS	–	Tribunal de Justiça do Mato Grosso do Sul
TJRJ	–	Tribunal de Justiça do Rio de Janeiro
TJRO	–	Tribunal de Justiça de Rondônia
TJRS	–	Tribunal de Justiça do Rio Grande do Sul
TJSP	–	Tribunal de Justiça de São Paulo
TRT	–	Tribunal Regional do Trabalho
TST	–	Tribunal Superior do Trabalho

INTRODUÇÃO

Diariamente, no Brasil, cerca de 220 pessoas entram em gozo de auxílio por incapacidade acidentário, com afastamento do trabalho por período superior a 15 dias. Além disso, aproximadamente 40 empregados a cada dia deixam definitivamente o mundo do trabalho, por morte ou por incapacidade laborativa permanente, e a maioria deles em razão de acidentes causados por culpa do empregador.

Desde 1990, quando iniciamos os estudos a respeito da proteção jurídica à saúde do trabalhador, as indenizações decorrentes dos acidentes do trabalho e das doenças ocupacionais vêm chamando a nossa atenção. Ao longo desse período, durante aulas, julgamentos, palestras e debates, costumeiramente surgiam indagações instigantes relacionadas ao tema, deixando evidente a carência de estudos jurídicos mais elaborados, para dar efetividade à inovação introduzida pelo art. 7º, XXVIII, da Constituição da República de 1988[5].

O entendimento que prevaleceu por muito tempo, no século passado, era que ao acidentado ou aos seus dependentes só restava o direito de auferir os limitados benefícios garantidos pelas leis da infortunística. No entanto, as prestações decorrentes do seguro de acidente do trabalho são de caráter marcadamente alimentar, pois asseguram tão somente a sobrevivência da vítima ou da sua família. Não têm como objetivo a reparação do dano causado, de acordo com o princípio secular da restitutio *in integrum*, adotado reiteradamente no campo da responsabilidade civil.

Nas últimas décadas até o advento da Emenda Constitucional n. 103/2019, porém, ocorreu uma importante mudança no Brasil: a Previdência Social praticamente absorveu a infortunística, passando a conceder benefícios com valores idênticos, sem distinguir se o acidente ou a doença teve ou não nexo causal com o trabalho desempenhado pelo segurado. À medida que os direitos acidentários perdiam a identidade, confundindo-se com os benefícios previdenciários, foi crescendo a percepção sobre a necessidade de reparar os danos causados pelos acidentes do trabalho e situações equiparáveis. Na realidade, o chamado seguro

5. "Art. 7º São direitos dos trabalhadores urbanos e rurais, além de outros que visem à melhoria de sua condição social: ... XXVIII — seguro contra acidentes de trabalho, a cargo do empregador, sem excluir a indenização a que este está obrigado, quando incorrer em dolo ou culpa."

de acidente do trabalho não garantia indenização ao acidentado: concedia apenas aqueles direitos já reconhecidos pela Previdência Social.

É necessário anotar aqui que a Reforma da Previdência, promovida pela Emenda Constitucional n. 103/2019, praticamente restabeleceu a regra antiga, que vigorava até o advento da Lei n. 9.032/1995, de conceder proventos diferenciados para as hipóteses decorrentes de benefícios acidentários. Na realidade foi implementada uma significativa redução do valor da aposentadoria por incapacidade ou da pensão por morte do segurado, concedidos a partir de 14.11.2019, exceto se for decorrente de acidente do trabalho, doença profissional ou doença do trabalho (arts 23 e 26, § 3º, II, da Emenda Constitucional n. 103/2019).

Após a Constituição de 1988, restou pacificada a controvérsia jurisprudencial sobre o cabimento da responsabilidade civil do empregador pelo acidente do trabalho, quando este incorrer em dolo ou culpa de qualquer grau. Com efeito, cada vez mais a Justiça do Trabalho vem sendo acionada por acidentados postulando indenizações por danos materiais, morais, existenciais ou estéticos em face do empregador. Por se tratar de um direito relativamente recente, todos nós que militamos na área sentimos falta de uma abordagem doutrinária da responsabilidade civil voltada especialmente para o tema das indenizações decorrentes dos acidentes do trabalho e das doenças ocupacionais.

Questões tormentosas como o enquadramento legal do acidente do trabalho, as doenças ocupacionais e as concausas, os graus da concausa, a cumulação da indenização com os benefícios acidentários, a análise da presença dos pressupostos da responsabilidade civil, a mensuração dos danos, o valor e os beneficiários da pensão, a legitimidade para pleitear o dano extrapatrimonial, o cabimento ou não da responsabilidade civil objetiva, as hipóteses de exclusão do nexo causal, a prescrição aplicável, dentre várias outras, continuam gerando muitas interrogações. Além disso, o Código Civil de 2002 trouxe inovações substanciais no campo da responsabilidade civil, cujos contornos só agora estão se consolidando na doutrina e na jurisprudência, com intensas repercussões nas indenizações por acidente do trabalho.

Em 2017, a reforma trabalhista introduziu um novo Capítulo na CLT para disciplinar o dano de natureza extrapatrimonial, com aplicação direta no tema deste livro. A inovação pretende criar uma responsabilidade civil peculiar no âmbito das relações trabalhistas, mas os apontamentos doutrinários suscitam grandes controvérsias e até mesmo pontos de inconstitucionalidades.

Diante de tantas demandas e tantos questionamentos, animou-nos o propósito de esboçar uma sistematização da matéria da responsabilidade civil decorrente dos acidentes do trabalho, abordando o posicionamento legal, doutrinário e jurisprudencial. Procuramos, na medida do possível, abordar não só as correntes doutrinárias que alimentam as diversas controvérsias jurídicas sobre o tema, mas também indicar a teoria mais acolhida nos tribunais para que o livro venha a ser uma ferramenta útil e confiável para todos os que atuam nessa área.

Por ocasião da primeira edição deste livro, no ano de 2005, anotamos: "Não sabemos se o nosso objetivo foi atingido, mormente em razão da complexidade e extensão da matéria. Mas estamos envolvidos por um sentimento de paz e gratidão pela oportunidade de poder oferecer uma contribuição para o aprofundamento neste tema pouco estudado, mas muito presente nos tribunais do País. Certamente, o tempo e a crítica construtiva do leitor contribuirão para os aperfeiçoamentos que se fizerem necessários."

Agora que o livro atinge a 16ª edição, com sucessivas tiragens, já podemos concluir que o nosso propósito vem obtendo êxito e tem contribuído para efetivar a justa reparação dos danos das inúmeras vítimas de acidente do trabalho ou dos seus dependentes que batem às portas da Justiça do Trabalho.

Por fim, subscrevemos integralmente a manifestação do grande mestre Caio Mário, registrada na apresentação do seu livro a respeito da responsabilidade civil, tantas vezes citado neste livro: "Não aspiro às galas de inovador, pois que em Direito as construções vão-se alteando umas sobre as outras, sempre com amparo no que foi dito, explicado, legislado e decidido. Ninguém se abalança a efetuar um estudo qualquer, sem humildemente reportar-se ao que foi exposto pelos doutos e melhor dotados."[6]

6. PEREIRA, Caio Mário da Silva. *Responsabilidade civil*. 9. ed., 8ª t. Rio de Janeiro: Forense, 2002. p. X.

1

ACIDENTES DO TRABALHO NO BRASIL

1.1. IMPORTÂNCIA DO PROBLEMA

Neste livro o nosso enfoque estará direcionado especialmente para as indenizações dos danos decorrentes dos acidentes do trabalho e todas as situações juridicamente equiparadas. Contudo, vale uma breve notícia e reflexão a respeito da importância da questão acidentária no Brasil.

Quando nos debruçamos sobre o tema do acidente do trabalho, deparamo-nos com um cenário dos mais aflitivos. As ocorrências nesse campo geram consequências traumáticas que acarretam, muitas vezes, a incapacidade permanente ou até mesmo a morte, com repercussões danosas para o trabalhador, sua família, a empresa e a sociedade. O acidente mais grave interrompe abruptamente a trajetória profissional, transforma sonhos em pesadelos e lança uma nuvem de sofrimentos sobre vítimas indefesas, cujos lamentos ecoarão distantes dos ouvidos daqueles empresários displicentes que atuam com a vida e a saúde dos trabalhadores como simples ferramentas produtivas utilizadas na sua atividade.

A dimensão do problema e a necessidade premente de soluções exigem mudanças de atitude. É praticamente impossível "anestesiar" a consciência, comemorar os avanços tecnológicos e, com indiferença, desviar o olhar dessa ferida social aberta, ainda mais com tantos dispositivos constitucionais e princípios jurídicos entronizando a dignificação do trabalho. A questão fica ainda mais incômoda quando já se sabe que a implementação de medidas preventivas — algumas bastante simples e de baixo custo - alcança reduções estatísticas significativas, ou seja, economiza vidas humanas[1].

1. No nosso livro *Proteção jurídica à saúde do trabalhador* focalizamos detalhadamente as medidas jurídicas que podem ser adotadas para dar efetividade às normas legais a respeito da segurança, higiene e saúde do trabalhador.

Desde que o Brasil obteve o lamentável título de campeão mundial de acidentes do trabalho na década de 70 do século passado[2], diversas alterações legislativas e punições mais severas foram adotadas e muitos esforços estão ocorrendo para melhorar a segurança e a qualidade de vida nos locais de trabalho. Apesar do progresso obtido, é imperioso registrar que estamos longe da situação considerada aceitável, especialmente quando comparamos os dados brasileiros com as estatísticas internacionais. Enquanto nos países industrializados os acidentes fatais se estabilizaram ou até diminuíram, nos países em desenvolvimento ou emergentes os índices continuam altos, o que leva à conclusão de que o progresso está sendo alcançado ao preço constrangedor de muitas vidas.

Por outro enfoque, os custos dos acidentes do trabalho no Brasil são muito elevados para os empregadores e indiretamente para toda a sociedade. Estimativas do Conselho Nacional de Previdência Social indicam que a ausência de segurança nos ambientes de trabalho no Brasil gerou, em 2003, um custo de aproximadamente 32,8 bilhões de reais para o país[3]. O professor José Pastore, em 2012, assegurava que esse custo para as empresas atingia 41 bilhões de reais por ano. Chega-se a esse número computando-se os prêmios de seguro, o tempo perdido, as despesas dos primeiros socorros, a destruição de equipamentos e materiais, a interrupção da produção, os salários pagos aos empregados afastados, as despesas administrativas etc. Além desses custos mais visíveis, há também o prejuízo para a imagem da empresa no mercado em que atua, as ações postulando reparação de danos pelos acidentes e pelas doenças profissionais, os gastos dos familiares dos acidentados, dentre outros. Somando-se os gastos diretos e indiretos, mais os dispêndios que o Estado suporta para o atendimento médico dos trabalhadores, conclui o professor Pastore que os custos dos acidentes do trabalho no Brasil em 2012 ultrapassavam 71 bilhões de reais por ano, somente considerando os trabalhadores formais[4].

A gravidade do problema acidentário levou diversos países, organizações e, finalmente, a Organização Internacional do Trabalho (OIT), desde 2001, a instituir o dia 28 de abril de cada ano como "Dia Mundial pela Saúde e Segurança do Trabalho"[5]. Esta data foi adotada primeiramente em 1969,

---

2. Durante o ano de 1975, segundo os dados oficiais, dos 12.996.796 trabalhadores com registro formal no Brasil, 1.916.187 sofreram acidente do trabalho, acarretando 4.001 mortes.
3. Cf. Resolução do Conselho Nacional de Previdência Social n. 1.269, de 15 de fevereiro de 2006, publicada no Diário Oficial da União do dia 21 de fevereiro de 2006.
4. Cf. *Revista Proteção*, Novo Hamburgo, v. XXV, n. 242, p. 20, fev. 2012.
5. "Cerca de 2 millones de personas mueren cada año a causa de su trabajo. Esta es una cifra global elaborada a partir de los cálculos más recientes de la OIT. (...) La muerte no es cosa del destino. Los accidentes no ocurren porque sí. La enfermedad no es producto del azar. Todos

para lembrar a explosão da mina de Farmington, na Virgínia Ocidental, nos Estados Unidos, onde morreram 78 trabalhadores[6]. O Brasil, desde 2003, também incluiu no seu calendário de eventos esse dia do ano para prestar homenagens às vítimas dos acidentes do trabalho, sendo que a Lei n. 11.121, de 25 de maio de 2005, instituiu o "Dia Nacional em Memória das Vítimas de Acidentes e Doenças do Trabalho", a ser celebrado no dia 28 de abril de cada ano. Também foi instituído o "Dia Nacional de Luta dos Acidentados por Fontes Radioativas", pela Lei n. 12.646, de 16 de maio de 2012, a ser comemorado, anualmente, no dia 13 de setembro.

É preciso enfatizar que todos perdem com o acidente do trabalho: o empregado acidentado e sua família, a empresa, o governo e, em última instância, toda a sociedade. Se todos amargam prejuízos visíveis e mensuráveis, é inevitável concluir que investir em prevenção proporciona diversos benefícios: primeiro, retorno financeiro para o empregador; em segundo lugar, reconhecimento dos trabalhadores pelo padrão ético da empresa; em terceiro, melhoria das contas da Previdência Social e, finalmente, ganho emocional dos empregados que se sentem valorizados e respeitados.

Todos esses fatores conjugados geram um efeito sinérgico positivo resultando mais produtividade, menos absenteísmo e, consequentemente, mais lucratividade. Como se vê, a gestão adequada dos riscos para preservação da saúde e integridade dos trabalhadores não se resume simplesmente ao cumprimento de normas para atender à legislação e evitar as multas trabalhistas. Vai muito além disso. Representa uma moderna visão estratégica da atividade econômica e requisito imprescindível para a sobrevivência empresarial no longo prazo.

---

ellos tienen una causa. La mayoría de las muertes relacionadas con el trabajo, los accidentes de trabajo y las enfermedades profesionales que tienen lugar en el mundo puede prevenirse. Este mensaje debe ser difundido y el 28 de abril, Día Mundial de la Seguridad y la Salud en el Trabajo, nos ofrece una buena oportunidad para ello. Cada país, cada ciudad, cada pueblo conmemora sus muertos en la guerra. Entonces, ¿por qué no establecer un día para rendir homenaje a aquellos hombres, mujeres y niños que murieron víctimas de su trabajo? Y, ¿por qué no utilizarlo para poner de relieve la urgente necesidad de que existan mejores condiciones de seguridad y salud en el lugar de trabajo? A partir de esta idea simple, en 1989, trabajadores estadounidenses y canadienses fijaron el 28 de abril como día recordatorio para sus colegas fallecidos o lesionados. El acontecimiento se propagó rápidamente. Actualmente, este día se recuerda en cerca de cien países. Esta globalización del día recordatorio ha sido vigorosamente promovida por el movimiento laboral y en particular por la Confederación Internacional de Organizaciones Sindicales Libres (CIOSL). La OIT, que durante mucho tiempo ha apoyado estos días recordatorios, se ha sumado a él de manera oficial y desea añadir un aspecto característico de la OIT, el tripartismo. En otras palabras, la cooperación entre gobiernos, empleadores y trabajadores, quienes dialogan en un plano de igualdad." Cf. La seguridad en cifras. Genebra: Oficina Internacional del Trabajo, 2003. p. 1.

6. Cf. *Revista Proteção*, Novo Hamburgo, v. XVI, n. 138, p. 18, jun. 2003.

1.2. OS NÚMEROS DOS ACIDENTES

De acordo com levantamento da OIT divulgado em 1985, a cada três minutos um trabalhador perdia a vida no mundo em consequência de acidente do trabalho ou de doença profissional, e a cada segundo, pelo menos, quatro trabalhadores sofriam algum tipo de lesão[7].

Em pouco mais de três décadas, a situação piorou sensivelmente. Estatísticas recentes da OIT atestam que ocorrem por volta de 395 milhões de acidentes por ano no mundo, o que representa uma média aproximada de 45.000 por hora ou 750 por minuto. Desse elevado número de ocorrências, resultam a cada ano por volta de 2,93 milhões de acidentes do trabalho com óbito ou mais de 8.000 mortes por dia, especialmente em razão das doenças ocupacionais[8].

Além das perdas humanas e de todos os efeitos colaterais dolorosos, há um custo econômico extraordinário que ultrapassa anualmente um trilhão de dólares americanos, por volta de 4% do produto interno bruto global, o que demonstra a necessidade urgente de adoção de políticas efetivas voltadas para o enfrentamento do problema. Como enfatizou a doutora Sameera Maziadi Al-Tuwaijri, diretora do Programa de Segurança e Saúde no Trabalho da OIT, "a experiência demonstra que a maior parte destes acidentes é previsível", enfatizando, ademais, que "os acidentes não são parte do trabalho."[9]

Essas estatísticas lamentáveis reforçam o paradoxo da situação: o local de trabalho, que deveria servir para o ser humano ganhar a vida, está se transformando, em muitas ocasiões, em lugar sinistro para encontrar a morte!

No Brasil, a questão também vem sendo intensamente debatida, especialmente a partir de 1975, quando os índices de acidentes do trabalho atingiram números alarmantes, bem superiores à média mundial. Durante os 20 anos seguintes (1975-1994) ocorreram quedas praticamente sucessivas, baixando o volume de acidentes do trabalho da casa dos 2 milhões anuais para algo próximo de 400 mil.

De 1995 a 2001, a estatística permaneceu praticamente no mesmo patamar, já demonstrando que a política nacional de segurança e saúde no local de trabalho havia chegado ao seu limite de resposta, pois não conseguia mais reduzir os acidentes do trabalho e precisava ser aprimorada. É certo que ocorreram algumas melhorias pontuais, especialmente nos acidentes fatais e

---

7. *El trabajo en el mundo*. Genebra: Oficina Internacional del Trabajo, 1985. v. 2, p. 145.
8. Dados disponíveis em: <https://www.ilo.org/topics-and-sectors/safety-and-health-work> Acesso em: 24 dez.2024.
9. Disponível em: <http://www.oit.org.br/news/nov/ler_nov.php?id=3123>. Acesso em: 21 dez. 2010.

nas doenças ocupacionais, resultantes de medidas específicas, mas longe de merecerem comemoração.

No período de 2010 a 2013, a quantidade de acidentes, apesar de ainda elevada, sinalizou tendência de queda, mormente pela atuação conjunta dos diversos órgãos envolvidos e da sociedade em geral em defesa do trabalho seguro e saudável. Em termos relativos, a queda foi bem acentuada, visto que houve expressivo crescimento do número de trabalhadores formais.

Nos sete anos de estatísticas oficialmente publicadas (2013 a 2019), ocorreu uma redução considerável na quantidade de acidentes do trabalho (próxima de 20%). Podem ser apontadas três razões principais para essa queda: em primeiro lugar, pela firme postura de diversos órgãos e instituições para combater os descumprimentos das normas de segurança e saúde nos locais de trabalho; em segundo, pelo aumento do desemprego, visto que o número de trabalhadores formais, nos seis últimos anos, reduziu em mais dois milhões de empregados registrados; em terceiro, pela crescente busca de indenizações pelas vítimas dos acidentes do trabalho e doenças ocupacionais, causando maior preocupação de investimento pelos empregadores nas medidas preventivas.

O período referente aos anos de 2020 e 2021 sofreu o reflexo direto da pandemia da Covid-19, resultando em desvios estatísticos nos dados oficiais, tanto que, em 2021, ocorreu um crescimento do número de mortes, ao mesmo tempo em que diminuiu o volume de incapacidade temporária e permanente. Porém, a partir de 2022, todos os dados estatísticos de acidentes e mortes voltaram a crescer. O número total de acidentes subiu de 580.833, em 2021, para 732.751, em 2023.

Em 1975 ocorriam no Brasil 31 mortes por acidente do trabalho para cada grupo de 100 mil trabalhadores, mas nos últimos cinco anos esse número gira em torno de 5 mortes para cada 100 mil trabalhadores. Apesar desse progresso real, estamos muito longe dos níveis estatísticos de países desenvolvidos, bastando citar que na Grã-Bretanha ocorre anualmente o reduzido número de 0,38 morte para cada 100 mil trabalhadores, incluindo os trabalhadores autônomos[10].

Por outro lado, é preocupante o crescimento dos acidentes de trajeto que, no ano 2000, registrou 39.300 ocorrências e no ano de 2014 atingiu o número elevado de 116.230 sinistros. Em 2023, esse número subiu mais ainda para atingir 153.011 acidentes de trajeto registrados.[11]

---

10. Cf. *Revista Proteção*, Novo Hamburgo, v. XXXV, n. 369, p. 16, set. 2022.
11. A Lei nº 15.006, de 17 de outubro de 2024, introduziu o art. 326-B no Código de Trânsito Brasileiro para instituir a Semana Nacional de Prevenção a Acidentes com Motociclistas, a ser realizada, anualmente, na semana que compreender o dia 27 do mês de julho, o qual é instituído como o Dia Nacional do Motociclista.

Vale conferir os dados oficiais da Previdência Social sobre os acidentes do trabalho no Brasil do período de 1975 a 2023:

ANOS	Trabalhadores formais	Com CAT registrada			Sem CAT registrada	Total dos acidentes	Mortes
		Acidentes típicos	Acidentes de trajeto	Doenças ocupacionais			
1975	12.996.796	1.869.689	44.307	2.191		1.916.187	4.001
1976	14.945.489	1.692.833	48.394	2.598		1.743.825	3.900
1977	16.589.605	1.562.957	48.780	3.013		1.614.750	4.445
1978	16.638.799	1.497.974	48.511	5.016		1.551.501	4.342
1979	17.637.127	1.388.525	52.279	3.823		1.444.627	4.673
1980	18.686.355	1.404.531	55.967	3.713		1.464.211	4.824
1981	19.188.536	1.215.539	51.722	3.204		1.270.465	4.808
1982	19.476.362	1.117.832	57.874	2.766		1.178.472	4.496
1983	19.671.128	943.110	56.989	3.016		1.003.115	4.214
1984	19.673.915	901.288	57.054	3.233		961.575	4.508
1985	21.151.994	1.010.340	63.515	4.006		1.077.861	4.384
1986	22.163.827	1.129.152	72.693	6.014		1.207.859	4.578
1987	22.617.787	1.065.912	64.830	6.382		1.137.124	5.738
1988	23.661.579	926.354	60.202	5.025		991.581	4.616
1989	24.486.553	825.081	58.524	4.838		888.343	4.554
1990	23.198.656	632.012	56.343	5.217		693.572	5.355
1991	23.004.264	579.362	46.679	6.281		632.322	4.527
1992	22.272.843	490.916	33.299	8.299		532.514	3.516
1993	23.165.027	374.167	22.709	15.417		412.293	3.110
1994	23.667.241	350.210	22.824	15.270		388.304	3.129
1995	23.755.736	374.700	28.791	20.646		424.137	3.967
1996	23.830.312	325.870	34.696	34.889		395.455	4.488
1997	24.104.428	347.482	37.213	36.648		421.343	3.469
1998	24.491.635	347.738	36.114	30.489		414.341	3.793
1999	24.993.265	326.404	37.513	23.903		387.820	3.896
2000	26.228.629	304.963	39.300	19.605		363.868	3.094
2001	27.189.614	282.965	38.799	18.487		340.251	2.753
2002	28.683.913	323.879	46.881	22.311		393.071	2.968
2003	29.544.927	325.577	49.642	23.858		399.077	2.674
2004	31.407.576	375.171	60.335	30.194		465.700	2.839
2005	33.238.617	398.613	67.971	33.096		499.680	2.766
2006	35.155.249	407.426	74.636	30.170		512.232	2.798
2007	37.607.430	417.036	79.005	22.374	141.108	659.523	2.845
2008	39.441.566	441.925	88.742	20.356	204.957	755.980	2.817

ANOS	Trabalhadores formais	Com CAT registrada			Sem CAT registrada	Total dos acidentes	Mortes
		Acidentes típicos	Acidentes de trajeto	Doenças ocupacionais			
2009	41.207.546	424.498	90.180	19.570	199.117	733.365	2.560
2010	44.068.355	417.295	95.321	17.177	179.681	709.474	2.753
2011	46.310.631	426.153	100.897	16.839	176.740	720.629	2.938
2012	47.458.712	426.284	103.040	16.898	167.762	713.984	2.768
2013	48.948.433	434.339	112.183	17.182	161.960	725.664	2.841
2014	49.571.510	430.454	116.230	17.599	148.019	712.302	2.819
2015	48.060.807	385.646	106.721	15.386	114.626	622.379	2.546
2016	46.060.198	355.560	108.552	13.927	107.587	585.626	2.288
2017	46.281. 590	341.700	101.156	10.983	103.787	557.626	2.132
2018	46.631.115	363.314	108.082	10.597	104.024	586.017	2.132
2019	47.554.211	375.300	102.405	10.034	99.118	586.857	2.203
2020	46.236.176	322.903	61.014	33.575	48.280	465.772	2.132
2021	48.728.871	379.347	104.267	21.200	76.019	580.833	2.717
2022	52.790.864	413.139	124.829	29.778	87.162	654.908	2.891
2023	54.706.385	483.291	153.011	15.174	81.275	732.751	2.783

Obs.: A coluna "Trabalhadores formais" considera os dados oficiais da RAIS, já que o INSS não publica separadamente o número de empregados abrangidos pelo Seguro de Acidente do Trabalho. Os dados da RAIS englobam trabalhadores celetistas e estatutários.

As entidades sindicais ainda demonstram desconfiança quanto à veracidade das estatísticas oficiais. Alegam que estão encontrando dificuldades para o reconhecimento das doenças ocupacionais pelos empregadores e junto à perícia médica do INSS, tanto que é considerável o aumento das demandas judiciais buscando o enquadramento da patologia como doença relacionada ao trabalho. Mesmo assim, o número das doenças ocupacionais reconhecidas aumentou bastante nos últimos anos, especialmente em razão do aperfeiçoamento da análise dos fatores causais da relação trabalho-doença, já que os médicos do trabalho estão mais atentos para visualizar o paciente no seu ambiente laboral e a legislação ampliou consideravelmente as hipóteses das doenças consideradas ocupacionais. Um marco importante, nesse sentido, foi alcançado no final de 2023 com a publicação da nova Lista das Doenças Relacionadas ao Trabalho (LDRT) pela Portaria GM/MS nº 1.999, de 27 de novembro de 2023, posteriormente atualizada pela Portaria GM/MS n. 5.674, de 1º de novembro de 2024. Um sinal da subnotificação pode ser observado no descompasso estatístico entre os acidentes registrados e a quantidade de mortes. Enquanto o número de acidentes nos últimos trinta anos teve redução significativa, o volume de mortes teve redução menor;

pode ocorrer a ocultação do acidente do trabalho, mas é muito difícil omitir um óbito.

Além disso, há outro fator importante que acarretava distorção nas estatísticas. Muitas doenças originadas do trabalho, portanto equiparadas legalmente a acidentes do trabalho, eram diagnosticadas e tratadas como doenças comuns, gerando no INSS o benefício auxílio-doença previdenciário (B-31) e não o auxílio-doença por acidente do trabalho (B-91). Tratava-se apenas do paciente, e não do paciente-trabalhador.

A estatística oficial era feita, até 2006, com base tão somente nas informações prestadas pelas Comunicações dos Acidentes do Trabalho (CAT). Entretanto, muitos acidentes ou doenças ocupacionais não eram comunicados à Previdência Social, por ignorância dos envolvidos, por receio das consequências ou por falta de registro formal do trabalhador. Avaliava-se que as comunicações só atingiam por volta de 50% dos acidentes efetivamente ocorridos, principalmente a partir de 1991, quando o art. 118 da Lei n. 8.213 instituiu a garantia de emprego por doze meses, após a cessação do auxílio-doença acidentário.

Para combater os efeitos nocivos da subnotificação, foi instituído pela Lei n. 11.430/2006 o nexo técnico epidemiológico, que autoriza ao INSS reconhecer a doença como de natureza ocupacional, tão somente a partir da predominância de determinadas doenças em certas atividades econômicas, de acordo com os levantamentos estatísticos oficiais dos últimos anos[12]. Com efeito, desde o ano-base de 2007, a Previdência Social passou a publicar também a estatística dos acidentes do trabalho reconhecidos sem a emissão da CAT pelo empregador. Em 2023, dos 732.751 acidentes do trabalho ocorridos no Brasil, 89% foram reconhecidos pela Previdência Social após a emissão da CAT (651.476) e 11% foram enquadrados como de origem ocupacional, mesmo sem a emissão de CAT (81.275), com base apenas no nexo técnico epidemiológico.

Uma pesquisa do IBGE em conjunto com o Ministério da Saúde, divulgada em 2015, apontou surpreendente estatística projetada de quase 5 milhões (4,948 milhões) de acidentes do trabalho por ano no Brasil. O número de acidentes do trabalho sofrido em trajeto por essa pesquisa atingiu 1.440.833, enquanto a estatística oficial da Previdência Social aponta somente 112.183 acidentes[13]. Com efeito, é imperioso concluir que ainda é muito alta a subnotificação dos acidentes do trabalho no Brasil.

---

12. A sistemática do nexo técnico epidemiológico será analisada com vagar no capítulo 6, que aborda o nexo causal no acidente do trabalho.
13. Disponível em: <http://www.sidra.ibge.gov.br/bda/pesquisas/pns/default.asp>. Acesso em: 9 nov. 2015.

Era mesmo esperado um número maior de acidentes do trabalho, porque a pesquisa do IBGE, com base domiciliar, abrange todos os trabalhadores acima de 18 anos, independentemente da natureza do vínculo laboral (celetistas, funcionários públicos estatutários, autônomos, informais, cooperados, estagiários, militares, domésticos etc.). Contudo, causou inquietação o resultado que atingiu patamar quase sete vezes superior ao número oficial divulgado pelo Anuário Estatístico da Previdência Social de 2013. Como não há uma série histórica dessa estatística, somente nos próximos levantamentos teremos mais elementos de confrontação.

Pode-se observar uma crescente preocupação dos empresários com a questão da saúde e segurança do trabalhador. A pressão sindical, as repercussões negativas na mídia, as atuações do Ministério Público do Trabalho e da Inspeção do Trabalho e, especialmente, as indenizações judiciais estão promovendo mudanças no gerenciamento desse tema. Auditorias especializadas já mensuram o chamado "passivo patológico" das organizações, comprovando que o investimento na prevenção de acidentes e doenças reflete-se positivamente no balanço, com repercussão na avaliação mercantil da empresa. Nesse sentido, vale citar o pensamento de Maurício Chiesa Carvalho, Conselheiro da Associação Brasileira de ESG e da Academia Europeia de Alta Gestão:

> O conceito de ESG, que significa *Environmental, Social and Governance*, tem ganhado cada vez mais importância no mundo dos negócios. (...) O comprometimento com ESG e Saúde Ocupacional transcende o dever ético. É a busca por uma vantagem competitiva sustentável. Empresas que colocam a saúde e segurança no cerne de suas operações cumprem normas e prospera em uma base de confiança e respeito. O verdadeiro valor de uma empresa vai além dos números de um balanço. Está na preservação da saúde e na construção de um legado sustentável. Integrar ESG e Saúde Ocupacional é a jornada para uma prosperidade que vai muito além de lucros efêmeros.[14]

Os números dos acidentes do trabalho deixam à mostra a marca dolorosa do problema, mormente na construção civil, na indústria e no setor de serviços.

Basta dizer que, com base na estatística oficial de 2022, ainda ocorrem no Brasil em torno de oito mortes a cada dia por acidente do trabalho. Se somarmos o número de mortes por acidente do trabalho (2.891) com a quantidade daqueles que se aposentam por incapacidade permanente (11.754), concluiremos

14. CARVALHO, Maurício Chiesa. Compromisso integral – Unir ESG à ISO 45001 e à ISO 45003 proporciona sustentabilidade às empresas. *Revista Proteção*, Novo Hamburgo, v. XXXVII, n. 389, p. 46-50, maio/2024.

que diariamente por volta de 40 pessoas deixam definitivamente o mundo do trabalho. Além disso, em média, 232 trabalhadores por dia entram em gozo de auxílio-doença acidentário com afastamento por período superior a 15 dias.

Diante desses números, continua atual o pensamento do Engenheiro da Fundacentro Dorival Barreiros, em artigo divulgado em 1990: "a problemática do acidente e da doença do trabalho tem, no Brasil, as feições de uma guerra civil."[15]

1.3. HISTÓRICO DAS LEIS ACIDENTÁRIAS

Para receber judicialmente as indenizações tratadas neste livro, a vítima primeiramente deve obter o enquadramento do evento como acidente do trabalho ou doença ocupacional, nos termos da legislação própria. Daí a importância de conhecer um breve histórico da legislação acidentária brasileira, que foi construída em sete etapas mais significativas ao longo do século passado, até atingir a norma legal atualmente em vigor.

O incremento da industrialização, a partir do século XIX, aumentou o número de mutilados e mortos provenientes das precárias condições de trabalho. Os reflexos sociais desse problema influenciaram o advento de normas jurídicas para proteger o acidentado e seus dependentes de modo a, pelo menos, remediar a situação. Foi assim que a Alemanha, em 1884, instituiu a primeira lei específica a respeito dos acidentes de trabalho, cujo modelo logo se espalhou pela Europa[16].

No Brasil, normas esparsas tratavam do acidente do trabalho, valendo citar dois dispositivos do Código Comercial de 1850:

> Art. 79: Os acidentes imprevistos e inculpados, que impedirem aos prepostos o exercício de suas funções, não interromperão o vencimento do seu salário, contanto que a inabilitação não exceda a 3 (três) meses contínuos.
>
> Art. 560: Não deixará de vencer a soldada ajustada qualquer indivíduo da tripulação que adoecer durante a viagem em serviço do navio, e o curativo será por conta deste; se, porém, a doença for adquirida fora do serviço do navio, cessará o vencimento da soldada enquanto ela durar, e a despesa do curativo será por conta das soldadas vencidas; e se estas não chegarem, por seus bens ou pelas soldadas que possam vir a vencer.

---

15. BARREIROS, Dorival. Saúde e segurança nas pequenas empresas. *Revista Brasileira de Saúde Ocupacional*, São Paulo, v. 18, n. 70, p. 25, abr./jun. 1990.

16. Informa Teresinha Lorena P. Saad que o exemplo da Alemanha foi seguido pela Áustria em 1887, Noruega em 1894, Inglaterra em 1897, França, Dinamarca e Itália em 1898 e Espanha em 1900. Cf. *Responsabilidade civil da empresa nos acidentes de trabalho*. São Paulo: LTr, 1999. p. 35.

Desde o início do século XX, diversos projetos buscavam instituir uma lei específica para regulamentar a infortunística do trabalho. Esse esforço resultou na aprovação do Decreto Legislativo n. 3.724, de 15 de janeiro de 1919, considerado a primeira lei acidentária brasileira. O empregador foi onerado com a responsabilidade pelo pagamento das indenizações acidentárias. Essa norma, apesar das críticas e falhas, teve o mérito do pioneirismo e marcou a instituição de princípios especiais da infortunística. Assevera Hertz Costa que o Decreto Legislativo n. 3.724/1919 "significou a emancipação da infortunística do cordão umbilical que a mantinha de alguma forma presa ao Direito Comum, reforçando sua autonomia do Direito Trabalhista específico, não obstante as resistências dos saudosistas da monarquia."[17]

A segunda lei acidentária — Decreto n. 24.637, de 10 de julho de 1934 — ampliou o conceito de acidente para abranger as doenças profissionais atípicas e estabeleceu a obrigação do seguro privado ou depósito em dinheiro no Banco do Brasil ou na Caixa Econômica Federal, para garantia do pagamento das indenizações, sendo que o valor do depósito variava de acordo com o número de empregados.

Dez anos depois, em 10 de novembro de 1944, adveio a terceira lei acidentária pelo Decreto-Lei n. 7.036. Vale registrar o pensamento inspirado de Alexandre Marcondes Filho, Ministro do Trabalho na época, constante do anteprojeto que resultou no diploma legal mencionado, citado por Teresinha Saad:

> A vida humana tem, certamente, um valor econômico. É um capital que produz, e os atuários matemáticos podem avaliá-lo. Mas a vida do homem possui também valor espiritual inestimável, que não se pode pagar com todo o dinheiro do mundo. Nisto consiste, sobretudo, o valor da prevenção, em que se evita a perda irreparável do pai, do marido e do filho; enfim, daquele que sustenta o lar proletário, e preside os destinos de sua família. Por mais que se despenda com a prevenção racional, ela será sempre menos onerosa que o sistema de indenizações, além de evitar oportunidade de discórdia entre elementos essenciais da produção, do capital e do trabalho.[18]

O Decreto-lei n. 7.036/1944 promoveu nova ampliação do conceito de acidente do trabalho, incorporando as concausas[19] e o acidente *in itinere*,

17. COSTA, Hertz J. *Acidentes do trabalho na atualidade*. Porto Alegre: Síntese, 2003. p. 44.
18. SAAD, Teresinha L. P. *Responsabilidade civil da empresa nos acidentes de trabalho*. 3. ed. São Paulo: LTr, 1999. p. 34.
19. Decreto-Lei n. 7.036, 10 nov. 1944, art. 3º: "Considera-se caracterizado o acidente, ainda quando não seja ele a causa única e exclusiva da morte ou da perda ou redução da capacidade do empregado, bastando que entre o evento e a morte ou incapacidade haja uma relação de causa e efeito."

instituindo ainda a obrigação, para o empregador, de proporcionar a seus empregados a máxima segurança e higiene no trabalho, prevendo, por outro lado, o dever dos empregados de cumprir as normas de segurança expedidas pelo empregador[20]. Além disso, o empregador estava obrigado a formalizar seguro contra os riscos de acidente perante a instituição previdenciária da filiação do empregado.

Outro ponto relevante desse Decreto-Lei, especialmente para o tema deste livro, foi a previsão legal possibilitando, pela primeira vez, a acumulação dos direitos acidentários com as reparações por responsabilidade civil, conforme constou da parte final do art. 31: "O pagamento da indenização estabelecida pela presente lei exonera o empregador de qualquer outra indenização de direito comum, relativa ao mesmo acidente, a menos que este resulte de dolo seu ou de seus prepostos."[21] Na interpretação desse artigo, a jurisprudência avançou, equiparando ao dolo a culpa grave do empregador, culminando, em 1963, com a adoção, pelo Excelso Supremo Tribunal Federal, da Súmula n. 229, com o teor seguinte: "A indenização acidentária não exclui a do direito comum, em caso de dolo ou culpa grave do empregador."

A quarta lei brasileira sobre infortunística do trabalho — Decreto-lei n. 293, de 28 de fevereiro de 1967, baixado por força do Ato Institucional n. 4 — marcou inegável retrocesso, mas teve vigência de apenas seis meses. Atribuiu ao seguro de acidente um caráter exclusivamente privado, permitindo ao INPS operar em concorrência com as sociedades seguradoras. Assevera Teresinha Saad que esse "foi um dos diplomas legais mais impróprios, retrocedendo a tudo quanto de bom havia sido conquistado na legislação sobre infortunística."[22]

Ainda no ano de 1967, em 14 de setembro, foi promulgada a quinta lei de acidente do trabalho — Lei n. 5.316 —, restaurando dispositivos do Decreto-Lei n. 7.036. Essa lei transferiu ao INPS o monopólio do seguro de acidente do trabalho e criou plano específico de benefícios previdenciários acidentários.

Nova mudança ocorreu em 19 de outubro de 1976, quando foi promulgada a Lei n. 6.367 — a sexta lei acidentária —, que manteve as linhas básicas da lei anterior, porém aprimorando o conceito de acidente do trabalho e das concausas. Como inovação, incluiu a doença proveniente da contaminação acidental do pessoal da área médica como situação equiparada a acidente do trabalho. Em casos excepcionais, também permitiu a equiparação de doenças

20. Decreto-Lei n. 7.036, 10 nov. 1944, art. 77 e 79.

21. Decreto-Lei n. 7.036, 10 nov. 1944, art. 31.

22. SAAD, Teresinha L. P. *Responsabilidade civil da empresa nos acidentes de trabalho*. 3. ed. São Paulo: LTr, 1999, p. 101.

não indicadas pela Previdência Social, quando tais patologias estivessem relacionadas com as condições especiais em que o serviço foi prestado.

Vigora, atualmente, a Lei n. 8.213, de 24 de julho de 1991 — sétima lei acidentária —, que foi promulgada no bojo do Plano de Benefícios da Previdência Social, em harmonia com as diretrizes da Constituição da República de 1988. Os aspectos centrais do acidente do trabalho estão disciplinados nos arts. 19 a 23 da Lei mencionada, com regulamentação pelo Decreto n. 3.048, de 6 de maio de 1999. Os benefícios do acidentado, após a Lei n. 9.032/1995, praticamente foram equiparados aos benefícios previdenciários, tanto que não existia diferença alguma, quanto ao valor, da prestação por doença comum ou doença ocupacional. Neste sentido pontua Hertz Costa que "a bem da verdade, o País não tem uma lei de acidentes do trabalho, mas regras infortunísticas disseminadas nos benefícios da Previdência Social"[23].

A Lei n. 11.430, de 26 de dezembro de 2006, acrescentou o art. 21-A na Lei n. 8.213/1991, instituindo o nexo técnico epidemiológico entre o trabalho e o agravo, decorrente da relação entre a atividade da empresa e a entidade mórbida motivadora da incapacidade. Essa inovação teve o mérito de combater a subnotificação dos acidentes do trabalho, ajudando a revelar, com mais nitidez, a situação da infortunística no Brasil. Só no ano de 2013 foram detectados, pelo mecanismo do nexo epidemiológico, 161.960 casos de acidente do trabalho sem emissão da correspondente comunicação de acidente do trabalho.

A Lei Complementar n. 150/2015 introduziu o trabalhador doméstico como segurado para fins de recebimento dos benefícios de acidente do trabalho, regulamentando a alteração promovida pela Emenda Constitucional n. 72/2013. Desse modo, a Lei Complementar n. 150/2015 alterou o teor do art. 19 da Lei n. 8.213/1991 que passou a ter a seguinte redação:

> Art. 19. Acidente do trabalho é o que ocorre pelo exercício do trabalho a serviço de empresa ou de empregador doméstico ou pelo exercício do trabalho dos segurados referidos no inciso VII do art. 11 desta Lei, provocando lesão corporal ou perturbação funcional que cause a morte ou a perda ou redução, permanente ou temporária, da capacidade para o trabalho.

Finalmente, a reforma da Previdência Social de 2019, promovida pela Emenda Constitucional n. 103, de 12 de novembro de 2019, passou a contemplar valores diferenciados para a aposentadoria por incapacidade permanente quando decorrente de acidente do trabalho, de doença profissional ou de doença do trabalho (art. 23, § 3º, II), com reflexos também na pensão quando for oriunda de morte acidentária (art. 23).

---

23. COSTA, Hertz J. *Acidentes do trabalho na atualidade*. Porto Alegre: Síntese, 2003. p. 63.

2

ABRANGÊNCIA DO CONCEITO DE ACIDENTE DO TRABALHO

2.1. NECESSIDADE DO ENQUADRAMENTO LEGAL

A Constituição da República assegura aos trabalhadores, no art. 7º, XXVIII, o direito aos benefícios do seguro contra acidentes do trabalho, sem excluir a indenização a que o empregador está obrigado, quando incorrer em dolo ou culpa. Assim, a postulação judicial das indenizações por danos materiais, existenciais, morais e/ou estéticos, por parte daquele empregado que foi vítima de acidente ou doença ocupacional, exige, previamente, que o evento danoso esteja enquadrado em uma das hipóteses que a Lei n. 8.213/1991 considera como acidente do trabalho.

Algumas situações rotineiras podem impedir ou, pelo menos, dificultar o reconhecimento, em termos técnicos, do evento ocorrido como acidente do trabalho. Primeiramente, menciona-se a hipótese de o trabalhador sofrer acidentes ou doenças que não tenham vinculação direta ou indireta com a execução do contrato de trabalho. Em segundo lugar, há situações em que o empregador procura obstar o enquadramento nas previsões legais a respeito, por receio das consequências jurídicas da garantia de emprego do art. 118 da Lei n. 8.213/1991, das indenizações por responsabilidade civil ou mesmo da ação regressiva do INSS[1].

---

1. A ação regressiva deve ser ajuizada pelo INSS para buscar o reembolso dos dispêndios com benefícios acidentários quando o empregador tiver sido negligente quanto às normas-padrão de segurança e higiene do trabalho, indicadas para proteção individual ou coletiva do trabalhador, conforme previsto no art. 120 da Lei n. 8.213/1991.

Além disso, também ocorrem muitos acidentes ou doenças ocupacionais com verdadeiros empregados, mas que não estão regularmente registrados ou que trabalham mediante contratos fraudulentos de empreitada, cooperativa, estágio, parceria, representação comercial, sociedade ou prestação de serviços autônomos.

Em síntese, antes de avaliar a possível indenização pretendida, será necessário estabelecer indubitavelmente o enquadramento da ocorrência como acidente do trabalho ou situação legalmente equiparada, isto é, verificar se tal evento guarda nexo de causalidade com a execução do contrato de trabalho.

É oportuno mencionar que ao trabalhador avulso foram estendidos os direitos assegurados aos trabalhadores com vínculo de emprego permanente, conforme previsão expressa do art. 7º, XXXIV, da Constituição da República. Assim, ocorrendo acidente do trabalho ou doença ocupacional com o trabalhador avulso, a Comunicação do Acidente do Trabalho (CAT) deverá ser emitida pela empresa tomadora dos serviços ou, na sua falta, pelo sindicato da categoria ou pelo órgão gestor de mão de obra[2]. As normas de segurança, higiene e saúde aplicáveis ao trabalhador avulso foram regulamentadas pela NR-29 da Portaria do Ministério do Trabalho n. 3.214/1978, que trata da Segurança e Saúde no Trabalho Portuário. Além disso, a Lei n. 9.719/1998, que dispõe sobre as normas e condições gerais de proteção ao trabalho portuário, estabelece no art. 9º, *caput*: "Compete ao órgão gestor de mão de obra, ao operador portuário e ao empregador, conforme o caso, cumprir e fazer cumprir as normas concernentes à saúde e segurança do trabalho portuário." A responsabilidade solidária do operador portuário e do órgão gestor no pagamento das indenizações por acidente do trabalho encontra respaldo no art. 2º, § 4º, da Lei n. 9.719/19 98, que prevê: "O operador portuário e o órgão gestor de mão de obra são solidariamente responsáveis pelo pagamento dos encargos trabalhistas, das contribuições previdenciárias e demais obrigações, inclusive acessórias, devidas à Seguridade Social, arrecadadas pelo Instituto Nacional do Seguro Social (INSS), vedada a invocação do benefício de ordem."[3]

Os domésticos também passaram a contar com a cobertura do seguro de acidente do trabalho após a regulamentação da Emenda Constitucional n. 72/2013 pela Lei Complementar n. 150/2015, tanto que foi alterada a redação do art. 19 da Lei n. 8.213/1991, com o propósito de incluir no conceito o acidente sofrido pelo trabalhador na prestação de serviços para o empregador

2. Cf. Instrução Normativa INSS/PRES. n. 128, 28 mar. 2022, art. 351, III.
3. A respeito deste tema vale conferir o artigo doutrinário de Carlos Alberto Crispin, intitulado "A responsabilidade civil por acidente do trabalho do trabalhador portuário avulso", publicado na *Revista LTr* v. 72, n. 2, de fevereiro de 2007.

doméstico. Dessa forma, se um trabalhador doméstico sofrer acidente, receberá do INSS os benefícios acidentários correspondentes. Também poderá ter direito a receber indenização por responsabilidade civil do empregador se estiverem presentes os pressupostos do dano, nexo causal com o trabalho e culpa patronal.

É certo que cabe indenização por responsabilidade civil decorrente de qualquer ato ilícito do tomador dos serviços que tenha causado danos à vítima, conforme preceitua o Código Civil, independentemente da sua condição de empregado. Nessa situação enquadram-se as hipóteses de acidentes com trabalhadores sem vínculo de emprego, tais como os estagiários, os cooperados, os autônomos, os empreiteiros, os representantes comerciais e os prestadores de serviço em geral. Todavia, convém assinalar que os deveres quanto às normas de segurança, higiene e saúde do simples tomador ou usuário de serviços são diferentes daqueles que são atribuídos ao empregador, em razão do caráter marcadamente tutelar da legislação trabalhista. Com efeito, o acidente sofrido pelo trabalhador que mantém relação de emprego com o beneficiário do serviço acarreta mais severas consequências jurídicas e gera maiores possibilidades de deferimento ao acidentado das indenizações por responsabilidade civil[4].

2.2. ESPÉCIES LEGAIS DE ACIDENTES DO TRABALHO

O legislador não conseguiu formular um conceito de acidente do trabalho que abrangesse todas as hipóteses em que o exercício da atividade profissional pelo empregado gera incapacidade laborativa.

Diante dessa dificuldade conceitual, a lei definiu apenas o acidente do trabalho em sentido estrito, também denominado acidente típico ou acidente tipo. No entanto, acrescentou outras hipóteses que se equiparam ao acidente típico para os efeitos legais. Isso porque a incapacidade também pode surgir por fatores causais que não se encaixam diretamente no conceito estrito de acidente do trabalho, tais como: enfermidades decorrentes do trabalho; acidentes ou doenças provenientes de causas diversas, conjugando fatores do trabalho e extralaborais (concausas); acidentes ocorridos no local do trabalho, mas que não têm ligação direta com o exercício da atividade profissional; acidentes ocorridos fora do local da prestação dos serviços, mas com vínculo direto ou indireto com o cumprimento do contrato de trabalho; e acidentes ocorridos no trajeto de ida ou volta da residência para o local de trabalho. Como se vê, o legislador formulou um conceito para o acidente do trabalho em sentido estrito, o acidente típico,

---

4. Vamos tratar com mais vagar das consequências jurídicas dos acidentes sofridos por trabalhadores domésticos ou não empregados no capítulo 14.

e relacionou outras hipóteses que também geram incapacidade laborativa, os chamados acidentes do trabalho por equiparação legal.

A Previdência Social divulga estatística apontando as quatro principais espécies de acidente do trabalho: o acidente típico, a doença ocupacional, o acidente de trajeto e o acidente sem CAT registrada. Com base na estatística oficial de 2023, os acidentes típicos atingiram 66% das ocorrências; os acidentes de trajeto, 21%; as doenças ocupacionais, 2%; e os acidentes sem CAT registrada, 11%.

Nos tópicos seguintes vamos detalhar as possibilidades de enquadramento do evento danoso nas diversas hipóteses consideradas tecnicamente como acidente do trabalho, conforme previsto nos arts. 19 a 21-A da Lei n. 8.213/1991.

2.3. ACIDENTE TÍPICO

O conceito de acidente do trabalho em sentido estrito, chamado acidente típico, teve redações diferentes em cada uma das sete leis acidentárias brasileiras. Para efeitos comparativos e com o propósito de estabelecer melhor compreensão da sua abrangência atual, vale reproduzir esta evolução:

NORMA LEGAL	CONCEITO DE ACIDENTE DO TRABALHO
1ª Lei acidentária: Decreto Legislativo n. 3.724, de 15 de janeiro de 1919.	Art. 1º Consideram-se acidentes no trabalho, para os fins da presente lei: a) o produzido por uma causa súbita, violenta, externa e involuntária no exercício do trabalho, determinando lesões corporais ou perturbações funcionais, que constituam a causa única da morte ou perda total ou parcial, permanente ou temporária, da capacidade para o trabalho.
2ª Lei acidentária: Decreto n. 24.637, de 10 de julho de 1934.	Art. 1º Considera-se acidente do trabalho, para os fins da presente lei, toda lesão corporal, perturbação funcional, ou doença produzida pelo exercício do trabalho ou em consequência dele, que determine a morte, ou a suspensão ou limitação, permanente ou temporária, total ou parcial, da capacidade para o trabalho.
3ª Lei acidentária: Decreto-Lei n. 7.036, de 10 de novembro de 1944.	Art. 1º Considera-se acidente do trabalho, para os fins da presente lei, todo aquele que se verifique pelo exercício do trabalho, provocando, direta ou indiretamente, lesão corporal, perturbação funcional, ou doença, que determine a morte, a perda total ou parcial, permanente ou temporária, da capacidade para o trabalho.
4ª Lei acidentária: Decreto-Lei n. 293, de 28 de fevereiro de 1967.	Art. 1º Para os fins do presente Decreto-Lei, considera-se acidente de trabalho todo aquele que provocar lesão corporal ou perturbação funcional no exercício do trabalho, a serviço do empregador, resultante de causa externa súbita, imprevista ou fortuita, determinando a morte do empregado ou sua incapacidade para o trabalho, total ou parcial, permanente ou temporária.
5ª Lei acidentária: Lei n. 5.316, de 14 de setembro de 1967.	Art. 2º Acidente do trabalho será aquele que ocorrer pelo exercício do trabalho, a serviço da empresa, provocando lesão corporal, perturbação funcional ou doença que cause a morte ou a perda ou redução, permanente ou temporária, da capacidade para o trabalho.

NORMA LEGAL	CONCEITO DE ACIDENTE DO TRABALHO
6ª Lei acidentária: Lei n. 6.367, de 19 de outubro de 1976.	Art. 2º Acidente do trabalho é aquele que ocorre pelo exercício do trabalho a serviço da empresa, provocando lesão corporal ou perturbação funcional que cause a morte, ou perda, ou redução permanente ou temporária, da capacidade para o trabalho.
7ª Lei acidentária: Lei n. 8.213, de 24 de julho de 1991, com a alteração da Lei Complementar n. 150/2015.	Art. 19. Acidente do trabalho é o que ocorre pelo exercício do trabalho a serviço de empresa ou de empregador doméstico ou pelo exercício do trabalho dos segurados referidos no inciso VII do art. 11 desta Lei, provocando lesão corporal ou perturbação funcional que cause a morte ou a perda ou redução, permanente ou temporária, da capacidade para o trabalho. **É a norma que se encontra em vigor**.

Pode ser observado que o conceito de acidente do trabalho recebeu vários aperfeiçoamentos nas leis mais recentes. Nas duas primeiras normas o foco da definição estava centrado na *lesão produzida*, depois foi alterado para os *fatores causais*, com melhor técnica diante da infortunística do trabalho[5]. Não há mais a exigência de "causa única" da primeira lei, alargando-se o campo de abrangência para acolhimento das concausas. Abandonou-se também a referência à "causa involuntária e violenta", porquanto tais requisitos, como resquícios da teoria da culpa, estavam dificultando o enquadramento do evento como acidente do trabalho e, muitas vezes, atribuindo ao próprio trabalhador a responsabilidade pela ocorrência, como resultante de ato voluntário deste. Ademais, a antiga expressão "perda total ou parcial da capacidade de trabalho" foi mais bem redigida passando para "perda ou redução da capacidade para o trabalho", em sintonia com a orientação atual de pagamento de benefícios de natureza continuada, em vez da antiga indenização tarifada.

Mesmo com os aperfeiçoamentos anotados, continua válida a crítica feita por Bueno Magano desde a 5ª Lei Acidentária de 1967, no sentido de que a definição (*acidente do trabalho é o que ocorre ou aquele que ocorre*) não deve conter o termo a definir, cabendo buscar o gênero mais próximo que, no caso, é o vocábulo "evento". Com base nisso, sugere o seguinte conceito: *Acidente do trabalho é o evento verificado no exercício do trabalho de que resulte lesão corporal, perturbação funcional ou doença que cause a morte ou a perda ou redução, permanente ou temporária, da capacidade para o trabalho.*[6]

Na realidade a norma legal não define o "acidente" propriamente dito, mas apenas uma de suas espécies, o acidente do trabalho. Neste sentido, é oportuna e esclarecedora a lição do médico do trabalho Primo Brandimiller:

5. MAGANO, Octavio Bueno. *Lineamentos de infortunística*. São Paulo: José Bushatsky, 1976. p. 30.
6. *Ibidem*, p. 30 e 37.

> No sentido genérico, acidente é o evento em si, a ocorrência de determinado fato em virtude da conjugação aleatória de circunstâncias causais. No sentido estrito, caracteriza-se também pela instantaneidade: a ocorrência é súbita e a lesão, imediata. Os acidentes ocasionam lesões traumáticas denominadas ferimentos, externos ou internos, podendo também resultar em efeitos tóxicos, infecciosos ou mesmo exclusivamente psíquicos.
>
> O acidente comporta causas e consequências, contudo não pode ser definido, genericamente, nem pelas causas nem pelas consequências. As circunstâncias causais permitem classificar os acidentes em espécies: acidentes do trabalho, acidentes de trânsito etc. As consequências também classificam os acidentes: acidentes com ou sem danos pessoais, acidentes com ou sem danos materiais, acidente grave, acidente fatal etc.
>
> Embora o termo *dano pessoal* seja juridicamente mais amplo, em infortunística refere-se às consequências físicas ou psíquicas decorrentes do acidente. O acidente do trabalho considerado pela regulamentação legal do Seguro de Acidentes do Trabalho é, portanto, toda ocorrência casual, fortuita e imprevista que atende conjugadamente aos seguintes requisitos: quanto à *causa*: o acidente que decorreu do exercício do trabalho a serviço da empresa — o que justifica o tipo: acidente do trabalho; quanto à *consequência*: o acidente que provocou lesão corporal ou perturbação funcional causando a morte ou a perda ou redução, permanente ou temporária, da capacidade para o trabalho.
>
> A denominação adequada seria *acidente do trabalho com dano pessoal*. Nos seguros privados fala-se em acidentes pessoais (AP). Contudo consagrou-se em infortunística o termo *acidente do trabalho*, que constitui uma das categorias do dano pessoal.[7]

Como o INSS garante aos seus segurados cobertura nos afastamentos por todos os acidentes, havendo ou não nexo causal com o trabalho, o regulamento da Previdência Social registra um conceito genérico de acidente de qualquer natureza, sem as amarras da definição de acidente do trabalho, qual seja: "Entende-se como acidente de qualquer natureza ou causa aquele de origem traumática e por exposição a agentes exógenos, físicos, químicos ou biológicos, que acarrete lesão corporal ou perturbação funcional que cause

7. BRANDIMILLER, Primo A. *Perícia judicial em acidentes e doenças do trabalho*. São Paulo: SENAC, 1996. p. 145-146.

a morte ou a perda ou a redução permanente ou temporária da capacidade laborativa."[8]

Nessa hipótese, porém, o trabalhador ou seus dependentes terão direito somente aos benefícios previdenciários, não havendo espaço para postular indenizações em face do empregador, uma vez que o evento não se enquadra na definição normativa de acidente do trabalho.

Tomando-se como base o conceito legal, são identificados os seguintes requisitos cumulativos para a caracterização do acidente do trabalho:

a) evento danoso;

b) decorrente do exercício do trabalho a serviço da empresa ou do empregador doméstico;

c) que provoca lesão corporal ou perturbação funcional;

d) que causa a morte ou a perda ou a redução, permanente ou temporária, da capacidade para o trabalho.

Esses requisitos merecem comentários adicionais. Feijó Coimbra assevera que "a palavra acidente já imprime ao conceito a marca da casualidade, do acontecimento não desejado, nem ocasionado voluntariamente."[9] Com pensamento semelhante, enfatiza Hertz Costa que "a noção de acidente forçosamente nos conduz à ideia de algo ligado a desgraça, desastre, fatalidade, um acontecimento fortuito e anormal, que destrói, desorganiza ou deteriora, produzindo consequências de ordem material."[10]

O fato gerador do acidente típico geralmente mostra-se como evento súbito[11], inesperado, externo ao trabalhador[12] e fortuito, no sentido de que não foi provocado pela vítima[13]. Os efeitos danosos normalmente são imediatos e o evento é perfeitamente identificável, tanto com relação ao local da

---

8. Decreto n. 3.048, de 6 maio 1999, art. 30, § 1º. Com a redação modificada pelo Decreto n. 10.410 de 30 jun. 2020.

9. COIMBRA, J. R. Feijó. *Acidentes de trabalho e moléstias profissionais*. Rio de Janeiro: Edições Trabalhistas, 1990. p. 21.

10. COSTA, Hertz J. *Acidente do trabalho na atualidade*. Porto Alegre: Síntese, 2003. p. 69.

11. "A subitaneidade diz com a rapidez do acontecimento o que não requer, contudo, aparecimento instantâneo da lesão no organismo humano." Cf. MAGANO, Octavio Bueno. *Lineamentos de infortunística*. São Paulo: José Bushatsky, 1976. p. 31.

12. "Por exterioridade, entende-se a causa que não diz respeito à constituição orgânica da vítima. Realmente, a maioria dos sinistros são causados por força lesiva estranha à vítima, a saber, máquinas, ferramentas etc." MAGANO, Octavio Bueno. *Lineamentos de infortunística*. São Paulo: José Bushatsky, 1976. p. 31.

13. RUSSOMANO, Mozart Victor. *Curso de previdência social*. Rio de Janeiro: Forense, 1983. p. 350.

ocorrência, quanto no que tange ao momento do sinistro, diferentemente do que ocorre nas doenças ocupacionais.

Para Hertz Costa, o acidente típico é um "acontecimento brusco, repentino, inesperado, externo e traumático, ocorrido durante o trabalho ou em razão dele, que agride a integridade física ou psíquica do trabalhador."[14]

O art. 19 da Lei n. 8.213/1991 é expresso quanto à exigência de que o evento decorra do exercício do trabalho a serviço da empresa. Em outras palavras, é necessário que entre a atividade do empregado e o acidente haja uma relação de causa e efeito, também chamada de nexo etiológico ou nexo causal[15]. Daí a locução correta acidente ***do*** trabalho e não acidente ***no*** trabalho. O trabalhador pode sofrer acidente em sua própria casa, promovendo um reparo hidráulico, cuidando do jardim ou numa atividade de lazer ou, ainda, numa viagem recreativa, mas não há, nessas hipóteses, nexo causal do evento com a prestação de serviço subordinada, decorrente do contrato de trabalho. "Não são os riscos gerais a que se sujeitam todos os cidadãos que caracterizam o acidente do trabalho, mas sim os riscos específicos decorrentes do exercício do trabalho."[16]

É da essência do conceito de acidente do trabalho que haja lesão corporal ou perturbação funcional. Quando ocorre um evento sem que haja lesão ou perturbação física ou mental do trabalhador, não haverá, tecnicamente, acidente do trabalho. Tanto que há expressa menção legal que não será considerada doença do trabalho a que não produza incapacidade laborativa[17].

No entanto, nem sempre a perturbação funcional é percebida de imediato, podendo haver manifestação tardia com real demonstração do nexo etiológico com o acidente ocorrido. "A lesão pode ser tão profunda que não se apresente aos olhos dos peritos, imediatamente, mas decorridos alguns dias ou até meses. Basta lembrar os vários casos de perturbações nervosas, causadas por acidentes do trabalho."[18]

---

14. COSTA, Hertz J. *Acidente do trabalho na atualidade*. Porto Alegre: Síntese, 2003. p. 74.

15. Antônio Lopes Monteiro e Roberto Fleury de Souza Bertagni assinalam que tecnicamente não se pode utilizar como sinônimos "nexo causal" e "nexo etiológico". O primeiro é mais abrangente, pois inclui a concausalidade e os casos de agravamento. Já o segundo é o que origina ou desencadeia o dano laboral, sendo, portanto, mais restrito. Cf. *Acidentes do trabalho e doenças ocupacionais*. 5. ed. São Paulo: Saraiva, 2009. p. 16.

16. MAGANO, Octavio Bueno. *Lineamentos de infortunística*. São Paulo: José Bushatsky, 1976. p. 33.

17. Lei n. 8.213, 24 jul. 1991, art. 20, § 1º, alínea *c*.

18. OPTIZ, Oswaldo; OPTIZ, Sílvia C. B. *Acidentes do trabalho e doenças profissionais*. 3. ed. São Paulo: Saraiva, 1988. p. 16.

Além da lesão ou perturbação funcional, é necessário, para completar o conceito de acidente do trabalho, que o evento acarrete a morte, ou a perda ou a redução, permanente ou temporária, da capacidade para o trabalho. A incapacidade temporária não significa necessariamente afastamento do trabalho, pode ser mesmo apenas o tempo despendido para realizar um pequeno curativo ou da visita a um hospital, tanto que o INSS determina que *a CAT deverá ser emitida para todo acidente ou doença relacionados ao trabalho, ainda que não haja afastamento ou incapacidade.*[19]

Pode ser observada uma sequência lógica necessária no conceito: trabalho de um empregado, durante o qual ocorre acidente, que provoca lesão ou perturbação funcional, que acarreta a incapacidade para o trabalho, podendo esta ser permanente ou temporária (trabalho → acidente → lesão ou perturbação funcional → incapacidade).

Pode ser indicada também uma sequência de nexos para completar o nexo causal, fazendo uma analogia com a denominada equação do nexo causal, esboçada pelo Médico do Trabalho e Perito Judicial Lenz Alberto Cabral[20]:

Conceito legal de acidente do trabalho – Art. 19 da Lei n. 8.213/1991		
Acidente do trabalho é o que ocorre pelo trabalho a serviço da empresa...	NE – Nexo etiológico	• Estar trabalhando • A serviço da empresa • Causado por um fator exterior ao acidentado
provocando lesão corporal ou perturbação funcional...	NN – Nexo nosológico	• Elo entre a lesão/doença e o evento causador • Lesão ou distúrbio compatível com o evento
que cause a morte ou a perda ou redução, permanente ou temporária, da capacidade para o trabalho.	NF – Nexo funcional	• Elo entre a lesão/distúrbio e a incapacidade laboral • Inaptidão para o trabalho mesmo que temporária
Nexo causal = NE (Nexo etiológico) + NN (Nexo nosológico) + NF (Nexo funcional)		

Convém anotar, no entanto, que a mudança da Lei de Benefícios da Previdência Social, promovida pela Lei n. 11.430/2006, de certa forma ampliou o conceito genérico de acidente do trabalho, porquanto o art. 21-A

19. Cf. Anexo da Portaria MPAS n. 5.817, de 6 out. 1999 que instituiu o Manual de Instruções para Preenchimento da CAT. A Portaria MPAS n. 5.817/1999 foi revogada pela Portaria da SEPTR nº 4.334, de 15 de abril de 2021 que instituiu a CAT eletrônica.

20. CABRAL, Lenz Alberto Alves. *Abre a CAT? Nexo causal no acidente do trabalho/doença ocupacional*. 5. ed. São Paulo: LTr, 2016. p. 152-161.

da Lei n. 8.213/1991 determina que a perícia médica do INSS considere a natureza acidentária da incapacidade quando constatar a ocorrência de nexo técnico epidemiológico entre o trabalho e o agravo, em conformidade com o que dispuser o regulamento. E o Decreto n. 6.042/2007, ao regulamentar a referida mudança, introduziu o § 4º no art. 337 do Regulamento da Previdência Social[21], com o seguinte teor: "Para os fins deste artigo, considera-se agravo a lesão, doença, transtorno de saúde, distúrbio, disfunção ou síndrome de evolução aguda, subaguda ou crônica, de natureza clínica ou subclínica, inclusive morte, independentemente do tempo de latência."

Se antes a caracterização do acidente do trabalho pela perícia médica do INSS exigia a ocorrência de morte, lesão ou perturbação funcional, agora a relação foi ampliada para incluir no conceito o transtorno de saúde, o distúrbio, a disfunção ou a síndrome de evolução aguda, subaguda ou crônica, de natureza clínica ou subclínica, independentemente do tempo de latência.

2.4. DOENÇAS OCUPACIONAIS

Desde a primeira lei acidentária de 1919, as doenças provocadas pelo trabalho do empregado são consideradas como acidente do trabalho. O art. 1º do Decreto Legislativo n. 3.724/1919 mencionava a "moléstia contraída exclusivamente pelo exercício do trabalho." No correr do tempo, a legislação incorporou as doenças profissionais atípicas, que passaram a ser denominadas "doenças do trabalho", desde a quarta lei acidentária de 1967.

Como adverte Russomano, o acidente e a enfermidade têm conceitos próprios. A equiparação entre eles se faz apenas no plano jurídico, com efeitos nas reparações e nos direitos que resultam para o trabalhador nos dois casos. Enquanto o acidente é um fato que provoca lesão, a enfermidade profissional é um estado patológico ou mórbido, ou seja, perturbação da saúde do trabalhador[22]. O acidente caracteriza-se pela ocorrência de um fato súbito e externo ao trabalhador, ao passo que a doença ocupacional normalmente vai se instalando insidiosamente e se manifesta internamente, com tendência de agravamento.

A Lei n. 8.213/1991 regula as doenças ocupacionais, com a seguinte redação:

> Art. 20. Consideram-se acidente do trabalho, nos termos do artigo anterior, as seguintes entidades mórbidas:

21. Decreto n. 3.048, de 6 maio 1999.
22. RUSSOMANO, Mozart Victor. *Curso de previdência social*. Rio de Janeiro: Forense, 1983. p. 350-351.

> I — doença profissional, assim entendida a produzida ou desencadeada pelo exercício do trabalho peculiar a determinada atividade e constante da respectiva relação elaborada pelo Ministério do Trabalho e da Previdência Social;
>
> II — doença do trabalho, assim entendida a adquirida ou desencadeada em função de condições especiais em que o trabalho é realizado e com ele se relacione diretamente, constante da relação mencionada no inciso I.

Cabe, neste passo, precisar o conceito das três denominações: doença profissional, doença do trabalho e doença ocupacional, já que a lei, como princípio hermenêutico, não contém palavras inúteis.

A doença profissional é aquela peculiar a determinada atividade ou profissão, também chamada de doença profissional típica, tecnopatia ou ergopatia. O exercício de determinada profissão pode produzir ou desencadear certas patologias, sendo que, nessa hipótese, o nexo causal da doença com a atividade é presumido. É o caso, por exemplo, do empregado de uma mineradora que trabalha exposto ao pó de sílica e contrai a silicose. Afirma Tupinambá do Nascimento que, nas tecnopatias, a relação com o trabalho é presumida *juris et de jure*, inadmitindo prova em sentido contrário. Basta comprovar a prestação do serviço na atividade e o acometimento da doença profissional[23]. Sinteticamente, pode-se afirmar que doença profissional é aquela típica de determinada profissão.

Por outro lado, a doença do trabalho, também chamada mesopatia ou doença profissional atípica, apesar de igualmente ter origem na atividade do trabalhador, não está vinculada necessariamente a esta ou aquela profissão. Seu aparecimento decorre da forma em que o trabalho é prestado ou das condições específicas do ambiente de trabalho. O grupo atual das LER/DORT é um exemplo das doenças do trabalho, já que estas podem ser adquiridas ou desencadeadas em qualquer atividade, sem vinculação direta a determinada profissão. Nas doenças do trabalho, "as condições excepcionais ou especiais do trabalho determinam a quebra da resistência orgânica com a consequente eclosão ou a exacerbação do quadro mórbido, e até mesmo o seu agravamento."[24]

Diferentemente das doenças profissionais, as mesopatias não têm nexo causal presumido, exigindo comprovação de que a patologia se desenvolveu em razão das condições especiais em que o trabalho foi realizado.

Essa questão, no entanto, teve alteração significativa em 2006, no sentido de facilitar o enquadramento como doença ocupacional, porque a Lei n.

---

23. CASTRO DO NASCIMENTO, Tupinambá M. *Comentários à nova lei de acidentes do trabalho*. Porto Alegre: Síntese, 1977. p. 50.
24. OLIVEIRA, José de. *Acidentes do trabalho*. 3. ed. São Paulo: Saraiva, 1997. p. 2.

11.430/2006 instituiu o nexo técnico epidemiológico, acrescentando um novo artigo à Lei n. 8.213/1991, cujo teor foi também alterado pela Lei Complementar n. 150/2015:

> Art. 21-A. A perícia médica do Instituto Nacional do Seguro Social (INSS) considerará caracterizada a natureza acidentária da incapacidade quando constatar ocorrência de nexo técnico epidemiológico entre o trabalho e o agravo, decorrente da relação entre a atividade da empresa ou do empregado doméstico e a entidade mórbida motivadora da incapacidade elencada na Classificação Internacional de Doenças (CID), em conformidade com o que dispuser o regulamento.
>
> § 1º A perícia médica do INSS deixará de aplicar o disposto neste artigo quando demonstrada a inexistência do nexo de que trata o caput deste artigo.
>
> § 2º A empresa ou o empregador doméstico poderão requerer a não aplicação do nexo técnico epidemiológico, de cuja decisão caberá recurso, com efeito suspensivo, da empresa, do empregador doméstico ou do segurado ao Conselho de Recursos da Previdência Social (NR).

Diante dos significados específicos de doença profissional e doença do trabalho, a denominação "doenças ocupacionais" passou a ser adotada como o gênero mais próximo que abrange as modalidades das doenças relacionadas com o trabalho. A CLT estabelece que cabe às empresas instruir os empregados, através de ordens de serviço, quanto às precauções a tomar no sentido de evitar acidentes do trabalho ou doenças ocupacionais (Art. 157, II). A NR-7 da Portaria n. 3.214/1978 do Ministério do Trabalho, que regulamenta o Programa de Controle Médico de Saúde Ocupacional, fazia referência às doenças ocupacionais ou patologias ocupacionais, como vocábulo gênero[25]. Para evitar a expressão *doença profissional ou do trabalho*, é preferível englobá-las na designação genérica de doenças ocupacionais, conforme recomenda o médico do trabalho Primo Brandimiller[26].

A relação das doenças profissionais e do trabalho mencionada no art. 20, I, *retro*, está inserida no Anexo II do atual Regulamento da Previdência Social[27]. O mencionado Anexo, após a mudança introduzida pelo Decreto n. 6.957/2009, engloba quatro relações importantes: a primeira indica os agentes patogênicos causadores de doenças profissionais ou do trabalho; a segunda

25. "As doenças ocupacionais são aquelas deflagradas em virtude da atividade laborativa desempenhada pelo indivíduo. Valendo-nos do conceito oferecido por *Stephanes*, são as que 'resultam de constante exposição a agentes físicos, químicos e biológicos, ou mesmo de uso inadequado de novos recursos tecnológicos, como os da informática'. Dividem-se em doenças profissionais e do trabalho." CASTRO, Carlos Alberto Pereira; LAZZARI, João Batista, Manual de direito previdenciário. 24. ed. Rio de Janeiro: Forense, 2021 p. 554.
26. BRANDIMILLER, Primo A. *Perícia judicial em acidentes do trabalho*. São Paulo: SENAC, 1996. p. 148.
27. Decreto n. 3.048, de 6 maio 1999.

— Lista A — aponta os agentes ou fatores de risco de natureza ocupacional, relacionados com a etiologia de doenças profissionais e de outras doenças relacionadas com o trabalho; a terceira — Lista B — indica as doenças ocupacionais e os possíveis agentes etiológicos ou fatores de risco de natureza ocupacional; e a quarta — Lista C — aponta as hipóteses em que se reconhece o nexo técnico epidemiológico[28].

Com efeito, iniciando-se a investigação pela Lista A, é possível localizar a doença a partir do seu agente causal; pesquisando-se pela Lista B, ao contrário, pode-se chegar ao agente causal a partir da doença ocupacional; e consultando a Lista C é possível aferir se aquela patologia, diante da Classificação Nacional de Atividade Econômica da empresa, gera nexo técnico epidemiológico.

Para evitar tratamentos diferenciados por parte da Previdência Social e do Sistema Único de Saúde, a relação das doenças ocupacionais foi também adotada pelo Ministério da Saúde, por intermédio da Portaria n. 1.339/GM de 18 de novembro de 1999. Com o propósito de facilitar a consulta do leitor, reproduzimos no Anexo I deste livro os agentes patogênicos causadores de doenças profissionais ou do trabalho; no Anexo II, a Lista A; no Anexo III, a Lista B; e no Anexo IV, a Lista C.

Convém mencionar que as relações mencionadas não diferenciam doenças profissionais ou do trabalho, pois englobam as duas hipóteses numa lista única. Esse posicionamento reflete as dificuldades doutrinárias para estabelecer uma linha divisória nítida entre as duas espécies de patologias decorrentes do trabalho[29]. O professor René Mendes, participante destacado da comissão que elaborou tal lista em 1998, informa que, "do ponto de vista conceitual, a comissão preferiu trabalhar com a compreensão ampla de 'doenças relacionadas com o trabalho', o que permitiu a superação da confusa denominação

---

28. No próximo item vamos analisar as novas Listas A e B das doenças relacionadas ao trabalho, publicadas pela Portaria GM/MS n. 1.999, de 27 de novembro de 2023. Foram inseridas 165 novas patologias, ampliando as possibilidades de enquadramento da doença do trabalhador como de natureza ocupacional.

29. O médico do trabalho Primo A. Brandimiller assevera que "o mais razoável é deixar de lado estas conceituações formalmente defeituosas e ater-se aos princípios e ao sentido geral da legislação acidentária que, a propósito, nunca conseguiu conceituar precisamente os dois tipos de doenças a que se refere. A lei anterior referia-se à *doença profissional ou doença do trabalho* como sinônimos". Para demonstrar as sutilezas do enquadramento entre doenças profissionais e do trabalho, formula o seguinte exemplo: "Se o segurado é jateador de areia e apresenta silicose, sendo o risco inerente à atividade, trata-se de doença profissional. Se o silicótico é operador de empilhadeira em uma cerâmica, trata-se de doença do trabalho, por não ser o risco inerente à sua atividade de operador de empilhadeira, mas decorrente das condições especiais em que esta é realizada." Cf. *Perícia judicial em acidentes do trabalho*. São Paulo: SENAC, 1996. p. 152.

ou — talvez — sutil diferença entre 'doenças profissionais' e 'doenças do trabalho', presentes na conceituação legal (Lei n. 8.213/1991)."[30]

A relação das doenças ocupacionais (profissional ou do trabalho) anexa ao Decreto n. 3.048/1999 não tem caráter exaustivo, mas apenas exemplificativo[31]. Aliás, há previsão legal expressa nesse sentido no art. 20, § 2º, da Lei n. 8.213/1991, com o seguinte teor: "Em caso excepcional, constatando-se que a doença não incluída na relação prevista nos incisos I e II deste artigo resultou das condições especiais em que o trabalho é executado e com ele se relaciona diretamente, a Previdência Social deve considerá-la acidente do trabalho."

Esse dispositivo legal deixa largo espaço para o enquadramento como acidente do trabalho das doenças relacionadas com o trabalho (mesopatias), mesmo quando o agente patogênico não consta da relação da Previdência Social, bastando que haja nexo causal entre a doença e as condições em que o trabalho era executado. Como exemplo, pode ser citado um caso de estupro ocorrido no Rio de Janeiro em 1997, caracterizado pelo INSS como acidente do trabalho, quando uma empregada, que trabalhava como gerente de uma loja de artigos femininos, foi violentada pelo filho do dono da empresa. Além de contrair herpes, a vítima ficou sem condições de trabalhar, pois enfrenta momentos de pânico, necessitando de acompanhamento psiquiátrico[32].

Grandes controvérsias surgem no que se refere às exclusões do conceito de doença do trabalho, conforme indicado no art. 20 da Lei n. 8.213/1991:

> § 1º Não são consideradas como doença do trabalho:
>
> a) a doença degenerativa;
>
> b) a inerente a grupo etário;
>
> c) a que não produza incapacidade laborativa;
>
> d) a doença endêmica adquirida por segurado habitante de região em que ela se desenvolva, salvo comprovação de que é resultante de exposição ou contato direto determinado pela natureza do trabalho.

---

30. MENDES, René; WAISSMANN, William. Bases históricas da patologia do trabalho. In: MENDES, René (org). *Patologia do trabalho*. 3. ed. São Paulo: Atheneu, 2013. v. 1, p. 38.

31. Asseveram Irineu Pedrotti e William Pedrotti: "Não constando a doença profissional ou do trabalho do Anexo II, mas comprovado que ela resultou de condições especiais em que o trabalho é executado, e com ele se relacione diretamente, configura-se o acidente do trabalho. O Anexo é meramente exemplificativo e não exaustivo e as lesões dele excluídas são reparáveis quando seguramente demonstrada a natureza redutora da capacidade de trabalho do segurado." Cf. *Acidentes do trabalho*. 4. ed. São Paulo: Liv. e Ed. Universitária de Direito,2003. p. 109.

32. Cf. *Revista Proteção*, v. XII, n. 94, 1999, p. 48.

Nas hipóteses mencionadas nesse parágrafo, pode-se perceber que a doença não tem nexo causal com o trabalho; apareceu no trabalho, mas não pelo trabalho. Normalmente, as doenças degenerativas ou inerentes ao grupo etário independem do fator laboral e poderiam aparecer mesmo que o trabalhador estivesse desempregado ou aposentado. Como exemplos podem ser citados a perda auditiva em razão da idade, denominada presbiacusia, diferentes tipos de câncer, a osteoartrose da coluna vertebral, as doenças reumáticas etc.[33]

É preciso cuidado, porém, para não se apegar demasiadamente à interpretação literal do dispositivo, porquanto muitas doenças ocupacionais são de natureza degenerativa, como alerta o médico do trabalho Primo Brandimiller:

> O processo degenerativo pode ser de natureza biomecânica, microtraumática ou mesmo macrotraumática. O câncer ocupacional também é doença degenerativa, causada por agentes cancerígenos ocupacionais, alguns deles listados na NR-15. A própria surdez ocupacional é um processo degenerativo das células nervosas do órgão de Corti.
>
> Provada sua relação direta com a atividade laborativa, deve o processo degenerativo ser caracterizado como doença do trabalho.
>
> Na traumatologia ocupacional e desportiva, cabe considerar especialmente o processo degenerativo osteoarticular de origem mecânica, representado por microtraumatismos repetitivos (esforços repetitivos, impacto articular) e as posturas viciosas prolongadas.
>
> Destaca-se ainda um tipo de degeneração articular induzida por vibrações mecânicas nas mãos, decorrentes da utilização de equipamentos elétricos e principalmente pneumáticos, como furadeiras, lixadeiras, parafusadeiras, britadeiras, serras portáteis etc.[34]

Nem sempre é fácil garantir a existência ou inexistência de causalidade da ocupação com a doença — *especialmente diante das possibilidades das concausas, que serão tratadas no item seguinte* —, exigindo-se, muitas vezes, um bom diagnóstico diferencial, após cuidadosa anamnese ocupacional e exames complementares específicos[35].

---

33. Exemplos colhidos da obra do médico do trabalho Primo A. Brandimiller, *Perícia judicial em acidentes do trabalho*. São Paulo: SENAC, 1996. p. 155.

34. BRANDIMILLER, Primo A. *Perícia judicial em acidentes e doenças ocupacionais*. São Paulo: SENAC, 1996. p. 155-156.

35. Segundo o Manual de Procedimentos para os Serviços de Saúde elaborado pelo Ministério da Saúde em 2001, "a anamnese ocupacional faz parte da entrevista médica, que compreende a história clínica atual, a investigação sobre os diversos sistemas ou aparelhos, os antecedentes pessoais e familiares, a história ocupacional, hábitos e estilo de vida, o exame físico e a propedêutica

Além disso, se a doença não acarreta incapacidade para o trabalho, não se reconhece o acidente do trabalho (*alínea "c", retro*), já que a cobertura do seguro acidentário está voltada para a inaptidão laborativa. O Manual de Procedimentos para Serviços de Saúde, editado pelo Ministério da Saúde, menciona a incapacidade laborativa definida pelo INSS, como:

> A impossibilidade do desempenho das funções específicas de uma atividade (ou ocupação), em consequência de alterações morfopsicofisiológicas provocadas por doença ou acidente. (...) Para a imensa maioria das situações, a Previdência trabalha apenas com a definição apresentada, entendendo impossibilidade como incapacidade para atingir a média de rendimento alcançada em condições normais pelos trabalhadores da categoria da pessoa examinada. Na avaliação da incapacidade laborativa, é necessário ter sempre em mente que o ponto de referência e a base de comparação devem ser as condições daquele próprio examinado enquanto trabalhava e nunca os da média da coletividade operária.[36]

A Resolução do INSS n. 637, de 19 de março de 2018, que aprovou o "Manual Técnico da Perícia Médica Previdenciária" indicou conceito semelhante: "Incapacidade laborativa é a impossibilidade de desempenho das funções específicas de uma atividade, função ou ocupação habitualmente exercida pelo segurado, em consequência de alterações morfopsicofisiológicas provocadas por doença ou acidente." Também foi indicado para fins previdenciários o conceito técnico de invalidez como "a incapacidade laborativa total, permanente ou com prazo indefinido, omniprofissional/multiprofissional e insuscetível de recuperação ou reabilitação profissional, em consequência de doença ou acidente."[37]

---

complementar". Cf. MINISTÉRIO DA SAÚDE DO BRASIL. *Doenças relacionadas ao trabalho:* manual de procedimentos para os serviços de saúde. Org. DIAS, Elizabeth Costa. Brasília: Ministério da Saúde do Brasil, 2001. p. 30.

36. MINISTÉRIO DA SAÚDE DO BRASIL. *Doenças relacionadas ao trabalho*: manual de procedimentos para os serviços de saúde. Org. DIAS, Elizabeth Costa. Brasília: Ministério da Saúde do Brasil, 2001. p. 56.

37. No mencionado Manual, aprovado pela Resolução INSS n. 637/2018, consta o seguinte acréscimo de esclarecimento: "Deverá estar implicitamente incluído no conceito de incapacidade, desde que palpável e indiscutível no caso concreto, o risco para si ou para terceiros, ou o agravamento da patologia sob análise, que a permanência em atividade possa acarretar. O conceito de incapacidade deve ser analisado quanto ao grau, à duração e à profissão desempenhada." Na sequência, o Manual detalha a incapacidade quanto ao grau: em parcial ou total; quanto à duração: em temporária ou indefinida; quanto ao desempenho profissional: em uniprofissional, multiprofissional ou omniprofissional.

O nexo causal do acidente ou da doença ocupacional com o trabalho será também analisado como um dos pressupostos para deferimento das indenizações por acidente do trabalho no capítulo 6.

2.5. NOVA LISTA DE DOENÇAS RELACIONADAS AO TRABALHO (LDRT)

Importante avanço ocorreu no final de 2023 com a publicação da Lista de Doenças Relacionadas ao Trabalho (LDRT) pela Portaria GM/MS n. 1.999, de 27 de novembro de 2023[38]. A nova lista ampliou a relação adotada pela antiga Portaria MS n. 1.339/1999, incorporando os saberes e práticas acumuladas pelos serviços de saúde e pelos profissionais da medicina do trabalho nos últimos 24 anos. Essa atualização da lista oficial viabiliza o enquadramento de diversas doenças como de natureza ocupacional, uma vez que possibilita a constatação do nexo causal entre a patologia e o exercício do trabalho prestado pela vítima em muitas situações que até então não eram consideradas.

Na divulgação da referida Portaria, o Ministério da Saúde anunciou que foram incorporadas na lista 165 novas patologias, passando de 182 para 347 códigos de diagnósticos das doenças relacionadas ao trabalho, tais como: Covid-19, doenças de saúde mental, distúrbios musculoesqueléticos e outros tipos de cânceres[39].

Em 2024, novamente a Lista das Doenças Relacionadas ao Trabalho foi atualizada pela Portaria GM/MS n. 5.674, de 1º de novembro de 2024. A nova redação estabeleceu que "A LDRT não substitui as instâncias científicas no estabelecimento de relações causais entre substâncias e doenças..." (Art. 423, § 3º).

Cabe anotar que a revisão periódica da lista das doenças originadas no processo de trabalho atende previsão expressa constante do artigo 6º, § 3º, VII, da Lei n. 8.080/1990, a conhecida Lei Orgânica da Saúde. É mesmo previsível a constatação de novas patologias pelas constantes alterações nos sistemas de administração, pelas mudanças frequentes dos processos produtivos, bem como pelo avanço do conhecimento e da tecnologia na pesquisa médica. Como previsto no parágrafo único do art. 183, do Decreto n. 10.854/2021, "a

38. Essa Portaria entrou em vigor 30 dias após a sua publicação, ocorrida no dia 29 de novembro de 2023.

39. Disponível em: <https://www.gov.br/saude/pt-br/assuntos/noticias/2023/novembro/ministerio-da-saude-atualiza-lista-de-doencas-relacionadas-ao-trabalho-apos-24-anos> Acesso em: 26. dez. 2023.

atualização da lista oficial de doenças relacionadas ao trabalho será efetuada com base em critério epidemiológico ou técnico-científico consolidado."

Tudo indica que as Listas A e B anexadas ao atual regulamento da Previdência social (Decreto n. 3.049/1999) serão substituídas brevemente pelas listas atualizadas publicadas pelo Ministério da Saúde. Enquanto isso não ocorrer, resolvemos manter no livro as listas A e B do Decreto n. 3.048/99 (Anexos II e III), bem como inserir novos anexos (IV e V) com as listas A e B constantes da recente Portaria GM/MS n. 5.674/2024.

Entendemos que, mesmo antes da alteração que certamente será promovida no regulamento da Previdência Social, já podemos utilizar a nova Lista das Doenças Relacionadas ao Trabalho, para fins de enquadramento da patologia como de natureza ocupacional, considerando que ela retrata o conhecimento científico atualizado e oficial a respeito da matéria. Ademais, a própria norma legal estabelece que se ficar constatado que a doença não incluída na relação prevista nos incisos I e II do artigo 20 resultou das condições especiais em que o trabalho é executado e com ele se relacione diretamente, a Previdência Social deve considerá-la acidente do trabalho (art. 20, § 2º, da Lei n. 8.213/1991).

2.6. CONCAUSAS

A primeira lei acidentária de 1919 só considerava o acidente do trabalho ou a doença profissional originados de causa única; todavia, desde o Decreto-Lei n. 7.036/1944, passou a ser admitida a hipótese das concausas. A legislação atual (Lei n. 8.213/1991) tem previsão expressa a respeito:

> Art. 21. Equiparam-se também ao acidente do trabalho, para os efeitos desta Lei:
>
> I — o acidente ligado ao trabalho que, embora não tenha sido a causa única, haja contribuído diretamente para a morte do segurado, para a redução ou perda da sua capacidade para o trabalho, ou produzido lesão que exija atenção médica para a sua recuperação;

Ensina Cavalieri Filho que a "concausa é outra condição que, juntando-se à principal, concorre adequadamente para o resultado. Ela não inicia e nem interrompe o processo causal, apenas o reforça, tal como um rio menor que deságua em outro maior, aumentando-lhe o caudal."[40]

Para o acidente do trabalho em sentido amplo, podem contribuir causas ligadas à atividade profissional com outras extralaborais, sem qualquer vínculo com a função exercida pelo empregado. Além disso, mesmo o acidente

---

40. CAVALIERI FILHO, Sérgio. *Programa de responsabilidade civil.* 16. ed. São Paulo: Atlas, 2022. p. 74.

já ocorrido pode ser agravado por outra causa, como, por exemplo, um erro cirúrgico no atendimento hospitalar ou a superveniência de uma infecção por tétano, depois de pequeno ferimento de um trabalhador rural.

No entanto, a aceitação normativa da etiologia multicausal não dispensa a existência de uma causa eficiente, decorrente da atividade laboral, que *haja contribuído diretamente* para o acidente do trabalho ou situação equiparável. Em outras palavras, para caracterizar a concausa é indispensável a presença de alguma causa de origem ocupacional. Deve-se verificar se o trabalho atuou como fator contributivo do acidente ou da doença ocupacional; se atuou como fator desencadeante ou agravante de doenças preexistentes ou, ainda, se provocou a precocidade de doenças comuns, mesmo daquelas de cunho degenerativo ou inerente a grupo etário[41].

As concausas podem ocorrer por fatores preexistentes[42], supervenientes ou concomitantes com aquela causa que desencadeou o acidente ou a doença ocupacional. Vale transcrever nesse sentido a lição de Antônio Lopes Monteiro:

---

41. "*Doença ocupacional. Danos morais e materiais. Doença degenerativa. Lesão na coluna e ombros. Nexo concausal comprovado. Laudo pericial.* 1. Hipótese em que o Tribunal Regional excluiu a condenação quanto ao pagamento de indenização por danos morais e materiais, sob o fundamento de que a lesão do autor tem caráter exclusivamente degenerativo. Contudo, extrai-se do acórdão que as conclusões periciais foram no sentido de que o trabalho desempenhado nas dependências da reclamada (linha de produção) pode ter atuado como concausa para a doença nos ombros. Quanto à lesão na coluna, a perícia concluiu tratar-se de doença degenerativa, mas estabeleceu o nexo com o trabalho em razão da CAT emitida pela reclamada em 2000, da restrição das funções do autor e ainda porque, em ação acidentária, foi reconhecido o nexo causal com o trabalho. Nesse contexto, o perito fixou a incapacidade parcial e permanente do reclamante para o trabalho. 2. A par das conclusões da prova pericial produzida nestes autos, salienta-se que, consoante entendimento deste Tribunal Superior, a perícia realizada na açao acidentária atua como forte indício de que poderia haver nexo de causalidade entre a doença e as atividades exercidas. Precedentes. 3. A legislação previdenciária equipara a doença profissional a acidente do trabalho, ainda que o trabalho não tenha sido causa única, mas desde que contribua, diretamente, para o surgimento ou agravamento da lesão, conforme dispõe o art. 21, I, da Lei n. º 8.213/91. Pontue-se que, para a configuração da concausa, não importa se a doença tem caráter congênito ou degenerativo, bastando que o trabalho em condições inadequadas tenha concorrido para a ocorrência do infortúnio. 4. Nesse aspecto, esta Corte Superior tem entendimento no sentido de que, para a responsabilização do empregador nos casos envolvendo danos morais e materiais em razão de doença ocupacional agravada pelo desempenho da atividade laboral, o nexo concausal é suficiente para configurar o dever de indenizar. O dano moral, nesse caso, decorrente de ato ilícito que ensejou diminuição da capacidade laboral do reclamante é in re ipsa, pelo que prescinde de prova do dano, bastando a constatação da ofensa ao bem jurídico para que seja configurado. Precedentes. Recurso de revista conhecido e provido." TST. 2ª Turma. RRAg-1002491-19.2015.5.02.0466, Rel.: Ministra Maria Helena Mallmann, *DEJT* 28 jun. 2024.

42. "*Responsabilidade civil do empregador — doença ocupacional — perda auditiva — nexo concausal — indenização por danos materiais e morais.* O cenário fático registrado pela Corte regional revela que restaram configurados os elementos do dano (hipoacusia bilateral), do nexo de causalidade (na modalidade concausa), e da culpa patronal pela omissão quanto ao dever de zelo pela segurança

Em outras palavras, nem sempre o acidente se apresenta como causa única e exclusiva da lesão ou doença. Pode haver a conjunção de outros fatores — concausas. Uns podem preexistir ao acidente — concausas antecedentes; outros podem sucedê-lo — concausas supervenientes; por fim, há, também, os que se verificam concomitantemente — concausas simultâneas. Exemplo do primeiro caso é o diabético que venha a sofrer um pequeno ferimento que para outro trabalhador sadio não teria maiores consequências. Mas o diabético falece devido à intensa hemorragia causada. Temos assim uma morte para a qual concorre o acidente associado a um fator preexistente, a diabete.

Já os fatores supervenientes verificam-se após o acidente do trabalho ou da eclosão da doença ocupacional. Se de um infortúnio do trabalho sobrevierem complicações como as provocadas por micróbios patogênicos (estafilococos, estreptococos etc.) determinando, por exemplo, a amputação de um dedo ou até a morte, estaremos diante de uma concausa superveniente.

As causas concomitantes, por sua vez, coexistem ao sinistro. Concretizam-se ao mesmo tempo: o acidente e a concausa extralaborativa. O exemplo típico é a disacusia (PAIR), da qual é portador um tecelão de cinquenta anos. A perda auditiva é consequência da exposição a dois tipos de ruído concomitantes: o do ambiente do trabalho, muitas vezes elevado durante vinte ou trinta anos, e, durante o mesmo tempo, o do fator etário (extralaborativo): concausa simultânea.[43]

O "Manual de Acidente do Trabalho", adotado pela Resolução INSS n. 535/2016, conceitua como concausa "o conjunto de fatores, preexistentes ou supervenientes, suscetíveis de modificar o curso natural do resultado de uma

---

e saúde no ambiente de trabalho (ausência de concessão periódica e frequente de equipamentos de proteção individual), o que é suficiente para que se caracterize a responsabilidade civil subjetiva, nos moldes dos arts. 186 e 927, *caput*, do CCB. Importa ressaltar também que, segundo a previsão do art. 21 da Lei n. 8.213/91, é equiparado ao acidente de trabalho o evento ocorrido em decorrência do serviço prestado à empresa que, embora não tenha causa única, contribui diretamente para a perda ou redução, permanente ou temporária, da capacidade do empregado para o trabalho ou que produz lesão que exija atenção médica para a sua recuperação. De acordo com a teoria da causalidade adequada, as concausas preexistentes — patologia anterior, predisposição genética do trabalhador ou caráter degenerativo da moléstia — não eliminam a relação causal. No caso, o agravamento do quadro de saúde do reclamante contou com a contribuição do trabalho, sem que a reclamada tenha logrado comprovar a adoção de medidas que evitassem o desgaste físico do trabalhador. Recurso de revista conhecido e provido." TST. 7ª Turma. RR n. 97300-73.2008.5.15.0022, Rel.: Ministro Luiz Philippe Vieira de Mello Filho, DEJT 14 dez. 2018.

43. MONTEIRO, Antônio Lopes; BERTAGNI, Roberto Fleury de Souza. *Acidentes do trabalho e doenças ocupacionais*. 5. ed. São Paulo: Saraiva, 2009. p. 19-20.

lesão. Trata-se da associação de alterações anatômicas, fisiológicas ou patológicas que existiam ou possam existir, agravando um determinado processo". E na sequência do conceito esclarece: "O primeiro critério a ser considerado para definição da concausalidade é a modificação da história natural da doença, aquilo que o próprio conceito chama de curso natural do resultado de uma lesão ou doença. Assim, quando um determinado agente não levar à modificação da história natural da doença, ou quando forem verificados em seu quadro fatores exclusivamente ligados ao processo natural de envelhecimento, não será considerada a concausalidade".

Ao finalizar este tópico, cabe mencionar a questão controvertida a respeito do grau de contribuição do trabalho na formação do nexo concausal. Se o dano resultou da interação de fatores laborais e extralaborais (concausa), qual deve ser a consequência jurídica quando as provas demonstrarem as diferentes intensidades da contribuição do trabalho exercido pela vítima? O fator laboral pode ter contribuído de forma discreta, moderada ou intensa juntamente com os fatores extralaborais que provocaram o acidente ou a doença ocupacional.

Na Previdência Social basta que o trabalho tenha contribuído diretamente para ensejar o enquadramento do evento como de natureza acidentária, independentemente do grau dessa contribuição. Se o trabalho atuou como concausa é o suficiente para o pagamento integral dos benefícios acidentários previstos na Lei n. 8.213/1991, em sintonia com os objetivos sociais do seguro. Não há na lei, doutrina ou jurisprudência previdenciária preocupação alguma em mensurar a intensidade da participação de cada fator concausal.

Por outro lado, na seara da responsabilidade civil, o grau da contribuição do trabalho como fator concausal nos acidentes ou doenças ocupacionais deve ser considerado e pode influenciar nos arbitramentos dos valores indenizatórios, como veremos detalhadamente no capítulo 6, item 6.4.

2.7. ACIDENTE DE TRAJETO

Outra espécie de acidente do trabalho com peso estatístico considerável é o chamado acidente de trajeto ou acidente *in itinere*. Só no ano de 2023 o INSS acusou a ocorrência de 153.011 acidentes dessa modalidade, o que representa, em média, 419 por dia ou 21% da totalidade dos acidentes do trabalho no Brasil. Desde 2001, o número de acidentes de trajeto vem subindo, sendo que uma parte considerável deste aumento pode ser atribuída aos acidentes com motociclistas profissionais, em razão do fenômeno recente dos serviços de motofrete. Mesmo com a queda ocorrida nos últimos anos, o número continua muito elevado. Chama a atenção também o número de óbitos decorrentes dos acidentes de trajeto, que no ano de 2010 atingiu 44% das mortes por acidente do trabalho no Brasil.

O volume de "acidentes de trajeto" está inserido no contexto maior dos acidentes de trânsito em geral, cujos números são assustadores no Brasil. O Sistema de Informações de Mortalidade do Ministério da Saúde (SIM) aponta que o número de mortes por acidentes com transporte terrestre atingiu 40.610 em 2010, ou seja, uma média de 111 óbitos por dia, sendo que 25% delas por ocorrências com motocicletas[44]. Estatística mais recente de 2019 mostra redução do número de mortes anual para 31.945, sendo que destas 11.945 foram de motociclistas e 84% do sexo masculino[45].

A primeira norma acidentária a tratar do acidente de trajeto foi o Decreto n. 24.637/1934, que estabelecia a responsabilidade patronal nos acidentes ocorridos *na ida do empregado para o local de sua ocupação ou na sua volta dali* quando houvesse condução especial fornecida pelo empregador[46]. Incorporando aperfeiçoamentos adquiridos nas normas posteriores, o acidente *in itinere* está hoje regulamentado pela Lei n. 8.213/1991, com o seguinte teor:

> Art. 21. Equiparam-se também ao acidente do trabalho, para os efeitos desta Lei: (...)
>
> IV — o acidente sofrido pelo segurado ainda que fora do local e horário de trabalho: (...)
>
> d) no percurso da residência para o local de trabalho ou deste para aquela, qualquer que seja o meio de locomoção, inclusive veículo de propriedade do segurado.

Cabe mencionar que a Medida Provisória n. 905/2019, que tinha como objetivo implantar o chamado "contrato verde e amarelo", revogou a alínea "d" do Inciso IV acima transcrito. Desse modo, durante o seu prazo de vigência o acidente de trajeto deixou de ser equiparado ao acidente do trabalho. Contudo, a referida MP n. 905 foi revogada pela Medida Provisória n. 955, de 20 de abril de 2020, a qual também perdeu eficácia no dia 17 de agosto de 2020, porque não foi convertida em lei pelo Congresso Nacional.

Conforme prevê a Constituição da República no art. 62, § 3º, o Congresso Nacional deveria disciplinar, por decreto legislativo, os efeitos produzidos pela Medida Provisória não convertida em lei, durante o seu período de vigência, o que, todavia, não ocorreu. Desse modo, "não editado o decreto legislativo a que

---

44. Disponível em: <http://portalsaude.saude.gov.br/portalsaude/noticia/2933/162/transito-e-responsavel-por-mais-de-40-mil-mortes-no-brasil.html>. Acesso em: 11 out. 2012.

45. Disponível em: <https://www.portaldotransito.com.br/noticias/dados-oficiais-de-2019-mostram-queda-irrisoria-no-numero-de-mortes-no-transito-brasileiro/> Acesso em 3 jan. 2022.

46. Decreto n. 24.637, 10 jul. 1934, art. 2º, § 2º.

se refere o § 3º até sessenta dias após a rejeição ou perda de eficácia de medida provisória, as relações jurídicas constituídas e decorrentes de atos praticados durante sua vigência conservar-se-ão por ela regidas" (art. 62, § 11, da Constituição de 1988). Assim, no período de 12 de novembro de 2019 a 19 de abril de 2020 o acidente de trajeto deixou de ser equiparado ao acidente do trabalho no Brasil. Todavia, a partir do dia 20 de abril de 2020 voltou a ter vigência o dispositivo da Lei n. 8.213/1991 que equipara o acidente de trajeto ao acidente do trabalho.

É necessário registrar, contudo, que há uma particularidade que torna o caso do acidente de trajeto singular, porque não houve rejeição nem perda de eficácia da Medida Provisória n. 905/2019, considerando a sua revogação expressa pela Medida Provisória n. 955/2020, a qual também perdeu eficácia por falta de apreciação pelo Congresso. Além disso, o Pleno do STF já decidiu, no julgamento da ADI n. 365, que a ausência de conversão legislativa de Medida Provisória opera efeitos extintivos radicais, de modo a afetar todos os atos que estejam causalmente a ela vinculados. Aliás, a 1ª Turma do STF esclareceu em julgamento que "a jurisprudência da Corte é firme no sentido de que as medidas provisórias não convertidas em lei ou quando têm a eficácia suspensa por decisão em controle concentrado de constitucionalidade perdem sua eficácia desde a sua edição"[47]. Em síntese, na linha do entendimento da Corte Suprema, é imperioso concluir que os acidentes de trajeto ocorridos no período de vigência da MP n. 905/2019 – 12 de novembro de 2019 a 19 de abril de 2020 – devem ser considerados tecnicamente como acidentes do trabalho, ou seja, deve prevalecer a redação original da Lei n. 8.213/91.

Surgem grandes controvérsias quanto ao entendimento do que seja o *percurso da residência para o local de trabalho ou deste para aquela.* O trabalhador com frequência desvia-se desse percurso por algum interesse particular, para uma atividade de lazer ou compras em um supermercado ou farmácia, por exemplo. Como será necessário estabelecer o nexo causal do acidente com o trabalho, são aceitáveis pequenos desvios e toleradas algumas variações quanto ao tempo de deslocamento, desde que "compatíveis com o percurso do referido trajeto", porquanto a Previdência Social, na esfera administrativa, não considera acidente do trabalho quando o segurado, por interesse pessoal, interrompe ou altera o percurso habitual[48]. Se houver registro policial da ocorrência, deve-se apresentar o respectivo boletim.

---

47. Cf. STF. 1ª Turma. AI n. 426.351, Rel. Ministro Roberto Barroso, *DJ* 22 abr. 2015. Conferir também: RE n. 1249287, Rel. Ministro Luiz Fux, *DJ* 28 maio 2020 e RE n. 602058, Rel. Ministro Celso de Mello, *DJ* 4 dez. 2020.

48. Cf. Instrução Normativa INSS/PRES. n. 77, 21 jan. 2015, art. 320, § 5º. Esta Instrução Normativa foi revogada e atualizada pela Instrução Normativa INSS/PRES. n. 128, de 28 mar. 2022.

O "Manual de Acidente do Trabalho", adotado pela Resolução INSS n. 535/2016, conceitua como acidente de trajeto "o que ocorre no percurso do segurado de sua residência para o trabalho ou vice-versa ou de um local de trabalho para outro da mesma empresa, bem como o deslocamento do local de refeição para o trabalho ou deste para aquele, independentemente do meio de locomoção, sem alteração ou interrupção do percurso por motivo pessoal. Não havendo limite de prazo estipulado para que o segurado atinja o local de residência, refeição ou do trabalho, deve ser observado o tempo necessário compatível com a distância percorrida e o meio de locomoção utilizado."

Se o tempo do deslocamento (*nexo cronológico*) fugir do usual ou se o trajeto habitual (*nexo topográfico*) for alterado substancialmente, resta descaracterizada a relação de causalidade do acidente com o trabalho[49]. No entanto, se o trabalhador tiver mais de um emprego, será também considerado acidente de trajeto aquele ocorrido no percurso de um para o outro local de trabalho[50].

2.8. OUTRAS HIPÓTESES

Restam, ainda, as outras hipóteses que a Lei n. 8.213/1991 equipara ao acidente do trabalho para os efeitos dos benefícios da legislação acidentária:

> Art. 21. Equiparam-se também ao acidente do trabalho, para os efeitos desta Lei: (...)
>
> II — o acidente sofrido pelo segurado no local e no horário do trabalho, em consequência de:
>
> a) ato de agressão, sabotagem ou terrorismo praticado por terceiro ou companheiro de trabalho;
>
> b) ofensa física intencional, inclusive de terceiro, por motivo de disputa relacionada ao trabalho;
>
> c) ato de imprudência, de negligência ou de imperícia de terceiro ou de companheiro de trabalho;
>
> d) ato de pessoa privada do uso da razão;

49. "Evidentemente que não se impõe ao acidentado o emprego de uma 'rota usual', 'mais cômoda', 'mais direta' ou 'mais curta', constituindo-se tal fato um condicionamento indevido ao conceito de 'percurso'. Nem se deve levar em conta, também, a 'habitualidade do percurso', como, por exemplo, do lugar que parte ou daquele a que regressa o trabalhador, na caracterização do instituto, já que tais exigências não se acham no âmbito da lei. Nem é demasia lembrar que o percurso pode ser modificado por razões de segurança pessoal, falta de conduções apropriadas ou que sejam excessivamente demoradas, por motivo de chuvas, greves de coletivos etc., sem que isso quebre o nexo causal na eventualidade de um acidente com incapacidade superveniente." Cf. COSTA, Hertz J. *Acidentes do trabalho na atualidade*. Porto Alegre: Síntese, 2003. p. 83.

50. Cf. Instrução Normativa INSS/PRES. n. 128, de 28 mar. 2022, art. 351, § 1º.

> e) desabamento, inundação, incêndio e outros casos fortuitos ou decorrentes de força maior;
>
> III — a doença proveniente de contaminação acidental do empregado no exercício de sua atividade;
>
> IV — o acidente sofrido pelo segurado ainda que fora do local e horário de trabalho:
>
> a) na execução de ordem ou na realização de serviço sob a autoridade da empresa;
>
> b) na prestação espontânea de qualquer serviço à empresa para lhe evitar prejuízo ou proporcionar proveito;
>
> c) em viagem a serviço da empresa, inclusive para estudo quando financiado por esta dentro de seus planos para melhor capacitação da mão de obra, independentemente do meio de locomoção utilizado, inclusive veículo de propriedade do segurado; (...)
>
> § 1º Nos períodos destinados à refeição ou descanso, ou por ocasião da satisfação de outras necessidades fisiológicas, no local de trabalho ou durante este, o empregado é considerado no exercício do trabalho.
>
> § 2º Não é considerada agravação ou complicação de acidente do trabalho a lesão que, resultante de acidente de outra origem, se associe ou se superponha às consequências do anterior.

Os acidentes do trabalho mencionados nesses dispositivos legais acontecem raramente, tanto que nem constam separadamente nas estatísticas da Previdência Social. São hipóteses que, mesmo ocorrendo no local e no horário de trabalho, não estão diretamente relacionadas com a atividade profissional, apesar do vínculo causal indireto. Além disso, são indicados os acidentes ocorridos fora do local ou do horário de trabalho, mas que guardam vinculação estreita com o cumprimento do contrato laboral. "Quando o empregado estiver à disposição do empregador, independentemente do local e dia, em horário de trabalho e no ambiente da empresa, mesmo sem estar efetivamente trabalhando (períodos destinados às refeições e a outras necessidades fisiológicas), verificando-se o acidente, este assume a natureza de acidente do trabalho."[51]

Finalmente, é oportuno mencionar também que os acidentes ou as doenças ocorridos no exercício do teletrabalho podem ser caracterizados como de natureza ocupacional, produzindo todos os efeitos jurídicos decorrentes desse enquadramento. No capítulo 15 vamos analisar separadamente as singularidades dos acidentes ou doenças na atividade do teletrabalho ou trabalho remoto.

---

51. MONTEIRO, Antônio Lopes; BERTAGNI, Roberto Fleury de Souza. *Acidentes do trabalho e doenças ocupacionais*. 5. ed. São Paulo: Saraiva, 2009. p. 21.

3

CARACTERIZAÇÃO DO ACIDENTE DO TRABALHO

3.1. COMUNICAÇÃO DO ACIDENTE DO TRABALHO — CAT

O primeiro passo para o reconhecimento de qualquer direito ao empregado que sofreu acidente do trabalho ou situação legalmente equiparada é a comunicação da ocorrência à Previdência Social, cuja legislação, no Brasil, incorporou a infortunística do trabalho[1]. Com o objetivo de facilitar a concessão rápida dos benefícios e, ainda, diante do caráter social do seguro acidentário, a norma legal atribui ao empregador a obrigação de expedir a comunicação do acidente, ficando dispensada, assim, a vítima ou seus dependentes da iniciativa do requerimento. Estabelece a Lei n. 8.213/1991:

> Art. 22. A empresa ou o empregador doméstico deverão comunicar o acidente do trabalho à Previdência Social até o primeiro dia útil seguinte ao da ocorrência e, em caso de morte, de imediato, à autoridade competente, sob pena de multa variável entre o limite mínimo e o limite máximo do salário de contribuição, sucessivamente aumentada nas reincidências, aplicada e cobrada pela Previdência Social. (...)

A Comunicação do Acidente do Trabalho à Previdência Social deverá ser expedida pela empresa ou pelo empregador doméstico, de acordo com formulário próprio criado pelo INSS[2], cujo modelo pode ser obtido pela *Internet*

---

1. Estabelece o art. 129, II, da Lei n. 8.213/1991 que os litígios e medidas cautelares relativos ao acidente do trabalho serão apreciados na via judicial mediante petição inicial instruída pela prova da efetiva notificação do evento à Previdência Social, por meio de Comunicação de Acidente do Trabalho — CAT.
2. O formulário da CAT e as respectivas instruções de preenchimento eram regulados pela Portaria n. 5.817 de 6 outubro de 1999 e pela Ordem de Serviço INSS/DSS n. 621, de 5 de maio de 1999 e

no endereço <http://www.previdenciasocial.gov.br>, sendo que atualmente a comunicação será cadastrada exclusivamente em meio eletrônico, não sendo mais possível o protocolo físico do documento nas Agências da Previdência Social[3].

Se do acidente resultar óbito, além da comunicação ao INSS até o primeiro dia útil seguinte, a empresa deverá comunicar a ocorrência imediatamente à autoridade policial. Isso porque é necessário investigar no inquérito próprio se há delito a ser punido na esfera criminal, razão pela qual assume grande importância a colheita imediata das provas no local do infortúnio.

Caso o acidente laboral seja detectado tardiamente, quando o trabalhador estiver desempregado, o que é comum ocorrer nas hipóteses das doenças ocupacionais ou nos exames médicos para admissão em novo emprego, a CAT deverá ser emitida pelas pessoas designadas no art. 336, § 3º, do Regulamento da Previdência Social, o Decreto n. 3.048/1999[4].

Não cabe à empresa que está promovendo a admissão emitir a CAT porque ainda não é a empregadora do candidato; além disso, não detém informações dos fatos ocorridos no emprego anterior para afirmar que aquelas perturbações funcionais guardam nexo etiológico com o trabalho.

O acidente do trabalho pode ser o fato gerador de diversas e sérias consequências jurídicas que se refletem no contrato de trabalho, na esfera criminal, nos benefícios acidentários, nas ações regressivas promovidas pela Previdência Social, nas indenizações por responsabilidade civil, na Inspeção do Trabalho, no pagamento de indenização de seguros privados que cobrem a morte ou a invalidez permanente e na reação corporativa do sindicato da categoria profissional.

Com receio de tantas repercussões onerosas, muitos empregadores sonegam a comunicação, procurando impedir a publicidade do sinistro. O legislador, no entanto, com o objetivo de combater a subnotificação, instituiu normas visando a facilitar a comunicação do acidente e ampliar a sua divulgação entre todos os interessados, para que possam tomar as medidas que entenderem

---

pela Instrução Normativa do INSS/PRES. n. 77, de 21 jan. 2015, a partir do art. 327. Atualmente a CAT está regulada pela Portaria SEPRT/ME n. 4.334, de 15 de abril de 2021 e Instrução Normativa INSS/PRES. n. 128, de 28 de mar. 2022, arts. 350 e 351.

3. Cf. Portaria SEPRT/ME n. 4.334, 15 abr. 2021, arts. 1º e 2º.

4. Instrução Normativa do INSS/PRES. n. 128, de 28 mar. 2022, art. 351, IV. As pessoas designadas no art. 336, § 3º, do RPS são: o próprio acidentado, seus dependentes, a entidade sindical competente, o médico que o assistiu ou qualquer autoridade pública. A Instrução Normativa n. 128 retrocitada especifica o rol das autoridades públicas habilitadas a emitir a CAT (art. 351, § 4º e § 5º).

cabíveis. Assim, no caso de omissão ou resistência do empregador, a CAT também pode ser emitida pelo próprio acidentado, por seus dependentes, pela entidade sindical competente[5], pelo médico que o assistiu ou por qualquer autoridade pública, mesmo após vencido o prazo fixado para a comunicação pela empresa[6].

Além disso, passou-se a exigir a emissão em quatro vias, com a seguinte destinação: 1ª via — INSS; 2ª via — segurado ou dependente; 3ª via — sindicato dos trabalhadores; 4ª via — empresa[7]. É dever da empresa remeter as cópias para os destinatários mencionados, bem como informar ao segurado ou aos seus dependentes em qual agência do INSS a CAT foi registrada.

Uma questão difícil, especialmente no caso das doenças ocupacionais, é estabelecer a partir de que momento ou circunstância a emissão da CAT torna-se obrigatória, passando a ser direito do trabalhador e dever do empregador. Nos últimos anos, nota-se um inconformismo crescente de trabalhadores e sindicatos contra a conduta daquelas empresas que se negam a emitir a CAT, sob alegação de que não existe ainda o *diagnóstico firmado* da doença ocupacional. De fato, se verificarmos o antigo "Manual de Instrução para Preenchimento da CAT" disponível no sítio eletrônico do INSS, publicado por intermédio da Ordem de Serviço INSS/DSS n. 621/1999, havia a previsão expressa de que "todos os casos com diagnóstico firmado de doença

---

5. Os sindicatos sempre reclamam de um certo preconceito ou desatenção por parte do INSS, em relação às Comunicações de Acidentes do Trabalho por eles emitidas. Para afastar essa suspeita, a Diretoria de Benefícios do INSS baixou o Memorando Circular n. 48, de 31 de outubro de 2005, esclarecendo aos setores internos que a CAT emitida pelo Sindicato profissional da categoria não pode ser recusada, pois tem o mesmo valor probatório daquela providenciada pela empresa.
6. Lei n. 8.213, de 24 jul. 1991, art. 22, § 2º ou Decreto n. 3.048, de 6 maio 1999, art. 336, § 3º. A Instrução Normativa do INSS/PRES n. 128, de 28 mar. 2022 relaciona no art. 351, § 5º, quais são as autoridades que podem emitir a CAT: "Para efeito do disposto no § 4º deste artigo, consideram-se autoridades públicas reconhecidas para tal finalidade os magistrados em geral, os membros do Ministério Público e dos Serviços Jurídicos da União e dos Estados, os comandantes de unidades militares do Exército, da Marinha, da Aeronáutica e das Forças Auxiliares (Corpo de Bombeiros e Polícia Militar), prefeitos, delegados de polícia, diretores de hospitais e de asilos oficiais e servidores da administração direta e indireta federal, estadual, do Distrito Federal ou municipal, quando investidos de função."
7. A Ordem de Serviço INSS/DSS n. 621/1999, que aprovou o modelo do formulário da comunicação, estabelecia que a CAT deveria ser emitida com seis vias, sendo a 5ª via para o SUS e a 6ª via para a DRT. No entanto, a Instrução Normativa INSS/DC n. 118/2005 e posteriormente o art. 329 da Instrução INSS/PRES n. 77/2015 limitaram a emissão às quatro vias indicadas no art. 22, § 1º, da Lei n. 8.213/1991 (INSS, Segurado, Sindicato e Empresa). No caso de óbito, cópia da CAT também deverá ser entregue aos dependentes e à autoridade competente. A Portaria SEPRT/ME n. 4.334/2021, que instituiu a CAT eletrônica, estabeleceu no parágrafo único do art. 3º: "As orientações para o preenchimento da CAT constarão no Manual de Orientação do eSocial (MOS) no sítio eletrônico da Previdência Social".

profissional ou do trabalho devem ser objeto de emissão de CAT pelo empregador" e, ainda, de que "no caso de doença profissional ou do trabalho, a CAT deverá ser emitida após a conclusão do diagnóstico." No atual Manual de Orientação para preenchimento do eSocial, consta no item que trata da Comunicação do Acidente do Trabalho (S-2210) que deverá ser considerada "como data do acidente a da conclusão do diagnóstico ou a do início da incapacidade laborativa, devendo ser consignada aquela que ocorrer primeiro"[8].

Essa norma administrativa está dificultando a emissão da CAT em muitas situações, já que, para diversas doenças relacionadas com o trabalho, é possível formular hipóteses diagnósticas de doenças degenerativas ou do grupo etário ou, ainda, demandar prolongados exames complementares para formular diagnóstico diferencial, retardando em demasia a "conclusão do diagnóstico". Entendemos, todavia, que referida exigência, além de equivocada, é ilegal, pois contraria frontalmente a lei. Diz o art. 169 da CLT, com a redação dada pela Lei n. 6.514/1977:

> Art. 169. Será obrigatória a notificação das doenças profissionais e das produzidas em virtude de condições especiais de trabalho, comprovadas ou objeto de suspeita, de conformidade com as instruções expedidas pelo Ministério do Trabalho.

Ora, não pode uma simples Ordem de Serviço, ato administrativo que é, limitar ou restringir o alcance da lei. Assevera Hely Lopes Meirelles, em síntese feliz: "Sendo o regulamento, na hierarquia das normas, ato inferior à lei, não a pode contrariar, nem restringir ou ampliar suas disposições. Só lhe cabe explicitar a lei, dentro dos limites por ela traçados, ou completá-la, fixando critérios técnicos e procedimentos necessários para sua aplicação."[9] É oportuno registrar o magistério seguro de Oswaldo Aranha Bandeira de Mello sobre o campo de abrangência do regulamento:

> O regulamento tem limites decorrentes do Direito Positivo. Deve respeitar os textos constitucionais, a lei regulamentada e a legislação em geral, e as fontes subsidiárias a que ela se reporta. Ademais, sujeita-se a comportas teóricas. Assim, não cria, nem modifica e sequer extingue direitos e obrigações, senão nos termos da lei, isso porque o inovar, originariamente, na ordem jurídica consiste em *matéria reservada à lei*. Igualmente, não adia a execução da lei e, menos ainda, a suspende, salvo disposição expressa

---

8. Disponível em: <https://www.gov.br/esocial/pt-br/documentacao-tecnica/manuais/mos-s-1-3-consolidada-ate-a-no-s-1-3-02-2024.pdf>. Acesso em: 3 jan.2025.
9. MEIRELLES, Hely Lopes. *Direito administrativo brasileiro*. 29. ed. São Paulo: Malheiros, 2004. p. 127.

dela, ante o *alcance irrecusável da lei* para ele. Afinal, não pode ser emanado senão conforme a lei, em virtude da proeminência *desta* sobre ele.[10]

Por outro lado, a NR-7 da Portaria n. 3.214/1978, no item 7.4.8, estabelecia que, sendo verificadas alterações que revelem qualquer tipo de disfunção de órgão ou sistema biológico, mesmo sem sintomatologia, caberá ao médico coordenador ou encarregado solicitar à empresa a emissão da CAT, encaminhando o trabalhador à Previdência Social para estabelecimento de nexo causal, avaliação de incapacidade e definição da conduta previdenciária em relação ao trabalho. Esta previsão foi mantida com alguns ajustes no item 7.5.19.5 da nova versão da NR-7, aprovada pela Portaria n. 6.734/2020, da Secretaria Especial de Previdência e Trabalho do Ministério da Economia, com a atualização da Portaria MPT n. 567, de 10 de março de 2022.

Acreditamos, todavia, que as autoridades do INSS incidem em equívoco na exigência do *diagnóstico firmado* para formalização da CAT, até porque a Instrução Normativa n. 98, que aprovou a Norma Técnica a respeito das LER/DORT, baixada em dezembro de 2003 pela Diretoria Colegiada do INSS, estabeleceu que *todos os casos com suspeita diagnóstica de LER/DORT devem ser objeto de emissão de CAT pelo empregador.*

Assim, a partir do momento em que surge a "suspeita diagnóstica" de doença relacionada ao trabalho, é dever do empregador e direito do empregado a emissão da CAT. De qualquer forma é necessário que haja alguma alteração, algum sintoma ou sinal clínico que possa levar à "suspeita", para não cair no comportamento excessivo de emissão da CAT pela simples desconfiança ou por mero capricho por parte do empregado.

Aliás, estabelece o Código de Ética Médica, no Capítulo I, que trata dos princípios fundamentais, que "o médico não pode, em nenhuma circunstância ou sob nenhum pretexto, renunciar à sua liberdade profissional, nem permitir quaisquer restrições ou imposições que possam prejudicar a eficiência e a correção de seu trabalho."[11]

Nesse diapasão, a Resolução CFM n. 2.323/2022 estabelece: "Art. 3º Os médicos do trabalho e os demais médicos que atendem os trabalhadores de empresas e instituições, que admitem trabalhadores independentemente de sua especialidade, devem: (...) IV — Notificar formalmente o empregador quando da ocorrência ou de sua suspeita de acidente ou doença do trabalho,

---

10. BANDEIRA DE MELLO, Oswaldo Aranha Bandeira de. *Princípios gerais de direito administrativo*. 2. ed. Rio de Janeiro: Forense, 1979. p. 360.

11. Aprovado pela Resolução CFM n. 2.217, de 27 de set. de 2018.

para que a empresa proceda à emissão de Comunicação de Acidente do Trabalho, devendo deixar registrado no prontuário do trabalhador". Também a Convenção n. 161 da OIT, ratificada pelo Brasil, estabelece que o pessoal prestador de serviços de saúde no trabalho deverá gozar de independência profissional completa com relação ao empregador, aos trabalhadores e aos seus representantes[12].

A data em que ocorreu o sinistro é facilmente indicada na CAT quando se trata de acidente típico, mas é de difícil apuração nas doenças ocupacionais. Diante da impossibilidade prática de precisar o "momento do adoecimento", o legislador estabeleceu, por presunção legal, como dia do acidente a data do início da incapacidade laborativa para o exercício da atividade habitual, ou o dia da segregação compulsória, ou o dia em que for realizado o diagnóstico, valendo o que ocorrer primeiro[13]. Como é necessário emitir a CAT quando houver suspeita de doença ocupacional, a data a ser colocada na comunicação será aquela em que o médico formulou a suspeita diagnóstica.

Vale enfatizar que a CAT deverá ser preenchida em todos os casos em que ocorrer acidente ou doença ocupacional, mesmo que não haja afastamento do trabalho ou incapacidade. Sabe-se, porém, que a subnotificação nos acidentes que não acarretam afastamento é grande, até porque é muito difícil o fato ser detectado pela fiscalização.

O número elevado de trabalhadores sem carteira assinada no Brasil gera muitas emissões de CAT para empregados que só foram admitidos formalmente, com data retroativa, após a ocorrência do acidente ou da morte, especialmente porque os benefícios acidentários não exigem período de carência, estando garantida a cobertura desde o primeiro dia de trabalho.

Segundo dados oficiais do IBGE, relativos a setembro de 2024, da população geral do Brasil de aproximadamente 213 milhões de pessoas, 176 milhões estavam em idade de trabalhar, mas apenas 103 milhões estavam ocupadas, ou seja, a soma dos desocupados e dos que estão fora da força de trabalho passa de 73 milhões. Os trabalhadores com carteira assinada mais os domésticos formalizados, servidores públicos e empregadores com CNPJ atingem 60 milhões. Desse modo, restam 43 milhões de brasileiros que estão indicados como trabalhadores sem carteira assinada ou trabalhadores por conta própria ou, ainda, trabalhador familiar auxiliar.

---

12. Convenção n. 161 da OIT, art. 10. Esta Convenção, que trata dos "Serviços de Saúde no Trabalho", foi promulgada pelo Decreto n. 127 de 1991 e está em vigor no Brasil desde 18 de maio de 1991. Atualmente, foi incluída na Consolidação das Convenções da OIT ratificadas pelo Brasil, efetivada pelo Decreto Federal n. 10.088/2019 – Anexo XLIII.

13. Lei n. 8.213, de 24 jul. 1991, art. 23.

Sabemos, porém, que a grande maioria de trabalhadores enquadrados na categoria "por conta própria" gravita em torno das empresas, praticamente na condição de empregados sem registro. Quando ocorre acidente no trabalho, para garantir a sobrevivência durante a incapacidade, a vítima pleiteia o registro com data retroativa, até porque muitos ditos autônomos nem recolhem o INSS regularmente. Também o tomador dos serviços prefere "transferir o problema" para o INSS e assina a carteira até mesmo para "ajudar" o acidentado. Esse comportamento acentua o propalado déficit previdenciário, visto que o trabalhador só está sendo registrado quando já adquiriu direito ao benefício decorrente do acidente, ou seja, a Previdência Social se depara com uma despesa certa quando nada arrecadou ainda com relação a esse novo segurado/beneficiário.

O Código Penal, com as modificações da Lei n. 9.983/2000, estabelece a pena de reclusão de dois a seis anos para quem insere na folha de pagamento ou em documento para fazer prova perante a Previdência Social pessoa que não tenha a qualidade de segurado obrigatório ou quem omite a vigência de contrato de trabalho ou de prestação de serviços[14]. O desafio dos operadores jurídicos, portanto, é exigir a aplicação da lei já em vigor, pois o que intimida o infrator contumaz e o leva a mudar o comportamento não é a severidade da pena, mas a certeza ou o fundado receio de que possa vir a ser condenado. Convém registrar que os tribunais já estão apreciando considerável quantidade de processos criminais envolvendo fraudes contra a Previdência Social.

Além da emissão da CAT, conforme acima mencionado, o empregador deverá comunicar de imediato o acidente do trabalho ou doença profissional que resulte morte. Essa obrigação foi disciplinada pela Portaria do MPT n. 671/2019, com apoio no art. 14 da Convenção n. 81 da OIT, ratificada pelo Brasil — Decreto n. 10.088/2019: Anexo XV — e art. 169 da CLT.

3.2. ENQUADRAMENTO TÉCNICO DO ACIDENTE PELO INSS

A emissão da CAT não significa automaticamente que houve confissão da empresa quanto à ocorrência de acidente do trabalho, porquanto a caracterização oficial do infortúnio é feita pela Previdência Social, depois de comprovar o liame causal entre o acidente e o trabalho exercido.

O setor de perícia médica do INSS, nos afastamentos superiores a quinze dias, faz análise técnica para conferência do nexo entre o trabalho e o agravo,

---

14. Código Penal, art. 297, § 3º, I.

considerando-se como agravo a lesão, a doença, o transtorno de saúde, distúrbio, disfunção ou síndrome de evolução aguda, subaguda ou crônica, de natureza clínica ou subclínica, inclusive morte, independentemente do tempo de latência[15].

Como se vê, o acidente ou a doença comunicados pela empresa podem ser ou não caracterizados tecnicamente como acidente do trabalho. Se a perícia indicar que não há nexo causal do acidente ocorrido com o trabalho, o INSS reconhecerá apenas o acidente de qualquer natureza, conferindo à vítima os benefícios previdenciários cabíveis, mas não os direitos acidentários[16]. Igual desfecho ocorrerá se a doença, mesmo considerando-se as possíveis concausas, não estiver relacionada ao trabalho.

Com frequência acontece de o trabalhador procurar o INSS sem nem mesmo saber que o acidente ou a doença de que foi acometido tem relação com o trabalho. Daí acontece que muitos acidentes do trabalho no sentido técnico, especialmente os de trajeto e as doenças ocupacionais, são enquadrados como ocorrências comuns, por falta de iniciativa ou de empenho para verificação do nexo causal com o trabalho.

A empresa, por sua vez, nem sempre se empenha para emitir a CAT, porque o enquadramento do evento como acidente do trabalho, além de gerar a estabilidade provisória no emprego após o fim do benefício, quando o afastamento for superior a quinze dias, acarreta a obrigação de depositar o FGTS no período de afastamento. Ademais, a indenização por responsabilidade civil prevista no art. 7º, XXVIII, da Constituição da República, exige a prévia caracterização da ocorrência como acidente do trabalho, sendo este, provavelmente, o fato mais preocupante para o empregador. É fácil concluir, portanto, que além da subnotificação explícita, há uma outra mascarada, mais sutil, que reduz a estatística dos acidentes do trabalho, mas sobrecarrega o desembolso dos benefícios previdenciários.

Essa questão, todavia, teve importante alteração no sentido de facilitar o enquadramento da patologia como de natureza ocupacional, porquanto a Lei n. 11.430/2006, que criou o nexo técnico epidemiológico, praticamente instituiu o nexo causal presumido, ao acrescentar o art. 21-A na Lei n. 8.213/1991, cujo teor foi também alterado pela Lei Complementar n. 150/2015:

---

15. Decreto n. 3.048, de 6 maio 1999, art. 337. Conferir também o "Manual Técnico da Perícia Médica Previdenciária" aprovado pela Resolução do INSS n. 637, de 19 de março de 2018.

16. "Entende-se como acidente de qualquer natureza ou causa aquele de origem traumática e por exposição a agentes exógenos, físicos, químicos ou biológicos, que acarrete lesão corporal ou perturbação funcional que cause a morte ou a perda ou a redução permanente ou temporária da capacidade laborativa." Cf. Decreto n. 3.048, 6 maio 1999, art. 30, § 1º.

> Art. 21-A. A perícia médica do Instituto Nacional do Seguro Social (INSS) considerará caracterizada a natureza acidentária da incapacidade quando constatar ocorrência de nexo técnico epidemiológico entre o trabalho e o agravo, decorrente da relação entre a atividade da empresa ou do empregado doméstico e a entidade mórbida motivadora da incapacidade elencada na Classificação Internacional de Doenças (CID), em conformidade com o que dispuser o regulamento.
>
> § 1º A perícia médica do INSS deixará de aplicar o disposto neste artigo quando demonstrada a inexistência do nexo de que trata o *caput* deste artigo.
>
> § 2º A empresa ou o empregador doméstico poderão requerer a não aplicação do nexo técnico epidemiológico, de cuja decisão caberá recurso, com efeito suspensivo, da empresa, do empregador doméstico ou do segurado ao Conselho de Recursos da Previdência Social (NR)

Com efeito, se a perícia médica do INSS constatar a presença do nexo técnico epidemiológico, deverá reconhecer, por presunção legal, a natureza ocupacional da patologia, na forma especificada no art. 337 do Decreto n. 3.048/1999, que aprovou o Regulamento da Previdência Social. O empregador, no entanto, poderá requerer a não aplicação do nexo epidemiológico ao caso concreto, com efeito suspensivo, quando puder demonstrar a inexistência do nexo entre o trabalho e o agravo[17].

3.3. RECURSO ADMINISTRATIVO CONTRA O ENQUADRAMENTO

Quando o segurado discordar do enquadramento do infortúnio, conforme caracterizado pela Previdência Social, poderá interpor recurso administrativo, isto é, tentar modificar a decisão no âmbito do próprio INSS, antes de ingressar com ação perante o Poder Judiciário. Pode-se dizer, portanto, que o recurso administrativo é o remédio jurídico disponível ao segurado para provocar o reexame de uma decisão, na esfera administrativa, pela mesma autoridade ou por outra de hierarquia superior.

Essa prerrogativa do segurado tem respaldo na Constituição da República, que assegura a todos, independentemente do pagamento de taxas, a possibilidade de petição aos Poderes Públicos[18] em defesa de direito ou contra a ilegalidade ou o abuso de poder e que assegura também aos litigantes, em processo judicial ou administrativo, o contraditório e a ampla defesa, com os meios e recursos a ela inerentes[19]. Tem apoio, ainda, no art. 126 da Lei

---

17. Lei n. 8.213, de 24 jul. 1991, art. 21-A, § 2º e Decreto n. 3.048, de 6 de maio 1999, art. 337, § 7º.
18. O INSS, que ainda detém o monopólio do seguro de acidente do trabalho, enquadra-se juridicamente como autarquia federal.
19. Constituição da República, de 5 out. 1988. Art. 5º, Incisos XXXIV e LV.

n. 8.213/1991[20] e na Lei n. 9.784/1999, que regula o processo administrativo no âmbito da Administração Pública Federal. O detalhamento dos trâmites processuais do recurso administrativo pode ser verificado no Regimento Interno do Conselho de Recursos da Previdência Social (CRPS)[21].

Se o INSS, por exemplo, entender que a doença que acarretou o afastamento é de natureza degenerativa, sem nexo causal com o trabalho, e conceder ao segurado apenas o auxílio-doença previdenciário comum (código B. 31), este poderá interpor recurso administrativo para tentar comprovar que a doença eclodiu em razão das tarefas exercidas, com agravamento pelas condições inadequadas de trabalho, pelo que deveria receber o auxílio-doença por acidente do trabalho (código B. 91).

A primeira decisão do INSS quanto ao enquadramento ou não do evento como acidente do trabalho é tomada na Agência da Previdência Social (APS), onde foram registrados a CAT e o requerimento do benefício por incapacidade. Se a perícia médica desta Agência entender que não há nexo do evento com o trabalho, o segurado poderá interpor recurso ordinário no prazo de 30 dias para a Junta de Recursos do CRPS, que é considerada a primeira instância administrativa[22].

---

20. Lei n. 8.213, de 24 jul. 1991, art. 126: "Compete ao Conselho de Recursos da Previdência Social julgar, entre outras demandas, na forma do regulamento: I – recursos das decisões do INSS nos processos de interesse dos beneficiários; II – contestações e recursos relativos à atribuição, pelo Ministério da Economia, do Fator Acidentário de Prevenção aos estabelecimentos das empresas; (...)"

21. O Regimento Interno do CRPS, que vigora atualmente, foi aprovado pela Portaria MTP n. 4.061, de 12 de dezembro de 2022, com alterações promovidas pela Portaria MPS n. 2.393, de 5 de julho de 2023.

22. Tem sido aceito em algumas APS o pedido de revisão do nexo causal por simples requerimento do segurado, antes mesmo da interposição de recurso para a JRPS, especialmente quando o segurado acrescenta documento ou exame convincente, oferecendo subsídios para o médico perito reanalisar a conclusão anterior. Essa postura tem suporte na garantia constitucional do direito de petição (art. 5º, XXXIV), tanto que a Portaria n. 4.061/2022 estabelece no art. 66 que "O INSS e a SPREV(FAP/RPPS), enquanto não ocorrida a decadência, poderão reconhecer o direito do interessado e reformar suas próprias decisões, observado o seguinte procedimento: I – quando o reconhecimento ocorrer antes do encaminhamento do Recurso Ordinário ao CRPS, o INSS e a SPREV (FAP/RPPS) deixarão de enviar o recurso à Unidade Julgadora competente; e II – quando o reconhecimento ocorrer após a chegada do recurso no CRPS, mesmo que em fase de diligência ou após o julgamento, o INSS e a SPREV (FAP/RPPS), deverão encaminhar os autos à respectiva Unidade Julgadora, devidamente instruído com a comprovação da reforma de sua decisão e do reconhecimento do direito do interessado, para julgamento, se este ainda não tiver ocorrido, ou para que seja proferida nova decisão, se for o caso. Parágrafo único. Na hipótese de reforma parcial de decisão do INSS ou da SPREV (FAP/RPPS), o processo terá seguimento em relação à questão objeto da controvérsia remanescente."

Por outro lado, a empresa também poderá recorrer da decisão do INSS, com efeito suspensivo, conforme prevê o art. 337, § 13, do Decreto n. 3.048/1999. Conforme ocorre com os recursos em geral, o interessado deverá expor detalhadamente as razões do seu inconformismo, e o INSS, ao julgar o apelo, tem o dever de mencionar os fundamentos da decisão.

Uma vez apresentado o recurso, novo exame do nexo causal será feito. Se a conclusão for favorável ao segurado, comprovando o nexo, imediatamente será concedido o direito postulado, ficando dispensado o pronunciamento da Junta de Recursos; porém, se o parecer médico mantiver a decisão anterior, o processo seguirá para julgamento na JRPS[23].

Na etapa de instrução do processo administrativo, o recorrente poderá juntar documentos, atestados, exames complementares e pareceres médicos, requerer diligências ou perícias, aduzir alegações, sendo que os elementos probatórios deverão ser considerados nos fundamentos da decisão[24]. Somente poderão ser recusadas, mediante decisão fundamentada, as provas ilícitas, impertinentes, desnecessárias ou protelatórias[25]. Se os conselheiros da Junta de Recursos entenderem que a instrução processual está incompleta, poderão converter o julgamento em diligência para produção de novas provas, sendo vedado ao INSS escusar-se de cumprir as diligências solicitadas[26].

Não cabe apelo da decisão das Juntas de Recursos para as Câmaras de Julgamento (segunda instância) quando se tratar de matéria exclusivamente médica relativa aos benefícios de auxílio-doença e houver convergência entre os pareceres da Assessoria Técnico-Médica e os laudos emitidos pelos Médicos Peritos do INSS. Essas questões são consideradas pelo INSS como matérias de alçada exclusiva da primeira instância administrativa, ou seja, das Juntas de Recursos[27].

É oportuno mencionar que a tramitação do recurso administrativo, por expressa determinação legal, deve obedecer aos princípios jurídicos fundamentais do processo em geral e do Direito Administrativo, sob pena de

---

23. Cf. Decreto n. 3.048, de 6 maio 1999, art. 305, § 3º: "O INSS, a Secretaria Especial de Previdência e Trabalho do Ministério da Economia e, quando for o caso, na hipótese prevista no inciso IV do caput, os entes federativos poderão reformar suas decisões e deixar de encaminhar, no caso de reforma favorável ao interessado, a contestação ou o recurso à instância competente ou de rever o ato para o não prosseguimento da contestação ou do recurso. (Redação dada pelo Decreto nº 10.410, de 2020)
24. Cf. Lei n. 9.784, de 29 jan. 1999, art. 38.
25. Lei n. 9.784, de 29 jan. 1999, art. 38, § 2º.
26. Decreto n. 3.048, de 6 de maio 1999. Art. 308, § 2º e Instrução Normativa INSS/PRES. n. 128, de 28 de março de 2022, art. 581.
27. Cf. Portaria MTP n. 4.061/2022, art. 33, § 1º.

nulidade, tais como: princípio da legalidade, finalidade, motivação, razoabilidade, proporcionalidade, moralidade, ampla defesa, contraditório, segurança jurídica, interesse público e eficiência[28]. Em sintonia com tais princípios, é pacífico o entendimento de que o INSS, percebendo seu eventual equívoco, pode, a qualquer tempo, reformar sua própria decisão, especialmente diante da relevância e da natureza dos benefícios acidentários e/ou previdenciários[29].

Se a decisão do processo administrativo for desfavorável ao segurado, resta-lhe a possibilidade de ver atendida sua pretensão pela via judicial, conforme veremos no item seguinte.

3.4. AÇÃO JUDICIAL CONTRA O ENQUADRAMENTO

A interposição de recurso administrativo não impede o ajuizamento de ação judicial posteriormente, caso a decisão do INSS, rejeitando o enquadramento do evento como acidente do trabalho, não seja convincente para o segurado. Todavia, se durante a tramitação do processo administrativo houver ajuizamento de ação com o mesmo objeto, considera-se que houve renúncia ao direito de recorrer na esfera administrativa e desistência do recurso interposto[30].

Após a Lei n. 5.316/1967, firmou-se o entendimento no STF de que o ajuizamento da ação acidentária só seria possível depois de esgotadas as possibilidades de recurso na esfera administrativa perante a Previdência Social[31]. Em decorrência das diversas mudanças legislativas posteriores, instalou-se acesa controvérsia doutrinária e jurisprudencial se permanecia tal exigência. No entanto, desde a Constituição de 1988 a discussão perdeu intensidade, porquanto restou consagrado que lei alguma pode excluir da apreciação do Poder Judiciário qualquer lesão ou ameaça de direito[32]. Atualmente, a matéria está pacificada no STJ pelo entendimento adotado pela Súmula n. 89: *A ação acidentária prescinde do exaurimento da via administrativa*, sendo que o próprio STF já deixou de aplicar a Súmula n. 552[33].

---

28. Lei n. 9.784, de 29 jan. 1999, art. 2º.
29. Cf. Decreto n. 3.048, de 6 maio de 1999, art. 305, § 3º e Portaria MTP n. 4.061/2022, art. 66.
30. Lei n. 8.213, de 24 jul. 1991, art. 126, § 3º.
31. STF. Súmula n. 552: "Com a regulamentação do art. 15, da Lei n. 5.316/67, pelo Decreto n. 71.037/72, tornou-se exequível a exigência da exaustão da via administrativa antes do início da ação de acidente do trabalho."
32. Constituição da República, de 5 out. 1988, art. 5º, XXXV.
33. No julgamento do RE n. 91.742 (RTJ 93/911), a Primeira Turma do STF, conhecendo e dando provimento ao recurso, entendeu que a Súmula n. 552 está superada com o advento da Lei n. 6.367/1976. Nesse sentido, veja também RE n. 87.160 (RTJ 98/1107).

A ação judicial contra o enquadramento será ajuizada em face do INSS, perante a Justiça Comum estadual, juntando-se com a inicial, sempre que possível, a prova da emissão da CAT e sua remessa à Previdência Social[34]. Naturalmente que todos os dados e exames realizados perante o INSS serão juntados no processo judicial, mas a perícia médica agora será realizada por profissional habilitado independente, de livre escolha do juiz, sem vinculação com as conclusões do processo administrativo.

Importante mencionar que a Lei n. 14.331/2022 introduziu na Lei n. 8.213/1991 o art. 129-A, acrescentando novos requisitos da petição inicial, para os litígios e medidas cautelares relativos aos benefícios por incapacidade. Vejam o teor desse novo dispositivo legal:

> Art. 129-A. Os litígios e as medidas cautelares relativos aos benefícios por incapacidade de que trata esta Lei, inclusive os relativos a acidentes do trabalho, observarão o seguinte:
>
> I – quando o fundamento da ação for a discussão de ato praticado pela perícia médica federal, a petição inicial deverá conter, em complemento aos requisitos previstos no art. 319 da Lei nº 13.105, de 16 de março de 2015 (Código de Processo Civil):
>
> a) descrição clara da doença e das limitações que ela impõe;
>
> b) indicação da atividade para a qual o autor alega estar incapacitado;
>
> c) possíveis inconsistências da avaliação médico-pericial discutida; e
>
> d) declaração quanto à existência de ação judicial anterior com o objeto de que trata este artigo, esclarecendo os motivos pelos quais se entende não haver litispendência ou coisa julgada, quando for o caso;
>
> II – para atendimento do disposto no art. 320 da Lei nº 13.105, de 16 de março de 2015 (Código de Processo Civil), a petição inicial, qualquer que seja o rito ou procedimento adotado, deverá ser instruída pelo autor com os seguintes documentos:
>
> a) comprovante de indeferimento do benefício ou de sua não prorrogação, quando for o caso, pela administração pública;
>
> b) comprovante da ocorrência do acidente de qualquer natureza ou do acidente do trabalho, sempre que houver um acidente apontado como causa da incapacidade;
>
> c) documentação médica de que dispuser relativa à doença alegada como a causa da incapacidade discutida na via administrativa.
>
> § 1º Determinada pelo juízo a realização de exame médico-pericial por perito do juízo, este deverá, no caso de divergência com as conclusões do laudo administrativo, indicar em seu laudo de forma fundamentada as razões técnicas e científicas que amparam o dissenso, especialmente no que se refere à comprovação da incapacidade, sua data de início e a sua correlação com a atividade laboral do periciando.

34. Lei n. 8.213, de 24 jul. 1991, art. 129.

> § 2º Quando a conclusão do exame médico pericial realizado por perito designado pelo juízo mantiver o resultado da decisão proferida pela perícia realizada na via administrativa, poderá o juízo, após a oitiva da parte autora, julgar improcedente o pedido.
>
> § 3º Se a controvérsia versar sobre outros pontos além do que exige exame médico-pericial, observado o disposto no § 1º deste artigo, o juízo dará seguimento ao processo, com a citação do réu.

Se o Judiciário acolher o pedido do acidentado, o INSS, após o trânsito em julgado da sentença, deverá rever seu enquadramento, concedendo o benefício na categoria acidentária. Vale citar alguns exemplos de decisões judiciais a respeito:

> "**Agravo regimental no conflito de competência. Ação declaratória de inexistência de acidente de trabalho proposta contra o Instituto Nacional do Seguro Social. Competência da Justiça Estadual.** 1. "A Justiça Estadual é competente para processar e julgar ação relativa a acidente de trabalho, estando abrangida nesse contexto tanto a lide que tem por objeto a concessão de benefício decorrente de acidente de trabalho, como também as relações daí decorrentes (restabelecimento, reajuste, cumulação), uma vez que o art. 109, I, da CF não fez qualquer ressalva a este respeito. Súmulas 15/STJ e 501/STF." (AgRg no CC 141.868/SP, Rel. Ministro Napoleão Nunes Maia Filho, Primeira Seção, julgado em 14.12.2016, *DJe* 2.2.2017). 2. No caso, a empregadora ingressou contra o INSS com ação objetivando o reconhecimento da inexistência do acidente de trabalho, com a consequente conversão do benefício acidentário em comum. Para isso, faz-se necessário o exame do substrato fático/dinâmico dos fatos descritos na exordial, pela qual o julgador, mediante o seu livre convencimento, deverá concluir se o empregado estava ou não a trabalho, ou se estava em trânsito para o trabalho ou dele regressando, o que reforça o entendimento de incidência, na hipótese, da regra de exceção prevista no art. 109, I, da CF, firmando-se a competência do juízo estadual. 3. Agravo regimental a que se nega provimento." STJ. Primeira Seção. AgRg no CC 136147/MG, Rel.: Ministro Og Fernandes, *DJe* 30 jun. 2017.
>
> "**Ementa: previdenciário. Acidente de trabalho. INSS. Concessão de auxílio-doença. Conversão em aposentadoria por invalidez. Competência. Justiça estadual. Incapacidade total e permanente para o trabalho. Prova pericial. Constatação. Benefício devido.** 1. Compete à Justiça Estadual, originariamente, o julgamento de ações em que se discute o direito ao recebimento de benefício previdenciário postulado em razão de incapacidade laborativa decorrente de acidente de trabalho. 2. Nos termos da norma do art. 42, caput, da Lei nº. 8.213/91, "a aposentadoria por invalidez, uma vez cumprida, quando for o caso, a carência exigida, será devida ao segurado que, estando ou não em gozo de auxílio-doença, for considerado incapaz e insusceptível de reabilitação para o exercício de atividade que lhe garanta a subsistência, e ser-lhe-á paga enquanto permanecer nesta condição." 3. Na hipótese em que o laudo pericial demonstre que o acidente sofrido pelo autor redundou em incapacidade total e permanente para o trabalho, impõe-se a concessão do benefício previdenciário de aposentadoria

> por invalidez." Minas Gerais. TJMG, 10ª Câmara Cível – Remessa Necessária-Cv n. 1.0556.15.008878-0/001, Rel.: Des. Cabral da Silva, julgamento em 17 ago. 2021.
>
> **"Apelação Cível – Direito Previdenciário – Causa Correlata à Acidente de trabalho – Competência da Justiça Comum Estadual – Preliminar de Nulidade da Sentença Rejeitada – Pretensão de concessão do benefício de aposentadoria por invalidez ou, subsidiariamente, de restabelecimento do benefício de auxílio-doença acidentário – Impossibilidade – Ausência de prova da incapacidade laborativa – Laudo pericial conclusivo – Improcedência dos pedidos – Recurso desprovido.** A competência para apreciação e julgamento das ações que têm por causa de pedir relato de incapacidade laborativa decorrente de acidente do trabalho recai sobre a Justiça Comum Estadual, motivo pelo qual não há que se falar em nulidade da sentença por incompetência do juiz de origem. – Não tendo sido produzidas provas hábeis à desconstituição do laudo pericial oficial; deve prevalecer a conclusão adotada pelo "expert", consistente no sentido de que a segurada não mais padece de qualquer incapacidade para o trabalho." Minas Gerais. TJMG, 18ª Câmara Cível – Apelação Cível n. 1.0000.20.083431-5/001, Rel.: Des. Mota e Silva, julgamento em 11 ago.2020.

Anteriormente havia um interesse financeiro direto pelo enquadramento do infortúnio como acidente do trabalho, em razão da superioridade dos valores dos benefícios, mas, com o advento da Lei n. 9.032/1995, esse motivo ficou superado, uma vez que o legislador promoveu a equiparação monetária dos benefícios previdenciários aos acidentários. Aliás, essa equalização de valores teve mesmo um propósito explícito de reduzir as demandas judiciais sobre enquadramento, conforme se verifica na Mensagem do Poder Executivo encaminhando o Projeto que deu origem à lei:

> 13. O anteprojeto ao propor também a alteração de dispositivos referentes aos acidentes do trabalho busca dar solução ao verdadeiro caos que hoje existe na área, com interpretações as mais diversas, além de fraudes e procedimentos irregulares. Existem mais de 300 mil ações acidentárias em andamento na Justiça brasileira que poderão assim serem eliminadas de imediato. A proposta de equalização dos valores dos benefícios acidentários com os demais benefícios previdenciários será elemento importante para que sejam reduzidas as ações judiciais contra a Previdência Social, assegurando melhores condições de cálculo de benefício para aposentados e pensionistas.[35]

Contudo, com a promulgação da Emenda Constitucional n. 103/2019, que promoveu a chamada reforma da Previdência Social, novamente os benefícios decorrentes de acidentes do trabalho ou doenças ocupacionais voltaram a

35. Mensagem do Poder Executivo n. 285/1995, que encaminhou o Projeto de Lei n. 199 de 1995, com a Exposição de Motivos n. 021-AMPAS, assinada pelo Ministro *Reinhold Stephanes*, publicada no Diário do Congresso Nacional — Seção I, de 21 de abril de 1995, p. 7002.

proporcionar valores diferenciados, bem superiores aos benefícios simplesmente previdenciários. Logo, para a vítima agora será muito importante o enquadramento do evento como acidentário, especialmente para o cálculo da aposentadoria por invalidez ou da pensão devida aos dependentes (arts 23 e 26, § 3º, II, da Emenda Constitucional n. 103/2019).

Além disso, o enquadramento como acidente do trabalho repercute em outras áreas, especialmente na estabilidade provisória no emprego depois da cessação do auxílio por incapacidade temporária e nas eventuais indenizações por danos materiais, morais ou estéticos. Diante dessas repercussões, algumas empresas, antevendo futuras demandas judiciais, estão ingressando em juízo na condição de assistente do INSS na ação acidentária, com o propósito de atuar para que a ocorrência não seja caracterizada como acidente do trabalho ou doença ocupacional[36]. Ademais, o empregador poderá requerer a não aplicação do nexo técnico epidemiológico, ainda no âmbito administrativo perante a Previdência Social, conforme previsto no art. 21-A da Lei n. 8.213/1991 e sua respectiva regulamentação[37].

Veja no quadro abaixo uma síntese das consequências jurídicas para o empregado e para o empregador, decorrentes da caracterização do afastamento como acidente do trabalho (Benefício acidentário), em comparação com o simples afastamento por acidente ou doença não relacionados ao trabalho (Benefício previdenciário):

---

36. Código de Processo Civil. Art. 119. "Pendendo uma causa entre 2 (duas) ou mais pessoas, o terceiro juridicamente interessado em que a sentença seja favorável a uma delas, poderá intervir no processo para assisti-la." Parágrafo único. A assistência será admitida em qualquer procedimento e em todos os graus de jurisdição; recebendo o assistente o processo no estado em que se encontre." Decidiu o Segundo Tribunal de Alçada Civil de São Paulo: "Sempre que o empregado, em ação acidentária movida contra o INSS, imputar a seu empregador a responsabilidade pelo acidente que sofreu ou moléstia de que se tornou portador, terá este último interesse jurídico em atuar no feito como assistente da autarquia, interesse esse que resulta claro do disposto no art. 120 da Lei n. 8.213/91." Cf. AI n. 761.567-0/8, 4ª Câm. Cível, Rel.: Juiz Amaral Vieira, julgado em 18 mar. 2003. No mesmo sentido: "Admite-se em lide de natureza acidentária a intervenção da empregadora como assistente. Todavia não se discutirá eventual dolo ou culpa do empregador." Cf. AI n. 753.857-00/5, 2ª Câm. Cível, Rel.: Juiz Norival Oliva, julgado em 17. fev. 2003. "*Acidente do trabalho. Intervenção de terceiro. Empregador. Assistência simples. Acolhimento.* Sempre que o empregado, em ação acidentária movida contra o INSS, imputar a seu empregador a responsabilidade pelo acidente que sofreu ou moléstia de que se tornou portador, terá este último interesse jurídico em atuar no feito como assistente da autarquia, interesse alicerçado no art. 120 da Lei n. 8.213/91" Cf. TJSP. 16ª Câmara de Direito Público. Processo n. 9020681-23.2009.8.26.0000. Rel. Des. Amaral Vieira. *DJe* 29 mar. 2010.Vale anotar, todavia, que também há entendimentos negando a possibilidade da assistência.
37. Decreto n. 3.048, de 6 de maio de 1999, art. 337, § 7º a § 13.

Consequências jurídicas do enquadramento do evento como acidente do trabalho	Afastamento previdenciário	Afastamento acidentário
1. Aposentadoria por incapacidade permanente com 100% do salário benefício (EC n. 103/2019)	Não	Sim
2. Pensão aos dependentes com valores superiores no caso de óbito (EC n. 103/2019)	Não	Sim
3. Garantia provisória de emprego — Lei n. 8.213/1991, art. 118.	Não	Sim
4. Depósito do FGTS no período do afastamento — Decreto n. 99.684/1990, art. 28.	Não	Sim
5. Dispensa período carência para auferir determinados benefícios no INSS — Lei n. 8.213/1991, art. 26.	Não	Sim
6. Majoração da alíquota do seguro de acidente do trabalho — Decreto n. 3.048/1999, art. 202-A.	Não	Sim
7. Possíveis efeitos criminais — Código Penal.	Não	Sim
8. Possíveis multas aplicadas pela Inspeção do Trabalho.	Não	Sim
9. Possível ação regressiva do INSS em face do empregador — Lei n. 8.213/1991, art. 120.	Não	Sim
10. Possível indenização pelo empregador dos diversos danos sofridos pelo acidentado.	Não	Sim

A não emissão da CAT pelo empregador, apesar de dificultar, não impede o enquadramento do evento como acidente do trabalho. Segundo o art. 129 do Código Civil de 2002, reputa-se verificada, quanto aos efeitos jurídicos, a condição cujo implemento for maliciosamente obstado pela parte a quem desfavorecer. Verificando-se pelas provas dos autos que ocorreu a hipótese legalmente classificada como acidente do trabalho, são reconhecidos pela sentença todos os efeitos jurídicos, como se a CAT tivesse sido regularmente emitida:

> "**Agravo interno em recurso de revista. Interposição anterior à vigência da lei n.º 13.015/2014. Indenização por danos morais. Ausência de emissão da CAT pelo empregador. Descumprimento de obrigação legal.** Nos termos do art. 22, caput, da Lei n.º 8.213/1991, "a empresa ou o empregador doméstico deverão comunicar o acidente do trabalho à Previdência Social até o primeiro dia útil seguinte ao da ocorrência e, em caso de morte, de imediato, à autoridade competente, sob pena de multa variável entre o limite mínimo e o limite máximo do salário de contribuição, sucessivamente aumentada nas reincidências, aplicada e cobrada pela Previdência Social". É certo que, nos casos em que o empregador se omitir em comunicar o acidente de trabalho, é autorizado ao acidentado, seus dependentes ou o sindicato profissional fazer a devida comunicação (art. 22, §

2.º, da Lei n.º 8.213/1991). Todavia, essa autorização não afasta seja o dever do empregador, seja eventual responsabilidade pelo descumprimento da obrigação legal que lhe foi atribuída, consoante se infere do § 3.º do mesmo dispositivo legal. Assim, diante da aludida previsão legal, firmou-se nesta Corte o entendimento de que a ausência de emissão da CAT pelo empregador, por se tratar de descumprimento de obrigação prevista em lei, configura a prática de ato ilícito passível de ensejar a reparação por danos morais. Precedentes. Agravo conhecido e não provido, no tópico." TST. 1ª Turma. Ag-RR-922-26.2012.5.08.0114, Rel.: Ministro Luiz Jose Dezena da Silva, *DEJT* 20 maio 2024.

"**A) Agravo de Instrumento. Recurso de revista. Processo anterior às Leis nº 13.015/2014 e 13.467/2017. 1. Ação civil pública. Preliminar de ilegitimidade ativa do sindicato. Substituição processual. 2. Obrigação de fazer: emissão de CAT (Comunicação de Acidente de Trabalho) nos moldes da lei e abstenção de dispensa de empregados em gozo de benefício previdenciário. Tutela inibitória de eventual descumprimento da lei. Medida preventiva. Cabimento. Matéria fática. 3. Multa coercitiva. 4. Dano moral coletivo. Valor arbitrado. Princípios da razoabilidade e da proporcionalidade observados. 5. Limites territoriais da decisão. Efeitos erga omnes previstos no art. 103, I, do CDC, sem incidência da restrição da competência territorial disposta no art. 16 da Lei n. 7.347/85, conforme entendimento prevalecente nesta corte (SBDI-I/ TST). 6. Honorários advocatícios. Súmula 219, III, do TST.** A configuração do dano moral exige a constatação de lesão a uma coletividade, um dano social que ultrapasse a esfera de interesse meramente particular, individual do ser humano, por mais que a conduta ofensora atinja, igualmente, a esfera privada do indivíduo. No âmbito das relações de trabalho, as situações de dano moral coletivo tendem a traduzir uma linha de conduta reiterada de entidades que têm papel relevante no mundo do trabalho, como as empresas e entidades dirigidas à contratação e gestão de mão de obra. Desde que a conduta envolva distintos trabalhadores, em torno de atos jurídicos distintos, caracterizando-se por significativa lesividade, de modo a tornar relevante seu impacto em certa comunidade, pode despontar o dano moral coletivo trabalhista. O dano moral coletivo, portanto, configura-se, em vista da lesividade que tais afrontas trazem à dignidade da pessoa humana, ao valor social do trabalho, à segurança e bem-estar dos indivíduos, ao exercício dos direitos sociais e individuais, à ideia de uma sociedade livre, justa e solidária, à noção e realidade de justiça social. Em suma, trata-se de desrespeito a toda uma miríade de bens, valores, regras, princípios e direitos de exponencial importância ao Estado Democrático de Direito e que a Constituição quer ver cumpridos no Brasil, em benefício de toda a sua população. Evidentemente, ensejam a configuração do dano moral coletivo lesões macrossociais decorrentes de estratégias de atuação de empreendimentos econômicos e/ou sociais que se utilizam de caminhos de contratação de força de trabalho humana mediante veículos manifestamente precarizadores de direitos trabalhistas, um dos quais o direito a um meio ambiente de trabalho seguro, saudável e equilibrado (art. 225, caput , da CF). No caso concreto, ficou amplamente comprovado que a conduta patronal lesou direitos coletivos e individuais homogêneos de uma parte considerável da comunidade laboral circundante à Empresa, que foi condenada ao pagamento de indenização por dano moral coletivo. O TRT registrou que a configuração do dano moral coletivo resultou da violação a um conjunto de normas que visam a preservar direitos sociais pertinentes à segurança, à saúde e à proteção previdenciária dos trabalhadores. A omissão e negligência da Empresa no procedimento de emissão da CAT de seus empregados, de maneira generalizada, como demostrou as provas, evidenciou o efetivo prejuízo gerado para os trabalhadores. É que tal procedimento (comunicação do acidente à Previdência Social) tem elevada importância para o controle dos Órgãos do Poder Executivo sobre o cumprimento das normas de segurança e medicina do trabalho no âmbito das empresas (e, consequentemente, para a prevenção de acidentes), bem como para facilitar a percepção de benefícios previdenciários pelos trabalhadores, em caso de acometimento por doenças incapacitantes. Não há dúvida, pois, de que a conduta omissiva e negligente da Ré em relação às normas de proteção previdenciária implicou lesão macrossocial que atingiu toda a comunidade laboral a ela circundante. Fixadas tais premissas fáticas, verifica-se que a conduta da Empresa Ré contraria a ordem jurídica nacional, consubstanciada nos fundamentos (art. 1º, caput) e também objetivos fundamentais da República Federativa do Brasil (art. 3º, caput). Tais fundamentos e objetivos, encouraçados em princípios e regras constitucionais, todos com inquestionável natureza e força normativa, contingenciam fórmulas surgidas na economia e na sociedade de exercício de poder sobre pessoas humanas e de utilização de sua potencialidade laborativa. A partir desse contexto principiológico e normativo é que a Constituição estabelece os princípios gerais da atividade econômica (Capítulo I do Título VII), fundando-a na valorização do trabalho e da livre iniciativa, tendo por fim assegurar a todos existência digna, conforme os ditames da justiça social (" caput" do art. 170 da Constituição Federal). Por essa razão é que, entre esses princípios, destacam-se a função social da propriedade (art. 170, III), a redução das desigualdades regionais e sociais (art. 170, VII), a busca do pleno emprego (art. 170, VIII). Na mesma linha de coerência, a Carta Máxima estabelece a disposição geral da ordem social (Capítulo I do Título VIII), enfatizando que esta tem como base o primado do trabalho, e como objetivo o bem-estar e a justiça sociais (art. 193). Assim, à luz da fundamentação constante no acórdão recorrido, extrai-se que as condutas omissivas e negligentes da Reclamada, em descumprimento das normas de proteção e segurança previdenciária dos trabalhadores, de fato, causaram dano moral de ordem coletiva, não merecendo reparos a decisão do TRT, portanto. Nesse contexto, o objeto de irresignação recursal – no atinente à declaração de responsabilidade civil da Reclamada, pelo dano moral coletivo – está assente no conjunto fático-probatório dos autos, cuja análise se esgota nas Instâncias Ordinárias. Adotar entendimento em sentido oposto àquele formulado pelo Tribunal Regional implicaria, necessariamente, revolvimento de fatos e provas, propósito insuscetível de ser alcançado nesta fase processual, diante do óbice da Súmula 126/TST. Agravo de Instrumento desprovido". TST. 3ª Turma. AIRR-54600-83.2014.5.13.0004, Rel.: Ministro Mauricio Godinho Delgado, *DEJT* 26 ago. 2022.

> **"Recurso de Revista sob a égide da Lei 13.467/2017. Acidente de trabalho. Omissão do empregador no tocante à emissão da Comunicação de Acidente do Trabalho (CAT). Dano moral. Configuração. Requisitos do art. 896, §1º-a, da CLT, atendidos.** No caso em tela, a ocorrência do acidente de trabalho é fato incontroverso, tendo o Regional consignado, inclusive, que "toda a argumentação acerca da existência do acidente de trabalho é completamente ociosa, porque isso já foi reconhecido na decisão, onde se tornaram ' definitivos os termos da decisão liminar já proferida, quanto à reintegração já determinada', em sede de antecipação de tutela." Sendo assim, a culpa da reclamada, *in casu*, está consubstanciada na forma negligente como procedeu ao não emitir a CAT, omitindo-se no cumprimento do dever legal de comunicar o acidente de trabalho, na forma do art. 22 da Lei 8.213/1991. Ademais, esta Corte Superior entende que não se pode chancelar a conduta negligente da empresa quanto à emissão da CAT, em total desrespeito ao comando do artigo 22 da Lei 8.213/91, porquanto se trata de documento obrigatório, apto a amparar a proteção do empregado acidentado, afigurando-se nítida a conduta ilícita ofensiva à dignidade do trabalhador. Precedentes. Assim, a recusa do empregador em emitir a CAT, em face do acidente do trabalho sofrido pelo empregado, caracteriza ato ilícito, resultando devida sua condenação ao pagamento de indenização por danos morais. Recurso de Revista conhecido e provido". TST. 6ª Turma. RR-206-81.2015.5.06.0006, Rel.: Ministro Augusto Cesar Leite de Carvalho, *DEJT* 17 dez. 2021.

É pertinente anotar que durante a 1ª Jornada de Direito Material e Processual na Justiça do Trabalho, realizada em Brasília em novembro de 2007[38], foram aprovados dois importantes Enunciados a respeito das consequências jurídicas da não emissão da CAT:

> **"Enunciado 42. Acidente do trabalho. Nexo técnico epidemiológico.** Presume-se a ocorrência de acidente do trabalho, mesmo sem a emissão da CAT — Comunicação de Acidente de Trabalho, quando houver nexo técnico epidemiológico, conforme art. 21-A da Lei n. 8.213/91."
>
> **"Enunciado 43. Estabilidade acidentária. Ausência de emissão da CAT.** A ausência de emissão da CAT — Comunicação de Acidente do Trabalho pelo empregador não impede o direito à estabilidade do art. 118 da Lei n. 8.213/91, desde que comprovado que o trabalhador deveria ter se afastado em razão do acidente por período superior a quinze dias."

---

38. A 1ª Jornada de Direito Material e Processual na Justiça do Trabalho foi realizada no mês de novembro de 2007, nas dependências do TST em Brasília, mediante promoção conjunta da Associação Nacional dos Magistrados da Justiça do Trabalho (ANAMATRA), do Tribunal Superior do Trabalho (TST) e da Escola Nacional de Formação e Aperfeiçoamento de Magistrados (ENAMAT). Mais detalhes dessa Jornada estão disponíveis em: <www.anamatra.org.br/jornada/index.cfm>.

4

RESPONSABILIDADE CIVIL POR ACIDENTE DO TRABALHO

4.1. DIREITOS ACIDENTÁRIOS E REPARAÇÕES CIVIS

O primeiro pensamento daquele que foi vítima de acidente do trabalho ou doença ocupacional aponta no sentido de que deve procurar o INSS, em busca dos benefícios concedidos pela legislação do seguro de acidentes do trabalho. Muitos ainda ignoram que, além dos direitos acidentários, podem ser cabíveis outras reparações devidas pelo empregador, de acordo com os preceitos seculares da responsabilidade civil.

O empregado frequentemente confunde ou não percebe a diferença entre a cobertura atribuída a todos os segurados do INSS e os benefícios e demais direitos derivados do acidente do trabalho. Contribui para essa falta de clareza o fato de a regulamentação da infortunística do trabalho no Brasil estar mesclada com a legislação previdenciária. O trabalhador imagina que, se sobrevier alguma incapacidade, permanente ou provisória, só lhe caberão os benefícios garantidos pela Previdência Social.

Também o empresário, de alguma forma, permanece acomodado porque tem a falsa percepção de que o pagamento do seguro de acidente do trabalho, juntamente com o recolhimento do INSS, cobre todos os riscos que afetam os seus empregados. Praticamente desconhece que a cobertura acidentária não exclui, quando cabível, a responsabilidade civil do empregador.

A indenização por acidente do trabalho, independentemente dos benefícios acidentários, só foi mesmo consagrada, de forma incontestável, a partir da Constituição Federal de 1988, que estabelece:

> Art. 7º São direitos dos trabalhadores urbanos e rurais, além de outros que visem à melhoria de sua condição social: (...)

> XXVIII — seguro contra acidentes de trabalho, a cargo do empregador, sem excluir a indenização a que este está obrigado, quando incorrer em dolo ou culpa;

É certo que esse direito foi construído paulatinamente, desde o Decreto-lei n. 7.036/1944, com intensas controvérsias doutrinárias e jurisprudenciais, mas até hoje os seus contornos e recortes teóricos não estão definitivamente consolidados, de modo a proporcionar estabilidade e segurança para os operadores jurídicos. Aliás, é oportuno mencionar que, a rigor, não se trata de "indenização do direito comum", como asseveram muitos autores e acórdãos, mas indenização fundada na Constituição da República. Nesse sentido, a advertência oportuna do civilista Sérgio Cavalieri:

> Ainda que com matriz constitucional, advogados e juízes, curiosamente, continuam falando em indenização acidentária fundada no direito comum, para diferenciá-la daquela outra que decorre diretamente da legislação acidentária. Não nos parece adequada a expressão porque essa indenização é fundada na própria Constituição (norma expressa) e não no direito comum.[1]

Neste e no próximo capítulo, vamos trabalhar os fundamentos básicos da responsabilidade civil decorrente dos acidentes do trabalho e de situações equiparáveis e, nos capítulos seguintes, faremos o desdobramento dos pressupostos para o deferimento das indenizações.

4.2. NOÇÃO SOBRE RESPONSABILIDADE CIVIL

Assentado o cabimento de indenização à vítima de acidente do trabalho, quando o empregador incorrer em dolo ou culpa de qualquer grau ou, ainda, quando exercer atividade de risco, cabe delinear uma breve noção a respeito do instituto jurídico que oferece o suporte dogmático para tal direito, qual seja, a responsabilidade civil.

Apesar de suas raízes longínquas, a responsabilidade civil continua desafiando os estudiosos e ocupando espaço considerável e crescente na literatura jurídica. Antigas ideias são invocadas a todo momento para solucionar novas ocorrências, mantendo-se a efervescência saudável do debate jurídico[2].

---

1. CAVALIERI FILHO, Sérgio. *Programa de responsabilidade civil*. 9. ed. São Paulo: Atlas, 2010. p. 148.
2. Assevera Maria Helena Diniz que "a responsabilidade civil é, indubitavelmente, um dos temas mais palpitantes e problemáticos da atualidade jurídica, ante sua surpreendente expansão no direito moderno e seus reflexos nas atividades humanas, contratuais e extracontratuais, e no prodigioso avanço tecnológico, que impulsiona o progresso material, gerador de utilidades e de enormes perigos à integridade da vida humana". Cf. *Curso de direito civil brasileiro*. 21. ed. São Paulo: Saraiva, 2007. v. 7, p. 3.

Marton, citado por Aguiar Dias, define a responsabilidade "como a situação de quem, tendo violado uma norma qualquer, se vê exposto às consequências desagradáveis decorrentes dessa violação, traduzidas em medidas que a autoridade encarregada de velar pela observação do preceito lhe imponha...".[3] Para Maria Helena Diniz, "a responsabilidade civil é aplicação de medidas que obriguem uma pessoa a reparar dano moral ou patrimonial causado a terceiros, em razão de ato por ela mesma praticado, por pessoa por quem ela responde, por alguma coisa a ela pertencente ou de simples imposição legal".[4]

Assinala Caio Mário que "no desenvolvimento da noção genérica de responsabilidade civil, em todos os tempos, sobressai o dever de reparar o dano causado".[5] De forma semelhante, assevera José de Aguiar Dias que "o interesse em restabelecer o equilíbrio econômico-jurídico alterado pelo dano é a causa geradora da responsabilidade civil".[6]

Onde houver dano ou prejuízo, a responsabilidade civil é invocada para fundamentar a pretensão de ressarcimento por parte daquele que sofreu as consequências do infortúnio. É, por isso, instrumento de manutenção da harmonia social, na medida em que socorre o que foi lesado, utilizando-se do patrimônio do causador do dano para restauração do equilíbrio rompido. Com isso, além de punir o desvio de conduta e amparar a vítima, serve para desestimular o violador potencial, o qual pode antever e até mensurar o peso da reposição que seu ato ou omissão poderá acarretar.

Para compreensão da responsabilidade civil — *denominação utilizada para distinção da responsabilidade penal ou criminal* —, devem ser examinados, nos limites da proposta deste livro, alguns pilares fundamentais: as diversas espécies de dano, o nexo causal ou concausal, a culpa ou a exploração da atividade de risco e a necessidade de reparação.

A norma central da responsabilidade civil no Código Civil de 1916 estava insculpida no art. 159, com a redação seguinte:

> Aquele que, por ação ou omissão voluntária, negligência, ou imprudência, violar direito, ou causar prejuízo a outrem, fica obrigado a reparar o dano. A verificação da culpa e a avaliação da responsabilidade regulam-se pelo disposto neste Código, arts. 1.518 a 1.532 e 1.537 a 1.553[7].

---

3. DIAS, José de Aguiar. *Da responsabilidade civil*. 10. ed. Rio de Janeiro: Forense, 1995. v. 1, p. 3.
4. DINIZ, Maria Helena. *Curso de direito civil brasileiro*. 21. ed. São Paulo: Saraiva, 2007. v. 7, p. 35.
5. PEREIRA, Caio Mário da Silva. *Responsabilidade civil*. 9. ed. Rio de Janeiro: Forense, 2002. p. 29.
6. DIAS, José de Aguiar. *Da responsabilidade civil*. 10. ed. Rio de Janeiro: Forense, 1995. v. 1, p. 42.
7. O Código Criminal do Brasil, de 1830, já estabelecia regras importantes sobre a reparação do dano: "Art. 21. O delinquente satisfará o dano que causar com o delito. Art. 22. A satisfação será sempre a mais completa que for possível e, no caso de dúvida, a favor do ofendido. Para esse fim,

No Código Civil de 2002, o núcleo da responsabilidade civil pode ser identificado, especialmente, em três dispositivos que se completam:

> "Art. 186. Aquele que, por ação ou omissão voluntária, negligência ou imprudência, violar direito e causar dano a outrem, ainda que exclusivamente moral, comete ato ilícito."
>
> "Art. 187. Também comete ato ilícito o titular de um direito que, ao exercê-lo, excede manifestamente os limites impostos pelo seu fim econômico ou social, pela boa-fé ou pelos bons costumes."
>
> "Art. 927. Aquele que, por ato ilícito (arts. 186 e 187), causar dano a outrem, fica obrigado a repará-lo (...)".

Com apoio no Código Civil, asseveram Carlos Alberto Menezes Direito e Sérgio Cavalieri que "a responsabilidade civil opera a partir do ato ilícito com o nascimento da obrigação de indenizar, tendo por finalidade tornar *indemne* o lesado, colocar a vítima na situação em que estaria sem a ocorrência do fato danoso"[8].

4.3. EVOLUÇÃO DA RESPONSABILIDADE CIVIL POR ACIDENTE DO TRABALHO

Por causa da legislação especial a respeito do acidente do trabalho, houve muita discussão no Brasil quanto à responsabilidade civil do empregador, porquanto a obrigatoriedade do pagamento do seguro acidentário, como já mencionado, sugeria que estavam cobertos todos os riscos relacionados com os infortúnios laborais. Ficava a impressão de que o recebimento dos benefícios acidentários mais a indenização suportada pelo empregador implicaria dupla reparação pelo mesmo motivo, caracterizando a combatida figura do *bis in idem*.

De fato, na vigência do Decreto n. 24.637/1934, havia previsão expressa excluindo a responsabilidade civil: "Art. 12. A indenização estatuída pela presente lei exonera o empregador de pagar à vítima, pelo mesmo acidente, qualquer outra indenização de direito comum." Ocorre, porém, que a cobertura da lei acidentária tinha limites estabelecidos que não atingiam o ressarcimento integral do dano. Com isso, paradoxalmente, a lei especial, que veio para proteger o acidentado, acabava trazendo prejuízo na questão indenizatória,

---

o mal que resulta à pessoa do ofendido será avaliado em todas as suas partes e consequências." Cf. DIAS, José de Aguiar. *Da responsabilidade civil*. 10. ed. Rio de Janeiro: Forense, 1995. v. 1, p. 22.

8. DIREITO, Carlos Alberto Menezes; CAVALIERI FILHO, Sérgio. *Comentários ao novo Código Civil*. 2. ed. Rio de Janeiro: Forense, 2007. v. XIII, p. 48.

visto que a cobertura securitária era inferior àquela prevista no próprio Código Civil, de aplicação geral.

O art. 31 do Decreto-Lei n. 7.036/1944 iniciou a correção desse problema, prevendo a responsabilidade civil quando o acidente resultasse de dolo do empregador ou de seus prepostos: "O pagamento da indenização estabelecida pela presente lei exonera o empregador de qualquer outra indenização de direito comum, relativa ao mesmo acidente, a menos que este resulte de dolo seu ou de seus prepostos." Ficou assegurado, portanto, que cabia acumular a indenização do direito comum com os benefícios concedidos pela lei acidentária, nos casos em que o empregador tivesse agido com dolo no acidente do trabalho.

Essa mudança legal gerou intensa discussão na época. Os empregadores alegavam que a indenização por responsabilidade civil acumulada com os benefícios previstos na lei do seguro de acidente do trabalho representava verdadeiro *bis in idem* e, de outro lado, os empregados e sindicatos entendiam que, além de caber essa cumulação no caso de dolo, também seria devida a indenização adicional nos acidentes ocorridos por culpa do empregador.

Em diversos pronunciamentos, o Supremo Tribunal Federal não só reputou válida a cumulação do art. 31, acima mencionado, como avançou no entendimento para estabelecer o direito da vítima à reparação civil também nos casos de culpa grave do empregador. O defensor desse posicionamento no STF foi o Ministro Antônio Gonçalves de Oliveira, que, atuando como relator, no julgamento do RE n. 49.462, enfatizou:

> Não somente em caso de dolo, mas, em caso de falta grave, em que o empregador demonstre pela negligência e omissão de precauções elementares, despreocupação e menosprezo pela segurança do empregado, dando causa ao acidente, neste caso, não tenho dúvida em admitir a ação de direito comum. (...). Além do caso de dolo, a ele se equiparam, pois, a negligência grave, a omissão consciente do empregador, que não se incomoda com a segurança do empregado, expondo-o a perigo, ao acidente. Neste caso é que a ação de direito comum tem cabimento: tal falta se equipara ao dolo, a que se refere o art. 31 da Lei de Acidentes.[9]

O pensamento do Ministro Gonçalves de Oliveira, no período de 1961 a 1963, foi encampado pelos demais componentes do STF, conforme se verifica nos seguintes julgamentos: RE 23.192 Embargos, RE 48.894, RE 49.462, RE 43.984, RE 46.643 Embargos, RE 49.462 Embargos e RE 50.297. Com a

9. Disponível em: <http://www.stf.gov.br>.

sedimentação do entendimento pela cumulação das indenizações, na Sessão Plenária realizada no dia 13 de dezembro de 1963, o STF aprovou a Súmula n. 229, com a redação seguinte: "A indenização acidentária não exclui a do direito comum, em caso de dolo ou culpa grave do empregador."

A partir dessa súmula do STF, o debate nos tribunais nas ações indenizatórias passou a ser o grau de culpa do empregador no acidente, uma vez que somente nas hipóteses de dolo ou culpa grave comprovada é que caberia a indenização por responsabilidade civil, acumulada com os benefícios acidentários.

Após a revogação do Decreto-lei n. 7.036/1944 pelo Decreto-lei n. 293, de 28 de fevereiro de 1967, sobreveio o seguinte questionamento: se ainda seria aplicável o verbete da Súmula n. 229, já que as leis acidentárias posteriores (Leis ns. 5.316/1967 e 6.367/1976) silenciaram a respeito da responsabilidade civil patronal, não repetindo o preceito que constava no art. 31 do Decreto-Lei n. 7.036/1944 retrocitado, que havia inspirado o entendimento sumulado. O STF, no entanto, manteve o posicionamento cristalizado na Súmula n. 229, reafirmando que cabia a indenização por responsabilidade civil nos casos de dolo ou culpa grave do empregador no acidente do trabalho, sem dedução dos benefícios acidentários recebidos, conforme se verifica nos seguintes acórdãos:

> "**Ementa: Responsabilidade civil por ato ilícito.** Não é de se deduzir do *quantum* da indenização a importância correspondente a benefício previdenciário, direito inalienável da família do contribuinte. Recurso extraordinário conhecido, à vista do dissenso de julgados, negando-se-lhe, porém, acolhida." STF. 1ª Turma. RE n. 79.446, Rel.: Ministro Djaci Falcão, *DJ* 8 jan. 1975.
>
> "**Ementa: Acidente do trabalho. Indenização de direito comum. Súmula n. 229**. Permanece válida a Súmula n. 229, ainda sob a vigência da legislação acidentária posterior àquela da sua formulação e referência. Recurso extraordinário não conhecido." STF. 1ª Turma. RE n. 92.093/SP, Rel.: Ministro Rafael Mayer, *DJ* 19 fev. 1982.
>
> "**Ementa: Recurso extraordinário. A indenização acidentária não exclui a de direito comum, em caso de dolo ou culpa grave do empregador. Súmula n. 229.** Não cabe deduzir, do montante dessa indenização de direito comum, o valor da indenização, com apoio na legislação da infortunística. Dissídio de jurisprudência demonstrado. Divergência do acórdão com a Súmula n. 229. Recurso extraordinário conhecido e provido para, afastada a carência da ação, determinar se prossiga na demanda ajuizada". STF. 1ª Turma. RE n. 107.861, Rel.: Ministro Néri da Silveira, *DJ* 13 set. 1991.

Na Assembleia Nacional Constituinte, instalada em 1987, a questão dos acidentes do trabalho foi bastante debatida, especialmente diante das estatísticas absurdas de mortes, doenças ocupacionais e aposentadorias por invalidez no

Brasil. O avanço para um Estado Democrático de Direito não poderia ignorar a situação aflitiva das vítimas dos infortúnios laborais. A ampliação da responsabilidade civil, para abranger qualquer acidente em que o empregador tenha contribuído com dolo ou culpa de qualquer grau, foi inserida no projeto da Constituição de 1988, desde a Subcomissão até a Comissão de Sistematização. Todavia, no substitutivo apresentado pelo "Centrão", a redação foi alterada, limitando-se a prever "o seguro contra acidentes do trabalho a cargo do empregador".

Para restabelecer o texto da Comissão de Sistematização, quando da votação do projeto em plenário, o Deputado Constituinte Nélson de Carvalho Seixas apresentou destaque com emenda aditiva, propondo acrescentar a seguinte expressão: [...]*sem excluir a indenização a que este está obrigado, quando incorrer em dolo ou culpa*. No encaminhamento da votação, este destaque foi defendido em vibrante discurso pelo Deputado Constituinte Antônio Carlos Mendes Thame, que enfatizou:

> [...] A realidade é que o Brasil registra um dos mais altos índices de acidentes do trabalho. Não vou aqui repetir estatísticas, mostrar o número de casos fatais, ou descrever os riscos a que se submetem os trabalhadores brasileiros, gerando milhares de leucopênicos por benzeno, ou vítimas da contaminação por chumbo, asbesto, xilol ou sílica. Venho apenas defender a emenda que repõe no texto, além do seguro contra acidentes do trabalho, a cargo do empregador, a 'indenização no caso de dolo ou culpa do empregador'. (...) Defendemos uma Constituição em que haja uma escala de prioridades: em primeiro lugar o homem, em segundo a produção e em terceiro a propriedade. E quando colocamos na Carta Magna um dispositivo como este que vamos agora votar, estamos dizendo que acima da produção está o homem, criado à imagem e semelhança de Deus. Quando contratamos um homem, estamos admitindo um eletricista, um maquinista, um torneiro, um pedreiro, um carpinteiro, e não um provador de benzeno. O que a emenda propõe é pouquíssimo, é quase nada. É menos do que já existe para o meio ambiente. Peço que todos analisem esta emenda (...). É este o apelo que faço aos Constituintes, e tenho certeza de que todos aqui estão, independentemente da sua orientação ideológica, imbuídos do desejo de se fazer uma Constituição que corresponda realmente aos anseios legítimos da maioria da população brasileira[10].

A emenda aditiva teve aprovação consagradora, com 389 votos sim, apenas 2 não e 5 abstenções, e seu texto foi incorporado na Constituição com a seguinte redação:

---

10. Cf. CONGRESSO NACIONAL. Diário da Assembleia Nacional Constituinte de 26 fev. 1988, p. 7.673.

> Art. 7º São direitos dos trabalhadores urbanos e rurais, além de outros que visem à melhoria de sua condição social: (...) XXVIII — seguro contra acidentes de trabalho, a cargo do empregador, sem excluir a indenização a que este está obrigado, quando incorrer em dolo ou culpa.

O novo dispositivo constitucional alargou sobremaneira o campo da responsabilidade civil quando não exigiu a culpa grave do empregador no acidente, pelo que é imperioso concluir que todas as suas espécies ou graus geram o direito à indenização. Restou ampliado e, portanto, superado o entendimento da Súmula n. 229/STF, que só deferia a indenização ao acidentado no caso de dolo ou culpa grave. Desse modo, desde a Constituição de 1988, havendo culpa do empregador, de qualquer espécie ou grau, mesmo na hipótese de culpa levíssima[11], o acidentado faz jus à indenização[12].

Em sintonia com o preceito constitucional, a Lei n. 8.213/1991 prevê que o pagamento de prestações pela Previdência Social, em decorrência de negligência quanto às normas padrão de segurança e higiene do trabalho indicadas para a proteção individual e coletiva, não exclui a responsabilidade civil da empresa, contra a qual deverá ajuizar ação regressiva (arts. 120 e 121).[13]

---

11. "*Responsabilidade civil. Ação de indenização. Acidente do trabalho. Perda auditiva. Culpa do empregador*. I — Consoante firme orientação jurisprudencial da Corte, com o advento da Lei n. 6.367/76 passou a não prevalecer as disposições da Súmula n. 229/STF, que exigia culpa grave do empregador para ensejar direito reparatório decorrente de acidente do trabalho, sendo suficiente a sua concorrência com culpa, em qualquer grau, ainda que leve. II — No caso em análise, o conjunto das provas demonstra que a perda da capacidade auditiva do recorrente se desenvolveu em decorrência do ambiente insalubre e da falta de proteção adequada, motivados por negligência da empresa recorrida, que deve, por isso, ser responsabilizada. Recurso especial provido." STJ. 3ª Turma. REsp n. 512.393/SP, Rel.: Ministro Castro Filho, *DJ* 27 ago. 2007.
12. Assinala Ricardo Bechara Santos que, "em não medindo a culpa, o legislador constituinte deixa patente que o empregador responderá até mesmo por culpa levíssima, voltando a lhe incomodar os preceitos da responsabilidade civil do direito comum, segundo os quais o menor pecadilho de culpa gera obrigação de indenizar, desde que assentado o tripé ato ilícito, dano e nexo de causalidade". Cf. O seguro de responsabilidade civil do empregador e a nova Carta Constitucional de 1988, dolo e culpa. *Revista Forense*, Rio de Janeiro, v. 304, p. 347, out./dez. 1988.
13. "*Indenização por danos materiais e morais decorrentes de acidente do trabalho*. Atualmente, está pacificada a controvérsia sobre o cabimento da reparação civil independentemente da indenização acidentária a cargo da Previdência Social. Desde o Decreto-Lei n. 7.036/44, teve início a previsão legal da reparação civil nos casos de acidente do trabalho e situações equiparadas, quando o empregador agia com dolo. A Súmula n. 229 do STF estendeu o direito à indenização quando o empregador tivesse dolo ou culpa grave no evento. A Constituição da República de 1988 dissipou as dúvidas a respeito, prevendo o direito do empregado ao seguro contra acidente do trabalho, a cargo do empregador, sem excluir a indenização a que este está obrigado quando incorrer em dolo ou culpa (art. 7º, XXVIII), sem qualificar a natureza dessa culpa. Assim, mesmo na culpa levíssima é cabível a indenização. Finalmente, o art. 121 da Lei n. 8.213/91, estabeleceu que 'o pagamento, pela Previdência Social, das prestações

4.4. CUMULAÇÃO COM OS BENEFÍCIOS ACIDENTÁRIOS

A responsabilidade civil do empregador, decorrente do acidente do trabalho, não gera mais resistência, especialmente diante do peso e da dimensão do preceito constitucional do art. 7º, XXVIII. Todavia, percebem-se, ainda, hesitações ou incompreensões no que tange à cumulação das indenizações com os benefícios acidentários. Ainda encontramos acórdãos determinando a dedução dos valores recebidos do INSS na apuração dos danos materiais fixados, com o argumento básico de que a vítima não deveria ter um acréscimo de rendimento por causa do acidente, bastando a reposição do nível de renda anterior. Aduzem outros que a reparação não pode ser superior ao limite do dano causado, razão pela qual, no cálculo da indenização, dever-se-ia deduzir o valor dos benefícios acidentários.

Cabe, portanto, a pergunta: qual o fundamento lógico e jurídico dessa cumulação? A resposta merece algum aprofundamento para melhor compreensão.

O empregado acidentado recebe os benefícios da Previdência Social, cujo pagamento independe da caracterização de culpa, já que a cobertura securitária está fundamentada na teoria da responsabilidade objetiva. E pode receber, também, as reparações decorrentes da responsabilidade civil, quando o empregador incorrer em dolo ou culpa de qualquer grau, com apoio na responsabilidade de natureza subjetiva. Como registra o texto da Constituição, a cobertura do seguro acidentário não exclui o cabimento da indenização[14].

Anota Teresinha Lorena Saad que "a reparação infortunística decorre da teoria do risco, amparada pelo seguro social a cargo da Previdência Social, enquanto a responsabilidade civil comum tem como supedâneo a culpa do patrão ou seu preposto. As causas e os sujeitos passivos da obrigação de reparar são distintos."[15] Para José Luiz Dias Campos, "a ação de acidente do trabalho,

---

por acidente do trabalho não exclui a responsabilidade civil da empresa ou de outrem', não havendo mais qualquer dúvida de que as reparações são distintas e podem ser acumuladas." Minas Gerais. TRT 3ª Região. 3ª Turma. RO n. 10821/01, Rel.: Sebastião Geraldo de Oliveira, *DJ* 27 nov. 2001.

14. No julgamento da Apelação Cível n. 127.911.4, a 1ª Câmara Civil do Tribunal de Alçada de Minas Gerais registrou a diversidade dos fundamentos da ação acidentária e de responsabilidade civil: "A primeira — acidentária — propriamente dita, resulta da responsabilidade social do indivíduo, na sociedade, pelo vínculo empregatício, e garantia do obreiro e sua família, independentemente de culpa ou dolo do patrão. Na segunda ação, a indenização ou pensionamento do empregado ou de sua família, depende da comprovação da ilicitude, culpa ou dolo, na conduta do patrão." Minas Gerais. TAMG. 1ª Câm. Cível. Rel.: Juiz Páris Pena, julgado em 29 set. 1992, *Revista de Julgados do TAMG*, Belo Horizonte, v. 48, p. 148, jul./set. 1992.

15. SAAD, Teresinha L. P. *Responsabilidade civil da empresa nos acidentes do trabalho*. 3. ed. São Paulo: LTr, 1999. p. 241.

por ser de natureza alimentar, é compensatória, e a responsabilidade civil é indenizatória, visando restabelecer a situação existente e anterior ao dano."[16]

Discorrendo sobre o assunto, assinala Cretella Júnior que "a culpa é vinculada ao *homem*, o *risco* é ligado ao *serviço*, à *empresa*, à *coisa*, *ao aparelhamento*. A *culpa* é *pessoal*, subjetiva; pressupõe o complexo de operações do espírito humano, de ações e reações, de iniciativas e inibições, de providências e inércias. O risco ultrapassa o círculo das possibilidades humanas para filiar-se ao engenho, à máquina, à coisa, pelo caráter impessoal e objetivo que o caracteriza."[17]

A cobertura acidentária pelo INSS deslocou a natureza contratual do seguro de acidente do trabalho para um sistema de seguro social, de solidariedade mais ampla, cujos benefícios são concedidos ao acidentado independentemente da prova de culpa, já que qualquer trabalho, de certa forma, implica riscos. Não se deve esquecer, ademais, de que o trabalhador também contribui para a Previdência Social e a empresa paga um percentual a mais para financiar os benefícios acidentários. Esse seguro social obrigatório, entretanto, não exime o empregador do dever de diligência, de garantir o direito ao ambiente de trabalho saudável e à redução dos riscos inerentes ao trabalho, por meio de normas de saúde, higiene e segurança, conforme previsto no art. 7º, XXII, da Constituição Federal. Cabe citar neste sentido a lição de Teresinha Lorena Saad:

> Quando uma vida é ceifada ou uma invalidez é determinada, prematuramente, e de modo definitivo, pela conduta negligente ou imprudente daquele que tem a obrigação de zelar pela segurança física do seu empregado, a responsabilidade migra para o campo do direito comum, levando para o passivo da empresa toda a dimensão do dano e a indenização consequente. Indeniza o empregador não pelo risco (elemento intrínseco de seu empreendimento), pois esse é ressarcido dentro das fronteiras securitárias, mas pela ilicitude da sua conduta.[18]

Assim, quando o empregador descuidado dos seus deveres concorrer para o evento do acidente com dolo ou culpa, por ação ou omissão, fica caracterizado o ato ilícito patronal, gerando o direito à reparação, independentemente da cobertura acidentária. Pode-se concluir, portanto, que a causa

---

16. CAMPOS, José Luiz Dias. Responsabilidade civil e criminal decorrente do acidente do trabalho na Constituição de 1988 — Ação civil pública — Ministério Público e o ambiente do trabalho. *Revista LTr*, São Paulo, v. 52, n. 12, p. 1.429, 1988.
17. CRETELLA JÚNIOR, José. *Comentários à Constituição brasileira de 1988*. 2. ed. Rio de Janeiro: Forense Universitária, 1991. v .2, p. 1019.
18. SAAD, Teresinha L. P. A indenização devida ao acidentado do trabalho. *Revista de Previdência Social*, São Paulo, v. 20, n. 183, p. 111, 1996.

verdadeira do acidente, nessa hipótese, não decorre do exercício regular do trabalho, mas do descumprimento dos deveres legais de segurança, higiene e prevenção atribuídos ao empregador.

Com a transposição da competência para julgar as ações de indenização por acidente do trabalho da Justiça Comum dos Estados para a Justiça do Trabalho, determinada pela Emenda Constitucional n. 45/2004 e consolidada com o pronunciamento do Supremo Tribunal Federal, no histórico julgamento do Conflito de Competência n. 7.204, ocorrido em 29 de junho de 2005, algumas questões que estavam pacificadas na jurisprudência voltaram a ser agitadas ou revisitadas.

Dentre as controvérsias já superadas no âmbito da Justiça Comum, pode ser citada esta questão do acúmulo da indenização por acidente do trabalho com os benefícios previstos na lei acidentária. Alguns juízes trabalhistas, ao tomarem contato com os assuntos desta nova competência, ficaram hesitantes quanto ao cabimento dessa cumulação, indagando se não seria o caso de, pelo menos, compensar os valores pagos pelo INSS para evitar que o acidentado venha a obter um padrão de renda superior ao que detinha antes do acidente.

A prudência recomenda que, antes de adotar posicionamento sobre essa questão, é conveniente verificar a evolução doutrinária e jurisprudencial a respeito, construída ao longo de várias décadas no âmbito da Justiça Comum. Os institutos jurídicos normalmente demandam longo período de maturação até sedimentarem uma diretriz que ofereça segurança e previsibilidade para os operadores jurídicos. A leitura do tópico anterior (item 4.3, supra) demonstra as diversas etapas da evolução legislativa a respeito da cumulação dos benefícios acidentários com a indenização por responsabilidade civil do empregador.

A cumulação, que já era pacífica na jurisprudência anterior, ganhou *status* de garantia constitucional em 1988, porquanto ficou assegurado no art. 7º, XXVIII, que a cobertura do seguro acidentário *não exclui* o cabimento da indenização, nos casos de dolo ou culpa do empregador.

Uma vez fixada na Lei Maior a diretriz pela cumulação, ficou superada também a pretensão do empregador de compensar a parcela recebida pela vítima, ou por seus dependentes, da Previdência Social, porquanto o deferimento de um direito não exclui nem reduz o outro. O seguro acidentário destina-se a proteger a vítima e não diminuir ou substituir a obrigação do empregador de reparar o dano causado pelo acidente ocorrido por sua culpa ou dolo. O fato gerador da indenização não foi, a rigor, o exercício do trabalho, mas o comportamento ilícito do patrão.

É oportuno lembrar que o acidentado que, por exemplo, ficou incapacitado também contribuía para a Previdência Social e poderia, depois de aposentado por tempo de contribuição ou aposentadoria programada, exercer outra atividade remunerada, o que não mais ocorrerá pelo advento do acidente. Pode até acontecer de o acidentado já estar aposentado, mas continuar em atividade, não havendo razão lógica para determinar a compensação do valor daquele benefício previdenciário.

Por outro lado, o seguro de acidente do trabalho no Brasil, apesar dessa denominação, não tem natureza jurídica nem conteúdo de seguro propriamente dito. Não obstante o título de "seguro", só garante ao acidentado um benefício estrito de cunho alimentar. O seguro de acidente do trabalho não contempla indenização alguma, nem determina reparação integral dos prejuízos sofridos; apenas são concedidos benefícios para garantir a sobrevivência da vítima e/ou de seus dependentes, como ocorre com todos os demais segurados da Previdência Social.

Também do ponto de vista da doutrina mais autorizada, está pacificado o entendimento no sentido do cabimento da indenização por responsabilidade civil, acumulada com os benefícios acidentários, sem compensação alguma, como se verifica nas seguintes transcrições:

1. *Miguel Serpa Lopes:* "Em síntese, as condições gerais para que se dê a *compensatio lucri cum damno* são as seguintes: a) os lucros e os prejuízos devem provir do mesmo ato ilícito; b) o ato ilícito deve ser realmente a *causa* tanto dos prejuízos como dos lucros a compensar e não somente a *ocasião* em que surgem; c) que não esteja excluída por algum princípio legal. Vejamos algumas questões práticas. No caso de *liberalidades ou subscrições públicas*, se o lesado for assim favorecido, todos são unânimes em recusar a aplicação da *compensatio*, pois se trata de benefícios eventuais, sem nenhuma conexão com o fato causador do dano.

Pela mesma razão não se leva em conta o que a vítima recebeu em razão de um *seguro pessoal*, seja de vida ou de outra qualquer natureza, atento a que a indenização não resultou do ato ilícito, o qual apenas atuou como uma *ocasião* e não como uma *causa*. Além disso, a noção de contrato de seguros em relação à saúde, à vida ou à integridade da pessoa humana constitui um valor inestimável, para o qual não há limite prefixado. Diferente é o caso de seguro de coisa, mas aí não se trata de *compensatio*, senão da *sub-rogação*. (...)

Se, para que se dê a *compensatio lucri cum damno* se torna necessário que lucro e prejuízo decorram ambos do fato ilícito, não há como se escapar desse requisito, abrindo-se uma exceção, no caso de ter a vítima ou os seus herdeiros uma pensão de aposentadoria. A ideia de que a vítima irá lucrar com essa cumulação se esboroa ante esta: transferir o lucro de um lado para colocá-lo a serviço do causador do dano. Planiol, Ribert e Esmein se baseiam numa jurisprudência a esse respeito, que autoriza a sub-rogação da entidade responsável nos direitos da vítima ou de seus herdeiros."[19]

2. *Teresinha Lorena Saad*: "A indenização civil nada tem que ver com os benefícios acidentários, conforme os seguintes fundamentos da referida Turma Especial do TJSP — Uniformização de jurisprudência (Ap. 38.705-1, Turma Especial da 1ª Seção Civil, julgado em 19.10.84 — Rel.: Des. Alves Braga). 'Houve, sem dúvida, uma socialização do risco por acidente do trabalho, embora com participação maior do empregador. E nessa socialização, também o próprio acidentado participa do rateio do respectivo custeio... O que é exclusivo do empregador é apenas o acréscimo necessário para a cobertura dos danos, segundo os cálculos atuariais. E de todos os empregadores do país, e não apenas daquele cujo empregado vier a sofrer o acidente. Entram na composição do montante necessário para custear os encargos respeitantes aos acidentes do trabalho, como é clara a disposição legal, também as contribuições previdenciárias a cargo da União (coletividade), da empresa (todos os empregadores) e do segurado (de todos os segurados e não apenas do acidentado), o que dá bem a ideia da socialização do risco. Os benefícios cobertos com participação tão ampla não podem ser invocados pelo empregador quando de sua eventual responsabilidade civil perante o acidentado'.

Esses argumentos colhidos na jurisprudência de São Paulo são extremamente importantes para o deslinde da controvérsia, pois, a nosso ver, neles reside a resposta fundamental ao tema.

Havendo dolo ou culpa na ocorrência infortunística, pode o acidentado, ou seus beneficiários, no caso de morte dele, receber as duas reparações, sem compensação. São direitos autônomos fundados em pressupostos diferentes: a prestação pecuniária acidentária coberta pelas contribuições e paga pela Previdência Social, que responde por obrigação própria, e a indenização civil reparadora do dano decorrente do ato ilícito."[20]

3. *Sebastião Luiz Amorim* e *José de Oliveira*: "Não há falar em 'compensação' dos valores da indenização com a aposentadoria por invalidez recebida pelo acidentado do INSS. Como é sabido, o benefício acidentário tem fundamento na responsabilidade objetiva (ou sem culpa) da autarquia. A indenização a cargo da empresa, de outro lado, no art. 159 do Código Civil, estando a obrigação de indenizar fundada na culpa (responsabilidade subjetiva). (....)

19. LOPES, Miguel Maria da Serpa. *Curso de direito civil*. 5. ed. rev. e atual. Rio de Janeiro: Freitas Bastos, 1989, v. II: Obrigações em geral, p. 386-387.

20. SAAD, Teresinha Lorena Pohlmann. *Responsabilidade civil da empresa nos acidentes do trabalho:* compatibilidade da indenização acidentária com a de Direito Comum, Constituição de 1988 — art. 7º, XXVIII. 3. ed. São Paulo: LTr, 1999. p. 242-243.

A pensão mensal é devida, pois, sendo consequência da culpa dos réus, não encontra óbice à sua concessão o fato de estar o autor amparado pela Previdência Social.

A indenização securitária prestada pelo INSS por acidente do trabalho não é compensável com a indenização devida pela empresa (por ato ilícito) em decorrência de sua responsabilidade civil, em razão da diversidade de causas e, mais, a responsabilidade do INSS é objetiva (responsabilidade sem culpa), e a responsabilidade do patrão está fundamentada na culpa, ainda que leve.

A indenização em razão do dano culposo ou doloso do empregador é de natureza diferente daquela paga pelo INSS; diferem quanto a sua natureza e destinação."[21]

4. *Carlos Roberto Gonçalves*: "A circunstância de o lesado haver recebido auxílio do Instituto de Previdência não afasta a indenização do direito comum, já que esta resulta exclusivamente de ato ilícito, não tendo, portanto, qualquer relação com o pagamento de benefício previdenciário. Tem a jurisprudência, com efeito, proclamado que não se confundem, e muito menos se compensam, benefícios previdenciários, que são assistenciais, com reparação civil de danos por ato ilícito, pois do contrário se transmudaria o réu, responsável pela reparação do ato ilícito, em beneficiário da vítima de seguro social, o que é inadmissível."[22]

5. *Rui Stoco*: "O art. 7º, inciso XXVIII, da Constituição Federal de 1988 dispõe ser direito dos trabalhadores urbanos e rurais, o 'seguro contra acidentes de trabalho, a cargo do empregador, sem excluir a indenização a que este está obrigado, quando incorrer em dolo ou culpa'. Como se verifica, prevê, ainda, o direito do trabalhador de ser indenizado em caso de acidente do trabalho quando decorra de dolo ou culpa do empregador. (...). Essa indenização é independente do seguro-acidente, como visto anteriormente, com ele não se confunde e não será deduzida do valor da indenização do direito comum, conforme Súmula n. 229 do Colendo Supremo Tribunal Federal."[23]

6. *Arnaldo Rizzardo*: "Justamente em face do caráter indenizatório da responsabilidade não se dá a compensação com outras quantias que recebe a vítima, ou que passam para os dependentes da mesma.

---

21. AMORIM, Sebastião Luiz; OLIVEIRA, José de. *Responsabilidade civil*: acidente do trabalho: indenização acidentária do direito comum: comentários, jurisprudências, casuística: interpretação jurisprudencial. São Paulo: Saraiva, 2001. p. 434.

22. GONÇALVES, Carlos Roberto. *Responsabilidade civil*. 10. ed. São Paulo: Saraiva, 2015. p.458-459.

23. STOCO, Rui. *Tratado de responsabilidade civil*. 9. ed. São Paulo: Revista dos Tribunais, 2013. Tomo I, p. 823-824.

Trata-se de um dos assuntos mais pacíficos na jurisprudência e na doutrina, consagrando-se, à unanimidade, a soma de indenizações previdenciárias, como pensão, seguro, verba recebida a título de acidente do trabalho, com a indenização determinada pelo ato determinante da indenização.

As diferentes indenizações demandam de causas distintas, apresentando, pois, naturezas próprias, não se confundindo uma com a outra. A reparação por acidente do trabalho, devida se a vítima foi colhida enquanto estava a serviço do empregador, emerge do seguro social. A pensão, a cargo da Previdência Social, corresponde a prestações descontadas por ela. Nem o valor do seguro particular é dedutível, porque decorre dos prêmios ou das contribuições que o falecido recolhia à entidade. De forma que os benefícios concedidos pelos órgãos previdenciários são correspectivos das contribuições pagas pela vítima. Devem reverter em favor de seus beneficiários, e não do ofensor, mitigando a sua responsabilidade.

Diversas sendo as fontes de que procedem as contribuições, não se destinam a reembolsar os prejuízos pelo fato ilícito, pois foram estabelecidas para favorecer o lesado ou seus dependentes, e não o causador do dano."[24]

7. *Sérgio Cavalieri Filho*: "Passamos a ter, assim, por força de expresso dispositivo constitucional, duas indenizações por acidente do trabalho, autônomas e cumuláveis. A acidentária, fundada no risco integral, coberta pelo seguro social e que deve ser exigida do INSS. Mas, se o acidente do trabalho (ou doença profissional) ocorrer por dolo ou culpa do empregador, o empregado faz jus à indenização comum ilimitada. Noutras palavras, o seguro contra acidente do trabalho só afasta a responsabilidade do empregador em relação aos acidentes de trabalho que ocorrerem sem qualquer parcela de culpa; se houver culpa, ainda que leve (e esta deve ser provada), o empregador terá a obrigação de indenizar."[25]

8. *Cristiano Chaves, Nelson Rosenvald e Felipe Braga*: "A indenização por ato ilícito é autônoma em relação a qualquer benefício que a vítima receba de ente previdenciário. O benefício previdenciário é diverso e independente da indenização por danos emergentes ou lucros cessantes. Este, pelo direito comum; aquele, assegurado pela previdência, que resulta da contribuição compulsória feita pelo segurado. Daí inexistir *bin in idem* quando a vítima pleiteia pensão decorrente de acidente do trabalho ou doença ocupacional,

24. RIZZARDO, Arnaldo. *Responsabilidade civil:* Lei n. 10.406, de 10.1.2002. Rio de Janeiro: Forense, 2005. p. 908.

25. CAVALIERI FILHO, Sérgio. *Programa de responsabilidade civil*. 16. ed. São Paulo: Atlas, 2023. p. 215.

que possui natureza cível (art. 950, CC), cumulativamente à aposentadoria pelo regime geral da previdência. Assim, os proventos recebidos mensalmente do INSS pela vítima não serão compensados ou deduzidos do valor da responsabilidade civil atribuída ao empregador."[26]

O Colendo Superior Tribunal de Justiça, que, antes da Emenda Constitucional n. 45/2004, era a Corte que unificava a jurisprudência a respeito deste tema, sintonizado com o entendimento do Supremo Tribunal Federal, reiteradamente vem se posicionando no sentido de que a indenização devida pelo empregador é autônoma em relação aos direitos concedidos pelo seguro de acidente do trabalho, razão pela qual é cabível a cumulação e sem qualquer dedução ou compensação.

Uma amostra da jurisprudência do STJ dos últimos anos revela claramente como o assunto está cristalizado naquela Corte:

> "**Civil e trabalho. Responsabilidade civil e por acidentes do trabalho. Indenizações cumuladas. Jurisprudência do STJ.** A jurisprudência do STJ assentou entendimento no sentido de que a indenização acidentária não obsta a de direito comum, quando o empregador incorre em culpa grave, nem a da incapacidade para o trabalho e a da depreciação sofrida excluem a devida em razão do dano estético e, enfim, do valor da indenização comum não se deduz a recebida em razão da legislação infortunística. Inteligência do art. 1.538 do Código Civil". STJ. 3ª Turma. REsp n. 35.120/RS, Rel.: Ministro Waldemar Zveiter, *DJ* 25 out. 1993.
>
> "**Civil e Processual. Agravo regimental em agravo de instrumento. Ação rescisória. Dedução do *quantum* devido por força do ilícito civil. Impossibilidade.** I. A orientação fixada no Superior Tribunal de Justiça é no sentido de que, em face da diversidade de suas origens — *uma advinda de contribuições específicas ao INSS e outra devida pela prática de ilícito civil* — não pode haver, no pagamento desta última, dedução de quaisquer parcelas pagas à vítima a título de benefício previdenciário. II. Precedentes do STJ. III. Agravo regimental improvido". STJ. 4ª Turma. AgRg no Ag. n. 540.871/PR, Rel.: Ministro Aldir Passarinho Júnior, *DJ* 22 mar. 2004.
>
> "**Pensão vitalícia. Incapacidade. Cabimento. Cumulação com benefício previdenciário. Possibilidade. Súmula 83/STJ.** Quanto ao arbitramento de pensão vitalícia, o entendimento do Superior Tribunal de Justiça é no sentido de que "o direito à pensão vitalícia previsto no art. 950 do CC/02 exige apenas a comprovação da redução da capacidade de trabalho, sendo prescindível a demonstração de exercício de atividade remunerada à época do acidente. Se a vítima não auferia renda, o valor da pensão vitalícia deve ser fixado em um salário mínimo. Além disso, 'o benefício previdenciário é cumulável com o pensionamento vitalício' (REsp 1.884.887/DF, Rel. Ministra Nancy Andrighi,

---

26. FARIAS, Cristiano Chaves; BRAGA NETO, Felipe Peixoto; ROSENVALD, Nelson. *Curso de direito civil:* responsabilidade civil 9. ed. Salvador: Juspodivm, 2022. v. 3. p. 300.

> Terceira Turma, julgado em 10/08/2021, *DJe* 16/08/2021). Súmula 83/STJ". STJ. 3ª Turma. AgInt no REsp n. 1.900.641/SP, Rel.: Ministro Marco Aurélio Bellizze, *DJe* de 31 ago. 2022.

Também na Justiça do Trabalho, apesar de algumas hesitações iniciais logo após a vigência da Emenda Constitucional n. 45/2004, o entendimento atual é no sentido de rejeitar a pretensão patronal de compensar, no arbitramento do valor da indenização, o benefício que o acidentado recebe da Previdência Social. Oportuno transcrever algumas ementas do TST:

> "**Embargos em Embargos de Declaração em Recurso de Revista regidos pela Lei n. 11.496/2007. Compensação na pensão dos valores pagos pelo INSS em decorrência de acidente de trabalho. Inexistência de enriquecimento sem causa**. Não é devida a compensação, na pensão, do valor recebido do INSS a título de benefício acidentário, porquanto o auxílio-acidente e o pensionamento são institutos jurídicos distintos e não se compensam. O primeiro fundamenta-se na Lei n. 8.213/91; o segundo, no Código Civil. Ambos com assento no art. 7º, XXVIII, da Constituição Federal, mas impossíveis de serem compensados, porque pressuporiam, no mínimo, a identidade de sujeitos. De outra parte, o seguro previdenciário foi instituído em favor do empregado, e não do empregador; logo, não pode servir para quitar a indenização devida pela empresa, que, tendo assumido conduta dolosa ou culposa, causou danos ao trabalhador. Efetivamente, não há que se falar em enriquecimento sem causa, na forma do art. 884 do Código Civil. A iterativa e notória jurisprudência desta Corte Superior admite a cumulação da indenização por danos materiais decorrentes de acidente de trabalho, paga pelo empregador, com o auxílio-doença ou a aposentadoria por invalidez, a cargo do órgão previdenciário. Precedentes desta Subseção e do Superior Tribunal de Justiça. Recurso de Embargos de que se conhece e a que se dá provimento". TST. SBDI-1. E-ED-RR n. 85400-74.2006.5.18.0121, Rel.: Ministro Cláudio Mascarenhas Brandão, *DEJT* 30 jun. 2015.

> "**Recurso de Embargos interposto na vigência da Lei n. 11.496/2007. Doença profissional. Danos patrimoniais. Pagamento de pensão mensal**. Os proventos recebidos mensalmente do INSS, pela vítima do acidente do trabalho ou por seus dependentes, não devem ser compensados ou deduzidos do valor da indenização por responsabilidade civil atribuída ao empregador. Além dos fundamentos legais (art. 7º, XXVIII, da Constituição Federal de 1988 e art. 121 da Lei n. 8.213/1991), a controvérsia está solucionada no Supremo Tribunal Federal por intermédio da Súmula n. 229. Ademais, este entendimento está uniformemente pacificado na doutrina mais autorizada a respeito e na torrencial jurisprudência do Superior Tribunal de Justiça, assim como deste Tribunal Superior do Trabalho, conforme precedentes recentes transcritos. Recurso de Embargos conhecido por divergência jurisprudencial e desprovido." TST. SBDI-I. E-ED-RR n. 162700-86.2005.5.15.0071, Rel.: Desembargador Convocado Sebastião Geraldo de Oliveira, *DJ* 9 jan. 2012.

> **"Recurso de revista. Responsabilidade civil do empregador. Acidente de trabalho. Comprovação de nexo concausal. Cumulação de indenização por danos materiais com benefício previdenciário. Possibilidade. Dedução/compensação indevidas. Transcendência política reconhecida.** 1. A jurisprudência desta Corte é firme no sentido da possibilidade de cumulação entre a pensão mensal decorrente do dano material com o benefício porventura recebido da autarquia previdenciária, porquanto a responsabilidade do empregador tem origem no contrato de trabalho e nos riscos do empreendimento, não se confundindo com a Seguridade Social. 2. Incabível, portanto, a compensação entre tais parcelas, pois, como visto, possuem naturezas jurídicas distintas, e não se permite dedução ou compensação entre parcelas de natureza jurídica e origem diversas. 3. Na hipótese, a Corte de origem, ao realizar a mencionada compensação, decidiu em desconformidade com a jurisprudência desta Corte, razão pela qual o recurso de revista deve ser conhecido e provido. Recurso de revista de que se conhece e a que se dá provimento." TST. 3ª Turma. RR-10749-33.2021.5.15.0120, Rel.: Ministro Alberto Bastos Balazeiro, *DEJT* 26 abr. 2024.

A título de conclusão, por tudo que foi exposto, pode-se afirmar seguramente que os proventos recebidos mensalmente do INSS, pela vítima do acidente do trabalho ou por seus dependentes, não devem ser compensados ou deduzidos do valor da indenização por responsabilidade civil atribuída ao empregador. Além dos fundamentos legais (art. 7º, XXVIII, da Constituição de 1988 e art. 121 da Lei n. 8.213/1991), a controvérsia está solucionada no Supremo Tribunal Federal por intermédio da Súmula n. 229. Ademais, este entendimento está uniformemente pacificado na doutrina mais autorizada a respeito e na torrencial jurisprudência do Superior Tribunal de Justiça, dos Tribunais de Justiça dos Estados e, mais recentemente, no Tribunal Superior do Trabalho.

Aliás, a respeito desse tema foi aprovado por ocasião da 1ª Jornada de Direito Material e Processual na Justiça do Trabalho, realizada em Brasília em novembro de 2007, o Enunciado n. 48, com o seguinte teor: "**Acidente do trabalho. Indenização. Não compensação do benefício previdenciário.** A indenização decorrente de acidente de trabalho ou doença ocupacional, fixada por pensionamento ou arbitrada para ser paga de uma só vez, não pode ser compensada com qualquer benefício pago pela Previdência Social."

4.5. ESPÉCIES DE RESPONSABILIDADE CIVIL

Para avançarmos no tema deste livro, é oportuno indicar, ainda que sucintamente, as espécies de responsabilidade civil, com as diferenças dos seus efeitos.

Quem infringe um dever jurídico, causando danos a outrem, responde pelo ressarcimento do prejuízo. Essa é a ideia central da responsabilidade civil.

O fato gerador do direito à reparação do dano pode ser a violação de um ajuste contratual das partes ou de qualquer dispositivo do ordenamento jurídico, incluindo-se o descumprimento do dever geral de cautela. Quando ocorre a primeira hipótese, dizemos que a responsabilidade é de natureza contratual; na segunda, denominamos responsabilidade extracontratual ou aquiliana[27].

A indenização por acidente do trabalho ou doença ocupacional, em princípio, enquadra-se como responsabilidade extracontratual, porque decorre de algum comportamento ilícito do empregador, por violação dos deveres previstos nas normas gerais de proteção ao trabalhador e ao meio ambiente do trabalho. Essa responsabilidade não tem natureza contratual, porque não há cláusula do contrato de trabalho prevendo a garantia de integridade psicobiofísica do empregado ou da sua incolumidade[28].

No entanto, a classificação de maior importância para o tema deste livro é aquela formulada quanto ao fundamento da responsabilidade. Nesse aspecto, a responsabilidade civil pode se apresentar como de natureza subjetiva ou objetiva.

A responsabilidade será subjetiva quando o dever de indenizar surgir em razão do comportamento do sujeito que causa danos a terceiros, por dolo ou culpa. Já na responsabilidade objetiva, basta que haja o dano e o nexo de causalidade para surgir o dever de indenizar, sendo irrelevante a conduta culposa ou não do agente causador. É por isso que a responsabilidade objetiva é também denominada teoria do risco, porquanto aquele que, no exercício da

---

27. A denominação "responsabilidade aquiliana" como sinônimo de responsabilidade extracontratual tem origem na antiga Lex Aquilia. Essa denominação está ligada ao tribuno "Aquilius", que propôs um plebiscito por volta do século III a.C., cujo resultado foi pela aprovação da referida Lei, a qual se tornou, desde os primórdios, o referencial absoluto a respeito do que se entende por responsabilidade extracontratual. Cf. FRANÇA, Limongi R. Responsabilidade aquiliana e suas raízes. In: CAHALI, Yussef Said. *Responsabilidade civil:* doutrina e jurisprudência. 2. ed. São Paulo: Saraiva, 1988. p. 241-261, *passim*. Assegura *Caio Mário* que o maior valor da Lei Aquília foi substituir as multas fixas por uma pena proporcional ao dano causado, abrindo os horizontes da responsabilidade civil, ou seja, o princípio geral da reparação do dano. Cf. *Responsabilidade civil*. 9. ed. Rio de Janeiro: Forense, 2002. p. 4 e 63.

28. Há autores que defendem, com argumentos atraentes, a existência de uma cláusula contratual implícita que garante a incolumidade do empregado, como, por exemplo, o Juiz do Trabalho *José Cairo Júnior* na dissertação de mestrado publicada em 2003, com o título *O acidente do trabalho e a responsabilidade civil do empregador*, pela LTr Editora. Entendemos, todavia, que a tentativa de adoção da responsabilidade contratual foi uma etapa para facilitar a prova da culpa por parte da vítima, imaginando-se uma obrigação implícita de seguridade, como ocorre no contrato de transportes. Da culpa subjetiva, imaginou-se avançar para a culpa contratual presumida. No entanto, o progresso da teoria objetiva ou do risco mostrou-se mais eficaz para a proteção da vítima, porquanto o pressuposto da culpa fica definitivamente dispensado, bastando, para gerar a indenização, a presença do dano e do nexo causal. Por outro lado, se prevalecer o entendimento da responsabilidade subjetiva, aquele entendimento poderá prosperar.

sua atividade, cria um risco de dano a outrem responde pela reparação dos prejuízos, mesmo quando não tenha incidido em culpa alguma. É a tendência apontada por Irineu Strenger de despersonalização da responsabilidade civil[29]. Em resumo, para o implemento da responsabilidade subjetiva, é imprescindível a comprovação da culpa, enquanto, na responsabilidade objetiva, cabe a reparação do dano ocorrido tão somente pelo risco da atividade.

A indenização dos danos sofridos por acidente do trabalho tem como suporte principal a responsabilidade subjetiva, isto é, exige-se a comprovação da culpa do empregador, de qualquer grau, para gerar o direito da vítima. Entretanto, há inovações importantes no campo da responsabilidade de natureza objetiva que apontam no sentido da socialização dos riscos, desviando o foco principal da *investigação da culpa (dano causado)* para o *atendimento da vítima (dano sofrido)*, de modo a criar mais possibilidades de reparação dos danos[30].

4.6. RESPONSABILIDADE CIVIL SUBJETIVA

O ponto de partida para o cabimento da indenização é o advento do dano. Centrando-se a análise no tema deste livro, normalmente teremos a presença do dano quando ocorrer acidente do trabalho ou doença ocupacional.

Pela concepção clássica da responsabilidade civil subjetiva, só haverá obrigação de indenizar o acidentado se restar comprovado que o empregador teve alguma culpa no evento, mesmo que de natureza leve ou levíssima. A ocorrência do acidente ou de doença proveniente do risco normal da atividade da empresa não gera automaticamente o dever de indenizar, restando à vítima, nessa hipótese, apenas a cobertura do seguro de acidente do trabalho, conforme as normas da Previdência Social.

O substrato do dever de indenizar tem como base o comportamento desidioso do patrão que atua de forma descuidada quanto ao cumprimento das normas de segurança, higiene ou saúde do trabalhador, propiciando, pela sua incúria, a ocorrência do acidente ou da doença ocupacional. Com isso, pode-se concluir que, a rigor, o acidente não surgiu do risco da atividade, mas originou-se da conduta culposa do empregador.

Na responsabilidade subjetiva, só caberá a indenização se estiverem presentes o dano (acidente ou doença), o nexo de causalidade do evento com o trabalho e a culpa do empregador. Esses pressupostos estão indicados no art.

29. STRENGER, Irineu. *Responsabilidade civil no direito interno e internacional*. 2. ed. São Paulo: LTr, 2000. p. 56.

30. A questão do cabimento ou não da responsabilidade civil objetiva do empregador com relação ao acidente do trabalho será tratada com vagar no capítulo 5.

186 do Código Civil, e a indenização correspondente no art. 927 do mesmo diploma legal, com apoio maior no art. 7º, XXVIII, da Constituição da República. Se não restar comprovada a presença simultânea dos pressupostos mencionados, não vinga a pretensão indenizatória.

Na prática forense tem sido comum, por exemplo, a vítima comprovar que a doença tem origem ocupacional, mas sem demonstrar nenhuma falha ou descumprimento por parte da empresa das normas de segurança, higiene e saúde do trabalhador ou do dever geral de cautela. Nessas hipóteses, ficam constatados os pressupostos do dano (a doença) e do nexo causal (de origem ocupacional), mas falta o componente "da culpa" para acolher o pedido indenizatório. Aliás, essa dificuldade probatória do autor, diante de atividades empresariais cada vez mais complexas, foi um dos principais motivos para a eclosão da teoria da responsabilidade civil objetiva, baseada tão somente no risco da atividade, desonerando a vítima de demonstrar a culpa patronal. Também gerou o desenvolvimento da teoria da culpa patronal presumida (ou inversão do ônus da prova), conforme veremos no item 9 do capítulo 7.

Diante da importância dos três pressupostos mencionados (nexo causal, culpa e dano), vamos abordá-los em capítulos distintos (vide Cap. 6 a 8) com o propósito de oferecer exposição detalhada dos pontos controvertidos e das discussões doutrinárias e jurisprudenciais a respeito.

4.7. RESPONSABILIDADE CIVIL OBJETIVA

Como já mencionado, para o cabimento da indenização com apoio na teoria da responsabilidade objetiva, basta a ocorrência do dano e a presença do nexo causal. Nos últimos anos discutiu-se intensamente sobre a aplicação ou não dessa teoria nas indenizações por acidente do trabalho, especialmente após a vigência do Código Civil de 2002. A controvérsia, no entanto, tende a ficar superada após a decisão do Excelso STF no julgamento do Recurso Extraordinário n. 828.040, com repercussão geral reconhecida, admitindo, em determinadas circunstâncias, o cabimento da responsabilidade civil objetiva decorrente do acidente do trabalho, conforme tese fixada no Tema 932, na sessão de julgamento do dia 12 de março de 2020.

Em razão da ampla controvérsia doutrinária e dos diferentes posicionamentos da jurisprudência, resolvemos prestigiar o tema com um capítulo específico, para proporcionar abordagem mais elaborada dos diversos ângulos da questão. Com efeito, no próximo capítulo vamos analisar o cabimento ou não da responsabilidade civil de natureza objetiva nas indenizações por acidente do trabalho ou doença ocupacional, especialmente após a decisão do STF acima mencionada.

4.8. RESPONSABILIDADE CIVIL POR ATOS DOS EMPREGADOS OU PREPOSTOS

Em regra, responde pela reparação civil o causador do dano. Para as indenizações por acidente do trabalho ou doenças ocupacionais, o responsável direto é o empregador, mesmo que o acidente provenha de atos culposos dos seus prepostos ou de outros empregados que estejam no exercício do trabalho que lhes competir, ou em razão dele.

No Código Civil de 1916, a responsabilidade pelos atos dos prepostos, serviçais ou empregados dependia de comprovação de que o empregador tivesse concorrido com culpa ou negligência para o implemento do dano, conforme previa o art. 1.523. Essa exigência, contudo, foi mitigada, em 1963, quando o Supremo Tribunal Federal adotou a Súmula n. 341 com o seguinte teor: *É presumida a culpa do patrão ou comitente pelo ato culposo do empregado ou preposto.*

O Código Civil de 2002 superou a hesitação do Código anterior e estabeleceu no art. 932, III, sem deixar margem a dúvidas, que o empregador responde pelos atos dos seus empregados, serviçais ou prepostos, desde que estejam no exercício do trabalho que lhes competir ou em razão dele[31].

Para evitar questionamentos e deixar evidente o alcance do preceito, prevê o art. 933 que o empregador responde por tais atos, ainda que não haja culpa de sua parte. Com efeito, a norma atual foi além da simples presunção de culpa da Súmula n. 341 do STF, visto que consagrou a responsabilidade patronal pelo dano culposo causado por seus empregados ou prepostos. Nesse sentido, cabe registrar um Enunciado aprovado por ocasião da V Jornada de Direito Civil, promovida em Brasília pelo Centro de Estudos Judiciários do Conselho da Justiça Federal, no ano de 2011, com o seguinte teor:

> Enunciado 451 — Arts. 932 e 933: A responsabilidade civil por ato de terceiro funda-se na responsabilidade objetiva ou independente de culpa, estando superado o modelo de culpa presumida.

Importa esclarecer, todavia, que o fato de o acidente ter sido provocado por prepostos ou empregados não implica automaticamente a responsabilidade

31. Asseveram Nelson Rosenvald e outros: "Relevante frisar que a responsabilidade do empregador não se limita aos danos que seus empregados causem a terceiros. Alcança também os danos sofridos por outros empregados, desde que relacionados, de algum modo, ao exercício da função ou em razão dela. Se, por exemplo, um funcionário se apossa de dados pessoais de outro funcionário, e passa as informações para um estelionatário, a responsabilidade da empresa se fará presente se o acesso aos dados se deu em virtude da função exercida." Cf. FARIAS, Cristiano Chaves; BRAGA NETO, Felipe Peixoto; ROSENVALD, Nelson. *Novo tratado de responsabilidade civil.* 3. ed. São Paulo: Saraiva Educação, 2018. p. 732.

prevista no art. 932, III, do Código Civil. O empregador responde objetivamente pelos danos causados por seus empregados ou prepostos, mas é necessário verificar se o mencionado dano é mesmo passível de indenização. Se não estiverem presentes todos os pressupostos da responsabilidade civil, por óbvio não cabe a condenação indireta da empresa.

Desse modo, primeiramente, é preciso conferir se no momento do acidente o causador do dano (empregado ou preposto da empresa) estava no exercício do trabalho que lhe competia ou se atuava em razão do vínculo mantido com o empregador. Se a resposta for negativa, não haverá nexo causal do dano com o trabalho e, nessa hipótese, o empregado ou preposto causador do dano responderá isoladamente pela indenização. Em segundo lugar, pode ser que haja alguma excludente do nexo causal que exonere de responsabilidade o causador do acidente — e, consequentemente, também o empregador —, tais como: motivo de força maior ou caso fortuito, culpa exclusiva da vítima, legítima defesa ou fato de terceiro. A responsabilidade do empregador é objetiva, conforme art. 932, III, do Código Civil, em relação à reparação que for devida por seu empregado ou preposto causador do dano, mas não em relação à vítima do infortúnio.[32]

O empregador responde não só pelos atos ilícitos causados por seus empregados diretos, mas por todos os trabalhadores que lhe prestem serviços ou alguma atividade em seu nome ou proveito, pouco importando a natureza jurídica do vínculo. O vocábulo "prepostos", indicado no art. 932, III, do Código Civil, tem sido interpretado com bastante amplitude, entendendo-se como tais os autônomos, prestadores de serviço em geral, estagiários, cooperados, mandatários, parceiros, representantes comerciais, dentre outros. É oportuno citar, neste passo, o magistério de Maria Helena Diniz:

> O preposto ou empregado é o dependente, isto é, aquele que recebe ordens, sob o poder de direção de outrem, que exerce sobre ele vigilância a título mais ou menos permanente. O serviço pode consistir numa atividade duradoura ou num ato isolado (pessoa que se incumbe de entregar uma mercadoria), seja ele material ou intelectual. Pouco importará que o preposto, serviçal ou empregado seja salariado ou não; bastará que haja uma subordinação voluntária entre ele e o comitente, ou patrão, pois a admissão de um empregado

32. Pode-se apontar aqui, por analogia, o entendimento adotado pela VII Jornada de Direito Civil realizada pelo Conselho da Justiça Federal em 2015, considerando que o fundamento jurídico da responsabilidade patronal é idêntico: "Enunciado n. 590 — A responsabilidade civil dos pais pelos atos dos filhos menores, prevista no art. 932, inc. I, do Código Civil, não obstante objetiva, pressupõe a demonstração de que a conduta imputada ao menor, caso o fosse a um agente imputável, seria hábil para a sua responsabilização."

dependerá, em regra, da vontade do empregador, que tem liberdade de escolha. O empregado ou preposto são pessoas que trabalham sob a direção do patrão, não se exigindo que entre eles haja um contrato de trabalho. Bastará que entre eles exista um vínculo hierárquico de subordinação.[33]

O Colendo STJ reiteradamente tem adotado esse entendimento, ou seja, "para o reconhecimento do vínculo de preposição, não é preciso que exista um contrato típico de trabalho; é suficiente a relação de dependência ou que alguém preste serviço sob o interesse e o comando de outrem."[34]

Também tem sido interpretada com largueza a expressão "no exercício do trabalho que lhes competir, ou em razão dele". Aliás, nesse ponto o Código Civil atual ampliou a responsabilidade do empregador ao substituir a frase "por ocasião dele", prevista no art. 1.523 do Código Civil anterior, para a expressão mais abrangente "em razão dele". Assim, os atos lesivos dos prepostos ou empregados, suportados pelo empregador, não ficam restritos aos praticados no período temporal da prestação dos serviços, uma vez que podem ocorrer outras tarefas em benefício da empresa, mesmo fora do local ou do horário do trabalho. Vejam os julgados a respeito:

> "**Embargos regidos pela Lei nº 13.015/2014. Responsabilidade civil do empregador por dano causado por seu empregado. Artigos 932, inciso III, e 933 do código civil de 2002.** A controvérsia diz respeito à imputação da responsabilidade objetiva do empregador nos termos do artigo 932, inciso III, do Código Civil pelo acidente sofrido pelo autor desta demanda. A premissa fática dos autos é a seguinte: um dos colegas, durante uma movimentação, esbarrou no fio que ligava a resistência à tomada, vindo a derrubar a cafeteira e derramar parte da água aquecida sobre o reclamante. Nos casos em que o evento danoso sofrido pelo empregado provier da conduta dolosa ou culposa de um outro empregado ou preposto do seu empregador, por ocasião do trabalho ou em razão dele, este responderá independentemente de culpa pela consequente reparação, nos termos dos artigos 932, inciso III, e 933 do CC/2002, mormente considerando a atual tendência da responsabilidade civil de focar o dano sofrido pela vítima em solidariedade a ela, e não mais a visão punitiva tradicional de focar o dano causado pelo réu, de modo que, cada vez mais, a responsabilidade objetiva ganha espaço no nosso ordenamento jurídico. Acrescente-se que, nos termos do artigo 2º da CLT, é do empregador os riscos da atividade econômica, de modo que não deve o seu empregado, vítima de acidente de trabalho cometido por outro empregado, suportar as consequências do evento danoso, mas sim à empresa, a quem cabe dirigir, orientar, organizar e fiscalizar a prestação pessoal de serviços. O entendimento adotado tem o condão de conferir máxima eficácia aos artigos 1º, inciso IV, 3º, inciso IV, e 170, caput, da Constituição Federal, ao promover a efetiva tutela dos valores sociais do trabalho e propugnar a construção de uma

33. DINIZ, Maria Helena. *Curso de direito civil*. 21. ed. São Paulo: Saraiva, 2007. v. 7, p. 518.
34. Conferir dentre outros os REsp n. 304.673/SP, 284.586/RJ, 200.831/RJ, 904.127/RJ e 1.020.237/PR.

sociedade justa e solidária. Desse modo, tendo em vista que o caso demonstra a prática de ato danoso pelo empregado da reclamada contra o reclamante, a hipótese há de ser analisada à luz da responsabilidade civil do empregador prevista nos artigos 932, inciso III, e 933 do CC/2002, ou seja, independentemente da existência de culpa. Presentes, pois, o dano e o nexo de causalidade entre ele a conduta do empregado da reclamada, é devida a reparação correspondente. Embargos conhecidos e providos." TST. SBDI-I. E-ED-RR n. 91600-40.2009.5.02.0444, Rel. Ministro José Roberto Freire Pimenta, *DEJT* 04 dez. 2020.

"**Recurso de Revista. Processo sob a égide da Lei 13.015/2014 e anterior à Lei 13.467/2017. Acidente de trabalho. Responsabilidade civil do empregador. Disparo de arma de fogo desferido contra empregado por colega de trabalho durante o expediente e nas dependências da empresa. Indenização por danos morais e materiais.** A indenização resultante de acidente do trabalho e/ou doença profissional ou ocupacional supõe a presença de três requisitos: a) ocorrência do fato deflagrador do dano ou do próprio dano, que se constata pelo fato da doença ou do acidente, os quais, por si sós, agridem o patrimônio moral e emocional da pessoa trabalhadora (nesse sentido, o dano moral, em tais casos, verifica-se pela própria circunstância da ocorrência do malefício físico ou psíquico); b) nexo causal ou concausal, que se evidencia pelo fato de o malefício ter ocorrido em face das condições laborativas; c) culpa empresarial, excetuadas as hipóteses de responsabilidade objetiva. Embora não se possa presumir a culpa em diversos casos de dano moral – em que a culpa tem de ser provada pelo autor da ação -, tratando-se de doença ocupacional, profissional ou de acidente do trabalho, essa culpa é presumida, em virtude de o empregador ter o controle e a direção sobre a estrutura, a dinâmica, a gestão e a operação do estabelecimento em que ocorreu o malefício. A Constituição Federal de 1988 assegura que todos têm direito ao meio ambiente do trabalho ecologicamente equilibrado, porque essencial à sadia qualidade de vida, razão pela qual incumbe ao Poder Público e à coletividade, na qual se inclui o empregador, o dever de defendê-lo e preservá-lo (arts. 200, VII, e 225, caput). Não é por outra razão que Raimundo Simão de Melo alerta que a prevenção dos riscos ambientais e/ou eliminação de riscos laborais, mediante adoção de medidas coletivas e individuais, é imprescindível para que o empregador evite danos ao meio ambiente do trabalho e à saúde do trabalhador. Acidentes do trabalho e/ou doença profissional ou ocupacional, na maioria das vezes, 'são eventos perfeitamente previsíveis e preveníveis, porquanto suas causas são identificáveis e podem ser neutralizadas ou mesmo eliminadas; são, porém, imprevistos quanto ao momento e grau de agravo para a vítima' (MELO, Raimundo Simão de. Direito ambiental do trabalho e a saúde do trabalhador. 5.ed. São Paulo: LTr, 2013, p. 316). Pontue-se que tanto a higidez física como a mental, inclusive emocional, do ser humano são bens fundamentais de sua vida, privada e pública, de sua intimidade, de sua autoestima e afirmação social e, nesta medida, também de sua honra. São bens, portanto, inquestionavelmente tutelados, regra geral, pela Constituição (art. 5º, V e X). Assim, agredidos em face de circunstâncias laborativas, passam a merecer tutela ainda mais forte e específica da Constituição da República, que se agrega à genérica anterior (art. 7º, XXVIII, CF/88). É do empregador, evidentemente, a responsabilidade pelas indenizações por dano moral, material ou estético, decorrentes de lesões vinculadas à infortunística do trabalho, sem prejuízo do pagamento, pelo INSS, do seguro social. No presente caso , contudo, a Corte Regional, embora tenha reconhecido a existência do acidente de trabalho típico, bem como os danos causados ao Reclamante , manteve a sentença que não reconheceu a responsabilidade civil da Reclamada e, por conseguinte, indeferiu os pedidos correlatos – indenizações por danos morais e materiais, por assentar, em síntese, que o " tiro de arma de fogo efetuado pelo empregado infrator é completamente estranho a sua função, excluindo a culpa do empregador". Contudo, considerando o contexto fático delineado no acórdão recorrido, tem-se que a matéria comporta enquadramento jurídico diverso. Como já visto, restou incontroverso nos autos que o Reclamante " sofreu um tiro de arma de fogo provocado por um colega de trabalho, após discussão entre eles ", no canteiro de obras, em via pública, tendo sido emitida CAT pela empresa, culminando na percepção do benefício auxílio doença acidentário, o qual foi convertido em aposentadoria por invalidez. Conforme já esclarecido, o nosso ordenamento jurídico mantém como regra geral, no tocante à responsabilidade civil, a noção da responsabilidade subjetiva, ou seja, mediante a aferição de culpa (lato sensu) do autor do dano (art. 186 e caput do art. 927, Código Civil). Sem se adentrar na discussão em torno da eventual ilicitude ocorrida na esfera penal, é certo que o disparo de arma de fogo efetuado por colega de trabalho contra o Reclamante, no curso da relação de emprego e em ambiente laboral, importa na incursão na prática de ato ilícito dentro da esfera civil (nos moldes do referido art. 186 do Código Civil). Com efeito, da análise dos arts. 933 e 932, III, do Código Civil, extrai-se que o empregador ou comitente é civilmente responsável por atos de seus empregados, serviçais e prepostos , no exercício do trabalho que lhes competir, ou em razão dele ; bem como que responderá por tais atos praticados, ainda que não haja culpa de sua parte. Exsurge, portanto, dos referidos dispositivos, a responsabilidade civil objetiva do empregador pelos atos praticados por seus empregados. Assim, a partir de uma interpretação sistemática do ordenamento jurídico, com fundamento nas normas referidas, e com fulcro nas premissas constantes no acórdão regional – disparo de arma de fogo efetuado por empregado da Reclamada contra o Reclamante, durante o expediente e no canteiro de obras da Reclamada, – conduz à conclusão de que o empregador deve ser objetivamente responsabilizado, sendo dispensável, portanto, qualquer perquirição em torno de sua culpa. É que, no presente caso, incidem as regras dos arts. 932, III, e 933 do CCB, que estabelecem a objetividade da responsabilidade do empregador pelos atos praticados por seus empregados no estabelecimento ou empresa. No que diz respeito ao meio ambiente de trabalho e à preservação da integridade física do trabalhador, Raimundo Simão de Melo esclarece, de forma louvável: 'No Direito do Trabalho, o bem ambiental envolve a vida do trabalhador como pessoa e integrante da sociedade, devendo ser preservado por meio da implementação de adequadas condições de trabalho, higiene e medicina do trabalho. Cabe ao empregador, primeiramente, a obrigação de preservar e proteger o meio ambiente laboral e, ao Estado e à sociedade, fazer valer a incolumidade desse bem. Nesse sentido, estabelece a Constituição Federal de 1988 (arts. 1º e 170), como fundamentos do Estado Democrático de direito e da ordem econômica dos valores sociais do trabalho, a dignidade da pessoa humana e o respeito ao meio ambiente. Desrespeitado esse bem, fixa a Carta Maior a obrigação de reparação em todos os seus aspectos administrativos, penais e civis, além dos de índole estritamente trabalhista, como previsto em outros dispositivos constitucionais e legais. Essa responsabilidade, como estabelecem os arts. 225, § 3º, da Constituição e 14, § 1º, da Lei nº 6.938/81 (Lei de Política Nacional do Meio Ambiente), é de natureza objetiva (...)' (in MELO, Raimundo Simão de. Direito Ambiental do Trabalho e a Saúde do Trabalhador. 4ª Ed. São Paulo: LTr, 2010. pp. 36 e 37). Esclareça-se, quanto à suposta culpa exclusiva da vítima, que se trata de fator de exclusão do elemento do nexo causal para efeito de inexistência de reparação civil no âmbito laboral quando o infortúnio ocorre por causa única decorrente da conduta do trabalhador, sem qualquer ligação com o descumprimento das normas legais, contratuais, convencionais, regulamentares, técnicas ou do dever geral de cautela por parte do empregador, o que, evidentemente, não corresponde à hipótese dos autos. Enfatize-se, por demasia, não se tratar, também, o presente caso, de fato de terceiro, tendo em vista que o fato capaz de romper a responsabilidade do empregador é aquele extraordinário, inteiramente estranho às circunstâncias já acobertadas pela regra responsabilizatória. No presente caso, a violência praticada contra o Empregado não pode ser considerada fato de terceiro para efeito de apuração da responsabilidade trabalhista, uma vez que, conforme já esclarecido, o agressor não era estranho às atividades da Empregadora, mas sim colega do Reclamante. Portanto, presentes o dano, o nexo de causalidade e a incidência da responsabilidade objetiva, tem-se como consequência a declaração da responsabilidade civil da Reclamada pelos danos decorrentes do infortúnio e o correspondente dever de indenizar. Recurso de revista conhecido e provido". TST. 3ª Turma. RR-16946-19.2017.5.16.0022, Rel.: Ministro Mauricio Godinho Delgado, *DEJT* 11 fev. 2022.

"Responsabilidade civil. Ato do preposto. Culpa reconhecida. Responsabilidade do empregador. (art. 1.521, inciso III, CC/16; art. 932, inciso III, CC/2002). Ato praticado fora do horário de serviço e contra as ordens do patrão. Irrelevância. Ação que se relaciona funcionalmente com o trabalho desempenhado. Morte do esposo e pai dos autores. Culpa concorrente. Indenizações por danos materiais e morais devidas. 1. A responsabilidade do empregador depende da apreciação quanto à responsabilidade antecedente do preposto no dano causado — que é subjetiva — e a responsabilidade consequente do preponente, que independe de culpa, observada a exigência de o preposto estar no exercício do trabalho ou o fato ter ocorrido em razão dele. 2. Tanto em casos regidos pelo Código Civil de 1916 quanto nos regidos pelo Código Civil de 2002, responde o empregador pelo ato ilícito do preposto se este, embora não estando efetivamente no exercício do labor que lhe foi confiado ou mesmo fora do horário de trabalho, vale-se das circunstâncias propiciadas pelo trabalho para agir, se de tais circunstâncias resultou facilitação ou auxílio, ainda que de forma incidental, local ou cronológica, à ação do empregado. 3. No caso, o preposto teve acesso à máquina retroescavadeira — que foi má utilizada para transportar a vítima em sua "concha" — em razão da função de caseiro que desempenhava no sítio de propriedade dos empregadores, no qual a mencionada máquina estava depositada, ficando por isso evidenciado o liame funcional entre o ilícito e o trabalho prestado. 4. Ademais, a jurisprudência sólida da Casa entende ser civilmente responsável o proprietário de veículo automotor por danos gerados por quem lho tomou de forma consentida. Precedentes. 5. Pela aplicação da teoria da guarda da coisa, a condição de guardião é imputada a quem tem o comando intelectual da coisa, não obstante não ostentar o comando material ou mesmo na hipótese de a coisa estar sob a detenção de outrem, como o que ocorre frequentemente nas relações ente preposto e preponente. 6. Em razão da concorrência de culpas, fixa-se a indenização por danos morais no valor de R$ 20.000,00 (vinte mil reais), bem como pensionamento mensal em 1/3 do salário mínimo vigente à época de cada pagamento, sendo devido desde o evento danoso até a data em que a vítima completaria 65 (sessenta e cinco) anos de idade. 7. Recurso especial conhecido e provido." STJ. 4ª Turma. REsp n. 1072577/PR, Rel.: Ministro Luis Felipe Salomão, *DJ* 26 abr. 2012.

É pacífico o entendimento de que o empregador responde pelos danos causados, ainda que o seu empregado ou preposto extrapole suas funções ou atue abusivamente. Não cabe ao terceiro prejudicado discernir se o empregado ou preposto estava ou não nos limites das suas atribuições, presumindo-se que a empresa tenha sido cuidadosa em selecionar trabalhadores idôneos, oferecendo o devido treinamento para que pudessem exercer diligentemente suas funções. Vejam a respeito a lição do Desembargador e doutrinador Sérgio Cavalieri:

> O nosso Direito não exige uma rigorosa relação funcional entre o dano e a atividade do empregado. Diferentemente de outros países, basta que o dano tenha sido causado em razão do trabalho — importando, isso, dizer que o empregador responde pelo ato do empregado ainda que não guarde com suas atribuições mais do que simples relação incidental, local ou cronológica. Na realidade, a fórmula do nosso Código Civil é muito ampla e bastante severa para o patrão. Bastará que a função tenha oferecido ao preposto a oportunidade para a prática do ato ilícito; que a função tenha lhe proporcionado a ocasião para a prática do ato danoso. E isso ocorrerá quando, na ausência da função, não teria havido a oportunidade para que o dano acontecesse.[35]

Na linha desse entendimento, é oportuno transcrever a ementa de um julgado em que atuamos como relator, cuja decisão adotou a responsabilidade objetiva do empregador por ato ilícito praticado por seu empregado:

35. CAVALIERI FILHO, Sergio. *Programa de responsabilidade civil*. 16. ed. São Paulo: Atlas, 2023. p. 273.

"**Acidente fatal causado no estabelecimento da empresa por culpa de colega de trabalho. Responsabilidade objetiva do empregador.** No início do século XX o empregador só respondia pelos danos causados por seus empregados se ficasse também comprovada a sua culpa ou descumprimento do seu dever de vigilância. A partir de 1963, o STF adotou o entendimento de que é presumida a culpa do patrão pelo ato culposo do seu empregado (Súmula n. 341). O Código Civil de 2002 deu mais um passo em benefício da vítima ao estabelecer a responsabilidade do empregador, independentemente de qualquer culpa de sua parte, pelos danos causados por culpa de seus empregados ou prepostos, conforme previsto nos arts. 932, III e 933. Assim, restando comprovado que o acidente fatal foi causado por empregado da reclamada que numa atitude inconsequente, a título de simples brincadeira, desloca a carregadeira que se encontra sob sua direção sobre colegas de trabalho, causando a morte imediata de um deles por decapitação, é imperioso deferir a responsabilidade civil da empresa pela indenização postulada pelos dependentes da vítima." Minas Gerais. TRT 3ª Região. 2ª Turma. RO n. 00642-2008-091-03-00-0, Rel.: Des. Sebastião Geraldo de Oliveira, *DJ* 3 jul. 2009.[36]

É certo, porém, que o empregador que responder pelo acidente provocado abusivamente (dolosamente) por seu empregado ou preposto poderá ajuizar ação regressiva para tentar o reembolso dos valores despendidos, conforme previsto no art. 934 do Código Civil[37] ou mesmo promover o desconto nos salários[38]. Entretanto, se o empregado que causou o acidente tiver agido apenas com culpa, o empregador deverá, além de comprová-la de forma convincente, exibir a cláusula do contrato de trabalho estabelecendo a possibilidade de desconto pelos danos causados, conforme previsto no art. 462, § 1º, da CLT.

---

36. Essa decisão foi mantida pelo Colendo TST em julgamento da 4ª Turma, ocorrido no dia 23 de março de 2011, quando atuou como Relator o Ministro Fernando Ono. O Recurso de Embargos interposto pela reclamada para a SBDI-I do TST, julgado no dia 1º de dezembro de 2011, não foi conhecido, conforme acórdão relatado pelo Ministro José Roberto Freire Pimenta. Cf. Processo E-RR n. 64200-50-2008.5.03.0091.

37. Código Civil. Art. 934. "Aquele que ressarcir o dano causado por outrem pode reaver o que houver pago daquele por quem pagou, salvo se o causador do dano for descendente seu, absoluta ou relativamente incapaz."

38. *Agravo de Instrumento. Recurso de Revista. Reconvenção. Condenação do reclamante. Afronta ao princípio do contraditório e da ampla defesa. Não configuração* 1. Não configura afronta ao princípio do contraditório e da ampla defesa decisão regional que mantém sentença que condena o Reclamante, em reconvenção, a indenizar a Reclamada, com arrimo na responsabilidade do empregado em face do empregador (art. 934 do Código Civil), pois decorre de imposição legal. 2. Dessa forma, não viola o art. 5º, LV, da Constituição Federal, quando comprovado, em juízo, que o empregado cometeu ato ilícito que culminou com a condenação da Reclamada ao pagamento de indenização por dano moral. 2. Agravo de instrumento do Reclamante de que se conhece e a que se nega provimento. TST. 4ª Turma. AIRR n. 106700-90.2009.5.20.0005, Rel.: Ministro João Oreste Dalazen, *DEJT* 29 abr. 2016. **No mesmo sentido, confira também**: TST. 7ª Turma. RR n. 459-68.2011.5.04.0102, Rel. Ministro Cláudio Brandão, *DJ* 6 dez. 2013.

É preciso registrar, para evitar equívocos, que na maioria dos acidentes do trabalho há alguma participação ocasional ou incidental, direta ou indireta, de colega ou colegas de trabalho. São riscos criados pela própria dinâmica das atividades desenvolvidas, ou mesmo perigo decorrente de descuido do empregador em adotar as medidas preventivas adequadas. Em tais hipóteses, a responsabilidade do empregador, quando cabível, é direta, porque os seus prepostos ou empregados estavam atuando licitamente no cumprimento das suas atribuições regulares. A responsabilidade indireta aqui tratada somente ocorre quando a causa do sinistro reside no comportamento ilícito do empregado ou preposto e tenha sido fator determinante para o acidente do trabalho.

Após a publicação da Lei n. 13.447/2017, que promoveu a chamada reforma trabalhista, surgiram dúvidas sobre o alcance da responsabilidade do empregador pelos danos extrapatrimoniais causados por seus empregados ou prepostos, em razão do art. 223-E, introduzido na CLT, que prevê:

> Art. 223-E. São responsáveis pelo dano extrapatrimonial todos os que tenham colaborado para a ofensa ao bem jurídico tutelado, na proporção da ação ou da omissão.

Diante desta inovação legal, há questionamentos se o empregador continua a responder integralmente pelos danos causados por seus empregados ou prepostos, porquanto o dispositivo menciona que todos que colaboraram para a ofensa ao bem jurídico tutelado respondem, proporcionalmente, pelo dano extrapatrimonial.

Entendemos, porém, que não ocorreu qualquer mudança quanto ao entendimento já sedimentado na lei, doutrina e jurisprudência. Em primeiro lugar, porque a redação do dispositivo não foi taxativa no sentido da exclusão da responsabilidade patronal, ainda que parcial. Uma mudança tão radical em tema de tamanha importância não poderia deixar qualquer margem a dúvidas. Em segundo, porque os riscos do empreendimento sempre foram do empregador (art. 2º da CLT) e não dos que atuam em seu nome e em seu benefício. Em terceiro, porque a Súmula n. 341 do STF há mais de meio século já fixou entendimento no sentido de que o patrão responde pelos atos de seus empregados ou prepostos, tanto que o Código Civil atual consagrou expressamente o princípio no art. 932, III. Em quarto, porque a própria CLT aponta no art. 157 que cabe ao empregador cumprir e fazer cumprir as normas de segurança e naturalmente responder quando tais normas não são observadas. Em quinto, porque prevê o art. 19, § 1º da Lei n. 8.213/91 que: "A empresa é responsável pela adoção e uso das medidas coletivas e individuais de proteção e segurança da saúde do trabalhador" e esse dispositivo não foi revogado. Por último, a norma não afastou a solidariedade dos coautores da ofensa extrapatrimonial, conforme bem assentado no art. 942 do Código Civil.

4.9. RESPONSABILIDADE CIVIL NAS TERCEIRIZAÇÕES

A tendência empresarial de transferir parte da execução dos serviços a terceiros gera questionamentos sobre a responsabilidade solidária ou subsidiária da tomadora (empresa contratante) pelo pagamento das indenizações cabíveis aos acidentados que atuam como trabalhadores da prestadora de serviço (empresa contratada).

Em decorrência do fenômeno da *terceirização*, muitas empresas desenvolvem suas atividades contando com trabalhadores indiretos que prestam serviços por intermédio das empresas interpostas, contratadas na condição de subempreiteiras, fornecedoras de trabalho temporário ou como simples prestadoras de serviço. A prática tem demonstrado que os serviços terceirizados são os que mais expõem os trabalhadores a riscos e, por consequência, a sofrer acidentes ou doenças ocupacionais, pois se referem a empregos de baixo nível remuneratório e pouca especialização, que normalmente dispensam experiência e treinamento.

Após as alterações promovidas pelas reformas trabalhistas de 2017, a questão ficou ainda mais preocupante, porque houve autorização para terceirizar até mesmo a atividade principal da empresa (Art. 5º-A da Lei n. 6.019/1974). Contudo, a nova disposição legal do art. 4º-A da referida Lei n. 6.019, impôs uma condição importante: a empresa contratada deverá ter "capacidade econômica compatível com a execução" da prestação dos serviços. Desse modo, se a tomadora dos serviços não observar essa condição no momento da escolha da prestadora dos serviços (culpa *in eligendo*), poderá ter descaracterizada a terceirização e arcar diretamente com o vínculo dos trabalhadores.

As empresas de prestação de serviços são criadas com relativa facilidade, sem necessidade de investimento, porque atuam simplesmente intermediando mão de obra de baixa qualificação e de alta rotatividade. Como ficam na inteira dependência das empresas tomadoras de serviços e enfrentam a concorrência, nem sempre leal, de outras empresas do ramo, dificilmente experimentam crescimento próprio ou solidez econômica, sendo frequentes as insolvências no setor. Com isso, acabam aceitando margens de lucro reduzidas, sacrificando, para sobreviver, as despesas necessárias para garantia da segurança, higiene e saúde dos trabalhadores.

Aqueles que militam na Justiça do Trabalho conhecem de perto o volume assustador de ações trabalhistas propostas por ex-empregados das chamadas *prestadoras de serviços* que empregam, atualmente, em torno de 25% dos trabalhadores contratados no Brasil. Essas empresas fecham as portas e "desaparecem" com a mesma facilidade com que foram criadas, até porque, quase sempre, não têm patrimônio algum, pois só dispõem de um imóvel alugado para intermediar o fornecimento da mão de obra.

A dinâmica dos fatos desafia o aplicador da lei para decidir casos novos, muitas vezes com regras antigas, mas sempre com apoio nos princípios gerais, que permitem amoldar os comandos normativos às contingências de cada época. Para os novos problemas da realidade atual, é preciso buscar também soluções inovadoras, sob pena de se apegar às regras fossilizadas de épocas passadas. Nesse sentido, é oportuno o ensinamento de Vicente Ráo: "Por força de necessidades novas, novas regras são necessárias para a solução dos problemas do nosso tempo. Transforma-se, pois, o Direito, no sentido da maior extensão do seu poder normativo, mas semelhante extensão não destrói, antes confirma, dia a dia, a generalidade e a universalidade dos princípios gerais."[39]

A ciência jurídica não pretende — e nem consegue — impedir a fluência dos fatos econômicos, mas tem por objetivo assegurar um sentido de justiça e harmonia aos relacionamentos entre os cidadãos para garantir a paz social. O ordenamento jurídico normalmente reconhece como válidos os contratos de subempreitada, de serviços temporários ou de prestação de serviços, mas vincula o beneficiário efetivo para responder solidária ou subsidiariamente pelo cumprimento das obrigações relacionadas com os contratos dos trabalhadores.

O princípio norteador, cada vez mais aceito, proclama que aquele que se beneficia do serviço deve arcar, direta ou indiretamente, com todas as obrigações decorrentes da sua prestação. A terceirização das atividades do empregador não tem o efeito de transferir a terceiros as responsabilidades trabalhistas, ou seja, "a terceirização das funções não implica na terceirização de responsabilidades."[40]

Nada mais justo, porquanto quem usufrui dos bônus deve suportar os ônus, como assevera a antiga parêmia *qui habet commoda, ferre debet onera*. Nessa linha de pensamento, foram editadas várias normas legais com o propósito de reforçar a garantia para os empregados das empresas terceirizadas, tais como o art. 455 da CLT[41], o art. 16 da Lei n. 6.019/1974, que trata do trabalho

---

39. RÁO, Vicente. *O Direito e a vida dos direitos*. 3. ed. São Paulo: Revista dos Tribunais, 1991. v.1, p. 22.

40. FARIAS, Cristiano Chaves; BRAGA NETO, Felipe Peixoto; ROSENVALD, Nelson. *Novo tratado de responsabilidade civil*. 3. ed. São Paulo: Saraiva, 2018. p. 734.

41. CLT, art. 455: "Nos contratos de subempreitada responderá o subempreiteiro pelas obrigações derivadas do contrato de trabalho que celebrar, cabendo, todavia, aos empregados, o direito de reclamação contra o empreiteiro principal pelo inadimplemento daquelas obrigações por

temporário[42], e o art. 8º da Convenção n. 167 da Organização Internacional do Trabalho[43]. A Lei n. 12.023/2009, que "dispõe sobre as atividades de movimentação de mercadorias em geral e sobre o trabalho avulso", estabeleceu:

> Art. 8º As empresas tomadoras do trabalho avulso respondem solidariamente pela efetiva remuneração do trabalho contratado e são responsáveis pelo recolhimento dos encargos fiscais e sociais, bem como das contribuições ou de outras importâncias devidas à Seguridade Social, no limite do uso que fizerem do trabalho avulso intermediado pelo sindicato.
>
> Art. 9º As empresas tomadoras do trabalho avulso são responsáveis pelo fornecimento dos Equipamentos de Proteção Individual e por zelar pelo cumprimento das normas de segurança no trabalho.

O princípio da responsabilização solidária ou subsidiária do beneficiário dos serviços aplica-se aos direitos trabalhistas, previdenciários, acidentários, bem como às hipóteses de responsabilidade civil do empregador, incluindo a ação regressiva da Previdência Social[44]. Daí porque, atualmente, quase todos os trabalhadores das terceirizadas que ingressam em juízo indicam no polo passivo o empregador direto e a empresa tomadora dos serviços, exatamente para ter a garantia do cumprimento da sentença, no caso de eventual condenação.

E para espancar quaisquer dúvidas, a Lei n. 13.429/2017, que ampliou as possibilidades de terceirização, inseriu o art. 5º-A na Lei n. 6.019/74, cujo § 3º assegura que é "responsabilidade da contratante garantir as condições de segurança, higiene e salubridade dos trabalhadores, quando o trabalho

---

parte do primeiro. Parágrafo único. Ao empreiteiro principal fica ressalvada, nos termos da lei civil, ação regressiva contra o subempreiteiro e a retenção de importâncias a este devidas, para a garantia das obrigações previstas neste artigo."

42. Lei n. 6.019, de 3 jan. 1974, art. 16: "No caso de falência da empresa de trabalho temporário, a empresa tomadora ou cliente é solidariamente responsável pelo recolhimento das contribuições previdenciárias, no tocante ao tempo em que o trabalhador esteve sob suas ordens, assim como em referência ao mesmo período, pela remuneração e indenização previstas nesta Lei."

43. OIT. Convenção 167, art. 8º: "Quando dois ou mais empregadores estiverem realizando atividades simultaneamente na mesma obra: a) a coordenação das medidas prescritas em matéria de segurança e saúde e, na medida em que for compatível com a legislação nacional, a responsabilidade de zelar pelo cumprimento efetivo de tais medidas recairá sobre o empreiteiro principal ou sobre outra pessoa ou organismo que estiver exercendo controle efetivo ou tiver a principal responsabilidade pelo conjunto de atividades na obra;". Esta Convenção entrou em vigor no Brasil em 19 de maio de 2007. A ratificação ocorreu pelo Decreto Legislativo n. 61/2006 e promulgação pelo Decreto n. 6.271, de 22 nov. 2007. Atualmente a Convenção foi englobada no Decreto n. 10.088/2019, que consolida as normas da OIT- Anexo LXXIV.

44. A Lei n. 8.212/1991, que dispõe sobre a organização e o custeio da Seguridade Social, também estabelece a responsabilidade dos tomadores de serviços nos arts. 30 e 31, com o propósito de garantir o recolhimento da contribuição previdenciária.

for realizado em suas dependências ou local previamente convencionado em contrato". Além disso, inseriu no mesmo art. 5º-A o § 5º, que estabelece, sem margem a dúvidas: "A empresa contratante é subsidiariamente responsável pelas obrigações trabalhistas referentes ao período em que ocorrer a prestação de serviços...". Seguindo essa mesma linha de entendimento, o Excelso Supremo Tribunal Federal concluiu, em agosto de 2018, o julgamento do Recurso Extraordinário n. 958.252, em sede de repercussão geral reconhecida (Tema 725), quando fixou a seguinte tese: "É lícita a terceirização ou qualquer outra forma de divisão do trabalho entre pessoas jurídicas distintas, independentemente do objeto social das empresas envolvidas, mantida a responsabilidade subsidiária da empresa contratante".

Já na conclusão do julgamento da Arguição de Descumprimento de Preceito Fundamental — ADPF n. 324, também no dia 30 de agosto de 2018, foi fixada tese similar, com acréscimos esclarecedores:

> O Tribunal, no mérito, por maioria e nos termos do voto do Relator, julgou procedente o pedido e firmou a seguinte tese: 1. É lícita a terceirização de toda e qualquer atividade, meio ou fim, não se configurando relação de emprego entre a contratante e o empregado da contratada. 2. Na terceirização, compete à contratante: i) verificar a idoneidade e a capacidade econômica da terceirizada; e ii) responder subsidiariamente pelo descumprimento das normas trabalhistas, bem como por obrigações previdenciárias, na forma do art. 31 da Lei n. 8.212/1991, vencidos os Ministros Edson Fachin, Rosa Weber, Ricardo Lewandowski e Marco Aurélio. Nesta assentada, o Relator esclareceu que a presente decisão não afeta automaticamente os processos em relação aos quais tenha havido coisa julgada. Presidiu o julgamento a Ministra Cármen Lúcia.[45]

Esses julgamentos da mais alta Corte do Poder Judiciário do Brasil alteram a jurisprudência trabalhista construída há mais de três décadas, quando adotam a tese da licitude da terceirização até mesmo para a atividade-fim da empresa, mas também não deixam nenhuma margem de dúvidas quanto à responsabilidade subsidiária da empresa tomadora dos serviços.

Mais recentemente, o Decreto n. 10.854, de 10 de novembro de 2021 que regulamentou disposições relativas à legislação trabalhista e instituiu o Programa Permanente de Consolidação, Simplificação e Desburocratização de normas trabalhistas infralegais, estabeleceu:

> Art. 39. Considera-se prestação de serviços a terceiros a transferência feita pela contratante da execução de quaisquer de suas atividades, inclusive de sua

45. Disponível em: <http://portal.stf.jus.br/processos/detalhe.asp?incidente=4620584>.

atividade principal, à pessoa jurídica de direito privado prestadora de serviços que possua capacidade econômica compatível com a sua execução. (...)

§ 7º A empresa contratante é subsidiariamente responsável pelas obrigações trabalhistas referentes ao período em que ocorrer a prestação de serviços, e o recolhimento das contribuições previdenciárias observará o disposto no art. 31 da Lei nº 8.212, de 24 de julho de 1991.

§ 8º A empresa contratante será responsável pelas infrações relacionadas às condições de segurança, higiene e salubridade dos trabalhadores quando o trabalho for realizado nas suas dependências ou em local previamente convencionado em contrato, observado o disposto no § 3º do art. 5º-A da Lei nº 6.019, de 1974.

Art. 55. É responsabilidade da empresa tomadora de serviços ou cliente garantir as condições de segurança, higiene e salubridade dos trabalhadores quando o trabalho for realizado em suas dependências ou em local por ela designado.

Por tudo que foi mencionado, mesmo para a hipótese do dano extrapatrimonial, cabe a responsabilidade subsidiária ou solidária do tomador dos serviços pelos danos sofridos pelos empregados da empresa prestadora de serviços. E o entendimento já pacificado no âmbito do Tribunal Superior do Trabalho indica que, no caso de indenização por acidente do trabalho, não cabe nem mesmo aplicar a exceção prevista na OJ 191 da SBDI-I, por se tratar de pretensão que não ostenta caráter de obrigação trabalhista em sentido estrito, mas sim de reparação de dano fundada no instituto da responsabilidade civil, conforme disciplinado no Código Civil.

Como se depreende do exposto, quando o empresário transfere a terceiros a execução de parte da sua atividade, deve atuar com bastante diligência, escolhendo criteriosamente empresas que tenham capacidade técnica, econômica e financeira para arcar com os riscos do empreendimento. Deve, também, fiscalizar com rigor o cumprimento do contrato de prestação de serviços e a observância dos direitos trabalhistas dos empregados da contratada, especialmente o cumprimento das normas de segurança, higiene e saúde dos trabalhadores. Nesse sentido tem sido o entendimento adotado pela jurisprudência:

"Embargos em Embargos de Declaração em Recurso de Revista – Acidente de trabalho. Dona da obra. Orientação jurisprudencial 191 da SBDI-1 do TST. Inaplicabilidade. É assente nesta Subseção o entendimento de que a Orientação Jurisprudencial 191 não se aplica a hipóteses em que as pretensões formuladas na exordial decorram de acidente de trabalho para o qual tenha concorrido o dono da obra. Isso porque o aludido verbete apenas reporta-se às obrigações trabalhistas em sentido estrito – em relação às quais inexiste previsão legal de responsabilização solidária ou subsidiária do dono da obra (exegese do artigo 455 da CLT) -, não abrangendo as indenizações de natureza civil, decorrentes da chamada "culpa aquiliana" (artigos 186 e 927, caput, do CCB). Recurso de

Embargos conhecido e provido" TST. SBDI-I. E-ED-RR-679-86.2012.5.12.0012, Rel.: Ministro Márcio Eurico Vitral Amaro, *DEJT* 18 set. 2015.

"**Recurso de embargos do reclamante. Interposição sob a égide da Lei 11.496/2007. Acidente do trabalho. Responsabilidade do dono da obra. OJ 191/SDI-I/TST. Inaplicabilidade**. 1. Em hipóteses como a dos autos, em que a controvérsia diz respeito a danos advindos de acidente de trabalho ocorrido durante o cumprimento do contrato de empreitada, é inaplicável o entendimento cristalizado na OJ 191/SDI-I/TST, segundo o qual, "diante da inexistência de previsão legal e específica, o contrato de empreitada de construção civil entre o dono da obra e o empreiteiro não enseja responsabilidade solidária ou subsidiária nas obrigações trabalhistas contraídas pelo empreiteiro, salvo sendo o dono da obra uma empresa construtora ou incorporadora". 2. Isso porque o afastamento da responsabilidade do dono da obra nos contratos de empreitada, nos moldes previstos na Orientação Jurisprudencial mencionada, constitui uma exceção à regra geral da responsabilização e diz respeito tão-somente às obrigações trabalhistas em sentido estrito contraídas pelo empreiteiro, o que não é o caso das indenizações pelos danos decorrentes de acidente de trabalho, que possuem fundamentos no instituto da responsabilidade civil (arts. 186 e 927 do CC). Precedentes desta Subseção. Recurso de embargos conhecido e provido." TST. SBDI-I. E-ED-RR n. 96000-09.2009.5.15.0033, Rel.: Ministro Hugo Carlos Scheuermann, *DEJT* 18 dez. 2020.

"**Agravo. Recurso de revista. Responsabilidade civil. Dono da obra. Acidente de trabalho típico. Inaplicabilidade da diretriz consagrada na OJ 191 do TST.** 1. Caso em que o Tribunal Regional do Trabalho, após a análise dos elementos probatórios, manteve a condenação ao pagamento de indenização por dano moral e material da primeira Reclamada, em razão do acidente de trabalho sofrido pelo empregado, afastando, todavia, a condenação da segunda e da terceira Reclamadas, ante a diretriz da OJ 191 da SBDI-I/TST. 2. Segundo as premissas fáticas estabelecidas pelo TRT, a primeira Reclamada (empregadora) foi contratada pela quarta Reclamada para prestação de serviços de fabricação e montagem de estruturas metálicas, as quais destinavam-se à construção de imóvel da segunda e da terceira Reclamadas. Registrou, ainda, que a segunda e terceira reclamadas contrataram a quarta Ré para execução de serviço específico, atuando, portanto, como donas da obra. 3. A Subseção 1 Especializada em Dissídios Individuais desta Corte sedimentou entendimento no sentido de que a exclusão da responsabilidade solidária ou subsidiária do dono da obra, nos moldes da OJ 191 da SBDI-1, restringe-se às obrigações trabalhistas em sentido estrito. De acordo com aquele Colegiado, responsável pela uniformização da jurisprudência no âmbito desta Corte Superior, a obrigação de reparação dos danos decorrentes de acidente do trabalho típico é de natureza civil e advém da prática de ato ilícito, nos termos dos artigos 186 e 927 do Código Civil, razão pela qual não se aplica a diretriz consagrada no aludido verbete jurisprudencial. Julgados da SBDI-1 e de Turmas do TST. 4. Nesse cenário, o Tribunal Regional, ao afastar a responsabilidade solidária da segunda e da terceira Reclamadas – donas da obra – pelo pagamento das verbas decorrentes do acidente de trabalho, proferiu acórdão contrário à jurisprudência pacífica desta Corte. 4. Assim, nenhum reparo merece a decisão agravada, na qual conhecido o recurso de revista interposto pelos Autores, por má aplicação da OJ 191 da SBDI-1/TST, e provido, para declarar a responsabilidade solidária das Reclamadas pelas verbas decorrentes do acidente de trabalho. Decisão mantida com acréscimo de fundamentação. Agravo não provido." TST. 5ª Turma. Ag-ED-RR-725-71.2014.5.12.0023, Rel.: Ministro Douglas Alencar Rodrigues, *DEJT* 27 nov. 2023.

"Agravo interno em agravo de instrumento em recurso de revista – acidente de trabalho – óbito do genitor do autor – responsabilidade civil do empregador – responsabilidade solidária – dono da obra. 1. A isenção de responsabilidade do dono da obra, estabelecida na Orientação Jurisprudencial nº 191 da SBDI-1 do TST, restringe-se aos débitos derivados do contrato de trabalho do funcionário da empreiteira. 2. É possível a responsabilização do dono da obra pelos danos materiais e morais oriundos de infortúnio laboral, pois se trata de verba de natureza eminentemente civilista (arts. 5º, X, 7º, XXVIII, da Constituição Federal, 186, 927, *caput*, 932, III, e 933 do Código Civil). 3. A responsabilização solidária do dono da obra depende da sua participação no infortúnio laboral, com a presença dos requisitos gerais da responsabilidade civil subjetiva (nexo causal, culpa e dano) ou objetiva, conforme o caso, na forma do art. 942, parágrafo único, do Código Civil. 4. No caso, a Corte a quo, ao decidir o litígio, empreendeu acurada e detalhada análise do acervo probatório para a formação de seu convencimento e concluiu que o acidente fatal sofrido pelo empregado (óbito em razão de choque politraumático, resultado de uma queda de uma cesta de ferro carregada com sacos de cimento na cabeça da vítima), decorreu de culpa de todas as reclamadas, inclusive a dona da obra, porquanto a segunda reclamada (UNIFESP) interferia diretamente na execução da construção, com a contratação de serviços e distribuição de ordens no canteiro de obras, possuindo ingerência ativa no processo de execução da construção. 5. Logo, imperiosa a responsabilização solidária das empresas pelo evento danoso, visto que presente a conduta culposa das reclamadas. Agravo interno desprovido." TST. 2ª Turma. Ag-AIRR-1001469-43.2019.5.02.0026, Rel.: Ministro Luiz Philippe Vieira de Mello Filho, *DEJT* 06 set. 2024.

Se é uma realidade o fenômeno da terceirização, é também certo que essa prática empresarial não pode servir de desvio improvisado ou artifício engenhoso para reduzir ou suprimir direitos dos trabalhadores, sobretudo daqueles que foram vítimas de acidente do trabalho ou doenças ocupacionais. A transferência das atividades para uma prestadora de serviço não exime a contratante de suportar, juntamente com a contratada, os custos relativos aos danos sofridos pelos trabalhadores da empresa terceirizada.

O art. 942 do Código Civil estabelece a solidariedade na reparação dos danos dos autores, coautores e das pessoas designadas no art. 932[46], valendo tal

46. Código Civil, art. 942: "Os bens do responsável pela ofensa ou violação do direito de outrem ficam sujeitos à reparação do dano causado; e, se a ofensa tiver mais de um autor, todos responderão solidariamente pela reparação. Parágrafo único. São solidariamente responsáveis com os autores, os coautores e as pessoas designadas no art. 932."

preceito para o acidente ocorrido por culpa do empregador ou pela atividade de risco acentuado, fundamento esse sempre invocado nos julgamentos para estender a solidariedade passiva ao tomador dos serviços. No caso da solidariedade, o credor tem direito de exigir e receber de um ou de alguns dos devedores, parcial ou totalmente, a dívida comum[47], preferindo, naturalmente, cobrar daquele que estiver em melhores condições financeiras.

É oportuno mencionar a doutrina da desconsideração da pessoa jurídica, acolhida expressamente pelo art. 50 do Código Civil de 2002 e pelo Código de Proteção e Defesa do Consumidor — Lei n. 8.078/1990 —, normas essas que também reforçam o princípio de que o beneficiário dos serviços deve arcar com as indenizações acidentárias. O art. 28 desse último Código estabelece:

> O juiz poderá desconsiderar a personalidade jurídica da sociedade quando, em detrimento do consumidor, houver abuso de direito, excesso de poder, infração da lei, fato ou ato ilícito ou violação dos estatutos ou contrato social. A desconsideração também será efetivada quando houver falência, estado de insolvência, encerramento ou inatividade da pessoa jurídica provocados por má administração.

À semelhança do princípio da primazia da realidade aplicado no Direito do Trabalho, a teoria da *disregard of legal entity* supera a barreira formal da pessoa jurídica para alcançar os verdadeiros responsáveis pela reparação dos prejuízos. Aliás, o § 5º do mencionado art. 28 prevê que "também poderá ser desconsiderada a pessoa jurídica sempre que sua personalidade for, de alguma forma, obstáculo ao ressarcimento de prejuízos causados aos consumidores."

A relevância social da proteção jurídica ao acidentado justifica plenamente, e até por mais severas razões, a aplicação desse preceito do Código do Consumidor. É louvável a proteção conferida ao que pode consumir, mas é imperioso amparar também aquele que precisa sobreviver, após perder a capacidade de trabalho, a saúde e, muitas vezes, até o direito de ter esperança.

Cabe citar, por fim, a Lei n. 9.605/1998, que dispõe sobre as "sanções penais e administrativas de condutas e atividades lesivas ao meio ambiente", cujo art. 4º estabelece: "Poderá ser desconsiderada a pessoa jurídica sempre que sua personalidade for obstáculo ao ressarcimento de prejuízos causados à qualidade do meio ambiente."

A pacificação do entendimento no sentido de que a empresa contratante responde, solidária ou subsidiariamente, pelas indenizações e por outros direitos dos empregados da prestadora de serviços está provocando, em

---

47. Código Civil, art. 275.

determinados casos, um movimento de retomada das atividades que eram terceirizadas, fenômeno que está sendo denominado de "primarização" ou "desterceirização". Ora, se está pacificado na jurisprudência que a empresa tomadora continuará inteiramente responsável por tais direitos, é melhor que ela tenha sob o seu controle direto o cumprimento das normas de prevenção de acidentes ou doenças ocupacionais. Aliás, alguns empresários estão percebendo que a terceirização está perdendo um dos seus principais atrativos: a redução de custos.

5

ACIDENTE DO TRABALHO E RESPONSABILIDADE CIVIL OBJETIVA

5.1. DESENVOLVIMENTO DA TEORIA DO RISCO

A responsabilidade de natureza subjetiva tem raízes milenares e está visceralmente impregnada em toda a dogmática da responsabilidade civil. Por essa razão, aquele que sofre um dano tem, como primeiro pensamento, praticamente como reação instintiva, a necessidade de procurar o culpado para cobrar a reparação. Assinala a professora Maria Celina Bodin que "a ideia subjacente à responsabilidade subjetiva possui raízes tão profundas na cultura ocidental que nunca foi preciso, realmente, explicar por que a culpa enseja responsabilidade, sendo ela própria a sua razão justificativa."[1]

No entanto, a complexidade da vida atual, a multiplicidade crescente dos fatores de risco, a estonteante revolução tecnológica, a explosão demográfica e os perigos difusos ou anônimos da modernidade acabavam por deixar vários acidentes ou danos sem reparação, uma vez que a vítima não lograva demonstrar a culpa do causador do prejuízo, ou seja, não conseguia se desincumbir do ônus probatório quanto aos pressupostos da responsabilidade civil. Assim, ainda hoje, é comum deparar-se com uma situação tormentosa para os operadores jurídicos: o dano sofrido pela vítima é uma realidade imutável, mas a dificuldade de provar a culpa do réu impede o deferimento da indenização. No caso do acidente do trabalho, tem sido frequente o indeferimento do pedido por ausência de prova da culpa patronal ou por acolher a alegação de ato inseguro do empregado ou, ainda, pela conclusão da culpa exclusiva da vítima.

---

1. MORAES, Maria Celina Bodin de. Risco, solidariedade e responsabilidade objetiva. *Revista RT*, São Paulo, v. 854, p. 22, dez. 2006.

O choque da realidade com a rigidez da norma legal impulsionou os estudiosos no sentido da busca de soluções para abrandar, ou mesmo excluir, o rigorismo da prova da culpa como pressuposto para indenização, até porque o fato concreto, colocado em pauta para incômodo dos juristas, era o dano consumado e o lesado ao desamparo... Pouco a pouco, o instrumental da ciência jurídica começou a vislumbrar nova alternativa para acudir as vítimas dos infortúnios. Ao lado da teoria subjetiva, dependente da culpa comprovada, desenvolveu-se a teoria do risco ou da responsabilidade objetiva, segundo a qual basta o autor demonstrar o dano e a relação de causalidade, para o deferimento da indenização. Em outras palavras, os riscos da atividade, em sentido amplo, devem ser suportados por quem dela se beneficia.

Aponta Caio Mário que a proposição originária da doutrina objetiva surge em 1897, quando Raymond Saleilles publica estudo especializado intitulado *Les Accidents de Travail et la Responsabilité Civile — Essai d'une théorie objective de la responsabilité delictuelle.*[2] Mais tarde, o professor de Direito Civil da Faculdade de Lyon, Louis Josserand, defende abertamente a teoria objetiva, asseverando que a causa da constante evolução da responsabilidade "deve ser procurada na multiplicidade de acidentes, no caráter cada vez mais perigoso da vida contemporânea; (...) multiplicam-se os acidentes, muitos permanecem anônimos e sua causa verdadeira fica desconhecida."[3] Em outro trecho, Josserand deixa transparecer sua desconfortável inquietação: "Quando um acidente sobrevém, em que à vítima nada se pode censurar, por haver desempenhado um papel passivo e inerte, sentimos instintivamente que lhe é devida uma reparação; precisamos que ela a obtenha, sem o que nos sentiremos presos de um mal-estar moral, de um sentimento de revolta; vai-se a paz da nossa alma."[4]

No Brasil, vários autores aprofundaram estudos no tema da responsabilidade objetiva, valendo citar o professor Alvino Lima, que, em 1938, defendeu tese para concorrer à cátedra de Direito Civil, perante a Faculdade de Direito de São Paulo, intitulada "Da culpa ao risco", posteriormente publicada com o título Culpa e Risco[5]. Anos mais tarde, o notável Professor Wilson Melo da Silva apresentou tese perante a Faculdade de Direito da Universidade Federal de Minas Gerais, defendendo ardorosamente a corrente objetivista, com o

2. PEREIRA, Caio Mário da Silva. *Responsabilidade civil*. 9. ed. Rio de Janeiro: Forense, 2002. p.16.
3. JOSSERAND, Louis. Evolução da responsabilidade civil. *Revista Forense*, Rio de Janeiro, v. 86, p. 549, jun. 1941.
4. *ibidem*, p. 550.
5. LIMA, Alvino. *Culpa e risco*. São Paulo: Revista dos Tribunais, 1963.

título Responsabilidade sem Culpa[6]. De grande relevo também as posições dos mestres José de Aguiar Dias e Caio Mário da Silva Pereira em obras específicas a respeito da responsabilidade civil.

Cabe registrar, por outro lado, que a teoria da responsabilidade objetiva coleciona também vários opositores. Reclamam que "a demasiada atenção à vítima acaba por negar o princípio da justiça social, impondo cegamente o dever de reparar, e levando-o a equiparar o comportamento jurídico e injurídico do agente."[7] Alegam que, se o pressuposto da culpa for afastado, aquele que age corretamente, tomando todas as medidas recomendáveis para evitar os danos, receberia o mesmo tratamento do outro que atua displicentemente. Os irmãos Mazeaud, considerados os campeões contra a doutrina do risco, afirmam que "a equidade exige que aquele que retira os proveitos suporte os riscos, mas exige também que não se inquiete aquele cujo procedimento é irrepreensível."[8]

Como se vê, a aceitação progressiva da teoria da responsabilidade objetiva demandou amadurecimento prolongado, especialmente pelos confrontos das ideias antagônicas e dos ricos embates doutrinários. O desenvolvimento da "culpa" até o "risco", como pressuposto indispensável para a reparação, ocorreu por etapas que o transcurso do tempo ajudou a consolidar. Num primeiro passo, mesmo reconhecendo a necessidade da culpa para o cabimento da indenização, houve concessões ou tolerância dos julgadores para abrandar o rigor desse pressuposto em benefício da vítima, o que o mestre Caio Mário denomina de adelgaçamento da própria noção de culpa, porquanto os juízes, invocando o velho adágio *In lege Aquilia, et levissima culpa venit*, entendiam que a mais mínima culpa já era o bastante para gerar a responsabilidade[9]. Numa etapa posterior, ainda com apoio na teoria da responsabilidade subjetiva, adotou-se a técnica intermediária da culpa presumida, favorecendo sobremaneira a vítima pela inversão do ônus da prova. No Brasil, a Súmula n. 341 do STF, adotada em 1963, consagrou que "é presumida a culpa do patrão ou comitente pelo ato culposo do empregado ou preposto", suplantando a interpretação literal do art. 1.523 do Código Civil de 1916. Da etapa da presunção da culpa, bastou um passo a mais para atingir a responsabilidade sem culpa, conforme preconiza a teoria objetiva.

---

6. SILVA, Wilson Melo da. *Responsabilidade sem culpa*. 2. ed. São Paulo: Saraiva, 1974.
7. PEREIRA, Caio Mário da Silva. *Responsabilidade civil*. 9. ed. Rio de Janeiro: Forense, 2002. p. 271.
8. *Apud* DIAS, José de Aguiar. *Da responsabilidade civil*. 10. ed. Rio de Janeiro: Forense, 1995. v. 1, p. 69.
9. PEREIRA, Caio Mário da Silva. *Responsabilidade civil*. 9. ed. Rio de Janeiro: Forense, 2002. p. 267.

A responsabilidade civil objetiva, ao longo do século XX, ganhou adeptos notáveis e crescente densidade doutrinária, tanto que foi incorporada por diversas leis especiais em muitos países, contemplando hipóteses em que a comprovação da culpa se mostrava mais difícil ou complexa. Ficou evidente a tendência apontada por Georges Ripert no sentido de que o direito moderno já não visa ao autor do dano, porém à vítima[10]. E foi na questão do acidente do trabalho que essa teoria surgiu e obteve maior aceitação dos juristas, tanto que foi adotada sem grandes controvérsias no campo do seguro acidentário[11].

É necessário registrar, todavia, que a responsabilidade objetiva não suplantou nem derrogou a teoria subjetiva, mas afirmou-se em espaço próprio de convivência funcional, para atender àquelas situações em que a exigência da culpa representa demasiado ônus probatório para as vítimas, praticamente inviabilizando a indenização do prejuízo sofrido. Não há dúvida, portanto, que continuará sendo aplicável a responsabilidade subjetiva, quando a culpa do infrator restar demonstrada, hipótese em que ficará mais fácil o êxito da demanda para o lesado, até com a possibilidade de obter indenização mais expressiva. Como afirmou com segurança Louis Josserand, "a responsabilidade moderna comporta dois polos, o polo objetivo, onde reina o risco criado, e o polo subjetivo, onde triunfa a culpa; é em torno desses dois polos que gira a vasta teoria da responsabilidade."[12]

5.2. ABRANGÊNCIA DA RESPONSABILIDADE CIVIL OBJETIVA

O embasamento doutrinário que proporcionou o desenvolvimento da responsabilidade objetiva, bastante sintetizado no item anterior, para não fugir dos limites deste livro, promoveu reflexos visíveis na jurisprudência e em leis especiais. Ao lado da responsabilidade subjetiva de previsão genérica, o ordenamento jurídico brasileiro contempla várias hipóteses de aplicação da teoria objetiva[13], sem falar na inovação do Código Civil de 2002, que será abordada no próximo item.

---

10. *Apud* PEREIRA, Caio Mário da Silva. *Responsabilidade civil*. 9. ed. Rio de Janeiro: Forense, 2002. p. 18.
11. "Tudo começou com uma dificuldade que parecia secundária: a da prova da culpa no caso específico dos acidentes do trabalho. Para enfrentá-la, de início a jurisprudência e, logo em seguida, o legislador francês criaram, como hipótese absolutamente excepcional, uma regra de responsabilidade civil que independia da culpa. Foi o início de uma revolução." Cf. MORAES, Maria Celina Bodin de. Risco, solidariedade e responsabilidade objetiva. *Revista RT*, São Paulo, v. 854, p. 35, dez. 2006.
12. JOSSERAND, Louis. Evolução da responsabilidade civil. *Revista Forense*, Rio de Janeiro, v. 86, p. 559, jun. 1941.
13. Principais hipóteses de responsabilidade objetiva previstas em leis esparsas: 1) Responsabilidade das estradas de ferro, conforme Decreto n. 2.681, de 7 dez. 1912; 2) O seguro de acidente do

A responsabilidade sem culpa já ocorre, por exemplo, nos danos nucleares, conforme disposição do art. 21, XXIII, *d*, da Constituição da República de 1988. Também o art. 225, § 3º, estabelece a obrigação de reparar os danos causados pelas atividades lesivas ao meio ambiente, sem cogitar da existência de dolo ou culpa. Esse último dispositivo constitucional merece leitura atenta porque permite a interpretação de que os danos causados pelo empregador ao meio ambiente do trabalho, logicamente abrangendo os empregados que ali atuam, devem ser ressarcidos independentemente da existência de culpa, ainda mais que o art. 200, VIII, da mesma Constituição, expressamente inclui o local de trabalho no conceito de meio ambiente.

Pode-se invocar, também, em respaldo a essa tese, a Lei n. 6.938/1981, que estabelece a política nacional do meio ambiente, cujo art. 14, § 1º, prevê: "... É o poluidor obrigado, independentemente da existência de culpa, a indenizar ou reparar os danos causados ao meio ambiente e a terceiros, afetados por sua atividade." E o conceito de poluição que, conforme nosso entendimento, alcança boa parte dos fatores causais das doenças ocupacionais, foi inserido no art. 3º, III, da mesma lei, com o seguinte teor: "Entende-se por poluição a degradação da qualidade ambiental resultante de atividades que direta ou indiretamente prejudiquem a saúde, a segurança e o bem-estar da população..."

Vale dizer, a propósito, que não faz sentido a norma ambiental proteger todos os seres vivos e deixar apenas o trabalhador, o produtor direto dos bens de consumo que, muitas vezes, consome-se no processo produtivo, sem a proteção legal adequada. Ora, não se pode esquecer — *apesar de óbvio, deve ser dito* — que o trabalhador também faz parte da população e é um terceiro em relação ao empregador poluidor. Além disso, não há dúvida de que o ruído, a poeira, os gases e vapores, os resíduos, os agentes biológicos e vários produtos químicos degradam a qualidade do ambiente de trabalho, gerando consequências nefastas para a saúde do empregado.

É curioso constatar que o Direito Ambiental tem mais receptividade na sociedade e nos meios jurídicos quando comparado com a proteção jurídica à saúde do trabalhador. O seu prestígio é tamanho que praticamente ninguém defende a sua flexibilização, como vem ocorrendo com os direitos trabalhistas. É provável que a explicação para essa diversidade de tratamento

---

trabalho, regulado atualmente pela Lei n. 8.213/1991; 3) A indenização prevista pelo Seguro Obrigatório de responsabilidade civil para os proprietários de veículos automotores; 4) A indenização mencionada no art. 37, § 6º, da Constituição da República; 5) A reparação dos danos causados pelos que exploram a lavra, conforme o Código de Mineração, no art. 47, VIII; 6) A reparação dos danos causados ao meio ambiente, conforme art. 225, § 3º, da Constituição da República e Lei n. 6.938/1981; 7) A responsabilidade civil do transportador aéreo, conforme arts. 268 e 269 do Código Brasileiro de Aeronáutica; 8) Os danos nucleares, conforme art. 21, XXIII, da Constituição da República; 9) O Código de Defesa e Proteção do Consumidor, em diversos artigos.

resida no fato de que o Direito Ambiental leva em conta o risco de exclusão do futuro de todos, enquanto o direito à saúde ocupacional só compreende a categoria dos trabalhadores. Por outro lado, o inconformismo do vizinho, do cidadão ou de qualquer um do povo, que luta para preservar boas condições ambientais, é de mais fácil manifestação, se comparado com o do empregado que luta para manter sua fonte de sobrevivência, e qualquer reclamação pode atrair o fantasma angustiante do desemprego. Em síntese, o Direito Ambiental pretende a "salvação" de todos, enquanto o direito à saúde do trabalhador só abrange os problemas de alguns.

Discorrendo a respeito da responsabilidade civil objetiva do empregador nas doenças ocupacionais, assevera Júlio César de Sá da Rocha, estudioso do Direito Ambiental, que:

> A Constituição estabelece que, em caso de acidente de trabalho, o empregador pode ser responsabilizado civilmente, em caso de dolo ou culpa. O dispositivo fundamenta-se no acidente de trabalho tipo individual. Contudo, ocorrendo doença ocupacional decorrente de poluição no ambiente de trabalho, a regra deve ser da responsabilidade objetiva, condizente com a sistemática ambiental, na medida em que se configura a hipótese do art. 225, § 3º, que não exige qualquer conduta na responsabilização do dano ambiental. Em caso de degradação ambiental no ambiente do trabalho, configura-se violação ao direito 'ao meio ecologicamente equilibrado', direito eminentemente metaindividual. Como se trata de poluição no meio ambiente do trabalho que afeta a sadia qualidade de vida dos trabalhadores, a compreensão dos dispositivos mencionados não pode ser outra senão a de que a responsabilidade em caso de dano ambiental é objetiva; e quando a Magna Carta estabelece a responsabilidade civil subjetiva, somente se refere ao acidente de trabalho, acidente-tipo individual, diferente da poluição no ambiente do trabalho, desequilíbrio ecológico no *habitat* de labor, que ocasiona as doenças ocupacionais.[14]

Sobre essa questão, João José Sady aponta inquietante contradição lógica, que reforça a tese da responsabilidade objetiva para o caso das indenizações provenientes das doenças ocupacionais:

> Imaginemos, por exemplo, que o poluidor-pagador deve reparar, independentemente de culpa, o prejuízo gerado pelo dano ambiental ao terceiro. Como hipótese, examine-se o caso de uma empresa que polui

14. ROCHA, Júlio César de Sá da. *Direito ambiental e meio ambiente do trabalho*. São Paulo: LTr, 1997. p. 67.

> um rio destilando um poluente orgânico persistente, que gera doenças terríveis para o empregado, assim como a degradação do curso de água. O terceiro que tem uma propriedade ribeirinha prejudicada irá gozar do conforto de tal responsabilidade objetiva do poluidor, enquanto o empregado doente terá que provar a culpa da empresa?[15]

Aliás, a respeito desse tema, por ocasião da 1ª Jornada de Direito Material e Processual na Justiça do Trabalho realizada em Brasília, em novembro de 2007, foi aprovado o Enunciado n. 38, com o seguinte teor: "**Responsabilidade civil. Doenças ocupacionais decorrentes dos danos ao meio ambiente do trabalho.** Nas doenças ocupacionais decorrentes dos danos ao meio ambiente do trabalho, a responsabilidade do empregador é objetiva. Interpretação sistemática dos arts. 7º, XXVIII, 200, VIII, 225, § 3º, da Constituição Federal e do art. 14, § 1º, da Lei n. 6.938/1981."

O Código de Proteção e Defesa do Consumidor, considerado um marco no avanço da responsabilidade civil no Brasil, contempla abertamente a teoria objetiva, prevendo a reparação independentemente da existência de culpa, valendo citar dois artigos principais:

> Art. 12. O fabricante, o produtor, o construtor, nacional ou estrangeiro, e o importador respondem, independentemente da existência de culpa, pela reparação dos danos causados aos consumidores por defeitos decorrentes de projeto, fabricação, construção, montagem, fórmulas, manipulação, apresentação ou acondicionamento de seus produtos, bem como por informações insuficientes ou inadequadas sobre sua utilização e riscos. (...)
>
> Art. 14. O fornecedor de serviços responde, independentemente da existência de culpa, pela reparação dos danos causados aos consumidores por defeitos relativos à prestação dos serviços, bem como por informações insuficientes ou inadequadas sobre sua fruição e riscos. (...)

A posição doutrinária, de que a responsabilidade civil subjetiva era a regra básica no Brasil, restou superada ou, pelo menos, abalada, desde a vigência do Código do Consumidor, que trouxe avanços extraordinários nessa área. Desenvolvendo esse pensamento, pontua o Desembargador Sérgio Cavalieri:

> Trata-se de diploma legislativo que, ao fazer da responsabilidade objetiva regra para todas as relações de consumo, conquistou imenso território que antes pertencia à responsabilidade subjetiva (...). E como tudo ou quase tudo em nossos dias tem a ver com o consumo, não haverá nenhuma impropriedade em se afirmar que hoje a responsabilidade objetiva, que era

15. SADY, João José. *Direito do meio ambiente do trabalho*. São Paulo: LTr, 2000. p. 37.

exceção, passou a ter um campo de incidência mais vasto do que a própria responsabilidade subjetiva. O Código Civil de 2002 ampliou ainda mais os domínios da responsabilidade objetiva (...). Embora tenha mantido a responsabilidade subjetiva, optou pela responsabilidade objetiva, tão extensas e profundas as cláusulas gerais que a consagram no parágrafo único do art. 927 e no art. 931. Presentemente, a responsabilidade subjetiva se restringe às relações interindividuais, só para pessoas físicas e os profissionais liberais, enquanto a objetiva domina todas as relações entre o grupo e o indivíduo — Estado, empresas, fornecedores de produtos e serviços etc.[16]

Uma vez consolidada a estrutura básica da responsabilidade objetiva, surgiram várias correntes com propostas de demarcação de seus limites, criando modalidades distintas da mesma teoria, mas todas gravitando em torno da ideia central de reparação do dano tão somente pela presença do risco, independentemente da comprovação de culpa do réu. Assim, podem ser indicadas as teorias do *risco-proveito*, do *risco criado*, do *risco profissional*, do *risco excepcional* e do *risco integral*.

Na teoria do *risco-proveito*, aquele que se beneficia da atividade deve responder pelos danos que seu empreendimento acarreta; quem se aproveita dos bônus deve suportar todos os ônus. A dificuldade prática dessa teoria reside na indagação do que seria "proveito", com a possibilidade de restringir a reparação apenas quando haja proveito econômico.

A modalidade mais aceita e que supera o embaraço anterior é a teoria do *risco criado*, porquanto não indaga se houve ou não proveito para o responsável; a reparação do dano é devida pela simples criação do risco. Segundo o saudoso Caio Mário, "o conceito de risco que melhor se adapta às condições de vida social é o que se fixa no fato de que, se alguém põe em funcionamento uma qualquer atividade, responde pelos eventos danosos que esta atividade gera para os indivíduos, independentemente de determinar se em cada caso, isoladamente, o dano é devido à imprudência, à negligência, a um erro de conduta, e assim se configura a *teoria do risco criado*."[17]

A teoria do *risco profissional* considera que o dever de indenizar decorre da atividade profissional da vítima, sendo que o seu desenvolvimento está diretamente ligado aos acidentes do trabalho. Assevera Sérgio Cavalieri que "a desigualdade econômica, a força de pressão do empregador, a dificuldade do empregado de produzir provas, sem se falar nos casos em que o acidente decorria das próprias condições físicas do trabalhador, quer pela sua exaustão,

---

16. CAVALIERI FILHO, Sérgio. *Programa de responsabilidade civil*. 16. ed. São Paulo: Atlas, 2023. p. 213.
17. PEREIRA, Caio Mário da Silva. *Responsabilidade civil*. 9. ed. Rio de Janeiro: Forense, 2002. p. 270.

quer pela monotonia da atividade, tudo isso acabava por dar lugar a um grande número de acidentes não indenizados, de sorte que a teoria do risco profissional veio para afastar esses inconvenientes."[18]

A teoria do *risco excepcional* justifica o dever de indenizar, independentemente da comprovação de culpa, sempre que a atividade desenvolvida pelo lesado constituir-se em risco acentuado ou excepcional pela sua natureza perigosa. São exemplos: atividades com redes elétricas de alta tensão, exploração de energia nuclear, materiais radioativos etc.[19] Esclarece Carlos Alberto Bittar que a teoria objetiva obteve sua aplicação mais elástica quando da exploração pacífica do átomo, fazendo a responsabilidade incidir automaticamente, em caso de acidente nuclear, sobre o explorador da atividade, em uma verdadeira "responsabilidade automática" ou "obrigação legal de indenizar", em face da extraordinária exacerbação dos riscos nesse setor[20].

A teoria do *risco integral* é considerada a modalidade extremada da responsabilidade objetiva, já que exige somente o dano para acolher a indenização, mesmo que o prejuízo tenha ocorrido por culpa exclusiva da vítima, caso fortuito ou força maior[21]. Dada a sua grande abrangência, essa modalidade só é adotada em situações específicas indicadas em leis especiais, como é o caso das indenizações devidas pelo seguro obrigatório — DPVAT — às vítimas de acidentes de veículos, mesmo que o acidente tenha sido provocado por veículo desconhecido ou que tenha ocorrido culpa exclusiva da vítima[22].

Qualquer que seja a teoria adotada, percebe-se a preocupação cada vez maior de não desamparar o lesado e que os danos sofridos sejam reparados. Em vez de concentrar o foco na pesquisa da ilicitude do evento danoso, preocupa-se mais em buscar ressarcir o dano injusto sofrido pela vítima. Como enfatiza Rui Stoco, "há um contínuo processo de evolução, de modo a sempre assegurar que a vítima obtenha a reparação, ainda que para isso seja necessário tornar dúctil o sistema até então vigente, deslocando-se o epicentro da responsabilidade, em sua dimensão mais significativa, qual seja, a da culpa do causador imediato do dano, para o imperativo do seu ressarcimento."[23]

---

18. CAVALIERI FILHO, Sérgio. *Programa de responsabilidade civil*. 16. ed. São Paulo: Atlas, 2023. p. 210.
19. *Ibidem*, p. 210.
20. BITTAR, Carlos Alberto. Responsabilidade civil nas atividades perigosas. In: CAHALI, Yussef Said (Coord.). *Responsabilidade civil*: doutrina e jurisprudência. São Paulo: Saraiva, 1988. p. 97.
21. DIREITO, Carlos Alberto Menezes; CAVALIERI FILHO, Sérgio. *Comentários ao novo Código Civil*. 2. ed. Rio de Janeiro: Forense, 2007. v. XIII, p. 15.
22. CAVALIERI FILHO, Sérgio. *Programa de responsabilidade civil*. 16. ed. São Paulo: Atlas, 2023. p. 218.
23. STOCO, Rui. Tratado de Responsabilidade civil. 9. ed. São Paulo: Revista dos Tribunais, 2013. Tomo I, p. 215.

O fundamento da reparação dos danos, nas atividades de risco, repousa na violação do dever jurídico de garantir segurança ao trabalhador. Quanto maior a probabilidade de ocorrer acidentes do trabalho, pela natureza da atividade exercida, maior deverá ser a diligência patronal na adoção das medidas preventivas. Pontua Sérgio Cavalieri que o dever jurídico violado, no caso de responsabilidade objetiva, é o *dever de segurança* que a lei estabelece, implícita ou explicitamente, para quem cria risco para outrem.[24]

Também anota com percuciência Roger Aguiar que "a introdução do risco como fator resolutivo da equação reparatória teve como propósito responder ao ponto de tensão criado pela ausência de segurança e, com isso, emitir para a sociedade uma mensagem de reafirmação de que esta — a vivência em um ambiente seguro — era possível."[25]

Em síntese, na atividade de risco, o empregador indeniza o acidentado porque violou o dever de segurança dos trabalhadores, que ficaram expostos a uma maior probabilidade de sofrer danos. Considerando que não é possível garantir totalmente a segurança do trabalhador, procura-se proporcionar relativa segurança jurídica. Se na sociedade atual os riscos são crescentes e alguns danos praticamente inevitáveis ou mesmo previsíveis, é necessário, pelo menos, assegurar aos prejudicados que não lhes faltarão a solidariedade, a cooperação e a reposição dos prejuízos.

O elastecimento das hipóteses de indenização está incrementando a técnica contemporânea da contratação de seguro, como a melhor forma de socializar os riscos, garantindo-se o amparo das vítimas, com a participação indireta de todos, sem sobrecarregar demasiadamente aquele que explora a atividade em que ocorreu o evento danoso. Com esse mesmo pensamento, Gustavo Tepedino aponta os caminhos para a universalização do seguro social, entrevendo-se uma espécie de "*securitização* das atividades produtivas"[26], ou "mutualização compulsória de danos", como afirmou Patrícia Serra Vieira[27].

5.3. A TEORIA DO RISCO ACOLHIDA NO NOVO CÓDIGO CIVIL

Como vimos nos itens anteriores, a responsabilidade objetiva no Brasil era considerada exceção à regra principal da teoria subjetiva, uma vez que

---

24. CAVALIERI FILHO, Sérgio. *Programa de responsabilidade civil*. 16. ed. São Paulo: Atlas, 2023. p. 212.
25. AGUIAR, Roger Silva. *Responsabilidade civil* — a culpa, o risco e o medo. São Paulo: Atlas, 2011. p. 220.
26. TEPEDINO, Gustavo. *Temas de direito civil*. 2. ed. Rio de Janeiro: Renovar, 2001. p. 184.
27. SERRA VIEIRA, Patrícia Ribeiro. *A responsabilidade civil objetiva do direito de danos*. Rio de Janeiro: Forense, 2005. p. 158.

tinha aplicação apenas em determinadas situações, nos casos previstos em leis especiais. Faltava uma norma de caráter geral ou uma cláusula geral da responsabilidade objetiva. Com o advento do Código Civil de 2002, não falta mais, visto que foi adotada norma genérica encampando expressamente a teoria do risco no parágrafo único do art. 927, com o teor seguinte:

> Haverá obrigação de reparar o dano, independentemente de culpa, nos casos especificados em lei, ou quando a atividade normalmente desenvolvida pelo autor do dano implicar, por sua natureza, riscos para os direitos de outrem.

Ponderam, com acerto, Carlos Alberto Menezes Direito e Sérgio Cavalieri que esse dispositivo do novo Código Civil, por sua extensão e importância e, ainda, por não guardar relação de subordinação com o *caput*, deveria ter sido disciplinado em artigo autônomo[28].

A previsão do parágrafo único do art. 927 do Código Civil representa a consolidação da teoria da responsabilidade objetiva no Brasil, que passa a conviver no mesmo patamar de importância e generalidade da teoria da responsabilidade civil subjetiva. Desse modo, não se pode mais dizer que no Brasil a responsabilidade objetiva tenha caráter residual ou de exceção. Nesse sentido, vale transcrever o magistério de Maria Celina Bodin:

> De acordo com as previsões do Código Civil de 2002 pode-se dizer que, comparativamente, a responsabilidade subjetiva é que se torna residual, tantas são as hipóteses de responsabilidade que independem da culpa. Assim, cumpre mencionar, além da cláusula geral do parágrafo único do art. 927, as previsões relativas à responsabilidade do amental (art. 928), do empresário (art. 931), do transportador (art. 734), as diversas hipóteses de responsabilidade indireta (arts. 932 e 933), a responsabilidade pelo fato dos animais (art. 936), a responsabilidade decorrente da ruína (art. 937), isto é, inteiras searas do direito de danos, antes vinculadas à culpa, hoje cumprem o objetivo constitucional de realização da solidariedade social, através da ampla proteção aos lesados, cujos danos sofridos, para sua reparação, independem completamente de negligência, imprudência, imperícia ou mesmo da violação de qualquer dever jurídico por parte do agente. São danos (injustos) causados por atos lícitos, mas que, segundo o legislador, devem ser indenizados.[29]

---

28. DIREITO, Carlos Alberto Menezes; CAVALIERI FILHO, Sérgio. 2. ed. *Comentários ao novo Código Civil.* Rio de Janeiro: Forense. 2007. v. XIII, p. 149.
29. MORAES, Maria Celina Bodin de. Risco, solidariedade e responsabilidade objetiva. *Revista RT*, São Paulo, v. 854, p. 25, dez. 2006.

5.4. É APLICÁVEL A INOVAÇÃO DO CÓDIGO CIVIL NO ACIDENTE DO TRABALHO?

Cabe analisar, neste passo, se a norma geral da teoria do risco, prevista no parágrafo único do art. 927, tem aplicação nas ações indenizatórias decorrentes de acidente do trabalho. A partir da vigência do Código Civil de 2002, o empregador arca com as indenizações quando ocorre acidente do trabalho, mesmo quando não fica comprovada a sua culpa no evento?

A questão suscita fundadas controvérsias, formando-se duas tendências ou correntes entre os doutrinadores.

A primeira corrente entende que o parágrafo único do art. 927 não se aplica nas hipóteses de acidente do trabalho, sob o argumento básico de que a Constituição da República tem norma expressa estabelecendo como pressuposto da indenização a ocorrência de culpa do empregador: *Art. 7º São direitos dos trabalhadores urbanos e rurais, além de outros que visem à melhoria de sua condição social: XXVIII: seguro contra acidentes de trabalho, a cargo do empregador, sem excluir a indenização a que este está obrigado, quando incorrer em dolo ou culpa.* Assim, norma alguma de hierarquia inferior poderia contrariar a previsão constitucional. Assevera Rui Stoco que, se a Constituição "estabeleceu, como princípio inafastável, a obrigação do empregador indenizar o empregado, com base no Direito comum, ou seja, apenas quando aquele obrar com dolo ou culpa, então não se poderá prescindir desse elemento subjetivo, com supedâneo no *caput* do art. 927, do CC/2002, sendo inaplicável seu parágrafo único."[30] Afinado com esse pensamento, registra enfaticamente Helder Dal Col:

> Querer responsabilizar objetivamente o empregador por qualquer acidente sofrido pelo empregado é fadar a relação de trabalho ao insucesso, tornando-a inviável. A ele cabe a responsabilidade pela falha na prevenção, pelo excesso de jornada imposto, pela inobservância das regras de ergonomia, segurança e outras, que comprometam a normalidade do ambiente do trabalho ou das condições em que este devia ter-se realizado, ou seja, quando cria condições inseguras para o trabalhador. O sistema da culpabilidade subjetiva é, ainda, o mais coerente para fins de reparação de danos, sobretudo quando estabelecido no país um sistema de previdência social, que repara objetivamente o acidente, funcionando como seguro contra a infortunística. E se pudesse ser tido como atividade culposa do empregador, permitir o trabalho em atividades que são perigosas por sua própria natureza, haveria

30. STOCO, Rui. *Tratado de responsabilidade civil*. 9. ed. São Paulo: Revista dos Tribunais, 2013. Tomo I, p. 828.

séria justificativa para desestimular a produção, agravando o desemprego, que já assola a sociedade com índices crescentes e alarmantes.[31]

A segunda corrente, ao contrário, sustenta que o novo dispositivo tem inteira aplicação no caso de acidente do trabalho. Isso porque, entendemos que a previsão do inciso XXVIII mencionado deve ser interpretada em harmonia com o que estabelece o *caput* do artigo respectivo, que prevê: *São direitos dos trabalhadores urbanos e rurais, além de outros que visem à melhoria de sua condição social.* Assim, o rol dos direitos mencionados no art. 7º da Constituição não impede que a lei ordinária amplie os existentes ou acrescente *outros que visem à melhoria da condição social do trabalhador.* Como lecionava o saudoso Arnaldo Süssekind, o elenco de direitos relacionados no art. 7º é meramente exemplificativo, admitindo complementação[32]. Aliás, no julgamento da ADI n. 639 pelo STF, o Ministro relator Joaquim Barbosa anotou nos fundamentos do voto: "Deve-se mencionar que o rol de garantias do art. 7º da Constituição não exaure a proteção aos direitos sociais."

Não se deve restringir a leitura apenas ao teor do Inciso XXVIII, isoladamente, sem considerar, numa interpretação sistemática, o comando insculpido no *caput* do art. 7º da Lei Maior, ao qual o referido inciso está vinculado. Vale, neste passo, citar a observação percuciente de Eduardo Couture a respeito da interpretação:

> Ninguém, certamente, considera que interpretar a lei seja interpretar a passagem de um artigo ou de um inciso, colocando-o ao microscópio e examinando suas partículas, absolutamente desinteressado de todo o organismo vivo, do qual faz parte esse fragmento. Isso não é interpretar, é apenas ler um texto. A leitura pode ser tão inteligente e compreensiva quanto se queira; poderá o leitor conhecer a etimologia de todas e de cada uma de suas palavras, dominando suas raízes históricas; poderá ele ser um sagaz crítico gramatical, capacitado a pôr em relevo as exatidões ou os erros do trecho examinado. Mas se o trabalho não vai além disso, se se limita a examinar o fragmento que se encontra no microscópio, não haverá interpretação. Toda tarefa interpretativa pressupõe trabalho de relacionar a parte com o todo. O sentido é extraído inserindo-se a parte no todo.[33]

Poder-se-ia argumentar que a previsão do Código Civil, nesse ponto, seria incompatível com o dispositivo constitucional. Também não enxergamos

31. DAL COL, Helder Martinez. *Responsabilidade civil do empregador:* acidentes do trabalho. Rio de Janeiro: Forense, 2005. p. 195.
32. SÜSSEKIND, Arnaldo. *Direito constitucional do trabalho.* 2. ed. Rio de Janeiro: Renovar, 2001. p. 93.
33. Cf. COUTURE, Eduardo J. *Interpretação das leis processuais.* 4. ed. Rio de Janeiro: Forense, 1994. p. 28-29.

dessa forma. A rigor, o preceito realmente consagrado no inciso XXVIII do art. 7º é o de que cabe a indenização por reparação civil independentemente dos direitos acidentários.

Aliás, o art. 121 da Lei n. 8.213/1991 bem captou esse princípio, ao estabelecer: *O pagamento, pela Previdência Social, das prestações por acidente do trabalho não exclui a responsabilidade civil da empresa.* Observe-se que foi mencionada a responsabilidade civil genericamente, o que permite concluir que todas as espécies estão contempladas. Haveria incompatibilidade se a redação do inciso XXVIII tivesse como ênfase a limitação a uma espécie de responsabilidade, como, por exemplo, se a redação fosse assim lavrada: Só haverá indenização por acidente do trabalho quando o empregador incorrer em dolo ou culpa. Além disso, não há dúvida de que a indenização do acidentado, com apoio na teoria da responsabilidade objetiva, visa à melhoria da condição social do trabalhador ou do ex-trabalhador, como previsto no *caput* do art. 7º da Constituição da República. No mesmo sentido, concluiu o festejado Dallegrave Neto:

> Nem se diga, contudo, que o parágrafo único do art. 927 do novo Código Civil é inconstitucional por suposta afronta à parte final do art. 7º, XXVIII, da Constituição Federal. A melhor exegese sistêmica da ordem constitucional garante legitimidade ao parágrafo único do art. 927 do novo Código Civil, uma vez que o *caput* do art. 7º da Constituição Federal assegura um rol de *direitos mínimos* sem prejuízo de outros que visam à melhor condição social do trabalhador.[34]

Discussão semelhante ocorreu quando a Lei n. 8.213/1991 instituiu, no art. 118, a estabilidade provisória do acidentado, pelo período de um ano, após a cessação do benefício acidentário pela Previdência Social. Os defensores da inconstitucionalidade desse dispositivo argumentavam que, diante da previsão do art. 7º, I, da Constituição Federal, somente lei complementar poderia instituir nova estabilidade. Superada a hesitação inicial, a jurisprudência acabou por rejeitar a inconstitucionalidade aventada, mormente após o julgamento, no dia 13 de abril de 1992, da Medida Cautelar em Ação Direta de Inconstitucionalidade n. 639, quando o STF, na sua composição plenária, por votação unânime, indeferiu o pleito de suspensão do art. 118 mencionado. Finalmente, na Sessão Plenária do dia 2 de junho de 2005, essa Ação Direta de Inconstitucionalidade foi julgada improcedente, superando de vez qualquer questionamento.

---

34. DALLEGRAVE NETO, José Affonso. *Responsabilidade civil no direito do trabalho*. 5. ed. São Paulo: LTr, 2014. p. 423.

Por outro lado, a prevalecer o entendimento da primeira corrente, chegaríamos a conclusões que beiram o absurdo ou ferem a boa lógica. Se um autônomo ou um empreiteiro sofrer acidente, o tomador dos serviços responderá pela indenização, independentemente de culpa, com apoio na teoria do risco; no entanto, o trabalhador permanente, com os devidos registros formalizados, não tem assegurada essa reparação! Se um bem ou equipamento de terceiros for danificado pela atividade empresarial, haverá indenização, considerando os pressupostos da responsabilidade objetiva, mas o trabalhador, exatamente aquele que executa a referida atividade, ficará excluído...[35]. Conforme menciona Adib Salim, "não se poderia pensar que, em um acidente que atingisse diversas pessoas, dentro do exercício de uma atividade empresarial com risco inerente, a empresa respondesse objetivamente em relação a todos, à exceção dos seus empregados."[36]

Não se deve esquecer que o desenvolvimento da responsabilidade objetiva tem estreita ligação histórica com a questão dos acidentes do trabalho. É principalmente nesse tema, tão aflitivo para o trabalhador brasileiro, que a teoria do risco encontra a primazia de sua aplicação e a maior legitimidade dos seus preceitos. Vale reproduzir, neste sentido, a lição sempre abalizada de Caio Mário:

> O caso mais flagrante de aplicação da doutrina do risco é o da indenização por acidente no trabalho. Historicamente, assenta na concepção doutrinária enunciada por Sauzet na França, e por Sainctelette, na Bélgica, com a observação de que na grande maioria dos casos os acidentes ocorridos no trabalho, ou por ocasião dele, restavam não indenizados. A desigualdade econômica, a força de pressão do empregador, a menor disponibilidade de provas por parte do empregado levavam frequentemente à improcedência da ação de indenização. Por outro lado, nem sempre seria possível vincular o acidente a uma possível culpa do patrão, porém causada direta ou indiretamente pelo desgaste do material ou até pelas condições físicas do empregado, cuja exaustão na jornada de trabalho e na monotonia da atividade proporcionava o acidente. A aplicação da teoria

---

35. Ponto de vista semelhante adota o jurista e Juiz Rodolfo Pamplona Filho, quando assevera, com razão: "A aceitar tal posicionamento, vemo-nos obrigados a reconhecer o seguinte paradoxo: o empregador, pela atividade exercida, responderia objetivamente pelos danos por si causados, mas, em relação a seus empregados, por causa de danos causados justamente pelo exercício da mesma atividade que atraiu a responsabilização objetiva, teria um direito a responder subjetivamente... Desculpe-nos, mas é muito para o nosso fígado..." Responsabilidade civil nas relações de trabalho e o novo Código Civil brasileiro. *Revista LTr*, São Paulo, v. 67, p. 563, maio 2003.
36. SALIM, Adib Pereira Netto. A teoria do risco criado e a responsabilidade objetiva do empregador em acidentes de trabalho. *Revista LTr*, São Paulo, v. 69, p. 461, abr. 2005.

da culpa levava bastas vezes à absolvição do empregador. Em tais hipóteses, muito numerosas e frequentes, a aplicação dos princípios jurídicos aceitos deixava a vítima sem reparação, contrariamente ao princípio ideal de justiça, embora sem contrariedade ao direito em vigor. Observava-se, portanto, um divórcio entre o legal e o justo.[37]

Por ocasião da IV Jornada de Direito Civil promovida em Brasília pelo Centro de Estudos Judiciários do Conselho da Justiça Federal, em outubro de 2006, foi adotado um Enunciado importante na linha de pensamento da segunda corrente: "Enunciado n. 377 — O art. 7º, inc. XXVIII, da Constituição Federal, não é impedimento para a aplicação do disposto no art. 927, parágrafo único, do Código Civil quando se tratar de atividade de risco."

De forma semelhante, na 1ª Jornada de Direito Material e Processual na Justiça do Trabalho, realizada em Brasília em novembro de 2007, foi aprovado o Enunciado n. 37, com o seguinte teor: "**Responsabilidade civil objetiva no acidente de trabalho. Atividade de risco.** Aplica-se o art. 927, parágrafo único, do Código Civil nos acidentes do trabalho. O art. 7º, XXVIII, da Constituição da República, não constitui óbice à aplicação desse dispositivo legal, visto que seu *caput* garante a inclusão de outros direitos que visem à melhoria da condição social dos trabalhadores."

Como se depreende do exposto, entendemos perfeitamente aplicável, com as devidas ponderações, a teoria do risco na reparação civil por acidente do trabalho.

Diante da divisão doutrinária acima relatada, com reflexos na jurisprudência, aguardava-se o pronunciamento final do Excelso STF para assentar o entendimento constitucional sobre a controvérsia.

No julgamento do RE n. 828.075, ocorrido em 2016, o STF entendeu que a apreciação da responsabilidade objetiva pelo dano causado ao empregado pressupõe a análise do art. 927, parágrafo único, do Código Civil, o que revela o caráter infraconstitucional da discussão. Na ocasião, o Plenário Virtual, por maioria, firmou a seguinte tese no tema 920: "Não tem repercussão geral a controvérsia relativa à natureza da responsabilidade civil de empresa prestadora de serviços públicos por dano moral ou material causado ao empregado em virtude do exercício de atividade profissional de risco".

Entretanto, em fevereiro de 2017, o STF já reconheceu a existência de repercussão geral no Recurso Extraordinário n. 828.040-DF, para discutir a natureza da responsabilidade do empregador na reparação de danos a empregado vítima de acidente de trabalho. O Plenário Virtual do STF, por maioria

37. PEREIRA, Caio Mário da Silva. *Responsabilidade civil*. 9. ed. Rio de Janeiro: Forense, 2002. p. 275.

de votos (8 a 2), entendeu que a matéria tem natureza constitucional e tem repercussão econômica e social, tendo em vista sua relevância para o desenvolvimento das relações empregatícias– Tema 932.

O mencionado RE foi interposto pela empresa Protege S/A contra decisão do TST que deferiu indenização a um vigilante de carro-forte por transtornos psicológicos decorrentes de um assalto. A tese adotada pelo TST foi a da responsabilidade de natureza objetiva, por se tratar de atividade de risco. Para a empresa, contudo, a condenação contrariou o dispositivo constitucional, uma vez que o assalto foi praticado em via pública, por terceiro.

Como determina o atual CPC no art. 1.035, § 5º, uma vez reconhecida a repercussão geral, o relator no Supremo Tribunal Federal determinará a suspensão do processamento de todos os processos pendentes, individuais ou coletivos, que versem sobre a questão e tramitem no território nacional. No entanto, na apreciação da questão de ordem levantada por ocasião do julgamento do RE n. 966.177, em 7.6.2017, o STF fixou o seguinte entendimento: "A suspensão de processamento prevista no § 5º do art. 1.035 do CPC não consiste em consequência automática e necessária do reconhecimento da repercussão geral realizada com fulcro no *caput* do mesmo dispositivo, sendo da discricionariedade do relator do recurso extraordinário paradigma determiná-la ou modulá-la". Como não houve qualquer determinação de suspensão pelo Relator, Ministro Alexandre de Moraes, os processos que versavam sobre responsabilidade objetiva por acidente do trabalho continuaram com tramitação regular nas instâncias trabalhistas.

Finalmente, em 2019, o Plenário do STF julgou o RE n. 828.040, após longos e substanciosos debates, fixando a seguinte tese de repercussão geral:

> "**TEMA 932. Tese de repercussão geral**: "O artigo 927, parágrafo único, do Código Civil é compatível com o artigo 7º, XXVIII, da Constituição Federal, sendo constitucional a responsabilização objetiva do empregador por danos decorrentes de acidentes de trabalho, nos casos especificados em lei, ou quando a atividade normalmente desenvolvida, por sua natureza, apresentar exposição habitual a risco especial, com potencialidade lesiva e implicar ao trabalhador ônus maior do que aos demais membros da coletividade".

Pela importância desse julgamento, que pacifica uma discussão alimentada por décadas na Justiça do Trabalho, é oportuno transcrever a ementa do acórdão que gerou a uniformização da jurisprudência:

> "**Ementa: Direito Constitucional. Direito do Trabalho. Recurso Extraordinário. Repercussão geral reconhecida. Tema 932. Efetiva proteção aos direitos sociais. Possibilidade de responsabilização objetiva do empregador por danos decorrentes de acidentes de trabalho. Compatibilidade do art. 7, XXVIII**

> **da Constituição Federal com o art. 927, parágrafo único, do Código civil. Aplicabilidade pela Justiça do Trabalho.** 1. A responsabilidade civil subjetiva é a regra no Direito brasileiro, exigindo-se a comprovação de dolo ou culpa. Possibilidade, entretanto, de previsões excepcionais de responsabilidade objetiva pelo legislador ordinário em face da necessidade de justiça plena de se indenizar as vítimas em situações perigosas e de risco como acidentes nucleares e desastres ambientais. 2. O legislador constituinte estabeleceu um mínimo protetivo ao trabalhador no art. 7º, XXVIII, do texto constitucional, que não impede sua ampliação razoável por meio de legislação ordinária. Rol exemplificativo de direitos sociais nos artigos 6º e 7º da Constituição Federal. 3. Plena compatibilidade do art. 927, parágrafo único, do Código Civil com o art. 7º, XXVIII, da Constituição Federal, ao permitir hipótese excepcional de responsabilização objetiva do empregador por danos decorrentes de acidentes de trabalho, nos casos especificados em lei ou quando a atividade normalmente desenvolvida pelo autor implicar, por sua natureza, outros riscos, extraordinários e especiais. Possibilidade de aplicação pela Justiça do Trabalho. 4. Recurso Extraordinário desprovido. TEMA 932. Tese de repercussão geral: "O artigo 927, parágrafo único, do Código Civil é compatível com o artigo 7º, XXVIII, da Constituição Federal, sendo constitucional a responsabilização objetiva do empregador por danos decorrentes de acidentes de trabalho, nos casos especificados em lei, ou quando a atividade normalmente desenvolvida, por sua natureza, apresentar exposição habitual a risco especial, com potencialidade lesiva e implicar ao trabalhador ônus maior do que aos demais membros da coletividade". STF. Pleno. RE n. 828.040-DF, Rel.: Ministro Alexandre de Moraes, *DJE* 26 jun. 2020

O pronunciamento final do Excelso STF, com efeito de repercussão geral, sedimenta o entendimento judicial a respeito e levará rapidamente a um alinhamento de toda a jurisprudência dos tribunais trabalhistas, até porque será negado seguimento ao Recurso Extraordinário se o acórdão recorrido coincidir com a orientação fixada (Arts. 1.030, 1.040 e 1.042 do CPC). Como asseveram os juristas Fredie Didier e Leonardo Cunha, "o pronunciamento do Plenário do STF sobre a repercussão geral de determinada questão vincula os demais órgãos do tribunal e dispensa, inclusive, que se remeta o tema a um novo exame do Plenário, em recurso extraordinário que verse sobre a questão cuja amplitude da repercussão já tenha sido examinada, haja ou não enunciado sumulado a respeito".[38]

Mesmo com a fixação da tese do tema 932 pelo STF, haverá discussão em cada caso concreto para estabelecer se a atividade desenvolvida pela empresa expunha ou não a vítima a risco especial, com potencialidade lesiva, implicando ônus maior do que aos demais membros da coletividade.

---

38. DIDIER Jr. Fredie; CUNHA, Leonardo Carneiro da. *Curso de direito processual civil.* 18 ed. Salvador: Juspodivm, 2021. v. 3. p. 474.

Este conceito relativamente aberto demandará avaliação casuística até que a jurisprudência consolide os precedentes daquelas hipóteses que caracterizam atividade de risco. Daí a importância de uma cuidadosa instrução probatória retratando todas as circunstâncias da dinâmica do acidente ou do adoecimento ocupacional.

As decisões do Tribunal Superior do Trabalho, mesmo antes da decisão do STF, já estavam aplicando a responsabilidade civil de natureza objetiva, quando o empregador explora atividade de risco. Depois da fixação do Tema 932, na sessão do STF do dia 12 de março de 2020, os julgamentos do TST já retratam a pacificação jurisprudencial:

> **"Embargos em recurso de revista. Indenização. Doenças osteomusculares adquiridas no exercício da atividade bancária de caráter burocrático. Responsabilidade objetiva do empregador.** Acórdão embargado em dissonância com o entendimento firmado por esta Subseção, no sentido de que reconhecer a responsabilidade objetiva do empregador em casos de LER/DORT adquirida por bancários, tendo em vista o risco acentuado de desenvolvimento dessa doença na atividade bancária. Cumpre ressaltar, ainda, que o STF firmou tese no Tema 932 da tabela de repercussão geral no sentido de que: " O artigo 927, parágrafo único, do Código Civil é compatível com o artigo 7º, XXVIII, da Constituição Federal, sendo constitucional a responsabilização objetiva do empregador por danos decorrentes de acidentes de trabalho, nos casos especificados em lei, ou quando a atividade normalmente desenvolvida, por sua natureza, apresentar exposição habitual a risco especial, com potencialidade lesiva e implicar ao trabalhador ônus maior do que aos demais membros da coletividade". A observância da tese é obrigatória por todas as decisões judiciais supervenientes à data da fixação do entendimento, inclusive em Tribunais Superiores e no próprio STF (Temas 733 e 360 da repercussão geral), sob pena de formação de coisa julgada inconstitucional. Recurso de embargos conhecido e provido ". TST. SBDI-I. E-ARR-11654-65.2013.5.18.0013, Rel.: Ministro Alexandre Luiz Ramos, *DEJT* 17 set. 2021.

> **"Recurso de revista da parte autora. Lei nº 13.467/2017. Responsabilidade objetiva do empregador. ECT. Assalto. Carteiro. Indenização por danos morais. Risco da atividade. Transcendência política constatada.** Na dicção do artigo 927, parágrafo único, do Código Civil, admite-se a atribuição de responsabilidade objetiva do empregador em face de dano sofrido pelo empregado no regular exercício da função ocupacional, especialmente quando reconhecido maior risco decorrente da atividade desenvolvida. Na hipótese dos autos, conquanto incontroversa a ocorrência do dano sofrido pelo empregado, vítima de assalto no exercício da atividade de carteiro, o Tribunal Regional manteve a sentença que indeferiu a indenização, ao entendimento de que " não há como lhe atribuir responsabilidade objetiva em razão de situações de violência ocorridas em via pública em relação aos seus funcionários, notadamente porque o objeto social da empresa reclamada (Correios) não se direciona ao desenvolvimento

de serviços de segurança privada ou patrimonial, atividades que implicariam no risco quanto à violência urbana e que atrairiam, portanto, a aplicação do que dispõe o artigo 927 do Código Civil ". Tal entendimento caracteriza dissonância com a jurisprudência consolidada nesta Corte, no sentido de que é objetiva a responsabilidade civil da ECT por dano sofrido pelo empregado carteiro em razão de assaltos, dado o acentuado risco da atividade. É de salientar, por fim, que no julgamento do RE nº 828040 o Supremo Tribunal Federal firmou tese de repercussão geral no Tema 932 no seguinte sentido: " O artigo 927, parágrafo único, do Código Civil é compatível com o artigo 7º, XXVIII, da Constituição Federal, sendo constitucional a responsabilização objetiva do empregador por danos decorrentes de acidentes de trabalho, nos casos especificados em lei, ou quando a atividade normalmente desenvolvida, por sua natureza, apresentar exposição habitual a risco especial, com potencialidade lesiva e implicar ao trabalhador ônus maior do que aos demais membros da coletividade." Portanto, evidenciado o dano, bem assim o nexo causal, deve ser reconhecida a obrigação de o empregador indenizá-lo, não havendo que se exigir comprovação de culpa do empregador, *in casu*. Precedentes. Recurso de revista conhecido e provido" TST. 7ª Turma. RR-1000615-55.2020.5.02.0045, Rel.: Ministro Claudio Mascarenhas Brandao, *DEJT* 21 nov. 2024.

"Agravo de instrumento. Recurso de revista sob a égide da Lei 13.467/2017. ECT. Danos morais. Assalto a agência. Banco postal. Responsabilidade objetiva. Transcendência não configurada. A decisão regional confirmou condenação da ECT ao pagamento de indenização por danos morais (desenvolvimento de transtorno de estresse pós-traumático), decorrentes de sucessivos assaltos em agência que se ativava em serviços de Banco Postal (responsabilidade objetiva). Decisão em consonância com jurisprudência do TST e tese de Repercussão Geral 932 do STF. O exame prévio dos critérios de transcendência do recurso de revista revela a inexistência de qualquer deles a possibilitar o exame do apelo no TST. A par disso, irrelevante perquirir a respeito do acerto ou desacerto da decisão agravada, dada a inviabilidade de processamento, por motivo diverso, do apelo anteriormente obstaculizado. Agravo de instrumento não provido". TST. 6ª Turma. AIRR n. 657-04.2017.5.23.0026, Rel.: Ministro Augusto Cesar Leite de Carvalho, *DEJT* 11. set. 2020.

"Agravos em Agravos de Instrumento – Responsabilidade objetiva por acidente de trabalho em atividade de risco – Valor da indenização por danos materiais – Desprovimento. 1.O Supremo Tribunal Federal, ao fixar tese para o Tema 932 de repercussão geral, entendeu compatível com o art. 7º, XXVIII, da CF, a responsabilidade objetiva do empregador por acidente de trabalho ocorrido em atividade de risco, razão pela qual, por disciplina judiciária se acolhe tal diretriz, não se admitindo, outrossim, a discussão em sede de recurso de revista, sobre ser, ou não, de risco, a atividade empresarial, a teor da Súmula 126 do TST. 2. A jurisprudência pacífica do TST segue no sentido de não se admitir recurso de revista para rediscutir o valor da indenização por danos materiais ou morais, quando este não extrapola os limites da razoabilidade, para mais ou para menos. No caso dos autos, a fixação de pensão para a viúva e os 4 filhos do empregado falecido, no valor de 2/3 da sua remuneração, sendo 20% para cada membro da família, não se mostra excessiva, na medida em que se trata do sustento familiar, que deve ser mantido até que os filhos cheguem à maioridade ou enquanto estejam apenas estudando, sem percepção de renda, mesmo em se tratando de microempresa. Agravos desprovidos ". TST. 4ª Turma. Ag-AIRR n. 43-67.2012.5.05.0222, Rel.: Ministro Ives Gandra Martins Filho, *DEJT* 21 ago. 2020.

"Recurso de embargos interposto na vigência da Lei n. 11.496/2007. Indenização por dano moral. Acidente do trabalho. Responsabilidade do empregador. A previsão insculpida no parágrafo único do art. 927 do Código Civil é aplicável nas indenizações por acidente do trabalho, visto que o *caput* do art. 7º da Constituição da República relaciona os direitos mínimos dos trabalhadores, mas assegura a inclusão de outros que visem à melhoria da sua condição social. Desse modo, a responsabilidade civil de natureza objetiva pode ser aplicada nos casos em que o trabalhador foi vítima de acidente automobilístico, ocorrido no exercício e em decorrência da atividade desempenhada para a reclamada, porque não há dúvida de que a função de motorista no transporte rodoviário de carga enquadra-se como de risco acentuado, e, uma vez demonstrados o dano e o nexo causal, é imperioso concluir pelo cabimento da indenização, independentemente da comprovação de culpa do empregador. Embargos conhecidos por divergência jurisprudencial e desprovidos." TST. SBDI-I. E-RR n. 31100-91.2007.5.17.0013, Rel.: Desembargador Convocado Sebastião Geraldo de Oliveira, *DJ* 11 nov. 2011.

Merece registro, neste tópico, o entendimento adotado por ocasião da 1ª Jornada de Direito Material e Processual na Justiça do Trabalho, realizada em Brasília em novembro de 2007, no sentido de que é aplicável a responsabilidade civil objetiva quando o acidentado for empregado de pessoas jurídicas de Direito Público interno: **"Enunciado 40. Responsabilidade civil. Acidente do trabalho. Empregado público.** A responsabilidade civil nos acidentes do trabalho envolvendo empregados de pessoas jurídicas de Direito Público interno é objetiva. Inteligência do art. 37, § 6º, da Constituição Federal e do art. 43 do Código Civil."

5.5. EXTENSÃO DA RESPONSABILIDADE OBJETIVA DO NOVO CÓDIGO CIVIL

Uma vez concluído que é aplicável a teoria do risco nas indenizações por acidente do trabalho, cumpre-nos analisar a extensão e os contornos da cláusula geral de responsabilidade objetiva, conforme insculpida no Código Civil de 2002, com maior ênfase para o tema deste livro. Estabelece o parágrafo único do art. 927:

> Haverá obrigação de reparar o dano, independentemente de culpa, nos casos especificados em lei, ou quando a atividade normalmente desenvolvida pelo autor do dano implicar, por sua natureza, risco para os direitos de outrem.

Primeiramente, convém enfatizar que só haverá indenização se houver dano; o simples exercício da atividade de risco, em princípio, não gera ressarcimento a título de responsabilidade civil[39]. Pode até ser que a exposição ao risco acarrete o pagamento do adicional de periculosidade ou insalubridade, mas para deferimento da indenização será imprescindível a constatação de algum dano. Merece destaque, também, o fato de que a reparação ocorrerá independentemente de culpa, bastando que haja o dano e o nexo de causalidade deste com a atividade desempenhada em benefício do empregador.

O enunciado da primeira parte do dispositivo, de que haverá indenização, *independentemente de culpa*, nos casos especificados em lei, "torna certo que continuam em vigor as leis especiais que, antes do novo Código, já haviam consagrado a responsabilidade objetiva. Portanto, o Código de Defesa do Consumidor e outros diplomas legais não foram revogados."[40] Esse cuidado do legislador previne eventual discussão sobre a validade ou a convivência das regras especiais, atuais ou futuras, em confronto com a disposição do Código Civil de 2002.

O texto legal, ao mencionar *a atividade normalmente desenvolvida pelo autor do dano,* deixa claro que a indenização não decorre do comportamento do sujeito, ou seja, havendo o dano, não é necessário que haja comprovação de qualquer ação ou omissão do empregador, como previsto no art. 186 do Código Civil, para gerar a reparação, porquanto ela decorre tão somente do exercício da atividade de risco, dentro da concepção histórica da responsabilidade objetiva[41]. O vocábulo "atividade", especialmente quando analisado para a hipótese do acidente do trabalho, indica a prestação de serviço conduzida pelo empregador, tanto pelo conceito estampado no art. 2º da CLT[42] quanto

---

39. Em algumas situações, a mera exposição do trabalhador a um risco grave pode ensejar o deferimento de indenização, cujo dano será caracterizado pelo desconforto, temor, aflição diante do risco acentuado de dano. Vejam, por exemplo, a Orientação Jurisprudencial das Turmas n. 22 do TRT da 3ª Região: "Transporte de valores. Dano moral. O transporte de valores sem o atendimento das exigências previstas na Lei n. 7.102/83 expõe o empregado a risco e enseja o pagamento de indenização por dano moral, ainda que ele não tenha sido vítima de assalto."

40. DIREITO, Carlos Alberto Menezes; CAVALIERI FILHO, Sérgio. *Comentários ao novo Código Civil.* 2. ed. Rio de Janeiro: Forense, 2007. v. XIII, p. 150.

41. "A responsabilidade, fundada no risco, consiste, portanto, na obrigação de indenizar o dano produzido por atividade exercida no interesse do agente e sob o seu controle, sem que haja qualquer indagação sobre o comportamento do lesante, fixando-se no elemento objetivo, isto é, na relação de causalidade entre o dano e a conduta do seu causador." Cf. DINIZ, Maria Helena. *Curso de direito civil brasileiro*: responsabilidade civil. 21. ed. São Paulo: Saraiva, 2007. v. 7, p. 51.

42. CLT — Art. 2º: "Considera-se empregador a empresa, individual ou coletiva, que, assumindo os riscos da atividade econômica, admite, assalaria e dirige a prestação pessoal de serviço."

pelo que estabelece o art. 3º, § 2º, do Código de Defesa do Consumidor, ao mencionar que "serviço é qualquer atividade".

Neste ponto, porém, surge a indagação: pela responsabilidade objetiva, o dano proveniente do exercício de qualquer atividade gera para o acidentado o direito à reparação?

A resposta sem dúvida é negativa, porque o dispositivo expressamente limita a indenização aos danos ocorridos naquelas atividades que, por sua natureza, impliquem riscos para os direitos de outrem. Enfatiza Roger Silva Aguiar que "o princípio geral firmado no art. 927, parágrafo único, inicia-se com a conjunção *quando*, denotando que o legislador acolheu o entendimento de que nem toda atividade humana importa em 'perigo' para terceiros com o caráter que lhe foi dado na terceira parte do parágrafo."[43]

Apesar de resolvida essa primeira dúvida, continuamos diante de um problema embaraçoso, porque todos os afazeres humanos, em maior ou menor grau, implicam riscos; as estatísticas indicam, por exemplo, que ocorrem acidentes do trabalho em todos os ramos de atividade. Então, como separar o risco que autoriza o direito à reparação daquele que o torna incabível? Ou, por outro enfoque, a partir de que grau de risco da atividade do empregador o acidentado passa a ter direito à indenização, independentemente de comprovação da culpa patronal?

Antes de tentar elaborar uma resposta, é conveniente mencionar dispositivos semelhantes no Direito Comparado para ajudar na compreensão do alcance da inovação do Código Civil de 2002:

> **Código Civil da Itália de 1942: Art. 2.050.** Qualquer um que causa dano a outrem no desenvolvimento de uma atividade perigosa, por sua natureza ou pela natureza dos meios empregados, é obrigado a indenizar se não provar haver adotado todas as medidas idôneas para evitar o dano.[44]
>
> **Código Civil do México de 2002: Artículo 7.147. Obligaciones derivadas de la responsabilidad civil objetiva o riesgo creado** – Cuando una persona hace uso de mecanismos, instrumentos, aparatos o sustancias peligrosas por sí mismos, por la velocidad que desarrollen, por su naturaleza, explosiva o inflamable, por la energía de la corriente eléctrica que conduzcan o por otras causas análogas, está obligada a responder del daño que cause, aunque no obre ilícitamente, a no ser que demuestre que ese daño se produjo por culpa o negligencia inexcusable de la víctima.

43. AGUIAR, Roger Silva. *Responsabilidade civil objetiva:* do risco à solidariedade. São Paulo: Atlas, 2007. p. 50.

44. No original: "Chiunque cagiona danno ad altri nello svolgimento di un'attività pericolosa, per sua natura o per la natura dei mezzi adoperati, è tenuto al risarcimento se non prova di avere adottato tutte le misure idonee a evitare il danno."

> **Código Civil de Portugal de 1966: Art. 493º.** 2. Quem causar danos a outrem no exercício de uma actividade, perigosa por sua própria natureza ou pela natureza dos meios utilizados, é obrigado a repará-los, excepto se mostrar que empregou todas as providências exigidas pelas circunstâncias com o fim de os prevenir.

De início, convém assinalar que a previsão do Código Civil italiano representou um grande avanço para a sua época (1942), porque passou a exigir daquele que explora atividade perigosa um comportamento preventivo e cauteloso muito acima do exigido para o homem médio, o *bonus pater familias*, visto que o réu só fica desonerado da indenização se comprovar que adotou "todas as medidas idôneas a evitar o dano".

O Código Civil Brasileiro, no entanto, promulgado já no século XXI, foi além dos dispositivos citados, que tiveram como base de inspiração o Código Civil italiano de 1942. Nos textos legais alienígenas mencionados, o enfoque principal está centrado nos danos decorrentes das "atividades perigosas", sem que haja "provas da adoção de todas as medidas idôneas a evitar o dano", ao passo que o preceito legal brasileiro, bem mais abrangente e favorável à vítima, só exige como pressuposto para reparação do dano o exercício de *atividade que implica risco para os direitos de outrem.*

Não se pode equiparar, para efeitos jurídicos, os vocábulos risco e perigo, uma vez que a frase *atividade que implica risco* não tem o mesmo significado de atividade perigosa. Aqueles que defendem, sem maior aprofundamento, a aplicação da responsabilidade objetiva somente nas hipóteses de atividades perigosas, como ocorre nos países mencionados, estão, a bem da verdade, tentando reduzir ou limitar a amplitude normativa do texto legal brasileiro.

Do ponto de vista técnico, a diferença entre risco e perigo pode ser verificada na redação do art. 193 da CLT:

> Art. 193. São consideradas atividades ou operações perigosas, na forma da regulamentação aprovada pelo Ministério do Trabalho e Emprego, aquelas que, por sua natureza ou métodos de trabalho, impliquem risco acentuado em virtude de exposição permanente do trabalhador a: I — inflamáveis, explosivos ou energia elétrica; II — roubos ou outras espécies de violência física nas atividades profissionais de segurança pessoal ou patrimonial. (...) [45]

Pelo enunciado desse artigo, pode-se concluir que atividade perigosa é aquela exercida em condições de risco acentuado ou de alto risco. O engenheiro André Lopes Netto, ex-presidente da Sociedade Brasileira de Engenharia

---

45. A Lei n. 12.997/2014 acrescentou neste artigo o § 4º, com o seguinte teor: "São também consideradas perigosas as atividades de trabalhador em motocicleta".

de Segurança, discorrendo sobre a confusão a respeito desses dois termos, esclarece que **risco** é a "probabilidade da ocorrência de um evento que cause ou possa causar dano", enquanto **perigo** é a "situação ou condição em que o risco seja acentuado."[46-47]

Buscar a precisão dos termos técnicos é fundamental para apreender o alcance da norma. Como bem disse Alfredo Buzaid, na exposição de motivos do CPC/1973, "o rigor da ciência jurídica depende substancialmente da pureza da linguagem, não devendo designar com um nome comum institutos diversos, nem institutos iguais com nomes diferentes". A presunção, portanto, é que o legislador tenha preferido a linguagem técnica, especialmente neste tema de extraordinária relevância, conforme o ensinamento de Carlos Maximiliano: "Todas as ciências, e entre elas o Direito, têm a sua linguagem própria, a sua tecnologia; deve o intérprete levá-la em conta... A linguagem tem por objetivo despertar, em terceiros, pensamentos semelhantes ao daquele que fala; presume-se que o legislador se esmerou em escolher expressões claras e precisas, com a preocupação meditada e firme de ser bem compreendido e fielmente obedecido."[48]

O Desembargador paulista Carlos Roberto Gonçalves, ao comparar o parágrafo único do art. 927 com o art. 2.050 do Código Civil italiano, concluiu que o Código brasileiro adotou solução mais avançada e mais rigorosa, porquanto não prevê a possibilidade de o agente, mediante a inversão do ônus da prova, exonerar-se da responsabilidade civil, demonstrando que adotou todas as medidas aptas para evitar o dano[49].

Com pensamento semelhante, registra o professor Anderson Schreiber, na sua percuciente tese de doutoramento sobre os *novos paradigmas da responsabilidade civil*, defendida na Itália em 2006: "Foi, contudo, mais além a nova codificação brasileira, ao optar francamente pela responsabilidade objetiva, e não por um sistema intermediário, de presunção de culpa, como fizeram os legisladores português e italiano."[50]

---

46. LOPES NETTO, André. Risco e perigo. *Revista CIPA*, São Paulo, v. XXVI, n. 311, p. 100, out. 2005.
47. A Lei n. 14.785 de 28 de dez. de 2023, aparentemente adota conceito diverso. No art. 2º, LI, considera-se **perigo**: "propriedade inerente a um agente físico, químico ou biológico, com potencialidades para provocar efeito nocivo à saúde humana ou ao meio ambiente" e, no inciso LII, considera-se **risco**: "probabilidade da ocorrência de efeito nocivo à saúde ou ao meio ambiente combinada com a severidade desse efeito, como consequência da exposição a um perigo."
48. MAXIMILIANO, Carlos. *Hermenêutica e aplicação do direito*. 9. ed. Rio de Janeiro: Forense, 1984. p. 109, 111.
49. GONÇALVES, Carlos Roberto. *Responsabilidade civil*. 14. ed. São Paulo: Saraiva, 2012. p. 241.
50. SCHREIBER, Anderson. *Novos paradigmas da responsabilidade civil:* da erosão dos filtros da reparação à diluição dos danos. 5. ed. São Paulo: Atlas, 2013. p. 22-23.

O relato insuspeito de Miguel Reale confirma o que estamos aqui defendendo[51]. Informa o saudoso mestre que houve proposta de inclusão de uma ressalva no parágrafo único do art. 927, com o seguinte teor: "salvo se comprovado o emprego de medida de prevenção tecnicamente adequada." O acréscimo dessa restrição, no entanto, foi rejeitado pelo entendimento de que o dispositivo do projeto estava consagrando a doutrina do risco, com fundamento na responsabilidade objetiva[52]. Como se vê, as ressalvas que reduzem a abrangência da responsabilidade do causador do dano, previstas nos Códigos da Itália e de Portugal, não foram adotadas no texto que resultou no Código Civil de 2002. Logo, é imperioso concluir que o preceito legal brasileiro ampliou intencionalmente a proteção em favor da vítima.

Depois dessa digressão necessária, voltemos à pergunta: a partir de que grau de risco da atividade do empregador a vítima passa a ter direito à indenização?

Esclarece mais uma vez Miguel Reale, o grande maestro do projeto do Código Civil: "quando a estrutura ou natureza de um negócio jurídico como o de transporte ou de trabalho, só para lembrar os exemplos mais conhecidos, implica a existência de riscos inerentes à atividade desenvolvida, impõe-se a responsabilidade objetiva de quem dela tira proveito, haja ou não culpa."[53]

Entendemos, porém, que, na hipótese de acidente do trabalho, a questão deverá ser analisada casuisticamente, considerando a natureza da atividade do empregador, ou seja, o grau específico de risco da sua atividade, daí a expressão explicativa colocada no texto legal "*por sua natureza*". A propósito, conclui o professor Clayton Reis que a redação do artigo pode ser assim traduzida: Haverá obrigação de reparar o dano, independentemente de culpa, quando a atividade normalmente desenvolvida pelo autor do dano implicar a possibilidade de gerar prejuízos ou riscos para os direitos de outrem.[54]

De forma semelhante, nos "Princípios de Direito Europeu da Responsabilidade Civil", elaborados por mais de uma década pelo *European Groupon Tort Law* e divulgados em 2005, está prevista a responsabilidade pelos danos causados, independentemente de culpa, quando a atividade criar "um risco

51. O jurista e filósofo Miguel Reale registra que foi dele a sugestão de incluir no Código Civil a responsabilidade civil de natureza objetiva, conforme redação do art. 927, parágrafo único. Cf. *História do novo Código Civil*. São Paulo: Revista dos Tribunais, 2005. p. 21.

52. REALE, Miguel. *História do novo Código Civil*. São Paulo: Revista dos Tribunais, 2005. p. 21.

53. *Ibidem*, p. 235.

54. REIS, Clayton. A teoria do risco na modernidade — uma antevisão do futuro. In: LEITE, Eduardo de Oliveira (Coord.). *Grandes temas da atualidade* — Responsabilidade civil. Rio de Janeiro: Forense, 2006. v. 6, p. 70.

previsível e bastante significativo de dano, mesmo com observância do cuidado devido", sendo que o "risco de dano pode ser considerado significativo tendo em consideração a gravidade ou a probabilidade do dano."[55]

É verdade que todos que estamos vivos corremos riscos, entretanto, determinadas ocupações colocam o trabalhador num degrau de maior probabilidade de sofrer acidentes, em razão da natureza ou da periculosidade intrínseca da atividade patronal. A partir desse pensamento que traduz a essência do preceito legal, a diretriz aprovada na I Jornada de Direito Civil, promovida pelo Centro de Estudos Judiciários do Conselho da Justiça Federal em 2002, aponta um interessante critério de interpretação para identificar os riscos que propiciam a aplicação da responsabilidade civil objetiva:

> **Enunciado 38** — Art. 927: A responsabilidade fundada no risco da atividade, como prevista na segunda parte do parágrafo único do art. 927 do novo Código Civil, configura-se quando a atividade normalmente desenvolvida pelo autor do dano causar a pessoa determinada um ônus maior do que aos demais membros da coletividade.

Pelos parâmetros desse Enunciado doutrinário, para que haja indenização, será necessário comparar o risco da atividade que gerou o dano com o nível de exposição ao risco dos demais membros da coletividade. Aliás, essa parte do Enunciado foi mencionada expressamente na redação final do Tema 932 pelo STF, conforme acima mencionado.

De fato, qualquer um pode tropeçar, escorregar e cair em casa ou na rua, ser atropelado na calçada por um automóvel descontrolado, independentemente de estar ou não no exercício de qualquer atividade, podendo mesmo ser um desempregado ou aposentado. No entanto, acima desse risco genérico que afeta indistintamente

---

55. *Capítulo 5. Responsabilidade objectiva — Art. 5:101. Actividades anormalmente perigosas.* (1) Aquele que exercer uma actividade anormalmente perigosa é responsável, independentemente de culpa, pelos danos resultantes do risco típico dessa actividade. (2) Uma actividade é considerada anormalmente perigosa quando: a. cria um risco previsível e bastante significativo de dano, mesmo com observância do cuidado devido, e b. não é objecto de uso comum. (3) O risco de dano pode ser considerado significativo tendo em consideração a gravidade ou a probabilidade do dano. (4) Este artigo não recebe aplicação com respeito a uma actividade especificamente sujeita ao regime da responsabilidade objectiva por uma outra disposição destes Princípios, da legislação nacional ou de uma Convenção Internacional. *Art. 5:102. Outras fontes de responsabilidade objectiva* — (1) As leis nacionais podem estabelecer outras categorias de responsabilidade objectiva por actividades perigosas, mesmo que essas actividades não sejam anormalmente perigosas. (2) Salvo se a lei nacional dispuser em sentido contrário, as disposições que estabelecem uma responsabilidade objectiva podem ser aplicadas analogicamente a situações de risco comparável. Disponível em: <http://www.egtl.org/publications.htm>. Acesso em: 28 dez. 2010.

toda a coletividade, de certa forma inerente à vida atual, outros riscos específicos ocorrem pelo exercício de determinadas atividades, dentro da concepção da teoria do "risco criado". A raiz histórica da redação do parágrafo único do art. 927 dá respaldo a esse raciocínio. Esclarece Caio Mário da Silva Pereira:

> Das modalidades de risco, eu me inclino pela subespécie que deu origem à teoria do *risco criado*. Como já mencionei (Capítulo XVIII, *supra*), ao elaborar o Projeto de Código de Obrigações de 1965, defini-me por ela, no que fui seguido pelo Projeto de Código Civil de 1975 (Projeto 634-B). Depois de haver o art. 929 deste Projeto enunciado o dever ressarcitório fundado no conceito subjetivo, seu parágrafo único esposa a doutrina do risco criado, a dizer que, independentemente da culpa, e dos casos especificados em lei, haverá obrigação de reparar o dano "quando a atividade normalmente desenvolvida pelo autor do dano implicar, por sua natureza, risco para os direitos de outrem".[56]

Assim, se a exposição do trabalhador estiver acima do risco médio da coletividade em geral, caberá o deferimento da indenização, porquanto, nessa hipótese, foi o exercício do trabalho naquela atividade que criou esse risco adicional. Em outras palavras, consideram-se de risco, para fins da responsabilidade civil objetiva prevista no art. 927, parágrafo único, do Código Civil, as atividades que expõem os empregados a uma maior probabilidade de sofrer acidentes, comparando-se com a média dos demais trabalhadores.

Por ocasião da V Jornada de Direito Civil, realizada no STJ em novembro de 2011, foram aprovados mais dois Enunciados para retratar a evolução do entendimento doutrinário a respeito do alcance da responsabilidade civil objetiva, conforme previsto no art. 927, parágrafo único, do Código Civil:

> "**Enunciado 446** — Art. 927. A responsabilidade civil prevista na segunda parte do parágrafo único do art. 927 do Código Civil deve levar em consideração não apenas a proteção da vítima e a atividade do ofensor, mas também a prevenção e o interesse da sociedade."
>
> "**Enunciado 448** — Art. 927. A regra do art. 927, parágrafo único, segunda parte, do CC aplica-se sempre que a atividade normalmente desenvolvida, mesmo sem defeito e não essencialmente perigosa, induza, por sua natureza, risco especial e diferenciado aos direitos de outrem. São critérios de avaliação desse risco, entre outros, a estatística, a prova técnica e as máximas de experiência."

Como se vê, na interpretação do referido dispositivo, o julgador pode buscar subsídios em dados estatísticos, nas máximas da experiência, nos dados epidemiológicos, nos laudos periciais, nas relações normativas das atividades

56. PEREIRA, Caio Mário da Silva. *Responsabilidade civil*. 9. ed. Rio de Janeiro: Forense, 2002. p. 284.

de risco acentuado, sem olvidar o princípio da primazia da prevenção (art. 7º, XXII, da CF) e os fins sociais da norma legal (art. 5º da Lei de Introdução às Normas do Direito Brasileiro).

Cabe mencionar ainda que, algumas vezes, a conduta da vítima contribui para o evento danoso na atividade de risco, fato esse que deve ser considerado como fator atenuante ou redutor da indenização. A causa ou culpa concorrente atribuída à vítima conjugada com o risco acentuado da atividade do empregador interagiram para a eclosão do acidente ou da doença ocupacional. Asseveram Nelson Rosenvald e outros que "a repartição dos riscos tão somente será admitida quando, para além do risco inerente à atividade desenvolvida pelo agente, a atuação do ofendido ativamente contribua para o desfecho lesivo, gerando um agravamento daquele risco natural. Ou seja, o ofendido não apenas assume o risco alheio, como o potencializa."[57]

Com efeito, não é justo nem razoável que a vítima receba a indenização integral sem considerar a sua contribuição para o evento danoso. Pode-se aplicar, por analogia, o dispositivo do art. 738, parágrafo único, do Código Civil, que prevê: "Se o prejuízo sofrido pela pessoa transportada for atribuível à transgressão de normas e instruções regulamentares, o juiz reduzirá equitativamente a indenização, na medida em que a vítima houver concorrido para a ocorrência do dano."

Aliás, nesse sentido foi aprovado na V Jornada de Direito Civil, realizada em 2011, o Enunciado 459, com o seguinte teor: "Art. 945: A conduta da vítima pode ser fator atenuante do nexo de causalidade na responsabilidade civil objetiva." Vejam algumas decisões a respeito:

> "(...) **Recurso de revista das reclamantes (viúva e filhas do trabalhador falecido) regido pela lei 13.467/17. Acidente de trabalho. Atividade de risco (motoboy). Óbito do empregado. Confluência da conduta culposa do empregado ao risco da atividade executada. Culpa concorrente. Indenizações por danos moral e material. Requisitos do art. 896, §1º-a, da CLT, atendidos.** 1. Do quadro fático registrado do TRT, ressai como fato incontroverso que o autor exercia a função de "motoboy" e que "o acidente de trânsito se deu enquanto o 'de cujus' realizava entrega a favor das reclamadas", vindo a óbito após complicação de cirurgia ortopédica. Mesmo admitindo que a atividade desempenhada pelo de cujus era de risco, a Corte Regional não reconheceu a responsabilidade civil da empresa, fundamentando que o "acidente de trabalho somente ocorreu porque o Reclamante não observou as condições de tráfego no local em que ele transitava, invadindo a preferencial do condutor do outro veículo (Toyota etios) que se encontrava em condução retilínea, o qual, segundo conclusão do expert, 'não se

57. Cf. FARIAS, Cristiano Chaves; BRAGA NETO, Felipe Peixoto; ROSENVALD, Nelson. *Novo tratado de responsabilidade civil*. 3. ed. São Paulo: Saraiva, 2018. p. 650.

constatou através dos exames (vestígios e danos nos veículos) que o automóvel estava animado com velocidade excessiva à permitida na via trafegável (40km/h)'. Não bastasse isso, pela conclusão do perito, vê-se que há indicativos de que o 'de cujus' trafegava acima da velocidade da via, o que por certo contribuiu para aumentar a gravidade do incidente e das lesões em seu corpo. Tais questões evidenciam que o 'de cujus' assumiu o risco do infortúnio. Houve imprudência e negligência ao adentrar na via preferencial, de forma a deixar clara a sua culpa exclusiva pelo evento danoso". Assim, o Tribunal Regional deu provimento ao recurso ordinário da reclamada para excluir as indenizações por danos morais e materiais deferidos na sentença, pois entendeu configurada excludente de responsabilidade da empregadora pelo evento ocorrido, por culpa exclusiva da vítima, o que afastou o direito à reparação pleiteada pelos herdeiros do "de cujus". 2. Em regra, e na esteira de abalizada doutrina, o ato exclusivo da vítima deve afastar o liame de causalidade entre o acidente sofrido e o risco da atividade, mas tão somente nas hipóteses em que o infortúnio não mantenha qualquer relação com o risco da atividade. A culpa só deve ser definida como exclusiva na hipótese de a causa única do acidente decorrer da conduta do trabalhador, sem qualquer ligação com os fatores objetivos do risco. No caso concreto, a culpa é concorrente em razão da impossibilidade de divisar o momento em que a atividade deixou de ser de risco e o ato praticado pelo empregado passou a ser a causa única ou exclusiva para que o acidente ocorresse. O evento danoso não é exterior ao risco, ao contrário, ocorreu na circunstância do risco. 3. Nos termos do artigo 2º da CLT, o empregador assume os riscos da atividade econômica e dirige o empreendimento. Ao desenvolver a atividade econômica, a empresa assume riscos, ao tempo em que expõe seus empregados a riscos criados por sua atividade econômica. O risco do negócio integra o empreendimento do empregador, estando intrinsecamente relacionado à atividade econômica desenvolvida. E na atividade de risco, ainda que a reclamada empenhe todos os mecanismos de fiscalização, ainda assim a possibilidade do dano é alta, haja vista a impossibilidade de o risco ser excluído. Nesse sentido, também vale ressaltar o precedente julgado pela SDI-1, da lavra do Exmo. Ministro Vieira de Mello, em que foi destacada a relação de risco da atividade empresarial e a responsabilidade civil do empregador (precedente da SDI-1 de nº E-RR-270-73.2012.5.15.0062). Consequentemente, deve ser reconhecida a responsabilidade objetiva da empresa, fundamentalmente, porque os riscos da atividade devem, a teor do artigo 2º da CLT, ser assumidos por quem dela se beneficia. 4. Note-se que em momento algum é afastada a premissa fática segundo a qual o de cujus agiu culposamente. Por outro lado, também não se põe em dúvida que a atividade desempenhada, per se, implicava risco ao empregado que a executava, independentemente do cometimento ou não de ato culposo. A interação da conduta do empregado com o risco da atividade cria uma influência mútua e compartilhada para o resultado do evento danoso. São elementos indissociáveis, simbióticos, confluentes, e por consequência lógica, agem concorrentemente. Note-se que a atividade de motoboy já é considerada atividade de risco permanente, bastante para tornar inafastável a conclusão de que também contribuiu para o evento lesivo. 5. Cumpre enfatizar que um dos fundamentos da República Federativa do Brasil é a valorização social do trabalho, além do que, a própria Constituição

Federal de 1988 define que é do empregador o dever de proteger a saúde do trabalhador oferecendo-lhe um ambiente de trabalho seguro. *Exempli gratia* dessa obrigação está contida no artigo 7º, XXII, da Constituição Federal onde resta expressamente reconhecido o direito do trabalhador à "redução dos riscos inerentes ao trabalho, por meio de normas de saúde, higiene e segurança". Nesse passo, ao atribuir ao empregado a responsabilidade exclusiva do acidente de trabalho, o Tribunal Regional do Trabalho acabou por decidir na contramão do princípio da valorização social do trabalho e afastou-se da premissa de que é do empregador a responsabilidade pela existência de um ambiente de trabalho seguro. Na investigação das causas do acidente de trabalho e do respectivo nexo de causalidade, faz-se necessária a quebra de paradigmas para que não se parta sempre da premissa de que o acidente ocorrera, exclusivamente, por uma falha humana ou por um ato inseguro da vítima. Vale destacar, ainda, que se o acidente não mantiver qualquer relação com a atividade de risco, não se haverá falar em culpa concorrente. Desse modo, a culpa exclusiva da vítima, nas hipóteses em que o infortúnio não tiver qualquer vinculação com o risco da atividade, também resultará em rompimento do nexo de causalidade. 6. Nesse contexto, o recurso de revista deve ser conhecido e provido para reconhecer a responsabilidade civil da empresa (na modalidade culpa concorrente). Recurso de revista conhecido e provido." TST. 6ª Turma. RR-642-75.2020.5.14.0092, Rel.: Ministro Augusto Cesar Leite de Carvalho, *DEJT* 13 set. 2024.

"**Recurso de revista. Responsabilidade civil objetiva do empregador. Acidente de trabalho. Uso de motocicleta. Indenização por danos morais. Culpa concorrente**. O Regional entendeu que, sendo incontroverso que o acidente de trabalho ocorreu enquanto o obreiro exercia as suas atividades laborais com a utilização de motocicleta, na sua função de consultor de vendas externo, deve ser reconhecida a responsabilidade objetiva da reclamada, na forma do art. 927 do CC. Com efeito, a jurisprudência desta Corte é no sentido de que o labor realizado em motocicleta é considerado como atividade de risco. Por outro lado, o Tribunal de origem entendeu que o empregado, ao utilizar a viseira entreaberta, em desacordo, portanto, com o CTB e a Resolução do Contran, colaborou com as consequências do acidente — perda da visão do olho direito —, de maneira que resta evidenciada a sua culpa concorrente na ocorrência do acidente. Desse modo, considerando que o reclamante sofreu acidente no exercício de sua função, utilizando-se de motocicleta — o que configura atividade de risco —, e que o obreiro colaborou para o resultado do infortúnio, não há falar em culpa exclusiva da vítima, como sustenta a reclamada. Por todo o exposto, não se divisa violação do art. 927 do CC. Recurso de revista não conhecido." TST. 8ª Turma. RR n. 13-38.2017.5.08.0104, Rel.: Ministra Dora Maria da Costa, *DEJT* 05 nov. 2018.

"**Recurso de revista. Acidente de trabalho. Atividade de risco. Óbito. Responsabilidade objetiva do empregador.** Se o próprio TRT reconhece que a atividade era de risco, não há como se admitir que a responsabilidade fosse exclusiva da vítima. E a culpa concorrente do trabalhador não exclui a responsabilidade objetiva do empregador, atua, apenas, na fixação do dano. Recurso de revista conhecido e provido." TST. 3ª Turma. RR n. 170100-91.2008.5.07.0032, Rel.: Ministro Horácio Raymundo de Senna Pires, *DJ* 11 maio 2012.

Contudo, se o acidente do trabalho tiver ocorrido unicamente por culpa exclusiva da vítima, mesmo no exercício da atividade de risco, não haverá responsabilização do empregador por falta do pressuposto do nexo causal, conforme abordamos no item 6.6, ao qual nos reportamos[58].

Resta apreciar a interpretação do vocábulo "normalmente" inserido no dispositivo ora analisado. Se a lei não contém palavras inúteis, é imperioso buscar o seu alcance, dar-lhe um sentido hermenêutico. Nada melhor do que consultar o pensamento do autor do primeiro Projeto, cuja proposta original acabou sendo acolhida no texto legal do novo Código. Esclarece, mais uma vez, o mestre Caio Mário:

> Desde logo exclui-se a ideia de *anormalidade* do ato danoso, uma vez que o Projeto cogita de vincular a obrigação ressarcitória a uma '*atividade normalmente desenvolvida*' pelo causador do dano. Encarada, pois, a questão sob esse aspecto, ou seja, tendo em vista tratar-se de *ato normal*, o que se leva em conta, no primeiro plano, é que a vítima não necessita de provar se o agente estava ou não estava no exercício de sua atividade habitual, ou se procedia dentro dos usos e costumes do ambiente social em que opera. Por outro lado, descabe para o causador do dano a escusativa de não haver incidido em um comportamento excessivo. A eliminação destas qualificações retira, portanto, a doutrina do risco criado de qualquer influência da teoria subjetiva.[59]

Em razão do exposto, pode-se concluir que não é necessário que haja comportamento *anormal* ou ilícito do empregador para gerar o direito à indenização, pois o simples exercício da sua atividade rotineira, ainda que

---

58. *Agravo de instrumento. Recurso de revista interposto sob a égide das Leis ns. 13.015/2014 e 13.105/2015. Descabimento. 1. Acidente do trabalho. Indenização por dano moral. Responsabilidade civil do empregador. Culpa exclusiva da vítima. Excludente de responsabilidade.* A responsabilidade do empregador por danos decorrentes de acidente do trabalho vem tratada no art. 7º, XXVIII, da Carta Magna, exigindo, em regra, a caracterização de dolo ou culpa. Também o Código Civil, nos seus arts. 186 e 187, consagra a subjetividade como regra geral, no tocante à reparação por danos, lastreando-se na hipótese da ocorrência de culpa. Assim, a teoria do risco da atividade econômica, que implica em responsabilidade objetiva, restringe-se a situações excepcionais, estabelecidas no parágrafo único do art. 927 do CCB. Não se afasta, de plano, a aplicação da hipótese excepcional à situação envolvendo acidente do trabalho, sendo necessário entender, especificamente, como seria essa atividade econômica a atrair, instantaneamente, a teoria do risco de seu desenvolvimento. Ocorre que, ainda que se divise responsabilidade objetiva em razão de acidente do trabalho, uma vez constatada a culpa exclusiva da vítima, impossível o reconhecimento da responsabilidade civil do empregador. Isso porque a configuração de uma das hipóteses de excludente da responsabilidade civil tem o condão de afastar o nexo de causalidade." TST. 3ª Turma. AIRR n. 1283-65.2015.5.09.0872, Rel.: Ministro Alberto Luiz Bresciani de Fontan Pereira, *DEJT* 10 nov. 2017.
59. PEREIRA, Caio Mário da Silva. *Responsabilidade civil*. 9. ed. Rio de Janeiro: Forense, 2002. p. 285.

normalmente desenvolvida, pode acarretar o direito à indenização, caso tenha provocado danos à vítima.

5.6. A MENSURAÇÃO DO RISCO PELO FATOR ACIDENTÁRIO DE PREVENÇÃO

Uma novidade introduzida no ordenamento jurídico em 2003, regulamentada em 2007, indica um caminho interessante para apurar se a atividade de determinado empregador tem um grau de risco acima ou abaixo da média, em sintonia com os critérios sugeridos pelos Enunciados ns. 38, 446 e 448, acima transcritos, adotados nas Jornadas de Direito Civil, promovidas pelo Centro de Estudos Judiciários do Conselho da Justiça Federal. Vejam a previsão do art. 10 da Lei n. 10.666/2003:

> A alíquota de contribuição de um, dois ou três por cento, destinada ao financiamento do benefício de aposentadoria especial ou daqueles concedidos em razão do grau de incidência de incapacidade laborativa decorrente dos riscos ambientais do trabalho, poderá ser reduzida, em até cinquenta por cento, ou aumentada, em até cem por cento, conforme dispuser o regulamento, em razão do desempenho da empresa em relação à respectiva atividade econômica, apurado em conformidade com os resultados obtidos a partir dos índices de frequência, gravidade e custo, calculados segundo metodologia aprovada pelo Conselho Nacional de Previdência Social.

Com efeito, foram criados o Fator Acidentário de Prevenção (FAP) e o Nexo Técnico Epidemiológico (NTEP), com base nos índices de frequência, gravidade e custo dos afastamentos decorrentes das incapacidades laborativas de cada empresa, em comparação com os mesmos índices da respectiva atividade econômica. Dependendo do FAP apurado, o empregador pagará a contribuição destinada ao financiamento da aposentadoria especial e dos benefícios concedidos em razão do grau de incapacidade laborativa decorrente dos riscos ambientais, conforme previsto no art. 202 e 202-A do Decreto n. 3.048/1998, com redução de 50% ou agravamento de até 100%.

O cálculo do FAP é feito a partir da base de dados dos benefícios previdenciários, levando-se em conta os índices de frequência, gravidade e custo, conforme especifica o art. 202-A do Regulamento da Previdência Social, após as alterações promovidas pelos Decretos ns. 6.042/2007, 6.957/2009, 7.126/2010 e 10.410/2020:

> Art. 202-A. As alíquotas a que se refere o *caput* do art. 202 serão reduzidas em até cinquenta por cento ou aumentadas em até cem por cento em razão do desempenho da empresa, individualizada pelo seu CNPJ em relação à sua atividade econômica, aferido pelo Fator Acidentário de Prevenção – FAP.

§ 1º O FAP consiste em multiplicador variável em um intervalo contínuo de cinco décimos a dois inteiros aplicado à respectiva alíquota, considerado o critério de truncamento na quarta casa decimal.

§ 2º Para fins da redução ou da majoração a que se refere o *caput*, o desempenho da empresa, individualizada pelo seu CNPJ será discriminado em relação à sua atividade econômica, a partir da criação de índice composto pelos índices de gravidade, de frequência e de custo que pondera os respectivos percentis.

§ 3º Revogado.

§ 4º Os índices de frequência, gravidade e custo serão calculados segundo metodologia aprovada pelo Conselho Nacional de Previdência Social, levando-se em conta:

I - para o índice de frequência, os registros de acidentes ou benefícios de natureza acidentária;

II - para o índice de gravidade, as hipóteses de auxílio por incapacidade temporária, auxílio-acidente, aposentadoria por incapacidade permanente, pensão por morte e morte de natureza acidentária, aos quais são atribuídos pesos diferentes em razão da gravidade da ocorrência, da seguinte forma:

a) pensão por morte e morte de natureza acidentária – peso de cinquenta por cento;

b) aposentadoria por incapacidade permanente – peso de trinta por cento; e

c) auxílio por incapacidade temporária e auxílio-acidente – peso de dez por cento para cada; e

III - para o índice de custo, os valores dos benefícios de natureza acidentária pagos ou devidos pela previdência social.

§ 5º O Ministério da Economia publicará, anualmente, no Diário Oficial da União, portaria para disponibilizar consulta ao FAP e aos róis dos percentis de frequência, gravidade e custo por subclasse da Classificação Nacional de Atividades Econômicas.

§ 6º O FAP produzirá efeitos tributários a partir do primeiro dia do quarto mês subsequente ao de sua divulgação.

§ 7º Para o cálculo anual do FAP, serão utilizados os dados de janeiro a dezembro de cada ano, até completar o período de dois anos, a partir do qual os dados do ano inicial serão substituídos pelos novos dados anuais incorporados.

§ 8º O FAP será calculado a partir de 1º de janeiro do ano seguinte àquele ano em que o estabelecimento completar dois anos de sua constituição.

§ 9º Revogado.

§ 10. A metodologia aprovada pelo Conselho Nacional de Previdência indicará a sistemática de cálculo e a forma de aplicação de índices e critérios acessórios à composição do índice composto do FAP.

Em razão do exposto, considerando-se que o Ministério da Economia publicará anualmente os índices de frequência, gravidade e custo dos benefícios concedidos por atividade econômica, decorrentes dos riscos ambientais do trabalho, além do FAP específico de cada empresa, por estabelecimento, tornou-se fácil constatar o grau de risco da atividade do empregador de cada acidentado.

Além de poder apurar se a atividade que o acidentado exercia tem um grau de risco de acidente do trabalho considerado leve, médio ou grave, conforme previsto no art. 22, II, da Lei n. 8.212/1991 e Anexo V do Regulamento da Previdência Social (Decreto n. 3.048/1999), é possível verificar se o "Fator Acidentário de Prevenção" daquela empresa a coloca num grau de risco acima ou abaixo da média da respectiva atividade econômica. É possível, portanto, obter duas informações relevantes: a do risco inerente, com base no potencial de risco da atividade, e a do risco criado, apurado a partir da sinistralidade específica daquele empregador, ou seja, quando o FAP da empresa estiver acima da média da respectiva atividade econômica. A Súmula n. 351 do STJ reforça esse entendimento: "A alíquota de contribuição para o Seguro de Acidente do Trabalho (SAT) é aferida pelo grau de risco desenvolvido em cada empresa, individualizada pelo seu CNPJ, ou pelo grau de risco da atividade preponderante quando houver apenas um registro."

De todo modo, como se trata de informações técnicas que exigem conhecimentos especializados, o mais recomendável é deixar essa apuração ao encargo do Perito Oficial, mediante a formulação de quesito pela parte interessada ou mesmo pelo Juízo, especialmente porque o percentual do FAP de cada empresa é de conhecimento restrito do contribuinte, mediante acesso por senha pessoal[60]. Vale lembrar que a metodologia do FAP não se aplica às pequenas e microempresas, visto que elas recolhem o seguro de acidente do trabalho pelo sistema simplificado, o Simples Nacional.

Pelo que se depreende do exposto, a constatação do FAP específico da empresa fornecerá mais um elemento de convicção, em conjunto com as demais provas dos autos, para decidir se a atividade em que atuava o acidentado pode ser enquadrada num grau de risco que seja suficiente para fundamentar a condenação com apoio na responsabilidade civil de natureza objetiva.[61]

---

60. Cf. Portaria Interministerial MPS/MF nº 4, de 10 de setembro de 2024. Art. 1º, Parágrafo único. O valor do FAP de todos os estabelecimentos (CNPJ completo), juntamente com as respectivas ordens de frequência, gravidade, custo e demais elementos que compuseram o processo de cálculo, serão de conhecimento restrito do estabelecimento mediante acesso por senha pessoal." Questionamos a base legal deste acesso restrito ao FAP de cada empresa. Entendemos que a sociedade, por uma questão de transparência, deveria ter acesso às informações para saber quais empresas causam mais acidentes do trabalho. Não há interesse público ou privado relevante para justificar o sigilo desses dados.

61. Há críticas fundamentadas dos especialistas no sentido de que as flexibilizações do mecanismo engenhoso do FAP, por pressão do setor empresarial, estão desfigurando o projeto original. Infor-

É oportuno mencionar que o plenário do Supremo Tribunal Federal, por unanimidade, rejeitou a arguição de inconstitucionalidade do mecanismo do Fator Acidentário de Prevenção, tanto do art. 10 da Lei n. 10.666/2003, quanto da regulamentação disciplinada no Regulamento da Previdência Social. Ao final do julgamento, ocorrido no dia 10 de novembro de 2021, foi fixada a Tese de Repercussão Geral n. 554, com o seguinte teor: "O Fator Acidentário de Prevenção (FAP), previsto no art. 10 da Lei nº 10.666/2003, nos moldes do regulamento promovido pelo Decreto 3.048/99 (RPS) atende ao princípio da legalidade tributária (art. 150, I, CRFB/88)".[62]

5.7. O SEGURO ACIDENTÁRIO E A INDENIZAÇÃO PELA TEORIA DO RISCO

Como vimos no item 4.4, é devida a indenização por acidente do trabalho, apoiada na responsabilidade civil de natureza subjetiva, independentemente dos benefícios concedidos pela legislação do seguro de acidente do trabalho. Concluímos que não ocorre a figura do *bis in idem,* porque os benefícios acidentários são pagos em razão dos riscos inerentes ou normais do trabalho, enquanto a indenização prevista no art. 7º, XXVIII, da Constituição Federal, decorre de um dano em que o empregador tenha causado por dolo ou culpa. Assim, o fato gerador dessa indenização é o comportamento ilícito do empregador.

Agora, com a previsão de ressarcimento dos danos, com base na responsabilidade civil de natureza objetiva, conforme previsto no art. 927, parágrafo único, do Código Civil de 2002, tem-se a impressão de que tanto o pagamento dos benefícios acidentários quanto a indenização devida pelo empregador têm um único fundamento: a cobertura dos riscos da atividade exercida pelo trabalhador. Estaria, então, nessa hipótese, ocorrendo o inaceitável *bis in idem*? Pode-se perguntar ainda: se o empregador vai indenizar de qualquer forma, por que pagar o seguro de acidente do trabalho previsto na Lei n. 8.213/1991?

Acreditamos que a resposta a tais indagações pode ser resumida numa frase: o seguro de acidente do trabalho no Brasil, a bem da verdade, não tem natureza jurídica nem conteúdo de seguro propriamente dito. Apesar da denominação, só garante um benefício estrito de cunho alimentar. Sua regulamentação não

---

ma Remígio Todeschini que em razão das alterações promovidas pela Portaria n. 1.329/2017 do Conselho Nacional de Previdência Social foram excluídas as CATs de até 15 dias de afastamento e dos acidentes de trajeto, além de outras alterações promovidas pela Portaria n. 420/2017 do Ministério da Fazenda. Com tudo isso, apenas 310 mil empresas pagaram o FAP agravado em 2018 (Malus), enquanto 3,1 milhões de empresas tiveram redução do SAT (Bônus). CF. Fator Acidentário de prevenção 2018. Revista CIPA, São Paulo, ano 39, n. 459, p. 64-65, dez. 2017.

62. Cf. STF. Pleno. RE 677.725, Rel. Ministro Luiz Fux, *DJE* 15 dez. 2021. A longa ementa do acórdão desse recurso explicita com vagar todo o enquadramento jurídico do tema.

contempla indenização alguma, nem determina reparação dos prejuízos sofridos; apenas concede benefícios previdenciários para garantir a sobrevivência da vítima e/ou de seus dependentes, como ocorre com todos os demais segurados da Previdência Social. Dentro dessa perspectiva, asseverou Rui Stoco: "Esse seguro-acidente, pelas suas características, não tem natureza propriamente indenizatória, mas de benefício social ou seguro social, de natureza previdenciária."[63]

Quando cogitamos sobre a contratação de um seguro de vida, de automóvel, residencial ou de qualquer outro bem, logo vem a ideia de garantir a cobertura de um determinado valor para o ressarcimento de eventual prejuízo pelos danos sofridos. Como afirma Sérgio Cavalieri, "o que o seguro faz é transferir as consequências econômicas do risco caso ele venha a se materializar em um sinistro. Mediante o pagamento do prêmio o segurado adquire a **garantia** de que, se ocorrer o sinistro, terá os recursos econômicos necessários para reparar o seu prejuízo e recompor o seu patrimônio".[64]

No entanto, no caso do seguro de acidente do trabalho, ocorrendo o sinistro, não há pagamento algum de natureza indenizatória, especialmente depois que a infortunística foi encampada pela Previdência Social, desde a Lei n. 5.316/1967, cuja ementa enunciava esse objetivo: *Integra o seguro de acidentes do trabalho na Previdência Social, e dá outras providências.*[65] Comentando o propósito dessa Lei, assinalou Feijó Coimbra:

> O [que o] legislador teve em vista, na realidade, foi substituir a indenização por morte ou incapacidade por *prestações previdenciárias*, tais como auxílio-doença, auxílio-acidente, auxílio suplementar, aposentadoria por invalidez, pensão por morte e pecúlios, com o que caracterizava a proteção contra o acidente de trabalho como pura e simples ação da Previdência Social. (...) Na verdade, seguro, no sentido mercantilista, já não existe, em tema de acidente de trabalho. O que há, agora, é a ação de um organismo da previdência social, proporcionando prestações previstas na Constituição.[66]

---

63. STOCO, Rui. *Tratado de responsabilidade civil*. 9. ed. São Paulo: Revista dos Tribunais, 2013. Tomo I, p. 823.
64. CAVALIERI FILHO, Sérgio. *Programa de responsabilidade civil*. 16. ed. São Paulo: Atlas, 2023. p. 518.
65. O art. 1º da Lei n. 5.316/1967 estabelecia: "O seguro obrigatório de acidentes do trabalho, de que trata o art. 158, XVII, da Constituição Federal, será realizado na Previdência Social." Já o art. 6º previa: "Em caso de acidente do trabalho ou de doença do trabalho, a morte ou a perda ou redução da capacidade para o trabalho darão direito, independentemente do período de carência, às prestações previdenciárias cabíveis, concedidas, mantidas, pagas e reajustadas na forma e pelos prazos da legislação de Previdência Social..."
66. COIMBRA, J. R. Feijó. *Acidente de trabalho e moléstias profissionais*. Rio de Janeiro: Edições Trabalhistas, 1990, p. 15.

Pode-se perceber, portanto, que a atual legislação securitária do acidente do trabalho só pode ser enquadrada na categoria de seguro num sentido amplo, já que revela natureza eminentemente social de marcante interesse público. Garante ao lesado apenas o mínimo para subsistência, concedendo prestações periódicas, mas nem de longe tem o propósito de assegurar a reparação dos danos sofridos. Essa diferença foi também captada por Gabriel Saad em lúcido artigo doutrinário de 1983:

> O empregado recebe da Previdência Social, na condição de acidentado, não uma indenização, mas um benefício especial, de caráter alimentar, que lhe permite sobreviver enquanto subsistir a causa incapacitante para o trabalho. O desfalque patrimonial do empregado motivado pelo acidente não é coberto pelo seguro social do acidente do trabalho, eis que o correspondente benefício não se equipara a uma indenização.[67]

Como se depreende do exposto, a natureza social do seguro de acidente do trabalho é bem diversa daquela inerente aos seguros em geral, conforme previsto nos arts. 757 a 777 do Código Civil, visto que:

a) não tem natureza contratual (art. 757), já que deve ser cumprido obrigatoriamente por força de lei;
b) não há pagamento de prêmio negociado (art. 757), mas simples recolhimento de percentual adicional para o custeio dos benefícios, conforme previsto na lei de custeio da Previdência Social;
c) não pode ser contratado com qualquer seguradora autorizada (art. 757, parágrafo único), uma vez que o seguro de acidente do trabalho ainda é monopólio da Previdência Social;
d) não há apólice ou bilhete de seguro (art. 758), bastando a assinatura da carteira de trabalho;
e) não exige proposta escrita com declaração do interesse a ser garantido e do risco (art. 759), pois a cobertura tem limites fixos previstos em lei;
f) não há limite temporal estabelecido (art. 760), porquanto cobre todo o período de vigência do contrato de trabalho;
g) não exige que o empregador esteja em dia com o recolhimento previdenciário para conceder os benefícios cabíveis ao acidentado (art. 763).[68]

---

67. SAAD, Eduardo Gabriel. O acidente do trabalho, o benefício previdenciário e a indenização de direito comum. *Revista LTr*, São Paulo, v. 47, n. 8, p. 906, 1983.

68. Cabe anotar que os artigos mencionados 757 a 777 do Código Civil foram revogados pela Lei n. 15.040, de 9 de dezembro de 2024, mas com vigência a partir de 10 de dezembro de 2025. Essa nova lei, com 134 artigos, dispõe sobre os seguros privados no Brasil. A mudança legal,

A integração do acidente do trabalho no âmbito da Previdência Social está clara no art. 201, § 10, da Constituição da República e na Lei n. 8.213/1991, que em seu art. 18 prevê: "O Regime Geral da Previdência Social compreende as seguintes prestações, *devidas inclusive em razão de eventos decorrentes de acidente do trabalho*, expressas em benefícios e serviços...". Além disso, o art. 22 da Lei n. 8.212/1991 estabelece o recolhimento de contribuição para a Seguridade Social, incluindo, no inciso II, percentuais adicionais para financiamento de benefícios concedidos em razão de acidente do trabalho ou doença ocupacional.

Em síntese, o chamado seguro de acidente do trabalho não oferece cobertura alguma além da que já é concedida normalmente pela Previdência Social. O valor que o empregador recolhe hoje a esse título apenas financia os benefícios previdenciários em geral, aos quais todo trabalhador segurado tem direito, dentro da amplitude da seguridade social, para a qual também o empregado contribui com sua parte. Assim, não se recolhe, a rigor, seguro de acidente do trabalho, mas uma parcela adicional para financiar os benefícios previdenciários concedidos pelo INSS, dentre eles, aqueles decorrentes dos infortúnios do trabalho[69].

Como o seguro de acidente do trabalho da Previdência Social, no sentido técnico, não indeniza os prejuízos da vítima, restou um amplo espaço para acolhimento da responsabilidade civil de natureza objetiva. Basta mencionar que a reparação integral dos danos materiais, morais, existenciais ou estéticos nem é cogitada na legislação previdenciária, o que torna o acidentado vítima de real prejuízo. O benefício de natureza alimentar, concedido pelo INSS, garante apenas um mínimo de subsistência, porém distante de atender ao princípio milenar da *restitutio in integrum*, ou mesmo de assegurar a manutenção do padrão de vida que o acidentado desfrutava antes do evento danoso.

Se é indispensável garantir a livre-iniciativa no exercício da atividade econômica para o desenvolvimento nacional, por outro lado, os ditames da justiça social exigem que as vítimas involuntárias dessas atividades não sejam entregues à própria sorte, suportando pessoalmente parte do risco da atividade econômica. Não é suficiente garantir a sobrevivência concedendo à vítima do acidente benefícios de caráter alimentar; é fundamental assegurar a existência digna, evitando, ainda, que a prosperidade de alguns venha a significar a ruína de muitos. Daí não se vislumbrar o apontado *bis in idem*, na cumulação de benefícios acidentários com a indenização devida pelo empregador, mesmo

---

contudo, não altera a essência da comparação formulada, porquanto apenas registra em outros dispositivos equivalentes os mesmos fundamentos lançados.

69. Octavio Bueno Magano já assinalava, em obra de 1976, que "a prestação a cargo do segurado perdeu a natureza de prêmio contraposto a risco assegurado, para converter-se numa das parcelas das contribuições exigidas pelo Estado, para a manutenção do sistema de seguros sociais". Cf. *Lineamentos de infortunística*. São Paulo: José Bushatsky, 1976, p. 69.

quando o acidente do trabalho ocorrer sem culpa deste, conforme previsto no art. 927, parágrafo único, do Código Civil de 2002.

5.8. AS ATIVIDADES CONSIDERADAS DE RISCO PELA JURISPRUDÊNCIA TRABALHISTA

Como visto acima (item 5.4), já está assentado que a regra do art. 927, parágrafo único do Código Civil tem aplicação nas indenizações por acidente do trabalho, mormente após a pacificação da controvérsia pelo julgamento de mérito do RE com repercussão geral n. 828.040 pelo plenário do STF, com a fixação de tese no tema 932.

O desafio agora é definir quais atividades podem ou não ser consideradas de risco para fins de deferimento das reparações, independentemente de prova da conduta culposa do empregador no acidente ocorrido.

O preceito legal redigido em linguagem aberta aponta uma diretriz, mas não permite identificar de plano e com segurança quais são *as atividades que, por sua natureza, implicam riscos para os direitos do trabalhador*. A tese fixada pelo STF no tema 932 indica o cabimento da responsabilidade objetiva "quando a atividade normalmente desenvolvida, por sua natureza, apresentar exposição habitual a risco especial, com potencialidade lesiva e implicar ao trabalhador ônus maior do que aos demais membros da coletividade".

Neste passo vale uma observação. Quando o trabalhador acidentado tiver sido designado para executar uma tarefa fora daquela que ele habitualmente exercia, sem o devido treinamento, estará configurada a presença da culpa patronal, juntamente com a responsabilidade objetiva, se for uma atividade de risco. Essa situação ocorre com certa frequência por ocasião de férias ou mesmo de afastamento inesperado de um colega de trabalho. Ora, se até o infortúnio ocorrido na atividade normalmente desenvolvida pode gerar a responsabilidade objetiva do empregador, com mais razões caberá a indenização quando ocorrer o acidente na atividade anormal atribuída ao empregado.

Além dos subsídios doutrinários que apontamos nos itens anteriores, convém mencionar as atividades consideradas de risco pela jurisprudência do Tribunal Superior do Trabalho, considerando especialmente os acórdãos da Seção Uniformizadora. Como mencionou o Ministro João Oreste Dalazen, "o Tribunal Superior do Trabalho vem paulatinamente construindo jurisprudência acerca das hipóteses autorizadoras da adoção da responsabilidade objetiva do empregador, em caso de acidente de trabalho ou doença ocupacional".[70]

Não se trata ainda — convém ponderar — de jurisprudência pacificada ou formalmente uniformizada, mas a amostragem indica a tendência atual e representa

70. Cf. TST. 4ª Turma. RR n. 468-02.2011.5.11.0016, Rel.: Ministro João Oreste Dalazen, *DJ* 24 mar. 2017.

um indicativo da direção que a Corte está seguindo, cujos entendimentos poderão ser ou não encampados futuramente por uma Orientação Jurisprudencial, por uma Súmula ou algum incidente de uniformização.

ATIVIDADES	ACÓRDÃOS
1- Motorista de caminhão e seus ajudantes (transporte rodoviário de carga)	— TST. SBDI-I. E-RR-10206-03.2015.5.15.0100, Rel.: Ministro Augusto César Leite de Carvalho, *DEJT* 10 mar. 2023. — TST.SBDI-I. Ag-E-Ag-ED-ARR-858-43.2011.5.03.0129, Rel.: Ministra Dora Maria da Costa, *DEJT* 19 nov. 2021. — TST. SBDI-I. E-RR n. 270-73.2012.5.15.0062, Rel.: Ministro Luiz Philippe Vieira de Mello Filho, *DEJT* 23 out. 2020. — TST. SBDI-I. E-ED-RR n. 158400-21.2008.5.15.0154, Rel.: Ministro Jose Roberto Freire Pimenta, *DEJT* 26 abr. 2019. — TST. SBDI-I. Ag-ED-E-ED-RR n. 1220-34.2012.5.12.0008, Rel.: Ministro: Alberto Bresciani Pereira, *DEJT* 19 dez. 2018. — TST. SBDI-I. E-RR n. 47300-71.2006.5.08.0107, Rel.: Ministro José Roberto Freire Pimenta, *DEJT* 22 set. 2017. — TST. SBDI-I. E-ED-ED-RR n. 16800-97.2008.5.08.0124, Rel.: Ministro João Batista Brito Pereira, *DEJT* 26 ago. 2016. — TST. SBDI-I. E-ED-RR n. 96600-26.2008.5.04.0662, Rel.: Ministro Lélio Bentes, *DJ* 7 nov. 2014. — TST. SBDI-I. E-RR n. 31100-91.2007.5.17.0013, Rel.: Desembargador Convocado Sebastião Oliveira, *DJ* 11 nov. 2011.
2 — Corte de cana-de-açúcar	— TST. SBDI-I. Ag-E-RR n. 2388-57.2012.5.15.0115, Rel.: Ministro Jose Roberto Freire Pimenta, *DEJT* 02 ago. 2019. — TST. SBDI-I. Ag-E-ED-RR n. 67000-74.2009.5.15.0158, Rel.: Ministro Breno Medeiros, *DEJT* 12 abr. 2019. — TST. SBDI-I. E-RR n. 1277-20.2011.5.15.0100, Rel.: Ministro Márcio Eurico Vitral Amaro, *DEJT* 05 out. 2018. — TST. SBDI-I. E-RR n. 65300-32.2005.5.15.0052, Rel.: Ministro Aloysio Veiga, *DJ* 14 mar. 2014. — TST. SBDI-I. E-ED-RR n. 132300-20.2006.5.15.0115, Rel.: Ministro Renato Paiva, *DJ* 7 mar. 2014. — TST. SBDI-I. E-ED-RR n. 49200-86.2007.5.09.0023, Rel.: Ministro Augusto César, *DJ* 29 nov. 2013.
3 — Transporte de valores em carro-forte	— TST. SBDI-I. Ag-E-ED-RR-3215-30.2012.5.02.0083, Rel.: Ministra Katia Magalhaes Arruda, *DEJT* 1º set. 2023. — TST. SBDI-I. E-ED-RR n. 942-71.2011.5.03.0023, Rel.: Ministro Breno Medeiros, *DEJT* 09 out. 2020. — TST. SBDI-I. AgR-E-ED-RR n. 1397-35.2012.5.15.0001, Rel.: Ministra Maria Cristina Irigoyen Peduzzi, *DEJT* 20 abr. 2018. — TST. SBDI-I. E-ED-RR n. 35400-70.2006.5.04.0732, Rel.: Ministro Vieira de Mello Filho, *DJ* 21 mar. 2014. — TST. SBDI-I. E-ED-RR n. 120740-23.2007.5.03.0134, Rel.: Ministra Dora Costa, *DJ* 16 ago. 2013. — TST. SBDI-I. E-RR n. 84700-90.2008.5.03.0139, Rel.: Ministro Brito Pereira, *DJ* 11 dez. 2009.

ATIVIDADES	ACÓRDÃOS
4 — Coleta de lixo com caminhão em vias públicas	— TST. SBDI-I. E-RR n. 958-81.2011.5.03.0069, Rel.: Ministro Márcio Eurico, *DJ* 24 abr. 2015; — TST. SBDI-I. E-ED-RR n. 70100-58.2005.5.15.0067, Rel.: Ministro Renato Paiva, *DJ* 22 nov. 2013.
5 — Vendedor externo que utiliza motocicleta	— TST.SBDI-I. Ag-E-RR-6573-35.2011.5.12.0026, Relator Ministro Breno Medeiros, *DEJT* 16 out.2020. — TST. SBDI-I. Ag-E-ED-RR n. 591-48.2012.5.12.0012, Rel.: Ministro Breno Medeiros, *DEJT* 22 maio 2020. — TST. SBDI-I. E-ARR n. 158700-26.2012.5.17.0141, Rel.: Ministra Maria Cristina Irigoyen Peduzzi, *DEJT* 20 mar. 2020. — TST. SBDI-I. E-ED-RR n. 1263-19.2011.5.19.0005, Rel.: Ministro Hugo Carlos Scheuermann, DEJT 06 dez. 2019. — TST. SBDI-I. E-RR n. 66800-15.2008.5.04.0512, Rel.: Ministro Agra Belmonte, *DJ* 19 dez. 2014. — TST. SBDI-I. E-ED-RR n. 101200-09.2009.5.17.0011, Rel.: Ministro Vieira de Mello Filho, *DJ* 6 set. 2013.
6 — Estivador	— TST. SBDI-I. E-RR n. 99300-59.2007.5.17.0011, Red.: Ministro Aloysio Veiga, *DJ* 4 out. 2013. — TST. SBDI-I. E-RR n. 129000-26.2006.5.17.0008, Rel.: Ministro Augusto César, *DJ* 16 ago. 2013.
7 — Atividades em mina de subsolo	— TST. SBDI-I. E-RR n. 367600-35.2006.5.12.0053, Rel.: Ministra Dora Costa, *DJ* 6 set. 2013; — TST. SBDI-I. E-RR n. 233100-47.2005.5.12.0027, Rel.: Ministra Maria Calsing, *DJ* 4 fev. 2011.
8 — Trabalho com veículos automotores da empresa	— TST. SBDI-I. E-RR n. 2093-53.2013.5.15.0125, Rel.: Ministro Hugo Carlos Scheuermann, *DEJT* 10 fev. 2017. — TST. SBDI-I. E-ED-RR n. 148100-16.2009.5.12.0035, Redator: Ministro Alberto Bresciani, *DJ* 7 nov. 2014. — TST. SBDI-I. E-ED-RR n. 81100-64.2005.5.04.0551, Redator: Ministro Oreste Dalazen, *DJ* 1º mar. 2013.
9 — Vigilante	—TST. SBDI-I. AgR-E-ED-RR n. 808-83.2013.5.08.0007, Rel.: Ministro Breno Medeiros, *DEJT* 02 out. 2020. — TST. SBDI-I. Ag-E-RR n. 4991-07.2014.5.12.0022, Rel.: Ministro Walmir Oliveira da Costa, *DEJT* 19 dez. 2018. — TST. SBDI-I. Ag-ED-E-ED-ARR n. 1780-61.2014.5.17.0009, Rel.: Ministro Alberto Bresciani, *DEJT* 23 mar. 2018. — TST. SBDI-I. E-ED-RR n. 324985-09.2009.5.12.0026, Rel.: Ministro Oreste Dalazen, *DJ* 1º jul. 2013. — TST. SBDI-I. E-RR n. 153800-56.2006.5.12.0009, Rel.: Ministro Aloysio Veiga, DJ 13 fev. 2009.

ATIVIDADES	ACÓRDÃOS
10 — Transporte de carga com alta incidência de assalto	— TST. SBDI-I. E-RR n. 2637-69.2010.5.02.0202, Rel.: Ministro Vieira de Mello Filho, *DJ* 7 nov. 2014.
11 — Auxiliar de viagem (cobrador de ônibus)	— TST. SBDI-I. Ag-E-ED-RR-20455-77.2012.5.20.0003, Rel.: Ministro José Roberto Freire Pimenta, *DEJT* 13 out. 2023. — TST.SBDI-I. E-ED-RR-238100-91.2005.5.01.0202, Rel.: Ministro Alexandre Luiz Ramos, *DEJT* 19 nov. 2021. — TST. SBDI-I. E-ED-RR n. 10801-14.2015.5.03.0107, Rel.: Ministro Augusto Cesar Leite de Carvalho, *DEJT* 30 abr. 2020. — TST. SBDI-I. E-RR n. 106500-80.2009.5.20.0006, Rel.: Ministro Alberto Bresciani Pereira, *DEJT* 13 abr. 2018. — TST. SBDI-I. E-ED-RR n. 855-07.2011.5.09.0005, Rel.: Ministro João Batista Brito Pereira, *DEJT* 27 out. 2017. — TST. SBDI-I. E-RR n. 10191-31.2013.5.03.0167, Rel.: Ministro Aloysio Veiga, *DJ* 6 nov. 2015.
12 — Operador de máquina de laminação na siderurgia	— TST. SBDI-I. E-ED-ED-ED-RR n. 26640-22.2006.5.03.0034, Rel.: Ministro Márcio Eurico, *DJ* 22 ago. 2014.
13 — Torneiro mecânico	— TST. SBDI-I. E-ED-RR n. 154785-83.2007.5.15.0016, Red.: Ministro Aloysio Veiga, *DJ* 7 jun. 2013.
14 — Carteiro	— TST. SBDI-I. Ag-E-RR n. 11281-11.2015.5.01.0054, Rel.: Ministro Márcio Eurico Vitral Amaro, *DEJT* 28 set. 2018.
15 – Transporte em veículo fornecido pelo empregador	— TST.SBDI-I. Ag-E-RR-24334-06.2015.5.24.0091, Rel.: Ministro Claudio Mascarenhas Brandao, *DEJT* 15 out. 2021. — TST. SBDI-I, E-ED-RR n. 1625-11.2013.5.15.0054, Rel.: Ministro Cláudio Mascarenhas Brandão, *DEJT* 20 mar. 2020. — TST. SBDI-I. E-ED-RR n. 32300-85.2006.5.15.0123, Rel.: Ministro Cláudio Mascarenhas Brandão, *DEJT* 24 ago. 2018. — TST. SBDI-I. E-ED-RR-214800-41.2009.5.09.0072, Rel.: Ministro Augusto Cesar Leite de Carvalho, *DEJT* 17 fev. 2017.
16- Assalto a motorista de transporte coletivo	— TST. SBDI-I.E-ED-RR n. 855-07.2011.5.09.0005, Rel.: Ministro João Batista Brito Pereira, *DEJT*27 OUT. 2017. — TST. SBDI-I. Ag-E-ED-RR n. 127700-53.2009.5.13.0002, Rel.: Ministro Aloysio Correa da Veiga, *DEJT* 18 ago. 2017. —TST. SBDI-I. E-RR n. 163600-10.2009.5.16.0004, Rel.: Ministro Hugo Carlos Scheuermann, *DEJT* 24 fev. 2017.
17- Assalto a bancário	—TST. SBDI-I. E-RR n. 489200-11.2005.5.12.0036, Rel.: Ministro Hugo Carlos Scheuermann, DEJT 28 jul. 2017. — TST. SBDI-I. E-RR- 94440-11.2007.5.19.0059, Rel.: Ministro Aloysio Corrêa da Veiga, *DEJT* 26 abr. 2013.

ATIVIDADES	ACÓRDÃOS
18- LER/DOT em bancários	— TST. SBDI-I. E-ED-RR-11486-77.2015.5.18.0018, Rel.: Ministro Augusto Cesar Leite de Carvalho, *DEJT* 2 jun. 2023. — TST. SBDI-I. E-RR 541-66.2012.5.07.0010, Rel.: Ministro Lélio Bentes, *DJ* 28 jan. 2022. — TST.SBDI-I. E-ARR-11654-65.2013.5.18.0013, Rel.: Ministro Alexandre Luiz Ramos, *DEJT* 17 set. 2021. —TST. SBDI-I. E-RR n. 185200-97.2003.5.15.0013, Rel.: Ministro Jose Roberto Freire Pimenta, *DEJT* 27 set. 2019. — TST. SBDI-I. E-RR n. 75300-35.2006.5.17.0009, Rel.: Ministro José Roberto Freire Pimenta, *DEJT* 24 mar. 2017. —TST. SBDI. E-ED-RR n. 17300-43.2007.5.01.0012 Rel.: Ministro Carlos Alberto Reis de Paula, *DEJT* 03 fev. 2012. — TST. SBDI-I. E-ED-RR n. 9951600-43.2006.5.09.0664, Rel.: Ministro Horácio Raymundo de Senna Pires, *DEJT* 11 mar. 2011.
19 - Construção civil	— TST. SBDI-I. Ag.E-ED-RR 114500-63.2006.5.02.0010, Rel.: Ministra Dora Maria da Costa, *DJ* 18 fev.2022. — TST.SBDI-I. E-RR-4000-65.2005.5.15.0021, Rel.: Ministro Breno Medeiros, *DEJT* 19 fev.2021. — TST.SBDI-I. Ag-E-ARR-75800-25.2009.5.12.0013, Rel.: Ministro Augusto César Leite de Carvalho, *DEJT* 3 ago. 2018. — TST.SBDI-I. E-RR - 89900-22.2008.5.15.0082, Rel.: Ministro Alexandre de Souza Agra Belmonte, *DEJT* 29 jun. 2018.
20 - Trabalho rural - Manejo de gado - Queda de cavalo	— TST.SBDI-I. E-RR-24256-63.2019.5.24.0061, Rel.: Ministro Jose Roberto Freire Pimenta, *DEJT* 01 jul. 2022.

Importa anotar que nas oito Turmas do TST há milhares de acórdãos a respeito de diversas atividades consideradas ou não de risco para fins de aplicação da teoria objetiva. Entretanto, preferimos mencionar somente os principais acórdãos da Seção Uniformizadora (SBDI-I), porquanto já representam uma tendência mais segura da jurisprudência da Corte.

5.9. PERSPECTIVAS DA RESPONSABILIDADE CIVIL POR ACIDENTE DO TRABALHO

No final deste capítulo, é oportuno esboçar os possíveis caminhos da responsabilidade civil na questão do acidente do trabalho. Na efervescência natural da ciência jurídica, com sua vocação inata de buscar sempre entronizar o justo, pode-se perceber que algumas ideias vão ganhando densidade, incorporando adesões, consolidando tendências, indicando novos rumos. E esse é o caso da teoria do risco ou da responsabilidade civil de natureza objetiva.

A evolução da responsabilidade civil por acidente do trabalho foi abordada com vagar no item 4.3. Registramos a fase da irresponsabilidade patronal, mais tarde substituída pela responsabilidade só em caso de dolo, posteriormente alterada para responsabilidade quando houvesse culpa grave e, após a Constituição de 1988, modificada para responsabilidade do empregador por culpa de qualquer grau. Agora, consolida o entendimento de que a cláusula geral da responsabilidade sem culpa, lançada no art. 927, parágrafo único, do Código Civil de 2002, tem aplicação nas indenizações por acidente do trabalho, conforme mencionamos no item 5.7.

Nota-se um nítido deslocamento do pensamento jurídico em direção à responsabilidade objetiva, especialmente nas questões que envolvem maior alcance social. Uma observação cuidadosa permite mesmo identificar o ritmo de certo movimento nesse sentido, em razão do qual é possível intuir os próximos passos, com boa margem de acerto.

A indenização baseada no rigor da culpa está cedendo espaço para o propósito maior de reparar os danos, buscando amparar as vítimas dos infortúnios, mesmo sem a presença da culpa comprovada, em harmonia com o objetivo fundamental de construir uma sociedade livre, justa e solidária, com erradicação da pobreza e da marginalização, conforme exposto no art. 3º da Constituição da República. Desse modo, o instrumental jurídico está mudando seu foco de atenção dos danos causados para os danos sofridos[71].

Importa assinalar também que os pressupostos da responsabilidade objetiva guardam mais sintonia e coerência com o comando do art. 170 da Lei Maior, segundo o qual a ordem econômica deve estar fundada na valorização do trabalho e a propriedade deve ter uma função social.

O grande impacto nos rumos da responsabilidade civil, causado pelo Código do Consumidor de 1990, recebeu reforço significativo com as previsões do Código Civil de 2002. Como assevera Humberto Theodoro, "o novo Código é, acima de tudo, um estatuto comprometido com as tendências sociais

71. Leciona Maria Celina Bodin: "A transformação da responsabilidade civil em direção à objetivação corresponde a uma mudança sociocultural de significativa relevância que continua a influenciar o direito civil neste início de século. Ela traduz a passagem do modelo individualista-liberal de responsabilidade, compatível com a ideologia do Código Civil de 1916, para o chamado modelo solidarista, baseado na Constituição da República e agora no Código Civil de 2002, fundado na atenção e no cuidado para com o lesado: questiona-se hoje se à vítima deva ser negado o direito ao ressarcimento e não mais, como outrora, se há razões para que o autor do dano seja responsabilizado." Cf. MORAES, Maria Celina Bodin de. Risco, solidariedade e responsabilidade objetiva. *Revista RT*, São Paulo, v. 854, p.18, dez. 2006.

do direito de nosso tempo, com o que procura superar, em profundidade, o velho e intolerável individualismo forjado nos costumes do século XX."[72]

De qualquer forma, essas inovações somente estarão consolidadas e seus contornos demarcados com mais nitidez quando a jurisprudência dos tribunais superiores firmar entendimento sobre o tema, como já ocorreu, em parte, com a fixação do tema de repercussão geral n. 932 pelo STF. Um bom indicativo dos prováveis rumos da responsabilidade civil de natureza objetiva pode ser encontrado na interpretação defendida atualmente pelos doutrinadores mais consagrados nesse assunto. A abordagem científica e sistemática do tema, colhida em livros publicados nos últimos anos, que já consideraram o impacto enriquecedor do Código Civil de 2002, permite vislumbrar as perspectivas quanto ao futuro da responsabilidade civil, mormente no campo do acidente do trabalho. Com esse propósito, valem as transcrições seguintes:

> 1) Caio Mário da Silva Pereira, em obra de 2002: "Dentro deste movimento, cada vez maior e mais absorvente, foi que se esboçou e tomou corpo a teoria da responsabilidade sem culpa. A jurisprudência, e com ela a doutrina, convenceu-se de que a responsabilidade civil fundada na culpa tradicional não satisfaz para a solução de numerosos casos. A exigência de provar a vítima o erro de conduta do agente deixa o lesado sem reparação, em grande número de casos. (...) Desta sorte, e pouco a pouco, a responsabilidade civil marcha a passos largos para a doutrina objetiva, que encontra maior supedâneo na doutrina do risco."[73]
>
> 2) Carlos Alberto Menezes Direito e Sérgio Cavalieri Filho, em obra de 2007: "Para onde caminha a responsabilidade civil? Qual a sua tendência no limiar deste novo século? O movimento que se acentuou nas últimas décadas do século findo, no sentido da socialização dos riscos, deverá continuar cada vez mais forte, expandindo ainda mais o campo da responsabilidade civil objetiva. Se antes a regra era a irresponsabilidade, e a responsabilidade, a exceção, porque o grande contingente de atos danosos estava protegido pelo manto da culpa, agora, e daqui para a frente cada vez mais, a regra será a responsabilidade por exigência da solidariedade social e da proteção do cidadão, do consumidor e do usuário de serviços públicos e privados. O legislador, a jurisprudência e

72. THEODORO JÚNIOR, Humberto. *Comentários ao novo Código Civil.* Rio de Janeiro: Forense, 2003. v. III, t. II, p. XI.

73. PEREIRA, Caio Mário da Silva. *Responsabilidade civil.* 9. ed. Rio de Janeiro: Forense, 2002. p. 267.

a doutrina continuarão se esforçando, pelos mais variados meios e processos técnicos apropriados, para estar sempre ao lado da vítima a fim de lhe assegurar uma situação favorável. A vítima do dano, e não mais o autor do ato ilícito, será o enfoque central da responsabilidade civil. Em outras palavras, a responsabilidade, antes centrada no sujeito responsável, volta-se agora para a vítima e a reparação do dano por ela sofrido. O dano, nessa nova perspectiva, deixa de ser apenas contra a vítima para ser contra a própria coletividade, passando a ser um problema de toda a sociedade. Ao fim e ao cabo, a sociedade de nossos dias está em busca de uma melhor qualidade de vida, e o direito é instrumento poderoso para garantir essa aspiração maior das pessoas humanas."[74]

3) Carlos Roberto Gonçalves, em obra de 2012: "Os novos rumos da responsabilidade civil, no entanto, caminham no sentido de considerar objetiva a responsabilidade das empresas pelos danos causados aos empregados, com base na teoria do risco criado, cabendo a estes somente a prova do dano e do nexo causal."[75]

4) Sérgio Cavalieri Filho, em obra de 2022: "Nas últimas décadas vem-se acentuando, cada vez mais forte, um movimento no sentido da socialização dos riscos. Em face do *alarmante aumento de acidentes*, principalmente no trabalho e no trânsito, tornando, muitas vezes, irreparável o dano, não só pelo *montante da indenização*, mas, também, pela *falta de patrimônio da parte que o causou*, lança-se mão de técnicas de socialização do dano para o fim de ser garantida pelo menos uma indenização básica para qualquer tipo de acidente pessoal. É o que, em doutrina, se denomina de reparação coletiva, indenização autônoma ou social. A vítima do dano, e não mais o autor do ato ilícito, passa a ser o enfoque central da responsabilidade civil."[76]

5) Rui Stoco, em obra de 2013: "Nos últimos anos o Direito brasileiro evoluiu no sentido de desenvolver a teoria da guarda e da incolumidade e do risco da atividade. A pessoa ou bem que esteja sob a guarda de outrem tem direito ao resguardo da sua incolumidade. Assim ocorre com o transporte de pessoas e coisas, com os bens depositados em cofres de segurança ou instituições financeiras, com os veículos estacionados em

74. DIREITO, Carlos Alberto Menezes; CAVALIERI FILHO, Sérgio. *Comentários ao novo Código Civil*. 2. ed. Rio de Janeiro: Forense, 2007. v. XIII, p. 40.

75. GONÇALVES, Carlos Roberto. *Responsabilidade civil*. 14. ed. São Paulo: Saraiva, 2012. p. 420.

76. CAVALIERI FILHO, Sérgio. *Programa de responsabilidade civil*. 16. ed. São Paulo: Atlas, 2023. p. 230.

garagens e estacionamentos e, no plano pessoal, exemplifique-se, ainda, com o aluno entregue à guarda da escola (pública ou privada) e a criança acolhida em creches, sob a supervisão de terceiros, ou com os condenados e presos, sob a fiscalização e guarda do Poder Público. Em todas essas hipóteses impunha-se ou a responsabilidade objetiva ou a responsabilidade subjetiva mediante presunção de culpa, invertendo-se o ônus da prova. Resta aguardar eventual alteração legislativa ou a evolução do pensamento de nossos pretórios, através da jurisprudência. A valorização do trabalho e a proteção integral do trabalhador são os meios mais eficazes para a busca da paz social, do desenvolvimento econômico sustentado da nação e da erradicação da doença, da pobreza e da violência."[77]

6) Maria Helena Diniz, em obra de 2007: "A insuficiência da culpa para cobrir todos os prejuízos, por obrigar a perquirição do elemento subjetivo na ação, e a crescente tecnização dos tempos modernos, caracterizados pela introdução de máquinas, pela produção de bens em larga escala e pela circulação de pessoas por meio de veículos automotores, aumentando assim os perigos à vida e à saúde humana, levaram a uma reformulação da teoria da responsabilidade civil dentro de um processo de humanização. Este representa uma objetivação da responsabilidade, sob a ideia de que todo risco deve ser garantido, visando à proteção jurídica à pessoa humana, em particular aos trabalhadores e às vítimas de acidentes, contra a insegurança material, e todo dano deve ter um responsável. A noção de risco prescinde da prova da culpa do lesante, contentando-se com a simples causação externa, bastando a prova de que o evento decorreu do exercício da atividade, para que o prejuízo por ela criado seja indenizado. Baseia-se no princípio do *ubi emolumentum, ibi ius* (ou *ibi onus*), isto é, a pessoa que se aproveitar dos riscos ocasionados deverá arcar com as suas consequências."[78]

7) Gustavo Tepedino, em obra de 2001: "Com efeito, os *princípios da solidariedade social e da justiça distributiva*, capitulados no art. 3º, incisos I e III, da Constituição, segundo os quais se constituem em objetivos fundamentais da República a construção de uma sociedade livre, justa e solidária, bem como a erradicação da pobreza e da marginalização

---

77. STOCO, Rui. *Tratado de responsabilidade civil*. 9. ed. São Paulo: Revista dos Tribunais, 2013. Tomo I, p. 835-836.

78. DINIZ, Maria Helena. *Curso de direito civil brasileiro*: responsabilidade civil. 21. ed. São Paulo: Saraiva, 2007. v. 7, p. 12-13.

e a redução das desigualdades sociais e regionais, não podem deixar de moldar os novos contornos da responsabilidade civil. (...) Impõem, como linha de tendência, o caminho da intensificação dos critérios objetivos de reparação e do desenvolvimento de novos mecanismos de seguro social."[79]

8) Anderson Schreiber, em obra de 2013: "As dificuldades de demonstração da culpa, tomadas em sentido moral e psicológico, exacerbaram-se com o desenvolvimento industrial e tecnológico, ensejador de 'danos anônimos' cuja culposa imputação ao empreendedor exigia das vítimas uma verdadeira *probatio diabolica*. O resultado disso é que a imensa maioria dos danos permanecia irressarcida, fato que gerou a reação dos tribunais e da doutrina, que passaram a buscar na linguagem dos códigos, ou mesmo à revelia deles, presunções de culpa. Tais presunções, inicialmente relativas, foram se convertendo em presunções absolutas, irreversíveis, que acabaram por manter certos setores da atividade privada apenas nominalmente sob o manto da responsabilidade subjetiva. Paralelamente, desenvolveu-se a teoria do risco como novo fundamento da responsabilidade civil, dando ensejo à responsabilidade objetiva, adotada pelo legislador em hipóteses particulares. Foi somente em um momento posterior que a responsabilidade objetiva veio a ser incorporada como cláusula geral aplicável às atividades de risco, a exemplo do que se vê do art. 927, parágrafo único, do Código Civil Brasileiro. Com isto, a responsabilidade objetiva perdeu, a um só tempo, a conotação excepcional e o caráter *ex lege* que lhe vinham tradicionalmente atribuídos. Atualmente, um exame abrangente das diversas hipóteses de responsabilidades objetivas existentes em cada ordenamento jurídico revela, em muitos deles, o seu destacamento da própria noção de risco e a sua afirmação como simples responsabilidade independente de culpa."[80]

9) Sílvio Rodrigues, em obra de 2002: "Muito aplauso merece o legislador de 2002 pela inovação por ele consagrada. Em conclusão, poder-se-ia dizer que o preceito do novo Código representa um passo à frente na legislação sobre a responsabilidade civil, pois abre uma porta para ampliar os casos de responsabilidade civil, confiando ao prudente

79. TEPEDINO, Gustavo. *Temas de direito civil*. 2. ed. Rio de Janeiro: Renovar, 2001. p. 175-176.

80. SCHREIBER, Anderson. *Novos paradigmas da responsabilidade civil*: da erosão dos filtros da reparação à diluição dos danos. 5. ed. São Paulo: Atlas, 2013. p. 249-250.

arbítrio do Poder Judiciário o exame do caso concreto, para decidi-lo não só de acordo com o direito estrito, mas também, indiretamente, por equidade."[81]

10) Arnaldo Rizzardo, em obra de 2005: "Nas últimas décadas, tem adquirido importância a teoria do risco, que assenta a responsabilidade no mero fato de exercer uma atividade perigosa, ou de utilizar instrumentos de produção que oferecem risco pela sua manipulação ou seu controle. (...). Vai evoluindo e se impondo a responsabilidade objetiva, que se subdivide em teoria do risco e teoria do dano objetivo. Em consonância com a primeira, advindo dano na prática de atividade de risco, desencadeia-se o dever de reparar ou indenizar. Já pela segunda, o ressarcimento decorre automaticamente pela verificação do dano. O que se verifica é a tendência de dar proeminência ao instituto da reparação, que decorre do mero exercício de uma atividade de risco, ou do aparecimento de um dano. Entretanto, mantém-se a responsabilidade subjetiva, que se coloca ao lado da objetiva, naqueles desdobramentos."[82]

11) Maria Celina Bodin de Moraes, em obra de 2003: "Modernamente, contudo, buscou-se desvincular a ideia de injustiça da ideia de antijuridicidade, procurando critérios mais amplos que englobassem também 'interesses que são dignos da tutela jurídica e que, por isso, quando são lesionados, façam nascer ações indenizatórias' para reparar os prejuízos sofridos. (...) O dano será injusto quando, ainda que decorrente de conduta lícita, afetando aspectos fundamentais da dignidade humana, não for razoável, ponderando os interesses contrapostos, que a vítima dele permaneça irressarcida. (...). De fato, não parece razoável, na legalidade constitucional, estando a pessoa humana posta na cimeira do sistema jurídico, que a vítima suporte agressões, ainda que causadas sem intenção nem culpa, isto é, sem negligência, imperícia ou imprudência. O que impede que se proteja o autor do dano em detrimento da vítima, como se fazia outrora, ou, melhor, o que torna hoje preferível proteger a vítima em lugar do lesante, é justamente o entendimento (ou, talvez, o sentimento) da consciência de nossa coletividade de que a vítima sofreu injustamente; por isso, merece ser reparado."[83]

---

81. RODRIGUES, Sílvio. *Direito civil*: responsabilidade civil. 19. ed. São Paulo: Saraiva, 2002. v. 4, p.162.
82. RIZZARDO, Arnaldo. *Responsabilidade civil*. Rio de Janeiro: Forense, 2005. p. 34-35.
83. MORAES, Maria Celina Bodin de. *Danos à pessoa humana*: uma leitura civil-constitucional dos danos morais. Rio de Janeiro: Renovar, 2003. p. 178-180.

12) Patrícia Ribeiro Serra Vieira, em obra de 2005: "Inicia-se, neste momento, uma fase de transição no direito, incidindo em particular na responsabilidade civil, que passa a tender para a objetivação. A culpa já não responde mais às diversas e novas questões que vêm surgindo, sendo, então, necessário ampliar, pelo risco, o critério adotado quando da imputação de responsabilidade civil. (...) As orientações doutrinárias propagam a generalização da responsabilidade objetiva pela adoção, como regra, da possibilidade de se exigir a indenização de prejuízos causados por fatos dos quais o responsável não pode considerar-se autor no plano ético-jurídico, mas sim no plano ético-social. Um dos caminhos para essa generalização é considerar ilícito todo fato danoso, entendido como tal o descumprimento de um dever mesmo sem culpa, desde que origine prejuízos."[84]

13) Giselda Maria Fernandes Novaes Hironaka, em obra de 2005: "Os pensadores do Direito, jusfilósofos e jus-sociólogos, buscaram critérios de identificação para as novas ocorrências e exigências da vida dos homens, como se buscassem um padrão de fundamentação, ou uma tábua de pressupostos, ou, enfim, um denominador comum que fosse capaz de expressar, como fonte ou matriz do velho dever de indenizar o dano que alguém injustamente sofra. (...) Quem se decide por assumir um risco, arrisca-se — conforme indica a proposital formulação pleonástica — e deve saber-se responsável pelas perdas que sofrer, mas, especialmente, pelos danos que a outrem causar. (...) A regra, enfim, é a certeza de que as lesões evitáveis devem ser reparadas. Para tanto, as prescrições do legislador, transmudas em textos legislativos que predeterminam e presumem a ocorrência do dano, igualmente imputam, ao agente, o dever de repará-lo. Somente os danos absolutamente inevitáveis deixarão de ser reparados, exonerando-se o responsabilizado. (...) O evoluir jurisprudencial, então, cada vez mais, passa a registrar decisões que se expressam em termos de *presunção de responsabilidade* e não *presunção de culpa*."[85]

14) Cléber Lúcio de Almeida, em obra de 2003: "O novo Código Civil, que entrou em vigor em janeiro de 2003, ao tipificar o desenvolvimento de atividade perigosa como fato gerador da obrigação de reparar o dano causado a outrem, tem decisiva influência sobre a responsabilidade do

84. VIEIRA, Patrícia Ribeiro Serra. *A responsabilidade civil objetiva no direito de danos*. Rio de Janeiro: Forense, 2005. p. 158 e 162.

85. HIRONAKA, Giselda Maria F. Novaes. *Responsabilidade pressuposta*. Belo Horizonte: Del Rey, 2005. p. 347-351.

empregador pelos danos resultantes de acidentes de trabalho, na medida em que representa o definitivo abandono da culpa como fundamento único da obrigação de reparar o dano causado a outrem, colocando como primordial a realização do objetivo primeiro da responsabilidade civil, que é a reparação do dano."[86]

15) Cláudio Mascarenhas Brandão, em obra de 2006: "O trabalhador possui um direito de proteção à saúde, elevado ao patamar de norma constitucional com natureza jurídica de direito fundamental e que o empregador possui a responsabilidade objetiva pelos danos a ele causados, em virtude de acidentes do trabalho ocorridos no desenvolvimento de atividade de risco acentuado, o que representa a consagração, no plano interno, da tendência internacional de priorizar o homem como centro da proteção dos sistemas jurídicos, inserindo o Brasil, pelo menos no que tange ao modelo teórico, entre os países com regras avançadas referentes à reparação civil."[87]

16) José Affonso Dallegrave Neto, em obra de 2014: "No campo da reparação civil, é imperiosa a defesa do alargamento da responsabilidade civil da empresa independentemente de culpa, sobretudo em face da funcionalização de seu conceito legal: assunção dos riscos da atividade econômica (art. 2º, da CLT) e dos riscos e perigos da atividade normalmente desenvolvida (art. 927, parágrafo único, do CC). Na seara reparatória do contrato de trabalho, o norte há de ser o princípio constitucional da função social da empresa como expressão da propriedade (art. 170, III, da CF) e o princípio da dignidade da pessoa humana (art. 1º, III, da CF)."[88]

17) Ney Stany Morais Maranhão, em obra de 2010: "O fato, contundente, é que, nos últimos anos, também a responsabilidade civil tem se reconstruído à luz do princípio constitucional da dignidade da pessoa humana (art. 1º, inciso III). Seu formato, seus fundamentos, seus fatores de legitimação, tudo tem se inclinado no afã de se adaptar ao necessário predomínio dos valores existenciais em detrimento dos patrimoniais. E o mais perceptível reflexo desse fenômeno humanizante é a crescente objetivação da responsabilidade civil, que, movida por anseios éticos e de

---

86. ALMEIDA, Cléber Lúcio de. *Responsabilidade civil do empregador e acidente de trabalho.* Belo Horizonte: Del Rey, 2003. p. 77.

87. BRANDÃO, Cláudio. *Acidente do trabalho e responsabilidade civil do empregador.* 5. ed. Brasília, DF: Editora Venturoli, 2023. p. 33.

88. DALLEGRAVE NETO, José Affonso. *Responsabilidade civil no direito do trabalho.* 5. ed. São Paulo: LTr, 2014. p. 664.

justiça material, tendentes a não deixar irressarcidas as vítimas de danos injustos, operou o franco declínio científico do até então intocável fator *culpa* e a vertiginosa ascensão dogmática — não raro, a fórceps — do fator *risco*."[89]

18) Flávio Tartuce, em obra de 2017: "Atualmente, a responsabilidade civil encontra uma nova dimensão, surgindo novas teses desassociadas da discussão ou não da culpa. Vivemos um momento de transição quanto à própria concepção da responsabilidade civil. Isso foi muito bem captado por Giselda Maria Novaes Hironaka em sua tese de livre-docência, defendida na Faculdade de Direito da USP, em que sugeriu uma nova modalidade de responsabilização, a *responsabilidade pressuposta*. (...) Na percepção deste autor, a responsabilidade pressuposta pode ser resumida nas seguintes palavras: *deve-se buscar, em um primeiro plano, reparar a vítima, para depois verificar-se de quem foi a culpa, ou quem assumiu o risco*. Com isso, o dano assume o papel principal no estudo da responsabilidade civil, deixando de lado a culpa. Ademais, pela tese, *pressupõe-se* a responsabilidade do agente pela exposição de outras pessoas a situações de risco ou de perigo, diante de sua atividade (*mise en danger*)."[90]

19) Cristiano Farias, Felipe Peixoto e Nelson Rosenvald, em obra de 2018: "O mantra da teoria subjetiva sempre foi: '*onde há culpa, há reparação*'. Já a teoria objetiva diz: '*onde há lesão, há reparação*'. Descarta-se o elemento subjetivo da culpa pela objetiva constatação da ocorrência do evento e de sua relação de causalidade com o dano. O fato danoso, e não o fato doloso ou culposo, que desencadeia a responsabilidade. (...) O intérprete, hoje, que aborda a responsabilidade civil tem a feliz dificuldade de trabalhar num edifício em construção. Se não podemos, por um lado, desprezar a técnica jurídica apurada pelos séculos que nos precederam, tampouco podemos — por mera comodidade classificatória — nos agarrar ao passado, supondo que as inéditas relações sociais do século XXI caibam em velhas caixas conceituais."[91]

20) Cristiano Chaves de Farias, Nelson Rosenvald e Felipe Peixoto Braga Netto, em obra de 2022: "A responsabilidade legal necessita de uma

---

89. MARANHÃO, Ney Stany Morais. *Responsabilidade civil objetiva pelo risco da atividade*: uma perspectiva civil-constitucional. Rio de Janeiro: Forense; São Paulo: Método, 2010. p. 292-293.
90. TARTUCE, Flávio. *Direito Civil, v. 2* — Direito das obrigações e responsabilidade civil. 12. ed. Rio de Janeiro: Forense; São Paulo: Método, 2017. p. 309-310.
91. Cf. FARIAS, Cristiano Chaves; BRAGA NETO, Felipe Peixoto; ROSENVALD, Nelson. *Novo tratado de responsabilidade civil*. 3. ed. São Paulo: Saraiva, 2018. p. 605 e 690.

justificativa moral. Principalmente em virtude dos desafios científicos e técnicos da contemporaneidade, exige-se um horizonte hermenêutico mais amplo para o conceito de responsabilidade. Por muito tempo esta responsabilidade moral se forjou na obrigação de reparar danos decorrentes de culpa. Mas aquele era o mundo das relações interindividuais. Atualmente, no amplo campo dos conflitos sociais e danos anônimos, atemporais e globais, o agente moral deliberará pela prevenção, como forma ética e virtuosa de comportamento. Este é um caminho seguro para uma ordem jurídica que se queira justa. A rigor, despedimo-nos do paradigma clássico da responsabilidade civil: patrimonial, subjetiva e individual. O direito de danos não é mais um instrumento obrigacional de recomposição de danos econômicos, pois precipuamente pretende afirmar a tutela existencial da pessoa humana; a exigência de um ilícito culposo imputado ao agente é apenas uma das facetas deste cambiante modelo jurídico, diante da notável eticidade e solidariedade de uma cláusula geral de obrigação objetiva de indenizar."[92]

21. Felipe Braga Netto, em obra de 2022: "Princípio da proteção prioritária à vítima do dano – Trata-se de princípio importantíssimo, fundamental mesmo, no estágio atual da responsabilidade civil. Boa parte dos problemas ou encruzilhadas que a responsabilidade civil enfrenta, em nossos dias, exige que o intérprete convide para o diálogo o princípio da proteção (ou preocupação) prioritária com a vítima dos danos. É preciso lembrar sempre disso, é preciso saber que esse é o norte que nos orienta. (...) A maior proteção à vítima vem conjugada com o processo histórico normativo que torna a responsabilidade civil progressivamente objetiva. Isto é, os suportes fáticos das normas que determinam a indenizabilidade dos danos exigem, cada vez menos, a presença da culpa. Indeniza-se, mesmo sem culpa. É assim, por exemplo, em regra, na responsabilidade civil do Estado e na responsabilidade civil no direito do consumidor, ambiental etc. Amplia-se, fortemente, os espaços do dano injusto indenizável. Há danos individuais e danos coletivos, danos atuais e danos futuros. Indeniza-se até, hoje, a perda da chance. Lida-se não mais com a certeza do dano clássico, mas com a probabilidade, como adiante veremos. A responsabilidade civil atual, portanto, orienta-se por uma maior preocupação com a vítima do dano e também por uma maior atenção ao bem jurídico tutelado"[93].

---

92. FARIAS, Cristiano Chaves; BRAGA NETO, Felipe Peixoto; ROSENVALD, Nelson. *Curso de direito civil:* responsabilidade civil 9. ed. Salvador: JusPodivm, 2022. v. 3. p. 591.

93. NETTO, Felipe Braga. *Novo manual de responsabilidade civil.* 3. ed. São Paulo: Juspodivm, 2022. p. 108-110.

Por tudo que foi exposto e considerando o centro de gravidade das lições dos doutrinadores mencionados, é possível concluir que a implementação efetiva da teoria do risco ou da responsabilidade civil objetiva, na questão do acidente do trabalho, é mera questão de tempo.

Pode-se argumentar, e com razão, que o pagamento da indenização representará um custo elevado para o empregador, sendo que, em alguns casos, poderá até inviabilizar o prosseguimento da sua atividade. Uma das conclusões da tese de doutorado de Anderson Schreiber bem sintetiza essa preocupação:

> O problema da responsabilidade civil contemporânea não é, a rigor, a expansão do dano ressarcível, mas a atribuição do ônus inevitável desta expansão a um único indivíduo em cada caso particular. Inspirada na solidariedade social, a jurisprudência tem, por toda parte, se recusado a deixar as vítimas dos danos sem reparação. As cortes flexibilizam, deste modo, a configuração dos pressupostos da responsabilização, no solidário reconhecimento de que, de alguma forma, por vivermos em sociedade, todos somos culpados por todos os danos e todos somos causadores de todos os danos. Este itinerário, todavia, se conclui, atualmente, com o lançamento do dever de indenizar sobre um único agente, despertando sentimentos de injustiça e suscitando perplexidade quanto ao papel da responsabilidade civil. Mais: parece evidente que, seja diante da crise de legitimidade deste modo de atuação, seja pela possível insuficiência patrimonial do réu, a própria reparação da vítima fica comprometida com o resultado individualista da ação de responsabilização. É inegável que, se solidarizamos os pressupostos da reparação, também o dever de reparar deve ser solidarizado.[94]

É mesmo provável que a técnica da socialização dos riscos, por intermédio do mecanismo inteligente do seguro de responsabilidade civil, contratado obrigatoriamente por todos que exploram alguma atividade, venha a ser o ponto de equilíbrio para acomodar os diversos interesses, sem ônus excessivos para ninguém. Como enfatizou a rainha Elizabeth I, há mais de três séculos: "Com o seguro, o dano é um fardo que pesa levemente sobre um grande número de pessoas, em vez de insuportavelmente sobre um pequeno número."[95]

Para finalizar este capítulo, podemos esboçar uma síntese dos prováveis rumos da responsabilidade civil, apontando dez tendências mais evidentes:

---

94. SCHREIBER, Anderson. *Novos paradigmas da responsabilidade civil*: da erosão dos filtros da reparação à diluição dos danos. 5. ed. São Paulo: Atlas, 2013. p. 255-256.

95. *Apud* CAVALIERI FILHO, Sérgio. *Programa de responsabilidade civil*. 16. ed. São Paulo: Atlas, 2023. p. 522.

VISÃO TRADICIONAL DA RC	***TENDÊNCIAS ATUAIS DA RC***
1. O caso é apreciado no enfoque do dano causado pelo réu	*O caso é apreciado no enfoque do dano sofrido pela vítima*
2. O réu indeniza pela ilicitude ou antijuridicidade do seu ato	*O réu indeniza pelo dano injusto, mesmo quando decorrente de atividade lícita*
3. O réu indeniza porque agiu com negligência, imperícia ou imprudência	*O réu indeniza porque criou a oportunidade ou a ocasião para o advento do dano*
4. Punição do culpado: sanção	*Amparo da vítima: proteção*
5. Culpa psicológica	*Culpa normativa*
6. Não provada a culpa, a vítima suporta o custo do dano e, implicitamente, o próprio risco da atividade	*O risco da atividade é sempre de quem dela tira proveito, que deve indenizar mesmo quando não provada a sua culpa*
7. Princípio da reparação integral	*Princípio da solidariedade com a vítima*
8. Juízo de reciprocidade: compensatório	*Juízo de proporcionalidade: equitativo*
9. Responsabilidade subjetiva	*Responsabilidade objetiva*
10. Responsabilidade civil	*Direito dos danos*

6

NEXO CAUSAL NO ACIDENTE DO TRABALHO

6.1. CAUSALIDADE COMO PRESSUPOSTO DA INDENIZAÇÃO

Na teoria clássica da responsabilidade civil, para que o lesado tenha direito à indenização, alguns pressupostos são imprescindíveis: o dano injusto, o nexo causal e a culpa do causador do dano. Neste capítulo vamos analisar o pressuposto do nexo causal, também denominado liame de causalidade.

A exigência do nexo causal como requisito para obter a indenização encontra-se expressa no art. 186 do Código Civil, quando menciona "aquele que (...) *causar* dano a outrem". Pode até ocorrer o deferimento da indenização sem que haja culpa, como previsto no art. 927, parágrafo único, do Código Civil, mas é incabível o ressarcimento quando não ficar comprovado o nexo que vincula o dano ao seu indigitado causador.

A necessidade de estabelecer o liame causal como requisito para deferimento da indenização funda-se na conclusão lógica de que ninguém deve responder por dano a que não tenha dado causa. "Se houve o dano, mas sua causa não está relacionada com o comportamento do lesante, inexiste relação de causalidade e a obrigação de indenizar."[1] Aliás, de forma semelhante prevê o Código Penal no art. 13, *caput*: "O resultado, de que depende a existência do crime, somente é imputável a quem lhe deu causa. Considera-se causa a ação ou omissão sem a qual o resultado não teria ocorrido."

Assevera o professor Sérgio Cavalieri Filho que "a relação causal estabelece o vínculo entre um determinado comportamento e um evento, permitindo concluir, com base nas leis naturais, se a ação ou omissão do agente foi ou

---

1. GONÇALVES, Carlos Roberto. *Comentários ao Código Civil*. São Paulo: Saraiva, 2003. v. 11, p. 318.

não a causa do dano; determina se o resultado surge como consequência natural da voluntária conduta do agente. (...) É um conceito jurídico-normativo através do qual poderemos concluir quem foi o causador do dano."[2]

No mesmo sentido pontua Gisela Sampaio: "Para que se configure a obrigação de indenizar, não basta que o agente haja procedido contra o Direito, nem que tenha criado um risco, tampouco que a vítima sofra um dano; é preciso que se verifique a existência de uma relação de causalidade a ligar a conduta do agente, ou sua atividade, ao dano injustamente sofrido pela vítima."[3] A doutrina especializada da responsabilidade civil, além do nexo causal, aponta também a figura próxima do nexo de imputação. Com efeito, após identificar o liame que atrela o evento ao dano (nexo causal), busca-se o responsável a quem deve ser atribuída a reparação do prejuízo (nexo de imputação). Na lição do mestre Fernando Noronha, "o nexo de imputação é o fundamento, ou a razão de ser da atribuição da responsabilidade a uma determinada pessoa, pelos danos ocasionados ao patrimônio ou à pessoa de outra, em consequência de um determinado fato antijurídico."[4] Para o juiz do trabalho Alessandro Silva, a diferença entre nexo de causalidade e nexo de imputação reside na constatação de que o primeiro se ocupa da relação de causa e efeito entre a conduta/atividade e o dano, enquanto o segundo fundamenta a atribuição do dano ao patrimônio do responsável[5].

Para o tema deste livro, o nexo causal é o vínculo que se estabelece entre a execução do serviço (causa) e o acidente do trabalho ou doença ocupacional (efeito). Pode-se afirmar que esse pressuposto é o primeiro que deve ser investigado, visto que, se o acidente ou a doença não estiverem relacionados ao trabalho, é desnecessário, por óbvio, analisar a extensão dos danos, a incapacidade produzida ou a culpa patronal.

Assim, uma vez constatado que o empregado foi vítima de algum acidente ou alguma doença, cabe verificar em seguida o pressuposto do nexo causal, isto é, se há uma relação de causa e efeito ou liame de causalidade entre tal evento e a execução do contrato de trabalho. Se o vínculo causal for identificado, então estaremos diante de um acidente do trabalho conforme previsto na legislação; no entanto, se não for constatado, torna-se inviável deferir qualquer indenização. Nesse sentido, o art. 19 da Lei n. 8.213/1991

---

2. CAVALIERI FILHO, Sérgio. *Programa de responsabilidade civil*. 16. ed. São Paulo: Atlas, 2023. p. 60.
3. CRUZ, Gisela Sampaio da. *O problema do nexo causal na responsabilidade civil*. Rio de Janeiro: Renovar, 2005. p. 4.
4. NORONHA, Fernando. *Direito das obrigações*. São Paulo: Saraiva, 2003. p. 472.
5. SILVA, Alessandro. A responsabilidade do empregador por danos decorrentes de acidente do trabalho: o que há de constitucional? *Revista LTr*, São Paulo, v. 81, n. 8, p. 989, ago. 2017.

menciona que "acidente do trabalho é o que ocorre pelo exercício do trabalho a serviço da empresa ou do empregador doméstico."

Como visto, nem todo acidente ou toda doença que acomete o empregado tem relação com o cumprimento do contrato de trabalho, pelo que, muitas vezes, não se consegue constatar o nexo causal para fundamentar o pedido de indenização em face do empregador.

Diversas correntes doutrinárias buscam fundamentos lógicos para explicar a essência da causalidade na responsabilidade civil, mas nenhuma delas conseguiu ainda consenso definitivo. Como anota Sérgio Cavalieri, "nenhuma teoria nos oferece soluções prontas e acabadas para todos os problemas envolvendo nexo causal. Como teorias, apenas nos dão um roteiro mental a seguir, o raciocínio lógico a ser desenvolvido na busca da melhor solução. Sempre sobrará espaço para a criatividade do julgador atento aos princípios da probabilidade, da razoabilidade, do bom senso e da equidade."[6]

Para a teoria da *equivalência das condições*, também chamada *equivalência dos antecedentes*, todas as condições e causas devem ser consideradas necessárias para produzir o dano. É a teoria mais elástica e também a mais favorável à vítima porque atribui o mesmo valor e a mesma relevância às várias condições ou causas que concorreram para o resultado danoso. Essa teoria é aplicável para o enquadramento do nexo causal no seguro acidentário, conforme previsto na Lei n. 8.213/1991; contudo, há muito não tem acolhimento na seara da responsabilidade civil porque enseja regressões diversas a antecedentes remotos do dano e não separa causas e condições.

Não são todas as condições antecedentes que podem ser classificadas como causas determinantes do dano, como ensina com lucidez o jurista Fernando Noronha:

> As teorias da causalidade procuram saber, dentre todos os fatores sem os quais um determinado dano não teria ocorrido, quais devem ser selecionados como dele determinantes. Os fatores determinantes serão causas, os demais serão meras condições. Condições, assim, são todos os fatores que estão na origem de um dano, são todos os elementos sem os quais ele não teria sido produzido, são todas as circunstâncias de que não se pode abstrair, sem mudar o resultado danoso. Causas do dano são apenas aquelas condições consideradas como efetivamente determinantes do resultado.[7]

Nos antecedentes de qualquer dano, há fatores condicionais e fatores causais, sendo estes últimos os determinantes do resultado. Para depurar aqueles

---

6. CAVALIERI FILHO, Sérgio. *Programa de responsabilidade civil*. 16. ed. São Paulo: Atlas, 2023. p. 61.
7. NORONHA, Fernando. *Direito das Obrigações*, v. 1. São Paulo: Saraiva, 2003. p. 588.

fatores condicionais que podem ser enquadrados como fatores causais determinantes dos danos, várias teorias foram desenvolvidas, tais como: a teoria da causa próxima, da causalidade eficiente, da causalidade adequada e do dano direto e imediato. No Brasil, predomina na doutrina e na jurisprudência dos tribunais superiores o acolhimento da teoria da causalidade adequada, bem como a do dano direto e imediato, sendo que esta última foi positivada no art. 403 do Código Civil[8].

Segundo a teoria da causalidade adequada é preciso identificar dentre as condições qual ou quais delas estavam mais aptas a produzir o dano. As outras condições são meras circunstâncias não causais. Já o art. 403 do Código Civil restringe a indenização aos danos diretos e imediatos, ou seja, busca-se entre as condições aquela que representa a causa direta e imediata do dano[9].

Em que pese a importância doutrinária das teorias do nexo causal ou concausal, não há fórmula infalível que se aplique a todas as situações, mormente em tema tão singular e complexo, como é o caso das indenizações por acidentes do trabalho ou doenças ocupacionais. São apenas técnicas auxiliares sedimentadas pela doutrina, que indicam possíveis roteiros de solução das controvérsias quanto ao nexo causal. A realidade, contudo, é muito mais rica e diversificada do que qualquer esquema classificatório, e cada caso tem especificidades que somente a argúcia do julgador será capaz de perceber e encontrar o caminho mais justo para dirimir a controvérsia. A propósito, cabe citar o ensinamento de Humberto Theodoro Júnior:

> O problema da causalidade ultrapassa o terreno do direito e transita por vários planos como o da lógica e o das ciências naturais. Por mais que

---

8. Código Civil. "Art. 403. Ainda que a inexecução resulte de dolo do devedor, as perdas e danos só incluem os prejuízos e os lucros cessantes por efeito dela direto e imediato, sem prejuízo do disposto na lei processual."

9. "Em nosso sistema jurídico, como resulta do disposto no art. 1.060, CC, a teoria adotada quanto ao nexo de causalidade é a teoria do dano direto e imediato, também denominada teoria da interrupção do nexo causal. Não obstante aquele dispositivo da codificação civil diga respeito à impropriamente denominada responsabilidade contratual, aplica-se ele também à responsabilidade extracontratual, inclusive a objetiva, até por ser aquela que, sem quaisquer considerações de ordem subjetiva, afasta os inconvenientes das outras duas teorias existentes: a da equivalência das condições e a da causalidade adequada." STF. 1ª Turma. RE n. 130.764-1, Rel.: Ministro Moreira Alves, *DJ* 12 maio 1992.

   "*Responsabilidade civil. Nexo de causalidade. Concorrência de culpas.* (...) 3. Na aferição do nexo de causalidade, a doutrina majoritária de Direito Civil adota a teoria da causalidade adequada ou do dano direto e imediato, de maneira que somente se considera existente o nexo causal quando o dano é efeito necessário e adequado de uma causa (ação ou omissão). Essa teoria foi acolhida pelo Código Civil de 1916 (art. 1.060) e pelo Código Civil de 2002 (art. 403)". STJ. 4ª Turma. REsp. n. 1307032/PR, Rel.: Ministro Raul Araújo, *DJe* 1º ago. 2013.

se tente em doutrina equacionar-se uma regra para a generalidade dos casos de ato ilícito civil, as soluções são sempre incompletas e servem apenas de um roteiro, cuja observância dependerá sempre de uma integração a cargo do juiz, que haverá de valer-se da prudência e da lógica do razoável, à luz dos detalhes do caso concreto.[10]

Oportuno mencionar, também, a opinião de Ludwig Enneccerus, quando analisa as dificuldades na identificação do nexo causal e aponta a solução casuística indicada pela Lei Processual Civil da Alemanha (LPC): "A difícil questão de saber até onde vai o nexo causal não se pode resolver nunca, de uma maneira plenamente satisfatória, mediante regras abstratas, mas em casos de dúvida o juiz há de resolver segundo sua livre convicção, ponderando todas as circunstâncias, segundo lhe faculta o § 287 da LPC."[11]

6.2. ENFOQUE ACIDENTÁRIO E DA RESPONSABILIDADE CIVIL

O nexo de causalidade do acidente com o exercício do trabalho é pressuposto indispensável tanto para a concessão dos benefícios da lei do seguro acidentário quanto para a condenação do empregador por responsabilidade civil.

Historicamente, a discussão do nexo causal nos acidentes do trabalho sempre esteve atrelada ao ramo da Infortunística, uma vez que a reparação civil, independentemente dos direitos acidentários, só ficou mesmo consagrada a partir da Constituição da República de 1988, conforme disposto no art. 7º, XXVIII. Mas a análise do nexo causal no âmbito da responsabilidade civil deve ser feita com alguns ajustes ou adaptações, porquanto os princípios que norteiam o seguro social do acidente do trabalho são mais alargados em comparação com aqueles que orientam as reparações dos prejuízos no enfoque do Direito Privado. Da mesma forma, a análise do nexo causal feita no Direito Penal recebe adaptações quando o fato é apreciado na óptica do Direito Civil.

A lei acidentária caracteriza o nexo causal do acidente com o trabalho em três modalidades: causalidade direta, concausalidade e causalidade indireta.

Na causalidade direta, o nexo fica caracterizado quando o acidente ocorre "*pelo exercício do trabalho a serviço da empresa ou do empregador doméstico.*"

---

10. THEODORO JÚNIOR, Humberto. *Comentários ao novo Código Civil*. Rio de Janeiro: Forense, 2003. v. III, t. 2, p. 94.

11. *Apud* ALVIM, Agostinho. *Da inexecução das obrigações e suas consequências*. 4. ed. São Paulo: Saraiva, 1972. p. 371.

Observa-se uma vinculação imediata entre a execução das tarefas e o acidente ou a doença que afetou o empregado. O acidente típico e a doença ocupacional estão enquadrados nessa modalidade de nexo causal[12].

Nas hipóteses das concausas, o acidente continua ligado ao trabalho, mas ocorre por múltiplos fatores, conjugando causas relacionadas ao trabalho com outras, extralaborais. O empregado, por exemplo, pode atuar como caixa bancário exposto a movimentos repetitivos e fazer serviços autônomos de digitação em casa, aumentando a possibilidade de adoecimento; pode trabalhar em local ruidoso e participar de uma banda de *rock*, exposto a som excessivamente alto. Para constatação do nexo concausal, basta que o trabalho tenha contribuído diretamente para o acidente ou a doença[13].

Na causalidade indireta, o fato gerador do acidente não está ligado à execução do serviço num sentido estrito, mas, para oferecer maior proteção ao empregado, a lei acidentária estendeu a cobertura do seguro aos infortúnios que só têm ligação de forma oblíqua com o contrato de trabalho. Podem ser enquadrados na causalidade indireta a agressão praticada por terceiros contra o empregado no local de trabalho; os acidentes decorrentes de desabamento, incêndio, casos fortuitos ou de força maior; os acidentes de trajeto, no deslocamento da residência para o trabalho ou deste para aquela etc.[14]

---

12. Lei n. 8.213, de 24 jul.1991: "Art. 19. Acidente do trabalho é o que ocorre pelo exercício do trabalho a serviço de empresa ou de empregador doméstico ou pelo exercício do trabalho dos segurados referidos no inciso VII do art. 11 desta Lei, provocando lesão corporal ou perturbação funcional que cause a morte ou a perda ou redução, permanente ou temporária, da capacidade para o trabalho." (...) "Art. 20. Consideram-se acidente do trabalho, nos termos do artigo anterior, as seguintes entidades mórbidas: I — doença profissional, assim entendida a produzida ou desencadeada pelo exercício do trabalho peculiar a determinada atividade e constante da respectiva relação elaborada pelo Ministério do Trabalho e da Previdência Social; II — doença do trabalho, assim entendida a adquirida ou desencadeada em função de condições especiais em que o trabalho é realizado e com ele se relacione diretamente, constante da relação mencionada no inciso I."

13. Lei n. 8.213, de 24 jul. 1991: "Art. 21. Equiparam-se também ao acidente do trabalho, para efeitos desta Lei: I — o acidente ligado ao trabalho que, embora não tenha sido a causa única, haja contribuído diretamente para a morte do segurado, para redução ou perda da sua capacidade para o trabalho, ou produzido lesão que exija atenção médica para a sua recuperação."

14. Lei n. 8.213, de 24 jul. 1991: "Art. 21. Equiparam-se também ao acidente do trabalho, para efeitos desta Lei: (...) II — o acidente sofrido pelo segurado no local e no horário do trabalho, em consequência de:

    a) ato de agressão, sabotagem ou terrorismo praticado por terceiro ou companheiro de trabalho;

    b) ofensa física intencional, inclusive de terceiro, por motivo de disputa relacionada ao trabalho;

    c) ato de imprudência, de negligência ou de imperícia de terceiro ou de companheiro de trabalho;

    d) ato de pessoa privada do uso da razão;

    e) desabamento, inundação, incêndio e outros casos fortuitos ou decorrentes de força maior; (...)

    IV — o acidente sofrido pelo segurado, ainda que fora do local e horário de trabalho:

Pode-se concluir, portanto, que a lei concedeu uma amplitude maior ao nexo causal para os efeitos do seguro acidentário, incluindo situações não relacionadas diretamente ao exercício do trabalho. Desse modo, algumas hipóteses de eventos cobertos pelo seguro acidentário, no âmbito da responsabilidade civil, são enquadradas como excludentes do nexo causal ou da indenização, como são os acidentes ocorridos por motivo de força maior, caso fortuito, bem como aqueles provocados pela própria vítima ou por terceiros.

Essa diversidade de tratamento do nexo causal decorre da diferença do bem jurídico protegido ou do interesse tutelado: de um lado os benefícios da infortunística e de outra parte as reparações da responsabilidade civil. O seguro acidentário tem um caráter marcadamente social com apoio na teoria da responsabilidade objetiva na modalidade de risco integral[15]. Se a sociedade como um todo é beneficiária do progresso e do trabalho dos empregados, também deve ampará-los por ocasião dos infortúnios, socializando os riscos. Basta que o acidente tenha alguma vinculação com o trabalho, mesmo que indireta, para que haja o nexo causal e a cobertura dos benefícios securitários. Argumenta Odonel Gonçales que, "dentro da filosofia de dar proteção ao trabalhador vítima de acidente do trabalho, o legislador amplia essa proteção a outras situações que não têm vinculação direta com a atividade desenvolvida pelo obreiro."[16]

Por outro lado, no âmbito da responsabilidade civil só haverá obrigação de indenizar se houver nexo causal ou concausal ligando o acidente ou a doença com o exercício do trabalho a serviço da empresa ou do empregador

---

a) na execução de ordem ou na realização de serviço sob a autoridade da empresa;

b) na prestação espontânea de qualquer serviço à empresa para lhe evitar prejuízo ou proporcionar proveito;

c) em viagem a serviço da empresa, inclusive para estudo, quando financiada por esta dentro de seus planos para melhor capacitação da mão de obra, independentemente do meio de locomoção utilizado, inclusive veículo de propriedade do segurado;

d) no percurso da residência para o local de trabalho ou deste para aquela, qualquer que seja o meio de locomoção, inclusive veículo de propriedade do segurado.

§ 1º Nos períodos destinados a refeição ou descanso, ou por ocasião da satisfação de outras necessidades fisiológicas, no local do trabalho ou durante este, o empregado é considerado no exercício do trabalho."

15. Só não fica caracterizado como acidente do trabalho quando o evento for provocado dolosamente pelo próprio empregado, porque aquele que "lesa o próprio corpo ou a saúde, ou agrava as consequências da lesão ou doença, com o intuito de haver indenização ou valor de seguro", comete crime de estelionato, conforme previsto no art. 171, § 2º, do Código Penal. E naturalmente qualquer comportamento tipificado como crime não pode gerar benefício para o seu autor, ou como diz a antiga parêmia: ninguém pode beneficiar-se da própria torpeza.

16. GONÇALES, Odonel Urbano. *Manual de direito previdenciário*. 10. ed. São Paulo: Atlas, 2002. p. 194.

doméstico e se estiverem presentes os demais pressupostos da indenização. As hipóteses de causalidade indireta admitidas na cobertura acidentária não caracterizam o nexo causal para fins de reparação civil. Assim, os requisitos para fins indenizatórios deverão ser analisados conjugando-se a legislação da infortunística com os postulados da reparação dos danos, conforme sedimentado no Direito Civil, seja pela prática de algum ato ilícito por parte do empregador ou de seus prepostos, seja pelo exercício da atividade de risco ou do dano injusto, de acordo com a teoria que for adotada.

No campo da infortunística, a cobertura tem nítido caráter social; na esfera da responsabilidade civil, o interesse protegido é individual e privado. Pelo seguro acidentário, a sociedade, por intermédio da autarquia previdenciária, ampara a vítima ou seus dependentes, concedendo-lhes prestações alimentares para garantir a sobrevivência digna; na responsabilidade civil, o lesante deve reparar o prejuízo total, apoiado no princípio da *restitutio in integrum*. A prestação securitária estará sempre garantida pelo órgão estatal; os valores da indenização civil somente serão quitados se o lesante tiver condições financeiras de suportar os pagamentos.

Ultimamente, no entanto, tem-se observado uma tendência de flexibilização dos pressupostos da responsabilidade civil, com o propósito de aumentar a proteção das vítimas dos danos injustos. Em cuidadosa dissertação de mestrado, anotou na parte conclusiva a professora carioca Gisela Sampaio:

> Nos últimos tempos, acompanhando as transformações da responsabilidade civil, o conceito de nexo causal foi flexibilizado, com vistas a permitir a efetivação do princípio da reparação integral. Não é mais possível em alguns casos, à luz dos princípios constitucionais, exigir da vítima a prova cabal e absoluta da relação de causalidade. Dessa forma, apesar de o nexo causal ser, tal qual o dano, um dos elementos da responsabilidade civil, exige-se, com fundamento na nova ordem constitucional, que a prova da relação de causalidade seja flexibilizada em certas situações.[17]

---

17. CRUZ, Gisela Sampaio da. *O problema do nexo causal na responsabilidade civil*. Rio de Janeiro: Renovar, 2005. p. 347. Na apresentação da referida obra, anota o civilista *Gustavo Tepedino*: "Diante da inquietante proliferação dos fatores de risco, que se constituem em potenciais causadores de danos no conturbado cenário da sociedade industrial e tecnológica, afigura-se o nexo causal como o maior problema da responsabilidade civil contemporânea. (...) De fato, fala-se hoje, com certa frequência, de causalidade presumida, causalidade alternativa, causalidade flexível, causalidade elástica e outras tantas teorias que se voltam à proteção da vítima. A responsabilidade civil encontra-se, neste momento, diante de verdadeira escolha de Sofia no que diz respeito ao nexo causal: se, por um lado, não se pode desconsiderar o nexo causal como elemento da responsabilidade civil, por outro, exige-se, com fundamento na nova ordem constitucional, uma maior proteção da vítima do dano injusto."

Assim, é possível que em pouco tempo os pressupostos da responsabilidade civil sejam também flexibilizados nas hipóteses de acidente do trabalho, em razão da sua natureza e das sérias repercussões dos danos sofridos para a vítima, para a família e toda a sociedade.

A propósito, foi nesse sentido de facilitar o reconhecimento do nexo causal que a Lei n. 11.430/2006 introduziu o art. 21-A na Lei n. 8.213/1991, com o seguinte teor:

> Art. 21-A. A perícia médica do Instituto Nacional do Seguro Social (INSS) considerará caracterizada a natureza acidentária da incapacidade quando constatar ocorrência de nexo técnico epidemiológico entre o trabalho e o agravo, decorrente da relação entre a atividade da empresa ou do empregado doméstico e a entidade mórbida motivadora da incapacidade elencada na Classificação Internacional de Doenças (CID), em conformidade com o que dispuser o regulamento.
>
> § 1º A perícia médica do INSS deixará de aplicar o disposto neste artigo quando demonstrada a inexistência do nexo de que trata o *caput* deste artigo.
>
> § 2º A empresa ou o empregador doméstico poderão requerer a não aplicação do nexo técnico epidemiológico, de cuja decisão caberá recurso, com efeito suspensivo, da empresa, do empregador doméstico ou do segurado ao Conselho de Recursos da Previdência Social.[18]

Essa inovação legal reforça sobremaneira a técnica da inversão do ônus da prova em favor do acidentado, pois incorpora a figura do nexo causal epidemiológico, ou seja, de acordo com os dados estatísticos das doenças ocupacionais em determinada empresa, catalogados pela Previdência Social a partir dos benefícios efetivamente concedidos, ocorrerá a presunção de que o adoecimento foi causado pelo exercício do trabalho. Para o secretário da Previdência Social Helmut Schwarzer, o nexo epidemiológico é uma metodologia que serve para identificar se existe correlação entre determinado setor de atividade econômica e determinadas doenças, de acordo com levantamentos realizados durante vários anos em diversas bases de dados com registros de pagamentos de benefícios[19].

---

18. A redação proposta pela Medida Provisória n. 316, de 11 de agosto de 2006, era mais incisiva quanto à inversão do ônus da prova em favor do acidentado. Vejam o texto original: "Art.21-A. Presume-se caracterizada incapacidade acidentária quando estabelecido o nexo técnico epidemiológico entre o trabalho e o agravo, decorrente da relação entre a atividade da empresa e a entidade mórbida motivadora da incapacidade, em conformidade com o que dispuser o regulamento." Todavia, diante da forte reação empresarial e da polêmica instaurada (foram apresentadas 33 emendas), a bancada governista, quando da votação na Câmara dos Deputados do Projeto de Lei de Conversão, negociou um texto intermediário que resultou na redação da Lei n. 11.430/2006, ou seja, consagrou o nexo causal epidemiológico, mas com algumas atenuantes.
19. Cf. *Revista Proteção*, Novo Hamburgo, Ano XX, n. 185, p. 34, maio 2007.

É oportuno transcrever um trecho da exposição de motivos da Medida Provisória n. 316/2006, que foi convertida na Lei acima mencionada, na parte que justifica a instituição do nexo técnico epidemiológico:

> 7. Diante do descumprimento sistemático das regras que determinam a emissão da CAT, e da dificuldade de fiscalização por se tratar de fato individualizado, os trabalhadores acabam prejudicados nos seus direitos, em face da incorreta caracterização de seu benefício. Necessário, pois, que a Previdência Social adote um novo mecanismo que segregue os benefícios acidentários dos comuns, de forma a neutralizar os efeitos da sonegação da CAT.
>
> 8. Para atender a tal mister, e por se tratar de presunção, matéria regulada por lei e não por meio de regulamento, está-se presumindo o estabelecimento do nexo entre o trabalho e o agravo, e consequentemente o evento será considerado como acidentário, sempre que se verificar nexo técnico epidemiológico entre o ramo de atividade da empresa e a entidade mórbida relacionada na CID motivadora da incapacidade.
>
> 9. Essa metodologia está embasada na CID, que se encontra atualmente na 10ª Revisão. Em cada processo de solicitação de benefício por incapacidade junto à Previdência Social, consta obrigatoriamente o registro do diagnóstico (CID-10) identificador do problema de saúde que motivou a solicitação. Esse dado, que é exigido para a concessão de benefício por incapacidade laborativa, independentemente de sua natureza acidentária ou previdenciária, e cujo registro é de responsabilidade do médico que prestou o atendimento ao segurado, estabelece a relação intrínseca entre a incapacidade laboral e a entidade mórbida que a provocou.
>
> 10. Assim, denomina-se Nexo Técnico Epidemiológico a relação entre Classificação Nacional de Atividades Econômicas — CNAE e o agrupamento CID-10. É, na verdade, uma medida de associação estatística, que serve como um dos requisitos de causalidade entre um fator (nesse caso, pertencer a um determinado CNAE-classe) e um desfecho de saúde, mediante um agrupamento CID, como diagnóstico clínico. Por meio desse nexo, chega-se à conclusão de que pertencer a um determinado segmento econômico (CNAE-classe) constitui fator de risco para o trabalhador apresentar uma determinada patologia (agrupamento CID-10).[20]

Como se viu acima, a Previdência Social deverá reconhecer o afastamento de natureza acidentária (e não só previdenciária) sempre que se verificar a ocorrência do nexo técnico epidemiológico, entre o ramo de atividade econômica da empresa ou do empregador doméstico e a entidade mórbida motivadora da incapacidade[21]. Aliás, se for constatado o nexo epidemiológico, a perícia médica do INSS somente poderá deixar de reconhecer a natureza

---

20. Disponível em: <www.planalto.gov.br>.

21. O detalhamento quanto ao método de apuração do Nexo Técnico Epidemiológico foi feito pelo Decreto regulamentar n. 6.042/2007, com os acréscimos dos Decretos ns. 6.957/2009, 7.126/2010 e 10.410/2020. Conferir também a Instrução Normativa INSS/PRES n. 128 de 28 mar. 2022.

acidentária do benefício quando dispuser de informações ou elementos circunstanciados e contemporâneos ao exercício da atividade que evidenciem a inexistência do nexo causal entre o agravo e o trabalho[22]. De todo modo, o reconhecimento pela Previdência Social de um benefício de natureza acidentária não assegura, necessariamente, a existência do nexo causal para fins de responsabilidade civil. Por se tratar de presunção *juris tantum*, poderá o empregador apresentar provas em sentido contrário, demonstrando que aquele acidente ou adoecimento não teve vínculo causal com a execução do contrato de trabalho. A decisão administrativa do INSS, apesar de todos os atributos do ato administrativo, não vincula o Poder Judiciário.

Entretanto, se o empregador não apresentar provas convincentes para afastar a presunção, tem-se como atendido o pressuposto do nexo causal para fins da reparação civil. Aliás, o Enunciado n. 42, aprovado por ocasião da 1ª Jornada de Direito Material e Processual do Trabalho realizada em Brasília, em novembro de 2007, também adota este entendimento:

> **Acidente do trabalho. Nexo técnico epidemiológico.** Presume-se a ocorrência de acidente do trabalho, mesmo sem a emissão da CAT — Comunicação de Acidente de Trabalho, quando houver nexo técnico epidemiológico conforme art. 21-A da Lei n. 8.213/1991.

Vale registrar que o mecanismo legal do nexo técnico epidemiológico foi considerado em consonância com a Constituição da República de 1988, pelo plenário do STF, que julgou improcedente a Ação Direita de Inconstitucionalidade n. 3.931, ajuizada pela Confederação Nacional da Indústria. Vejam o teor da ementa do acórdão do referido julgamento:

> **"Ementa: Ação direta de inconstitucionalidade. Art. 21-A da Lei n. 8.213/1991 e §§ 3º e 5º a 13 do art. 337 do Regulamento da Previdência Social. Acidente de trabalho. Estabelecimento de nexo entre o trabalho e o agravo pela constatação de relevância estatística entre a atividade da empresa e a doença. Presunção da natureza acidentária da incapacidade. Ausência de ofensa ao inc. XIII do art. 5º, ao inc. XXVIII do art. 7º, ao inc. I e ao § 1º do art. 201 da Constituição da República. Ação direta de inconstitucionalidade julgada improcedente.** 1. É constitucional a previsão legal de presunção de vínculo entre a incapacidade do segurado e suas atividades profissionais quando constatada pela Previdência Social a presença do nexo técnico epidemiológico entre o trabalho e o agravo, podendo ser elidida pela perícia médica do Instituto Nacional do Seguro Social se demonstrada a inexistência. 2. Ação direta de inconstitucionalidade julgada improcedente." STF. Pleno. ADI 3931, Rel.: Cármen Lúcia, *DJ* 12 maio de 2020.

22. Instrução Normativa INSS/PRES n. 31, de 10 set. 2008, art. 6º, § 3º.

Importa registrar, todavia, que é imprescindível constatar, de algum modo, o pressuposto do nexo causal para o deferimento da indenização acidentária, sob pena de se chegar ao extremo de estabelecer a responsabilidade independentemente de o empregador ser ou não o causador do dano. É verdade que foram ampliados os meios de prova do nexo causal que permitem formar o convencimento do julgador pela soma dos indícios, pela presunção ou mesmo pela maior probabilidade (teoria da verossimilhança preponderante), mas não ao ponto de afastar por completo a necessidade da sua presença. Nessa linha de raciocínio, foi aprovado um Enunciado por ocasião da IXª Jornada de Direito Civil, realizada em Brasília em 2022 pelo Conselho da Justiça Federal, com o seguinte teor:

> "**Enunciado 659** – art. 927: O reconhecimento da dificuldade em identificar o nexo de causalidade não pode levar à prescindibilidade da sua análise."[23]

6.3. NEXO NOS ACIDENTES E NAS DOENÇAS OCUPACIONAIS

O estudo do nexo de causalidade no âmbito da responsabilidade civil em geral abrange enorme variedade de danos e a busca da identificação do lesante para constatar a ligação deste com o prejuízo causado, de modo a viabilizar as reparações cabíveis. Para as hipóteses abordadas neste livro, no entanto, a verificação do nexo causal é menos tormentosa, visto que basta demonstrar a existência de relação entre o exercício do trabalho a serviço da empresa ou do empregador doméstico com o acidente sofrido pelo empregado.

Numa sequência lógica, o exame da causalidade deve ser feito antes da verificação da culpa ou do risco da atividade, porquanto poderá haver acidente onde se constata o nexo causal, mas não a culpa do empregador;

---

23. Vale transcrever a justificativa para adoção do Enunciado 659: "Justificativa: O contínuo desenvolvimento tecnológico trouxe, a reboque das forças produtivas, inúmeros riscos decorrentes desse progressivo processo de modernização, caracterizando uma ameaça aos interesses juridicamente protegidos no ordenamento, gerando as mais variadas lesões, quantitativa e qualitativamente consideradas. Nesse sentido, é necessário reconhecer a dificuldade em identificar o nexo de causalidade. Tal reconhecimento, contudo, não pode levar à ideia de que se pode prescindir ou, sequer, flexibilizar o nexo de causalidade (Guilherme Calmon Nogueira da Gama e Rafael Viola. Revista de Direito Civil Contemporâneo, v. 29, p. 234), o que na prática judiciária tem legitimado o investigador a abandonar a própria investigação, prescindindo do elemento causal, o que viria a encerrar uma responsabilidade independentemente do responsável ser o seu causador. É preciso compreender, dessa forma, que o elemento causal não é meramente naturalístico, mas detém aspectos normativos, exigindo que o investigador adentre o campo da causalidade, justificando do ponto de vista axiológico e teleológico de que modo o campo normativo influencia decisivamente a causa concretamente considerada. Assim, ao magistrado, na investigação do nexo de causalidade, caberá fundamentar adequadamente como alcançou a causa juridicamente válida à atribuição do dever de indenizar." Disponível em: <https://www.cjf.jus.br/cjf/corregedoria-da-justica-federal/centro-de-estudos-judiciarios-1/publicacoes-1/jornadas-cej/enunciados-aprovados-2022-vf.pdf> Acesso em 21 jan. 2023.

todavia, jamais haverá culpa patronal se não for constatado o liame causal do dano com o trabalho.

No acidente do trabalho típico, a presença do nexo causal fica bem evidente. A simples leitura da CAT já permite a verificação do dia, da hora, do local e dos detalhes da ocorrência. A descrição do evento facilita a percepção do vínculo de causalidade do infortúnio com a execução do contrato laboral.

Por outro lado, a identificação do nexo causal nas doenças ocupacionais exige maior cuidado e pesquisa, pois nem sempre é fácil comprovar se a enfermidade apareceu ou não por causa do trabalho. Em muitas ocasiões serão necessários exames complementares para diagnósticos diferenciais, com recursos tecnológicos mais apurados, para formar convencimento quanto à origem ou às razões do adoecimento.

Além disso, há muitas variáveis relacionadas com as doenças ocupacionais. Em determinados casos, o trabalho é o único fator que desencadeia a doença; em outros, o trabalho é tão somente um fator contributivo; pode ser ainda que o trabalho apenas agrave uma patologia preexistente ou determine a precocidade de uma doença latente. O manual de procedimentos dos serviços de saúde para as doenças relacionadas ao trabalho, elaborado pelo Ministério da Saúde, aponta quatro grupos de causas das doenças que acometem os trabalhadores:

- Doenças comuns, aparentemente sem qualquer relação com o trabalho;
- Doenças comuns (crônico-degenerativas, infecciosas, neoplásicas, traumáticas etc.) eventualmente modificadas no aumento da frequência de sua ocorrência ou na precocidade de seu surgimento em trabalhadores, sob determinadas condições de trabalho. A hipertensão arterial em motoristas de ônibus urbanos, nas grandes cidades, exemplifica esta possibilidade;
- Doenças comuns que têm o espectro de sua etiologia ampliado ou tornado mais complexo pelo trabalho. A asma brônquica, a dermatite de contato alérgica, a perda auditiva induzida pelo ruído (ocupacional), doenças musculoesqueléticas e alguns transtornos mentais exemplificam esta possibilidade, na qual, em decorrência do trabalho, somam-se (efeito aditivo) ou multiplicam-se (efeito sinérgico) as condições provocadoras ou desencadeadoras destes quadros nosológicos;
- Agravos à saúde específicos, tipificados pelos acidentes do trabalho e pelas doenças profissionais. A silicose e a asbestose exemplificam este grupo de agravos específicos."[24]

---

24. MINISTÉRIO DA SAÚDE DO BRASIL. *Doenças relacionadas ao trabalho:* manual de procedimentos para os serviços de saúde. Brasília: Ministério da Saúde do Brasil, 2001. p. 27.

Diante das inúmeras controvérsias a respeito da causalidade nas doenças relacionadas ao trabalho, acarretando profundas divergências nos laudos periciais, o Conselho Federal de Medicina baixou a Resolução CFM n. 1.488, de 11 de fevereiro de 1998, recomendando os procedimentos e critérios técnicos mais apropriados para a confirmação ou negação do nexo causal nas perícias médicas a respeito das doenças ocupacionais. Após vinte anos de vigência, a mencionada Resolução foi revogada pela Resolução CFM n. 2.183/2018 e em 2022 a norma foi mais uma vez atualizada pela Resolução CFM n. 2.323, de 06 de outubro de 2022, cujo art. 2º estabelece:

> Art. 2º Para o estabelecimento do nexo causal entre os transtornos de saúde e as atividades do trabalhador, além da anamnese, do exame clínico (físico e mental), de relatórios e dos exames complementares, é dever do médico considerar:
>
> I — a história clínica e ocupacional atual e pregressa, decisiva em qualquer diagnóstico e/ou investigação de nexo causal;
>
> II — o estudo do local de trabalho;
>
> III — o estudo da organização do trabalho;
>
> IV — os dados epidemiológicos;
>
> V — a literatura científica;
>
> VI — a ocorrência de quadro clínico ou subclínico em trabalhadores expostos a riscos semelhantes;
>
> VII — a identificação de riscos físicos, químicos, biológicos, mecânicos, estressantes e outros;
>
> VIII — o depoimento e a experiência dos trabalhadores;
>
> IX — os conhecimentos e as práticas de outras disciplinas e de seus profissionais, sejam ou não da área da saúde.
>
> Parágrafo único. Ao médico assistente é vedado determinar nexo causal entre doença e trabalho sem observar o contido neste artigo e seus incisos.

Entendemos que os procedimentos técnicos recomendados por essa Resolução representam uma diretriz de segurança importante. Além de indicar todos os fatores que contribuem para o adoecimento, apontando dados que deverão ser considerados, privilegia o conhecimento científico multidisciplinar como roteiro mais recomendável para se encontrar a verdade. A sua aplicação com certeza contribuirá para a melhoria da qualidade dos laudos periciais, oferecendo ao julgador melhores e mais convincentes subsídios para conceder a indenização ao que efetivamente foi lesado ou negar o pedido quando a doença não estiver relacionada com o trabalho[25].

---

25. "*Acidente do trabalho. Doença pulmonar obstrutiva crônica — Nexo causal — Não reconhecimento — Inindenizabilidade.* O obreiro sofre de "doença pulmonar obstrutiva crônica", patologia que

O perito do juízo deverá também considerar as recomendações da Resolução INSS/DC n. 10, de 23 de dezembro de 1999, que aprovou os Protocolos Médicos sobre 14 grupos de doenças, com detalhamento sobre o diagnóstico, o procedimento médico para o estabelecimento do nexo causal, os fatores etiológicos, a mensuração da incapacidade laborativa, além de outras importantes recomendações. Vale transcrever o tópico dessa Resolução que aponta os **Procedimentos médicos para o estabelecimento do nexo causal**:

> "Recomenda-se, incluir nos procedimentos e no raciocínio médico, a resposta a dez questões essenciais, a saber:
>
> 1. Natureza da exposição: o "agente patogênico" é claramente identificável pela história ocupacional e/ou pelas informações colhidas no local de trabalho e/ou de fontes idôneas familiarizadas com o ambiente ou local de trabalho do Segurado?
>
> 2. "Especificidade" da relação causal e "força" da associação causal: o "agente patogênico" ou o "fator de risco" podem estar pesando de forma importante entre os fatores causais da doença?
>
> 3. Tipo de relação causal com o trabalho: o trabalho é causa necessária (Tipo I)? Fator de risco contributivo de doença de etiologia multicausal (Tipo II)? Fator desencadeante ou agravante de doença preexistente (Tipo III)?
>
> 4. No caso de doenças relacionadas com o trabalho, do tipo II, foram as outras causas gerais, não ocupacionais, devidamente analisadas e, no caso concreto, excluídas ou colocadas em hierarquia inferior às causas de natureza ocupacional?
>
> 5. Grau ou intensidade da exposição: é ele compatível com a produção da doença?
>
> 6. Tempo de exposição: é ele suficiente para produzir a doença?
>
> 7. Tempo de latência: é ele suficiente para que a doença se desenvolva e apareça?
>
> 8. Há o registro do "estado anterior" do trabalhador segurado?
>
> 9. O conhecimento do "estado anterior" favorece o estabelecimento do nexo causal entre o "estado atual" e o trabalho?

---

pode compreender a asma brônquica, bronquite e enfisema pulmonar, onde o fumo é a causa decisiva, declarando-se o autor fumante há mais de vinte anos, além de alcoólatra. Não bastasse, dos achados pulmonares nada indica sinais de danos característicos da inalação de pó de sílica, de cunho restritivo quanto à função pulmonar, distúrbio que poderia ter sido causado pelo ambiente laboral, padecendo o promovente apenas de distúrbio obstrutivo. A simples existência de dano e incapacidade desautoriza o deferimento de benefício acidentário se o nexo causal com a atividade não restar evidenciado." São Paulo. STACivSP. 4ª Câm. Apelação sem Revisão n. 709.617-00/8, Rel.: Juiz Francisco Casconi, julgado em 1º jul. 2003.

"*Doença profissional. Nexo causal não demonstrado. Indenização indevida.* Apresentando a reclamante quadro de agravamento da perda auditiva, mesmo tendo cessado a exposição ao ruído, em razão do afastamento do trabalho, não se configura o nexo causal, capaz de ensejar direito ao pagamento de indenização, já que a PAIR (perda auditiva induzida por ruído ocupacional) tem por característica que, uma vez cessada a exposição ao ruído, mantém-se estável, sem progressão. Recurso não provido." Rio Grande do Sul. TRT 4ª Região. RO n. 00050-2006-261-04-00-5, Rel.: Desembargadora Carmen Gonzalez, *DJ* 20 jun. 2007.

> 10. Existem outras evidências epidemiológicas que reforçam a hipótese de relação causal entre a doença e o trabalho presente ou pregresso do segurado?
>
> A resposta positiva à maioria destas questões irá conduzir o raciocínio na direção do reconhecimento técnico da relação causal entre a doença e o trabalho."[26]

Em algumas hipóteses a perícia médica do INSS poderá realizar inspeção no ambiente de trabalho do segurado, para aferir o nexo causal e confirmar as informações contidas no Perfil Profissiográfico Previdenciário (PPP) e no Laudo Técnico de Condições Ambientais (LTCAT). Os procedimentos para realização da referida inspeção foram estabelecidos na Resolução MPS/INSS n. 485, de 8 de julho de 2015.

Vale consultar também a Resolução INSS/PRES. n. 535, de 5 de maio de 2016, que aprovou o Manual de Acidente do Trabalho com o objetivo de orientar os atos da Perícia Médica Previdenciária referentes à análise de acidente do trabalho, bem como o Manual Técnico de Perícia Médica Previdenciária aprovado pela Resolução INSS/PRES n. 637, de 19 de março de 2018.

De qualquer forma, em muitas ocasiões, as provas colhidas não permitem concluir com certeza qual a origem do adoecimento. Nem a ciência jurídica ou a medicina trabalham com exatidão rigorosa dos fatos como ocorre nos domínios das ciências exatas. As provas não devem ser avaliadas mecanicamente com o rigor e a frieza de um instrumento de precisão, mas com a racionalidade de um julgador atento que conjuga fatos, indícios, presunções e a observação do que ordinariamente acontece para formar seu convencimento.[27]

---

26. Disponível em: <http://www81.dataprev.gov.br/sislex/paginas/72/INSS-DC/1999/10.htm>. Acesso em: 10 nov. 2012.

27. **"Recurso Especial. Direito processual civil. Ação de reparação por danos materiais e compensação por danos morais. Ônus da prova. Teoria da verossimilhança preponderante. Compatibilidade, na hipótese específica dos autos, com o ordenamento processual vigente. Convicção do julgador. Livre apreciação da prova. Persuasão racional.** (...). 5. Em situações excepcionais, em que o julgador, atento às peculiaridades da hipótese, necessita reduzir as exigências probatórias comumente reclamadas para formação de sua convicção em virtude de impossibilidades fáticas associadas à produção da prova, é viável o julgamento do mérito da ação mediante convicção de verossimilhança. 6. A teoria da verossimilhança preponderante, desenvolvida pelo direito comparado e que propaga a ideia de que a parte que ostentar posição mais verossímil em relação à outra deve ser beneficiada pelo resultado do julgamento, é compatível com o ordenamento jurídico-processual brasileiro, desde que invocada para servir de lastro à superação do estado de dúvida do julgador. É imprescindível, todavia, que a decisão esteja amparada em elementos de prova constantes dos autos (ainda que indiciários). Em contrapartida, permanecendo a incerteza do juiz, deve-se decidir com base na regra do ônus da prova. 7. O juiz deve formar seu convencimento a partir dos elementos trazidos a juízo, mas constitui prerrogativa sua apreciar livremente a prova produzida. 8. No particular, infere-se da leitura do acórdão recorrido que os fatos alegados no curso da fase de instrução foram examinados pelo Tribunal de origem e que a prova produzida foi devidamente valorada, de modo que a forma-

Conforme bem alertou Agostinho Alvim, "nem sempre há certeza absoluta de que certo fato foi o que produziu determinado dano. Basta um grau elevado de probabilidade."[28] Um julgado do antigo Segundo Tribunal de Alçada Cível de São Paulo retrata bem essa questão:

> "**Acidente do trabalho. Benefício. Conversão. Aposentadoria previdenciária em acidentária. Doença. Mal da coluna. Nexo causal. Prova.** A presença do nexo causal se mede por razoável probabilidade, não por matemática certeza, mesmo porque a ciência médica não é exata. Se o fosse, as calculadoras seriam feitas para os médicos e estes estariam livres de todas as acusações e indenizações pelos erros que vivem cometendo. Vale dizer, é o possível lógico, não o absolutamente certo, que embasa a conclusão pela presença do nexo causal e concausal. Cabe converter a aposentadoria por invalidez previdenciária na homônima acidentária, ainda que calculadas ambas com o percentual de 100% do salário de benefício, para que, com o correto enquadramento jurídico da incapacidade do segurado, possa ele gozar de todas as implicações daí advindas, mormente as indiretas, dentre estas a eventual geração de responsabilidade baseada no direito comum." São Paulo. STACivSP. 12ª Câm. Apelação sem Revisão n. 690.457-00/5, Rel.: Juiz Palma Bisson, julgado em 28 ago. 2003.

6.4. NEXO CONCAUSAL

6.4.1. Conceito e abrangência

Os acidentes ou as doenças ocupacionais podem decorrer de mais de uma causa, ligadas ou não ao trabalho desenvolvido pela vítima. Estaremos diante do nexo concausal quando, juntamente com a presença de fatores causais extralaborais, houver pelo menos uma causa relacionada à execução do contrato de trabalho que tenha contribuído diretamente para o acidente ou adoecimento.

Assevera Cavalieri Filho que a "concausa é outra condição que, juntando-se à principal, concorre adequadamente para o resultado. Ela não inicia e nem interrompe o processo causal, apenas o reforça, tal como um rio menor que deságua em outro maior, aumentando-lhe o caudal."[29]

As concausas podem ocorrer pela conjugação de fatos preexistentes, supervenientes ou concomitantes àqueles que desencadearam o implemento

---

ção da convicção dos julgadores fundou-se nas circunstâncias fáticas reveladas pelo substrato probatório que integra os autos. 9. Negado provimento ao Recurso Especial." STJ. 3ª Turma. REsp n. 1.320.295/RS, Rel.: Ministra Nancy Andrighi, *DJe* de 29 nov. 2013.

28. ALVIM, Agostinho. *Da inexecução das obrigações e suas consequências*. 4. ed. atual. São Paulo: Saraiva, 1972. p. 341.

29. CAVALIERI FILHO, Sérgio. *Programa de responsabilidade civil*. 16. ed. São Paulo: Atlas, 2023. p. 74.

do nexo de causalidade[30]. Vale transcrever nesse sentido a doutrina abalizada de Antônio Lopes Monteiro:

> Nem sempre o acidente se apresenta como causa única e exclusiva da lesão ou doença. Pode haver a conjunção de outros fatores — concausas. Uns podem preexistir ao acidente — concausas antecedentes; outros podem sucedê-lo — concausas supervenientes; por fim, há, também, os que se verificam concomitantemente — concausas simultâneas. Exemplo do primeiro caso é o diabético que venha a sofrer um pequeno ferimento que para outro trabalhador sadio não teria maiores consequências. Mas o diabético falece devido a intensa hemorragia causada. Temos assim uma morte para a qual concorre o acidente associado a um fator preexistente, a diabete.
>
> Já os fatores supervenientes verificam-se após o acidente do trabalho ou a eclosão da doença ocupacional. Se de um infortúnio do trabalho sobrevierem complicações como as provocadas por micróbios patogênicos (estafilococos, estreptococos etc.), determinando, por exemplo, a amputação de um dedo ou até a morte, estaremos diante de uma concausa superveniente.
>
> As causas concomitantes, por sua vez, coexistem ao sinistro. Concretizam-se ao mesmo tempo: o acidente e a concausa extralaborativa. O exemplo típico é a disacusia (PAIR), da qual é portador um tecelão de cinquenta anos. A perda auditiva é consequência da exposição a dois tipos de ruído concomitantes: o do ambiente do trabalho, muitas vezes

30. É oportuno transcrever o entendimento de Carlos Alberto Menezes Direito e Sérgio Cavalieri Filho sobre as concausas que, fazendo as devidas adequações, têm aplicação nas hipóteses de acidente do trabalho: "As concausas preexistentes não eliminam a relação causal, considerando-se como tais aquelas que já existiam, quando da conduta do agente, que são antecedentes ao próprio desencadear do nexo causal. Assim, por exemplo, as condições pessoais de saúde da vítima, bem como as suas predisposições patológicas, embora agravantes do resultado, em nada diminuem a responsabilidade do agente. Será irrelevante, para tal fim, que de uma lesão leve resulte a morte, por ser a vítima hemofílica; de um atropelamento ocorram complicações, por ser a vítima diabética; da agressão física ou moral, a morte, por ser a vítima cardíaca; de um pequeno golpe, uma fratura do crânio, em razão da fragilidade congênita do osso frontal etc. Em todos esses casos, o agente responde pelo resultado mais grave, independentemente de ter ou não conhecimento da concausa antecedente que agravou o dano. A situação da causa superveniente é idêntica à da causa antecedente que acabamos de examinar. Ocorre já depois do desencadeamento do nexo causal e, embora concorra também para o agravamento do resultado, em nada favorece o agente. A vítima de um atropelamento não é socorrida em tempo, perde muito sangue e vem a falecer. Essa causa superveniente, apesar de ter concorrido para a morte da vítima, será irrelevante em relação ao agente, porque, por si só, não produziu o resultado, apenas o reforçou." Cf. *Comentários ao novo Código Civil*. 2. ed. Rio de Janeiro: Forense, 2007. v. XIII, p. 85-86.

elevado durante vinte ou trinta anos, e, durante o mesmo tempo, o do fator etário (extralaborativa): concausa simultânea.[31]

O conhecimento acumulado na área da Medicina do Trabalho assegura que grande parte dos adoecimentos que acometem os trabalhadores resulta da interação de múltiplos fatores causais, relacionados ou não com o exercício do trabalho[32].

Com muita frequência os laudos periciais nas ações indenizatórias por doenças ocupacionais indicam que o trabalho atuou como concausa, ou seja, o trabalho contribuiu para o adoecimento ou agravou doença já estabelecida. Pode ocorrer também de o trabalho contribuir para a eclosão, antecipação ou agravamento de doença degenerativa ou doença inerente a grupo etário.

6.4.2. A concausa nos acidentes do trabalho

Prevê o art. 21, I, da Lei n. 8.213/1991, que também se equipara ao acidente do trabalho "o acidente ligado ao trabalho que, embora não tenha sido a causa única, haja contribuído diretamente para a morte do segurado, para a redução ou perda da sua capacidade para o trabalho, ou produzido lesão que exija atenção médica para a sua recuperação."

A doença oriunda de causas múltiplas não perde o enquadramento como patologia ocupacional, se houver pelo menos uma causa laboral que contribua diretamente para a sua eclosão ou o agravamento, conforme prevê o dispositivo legal retrocitado. Desse modo, a aceitação normativa da etiologia multicausal não dispensa a existência de uma causa eficiente, decorrente da atividade laboral, que "*haja contribuído diretamente*" para o adoecimento, ou seja, para que haja o reconhecimento da concausa é imprescindível constatar a contribuição de algum fator causal de natureza ocupacional.

No âmbito da lei previdenciária, na apreciação da concausa, aplica-se a teoria da equivalência das condições ou da *conditio sine qua non*, como ocorre no Direito Penal, pois tudo o que concorre para o adoecimento é considerado causa, sem distinção entre causa e condição[33].

---

31. MONTEIRO, Antônio Lopes; BERTAGNI, Roberto Fleury de Souza. *Acidentes do trabalho e doenças ocupacionais*. 5. ed. São Paulo: Saraiva, 2009. p. 19-20.

32. A própria Lei n. 8.080/1990, denominada Lei Orgânica da Saúde, enfatiza no art. 3º que são fatores determinantes e condicionantes da saúde, entre outros, a alimentação, a moradia, o saneamento básico, o meio ambiente, o trabalho, a renda, a educação, a atividade física, o transporte, o lazer e o acesso aos bens e serviços essenciais.

33. OPTIZ, Oswaldo; OPTIZ, Sílvia. *Acidentes do trabalho e doenças profissionais*. 3. ed. São Paulo: Saraiva, 1988. p. 26.

Para a Previdência Social não há necessidade de se precisar qual das causas foi aquela que efetivamente gerou a doença, como ocorre na aplicação da teoria da causalidade adequada no campo da responsabilidade civil, pois todas as condições ou causas têm valoração equivalente. Conforme previsto no art. 21, I, da Lei n. 8.213/1991, é necessário apenas que a causa laboral contribua diretamente para a doença, mas não que contribua decisivamente.

O amplo acolhimento da concausa na lei acidentária está em sintonia com a finalidade do seguro social do ramo da infortunística, cujo propósito explícito é o de dar maior cobertura para o trabalhador.

Em determinados casos o trabalho é o único fator que desencadeia o acidente ou a doença; em outros, o trabalho é tão somente um fator contributivo; pode ser ainda que o trabalho apenas agrave uma patologia preexistente ou determine a precocidade de uma doença latente. O Manual de Procedimentos para as doenças relacionadas ao trabalho, elaborado pelo Ministério da Saúde, indica três categorias da relação trabalho e saúde, conforme classificação proposta pelo professor inglês Richard Schilling[34]:

CLASSIFICAÇÃO DAS DOENÇAS SEGUNDO SUA RELAÇÃO COM O TRABALHO

Categoria	Exemplos
I — Trabalho como causa necessária	Intoxicação por chumbo Silicose Doenças profissionais legalmente reconhecidas
II — Trabalho como fator contributivo, mas não necessário	Doença coronariana Doenças do aparelho locomotor Câncer Varizes dos membros inferiores
III — Trabalho como provocador de um distúrbio latente, ou agravador de doença já estabelecida	Bronquite crônica Dermatite de contato alérgica Asma Doenças mentais

Em síntese, quando a doença que acometeu o trabalhador tem como causa um ou alguns fatores extralaborais, deve-se verificar se o trabalho: a) atuou como fator contributivo para o adoecimento; b) atuou como fator desencadeante ou agravante de doença preexistente; c) provocou a precocidade

34. MINISTÉRIO DA SAÚDE DO BRASIL. *Doenças relacionadas ao trabalho*: manual de procedimentos para os serviços de saúde. Brasília: Ministério da Saúde do Brasil, 2001. p. 28.

de doenças comuns, mesmo daquelas de cunho degenerativo ou inerente a grupo etário. Se a resposta for positiva, estaremos diante do nexo concausal.

Neste passo, cabe uma interrogação: a constatação do nexo concausal para fins de responsabilidade civil observa a mesma abrangência e extensão da previsão normativa da concausa inserta no art. 21, I, da Lei n. 8.213/1991?

A resposta é negativa, especialmente por todos os motivos que indicamos no item 6.2 acima. O reconhecimento pelo INSS de um benefício de natureza acidentária não assegura, necessariamente, a existência do nexo causal ou concausal para fins de responsabilidade civil, porquanto não se aplica no âmbito da ação indenizatória a teoria da equivalência das condições, como ocorre na seara da Previdência Social.

Em razão do exposto, nos próximos tópicos vamos analisar o grau de contribuição da concausa laboral no acidente ou doença ocupacional, bem como a repercussão jurídica dessa gradação no arbitramento dos valores das indenizações cabíveis.

6.4.3. Gradação da concausa

Conforme acima mencionado, a lei acidentária incluiu o acidente ou a doença proveniente de causas múltiplas, relacionadas ou não com a prestação dos serviços, como situações equiparadas ao acidente do trabalho. Pelo que estabelece o art. 21, I, da Lei n. 8.213/1991, para que o segurado tenha direito aos benefícios integrais da lei acidentária, basta que o trabalho tenha "contribuído diretamente" para o acidente ou o adoecimento.

O valor do benefício pago pelo INSS ao acidentado é o fixado em lei, independentemente da maior ou menor contribuição do fator laboral na formação do nexo concausal. Não há na lei, doutrina ou jurisprudência previdenciária preocupação em mensurar o grau de participação de cada fator concausal, especialmente porque o resultado que seria encontrado não alteraria o valor do benefício, nem produziria qualquer efeito prático.

Entendemos, porém, que na seara da responsabilidade civil, uma vez constatado o nexo concausal no acidente ou na doença de natureza ocupacional, é necessário considerar o grau da contribuição dos fatores laborais (controlados pelo empregador) e o dos fatores extralaborais (não controlados pela empresa), no momento da fixação dos valores indenizatórios.

Cabe relacionar, ainda que a título exemplificativo, os principais fatores que, conjugados, formam o nexo concausal nas doenças que acometem os trabalhadores:

CONJUGAÇÃO DE FATORES DE ADOECIMENTO — CONCAUSA	
Fatores causais ocupacionais	**Fatores causais não ocupacionais**
• Riscos físicos	• Doenças do grupo etário
• Riscos químicos	• Doenças degenerativas
• Riscos biológicos	• Doenças preexistentes
• Riscos biomecânicos	• Atividades extralaborais
• Riscos estressantes	• Doenças genéticas/congênitas
• Riscos psicossociais	• Fatores psíquicos individuais
• Demandas cognitivas	• Determinadas práticas esportivas/hobbies
• Fatores organizacionais	• Sequelas de acidentes/doenças
• Acidentes típicos	• Hábitos de vida
• Assédios moral e sexual	• Dependência química
• Assédio moral estrutural	• Caso fortuito, força maior, fato da vítima
• Jornadas exaustivas	• Fatores nocivos de empregos anteriores

Com efeito, evidenciada a presença de fatores laborais e extralaborais na etiologia da doença ocupacional, surge a indagação: como aferir o grau de contribuição para o resultado de cada classe dos fatores causais?

A resposta não é singela, especialmente porque nem a ciência jurídica nem a medicina trabalham com exatidão rigorosa nas respostas aos questionamentos, como ocorre em outras áreas do conhecimento.

Comprovada a doença ocupacional e verificado o nexo concausal, cabe separar, dentre as diversas condições e circunstâncias antecedentes ao adoecimento, aquelas de natureza determinante, ou seja, relacionar as condições que podem ser enquadradas na categoria de fatores causais. Para essa finalidade, normalmente, o juiz instrutor determina a realização de prova pericial, designando médico do trabalho, com conhecimento especializado em patologia ocupacional, para auxiliar no esclarecimento da matéria técnica.

Com efeito, uma vez depuradas, entre os fatores condicionais e circunstanciais, as causas determinantes da doença que acometeu o trabalhador, impõe-se separá-las em dois grupos:

a) fatores causais ocupacionais; e

b) fatores causais não ocupacionais.

Após a separação deve o perito mensurar, fundamentadamente, a contribuição direta dos fatores de cada grupo para o resultado, qual seja, a doença incapacitante. O perito do juízo, após percorrer cuidadosamente as etapas acima mencionadas, encontra-se apto para indicar (ou arbitrar) o grau de contribuição do trabalho na formação do nexo concausal.

Neste passo surge nova indagação: quantos graus ou que escalas de intensidade da contribuição laboral no adoecimento deverão ser considerados? Em tese poderíamos imaginar inúmeras escalas, diversos graus ou até percentuais, mas entendemos prudente recorrer aos sistemas classificatórios mais utilizados em casos análogos.

A Classificação Internacional de Funcionalidade, Incapacidade e Saúde (Tabela CIF) adotada pela Organização Mundial de Saúde indica cinco graus para mensurar a intensidade de algum agente ou avaliação de um problema:

a) Não há problema (0 a 4%);

b) Problema leve (5% a 24%);

c) Problema moderado (25% a 49%);

d) Problema grave (50% a 95%);

e) Problema completo (96% a 100%).

Para a hipótese da concausa, contudo, não caberá aplicar o último nem o primeiro nível, restando as faixas intermediárias dos graus leve ou baixo, moderado ou médio e grave ou alto. Isso porque se a doença for totalmente causada por fatores laborais ou por fatores extralaborais não haverá concausa, mas apenas causa direta ocupacional ou não ocupacional.

O art. 192 da CLT estabelece o pagamento do adicional de insalubridade em percentuais variados, conforme a intensidade ou nocividade dos agentes, nos graus mínimo, médio ou máximo. De forma semelhante, o art. 22 da Lei n. 8.212/1991 estabelece percentuais diferentes para recolhimento do seguro de acidente do trabalho, considerando três graus de risco: leve, médio e grave. Quando se analisa a culpa, a doutrina separa também sua intensidade em três graus: grave, leve e levíssima.

Seguindo a mesma trilha dos exemplos acima, perfeitamente assimilados e consagrados pelo uso, entendemos que a contribuição do trabalho para a formação do nexo concausal pode ser também classificada em três graus:

a) Grau I — contribuição leve ou baixa;

b) Grau II — contribuição média ou moderada, e;

c) Grau III — contribuição intensa ou alta.

A classificação limitada em apenas três níveis é mais condizente com a realidade e evita a tentação, ou mesmo a presunção, de pretender fixar percentuais precisos dessa contribuição fora dos domínios das ciências exatas.

Por óbvio, na formação do nexo concausal, quando a contribuição do trabalho for leve, a contribuição extralaboral será intensa; ao contrário, quando a contribuição do trabalho for intensa, a contribuição extralaboral será leve.

Se a contribuição do trabalho for desprezível ou indireta, não haverá concausa, mas apenas adoecimento por causa extralaboral, não equiparada ao acidente do trabalho. Por outro lado, se a contribuição do trabalho for praticamente total, também não há falar em concausa, mas apenas em doença de causa exclusivamente ocupacional. O quadro abaixo sintetiza o que acabamos de expor:

GRADAÇÃO DAS CONCAUSAS

1. Ausência de concausa (A causa é extralaboral)

Não ocorre o nexo causal quando o trabalho tiver atuado de forma desprezível, periférica ou indireta para o acidente ou adoecimento. O art. 21 da Lei n. 8.213/91 menciona a concausa quando o trabalho haja "*contribuído diretamente*" para o acidente ou a doença.

2. Presença da concausa na doença ocupacional

Graus de contribuição	***Contribuição do trabalho***	***Contribuição extralaboral***
Grau I	Leve — Baixa	Intensa — Alta
Grau II	Média — Moderada	Média — Moderada
Grau III	Intensa — Alta	Leve — Baixa

Convém reiterar que a indicação do grau de contribuição de cada grupo para o adoecimento não terá a exatidão de uma equação matemática ou de uma fórmula química, mas indicará a contribuição mais provável, com base nos dados colhidos, nos exames realizados e em cuidadosa anamnese. Assim, a conclusão sobre o grau da concausa será obtida mais por um juízo de real probabilidade, em vez de juízo de certeza absoluta.

Como todas as decisões judiciais devem ser fundamentadas (art. 93, IX, da Constituição da República), cabe ao perito oficial indicar o grau da concausa laboral e os fundamentos detalhados para respaldar sua conclusão. Desse modo, as partes terão possibilidade de impugnar o enquadramento, se for o caso, e o julgador terá elementos suficientes para acolher ou não as conclusões do laudo pericial e das impugnações das partes[35].

6.4.4. Repercussão jurídica do grau da concausa

Com frequência os laudos periciais mencionam que o trabalho atuou como fator concausal no acidente ou adoecimento, sem grandes aprofundamentos. E o julgador — até por falta de mais elementos — arbitra a

35. CPC — Art. 479. O juiz apreciará a prova pericial de acordo com o disposto no art. 371, indicando na sentença os motivos que o levaram a considerar ou a deixar de considerar as conclusões do laudo, levando em conta o método utilizado pelo perito.

indenização com amparo apenas no bom senso, na razoabilidade ou em critérios meramente intuitivos.

Mas, se as provas dos autos indicarem que o trabalho exercido somente contribuiu para a doença, em qualquer dos graus mencionados, essa informação deve ser considerada no arbitramento da indenização, determinando algum abatimento do valor integral da reparação?

Entendemos que sim, pois não é justo nem razoável deferir o mesmo valor indenizatório, tanto na hipótese de uma leve contribuição da atividade profissional para o advento da doença ocupacional quanto na situação da patologia causada integralmente por fatores relacionados ao trabalho.

Chega a ser surpreendente a falta de critérios assentados na doutrina e na jurisprudência para a atenuação do valor indenizatório, quando ocorre o nexo concausal. Uma das explicações pode ser a ausência de regra legal explícita a respeito. Aliás, o pressuposto do nexo causal para fins de responsabilidade civil tem escassa previsão normativa, apesar da sua fundamental importância. No Código Civil a causalidade é mencionada apenas no art. 186, quando estabelece: "aquele que causar dano...", e o art. 403, no capítulo do inadimplemento das obrigações, menciona a limitação dos danos aos efeitos diretos e imediatos.

Aliás, neste ponto um artigo da reforma trabalhista sinaliza na mesma direção do entendimento que estamos aqui defendendo. Com efeito, o art. 223-E, introduzido na CLT pela Lei n. 13.467/2017, estabelece que "são responsáveis pelo dano extrapatrimonial todos os que tenham colaborado para a ofensa ao bem jurídico tutelado, na proporção da ação ou da omissão." Então, o empregador responde pela indenização, quando preenchidos os pressupostos da responsabilidade civil, *na proporção da sua ação ou omissão.*

Entendemos, portanto, que o cabimento da redução dos valores indenizatórios, na hipótese de concausa, pode ser extraído do ordenamento jurídico nacional, em sintonia com os princípios da proporcionalidade e da razoabilidade.

Em primeiro lugar, pela disposição expressa do art. 945 do Código Civil, que prevê: "Se a vítima tiver concorrido culposamente para o evento danoso, a sua indenização será fixada tendo-se em conta a gravidade de sua culpa em confronto com a do autor do dano."

Esse dispositivo legal tem sido analisado apenas no capítulo da culpa concorrente da vítima, mas sua diretriz é perfeitamente aplicável também na hipótese da causalidade concorrente. O princípio que orienta a repartição dos encargos entre a vítima e o causador do dano não deve sofrer alteração quando se trata de culpa ou causa concorrente. Pelo menos não há razão lógica nem jurídica para justificar tal distinção. O clássico José de Aguiar Dias, ainda em comentário ao projeto que resultou no atual Código Civil, registrou:

> No art. 947 [*que se transformou no art. 945 em análise*], volta-se a considerar a gravidade da culpa concorrente, para determinar a participação na obrigação de indenizar, quando o melhor e mais exato critério, na espécie, é o da causalidade. Não é o grau da culpa, mas o grau de participação na produção do evento danoso, reduzindo ou até excluindo a responsabilidade dos demais, que deve indicar a quem toca contribuir com a cota maior ou até com toda a indenização.[36]

No Anteprojeto do Código das Obrigações elaborado em 1963, de autoria do jurista Caio Mário da Silva Pereira, a redação não mencionava o vocábulo culpa: "Art. 943. Quando a vítima concorre para o dano, reduz-se, proporcionalmente, a indenização."[37]

O jurista Sérgio Cavalieri Filho, em obra recente, pontuou: "A doutrina atual tem preferido falar, em lugar de concorrência de culpas, em *concorrência de causas ou de responsabilidade*, porque a questão é mais concorrência de causa do que de culpa. A vítima também concorre para o evento, e não apenas aquele que é apontado como único causador do dano."[38] Na mesma linha o professor Marcelo Junqueira Calixto concluiu: "Nada obstante os termos do art. 945, defende-se que a hipótese aí versada é de concorrência de causas, sendo resolvida à luz das reflexões acerca do nexo de causalidade, e não da culpa."[39]

Os juristas Nelson Rosenvald e outros abordam com vagar o cabimento da redução indenizatória no caso de causalidade concorrente:

> O fato concorrente é consagrado como causa não de exclusão, mas de proporcionalização da obrigação de indenizar, uma vez que não seria leal, conforme o imperativo ético da boa-fé objetiva, que a vítima se beneficiasse de uma indenização completa quando contribui para a eclosão do evento danoso.
>
> A sentença, por conseguinte, terá duas questões a explicitar: a um, ambas as condutas concorreram para a produção do dano? A dois, se positiva a primeira resposta, em qual percentual se deu a participação de vítima e agente para a consecução do resultado lesivo? Assim, o julgador será capaz de repartir

---

36. DIAS, José de Aguiar. *Da responsabilidade civil*. 10. ed. Rio de Janeiro: Forense, 1995. v. 1, p. 38.
37. CALIXTO, Marcelo Junqueira. *A culpa na responsabilidade civil*. Rio de Janeiro: Renovar, 2008. p. 334.
38. CAVALIERI FILHO, Sérgio. *Programa de responsabilidade civil*. 16. ed. São Paulo: Atlas, 2023. p. 55.
39. CALIXTO, Marcelo Junqueira. *A culpa na responsabilidade civil*. Rio de Janeiro: Renovar, 2008. p. 331. Defende o mesmo entendimento Gisela Sampaio da Cruz em sua preciosa obra *O problema do nexo causal na responsabilidade civil*, Rio de Janeiro: Renovar, 2005. p. 351.

> proporcionalmente os danos e reduzir o *quantum* indenizatório a ser pago pelo agente. A causalidade múltipla não é excludente do nexo causal, mas uma forma de repartição de danos diante de dois ou mais fatos geradores.[40]

É ponto pacífico atualmente que a chamada culpa exclusiva da vítima impede a reparação dos danos pela inexistência do nexo causal. Desse modo, pode-se afirmar também que há um nexo causal atenuado ou parcial quando a doença decorrer de fatores causais laborais e extralaborais.

Essa conclusão ainda tem o mérito de permitir a redução dos valores indenizatórios tanto na hipótese de condenação com apoio na culpa concorrente do empregador, quanto no caso de acolhimento do pedido com base na responsabilidade civil de natureza objetiva, quando houver atividade de risco concorrendo para o adoecimento.

Aliás, na V Jornada de Direito Civil, realizada em 2011 pelo Centro de Estudos Judiciários do Conselho da Justiça Federal, foi aprovado o Enunciado 459, que prevê: "Art. 945. A conduta da vítima pode ser fator atenuante do nexo de causalidade na responsabilidade civil objetiva." Já por ocasião da VIII Jornada ocorrida em 2018 foram aprovados dois Enunciados que guardam alguma pertinência com a concorrência de causalidade:

> **Enunciado 629 – Art. 944**: A indenização não inclui os prejuízos agravados, nem os que poderiam ser evitados ou reduzidos mediante esforço razoável da vítima. Os custos da mitigação devem ser considerados no cálculo da indenização.
>
> **Enunciado 630– Culpas não se compensam**. Para os efeitos do art. 945 do Código Civil, cabe observar os seguintes critérios: (I) há diminuição do quantum da reparação do dano causado quando, ao lado da conduta do lesante, verifica-se ação ou omissão do próprio lesado da qual resulta o dano, ou o seu agravamento, desde que (II) reportadas ambas as condutas a um mesmo fato, ou ao mesmo fundamento de imputação, conquanto possam ser simultâneas ou sucessivas, devendo-se considerar o percentual causal do agir de cada um.

Entendemos, portanto, que a redução dos valores da indenização, como previsto no art. 945 do Código Civil, deve ser aplicada nas ações indenizatórias por acidente do trabalho ou doenças ocupacionais quando houver culpa concorrente da vítima, bem como na hipótese de causalidade concorrente por fatores extralaborais.

Para oferecer ao julgador informações a respeito da intensidade da concausa, é necessário que o laudo pericial informe, com detalhes e fundamentos técnicos, o grau da contribuição do trabalho para o adoecimento.

---

40. Cf. FARIAS, Cristiano Chaves; BRAGA NETO, Felipe Peixoto; ROSENVALD, Nelson. *Novo tratado de responsabilidade civil*. 3. ed. São Paulo: Saraiva, 2018. p. 575.

Além da previsão do art. 945 mencionada, é possível inferir a mesma diretriz da redução equitativa da indenização, após a leitura atenta dos arts. 944 e 738, parágrafo único, do Código Civil, conforme discorreremos a seguir.

Pelo que dispõe o art. 944, a indenização mede-se pela extensão do dano, ou seja, ninguém deve reparar além do dano que diretamente tenha causado, salvo nos casos de responsabilidade solidária. Na hipótese de concausa, o empregador não será considerado o único autor do prejuízo, uma vez que fatores extralaborais também contribuíram para o advento ou agravamento da doença. Assim, da previsão contida no parágrafo único desse artigo é possível extrair também à seguinte conclusão: se houver excessiva desproporção entre o grau da concausa laboral e o dano, poderá o juiz reduzir, equitativamente, a indenização.

O parágrafo único do art. 738 do Código Civil prevê: "Se o prejuízo sofrido pela pessoa transportada for atribuível à transgressão de normas e instruções regulamentares, o juiz reduzirá equitativamente a indenização, na medida em que a vítima houver concorrido para a ocorrência do dano". O princípio insculpido nessa norma está indicando que, na hipótese da causalidade concorrente, a indenização deverá ser reduzida equitativamente, o que igualmente reforça o raciocínio que estamos aqui defendendo.

Também pode ser apontado por analogia o dispositivo do art. 484 da CLT, que prevê a redução do montante indenizatório, na hipótese de culpa recíproca no ato que determinou a rescisão do contrato de trabalho. De certo modo, ocorre, na hipótese, uma extinção contratual por causalidade concorrente.

De forma semelhante, o Código de Defesa do Consumidor, no parágrafo único do art. 13, quando estabelece a responsabilidade do fabricante, do produtor, do construtor, do importador e do comerciante, assegura àquele que efetivar o pagamento ao prejudicado o direito de regresso contra os demais responsáveis "segundo sua participação na causação do evento danoso". Assim, a responsabilidade de cada parte que concorreu para o prejuízo deve ser aferida, na ação regressiva, segundo a intensidade causal da sua participação no evento danoso, mormente considerando que na hipótese é cabível a indenização independentemente de culpa.

A redução do valor indenizatório na hipótese de concausa é também adotada no Direito Comparado, conforme leciona o professor Flávio Tartuce, após exaustiva pesquisa:

> Em sede de Direito Comparado, a fixação da indenização de acordo com as contribuições causais é utilizada em países como Alemanha, Itália, Portugal, Espanha e Argentina. Do último país, cite-se a afirmação de Mosset Iturraspe, no sentido de que não se pode mais pensar a responsabilidade civil com a construção de culpabilidade total de certos indivíduos. Um

sistema justo, equânime e ponderado de direito dos danos é aquele que procura dividir os custos do dever de indenizar de acordo com os seus participantes e na medida dos riscos assumidos por cada um deles.[41]

A jurisprudência também aponta no sentido de redução do valor indenizatório na hipótese de causas concorrentes, muitas vezes sob o título de culpa concorrente:

> **"Indenização por danos materiais. Doença laboral. Síndrome do manguito rotador, síndrome do túnel do carpo e outras sinovites e tenossinovites. Nexo de concausalidade com a atividade laboral. Incapacidade parcial e temporária. Pagamento da pensão mensal até a plena recuperação.** Este Relator consignou que, constatada a incapacidade parcial para o trabalho, como ocorre na hipótese dos autos, a indenização deve corresponder à proporcionalidade da remuneração percebida pelo empregado na atividade, nos termos consagrados na parte final do artigo 950 do Código Civil, a fim de garantir a reparação integral pelo dano sofrido. Nesse contexto, conforme registro fático contido no acórdão regional, a reclamante está totalmente incapacitada para o exercício da função de caixa, para qual fora contratada, o que enseja o pagamento da pensão mensal de 100%. Todavia, considerando que se trata de concausa, referida pensão foi reduzida para 50%. Ademais, considerando, ainda, que se trata de incapacidade temporária, deve ser observado o limite do pagamento a plena recuperação da empregada ou até a data em que completar 73 anos, conforme pretensão formulada na petição inicial, não cabendo falar em pagamento em parcela única dada a provisoriedade da doença ocupacional. Agravo desprovido." TST. 3ª Turma. Ag-RRAg-1108-62.2019.5.06.0016, Rel.: Ministro Jose Roberto Freire Pimenta, *DEJT* 22 nov. 2024.
>
> **"Agravo em recurso de Embargos. Lei nº 13.467/2017. Dano material. Pensão mensal vitalícia. Incapacidade total e permanente para o desempenho das atividades que praticava habitualmente. Nexo de concausalidade. Matéria pacificada. Art. 894, §2º da CLT.** Segundo a jurisprudência iterativa e notória do TST, é entendimento consolidado nesta Corte a tese no sentido de que a reparação por danos materiais, em casos de existência de nexo concausal, mesmo nas hipóteses de incapacidade total e permanente do empregado, não é devida de maneira integral pelo ofensor. Em caso como o dos autos, em que houve nexo de concausalidade entre a doença que acometeu a parte autora e a atividade laboral por ela desempenhada, o valor a pensão mensal deve ser calculado no importe de 50% da última remuneração. Precedentes da SDI-1. Portanto, diante da pacificação da controvérsia quanto ao tema, e estando a decisão da Turma em conformidade com o entendimento firmado no âmbito desta Subseção, não cabe o exame de divergência jurisprudencial em sentido contrário, nos termos do art. 894, §2º, da CLT. Precedentes da SBDI-1. Agravo

41. TARTUCE, Flávio. *Responsabilidade civil objetiva e risco* — a teoria do risco concorrente. São Paulo: Método, 2011. p. 388.

conhecido e desprovido." TST. SBDI-I. Ag-E-ED-ARR-461-50.2013.5.05.0034, Rel.: Ministra Maria Helena Mallmann, DEJT 30 jun. 2023.

"**Agravo. Agravo de instrumento em recurso de revista. Incapacidade parcial e temporária. Nexo concausal entre labor e as lesões sofridas. Pensão mensal vitalícia. Impossibilidade de arbitramento em 100%. Óbice da súmula 333/TST. Ausência de transcendência.** 1. A pensão mensal prevista no artigo 950 do Código Civil tem por objetivo reparar os danos materiais sofridos pelo(a) trabalhador(a) em decorrência da redução ou da perda total de sua capacidade para o trabalho, em razão de doença ocupacional ou acidente de trabalho. Em virtude disso, referida reparação (indenização e/ou pensão mensal vitalícia) só poderá ser concedida quando constatadas a redução e/ou a incapacidade para o trabalho. Além disso, o arbitramento do montante indenizatório deve observar o grau e a extensão da lesão sofrida, assim como a gravidade da culpa do empregador – nexo de causalidade ou concausalidade. Precedentes. 2. Além disso, a SDI-1 desta Corte fixou o entendimento de que não há justificativa para que o pensionamento corresponda a 100% da remuneração trabalhador nas hipóteses de incapacidade parcial para o exercício da profissão ou quando o trabalho tiver atuado apenas como concausa para as lesões sofridas (E-ED-RR-2324400-46.2009.5.09.0012, Subseção I Especializada em Dissídios Individuais, Relator Ministro Alexandre Luiz Ramos, *DEJT* 09/10/2020). 3. No caso dos autos, o acórdão regional recorrido registrou que a incapacidade do reclamante é parcial e temporária, tendo havido nexo concausal entre a labor e as lesões sofridas. Ainda, consignou-se que o valor arbitrado a título de danos materiais (R$ 20.000,00) levou em consideração a depreciação da capacidade para o trabalho. Sinale-se que não houve no julgado qualquer registro sobre a remuneração auferida pela parte, de modo que o eventual juízo acerca da proporcionalidade entre o valor arbitrado demandaria o revolvimento de fatos e provas, o que encontra óbice na Súmula 126 desta Corte. 4. Assim, a decisão do Tribunal Regional está em conformidade com o entendimento pacificado desta Corte, de modo que o processamento do recurso de revista esbarra no óbice do artigo 896, § 7º, da CLT e da Súmula 333 do TST. Agravo de que se conhece e a que se nega provimento." TST. 3ª Turma. Ag-AIRR-241-24.2014.5.05.0032, Rel.: Ministro Alberto Bastos Balazeiro, *DEJT* 6 out. 2023.

"**Responsabilidade civil. Acidente ferroviário. Concorrência de causas. Precedentes.** 1. Segundo a jurisprudência desta Corte, no caso de atropelamento de pedestre em via férrea, configura-se a concorrência de causas, impondo a redução da indenização por dano moral pela metade, quando: (I) a concessionária do transporte ferroviário descumpre o dever de cercar e fiscalizar os limites da linha férrea, mormente em locais urbanos e populosos, adotando conduta negligente no tocante às necessárias práticas de cuidado e vigilância tendentes a evitar a ocorrência de sinistros; e (II) a vítima adota conduta imprudente, atravessando a via férrea em local inapropriado. (REsp 1.172.421/SP, Rel. Ministro Luis Felipe Salomão, Segunda Seção, submetido ao rito dos recursos repetitivos) 2. Agravo Regimental não provido." STJ. 3ª Turma. AgRg no REsp n. 1173686/PR, Rel.: Ministro Ricardo Villas Bôas Cueva, *DJ* 23 maio 2013.

"**Responsabilidade civil. Fuga de paciente menor de estabelecimento hospitalar. Agravamento da doença. Morte subsequente. Nexo de causalidade. Concorrência**

> **de culpas. Redução da condenação.** (...) 3. Na aferição do nexo de causalidade, a doutrina majoritária de Direito Civil adota a teoria da causalidade adequada ou do dano direto e imediato, de maneira que somente se considera existente o nexo causal quando o dano é efeito necessário e adequado de uma causa (ação ou omissão). Essa teoria foi acolhida pelo Código Civil de 1916 (art. 1.060) e pelo Código Civil de 2002 (art. 403). 4. As circunstâncias invocadas pelas instâncias ordinárias levaram a que concluíssem que a causa direta e determinante do falecimento do menor fora a omissão do hospital em impedir a evasão do paciente menor, enquanto se encontrava sob sua guarda para tratamento de doença que poderia levar à morte. 5. Contudo, não se pode perder de vista sobretudo a atitude negligente dos pais após a fuga do menor, contribuindo como causa direta e também determinante para o trágico evento danoso. Está-se, assim, diante da concorrência de causas, atualmente prevista expressamente no art. 945 do Código Civil de 2002, mas, há muito, levada em conta pela doutrina e jurisprudência pátrias. 6. A culpa concorrente é fator determinante para a redução do valor da indenização, mediante a análise do grau de culpa de cada um dos litigantes, e, sobretudo, das colaborações individuais para confirmação do resultado danoso, considerando a relevância da conduta de cada qual. O evento danoso resulta da conduta culposa das partes nele envolvidas, devendo a indenização medir-se conforme a extensão do dano e o grau de cooperação de cada uma das partes à sua eclosão." STJ. 4ª Turma. REsp n. 1307032/PR, Rel.: Ministro Raul Araújo, *Dje* 1º ago. 2013.

Por tudo que foi exposto, impõe-se a conclusão de que o juiz deverá reduzir equitativamente a condenação na hipótese de concausa, ou seja, quando as provas dos autos indicarem que, na etiologia da doença ocupacional, houve contribuição de fatores laborais e extralaborais, o valor da indenização deverá ser atenuado[42].

Um grande desafio reside em determinar com justiça o percentual dessa redução, tanto que o art. 945 do Código Civil deixou a critério do juiz o arbitramento. Discorrendo a respeito da redução do valor indenizatório nessa hipótese, asseverou o mestre Caio Mário: "Entra aí, evidentemente, o arbítrio de bom varão do juiz, em cujo bom senso repousará o justo contrapasso, para que se não amofine em demasia a reparação a pretexto de participação do lesado, nem se despreze esta última, em detrimento do ofensor."[43]

Também entendemos que, comprovada a hipótese de concausa nas doenças ocupacionais, o percentual da redução do valor indenizatório deverá ser arbitrado equitativamente pelo julgador, em sintonia com o grau de contribuição do trabalho no adoecimento e considerando as singularidades do caso

---

42. O Código Civil de Portugal prevê no art. 570º: "1. Quando um facto culposo do lesado tiver concorrido para a produção ou agravamento dos danos, cabe ao tribunal determinar, com base na gravidade das culpas de ambas as partes e nas consequências que delas resultarem, se a indemnização deve ser totalmente concedida, reduzida ou mesmo excluída."

43. PEREIRA, Caio Mário da Silva. *Responsabilidade civil*. 9. ed. Rio de Janeiro: Forense, 2002. p. 83.

concreto, como previsto no art. 945 do Código Civil. Entretanto, não se trata de fixar um critério matemático, com o rigor inflexível da exatidão, mas sim de um critério equitativo, com apoio na razoabilidade e proporcionalidade, conforme as circunstâncias do caso em julgamento.

6.5. EXCLUDENTES DO NEXO CAUSAL

Alguns acidentes do trabalho, apesar de ocorrerem durante a prestação de serviço, não autorizam o acolhimento da responsabilidade civil patronal por ausência do pressuposto do nexo causal ou do nexo de imputação do fato ao empregador. Podem ser indicados nesse grupo especialmente os acidentes causados por culpa exclusiva da vítima, caso fortuito, força maior ou fato de terceiro. Da mesma forma, não há nexo causal com o trabalho quando ocorre alguma das doenças relacionadas no art. 20, § 1º, da Lei n. 8.213/1991.[44]

Nas hipóteses de exclusão da causalidade, os motivos que desencadearam o acidente não têm relação direta com o exercício do trabalho e nem podem ser evitados ou controlados pelo empregador. São ocorrências que impedem a formação do liame causal e, portanto, afastam o dever de indenizar, porquanto não há constatação de que o empregador ou a prestação do serviço tenham sido os fatores causadores do infortúnio.

É certo que a Lei n. 8.213/1991, ao regulamentar o seguro acidentário, admite no art. 21 o enquadramento desses casos como acidente do trabalho, pela modalidade de nexo causal indireto, mas na órbita da responsabilidade civil tais eventos, em princípio, afastam o nexo causal. Ocorrido o acidente, a vítima terá direito a todos os benefícios concedidos pelo seguro de acidente do trabalho perante a Previdência Social, mas não obterá a indenização do empregador por ausência dos pressupostos da responsabilidade civil.

Nos tópicos seguintes vamos analisar separadamente as principais hipóteses de exclusão do nexo causal nos acidentes do trabalho.

6.6. CULPA EXCLUSIVA DA VÍTIMA

Quando o acidente do trabalho acontece por culpa exclusiva da vítima, não cabe reparação civil, em razão da inexistência de nexo causal do evento com o desenvolvimento da atividade da empresa ou com a conduta do empregador.

---

44. Lei n. 8.213, de 24 jul. 1991, art. 20, § 1º "Não são consideradas como doença do trabalho: a) a doença degenerativa; b) a inerente a grupo etário; c) a que não produza incapacidade laborativa; d) a doença endêmica adquirida por segurado habitante de região em que ela se desenvolva, salvo comprovação de que é resultante de exposição ou contato direto determinado pela natureza do trabalho."

Em doutrina, a terminologia mais técnica recomenda a expressão "fato da vítima", em vez de "culpa da vítima", já que essa exclusão da responsabilidade está no território da causalidade e não da culpabilidade[45]. Apesar da procedência da observação, continuaremos a utilizar a locução "culpa da vítima" por já estar consagrada pelo uso e empregada até mesmo no art. 936 do Código Civil de 2002[46].

De qualquer modo, quando não se vislumbra o nexo causal, inexiste também culpa daquele que é apontado como o causador do dano, daí por que nas hipóteses de exclusão do nexo causal (culpa da vítima, caso fortuito, força maior, fato de terceiro ou doenças não ocupacionais) muitas decisões negam a indenização, adotando como fundamento a ausência de culpa do empregador.

Se o acidente ocorrer por culpa concorrente da vítima e do empregador, o nexo causal do acidente com o trabalho continua, mas a indenização poderá ser reduzida proporcionalmente, conforme previsto no art. 945 do Código Civil[47]. Aliás, na V Jornada de Direito Civil, realizada em 2011, foi aprovado o Enunciado 459, que prevê: "Art. 945. A conduta da vítima pode ser fator atenuante do nexo de causalidade na responsabilidade civil objetiva."

Fica caracterizada a culpa exclusiva da vítima quando a causa única do acidente do trabalho tiver sido a sua conduta, sem qualquer ligação com o descumprimento das normas legais, contratuais, convencionais, regulamentares, técnicas ou do dever geral de cautela por parte do empregador.

Se o empregado, por exemplo, numa atitude inconsequente, desliga o sensor de segurança automática de um equipamento perigoso e posteriormente sofre acidente em razão dessa conduta, não há como atribuir culpa em qualquer grau ao empregador, pelo que não se pode falar em indenização. O "causador" real do acidente foi o próprio acidentado; daí falar-se em rompimento do nexo causal ou do nexo de imputação do fato ao empregador.

Se um empregado não habilitado e sem permissão do empregador ou de seus prepostos assume a direção de um veículo no interior da fábrica e provoca colisão e capotamento ao cruzar com outro automóvel, vindo a sofrer dano estético nos dedos da mão, não terá direito a qualquer indenização em face do empregador. O acidente ocorreu por culpa exclusiva da vítima, não havendo liame causal direto do evento com o exercício regular do trabalho

45. CAVALIERI FILHO, Sérgio. *Programa de responsabilidade civil*. 16. ed. São Paulo: Atlas, 2023. p. 87.
46. Código Civil, art. 936: "O dono, ou detentor, do animal ressarcirá o dano por este causado, se não provar culpa da vítima ou força maior."
47. A hipótese de culpa concorrente será apreciada no item 7.8 do próximo capítulo.

a serviço da empresa. Caberão ao acidentado tão somente os benefícios da Infortunística, cuja cobertura abrange até os acidentes ocorridos por culpa da vítima ou que tenham causalidade remota com o serviço.

Mesmo nos casos dos danos nucleares, em que a responsabilidade é objetiva, há previsão expressa exonerando o operador do dever de indenizar, se comprovada a culpa exclusiva da vítima, como prevê o art. 6º da Lei n. 6.453/1977: "Uma vez provado haver o dano resultado exclusivamente de culpa da vítima, o operador será exonerado, apenas em relação a ela, da obrigação de indenizar." De forma semelhante, há previsão nos arts. 12, § 3º, e 14, § 3º, do Código de Proteção e Defesa do Consumidor, exonerando de responsabilidade o fabricante, o construtor, o produtor ou o fornecedor dos serviços nas hipóteses de *culpa exclusiva do consumidor ou de terceiro.* Pode ser citado também, por analogia, o art. 936 do Código Civil, que estabelece: "O dono, ou detentor, do animal ressarcirá o dano por este causado, se não provar culpa da vítima ou força maior."

Também na hipótese de morte ou lesão no transporte aéreo não caberá indenização quando o infortúnio resultar exclusivamente do estado de saúde do passageiro, ou se o acidente decorrer de sua culpa exclusiva, conforme previsto no art. 256 do Código Brasileiro de Aeronáutica, após a mudança introduzida pela Lei n. 14.034 de 5 de agosto de 2020.[48]

Convém registrar alguns exemplos de julgados a respeito da culpa exclusiva da vítima em acidentes do trabalho:

> "**Recurso de revista interposto pela parte autora. Responsabilidade civil do empregador. Acidente de trabalho. Morte do empregado. Motorista carreteiro. Atividade de risco. Responsabilidade objetiva. Culpa exclusiva da vítima. Configuração**. 1. Não há dúvidas de que a atividade do motorista carreteiro é de risco e atrai a responsabilidade objetiva do empregador, jurisprudência pacífica deste Tribunal Superior do Trabalho, também consagrada pelo Supremo Tribunal Federal que admitiu sua incidência no âmbito dos

48. Art. 256. O transportador responde pelo dano decorrente:

I – de morte ou lesão de passageiro, causada por acidente ocorrido durante a execução do contrato de transporte aéreo, a bordo de aeronave ou no curso das operações de embarque e desembarque;

II – de atraso do transporte aéreo contratado.

§ 1° O transportador não será responsável: a) (revogada); b) (revogada).

I – no caso do inciso I do ***caput*** deste artigo, se a morte ou lesão resultar, exclusivamente, do estado de saúde do passageiro, ou se o acidente decorrer de sua culpa exclusiva;

II – no caso do inciso II do ***caput*** deste artigo, se comprovar que, por motivo de caso fortuito ou de força maior, foi impossível adotar medidas necessárias, suficientes e adequadas para evitar o dano.

acidentes de trabalho (Tema 932). 2. Não obstante, a doutrina é remansosa ao reconhecer a existência de excludentes da responsabilidade objetiva, como é o caso em que o acidente se verifica exclusivamente em razão da desatenção do trabalhador. 3. De fato, quando se trata de risco profissional ou da atividade laborativa, o empresário só pode (e deve) tomar providências acautelatórias e protetivas da saúde e integridade física do trabalhador até determinado limite (e esse é o limite de sua responsabilidade subjetiva), pois como a atividade laborativa é desenvolvida pelo empregado, boa parcela de comportamentos e providências acautelatórias caberá a ele próprio (o empregado) adotar. Por assim dizer: mesmo nas atividades laborativas arriscadas, pode (e deve) o trabalhador controlar a intensidade desse risco. 4. Mais do que isso: se a redução dos riscos da atividade laborativa depende, também, do comportamento do próprio trabalhador, ignorar esse dever de diligência e atenção aos mais básicos e intuitivos preceitos de segurança seria edificar um sistema que, no dizer de Ramón Domínguez Águila, "desalienta el comportamiento responsable de los trabajadores y termina por alentar conductas irresponsables, ajenas a todo deber de autocuidado". 5. Não se descarta a possibilidade de se reconhecer a concausalidade quando a contribuição causal do trabalhador é pequena, porém, no caso dos autos o acórdão regional registra que as circunstâncias de risco acentuado não existiam: o dia estava claro, não havia chuva ou falta de visibilidade e o veículo com o qual o autor colidiu pela traseira, estava parado e devidamente sinalizado. 6. Assim, verifica-se que o acidente que vitimou o trabalhador foi causado exclusivamente por sua desatenção, circunstância suficiente para afastar o risco como fator concausal. Recurso de revista não conhecido." TST. 1ª Turma. Ag-RRAg-394-19.2021.5.09.0673, Rel.: Ministro Amaury Rodrigues Pinto Junior, *DEJT* 19 nov. 2024.

"**Agravo em recurso de revista. Regido pela lei 13.467/2017. Acidente de trabalho. Motorista de caminhão rodoviário de carga. Atividade de risco. Culpa exclusiva da vítima caracterizada. Responsabilidade objetiva afastada. Súmula 126/TST**. Transcendência não reconhecida na decisão agravada. 1. O Tribunal Regional concluiu que o Reclamante detinha culpa exclusiva pelo acidente, em razão de violação de norma básica de segurança no trânsito. Consignou que não houve falha mecânica; o reclamante trafegava em velocidade acima do permitido (40 km/h em local em que o máximo permitido era 30 km/h); o Autor dirigia por estada íngreme e em curva fechada; e a velocidade trafegada não se adequava ao local e porte do veículo. 2. A jurisprudência trabalhista tem autorizado o reconhecimento de risco expressivo na atividade de motorista de caminhão que trafega em rodovias, capaz de acionar a cláusula objetiva da responsabilidade. 3. Nada obstante, mesmo em se cuidando de atividade empresarial gravada com risco diferenciado, a motivação dos protagonistas ou mesmo a forma como os eventos se sucedem podem levar à ruptura do nexo causal entre o acidente e a atividade empresarial, elidindo o dever de reparação civil. A culpa exclusiva da vítima é fator excludente da responsabilidade objetiva, não podendo ser considerada parte inerente aos riscos do negócio, como típica espécie de fortuito interno. Desprezar o comportamento antijurídico do prestador, responsável direto e causador do infortúnio, assegurando-lhe a reparação civil com fundamento no risco da atividade empresarial, seria subverter o significado lógico, axiológico e teleológico das normas jurídicas aplicáveis à espécie. Não se pode, definitivamente, desconsiderar a inequívoca ilegalidade do comportamento operário, contestando-o de forma inusitada, quando manifestamente contrário aos deveres basilares de lealdade, probidade e boa-fé, informativos da teoria geral dos contratos (CC, art. 422). 4. Do cenário fático revelado pela Corte Regional extrai-se que o excesso de velocidade foi a causa determinante do infortúnio, sinalizando para o concurso decisivo e exclusivo do trabalhador para o referido evento. Não há, na decisão regional, quaisquer elementos fáticos que possam justificar conclusão outra, centrada na caracterização de fortuito interno, a exemplo de falhas mecânicas ou ausência de manutenção preventiva no veículo (Súmula 126 do TST). Nesse sentido, deve ser mantida a decisão Regional no sentido de não atribuir à Reclamada a responsabilidade civil pelo acidente que levou o empregado a óbito. Julgados do STJ e de turmas desta Corte. Agravo não provido, com acréscimo de fundamentação" TST. 5ª turma. Ag-RR-10959-22.2014.5.15.0123, Rel.: Ministro Douglas Alencar Rodrigues, *DEJT* 16 ago. 2024.

"**Agravo de instrumento em recurso de revista em face de decisão publicada antes da vigência da Lei n. 13.015/2014. Acidente de trabalho. Culpa exclusiva da vítima. Caracterização**. A delimitação fática que se extrai do acórdão regional é a de que o próprio autor foi o responsável pelo acidente que o vitimou, na medida em que se posicionou embaixo de trator ligado para fazer a retirada de um galho. Nesse sentido, a Corte de origem consignou que "todas as testemunhas ouvidas, convidadas pelo reclamante e pelas reclamadas, foram unânimes ao afirmar que o autor foi retirar o galho embaixo do trator sem desligar a máquina (fls. 601/606)". Ademais, concluiu o Tribunal Regional, soberano na análise da prova, que "no depoimento que prestou na apuração do acidente, a vítima alegou ter errado ao não desligar o trator (fl. 287). Impróprios os argumentos recursais de que o trabalhador não estava consciente no momento, pois destoam de todos os depoimentos prestados pelos empregados que presenciaram o fato (fls. 286/287), ao que deflui dos autos", o que revela que o autor, em razão dos seus anos de experiência na função, tinha pleno conhecimento de que precisava desligar o veículo antes de colocar-se sob ele. Diante do quadro fático delineado pela Corte Regional, tem-se por inviável a caracterização da responsabilidade da empresa, ainda que se trate de atividade de risco, uma vez que a configuração de culpa exclusiva da vítima é excludente daquela. Ademais, a prova registrada no acórdão regional não denota qualquer falha no equipamento fornecido ao autor. Nesse contexto, eventual conclusão diversa implicaria revolvimento de fatos e provas, procedimento obstado nesta instância extraordinária, a teor da Súmula n. 126 do TST, que, por si só, afasta a possibilidade de reconhecimento de afronta aos dispositivos invocados, que, aliás, não tratam da hipótese retratada nos autos, concernente à caracterização de acidente de trabalho por culpa exclusiva da vítima. Inespecíficos os arestos acostados para exame. Agravo de instrumento a que se nega provimento." TST. 7ª Turma. AIRR n. 2016-39.2011.5.15.0117, Rel.: Ministro Cláudio Mascarenhas Brandão, *DEJT* 1 set. 2017.

6.7. CASO FORTUITO OU DE FORÇA MAIOR

A legislação do seguro acidentário equipara ao acidente do trabalho pela modalidade de causalidade indireta o "desabamento, inundação, incêndio e outros casos fortuitos ou decorrentes de força maior."[49] Todavia, os acidentes ocorridos por tais causas, em regra, não geram responsabilidade civil do empregador por falta de nexo causal direto do evento com o exercício do trabalho. São circunstâncias ou condições que escapam a qualquer controle ou diligência do empregador, daí por que nesses acidentes não se vislumbram o nexo de causalidade nem o dever de indenizar.

Mesmo tendo ocorrido no local e horário de trabalho, não foi a prestação dos serviços ou a conduta do empregador que causou o acidente, porquanto não é possível fazer prevenção daquilo que por definição é imprevisível, nem impedir o que é naturalmente irresistível. Vejam algumas decisões judiciais a respeito:

> "**Embargos. Indenização por dano moral. Cortador de cana. Queda de raio. Caso fortuito externo. Acidente de trabalho com óbito. Responsabilidade civil. Força maior.** A reparação a ser conferida em decorrência de acidente de trabalho decorre da responsabilidade civil da parte que coloca o empregado em atividade de risco. A aplicação da responsabilidade objetiva, pelo acidente, todavia, deve decorrer da atividade realizada, o que não alcança o caso fortuito externo, quando não verificada a culpa por conduta omissiva ou comissiva do empregador. *In casu*, havendo excludente de culpa, por se tratar de caso fortuito externo à atividade e à conduta do agente, não há se falar em indenização por dano moral. Embargos conhecidos e providos." TST. SBDI-I. E-ED-RR n. 195-49.2011.5.19.0000, Rel.: Ministro Aloysio Corrêa da Veiga, *DEJT* 6 out. 2017.
>
> **Acidente em via pública. Rompimento de cabo de alta tensão da rede elétrica. Morte do trabalhador. Configuração de caso fortuito. Ausência de nexo causal com as atividades laborais. Responsabilidade civil do empregador não configurada. Transcendência política caracterizada.** (...) No caso, embora designado para efetivar serviço externo, foi vítima de infortúnio na rua, causado pelo rompimento de cabo de alta tensão da rede elétrica, cuja instalação e manutenção são responsabilidade de empresa diversa. Constatado ainda que, no momento do acidente, o ex-empregado sequer realizava atividade laboral relativa à instalação e reparação de rede de telefonia, mostrando-se pertinente a conclusão do perito, constante do acórdão regional, no sentido de que o ex-empregado foi vítima de uma fatalidade. A leitura das circunstâncias relatadas autoriza a conclusão de que ocorreu fortuito externo (rompimento de cabo de alta tensão da rede de energia elétrica), de caráter imprevisível, que resultou na morte do ex-empregado, sendo excluído, portanto, o nexo de causalidade com a função exercida. Recursos de

49. Lei n. 8.213, 24 jul. 1991. Art. 21, II, *e*.

> revista conhecidos e providos. TST. 5ª Turma. ARR n. 10503-41.2017.5.03.0078, Rel.: Ministro Douglas Alencar Rodrigues, *DEJT* 28 fev. 2020.
>
> "**Recurso de revista interposto pela 2ª reclamada (Direcional Engenharia S.A.) — Regência pela Lei n. 13.015/2014 — operário. Canteiro de obras. Raio. Morte do empregado. Caso fortuito externo**. A responsabilidade civil, ainda que objetiva, abriga determinadas exceções que, quando presentes, elidem o dever de indenizar. São elas: culpa exclusiva da vítima ou de terceiro, caso fortuito e força maior. No caso dos autos, o infortúnio decorreu de um fato imprevisível (raio), não relacionado à atividade desenvolvida pelo de cujus, operador de máquinas (caso fortuito externo). Recurso de revista conhecido e provido." TST. 8ª Turma. ARR n. 11170-63.2013.5.11.0007, Rel.: Ministro Márcio Eurico Vitral Amaro, DEJT 05 out. 2018.

Cabe considerar, todavia, o que estabelece o art. 501 da CLT: "Entende-se como força maior todo acontecimento inevitável, em relação à vontade do empregador, e para a realização do qual este não concorreu, direta ou indiretamente." Importante enfatizar a ressalva constante do parágrafo primeiro: "A imprevidência do empregador exclui a razão de força maior."

Como visto, antes de adotar posicionamento definitivo sobre as hipóteses de força maior ou caso fortuito, é preciso avaliar se o empregador, pelo que ordinariamente acontece, dentro da razoabilidade e do estágio atual da tecnologia, poderia adotar medidas preventivas que teriam evitado o acidente ocorrido[50].

Aliás, a falta de previdência do empregador caracteriza mesmo a sua culpa no acidente, ficando também reconhecido o nexo de causalidade do evento com a sua conduta omissiva. Se o fato for imprevisível, mas as consequências forem evitáveis, cabe ao empregador adotar as medidas para tanto, sob pena de restarem configurados os pressupostos do nexo causal e da culpa patronal, tornando cabível a indenização[51].

É oportuno registrar neste ponto a tese interessante elaborada por Dallegrave Neto, defendendo o deferimento da indenização pela metade, nos acidentes ocorridos por motivo de força maior ou caso fortuito, por aplicação analógica do

---

50. Assevera, com propriedade, Judith Martins-Costa que: "Toda inevitabilidade é relativa, no tempo e no espaço (...). É preciso ver a pessoa e o evento, porém, não abstratamente, mas *situadamente*, em relação ao tempo e ao espaço, ao seu ambiente ou contexto. Daí a importante consciência do tempo em que vivemos, tempo que não é 'unânime', mas plurifacetado, como plurifacetada é a sociedade contemporânea." In: *Comentários ao novo Código Civil*: do inadimplemento das obrigações. Rio de Janeiro: Forense, 2003. v. V, t. II, p. 205.

51. A professora Judith Martins-Costa, ao comentar o art. 393 do novo Código Civil, afirma: "Se o fato for imprevisível, mas as consequências forem evitáveis, porém o devedor não cuidar de evitá-las, o caso pode configurar inadimplemento por culpa e não impossibilidade devido ao fortuito ou força maior." In: *Comentários ao novo Código Civil*. Rio de Janeiro, 2003. v. V, t. II, p. 203.

art. 502 da CLT. O raciocínio, sem dúvida, merece consideração, especialmente porque está em sintonia com a tendência da objetivação da responsabilidade civil do empregador ou mesmo da responsabilidade sem culpa, conforme mencionamos no capítulo 5. Vejam os fundamentos do douto jurista paranaense:

> Na esfera do Direito do Trabalho, em face do seu conteúdo tutelar e mais social do que os contratos civilistas, o dano do empregado ocorrido no ambiente do trabalho, ainda que decorrente de força maior ou caso fortuito, não exime, por completo, o empregador. Assim, ao nosso crivo, por aplicação analógica dos arts. 501 e 502, II, da CLT, a indenização deverá ser fixada pela metade. (...)
>
> Observe-se que essa solução é consentânea com a tendência do novo Código Civil, quando em seus arts. 944 e 945 autoriza a redução da indenização conforme o grau de culpa do agente. É exatamente o fundamento da nossa tese que parte de um juízo de ponderação por parte do julgador, ou seja, se de um lado o empregador não concorreu para o dano motivado por um evento inevitável e imprevisível, de outro lado está o empregado que foi vítima de um dano manifestado durante a execução do contrato do trabalho e que merece ser reparado, máxime porque o empregador, quando delibera em explorar alguma atividade econômica, assume os riscos dela decorrentes, nos termos do art. 2º da CLT. Ademais, conforme visto anteriormente, não se pode ignorar que um dos princípios cardeais da responsabilidade civil é o da reparação integral da vítima (*restitutio in integrum*), ou seja, o julgador deve se preocupar mais com a reparação da vítima e menos com a culpa do agente.
>
> Com efeito, diante desse conflito axiológico, aplica-se o princípio da proporcionalidade reduzindo-se pela metade a indenização a ser paga pelo agente empregador, conforme já havia previsto o legislador trabalhista em situação similar envolvendo rescisão do contrato por força maior, *ex vi* do art. 502 da CLT.[52]

Diante das divergências doutrinárias sobre o conceito de caso fortuito e de força maior, normalmente essas duas causas de danos são indicadas conjuntamente nos diplomas legais. Não teria mesmo muito sentido empreender um esforço exegético de maior profundidade para estabelecer a distinção se os efeitos de um e outro são os mesmos. Assim, aqueles fatos necessários, cujos efeitos não se podiam evitar ou impedir, são enquadrados como caso fortuito ou

52. DALLEGRAVE NETO, José Affonso. *Responsabilidade civil no direito do trabalho*. 5. ed. São Paulo: LTr, 2014. p. 436-437.

força maior, conforme previsto no art. 393, parágrafo único, do Código Civil de 2002, repetindo o que previa o art. 1.058, parágrafo único, do Código de 1916.

De todo modo, convém transcrever o pensamento abalizado de Sérgio Cavalieri sobre as diferenças conceituais entre o caso fortuito e a força maior:

> Estaremos em face do *caso fortuito* quando se tratar de evento **imprevisível** e, por isso, inevitável; se o evento for **irresistível**, ainda que previsível, por se tratar de fato superior às forças do agente, como normalmente são os fatos da Natureza (tempestades, enchentes, furacões etc.), estaremos em face da *força maior*, como o próprio nome o diz. É o *act of God*, no dizer dos ingleses, em relação ao qual o agente nada pode fazer para evitá-lo, ainda que previsível. A *imprevisibilidade*, portanto, é o elemento indispensável para a caracterização do caso fortuito, enquanto a *irresistibilidade* o é da força maior.[53]

Nas hipóteses legais de aplicação da teoria da responsabilidade objetiva, quando a indenização é devida pelo simples risco da atividade, doutrina e jurisprudência não consideram como excludente do nexo causal o *fortuito interno*, isto é, aquele evento danoso imprevisível que está relacionado à dinâmica do ciclo operacional do empreendimento. Mesmo sendo uma hipótese de caso fortuito, a sua ocorrência tem ligação com o desenvolvimento regular da atividade da empresa e pode ser incluído no conceito mais amplo de risco do negócio. A Súmula n. 479 do STJ está em sintonia com esse pensamento: "As instituições financeiras respondem objetivamente pelos danos gerados por fortuito interno relativo a fraudes e delitos praticados por terceiros no âmbito de operações bancárias."

Seguindo essa diretriz doutrinária, foi aprovado na V Jornada de Direito Civil, realizada em 2011 pelo Centro de Estudos Judiciários do Conselho da Justiça Federal, o Enunciado 443, com o seguinte teor: "Arts. 393 e 927. O caso fortuito e a força maior somente serão considerados como excludentes da responsabilidade civil quando o fato gerador do dano não for conexo à atividade desenvolvida."

Para o civilista Sílvio Rodrigues, "quando o fato de que resultou o acidente está ligado à pessoa, ou à coisa, ou à empresa do agente causador do

---

53. CAVALIERI FILHO, Sérgio. *Programa de responsabilidade civil.* 16 ed. São Paulo: Atlas, 2023. p. 89. No julgamento do Recurso Especial n. 264.589/RJ, anotou o Colendo STJ: "Na lição de Clóvis, caso fortuito é 'o acidente produzido por força física ininteligente, em condições que não podiam ser previstas pelas partes', enquanto a força maior é 'o fato de terceiro, que criou, para a inexecução da obrigação, um obstáculo, que a boa vontade do devedor não pode vencer', com a observação de que o traço que os caracteriza não é a imprevisibilidade, mas a inevitabilidade." Cf. STJ. 4ª Turma. Rel.: Ministro Sálvio de Figueiredo, julgado em 14 nov. 2000.

dano (o que se poderia chamar de fortuito interno), mais rigoroso deve ser para com este o julgador, ao decidir a demanda proposta pela vítima."[54] Só mesmo os casos fortuitos ou de força maior de origem externa produzem o efeito de excluir o nexo de causalidade[55]. Discorrendo a respeito, o civilista Sérgio Cavalieri pontua a diferença entre o fortuito interno e o externo:

> Entende-se por *fortuito interno* o fato imprevisível, e por isso inevitável, que se liga à organização da empresa, que se relaciona com os riscos da atividade desenvolvida pelo transportador. O estouro de um pneu do ônibus, o incêndio do veículo, o mal súbito do motorista etc. são exemplos do fortuito interno; por isso que, não obstante acontecimentos imprevisíveis, estão ligados à organização do negócio explorado pelo transportador. A imprensa noticiou, faz algum tempo, que o comandante de um Boeing, em pleno voo, sofreu um enfarte fulminante e morreu. Felizmente, o copiloto assumiu o comando e conseguiu levar o avião são e salvo ao seu destino. Eis, aí, um típico caso de fortuito interno. O *fortuito externo* é também fato imprevisível e inevitável, mas estranho à organização do negócio. É o fato que não guarda nenhuma ligação com a empresa, como fenômenos da Natureza — tempestades, enchentes etc. Duas são, portanto, as características do fortuito externo: autonomia em relação aos riscos da empresa e inevitabilidade, razão pela qual alguns autores a denominam força maior.[56]

---

54. RODRIGUES, Sílvio. *Responsabilidade civil*. 19. ed. São Paulo: Saraiva, 2002. p. 175-176. No julgamento da Apelação Cível n. 197254352, ocorrido em 14 de maio de 1998, o Tribunal de Justiça do Rio Grande do Sul asseverou: "A empresa de transporte coletivo rodoviário que contrata aposentado para a estressante função de motorista, que vem a ter enfarte do miocárdio, provocando acidente, não prova, satisfatoriamente, nas circunstâncias, a imprevisibilidade do evento, mediante simples atestado médico de sanidade física e mental, feito seis meses antes. Soma-se que, mesmo admitindo-se a imprevisibilidade, portanto, configurando-se caso fortuito, teria ele origem interna, e não externa. Logo, não excludente da responsabilidade porque inserido no risco natural da atividade lucrativa exercida." Vale observar, no entanto, que neste julgamento o Tribunal estava apreciando ação ajuizada pelo usuário do transporte coletivo que foi atingido pelo acidente mencionado.
55. Vejam também neste sentido: ALVIM, Agostinho. *Da inexecução das obrigações*. 4. ed. São Paulo: Saraiva, 1972, p. 330; GONÇALVES, Carlos Roberto. *Responsabilidade civil*. 14. ed. São Paulo: Saraiva, 2012. p. 643; PEREIRA, Caio Mário da Silva. *Responsabilidade civil*. 9. ed. Rio de Janeiro: Forense, 2002. p. 303; NORONHA, Fernando. *Direito das obrigações*. São Paulo: Saraiva, 2003. v. 1, p. 626; DIREITO, Carlos Alberto Menezes; CAVALIERI FILHO, Sérgio. *Comentários ao novo Código Civil*. 2. ed. Rio de Janeiro: Forense, 2007. v. XIII, p. 90; RODRIGUES, Sílvio. *Responsabilidade civil*. 19. ed. São Paulo: Saraiva, 2002. v. 4, p.175; MARTINS-COSTA, Judith. *Comentários ao novo Código Civil*. Rio de Janeiro: Forense, 2003. v. V, t. II, p. 201.
56. CAVALIERI FILHO, Sérgio. *Programa de responsabilidade civil*. 15. ed. São Paulo: Atlas, 2023.

Vejam alguns julgados recentes do Tribunal Superior do Trabalho, abordando o tema do caso fortuito interno ou externo:

> "**Responsabilidade civil do empregador. Acidente de trabalho. Morte do empregado. Motorista. Atividade de risco. Responsabilidade civil objetiva. Fato de terceiro que não exclui a responsabilização do empregador. Óbice da súmula nº 333 do TST. Intranscendência confirmada. Conhecimento e não provimento.** I. O TRT, ao reconhecer a responsabilidade objetiva da reclamada, no acórdão recorrido, pelo acidente de trabalho que acometeu o trabalhador falecido no exercício atividade de risco acentuado (motorista carreteiro), entendendo que a culpa exclusiva de terceiro não tem o condão de romper o nexo de causalidade, decidiu em sintonia com a jurisprudência da SBDI-1 desta Corte Superior, no sentido de que, por se estar diante de uma atividade de risco, a culpa exclusiva de terceiro não tem o condão de romper o nexo de causalidade, de modo a afastar a responsabilidade do empregador, uma vez que integra o próprio risco da atividade desenvolvida pelo empregado, configurando fortuito interno. Com efeito, por se estar diante de atividade de risco, o fato de terceiro hábil a excluir o nexo de causalidade é aquele que não guarda qualquer pertinência com a atividade desenvolvida, o que não se verifica na hipótese dos autos, em que o risco de ser abalroado por outro veículo é ínsito à atividade de motorista profissional. II. Fundamentos da decisão agravada não desconstituídos, confirmando-se a intranscendência do recurso de revista. III. Agravo de que se conhece e a que se nega provimento" TST. 4ª Turma. AIRR-0010592-65.2023.5.18.0004, Rel.: Ministro Alexandre Luiz Ramos, *DEJT* 08 nov. 2024.
>
> "**Recurso de revista da reclamante. Recurso de revista. Processo sob a égide das leis 13.015/2014 e 13.467/2017. Acidente de trânsito sofrido pela empregada. Via pública urbana. Transporte fornecido pelo empregador. Viagens habituais a trabalho. Responsabilidade civil objetiva do empregador e do transportador. Arts. 734 e 735 do Código Civil. Indenizações devidas.** O pleito de indenização por dano moral e material resultante de acidente do trabalho e/ou doença profissional ou ocupacional supõe a presença de três requisitos: a) ocorrência do fato deflagrador do dano ou do próprio dano, que se constata pelo fato da doença ou do acidente, os quais, por si sós, agridem o patrimônio moral e emocional da pessoa trabalhadora (nesse sentido, o dano moral, em tais casos, verifica-se pela própria circunstância da ocorrência do malefício físico ou psíquico); b) nexo causal, que se evidencia pelo fato de o malefício ter ocorrido em face das condições laborativas; c) culpa empresarial, excetuadas as hipóteses de responsabilidade objetiva. Embora não se possa presumir a culpa em diversos casos de dano moral – em que a culpa tem de ser provada pelo autor da ação –, tratando-se de doença ocupacional, profissional ou de acidente do trabalho, essa culpa é presumida, em virtude de o empregador ter o controle e a direção sobre a estrutura, a dinâmica, a gestão e a operação do estabelecimento em que ocorreu o malefício. No presente caso, extrai-se do acórdão recorrido que restou comprovado que a Obreira sofreu acidente de trânsito, em via pública urbana, em uma das suas viagens a trabalho, para a Reclamada, durante o horário de expediente, em veículo da Empresa,

dirigido pela sua colega de trabalho. Após o acidente, sobrevieram sequelas graves, inclusive o desenvolvimento de hérnia de disco cervical traumática, que levou à necessidade de tratamento cirúrgico, realizado em março de 2018. O Tribunal regional julgou improcedentes o pleito de declaração da responsabilidade civil da Empregadora pelo acidente de trânsito sofrido pela Obreira, bem como o de indenizações correlatas. A Corte Regional entendeu não ser o caso de aplicação da responsabilidade objetiva, sendo, portanto, necessária a comprovação da existência de dolo ou da culpa da Empregadora. Por fim, entendeu ser indevida a compensação da Obreira pelos danos morais e materiais sofridos em razão do acidente, ao concluir que "não restou evidenciada a culpa da empregadora, pois, ainda que o acidente tenha ocorrido durante o horário de trabalho, o empregador não teve qualquer participação ou condição de adotar medida para evitar o infortúnio". Contudo, considerando as premissas fáticas transcritas no acórdão recorrido, tem-se que a matéria comporta enquadramento jurídico diverso. Na presente hipótese, ainda que o infortúnio tenha ocorrido em via pública urbana, deve, sim, ser declarada a responsabilidade civil objetiva do empregador, considerando-se que o acidente ocorreu quando a Reclamante estava em transporte fornecido pela própria Reclamada, durante viagem a trabalho, tendo como condutora uma colega de trabalho. Nesse contexto, a responsabilidade civil objetiva do empregador, resulta da exposição do empregado a risco exacerbado, maior do que aquele inerente ao cotidiano da maioria dos demais indivíduos; bem como do fato de o empregador ostentar a condição de transportador, para os fins dos arts. 734 e 735 do Código Civil. No aspecto, é certo que o acidente de trânsito ocorrido durante a prestação de serviços em transporte fornecido pela Empregadora, como no presente caso, suscita a responsabilidade objetiva da Reclamada, na condição de transportadora, consoante inteligência dos arts. 734 e 735 do CCB. Releva agregar a decisão proferida pelo Supremo Tribunal Federal, em 12/03/2020, em sede de repercussão geral , sob a Relatoria do Ministro Alexandre de Moraes, no julgamento do Recurso Extraordinário nº RE 828.040, no sentido de reconhecer a constitucionalidade (art. 7º, XXVIII, da Lei Maior) da responsabilização civil objetiva do empregador, no caso de acidente de trabalho, nos moldes previstos no art. 927, parágrafo único, do Código Civil – pontuando-se que a respectiva ata de julgamento foi publicada no *DJE* em 20/03/2020. Nesse sentido, faz-se pertinente transcrever a seguinte tese que se extraiu do site do Supremo Tribunal Federal (em 16/04/2020): O Tribunal, por maioria, fixou a seguinte tese de repercussão geral: "O artigo 927, parágrafo único, do Código Civil é compatível com o artigo 7º, XXVIII, da Constituição Federal, sendo constitucional a responsabilização objetiva do empregador por danos decorrentes de acidentes de trabalho, nos casos especificados em lei, ou quando a atividade normalmente desenvolvida, por sua natureza, apresentar exposição habitual a risco especial, com potencialidade lesiva e implicar ao trabalhador ônus maior do que aos demais membros da coletividade", nos termos do voto do Ministro Alexandre de Moraes (Relator). Por outro lado, há que se ressaltar que, nas hipóteses de aplicação da teoria do risco, não se considera excludente da responsabilidade objetiva quando se tratar de caso fortuito interno, considerado como tal o fato imprevisível ligado à atividade do empregador e acobertado pelo conceito de risco mais amplo, razão pela qual se mantém a responsabilização objetiva do empregador. Nessa diretriz é a lição de Sebastião Geraldo de Oliveira, que também explicita em sua obra o entendimento de outros doutrinadores a respeito da matéria: Nas hipóteses legais de aplicação da teoria da responsabilidade objetiva, quando a indenização é devida pelo simples risco da atividade, doutrina e jurisprudência não consideram como excludente do nexo causal o caso fortuito interno, isto é, aquele fato danos imprevisível que está ligado à atividade do empregador e, portanto, abrangido pelo conceito mais amplo de risco do negócio. Seguindo essa diretriz doutrinária, foi aprovado na V Jornada de Direito Civil, realizada em 2011, o Enunciado 443, com o seguinte teor: "Arts. 393 e 927. O caso fortuito e a força maior somente serão considerados como excludentes da responsabilidade civil quando o fato gerador do dano não for conexo à atividade desenvolvida". Para o civilista Sílvio Rodrigues, "quando o fato de que resultou o acidente está ligado à pessoa, ou à coisa, ou à empresa do agente causador do dano (o que se poderia chamar de fortuito interno), mais rigoroso deve ser para com este o julgador, ao decidir a demanda proposta pela vítima." Só mesmo os casos fortuitos ou de força maior de origem externa produzem o efeito de excluir o nexo de causalidade. Discorrendo a respeito do caso fortuito interno esclarecem Carlos Alberto Direito e Sérgio Cavalieri: "Entende-se por fortuito interno o fato imprevisível, e por isso inevitável, que se liga à organização da empresa, relaciona-se com os riscos da atividade desenvolvida pelo transportador. O estouro de um pneu do ônibus, o incêndio do veículo, o mal súbito do motorista etc. são exemplos do fortuito interno; por isso que, não obstante acontecimentos imprevisíveis, estão ligados à organização do negócio explorado pelo transportador. A imprensa noticiou, faz algum tempo, que o comandante de um Boeing, em pleno voo, sofreu um enfarte fulminante e morreu. Felizmente, o copiloto assumiu o comando e conseguiu levar o avião são e salvo ao seu destino. Eis, aí, um típico caso de fortuito interno" (Indenizações por Acidente do Trabalho ou Doença Ocupacional – 7ª ed. – São Paulo, LTr, 2013, pp. 175-6). (destacamos) De par com isso, saliente-se não ser relevante a circunstância de o acidente ser causado por agente externo (seja outro condutor, seja até mesmo em face de algum animal atravessando a pista), uma vez que tais peculiaridades integram o tipo jurídico do risco acentuado regulado pela norma (art. 927, parágrafo único, CCB) . O fato de terceiro ou o caso fortuito excludentes da responsabilidade são apenas aqueles inteiramente estranhos às circunstâncias já acobertadas pela regra responsabilizatória. Com efeito, o acidente de trabalho retratado atrai a responsabilidade civil objetiva do empregador, a qual prescinde da comprovação de culpa. Deve, portanto, ser aplicada a responsabilidade objetiva sob o enfoque da existência de caso fortuito interno, pois a possibilidade, ainda que imprevisível, de o trabalhador vir a sofrer um acidente, relaciona-se com os riscos do transporte do empregado em veículo fornecido pela empresa, que tem o dever de garantir a incolumidade física da pessoa transportada. Presentes o dano, o nexo causal e a responsabilidade objetiva, há o dever de indenizar a Parte Autora. Recurso de revista conhecido e provido (...)." TST. 3ª Turma. RRAg-10610-15.2019.5.03.0014, Rel.: Ministro Mauricio Godinho Delgado, *DEJT* 23 jun. 2023.

"**Indenizações por danos morais e materiais para os pais do de cujus. Queda de avião. Morte do empregado durante viagem internacional a trabalho. Acidente típico de trabalho. Transporte fornecido e custeado pela empregadora. Contrato de transporte conexo ao contrato de trabalho. Exposição habitual a risco. Responsabilidade pelo risco da atividade ligado aos deslocamentos (viagens) comuns.** Consta no acórdão regional que o trabalhador, que exercia a função de jogador de futebol na empresa ré, foi vítima de acidente aéreo fatal em 29/11/2016, em razão do trabalho e em transporte por ela fornecido, ao se deslocar para Medellín, na Colômbia, local onde a equipe da ré disputaria a partida final da Copa Sulamericana. A primeira tese a ser afirmada é que, muito embora o acidente tenha ocorrido no deslocamento do empregado, não se tratou de acidente de trajeto, previsto no artigo 21, IV, "d", da Lei nº 8.213/1991. Essa modalidade de infortúnio ocorre no deslocamento habitual do empregado de sua residência para o lugar onde trabalha e no seu retorno. Não é o caso dos autos. Conquanto seja comum o deslocamento dos profissionais que compõem o grupo formado por diretores, atletas, comissão técnica, responsáveis pelas atividades administrativas e de apoio para diversas cidades em que são realizados os jogos que a agremiação disputa nos diversos campeonatos de que participa, o percurso diariamente feito pelo falecido empregado alcançaria o trecho desde a sua residência até o local de trabalho, onde habitualmente exercia as suas atividades e, no caso, ele não estava a cumprir o referido percurso quando veio a ser vitimado. Registre-se o fato de ser comum a realização de viagens e, particularmente no ano de 2016, a Associação Chapecoense de Futebol disputou três campeonatos de futebol ao mesmo tempo (Campeonato Brasileiro, Copa do Brasil e Copa Sulamericana) e, para cumprir os compromissos deles decorrentes, fazia dos deslocamentos atividade rotineira. Dos 51 jogos de futebol que a ré disputou de abril a novembro de 2016, 26 foram 'fora de casa'. Esses números demonstram que, independentemente do meio de transporte utilizado para se chegar aos locais onde foram disputados os jogos, o empregado estava claramente exposto a um maior risco de sofrer acidentes. Viajar fazia parte de sua rotina, de modo a atrair o imprescindível nexo de causalidade com o contrato de trabalho e, por conseguinte, o enquadramento na previsão contida no artigo 19, caput, da Lei nº 8.213/1991. Mas, ainda que se considerasse que, no momento do acidente, ele não estivesse estritamente a serviço do empregador, remanesce a previsão contida no artigo 21, IV, "c", da referida lei, que trata do acidente resultante de viagem a serviço da empresa, incluído no rol dos denominados "acidentes por equiparação". Ademais, é fato incontroverso que o transporte aéreo foi fornecido e custeado pela empregadora para atender a circunstância inerente à sua própria atividade econômica. Trata-se, assim, de contrato acessório conexo ao contrato de trabalho em que o empregador, a fim de viabilizar a execução de sua atividade econômica, fornece o transporte dos seus empregados, ainda que o faça por meio da utilização de serviços contratados de terceiros. Nesses casos, o empregador equipara-se ao transportador para fins de responsabilização pelos danos causados às pessoas transportadas, ou seja, os empregados. No transporte aéreo, essa obrigação também se impõe, ainda que se trate de voo internacional, cuja regência se encontra a cargo da Convenção para a Unificação de Certas Regras Relativas ao Transporte Aéreo

Internacional, conhecida como "Convenção de Montreal", ratificada pelo Brasil e promulgada pelo Decreto nº 5.910, de 27/09/2006, que prevê, de modo expresso, a responsabilidade objetiva do transportador pelo risco da atividade (artigo 17.1), condicionada ao fato de o acidente ocorrer a bordo da aeronave ou durante quaisquer das operações de embarque e desembarque. Registre-se, também, que a circunstância de ser habitual ou eventual o transporte fornecido pelo empregador é irrelevante para caracterizar a responsabilidade. Outrossim, cumpre observar que não se incluem nas hipóteses de excludentes os acontecimentos derivados do denominado fortuito interno, compreendido como o fato que, embora imprevisível e inevitável, se liga à organização empresarial e está relacionado aos riscos da atividade desenvolvida pelo transportador, do que é exemplo típico o acidente fatal que vitimou o ex-empregado. Essa é a compreensão que se extrai da regra contida no artigo 734 do Código Civil, ao mencionar a força maior como causa excludente do dever de reparação decorrente. Aliás, nem mesmo o fato de terceiro a exclui, como ressaltado pelo Supremo Tribunal Federal, por meio da Súmula nº 187. Desse modo, há responsabilidade objetiva da ré, com base na teoria do risco inerente ao contrato de transporte, atrelado à função desempenhada normalmente pelo ex-empregado, tal como previsto nos artigos 734 e 735 do Código Civil e na jurisprudência desta Corte que, de forma categórica, afirma ser objetiva a responsabilidade do empregador , nas hipóteses em que o acidente ocorrer durante o transporte do empregado em veículo fornecido pela empresa. Julgados de todas as Turmas e da SBDI-1 do TST. Importante ressaltar, ainda, que também deve ser aplicada ao presente caso a Teoria do Risco Criado em virtude da atividade desenvolvida, pois, com a reiteração das viagens, há o risco específico para acidentes em transportes terrestres e/ou aéreos, na forma do artigo 927, parágrafo único, do Código Civil. Desse modo, a solução da controvérsia encontra-se em perfeita conformidade com a Tese nº 932 estabelecida em Repercussão Geral pelo Supremo Tribunal Federal, pois a atividade normalmente desenvolvida, por sua natureza, apresentava exposição habitual a risco especial, com potencialidade lesiva, e acarretou ao trabalhador ônus maior do que aos demais membros da coletividade. Se, em virtude desse risco específico (inerente ao transporte), o acidente é causado, a responsabilidade objetiva se impõe. Recurso de revista não conhecido. TST. 7ª Turma. RRAg-101069-52.2017.5.01.0511, Rel.: Ministro Claudio Mascarenhas Brandao, *DEJT* 18 nov. 2022.

6.8. FATO DE TERCEIRO

Também se inclui entre os fatos que impedem a formação do nexo causal em face da empresa o acidente provocado por terceiros, ainda que no local e horário de trabalho, já que não há participação direta do empregador ou do exercício da atividade laboral para a ocorrência do evento. Aliás, o Código de Defesa do Consumidor, aqui invocado por analogia, tem previsão expressa exonerando o fornecedor da indenização pelos danos causados aos consumidores, quando ocorrer a culpa exclusiva de terceiros (arts. 12, § 3º, III, e 14, § 3º, II).

Será considerado "fato de terceiro", causador do acidente do trabalho, aquele ato lesivo praticado por alguém devidamente identificado que não seja nem o acidentado nem o empregador ou seus prepostos. Apenas o fato de o acidente ter ocorrido durante a jornada de trabalho não gera necessariamente o liame causal para fins de responsabilidade civil do empregador, se a prestação dos serviços não tiver pelo menos contribuído para o infortúnio. Como enfatiza Caio Mário, "ocorre o dano, identifica-se o responsável aparente, mas não incorre este em responsabilidade, porque foi a conduta do terceiro que interveio para negar a equação agente-vítima, ou para afastar do nexo causal o indigitado autor."[57]

Diferentemente, no enfoque do seguro acidentário, o art. 21 da Lei n. 8.213/1991 equipara ao acidente do trabalho, na modalidade de nexo causal indireto, as seguintes ocorrências envolvendo atos de terceiros:

> II — o acidente sofrido pelo segurado no local e no horário do trabalho, em consequência de:
>
> a) ato de agressão, sabotagem ou terrorismo praticado por terceiro ou companheiro de trabalho;
>
> b) ofensa física intencional, inclusive de terceiro, por motivo de disputa relacionada ao trabalho;
>
> c) ato de imprudência, de negligência ou de imperícia de terceiro ou de companheiro de trabalho;
>
> d) ato de pessoa privada do uso da razão;

Como se verifica, no acidente provocado exclusivamente por terceiros, a vítima terá direito aos benefícios previstos na legislação acidentária; contudo, não caberá a reparação civil por parte do empregador em razão da ausência do nexo causal do acidente com a prestação do trabalho. O acidentado poderá, se for o caso, postular a devida indenização em face do terceiro causador do dano, porquanto em relação a ele estará presente o nexo causal direto.

A jurisprudência fornece exemplos reiterados de exoneração da responsabilidade civil do empregador quando resta comprovado que o terceiro é o verdadeiro causador do acidente do trabalho:

> "**Recurso de revista interposto na vigência da lei nº 13.467/2017. Acidente de trabalho. Atropelamento enquanto se dirigia à sede da secretaria municipal para assinatura do registro de ponto. Fato de terceiro. Não caracterização de atividade de risco. Inexistência de culpa do empregador. Tema 932 da tabela de repercussão geral do STF. Transcendência política reconhecida.** 1. No caso, verifica-se que o empregado exercia a função de jardineiro e veio

57. PEREIRA, Caio Mário da Silva. *Responsabilidade civil.* 9. ed. Rio de Janeiro: Forense, 2002. p. 301.

a falecer quando "foi atropelado por uma motocicleta no momento em que se deslocava da praça onde trabalhava como jardineiro à sede da secretaria municipal de serviços públicos, para assinatura do controle de ponto, ao final da prestação de serviço". 2. O Supremo Tribunal Federal, no julgamento do RE 828.040/DF (Tema 932 da Tabela de Repercussão Geral), fixou a seguinte tese jurídica: "O artigo 927, parágrafo único, do Código Civil é compatível com o artigo 7º, XXVIII, da Constituição Federal, sendo constitucional a responsabilização objetiva do empregador por danos decorrentes de acidentes de trabalho, nos casos especificados em lei, ou quando a atividade normalmente desenvolvida, por sua natureza, apresentar exposição habitual a risco especial, com potencialidade lesiva e implicar ao trabalhador ônus maior do que aos demais membros da coletividade". 3. Em que pese não haver dúvidas de que o empregado foi vítima de acidente de trabalho, é indevida a responsabilização civil do empregador amparada na modalidade objetiva. Isso porque, nos termos das premissas fáticas delineadas no acórdão regional, não é possível considerar o evento que ocasionou a morte do empregado como risco inerente à atividade profissional de jardineiro. 4. Afastada a caracterização da atividade de risco, a responsabilidade civil não prescinde da demonstração do elemento subjetivo alusivo à culpa do empregador, o que não se verifica na presente hipótese. Recurso de revista conhecido e provido." TST. 1ª Turma. RR-12055-21.2017.5.15.0106, Rel.: Ministro Amaury Rodrigues Pinto Junior, *DEJT* 13 set. 2024.

"I – Agravo de Instrumento. Recurso de Revista. Lei nº 13.467/2017. Lei nº 13.015/2014. Instrução normativa nº 40 do TST. Transcendência. Legislação civil. Pedido de pagamento de indenizações por danos morais, materiais e estéticos. Tentativa de feminicídio no horário e local de trabalho. Agressões sofridas pela empregada cometidas pelo ex-companheiro. Responsabilidade da empregadora afastada no TRT. (...) A reclamante foi vítima de tentativa de feminicídio, no horário e local de trabalho, por disparos de arma de fogo efetuados pelo seu ex-companheiro que resultaram em lesões físicas e culminaram no seu afastamento do trabalho, mediante a percepção de benefício previdenciário. No campo da legislação previdenciária (art. 21, II, a, da Lei nº 8.213/1991), o ato de agressão praticado por terceiro no horário e local de trabalho se equipara a acidente do trabalho. Nesse contexto, há responsabilidade objetiva do INSS pela concessão de benefício ante o afastamento da empregada das atividades laborais. Porém, a responsabilidade objetiva do INSS no campo previdenciário não se confunde com a responsabilidade da empregadora na esfera cível. O fato de o infortúnio se enquadrar como acidente de trabalho não implica necessariamente a responsabilidade civil da empresa, fazendo-se necessário, nesse particular, o exame dos requisitos previstos nos arts. 186 e 927 do Código Civil. No caso concreto não há como ser responsabilizada a empresa pelo pagamento de indenizações civis por danos morais, materiais e estéticos, na medida em que a hipótese é de fortuito externo (fato imprevisível e inevitável, sem nenhuma ligação com a empresa), e não de fortuito interno (fato imprevisível e inevitável, mas relacionado diretamente a risco a que é submetido o trabalhador por força do contrato de trabalho). O ato de violência ocorrido na sede da reclamada, em que pese causar danos imensuráveis à reclamante, é fato imprevisível e inevitável alheio às atividades da empresa e da empregada. Não há no acórdão recorrido nenhuma informação de conduta da reclamada que tenha contribuído para a ocorrência do infortúnio. Diferentemente, o TRT consignou que a reclamante não demonstrou ter notificado a reclamada da concessão da medida protetiva e as testemunhas também foram unânimes em afirmar que não tinham conhecimento da vida privada da trabalhadora. Ainda que não se ignore o direito fundamental da reclamante à preservação de sua vida privada, também não se pode desconsiderar que a trabalhadora, ao não informar sua empregadora da medida protetiva, também não poderia acusá-la de ter falhado no dever de garantir a segurança no local de trabalho. Cumpre registrar que a reclamada não desenvolve atividade na qual deva garantir medidas especiais de segurança contra arma de fogo, a exemplo da atividade bancária, não sendo possível verificar conduta omissiva da empresa no caso dos autos. Esta Corte já enfrentou casos semelhantes, afastando a responsabilidade da empregadora por fato de terceiro em casos de crime premeditado ocorrido no horário e local de trabalho. TST. 6ª Turma. ARR n. 1688-63.2014.5.05.0641, Rel.: Ministra Katia Magalhaes Arruda, *DEJT* 14 fev. 2020.

"**Agravo de instrumento em recurso de revista. Danos morais e estéticos. Acidente de motocicleta sofrido pelo autor no deslocamento para refeição durante intervalo intrajornada. Acidente causado por terceiro. Fortuito externo. Ruptura do nexo causal.** O Tribunal Regional, ao decidir o litígio, empreendeu acurada análise do acervo probatório para a formação de seu convencimento e concluiu que o acidente de motocicleta sofrido pelo autor, no deslocamento para alimentação realizado durante o intervalo intrajornada, deu-se em razão de fato culposo de terceiro. Na forma dos arts. 7º, XXVIII, da Constituição Federal, 186 e 927, *caput*, do Código Civil de 2002, para que alguém seja responsabilizado pelos danos causados a outrem, afigura-se necessária a presença de três elementos: conduta culposa, dano e nexo causal. É possível a responsabilização objetiva — dispensada a culpa daquele a quem se imputa o evento lesivo — quando houver determinação legal nesse sentido e nos casos em que a atividade do causador do dano implicar, por sua natureza, risco para o direito de outrem. No caso, o reclamante — na função de porteiro — sofreu acidente de trânsito, enquanto se deslocava para se alimentar, de moto, durante o intervalo intrajornada. O acidente ocorreu por culpa de terceiro (caminhão que trafegava na contramão) e o trabalhador sofreu danos estéticos (deformidades nas mãos e nas pernas). Trata-se de típico fato de terceiro, equiparado ao caso fortuito, por ser o ato lesivo imprevisível, inevitável e externo ao empregador, rompendo o nexo causal entre a conduta do empregador e o dano sofrido pelo empregado. Não se pode exigir que a reclamada adotasse conduta supostamente capaz de evitar ou minorar o dano suportado pelo autor, quando não tinha tal dever. Ressalte-se que não se tem notícia nos autos de que o reclamante tenha sido colocado em situação de risco por determinação da reclamada. Logo, descabida a responsabilização da empresa pelo evento danoso, visto que inexistente o nexo de causalidade e a conduta culposa da reclamada. Incólumes os dispositivos legais. Agravo de instrumento desprovido." TST. 7ª Turma. AIRR n. 119-75.2014.5.08.0016, Rel.: Ministro Luiz Philippe Vieira de Mello Filho, *DJ* 6 maio 2015.

> "**Agravo de instrumento em recurso de revista. Responsabilidade civil do empregador.** O Regional asseverou que a atividade exercida pelo reclamante (limpeza do pátio) não era de risco e que a reclamada adotou recursos preventivos, tais como sinalização da via interna, orientação e fiscalização dos motoristas. Concluiu, também, com amparo nas provas dos autos, ter o acidente que vitimou o reclamado ocorrido por culpa exclusiva de terceiro estranho à relação de empregado, qual seja o motorista de outra empresa, que adentrou em via proibida e em velocidade acima do permitido, desrespeitando a sinalização existente no local. Diante desse contexto fático, insuscetível de reexame na atual fase recursal, não há como responsabilizar a reclamada pelo acidente ocorrido, seja subjetiva ou objetivamente. Incidência da Súmula n. 126 do TST. Agravo de instrumento conhecido e não provido." TST. 8ª Turma. AIRR n. 170600-22.2009.5.23.0051, Rel.: Ministra Dora Maria da Costa, *DJ* 24 ago. 2012.

Também se enquadra como fato de terceiro o acidente provocado por roubo à mão armada, mormente porque a segurança pública é dever do Estado, e não do empregador. Entrementes, o empregador passa a ter responsabilidade civil quando explora atividade de risco que expõe o trabalhador a perigo previsível. Vale transcrever alguns julgados a respeito de assalto à mão armada:

> "**Recurso de revista. Empregado de instituição bancária. Assalto à agência bancária. Responsabilidade civil objetiva do empregador. Indenização por danos morais. Transcendência política reconhecida.** O e. TRT, ao excluir a responsabilidade do banco reclamado pelos danos sofridos pelo autor em decorrência de assalto ocorrido na agência bancária em que trabalhava, decidiu de forma contrária ao entendimento pacificado no âmbito das Turmas do TST. Com efeito, a jurisprudência firmada por esta Corte reconhece a responsabilidade objetiva do empregador pelos danos sofridos pelos seus empregados em decorrência de assalto em agência bancária, em razão do exercício de atividade de risco. Precedentes. Neste contexto, a obrigação de reparação independe de culpa, conforme disposto no parágrafo único do art. 927 do CC, que assim dispõe: Haverá obrigação de reparar o dano, independentemente de culpa, nos casos especificados em lei, ou quando a atividade normalmente desenvolvida pelo autor do dano implicar, por sua natureza, risco para os direitos de outrem. Recurso de revista conhecido e provido" TST. 5ª Turma. RR-1000820-68.2021.5.02.0039, Rel.: Ministro Breno Medeiros, *DEJT* 14 nov. 2024.
>
> "**Recurso de revista sob a égide da lei 13.467/2017. Dano moral. Assalto à agência bancária. Responsabilidade objetiva. Artigos 186 e 927 do CC.** O art. 927, parágrafo único, do Código Civil, consagra a teoria do risco da atividade, pois prevê a responsabilidade objetiva daquele que desenvolve uma atividade de risco, em que fica obrigado a reparar um eventual dano causado a terceiro, independentemente da investigação sobre a existência de culpa. In casu, o Regional apesar de reconhecer o fato e o nexo causal, isenta de responsabilidade o banco reclamado, pelo forte sistema de segurança e vigilância. Contudo, trata-se de pedido de indenização por danos morais decorrentes do assalto sofrido no

horário de trabalho na agência trabalhada. Está evidente, portanto, o risco da atividade. A condenação prescinde de prova do efetivo dano experimentado pelo empregado, bastando a demonstração da conduta praticada pelo empregador, o que efetivamente ocorreu no caso concreto, configurando o dano presumível (in re ipsa). Nesse contexto, independente da presença de seguranças e câmeras de vigilância, além de acompanhamento profissional de saúde mental, restou configurada responsabilidade objetiva do recorrido. Recurso de revista conhecido e provido." TST; 6ª Turma. ARR-1000365-70.2017.5.02.0063, Rel.: Ministro Augusto Cesar Leite de Carvalho, *DEJT* 08 nov. 2024.

"Responsabilidade civil do empregador. Cobrador de ônibus. Assalto. Acidente de trabalho. Indenização por dano moral e material. Na hipótese, o Tribunal Regional deu provimento ao recurso ordinário do reclamante para afastar a alegação de culpa exclusiva da vítima no acidente devido a assalto ocorrido durante o exercício de sua atividade de cobrador de ônibus, e reconheceu a obrigação da reclamada em responder pelos danos morais e materiais causados ao reclamante, tanto sob a ótica da responsabilidade objetiva quanto da responsabilidade subjetiva. Nos termos da jurisprudência desta Eg. Corte, o trabalho em transporte coletivo urbano implica risco potencial à incolumidade física e psíquica do trabalhador, a ensejar a responsabilização objetiva da empresa por dano decorrente de assalto, nos termos do art. 927, parágrafo único, do Código Civil. A decisão regional, ao reconhecer a responsabilidade da reclamada pelo infortúnio ocorrido, condenando-a à reparação dos danos morais e materiais decorrentes, adotou entendimento em consonância com a jurisprudência iterativa, notória e atual desta Corte, incidindo o entendimento do art. 896, § 7º, da CLT e o vertido na Súmula 333 do TST, como óbice ao conhecimento do apelo. Precedentes. Recurso de revista da reclamada não conhecido." TST. 2ª Turma. RR-439-81.2015.5.17.0003, Rel.: Ministra Maria Helena Mallmann, *DEJT* 1º abr. 2022.

"Recurso de revista. Acórdão regional publicado na vigência da lei nº 13.015/2014. Responsabilidade civil do empregador. Assalto. Carteiro. Entrega de mercadorias. Atividade de risco. Responsabilidade objetiva. Indenização por danos morais. Parágrafo único do art. 927 do código civil. Tema 932 da repercussão geral. Efeito vinculante e eficácia erga omnes. Observância obrigatória. Conhecimento e provimento. I. Na presente hipótese, é incontroverso que o Reclamante exercia a função de Carteiro e foi vítima de diversos assaltos durante sua jornada de trabalho. II. Ao interpretar o parágrafo único do art. 927 do Código Civil, este Tribunal Superior tem reiteradamente decidido que é objetiva a responsabilidade civil do empregador quanto a danos morais ocasionados a empregados da ECT vítimas de assalto, que laboram como carteiros entregando correspondências e mercadorias – muitas vezes de elevado valor. III. Concluindo pela utilização da teoria da responsabilidade subjetiva ao presente caso e da excludente "Fato de Terceiro", o Tribunal Regional contrariou a jurisprudência deste Tribunal Superior que reconhece o risco inerente à atividade executada pelo Reclamante e determina a aplicação da responsabilidade objetiva do Empregador. IV. Cumpre ressaltar que O STF firmou tese no Tema 932 da tabela de repercussão geral no sentido de que: " O artigo 927, parágrafo único, do Código Civil é compatível com o artigo 7º, XXVIII, da Constituição Federal, sendo constitucional a responsabilização objetiva do empregador por danos decorrentes de acidentes de trabalho, nos casos especificados em lei, ou quando a atividade normalmente desenvolvida, por sua natureza, apresentar exposição habitual a risco especial, com potencialidade lesiva e implicar ao trabalhador ônus maior do que aos demais membros da coletividade." A observância da tese é obrigatória por todas as decisões judiciais supervenientes à data da fixação do entendimento, inclusive em Tribunais Superiores e no próprio STF (Temas 733 e 360 da repercussão geral), sob pena de formação de coisa julgada inconstitucional. V. Constatada violação do art. 927, parágrafo único, do Código Civil. VI. Recurso de revista de que se conhece e a que se dá provimento". TST. 4ª Turma. RR-11189-80.2015.5.01.0006, Rel.: Ministro Alexandre Luiz Ramos, *DEJT* 09 abr. 2021.

"**Recurso de Revista da reclamante – Acórdão anterior à lei nº 13.015/2014 – Acidente de Trabalho – Responsabilidade Objetiva – Aplicabilidade – Risco da atividade – Porteiro noturno – Assalto ao estabelecimento – óbito do empregado.** 1. Na forma do art. 927, parágrafo único, do Código Civil, é possível a responsabilização objetiva – dispensada a culpa daquele a quem é imputado o evento lesivo – nos casos em que a atividade do causador do dano implicar, por sua natureza, risco para o direito de outrem. 2. O dano decorrente do risco voluntariamente criado e assumido pelo empreendedor é passível de reparação. O empresário, na execução de suas atividades, cria um risco e expõe outrem a perigo de dano – risco criado –, além de se beneficiar e tirar proveito financeiro do risco por ele próprio gerado, auferindo lucros – risco proveito. 3. As atividades desempenhadas pelo empregado (porteiro noturno) apresentam, intrinsecamente, risco elevado e expõem o trabalhador à ação de criminosos, sendo imperiosa a responsabilização objetiva da reclamada. 4. No caso, a reclamada tinha ciência da constante ação de criminosos no estabelecimento e guardava objetos de valor, tendo assumido o risco de expor, diferenciadamente, a integridade física do porteiro noturno cuja força de trabalho contrata e dirige. A empresa sujeitou o seu empregado a potencial ação de criminosos, em local sabidamente periculoso. 5. Ressalte-se que o fato de terceiro (ação de criminosos) está absolutamente inserido no risco assumido pela empresa e não rompe o nexo de causalidade, assemelhando-se ao caso fortuito interno. Ao auferir lucros, dirigir o empreendimento de risco e controlar a atividade laboral do empregado, a empresa internaliza todo o potencial ofensivo de sua atividade. Recurso de revista da reclamante conhecido e provido". TST. 7ª Turma. RR n. 569-51.2011.5.23.0001, Rel.: Ministro Luiz Philippe Vieira de Mello Filho, *DEJT* 07 fev. 2020.

Importa registrar, no entanto, que o entendimento tradicional, de que a interveniência do terceiro exclui a responsabilidade civil, vem recebendo ressalvas e atenuações, de acordo com as circunstâncias do caso concreto.

Tem-se cogitado, em determinados casos, que a possibilidade de sofrer o acidente, mesmo causado por terceiros, foi aumentada em razão do exercício do trabalho da vítima, pelo que seria cabível aplicar a responsabilidade civil objetiva do empregador, com apoio na teoria do risco criado. A maior vulnerabilidade do acidentado estaria no campo do *risco conexo* daquela atividade econômica, pelo que não se exclui o nexo causal pela caracterização do fortuito interno.

Em vez de se concentrar na assertiva tradicional de indenizar os danos causados pelo empregador, desloca-se o pensamento jurídico atual no sentido de indenizar os danos sofridos pelo acidentado durante a prestação dos serviços. É certo, porém, que o empregador, se for o caso, pode acionar o terceiro causador do acidente para reembolso do valor da indenização.

Como observa Sílvio Venosa, a exclusão do dever de indenizar por fato de terceiro é tormentosa na jurisprudência, e o juiz, por vezes, vê-se perante uma questão de difícil solução. Salienta ainda que, "na maioria das vezes, os magistrados decidem por equidade, embora não o digam."[58]

Pode-se observar, portanto, que há uma tendência de ampliar as hipóteses de reparação dos danos causados, ainda que por terceiro, para não deixar a vítima ao desamparo[59]. Reforça essa linha de pensamento o art. 735 do Código Civil de 2002, sem correspondente no Código anterior, que prevê: "A responsabilidade contratual do transportador por acidente com passageiro não é elidida por culpa de terceiro, contra o qual tem ação regressiva."[60]

Poder-se-ia argumentar que a analogia com o art. 735 do Código Civil não seria pertinente, porque no contrato de transporte está implícita a garantia de incolumidade pela qual o transportador assume obrigação de resultado, qual seja, conduzir o passageiro são e salvo ao seu destino. O argumento, entretanto, comporta objeções porque, cada vez mais, vem sendo exigido do empregador o dever de segurança dos empregados, tanto que o art. 7º, XXII, da Constituição, estabelece como direito dos trabalhadores a "redução dos riscos inerentes ao trabalho, por meio de normas de saúde, higiene e segurança." Além disso, o risco da atividade econômica é da empresa e não do empregado, conforme estabelece

58. VENOSA, Sílvio de Salvo. *Direito civil.* 15. ed. São Paulo: Atlas, 2015. v. IV, p. 71.

59. Anderson Schreiber assevera que: "A gradual perda de rigor na apreciação do nexo de causalidade, extraída de tantos expedientes empregados pela jurisprudência, com maior ou menor apoio na doutrina, efetivamente assegura às vítimas em geral a reparação dos danos sofridos. Até aqui, o que vem sendo apontado como relativização da prova do nexo causal parece legitimar-se por aquilo que já foi denominado como 'o imperativo social da reparação'." Cf. *Novos paradigmas da responsabilidade civil.* 5. ed. São Paulo: Atlas, 2013. p.78.

60. Na realidade o art. 735 incorpora no direito positivo o que a jurisprudência já havia consolidado desde 1963, por intermédio da Súmula n. 187 do Supremo Tribunal Federal. O jurista Sérgio Cavalieri enfatiza que este entendimento não se aplica quando ocorre o fato doloso de terceiro, que se equipara ao fortuito externo. Cf. *Programa de responsabilidade civil.* 16. ed. São Paulo: Atlas, 2023. p. 385.

o art. 2º da CLT. Na jurisprudência atual pode ser observada a flexibilização do fato de terceiro como excludente do dever de indenizar:

> **"Recurso de embargos interposto na vigência da Lei n. 11.496/2007. Acidente de trajeto em transporte fornecido pelo empregador. Indenização por danos morais e materiais. Responsabilidade civil objetiva.** O empregador, ao se responsabilizar pelo transporte de seus empregados, equipara-se ao transportador, assumindo o ônus do transporte do empregado ao local de trabalho e os riscos por eventuais acidentes ocorridos no trajeto, ainda que por culpa exclusiva de terceiro. Desse modo, diante da responsabilidade fixada por lei para o transportador, é perfeitamente aplicável à hipótese dos autos o parágrafo único do art. 927 do Código Civil — teoria do risco. Assim sendo, a modalidade de responsabilidade civil a incidir no caso é a objetiva, pois se trata de responsabilidade do transportador, regulada de forma específica no diploma civil, aplicável ao caso de forma subsidiária. Precedentes. Recurso de Embargos de que se conhece e a que se nega provimento." TST. SBDI-I. E-ED-RR n. 22600-78.2009.5.15.0156, Rel.: Ministro João Batista Brito Pereira, *DEJT* 28 out. 2016.

> "**Responsabilidade civil do empregador. Acidente de trabalho. Morte do empregado. Motorista. Atividade de risco. Responsabilidade civil objetiva. Fato de terceiro que não exclui a responsabilização do empregador. Óbice da súmula nº 333 do TST. Intranscendência confirmada. Conhecimento e não provimento**. I. O TRT, ao reconhecer a responsabilidade objetiva da reclamada, no acórdão recorrido, pelo acidente de trabalho que acometeu o trabalhador falecido no exercício atividade de risco acentuado (motorista carreteiro), entendendo que a culpa exclusiva de terceiro não tem o condão de romper o nexo de causalidade, decidiu em sintonia com a jurisprudência da SBDI-1 desta Corte Superior, no sentido de que, por se estar diante de uma atividade de risco, a culpa exclusiva de terceiro não tem o condão de romper o nexo de causalidade, de modo a afastar a responsabilidade do empregador, uma vez que integra o próprio risco da atividade desenvolvida pelo empregado, configurando fortuito interno. Com efeito, por se estar diante de atividade de risco, o fato de terceiro hábil a excluir o nexo de causalidade é aquele que não guarda qualquer pertinência com a atividade desenvolvida, o que não se verifica na hipótese dos autos, em que o risco de ser abalroado por outro veículo é ínsito à atividade de motorista profissional. II. Fundamentos da decisão agravada não desconstituídos, confirmando-se a intranscendência do recurso de revista. III. Agravo de que se conhece e a que se nega provimento." TST. 4ª Turma. AIRR-0010592-65.2023.5.18.0004, Rel.: Ministro Alexandre Luiz Ramos, *DEJT* 08 nov. 2024.

> **"Recurso de Revista. Acórdão publicado na vigência da Lei no 13.467/2017. Ação de indenização por danos morais e materiais. Motorista carreteiro. Acidente do trabalho. Morte do empregado por acidente de trânsito. Atividade de risco. Responsabilidade objetiva da empregadora. Fato de terceiro.** O parágrafo único do art. 927 do Código Civil prevê a responsabilidade objetiva em razão do risco do empreendimento, respondendo o empregador, nos termos do caput do art. 2º da CLT, pelos danos advindos do acidente de trabalho sofrido pelo empregado no exercício de atividade que, por sua natureza, o expõe a tal risco.

No caso em exame, o "de cujos" exercia a atividade de motorista carreteiro. Em razão da potencialidade de provocação de dano a si e a outrem e de exposição a risco mais elevado do que estão submetidos os demais membros da sociedade, o desempenho dessa profissão enquadra-se perfeitamente no rol de atividades de risco. A culpa exclusiva de terceiros não exclui o nexo de causalidade nesses casos, pois as condutas dos outros motoristas são intrínsecas ao acidente de trânsito não se podendo cogitar de força maior ou caso fortuito. Portanto, o fato de terceiro apto a afastar o nexo causal é apenas aquele inteiramente estranho ao risco inerente à atividade desenvolvida, o que não ocorre nos autos. Ressalva de entendimento do Relator, em razão de a matéria estar pacificada no âmbito da SBDI-1 do TST. Recurso de revista conhecido e provido". TST. 2ª Turma. RR-10336-08.2018.5.03.0072, Rel.: Ministro Sergio Pinto Martins, *DEJT* 21 out. 2022.

"**Apelação cível. Responsabilidade civil. Empresa de transporte de passageiros. Indenização. Fato de terceiro. Excludente não caracterizada. Provimento do recurso.** A responsabilidade da transportadora pela incolumidade de seus passageiros consiste na obrigação de conduzi-los sãos e salvos, enquanto estes estiverem sob sua guarda. O fato de terceiro que exonera de responsabilidade a empresa de transporte, baseado no dever de segurança e vinculado ao risco da atividade, que a moderna responsabilidade civil adota, é aquele que com o transporte não guarda conexidade." Minas Gerais. TJMG. 13ª Câmara Cível. Apelação Cível n. 1.0079.05.201049-7/001, Rel.: Hilda Teixeira da Costa, *DJ* 19 jan. 2007.

"**Ação de responsabilidade civil. Empresa de transporte coletivo. Fato de terceiro. Precedentes da Corte.** 1. Cuida o caso de saber se a culpa do terceiro motorista do caminhão, que empurrou o carro para baixo do ônibus e fez com que este atropelasse os pedestres, causando-lhes morte e ferimentos severos, exclui o dever de indenizar da empresa transportadora. O princípio geral é o de que o fato culposo de terceiro, nessas circunstâncias, vincula-se ao risco da empresa de transporte, que como prestadora de serviço público responde pelo dano em decorrência, exatamente, do risco da sua atividade, preservado o direito de regresso. Tal não ocorreria se o caso fosse, realmente, fato doloso de terceiro. A jurisprudência tem admitido claramente que, mesmo ausente a ilicitude, a responsabilidade existe, ao fundamento de que o fato de terceiro que exonera a responsabilidade é aquele que com o transporte não guarde conexidade. Se o acidente ocorre enquanto trafegava o ônibus, provocado por outros veículos, não se pode dizer que ocorreu fato de terceiro estranho ou sem conexidade com o transporte. E sendo assim, o fato de terceiro não exclui o nexo causal, obrigando-se a prestadora de serviço público a ressarcir as vítimas, preservado o seu direito de regresso contra o terceiro causador do acidente. É uma orientação firme e benfazeja baseada no dever de segurança vinculado ao risco da atividade, que a moderna responsabilidade civil, dos tempos do novo milênio, deve consolidar." STJ. 3ª Turma. REsp n. 469.867/SP, Rel.: Ministro Carlos Alberto Menezes Direito, *DJ* 14 nov. 2005.

6.9. ADOECIMENTOS NÃO OCUPACIONAIS

Não há nexo causal para fins indenizatórios quando o adoecimento do trabalhador não tem ligação alguma com o exercício da sua atividade laborativa.

Nessa hipótese, a doença apenas eclodiu na vigência do contrato de trabalho, mas não foi em razão dele desencadeada ou produzida. Foi diagnosticada no trabalho, mas não teve o exercício do trabalho como fator etiológico; em suma, apareceu "no" trabalho, mas não "pelo" trabalho.

A própria lei acidentária exclui do conceito de doenças do trabalho as seguintes enfermidades: a) a doença degenerativa; b) a inerente a grupo etário; c) a que não produza incapacidade laborativa; d) a doença endêmica adquirida por segurado habitante de região em que ela se desenvolva, salvo comprovação de que é resultante de exposição ou contato direto determinado pela natureza do trabalho[61]. Isso porque, em tese, os empregados que têm propensão a tais patologias estão vulneráveis ao adoecimento independentemente das condições de trabalho.

É preciso, porém, cuidado para não se apegar demasiadamente à interpretação literal do dispositivo, porquanto muitas doenças ocupacionais são de natureza degenerativa, como alerta o médico do trabalho Primo Brandimiller:

> O processo degenerativo pode ser de natureza biomecânica, microtraumática ou mesmo macrotraumática. O câncer ocupacional também é doença degenerativa, causada por agentes cancerígenos ocupacionais, alguns deles listados na NR-15. A própria surdez ocupacional é um processo degenerativo das células nervosas do órgão de Corti.
>
> Provada sua relação direta com a atividade laborativa, deve o processo degenerativo ser caracterizado como doença do trabalho.
>
> Na traumatologia ocupacional e desportiva, cabe considerar especialmente o processo degenerativo osteoarticular de origem mecânica, representado por microtraumatismos repetitivos (esforços repetitivos, impacto articular) e as posturas viciosas prolongadas.
>
> Destaca-se ainda um tipo de degeneração articular induzida por vibrações mecânicas nas mãos, decorrentes da utilização de equipamentos elétricos e principalmente pneumáticos, como furadeiras, lixadeiras, parafusadeiras, britadeiras, serras portáteis etc.[62]

O fenômeno recente do aumento contínuo da idade média dos trabalhadores, pela maior expectativa de vida do brasileiro, está mudando também o perfil do adoecimento, dando ensejo ao aparecimento frequente de doenças inerentes ao grupo etário ou doenças degenerativas. Se o perito judicial concluir que a doença que acometeu o trabalhador apareceu em razão do fator etário

61. Lei n. 8.213, de 24 jul. 1991, art. 20, § 1º.

62. BRANDIMILLER, Primo A. *Perícia judicial em acidentes e doenças ocupacionais*. São Paulo: SENAC, 1996. p. 155-156.

ou tem apenas natureza degenerativa, não cabe deferir indenização, porquanto ausente o nexo causal ocupacional. Como exemplos podem ser citadas a perda auditiva em razão da idade, denominada presbiacusia, diferentes tipos de câncer, a osteoartrose da coluna vertebral, as doenças reumáticas etc.[63]

Convém mencionar, entretanto, que o exercício do trabalho pode contribuir para antecipar ou agravar as doenças degenerativas ou as inerentes ao grupo etário, hipóteses que configuram a etiologia multicausal do adoecimento, pelo conhecido nexo concausal. Assim, comprovada a concausa e estando presentes os demais pressupostos da responsabilidade civil, cabe o deferimento da indenização, mas com a devida atenuação equitativa, de acordo com o grau de contribuição do fator laboral, conforme analisamos no item 6.4. retro.

63. Exemplos colhidos da obra do médico do trabalho Primo A. Brandimiller, *Perícia judicial em acidentes do trabalho*. São Paulo: SENAC, 1996. p. 155.

7

CULPA DO EMPREGADOR NO ACIDENTE DO TRABALHO

7.1. A CULPA COMO PRESSUPOSTO DA INDENIZAÇÃO

O estudo da culpa é fundamental para o tema da responsabilidade civil decorrente dos acidentes do trabalho. Para os defensores da teoria do risco, bastam a ocorrência do acidente do trabalho e a comprovação do nexo causal com a atividade do empregador para o deferimento da indenização correspondente. Todavia, para os seguidores da responsabilidade civil de natureza subjetiva, é imprescindível a presença simultânea dos três pressupostos: acidente ou doença ocupacional, nexo causal da ocorrência com o trabalho e culpa do empregador. Como se vê, a exigência de comprovação da culpa é o ponto que diferencia a responsabilidade subjetiva da objetiva.

Considerando-se que a responsabilidade de natureza objetiva ainda gera controvérsias e a responsabilidade civil com apoio na culpa é uma realidade indiscutível, sempre que o lesado pretender indenização, por ter sofrido acidente do trabalho ou doença ocupacional, deve-se verificar primeiramente se o empregador incidiu em alguma conduta culposa ou antijurídica. Mesmo com a consolidação do prestígio da teoria da responsabilidade objetiva, conforme mencionamos no capítulo 5, a pretensão terá maior possibilidade de êxito e a indenização por dano moral ou existencial poderá alcançar valor mais elevado quando a culpa patronal estiver caracterizada.

Em síntese, a comprovação da culpa atende a um requisito essencial para o deferimento das indenizações no enfoque da responsabilidade subjetiva e a sua gravidade (grave, leve ou levíssima) representa importante circunstância a ser considerada no arbitramento da indenização por danos morais.

7.2. DISTINÇÃO ENTRE DOLO E CULPA

Quando oriundo de ato ilícito, o acidente do trabalho pode ocorrer por culpa ou mais raramente por dolo do empregador.

Configura-se o comportamento doloso quando o patrão ou algum de seus prepostos, intencionalmente, atua para violar direito ou praticar o ato ilícito. Na linguagem do Código Penal (art. 18, I), pode-se dizer que ocorre o dolo quando o agente quis o resultado ou assumiu o risco de produzi-lo. Desde o início da ação, já existe uma vontade direcionada para causar o dano ou produzir resultado danoso. Para Rui Stoco, o dolo é a vontade dirigida a um fim ilícito; é um comportamento consciente e voltado à realização de um desiderato[1]. A conduta dolosa do empregador, que causa o acidente do trabalho, caracteriza crime contra a pessoa (homicídio, lesão corporal, perigo para a vida ou a saúde), acarretando, portanto, repercussões jurídicas na esfera penal.

No comportamento culposo, o empregador não deseja o resultado, mas adota conduta descuidada ou sem diligência, que pode provocar o acidente ou a doença ocupacional. "No dolo, o agente quer a ação e o resultado, ou, pelo menos, assume o risco de produzi-lo. O agente que age dolosamente sabe ser ilícito o resultado que intenciona alcançar (representação) ou assume o risco de produzi-lo (anuência) com sua conduta. Está consciente de que age de forma contrária ao dever jurídico, embora lhe seja possível agir de forma diferente. Na culpa o agente só quer a ação, vindo a atingir o resultado lesivo por desvio de conduta decorrente da falta de cuidado, atenção, diligência ou cautela a serem observados em cada caso e nas mais variadas situações"[2]. Nesse sentido, afirmava Kant que uma transgressão involuntária, mas imputável chama-se culpa; uma transgressão voluntária, isto é, unida à consciência de que se trata na verdade de uma transgressão, chama-se delito[3]. Na hipótese de culpa do empregador também poderá haver consequências penais, porquanto a conduta que gerou o evento danoso tem possibilidade de ser enquadrada como crime na modalidade culposa.

7.3. ABRANGÊNCIA DO CONCEITO DE CULPA

Para compreensão do conceito de culpa é importante registrar que na base de todo o sistema jurídico há um valor fundamental: para ser possível a vida em sociedade, todos estamos submetidos ao cumprimento de deveres.

---

1. STOCO, Rui. *Tratado de responsabilidade civil*. 9. ed. São Paulo: Revista dos Tribunais, 2013. Tomo I, p. 154.
2. CAVALIERI, Sérgio. *Programa de responsabilidade civil*. 16. ed. São Paulo: Atlas, 2023. p. 44.
3. *Apud* ABBAGNANO, Nicola. *Dicionário de filosofia*. 2. ed. São Paulo: Mestre Jou, 1982. p. 209.

Esses deveres indicam determinadas condutas a serem observadas, dentre as quais a de não lesar a ninguém, conforme já mencionava a locução latina *neminem laedere,* adotada inicialmente por Ulpiano e incorporada nas Institutas de Justiniano[4]. A conduta humana, portanto, deve ser cuidadosa, diligente, para não causar prejuízo a outrem. Nesse sentido o ensinamento doutrinário:

> Vivendo em sociedade, o homem tem de pautar a sua conduta de modo a não causar dano a ninguém. Ao praticar os atos da vida, mesmo que lícitos, deve observar a cautela necessária para que de seu atuar não resulte lesão a bens jurídicos alheios. Essa cautela, atenção ou diligência, convencionou-se chamar de dever de cuidado objetivo. (...) A culpa tem sido definida como a conduta contrária à diligência ordinária e comumente usada. Por diligência entende-se o zelo, a cautela, o cuidado para cumprir o dever; o esforço da vontade exigível para determinar e executar a conduta necessária ao cumprimento de determinado dever.[5]

O núcleo conceitual da culpa, por conseguinte, reside na falta de observância do *dever geral de cautela* ou de agir de modo a não lesar ninguém. Savatier assevera que a culpa é a inexecução de um dever que o agente podia conhecer e observar[6]. Já Alvino Lima afirma que a culpa é um erro de conduta, moralmente imputável ao agente e que não seria cometido por uma pessoa avisada, em iguais circunstâncias de fato[7]. Para Aguiar Dias, "a culpa é a falta de diligência na observância da norma de conduta, isto é, o desprezo, por parte do agente, do esforço necessário para observá-la, com resultado, não objetivado, mas previsível, desde que o agente se detivesse na consideração das consequências eventuais da sua atitude."[8] Nessa sequência, vale citar ainda o pensamento do jurista paulista Rui Stoco:

> A culpa pode empenhar ação ou omissão e revela-se através: da *imprudência* (comportamento açodado, precipitado, apressado, exagerado ou excessivo); da *negligência* (quando o agente se omite, deixa de agir

---

4. O jurisconsulto romano Domício Ulpiano indicava três princípios fundamentais do Direito: viver honestamente, não lesar a ninguém e dar a cada um o que é seu. A locução *neminem laedere* (a ninguém ofender ou lesar) era indicada nos três *juris praecepta* como *alterum non laedere* com o mesmo significado.
5. DIREITO, Carlos Alberto Menezes; CAVALIERI, Sérgio. *Comentários ao novo Código Civil.* 2. ed. Rio de Janeiro: Forense, 2007. v. XIII, p. 67.
6. *Apud* DIAS, José de Aguiar. *Da responsabilidade civil.* 10. ed. Rio de Janeiro: Forense, 1995. v. 1, p. 110.
7. LIMA, Alvino. *Culpa e risco.* São Paulo: Revista dos Tribunais, 1963. p. 76.
8. DIAS, José de Aguiar. *Da responsabilidade civil.* 10. ed. Rio de Janeiro: Forense, 1995. v. 1, p. 120.

quando deveria fazê-lo e deixa de observar regras subministradas pelo bom senso, que recomendam cuidado, atenção e zelo); e da *imperícia* (a atuação profissional sem o necessário conhecimento técnico ou científico que desqualifica o resultado e conduz ao dano).[9]

O Código Civil de 2002 trata da culpa no art. 186: "Aquele que, por ação ou omissão voluntária, negligência ou imprudência, violar direito e causar dano a outrem, ainda que exclusivamente moral, comete ato ilícito."

Como se vê, a culpa no acidente do trabalho fica caracterizada quando o empregador adota uma conduta que revela imprudência, negligência ou imperícia. O entendimento doutrinário é que o termo negligência mencionado no art. 186 abrange a imperícia, visto que possui um sentido amplo de omissão no cumprimento de um dever[10]. Essas formas de exteriorização da conduta culposa foram bem sintetizadas por Carlos Roberto Gonçalves:

> A conduta imprudente consiste em agir o sujeito sem as cautelas necessárias, com açodamento e arrojo, e implica sempre pequena consideração pelos interesses alheios. A negligência é a falta de atenção, a ausência de reflexão necessária, uma espécie de preguiça psíquica, em virtude da qual deixa o agente de prever o resultado que podia e devia ser previsto. A imperícia consiste sobretudo na inaptidão técnica, na ausência de conhecimentos para a prática de um ato, ou omissão de providência que se fazia necessária; é, em suma, a culpa profissional.[11]

Na questão da segurança e saúde ocupacional, o empregador tem obrigação de adotar a diligência necessária para evitar os acidentes e as doenças relacionadas com o trabalho, devendo considerar todas as hipóteses razoavelmente

---

9. STOCO, Rui. *Tratado de responsabilidade civil*. 9. ed. São Paulo: Revista dos Tribunais, 2013. Tomo I, p. 180.

10. Nesse sentido, a lição de *Carlos Roberto Gonçalves*. In: *Responsabilidade civil*. 14. ed. São Paulo: Revista dos Tribunais, 2012. p. 51. De forma semelhante pontua Humberto Theodoro Júnior: "O Código Civil, diversamente do Código Penal, não arrola a imperícia entre as modalidades de culpa. Não quer isto dizer que a imperícia não represente culpa para a configuração do delito civil. O certo é que não se tem na espécie algo realmente diverso das figuras tradicionais da negligência e da imprudência. A imperícia é apenas a violação do dever de conduta que decorre da circunstância de exigir-se do agente o emprego de conhecimentos técnicos no ato que acabou tornando-se lesivo. A imperícia, nessa ordem de ideias, tanto pode operar por omissão como por comissão, no tocante ao emprego da técnica necessária, de sorte que, no final, ter-se-á uma negligência ou uma imprudência, embora rotulada de imperícia." Cf. *Comentários ao novo Código Civil*. Rio de Janeiro: Forense, 2003. v. III. t. 2, p. 106.

11. GONÇALVES, Carlos Roberto. *Responsabilidade civil*. 14. ed. São Paulo: Saraiva, 2012. p. 51-52.

previsíveis de danos ou ofensas à saúde do trabalhador. Assevera, com propriedade, Cavalieri Filho que só há o dever de evitar o dano que for razoável prever. E previsível é aquilo que tem certo grau de probabilidade de ocorrer[12].

Por outro lado, aquelas ocorrências imprevistas ou inevitáveis, que mesmo o empresário diligente não as teria considerado, escapam ao controle patronal e estão fora da área de abrangência da culpa, atingindo o território limítrofe do caso fortuito, da força maior ou do fato de terceiro, já abordados no capítulo 6.

A culpa pode decorrer da violação de uma norma legal ou regulamentar. É o que Sérgio Cavalieri denomina *culpa contra a legalidade*, visto que o dever transgredido resulta de texto expresso de alguma norma jurídica. Desse modo, a simples infração da norma, quando o comportamento acarreta algum dano, já desencadeia a responsabilidade civil em favor da vítima, pois cria a presunção de culpa, incumbindo ao réu o ônus da prova em sentido contrário[13].

Mas não somente a infração das normas legais ou regulamentares gera a culpa. Os textos normativos, por mais extensos e detalhados que sejam, não conseguem relacionar todas as hipóteses da conduta humana nas suas múltiplas possibilidades. Assim, além da *culpa contra a legalidade*, pode ocorrer também a culpa tão somente pela inobservância do *dever geral de cautela* em sentido lato. Nessa modalidade, ficará caracterizada a culpa, conforme as circunstâncias do caso concreto, mesmo sem violação legal expressa, se o evento danoso resultou de desvio do comportamento que se espera atualmente do bom empresário, ou seja, aquele empregador que esteja tecnicamente habilitado para explorar, com efetiva segurança, as atividades do seu empreendimento. É por essa razão que o art. 186 do Código Civil utiliza a expressão mais ampla "violar direito", em vez de violação da lei.

Nos itens seguintes vamos detalhar a culpa contra a legalidade e a culpa por violação do dever geral de cautela, com o foco direcionado para o tema das indenizações por acidente do trabalho.

7.4. CULPA CONTRA A LEGALIDADE

Na investigação da possível culpa do reclamado, relacionada com o acidente do trabalho ou a doença ocupacional, o primeiro passo é verificar se houve descumprimento das normas legais ou regulamentares que estabelecem os deveres do empregador quanto à segurança, higiene, saúde ocupacional e ao meio ambiente do trabalho. A simples violação de alguma dessas normas, havendo dano e nexo causal, cria a presunção de culpa do empregador pelo

12. CAVALIERI FILHO, Sérgio. *Programa de responsabilidade civil*. 16. ed. São Paulo: Atlas, 2023. p. 49.
13. CAVALIERI FILHO, Sérgio. *Programa de responsabilidade civil*. 16. ed. São Paulo: Atlas, 2023. p. 54.

acidente do trabalho ocorrido, uma vez que o descumprimento da conduta normativa prescrita já representa a confirmação da sua negligência, a ilicitude objetiva ou a culpa contra a legalidade[14].

Realizar essa pesquisa, entretanto, não é tarefa fácil atualmente porque a estrutura normativa da proteção jurídica à segurança e saúde do trabalhador no Brasil deixa a desejar. As normas que tratam do assunto estão dispersas em vários dispositivos legais desconexos, abrangendo diversos ramos do Direito, sem uma consolidação adequada, o que dificulta o seu conhecimento, consulta e aplicação[15].

Além disso, as principais normas legais de segurança e saúde do trabalhador estão defasadas mais de quatro décadas, especialmente porque não incorporaram integralmente o avanço ocorrido no Direito Ambiental, não assimilaram as inovações e os princípios da Constituição da República de 1988 e nem disciplinaram suficientemente a internalização das diretrizes adotadas nas diversas Convenções da OIT ratificadas pelo Brasil nos últimos anos.

Diga-se, a propósito que, no nosso entendimento, devem ser priorizados os esforços para elaboração de um "Estatuto Nacional de Segurança e Saúde do Trabalhador", conforme tem sido cogitado. A reunião da matéria em um só diploma legal organiza e estrutura as ideias fundamentais, dá mais coerência ao sistema e facilita a sua compreensão, proporcionando, com isso, maior efetividade[16].

A promulgação do Estatuto mencionado despertaria nos meios acadêmicos maior interesse pelo assunto e, com o tempo, é provável que na formação jurídica haveria uma disciplina específica para estudar o tema, podendo ser denominada Direito Ambiental do Trabalho ou Direito à Saúde do Trabalhador. Um estatuto legal sobre o tema poderia abordar aspectos do direito material relacionados à segurança, higiene e saúde do trabalhador; as questões

---

14. "Em matéria de segurança do trabalho, a simples inobservância das normas pertinentes induz à culpa do empregador, na modalidade culpa contra a legalidade *lato sensu*." Minas Gerais. TAMG. 6ª Câm. Cível. Apelação n. 351.727-1, Rel.: Juiz Belizário de Lacerda, julgado em 8 ago. 2002.

15. Há normas sobre segurança, higiene e saúde do trabalhador em leis da área de saúde, trabalhista, ambiental, previdenciária e convenções internacionais. No Brasil falta um organismo de controle central para melhor coordenação e aplicação dessas regras, como recomenda o art. 15 da Convenção n. 155 da OIT.

16. A tendência do Direito contemporâneo é no sentido de adoção de minicódigos temáticos, denominados de microssistemas ou estatutos, que tratam de uma matéria específica de forma sistematizada, abordando os conceitos básicos, os princípios próprios e os direitos e as garantias correspondentes. Dentro dessa perspectiva, foram adotados no Brasil o Código de Defesa do Consumidor, o Estatuto da Criança e do Adolescente, o Estatuto do Idoso, o Estatuto da Igualdade Racial, o Estatuto da Cidade e o Estatuto da Juventude, só para citar os exemplos mais conhecidos.

modernas do meio ambiente do trabalho; as tutelas processuais mais adequadas para garantir a segurança e a saúde do trabalhador; a reparação dos danos decorrentes dos acidentes e das doenças ocupacionais; as medidas preventivas e pedagógicas; a educação ambiental do trabalho; as penalidades etc.

Vale registrar, a propósito, que a Política Nacional de Segurança e Saúde no Trabalho, instituída no Brasil pelo Decreto n. 7.602/2011, estabelece como uma das suas diretrizes a "harmonização da legislação e a articulação das ações de promoção, proteção, prevenção, assistência, reabilitação e reparação da saúde do trabalhador".

A expectativa é no sentido de que um novo diploma legal traria um impacto positivo para a segurança e a saúde nos locais de trabalho, bem como despertaria a doutrina para aprofundar no exame e no progresso deste ramo especial do Direito[17]. Seria também uma demonstração inequívoca para as empresas e para os trabalhadores de que o legislador assumiu o compromisso de fomentar a cultura preventiva de segurança e saúde no local de trabalho. Em síntese, essa mudança poderia representar uma verdadeira revolução cultural, um novo marco legal em favor da preservação da vida e do trabalho digno.

Enquanto não tivermos um estatuto normativo sistematizando a matéria, na verificação da possível culpa patronal, será necessário percorrer diversos diplomas legais ou regulamentares, para encontrar os dispositivos que tratam dos deveres daquele empregador quanto à segurança, higiene e saúde ocupacional dos seus empregados, de acordo com a atividade do seu empreendimento. Indicaremos a seguir as principais normas sobre o assunto, procedendo a pequeno comentário, se for o caso.

1. Constituição da República

1.1. "Art. 7º São direitos dos trabalhadores urbanos e rurais, além de outros que visem à melhoria de sua condição social: ... XXII: redução dos riscos inerentes ao trabalho, por meio de normas de saúde, higiene e segurança."

A Constituição anterior assegurava aos trabalhadores apenas "higiene e segurança no trabalho"[18]. A Constituição de 1988, afinada com a tendência internacional de assegurar a eliminação dos riscos na origem, deu um passo a mais, já que assegurou a "redução dos riscos". A segurança visa à integridade física do trabalhador e a higiene tem por objetivo o controle dos agentes do

---

17. Encontrava-se em tramitação na Câmara Federal o Projeto de Lei n. 7.097/2002, que instituía o Código Brasileiro de Segurança e Saúde no Trabalho, de autoria do deputado Arnaldo Faria de Sá. Em 2012, o referido Projeto foi apensado ao PL 1.216/2011. Mas, em 19 de out. de 2021 o Parecer do atual Relator Deputado Luiz Lima do PSL-RJ propôs a rejeição do projeto. Em 31 de jan. de 2023 o Projeto foi arquivado.

18. Constituição da República de 1967, art. 165, IX.

ambiente de trabalho para a manutenção da saúde no seu amplo sentido. Pela primeira vez, o texto da Constituição menciona "normas de saúde", e, por isso, não pode ser relegado a segundo plano o conceito amplo de saúde, abrangendo o bem-estar físico, mental e social. A conclusão que se impõe é que o empregador tem obrigação de promover a redução de todos os riscos (físicos, químicos, biológicos, fisiológicos, estressantes, psíquicos etc.) que afetam a saúde do empregado no ambiente de trabalho. Essa previsão constitucional consagra o princípio do *risco mínimo regressivo*, que deve embasar toda a legislação ordinária a respeito[19].

1.2. Art. 225. "Todos têm direito ao meio ambiente ecologicamente equilibrado, bem de uso comum do povo e essencial à sadia qualidade de vida, impondo-se ao Poder Público e à coletividade o dever de defendê-lo e preservá-lo para as presentes e futuras gerações."

O meio ambiente do trabalho está inserido no meio ambiente geral (art. 200, VIII, da Constituição da República), de modo que é impossível alcançar qualidade de vida sem ter qualidade de trabalho; nem se pode atingir meio ambiente equilibrado e sustentável ignorando o meio ambiente do trabalho. Dentro desse espírito, a Constituição de 1988 estabeleceu expressamente que a ordem econômica deve observar o princípio da defesa do meio ambiente (art. 170, VI). Como assevera José Afonso da Silva, "o problema da tutela jurídica do meio ambiente manifesta-se a partir do momento em que sua degradação passa a ameaçar não só o bem-estar, mas a qualidade da vida humana, senão a própria sobrevivência do ser humano."[20] Com o passar do tempo e o acúmulo da experiência, a legislação vem atuando para garantir o ambiente de trabalho saudável, de modo a assegurar que o exercício do trabalho não prejudique outro direito humano fundamental: o direito à saúde, complemento imediato e inseparável do direito à vida. As preocupações ecológicas avançam para também preservar a qualidade do meio ambiente do trabalho.

2. Convenções da OIT

O Brasil ratificou diversas Convenções da OIT a respeito do tema de segurança e saúde do trabalhador. Com efeito, dependendo da atividade da empresa, será necessário consultar convenções específicas, para verificar se o empregador adotou todas as medidas preventivas indicadas, como por exemplo: Convenção 115, sobre radiações ionizantes; Convenção 134, sobre prevenção de acidentes de trabalho dos marítimos; Convenção 136, sobre

---

19. Para mais aprofundamento no "princípio do risco mínimo regressivo", consultar nosso livro intitulado *Proteção jurídica à saúde do trabalhador*, 6. ed. São Paulo: LTr, 2011. p. 147-148.

20. SILVA, José Afonso da. *Direito ambiental constitucional*. 3. ed. São Paulo: Malheiros, 2000. p. 28.

benzeno; Convenção 139, sobre substâncias ou produtos cancerígenos; Convenção 148, sobre contaminação do ar, ruído e vibrações; Convenção 159, sobre reabilitação Profissional e emprego de pessoas deficientes; Convenção 162, sobre asbesto; Convenção 167, sobre segurança e saúde na construção; Convenção 170, sobre produtos químicos; Convenção 171, sobre trabalho noturno; Convenção 174, sobre prevenção de acidentes industriais maiores; Convenção 176, sobre segurança e saúde nas minas; Convenção 189, sobre o trabalho decente para as trabalhadoras e trabalhadores doméstico.

Algumas convenções ratificadas, no entanto, têm aplicação genérica e estabelecem regras de conduta obrigatórias para o empregador, cujo descumprimento já sinaliza para a caracterização da culpa no acidente. Vejamos alguns exemplos:

2.1. Convenção 155: art. 16 — 1. "Deverá ser exigido dos empregadores que, à medida que for razoável e possível, garantam que os locais de trabalho, o maquinário, os equipamentos e as operações e processos que estiverem sob seu controle são seguros e não envolvem risco algum para a segurança e a saúde dos trabalhadores. 2. Deverá ser exigido dos empregadores que, à medida que for razoável e possível, garantam que os agentes e as substâncias químicas, físicas e biológicas que estiverem sob seu controle não envolvam riscos para a saúde quando são tomadas medidas de proteção adequadas. 3. Quando for necessário, os empregadores deverão fornecer roupas e equipamentos de proteção adequados a fim de prevenir, na medida que for razoável e possível, os riscos de acidente ou de efeitos prejudiciais para a saúde."

2.2. Convenção 155: art. 18. "Os empregadores deverão prever, quando for necessário, medidas para lidar com situações de urgência e com acidentes, incluindo meios adequados para a administração de primeiros socorros."

2.3. Convenção 155: art. 19. "Deverão ser adotadas disposições, em nível de empresa, em virtude das quais: (...) c) os representantes dos trabalhadores na empresa recebam informação adequada acerca das medidas tomadas pelo empregador para garantir a segurança e a saúde, e possam consultar as suas organizações representativas sobre essa informação, sob condição de não divulgarem segredos comerciais; d) os trabalhadores e seus representantes na empresa recebam treinamento apropriado no âmbito da segurança e da higiene do trabalho."

2.4. Convenção 161: art. 5. "Sem prejuízo da responsabilidade de cada empregador a respeito da saúde e da segurança dos trabalhadores que emprega, e tendo na devida conta a necessidade de participação dos trabalhadores em matéria de segurança e saúde no trabalho, os serviços de saúde no trabalho devem assegurar as funções, dentre as seguintes, que sejam adequadas e ajustadas aos riscos da empresa com relação à saúde no trabalho: a) identificar e avaliar os riscos para a saúde, presentes nos locais de trabalho; b) vigiar os fatores do meio de trabalho e as práticas de trabalho que possam afetar a saúde dos trabalhadores, inclusive as instalações sanitárias, as cantinas e as áreas de habitação, sempre que esses equipamentos sejam fornecidos pelo empregador; c) prestar assessoria quanto ao planejamento e à organização do trabalho, inclusive sobre a concepção dos locais de trabalho, a escolha, a manutenção e o estado das máquinas e dos equipamentos, bem como sobre o material utilizado no trabalho; d) participar da elaboração de programas de melhoria das práticas de trabalho, bem como dos testes e da avaliação de novos equipamentos no que concerne aos aspectos da saúde; e) prestar assessoria nas áreas da saúde, da segurança e da higiene no trabalho, da ergonomia e, também, no que concerne aos equipamentos de proteção individual e coletiva; f) acompanhar a saúde dos trabalhadores em relação com o trabalho; g) promover a adaptação do trabalho aos trabalhadores; h) contribuir para as medidas de readaptação profissional; i) colaborar na difusão da informação, na formação e na educação nas áreas da saúde e da higiene no trabalho, bem como na da ergonomia; j) organizar serviços de primeiros socorros e de emergência; k) participar da análise de acidentes de trabalho e das doenças profissionais."

2.5. Convenção 161: art. 13. "Todos os trabalhadores devem ser informados dos riscos para a saúde inerentes a seu trabalho."

3. Leis Ordinárias

3.1. CLT — A CLT estabelece diversas normas de segurança, medicina e saúde do trabalhador no Capítulo V do Título II, abrangendo do art. 154 ao 201. O descumprimento de algumas dessas normas já pode indicar a responsabilidade patronal pelo acidente, nos termos retromencionados de culpa contra a legalidade. Convém destacar alguns artigos de aplicação genérica:

3.1.1. CLT — art. 157. "Cabe às empresas: I — cumprir e fazer cumprir as normas de segurança e medicina do trabalho; II — instruir os empregados, através de ordens de serviço, quanto às precauções a tomar no sentido de evitar acidentes do trabalho ou doenças ocupacionais; III — adotar as medidas que lhes sejam determinadas pelo órgão regional competente; IV — facilitar o exercício da fiscalização pela autoridade competente."

A previsão do inciso I tem sido muito utilizada nos julgamentos para configurar a culpa da empresa por omissão, quando esta deixa de fiscalizar e de exigir o cumprimento das normas de segurança. Não basta ao empregador fornecer equipamentos de proteção ou orientar o empregado quanto às normas de segurança e saúde. É preciso ir além e exigir o cumprimento das normas para atender ao comando legal do "cumprir e fazer cumprir"[21]. Nesse

21. "*Recurso de Revista. Direito fundamental à redução dos riscos do trabalho. Art. 7º, XXII, da Constituição Federal. Acidente de trabalho. Não observância do art. 157 da CLT. Culpa da empregadora.* É direito do trabalhador, previsto no art. 7º, XXII, da Carta Magna, a 'redução dos riscos inerentes

sentido também a Súmula n. 289 do TST: "O simples fornecimento do aparelho de proteção pelo empregador não o exime do pagamento do adicional de insalubridade. Cabe-lhe tomar as medidas que conduzam à diminuição ou eliminação da nocividade, entre as quais as relativas ao uso efetivo do equipamento pelo empregado."

3.1.2. CLT — art. 163. "Será obrigatória a constituição de Comissão Interna de Prevenção de Acidentes e de Assédio (Cipa), em conformidade com instruções expedidas pelo Ministério do Trabalho e Previdência, nos estabelecimentos ou nos locais de obra nelas especificadas. Parágrafo único — O Ministério do Trabalho regulamentará as atribuições, a composição e o funcionamento das CIPA(s)."

A CIPA foi regulamentada pela Norma Regulamentadora 5 (NR-5) da Portaria n. 3.214/1978, do Ministério do Trabalho, com as modificações da Portaria n. 8, de 23 de fevereiro de 1999, Portaria da Secretaria de Inspeção do Trabalho n. 247/2011, Portaria SEPRT n. 915, de 30 de junho de 2019, pela Portaria MTP n.º 422, de 07 de outubro de 2021 e, finalmente, pela Portaria MTP n. 4.219, de 20 de dezembro de 2022. Para conhecimento das iniciativas ou falhas da empresa quanto à segurança, higiene e saúde do trabalhador é recomendável requerer a exibição em juízo das atas das reuniões da CIPA, mormente porque, pelo que prevê o item 5.6.4 As reuniões extraordinárias devem ser realizadas quando: a) ocorrer acidente do trabalho grave ou fatal; ou b) houver solicitação de uma das representações. As atas das reuniões são documentos obrigatórios, cuja exibição não pode ser recusada pelo empregador[22], sob pena de presumirem-se verdadeiros os fatos alegados pelo autor[23].

---

ao trabalho, por meio de normas de saúde, higiene e segurança'. Nos termos do art. 157, I e II, da CLT, cabe às empresas 'cumprir e fazer cumprir as normas de segurança e medicina do trabalho', bem como 'instruir os empregados, através de ordens de serviço, quanto às precauções a tomar no sentido de evitar acidentes do trabalho ou doenças ocupacionais'. De outra parte, o art. 158 da CLT dispõe que cabe aos empregados observar as normas de segurança e medicina do trabalho. Na hipótese, embora a reclamada tenha fornecido os EPIs ao reclamante, não fiscalizou sua efetiva utilização, o que evidencia a culpa pelo acidente de trabalho que causou a lesão de retina no olho esquerdo do empregado. Verifica-se, ainda, verdadeiro dano social, decorrente do desrespeito aos direitos previstos no art. 7º, XXII e XXVIII, da Constituição Federal. Recurso de revista que se conhece e a que se dá provimento." TST. 7ª Turma. RR n. 94385-50.2009.5.12.0038, Rel.: Ministro Cláudio Mascarenhas Brandão, *DJ* 4 out. 2013.

22. Código de Processo Civil de 2015. Art. 396: "O juiz pode ordenar que a parte exiba documento ou coisa, que se encontre em seu poder." No CPC/1973, a regra constava do art. 355.

23. Código de Processo Civil de 2015. Art. 400. "Ao decidir o pedido, o juiz admitirá como verdadeiros os fatos que, por meio do documento ou da coisa, a parte pretendia provar se: I — se o requerido, não efetuar a exibição, nem fizer nenhuma declaração no prazo do art. 398; II — se a recusa for havida por ilegítima."

3.1.3. CLT — art. 166. "A empresa é obrigada a fornecer aos empregados, gratuitamente, equipamento de proteção individual adequado ao risco e em perfeito estado de conservação e funcionamento, sempre que as medidas de ordem geral não ofereçam completa proteção contra os riscos de acidentes e danos à saúde dos empregados."

O detalhamento quanto às obrigações referentes aos equipamentos individuais pode ser encontrado na NR-6 da Portaria n. 3.214/1978 do Ministério do Trabalho, com as modificações introduzidas pela Portaria MTP n. 2.175, de 28 de julho de 2022, que indicou a atual redação, posteriormente alterada pela Portaria MTP n. 4.219, de 20 de dezembro de 2022. Para exemplificar, citamos a obrigação de o empregador fornecer EPI adequado ao risco de cada atividade, devendo orientar e treinar o trabalhador sobre o seu uso correto.

3.1.4. CLT — art. 168. "Será obrigatório exame médico, por conta do empregador, nas condições estabelecidas neste artigo e nas instruções complementares a serem expedidas pelo Ministério do Trabalho: I — na admissão; II — na demissão; III — periodicamente."

O detalhamento quanto aos exames médicos obrigatórios será encontrado na NR-7 da Portaria n. 3.214/1978 do Ministério do Trabalho, com redação atualizada pela Portaria SEPRT n.º 6.734, de 10 de março de 2020 e alterada pela Portaria MTP n. 567 de 10 de março de 2022. Essa norma relaciona todas as obrigações do empregador quanto aos exames médicos, exigindo sua realização periódica, bem como quando houver mudança de função ou no retorno ao trabalho, além de estabelecer regras quanto aos exames complementares e ao atestado de saúde ocupacional com indicação dos riscos ocupacionais específicos. Se nesses exames for constatada exposição excessiva ao agente nocivo, com alteração dos indicadores biológicos, os responsáveis deverão reavaliar os riscos ocupacionais e as medidas de prevenção. Se for constatada ocorrência ou agravamento de doença relacionada ao trabalho ou alteração que revele disfunção orgânica, caberá à organização afastar o empregado da situação e emitir a CAT. Se a empresa não cumprir essa obrigação regulamentar, ficará caracterizada a culpa pelo aparecimento ou agravamento da patologia[24].

3.1.5. CLT — art. 170. "As edificações deverão obedecer aos requisitos técnicos que garantam perfeita segurança aos que nelas trabalhem."

A CLT trata nos arts. 170 a 174 das condições das edificações, tais como: altura livre do piso ao teto (pé-direito), inexistência de saliências e depressões no piso, aberturas nas paredes, condições de segurança e higiene das paredes, escadas,

24. Portaria do Ministério do Trabalho n. 3.214, de 8 jun. 1978, Norma Regulamentar 7, itens 7.5.19.4 e 7.5.19.5, atualizada pela Portaria SEPRT n. 6.734, de 13 mar. 2020.

rampas etc. Esses artigos foram regulamentados pela NR-8 da Portaria já mencionada. Posteriormente foi aprovada também a NR-35, que trata do Trabalho em altura, pela Portaria SIT n. 313/2012, a qual foi modificada pela Portaria SEPRT n. 915/2019 e novamente pela Portaria MTP n. 4.218/2022. A Portaria MTP n. 4.372/2022 tratou das escadas fixas já instaladas e das escadas portáteis em uso.

3.1.6. CLT — art. 180. "Somente profissional qualificado poderá instalar, operar, inspecionar ou reparar instalações elétricas."

Os arts. 179 a 181 da CLT, que tratam das instalações elétricas, foram regulamentados pela NR-10 da Portaria n. 3.214/1978, a qual estabelece todos os procedimentos de segurança dos empregados que trabalham com eletricidade, desde a fase de transmissão, distribuição e consumo de energia elétrica. Como exemplo, estabelece essa NR que é obrigatório que os projetos de instalações elétricas especifiquem dispositivos de desligamento de circuitos que possuam recursos para impedimento de reenergização, para sinalização de advertência com indicação da condição operativa (subitem 10.3.1). Esta NR foi atualizada pela Portaria SEPRT n. 915, de 30 de julho de 2019.

3.1.7. CLT — art. 184. "As máquinas e os equipamentos deverão ser dotados de dispositivos de partida e parada e outros que se fizerem necessários para a prevenção de acidentes do trabalho, especialmente quanto ao risco de acionamento acidental. Parágrafo único - É proibida a fabricação, a importação, a venda, a locação e o uso de máquinas e equipamentos que não atendam ao disposto neste artigo."

Esse artigo foi regulamentado pela NR-12 da Portaria n. 3.214/1978, com previsão detalhada quanto à instalação, às áreas de circulação, ao acionamento, à chave geral, ao lançamento de partículas, aos anteparos, assentos e mesas, reparos, à manutenção etc., com anexos específicos para motosserras e cilindros de massa. Essa NR passou por importantes atualizações nos últimos anos, tais como as Portarias MTPS n. 211/2015 e 509/2016, Portaria MTb n. 1.110 e 1.111/2016, 873/2017, 98, 252, 326, 1.083/2018, Portaria SEPRT n. 916/2019; Portaria MTP n. 806, de 13 de abril de 2022 e Portaria MTE n. 344, de 21 de março de 2024.

3.1.8. CLT — art. 197. "Os materiais e substâncias empregados, manipulados ou transportados nos locais de trabalho, quando perigosos ou nocivos à saúde, devem conter no rótulo sua composição, recomendações de socorro imediato e o símbolo de perigo correspondente, segundo a padronização internacional. Parágrafo único — Os estabelecimentos que mantenham as atividades previstas neste artigo afixarão, nos setores de trabalho atingidos, avisos ou cartazes, com advertência quanto aos materiais e substâncias perigosos ou nocivos à saúde."

Esse artigo foi regulamentado pela NR-26 da Portaria n. 3.214/1978 já mencionada, atualizada pela Portaria MTP nº 2.770, de 05 de setembro de

2022, com detalhamento quanto à sinalização de segurança, armazenamento de substâncias perigosas e rotulagem preventiva.

3.1.9. CLT — art. 199. "Será obrigatória a colocação de assentos que assegurem postura correta ao trabalhador, capazes de evitar posições incômodas ou forçadas, sempre que a execução da tarefa exija que trabalhe sentado. Parágrafo único — Quando o trabalho deva ser executado de pé, os empregados terão à sua disposição assentos para serem utilizados nas pausas que o serviço permitir."

Os arts. 198 e 199 da CLT têm regulamentação na NR-17 sobre ergonomia, estabelecendo os parâmetros para a adaptação das condições de trabalho às características psicofisiológicas dos trabalhadores. Essa NR estabelece regras para movimentação de carga, mobiliário dos postos de trabalho, condições ambientais, iluminação, organização do trabalho, pausas etc. A referida NR-17 foi atualizada pela Portaria MTP n.º 423, de 07 de outubro de 2021 e, mais recentemente, pela Portaria MTP n. 4.219, de 20 de dezembro de 2022.

3.2. Lei n. 8.213/1991 — Benefícios da Previdência Social. Art. 19, § 3º: "É dever da empresa prestar informações pormenorizadas sobre os riscos da operação a executar e do produto a manipular."

Em sintonia com as Convenções da OIT, o empregador tem obrigação legal de informar minuciosamente ao trabalhador os riscos existentes no local de trabalho. A lei é muito clara ao mencionar que "é dever da empresa". É muito mais fácil adotar medidas preventivas quando o perigo é bem identificado e o empregado está orientado para operar dentro dos padrões de segurança. Se na empresa não houver uma cultura prevencionista, normalmente o trabalhador não receberá orientação a respeito dos riscos do trabalho que executa, ficando mais vulnerável aos infortúnios laborais.

3.3. Lei n. 8.078/1990 — Código de Proteção e Defesa do Consumidor. Art. 9º. "O fornecedor de produtos e serviços potencialmente nocivos ou perigosos à saúde ou segurança deverá informar, de maneira ostensiva e adequada, a respeito de sua nocividade ou periculosidade, sem prejuízo da adoção de outras medidas cabíveis em cada caso concreto."

Esse artigo do Código do Consumidor tem aplicação supletiva no tema da segurança e saúde do trabalhador. Em muitas ocasiões, o empregado também atua como consumidor de equipamentos e produtos disponibilizados pelo empregador para o desenvolvimento das tarefas. Além disso, a norma analisada não tem como destinatário somente o consumidor em sentido estrito, já que não haveria sentido lógico em excluir da proteção exatamente o empregado que trabalha com os produtos e serviços potencialmente perigosos.

3.4. Lei n. 8.080/1990. Lei Orgânica da Saúde. Essa Lei estabelece que a saúde é um direito fundamental do ser humano, devendo o Estado prover as condições indispensáveis ao seu pleno exercício, mas esclarece que o dever do Estado não exclui o das pessoas, da família, das empresas e da sociedade (art. 2º, *caput*, § 2º). Também menciona que estão incluídas no campo de atuação do Sistema Único de Saúde a execução de ações de saúde do trabalhador, bem como a colaboração na proteção do meio ambiente, nele compreendido o do trabalho (art. 6º, V). Além disso, relaciona o conjunto de atividades englobadas no conceito de saúde do trabalhador, que merece transcrição:

> Art. 6º, § 3º: "Entende-se por saúde do trabalhador, para fins desta lei, um conjunto de atividades que se destina, através das ações de vigilância epidemiológica e vigilância sanitária, à promoção e proteção da saúde dos trabalhadores, assim como visa à recuperação e reabilitação da saúde dos trabalhadores submetidos aos riscos e agravos advindos das condições de trabalho, abrangendo:
>
> I — assistência ao trabalhador vítima de acidentes de trabalho ou portador de doença profissional e do trabalho;
>
> II — participação, no âmbito de competência do Sistema Único de Saúde (SUS), em estudos, pesquisas, avaliação e controle dos riscos e agravos potenciais à saúde existentes no processo de trabalho;
>
> III — participação, no âmbito de competência do Sistema Único de Saúde (SUS), da normatização, fiscalização e controle das condições de produção, extração, armazenamento, transporte, distribuição e manuseio de substâncias, de produtos, de máquinas e de equipamentos que apresentam riscos à saúde do trabalhador;
>
> IV — avaliação do impacto que as tecnologias provocam à saúde;
>
> V — informação ao trabalhador e à sua respectiva entidade sindical e às empresas sobre os riscos de acidentes de trabalho, doença profissional e do trabalho, bem como os resultados de fiscalizações, avaliações ambientais e exames de saúde, de admissão, periódicos e de demissão, respeitados os preceitos da ética profissional;
>
> VI — participação na normatização, fiscalização e controle dos serviços de saúde do trabalhador nas instituições e empresas públicas e privadas;
>
> VII — revisão periódica da listagem oficial de doenças originadas no processo de trabalho, tendo na sua elaboração a colaboração das entidades sindicais; e
>
> VIII — a garantia ao sindicato dos trabalhadores de requerer ao órgão competente a interdição de máquina, de setor de serviço ou de todo ambiente de trabalho, quando houver exposição a risco iminente para a vida ou saúde dos trabalhadores."

3.5. Outras normas legais de proteção: Em diversas outras leis ordinárias há disposições esparsas que se aplicam, conforme o caso, à proteção da vida e da saúde do trabalhador, tais como:

a) Lei n. 5.280/1967, que proíbe a entrada no país de máquinas e maquinismos sem os dispositivos de proteção e segurança do trabalho exigidos pela CLT;

b) Lei n. 5.889/1973, que estatui as normas reguladoras do trabalho rural;

c) Lei n. 6.938/1981, que dispõe sobre a Política Nacional do Meio Ambiente;

d) Lei n. 8.069/1990, que dispõe sobre o Estatuto da Criança e do Adolescente;

e) Lei n. 9.503/1997, que institui o Código de Trânsito brasileiro;

f) Lei n. 9.605/1998, que dispõe sobre as sanções penais e administrativas derivadas de condutas e atividades lesivas ao meio ambiente;

g) Lei n. 9.719/1998, que dispõe sobre normas e condições gerais de proteção ao trabalho portuário;

h) Lei n. 9.976/2000, que dispõe sobre a produção de cloro no Brasil;

i) Lei n. 10.406/2002, que institui o Código Civil;

j) Lei n. 10.803/2003, que trata dos trabalhos em condições análogas à de escravo;

k) Lei n. 11.788/2008, que trata sobre o estágio de estudantes;

l) Lei n. 12.009/2009, que regulamenta o exercício das atividades dos profissionais em transporte de passageiros, "mototaxista", em entrega de mercadorias e em serviço comunitário de rua, e motoboy, com o uso de motocicleta;

m) Lei n. 12.436/2011, que veda o emprego de práticas que estimulem o aumento de velocidade por motociclistas profissionais;

n) Lei n. 13.103/2015, que dispõe sobre o exercício da profissão de motorista, regulamentando e disciplinando a jornada de trabalho e o tempo de direção do motorista 12profissional;

o) Lei n. 13.185/2015, que institui o Programa de combate à intimidação sistemática (*Bullying*);

p) Lei n. 13.979/2020, que dispõe sobre medidas de enfrentamento da emergência em saúde pública de importância internacional decorrente do coronavírus responsável pelo surto de 2019;

q) Lei nº 14.151/2021 (atualizada pela Lei n. 14.311/2022), que dispõe sobre o afastamento da empregada gestante das atividades de trabalho presencial durante a emergência de saúde pública de importância nacional decorrente do novo coronavírus;

r) Lei n. 14.297/2022, que dispõe sobre medidas de proteção asseguradas ao entregador que presta serviço por intermédio de empresa de aplicativo;

s) Lei n. 14.457/2022, que criou medidas de combate ao assédio sexual e outras formas de combate a violências no local de trabalho;

t) Lei n. 14.531/2023, que dispõe sobre a promoção da saúde mental e a prevenção do suicídio entre profissionais de segurança pública e defesa social;

u) Lei n. 14.785/2023, que dispõe sobre a pesquisa, a experimentação, a produção, a embalagem, a rotulagem, o transporte, o armazenamento, a comercialização, a utilização, a importação, a exportação, o destino final dos resíduos e das embalagens, o registro, a classificação, o controle, a inspeção e a fiscalização de agrotóxicos, de produtos de controle ambiental, de seus produtos técnicos e afins[25].

v) Lei n. 14.831/2024, que institui o Certificado Empresa Promotora da Saúde Mental e estabelece os requisitos para a concessão da certificação.

4. Decreto n. 7.602/2011, que dispõe sobre a Política Nacional de Segurança e Saúde no Trabalho.

Trata-se de documento normativo muito importante porque atende a uma determinação da Convenção n. 155 da OIT, que vigora no Brasil desde 18 de maio de 1993 (Decreto n. 1.254/1994 e Decreto n. 10.088/2019). O Decreto 7.602/2011 disciplina e organiza a tão esperada "Política Nacional de Segurança e Saúde no Trabalho", com atribuição de responsabilidades e indicação dos objetivos, princípios e diretrizes, bem como os meios para sua implementação.

5. Portaria n. 3.214/1978 do Ministério do Trabalho e Emprego.

Essa Portaria aprova a regulamentação das previsões contidas na CLT relativas à segurança, higiene e saúde do trabalhador. Em razão da amplitude de sua abrangência e da diversidade das matérias, foi adotada a técnica de dividir o texto da Portaria em normas regulamentadoras específicas, atingindo atualmente 38 NRs, sendo que a última delas foi publicada em dezembro de 2022, tratando da Segurança e Saúde no trabalho nas atividades de Limpeza Urbana e Manejo de Resíduos Sólidos[26]. Vejam um quadro sinóptico com a relação das Normas Regulamentadoras que estão em vigor:

25. É oportuno registrar que as normas a respeito dos agrotóxicos, até a publicação da Lei n. 14.785 em 28 de dezembro de 2023, eram disciplinadas pela Lei n. 7.802/1989.

26. A NR-38 foi aprovada pela Portaria MTP n. 4.101, de 16 de dezembro de 2022.

NORMAS REGULAMENTADORAS DA PORTARIA N. 3.214/1978 DO MINISTÉRIO DO TRABALHO E EMPREGO	
NR-1 — Disposições Gerais	~~NR-2 — Inspeção Prévia~~ (Revogada)
NR-3 — Embargo ou Interdição	NR-4 — Serviços Especializados em Engenharia de Segurança e em Medicina do Trabalho
NR-5 — Comissão Interna de Prevenção de Acidentes — CIPA	NR-6 — Equipamentos de Proteção Individual — EPI
NR-7 — Programas de Controle Médico de Saúde Ocupacional — PCMSO	NR-8 — Edificações
NR-9 — Programas de Prevenção de Riscos Ambientais — PPRA	NR-10 — Segurança em Instalações e Serviços em Eletricidade
NR-11 — Transporte, Movimentação, Armazenagem e Manuseio de Materiais	NR-12 — Máquinas e Equipamentos
NR-13 — Caldeiras e Vasos de Pressão	NR-14 — Fornos
NR-15 — Atividades e Operações Insalubres	NR-16 — Atividades e Operações Perigosas
NR-17 — Ergonomia	NR-18 — Condições e Meio Ambiente de Trabalho na Indústria da Construção
NR-19 — Explosivos	NR-20 — Líquidos Combustíveis e Inflamáveis
NR-21 — Trabalho a Céu Aberto	NR-22 — Segurança e Saúde Ocupacional na Mineração
NR-23 — Proteção Contra Incêndios	NR-24 — Condições Sanitárias e de Conforto nos Locais de Trabalho
NR-25 — Resíduos Industriais	NR-26 — Sinalização de Segurança
~~NR-27 — Registro Profissional do Técnico de Segurança do Trabalho~~ (Revogada)	NR-28 — Fiscalização e Penalidades
NR-29 — Segurança e Saúde no Trabalho Portuário	NR-30 — Segurança e Saúde no Trabalho Aquaviário
NR-31 — Segurança e Saúde no Trabalho na Agricultura, Pecuária, Silvicultura, Exploração Florestal e Aquicultura	NR-32 — Segurança e Saúde no Trabalho em Serviços de Saúde
NR-33 — Segurança e Saúde nos Trabalhos em Espaços Confinados	NR-34 — Condições e Meio Ambiente de Trabalho na Indústria da Construção e Reparação Naval
NR-35 — Trabalho em altura	NR-36 — Segurança e Saúde no Trabalho em Empresas de Abate e Processamento de Carnes e Derivados
NR-37— Segurança e Saúde em Plataformas de Petróleo	NR-38 — Segurança e Saúde no Trabalho nas Atividades de Limpeza Urbana e Manejo de Resíduos Sólidos.

Essas normas regulamentadoras têm eficácia jurídica equiparada à da lei ordinária, por expressa delegação normativa do art. 200 da CLT, além de diversas delegações específicas também previstas no mesmo diploma legal. A CLT traçou o núcleo dos mandamentos, as ideias básicas, e delegou competência ao Ministério do Trabalho para completar e disciplinar os preceitos normativos, o que tem sido chamado doutrinariamente de *discricionariedade técnica, deslegalização, competência normativa secundária ou delegação normativa.*

Naturalmente, essa Portaria, mesmo inovando na ordem jurídica, não poderá afastar-se das razões objetivas da delegação recebida, nem contrariar qualquer preceito expresso ou implícito contido na lei delegante. Nota-se, portanto, uma ampliação da competência normativa da Administração Pública, delegada expressamente pelo próprio Poder Legislativo, mormente em razão do avanço da ciência e da complexidade técnica da matéria tratada. Algumas normas são de caráter genérico, aplicáveis a todos os empregadores, e outras são específicas porque direcionadas para determinadas atividades.

Cabe mencionar que atualmente tem sido comum atribuir ao Executivo a regulamentação de matérias nas quais predomina o caráter técnico-científico[27]. Anota Marçal Justen que "a discricionariedade administrativa é atribuída por via legislativa, caso a caso. Isso equivale a reconhecer, dentre outros poderes atribuídos constitucionalmente ao Legislativo, aquele de transferir ao Executivo a competência para editar normas complementares àquelas derivadas da fonte legislativa."[28]

Essa ampliação do poder regulamentar da Administração Pública foi bem registrada pelo constitucionalista Clémerson Merlin:

> A importância do poder regulamentar vem aumentando, ultimamente, em virtude do desenvolvimento técnico da sociedade moderna, bem como da exasperação das responsabilidades do Estado. O número de matérias a exigir disciplina normativa cresce de modo assustador. Nas áreas de cunho absolutamente técnico (composição química dos alimentos industrializados, por exemplo) o legislador, inclusive por não dispor da

27. Discorrendo a respeito do assunto, o administrativista José dos Santos Carvalho Filho registra: "Modernamente, contudo, em virtude da crescente complexidade das atividades técnicas da Administração, passou a aceitar-se nos sistemas normativos, originariamente na França, o fenômeno da deslegalização, pelo qual a competência para regular certas matérias se transfere da lei (ou ato análogo) para outras fontes normativas por autorização do próprio legislador: a normatização sai do domínio da lei (*domaine de la loi*) para o domínio de ato regulamentar (*domaine de l'ordonnance*). O fundamento não é difícil de conceber: incapaz de criar a regulamentação sobre alguma matéria de alta complexidade técnica, o próprio Legislativo delega ao órgão ou à pessoa administrativa a função específica de instituí-la, valendo-se de especialistas e técnicos que melhor podem dispor sobre tais assuntos." Cf. *Manual de direito administrativo*. 14. ed. Rio de Janeiro: Lumen Juris, 2005. p. 43.
28. JUSTEN FILHO, Marçal. *Curso de direito administrativo*. 2. ed. São Paulo: Saraiva, 2006. p. 169.

formação adequada, vê-se compelido a transferir ao Executivo o encargo de completar a disciplina normativa básica contida em lei.[29]

Por tudo que foi exposto, cabe concluir que, na investigação da possível culpa no acidente ou doença ocupacional, é necessário verificar se o empregador cumpriu as prescrições dessas Normas Regulamentadoras, com ênfase para aquelas mais diretamente ligadas às atividades do empreendimento. Se a vítima, por exemplo, trabalhava com explosivos, devem-se pesquisar todas as regras prescritas na NR-19; se atuava em obras de construção, é necessário analisar a NR-18, e assim por diante. Uma vez constatado qualquer descumprimento e que esse comportamento foi a causa do acidente, o empregador arcará com as indenizações pertinentes porque ficará caracterizada a culpa contra a legalidade. Vejam a respeito o entendimento já sedimentado na jurisprudência:

> "**Embargos. Danos morais. Transporte coletivo urbano. Instalações sanitárias. NR 24 do Ministério do Trabalho.** Esta Subseção definiu que a circunstância de se tratar de trabalhadores motoristas e cobradores em transporte coletivo municipal não exime a empregadora de propiciar instalação sanitária na forma prevista pela NR 24 do Ministério do Trabalho, que dispõe sobre Condições Sanitárias e de Conforto nos Locais de Trabalho. A completa omissão no cumprimento dessa medida de higiene no ambiente de trabalho acarreta dano moral a ser reparado na forma dos arts. 186 e 927 do Código Civil, por afrontar a honra e a dignidade do trabalhador. Embargos de que se conhece e a que se nega provimento". TST. SBDI-I. E-RR n. 1763-80.2015.5.17.0141, Rel.: Ministro Marcio Eurico Vitral Amaro, *DEJT* 13 abril 2018.
>
> "**Acidente de trabalho. Indenização por danos morais e estéticos. Pedreiro. Descarga elétrica em laje não sinalizada. Nexo causal demonstrado**. O Tribunal Regional consignou que o reclamante, prestando serviços de pedreiro, sofreu acidente de trabalho (descarga elétrica) no projeto de impermeabilização de laje empresarial. Foi destacado ainda que a reclamada assumiu o risco da ocorrência de um possível acidente ao não fornecer os equipamentos de proteção obrigatórios, bem como não realizou a instrução do reclamante ou a sinalização do local de trabalho (NR 10 e 26 do MTE). Dessa forma, constata-se que foram configurados os pressupostos necessários à responsabilização da empresa ré, uma vez que demonstrado o nexo de causalidade entre as atividades laborativas e a moléstia acometida. (incapacidade laboral parcial e cicatrizes definitivas em decorrência do acidente do trabalho). Incólumes, portanto, os dispositivos indicados. Agravo de instrumento a que se nega provimento." TST. 2ª Turma. AIRR-10728-91.2014.5.01.0023, Rel.: Ministra Maria Helena Mallmann, *DEJT* 29 nov. 2024.

---

29. CLÈVE, Clémerson Merlin. *Atividade legislativa do Poder Executivo.* 2. ed. São Paulo: Revista dos Tribunais, 2000. p. 140.

"**Agravo de instrumento em recurso de revista regido pela Lei nº 13.467/2017. Danos morais. Acidente de trabalho. Atropelamento em canteiro de obras da empregadora. Óbito do empregado. Quantum indenizatório. R$ 80.000,00 (oitenta mil reais). Redução indevida**. No caso, trata-se de pedido de redução do valor da indenização por danos morais decorrentes do falecimento do empregado, contratado como operador de carregadeira, ao sofrer atropelamento em canteiro de obras da empregadora. Constatou o Regional a culpa da reclamada pelo acidente sofrido pelo empregado, pois essa empresa deixou "de adotar medidas preventivas quanto à sinalização e isolamento da área e/ou permitir a circulação ou a permanência de pessoas sob área de movimentação de carga, durante transporte e descarga de materiais, perfis, vigas e elementos estruturais", bem como "de sinalizar o canteiro de obras ou sinalizar o canteiro de obras em desacordo com o disposto na NR-18". Registrou, ademais, que a ré manteve equipamento operando em marcha à ré sem alarme sonoro acoplado ao sistema de câmbio e/ou sem retrovisores em bom estado, sendo verificado, ainda, "que o empregado condutor do micro-ônibus que atropelou a vítima não possuía habilitação específica para a condução daquela espécie de veículo". Os artigos 944 do Código Civil e 5º, inciso V, da Constituição Federal estabelecem que a indenização deve ser proporcional à extensão do dano suportado pela vítima. O Tribunal Regional, levando em consideração o óbito do empregado, pai do autor desta ação, assim como o porte financeiro da reclamada e as peculiaridades do caso, concluiu que o valor da indenização por danos morais arbitrado na sentença, equivalente a R$ 80.000,00 (oitenta mil reais), é proporcional à extensão do dano e suficiente para reparar o sofrimento suportado pelo autor em razão da perda de um ente querido, além de atender à finalidade pedagógica e punitiva para o a empregadora. Desse modo, tendo em vista que, no caso dos autos, o empregado, operador de carregadeira, faleceu em decorrência de atropelamento no local de trabalho e levando-se em conta o porte econômico-financeiro da reclamada, constata-se que o valor da indenização arbitrado pelo Regional se revela proporcional à extensão do dano e atende à finalidade pedagógico-punitiva da medida. Agravo de instrumento desprovido". TST. 2ª Turma. AIRR-10544-06.2018.5.15.0121, Rel.: Ministro Jose Roberto Freire Pimenta, *DEJT* 06 nov. 2020.

"**Responsabilidade civil patronal. Doença ocupacional adquirida pela trabalhadora. Requisitos preenchidos**. Nos termos dos arts. 5º, V e X, 7º, XXVIII, da CRFB, 186 e 927, do CC/02, para que se impute ao empregador a responsabilização civil por eventuais danos (morais e/ou materiais) sofridos pelo empregado, decorrentes de doença ou acidente de trabalho, deve ficar evidenciada a concorrência dos seguintes elementos caracterizadores da responsabilização pretendida pelo autor: (a) o dano ao trabalhador; (b) o nexo de causalidade (ou concausa) entre o dano sofrido e as atividades laborativas prestadas em favor da ré; e (c) a culpa da empresa. *In casu*, designada perícia médica, concluiu a perita judicial que a reclamante é portadora de tendinopatia do supraespinhal, com nexo causal com as atividades desenvolvidas na reclamada. Vale acrescer que a reclamada não providenciou a juntada da documentação comprobatória da instituição e efetiva implementação no âmbito intraempresarial do SESMT (NR-4 da Portaria

n. 3.214/78), CIPA (NR-5 da Portaria n. 3.214/78), PCMSO (NR-7 da Portaria n. 3.214/78), PPRA (NR-9 da Portaria n. 3.214/78) e ERGONOMIA (NR-17 da Portaria n. 3.214/78), encargo do qual incumbia desvencilhar-se (art. 818 da CLT c/c 333, II, do CPC). Com efeito, esse comportamento omissivo conspira contra a pretensão da ré, pois torna inconteste a culpa contra a legalidade. Por tais fundamentos, uma vez presentes os requisitos da responsabilidade civil empresarial, nega-se provimento ao recurso da reclamada." São Paulo. TRT 2ª Região. 4ª Turma. RO n. 0001803-98.2011.5.02.0083, Rel.: Desembargadora Maria Isabel Cueva Moraes, *DJ* 28 jul. 2015.

"**Acidente do trabalho fatal. Indenizações.** A lei incumbe o empregador de zelar pela integridade física dos seus empregados. Nesse sentido, o art. 157 da CLT e o § 1º do art. 19 da Lei n. 8.213/91. O risco do negócio é sempre do empregador; assim sendo, deste se exige que tenha cuidado quanto à prevenção de acidentes. Nesse diapasão, por ter permitido que a "caminhonete" em que estava a vítima entrasse na área de manobra dos "caminhões fora de estrada" e, além disso, ficasse ali estacionada, evidencia-se a culpa da empregadora pelo infortúnio acontecido ao *de cujus*, achando-se configurados: I) o descumprimento das determinações previstas pelos dispositivos legais sobreditos; II) a inobservância da Norma Regulamentadora n. 22 do Ministério do Trabalho, que, nos itens 22.7.1 e 22.7.7, exige: "22.7.1 Toda mina deve possuir plano de trânsito estabelecendo regras de preferência de movimentação e distâncias mínimas entre máquinas, equipamentos e veículos compatíveis com a segurança, e velocidades permitidas, de acordo com as condições das pistas de rolamento. (...) 22.7.7 Os veículos de pequeno porte que transitam em áreas de mineração a céu aberto devem possuir sinalização, através bandeira de sinalização em antena telescópica ou, outro dispositivo que permita a sua visualização pelos operadores dos demais equipamentos e veículos, bem como manter os faróis acesos durante todo dia, de forma a facilitar sua visualização"; e III) a transgressão ao seu próprio normativo interno, preconizador de que o caminhão fora de estrada só pode entrar na área de manobra, se não houver veículo leve no local. Ainda que assim não fosse, a natureza da atividade em si, executada nesse tipo de equipamento, gera uma probabilidade maior de ocorrência de evento desditoso, o que atrai a aplicação da teoria do risco criado, em face da qual a reparação do dano seria devida pela simples criação do risco. Logo, presentes os pressupostos exigidos pelos arts. 186 e 927 do Código Civil de 2002, o deferimento das indenizações é mero consectário." Minas Gerais. TRT 3ª Região. 2ª Turma. RO n. 01632-2008-060-03-00-3, Rel.: Desembargador Sebastião Geraldo de Oliveira, *DJ* 29 set. 2010.

Em mais de uma oportunidade as entidades patronais tentaram, sem êxito, a declaração de inconstitucionalidade das Normas Regulamentares do Ministério do Trabalho junto ao STF. Em 1990, a Federação Nacional das Empresas de Serviços Técnicos de Informática e Similares (FENAIFO) ajuizou a Ação Direta de Inconstitucionalidade n. 360-7 em face da Portaria n. 3.435 do Ministério do Trabalho, que tratava da NR-17 a respeito de Ergonomia, mas o STF, por unanimidade, não conheceu a ação. De forma semelhante, em 1995, a Confederação Nacional de Transportes (CNT) ajuizou a Ação Direta de Inconstitucionalidade, com pedido cautelar, n. 1.347-5, insurgindo-se contra as Portarias ns. 24 e 25/1994 baixadas pelo secretário de Segurança e Saúde no Trabalho, as quais reformularam as NRs 7 (PCMSO) e 9 (PPRA) da Portaria n. 3.214/1978, mas também nesse caso o STF não conheceu a ação. O entendimento reiterado do STF é que não cabe ação direta de inconstitucionalidade para o exame de ato regulamentar de lei, sendo que eventual extravasamento das Portarias aos comandos legais poderá ensejar o controle difuso de legalidade, por ocasião do julgamento do caso concreto[30].

Aliás, o próprio Supremo Tribunal Federal, em sua composição plenária, ao julgar a ADI-MC n. 1.347-5 acima mencionada, registrou nos fundamentos do acórdão que a implementação das medidas de proteção à saúde, previstas na NR-7, está em sintonia com os princípios fundamentais da Constituição de 1988:

> Não se pode perder de perspectiva, neste ponto, que também os valores sociais do trabalho constituem um dos fundamentos sobre os quais se edifica, de modo permanente, a construção do Estado democrático de direito (CF, art. 1º, IV, primeira parte), pois é preciso reconhecer que o sentido tutelar que emana desse postulado axiológico abrange, dentre outras providências, a adoção, tanto pelos organismos públicos quanto pela própria comunidade empresarial, de medidas destinadas a proteger a integridade da saúde daqueles que são responsáveis pela força de trabalho. A preservação da saúde da classe trabalhadora constitui um dos graves encargos de que as empresas privadas são depositárias.

Os gerentes e os prepostos do empregador devem estar habilitados e conscientizados para a necessidade de cumprimento das Normas Regulamentadoras sobre segurança, higiene e saúde do trabalhador, sob pena de se caracterizar a culpa *in eligendo*, isto é, a má escolha que se fez da pessoa a quem se confiou uma tarefa diretiva. Demais, a ausência de fiscalização acerca das condições de trabalho e da implementação das medidas para neutralizar ou eliminar os agentes perigosos ou nocivos caracteriza culpa *in vigilando* pelo descuido do dever de velar pelo cumprimento da norma, ou mesmo culpa *in omittendo*, diante da omissão ou indiferença patronal. Essas espécies de culpa, no entanto, estão perdendo relevância diante da previsão expressa da responsabilidade objetiva do empregador pelos atos de seus empregados, serviçais ou prepostos, insculpida no art. 933 do Código Civil, conforme abordamos no item 4.8 do capítulo 4, retro.

30. Conferir nesse sentido o julgamento pelo STF das ADI ns. 996, 1.258, 1.388, 1.670, 1.946, 2.398, dentre outras.

Cumpre registrar que não basta tão somente fornecer aos empregados os equipamentos de proteção individual, como muitos ainda imaginam. Não tem sido acolhida a alegação patronal de que o empregado sempre se recusava a utilizar o equipamento de proteção, porquanto o empregador dispõe do poder diretivo e disciplinar para exigir a observância das normas de segurança, podendo até mesmo promover a dispensa por justa causa, quando houver descumprimento sistemático ou recusa injustificada do seu comando[31].

Merece realce também a exigência inserida na NR-1, em 2024, com vigência a partir de 26 de maio de 2025, no sentido de que o Programa de Gerenciamento de Riscos implementado pelo empregador deve abranger os riscos relacionados aos fatores ergonômicos, incluindo os fatores de riscos psicossociais relacionados ao trabalho (Subitens 1.5.3.1.4, 1.5.3.2.1 e 1.5.4.4.5.3).[32] Essas mudanças foram introduzidas especialmente em razão do elevado número de afastamentos por transtornos de natureza ocupacional, em decorrência de estresse, ansiedade ou depressão.

Em síntese, haverá culpa no acidente ou doença ocupacional se o empregador ou seus prepostos não diligenciarem ostensivamente na exigência do uso dos equipamentos de segurança e no cumprimento das medidas necessárias para que o trabalho seja prestado em condições seguras e saudáveis. As reiteradas decisões dos tribunais apontam nesse sentido:

> "**Insalubridade. Aparelho de proteção.** O simples fornecimento do aparelho de proteção pelo empregador não o exime do pagamento do adicional de insalubridade, cabendo-lhe tomar as medidas que conduzam à diminuição ou eliminação da nocividade, dentre as quais as relativas ao uso efetivo do equipamento pelo empregado." TST. Súmula n. 289.
>
> **"Agravo de instrumento. Recurso de revista interposto a acórdão publicado na vigência da Lei n.º 13.467/2017. Dano moral. Acidente de trabalho. Atividade de risco. Responsabilidade objetiva. Culpa exclusiva da vítima não caracterizada. Matéria fática. Transcendência não examinada.** É insuscetível de revisão, em sede extraordinária, a decisão proferida pelo Tribunal Regional à luz da prova carreada aos autos. Somente com o revolvimento do substrato fático-probatório dos autos seria possível afastar a premissa sobre a qual se erigiu a conclusão consagrada pela Corte de origem, no sentido de que não restou caracterizada a alegada culpa exclusiva da vítima, porquanto a reclamada, apesar de fornecer EPI e dar treinamento a seus empregados, não fiscalizava o devido uso dos EPIs fornecidos. Além do mais, constou do acórdão regional que a atividade desempenhada pelo reclamante era de risco acentuado, atraindo, assim, a responsabilidade objetiva da reclamada. Incidência da Súmula n.º 126

31. CLT, art. 158, parágrafo único.
32. Portaria do MTE n. 1.419, de 27 de agosto de 2024.

do Tribunal Superior do Trabalho. Ante a incidência do referido óbice, deixa-se de examinar a transcendência da causa. Agravo de Instrumento a que se nega provimento." TST. 6ª Turma. AIRR-20177-32.2015.5.04.0451, Rel.: Ministro Lelio Bentes Correa, *DEJT* 01 abr. 2022.

"**Recurso de revista do reclamado. Responsabilidade civil. Culpa comprovada. Laudo pericial. Incidência da súmula 126/TST.** O Tribunal Regional, amparado no acervo fático-probatório delineado nos autos, sobretudo na prova pericial, manteve a sentença que concluiu pela conduta culposa do empregador. Extrai-se dos autos que o empregado adquiriu transtorno depressivo decorrente da conduta do gerente regional na cobrança excessiva por metas e da negligência do banco reclamado em tomar as devidas medidas a fim de precaver ou minimizar o risco de acidentes ou doenças ocupacionais. A decisão está assente no conjunto fático-probatório, cujo reexame se esgota nas instâncias ordinárias. Adotar entendimento em sentido oposto àquele formulado pelo Tribunal Regional implicaria o revolvimento de fatos e provas, inadmissível em sede de recurso de revista, a teor da Súmula 126/TST . Recurso de revista não conhecido". TST. 2ª Turma. ARR-21845-40.2015.5.04.0030, Rel.: Ministra Maria Helena Mallmann, *DEJT* 03 dez. 2021.

"**Danos Morais – Configuração (artigos 186 do CC, 818 da CLT e 333 do CPC/73 e divergência jurisprudencial).** O Tribunal Regional, mediante a análise dos fatos e provas dos autos, de inviável reexame nesta Corte, ante o óbice da Súmula nº 126/TST, manteve a condenação da reclamada no pagamento de indenização por danos morais, em virtude de ato ilícito praticado pela empresa, qual seja, não propiciar boas condições de trabalho para os seus empregados executarem os serviços, eis que, em virtude do oferecimento de promoções falsas para os consumidores, deu causa à insatisfação dos mesmos, acarretando ofensas verbais e físicas dos clientes em face da reclamante, no ambiente de trabalho. Desse modo, o v. acórdão recorrido deu a exata subsunção dos fatos ao conceito contido nos artigos 186 e 927 do Código Civil, segundo os quais "Aquele que, por ação ou omissão voluntária, negligência ou imprudência, violar direito e causar dano a outrem, ainda que exclusivamente moral, comete ato ilícito", e "Aquele que, por ato ilícito (arts. 186 e 187), causar dano a outrem, fica obrigado a repará-lo". Recurso de revista não conhecido." TST.7ª Turma. RR-1065-92.2010.5.09.0005, Rel.: Ministro Renato de Lacerda Paiva, *DEJT* 26 nov. 2021.

6. Outras normas de segurança, higiene e saúde do trabalhador

As normas legais e regulamentares retrocitadas de modo algum esgotam as regras de segurança a que o empregador deverá obedecer. Para cada atividade da empresa deverão ser pesquisadas regras de condutas específicas, fixadas em dispositivos legais, convenções ou acordos coletivos, regulamentos técnicos ou simplesmente consagradas pela experiência ou costume.

Em muitas ocasiões o perito do Juízo deve pesquisar, dentre outras, regras de trânsito, normas da ABNT, regras instituídas em posturas municipais, estaduais ou corporações profissionais ou ainda buscar os procedimentos geralmente aceitos e implantados, de acordo com a época, os recursos tecnológicos disponíveis e a área onde atuava a vítima. Tudo isso para apurar qual era o dever de segurança que o empregador deveria *cumprir e fazer cumprir*. Aliás, o art. 154 da CLT estabelece que a observância, em todos os locais de trabalho, do disposto no Capítulo V do Título II, que trata da segurança e medicina do trabalho, não desobriga as empresas do cumprimento de outras disposições que, com relação à matéria, sejam incluídas em códigos de obras, ou regulamentos sanitários dos Estados ou Municípios em que se situem os respectivos estabelecimentos, bem como daquelas oriundas de convenções coletivas de trabalho.

7.5. CULPA POR VIOLAÇÃO DO DEVER GERAL DE CAUTELA

O acidente do trabalho pode também ocorrer, por culpa do empregador, sem que tenha havido violação de alguma norma de forma direta, como mencionamos no item precedente. Isso porque as normas de segurança e saúde do trabalhador, ainda que bastante minuciosas, não esgotam todas as possibilidades de condutas inadequadas do empregado e do empregador na execução do contrato de trabalho.

Assim, como não é possível estabelecer regras de comportamento para todas as etapas da prestação dos serviços abrangendo cada passo, gesto, variável, atitude, forma de execução ou manuseio dos equipamentos, exige-se do empregador o dever de observar uma regra genérica de diligência, uma postura de cuidado permanente, a obrigação de adotar todas as precauções para que o empregado não sofra lesão.

Com efeito, em muitas ocasiões, as normas legais ou regulamentares simplesmente apontam diretrizes gerais para a conduta patronal, tais como adotar precauções no sentido de evitar acidentes; reduzir até eliminar os riscos existentes no local de trabalho; promover a realização de atividades de conscientização, educação e orientação dos trabalhadores para a prevenção de acidentes do trabalho e doenças ocupacionais; esclarecer e estimular os empregados para a prevenção dos acidentes; identificar situações que venham a trazer riscos para a segurança e a saúde dos trabalhadores; prevenir, rastrear e diagnosticar precocemente os agravos à saúde relacionados ao trabalho; elaborar programa visando à preservação da saúde e da integridade dos trabalhadores, por meio de antecipação, reconhecimento, avaliação e consequente controle da ocorrência de riscos ambientais existentes ou que venham a existir no ambiente de trabalho etc.

A constatação de culpa, nessa modalidade, resultará de um processo comparativo do comportamento do empregador que acarretou o infortúnio, com a conduta-padrão esperada de uma empresa que zela adequadamente pela segurança e pela saúde dos trabalhadores. Assevera Carlos Roberto Gonçalves que "agir com culpa significa atuar o agente em termos de, pessoalmente, merecer a censura ou reprovação do Direito. E o agente só pode ser pessoalmente censurado, ou reprovado na sua conduta, quando, em face das circunstâncias concretas da situação, caiba afirmar que ele podia e devia ter agido de outro modo."[33]

A culpa, portanto, será aferida diante das circunstâncias do caso concreto, após verificação se o empregador poderia e deveria ter adotado outra conduta que certamente teria evitado a doença ou o acidente. Formula-se a seguinte indagação: um empregador diligente, cuidadoso, teria agido de forma diferente? Se a resposta for sim, estará caracterizada a culpa patronal, porque de alguma forma pode ser apontada determinada ação ou omissão da empresa, que se enquadra no conceito de imprudência, imperícia ou negligência[34].

Importa assinalar que o dever geral de cautela assume maior relevância jurídica na questão do acidente do trabalho, porquanto o exercício da atividade da empresa inevitavelmente expõe a riscos o trabalhador, o que de antemão já aponta para a necessidade de medidas preventivas, tanto mais severas quanto maior for o perigo da atividade. Qualquer descuido ou negligência do empregador com relação à segurança, higiene e saúde do trabalhador pode caracterizar a sua culpa no acidente ou na doença ocupacional e ensejar o pagamento de indenizações à vítima. Vejam alguns exemplos de culpa patronal colhidos nas decisões dos Tribunais:

> "**Recurso de revista da reclamante. Responsabilidade civil do empregador. Acidente de trabalho. Diarista. Queda de escada. Lesão na coluna. Paraplegia completa permanente. Culpa caracterizada.** 1. No caso dos autos, a reclamante prestava serviços como diarista na residência do casal reclamado, tendo sofrido queda quando limpava a sacada da casa com a utilização de escada e pistola com jato de água com pressão. Em razão do acidente, a reclamante sofreu grave lesão na coluna, que lhe resultou em paraplegia completa e permanente. 2. Cediço que incumbe ao empregador o dever de proporcionar ao empregado

33. GONÇALVES, Carlos Roberto. *Responsabilidade civil*. 14. ed. São Paulo: Saraiva, 2012. p. 437.

34. "*Acidente do Trabalho. Indenização. Empresa que deixa de dotar equipamento de trabalho de dispositivo de segurança disponível no mercado à época do evento. Culpa caracterizada. Verba devida.* Ao deixar a empresa de dotar o equipamento de trabalho de dispositivo de segurança hábil e então disponível no mercado, para evitar o acidente ocorrido, agiu de forma negligente e imprudente, ficando configurada sua culpa grave no evento, decorrendo daí sua obrigação de indenizar, já que existentes o dano e o nexo causal." São Paulo. STACivSP. 1ª Câm. Civil. Apelação com revisão n. 487.857-00/8, Rel.: Juiz Vieira de Moraes, Ac. de 5 maio 1997, Revista dos Tribunais, São Paulo, v. 743, p. 330, set. 1997.

as condições de higiene, saúde e segurança no ambiente laboral, sob pena de afronta ao princípio da prevenção do dano ao meio ambiente, exteriorizado, no âmbito do Direito do Trabalho, nos moldes do artigo 7º, XXII, da Carta Magna. 3. Na hipótese, tem-se como inobservado o dever geral de cautela por parte dos empregadores, não se podendo atribuir à empregada a causa do sinistro. Resta caracterizada, pois, a culpa dos reclamados. 4. Configurada a violação do art. 7º, XXVIII, da Constituição Federal. Recurso de revista conhecido e provido." TST. 1ª Turma. RR-101409-10.2018.5.01.0301, Rel.: Ministro Hugo Carlos Scheuermann, *DEJT* 19 set. 2024.

"**Doença ocupacional. Responsabilidade patronal.** O Tribunal Regional, com base na prova pericial e demais elementos apresentados nos autos, constatou existir nexo de causalidade entre a LER/DORT (tendinite de ombro direito, bursite no ombro esquerdo, tendinopatia, sinovite e tenossivite) e o tipo de trabalho realizado no reclamado. Denota-se, ademais, não haver notícia, no acórdão regional, da intenção do reclamado, por meios preventivos, de evitar as circunstâncias as quais levaram aos danos sofridos pelo obreiro. Na seara do meio ambiente do trabalho, o empregador, desde a admissão do empregado, durante a execução laboral e no rompimento contratual, possui ínsita a obrigação de velar pela saúde físico-mental do seu operário, ou seja, em propiciar uma ambiência salubre; transmitir orientações acerca das tarefas laborais; disponibilizar instrumentos preventivos e pessoas encarregadas de fiscalizar a sua utilização e o andamento do serviço em seus respectivos setores; e oferecer todo o aparato de proteção exigido pelas normas da medicina e segurança do trabalho, com o fito de prevenção contra acidentes de trabalho. Em casos que especificamente versem sobre contratos de trabalho, é inerente ao empregador o seu dever geral de cautela, à vista da própria noção de poder diretivo e da assunção ampla do risco empresarial, espelhada no artigo 2º da CLT. O fato de o empregador negligenciar condições seguras de trabalho basta à configuração de sua culpa, vale dizer, à imputação de responsabilidade. Desse cenário, extraem-se todos os elementos configuradores da condenação ao pagamento de indenização por danos morais e materiais (artigo 186 c/c 927 do Código Civil), por isso, a empresa deve arcar com as consequências do ato danoso. Note-se, inclusive, que o TRT consigna a emissão de mais de uma CAT por LER/DORT, em função do uso de computador e de movimento repetitivos, tendo registrado, ainda, que o autor foi submetido "a quinze perícias médicas pelo INSS, as quais diagnosticaram, sempre, a existência de sinovite e tenossinovite." Recurso de revista não conhecido. TST. 6ª Turma. RR-177500-16.2006.5.01.0026, Rel.: Ministro Augusto Cesar Leite de Carvalho, *DEJT* 27 ago. 2021.

"**Atividades em contato com o mercúrio — Doença profissional (mercurialismo ou hidrargirismo) — Responsabilidade patronal objetiva.** *In casu*, ficou provado o liame causal entre a doença (Mercurialismo Crônico ou Hidrargirismo) e o trabalho realizado pelo empregado como operador de produção/fabricação. O fato de a atividade exercida, por sua natureza, ocasionar risco acentuado à integridade psicofísica do empregado atrai a aplicação da responsabilidade objetiva (art. 927, parágrafo único, do Código Civil), cujo motivo reside na circunstância de que o empregador, ao contratar trabalhador em sua dinâmica empresarial, deve assumir os riscos da atividade econômica, nos moldes do art. 2º da CLT. Nessa trilha, o empregador, a partir do momento em que admite o empregado na sua esfera laborativa, também se tornará responsável pelo risco de dano que ele sofrer desde o início da contratação, durante o exercício de suas tarefas e no fim do pacto laboral. É inerente ao empregador o seu dever geral de cautela — dever negativo de evitar danos à esfera jurídica do empregado —, tendo como parâmetro a peculiaridade do contrato, o poder diretivo e a assunção ampla do risco empresarial, espelhada no referido dispositivo celetista. Ilesos os arts. 186, 187 e 927 do Código Civil. Agravo de instrumento desprovido." TST. 7ª Turma. AIRR n. 600-97.2006.5.02.0432, Rel.: Ministro Luiz Philippe Vieira de Mello Filho, *DEJT* 27 abril 2018.

"**Acidente do trabalho. Dever geral de cautela. Violação. Indenização por danos morais.** Em observância ao dever geral de cautela, compete ao empregador zelar pela saúde e segurança de seus empregados, ainda que as normas de segurança e saúde do trabalhador não alcancem todas as inúmeras possibilidades de condutas inadequadas que podem acarretar risco ocupacional. O grau de diligência exigido vai além daqueles esperados dos atos da vida civil em comum, no sentido de serem aplicados todos os conhecimentos técnicos disponíveis para eliminar as possibilidades de acidentes ou doenças ocupacionais. Destarte, restando evidenciado nos autos que a reclamada não adotou todas as medidas preventivas viáveis tecnicamente para que o chão da fábrica não ficasse escorregadio em decorrência dos produtos que caíam da linha de produção, situação esta que ocasionou o acidente do trabalho típico sofrido pela reclamante, resta caracterizada a culpa pela violação ao dever geral de cautela que, em conjunto com os demais pressupostos consubstanciados nos arts. 186 e 927 do Código Civil devidamente comprovados (nexo causal e dano), dão amparo para a reparação indenizatória por danos morais contemplada na condenação." Minas Gerais. TRT 3ª Região. 2ª Turma. RO n. 0011148-24.2014.5.03.0029, Rel.: Desembargador Sebastião Geraldo de Oliveira, *DJ* 17 mar. 2015.

O grau de diligência exigido do empregador vai além daquele esperado dos atos da vida civil comum, visto que a empresa tem o dever legal e normativo de adotar as medidas preventivas cabíveis para afastar os riscos inerentes ao trabalho, aplicando todos os conhecimentos técnicos até então disponíveis para eliminar as possibilidades de acidentes ou doenças ocupacionais. Não é aceitável que a empresa adote apenas a diligência ordinária do homem médio, na forma da vetusta máxima do comportamento do *bonus pater famílias*[35].

35. "*Acidente do trabalho com óbito. Colisão com motocicleta. Falta de carteira nacional de habilitação. Dano moral e material.* O dever de diligência da empresa que explora atividade econômica que implique em risco para a vida do empregado e para a vida de terceiros não pode ser o mesmo daquele exigido para o homem médio, pois a potencialidade de causar danos é consideravelmente maior nas atividades de uma empresa em comparação com os atos da vida normal de um cidadão comum. Desse modo, ao não exigir do empregado a carteira nacional de habilitação para a função de motoboy, a empresa agiu de modo negligente e assumiu o risco de produzir o

Desse modo, a verificação da culpa patronal no acidente ou na doença ocupacional deve tomar como paradigma a figura do bom empresário, tecnicamente preparado e ostensivamente empenhado em reduzir ao mínimo que for possível os riscos do ambiente de trabalho (art. 7º, XXII, da CF), com observância cuidadosa das normas de segurança, higiene e saúde ocupacional exigíveis para o desenvolvimento da sua atividade. Aliás, no art. 487.2 do Código Civil de Portugal há dispositivo expresso nessa linha de pensamento: "A culpa é apreciada, na falta de outro critério legal, pela diligência de um bom pai de família, em face das circunstâncias de cada caso."

Também nos "Princípios de Direito Europeu sobre Responsabilidade Civil", divulgados em maio de 2005 pelo *European Groupon Tort Law,* ficou assentado no art. 4.101: "A pessoa que, intencionalmente ou por negligência, violar o padrão de conduta exigível, responde por culpa." No artigo seguinte foi detalhado o alcance da expressão "padrão de conduta exigível":

> Art. 4:102. (1) O padrão de conduta exigível corresponde ao de uma pessoa razoável colocada nas mesmas circunstâncias e depende, especialmente, da natureza e valor do interesse protegido em questão, da periculosidade da atividade, da perícia que é de esperar da pessoa que a exerce, da previsibilidade do dano, da relação de proximidade ou da particular confiança entre as partes envolvidas, bem como da disponibilidade e custos de métodos preventivos ou alternativos.
>
> (2) O padrão de conduta pode ser ajustado em função da idade, de deficiência psíquica ou física, ou quando, devido a circunstâncias extraordinárias, não se possa legitimamente esperar que a pessoa em causa atue em conformidade com o mesmo.
>
> (3) As disposições que prescrevem ou proíbem uma determinada conduta devem ser tomadas em consideração a fim de se estabelecer o padrão de conduta exigível.[36]

---

acidente que causou o óbito do empregado. Culpa concorrente que se reconhece para deferir aos dependentes indenização por dano moral e material, na proporção da culpa da Reclamada Porto Cais Administradora Ltda. Recurso de Revista conhecido e provido." TST. 3ª Turma. RR n. 1574/2005-005-24-00.9, Rel.: Ministro Carlos Alberto Reis de Paula, *DJ* 19 dez. 2008.

36. Em 1992, um grupo de juristas de diversos países, sem qualquer vinculação a organismos oficiais, fundou o *European Groupon Tort Law*, com o propósito de estudar a unificação ou, pelo menos, apresentar propostas de aproximação do direito privado europeu na área da responsabilidade civil ou dos direitos dos danos. Após mais de 12 anos de estudos e debates foram apresentados, em maio de 2005, os "Princípios de Direito Europeu da Responsabilidade Civil". Para mais informações sobre o trabalho do grupo e das linhas gerais adotadas nos princípios mencionados, consultar artigo doutrinário de Miquel Martin Casals, disponível em: <http://www.asociacionabogadosrcs.org/congreso/5congreso/ponencias/MiquelMartinPrincipios.pdf>. Acesso em: 29 dez. 2009. O inteiro teor dos "Princípios de Direito Europeu da Responsabilidade Civil" encontra-se disponível em: <http://www.egtl.org/PETLPortuguese.html>. Acesso em: 23 jan. 2023.

Como se depreende do exposto, o conceito clássico de culpa está passando por significativa mudança, abandonando-se aquela antiga noção centrada no comportamento negligente, imprudente ou imperito do causador do dano, de ordem acentuadamente moral e psicológica, que praticamente considerava a culpa como um "pecado jurídico"[37]. Agora, para avaliar o comportamento do réu, compara-se a sua conduta com o padrão de diligência aplicável no âmbito daquela atividade, livre dos aspectos anímicos ou psicológicos, com ênfase nas normas de segurança atualmente recomendáveis, de acordo com as especificidades do risco a que o lesado estava exposto. Assim, em vez do padrão abstrato, subjetivo e sem uniformidade do comportamento do *bom pai de família*, deve-se comparar a conduta do lesante com o padrão concreto e objetivo do *empregador exemplar que explora aquela atividade*. Desloca-se, então, o pensamento da antiga concepção de culpa dita psicológica para a modernamente denominada culpa normativa[38].

7.6. GRAUS DE CULPA: GRAVE, LEVE E LEVÍSSIMA

A doutrina tradicional, de acordo com a gravidade da falta cometida pelo causador do dano, classifica a culpa em três graus: grave, leve ou levíssima.

Já no início do século passado, o Decreto Legislativo n. 2.681 de 1912, que regula a responsabilidade civil das estradas de ferro, menciona no art. 15, § 3º, o grau de culpa como critério para divisão de responsabilidade, na reparação dos danos ou das avarias das mercadorias transportadas, quando mais de uma estrada de ferro tivesse concorrido para o transporte. Também a Lei n. 5.250/1967, conhecida como Lei de Imprensa, estabelecia no art. 53 alguns critérios para o juiz arbitrar o valor do dano moral, dentre os quais figuram a intensidade do dolo e o grau de culpa do responsável.

No campo da indenização por acidente do trabalho, a gradação da culpa teve importância destacada antes da vigência da Constituição de 1988, porque a comprovação da culpa de natureza grave era requisito indispensável para o

---

37. A expressão da culpa como uma "espécie de pecado jurídico" foi mencionada por Paul Esmein, citado por SCHREIBER, Anderson. *Novos paradigmas da responsabilidade civil*: da erosão dos filtros da reparação à diluição dos danos. 5. ed. São Paulo: Atlas, 2013. p. 34.

38. Na linha desse pensamento, vale citar, por todos, Maria Celina Bodin de Moraes: "Originalmente, culpa era apenas a atuação contrária ao direito, porque negligente, imprudente, imperita ou dolosa, que acarretava danos aos direitos de outrem. Modernamente, todavia, diversos autores abandonaram esta conceituação, preferindo considerar a culpa o descumprimento de um *standard* de diligência razoável, diferenciando esta noção, dita 'normativa' ou 'objetiva' da outra, dita 'psicológica'." Cf. Risco, solidariedade e responsabilidade objetiva. *Revista RT*, São Paulo, v. 854, p. 21, dez. 2006.

cabimento da reparação civil, conforme entendimento sedimentado na Súmula n. 229 do Supremo Tribunal Federal: *A indenização acidentária não exclui a do direito comum, em caso de dolo ou culpa grave do empregador.* Mesmo depois da Constituição de 1988, a intensidade da culpa tem sido considerada no arbitramento da indenização por dano moral, diante do caráter pedagógico e compensatório dessa condenação.

Com a entrada em vigor do Código Civil de 2002, o estudo da gradação da culpa ganhou mais prestígio e efeito prático pela introdução de dois dispositivos que não constavam do Código anterior, quais sejam:

> a) Art. 944, parágrafo único: "Se houver excessiva desproporção entre a gravidade da culpa e o dano, poderá o juiz reduzir, equitativamente, a indenização."
>
> b) Art. 945: "Se a vítima tiver concorrido culposamente para o evento danoso, a sua indenização será fixada tendo-se em conta a gravidade de sua culpa em confronto com a do autor do dano."

Também a reforma trabalhista de 2017 fortaleceu a importância de mensurar a gravidade da culpa, ao estabelecer que o juízo deverá considerar o "grau de dolo ou culpa" do ofensor na apreciação dos pedidos de danos extrapatrimoniais (Art. 223-G, VII da CLT).

Em resumo, seja para fixar o *quantum* indenizatório do dano material ou para o arbitramento do valor do dano moral ou extrapatrimonial, será muito importante a verificação do grau de culpa do empregador ou da vítima no acidente do trabalho[39]. Por essa razão, devem as partes atuar com esmero na instrução processual, produzindo provas que ofereçam ao julgador elementos suficientes para aferir a intensidade de culpa dos envolvidos no acidente do trabalho.

A culpa será considerada grave quando o causador do acidente tiver agido com extrema negligência ou imprudência, com grosseira falta de cautela, atuando com descuido injustificável ao empregador normal. Pode ser também chamada de culpa consciente, que se avizinha do dolo eventual do Direito Penal[40].

A culpa leve, no entanto, terá lugar quando o dano decorrer de uma infração que o empregador médio teria evitado, ou seja, aquele patrão que adota o nível de atenção ordinária, o equivalente ao *bonus pater famílias* do caso concreto.

---

39. O Enunciado 458, adotado por ocasião da V Jornada de Direito Civil, realizada em 2011, prevê: "Art. 944. O grau de culpa do ofensor, ou a sua eventual conduta intencional, deve ser levado em conta pelo juiz para a quantificação do dano moral."

40. CAVALIERI FILHO, Sérgio. *Programa de responsabilidade civil*. 16. ed. São Paulo: Atlas, 2023. p. 50.

Já a culpa levíssima ficará caracterizada quando ocorrer a falta cuja possível prevenção estiver acima do padrão médio de atenção, mas um empregador diligente, especialmente cuidadoso, a teria evitado.

Uma análise vagarosa das normas de segurança, higiene e saúde do trabalhador permite concluir que, atualmente, o empregador deverá adotar uma rigorosa diligência na prevenção de acidentes e doenças ocupacionais, sob pena de possibilitar à vítima a comprovação da culpa patronal, ainda que na modalidade de culpa levíssima[41]. Daí o dever atribuído à empresa de contratar especialistas habilitados para manter o ambiente de trabalho seguro e saudável, conforme mencionam as diretrizes para implantação dos Serviços Especializados em Engenharia e em Medicina do Trabalho e os diversos programas de prevenção. Tanto que a nova redação da NR-1 promovida pela Portaria SEPRT n. 6.730/2020 estabelece que o empregador deverá implementar um "Programa de Gerenciamento de Riscos – PGR" para controle e monitoramento dos riscos ocupacionais. As estatísticas dos acidentes do trabalho no Brasil, com números elevados, estão justificando essa tendência de exigir, cada vez mais, o rigoroso cumprimento das normas protetivas da saúde e da segurança do empregado.

O grau de culpa do empregador no acidente do trabalho não impede o reconhecimento do direito à indenização devida ao acidentado, já que o art. 7º, XXVIII, da Constituição só exige a presença do dolo ou da culpa, sem mencionar o qualificativo da culpa grave, como previsto na antiga Súmula n. 229 do STF, que ficou superada nesse aspecto. Aliás, continua válido o

---

41. "*Civil. Indenização. Assalto a Banco. Morte de funcionário. Dever da instituição financeira de prestar segurança. Lei n. 7.102/83. Fato previsível. Culpa grave. Inexigência. Dano moral. Pedidos cumulados.* Não obstante ter o banco instalado em sua agência alguns dispositivos mínimos de segurança, determinados pela Lei n. 7.102/83, deve ser responsabilizado pelo dano causado ao seu funcionário, se esses aparatos não foram suficientes para impedir a sua morte, ocorrida por ocasião de assalto. Em face dos constantes assaltos a bancos, em razão dos elevados valores sob sua guarda, estes têm a obrigação legal de zelar pela segurança das pessoas que se encontram na área de sua proteção, assim como de seus funcionários. A diligência que se requer, para esse mister, não é a mínima. Ao contrário, deve ficar caracterizado que todas as medidas possíveis e existentes foram tomadas para se evitar o dano e essas foram eficazes no cumprimento da função (REsp. n. 89.784/RJ). Sendo perfeitamente previsível e evitável o assalto a agência bancária, não se há de falar em ocorrência de caso fortuito ou força maior, a excluir a culpa da instituição financeira pela morte de seu funcionário na ocorrência de tal evento. Desde a integração do seguro no sistema previdenciário, com a edição da Lei n. 6.367/76, não mais se questiona a propósito do grau de culpa do empregador na ocorrência do acidente de trabalho, sendo suficiente a culpa leve para caracterizar a obrigação indenizatória. Havendo pedidos indenizatórios cumulados, deve o juiz individualizar a verba relativa aos danos morais, definindo a parte correspondente a cada um dos credores." Minas Gerais. TJMG, 5ª Câm. Cível. Ap. Cível n. 372.367-5, Rel.: Manuel Saramago, julgado em 12 jun. 2003.

brocardo romano que dizia: *In lege Aquilia, et levissima culpa venit,* ou seja, mesmo se a culpa for mínima, nasce o dever de indenizar[42].

Cabe mencionar que a possibilidade antes referida de reduzir a indenização, quando houver excessiva desproporção entre a gravidade da culpa e o dano, deve ser apreciada com moderação, especialmente porque está rompendo com o vetusto princípio da *restitutio in integrum.* Nesse sentido o Enunciado n. 46, aprovado em 2002 pela I Jornada de Direito Civil, realizada pelo Centro de Estudos Judiciários do Conselho da Justiça Federal, com a retificação adotada em 2006: "Art. 944: a possibilidade de redução do montante da indenização em face do grau de culpa do agente, estabelecida no parágrafo único do art. 944 do novo Código Civil, deve ser interpretada restritivamente, por representar uma exceção ao princípio da reparação integral do dano."

Em 2011, por ocasião da V Jornada de Direito Civil, realizada pelo mesmo Centro de Estudos da Justiça Federal, foi aprovado outro Enunciado seguindo a mesma linha de raciocínio: "Enunciado 457: Art. 944. A redução equitativa da indenização tem caráter excepcional e somente será realizada quando a amplitude do dano extrapolar os efeitos razoavelmente imputáveis à conduta do agente."

O julgamento com equidade, quando o dano decorrente do acidente for grande e a culpa do empregador for mínima, permite ao juiz fixar ponderadamente a indenização, considerando todas as singularidades do caso concreto e até mesmo as posses do ofensor e da vítima, especialmente no que se refere ao arbitramento dos danos morais[43]. O mérito desse dispositivo do Código Civil atual consiste em possibilitar ao juiz conceder reparação proporcional quando estiver naquele limite da dúvida se houve ou não alguma culpa do empregador no acidente[44].

---

42. "*Acidente de trabalho. Responsabilidade do empregador.* A caracterização da culpa, prevista no art. 7º, XXVIII, da CF/88, independe do grau com que esta se verifique. Em outras palavras, o empregador responde por ato omissivo ou comissivo, tenha ele concorrido com culpa grave, leve ou levíssima. No presente caso, a reclamada não promoveu o treinamento adequado e ainda permitiu que a máquina empregada na compactação do lixo fosse utilizada de forma inadequada, o que certamente deu causa ao infortúnio experimentado pelo reclamante." Pará. TRT 8ª Região. 4ª Turma. RO n. 01826-2005-010-8-00-2, Rel.: Odete de Almeida Alves, julgado em 25 abr. 2006.

43. Para Sílvio Rodrigues, a indenização calculada pela extensão do dano, sem considerar a gravidade da culpa, "por vezes se apresenta injusta, pois não raro de culpa levíssima, resulta dano desmedido para a vítima. Nesse caso, se se impuser ao réu o pagamento da indenização total, a sentença poderá conduzi-lo à ruína. Então estar-se-á apenas transferindo a desgraça de uma para outra pessoa, ou seja, da vítima para aquele que, por mínima culpa, causou o prejuízo." In: *Direito civil*: responsabilidade civil. 19. ed. São Paulo: Saraiva, 2002. v. 4, p. 188.

44. Como assevera Agostinho Alvim, "sucede, às vezes, que, por culpa leve, sem esquecer uma dose de fatalidade, como acentua Rossel, vê-se alguém obrigado a reparar prejuízos de vastas pro-

Na fixação dos danos materiais, a cautela quanto à redução deve ser ainda maior, uma vez que, geralmente, o acidentado é a parte hipossuficiente da relação e não deve suportar os riscos do negócio que são atribuídos ao empregador. Ademais, não se pode perder de vista que a redução com equidade do valor da indenização só deverá mesmo ocorrer quando houver "excessiva desproporção" entre a culpa e o dano.

O Código Civil de Portugal tem dispositivo semelhante com o seguinte teor: "*Quando a responsabilidade se fundar na mera culpa, poderá a indemnização ser fixada, equitativamente, em montante inferior ao que corresponderia aos danos causados, desde que o grau de culpabilidade do agente, a situação econômica deste e do lesado e as demais circunstâncias do caso o justifiquem.*"[45] Também o novo Código Civil y Comercial da Argentina, promulgado em 2014, estabelece: "*El juez, al fijar la indemnización, puede atenuarla si es equitativo en función del patrimonio del deudor, la situación personal de la víctima y las circunstancias del hecho. Esta facultad no es aplicable en caso de dolo del responsable.*"[46]

7.7. CULPA EXCLUSIVA DA VÍTIMA

Se o acidente ocorrer por culpa exclusiva da vítima, não será acolhida qualquer pretensão desta no terreno da responsabilidade civil em face do empregador, por ausência de liame de causalidade do evento com o trabalho. Analisamos esse ponto no capítulo 6, quando estudamos as hipóteses de exclusão do nexo causal, no item 6.6, ao qual nos reportamos.

7.8. CULPA CONCORRENTE DA VÍTIMA

Quando o acidente ocorre por culpa do empregador, a indenização é devida pelo seu valor total, conforme já visto. Mas, com frequência, a defesa alega que houve culpa exclusiva ou concorrente do empregado, com o propósito de excluir a responsabilidade civil ou, pelo menos, reduzir o valor da indenização. Diante de tal alegação, cabe ao julgador avaliar detidamente o conjunto probatório para aferir se houve mesmo participação culposa da vítima e, se positiva a resposta, qual foi a intensidade da sua contribuição no acidente ocorrido.

---

porções. O juiz poderia sentir-se inclinado a negar a culpa, para evitar uma condenação que não comporta meio-termo." In: *Da inexecução das obrigações e suas consequências*. 4. ed. São Paulo: Saraiva, 1972. p. 201.

45. Portugal. Código Civil. Decreto-Lei n. 47.344/1966. Art. 494º.

46. Argentina. Código Civil. Ley n. 26.994/2014. Art. 1.742.

Se a conduta culposa do empregado foi a única causa para a ocorrência do acidente, então não houve nexo de causalidade do infortúnio com o exercício do trabalho e, consequentemente, nem responsabilidade civil do empregador em razão da culpa exclusiva da vítima. Entretanto, se a conduta da vítima apenas contribuiu para o acidente, estamos diante da culpa concorrente ou culpa recíproca, que determina a redução proporcional do valor indenizatório.

A figura jurídica da culpa concorrente foi construída paulatinamente pela jurisprudência, como solução equitativa para o cálculo da reparação, considerando as circunstâncias do caso concreto. Quando o julgador percebia que o acidente ocorrera por culpa da vítima e do empregador, acabava repartindo os ônus, reduzindo pela metade o valor da indenização. Esse entendimento, que já era acolhido pela doutrina e jurisprudência, passou a constar, de forma aperfeiçoada, no Código Civil de 2002: *Art. 945. Se a vítima tiver concorrido culposamente para o evento danoso, a sua indenização será fixada tendo-se em conta a gravidade de sua culpa em confronto com a do autor do dano*[47].

Como se depreende do exposto, a culpa concorrente não exclui a responsabilidade civil do empregador, mas determina a fixação do valor indenizatório na proporção da culpa das partes no acidente ocorrido.[48] Anota Rui Stoco que "nosso legislador já não se satisfaz com o entendimento meramente matemático, mas sem qualquer conteúdo jurídico, de repartir o dano pela metade, carreando ao ofensor e à vítima o prejuízo em partes iguais. Adota-se no art. 945 critério dúctil, lógico e juridicamente correto, ou seja, cada qual responderá na medida de sua culpa."[49]

A concorrência de culpa ou de causas no acidente do trabalho leva à distribuição proporcional dos prejuízos; todavia, ficará ao prudente arbítrio do

---

47. De forma semelhante, o Código Civil português estabelece no art. 570: "Quando um fato culposo do lesado tiver concorrido para a produção ou agravamento dos danos, cabe ao tribunal determinar, com base na gravidade das culpas de ambas as partes e nas consequências que delas resultaram, se a indenização deve ser totalmente concedida, reduzida ou mesmo excluída."

48. Por ocasião da VIII Jornada de Direito Civil, realizada em 2018 pelo Centro de Estudos da Justiça Federal, foi adotado o Enunciado 630, com o seguinte teor: "Art. 945: Culpas não se compensam. Para os efeitos do art. 945 do Código Civil, cabe observar os seguintes critérios: (I) há diminuição do *quantum* da reparação do dano causado quando, ao lado da conduta do lesante, verifica-se ação ou omissão do próprio lesado da qual resulta o dano, ou o seu agravamento, desde que (II) reportadas ambas as condutas a um mesmo fato, ou ao mesmo fundamento de imputação, conquanto possam ser simultâneas ou sucessivas, devendo-se considerar o percentual causal do agir de cada um."

49. STOCO, Rui. *Tratado de responsabilidade civil*. 9. ed. São Paulo: Revista dos Tribunais, 2013. Tomo I, p. 196.

juiz fixar o percentual da indenização atribuído ao empregador, considerando as particularidades do caso concreto, as provas colhidas e a gravidade da culpa da vítima[50]. Caso não seja possível estabelecer o grau de influência de cada culpa, o caminho recomendável é o fracionamento da reparação em partes iguais[51].

Em oportuna síntese, Carlos Alberto Direito e Sérgio Cavalieri apontam cinco pressupostos que devem ser considerados no cálculo da redução do valor indenizatório, na hipótese de culpa concorrente:

> Para que a culpa da vítima influencie na fixação da indenização é necessário, primeiro, que haja nexo causal entre a sua participação e o evento danoso; segundo, que a sua participação não se confunda com aquela do ofensor, isto é, seja autônoma, não uma consequência do ilícito por ele praticado; terceiro, que seja também ilícito e culpável o ato da vítima, com o que estão excluídos os atos praticados pelos inimputáveis; quarto, que seja feita a ponderação da gravidade de sua culpa em confronto com a do autor do dano; quinto, que seja aferida não apenas a concorrência para o ato danoso, mas, também, se o seu ato aumentou o dano causado.[52]

É necessário registrar, entretanto, que a culpa concorrente no acidente do trabalho deve ser avaliada com alguns ajustes em relação às demais hipóteses da responsabilidade civil, pelas condições singulares do vínculo de natureza empregatícia.

Na relação de emprego, o trabalhador atua de forma subordinada, com limitado espaço para se insurgir contra os comandos patronais, mormente pela inexistência de garantia de emprego num período de acentuada precarização do contrato de trabalho. Além disso, são de exclusiva escolha do empregador o local de trabalho, os métodos de produção, a estrutura organizacional, o mobiliário, as ferramentas que serão utilizadas, o preenchimento dos cargos diretivos, os compromissos de entregas, os períodos de manutenção, a

50. O mestre Caio Mário, ao discorrer a respeito da culpa concorrente, assevera que "o maior problema está em determinar a proporcionalidade. Vale dizer: avaliar quantitativamente o grau de redutibilidade da indenização, em face da culpa concorrente da vítima. Entra aí, evidentemente, o arbítrio de bom varão do juiz, em cujo bom senso repousará o justo contrapasso, para que se não amofine em demasia a reparação a pretexto da participação do lesado, nem se despreze esta última, em detrimento do ofensor." Cf. PEREIRA, Caio Mário da Silva. *Responsabilidade civil*. 9. ed. Rio de Janeiro: Forense, 2002. p. 83.

51. THEODORO JÚNIOR, Humberto. *Comentários ao novo Código Civil*. Rio de Janeiro: Forense, 2003. v. III, t. 2, p. 109.

52. DIREITO, Carlos Alberto Menezes; CAVALIERI FILHO, Sérgio. *Comentários ao novo Código Civil*. 2. ed. Rio de Janeiro: Forense, 2007. v. XIII, p. 405-406.

necessidade de prorrogação da jornada, a época da concessão das férias, o ritmo da produção, o investimento em treinamento ou atualização etc. Aliás, especialistas da área garantem que "no contexto brasileiro, na maioria dos casos, arriscar-se é parte das tarefas habituais, desenvolvidas em contextos de subsistemas técnicos extremamente precários do ponto de vista de segurança."[53]

Está sedimentado o entendimento de que os acidentes do trabalho ocorrem em razão de uma rede de fatores causais, cujas variáveis são controladas, em sua maior parte, exclusivamente pelo empregador. Com isso, muitas vezes a culpa patronal — o empregador deve ter o protagonismo na prevenção — absorve ou mesmo neutraliza a culpa da vítima, em razão das diversas obrigações preventivas que a lei atribui às empresas. Assevera o clássico Aguiar Dias que "a responsabilidade é de quem interveio com culpa eficiente para o dano. Queremos dizer que há culpas que excluem a culpa de outrem. Sua intervenção no evento é tão decisiva que deixa sem relevância outros fatos culposos porventura intervenientes no acontecimento."[54]

Estudos recentes estão demonstrando que há uma cultura arraigada no Brasil de atribuir a culpa dos acidentes às "falhas humanas", "inevitável fatalidade" ou aos "atos inseguros" da própria vítima (culpabilização da vítima), desprezando todo o contexto em que o trabalho estava sendo prestado. Quando ocorre um acidente, as primeiras investigações, normalmente conduzidas por prepostos do empregador, sofrem forte inclinação para constatar um "ato inseguro" da vítima, analisando apenas o último fato desencadeante do infortúnio, sem aprofundar nos fatores antecedentes e conexos da rede causal, até mesmo com receio das consequências jurídicas ou para não expor a fragilidade do sistema de gestão de segurança da empresa. Muitas empresas investigam o acidente apenas com o propósito de encontrar culpados e aplicar punições exemplares.

Essa visão ultrapassada está impedindo que haja progresso nas políticas de segurança e saúde do trabalhador, bastando mencionar que os índices de acidentes do trabalho continuam elevados. Ora, se todos adotassem permanentemente um nível extraordinário de atenção, praticamente não ocorreriam acidentes do trabalho, acidentes de trânsito ou qualquer outro infortúnio. Nenhum programa de prevenção sério pode considerar o trabalhador como se fosse uma figura robótica que nunca comete deslize, distante de sua natureza humana e falível.

---

53. BINDER, Maria Cecília Pereira; ALMEIDA, Ildeberto Muniz. Acidentes do trabalho: Descompasso entre o avanço dos conhecimentos e a prevenção. In: MENDES, René (Org.). *Patologia do trabalho*. 3. ed. São Paulo: Atheneu, 2013. v. 1, p. 717.

54. DIAS, José de Aguiar. *Da responsabilidade civil*. 10. ed. Rio de Janeiro: Forense, 1995. v. II, p. 696.

Cabe transcrever nesse sentido as conclusões dos professores Maria Cecília Pereira Binder e Ildeberto Muniz de Almeida, especialistas em acidentologia:

> O enfoque ergonômico destaca a importância da identificação das estratégias de regulação, utilizadas para fazer face à variabilidade normal e incidental da atividade, e que fracassaram por ocasião do acidente.
>
> As análises dos acidentes do trabalho (e também as análises do trabalho) devem evidenciar fatores potencialmente capazes de desencadear tais eventos, para planejar intervenções preventivas, incluindo aí aspectos da organização do trabalho e do gerenciamento da empresa.
>
> Os prejuízos para a prevenção, decorrentes da utilização de noções de ato inseguro e de condições inseguras, originadas na década de 1930, têm sido exaustivamente denunciados na literatura, e as normas vigentes no Brasil recomendam expressamente sua abolição. Não se podem mais aceitar essas noções defasadas e ultrapassadas. No Brasil, a Norma Regulamentadora n. 1 (NR-1), bem como recomendações recentes, em documentos específicos dos Ministérios da Saúde e do MTE, já aboliram a explicação de acidentes do trabalho como 'fenômenos individuais'.
>
> Uma das consequências da evolução da concepção de acidentes tem sido a crescente compreensão da inutilidade de recomendações de prevenção como 'prestar mais atenção', 'conscientizar', 'tomar mais cuidado' e assemelhadas. Firma-se o entendimento de que o trabalho desenvolvido em condições em que a segurança depende exclusivamente do desempenho do indivíduo na tarefa, exigindo a manutenção de grau de vigília incompatível com as capacidades humanas, configura 'acidente esperando para acontecer' sendo, portanto, inaceitável.[55]

Para o Engenheiro de Segurança e Consultor Reginaldo Lapa, a empresa deve seguir um ritual de investigação do acidente do trabalho, observando uma sequência prevista em norma interna. Primeiro, é necessário que tenha orientação sobre a comunicação do acidente e as ações imediatas logo após a ocorrência. Em seguida, deve-se constituir um grupo de investigação que fará o planejamento dos trabalhos, a coleta dos dados, a organização dos elementos colhidos e a respectiva análise. Finalmente, atinge-se a etapa do

55. BINDER, Maria Cecília Pereira; ALMEIDA, Ildeberto Muniz. Acidentes do trabalho: Descompasso entre o avanço dos conhecimentos e a prevenção. In: MENDES, René (Org.). *Patologia do trabalho*. 3. ed. São Paulo: Atheneu, 2013. v. 1, p. 738-739. A médica Maria Cecília Binder é doutora em Medicina pela UNICAMP, com pós-doutoramento no Departamento de Acidentologia do *Institut National de Recherche et de Sécurité — INRS*, Nancy, França.

registro das conclusões e da proposta das ações necessárias para evitar novas ocorrências. Enfatiza Reginaldo Lapa que "documentar as análises da investigação e acompanhar as ações para verificar se estão sendo implementadas e se estão sendo capazes de evitar, de fato, as causas identificadas é o que chamamos de ritual da investigação".[56] Dessa forma, a investigação, em vez de centralizar o foco na identificação dos culpados para eventual punição, prioriza a busca do conhecimento das causas do sinistro para implementar boas práticas de gestão preventiva.

Com pensamento semelhante, pontua o Engenheiro de Segurança e Perito Judicial Antônio Carlos Vendrame que uma análise de riscos realizada de modo incorreto pelos peritos gera desacertos, deixando de mostrar com fidelidade a real ou as reais causas de um acidente. E, de um modo didático, indica sua classificação para as causas dos acidentes:

> Há várias formas de classificar as causas de um acidente. Entre elas, a que as dividem em: 1 — Imediatas, 2 — Subjacentes e 3 — Latentes.
>
> As imediatas são constituídas pelas razões mais óbvias da ocorrência de um acidente e nem precisam de uma análise de riscos para serem evidenciadas. Basta olhar em volta para percebê-las por simples intuição. As subjacentes são razões sistêmicas ou organizacionais menos evidentes, porém necessárias para que ocorra um acidente. Não são vistas a 'olho nu', é preciso puxar um pouco mais a linha do novelo para descobri-las. As latentes são condições iniciadoras que possibilitam o surgimento de todos os outros fatores relacionados ao acidente. Frequentemente são remotas no tempo e no que se refere à hierarquia dos envolvidos, quando consideradas em relação ao evento. Geralmente envolvem concepção, gestão, planejamento ou organização. Não são descobertas por simples intuição ou mesmo observação. Elas aparecem com resultado de uma análise de riscos bem elaborada.
>
> Normalmente um acidente não possui causa única e, sem uma análise, fatalmente teremos as causas imediatas, ficando as subjacentes e latentes ocultas.[57]

Para melhorar as investigações dos fatores causais dos acidentes do trabalho, a Instrução Normativa n. 2, de 8 de novembro de 2021, baixada pelo Ministro do Trabalho e Previdência , estabeleceu diretrizes com o propósito

---

56. LAPA, Reginaldo. Buscar as causas em vez de culpados. *Revista CIPA*, São Paulo, v. XXXIII, n. 385, p. 92, out. 2011.

57. VENDRAME, Antônio Carlos. Acidente do trabalho: análise de riscos realizada de modo incorreto pelos peritos geram desacertos. *Revista Proteção*. Novo Hamburgo. V. XXIX, n. 290, p. 80, fev. 2016.

de aperfeiçoar as análises efetuadas pelos auditores fiscais do Trabalho e o respectivo relatório[58]. A Instrução Normativa MTP n. 2, de 22 de dezembro de 2022, ampliou e alterou a redação de diversos artigos da referida Instrução Normativa, para vigorar a partir de 1º de janeiro de 2023. Vejam as recomendações relacionadas nos arts. 178 a 185-G:

> "Art. 178. O Auditor-Fiscal do Trabalho, quando da análise de acidentes do trabalho, inclusive as doenças relacionadas ao trabalho, e quando da elaboração dos respectivos relatórios fiscais, deverá observar o disposto neste Capítulo." (NR)
>
> "Art. 179. As fiscalizações para análise de acidente do trabalho serão determinadas ao Auditor-Fiscal do Trabalho, no âmbito de cada unidade descentralizada da inspeção do trabalho, por meio de ordens de serviço, conforme dispõe o art. 16 do Decreto nº 4.552, de 2002, e o item IV do art. 12 da Portaria nº 547, de 22 de outubro de 2021.
>
> § 1º A ordem de serviço para análise de acidente do trabalho e o respectivo relatório de inspeção deverão ater-se às questões relacionadas ao acidente.
>
> § 2º Caso o Auditor-Fiscal do Trabalho identifique outras situações ou empregadores que não estejam relacionadas com o acidente, mas que demandem a intervenção da fiscalização, deverá gerar demanda no SFITWEB e comunicar à chefia imediata para que esta avalie a necessidade de abertura de nova ordem de serviço.
>
> § 3º As ordens de serviço emitidas para análise de acidente do trabalho deverão permitir que o Auditor-Fiscal do Trabalho lance mais de um relatório de inspeção em uma mesma ordem de serviço.
>
> § 4º A ordem de serviço para análise de acidente do trabalho deverá ser emitida preferencialmente para a organização em cujo ambiente de trabalho ocorreu o acidente, contendo as informações necessárias à realização da ação fiscal.
>
> § 5º No caso de não se ter dados suficientes sobre o acidente do trabalho, a ordem de serviço poderá ser emitida sem a indicação do empregador, contendo as informações disponíveis no momento de sua emissão.
>
> § 6º No caso de a ordem de serviço ter sido emitida em empregador que não tem relação com o acidente do trabalho, deve o Auditor-Fiscal do Trabalho encerrar o relatório de inspeção com ocorrência especial e abrir novo relatório de inspeção na mesma ordem de serviço, informando os dados corretos do acidente do trabalho.
>
> § 7º Havendo mais de um empregador relacionado ao acidente do trabalho analisado, o Auditor-Fiscal do Trabalho deverá lançar novo relatório de inspeção na mesma ordem de serviço." (NR)

---

58. Esta Instrução Normativa atualizou o tratamento da matéria e revogou a Instrução Normativa n. 88 de 30 de novembro de 2010, baixada pela Secretaria de Inspeção do Trabalho-SIT em conjunto com o Departamento de Segurança e Saúde no Trabalho-DSST.

"Art. 180. As providências para as análises de acidente do trabalho deverão ser tomadas, a partir do conhecimento do evento, com a urgência requerida em cada caso, devendo ser dada prioridade à emissão de ordem de serviço para análise de acidentes do trabalho fatais e graves ocorridos há menos de dois anos.

§ 1º Para fins de emissão de ordem de serviço considera-se:

I – acidente do trabalho grave aquele com consequência severa ou significativa;

II – consequência severa aquela que pode prejudicar a integridade física ou a saúde, provocando lesão ou sequelas permanentes; e

III – consequência significativa aquela que pode prejudicar a integridade física ou a saúde, provocando lesão que implique em incapacidade temporária por prazo superior a quinze dias.

§ 2º A fiscalização para análise de acidente do trabalho grave e fatal deverá ser priorizada levando em consideração a gravidade das lesões sofridas pelo trabalhador acidentado, o número de vítimas afetadas, a possibilidade de haver persistência de situação de risco para novos acidentes, a possibilidade de a cena acidentária ainda estar preservada no todo ou em parte, a perspectiva de haver ocorrência de infrações graves à legislação trabalhista e a repercussão social do caso.

§ 3º Os acidentes leves e os incidentes de trabalho que, pela sua natureza, tenham potencial para causar acidentes e adoecimentos graves, poderão ser analisados, por meio de emissão de ordem de serviço, visando à verificação da persistência dos fatores que ensejaram a sua ocorrência.

§ 4º Os acidentes do trabalho ocorridos há mais de dois anos poderão ser analisados em circunstâncias excepcionais e justificadas, independentemente da existência de solicitação, visando à verificação da persistência dos fatores que ensejaram a sua ocorrência, em especial o potencial risco ao trabalhador." (NR)

"Art. 181. A identificação dos acidentes do trabalho a serem analisados poderá considerar, além das bases oficiais de dados da Previdência Social e do Instituto Nacional do Seguro Social:

I – denúncias;

II – informações do Sistema Único de Saúde – SUS, em especial as bases de dados do Sistema Nacional de Atendimento Médico – SINAM e do Sistema de Informação sobre Mortalidade – SIM;

III – registros de autoridades públicas, referentes a acidentes graves ou fatais, quando houver indícios de relação com a atividade laboral da vítima;

IV – notícias de acidentes do trabalho divulgados na imprensa ou na rede mundial de computadores; ou

V – outras fontes de informação devidamente verificadas.

Parágrafo único. Durante a ação fiscal para investigar acidente do trabalho, o Auditor-Fiscal do Trabalho poderá solicitar informações e documentos sobre o evento acidentário a outros órgãos ou entidades que possam fornecer dados que contribuam com a análise." (NR)

"Art. 182. As fiscalizações para análise de acidente do trabalho deverão ser realizadas com inspeção física no local do acidente ou nas dependências da organização.

§ 1º Em caráter excepcional, e desde que devidamente justificado na ordem de serviço emitida, a análise do acidente poderá ser realizada por meio de fiscalização na modalidade indireta.

§ 2º A exceção prevista no § 1º somente poderá ser justificada por condições atinentes às características do local de ocorrência do acidente, não sendo permitida motivação baseada na dificuldade de acesso ao local do acidente, falta de pessoal, material ou infraestrutura." (NR)

"Art. 183. A natureza da relação jurídica entre o trabalhador acidentado e o seu empregador ou tomador de serviços não constitui causa impeditiva à análise do acidente do trabalho." (NR)

"Art. 184. A não apresentação de documentos pelo empregador não constitui, por si só, causa impeditiva à fiscalização para análise de acidente do trabalho." (NR)

"Art. 185. Nas análises de acidentes de trabalho, os Auditores-Fiscais do Trabalho deverão utilizar como referência técnica o Guia de Análise de Acidentes de Trabalho disponível na página eletrônica da Escola Nacional da Inspeção do Trabalho - ENIT." (NR)

"Art. 185-A. O Auditor-Fiscal do Trabalho designado para analisar as causas dos acidentes do trabalho e das doenças ocupacionais, bem como as situações com potencial para gerar tais eventos, deve:

I - investigar a existência de irregularidades e infrações relativas às Normas Regulamentadoras de Segurança e Saúde no Trabalho - NRs que influenciaram a ocorrência do evento;

II - analisar aspectos organizacionais e de gestão de segurança e saúde no trabalho que contribuíram para a ocorrência do evento;

III - analisar a influência de possíveis infrações decorrentes do descumprimento da legislação disciplinadora da jornada de trabalho, dos períodos de descanso e de capacitações na ocorrência do evento;

IV - entrevistar os trabalhadores e outras pessoas direta ou indiretamente envolvidas para a apuração dos fatos;

V relatar as medidas de prevenção que poderiam ter evitado ou reduzido a possibilidade de ocorrência do evento indesejado; e

VI - adotar as medidas administrativas necessárias para que o empregador promova as ações de prevenção à ocorrência de novos acidentes ou doenças." (NR)

"Art. 185-B. Durante a análise de acidente do trabalho, as informações prestadas pelo empregador devem ser analisadas e comparadas com as demais circunstâncias que envolvem o evento e com os dados obtidos no curso da ação fiscal, sobretudo quando estiverem presentes, isolada ou conjuntamente, as seguintes situações:

I - suspeita de suicídio ou morte natural como fator causal;

II - indicação de erro humano como único fator causal;

III - ausência de testemunhas;

IV - falta de preservação do local da ocorrência;

V - ocorrência em locais onde não existam postos de trabalho fixos, tais como estradas e áreas rurais; e

VI – participação determinante de fatores socioambientais, tais como violência urbana ou fenômenos meteorológicos." (NR)

"Art. 185-C. Ao término da análise, o Auditor-Fiscal do Trabalho deverá elaborar relatório de acidente do trabalho por meio de sistema informatizado disponibilizado pela Subsecretaria de Inspeção do Trabalho para esta finalidade.

§ 1º O Auditor-Fiscal do Trabalho deverá descrever no relatório, de forma clara, os procedimentos adotados pela fiscalização, devendo realizar o preenchimento completo e detalhado dos campos previstos no sistema informatizado disponibilizado pela Subsecretaria de Inspeção do Trabalho da Secretaria de Trabalho do Ministério do Trabalho e Previdência para essa finalidade.

§ 2º Os campos do relatório previsto no caput deverão ter redação clara, objetiva, precisa e ordem lógica e serão instruídos de forma detalhada, com o maior número possível de elementos probatórios, podendo ser anexados arquivos contendo plantas, diagramas, esquemas, fotos, planilhas, além de outros documentos que o Auditor-Fiscal do Trabalho julgar pertinentes.

§ 3º Os autos de infração lavrados no contexto de ação fiscal para análise de acidente do trabalho devem referenciar em seu histórico o acidente do trabalho analisado, observado o disposto no art. 310 da Portaria nº 671, de 8 de novembro de 2021." (NR)

"Art. 185-D. Caso seja constatado que o relatório de análise de acidente foi elaborado em desacordo com esta Instrução Normativa, a chefia imediata poderá emitir nova ordem de serviço ou ordem de serviço administrativa para retificação ou complementação do relatório, conforme o caso.

§ 1º A ordem de serviço para retificação ou complementação do relatório deverá designar preferencialmente os mesmos Auditores-Fiscais do Trabalho que realizaram a análise do acidente, podendo ser integrados outros Auditores-Fiscais do Trabalho à nova ordem de serviço.

§ 2º A ordem de serviço emitida para retificação ou complementação do relatório deverá conter no campo 'observações' as orientações em relação aos itens descumpridos desta Instrução Normativa." (NR)

"Art. 185-E. O chefe de Seção, Setor ou Núcleo de Segurança e Saúde no Trabalho da unidade descentralizada da inspeção do trabalho deverá encaminhar cópia dos seguintes documentos à Advocacia-Geral da União, em face do disposto no inciso I do art. 120 da Lei nº 8.213, de 1991, e no § 1º do art. 341 do Decreto nº 3.048, de 1999, bem como, quando possível, ao empregador e ao trabalhador, ou seus representantes legais:

I – relatório de acidente do trabalho, extraído do sistema informatizado da Subsecretaria de Inspeção do Trabalho da Secretaria de Trabalho do Ministério do Trabalho e Previdência; e

II – autos de infração lavrados e respectivos anexos.

Parágrafo único. Cópia do relatório de acidente do trabalho poderá ser encaminhada a outras entidades ou interessados, nos termos da Lei nº 8.159, de 1991, Lei nº 12.527, de 2011, Decreto nº 7.724, de 16 de maio de 2012, e Lei nº 13.709, de 14 de agosto de 2018." (NR)

> "Art. 185-F. Na hipótese de a análise de acidente do trabalho revelar lacuna ou inadequação das Normas Regulamentadoras ou outros instrumentos normativos aplicáveis ao acidente analisado, deve o Auditor-Fiscal do Trabalho comunicar ao chefe da Seção, Setor ou Núcleo de Segurança e Saúde no Trabalho da unidade descentralizada da inspeção do trabalho, que fará o encaminhamento à Subsecretaria de Inspeção do Trabalho da Secretaria de Trabalho do Ministério do Trabalho e Previdência para providências." (NR)
>
> "Art. 185-G. Na hipótese de a análise de acidente revelar vícios de fabricação em máquinas ou equipamentos, com possibilidade de gerar novos acidentes, o Auditor Fiscal do Trabalho deve propor à chefia imediata a abertura de ação fiscal para notificar o respectivo fabricante, distribuidor, importador ou locador.
>
> Parágrafo único. Caso o fabricante, distribuidor, importador ou locador referenciados no caput esteja situado em outra unidade da Federação, a demanda poderá ser encaminhada pelo chefe da Seção, Setor ou Núcleo de Segurança e Saúde no Trabalho de sua unidade descentralizada da inspeção do trabalho à Subsecretaria de Inspeção do Trabalho da Secretaria de Trabalho do Ministério do Trabalho e Previdência." (NR) [59]

Alguns exemplos colhidos na jurisprudência demonstram o entendimento dos tribunais a respeito da culpa concorrente da vítima no acidente do trabalho:

> "**Recurso de revista. Responsabilidade civil. Acidente de trabalho. Indenização por danos morais e materiais. Culpa concorrente. Transcendência jurídica reconhecida.** Na hipótese, o e. TRT afastou a tese acerca da culpa exclusiva da vítima e concluiu pela responsabilidade civil da reclamada pelos danos decorrentes do acidente sofrido pela autora (queda), ao fundamento de que a "ré não fez prova de que a trabalhadora foi orientada ou recebeu ordem de serviço para uso da escada para alcançar materiais guardados em local alto, ônus que lhe cabia". Data vênia do entendimento do e. TRT, não se trata de infortúnio causado por culpa exclusiva do empregador, mas de acidente no qual o resultado decorreu de culpa concorrente das partes. Isso porque, ainda que delineado no acórdão regional que a queda sofrida pela trabalhadora decorreu da falta de condições de segurança no ambiente de trabalho, certo é que o referido acidente não teria ocorrido se a autora não tivesse adotado a conduta imprudente de subir em uma banqueta e, posteriormente, em uma pia para alcançar material guardado em um armário. Assim, diversamente do que concluiu o e. TRT, não há como se entender que o infortúnio ocorreu por fato exclusivo do empregador, mas, sim, que houve culpa concorrente da reclamante ao adotar conduta descuidada no ambiente de trabalho, mormente considerando a premissa registrada no acórdão regional de que a reclamada disponibilizava escada em seu estabelecimento. Superada a questão atinente à responsabilidade civil pelo acidente ocorrido, convém ressaltar

---

59. O juiz, de ofício ou a requerimento da parte, poderá requisitar cópia autenticada ou digitalizada do relatório produzido ao chefe do setor de Segurança e Saúde no Trabalho da Superintendência Regional do Trabalho e Emprego para fins de instrução do processo (art. 438 do CPC/2015).

que o pagamento de indenização por danos morais no importe de R$ 5.000,00 (cinco mil reais) e o ressarcimento integral de despensas médicas comprovadas a título de danos materiais foram determinados com base na premissa de que o acidente ocorreu em decorrência de culpa exclusiva do Reclamado. Afastada tal premissa e, considerando os termos do art. 944, parágrafo único do Código Civil, segundo o qual "a indenização deve ser reduzida equitativamente na hipótese em que há desproporção entre a gravidade da culpa e a extensão do dano ", deve ser reduzido o montante indenizatório fixado pelo TRT a título de danos morais, bem como o ressarcimento dos gastos passados e futuros com o tratamento médico da autora ao importe de 50%. Recurso de revista conhecido e parcialmente provido." TST. 5ª Turma. RRAg-249-84.2019.5.12.0014, Rel.: Ministro Breno Medeiros, *DEJT* 28 jun. 2024.

"Agravo em agravo de instrumento em recurso de revista. Acórdão publicado na vigência da Lei nº 13.467/2017 – Acidente de trabalho. Indenização por danos morais e materiais. Requisitos do dever de indenizar. Culpa concorrente demonstrada. A Corte Regional decidiu que tanto a vítima quanto a reclamada tiveram culpa no evento danoso. Do lado do empregado, ficou constatado que ele ingeriu bebidas alcoólicas durante o expediente e dormiu em local onde transitavam máquinas pesadas. Da parte da empresa, a Corte de origem consignou que a reclamada exigia que os tratores fossem conduzidos à noite e não fornecia aos empregados roupas com material fosforescente. Além disso, também registrou que '*a foto da posição do cadáver revela que o trabalhador não estava dormindo em um local escondido ou de difícil visualização (ID. 361480a – Pág. 11), pelo que, se a reclamada fornecesse as vestes com material fosforescente, o condutor do trator conseguiria ver o de cujus e evitar o acidente*'. Diante disso, estão demonstrados todos os requisitos do dever de indenizar: o dano (decorrente da morte do marido e pai dos reclamantes), a culpa concorrente da empresa (que contribuiu com a ocorrência do infortúnio ao deixar de proporcionar ambiente de trabalho seguro) e o nexo de causalidade entre o labor prestado em benefício da reclamada e o acidente de trabalho. Nesse contexto, a decisão monocrática está correta e não merece nenhum reparo. Agravo de que se conhece e a que se nega provimento." TST. 2ª Turma. Ag-AIRR-11151-23.2014.5.15.0068, Rel.: Ministro Sergio Pinto Martins, *DEJT* 01 jul. 2022.

"**Recurso de revista. Acidente do trabalho com óbito. Responsabilidade do empregador pela ação culposa de prepostos. Culpa concorrente da vítima. Dano moral e patrimonial. Indenização. Pensão mensal**. Diante do quadro fático delineado pelo colegiado de origem, acrescido pelos detalhes trazidos pelas próprias reclamadas, incontroversos, ofende o art. 927 do Código Civil a decisão que conclui pela ausência de responsabilidade das rés, em relação ao acidente do trabalho que acarretou a morte do empregado. Com efeito, manifesta a ação/omissão culposa dos prepostos — um responsável pela orientação do trabalhador inexperiente e que não o impediu de deitar-se em local inapropriado, o outro, condutor do veículo, que adentrou a lavoura de ré, no escuro, imprudentemente, atropelando a vítima —, a constatação de conduta inadequada do próprio acidentado deve ser sopesada no cálculo das indenizações, mas não elide a responsabilidade dos empregadores pela culpa dos demais empregados, ante os termos dos arts. 932, 933 e 945 do Código Civil. A teor da Súmula n. 341 da Suprema Corte, é presumida a culpa do patrão ou comitente pelo ato culposo do empregado ou preposto e, segundo Sebastião Geraldo de Oliveira, — *a culpa concorrente não exclui a responsabilidade civil do empregador, mas determina a fixação do valor indenizatório na proporção da culpa das partes no acidente ocorrido* — (Indenizações por Acidente do Trabalho ou Doença Ocupacional. 5. ed. São Paulo, LTr, 2009. p. 192-3). Recurso de revista conhecido e parcialmente provido." TST. 3ª Turma. RR n. 470-43.2010.5.15.0000, Rel.: Ministra Rosa Maria Weber, DJ 15 out. 2010.

"**Recurso ordinário. Acidente de trabalho. Culpa recíproca ou concorrente.** O reclamante deixou de utilizar *sponte propria* as botas com biqueira de aço fornecidas pela reclamada por ocasião de sua admissão, o que certamente amenizaria o resultado danoso ocorrido poucos dias depois, não havendo, entretanto, como se afirmar que tal procedimento afastaria totalmente a ocorrência do dano (esmagamento do dedo do pé esquerdo). Ocorre que não se pode reconhecer a culpa exclusiva do obreiro, pois a fiscalização do uso efetivo e da troca do EPI fornecido ao trabalhador cabe à empresa (Súmula n. 289 do C.TST), não devendo ficar a critério do empregado o seu uso e substituição pois trata-se normalmente de pessoa leiga no assunto de segurança do trabalho. Constata-se, portanto, no caso em comento, a ocorrência do fenômeno da culpa recíproca ou concorrente já que ambas as partes contribuíram, ao mesmo tempo, para a produção do mesmo evento danoso." São Paulo. TRT 2ª Região. 12ª Turma. RO n. 01232-2006-261-02-00-4, Rel.: Desembargador Marcelo Freire Gonçalves, *DJ* 18 dez. 2009.

7.9. PRESUNÇÃO DE CULPA DO EMPREGADOR

Neste tópico vamos analisar se é cabível adotar a presunção de culpa do empregador, quando ocorre o acidente do trabalho.

De início é preciso enfatizar que a investigação da culpa só é necessária quando se discute a responsabilidade civil ou criminal do empregador, porquanto para os benefícios concedidos pela legislação da infortunística, que tem como base a responsabilidade objetiva, esse pressuposto não é exigido.

Para atender a uma sequência lógica de apreciação, a pesquisa sobre a culpa somente deverá ser feita após a constatação do liame de causalidade. Se o acidente não teve relação com o exercício do trabalho a serviço da empresa ou se ocorreu apenas a causalidade indireta, sem participação alguma do empregador, é dispensável indagar a respeito da culpa. Desse modo, para os casos de acidente de trajeto em condução pública, força maior, caso fortuito ou fato exclusivo de terceiro, em princípio, não há que se questionar a respeito da culpa patronal em razão da ausência do nexo causal direto do acidente com a prestação do serviço.

Na divisão tradicional do ônus da prova, conforme previsto no art. 373, I, do CPC/2015, cabe ao autor demonstrar o fato constitutivo do seu direito. Contudo, no processo trabalhista, nem sempre o reclamante consegue desincumbir-se satisfatoriamente do seu ônus, mormente porque é o empregador que tem maior disponibilidade dos meios de prova, ou seja, é a parte que está mais apta para demonstrar em juízo os fatos controvertidos. Diante dessa realidade, em diversas ocasiões tem-se adotado a inversão do ônus da prova em favor do empregado[60], técnica esta que agora foi positivada pela reforma trabalhista de 2017, como veremos adiante.

O douto Carlos Alberto Reis de Paula, em apreciada obra a respeito do ônus da prova no processo do trabalho, sintetiza o pensamento doutrinário sobre o tema:

> A inversão do ônus da prova é uma das peculiaridades do processo trabalhista, fenômeno justificado pela instrumentalidade do direito processual, de forma genérica, e nas particularidades do processo trabalhista, de forma específica. A inversão é inspirada em altíssimos princípios de interesse social, sendo o meio para se obter o equilíbrio processual, estabelecendo igualdade de condições entre as partes. Torna-se possível a inversão do ônus da prova desde que haja incidência de alguns dos seguintes princípios: da aptidão para a prova, do *in dubio, pro operario* e da pré-constituição da prova. A disponibilidade dos meios de prova importa no dever de colaboração, como decorrência do princípio da aptidão para a prova, que é resultante de construção jurisprudencial. Como consagrado por Carnelutti, o escopo do processo não é a simples composição, mas a justa composição da lide."[61]

Em muitas ocasiões, o acidentado se depara com enormes dificuldades para comprovar a culpa do empregador, o que acaba por deixar sem reparação muitas lesões. Como anota Sérgio Cavalieri, "a prova da culpa, em muitos casos, é verdadeiramente diabólica, erigindo-se em barreira intransponível para o lesado."[62] Como efeito dessa realidade, a culpa presumida passou a ser adotada em várias hipóteses em que a vítima reiteradamente encontrava dificuldades para demonstrar o ato ilícito do causador do dano, sobretudo naquelas atividades em que o grau de risco é maior. Afirma Alvino Lima que "as presunções de culpa

---

60. Vejam neste sentido as Súmulas ns. 16, 212 e 338 do TST e a Orientação Jurisprudencial n. 233 da SBDI-I, também do TST.

61. PAULA, Carlos Alberto Reis de. *A especificidade do ônus da prova no processo do trabalho*. São Paulo: LTr, 2001. p. 193.

62. CAVALIERI FILHO, Sérgio. *Programa de responsabilidade civil*. 16 ed. São Paulo: Atlas, 2023. p. 52.

consagradas na lei, invertendo o ônus da prova, vieram melhorar a situação da vítima, criando-se a seu favor uma posição privilegiada."[63]

No Brasil, já no ano de 1912, o Decreto n. 2.681, que regula a responsabilidade civil das estradas de ferro, estabeleceu no art. 17: "As estradas de ferro responderão pelos desastres que nas suas linhas sucederem aos viajantes e de que resulte a morte, ferimento ou lesão corpórea. A culpa será sempre presumida, só se admitindo em contrário algumas das seguintes provas: I — caso fortuito ou força maior; II — culpa do viajante, não concorrendo culpa da estrada."

De forma semelhante, a Súmula n. 341 do STF, adotada em 1963, consagrou que "é presumida a culpa do patrão ou comitente pelo ato culposo do empregado ou preposto", suplantando a interpretação literal do art. 1.523 do Código Civil de 1916.

O Código de Proteção e Defesa do Consumidor, considerado um marco no tema da modificação do ônus da prova, estabeleceu no art. 6º: "São direitos básicos do consumidor: (...) VIII — A facilitação da defesa de seus direitos, inclusive com a inversão do ônus da prova, a seu favor, no processo civil, quando, a critério do juiz, for verossímil a alegação ou quando for ele hipossuficiente, segundo as regras ordinárias de experiência."[64]

Sem dúvida, todos os motivos que impulsionaram o desenvolvimento da teoria da culpa presumida também estão presentes nas questões que envolvem o acidente do trabalho. É notória a dificuldade da vítima para comprovar as causas do acidente, sem contar as culpas anônimas ou pouco visíveis dos desgastes do material, jornadas exaustivas, pressão da chefia, desvios de função, treinamentos inadequados e tantos outros fatores que contribuem para a ocorrência do infortúnio laboral.

Além disso, se o acidente ou a doença ocorreu no ambiente do trabalho e a atividade é de risco, há uma tendência natural de se presumir a culpa do empregador, até mesmo pela consideração do que ordinariamente acontece. Assim, a técnica da inversão do ônus da prova, bastante impulsionada pelo Código de Defesa do Consumidor, tende a ganhar cada vez mais acolhida nas ações indenizatórias decorrentes dos acidentes do trabalho, mormente após a mudança do art. 818 da CLT pela reforma trabalhista de 2017. A propósito, vale transcrever parte dos fundamentos lançados em acórdão do Colendo TST relatado pela Ministra Maria Cristina Irigoyen Peduzzi:

---

63. LIMA, Alvino. *Culpa e risco*. São Paulo: Revista dos Tribunais, 1963. p. 79.

64. Lei n. 8.078, de 11 set. 1990.

> 5 — A aplicação do instituto da responsabilidade civil no Direito do Trabalho distingue-se de sua congênere do Direito Civil. Ao contrário das relações civilistas, lastreadas na presunção de igualdade entre as partes, o Direito do Trabalho nasce e desenvolve-se com o escopo de reequilibrar a posição de desigualdade inerente à relação de emprego. Nesse sentido, a apuração da culpa no acidente de trabalho deve adequar-se à especial proteção conferida pelo ordenamento jurídico ao trabalhador. Essa proteção se concretiza, dentre outras formas, pela inversão do ônus da prova, quando verificada a impossibilidade de sua produção pelo empregado e a maior facilidade probatória do empregador.
>
> 6 — A regra do art. 333 do CPC, segundo a qual compete à parte que alega comprovar fato constitutivo de direito, enquanto à parte contrária compete provar fato modificativo, extintivo ou impeditivo, deve ser aplicada subsidiariamente na esfera trabalhista. Aqui, vige o princípio da aptidão para a prova, determinando que esta seja produzida pela parte que a ela tem acesso, quando estiver fora do alcance da parte contrária.
>
> 7 — No presente caso, seria insensato exigir dos reclamantes a comprovação da inexistência de culpa da empresa no *eventus damni*, sob pena de desvestir o instituto da responsabilidade civil de toda a sua eficácia e de negar vigência à garantia constitucional do art. 7º, inciso XXVIII.
>
> 8 — Cabia à empresa, e não aos reclamantes, desvencilhar-se do ônus da prova da inexistência da culpa. Como não se desonerou do ônus que milita em seu desfavor, presume-se a culpa, surgindo o consequente dever de indenizar o trabalhador pelo prejuízo sofrido.[65]

A responsabilidade civil por acidente do trabalho vem passando por mudanças progressivas, sempre visando ao amparo da vítima. Na vigência da segunda lei de acidentes do trabalho (Decreto n. 24.637/1934) havia dispositivo expresso excluindo a responsabilidade civil; com o advento do Decreto n. 7.036/1944 passou a ser devida a indenização no caso de dolo; a Súmula n. 229 do STF de 1963 ampliou o cabimento da reparação para as hipóteses de dolo ou culpa grave do empregador; a Constituição da República de 1988 estendeu o cabimento das indenizações para os casos de culpa do empregador de qualquer natureza, dispensando o requisito da gravidade (art. 7º, XXVIII), podendo ocorrer até mesmo nos casos de culpa levíssima. Agora, o Código Civil de 2002, no art. 927, parágrafo único, indica que o acidentado terá direito à indenização independentemente da culpa do empregador quando a atividade

---

65. TST. 3ª Turma. RR n. 930/2001-010-08-00, *DJ* 19 mar. 2004.

normalmente desenvolvida pela empresa implicar, por sua natureza, risco para os direitos do empregado.

Na sequência desse movimento em favor da vítima, merece registro a criação do Nexo Técnico Epidemiológico no âmbito da Previdência Social, pela Lei n. 11.430/2006, cujo propósito ostensivo foi tornar mais fácil o reconhecimento do nexo causal entre o trabalho e o agravo, o que, de certa forma, reforça a tendência de adotar a modificação do ônus da prova para beneficiar o acidentado[66]. O Médico do Trabalho e Auditor Fiscal do Ministério do Trabalho Mário Bonciani bem explica o princípio da inversão do ônus da prova que orientou a implantação do Nexo Técnico Epidemiológico e do Fator Acidentário de Prevenção:

> Frente à suspeita (a partir de informações epidemiológicas) de relação entre uma doença e uma atividade laborativa, quem tem mais condições de bancar a contraprova, o trabalhador ou o empregador? Vamos lembrar que é o empresário quem conhece e determina as máquinas, os equipamentos e os produtos que são utilizados no processo produtivo, bem como a forma como o trabalho é organizado. É também ele quem define o profissional técnico que lhe dará assessoria, portanto, tem a posse do PCMSO, PPRA, PCMAT etc. Com a presença de suspeita de nexo (informada por meio do NTEP), seria justo manter a situação atual, onde o trabalhador é que tem de arcar com o ônus da comprovação do nexo? O justo é que, havendo evidências epidemiológicas de que determinado segmento produtivo tem maior incidência de determinada doença, um trabalhador, com tal doença e com atividade compatível, seja caracterizado a princípio como doença do trabalho. Evidente que poderá não ser. Mas caberá ao empresário provar.[67]

Atualmente, o fundamento para a indenização decorrente do acidente do trabalho oscila entre a responsabilidade subjetiva e a teoria do risco, com divergências doutrinárias e jurisprudenciais, observando-se, porém, uma crescente força gravitacional atraindo o entendimento para a responsabilidade de natureza objetiva.

Contudo, entre o rigor do ônus da prova que sobrecarrega a vítima, na teoria subjetiva, e o deferimento da reparação tão somente pelo risco da atividade, há um passo intermediário ou ponto de transição que é a culpa presumida do empregador. Sem se desprender da responsabilidade de natureza

---

66. Analisamos com vagar a inovação do Nexo Técnico Epidemiológico (NTEP) e do Fator Acidentário de Prevenção (FAP) no capítulo 2, item 2.3; no capítulo 5, item 5.6 e no capítulo 6, item 6.2.

67. Cf. *Revista CIPA*, São Paulo, Ano XXVIII, n. 329, p. 72, abr. 2007.

subjetiva, inverte-se o ônus da prova em favor da vítima, cabendo ao empregador, se for o caso, demonstrar que ocorreu algum fato que possa obstar a pretensão do autor. A presunção de culpa do empregador poderá representar um ponto de consenso possível ou de trégua entre os defensores da teoria do risco e os adeptos da responsabilidade subjetiva. Nessa linha de raciocínio, convém reproduzir a lição de Humberto Theodoro:

> Não se trata de dispensar o elemento subjetivo do ato ilícito, mas de deduzi-lo indiretamente por meio da chamada prova crítica. Aliás, o Código não joga apenas com as provas históricas e diretas, pois há expressa previsão legal de que os fatos jurídicos podem ser comprovados, também, por meio de presunções (art. 212, IV). Desde que os indícios sejam graves, precisos e convergentes, o convencimento do juiz pode por meio deles chegar à certeza, com tanta segurança como se o tivesse formado à base de provas diretas. É o que se faz, na jurisprudência, com bastante frequência, em tema de apuração da culpa. Se o dano se deu em situação de anormalidade de conduta, ainda que não se compreenda exatamente a causa pela qual o agente se portou de forma anômala, é de presumir-se, segundo a experiência da vida (isto é, do que comumente acontece), que não tenham sido observadas as cautelas necessárias para impedir o evento danoso. (...) A presunção de culpa cria uma inversão do ônus da prova: em lugar de ter o autor da demanda de provar a culpa do réu, este é que tem de comprovar a ausência de culpa.[68]

Tem-se falado muito em doutrina processual sobre a teoria moderna da distribuição dinâmica do ônus da prova, em contraposição ao entendimento clássico da divisão rígida das cargas probatórias, na forma prevista no art. 373 do CPC/2015. Assinala Moura de Azevedo que "a doutrina contemporânea vem pugnando pela flexibilização destas regras de distribuição do ônus da prova, no sentido de permitir ao juiz que, deparando-se com nítido desequilíbrio das condições probatórias entre as partes, motivadamente, decida por adequar a regra de distribuição do ônus da prova ao caso concreto, determinando que este ônus recaia sobre a parte que dispuser das melhores condições de provar os fatos submetidos a julgamento."[69] É oportuno transcrever, na mesma linha de pensamento, a doutrina de Priscilla de Souza Carvalho:

---

68. THEODORO JÚNIOR, Humberto. *Comentários ao novo Código Civil*. Rio de Janeiro: Forense, 2003. v. III, t. II, p. 106-107.
69. AZEVEDO, Antônio Danilo Moura de. A teoria dinâmica de distribuição do ônus da prova no direito processual civil brasileiro. Disponível em: <http://jus2.uol.com.br/doutrina/texto.asp?id=10264>.

> No campo específico da atividade probatória, a atribuição às partes de um encargo rígido e imutável não mais condiz com a nova visão teleológica e instrumentalista do processo, no qual os juízes tendem a considerar as especificidades de cada caso concreto, na busca pela tutela justa e efetiva do direito material. (...) Não importa a posição da parte no processo e, tampouco, a natureza do fato, se constitutivo, impeditivo, modificativo ou extintivo. O que se objetiva é aferir qual das partes encontra-se em melhores condições de produzir as provas para a solução do litígio, tomando-se como base a realidade concreta de cada processo que é apresentado ao Estado-juiz.[70]

Mesmo que se aplique a teoria clássica da divisão do ônus da prova, conforme previsto no art. 373 do CPC, pode-se argumentar que a demonstração do fato constitutivo da indenização — o dano pessoal causado pelo acidente ou pela doença ocupacional — é ônus do empregado, mas cabe ao empregador o encargo de provar os fatos impeditivos, modificativos ou extintivos do direito pretendido. Consequentemente, bastaria ao acidentado a prova do dano sofrido; se o empregador não comprovar qualquer das excludentes da responsabilidade civil, defere-se a indenização.

Como pudemos verificar, cresce a tendência da inversão ou modificação do ônus da prova em favor da vítima, presumindo-se a culpa do empregador no acidente do trabalho, salvo prova convincente em sentido contrário. Aliás, por ocasião da 1ª Jornada de Direito Material e Processual do Trabalho, realizada em Brasília, em novembro de 2007, foi adotado o Enunciado n. 41, com o seguinte teor: "**Responsabilidade civil. Acidente do trabalho. Ônus da prova.** Cabe a inversão do ônus da prova em favor da vítima nas ações indenizatórias por acidente do trabalho."

Na mesma linha de entendimento, foi aprovada uma tese por ocasião do XIV Congresso Nacional de Magistrados da Justiça do Trabalho, realizado em Manaus, em maio de 2008, com o teor seguinte: "Nas ações indenizatórias por acidente de trabalho, cabe a inversão do ônus da prova em favor da vítima. Presume-se a culpa do empregador, admitindo-se, no entanto, prova em sentido contrário."

Acesso em: 30 dez. 2010. Em outra passagem desse texto o autor comenta: "O juiz poderá modificar a regra geral para ajustá-la ao caso concreto reduzindo, na maior medida do possível, as desigualdades das partes e, com isso, tentar evitar a derrota da parte que possivelmente tem o melhor direito, mas que não está em melhores condições de prová-lo."

70. CARVALHO, Priscilla de Souza. A teoria dinâmica do ônus da prova e sua repercussão no direito processual do trabalho. In: KOURI, Luiz Ronan Neves; FERNANDES, Nadia Soraggi; CARVALHO, Ricardo Wagner Rodrigues de (Coord.). *Tendências do processo do trabalho*. São Paulo: LTr, 2010. p. 153-154.

O CPC/2015, em sintonia com a evolução doutrinária do tema, consolidou a tendência da distribuição dinâmica do ônus da prova ao introduzir dispositivo novo, sem correspondente no CPC/1973:

> Art. 373, § 1º: Nos casos previstos em lei ou diante de peculiaridades da causa relacionadas à impossibilidade ou à excessiva dificuldade de cumprir o encargo nos termos do *caput* ou à maior facilidade de obtenção da prova do fato contrário, poderá o juiz atribuir o ônus da prova de modo diverso, desde que o faça por decisão fundamentada, caso em que deverá dar à parte a oportunidade de se desincumbir do ônus que lhe foi atribuído.

Para consolidar o cabimento da distribuição dinâmica do ônus da prova no processo do trabalho, a Lei n. 13.467/2017, que promoveu a reforma trabalhista, alterou a redação do art. 818 da CLT, com previsão expressa a respeito:

> Art. 818. O ônus da prova incumbe:
>
> I — ao reclamante, quanto ao fato constitutivo de seu direito;
>
> II — ao reclamado, quanto à existência de fato impeditivo, modificativo ou extintivo do direito do reclamante.
>
> § 1º Nos casos previstos em lei ou diante de peculiaridades da causa relacionadas à impossibilidade ou à excessiva dificuldade de cumprir o encargo nos termos deste artigo ou à maior facilidade de obtenção da prova do fato contrário, poderá o juízo atribuir o ônus da prova de modo diverso, desde que o faça por decisão fundamentada, caso em que deverá dar à parte a oportunidade de se desincumbir do ônus que lhe foi atribuído.
>
> § 2º A decisão referida no § 1º deste artigo deverá ser proferida antes da abertura da instrução e, a requerimento da parte, implicará o adiamento da audiência e possibilitará provar os fatos por qualquer meio em direito admitido.
>
> § 3º A decisão referida no § 1º deste artigo não pode gerar situação em que a desincumbência do encargo pela parte seja impossível ou excessivamente difícil.

De todo modo, para não surpreender a parte contrária, como expressamente previsto nos parágrafos do art. 818 da CLT, deverá o juiz antes da instrução processual atribuir o ônus da prova ao empregador, se for o caso, em decisão fundamentada, dando-lhe a oportunidade de produzir as provas que entender pertinentes para defesa dos seus direitos.

A autoridade maior do dispositivo agora positivado na CLT espanca de vez qualquer hesitação quanto ao tema da distribuição dinâmica do ônus da prova nas ações indenizatórias por acidente do trabalho ou doenças ocupacionais.[71]

---

71. É oportuno mencionar que a Instrução Normativa n. 39, de 15 de março de 2016, editada pelo TST, já havia adotado entendimento no sentido de que o art. 373 do CPC/2015 é aplicável no Processo do Trabalho.

Comentando essa inovação do art. 818 da CLT, pontuam os eminentes magistrados Antônio Umberto de Souza Júnior e outros, em destacada obra a respeito da reforma trabalhista de 2017:

> A inovação comentada simplesmente consagrou em norma legal especial a solução que doutrina e TST já haviam encontrado desde a chegada do novo CPC. Neste cenário, é possível vaticinar que este dispositivo será aplicado sem maiores questionamentos, pois, diversamente de muitos pontos da chamada 'reforma trabalhista', não está em confronto com nenhuma norma constitucional nem com a posição oficial e jurisprudencial do TST. Bem ao contrário, está em enorme harmonia com o que têm sinalizado, em linhas gerais, a doutrina e a jurisprudência na seara laboral.[72]

Partilham do mesmo entendimento os professores Bruno Freira e Camila Bissoli quando acentuam: "A distribuição dinâmica do ônus da prova se consolida no Processo do Trabalho como uma técnica necessária à solução justa do litígio naqueles casos nos quais a produção da prova se torne impossível ou muito difícil para uma das partes, como em casos de ações individuais de acidente do trabalho ou ações coletivas de danos ao meio ambiente do trabalho."[73]

Aliás, a jurisprudência trabalhista nos anos recentes reiteradamente já vinha acolhendo a inversão do ônus da prova em favor do acidentado, como se pode verificar nos acórdãos seguintes:

> **"Agravo de instrumento. Recurso de revista sob a égide da lei 13.467/2017. Responsabilidade civil do empregador. Acidente de trabalho. Morte do empregado. Indenização por dano moral e material. Ônus da prova. Culpa presumida. Agravo de instrumento provido ante possível violação dos artigos 373, II, do CPC c/c 818, II, da CLT. Recurso de revista sob a égide da lei 13.467/2017. Responsabilidade civil do empregador. Acidente de trabalho. Morte do empregado. Indenização por dano moral e material. Ônus da prova. Culpa presumida. Requisitos do art. 896, §1º-A, da CLT, atendidos.** No caso concreto, é incontroversa a ocorrência do acidente de trabalho que resultou na morte do empregado Donizete Twardowski, que teve a cabeça e o tórax prensados pela guilhotina refiladeira dupla com passador de cola (máquina nr.º G70). Com efeito, as premissas fáticas registradas pelo Regional são de que o de cujus : "após ligar a esteira que retira os refiles na parte posterior da máquina, notou que o material estava retido por uma travessa que passa no sentido transversal ao tapete da esteira", decidindo adentrar "para apanhar um novo maço de lâminas" ficando prensado "contra a guilhotina atingindo a

72. SOUZA JÚNIOR, Antônio Humberto et al. *Reforma trabalhista: análise comparativa e crítica da Lei n. 13.467/2017*. 2. ed. São Paulo: Rideel, 2018. p. 485.
73. FREIRA E SILVA, Bruno; BISSOLI DO BEM, Camila de Castro B. A distribuição dinâmica do ônus da prova no processo do trabalho. *Revista LTr*, v. 83, n.01, p. 47. Jan. 2019.

cabeça e o tórax". Ao final, o Regional manteve a sentença por seus próprios e jurídicos fundamentos, que consignou: "...as testemunhas foram uníssonas em dizer que, no instante do resgate, o trabalhador falecido encontrava-se preso na máquina da cintura para cima. Também houve relato de que ao lado do corpo havia instrumento usualmente utilizado para retirada de refiles. (...) Nesse contexto, as declarações da testemunha Nelson Junior Machado merecem algumas ponderações. A utilização de um bastão para efetuar a limpeza do interior da máquina, ainda que tolerada, não significava que o operador não devesse tomar a cautela de colocar a máquina no modo 'em manutenção' e posterior acionamento do botão de emergência. Por outro lado, a referida testemunha declarou desconhecer qual era a orientação da empresa para faca. (...) Considerando que a máquina, segundo declarou a testemunha Cezar Cláudio Trevisol Slongo, não apresentava problemas, o fato de ter sido, posteriormente, instalado um sensor não significa que o equipamento, à época, estivesse em desconformidade com as normas de segurança então vigentes." Pois bem, em casos em que se postula o reconhecimento da responsabilidade civil do empregador, decorrente de acidente de trabalho ou doença ocupacional, e em que se demonstram o dano e o nexo causal com as atividades desenvolvidas na empresa, como ocorre *in casu*, esta Corte tem declarado a responsabilidade civil por culpa presumida do empregador, que se dá pelo reconhecimento de que aquele que dispõe da força de trabalho alheia para desenvolver uma atividade econômica tem o dever de garantir a integridade física daquele que presta o serviço (*due diligence*), respondendo pelos danos sofridos no desempenho da atividade, porquanto se presuma que o evento danoso decorreu das condições oferecidas para o trabalho, sobretudo quando se cuida de atividade que expõe o trabalhador a risco acentuado. Precedentes. Tal presunção, evidentemente, admite prova em contrário que, entretanto, fica a cargo do empregador por ser fato impeditivo do direito autoral (arts. 373, II, do CPC e 818, II, da CLT). Nesse contexto, em que foi comprovado o dano e o nexo de causalidade com o acidente do trabalho, há de se reconhecer a culpa presumida da empregadora, a qual não foi afastada no caso dos autos. Recurso de revista conhecido e provido." TST. 6ª Turma. RR-62-55.2014.5.12.0013, Rel.: Ministro Augusto Cesar Leite de Carvalho, *DEJT* 07 jun. 2024.

"Recurso de Revista. Acórdão regional. Publicação antes da vigência da Lei nº 13.015/2014. Responsabilidade civil do empregador. Doença ocupacional. Operador de telemarketing. Culpa presumida. Indenização por danos morais e materiais. I. O entendimento desta Corte Superior é no sentido de que, no caso de algumas doenças ocupacionais, quando adquiridas no exercício de funções laborais que exigem movimentos repetitivos, a culpa do empregador pode ser presumida, invertendo-se, consequentemente, o ônus da prova. II. Como se observa, o Tribunal Regional afastou a condenação da parte reclamada ao pagamento de indenização por danos morais e materiais, decorrentes de doença ocupacional, por entender que não foi provado que a empregada exercia suas atividades sob condições antiergonômicas, não obstante a prova pericial tenha concluído pela incapacidade laboral temporária da parte reclamante e pela existência de nexo causal entre as patologias "síndrome do túnel do carpo", "lesões do ombro", tendinite do bicipital", "epicondilite medial" e "epicondilite lateral" com o labor exercido em favor da empresa reclamada. III. No caso dos autos, é fato incontroverso, comprovado através da prova pericial, que a empregada – admitida na função de teleoperador II – foi acometida por patologias que guardam relação com sua atividade laboral, em decorrência do uso do mouse por longos períodos, quando os tendões do supraespinhoso, do bíceps, do extensor e do flexor dos dedos e da mão direita permanecem em postura forçada por mais de 30 segundos, sob tensão, caracterizando esforço estático do ombro, cotovelo e punho do lado direito, atestada a redução de sua capacidade laborativa de forma temporária. IV. Dessa forma, tem-se por presumida a culpa do empregador, cabendo-lhe provar que a parte reclamante não exercia suas atividades sob condições antiergonômicas e que, tampouco, tenha descumprido normas relativas à proteção e segurança do trabalho, ônus do qual não se desincumbiu. Precedentes. V. Recurso de revista de que se conhece e a que se dá provimento". TST. 7ª Turma. RR-2120-53.2012.5.15.0066, Rel.: Ministro Evandro Pereira Valadão Lopes, *DEJT* 17 jun. 2022.

"**Responsabilidade civil. Acidente de trabalho. Ônus da prova**. Cabível a inversão do ônus da prova em favor da vítima, quanto à culpa pelo acidente de trabalho nas ações indenizatórias, quando já demonstrada pela parte autora a lesão e o nexo causal. Vigora na processualística do Direito do Trabalho o instituto da aptidão para a prova, o qual consagra que o ônus probatório deve ser imputado à parte que tem maior oportunidade de revelar os fatos em debate." TST. 4ª Turma. AIRR n. 903-93.2012.5.15.0059, Rel.: Ministra Maria de Assis Calsing, *DEJT* 25 maio 2018.

"**Agravo de instrumento. Recurso de revista. Dano moral. Acidente de trabalho. Culpa da empregadora** 1. Em face do princípio da maior aptidão para a prova, incumbe ao empregador o ônus de provar que primou pela observância das normas de higiene, saúde e segurança no trabalho, capazes de prevenir ou evitar o surgimento da doença ocupacional. 2. Presente a relação de causalidade entre o acidente sofrido pelo empregado e sua atividade laborativa e não logrando o empregador desvencilhar-se do ônus de provar o cumprimento das normas preventivas pertinentes, inafastável o reconhecimento da responsabilidade civil derivante do acidente de trabalho. 3. Agravo de instrumento da Reclamada de que se conhece e a que se nega provimento." TST. 4ª Turma. AIRR n. 309-75.2012.5.15.0028, Rel.: Ministro João Oreste Dalazen, *DEJT* 22 mar. 2016.

CAPÍTULO

8

DANOS DECORRENTES DO ACIDENTE DO TRABALHO

8.1. O DANO COMO PRESSUPOSTO DA INDENIZAÇÃO

Neste capítulo vamos tratar das modalidades de danos ou prejuízos que o acidente do trabalho pode provocar. A inovação do dano extrapatrimonial introduzida na CLT pela chamada reforma trabalhista de 2017 será abordada em item separado neste capítulo (8.5). Já o tema da quantificação ou mensuração dos danos para fins indenizatórios, nas diversas hipóteses dos infortúnios laborais, será abordado nos capítulos 9 (acidente do trabalho com óbito) e 10 (acidente do trabalho sem óbito).

No âmbito da responsabilidade civil, a constatação de que a vítima tenha sofrido algum tipo de dano é pressuposto indispensável para o cabimento da indenização. Daí afirmar Caio Mário que o dano é o elemento ou requisito essencial na etiologia da responsabilidade civil[1]. Pode ocorrer a hipótese de indenização sem culpa, como nos casos de responsabilidade objetiva, mas não há possibilidade de se acolher qualquer pedido de reparação quando não houver dano caracterizado[2].

Aliás, segundo a etimologia, o vocábulo indenização significa tornar indene[3], ou seja, tornar íntegro, incólume, ileso, restaurado. Se não há prejuízo

---

1. PEREIRA, Caio Mário da Silva. *Responsabilidade civil*. 9. ed., 8ª t. Rio de Janeiro: Forense, 2002. p. 37.
2. Mesmo nos casos de assédio moral ou sexual, ainda que não haja adoecimento da vítima, também ocorre um dano, porém mais encoberto e subjetivo, como o constrangimento, o desconforto, o mal-estar, o desrespeito e a humilhação. Na expressão lapidar do jurista Adriano de Cupis, "tudo que o direito tutela o dano vulnera".
3. O Dicionário Houaiss anota sobre o vocábulo **indene**: 1. que não sofreu perda, dano; livre de prejuízo. 2. que não foi atingido na sua integridade física; são e salvo. 3. que se indenizou, se

ou lesão, logicamente não há o que reparar; em termos mais singelos, seria como pretender consertar o que não foi danificado. Afirma Rui Stoco: "se não houver prova do dano, falta fundamento para a indenização. Não se admite o dano incerto, improvável ou eventual, o dano condicional e nem mesmo o dano hipotético."[4]

O conceito de dano abrange qualquer lesão a um bem tutelado pelo Direito, que tanto pode ser patrimonial, moral, estético ou outros. O Enunciado 456, aprovado por ocasião da V Jornada de Direito Civil, realizada em 2011, registra o entendimento doutrinário atual sobre a amplitude do conceito de dano: "Art. 944. A expressão 'dano' no art. 944 abrange não só os danos individuais, materiais ou imateriais, mas também os danos sociais, difusos, coletivos e individuais homogêneos a serem reclamados pelos legitimados para propor ações coletivas."

Prevê o art. 2.101 dos Princípios de Direito Europeu da responsabilidade civil que "o dano consiste numa lesão material ou imaterial a um interesse juridicamente protegido". Para Enneccerus, dano é toda desvantagem que experimentamos em nossos bens jurídicos, como o patrimônio, o corpo, a vida, a saúde, a honra, o crédito, o bem-estar, a capacidade de aquisição etc.[5]

O comportamento ilícito isoladamente não produz efeitos no âmbito da responsabilidade civil, haja vista que para se obter a indenização será imprescindível comprovar que houve também a lesão de algum direito da vítima. O preceito do art. 186 do Código Civil exige a concomitância dos dois requisitos: violar direito e causar dano a outrem. "O ato ilícito nunca será aquilo que os penalistas chamam de crime de mera conduta; será sempre um delito material, com resultado de dano."[6]

O enfoque dessa questão é diferente nos aspectos trabalhista, criminal e da responsabilidade civil, uma vez que naquele a simples ilicitude já pode gerar a penalidade, como, por exemplo, se a fiscalização trabalhista encontrar um empregado em local ruidoso, sem a utilização do respectivo equipamento de proteção individual (protetor auricular), poderá multar o empregador pela conduta ilegal. Da mesma forma, se o empregador expõe a vida ou a saúde

---

ressarciu; compensado, indenizado, remunerado. ETIM. Lat. *Indemnis* que não teve prejuízo, livre de perda, de dano. De fato, o prefixo de negação latino *in* mais o radical *dan*, do latim *damnum*, dá mesmo um sentido de tornar sem danos.

4. STOCO, Rui. *Tratado de responsabilidade civil*. 9. ed. São Paulo: Revista dos Tribunais, 2013. Tomo II, p. 388.
5. *Apud* GONÇALVES, Carlos Roberto. *Responsabilidade civil*. 14. ed. São Paulo: Saraiva, 2012. p. 475.
6. DIREITO, Carlos Alberto Menezes; CAVALIERI FILHO, Sérgio. *Comentários ao novo Código Civil*. 2. ed. Rio de Janeiro: Forense, 2007. v. XIII, p. 94.

do trabalhador a perigo direto e iminente pode ser enquadrado, só por essa conduta, no crime previsto no art. 132 do Código Penal[7]. Apesar dessas ilegalidades flagrantes, o trabalhador só terá direito à indenização se demonstrar que sofreu algum dano ou prejuízo. A indenização, portanto, não tem natureza de pena no sentido estrito, mas de ressarcimento, compensação ou reparação.

8.2. QUANDO O ACIDENTE PROVOCA DANOS

Para o deferimento das indenizações ao acidentado será necessário conferir se estão presentes todos os pressupostos da responsabilidade civil, quais sejam: o dano, o nexo causal e a culpa do empregador. Se aplicar a teoria da responsabilidade objetiva abordada no capítulo 5, a comprovação do dano e do nexo causal já será suficiente para a condenação.

Todavia, não é todo acidente do trabalho que gera o direito à indenização, ainda que perfeitamente caracterizados o nexo causal e a culpa do empregador. O ressarcimento só ocorrerá se o acidente causar algum tipo de dano ao empregado, que tanto pode ser material, moral, existencial, estético, ou qualquer outro prejuízo. Mesmo não detalhando todas as espécies de danos, o Código Civil reserva espaço para incluir outras reparações ou algum outro prejuízo que o ofendido prove haver sofrido, ou seja, se ficar demonstrado qualquer dano juridicamente considerável, causado pelo acidente, pode ser cabível o deferimento da indenização correspondente.

É indiscutível que os acidentes fatais, a invalidez, a perda parcial da capacidade de trabalho ou o afastamento prolongado provocam danos reparáveis. É fácil também perceber o dano quando o empregado sofre alguma lesão estética, mesmo que isso não prejudique sua capacidade de trabalho, como, por exemplo, a perda parcial de uma orelha. Nessas hipóteses, se os demais pressupostos estiverem presentes, a indenização será devida.

Mas ocorrem acidentes do trabalho menores que não provocam afastamentos, nem deixam evidências de danos e, portanto, não acarretam indenização, como, por exemplo, uma pequena queda, uma torção ou um corte superficial que, após simples atendimento ambulatorial na própria empresa, propicia o retorno do empregado para suas atividades normais, sem outros comprometimentos.

---

7. Código Penal: "Art. 132. Expor a vida ou a saúde de outrem a perigo direto e iminente: Pena — detenção, de três meses a um ano, se o fato não constitui crime mais grave. Parágrafo único. A pena é aumentada de um sexto a um terço se a exposição da vida ou da saúde de outrem a perigo decorre do transporte de pessoas para a prestação de serviços em estabelecimentos de qualquer natureza, em desacordo com as normas legais."

Poder-se-ia objetar que o art. 7º, XXVIII, da Constituição da República, determina a indenização para todo acidente do trabalho, porque não fez distinção alguma, não podendo o intérprete fazê-la. Este argumento, todavia, não vinga porque é incabível determinar a reparação quando não existe prejuízo. É certo que o acidente de pouca gravidade ainda assim pode causar algum desconforto, aborrecimento ou mesmo afetar o bem-estar da vítima, mas o dano, teoricamente existente, é tão diminuto que torna praticamente inviável sua mensuração para fins reparatórios. Nem o acidentado tem interesse real em postular reparação de valores insignificantes.

A questão da existência ou não dos danos fica mais complexa nos acidentes de gravidade intermediária, que geram incapacidade temporária para o trabalho. Nos primeiros quinze dias de afastamento, o acidentado recebe do empregador o seu salário integral, período em que o contrato de trabalho fica apenas interrompido[8]. Entretanto, até nos afastamentos de poucos dias poderá haver danos materiais indenizáveis, tais como despesas hospitalares, medicamentos, tratamentos diversos ou danos morais pela gravidade ou repercussão do acidente no equilíbrio psicofísico da vítima. Após os quinze dias de afastamento, permanecendo a incapacidade, o contrato de trabalho fica suspenso e o acidentado passa a receber auxílio por incapacidade temporária da Previdência Social, tornando mais visíveis os danos ou prejuízos, tanto materiais quanto morais ou extrapatrimoniais, pelo afastamento do trabalho.

Vale ressaltar que a identificação ou não dos danos indenizáveis dependerá sempre da análise casuística, com todas as variáveis, agravantes ou atenuantes do caso concreto. Voltaremos ao assunto nos capítulos 9 e 10, quando trataremos das diversas hipóteses de quantificação dos danos decorrentes dos acidentes do trabalho.

8.3. DANO MATERIAL

8.3.1. Abrangência

O acidente do trabalho ou as situações equiparáveis podem provocar, principalmente, danos de natureza material, moral ou estética. Após a reforma trabalhista de 2017, foi introduzido no ordenamento jurídico o dano extrapatrimonial, com as mesmas características do dano moral, que será tratado

8. Lei n. 8.213, de 24 jul. 1991. Art. 60, § 3º. "Durante os primeiros quinze dias consecutivos ao do afastamento da atividade por motivo de doença, incumbirá à empresa pagar ao segurado empregado o seu salário integral."

separadamente no item 8.5. Neste tópico vamos abordar apenas os danos materiais, também denominados danos patrimoniais.

O dano material é o prejuízo financeiro efetivo sofrido pela vítima, causando por consequência uma diminuição do seu patrimônio, avaliável monetariamente. "O dinheiro é a forma e o padrão natural de dimensioná-lo e o instrumento idôneo para bem repará-lo."[9] Enfatiza Maria Helena Diniz que o dano patrimonial vem a ser a lesão concreta, que afeta um interesse relativo ao patrimônio da vítima, consistente na perda ou deterioração, total ou parcial, dos bens materiais que lhe pertencem, sendo suscetível de avaliação pecuniária e de indenização pelo responsável[10].

O Código Civil estabelece, no art. 402, que o ressarcimento dos danos abrange parcelas de duas naturezas: o que efetivamente o lesado perdeu e o que razoavelmente deixou de ganhar. Na apuração do que a vítima efetivamente perdeu, obteremos os chamados danos emergentes ou danos positivos; na avaliação do que deixou de ganhar, estaremos diante dos lucros cessantes ou danos negativos. Como assevera Agostinho Alvim, pode-se dizer que o dano ora produz o efeito de diminuir o patrimônio do credor, ora o de impedir-lhe o aumento, ou o acrescentamento, pela cessação de lucros, que poderia esperar[11].

O acidente do trabalho e as doenças ocupacionais podem provocar tanto os danos emergentes, acarretando diminuição do patrimônio, quanto os lucros cessantes, como veremos nos tópicos seguintes.

8.3.2. Dano emergente

O dano emergente é aquele prejuízo imediato e mensurável que surge em razão do acidente do trabalho, causando uma diminuição no patrimônio do acidentado. É o prejuízo mais visível porque representa dispêndios necessários e concretos cujos valores são apuráveis nos próprios documentos de pagamento, tais como: despesas hospitalares, honorários médicos, medicamentos, aparelhos ortopédicos, sessões de fisioterapia, salários para acompanhantes, no caso de a vítima necessitar de assistência permanente de outra pessoa, ou, nos casos de óbito, os gastos com funeral, luto, jazigo, remoção do corpo etc.

---

9. THEODORO JÚNIOR, Humberto. *Comentários ao novo Código Civil*. Rio de Janeiro: Forense, 2003. v. III, t. 2, p. 36.
10. DINIZ, Maria Helena. *Curso de direito civil brasileiro:* responsabilidade civil. 21. ed. São Paula: Saraiva, 2007. v. 7, p. 66.
11. ALVIM, Agostinho. *Da inexecução das obrigações e suas consequências*. 4. ed. atual. São Paulo: Saraiva, 1972, p. 173.

Os arts. 948 e 950 do Código Civil mencionam as despesas de tratamento até o fim da convalescença ou os desembolsos com o funeral e o luto da família, mas asseguram que também são indenizáveis outras reparações ou prejuízos que o ofendido prove haver sofrido. Assim, cabe à vítima ou a seus dependentes relacionar, para fins de ressarcimento, qualquer outra despesa efetiva que o acidente tenha gerado, para obter a recomposição integral do patrimônio anterior ao evento, dentro do princípio da *restitutio in integrum* ou da restauração do *status quo ante*. Isso porque a ideia central da indenização está estruturada no propósito de recomposição do patrimônio do acidentado ao mesmo patamar existente antes do acidente, pela lógica da equivalência matemática[12].

8.3.3. Lucro cessante

Além das perdas efetivas dos danos emergentes, a vítima pode também ficar privada dos ganhos futuros, ainda que temporariamente. Para que a reparação do prejuízo seja completa, o art. 402 do Código Civil determina o cômputo dos lucros cessantes, considerando-se como tais aquelas parcelas cujo recebimento, dentro da razoabilidade, seria correto esperar. Em decorrência desse comando, não deve ser considerada a mera probabilidade de alguma renda, nem se exige, por outro lado, certeza dos ganhos.

O critério de razoabilidade expresso na lei indica que a apuração deverá ser norteada pelo bom senso e pela expectativa daquilo que ordinariamente acontece[13]. Com apoio nessa diretriz, é correto prever que o acidentado continuaria no emprego, recebendo os seus salários normais com as devidas correções alcançadas pela categoria profissional. É verdade que esse empregado poderia vir a ser promovido recebendo salários mais elevados, mas também seria possível imaginar que poderia ficar desempregado ou ser vítima de alguma doença grave.[14] Para fugir dessas cogitações que estão no campo do

12. O art. 10:101 dos Princípios de Direito Europeu da responsabilidade civil, antes mencionados, estabelece: "A indenização consiste numa prestação pecuniária com vista a compensar o lesado, isto é, a repor o lesado, na medida em que o dinheiro o permita, na posição em que ele estaria se a lesão não tivesse ocorrido."

13. O Código Civil alemão tem dispositivo na linha desse entendimento, no § 252: "Tem-se por frustrado o lucro que certas probabilidades induzissem a esperar, atendendo ao curso normal dos acontecimentos ou às especiais circunstâncias do caso concreto e, particularmente, às providências e medidas postas em prática." Cf. ALVIM, Agostinho. *Da inexecução das obrigações e suas consequências*. 4. ed. atual. São Paulo: Saraiva, 1972. p. 190.

14. Por ocasião da VIII Jornada de Direito Civil, realizada em 2018 pelo Centro de Estudos da Justiça Federal, foi adotado o Enunciado 629, com o seguinte teor: "Art. 944: A indenização não inclui os

imponderável deve o intérprete procurar sustentação em dados mais concretos e dentro da razoabilidade[15].

Pontua Agostinho Alvim que deve ser admitido que "o credor haveria de lucrar aquilo que o bom senso diz que lucraria. Há aí uma presunção de que os fatos se desenrolariam dentro do seu curso normal, tendo-se em vista os antecedentes."[16] Assim, se a empresa tiver um plano de cargos e salários prevendo promoção automática por antiguidade, o valor da indenização deverá considerar essa hipótese, diante da razoável certeza do fato. Se a vítima que se tornou inválida, por exemplo, tiver sido, anteriormente, aprovada em um concurso público, a partir do momento em que for nomeado o candidato que figure em seguida à sua classificação, o valor dos lucros cessantes deverá contemplar os vencimentos que ela teria no cargo público.

No caso do acidente do trabalho, após os primeiros quinze dias, o empregado ficará privado dos salários e das demais vantagens, que é o caso típico dos lucros cessantes. Convém enfatizar que o valor pago pela Previdência Social a título de auxílio por incapacidade temporária não serve para repor ou mesmo compensar parcialmente os lucros cessantes, conforme anotamos no capítulo 4, item 4.4.

Também neste ponto cabe a advertência lançada no item anterior, pois são indenizáveis outras reparações ou prejuízos que o ofendido prove haver sofrido, conforme previsto nos arts. 948 e 949 do Código Civil. Desse modo, pode ocorrer a hipótese de a vítima ter um segundo emprego ou exercer habitualmente outras atividades remuneradas e em razão do acidente ficar impedida de auferir os rendimentos respectivos, o que também caracteriza prejuízo indenizável. De qualquer forma, será necessário comprovar que os danos têm relação de causalidade direta e imediata com o infortúnio laboral, conforme prevê o art. 403 do Código Civil[17].

---

prejuízos agravados, nem os que poderiam ser evitados ou reduzidos mediante esforço razoável da vítima. Os custos da mitigação devem ser considerados no cálculo da indenização."

15. A Lei n. 9.279, de 14 maio de 1996, que regula especificamente direitos e obrigações relativos à propriedade industrial, estabelece critérios para determinação dos lucros cessantes: "Art. 210. Os lucros cessantes serão determinados pelo critério mais favorável ao prejudicado, dentre os seguintes: I — os benefícios que o prejudicado teria auferido se a violação não tivesse ocorrido; ou II — os benefícios que foram auferidos pelo autor da violação do direito; ou III — a remuneração que o autor da violação teria pago ao titular do direito violado pela concessão de uma licença que lhe permitisse legalmente explorar o bem."

16. ALVIM, Agostinho. *Da inexecução das obrigações e suas consequências*. 4. ed. atual. São Paulo: Saraiva, 1972. p. 189.

17. Código Civil. Art. 403. "Ainda que a inexecução resulte de dolo do devedor, as perdas e danos só incluem os prejuízos efetivos e os lucros cessantes por efeito dela direto e imediato, sem prejuízo do disposto na lei processual."

A recomendação de Sérgio Cavalieri é oportuna para constatar a extensão dos lucros cessantes: "Deve o juiz mentalmente eliminar o ato ilícito e indagar se aquilo que está sendo pleiteado a título de lucro cessante seria a consequência do normal desenrolar dos fatos; se aquele lucro poderia ser razoavelmente esperado, caso não tivesse ocorrido o ato ilícito."[18]

8.4. DANO MORAL

8.4.1. Evolução e abrangência

O dano moral propriamente dito sempre existiu, mas a possibilidade de sua indenização foi conquista oriunda do progresso da civilização. Havia certo embaraço ou mesmo constrangimento em aceitar a compensação de sofrimentos, dores ou angústias por valores monetários, chegando-se até a dizer, paradoxalmente, que era imoral postular a indenização por dano moral. Contudo, não se pode mais ignorar o abalo moral provocado pelo ato ilícito, que, em muitas ocasiões, tem maior relevo ou repercussão do que o prejuízo material.

O primeiro pensamento que surge, quando se fala em indenização, está ligado a efeitos patrimoniais, mensuráveis financeiramente. Atualmente, porém, o Direito avança para proteger não somente os nossos bens, mas os valores imateriais da personalidade, ou seja, além de proteger o que temos, resguarda e valoriza o que somos. O professor Athos Gusmão Carneiro, quando atuava como ministro do STJ, defendendo o cabimento da indenização do dano moral puro, enfatizou com propriedade:

> Não posso conceber é que o amassamento da porta de um automóvel seja indenizado, e que a imensa dor causada pelo falecimento de um ente querido não encontre nenhuma forma adequada de ressarcimento. É claro que o problema surgido é o de encontrar um parâmetro pecuniário para compensar a dor moral; mas maior injustiça será deixar essa dor moral sem nenhuma forma de compensação, ainda que compensação tão imperfeita como aquela realizada em dinheiro.[19]

O reconhecimento do direito à indenização do dano moral passou por longo período de maturação no Brasil. A rigor, havia mais resistência preconceituosa do que fundamento jurídico para negar esse direito. O art. 159 do Código Civil de 1916 estabelecia a obrigação de reparar o dano, sem distinguir entre o prejuízo material ou moral. O art. 76 do referido Código asseverava

---

18. CAVALIERI FILHO, Sérgio. *Programa de responsabilidade civil.* 16. ed. São Paulo: Atlas, 2023. p. 97.
19. Cf. Voto proferido no STJ. 4ª T. Recurso Especial n. 1.723-RJ. Rel.: Ministro Barros Monteiro, *DJ* 2 abr. 1990.

que, para propor ou contestar uma ação, era necessário ter legítimo interesse econômico, ou moral.[20]

Ora, se o Direito busca constantemente a entronização do que é justo, é natural que as normas jurídicas e a jurisprudência, sintonizadas com a dinâmica da vida, absorvam aquilo que a consciência social já elegeu como normal, ou que repudia como intolerável[21]. No dizer de José Jairo Gomes, o sistema jurídico "é uma realidade viva, encontrando-se em permanente movimento ascendente. O permanente intercâmbio entre o sistema jurídico e a realidade cultural circundante, permitido pela abertura e vaguidão da linguagem jurídica, em particular a constitucional, enseja que a cada passo velhas formulações e concepções sejam negadas e superadas, chegando-se a novas soluções, mais consentâneas com as necessidades do tempo presente."[22]

As resistências contra a reparação pelo dano moral restaram superadas com o advento da Constituição da República de 1988, que expressamente admitiu o cabimento da indenização decorrente da sua violação nos incisos V e X do art. 5º. O civilista Caio Mário, discorrendo a respeito da indenização por dano moral, concluiu:

> Com as duas disposições contidas na Constituição de 1988 o princípio da reparação do dano moral encontrou o batismo que o inseriu em a canonicidade de nosso direito positivo. Agora, pela palavra mais firme e mais alta da norma constitucional, tornou-se princípio de natureza cogente o que estabelece a reparação por dano moral em o nosso direito. Obrigatório para o legislador e para o juiz.[23]

Na sequência, o Código Civil de 2002 acolheu expressamente o dano moral quando estabeleceu no art. 186: "Aquele que, por ação ou omissão

---

20. Comentando esse artigo, Clovis Beviláqua foi enfático: "Se o interesse moral justifica a acção para defendel-o ou restaural-o, é claro que tal interesse é indemnizavel, ainda que o bem moral não se exprima em dinheiro. É por uma necessidade dos nossos meios humanos, sempre insufficientes, e, não raro, grosseiros, que o Direito se vê forçado a acceitar que se computem em dinheiro o interesse de affeição e outros interesses moraes." Cf. *Código Civil dos Estados Unidos do Brasil comentado*. 4. ed. Rio de Janeiro: Francisco Alves, 1939. v. 1, p. 313.

21. "Os padrões de moralidade, consubstanciados na honestidade, integridade e dignidade, são indicativos de civilização. Os grupos sociais somente conseguem manter-se coesos na medida em que esses valores encontram-se presentes nos indivíduos e nos agrupamentos humanos. A desagregação da vida grupal advém da violência e ausência de valores morais que enobrecem e destacam os sentimentos do espírito. O homem sem valores é o pior dos animais, pois, com seu espírito antivirtude, ele concorre para a destruição dos padrões de moralidade, que constitui um acervo da civilização". Cf. REIS, Clayton. *Dano moral*. 4. ed. Rio de Janeiro: Forense, 1994, p. 136.

22. GOMES, José Jairo. *Responsabilidade civil e eticidade*. Belo Horizonte: Del Rey, 2005. p. 56.

23. PEREIRA, Caio Mário da Silva. *Responsabilidade civil*. 9. ed. 8ª t. Rio de Janeiro: Forense, 2002. p. 58.

voluntária, negligência ou imprudência, violar direito e causar dano a outrem, ainda que exclusivamente moral, comete ato ilícito." Esse dispositivo legal completa o ciclo de positivação do direito à indenização pelo dano moral no nosso ordenamento jurídico, suplantando de vez os argumentos daqueles que ainda resistiam ao seu reconhecimento[24].

O amplo território do dano moral, as sutilezas do seu conteúdo e a progressividade da sua abrangência dificultam a formulação de um conceito que possa englobar todas as hipóteses que o caracterizam. Como bem assinala André Gustavo Andrade, o dano moral é um conceito em construção e, com o desenvolvimento social e a consequente evolução dos direitos da personalidade, tende a ser ampliado para alcançar situações hoje ainda não consideradas[25]. Entrementes, como se trata de "um conceito em construção", é conveniente registrar o pensamento corrente a respeito da sua abrangência.

Para Roberto Ferreira, os bens morais consistem no equilíbrio psicológico, no bem-estar, na normalidade da vida, na reputação, na liberdade, no relacionamento social, e a sua danificação resulta em desequilíbrio psicológico, desânimo, dor, medo, angústia, abatimento, baixa da consideração à pessoa, dificuldade de relacionamento social[26]. Aguiar Dias, citando Minozzi, assevera que o dano moral "não é o dinheiro nem coisa comercialmente reduzida a dinheiro, mas a dor, o espanto, a emoção, a vergonha, a injúria física ou moral, em geral uma dolorosa sensação experimentada pela pessoa, atribuída à palavra dor o mais largo significado."[27]

Já Yussef Said Cahali entende que "tudo aquilo que molesta gravemente a alma humana, ferindo-lhe gravemente os valores fundamentais inerentes à sua personalidade ou reconhecidos pela sociedade em que está integrado, qualifica-se, em linha de princípio, como dano moral; não há como enumerá-los exaustivamente, evidenciando-se na dor, na angústia, no sofrimento, na tristeza pela ausência de um ente querido falecido; no desprestígio, na desconsideração social, no descrédito à reputação, na humilhação pública, no devassamento da privacidade; no desequilíbrio da normalidade psíquica,

---

24. Enfatiza Yussef Cahali a respeito do dano moral que "o instituto atinge agora a sua maturidade e afirma a sua relevância, esmaecida de vez a relutância daqueles juízes e doutrinadores então vinculados ao equivocado preconceito de não ser possível compensar a dor moral com dinheiro". *Dano moral*. 3. ed., rev., atual. e ampl. São Paulo: Revista dos Tribunais, 2005. p. 19.

25. ANDRADE, Gustavo C. de. A evolução do conceito de dano moral. *Revista da AJURIS*, Porto Alegre, v. XXX, n. 92, p. 139, dez. 2003.

26. FERREIRA, Roberto Schaan. O dano e o tempo: responsabilidade civil. *Revista Estudos Jurídicos*, São Leopoldo, v. 25, n. 64, p. 70, jan./abr. 1992.

27. DIAS, José de Aguiar. *Da responsabilidade civil*. 10. ed. Rio de Janeiro: Forense, 1995. v. 2, p. 730.

nos traumatismos emocionais, na depressão ou no desgaste psicológico, nas situações de constrangimento moral."[28]

Em sintonia com os conceitos citados, no julgamento da Apelação Cível n. 38.191-7, a 1ª Câmara Civil do Tribunal de Alçada do Paraná, em 10 de setembro de 1991, tendo como relator o Juiz Celso Araújo Guimarães, anotou nos fundamentos do acórdão:

> E induvidoso é também que a morte de um chefe de família repercute como dano moral no seio da mesma, pela profunda dor que causa à esposa e filhos, com reflexos no próprio modo de vida desta; desestrutura-se a família, que deixa de ter, no seu dia a dia, o bem-estar do convívio do marido e pai, fazendo cessar o sentimento de normalidade de uma vida estruturada, plena de momentos felizes de convívio familiar; despencam-se os planos futuros, e essa situação, certamente, projeta-se no tempo, por vezes até durante toda a vida dos membros da família (...). A reparação pelo dano moral deve constituir-se de uma soma em dinheiro aos beneficiários, que lhes mitigue a dor ou o sofrimento, pela possibilidade de, com tal recurso, ter um maior conforto material, ou uma oportunidade de uma atividade de lazer (como uma viagem, *v. g.*), ou a oportunidade de se custear determinado curso aos filhos da vítima em prol de sua formação etc. Enfim, que lhes proporcione qualquer satisfação, seja de ordem moral, intelectual ou mesmo material, que possa contribuir para a mitigação da dor e do sofrimento...

Em período mais recente, asseveram os festejados juristas Pablo Stolze e Rodolfo Pamplona que "o dano moral consiste na lesão de direitos cujo conteúdo não é pecuniário, nem comercialmente redutível a dinheiro. Em outras palavras, podemos afirmar que o dano moral é aquele que lesiona a esfera personalíssima da pessoa (seus direitos da personalidade), violando, por exemplo, sua intimidade, vida privada, honra e imagem, bens jurídicos tutelados constitucionalmente."[29]

Não resta dúvida, portanto, que o ato ilícito ou antijurídico pode provocar danos materiais e danos morais, ou seja, danos patrimoniais e extrapatrimoniais. E o dispositivo constitucional já citado deixou patente que a sanção do dano moral ocorre por intermédio da indenização[30].

---

28. CAHALI, Yussef Said. *Dano moral*. 3. ed., rev., atual. e ampl. São Paulo: Revista dos Tribunais, 2005. p. 22-23.
29. GAGLIANO, Pablo; PAMPLONA FILHO, Rodolfo. *Novo curso de direito civil*.5. ed., rev. e atual. São Paulo: Saraiva, 2007. v. III. Responsabilidade civil, p. 55.
30. Convém registrar, *en passant*, que há questionamentos doutrinários sobre o acerto da solução encontrada porque, paradoxalmente, estabelece a reparação do dano extrapatrimonial com

8.4.2. Fundamentos constitucionais do dano moral

Pelo art. 5º, V, da Constituição da República de 1988, foi assegurado o direito de resposta, proporcional ao agravo, além da indenização por dano material, moral ou à imagem. Também prevê o inciso X do referido artigo que são invioláveis a intimidade, a vida privada, a honra e a imagem das pessoas, assegurado o direito à indenização pelo dano material ou moral decorrente de sua violação.

O suporte principal desses dois dispositivos encontra-se na *dignidade da pessoa humana*, que constitui um dos fundamentos da República, conforme indicado expressamente no art. 1º da Constituição de 1988. O destaque da dignidade como valor supremo do constitucionalismo contemporâneo ampliou o conceito do direito à vida; ou seja, a Constituição não só protege o direito à vida, mas pretende assegurar o direito de viver com dignidade.

Enfatiza Arion Romita que "a dignidade da pessoa humana atua como fundamento do princípio estruturante do Estado Democrático de Direito e, em consequência, impregna a totalidade da ordem jurídica, espraia-se por todos os ramos do direito positivo e inspira não só a atividade legislativa como também a atuação do Poder Judiciário."[31] Nessa mesma direção, vale citar também a lição da constitucionalista Cármen Lúcia Antunes Rocha, atual ministra do STF:

> A constitucionalização do princípio da dignidade da pessoa humana modifica, em sua raiz, toda a construção jurídica: ele impregna toda a elaboração do Direito, porque ele é o elemento fundante da ordem constitucionalizada e posta na base do sistema. Logo, a dignidade da pessoa humana é princípio havido como superprincípio constitucional, aquele no qual se fundam todas as escolhas políticas estratificadas no modelo de Direito plasmado na formulação textual da Constituição.[32]

No estudo do dano moral decorrente do acidente do trabalho, não se pode perder de vista que a República Federativa do Brasil se constitui em Estado Democrático de Direito e tem como fundamentos, dentre outros, a dignidade da pessoa humana e o valor social do trabalho. Além disso, a ordem econômica deve estar apoiada na valorização do trabalho (art. 170), a ordem social terá como base o primado do trabalho (art. 193) e constitui objetivo fundamental da República construir uma sociedade livre, justa e solidária

---

bens de caráter patrimonial. Daí a dificuldade de avaliar com o rigor monetário valores morais de certa forma imensuráveis.

31. ROMITA, Arion Sayão. *Direitos fundamentais nas relações de trabalho*. 2. ed., rev. e aum. São Paulo: LTr, 2007. p. 267.
32. ROCHA, Cármen Lúcia Antunes. *O direito à vida digna*. Belo Horizonte: Fórum, 2004. p. 38.

(art. 3º, I). O princípio constitucional de que a saúde é direito de todos e dever do Estado (art. 196), adaptado para o campo do Direito do Trabalho, indica que a saúde é direito do trabalhador e dever do empregador. Para isso, a Constituição garantiu no art. 7º, XXII, a redução dos riscos inerentes ao trabalho, por meio de normas de saúde, higiene e segurança.

Esses princípios fundamentais, entalhados para total visibilidade no alto da hierarquia constitucional, devem estar no ponto de partida de qualquer análise a respeito das normas de proteção à vida e à saúde dos trabalhadores e, consequentemente, da indenização por danos morais decorrentes dos acidentes do trabalho. No dizer de José Jairo Gomes, a Constituição não é mais uma norma inserta no sistema jurídico, à qual as demais normas devem ceder o passo. Ela compõe o cerne, a essência do sistema. Define seus limites e suas possibilidades. É como o DNA do sistema jurídico, nela estando abrigado o germe do seu desenvolvimento. Não há, pois, que se falar em subsunção da lei, pois a Constituição "é".[33]

A função ordenadora e estruturante dos princípios permite compreender a evolução e a crescente importância doutrinária atribuída ao estudo dos direitos da personalidade, valendo citar o conceito jurídico de princípio, adotado por Celso Antônio Bandeira de Mello: "Mandamento nuclear de um sistema, verdadeiro alicerce dele, disposição fundamental que se irradia sobre diferentes normas compondo-lhes o espírito e servindo de critério para sua exata compreensão e inteligência, exatamente por definir a lógica e a racionalidade do sistema normativo, no que lhe confere a tônica e lhe dá sentido harmônico."[34]

O intérprete que não levar em consideração os princípios constitucionais lidará apenas na periferia do Direito, ignorando as íntimas conexões do ramo específico com o seu tronco de sustentação, sua causa primeira. Avistando o continente, mas sem captar o seu conteúdo, atento ao detalhe, mas distraído do conjunto, não perceberá a irradiação da seiva tonificante, que parte do núcleo constitucional para abastecer e vitalizar toda a extensão abrangida pela ciência jurídica, influenciando, com certeza, o regramento da proteção à saúde do trabalhador.

Com efeito, o Código de Processo Civil de 2015 estabeleceu no art. 8º: "Ao aplicar o ordenamento jurídico, o juiz atenderá aos fins sociais e às exigências do bem comum, resguardando e promovendo a dignidade da pessoa humana e observando a proporcionalidade, a razoabilidade, a legalidade, a publicidade e a eficiência."

---

33. GOMES, José Jairo. *Responsabilidade civil e eticidade*. Belo Horizonte: Del Rey, 2005. p. 9.
34. BANDEIRA DE MELLO, Celso Antônio. *Curso de direito administrativo*. 22. ed. São Paulo: Malheiros, 2007. p. 923.

O professor Gustavo Tepedino, ao discorrer a respeito do fenômeno da constitucionalização do Direito Civil, registra com lucidez o propósito da Constituição da República de 1988:

> O legislador constituinte, de maneira categórica, pretende evitar que a iniciativa econômica privada possa ser desenvolvida de maneira prejudicial à promoção da dignidade da pessoa humana e à justiça social. Rejeita, igualmente, que os espaços privados, como a família, a empresa e a propriedade, possam representar uma espécie de zona franca para violação do projeto constitucional. Daí ter regulamentado, sem cerimônia, e malgrado as violentas e tão mal-humoradas críticas que sofreu, todas as relações jurídicas de direito privado.[35]

Aliás, o Supremo Tribunal Federal, em sua composição plenária, ao julgar a ADI-MC n. 1.347-5, colocou nos fundamentos do acórdão a importância de considerar os princípios constitucionais na análise das questões relacionadas à saúde dos trabalhadores:

> Não se pode perder de perspectiva, neste ponto, que também os valores sociais do trabalho constituem um dos fundamentos sobre os quais se edifica, de modo permanente, a construção do Estado Democrático de Direito (CF, art. 1º, IV, primeira parte), pois é preciso reconhecer que o sentido tutelar que emana desse postulado axiológico abrange, dentre outras providências, a adoção, tanto pelos organismos públicos quanto pela própria comunidade empresarial, de medidas destinadas a proteger a integridade da saúde daqueles que são responsáveis pela força de trabalho. A preservação da saúde da classe trabalhadora constitui um dos graves encargos de que as empresas privadas são depositárias.

Para arrematar essas considerações, convém citar a doutrina de Carlos Alberto Menezes Direito e Sérgio Cavalieri, em obra conjunta, quando asseveram que a Constituição de 1988 deu uma nova feição e maior dimensão ao dano moral:

> Entendemos que todos os conceitos tradicionais de dano moral tiveram de ser revistos pela óptica da Constituição de 1988. Assim é, porque a atual Carta, na trilha das demais Constituições elaboradas após a eclosão da chamada

35. TEPEDINO, Gustavo. A constitucionalização do direito civil: perspectivas interpretativas diante do novo código. In: NAVES, Bruno Torquato; FIÚZA, César; FREIRE DE SÁ, Maria de Fátima (Coord.). *Direito civil:* atualidades. Belo Horizonte: Del Rey, 2003. p.118.

questão social, colocou o Homem no vértice do ordenamento jurídico da Nação, fez dele a primeira e decisiva realidade, transformando os seus direitos no fio condutor de todos os ramos jurídicos. E, ao inserir em seu texto normas que tutelam os valores humanos, a Constituição fez também estrutural transformação no conceito e valores dos direitos individuais e sociais, o suficiente para permitir que a tutela desses direitos seja agora feita por aplicação direta de suas normas. Ninguém desconhece que as normas constitucionais, por serem de hierarquia superior, balizam a interpretação e aplicação de toda a legislação infraconstitucional, de sorte a não ser possível aplicar esta em desarmonia com aquelas. A Constituição Federal, logo no seu primeiro artigo, inciso III, consagrou a dignidade humana como um dos fundamentos do nosso Estado Democrático de Direito. Temos hoje o que pode ser chamado de direito subjetivo constitucional à dignidade. Ao assim fazer, a Constituição deu ao dano moral uma nova feição e maior dimensão, porque a dignidade humana nada mais é do que a base de todos os valores morais, a essência de todos os direitos personalíssimos. Os direitos à imagem, à honra, ao nome, à intimidade, à privacidade, à liberdade estão englobados no direito à dignidade, verdadeiro fundamento e essência de cada preceito constitucional relativo aos direitos da pessoa humana. Essa, sem dúvida, é a matriz constitucional para o conceito de dano moral. Dano moral, à luz da Constituição vigente, nada mais é do que violação do direito à dignidade.[36]

8.4.3. Cumulação com o dano material

Havia muita controvérsia, mesmo após a Constituição de 1988, quanto ao fato de a indenização pelo dano moral ser ou não devida cumulativamente com a reparação por danos materiais, quando decorrentes do mesmo fato. Percebeu-se, porém, que faltava suporte lógico e mesmo jurídico para rejeitar a cumulação, porquanto, apesar de terem origem no mesmo fato ou ato injusto, são danos distintos, com efeitos diversos, pelo que merecem indenizações separadas.

A divergência jurisprudencial acabou superada com a adoção da Súmula n. 37 pelo Colendo STJ em 1992: *São cumuláveis as indenizações por dano material e dano moral oriundos do mesmo fato.* Os arts. 948 e 949 do Código Civil relacionam os danos materiais provenientes dos atos ilícitos, mas deixam espaço para a condenação pelo dano moral quando asseguram: *sem excluir outras reparações* ou *algum outro prejuízo que o ofendido prove haver sofrido.*

---

36. DIREITO, Carlos Alberto Menezes; CAVALIERI FILHO, Sérgio. *Comentários ao novo Código Civil.* 2. ed. Rio de Janeiro: Forense, 2007. v. XIII, p. 102-103.

A reforma trabalhista de 2017 positivou a cumulação quando estabeleceu no art. 223-F, *caput*, introduzido na CLT: "A reparação por danos extrapatrimoniais pode ser pedida cumulativamente com a indenização por danos materiais decorrentes do mesmo ato lesivo."

Em síntese, agora está pacificado na doutrina, na lei e na jurisprudência o cabimento da indenização por dano moral cumulada com a reparação do dano material, mesmo quando proveniente do mesmo fato ou ato antijurídico, não gerando mais perplexidade alguma.

8.4.4. Finalidade da indenização por dano moral

As reflexões dos juristas e a crescente valorização da dignidade da pessoa humana facilitaram a percepção dos dois fundamentos essenciais para justificar a indenização pelos danos morais: a vítima não pode ser deixada ao desamparo, nem os lesantes podem ficar impunes. Esses dois fundamentos repercutem seriamente na harmonia da convivência social, porque a vítima desamparada é tomada de revolta e pode cultivar o desejo de vindita; por outro lado, a impunidade dos causadores do dano acaba estimulando a ocorrência de novas lesões.

O Projeto de Lei n. 6.960/2002, apresentado pelo Deputado Ricardo Fiúza, propunha introduzir mais um parágrafo no art. 944 do Código Civil, realçando exatamente esses dois fundamentos da indenização: *§ 2º A reparação do dano moral deve constituir-se em compensação ao lesado e adequado desestímulo ao lesante (NR)*. Em reiteradas decisões os Tribunais Superiores estão enfatizando a dupla finalidade da indenização por danos morais, valendo citar, como exemplo:

> "**Dano moral configurado**. Na situação em exame, restou provada a falha na prestação do serviço público e o nexo de causalidade com os danos experimentados, configurando, por conseguinte, o dever de indenizar. ***Quantum* indenizatório**. O valor da indenização deve se mostrar adequado, a fim de atender aos objetivos da compensação do dano e o caráter pedagógico, levando-se em conta, ainda, os princípios da proporcionalidade e da razoabilidade." STF. 1ª Turma. ARE 721.793. Rel.: Min. Luiz Fux, julgado em 23 abr. 2013.
>
> "**Recurso de revista da General Motors. Indenização por danos morais. Doença ocupacional (queixas de ombro e coluna lombar). Redução parcial e permanente da capacidade laborativa (12,5%). Valor arbitrado**. 1. A controvérsia dos autos gira em torno do valor arbitrado a título de indenização por danos morais em virtude do dano físico decorrente da exposição a risco ergonômico, consistente em queixas no ombro e na coluna lombar, e que resultou na redução parcial e permanente da capacidade laborativa, na ordem de 12,5%. 2. Inicialmente, cabe assinalar que nos termos do art. 944 do Código Civil, o valor da indenização é medido conforme a extensão do dano, sendo certo ainda que a condenação indenizatória, além da finalidade reparadora, também deve observar

o intuito pedagógico/punitivo da indenização. 3. Nesse diapasão, a jurisprudência desta Corte Superior, no tocante ao quantum indenizatório fixado pelas instâncias ordinárias, vem consolidando orientação no sentido de ser possível a revisão do valor quando exorbitante ou insignificante a importância arbitrada a título de reparação de dano moral, em flagrante violação dos princípios da razoabilidade e da proporcionalidade. 4. Na espécie, verifica-se que o valor da indenização atribuído pelo Tribunal Regional (R$ 80.000,00 – oitenta mil reais) admite revisão. Nesse contexto, analisadas e sopesadas as circunstâncias fáticas, o resultado danoso, o grau de culpa, a capacidade financeira da reclamada e a tríplice função compensatória/preventiva/punitiva do dano moral, tem-se por excessivo o quantum indenizatório arbitrado pelo Tribunal a quo. 5. Assim, merece reforma o acórdão regional para ajustar o valor da indenização por danos morais para R$ 30.000,00 (trinta mil reais). Recurso de revista de que se conhece e a que se dá parcial provimento." TST. 3ª Turma. RRAg-1002646-04.2015.5.02.0472, Rel.: Ministro Alberto Bastos Balazeiro, *DEJT* 06 dez. 2024.

"**Dano moral. Morte do empregado. Manutenção em rede elétrica. Quantum indenizatório.** Para a fixação do valor da reparação por danos morais, deve ser observado o princípio da proporcionalidade entre a gravidade da culpa e a extensão do dano, tal como dispõem os arts. 5º, V e X, da Constituição Federal e 944 do CC, de modo que as condenações impostas não impliquem mero enriquecimento ou empobrecimento sem causa das partes. Cabe ao julgador, portanto, atento às relevantes circunstâncias da causa, fixar o quantum indenizatório com prudência, bom senso e razoabilidade. Devem ser observados, também, o caráter punitivo, o pedagógico, o dissuasório e a capacidade econômica das partes. No caso em exame, o Tribunal Regional fixou o valor global da compensação pelos danos morais em R$185.000,00, valor que será dividido pelos seis filhos do de cujus. O montante fixado se encontra aquém dos valores mantidos por esta Corte em casos análogos, de modo que não há como acolher a tese da reclamada de que estaria fixado em valor excessivo ou em desacordo com os princípios da razoabilidade e proporcionalidade. Precedentes. Agravo de instrumento a que se nega provimento." TST. 2ª Turma. AIRR-911-29.2018.5.06.0312, Rel.: Ministra Maria Helena Mallmann, *DEJT* 17 fev. 2023.

"**Processual civil e Administrativo. Agravo interno no agravo em Recurso Especial. Enunciado administrativo 3/STJ. Responsabilidade civil do estado. Ausência de prequestionamento. Revisão do montante indenizatório. Reexame do conjunto fático-probatório dos autos. Impossibilidade. Súmula 7/STJ.** 1. Para rever o entendimento do Tribunal de origem a fim de reduzir o valor arbitrado a título de indenização por danos morais é necessário o reexame do conjunto fático-probatório dos autos, o que não é possível em sede de recurso especial, em face do óbice da Súmula 7/STJ. *In casu*, o acórdão recorrido consignou nos seguintes termos que o valor de R$ 80.000,00 (oitenta mil reais) mostra-se razoável como reparação dos danos alegados: o valor da indenização tem natureza compensatória embora a dor e angústia, nas condições ocorridas nos autos, não sejam quantificáveis. A indenização não tem o objetivo de reparar a dor, mas de compensá-la de alguma forma, minimizando os sofrimentos dos beneficiários, devendo o julgador, ao fixar o quantum, agir

> com cautela e bom senso, observando as condições financeiras dos condenados e da vítima, bem como a dupla finalidade da reparação, buscando propiciar às vítimas uma satisfação, sem que isso represente um enriquecimento sem causa, não se afastando, contudo, do caráter repressivo e pedagógico a ela inerente. Como cediço, o valor fixado para fins de indenização deve observar o princípio da razoabilidade, de forma que a soma não seja tão grande que se converta em fonte de enriquecimento, nem tão pequena que se torne inexpressiva, além de levar em conta a intensidade da ofensa. Dessa forma, o valor fixado da indenização, na sentença de piso, em R$ 80.000,00 (oitenta mil reais) como reparação pelos danos morais, mostra-se razoável ao caso em comento (fl. 406 e-STJ). 2. Agravo interno não provido." STJ. 2ª Turma. AgInt no AREsp 999054/BA, Rel.: Ministro Mauro Campbell Marques, *DJe* 23 maio 2017.

Na mesma linha de pensamento, asseverava Walmir Oliveira da Costa: "A compensação por dano moral tem dupla natureza: reparatória e punitiva. No primeiro caso, funciona como uma espécie de compensação pelo sofrimento da vítima, e, no segundo, trata-se de sanção que coíbe ou inibe atentados ou investidas indevidos contra os direitos da personalidade."[37]

Alguns autores entendem que não se mostra cabível a função punitiva da indenização por danos morais, já que a pena deve ser tratada no seu ramo próprio no campo criminal, com observância do princípio *nulla poena sine lege*. Enfatizam que a indenização deve ficar restrita à sanção civil, pelo que não pode atingir o território da punição de caráter penal, como asseveram os defensores da teoria do valor de desestímulo, inspirada nos *punitive damages* do Direito norte-americano.

Apesar da resistência de parte da doutrina nacional, predomina nos tribunais superiores, conforme já registrado, o sistema aberto que conjuga o caráter compensatório e punitivo da indenização pelo dano moral. Com efeito, também na seara do Direito Civil é cabível o deferimento de indenização com finalidade inibitória de futuras condutas lesivas, com apoio na cláusula geral da ilicitude do art. 186 do Código Civil e na teoria do valor de desestímulo[38]. Conclui o magistrado e professor André Gustavo de Andrade, em cuidadosa dissertação sobre o tema, que "a ideia da indenização punitiva surge como reflexo da mudança de paradigma da responsabilidade civil, que assume um papel complexo determinado pelo próprio desenvolvimento da sociedade moderna. A responsabilidade civil deve preocupar-se

---

37. COSTA, Walmir Oliveira da. Dano moral nas relações de trabalho: questões controvertidas após a Emenda Constitucional n. 45. *Revista do Tribunal Superior do Trabalho,* Brasília, v. 73, n. 2, p. 120, abr./jun. 2007.

38. O art. 10:101 dos Princípios de Direito Europeu da responsabilidade civil prevê que "a indenização tem também uma função preventiva".

não apenas com o dano já consumado e a sua reparação, mas também com a prevenção do dano."[39]

A propósito, por ocasião da IV Jornada de Direito Civil, promovida em Brasília pelo Centro de Estudos Judiciários do Conselho da Justiça Federal, em outubro de 2006, foi aprovado o Enunciado n. 379, confirmando a validade do aspecto punitivo e pedagógico da indenização pelos danos morais, com a seguinte redação: "Art. 944. O art. 944, *caput*, do Código Civil não afasta a possibilidade de se reconhecer a função punitiva ou pedagógica da responsabilidade civil." De forma semelhante, por ocasião da 1ª Jornada de Direito Material e Processual do Trabalho, realizada em Brasília, em novembro de 2007, foi adotado o Enunciado n. 51: "**Responsabilidade civil. Danos morais. Critérios para arbitramento.** O valor da condenação por danos morais decorrentes da relação de trabalho será arbitrado pelo juiz de maneira equitativa, a fim de atender ao seu caráter compensatório, pedagógico e preventivo."

8.4.5. Cabimento do dano moral no acidente do trabalho

O dano moral é muito acentuado quando decorrente do infortúnio laboral, porquanto o trabalhador é atingido na sua integridade psicobiofísica, o que muitas vezes significa o desmonte traumático de um projeto de vida, o encarceramento compulsório numa cadeira de rodas e o sepultamento precoce dos sonhos acalentados quanto à possibilidade de um futuro melhor.

A indenização pelos danos materiais pode até alcançar a recomposição do prejuízo e a "equivalência matemática" norteia os critérios de cálculo. No entanto, a dor da exclusão, a tristeza da inatividade precoce, a solidão do abandono na intimidade do lar, o vexame da mutilação exposta, a dificuldade para os cuidados pessoais básicos, o constrangimento pela dependência permanente de outra pessoa, a sensação de inutilidade, o conflito permanente entre o cérebro que ordena e o corpo que não consegue responder, a orfandade ou a viuvez inesperada, o vazio da inércia imposta, tudo isso e muito mais não tem compensação ou dinheiro que repare suficientemente. Na verdade, a dor moral deixa na alma ferida aberta e latente que só o tempo, com vagar, cuida de cicatrizar, mesmo assim, sem apagar o registro...

Por outro lado, se a reparação no seu sentido rigoroso não é atingível, cabe pelo menos uma compensação monetária, um lenitivo, que possa oferecer ao lesado outro bem da vida para acalmar sua revolta e facilitar sua resignação diante do fato consumado. Não se trata, porém, de estabelecer um preço para a dor (*pretium doloris*), mas de criar possibilidades para que

39. ANDRADE, André Gustavo de. *Dano moral & indenização punitiva*. 2. ed. Rio de Janeiro: Lumen Juris, 2009. p. 314.

o acidentado desenvolva novas atividades ou entretenimentos, para vencer as recordações dolorosas e superar o sofrimento[40]. Na expressão lapidar de Cunha Gonçalves, a indenização pelo dano moral "não é remédio, que produza a cura do mal, mas sim um calmante. Não se trata de suprimir o passado, mas sim de melhorar o futuro."[41]

A indenização por acidente do trabalho, independentemente dos benefícios acidentários, está prevista expressamente na Constituição da República de 1988. Com efeito, estabelece o art. 7º: "São direitos dos trabalhadores urbanos e rurais, além de outros que visem à melhoria de sua condição social: (...) XXVIII — seguro contra acidentes do trabalho, a cargo do empregador, sem excluir a indenização a que este está obrigado, quando incorrer em dolo ou culpa."

O cabimento da indenização por danos morais decorrentes do acidente do trabalho é, atualmente, questão pacificada na doutrina e na jurisprudência. Em primeiro lugar porque o dispositivo constitucional acima transcrito não restringiu a indenização apenas aos aspectos patrimoniais, não devendo o intérprete impor limitações onde a norma não restringiu. Em segundo, porque o Código Civil consagra a cláusula genérica da indenização decorrente do ato ilícito no art. 186, no qual está indicado expressamente o dano moral. Em terceiro, porque o mesmo Código Civil quando trata da indenização por danos pessoais indica as parcelas da reparação material, mas deixa a ressalva "sem excluir outras reparações" (art. 948) ou "além de algum outro prejuízo que o ofendido prove haver sofrido" (art. 949). Nessas ressalvas, não há dúvidas, deve ser incluída a indenização pelos danos morais do acidentado ou de seus dependentes. Por último, a regulamentação do dano de natureza extrapatrimonial — uma denominação mais elaborada do dano moral — pela reforma trabalhista de 2017 (arts. 223-A a 223-G da CLT) afasta de vez qualquer questionamento.

Cabe registrar que na VI Jornada de Direito Civil realizada em Brasília em 2013 foi aprovado o Enunciado n. 555, com o seguinte teor: "'Os direitos de outrem' mencionados no parágrafo único do art. 927 do Código Civil devem abranger não apenas a vida e a integridade física, mas também outros direitos, de caráter patrimonial ou extrapatrimonial."

---

40. "A indenização, em caso de danos morais, não visa a reparar, no sentido literal, a dor, a alegria, a honra, a tristeza ou a humilhação; são valores inestimáveis, mas isso não impede que seja precisado um valor compensatório que amenize o respectivo dano, com base em alguns elementos como a gravidade objetiva do dano, a personalidade da vítima, sua situação familiar e social, a gravidade da falta, ou mesmo a condição econômica das partes." STJ. 5ª Turma. REsp n. 239.973/RN, Rel.: Ministro Edson Vidigal, julgado em 16 maio de 2000, *DJ* 12 jun. 2000, p. 129.

41. CUNHA GONÇALVES, Luiz da. *Tratado de direito civil*. São Paulo: Max Limonad, 1957. v. 12, t. II, p. 543.

Em conclusão, se estiverem presentes os pressupostos para o deferimento da indenização pelos danos materiais, é cabível também o deferimento da compensação pelos danos morais ou extrapatrimoniais, traduzida numa indenização pecuniária.

8.4.6. Prova do dano moral

Alguns juízes estão indeferindo o pedido de indenização a título de danos morais decorrentes do acidente do trabalho, ao fundamento de não ter havido prova efetiva da ocorrência do dano moral. De acordo com esse ponto de vista não é devida a indenização se a vítima suporta bem a ofensa ou se o acidente ou a doença ocupacional não lhe comprometem o aspecto psicológico, apesar das sequelas definitivas que possam ter ensejado o deferimento de reparação dos danos materiais.

Consideramos equivocado esse entendimento, que coloca como pressuposto da indenização a prova de que o lesado passou por um período de sofrimento, dor, humilhação, depressão etc. Ora, é desnecessário demonstrar o que ordinariamente acontece (art. 374, I, do CPC) e que decorre da própria natureza humana, ou seja, o dano *in re ipsa*[42]. Se houvesse mesmo a necessidade dessa prova, o resultado poderia variar tão somente pelos aspectos pessoais do acidentado: aquele mais sensível e emotivo seria indenizado e o mais resignado teria o pedido indeferido. Discorrendo a respeito do tema, anota *Rui Stoco*:

> A afirmação de que o dano moral independe de prova decorre muito mais da natureza imaterial do dano do que das *quaestionis facti*. Explica-se: Como o dano moral é, em verdade, um 'não dano', não haveria como provar, quantificando, o alcance desse dano, como ressuma óbvio. Sob esse aspecto, porque o gravame no plano moral não tem expressão matemática, nem se materializa no mundo físico e, portanto, não se indeniza, mas apenas se compensa, é que não se pode falar em prova de um dano que, a rigor, não existe no plano material.[43]

Para a condenação compensatória do dano moral não é imprescindível a produção de prova das repercussões que o acidente do trabalho tenha

42. "Provado o fato, não há necessidade de prova do dano moral, nos termos de persistente jurisprudência da Corte." Cf. STJ. 3ª Turma. REsp n. 261.028/RJ, Rel.: Ministro Carlos Alberto Menezes, *DJ* 20 ago. 2001. "Na concepção moderna da reparação do dano moral prevalece a orientação de que a responsabilização do agente se opera por força do simples fato da violação, de modo a tornar-se desnecessária a prova do prejuízo em concreto." STJ. 4ª Turma. REsp n. 173.124/RS, Rel.: Ministro Asfor Rocha, *DJ* 19 nov. 2001.

43. STOCO, Rui. *Tratado de responsabilidade civil*. 9. ed. São Paulo: Revista dos Tribunais, 2013. Tomo 2, p. 972.

causado, como ocorre no campo dos danos materiais; basta o mero implemento comprovado do dano injusto para criar a presunção dos efeitos negativos na órbita subjetiva do acidentado. Nesse sentido, a doutrina de Sérgio Cavalieri:

> Provado o fato lesivo a bem patrimonial ou moral, o dano está ínsito na própria ofensa, decorre da gravidade do ilícito em si. (...) O dano moral nesse caso existirá *in re ipsa*; decorrerá inexoravelmente do próprio fato ofensivo, de tal modo que, provada a ofensa, *ipso facto* estará demonstrado o dano moral à guisa de uma presunção natural, uma presunção *hominis* ou *facti*, que decorre das regras da experiência comum.[44]

Ainda que a vítima, por características pessoais, tenha suportado bem o acidente ou a doença ocupacional, permanece a necessidade da condenação, pois a indenização pelo dano moral tem igualmente uma finalidade pedagógica, já que demonstra para o infrator e para a sociedade a punição exemplar decorrente do desrespeito às regras da segurança e da saúde no local de trabalho. Em sintonia com esse entendimento foi aprovado por ocasião da V Jornada de Direito Civil, realizada em 2011, o Enunciado n. 445: "Art. 927. O dano moral indenizável não pressupõe necessariamente a verificação de sentimentos humanos desagradáveis como dor ou sofrimento."

Enfatiza Carlos Alberto Bittar que "não se cogita, em verdade, pela melhor técnica, em prova de dor, ou de aflição, ou de constrangimento, porque são fenômenos ínsitos na alma humana como reações naturais a agressões do meio social. Dispensam, pois, comprovação, bastando, no caso concreto, a demonstração do resultado lesivo e a conexão com o fato causador, para responsabilização do agente."[45]

Em resumo, se estiverem presentes os pressupostos para o deferimento da reparação pelos danos materiais, é cabível também o acolhimento do pedido de indenização pelos danos morais. É o que basta. A jurisprudência mais autorizada também adota o entendimento aqui esposado:

> **"Embargos sob a égide da Lei 13.015/2014. Indenização por danos morais. Caixa bancário. Responsabilidade objetiva do empregador. Doença ocupacional. Dever de indenizar.** (...) V. Ressalte-se que a jurisprudência do Tribunal Superior do Trabalho é no sentido de que, na hipótese de acidente de trabalho ou doença ocupacional, o dano moral caracteriza-se *in re ipsa*, derivando do próprio fato lesivo. Dessa forma, sendo incontroversa a existência de lesão por esforço repetitivo (Síndrome do Túnel Carpal bilateral) em decorrência da

---

44. CAVALIERI FILHO, Sérgio. *Programa de responsabilidade civil*. 16. ed. São Paulo: Atlas, 2023. p. 113-114.
45. BITTAR, Carlos Alberto. *Reparação civil por danos morais*. 3. ed., rev., atual. e ampl. 2ª t. São Paulo: Revista dos Tribunais, 1999. p. 136.

atividade laboral de caixa bancário, depreende-se a presença dos requisitos da responsabilidade civil objetiva do empregador por dano moral, por conseguinte, é devida a indenização por danos morais. Precedentes. Embargos conhecidos e providos". TST. SBDI-I. E-ED-RR-157400-12.2009.5.07.0012, Rel.: Ministro Alexandre Luiz Ramos, *DEJT* 30 abr. 2021.

"**Recurso de revista. Acidente de trabalho. Dano moral. Comprovação. Desnecessidade. Dano *in re ipsa*.** Cinge-se a questão controvertida a analisar a necessidade, ou não, da comprovação do dano moral em virtude de acidente do trabalho. Esta Corte firmou entendimento de que, uma vez ocorrido o acidente de trabalho, se torna desnecessária a produção de prova acerca do dano moral sofrido, tendo em vista se tratar de dano in re ipsa, ou seja, aquele que prescinde de comprovação do abalo psicológico sofrido pela vítima. Precedentes. Recurso de Revista conhecido e provido." TST. 1ª Turma. RR-2914-43.2014.5.02.0203, Rel.: Ministro Luiz Jose Dezena da Silva, *DEJT* 08 nov. 2024.

"**I – Agravo de instrumento da reclamada. Recurso de Revista interposto antes da Lei n.º 13.015/2014. Danos morais. Doença degenerativa. Perda auditiva. Nexo concausal. Laudo pericial.** Hipótese em que o Tribunal Regional manteve a condenação quanto ao pagamento de indenização por danos morais decorrentes de doença ocupacional. A decisão fundamentou-se na conclusão do laudo pericial no sentido de que há nexo de concausalidade entre a patologia acometida pelo autor (perda parcial auditiva em ambos os ouvidos) e as atividades desempenhadas na reclamada. Esta Corte Superior tem entendimento de que, para a responsabilização do empregador nos casos envolvendo danos morais e materiais em razão de doença ocupacional agravada pelo desempenho da atividade laboral, o nexo concausal é suficiente para configurar o dever de indenizar. O dano moral, nesse caso, decorrente de ato ilícito que ensejou diminuição da capacidade laboral do reclamante é *in re ipsa*, pelo que prescinde de prova do dano, bastando a constatação da ofensa ao bem jurídico para que seja configurado. A adoção de entendimento diverso implica reexame de fatos e provas, o que nesta fase recursal encontra obstáculo na Súmula 126 do TST. Agravo de instrumento a que se nega provimento (...)." TST. 2ª Turma. ARR-1619-16.2014.5.11.0010, Rel.: Ministra Maria Helena Mallmann, *DEJT* 6 out. 2023.

"**Indenização. Dano moral. Dano presumido.** Como se trata de algo imaterial ou ideal, a prova do dano moral não pode ser feita através dos mesmos meios utilizados para a comprovação do dano material. Por outras palavras, o dano moral está ínsito na ilicitude do ato praticado, decorre da gravidade do ilícito em si, sendo desnecessária sua efetiva demonstração, ou seja, como já sublinhado: o dano moral existe *in re ipsa*. Afirma *Ruggiero*: 'Para o dano ser indenizável, basta a perturbação feita pelo ato ilícito nas relações psíquicas, na tranquilidade, nos sentimentos, nos afetos de uma pessoa, para produzir uma diminuição no gozo do respectivo direito.'" STJ. 1ª Turma. REsp n. 608.918, Rel.: Ministro José Delgado, *DJ* 21 jun. 2004.

De qualquer forma, pode ser do interesse da vítima demonstrar a extensão dos danos morais, com as singularidades do caso em julgamento, cujas provas poderão influenciar no arbitramento do valor da indenização, mormente se o acidente do trabalho tiver causado repercussões prejudiciais mais agudas, acima do que a simples presunção sugere. Não se exige a prova dos danos morais como pressuposto de condenação, mas na instrução processual podem ser colhidos elementos importantes que auxiliem o julgador no arbitramento adequado do montante indenizatório.

O Enunciado n. 455, aprovado por ocasião da V Jornada de Direito Civil, realizada em 2011, consagrou entendimento nessa direção: "Art. 944. Embora o reconhecimento dos danos morais se dê, em numerosos casos, independentemente de prova (*in re ipsa*), para a sua adequada quantificação, deve o juiz investigar, sempre que entender necessário, as circunstâncias do caso concreto, inclusive por intermédio da produção de depoimento pessoal e da prova testemunhal em audiência."

Em síntese, ocorrido o acidente do trabalho e presentes os pressupostos da responsabilidade civil, o dano moral é presumido quanto à sua existência. Contudo, a parte interessada pode requerer a produção de provas para demonstrar a sua real extensão no caso concreto, com o propósito de influenciar no arbitramento do valor da indenização.

8.4.7. Critérios para arbitramento da indenização

A reforma trabalhista aprovada pela Lei n. 13.467/2017 estabeleceu parâmetros para fixação da indenização por danos extrapatrimoniais. Contudo, como o texto aprovado é recente e ainda sofre diversos questionamentos quanto à sua constitucionalidade, optamos, nesta edição, por tratar os danos extrapatrimoniais em tópico apartado (item 8.5) para propiciar ao leitor o entendimento até então adotado e o que será aplicado. Neste tópico, vamos abordar, portanto, o entendimento genérico para arbitramento dos danos morais que prevalece nos demais ramos do Direito e que também orientava as indenizações trabalhistas até 2017.

O valor da indenização por dano moral tem sido fixado por arbitramento do juiz, de acordo com as circunstâncias do caso, já que não existia dispositivo legal estabelecendo parâmetros objetivos a respeito[46].

---

46. O Projeto de Lei n. 150 de 1999, aprovado no Senado, mas atualmente arquivado na Câmara (PL n. 7.124/2002), estabelecia os critérios para a fixação do valor dos danos morais:

"Art. 7º Ao apreciar o pedido, o juiz considerará o teor do bem jurídico tutelado, os reflexos pessoais e sociais da ação ou omissão, a possibilidade de superação física ou psicológica, assim como a extensão e duração dos efeitos da ofensa.

A opção do arbitramento do montante pelo Judiciário propicia ao juiz fixar com mais liberdade a justa indenização, sem as amarras normativas padronizadas, de modo a poder dosar, após análise equitativa, o valor da condenação com as tintas específicas do caso concreto. Na jurisprudência sedimentou-se o pensamento de que não há qualquer tabelamento para a indenização pelo dano moral, nem mesmo para aqueles casos previstos na Lei de Imprensa, tanto que o STJ uniformizou seu entendimento por intermédio da Súmula n. 281, com o seguinte teor: "A indenização por dano moral não está sujeita à tarifação prevista na Lei de Imprensa."

Enfatiza o professor Fernando Noronha que "a reparação de todos os danos que não sejam suscetíveis de avaliação pecuniária obedece em regra ao princípio da *satisfação compensatória*: o quantitativo pecuniário a ser atribuído ao lesado nunca poderá ser equivalente a um 'preço', será o valor necessário para lhe proporcionar um lenitivo para o sofrimento infligido, ou uma compensação pela ofensa à vida ou à integridade física."[47]

Assinala o Juiz Artur Marques da Silva Filho que "a doutrina e a jurisprudência vêm indicando que sempre deve ser considerado: o grau de culpa, o dano em si, as condições econômicas e sociais da vítima e do ofensor. A solução do

---

§ 1º Se julgar procedente o pedido, o juiz fixará a indenização a ser paga, a cada um dos ofendidos, em um dos seguintes níveis:

I — ofensa de natureza leve: até R$ 20.000,00 (vinte mil reais);

II — ofensa de natureza média: de R$ 20.000,00 (vinte mil reais) a R$ 90.000,00 (noventa mil reais);

III — ofensa de natureza grave: de R$ 90.000,00 (noventa mil reais) a R$ 180.000,00 (cento e oitenta mil reais).

§ 2º Na fixação do valor da indenização, o juiz levará em conta, ainda, a situação social, política e econômica das pessoas envolvidas, as condições em que ocorreu a ofensa ou o prejuízo moral, a intensidade do sofrimento ou humilhação, o grau de dolo ou culpa, a existência de retratação espontânea, o esforço efetivo para minimizar a ofensa ou lesão e o perdão, tácito ou expresso.

§ 3º A capacidade financeira do causador do dano, por si só, não autoriza a fixação da indenização em valor que propicie o enriquecimento sem causa, ou desproporcional, da vítima ou de terceiro interessado.

§ 4º Na reincidência, ou diante da indiferença do ofensor, o juiz poderá elevar ao triplo o valor da indenização."

Já o PL n. 1914/2003, apresentado na Câmara Federal pelo Deputado Marcus Vicente do PTB-ES, propôs acrescentar ao art. 953 do Código Civil um parágrafo com o seguinte teor: "Na fixação da indenização por danos morais, o juiz, a fim de evitar o enriquecimento indevido do demandante, levará em consideração a situação econômica do ofensor, a intensidade do ânimo de ofender, a gravidade e repercussão da ofensa, a posição social ou política do ofendido, bem como o sofrimento por ele experimentado (NR)." Aprovado na Câmara Federal, o projeto foi arquivado no Senado Federal (PLC n. 169/2010) em razão do final da legislatura.

47. NORONHA, Fernando. *Direito das obrigações*: fundamentos do direito das obrigações: introdução à responsabilidade civil. São Paulo: Saraiva, 2003. v. 1, p. 569.

problema de estimação do *quantum* deve ser casuística."[48] Para Caio Mário, a vítima "deve receber uma soma que lhe compense a dor ou o sofrimento, a ser arbitrada pelo juiz, atendendo às circunstâncias de cada caso, e tendo em vista as posses do ofensor e a situação pessoal do ofendido. Nem tão grande que se converta em fonte de enriquecimento, nem tão pequena que se torne inexpressiva."[49]

Pode ser também invocada, analogicamente, a disposição do parágrafo único do art. 953 do Código Civil, que estabelece: "Se o ofendido não puder provar prejuízo material, caberá ao juiz fixar, equitativamente, o valor da indenização, na conformidade das circunstâncias do caso."[50]

O valor da indenização por danos morais não obedece ao mesmo critério de pagamento aplicado aos danos materiais. Em vez de se estabelecer um valor mensal na forma de pensionamento, deve-se arbitrar uma indenização para pagamento imediato, em parcela única, como forma rápida de amenizar o sofrimento e propiciar alguma melhoria de vida para a vítima, considerando as suas condições pessoais. Nesse sentido, observou o Juiz Páris Pena, do antigo Tribunal de Alçada de Minas Gerais, que:

> Em matéria de dano moral, o valor da indenização há de ser suficiente tanto para facilitar a que o ofendido obtenha lenitivos para sua dor, não pela quantificação em termos materiais, como, também, porque, mercê da indenização respectiva, poderá cercar-se de condições de sobrevivência mais compatíveis com sua dignidade de pessoa humana, tornando-a mais apta ao enfrentamento diuturno de sua deficiência. Além disso, tal condenação tem o efeito pedagógico, no sentido de tornar a sociedade efetivamente mais humana, colocando-a sob a égide dos princípios éticos impedientes e dissuasivos de condutas quais a que teve a ré.[51]

Em arremate, podemos afirmar que fica ao prudente arbítrio do juiz a fixação da indenização por dano moral, diante das múltiplas especificidades

48. SILVA FILHO, Artur Marques da. A responsabilidade civil e o dano estético. *Revista dos Tribunais*, São Paulo, v. 689, p. 47, mar. 1993.
49. PEREIRA, Caio Mário da Silva. *Responsabilidade civil*. 9. ed. 8ª t. Rio de Janeiro: Forense, 2002. p. 60.
50. "*Dano moral. Fixação do valor da indenização.* A quantificação do dano moral deve atender às necessidades da parte ofendida e aos recursos da parte ofensora, de modo a não ser o valor da indenização demasiado alto para acarretar um enriquecimento sem causa àquele que o recebe, nem tão insignificante a ponto de ser inexpressivo para quem o paga. Devem ser consideradas, invariavelmente, a intensidade, a gravidade, a natureza e os reflexos do sofrimento experimentado, bem como a repercussão de caráter pedagógico que a pena imposta trará ao ofensor." Santa Catarina. TRT 12ª Região. Acórdão n. 2.487/2001, Rel.: Juiz Gilmar Cavalheri, *DJ* 15 mar. 2007.
51. Cf. Minas Gerais. TAMG. 1ª Câm. Civil. Ap. Cível n. 213.381-9, Rel.: Juiz Páris Pena, julgada em 11 jun. 1996.

do caso concreto[52]. Todavia, algumas considerações importantes assentadas na doutrina e na jurisprudência devem nortear a dosimetria dessa indenização:

> a) a fixação do valor indenizatório obedece a duas finalidades básicas que devem ser ponderadas conforme as peculiaridades do acidente ou da doença ocupacional: compensar a dor, o constrangimento ou o sofrimento da vítima e, pedagogicamente, combater a impunidade[53];

---

52. "*Doença ocupacional. LER/DORT. Incapacidade total e permanente para o trabalho. Aposentadoria por invalidez. Valor da indenização por danos morais.* Não há na legislação pátria delineamento do *quantum* a ser fixado a título de dano moral. Caberá ao juiz fixá-lo, equitativamente, sem se afastar da máxima cautela e sopesando todo o conjunto probatório constante dos autos. A lacuna legislativa na seara laboral quanto aos critérios para fixação leva o julgador a lançar mão do princípio da razoabilidade, cujo corolário é o princípio da proporcionalidade, pelo qual se estabelece a relação de equivalência entre a gravidade da lesão e o valor monetário da indenização imposta, de modo que possa propiciar a certeza de que o ato ofensor não fique impune e servir de desestímulo a práticas inadequadas aos parâmetros da lei. De todo modo, é oportuno registrar que a jurisprudência desta Corte vem se direcionando no sentido de rever o valor fixado nas instâncias ordinárias a título de indenização apenas para reprimir valores excessivamente estratosféricos ou módicos, o que não se verifica na hipótese. Recurso de revista não conhecido, no aspecto." TST. 3ª Turma. RR n. 168600-55.2009.5.03.0035, Rel.: Ministro Mauricio Godinho Delgado, *DJ* 9 set. 2015.

   "*Doença ocupacional. Patologia lombar e no joelho esquerdo. Dano moral. Quantum indenizatório.* O Tribunal Regional, com base no conjunto fático-probatório dos autos, manteve a condenação ao pagamento de indenização por dano moral, decorrente de doença ocupacional, por considerar que as patologias do reclamante (na lombar e no joelho esquerdo) agravaram-se no desempenho das suas atividades habituais (como motorista rodoviário, trabalhava sentado por longo período, com constantes movimentos dos joelhos para dirigir), bem como que não há nenhuma comprovação nos autos de que a empresa reclamada tenha tomado medidas eficientes para elidir a eclosão destas doenças. Para a fixação do valor da reparação por danos morais, deve ser observado o princípio da proporcionalidade entre a gravidade da culpa e a extensão do dano, à luz do disposto nos artigos 5º, V e X, da Constituição Federal e 944 do Código Civil, de forma que a indenização deferida não gere enriquecimento ou empobrecimento sem causa das partes. O quantum indenizatório deve ser fixado com prudência, bom senso e razoabilidade, atendendo, também, ao caráter punitivo, ao pedagógico, ao dissuasório e à capacidade econômica das partes. No presente caso, analisando os elementos contidos no acórdão regional, o valor de R$ 100.000,00, fixado para indenização por dano moral, observa os princípios da proporcionalidade e da razoabilidade, diante da situação específica dos autos, retratada no acórdão, mormente, considerando os esclarecimentos periciais constantes na fundamentação da decisão recorrida, de que as lesões do reclamante – moléstias hérnia discal lombar e artrose no joelho esquerdo – são permanentes, a incapacidade é total e que está aposentado por invalidez, em virtude das doenças ocupacionais mencionadas. Incólumes os artigos 5º, X, da CF, 884, 944 e 950, "caput", e parágrafo único, do Código Civil. Recurso de revista não conhecido". TST. 2ª Turma. RR n. 291-53.2014.5.02.0446. Rel.: Ministra Maria Helena Mallmann, *DEJT* 18 set. 2020.

53. "*Valor fixado para o dano moral. Doença profissional. I* — A indenização por dano moral deve observar o critério estimativo, diferentemente daquela por dano material, cujo cálculo deve observar o critério aritmético. Na fixação da indenização do dano moral, a seu turno, deve o juiz se nortear por três vetores, quais sejam, a gravidade do dano causado, a estatura econômico-financeira do ofensor e o intuito inibidor de futuras ações lesivas à honra e boa fama do empregado. II — Tendo por norte as sequelas psicológicas, provenientes da doença profissional que acometera a recorrida, com irrefragável repercussão na sua intimidade profissional, a estatura econômica do recorrente e as condições culturais da empregada vitimada, tanto quanto o caráter peda-

b) na função compensatória da indenização, a análise deve estar centrada na pessoa da vítima, enquanto, na finalidade punitiva, a observação estará voltada para a pessoa do causador do dano;

c) é imprescindível considerar o grau de culpa do empregador e a gravidade dos efeitos para a vítima do acidente ou da doença ocupacional[54];

d) o valor da indenização pode ser agravado ou atenuado em razão das singularidades da condição pessoal da vítima;

e) o valor arbitrado não tem como objetivo servir para enriquecimento da vítima, nem de ruína para o empregador. Aliás, no art. 7º, § 3º, do Projeto de Lei n. 150/1999, acima citado, foi proposto que: "A capacidade financeira do causador do dano, por si só, não autoriza a fixação da indenização em valor que propicie o enriquecimento sem causa, ou desproporcional, da vítima ou de terceiro interessado";

f) o arbitramento da indenização deve ser feito com a devida prudência, mas temperado com a necessária coragem, fugindo dos extremos dos valores irrisórios ou dos montantes exagerados, que podem colocar em descrédito o Poder Judiciário e provocar a banalização do dano moral;

g) deve-se ter em conta a situação econômica das partes, especialmente para que a sanção tenha efeito prático com a necessária repercussão pedagógica na política administrativa da empresa[55];

h) ainda que a vítima tenha suportado bem a ofensa, permanece a necessidade da condenação, pois a indenização pelo dano moral também tem uma finalidade educativa, já que demonstra para o infrator e para a sociedade a punição exemplar daquele que desrespeitou as regras básicas da segurança, higiene e saúde do trabalhador[56];

---

gógico inerente ao ressarcimento do dano moral, sobressai a constatação de o valor arbitrado em R$ 10.000,00 revelar-se razoável e proporcional, infirmando-se a pretensa vulneração dos arts. 944 do Código Civil e 5º, inciso V, da Constituição, este por sinal impróprio à controvérsia, considerando que ele só é inteligível no âmbito do inciso IV, no qual o Constituinte assegurou o direito à livre manifestação do pensamento. III — Recurso não conhecido." TST. 4ª Turma. RR n. 7803/2005-026-12-00.5, Rel.: Ministro Barros Levenhagen, *DJ* 13 fev. 2009.

54. O Enunciado n. 458 aprovado na V Jornada de Direito Civil, realizada em 2011, preceitua: "Art. 944. O grau de culpa do ofensor, ou a sua eventual conduta intencional, deve ser levado em conta pelo juiz para a quantificação do dano moral."

55. A VII Jornada de Direito Civil realizada em Brasília em 2015 aprovou o Enunciado n. 588, com o seguinte teor: "O patrimônio do ofendido não pode funcionar como parâmetro preponderante para o arbitramento de compensação por dano extrapatrimonial."

56. Vale citar alguns exemplos de valores da indenização por danos morais fixados pelos Tribunais Superiores, para ocorrências mais graves, naturalmente para casos e circunstâncias distintas: 1. TST. AgR-Ag-AIRR n. 201-73.2012.5.15.0116, mantido o valor de R$ 750.000,00; 2. TST. RR n. 31000-23.2009.5.19.0010, indenização reduzida de R$ 250.000,00 para R$ 30.000,00; 3. TST. RR-1844-76.2014.5.12.0020, indenização reduzida de R$30.000,00 para R$15.000,00; 4. AIRR-1659-77.2013.5.04.0252, mantido o valor de R$1.000.000,00; 5. TST. AIRR n. 64700-05-2008-5-15-0020, mantido o valor de R$ 1.000.000,00; 6. TST. RR n. 48000-89-2006-5-17-0012,

i) Conforme decidiu o STF na apreciação do Tema 880, a questão do direito à indenização por dano moral decorrente de responsabilidade civil extracontratual tem natureza infraconstitucional, e a ela se atribuem os efeitos da ausência de repercussão geral, nos termos do precedente fixado no RE n. 584.608 (Tema 655).

8.4.8. Controle do montante indenizatório pelo TST

Como não havia parâmetros legais para o arbitramento da indenização por danos morais, ficava ao prudente arbítrio do juiz a fixação do valor da condenação, de acordo com as especificidades do caso em julgamento, conforme mencionado no tópico anterior. Em algumas ocasiões, entretanto, tem ocorrido arbitramento de valores extremamente elevados ou excessivamente módicos. Nas duas hipóteses há prejuízo para a ciência jurídica e risco de descrédito para o Poder Judiciário, podendo, paradoxalmente, "desmoralizar" a indenização do dano moral. Se o valor for insignificante, permanece a revolta da vítima e o infrator não terá estímulo para alterar sua conduta; mas se for exagerado, causará o enriquecimento da vítima e o inconformismo do infrator pelo arbitramento desproporcional.

Diante de tais ocorrências, o Superior Tribunal de Justiça, desde 1997, em casos excepcionais, vem atuando no sentido de estabelecer certa razoabilidade nas indenizações por danos morais, para evitar os abusos da fixação de valores irrisórios ou exorbitantes. Enfatizam Carlos Alberto Direito e Sérgio Cavalieri que "diante dos excessos praticados com a imposição de verbas absurdas, fora da realidade, despropositadas, o Superior Tribunal de Justiça entendeu necessário rever em recurso especial o valor da indenização, superando o óbice da Súmula n. 07."[57] O Ministro do STJ Nilson Naves, relator do acórdão pioneiro sobre o controle do valor do dano moral (REsp n. 53.321), indicou nos fundamentos daquela decisão:

---

mantido o valor de R$ 500.000,00; 7. TST. RR n. 379400-19-2008-5-09-0071, mantido o valor de R$ 100.000,00; 8. TST. AIRR n. 1358/2002-011-11-41, mantida a condenação em 400 salários mínimos; 9. TST. RR-612.75.2012.5.03.0076 – elevou a indenização de R$ 20.000,00 para R$ 300.000,00; 10. STJ. REsp 1171826/RS, indenização aumentada para R$ 558.000,00; 11. TST. 2ª Turma. AIRR-11526-32.2014.5.18.0103, mantido o valor de R$160.000,00; 12. TST. 2ª Turma. RRAg-1541-67.2015.5.11.0016, elevado o valor de R$30.000,00 para R$100.000,00; 13. TST. 8ª Turma. RRAg-10080-88.2016.5.03.0184, mantido o valor de R$2.000.000,00; 14. TST. 8ª Turma. RR-48-04.2017.5.06.0411, elevou o valor da condenação de R$20.000,00 para R$150.000,00; 15. STJ. REsp 747474, reduzido o valor para R$ 305.000,00; 16. STJ. REsp 515750, reduzido o valor para 300 salários mínimos.

57. DIREITO, Carlos Alberto Menezes; CAVALIERI FILHO, Sérgio. *Comentários ao novo Código Civil*. 2. ed. Rio de Janeiro: Forense, 2007. v. XIII, p. 377.

> Por maiores que sejam as dificuldades, e seja lá qual for o critério originariamente eleito, o certo é que, a meu ver, o valor da indenização por dano moral não pode escapar ao controle do Superior Tribunal de Justiça. Urge que esta Casa, à qual foram constitucionalmente cometidas tão relevantes missões, forneça e exerça controle, de modo que o lesado, sem dúvida alguma, tenha reparação, mas de modo também que o patrimônio do ofensor não seja duramente ofendido. O certo é que o enriquecimento não pode ser sem justa causa.

Na mesma trilha do STJ[58], também o TST está admitindo o processamento de recurso de revista para viabilizar a revisão do montante indenizatório a título de dano moral, nas hipóteses de arbitramento em valores excessivos ou irrisórios, de modo a garantir a observância dos princípios da razoabilidade e da proporcionalidade, conforme art. 5º, V, da Constituição da República:

> "**Agravo interno em agravo de instrumento. Acórdão regional publicado na vigência da lei nº 13.467/2017. Valor da indenização por dano moral. Acidente de trabalho típico. Critério bifásico. Razoabilidade do valor arbitrado (R$10.000,00). Transcendência. Não reconhecimento.** I. A jurisprudência desta Corte Superior firmou-se no sentido de que o debate vinculado ao valor arbitrado para reparação de ordem moral apenas se viabiliza, excepcionalmente, no controle do atendimento aos princípios da razoabilidade e da proporcionalidade, notadamente em casos em que o valor fixado revela-se excessivamente irrisório ou exorbitante. II. No caso, o valor mantido pelo Tribunal Regional a título de indenização por perda parcial e temporária de capacidade laborativa decorrente de acidente de trabalho, em que o empregado sofreu fratura do cóccix, foi o de

---

58. "*Processual Civil. Agravo Interno no agravo em Recurso Especial. Ação de compensação por danos morais.* 4. No tocante à fixação da compensação por dano moral, a jurisprudência do STJ é pacífica no sentido de que a modificação do valor somente é permitida quando a quantia estipulada for irrisória ou exagerada." STJ. 3ª Turma. AgInt no AREsp n. 1071307/RS, Rel.: Ministra Nancy Andrighi, *DJe* 4 dez. 2017.

"*Processual civil. Agravo regimental no agravo em recurso especial. Responsabilidade civil. Digitador. Lesão proveniente de esforço repetitivo. Redução da capacidade laborativa. Total e permanente. Cumulação de benefício previdenciário com pensão decorrente de ilícito civil. Possibilidade. Dano moral. Redução da indenização. Inviabilidade. Razoabilidade na fixação do* quantum. 1. É possível a cumulação de benefício previdenciário com pensão decorrente de ilícito civil. 2. O recurso especial não comporta o exame de questões que impliquem revolvimento do contexto fático-probatório dos autos, a teor do que dispõe a Súmula n. 7/STJ. 3. Contudo, em hipóteses excepcionais, quando manifestamente evidenciado ser irrisório ou exorbitante o arbitramento da indenização, a jurisprudência desta Corte permite o afastamento do referido óbice, para possibilitar a revisão. 4. No caso concreto, a indenização fixada pelo Tribunal local em 50 (cinquenta) salários mínimos, em razão da perda da capacidade laborativa do recorrido decorrente de lesão compatível com DORT, não se revela excessiva. 5. Agravo regimental desprovido." STJ. 4ª Turma. AgRg no AREsp n. 104.823/SP, Rel.: Ministro Antonio Carlos Ferreira, *DJ* 17 set. 2012.

R$ 10.000,00, levando em conta a natureza e extensão do dano (grau moderado), bem como o caráter temporário da lesão e o objetivo pedagógico da indenização (a empresa tem capital social de R$ 30.000,00). III. Tal montante, em face das mencionadas circunstâncias fáticas, não se demonstra irrisório, de sorte que não merece reparos a decisão unipessoal, em que não se reconheceu a transcendência do tema. Cuida-se de pretensão que não ultrapassa a esfera individual disponível da parte recorrente e a questão jurídica debatida não atende ao critério político – não se detecta contrariedade a súmula, orientação jurisprudencial ou precedente de observância obrigatória; jurídico – não se busca a interpretação de lei nova ou de questão não pacificada; econômico – o valor da causa ou da pretensão recursal não se qualificam como elevados para a caracterização da transcendência por este vetor; ou social – não se busca a preservação de direitos sociais constitucionais supostamente violados de maneira intolerável. IV. Agravo interno de que se conhece e a que se nega provimento" TST. 7ª Turma. Ag-AIRR-10880-69.2017.5.15.0048, Rel.: Ministro Evandro Pereira Valadão Lopes, *DEJT* 06 dez. 2024.

"**Doença ocupacional. Danos morais. Valor da indenização. Modicidade. Rearbitramento para montante que se considera mais adequado.** Ao arbitrar o valor da indenização por dano moral, o Julgador deve lançar mão do princípio da razoabilidade, cujo corolário é o princípio da proporcionalidade, pelo qual se estabelece a relação de equivalência entre a gravidade da lesão e o valor monetário da indenização imposta, de modo que possa propiciar a certeza de que o ato ofensor não fique impune e servir de desestímulo a práticas inadequadas aos parâmetros da lei. A jurisprudência desta Corte vem se direcionando no sentido de rever o valor fixado nas instâncias ordinárias a título de indenização apenas para reprimir valores estratosféricos ou excessivamente módicos, o que se verifica na hipótese, em que o TRT rearbitrou para R$10.000,00 o valor da indenização orginalmente fixado na sentença em R$50.000,00. Com efeito, no caso concreto, considerados os elementos expostos no acórdão regional, tais como o dano (redução total e temporária da capacidade laboral; retorno ao trabalho com perdas funcionais, ainda que leves; reabilitação profissional); o nexo concausal; o tempo de trabalho prestado na empresa (desde 07/07/1989); o período de afastamento previdenciário (de 20/10/2013 a 01/03/2018); o não enriquecimento indevido do ofendido; o caráter pedagógico da medida e os parâmetros fixados nesta Turma para situações congêneres, tem-se que o valor rearbitrado pelo TRT mostra-se módico, devendo, portanto, ser restabelecido o valor anteriormente fixado, montante que se considera mais adequado para reparar o dano moral sofrido. Recurso de revista conhecido e provido no aspecto." TST. 3ª Turma. RRAg-22588-16.2016.5.04.0030, Rel.: Ministro Mauricio Godinho Delgado, *DEJT* 14 nov. 2024.

"**Agravo em Recurso de Revista interposto sob a égide das Leis 13.015/2014 e 13.467/2017. Dano moral em ricochete. Majoração. Acidente do trabalho. Morte do pai.** O TST firmou o entendimento no sentido de que é possível a revisão do valor arbitrado nas hipóteses em que o montante arbitrado for irrisório ou exorbitante, desatendendo aos princípios da razoabilidade e da proporcionalidade, o que se constatou na hipótese em exame, em que o valor fixado pelo Regional (R$ 15.000,00) revelou-se irrisório e desproporcional aos fins compensatórios e punitivos pretendidos. Portanto, irretocável a decisão agravada que conheceu do recurso de revista do reclamante e deu-lhe provimento para majorar o valor da indenização para R$ 50.000,00, por mostrar-se mais consentâneo com a finalidade da medida. Agravo a que se nega provimento". TST. 2ª Turma. Ag-ED-ARR-24659-08.2016.5.24.0006, Rel.: Ministro Sergio Pinto Martins, *DEJT* 07 out. 2022.

8.4.9. Dano moral na responsabilidade objetiva

Estando presentes os pressupostos para o deferimento da reparação por danos materiais, é cabível também a indenização por danos morais. Assim, mesmo quando se adota como fundamento da reparação a responsabilidade civil objetiva, ou seja, aquela que independe de culpa do causador do dano, não há impedimento para a condenação relativa aos danos morais. Mas, nessa hipótese, entendemos que serão necessários alguns ajustes ou atenuações na fixação do *quantum* indenizatório.

Conforme já enfatizamos, a indenização por danos morais tem duas finalidades básicas: dar uma compensação para a vítima e punir, pedagogicamente, o infrator pela sua conduta. Ocorre que nas hipóteses em que o deferimento da indenização tem como fundamento tão somente a teoria do risco, especialmente quando ausente qualquer prova de culpa do empregador no acidente, parece não haver espaço para considerar o efeito punitivo da indenização. Sem dúvida, a finalidade de compensar a vítima continua; todavia, se não foi a conduta culposa do réu que gerou o acidente, mas sim um risco inerente à atividade, é pelo menos questionável o aspecto da condenação com propósito punitivo-pedagógico. Se o risco é próprio daquela atividade, nenhuma punição poderá alterar sua natureza, razão pela qual é incabível falar-se indenização como técnica de desestímulo ou com finalidade pedagógica.

Não se deve esquecer que o grau de culpa do empregador no acidente deve ser considerado para o arbitramento da indenização pelo dano moral, tanto que o art. 944 do Código Civil estabelece no parágrafo único: "Se houver excessiva desproporção entre a gravidade da culpa e o dano, poderá o juiz reduzir, equitativamente, a indenização." Mas, diante desse preceito legal, cabe indagar: E quando não houver culpa alguma do empregador, mas apenas condenação pela teoria do risco, a redução equitativa da indenização é também cabível?

Acreditamos que a resposta seja positiva e que o norte da fixação do montante indenizatório será mesmo a equidade, que foi expressamente mencionada no dispositivo transcrito. É oportuno citar nesse sentido o entendimento doutrinário de Roger Silva Aguiar:

> O *quantum* a ser indenizado — se a obrigação de indenizar envolverá a reparação integral, parcial ou mesmo se aproximar de zero — é uma questão a

> ser decidida à luz dos dispositivos contidos no Capítulo II, dos quais sobressai o art. 944, parágrafo único. O aludido dispositivo é inegavelmente a válvula reguladora da norma contida no art. 927, parágrafo único, importando ressaltar de imediato sua construção também sob bases valorativas: "poderá o juiz reduzir, equitativamente, a indenização". (...) O art. 944, parágrafo único, desempenha o papel de complementar o trabalho valorativo do aplicador do direito quando este se inicia no art. 927, parágrafo único. A possibilidade de "calibrar" o valor da indenização, segundo a participação do agente na origem do dano, apresenta-se como peça-chave na construção de uma solução equitativa na distribuição do ônus de arcar com o prejuízo.[59]

Convém ressaltar neste passo o papel cada vez mais importante que a doutrina e o legislador estão atribuindo à equidade para dimensionar a justa reparação do dano, principalmente quando se trata de dano moral. Aliás, em juízo de equidade pode-se chegar até ao ponto de indeferir a indenização, mesmo havendo o dano, conforme previsto no art. 928, parágrafo único, do Código Civil: "A indenização prevista neste artigo, que deverá ser equitativa, não terá lugar se privar do necessário o incapaz ou as pessoas que dele dependem."

Como se depreende do exposto, no campo das indenizações por acidentes do trabalho o juiz dispõe de um poder discricionário mais elastecido para proferir o julgamento, em razão das peculiaridades e consequências de cada caso, que não podem ser ignoradas. No Estado Democrático de Direito, a superação de certos postulados de cunho estritamente patrimonialista produz como efeito a relativização de princípios até então invioláveis, para colocar em proeminência os valores axiológicos da dignidade da pessoa humana e da solidariedade, sem distinção essencial entre o autor e o réu. Como assevera o Ministro do TST Carlos Alberto Reis de Paula, apoiado em Carnelutti, "o escopo do processo não é a simples composição, mas a justa composição da lide."[60]

8.5. DANO EXTRAPATRIMONIAL TRABALHISTA

8.5.1. Alterações da reforma trabalhista de 2017

A reforma trabalhista foi aprovada pela Lei n. 13.467, de 13 de julho de 2017, para vigorar 120 dias após a sua publicação, ocorrida no dia 14 de

59. AGUIAR, Roger Silva. *Responsabilidade civil objetiva:* do risco à solidariedade. São Paulo: Atlas, 2007. p. 90.
60. PAULA, Carlos Alberto Reis de. *A especificidade do ônus da prova no processo do trabalho.* São Paulo: LTr, 2001. p. 193.

julho de 2017. Então, desde 11 de novembro de 2017 está em vigor no Brasil praticamente uma nova CLT, cuja alteração foi a mais profunda ocorrida desde a sua promulgação oficial em maio de 1943.

No dia 14 de novembro de 2017 foi publicada em edição extraordinária do Diário Oficial da União a Medida Provisória n. 808, a qual promoveu diversas alterações no texto legal já reformado. Desse modo, a normatização do dano extrapatrimonial trabalhista que entrou em vigor no dia 11 de novembro de 2017 sofreu alterações em dois artigos (arts. 223-C e 223-G), com vigência a partir do dia da publicação da referida Medida Provisória em 14 de novembro de 2017.

Contudo, a referida Medida Provisória n. 808/2017 não foi convertida em lei no prazo fixado pelo art. 62 da Constituição da República e, como consequência, perdeu sua eficácia desde o dia 24 de abril de 2018. Conforme prevê a Constituição no art. 62, § 3º, o Congresso Nacional deveria disciplinar, por decreto legislativo, os efeitos produzidos pela Medida Provisória não convertida em lei, durante o seu período de vigência, o que, todavia, não ocorreu.

E como ficam os atos jurídicos praticados durante o período da sua vigência, ou seja, as lesões por danos extrapatrimoniais ocorridas no período de 14 de novembro de 2017 a 23 de abril de 2018? A resposta pode ser encontrada no mesmo art. 62, § 11, da Constituição que estabelece: "*Não editado o decreto legislativo a que se refere o § 3º até sessenta dias após a rejeição ou perda de eficácia de medida provisória, as relações jurídicas constituídas e decorrentes de atos praticados durante sua vigência conservar-se-ão por ela regidas.*"

Como se vê, por expressa previsão constitucional, as lesões a respeito do dano extrapatrimonial ocorridas no período de 14 de novembro de 2017 a 23 de abril de 2018 deverão ser apreciadas considerando as disposições da Medida Provisória n. 808/2017, em harmonia com o vetusto princípio do *tempus regit actum*. Desse modo, vamos mencionar com frequência as previsões da referida Medida Provisória n. 808/2017 que produziu efeitos nos 161 dias que esteve em vigor. E poderá até servir de norte interpretativo ponderado para influenciar nas futuras decisões a respeito do dano extrapatrimonial trabalhista.

Vamos abordar neste tópico o tema dos danos extrapatrimoniais oriundos dos acidentes do trabalho ou doenças ocupacionais. Trata-se de uma das mudanças mais impactantes da reforma trabalhista de 2017 tanto pela novidade do regramento, quanto pela pretensão do legislador de introduzir um microssistema exclusivo para os danos morais trabalhistas, com previsões destoantes da principiologia há muito sedimentada na teoria geral da responsabilidade civil.

O nosso desafio, portanto, é analisar a configuração peculiar dos danos extrapatrimoniais nas relações de trabalho e os rumos hermenêuticos desta regulamentação trazida pela Lei n. 13.467/2017.

A CLT foi aprovada em 1943 numa época em que nem se cogitava sobre a reparação dos danos extrapatrimoniais. Prevalecia a visão patrimonialista do direito, muito distante da valorização atual da dignidade da pessoa humana, proclamada com ênfase na Constituição da República de 1988.

Como não temos no Brasil um Código do Trabalho para disciplinar detalhadamente todos os direitos do trabalhador, a CLT estabeleceu expressamente no art. 8º o direito comum como fonte subsidiária, quando houvesse compatibilidade com os princípios protetores do direito do trabalho. Então, desde que a ciência jurídica acolheu com mais amplitude a proteção dos direitos da personalidade, o trabalhador lesado busca na Constituição da República de 1988, no direito civil e em outros ramos do direito as bases para fundamentar os pedidos de indenização por danos morais em decorrência do contrato de trabalho.

A reforma trabalhista de 2017 introduziu o Título II-A na CLT para tratar exclusivamente do "Dano extrapatrimonial", composto por sete artigos, quais sejam: 223-A até 223-G. Topograficamente, o novo título foi inserido entre o Título II, que trata das normas gerais de tutela do trabalho, e o Título III, que trata das normas especiais de tutela do trabalho.

Como se verifica, para dar maior realce às disposições normativas a respeito do dano extrapatrimonial, foi introduzido como categoria de agregação um título adicional na CLT, demonstrando a pretensão do legislador de criar um disciplinamento específico e bem peculiar para o tema dos danos extrapatrimoniais individuais na seara trabalhista.

8.5.2. A inovação terminológica do dano extrapatrimonial

Não há dúvidas consistentes quanto à denominação dos danos que lesam o patrimônio, com valor pecuniário: são os danos patrimoniais ou danos materiais.

Entretanto, a percepção de novos danos na esfera de interesses não patrimoniais gerou múltiplas denominações e variações terminológicas conforme o ordenamento jurídico de cada país. Para indicar o mesmo fenômeno encontramos, dentre outras, as denominações de dano imaterial, dano moral, dano não patrimonial, dano extrapatrimonial, dano à pessoa. E como espécies dessas denominações genéricas há também diversas denominações, tais como: dano à vida, à integridade física, à saúde, ao projeto de vida, à vida de relação, existencial, biológico, estético, sexual, à intimidade, ao nome, à honra, à imagem, psíquico etc.

Do ponto de vista estritamente terminológico, de fato, a expressão "dano extrapatrimonial" é mais precisa porque abrange todos os danos que não têm expressão econômica, mas são passíveis de reparação.

Apesar do acerto terminológico e de estar a denominação "dano extrapatrimonial" em sintonia com a doutrina mais avançada do direito dos danos, achamos inoportuna ou mesmo inconveniente a sua positivação na CLT. A denominação dano moral, ainda que não seja a mais precisa, já consolidou raízes profundas na cultura jurídica brasileira, tanto na lei como na doutrina e jurisprudência. Tentar renomear uma figura jurídica de estatura constitucional por simples lei ordinária trará mais confusão que esclarecimento ou, talvez, legitimará a pretensão de se criar um dano moral mitigado na esfera trabalhista. Seria preferível manter a tradição e a terminologia acolhida desde 1988 pela Constituição, base fundamental para o florescimento dos direitos da personalidade no Brasil.

É verdade que a precisão de linguagem na ciência jurídica deve ser buscada para evitar expressões equívocas que geram embaraços de compreensão e dificuldades na aplicação da norma. A própria Lei Complementar n. 95/1998, que trata da elaboração e redação das leis, recomenda no art. 11 que sejam usadas as palavras e expressões em seu sentido comum ou técnico, de modo a ensejar perfeita compreensão do objetivo da lei e a permitir que seu texto evidencie com clareza o conteúdo e o alcance que o legislador pretendeu dar à norma.

Entretanto, a própria Constituição da República de 1988, que consagrou de vez a indenização dos danos não patrimoniais, a fonte normativa e principiológica de maior altitude, utiliza a denominação dano moral em três tópicos importantes sobre o tema desta indenização:

> Art. 5º Todos são iguais perante a lei, sem distinção de qualquer natureza, garantindo-se aos brasileiros e aos estrangeiros residentes no País a inviolabilidade do direito à vida, à liberdade, à igualdade, à segurança e à propriedade, nos termos seguintes: (...)
>
> V — é assegurado o direito de resposta, proporcional ao agravo, além da indenização por dano material, moral ou à imagem; (Grifamos)
>
> X — são invioláveis a intimidade, a vida privada, a honra e a imagem das pessoas, assegurado o direito à indenização pelo dano material ou moral decorrente de sua violação; (Grifamos)
>
> Art. 114. Compete à Justiça do Trabalho processar e julgar:
>
> VI — as ações de indenização por dano moral ou patrimonial, decorrentes da relação de trabalho; (Grifamos)

O Código de Defesa do Consumidor de 1990 também utilizou a denominação danos morais:

> Art. 6º São direitos básicos do consumidor: (...) **VI** — a efetiva prevenção e reparação de danos patrimoniais e morais, individuais, coletivos e difusos; **VII** — o acesso aos órgãos judiciários e administrativos com vistas à prevenção ou reparação de danos patrimoniais e morais... (Grifamos)

O Código Civil de 2002, principal estatuto jurídico de normatização e detalhamento da responsabilidade civil, segue a mesma trilha no art. 186:

> Art. 186. Aquele que, por ação ou omissão voluntária, negligência ou imprudência, violar direito e causar dano a outrem, ainda que exclusivamente moral, comete ato ilícito. (Grifamos)

O Código de Processo Civil de 2015 quando trata do valor da causa na petição inicial estabelece:

> Art. 292. O valor da causa constará da petição inicial ou da reconvenção e será: (...) **V** — na ação indenizatória, inclusive a fundada em dano moral, o valor pretendido; (Grifamos)

A importante Lei n. 9.029/1995, que trata do combate às práticas discriminatórias nas relações jurídicas de trabalho, com a modificação dada pela Lei n.12.288/2010, preceitua:

> Art. 4º O rompimento da relação de trabalho por ato discriminatório, nos moldes desta Lei, além do direito à reparação pelo dano moral, faculta ao empregado optar entre: (Grifamos)

Diante do que foi exposto, sem exaurir as citações da expressão nas normas legais, já se percebe que a denominação dano moral está de tal forma consolidada no ordenamento jurídico brasileiro que a mudança da designação para dano extrapatrimonial parece até sugerir — para os menos atentos — que o legislador instituiu uma nova figura jurídica ou uma nova categoria de danos...

Além disso, haverá dualidade terminológica para o mesmo fenômeno jurídico variando a denominação de acordo com o ramo do direito invocado ou com a competência material do juízo que vai apreciar a demanda. Seria mais compreensível se a mudança fosse implementada na denominação utilizada pelo Código Civil que poderia irradiar efeitos para toda a ordem jurídica, gerando mais uniformidade de compreensão.

Os juristas Nelson Rosenvald, Cristiano Chaves e Felipe Braga na primorosa obra intitulada "Novo tratado de responsabilidade civil" enfatizam:

"Apesar de reconhecermos a forte carga semântica do vocábulo moral — que se presta pela sua amplitude a uma polissemia —, temos de nos curvar à força dos fatos. A expressão *dano moral* não apenas é consagrada no texto constitucional, como também em nossa tradição e cultura jurídica, tendo sido ela uma das principais facetas de afirmação da dignidade da pessoa humana no direito civil, chegando ao ponto de ser a ela vinculada conceitualmente"[61].

Podemos concluir, portanto, que as denominações dano moral ou dano extrapatrimonial são praticamente sinônimas, uma vez que expressam o mesmo fenômeno no ordenamento jurídico brasileiro. A mudança terminológica não altera o conteúdo do que já está devidamente cristalizado na ciência jurídica, até porque a simples troca de rótulo não muda o conteúdo essencial, como já consagrado no vetusto brocardo jurídico *verba non mutant substantiam rei.*

8.5.3. A pretensão de limitar o dano moral trabalhista

O primeiro artigo do novo Título II-A da CLT preceitua:

> Art. 223-A. Aplicam-se à reparação de danos de natureza extrapatrimonial decorrentes da relação de trabalho apenas os dispositivos deste Título.

De início, vale enfatizar que a regulamentação introduzida só abrange os danos morais ou extrapatrimoniais. Desse modo, numa ação indenizatória por acidente do trabalho ou doença ocupacional, o julgamento do dano material (danos emergentes, lucros cessantes ou pensão, perda de chance) continuará utilizando como fonte normativa os dispositivos do Código Civil, por aplicação subsidiária determinada pelo art. 8º da CLT.

Aliás, é oportuno destacar a contradição expressa do referido comando legal modificado com a diretriz básica adotada pela reforma, a respeito da aplicação subsidiária do direito comum no direito do trabalho. A Lei n. 13.467/2017 suprimiu do art. 8º da CLT o importante e septuagenário filtro de compatibilidade, que só autorizava a aplicação subsidiária do direito comum "naquilo em que não for incompatível com os princípios fundamentais" do direito do trabalho. Assim, apontou a reforma que, nos silêncios da CLT, aplicam-se de imediato as regras do direito comum, abstraindo-se propositalmente da análise sobre a compatibilidade com os princípios que regem o direito do trabalho. O sinal ostensivo foi, portanto, no sentido de alargar a influência da legislação civil no direito do trabalho.

---

61. Cf. FARIAS, Cristiano Chaves; BRAGA NETO, Felipe Peixoto; ROSENVALD, Nelson. *Novo tratado de responsabilidade civil.* 3. ed. São Paulo: Saraiva, 2018. p. 370.

Entretanto, no art. 223-A, que inaugura o novo Título da CLT, o legislador abandonou a diretriz apontada e colocou, caprichosamente, uma vedação com sinal invertido, para limitar a reparação do dano moral sofrido pelo trabalhador. Com efeito, ao estabelecer que se aplicam "apenas" os dispositivos da nova regulamentação para o dano extrapatrimonial decorrente da relação de trabalho, o legislador indicou que não quer a aplicação subsidiária do direito comum neste tópico, exatamente com o propósito de estabelecer uma indenização mitigada ou reduzida dos danos extrapatrimoniais trabalhistas, como veremos na análise de cada artigo.

É certo que os novos dispositivos do Título II-A devem ser considerados na apreciação dos danos morais, mas é inviável afastar por completo a regulamentação a respeito, prevista no Código Civil e em outras normas esparsas, mormente porque a regulamentação proposta é limitada e não aponta soluções para todas as controvérsias, como já pacificado no âmbito do direito civil.

No caso recorrente das indenizações por acidente do trabalho, teremos, então, duas fontes normativas para tratar das consequências jurídicas oriundas do mesmo evento: para os danos materiais, o Código Civil; para os danos morais, o novo título da CLT, considerando, ainda, a vigência temporal da Medida Provisória n. 808/2017. Os danos materiais serão apreciados com a amplitude do Código Civil, mas os danos agora denominados extrapatrimoniais, gerados pelo mesmo evento, serão julgados considerando a rígida limitação imposta pela reforma?

Não se deve perder de vista que tanto a indenização por danos morais (art. 5º, Incisos V e X) quanto a reparação dos danos decorrentes do acidente do trabalho (art. 7º, XXVIII) têm suporte maior na Constituição da República, pelo que não pode a lei ordinária limitar o alcance de preceitos de hierarquia superior, devidamente sedimentados na cultura jurídica brasileira, mormente quando o faz de forma discriminatória exclusivamente para um segmento social, no caso, os trabalhadores atingidos.

Se o trabalho é um dos fundamentos da República (art. 1º, IV), se a ordem econômica deve estar apoiada na valorização do trabalho (art. 170) e a ordem social tem como base o primado do trabalho (art. 193), não pode a lei ordinária reduzir a hierarquia axiológica impressa na Lei Maior, nem introduzir normas restritivas exclusivamente para a categoria dos trabalhadores, em verdadeira ruptura com a essência do sistema, colocando o direito do trabalhador em degrau inferior ao dos demais cidadãos. Não é possível desconectar a valorização do trabalho da proteção ao trabalhador, contrariando a solene promessa constitucional. Como pondera com autoridade Humberto Theodoro, "a lei não tem força, no tratar categorias jurídicas, de contrariar a natureza das coisas. A palavra final não é a do legislador, mas a da ciência jurídica."[62]

Na linha desse raciocínio, vale reproduzir o entendimento dos juristas Francisco Meton e Francisco Péricles a respeito do alcance do art. 223-A da CLT:

> Incorre em flagrantes inconsistências hermenêuticas, a exemplo do art. 223-A ao pretender proibir o julgador trabalhista de aplicar o direito como sistema. Nunca! Os juízes apreciarão os pedidos conforme formulados, decidindo o direito posto nas petições. Logo, as regras do Código Civil (arts. 944 a 954), segundo a interpretação que lhes fazem os tribunais competentes, serão amplamente empregadas.[63]

O entendimento aqui defendido acabou referendado pelo plenário do Excelso STF, no julgamento das ADIs 6.050, 6.069 e 6.082, finalizado em junho de 2023, quando conferiu interpretação conforme a Constituição para estabelecer que: "As redações conferidas aos arts. 223-A e 223-B, da CLT, não excluem o direito à reparação por dano moral indireto ou dano em ricochete no âmbito das relações de trabalho, a ser apreciado nos termos da legislação civil;"[64]. Desse modo, a controvérsia resta pacificada, considerando que o julgamento das ADIs pelo STF tem eficácia contra todos (*erga omnes*) e efeito vinculante, como previsto no art. 102 § 2º da Constituição de 1988 e no Parágrafo único do art. 28, da Lei n. 9.868/1999.

8.5.4. Conceito e extensão do dano extrapatrimonial

Ao incluir o art. 223-B na CLT o legislador elaborou um conceito de dano extrapatrimonial conjugando a previsão do art. 186 do Código Civil com o texto esboçado no Projeto de Lei n. 150/99 do Senador Pedro Simon, aprovado no Senado Federal, que estabelecia: "Art. 1º Constitui dano moral a ação ou omissão que ofenda o patrimônio moral da pessoa física ou jurídica, e dos entes políticos, ainda que não atinja o seu conceito na coletividade".

Vejam agora o teor do novo dispositivo legal:

---

62. THEODORO JÚNIOR, Humberto. *Comentários ao novo Código Civil*. Rio de Janeiro: Forense, 2003. v. III, t. 2, p. 158.

63. LIMA, Francisco Meton Marques de; LIMA, Francisco Péricles Rodrigues Marques. *Reforma trabalhista*: entenda ponto por ponto. São Paulo: LTr, 2017. p. 52.

64. O inteiro teor do acórdão do julgamento foi publicado no *DJE* de 18 de agosto de 2023. Disponível em: https://portal.stf.jus.br/processos/downloadPeca.asp?id=15360197705&ext=.pdf Acesso em: 2 jan. 2024.

> Art. 223-B. Causa dano de natureza extrapatrimonial a ação ou omissão que ofenda a esfera moral ou existencial da pessoa física ou jurídica, as quais são as titulares exclusivas do direito à reparação.

Pelo conceito legal, ocorre o dano extrapatrimonial quando a ação ou omissão do autor ofende a esfera moral ou existencial da vítima, que tanto pode ser o trabalhador, quanto o empregador. Na situação mais frequente em que o prestador de serviços figura como vítima, ocorre o dano extrapatrimonial quando o tomador dos serviços ou seus prepostos, por ação ou omissão, ofender à esfera moral ou existencial do trabalhador.

O legislador em 2017 optou por utilizar a expressão mais ampla do "dano extrapatrimonial" como gênero para abrigar todas as espécies de danos não patrimoniais e, dentre eles, foram nominados o dano moral e o dano existencial. Desse modo, o conceito legal do dano extrapatrimonial abriga as diversas lesões aos interesses morais ou existenciais da vítima, que pode receber denominações diferentes de acordo com a ofensa a cada bem juridicamente tutelado. Aliás, o Deputado Rogério Marinho, Relator do Projeto de Lei n. 6.787/2016 na Câmara Federal que resultou na Lei n. 13.467/2017, indicou na exposição de motivos: "estamos propondo a inclusão de um novo Título à CLT para tratar do dano extrapatrimonial, o que contempla o dano moral, o dano existencial e qualquer outro tipo de dano que vier a ser nominado."

Para o Ministro do STJ Paulo de Tarso Sanseverino, constitui danos extrapatrimoniais os prejuízos sem conteúdo econômico derivado de uma ofensa a direitos da personalidade (vida, integridade físico-psíquica, liberdade, honra, privacidade).[65]

Afirma o jurista Fernando Noronha que só a designação "extrapatrimonial" deixa claro que unicamente terá esta natureza o dano sem reflexos no patrimônio do lesado. Aduz ainda que nem sempre o dano extrapatrimonial tem natureza moral: a palavra moral tem carregado conteúdo ético e o dano extrapatrimonial não tem necessariamente esse conteúdo [66].

No mesmo sentido, aponta a Professora Judith Martins-Costa que "sendo mais ampla a expressão danos extrapatrimoniais inclui, como subespécie, os danos à pessoa, ou à personalidade, constituídos pelos danos morais em sentido próprio (isto é, os que atingem a honra e a reputação), os danos à imagem, projeção social da personalidade, os danos à saúde, ou danos à integridade psicofísica, inclusos os danos ao projeto de vida, e ao livre desenvolvimento

65. SANSEVERINO. Paulo de Tarso Vieira. *Princípio da reparação integral*. São Paulo: Saraiva, 2010. p. 262.

66. NORONHA, Fernando. *Direito das obrigações*. V. I. São Paulo: Saraiva, 2003. p. 567.

da personalidade, os danos à vida de relação, inclusive o prejuízo de afeição e danos estéticos. Inclui, ainda, outros danos que não atingem o patrimônio nem a personalidade, como certos tipos de danos ambientais."[67]

Apreciada a categoria genérica do dano extrapatrimonial, cabe agora estudar os bens jurídicos imateriais inerentes à pessoa humana, conforme indicado pela reforma trabalhista de 2017, e os prejuízos causados quando tais bens são violados, especialmente o dano moral e o dano existencial.

8.5.5. Bens jurídicos tutelados da pessoa física ou jurídica

Como já mencionado, o enaltecimento da dignidade da pessoa humana ampliou o rol dos direitos da personalidade que passaram a merecer proteção jurídica destacada. Nos arts. 223-C e 223-D introduzidos na CLT foram listados, de forma pretensamente exaustiva, os bens juridicamente tutelados, a regra de conduta que deve ser respeitada na fluência normal das relações de trabalho, cuja ofensa gera o direito à reparação dos danos de natureza extrapatrimonial:

> Art. 223-C. A honra, a imagem, a intimidade, a liberdade de ação, a autoestima, a sexualidade, a saúde, o lazer e a integridade física são os bens juridicamente tutelados inerentes à pessoa física.
>
> Art. 223-D. A imagem, a marca, o nome, o segredo empresarial e o sigilo da correspondência são bens juridicamente tutelados inerentes à pessoa jurídica.

Primeiramente, cabe mencionar a opção do legislador ao priorizar a configuração objetiva do dano moral ou existencial como ofensa aos bens jurídicos tutelados (223-B), independentemente das sensações ou manifestações psíquicas que a lesão provoca, em harmonia com a mais recente teoria dos danos.

Entendemos, contudo, que os dispositivos legais mencionados pecaram ao pretender elaborar uma lista exaustiva e, ainda assim, bem limitada. Pela leitura estrita do art. 223-C não seriam indenizáveis, por exemplo, a lesão à vida, à integridade psíquica, ao nome do trabalhador, à integridade funcional, ao sigilo de correspondência, sem contar o direito de o trabalhador não ser discriminado por fatores como a idade, a etnia, a cor, a descendência, o gênero etc., o que fere a lógica do conceito amplo de dano extrapatrimonial e a doutrina dos direitos da personalidade.

Além disso, não pode passar despercebido que a reparação pelo dano moral por motivo de origem, raça, cor, estado civil, situação familiar, idade,

---

67. MARTINS-COSTA Judith. Os danos à pessoa no direito brasileiro e a natureza da sua reparação. *Revista da Faculdade de Direito da UFRGS*. Porto Alegre, v. 19, p. 194, mar. 2001.

entre outras, é assegurada expressamente pela Lei n. 9.029/1995, que não foi revogada pela reforma trabalhista. E vale lembrar neste ponto que a Lei Complementar n. 95/1998, que dispõe sobre a elaboração, a redação, a alteração e consolidação das leis, determina no art. 9º que: "A cláusula de revogação deverá enumerar, expressamente, as leis ou disposições legais revogadas". Incabível, portanto, eventual alegação de revogação ou derrogação implícita.

Diante das inúmeras críticas ao texto introduzido pela Lei n. 13.467/2017, a Medida Provisória n. 808, que vigorou no período de 14 de novembro de 2017 a 23 de abril de 2018, alterou o teor do art. 223-C, ampliando a relação dos bens jurídicos tutelados [68]. Vejam a redação:

> Art. 223-C. A etnia, a idade, a nacionalidade, a honra, a imagem, a intimidade, a liberdade de ação, a autoestima, o gênero, a orientação sexual, a saúde, o lazer e a integridade física são os bens juridicamente tutelados inerentes à pessoa natural.

Percebe-se que essa redação introduziu na relação dos bens jurídicos tutelados a etnia, a nacionalidade, o gênero e a saúde. Além disso, melhorou a redação substituindo "a sexualidade" pela denominação mais precisa de "orientação sexual" e alinhou a redação aos termos do Código Civil substituindo a denominação "pessoa física" para "pessoa natural". Apesar da perda de vigência da Medida Provisória n. 808/2017, os bens jurídicos relacionados devem ser considerados para aferir as lesões que podem provocar os danos morais e existenciais.

Entretanto, mesmo com a mudança pretendida, continuaram ausentes no art. 223-C vários bens jurídicos que devem ser tutelados, tais como a vida, a integridade psíquica, o nome do trabalhador, a integridade funcional etc. Vale mencionar também que a mudança para designação de "pessoa natural" realizada na redação alterada do art. 223-C não foi feita no dispositivo do art. 223-B, gerando perda da uniformidade terminológica.

Cabe ainda uma indagação pelo tratamento diferenciado: por que o nome da pessoa jurídica do empregador é um bem jurídico tutelado e o nome do trabalhador não? Aliás, conforme pontua Pinheiro Castelo, ocorreu também uma impropriedade porque a pessoa jurídica não tem nome e, sim, denominação social[69].

---

68. A Medida Provisória n. 808/2017 não foi convertida em lei no prazo fixado pelo art. 62 da Constituição e, como consequência, perdeu sua eficácia desde o dia 24 de abril de 2018, mas produziu efeitos durante o período de sua vigência, como prevê o § 11 do referido artigo.
69. CASTELO, Jorge Pinheiro. Panorama geral da reforma trabalhista – Aspectos de direito processual/material. *Revista LTr*, São Paulo, v. 81, n.12. dez. 2017, p. 1425.

Diante do exposto, é imperioso concluir que a interpretação mais consentânea e lógica indica que as listas dos bens jurídicos relacionados nos arts. 223-C e 223-D são apenas exemplificativas, pelo que seria recomendável que houvesse a ressalva expressa do legislador indicando "dentre outros". Aliás, mesmo ausente tal ressalva, esta é a leitura que se impõe, especialmente porque a Lei n. 9.029/1995, acima mencionada, quando relaciona, no art. 1º, os motivos das práticas discriminatórias, acrescenta a expressão "entre outros". Em reforço dessa conclusão, pode ser mencionada também a Convenção n. 111 da OIT, devidamente ratificada pelo Brasil, que tem *status* normativo superior à lei ordinária, quando explicita no art. 1º a compreensão do termo "discriminação"[70].

Como se vê, qualquer lesão injusta dos bens jurídicos tutelados, no amplo feixe dos direitos da personalidade, pode produzir danos morais e existenciais e ensejar o deferimento da indenização compensatória. Oportuno citar neste passo o ensinamento de Adriano de Cupis:

> O que o direito tutela o dano vulnera. Se o direto tutela um determinado interesse humano, este pode ser atacado por um dano, que será um dano em sentido jurídico (dano jurídico), enquanto contra ele o direito impõe sua reação.[71]

8.5.6. Legitimados à reparação do dano extrapatrimonial

Chama a atenção na leitura do artigo 223-B a previsão de que a pessoa física que sofreu o dano extrapatrimonial é a titular exclusiva do direito à reparação. Tudo indica que o legislador pretendeu com esta disposição restritiva excluir a reparação do dano reflexo ou dano em ricochete, causado a terceiros pelo mesmo ato lesivo.

---

70. Decreto de promulgação n. 62.150/1968, agora englobado pelo Decreto n. 10.888/2019 que consolidou as Convenções da OIT ratificadas pelo Brasil. Art. 1º 1. Para fins da presente convenção, o termo "discriminação" compreende: a) Toda distinção, exclusão ou preferência fundada na raça, cor, sexo, religião, opinião política, ascendência nacional ou origem social, que tenha por efeito destruir ou alterar a igualdade de oportunidades ou de tratamento em matéria de emprego ou profissão; b) Qualquer outra distinção, exclusão ou preferência que tenha por efeito destruir ou alterar a igualdade de oportunidades ou tratamento em matéria de emprego ou profissão, que poderá ser especificada pelo Membro Interessado depois de consultadas as organizações representativas de empregadores e trabalhadores, quando estas existam, e outros organismos adequados. 2. As distinções, exclusões ou preferências fundadas em qualificações exigidas para um determinado emprego não são consideradas como discriminação. 3. Para os fins da presente convenção as palavras "emprego" e "profissão" incluem o acesso à formação profissional, ao emprego e às diferentes profissões, bem como as condições de emprego.

71. *Apud* SEVERO, Sérgio. *Os danos extrapatrimoniais*. São Paulo: Saraiva, 1996. p. 7.

É inquestionável que o acidente do trabalho e as doenças ocupacionais, muitas vezes, produzem danos reflexos ou em ricochete que atingem terceiros. Desse modo, a ação indenizatória pode também ser ajuizada, em nome próprio, por qualquer outra pessoa que tenha sofrido danos materiais ou extrapatrimoniais em razão do acidente ou doença ocupacional sofrido pela vítima direta, tais como o cônjuge, os dependentes, familiares mais próximos ou mesmo alguém que convivia ou dependia do acidentado.[72]

As ações ajuizadas por pessoas diversas do acidentado aparecem, em maior número, nos casos de acidentes com óbito, quando os dependentes do falecido postulam, em nome próprio, o pagamento de pensão e/ou indenização por danos morais. Também é comum ocorrerem pedidos de reparação de danos morais ou materiais por outros intensamente atingidos pela invalidez total da vítima. Muitos acidentados ficam paraplégicos ou tetraplégicos e passam a depender de cuidados permanentes, até mesmo para a higiene pessoal e alimentação, causando, assim, danos reflexos nas pessoas mais próximas, em razão da mudança compulsória da rotina doméstica, sem falar nas repercussões emocionais.

Pode o legislador limitar a indenização somente aos danos sofridos pela vítima direta? Os danos sofridos pelas vítimas indiretas ficarão sem qualquer reparação? Teriam as vítimas indiretas que recorrer à Justiça Comum para buscar a devida indenização?

Neste ponto, entendemos que a previsão viola diretamente o altissonante princípio da inafastabilidade do controle jurisdicional, previsto no art. 5º, XXXV da Constituição de 1988, ao tentar, de forma sub-reptícia, excluir da apreciação do Poder Judiciário as lesões sofridas pelas vítimas indiretas. Aliás, foi com base neste princípio, demonstrando que o acesso ao Judiciário não pode ser impedido, que o STF adotou a Súmula Vinculante n. 28, na qual se firmou o entendimento de que é inconstitucional a exigência de depósito

---

72. "*Recurso de Revista dos reclamantes. Danos morais reflexos. Acidente do trabalho. Legitimidade ativa da mãe do empregado sobrevivente.* **1.** A Corte de origem consignou que "a dor que a mãe da vítima possa experimentar vendo o filho mutilado no auge da vida merece respeito", mas lhe confere "legitimidade ativa para postular qualquer indenização na Justiça do Trabalho", pois "não há óbito". **2.** No caso, a mãe do empregado que sofreu acidente do trabalho, tendo as duas pernas amputadas, não está postulando direito alheio em nome próprio. **3.** Os pedidos formulados por essa reclamante não dizem respeito aos danos causados ao empregado em decorrência do acidente do trabalho por ele sofrido, mas, sim, ao suposto dano moral por ela experimentado em decorrência das lesões impostas ao seu filho. **4.** Trata-se, pois, de pretensão relacionada a dano reflexo ou em ricochete. **5.** Nesse contexto, em que a mãe do empregado postula direito personalíssimo e autônomo, forçoso concluir pela sua legitimidade ativa, sendo irrelevante a circunstância de não se tratar de acidente do trabalho com óbito. Recurso de revista conhecido e provido." TST. 1ª Turma. ARR n. 1000544-58.2016.5.02.0606, Rel.: Ministro Hugo Carlos Scheuermann, *DEJT* 15 jun. 2020.

prévio como requisito de admissibilidade de ação judicial na qual se pretenda discutir a exigibilidade de crédito tributário.

Se o dano reflexo é uma realidade fática incontestável e é plenamente aceito pelo ordenamento jurídico, pela doutrina e jurisprudência, como deixar os lesados ao desamparo concedendo uma isenção ou assegurando indiretamente impunidade ao ofensor? Vale transcrever o comando maior gravado na Carta Magna: Art. 5º — XXXV — "a lei não excluirá da apreciação do Poder Judiciário lesão ou ameaça a direito."

Poder-se-ia argumentar que a parte lesada indiretamente poderia recorrer à Justiça Comum para buscar a reparação. Também este argumento não se sustenta, mormente pelo princípio da unidade de convicção. Aliás, o STJ num primeiro momento até decidia pela competência da Justiça Comum como estabelecia a Súmula n. 366: "Compete à Justiça estadual processar e julgar ação indenizatória proposta por viúva e filhos de empregado falecido em acidente de trabalho." Contudo, o Supremo Tribunal Federal decidiu que a competência para julgar tais ações é da Justiça do Trabalho, mesmo não figurando o acidentado como autor da ação, sobretudo porque a verdadeira causa de pedir continua sendo o acidente do trabalho ocorrido. Após alguns julgamentos das Turmas nesse sentido, a questão foi apreciada pelo Plenário do STF, no julgamento do Conflito de Competência n. 7.545.

Este posicionamento também prestigia o teor da Súmula Vinculante n. 22 do STF que fixou o entendimento:

> "A Justiça do Trabalho é competente para processar e julgar as ações de indenização por danos morais e patrimoniais decorrentes de acidente de trabalho propostas por empregado contra empregador, inclusive aquelas que ainda não possuíam sentença de mérito em primeiro grau quando da promulgação da Emenda Constitucional n. 45/04.

Diante desse posicionamento firme do Supremo Tribunal Federal, o STJ resolveu cancelar a Súmula n. 366, rendendo-se, finalmente, ao entendimento de que a competência é da Justiça do Trabalho, mesmo para a hipótese do dano reflexo ou em ricochete:

> "**Conflito negativo de competência. Acidente de trabalho.** Empregado público municipal. Vínculo celetista. Alteração introduzida pela Emenda Constitucional n. 45/2004. Ação de indenização. Proposta por viúva do empregado acidentado. Reiterada jurisprudência das Turmas e do plenário do STF afirmando a competência da Justiça do Trabalho. Entendimento diferente da Súmula n. 366/STJ. Conflito conhecido para, cancelando a Súmula, declarar a competência do juízo suscitante." STJ. Corte Especial. CC n. 101.977/SP, Rel.: Ministro Teori Albino Zavascki, *DJ* 05 out. 2009.

Entendemos, portanto, que neste ponto o art. 223-B fere a Constituição da República e as vítimas que suportaram os danos reflexos ou em ricochete são também titulares do direito à reparação dos danos extrapatrimoniais por elas sofridos. São lesões distintas, sofridas por pessoas diversas que devem receber reparações separadas, mesmo que provenientes do mesmo fato gerador. E a competência para julgamento, conforme pacificado na Corte Suprema, é mesmo da Justiça do Trabalho.

Outra interpretação possível é entender que também a vítima do dano reflexo é titular exclusiva do direito à reparação, mas apenas dos efeitos daquele dano em ricochete, o qual, naturalmente, é diverso do dano sofrido pela vítima principal, apesar de ter a mesma causa primária. Em outras palavras, cada vítima é titular exclusiva do respectivo dano, mas sem impedir a reparação cabível a todos os que foram lesados de forma direta ou indireta. Tanto que o art. 223-G estabelece no parágrafo primeiro que o juízo fixará a indenização a ser paga "a cada um dos ofendidos".

Aliás, essa interpretação é reforçada pela disposição introduzida pelo § 5º do art. 223-G, por intermédio da Medida Provisória n. 808 de 14 de novembro de 2017, que vigorou no período de 14 de novembro de 2017 a 23 de abril de 2018, ao estabelecer que os parâmetros para fixação da indenização não se aplicam aos danos extrapatrimoniais decorrentes de morte. Assim, ocorrendo o óbito no acidente do trabalho ou doença ocupacional, aplicam-se os dispositivos já consolidados na seara do Direito Civil.

Como já mencionamos no item 8.5.3 acima, o julgamento proferido pelo Excelso STF das ADIs 6.050, 6.069 e 6.082, com eficácia *erga omnes* e efeito vinculante, conferiu interpretação conforme a Constituição para estabelecer o seguinte entendimento: "As redações conferidas aos arts. 223-A e 223-B, da CLT, não excluem o direito à reparação por dano moral indireto ou dano em ricochete no âmbito das relações de trabalho, a ser apreciado nos termos da legislação civil"[73]. Com efeito, restou pacificada a controvérsia pelo pronunciamento final do STF.

Por fim, entendemos que a reforma trabalhista, ao pretender limitar a titularidade exclusiva dos lesados por intermédio de lei ordinária, não afasta a legitimação extraordinária prevista nas ações civis públicas ou coletivas, cujos fundamentos estão insculpidos diretamente na Constituição da República.[74]

---

73. O inteiro teor do acórdão do julgamento foi publicado no *DJE* de 18 de agosto de 2023. Disponível em: https://portal.stf.jus.br/processos/downloadPeca.asp?id=15360197705&ext=.pdf Acesso em: 2 jan. 2024.

74. No tópico 8.5.11 vamos tratar do dano extrapatrimonial coletivo após a reforma trabalhista de 2017.

8.5.7. Responsáveis pelo dano extrapatrimonial

A questão da responsabilidade pela reparação do dano extrapatrimonial tem diversas implicações na seara trabalhista, mormente nesta etapa de liberação ampla da terceirização até mesmo da atividade principal. A reforma trabalhista dedicou um artigo ao tema, com o seguinte teor:

> Art. 223-E. São responsáveis pelo dano extrapatrimonial todos os que tenham colaborado para a ofensa ao bem jurídico tutelado, na proporção da ação ou da omissão.

Diante deste novo dispositivo legal, surgem algumas indagações: O empregador responde pelo dano causado pelos gerentes ou por seus prepostos? O empregador ou o tomador dos serviços responde pelos danos extrapatrimoniais causados pelo prestador de serviço? A responsabilidade proporcional na concausalidade lesiva afasta a solidariedade passiva dos coautores, ou cada qual responde apenas no limite da sua participação?

Primeiramente, cabe repetir que o novo dispositivo trata somente das reparações por dano extrapatrimonial, ou seja, não há qualquer questionamento quanto à responsabilização relativa aos danos materiais sofridos pelos trabalhadores.

Em regra, responde pela reparação civil o causador do dano. Para as indenizações por acidente do trabalho ou doenças ocupacionais, o responsável será sempre o empregador, mesmo que o acidente seja proveniente de atos dos seus prepostos ou de outros empregados que estejam no exercício do trabalho que lhes competir, ou em razão dele.

No Código Civil de 1916, a responsabilidade pelos atos dos prepostos, serviçais ou empregados dependia de comprovação de que o empregador tivesse concorrido com culpa ou negligência para o implemento do dano, conforme previa o art. 1.523. Essa exigência, contudo, foi mitigada, em 1963, quando o Supremo Tribunal Federal adotou a Súmula n. 341 com o seguinte teor: É presumida a culpa do patrão ou comitente pelo ato culposo do empregado ou preposto.

O Código Civil de 2002 superou a hesitação do Código anterior e estabeleceu no art. 932, III, sem deixar margem a dúvidas, que o empregador responde pelos atos dos seus empregados, serviçais ou prepostos, desde que estejam no exercício do trabalho que lhes competir ou em razão dele[75].

---

75. Asseveram Nelson Rosenvald e outros: "Relevante frisar que a responsabilidade do empregador não se limita aos danos que seus empregados causem a terceiros. Alcança também os danos sofridos por outros empregados, desde que relacionados, de algum modo, ao exercício da função ou em razão dela. Se, por exemplo, um funcionário se apossa de dados pessoais de outro funcionário, e passa as informações para um estelionatário, a responsabilidade da empresa se

Mas agora, com a introdução do art. 223-E, continua o empregador a responder pelos atos de seus gestores ou prepostos, pelos danos de natureza extrapatrimonial?

Entendemos seguramente que sim. Em primeiro lugar, porque a redação do dispositivo não foi taxativa no sentido da exclusão da responsabilidade patronal, ainda que parcial. Uma mudança tão radical em tema de tamanha importância não poderia deixar qualquer margem a dúvidas. Em segundo, porque os riscos do empreendimento sempre foram do empregador (art. 2º da CLT) e não dos que atuam em seu nome e em seu benefício. Em terceiro, porque a Súmula 341 do STF há mais de meio século já fixou entendimento no sentido de que o patrão responde pelos atos de seus empregados ou prepostos, tanto que o Código Civil atual consagrou expressamente o princípio no art. 932, III. Em quarto, porque a própria CLT aponta no art. 157 que cabe ao empregador cumprir e fazer cumprir as normas de segurança e naturalmente responder quando tais normas não são observadas. Em quinto, porque prevê o art. 19, § 1º, da Lei n. 8.213/91 que: "A empresa é responsável pela adoção e uso das medidas coletivas e individuais de proteção e segurança da saúde do trabalhador" e esse dispositivo não foi revogado. Por último, a norma não afastou a solidariedade dos coautores da ofensa extrapatrimonial, conforme bem assentado no art. 942 do Código Civil:

> Art. 942. Os bens do responsável pela ofensa ou violação do direito de outrem ficam sujeitos à reparação do dano causado; e, se a ofensa tiver mais de um autor, todos responderão solidariamente pela reparação. Parágrafo único. São solidariamente responsáveis com os autores, os coautores e as pessoas designadas no art. 932.

É certo, porém, que o empregador que responder pelo acidente provocado por seu empregado ou preposto (dolosa ou culposamente) poderá ajuizar ação regressiva para obter o reembolso dos valores despendidos, conforme previsto no art. 934 do Código Civil[76] ou mesmo promover o desconto nos salários[77]. Entretanto, se o empregado que causou o acidente tiver agido apenas com culpa, o empregador deverá, além de comprová-la de forma convincente, exibir a cláusula do contrato de trabalho estabelecendo a possibilidade de desconto pelos danos causados, conforme previsto no art. 462, § 1º, da CLT.

---

fará presente se o acesso aos dados se deu em virtude da função exercida." Cf. FARIAS, Cristiano Chaves; BRAGA NETO, Felipe Peixoto; ROSENVALD, Nelson. *Novo tratado de responsabilidade civil.* 3 ed. São Paulo: Saraiva, 2018. p. 732.

76. Código Civil. Art. 934. "Aquele que ressarcir o dano causado por outrem pode reaver o que houver pago daquele por quem pagou, salvo se o causador do dano for descendente seu, absoluta ou relativamente incapaz."

77. Cf. TST. 7ª Turma. RR n. 459-68.2011.5.04.0102, Rel. Ministro Cláudio Brandão, *DJ* 6. Dez. 2013.

Também entendemos que nos serviços temporários ou terceirizados o tomador responde pelos danos extrapatrimoniais causados aos trabalhadores. A responsabilidade direta é inicialmente da pessoa jurídica que contratou o trabalhador terceirizado, mas o contratante tomador dos serviços responde subsidiariamente pelas indenizações.

O princípio norteador, cada vez mais aceito, proclama que aquele que se beneficia do serviço deve arcar, direta ou indiretamente, com todas as obrigações decorrentes da sua prestação. A terceirização das atividades do empregador não tem o efeito de transferir as responsabilidades trabalhistas, ou seja, "a terceirização das funções não implica na terceirização de responsabilidades."[78]

Nada mais justo, porquanto quem usufrui dos bônus deve suportar os ônus, como assevera a antiga parêmia *qui habet commoda, ferre debet onera*. Nessa linha de pensamento foram editadas várias normas legais, com o propósito de reforçar a garantia para os empregados das empresas terceirizadas, tais como o art. 455 da CLT[79], o art. 16 da Lei n. 6.019/1974, que trata do trabalho temporário[80], e o art. 8º da Convenção n. 167 da Organização Internacional do Trabalho[81]. Posteriormente, a Lei n. 12.023/2009, que "dispõe sobre as atividades de movimentação de mercadorias em geral e sobre o trabalho avulso", estabeleceu:

> Art. 8º As empresas tomadoras do trabalho avulso respondem solidariamente pela efetiva remuneração do trabalho contratado e são responsáveis pelo recolhimento dos encargos fiscais e sociais, bem como das contribuições ou de

---

78. FARIAS, Cristiano Chaves; BRAGA NETO, Felipe Peixoto; ROSENVALD, Nelson. *Novo tratado de responsabilidade civil*. 3. ed. SãoPaulo: Atlas, 2018. p. 734.

79. CLT, art. 455: "Nos contratos de subempreitada responderá o subempreiteiro pelas obrigações derivadas do contrato de trabalho que celebrar, cabendo, todavia, aos empregados, o direito de reclamação contra o empreiteiro principal pelo inadimplemento daquelas obrigações por parte do primeiro. Parágrafo único. Ao empreiteiro principal fica ressalvada, nos termos da lei civil, ação regressiva contra o subempreiteiro e a retenção de importâncias a este devidas, para a garantia das obrigações previstas neste artigo."

80. Lei n. 6.019, de 3 jan. 1974, art. 16: "No caso de falência da empresa de trabalho temporário, a empresa tomadora ou cliente é solidariamente responsável pelo recolhimento das contribuições previdenciárias, no tocante ao tempo em que o trabalhador esteve sob suas ordens, assim como em referência ao mesmo período, pela remuneração e indenização previstas nesta Lei."

81. OIT. Convenção 167, art. 8º: "Quando dois ou mais empregadores estiverem realizando atividades simultaneamente na mesma obra: a) a coordenação das medidas prescritas em matéria de segurança e saúde e, na medida em que for compatível com a legislação nacional, a responsabilidade de zelar pelo cumprimento efetivo de tais medidas recairá sobre o empreiteiro principal ou sobre outra pessoa ou organismo que estiver exercendo controle efetivo ou tiver a principal responsabilidade pelo conjunto de atividades na obra;". Esta Convenção entrou em vigor no Brasil em 19 de maio de 2007. A ratificação ocorreu pelo Decreto Legislativo n. 61/2006 e promulgação pelo Decreto n. 6.271, de 22 nov. 2007.

> outras importâncias devidas à Seguridade Social, no limite do uso que fizerem do trabalho avulso intermediado pelo sindicato.
>
> Art. 9º As empresas tomadoras do trabalho avulso são responsáveis pelo fornecimento dos Equipamentos de Proteção Individual e por zelar pelo cumprimento das normas de segurança no trabalho.

E para espancar quaisquer dúvidas, a Lei n. 13.429/2017, que ampliou as possibilidades de terceirização, inseriu o art. 5º-A na Lei n. 6.019/74, cujo § 3º assegura que é "responsabilidade da contratante garantir as condições de segurança, higiene e salubridade dos trabalhadores, quando o trabalho for realizado em suas dependências ou local previamente convencionado em contrato". Além disso, inseriu no mesmo art. 5º-A o § 5º que estabelece, sem margem a dúvidas: "A empresa contratante é subsidiariamente responsável pelas obrigações trabalhistas referentes ao período em que ocorrer a prestação de serviços...".

Esse entendimento ficou ainda mais fortalecido pela decisão do Supremo Tribunal Federal que no julgamento do Recurso Extraordinário n. 958.252, na sessão do dia 30 de agosto de 2018, em sede de repercussão geral reconhecida (Tema 725), fixou a seguinte tese: "É lícita a terceirização ou qualquer outra forma de divisão do trabalho entre pessoas jurídicas distintas, independentemente do objeto social das empresas envolvidas, mantida a responsabilidade subsidiária da empresa contratante". No mesmo sentido, aponta a tese adotada pelo STF no julgamento da ADPF n. 324. "1. É lícita a terceirização de toda e qualquer atividade, meio ou fim, não se configurando relação de emprego entre a contratante e o empregado da contratada. 2. Na terceirização, compete à contratante: i) verificar a idoneidade e a capacidade econômica da terceirizada; e ii) responder subsidiariamente pelo descumprimento das normas trabalhistas, bem como por obrigações previdenciárias, na forma do art. 31 da Lei 8.212/1993".

Por tudo que foi exposto, mesmo para a hipótese do dano extrapatrimonial, cabe a responsabilidade subsidiária do tomador dos serviços pelos danos sofridos pelos empregados da empresa prestadora de serviços.

É importante mencionar finalmente que, de fato, cada pessoa jurídica responde na proporção da sua participação no evento danoso (concausa), como previsto no art. 223-E, mas aquele que tiver suportado inicialmente a indenização poderá ajuizar ação regressiva para ressarcir o que houver pago daquele por quem pagou (art. 934 do Código Civil).

8.5.8. Cumulação dos danos patrimoniais e extrapatrimoniais

A reforma trabalhista pretendeu criar um sistema separado de reparação para os danos extrapatrimoniais, mas concedeu à vítima a faculdade de formular cumulativamente os pedidos dos danos materiais e extrapatrimoniais, mesmo quando decorrentes do mesmo ato lesivo (art. 223-F). Esse preceito legal está fundamentado no fato de que para os danos materiais a fonte normativa continuará sendo o Código Civil; contudo, para os danos extrapatrimoniais, será aplicável o novo Título II-A da CLT.

Em razão da diversidade do tratamento jurídico, deverá o juízo discriminar os valores dos danos conforme a sua natureza patrimonial ou extrapatrimonial, ou seja, não será mais possível fixar uma indenização única abarcando as duas espécies de dano. A norma terá repercussão direta nas ações de indenização por acidente do trabalho ou doença ocupacional quando habitualmente a vítima formula pedidos distintos para reparação dos diversos danos sofridos.

8.5.9. Critérios para fixação do montante indenizatório

A fixação do valor indenizatório a respeito dos danos materiais obedece a critérios objetivos, talhados claramente na legislação e norteados pelo milenar princípio da *restitutio in integrum*.

Entretanto, no arbitramento da reparação dos danos extrapatrimoniais, o bem jurídico tutelado tem natureza imaterial e por consequência a extensão, profundidade, reflexos e intensidade das ofensas variam quase ao infinito, de acordo com as circunstâncias de cada caso concreto, com as provas produzidas nos autos e com o olhar técnico particular de cada julgador.

Com o propósito de apontar algumas diretrizes para o juiz apreciar o dano extrapatrimonial, o legislador estabeleceu no art. 223-G um rol com 12 incisos que deverão ser considerados na fixação do valor indenizatório:

> I — a natureza do bem jurídico tutelado;
>
> II — a intensidade do sofrimento ou da humilhação;
>
> III — a possibilidade de superação física ou psicológica;
>
> IV — os reflexos pessoais e sociais da ação ou da omissão;
>
> V — a extensão e a duração dos efeitos da ofensa;
>
> VI — as condições em que ocorreu a ofensa ou o prejuízo moral;
>
> VII — o grau de dolo ou culpa;
>
> VIII — a ocorrência de retratação espontânea;
>
> IX — o esforço efetivo para minimizar a ofensa;
>
> X — o perdão, tácito ou expresso;
>
> XI — a situação social e econômica das partes envolvidas;

XII — o grau de publicidade da ofensa.

Não se nega que a elaboração de um roteiro para o juízo apreciar o dano extrapatrimonial é positiva, porque indica para o julgador e para as partes os fatos mais importantes que deverão ser considerados, bem como as provas que serão priorizadas. Na realidade, o julgador já fazia subjetivamente essa apreciação considerando os pontos indicados ou outros também relevantes, mas agora, ao positivar o rol, pelo menos esses quesitos não podem deixar de ser apreciados.

Contudo, no rol das considerações, foi omitida uma das finalidades básicas da indenização que é exatamente o seu caráter preventivo ou inibitório da repetição de novas condutas lesivas. Também não se pronunciou o legislador sobre a reparação não patrimonial ou reparação *in natura* do dano moral, como vem apontando a doutrina.[82] Poder-se-ia indicar, ademais, se o comportamento ilícito que gerou o dano foi um fato esporádico ou se tem sido uma prática reiterada daquele empregador.

Faltou indicar ainda a observação sobre o exercício de atividade de risco que também pode gerar direito à indenização, em caso de dano, adotando-se a responsabilidade civil objetiva, como tem ocorrido no âmbito do Colendo TST. Cabe mencionar neste passo que o STF na apreciação do RE n. 828.040, em sede de repercussão geral, fixou tese acolhendo o cabimento da responsabilidade civil objetiva nas indenizações por acidente do trabalho em determinados casos, com o seguinte teor:

> "**TEMA 932. Tese de repercussão geral**: "O artigo 927, parágrafo único, do Código Civil é compatível com o artigo 7º, XXVIII, da Constituição Federal, sendo constitucional a responsabilização objetiva do empregador por danos decorrentes de acidentes de trabalho, nos casos especificados em lei, ou quando a atividade normalmente desenvolvida, por sua natureza, apresentar exposição habitual a risco especial, com potencialidade lesiva e implicar ao trabalhador ônus maior do que aos demais membros da coletividade".

Cabe observar ademais que alguns incisos devem ser apreciados com cautela. Não se pode esquecer que o trabalhador subordinado não goza de autonomia e verdadeira espontaneidade para concordar, sem reservas e com convicção, com a retratação espontânea por parte do lesante, bem como não se pode presumir o perdão tácito ou mesmo expresso somente pela inércia de reação do lesado. A sua situação de dependência funcional e sem garantia

---

82. Por ocasião da VIII Jornada de Direito Civil, realizada em 2018 pelo Centro de Estudos da Justiça Federal, foi adotado o Enunciado 589, com o seguinte teor: "A compensação pecuniária não é o único modo de reparar o dano extrapatrimonial, sendo admitida a reparação *in natura*, na forma de retratação pública ou outro meio."

de emprego impede que atue em condições de livre manifestação da vontade perante o empregador.

O magistrado, portanto, após analisar a especificidade da ofensa e ponderar os tópicos do roteiro de apreciação indicado na lei, mais outros pontos que sobressaírem da instrução processual, vai fixar o montante indenizatório, indicando os fundamentos que embasaram sua convicção. De todo modo, ainda que o roteiro de apreciação aponte diretrizes de segurança louváveis para imprimir um grau maior de previsibilidade do julgamento, é inevitável que nas ações a respeito do dano extrapatrimonial a decisão traga a assinatura pessoal da sensibilidade e argúcia de cada magistrado.

Merece realce a previsão introduzida pela Medida Provisória n. 808/2017, que vigorou no período de 14 de novembro de 2017 a 23 de abril de 2018, para agravar o valor da indenização no caso de reincidência de ofensa idêntica, num prazo de dois anos, contados do trânsito em julgado da decisão condenatória (Art. 223-G, § 3º e § 4º). Conforme a redação alterada, se ocorrer a reincidência da ofensa, o juízo poderá elevar até o dobro o valor da indenização. Para obter essa indenização adicional, deverá a parte interessada comprovar em juízo a existência de condenação anterior do réu pela mesma conduta ofensiva para viabilizar a elevação do valor da reparação.

Vale ressaltar que pela redação original do § 3º do art. 223-G, que foi restaurada com a perda de eficácia da Medida Provisória n. 808/2017, só cabe agravar a indenização se ocorrer reincidência da ofensa entre partes idênticas, hipótese praticamente inexistente ou raríssima. Entendemos que era muito mais razoável a mudança introduzida pela MP n. 808 mencionada porque bastava a repetição da conduta lesiva por uma das partes, que tenha gerado decisão condenatória com trânsito em julgado, para viabilizar o aumento da indenização até o dobro do teto fixado para cada grau da ofensa. Com efeito, o infrator contumaz sofreria condenações maiores pela reincidência da ofensa, com o propósito de influenciá-lo no sentido de rever sua conduta ilícita.

O Ministro do TST Alexandre Agra Belmonte pontua que a fixação dos danos extrapatrimoniais deve considerar três princípios: o princípio da integralidade (a indenização mede-se pela extensão do dano – art. 944, caput, CC); o princípio da proporcionalidade (a indenização deve considerar a proporcionalidade da culpa em relação ao dano – art. 944, parágrafo único,1ª parte, CC) e o princípio da razoabilidade (a indenização deve ser delimitada equitativamente às circunstâncias particulares do caso concreto – art. 944 – *in fine*, CC).[83]

---

83. BELMONTE, Alexandre Agra. Parametrização dos danos extrapatrimoniais. *In* TEIXEIRA FILHO, João de Lima; BELMONTE, Alexandre Agra e FREDIANE, Yone (Coord.) *O futuro das relações de trabalho*

8.5.10. O tabelamento do dano extrapatrimonial trabalhista

A Lei n. 13.467/2017 introduziu na CLT a polêmica questão do tabelamento da indenização por danos extrapatrimoniais trabalhista.

Cabe mencionar que a doutrina e até os julgados utilizam a expressão "tarifação do dano moral", mas preferimos a denominação de "tabelamento dos danos morais", porque o vocábulo tarifa tem significado próprio na ciência jurídica e ostenta natureza de preço público, tratado no campo do direito administrativo. Os parâmetros instituídos na lei para o valor da indenização, criando faixas e tetos máximos de acordo com a gravidade da ofensa, indicam que foi instituído mesmo um tabelamento, não uma tarifação. Aliás, o próprio Relator do PL n. 6.787/2016 na Câmara Federal, que resultou na Lei aprovada, menciona na exposição de motivos "a necessidade de fixar limites para as indenizações por danos morais", pelo que a denominação de tabelamento é a mais adequada.

Vejam o teor do novo dispositivo:

> Art. 223-G, § 1º Se julgar procedente o pedido, o juízo fixará a indenização a ser paga, a cada um dos ofendidos, em um dos seguintes parâmetros, vedada a acumulação:
>
> I — ofensa de natureza leve, até três vezes o último salário contratual do ofendido;
>
> II — ofensa de natureza média, até cinco vezes o último salário contratual do ofendido;
>
> III — ofensa de natureza grave, até vinte vezes o último salário contratual do ofendido;
>
> IV — ofensa de natureza gravíssima, até cinquenta vezes o último salário contratual do ofendido.

A redação do parágrafo foi também inspirada no Projeto de Lei n. 150/1999 do Senador Pedro Simon, aprovado no Senado Federal, e que instituía três níveis de ofensas (leve, média e grave) para fins de fixação do valor da indenização. Vale registrar que este PL, depois de aprovado no Senado, foi enviado à Câmara Federal (PL n. 7.124/2002), mas lá foi arquivado em 2010, porque a Comissão de Constituição, Justiça e Cidadania, por unanimidade, considerou inconstitucional o tabelamento do dano moral.

Estabelece o novo preceito legal que não cabe acumular as indenizações, contrariando neste particular o vetusto princípio da reparação integral. Assim, se a mesma ofensa atingir bens jurídicos extrapatrimoniais distintos da vítima,

---

no centenário da Organização Internacional do Trabalho: Anais da Academia Brasileira de Direito do Trabalho. Porto Alegre: Lex Magister, 2020. p. 319.

por exemplo, atingir levemente a imagem, gravemente a orientação sexual e de forma média a saúde, só caberá a fixação de uma indenização, pelo que algumas lesões ficarão sem reparação. Entendemos que esta limitação pode ser reputada inconstitucional porque, além de contrariar o princípio da reparação integral, viola a previsão do art. 5º, XXXV que prevê: "a lei não excluirá da apreciação do Poder Judiciário lesão ou ameaça a direito".

Ao vedar a acumulação de indenizações, foi instituída uma indenização complessiva para reparar vários danos, contrariando a jurisprudência trabalhista consolidada desde 1978. Com efeito, prevê a Súmula n. 91 do Colendo TST: "Nula é a cláusula contratual que fixa determinada importância ou percentagem para atender englobadamente vários direitos legais ou contratuais do trabalhador." Aliás, no direito civil o cabimento da acumulação de danos extrapatrimoniais está devidamente pacificado pela Súmula n. 387 do STJ: "É lícita a cumulação das indenizações de dano estético e dano moral".

Comprovada a ofensa, o julgador deverá enquadrar o ato lesivo em um dos quatro níveis indicados (ofensa leve, média, grave ou gravíssima), conforme seu prudente arbítrio e considerando também as especificidades do caso, mormente os doze pontos relacionados no art. 223-G.

Deparamos neste passo com outro ponto muito criticado na reforma trabalhista, qual seja, a determinação de que a indenização seja fixada considerando como teto um multiplicador do último salário contratual do ofendido, de acordo com a faixa de gravidade da ofensa. Contudo, há no novo texto legal uma lacuna importante ao não especificar qual a periodicidade do salário contratual que deve ser considerada, quando a própria reforma utiliza a expressão "salário mensal" ao introduzir o parágrafo único no art. 444 da CLT. De todo modo, considerando o costume e a tradição jurídica a respeito do tema, entendemos que se deve considerar o salário contratual mensal ajustado (fixo ou variável) e as parcelas que integram o salário, como as gratificações legais e as comissões pagas (art. 457, § 1º da CLT).

Entendemos também que neste ponto a reforma trabalhista fere a Constituição Federal ao estabelecer parâmetros de reparação de danos francamente discriminatórios, porque fixados com valores variáveis de acordo com o padrão salarial da vítima. A Carta Maior já menciona o valor da igualdade no seu preâmbulo e estabelece como objetivos fundamentais da República promover o bem de todos, sem preconceitos de origem, raça, sexo, cor, idade e quaisquer outras formas de discriminação (Art. 3º, IV). Além disso, a previsão do art. 5º claramente estabelece que "todos são iguais perante a lei, sem distinção de qualquer natureza...".

Ora, por que estabelecer indenizações diversas, de acordo com a renda da vítima, para ofensas extrapatrimoniais da mesma intensidade e com o mesmo grau de gravidade?

Vejam um exemplo que pode ocorrer na prática e que bem demonstra a discriminação pelo tratamento diferenciado. Estão subindo em um elevador de obra de construção civil o estagiário, o pedreiro, o engenheiro e o gerente da obra, que auferem rendimentos mensais diversificados. O cabo do elevador não era o especificado e ainda estavam transportando junto material de construção, violando a NR-18 do Ministério do Trabalho e Emprego, o que acabou provocando acidente e a queda do elevador. Todos os trabalhadores ficaram com sequelas físicas semelhantes em razão do mesmo acidente. A tabela abaixo mostra como poderia ficar as indenizações por danos extrapatrimoniais, neste exemplo hipotético:

TABELAMENTO DO DANO EXTRAPATRIMONIAL — ART. 223-G DA CLT

Lesado — Salário — Grau da ofensa	**Estagiário R$ 1.500,00**	**Encarregado R$ 3.000,00**	**Engenheiro R$ 10.000,00**	**Gerente R$15.000,00**
Ofensa leve — 3x	R$ 4.500,00	R$ 9.000,00	R$ 30.000,00	R$ 45.000,00
Ofensa média — 5x	R$ 7.500,00	R$ 15.000,00	R$ 50.000,00	R$ 75.000,00
Ofensa grave — 20x	R$ 30.000,00	R$ 60.000,00	R$ 200.000,00	R$ 300.000,00
Ofensa gravíssima — 50x	R$ 75.000,00	R$ 150.000,00	R$ 500.000,00	R$ 750.000,00

É verdade que cabem indenizações diferentes quando se trata de danos materiais, porque o parâmetro é outro: o prejuízo monetário efetivo de cada um. Mas, no aspecto extrapatrimonial a dignidade das pessoas lesadas é a mesma, ou seja, a dignidade da pessoa humana não pode ser aferida de acordo com o seu padrão de rendimento. A maior ou menor riqueza da vítima não pode orientar o valor da indenização, nem servir de parâmetro para reparar a lesão extrapatrimonial.

Diante desses fundamentos, na VII Jornada de Direito Civil do Conselho da Justiça Federal, realizada em Brasília em 2016, foi adotado o Enunciado n. 588, com o seguinte teor: "O patrimônio do ofendido não pode funcionar como parâmetro preponderante para o arbitramento de compensação por dano extrapatrimonial."

Em razão das críticas contundentes sobre o cálculo da indenização considerando o padrão salarial da vítima, a Medida Provisória n. 808/2017, que vigorou no período de 14 de novembro de 2017 a 23 de abril de 2018, alterou o § 1º do art. 223-G que passou a ter, naquele período, a redação seguinte:

> "§ 1º Ao julgar procedente o pedido, o juízo fixará a reparação a ser paga, a cada um dos ofendidos, em um dos seguintes parâmetros, vedada a acumulação:
>
> I — para ofensa de natureza leve — até três vezes o valor do limite máximo dos benefícios do Regime Geral de Previdência Social;
>
> II — para ofensa de natureza média — até cinco vezes o valor do limite máximo dos benefícios do Regime Geral de Previdência Social;
>
> III — para ofensa de natureza grave — até vinte vezes o valor do limite máximo dos benefícios do Regime Geral de Previdência Social; ou
>
> IV — para ofensa de natureza gravíssima — até cinquenta vezes o valor do limite máximo dos benefícios do Regime Geral de Previdência Social."

Com efeito, para as lesões ocorridas no período de vigência da MP n. 808/2017, a indenização pelo dano extrapatrimonial não poderá ser fixada de acordo com o padrão salarial da vítima, porquanto o teto estabelecido para cada grau de ofensa considera apenas os múltiplos do valor do benefício máximo do Regime Geral da Previdência Social. Então, pelo menos neste aspecto, naquele espaço temporal, a violação constitucional do princípio da isonomia foi corrigida.

Contudo, a correção efetuada pela referida Medida Provisória deixou uma incongruência interna no texto legal, uma vez que o salário contratual do ofensor deverá ser utilizado como parâmetro indenizatório, quando o ofendido for pessoa jurídica, como previsto no art. 223-G, § 2º. Como se depreende do exposto, não se poderá utilizar o salário contratual do trabalhador como parâmetro para fixar a indenização quando for ele a vítima; todavia, o critério poderá ser adotado quando ele for o ofensor responsável pela indenização devida ao seu empregador. Nessa hipótese, o parâmetro do salário não será usado para discriminar, mas apenas para atenuar o valor da reparação devida por quem aufere renda menor.

Mas este dispositivo introduzido na CLT tem ainda uma inconstitucionalidade ostensiva já declarada pelo Judiciário para casos semelhantes, qual seja, a fixação de tetos ou tabelamento para a reparação do dano extrapatrimonial.

A inclusão na Constituição da República de 1988 do direito à reparação dos danos morais indicou que as lesões desta natureza devem ser indenizadas em sua plenitude, sem as amarras de tetos limitadores. Segundo prevê o art. 5º, V, a indenização deverá ser proporcional ao agravo; como — por óbvio — não é possível limitar a intensidade da ofensa, também não se pode limitar o valor da indenização, sob pena de criar em determinados casos uma reparação desproporcional, em benefício do agressor. O equilíbrio na balança lesão-reparação é orientado pelo princípio constitucional da proporcionalidade, por conseguinte o desnível imposto pela limitação reparatória acaba, indiretamente, estimulando a expansão do comportamento lesivo.

A questão está bem sedimentada no STJ, cuja Súmula n. 281, adotada em 2004, sintetizou: "A indenização por dano moral não está sujeita à tarifação prevista na Lei de Imprensa."

O Excelso Supremo Tribunal Federal já se pronunciou claramente neste sentido, ao interpretar os Incisos V e X do art. 5º da Constituição de 1988:

> **"Ementa: Indenização. Responsabilidade civil. Lei de Imprensa. Dano moral. Publicação de notícia inverídica, ofensiva à honra e à boa fama da vítima. Responsabilidade civil da empresa jornalística. Limitação da verba devida, nos termos do art. 52 da Lei n. 5.250/67. Inadmissibilidade. Norma não recebida pelo ordenamento jurídico vigente. Interpretação do art. 5º, IV, V, IX, X, XIII e XIV, e art. 220, *caput* e § 1º, da CF de 1988. Recurso extraordinário improvido.** Toda limitação, prévia e abstrata, ao valor de indenização por dano moral, objeto de juízo de equidade, é incompatível com o alcance da indenizabilidade irrestrita assegurada pela atual Constituição da República. Por isso, já não vige o disposto no art. 52 da Lei de Imprensa, o qual não foi recebido pelo ordenamento jurídico vigente." STF. 2ª Turma. RE 447.584/RJ, Rel. Ministro Cezar Peluso, 16 mar. 2007.

Convém reproduzir parte dos fundamentos do acórdão acima, quando o douto Relator, Ministro Cezar Peluso, com maestria, explica o entendimento que prevaleceu na Corte:

> Já não vige deveras, ou segundo reza outra doutrina de igual consequência prática, perdeu seu fundamento de validez, a norma inserta no art. 52 da Lei n. 5.250, de 1967, porque, incompatível com o alcance das regras estatuídas no art. 5º, V e X, da atual Constituição da República, não foi por esta recebida. (...)
>
> Na fisionomia normativa da proteção do direito à integridade moral, ao qual serve o preceito de reparabilidade pecuniária da ofensa, a vigente Constituição da República não contém de modo expresso, como o exigiria a natureza da matéria, nem implícito, como se concede para argumentar, nenhuma disposição restritiva que, limitando o valor da indenização e o grau consequente da responsabilidade civil do ofensor, caracterizasse redução do alcance teórico da tutela.

Aliás, o STF, na sua composição plenária, firmou posicionamento quanto ao não cabimento do tabelamento do dano moral no julgamento da Arguição de Descumprimento de Preceito Fundamental — ADPF n. 130-DF. Nesse julgamento, a Corte declarou que a Lei Federal n. 5.250/67, conhecida como Lei de Imprensa, não foi recepcionada pela Constituição de 1988. O tema da inconstitucionalidade do tabelamento ou "tarifação" do dano moral foi abordado expressamente no julgamento por quase todos os Ministros da Corte.

O tabelamento do dano moral instituído pela reforma trabalhista de 2017 recebeu diversas arguições de inconstitucionalidade junto ao STF (ADIs 6.050, 6.069 e 6.082). Após um longo período de tramitação e diversas sessões de julgamento, a controvérsia restou pacificada em 2023, com eficácia *erga omnes* e efeito vinculante (Art. 102, § 2º, da Constituição de 1988 e Art. 28, parágrafo único, da Lei n. 9.868/1999). O plenário do STF julgou parcialmente procedentes os pedidos das referidas ADIs para conferir interpretação conforme a Constituição, de modo a estabelecer que: "Os critérios de quantificação de reparação por dano extrapatrimonial previstos no art. 223-G, *caput* e § 1º, da CLT deverão ser observados pelo julgador como critérios orientativos de fundamentação da decisão judicial. É constitucional, porém, o arbitramento judicial do dano em valores superiores aos limites máximos dispostos nos incisos I a IV do § 1º do art. 223-G, quando consideradas as circunstâncias do caso concreto e os princípios da razoabilidade, da proporcionalidade e da igualdade."[84]

Diante do que foi exposto, entendemos também que a disposição do art. 223-G, § 1º, da CLT, ao criar faixas máximas de indenização, de acordo com o grau de ofensa, poderá ser utilizado apenas como "critérios orientativos" sem impor o tabelamento, como finalmente decidido pelo STF.

Por fim, cabe registrar neste tópico que a Medida Provisória n. 808/2017, que vigorou de 14 de novembro de 2017 até 23 de abril de 2018, estabeleceu que os parâmetros indenizatórios estabelecidos não se aplicam aos danos extrapatrimoniais decorrentes de morte. Daí ser possível afirmar que no acidente do trabalho com óbito o valor da indenização cabível do dano extrapatrimonial não está sujeito ao tabelamento do art. 223-G, § 1º, da CLT, podendo ser fixado além do limite estabelecido para a ofensa de natureza gravíssima.

---

84. O inteiro teor do acórdão do julgamento foi publicado no *DJE* de 18 de agosto de 2023. Disponível em: https://portal.stf.jus.br/processos/downloadPeca.asp?id=15360197705&ext=.pdf Acesso em: 2 jan. 2024.

8.5.11. O dano extrapatrimonial coletivo

Com o advento da reforma trabalhista surgiu o questionamento: o dano extrapatrimonial coletivo de natureza trabalhista estará ou não sujeito ao tabelamento indicado no art. 223-G introduzido na CLT?

O nosso entendimento é no sentido de que não houve mudança alguma no tema dos danos morais coletivos, porquanto a regulamentação introduzida na CLT trata apenas dos danos extrapatrimoniais decorrentes da relação de trabalho cujos titulares sejam pessoas físicas ou jurídicas. Tanto que o art. 223-G estabelece que o juízo deverá considerar a intensidade do sofrimento ou da humilhação, a possibilidade de superação física ou psicológica, o perdão tácito ou expresso, situações que são típicas do dano extrapatrimonial individual.

Os danos aos interesses ou direitos de natureza transindividual ou difusos não foram disciplinados nem sequer mencionados na regulamentação dos danos extrapatrimoniais. Desse modo, as mudanças introduzidas pela reforma trabalhista não afetam o disciplinamento atual do dano moral coletivo, nem acarretam o tabelamento dos valores indenizatórios nas ações em que se postulam as reparações desses danos.

Convém registrar, ademais, que a ação civil pública para preservar ou reparar os interesses difusos ou coletivos dos trabalhadores e do meio ambiente do trabalho tem matriz constitucional (art. 129, III), razão pela qual não poderia mesmo a lei ordinária da reforma trabalhista limitar ou alterar o seu alcance[85].

Com efeito, é especialmente a Lei da Ação Civil Pública (Lei n. 7.347/85) que rege as ações de responsabilidade por danos morais e patrimoniais de natureza coletiva[86]. E a referida norma não sofreu qualquer alteração após o advento da Lei n. 13.467/2017. Cabe também aqui repetir a previsão da Lei Complementar n. 95/1998, que trata da elaboração e redação das leis, cujo art. 9º estabelece: "A cláusula de revogação deverá enumerar, expressamente,

---

85. "Art. 129. São funções institucionais do Ministério Público: (...) III — promover o inquérito civil e a ação civil pública, para a proteção do patrimônio público e social, do meio ambiente e de outros interesses difusos e coletivos".

86. Lei n. 7.347/1985. Art. 1º Regem-se pelas disposições desta Lei, sem prejuízo da ação popular, as ações de responsabilidade por danos morais e patrimoniais causados: I — ao meio ambiente; II — ao consumidor; III — a bens e direitos de valor artístico, estético, histórico, turístico e paisagístico; IV — a qualquer outro interesse difuso ou coletivo; V — por infração da ordem econômica; VI — à ordem urbanística; VII — à honra e à dignidade de grupos raciais, étnicos ou religiosos; VIII — ao patrimônio público e social. Parágrafo único. Não será cabível ação civil pública para veicular pretensões que envolvam tributos, contribuições previdenciárias, o Fundo de Garantia do Tempo de Serviço — FGTS ou outros fundos de natureza institucional cujos beneficiários podem ser individualmente determinados.

as leis ou disposições legais revogadas". Incabível, portanto, eventual entendimento de revogação ou derrogação implícita.

8.5.12. Vigência e aplicação das inovações da Lei n. 13.467/2017

A reforma trabalhista entrou em vigor no dia 11 de novembro de 2017, após vencer o prazo da *vacatio legis* de cento e vinte dias, contados a partir da publicação oficial da Lei n. 13.467, no dia 14 de julho de 2017.

Em razão das mudanças promovidas na CLT, estão surgindo diversas controvérsias a respeito do direito intertemporal, principalmente sobre a aplicação dos novos dispositivos aos contratos de trabalho firmados antes da vigência da reforma.

As questões de direito intertemporal geram calorosas discussões nos julgamentos dos casos concretos. Normalmente a jurisprudência promove ajustes para o período de transição — conjugando os valores do direito adquirido, da segurança jurídica e o novo regime jurídico — mas a controvérsia só resta mesmo pacificada com o pronunciamento definitivo das Cortes Superiores. Daí o volume acentuado de súmulas e orientações jurisprudenciais a respeito desse tema.

O principal balizamento do direito intertemporal está assentado na Constituição Federal que assegura no art. 5º, XXXVI — *a lei não prejudicará o direito adquirido, o ato jurídico perfeito e a coisa julgada*. Para detalhar o comando da Lei Maior, a Lei de Introdução às Normas de Direito Brasileiro, com a mudança introduzida pela Lei n. 12.376/2010, estabeleceu:

> "Art. 6º A Lei em vigor terá efeito imediato e geral, respeitados o ato jurídico perfeito, o direito adquirido e a coisa julgada.
>
> § 1º Reputa-se ato jurídico perfeito o já consumado segundo a lei vigente ao tempo em que se efetuou.
>
> § 2º Consideram-se adquiridos assim os direitos que o seu titular, ou alguém por ele, possa exercer, como aqueles cujo começo do exercício tenha termo pré-fixo, ou condição pré-estabelecida inalterável, a arbítrio de outrem.
>
> § 3º Chama-se coisa julgada ou caso julgado a decisão judicial de que já não caiba recurso."

Nas demandas envolvendo os danos de natureza extrapatrimonial trabalhista, entendemos que deve ser aplicado o vetusto princípio do *tempus regit actum*, ou seja, prevalece a regência da norma vigente no dia da ocorrência do dano ou ofensa, independentemente da data que for proferido o julgamento.

No exato momento em que ocorreu a ofensa de natureza extrapatrimonial, nasceu também a pretensão da vítima para obter a reparação do direito que foi violado, conforme a consagrada teoria da *actio nata*, tanto que o Código Civil estabelece no art. 189: "Violado o direito nasce para o titular a pretensão". Como consequência, o regime jurídico a ser aplicado é aquele que estava em vigor naquela data.

Desse modo, o nosso entendimento é que o novo regramento do dano extrapatrimonial somente será aplicado para as ofensas ocorridas a partir de 11 de novembro de 2017, considerando, ainda, as alterações promovidas pela Medida Provisória n. 808/2017 no período da sua vigência, qual seja, de 14 de novembro de 2017 a 23 de abril de 2018, conforme explicamos no item 8.5.1. supra. Para as ofensas anteriores, independentemente da data em que for realizado o julgamento, prevalece o antigo regime jurídico.

Nas lesões de natureza continuada, será necessário verificar se até o dia 10 de novembro de 2017 já havia ofensa moral caracterizada, hipótese que indicará a aplicação do regramento anterior à reforma. Entretanto, se a consolidação da ofensa só ocorreu após o dia 10 de novembro de 2017, a regência será da lei nova.

Para as doenças ocupacionais será considerada, para fins de verificação do regime jurídico aplicável, a data da ciência inequívoca da incapacidade laboral, como assentado na Súmula n. 278 do STJ. Aliás, a teoria da *actio nata* para fins de início de fluência do prazo prescricional será também considerada para verificar a legislação aplicável.

Entendemos ainda que as normas da reforma trabalhista sobre o dano extrapatrimonial são aplicáveis para todas as ofensas ocorridas a partir de 11 de novembro de 2017, mesmo para os trabalhadores admitidos em data anterior. Isso porque é firme a jurisprudência do STF no sentido de que não há direito adquirido a regime jurídico, ressalvando-se a garantia da irredutibilidade salarial[87]. A propósito, aqui também pode ser adotada a importante regra de direito intertemporal do Código Civil de 2002, fazendo as devidas adequações:

> Art. 2.035. A validade dos negócios e demais atos jurídicos, constituídos antes da entrada em vigor deste Código, obedece ao disposto nas leis anteriores, referidas no art. 2.045, mas os seus efeitos, produzidos após a vigência deste Código, aos preceitos dele se subordinam, salvo se houver sido prevista pelas partes determinada forma de execução.

Para espancar as dúvidas sobre a aplicação da reforma aos contratos de trabalho vigentes, a Medida Provisória n. 808 de 14 de novembro de 2017 estabeleceu no art. 2º:

---

87. STF. Pleno. RE n. 226.855, Relator: Ministro Moreira Alves, julgado em 31 ago. 2000; STF. Pleno AI n. 410.946, Rel. Ministra Ellen Gracie, julgado em 17 mar. 2010; STF. 1ª Turma. RE 998073 AgR, Rel.: Ministra Rosa Weber, *DJe* 22 mar. 2017; STF. 2ª Turma. RE 907731 AgR, Rel.: Ministro Celso de Mello, *DJe* 19 jun. 2017; STF. 2ª Turma. ARE 925002 AgR, Rel.: Ministro Dias Toffoli, *DJe* 30 jun. 2017; STF. 1ª Turma. RE 957768 AgR, Rel.: Ministro Roberto Barroso, *DJe* 9 ago. 2017.

"Art. 2º O disposto na Lei n. 13.467, de 13 de julho de 2017, se aplica, na integralidade, aos contratos de trabalho vigentes."

Mesmo com a perda de vigência da referida Medida Provisória, conforme já mencionado, entendemos que prevalece a regra acima enunciada, em sintonia com os princípios e diretrizes jurisprudenciais a respeito do direito intertemporal adotados pelo Excelso STF. Logo, cabe a aplicação da mudança legal aos contratos de trabalho pactuados antes de 11 de novembro de 2017, mas tão somente para os eventos ocorridos após a referida data. As ofensas ocorridas em datas anteriores continuarão regidas pela lei antiga, independentemente da data em que for proferido o julgamento.

Por tudo que foi exposto, podemos concluir que, nos julgamentos das demandas envolvendo dano extrapatrimonial trabalhista, a legislação aplicável será sempre aquela que vigorava no dia que nasceu o direito à reparação, independentemente da data de admissão do ofendido ou da data que ocorrer o julgamento.

Aliás, foi esse o entendimento que prevaleceu no julgamento do Incidente de Recursos Repetitivos (IncJulgRREmbRep – 528-80.2018.5.14.0004 – Tema 23) pelo plenário do TST, concluído na sessão do dia 25 de novembro de 2024, quando foi fixada a seguinte tese: "A Lei nº 13.467/2017 possui aplicação imediata aos contratos de trabalho em curso, passando a regular os direitos decorrentes de lei cujos fatos geradores tenham se efetivado a partir de sua vigência".

8.6. DANO ESTÉTICO

8.6.1. Conceito e abrangência

Além das indenizações por dano material e moral, pode ser cabível a indenização por dano estético, quando a lesão decorrente do acidente do trabalho compromete ou pelo menos altera a harmonia física da vítima. Enquadra-se no conceito de dano estético qualquer alteração morfológica do acidentado, como, por exemplo, a perda de algum membro ou mesmo de um dedo, uma cicatriz ou qualquer mudança corporal que cause repulsa, afeamento ou apenas desperte a atenção por ser diferente[88].

---

88. Para Griot, inclui-se na integridade corporal a integridade da aparência, da imagem, principalmente os traços da face e os movimentos habituais de uma pessoa. Observa, ainda, que "haverá atentado à existência física não somente em caso de ferimento, de secção ou fratura de uma parte do corpo, como também quando o gravame é feito à aparência física: cada ser humano vem ao mundo envolvido na forma de seu corpo; ele será julgado, em grande parte, conforme a sua aparência física, que lhe pode atrair, à primeira vista, a simpatia ou a antipatia; é por sua

O dano estético pode ser indicado também como uma das espécies do dano extrapatrimonial, regulamentado nos arts. 223-A até 223-G da CLT após as mudanças implementadas pela Lei n. 13.467/2017. Assim, as previsões contidas nos referidos dispositivos legais são também aplicáveis às indenizações pelos danos estéticos.

A reparação do dano estético foi acolhida no Brasil bem antes da indenização por dano moral. O Código Civil de 1916, quando previa no art. 1.538 a indenização para o caso de ferimento ou outra ofensa à saúde, estabelecia que o valor seria duplicado se do ferimento resultasse aleijão ou deformidade. O referido dispositivo ainda recomendava os pontos que deveriam ser levados em consideração para fixar a indenização: posses do ofensor, circunstâncias do ofendido e a gravidade do defeito. Assim, ao mencionar a indenização por "aleijão ou deformidade", abriu o caminho para abranger qualquer alteração morfológica que alterasse o aspecto físico da vítima. Vejam a respeito o magistério de Maria Helena Diniz:

> "O dano estético é toda alteração morfológica do indivíduo, que, além do aleijão, abrange as deformidades ou deformações, marcas e defeitos, ainda que mínimos, e que impliquem sob qualquer aspecto um afeamento da vítima, consistindo numa simples lesão desgostante ou num permanente motivo de exposição ao ridículo ou de complexo de inferioridade, exercendo ou não influência sobre sua capacidade laborativa."[89]

8.6.2. Cumulação com o dano moral

Com o reconhecimento efetivo da possibilidade de reparação do dano moral pela Constituição de 1988, durante algum tempo predominou o entendimento de que a indenização desse dano, por ser mais ampla, já abrangia o dano estético. Aliás, no IX Encontro de Tribunais de Alçada, realizado em São Paulo no ano de 1997, adotou-se como conclusão unânime de que: "o dano moral e o dano estético não se cumulam, porque ou o dano estético importa em dano material ou está compreendido no dano moral". Neste sentido pontua Teresa Ancona que o dano à estética pessoal é uma das espécies do gênero dano moral[90].

---

aparência física que uma pessoa marca desde o início seu círculo de ação, e esta aparência pode favorecer ou prejudicar o desenvolvimento de sua personalidade". *Apud* CAHALI, Yussef Said. *Dano moral*. 3. ed., rev., atual. e ampl. São Paulo: Revista dos Tribunais, 2005. p. 203.

89. DINIZ, Maria Helena. *Curso de direito civil brasileiro*: responsabilidade civil. 21. ed. São Paulo: Saraiva, 2007. v. 7, p. 80.

90. LOPEZ, Teresa Ancona. *O dano estético: responsabilidade civil*. 4. ed. São Paulo: Almedina, 2021. p. 27.

No entanto, mesmo estando o dano estético compreendido no gênero dano extrapatrimonial, a doutrina e a jurisprudência evoluíram para deferir indenizações distintas quando esses danos forem passíveis de apuração em separado, em decorrência de causas inconfundíveis. O dano estético está vinculado ao sofrimento pela deformação com sequelas permanentes, facilmente percebidas, enquanto o dano moral está ligado ao sofrimento e a todas as demais consequências nefastas provocadas pelo acidente[91].

Desse modo, o dano estético materializa-se no aspecto exterior da vítima, enquanto o dano moral reside nas entranhas ocultas dos seus dramas interiores; o primeiro, ostensivo, todos podem ver; o dano moral, mais encoberto, poucos percebem. O dano estético, o corpo mostra; o dano moral, a alma sente.

A opção do Código Civil de 2002 de indicar genericamente outras reparações ou prejuízos que o ofendido prove haver sofrido (arts. 948 e 949) deixa espaço para incluir a indenização pelo dano estético, conforme se apurar no caso concreto. Da mesma forma, o art. 223-C da CLT, introduzido pela reforma trabalhista de 2017, ao indicar como bens jurídicos tuteláveis a imagem e a integridade física da pessoa, acabou por incluir também a lesão estética no gênero dos danos de natureza extrapatrimonial. Assim, o acidente do trabalho que acarrete alguma deformação morfológica permanente gera o dano moral cumulado com o dano estético, ou apenas o primeiro, quando não ficar sequela. Em outras palavras, o acidentado que sofreu alguma deformação deve receber uma indenização agravada por danos morais, cujo agravante (o dano estético) deve ser calculado separadamente.

No julgamento da Apelação Cível n. 1.669/97 do antigo Tribunal de Alçada do Rio de Janeiro, deferiu-se o pagamento de indenizações diversas para o dano estético e para o dano moral, adotando-se como fundamento: "Danos estéticos e danos morais. Efeitos diversos, o dano estético correspondendo a uma alteração morfológica do indivíduo, à lesão física facilmente perceptível exteriormente, à deformação corporal que agride a visão, causando desagrado, repulsa, desconforto etc., sendo o dano moral o sofrimento mental, a dor da alma, a aflição e angústia a que a vítima é submetida, causando-lhe depressão, desânimo e sensação irremovível de infelicidade."[92]

---

91. "*Acidente de trabalho. Danos morais e estéticos. Cumulatividade.* As indenizações por danos morais e estéticos decorrentes de um mesmo acidente de trabalho podem ser cumuladas, porquanto, quando a lesão implica uma deformidade física permanente, são atingidos, ao mesmo tempo, bens jurídicos claramente distintos: a higidez emocional, ligada ao sofrimento psíquico provocado pelo acidente, e a integridade física, vinculada à deformação estética irreversível." Santa Catarina. TRT 12ª Região. RO n. 01476-2005-024-12-00-5, Rel.: Juíza Maria Regina Olivé Malhadas, *DJ* 15 out. 2006.

92. Rio de Janeiro. Tribunal de Alçada. 7ª Câm. Civil. Rel.: Fabrício Paulo Bandeira Filho, julgado em 2 abr. 1997.

Atualmente, a jurisprudência está sedimentada quanto à possibilidade de cumulação das indenizações por dano moral e dano estético, devendo os fundamentos da decisão indicar os motivos de um e outro deferimento:

> "**Agravo de instrumento em Recurso de Revista da reclamada interposto na vigência da Lei n. 13.467/2017. Acidente de trabalho – Indenizações por dano moral e dano estético – Possibilidade de cumulação de indenizações por danos morais e danos estéticos.** (...) 4. Quanto à possibilidade de cumulação da indenização por danos morais com a indenização por danos estéticos, esta Corte Superior firmou o entendimento de que o dano estético não se encontra englobado no dano moral, mas é autônomo em relação a esse, mesmo que ambos tenham origem no mesmo infortúnio, o que autoriza a indenização cumulada de ambos. (...)." TST. 8ª Turma. RRAg-11037-36.2015.5.03.0019, Rel.: Ministra Delaíde Alves Miranda Arantes, *DEJT* 24 out. 2023.

> "**Compensação por dano moral e estético. Cumulação. Possibilidade. Provimento.** O entendimento deste colendo Tribunal Superior é no sentido de que há possibilidade de cumulação do dano moral com o dano estético, uma vez que, embora oriundos do mesmo fato, os bens jurídicos tutelados são distintos. Precedentes. O Tribunal Regional, portanto, ao concluir pela impossibilidade de cumulação do dano moral com o dano estético em decorrência do acidente de trabalho sofrido pelo autor, proferiu decisão em dissonância com a iterativa, notória e atual jurisprudência desta Corte Superior. Recurso de revista de que se conhece e a que se dá provimento." TST. 4ª Turma. ARR n. 1917-03.2012.5.08.0126, Rel.: Ministro Guilherme Augusto Caputo Bastos, *DEJT* 08 nov. 2019.

> "**Recurso de revista interposto pelo reclamante na vigência da Lei n. 13.015/2014. Acidente de trabalho. Indenização por danos morais e estéticos. Possibilidade de cumulação.** O mesmo fato — acidente de trabalho — pode acarretar, além da indenização por dano moral, o dano estético, caracterizado pelo sofrimento causado pela alteração da harmonia física do trabalhador. A dor intrínseca e o abalo psicológico são indenizáveis a título de dano moral, e os reflexos visíveis no corpo da vítima, na integridade física, devem ser indenizados a título de danos estéticos. Desse modo, o dano estético não se encontra englobado no dano moral, mas é autônomo em relação a esse, o que autoriza a indenização cumulada entre ambos, conforme entendimento desta Corte, consubstanciado nos precedentes transcritos na fundamentação. Recurso de revista conhecido e provido." TST. 2ª Turma. AIRR n. 771-03.2011.5.20.0004, Rel.: Ministro José Roberto Freire Pimenta, *DEJT* 19 maio 2017.

Em 2009, o Colendo Superior Tribunal de Justiça aprovou Súmula pacificando o entendimento a respeito da possibilidade da cumulação: "Súmula n. 387 — É lícita a cumulação das indenizações de dano estético e dano moral."

Não existe um critério legal específico para avaliação do dano estético. Desse modo, predomina a avaliação subjetiva do magistrado, considerando todas as singularidades do caso em julgamento. Entretanto, a doutrina e a jurisprudência indicam alguns fatores que influenciam no arbitramento da indenização por dano estético, tais como: a idade da vítima, a localização do dano, a visibilidade do dano, a repercussão na atividade laboral etc. [93]. Segundo o autor Javier Alonso, "o rosto considera-se a zona de maior importância e de pior adaptação psicológica. A maior parte das vezes somos definidos pelos rasgos do rosto e uma alta percentagem da avaliação estética da pessoa reside nele"[94].

De acordo com os estudos da Medicina Legal, pode-se vislumbrar dois tipos de danos estéticos: 1. O **dano estético estático,** que é percebido simplesmente ao olhar para a pessoa afetada (mutilações, deformações, cicatrizes etc.); 2. O **dano estético dinâmico,** que só é observado no movimento de andar, nos gestos, nas alterações da mímica, ou qualquer movimento ou ato da vida normal da vítima[95].

Os peritos judiciais frequentemente estão avaliando o dano estético considerando uma escala variável de 1 a 7 graus, de acordo com a gravidade e a extensão do prejuízo[96]. A utilização dessa escala foi reforçada no Brasil após estudos divulgados pela Universidade de Coimbra, sobre os aspectos

---

93. *Responsabilidade civil. Descarga elétrica por rompimento de cabo condutor. Amputação de braço direito e diversas cicatrizes no corpo. Vítima que contava com dezessete anos de idade. Dano moral e estético. Cumulação devida. Valor das indenizações redimensionado.* 1. O recorrente, que contava com 17 anos de idade quando do infortúnio, foi vítima de descarga elétrica, cujas consequências foram a amputação de seu braço direito na altura do ombro e cicatrizes por todo o corpo, estas decorrentes das queimaduras sofridas. 2. Notadamente em relação ao dano estético, a idade da vítima ressai de suma relevância para a fixação da indenização, tendo em vista que a aparência pessoal em idades juvenis, cujos laços afetivos e sociais ainda estão sendo formados, mostra-se mais determinante à elaboração da personalidade, se comparada à importância dada à estética por pessoas de idade mais avançada, cujos vínculos familiar, sentimental e social já se encontram estabilizados. (...) STJ. 4ª Turma. REsp n. 689.088/MA, Rel.: Ministro Luís Felipe Salomão, *DJe* de 02 fev. 2010.

94. SANTOS, Javier Alonso. A Avaliação do Prejuízo Estético. In VIEIRA, Duarte Nuno e QUINTERO, José Alvarez (Coord.) *Aspectos práticos da avaliação do dano corporal em direito civil*. Coimbra: Imprensa da Universidade de Coimbra, 2008, n. 2. p. 87.

95. SANTOS, Javier Alonso. A Avaliação do Prejuízo Estético. In VIEIRA, Duarte Nuno e QUINTERO, José Alvarez (Coord.) *Aspectos práticos da avaliação do dano corporal em direito civil*. Coimbra: Imprensa da Universidade de Coimbra, 2008, n. 2. p. 86. Segundo o autor, as alterações mais representativas do dano dinâmico são "as alterações musculares, tendinosas e ósseas que possam provocar coxear no andar ou alteração dos gestos habituais. Noutras ocasiões são as relacionadas com a paralisia e que pressupõem alteração com o movimento. Neste grupo encontram-se as alterações da mímica, a modificação dos acenos ou simplesmente a anulação do movimento perante qualquer acto da vida normal".

96. Diversos julgados do TST registram a escala variável de 1 a 7 para avaliação do dano estético. Podemos citar como exemplos os seguintes acórdãos: 1. Ag-AIRR-10724-92.2018.5.03.0044, 6ª Turma, Relatora Ministra Katia Magalhaes Arruda, *DEJT* 23 abr. 2021; 2. ARR-782-14.2011.5.09.0303, 2ª Turma, Rel.: Ministra Maria Helena Mallmann, *DEJT* 06 mar.2020; 3. ARR-387-08.2013.5.09.0673, 2ª

práticos da avaliação do dano corporal, coordenados pelos professores Duarte Nuno Vieira e José Alvarez Quintero. Nesses estudos, o autor espanhol Javier Alonso Santos destaca dois métodos principais de avaliação do dano corporal: o método dos franceses Thierry e Nicourt, que adota a escala de gravidade de 1 a 7 e o método de Robert Barrot, que além de repetir a escala de 1 a 7 graus, inseriu os percentuais correspondentes[97]. As duas escalas mencionadas podem ser sintetizadas conforme tabela a seguir:

DANO ESTÉTICO – ESCALAS DE AVALIAÇÃO

Escala de THIERRY E NICOURT-1971		Escala de ROBERT BARROT -1982		
Graus	**Descrição**	**Graus**	**Descrição**	**Percentagem**
1/7	Muito ligeiro ou muito leve	1/7	Muito ligeiro ou muito leve	14%
2/7	Ligeiro ou leve	2/7	Ligeiro ou leve	29%
3/7	Moderado	3/7	Moderado	43%
4/7	Médio	4/7	Médio	58%
5/7	Considerável	5/7	Considerável	73%
6/7	Importante ou grave	6/7	Importante ou grave	88%
7/7	Muito importante ou muito grave	7/7	Muito importante ou muito grave	100%

8.7. DANO EXISTENCIAL

8.7.1. Introdução na legislação trabalhista

A reforma trabalhista de 2017 promovida pela Lei n. 13.467 acrescentou um novo Título na CLT para disciplinar o "dano extrapatrimonial" decorrente da relação de trabalho. Dentre as inovações inseridas merece realce a figura legal inédita no Brasil do "dano existencial" que, desde 11 de novembro de 2017, passou a compor o nosso ordenamento jurídico, conforme redação expressa do art. 223-B introduzido na CLT, com o teor seguinte:

> "Art. 223-B. Causa dano de natureza extrapatrimonial a ação ou omissão que ofenda a esfera moral ou existencial da pessoa física ou jurídica, as quais são as titulares exclusivas do direito à reparação."

Turma, Rel.: Ministra Maria Helena Mallmann, *DEJT* 26 abr. 2019; 4. AIRR-10567-52.2014.5.03.0144, 3ª Turma, Relator Ministro Alexandre de Souza Agra Belmonte, *DEJT* 23 mar. 2018.

97. SANTOS, Javier Alonso. A Avaliação do Prejuízo Estético. In VIEIRA, Duarte Nuno e QUINTERO, José Alvarez (Coord.) *Aspectos práticos da avaliação do dano corporal em direito civil*. Coimbra: Imprensa da Universidade de Coimbra, 2008, n. 2. p. 89.

Nos últimos anos o dano existencial já era objeto de estudos acadêmicos e debates doutrinários com repercussões esparsas na jurisprudência trabalhista. Agora, com a entrada em vigor da Lei n. 13.467/2017, a reparação pelo dano existencial foi incluída no rol dos direitos trabalhistas, reforçando o princípio de proteção à dignidade do trabalhador. Portanto, não se trata mais de simples cogitação doutrinária ou de pretensão formulada sem respaldo legal, apoiada apenas nos estudos do direito comparado.

Como de costume, o legislador não fixou um conceito para indicar o alcance normativo do "dano existencial" ficando a cargo da doutrina e da jurisprudência esclarecer seu conteúdo, mensurar sua extensão e indicar os respectivos efeitos jurídicos. Ademais, será imprescindível pesquisar as diferenças e as semelhanças com a figura próxima do dano moral em sentido estrito e o cabimento da indenização cumulativa oriunda da mesma conduta lesiva.

8.7.2. Histórico

A nova figura jurídica do dano existencial não foi instituída de improviso, como se fosse produto de alguma imaginação criativa projetada no laboratório do legislador. Seu reconhecimento demandou longo percurso de aceitação no direito comparado, com etapas sucessivas de compreensão e enriquecimento até divisar esta espécie singular de prejuízo que integra o amplo gênero dos danos extrapatrimoniais. Desse modo, para bem compreender o dano existencial introduzido na CLT em 2017, é recomendável uma breve notícia do seu desenvolvimento nos outros países, especialmente no seu berço original, a Itália.

Enquanto prevalecia a visão patrimonialista na seara da responsabilidade civil, não havia percepção suficiente para vislumbrar os danos de natureza imaterial que, a rigor, sempre ocorriam, mas ficavam sem nenhuma reparação. Contudo, desde a segunda metade do século XX a centralidade da proteção jurídica está em franco processo de deslocamento para valorizar a dignidade da pessoa humana. Desse modo, novos direitos e, consequentemente, novos danos passaram a ser identificados, ao lado dos já conhecidos danos patrimoniais, nas suas diversas espécies.

Esse movimento expansionista da reparação integral em favor da vítima ensejou a ampliação da pesquisa no território dos danos mais sutis, a categoria que se apresenta com diversas denominações: dano imaterial, dano extrapatrimonial ou não patrimonial, dano moral ou dano à pessoa. E na amplitude dessa categoria os juristas foram identificando várias espécies de danos, como ramificações singulares dos danos extrapatrimoniais, tais como: dano biológico, dano à saúde, dano à vida de relação, dano sexual, dano estético, dano à intimidade, dano à imagem, dano psíquico ou psicológico, dano ao projeto de vida, dano à profissionalidade, dano por desvio produtivo ou perda do tempo útil etc.

Na Itália, as pretensões reparatórias fundadas nesses novos danos esbarravam na limitação imposta pelo art. 2.059 do Código Civil de 1942 que restringe o ressarcimento dos danos extrapatrimoniais somente aos casos previstos em lei[98]. Diante desse filtro rigoroso só era cabível o deferimento dos danos extrapatrimoniais para as lesões que também fossem tipificadas como crime.

Para contornar o impedimento do art. 2.059 mencionado, em sintonia com o movimento da valorização da dignidade da pessoa humana, a jurisprudência italiana buscou amparo no direito à saúde previsto no art. 32 da Constituição[99] e passou a deferir a indenização a título de dano biológico, entendimento esse que mais tarde acabou sendo confirmado pela Corte de Cassação na sentença n. 184 de 14 de julho de 1986[100].

A partir deste degrau evolutivo alcançado surgiu uma nova etapa. Depois de consolidar o cabimento da reparação do dano biológico ou dano à saúde, a discussão passou a ser qual a sua extensão e quais as condutas lesivas que poderiam ser enquadradas como tal. Surgiram decisões judiciais diversificadas sobre o dano biológico, observando-se uma nítida tendência de ampliação das hipóteses que autorizavam a reparação dos danos extrapatrimoniais.

Em razão desse intenso movimento da jurisprudência, a doutrina italiana sentiu a necessidade de identificar e separar com mais clareza as figuras do dano extrapatrimonial, do dano moral e do dano biológico. Foi nesse trabalho de organização e estruturação dos entendimentos acolhidos nos julgamentos que os juristas Paolo Cendon e Patrizia Ziviz, em artigos publicados entre os anos de 1991 a 1994, indicaram uma nova figura jurídica intitulada como dano existencial, integrante do gênero dano extrapatrimonial[101].

Vale reproduzir o registro doutrinário do professor Paolo Cendon, citado por Amaro de Almeida Neto, que narra o nascimento do dano existencial na Itália:

> Vítimas de queixas até então desconhecidas, de repente passaram a bater às portas dos tribunais: cada vez mais então, a jurisprudência primeiro,

98. "Art. 2.059. Danni non patrimoniali. Il danno non patrimoniale deve essere risarcito solo nei casi determinati dalla legge (Cod. Proc. Civ. 89; Cod. Pen. 185, 598).
99. "Art. 32. A República tutela a saúde como direito fundamental do indivíduo e interesse da coletividade, e garante tratamentos gratuitos aos indigentes".
100. MOLINA, André Araújo. *Os direitos fundamentais na pós-modernidade*. Rio de Janeiro: Lumen Juris, 2017. p. 253.
101. Cf. SOARES, Flaviana Rampazzo (Coord.). A construção de uma teoria do dano existencial no Direito do Trabalho. In: *Danos extrapatrimoniais no direito do trabalho*. São Paulo: LTr, 2017. p. 118.

e a doutrina depois, passam a se questionar sobre os limites da tutela a certas situações as quais, além do prejuízo à integridade psicofísica, conturbavam, por causa do ilícito, mais ou menos definitivamente, a cotidianidade imediata da vítima (...) vem se afirmando assim a leitura de um novo tipo, tendente a conduzir aquelas várias figuras no âmbito de uma categoria inédita intitulada 'dano existencial': de entender-se, em particular, como um *tertium genus* no âmbito da responsabilidade civil, distinto do tronco do dano patrimonial e do dano moral; uma realidade centrada no 'fazer não remunerado' da pessoa (...)[102].

Basicamente firmou-se a compreensão de que a lesão injusta pode causar danos à integridade psicofísica da vítima (dano biológico), gerar repercussões emocionais subjetivas de sofrimento e dor (dano moral), mas pode também provocar uma alteração inesperada na rotina, no planejamento e na qualidade de vida da vítima, com uma piora inevitável no seu particular modo de viver (dano existencial).

A Corte de Cassação que já vinha pouco a pouco ampliando as hipóteses de danos extrapatrimoniais reconheceu expressamente o dano existencial, como aquele que obstaculiza a atividade realizadora da pessoa humana, na sentença n. 7.713, de 7 de junho de 2000[103].

A figura do dano existencial desenvolvida na Itália guarda semelhanças de conteúdo com o *préjudice d'agrément* (prejuízo de lazer), adotado do direito francês, e do *loss of amenities of life* (perda das amenidades ou prazeres da vida), como adotado na Inglaterra e Estados Unidos.

Em Portugal, assevera Manuel Carneiro da Frada que o dano existencial pode ter como suporte o art. 70, I, do Código Civil de 1966, que estabelece: "Art. 70º — (Tutela geral da personalidade) 1. A lei protege os indivíduos contra qualquer ofensa ilícita ou ameaça de ofensa à sua personalidade física ou moral." E pontua o professor português que "os danos existenciais, no sentido lato que se lhes pode dar, são mais amplos: integram a perturbação da vida, a perda da sua qualidade, a alteração de planos e de hábitos, a sujeição a contingências desagradáveis, estados duradouros de desânimo, a 'dor de alma' (mesmo que não psicopatológica), etc."[104]

---

102. Cf. ALMEIDA NETO, Amaro Alves. Dano existencial — a tutela da dignidade da pessoa humana. *Revista Síntese*, São Paulo, v. XII, n. 80, p. 27-28, 2012.

103. SOARES, Flaviana Rampazzo. *Responsabilidade civil por dano existencial*. Porto Alegre: Livraria do Advogado, 2009. p. 81.

104. FRADA, Manuel A. Carneiro. Nos 40 anos do Código civil português — Tutela da personalidade e dano existencial. *Revista do Ministério Público do RS*: Porto Alegre, n. 82, 2017, p. 195.

Aqui no Brasil a Constituição da República de 1988 consagrou o direito à indenização por dano moral (art. 5º, V e X), pondo fim a um longo debate doutrinário sobre o cabimento ou não das reparações pelos danos extrapatrimoniais, o que ensejou todo o desenvolvimento da doutrina a respeito dos danos imateriais.

Na América Latina ganhou destaque a doutrina pioneira do jurista peruano Carlos Fernandes Sessarego sobre o dano ao projeto de vida, lançada a partir do ano de 1985, instituto que também guarda estreitas semelhanças com o dano existencial italiano. Em diversos livros, artigos e conferências o Professor Sessarego, da Universidad Nacional Mayor de San Marcos, em Lima-Peru, formulou as bases teóricas fundamentais do dano extrapatrimonial intitulado "dano ao projeto de vida", cujos ensinamentos ganharam adesão da comunidade jurídica internacional e da jurisprudência da Corte Interamericana de Diretos Humanos[105].

Conforme assevera Carlos Giovani Portugal, "o dano ao projeto de vida é aquele que impede a pessoa de realizar seus próprios planos de vida, de levar à cabo suas decisões existenciais."[106]

Aliás, o Código Civil e Comercial da Argentina, aprovado pela Lei n. 26.994 e promulgado em 7 de outubro de 2014, incorpora expressamente a doutrina do dano ao projeto de vida:

> ***Articulo 1738. Indemnización***. La indemnización comprende la pérdida o disminución del patrimonio de la víctima, el lucro cesante en el beneficio económico esperado de acuerdo a la probabilidad objetiva de su obtención y la pérdida de chances. Incluye especialmente las consecuencias de la violación de los derechos personalísimos de la víctima, de su integridad personal, su salud psicofísica, sus afecciones espirituales legítimas y las que resultan de la interferencia en su proyecto de vida.

Apesar das diferenças terminológicas, entendemos que o prejuízo ao projeto de vida também compromete a existência da vítima, podendo-se afirmar, por outro lado, que o dano existencial afeta o projeto de vida da vítima, de modo que é desnecessário empreender esforços rigorosos para desvendar as especificidades ou sutilezas dessas duas figuras jurídicas do direito comparado. O legislador brasileiro optou pela nomenclatura de dano "existencial",

105. Conferir: SESSAREGO, Carlos Fernandes. Reconocimiento y reparación del "Dano al proyecto de vida" em el umbral Del siglo XXI. In: SOARES, Flaviana Rampazzo (Coord.). *Danos extrapatrimoniais no direito do trabalho*. São Paulo: LTr, 2017. p. 65-93.

106. PORTUGAL, Carlos Giovani Pinto. *Responsabilidade civil por dano ao projeto de vida*. Curitiba: Juruá, 2016. p. 102.

conforme sedimentado na Itália, mas o conteúdo jurídico é praticamente o mesmo do dano ao projeto de vida.

Pelo que foi exposto, pode-se concluir que o dano existencial chega ao direito positivo brasileiro com razoável maturação no direito comparado, o que facilita a compreensão do seu alcance e da sua repercussão nas relações de trabalho.

8.7.3. Conceito e abrangência

O que se deve entender por dano existencial?

O conceito de dano abrange qualquer lesão a um bem jurídico tutelado pelo Direito que tanto pode ser de natureza patrimonial quanto extrapatrimonial, nas suas diversas espécies. Prevê o art. 2.101 dos Princípios de Direito Europeu da responsabilidade civil que "o dano consiste numa lesão material ou imaterial a um interesse juridicamente protegido".

Pela redação do art. 223-B da CLT o legislador assegurou a proteção jurídica dos bens extrapatrimoniais genericamente, mas indicou separadamente as espécies do dano moral e dano existencial.

O dano moral previsto na Constituição da República de 1988 já acumula mais de três décadas de elaboração doutrinária e sedimentação jurisprudencial consistente no Brasil. Contudo, como foi colocado na Lei Maior com o sentido genérico de dano imaterial acabou por englobar na sua aplicação as diversas modalidades de lesões. Até então, no âmbito trabalhista, a lesão de natureza existencial era percebida e reparada na categoria ampla dos danos morais. Mas, agora, será imprescindível separar as espécies dos danos extrapatrimoniais porquanto ensejam indenizações distintas.

A jurista Flaviana Rampazzo Soares, em cuidadosa dissertação de mestrado sobre o tema, concluiu que o dano existencial é considerado "como aquele que causa uma modificação prejudicial, total ou parcial, permanente ou temporária, seja a uma atividade, seja a um conjunto de atividades que a vítima do dano, normalmente, tinha como incorporado ao seu cotidiano e que, em razão do evento lesivo, precisou suprimir, modificar ou delegar sua realização.[107]

Os professores Jorge Boucinhas e Rúbia Zanotelli elaboraram o seguinte conceito para o dano existencial:

> O dano existencial no Direito do Trabalho, também chamado de dano à existência do trabalhador, decorre da conduta patronal que impossibilita

107. SOARES, Flaviana Rampazzo. *Responsabilidade civil por dano existencial*. Porto Alegre: Livraria do Advogado, 2009. p. 152.

o empregado de se relacionar e de conviver em sociedade por meio de atividades recreativas, afetivas, espirituais, culturais, esportivas, sociais e de descanso, que lhe trarão bem-estar físico e psíquico e, por consequência, felicidade; ou que o impede de executar, de prosseguir ou mesmo de recomeçar os seus projetos de vida, que serão, por sua vez, responsáveis pelo seu crescimento ou realização profissional, social e pessoal.[108]

Para o magistrado trabalhista Júlio César Bebber, por dano existencial compreende-se toda lesão que compromete a liberdade de escolha e frustra o projeto de vida que a pessoa elaborou para sua realização como ser humano. Diz-se existencial exatamente porque o impacto gerado pelo dano provoca um vazio existencial na pessoa que perde a fonte de gratificação vital.[109]

Para facilitar a compreensão dessa nova figura jurídica, a professora Flaviana Rampazzo elaborou um interessante roteiro com quatro passos que auxilia na constatação do dano existencial e que pode ser assim sintetizado:

a) Um não mais poder fazer — a pessoa por força da conduta lesiva da qual foi vítima não tem mais condições de praticar algo que tinha o hábito de fazer na vida pessoal ou profissional.

b) Um ter que fazer diferente — Após o ato danoso a vítima terá que passar por um processo de readaptação ou reabilitação para continuar sua atividade, normalmente com redução da produtividade, além das implicações inevitáveis na sua rotina extralaboral.

c) Um ter que fazer que não necessitava fazer antes —Em decorrência do dano injusto a vítima terá que mudar sua rotina, incorporando compulsoriamente outras atividades que demandam tempo, esforço ou incômodo tais como fisioterapia, consultas, assistência para deslocamento e outros procedimentos.

d) Uma necessidade de auxílio para poder fazer — O ato danoso pode determinar a necessidade permanente ou temporária de auxílio de outra pessoa para realização das atividades pessoais ou profissionais que fazem parte do cotidiano da vítima.[110]

Pelo roteiro indicado, constata-se o dano existencial quando a vítima não pode mais fazer o que antes fazia; terá que fazer agora o que não

---

108. BOUCINHAS FILHO, Jorge Cavalcanti; ALVARENGA, Rúbia Zanotelli. O dano existencial e o direito do trabalho. *Revista LTr*, São Paulo. v. 77, n. 4, p. 451, abr. 2013.

109. BEBBER, Júlio César. Danos extrapatrimoniais — estético, biológico e existencial: breves considerações. *Revista LTr*, São Paulo, v. 73, n. 1. p. 28, jan. 2009.

110. SOARES, Flaviana Rampazzo (Coord.). *Danos extrapatrimoniais no direito do trabalho*. São Paulo: LTr, 2017. p. 126-127.

queria; fará diferente o que habitualmente fazia; fará doravante o que antes nunca fazia ou será auxiliada para fazer o que sozinha faria. Se for identificada uma ou algumas dessas situações decorrentes da lesão injusta, estará caracterizado o dano existencial e será cabível o deferimento da respectiva indenização.

Podemos concluir, portanto, que ocorre o dano existencial na relação de trabalho quando o ato lesivo provoca uma alteração não programada na rotina de vida da vítima, prejudicando suas escolhas, suas preferências e opções de lazer, o desenrolar natural da sua agenda diária, com imposição de um roteiro de sobrevivência não desejado. Seus hábitos e o modo de desfrutar o tempo livre são afetados pelo ato danoso, sobrevindo a necessidade de ajustes, adaptações ou restrições, temporárias ou permanentes, com real prejuízo para a sua qualidade de vida.

8.7.4. Dano moral e dano existencial: similitudes e diferenças

Após a introdução do art. 223-B na CLT, o dano moral na seara trabalhista deixa de ter o sentido genérico dos danos imateriais até então considerado e passa a figurar como uma das espécies dos danos extrapatrimoniais, ao lado do dano existencial e do dano estético.

Nessa nova configuração adotada expressamente no texto legal surge o questionamento a respeito das diferenças básicas entre o dano moral e o dano existencial, uma vez que ambos até agora eram tratados conjuntamente.

Antes de esboçar a distinção é imprescindível registrar que a doutrina brasileira debate há algum tempo a concepção objetiva e a subjetiva do dano moral. Para a primeira corrente o dano moral decorre da lesão à dignidade humana, pela violação aos direitos da personalidade e enseja a indenização independentemente das reações de sofrimento psíquico da vítima. Já a corrente subjetivista do dano moral centra o foco nas sensações desagradáveis provocadas pelo ato danoso, tais como a angústia, a humilhação, o sofrimento, a tristeza, ou seja, a dor no seu sentido mais lato[111].

Sérgio Cavalieri enfatiza que "o dano moral não está necessariamente vinculado a alguma reação psíquica da vítima. Pode haver ofensa à dignidade da pessoa humana sem dor, vexame, sofrimento, assim como pode haver dor, vexame e sofrimento sem violação da dignidade. Dor, vexame, sofrimento e

---

111. O Enunciado 444 adotado pelo Conselho de Justiça Federal, por ocasião da V Jornada de Direito Civil, fixou o entendimento seguinte: "O dano moral indenizável não pressupõe necessariamente a verificação de sentimentos humanos desagradáveis como dor ou sofrimento".

humilhação podem ser consequências, e não causas. Assim como a febre é efeito de uma agressão orgânica, a reação psíquica da vítima só pode ser considerada dano moral quando tiver por causa uma agressão à sua dignidade".[112]

De forma semelhante anotam os juristas Cristiano Faria, Felipe Peixoto e Nelson Rosenvald que "o equívoco na aproximação entre o dano moral e a dor ou outras sensações desagradáveis pode ser explicado de uma forma ainda mais veemente. Trata-se de uma confusão entre sintoma e a causa. Vale dizer, decepção, desgosto, desprazer, dissabor... cada um desses sentimentos não passa de uma eventual consequência do dano moral.[113]

Entendemos neste ponto que podemos distinguir, como já foi feito no direito italiano, o dano-evento como suporte da corrente objetiva e o dano-consequência na compreensão da corrente subjetiva. Os fundamentos jurídicos da reparação estão assentados na violação do bem jurídico tutelado (o dano-evento); mas, os efeitos da lesão são percebidos pelas várias repercussões dos prejuízos e dos sofrimentos suportados pela vítima (dano-consequência). Então, podemos analisar o ocorrido olhando prioritariamente para o ato lesivo ou concentrar a observação na ferida causada.

Acreditamos, porém, que para compreensão do todo deve ser feita a aglutinação das duas partes, conjugando os olhares, o que permitirá contemplar a causa e o efeito, o evento e a sua consequência. Não somente a fotografia estática de um ângulo específico, mas a visão integrada e dinâmica do conjunto. Desse modo, a corrente objetiva e a subjetiva devem ser conjugadas para mais bem perceber o dano moral e sua extensão e viabilizar a diferenciação do dano existencial.

A redação conferida aos arts. 223-B e 223-C da CLT prestigia o foco da corrente objetivista do dano moral visto que já indica os bens juridicamente tutelados, cuja lesão pode atrair simultaneamente o deferimento do dano moral e do dano existencial. Desse modo, se analisarmos simplesmente pela concepção objetivista haverá dificuldades para separar o dano moral do dano existencial já que ambos decorrem de lesão aos direitos da personalidade.

Aliás, na Itália a Corte de Cassação, na Seção de Unificação, em decisão de 2008 (Sentença 26792) concluiu que o dano existencial atende apenas às exigências descritivas, mas não representa uma categoria autônoma e deve ser liquidado no conjunto dos danos não patrimoniais, fixando o seguinte

---

112. CAVALIERI, Sérgio. *Programa de responsabilidade civil.* 16. ed. São Paulo: Atlas, 2023. p. 106.

113. FARIAS, Cristiano Chaves; BRAGA NETO, Felipe Peixoto; ROSENVALD, Nelson. *Novo tratado de responsabilidade civil.* 3. ed. São Paulo: Saraiva, 2018. p. 361.

entendimento: "o dano não patrimonial é categoria não suscetível de subdivisão em subcategorias diferentes".[114]

Não é tarefa fácil a distinção entre o dano moral e o dano existencial, porque são espécies do mesmo gênero (o dano extrapatrimonial) e ocupam territórios adjacentes, separados por uma linha demarcatória pouco precisa. Todavia, se depois de constatada a lesão aos direitos da personalidade concentrarmos o olhar nos efeitos causados, poderemos identificar com mais segurança as diferenças. Para Cristiano Farias, Nelson Rosenvald e Felipe Braga a distinção entre o dano moral e o dano existencial é quantitativa: o dano moral resulta de uma violação à personalidade cujas consequências deletérias se circunscrevem ao evento; em contrapartida, o dano existencial encontra a sua medida na permanência da eficácia danosa sobre a operosidade, dinamismo e qualidade de uma vida.[115]

Merece realce neste estudo a conclusão de Flaviana Rampazzo quando compara o dano existencial com o dano moral puro:

> O dano moral, propriamente dito, tem natureza extrapatrimonial e é subjetivo, porque atinge o moral da pessoa, vale dizer, afeta, negativamente, o seu ânimo (é o que se pode denominar de 'prostração') turbando sua esfera interna, transitoriamente. Por tal razão o dano moral puro também é denominado como dano 'anímico'. Referida espécie de dano está relacionada ao sentimento (à esfera subjetiva e íntima da pessoa), nas palavras de Scognamiglio, caracterizando-se por sofrimento, angústia, abatimento que possam ser experimentados pela pessoa atingida por um ato lesivo, que são as mais evidentes manifestações da prostração. (...) O dano existencial difere do dano moral, propriamente dito, porque o primeiro está caracterizado em todas as alterações nocivas na vida cotidiana da vítima em todos os seus componentes relacionais (impossibilidade de agir, interagir, executar tarefas relacionadas às suas necessidades básicas, tais como cuidar da própria higiene, da casa, dos familiares, falar, caminhar, etc.) enquanto o segundo pertence à esfera interior da pessoa.[116]

A doutrina de Matteo Maccarone, citada por Amaro Almeida Neto, registra esta diferença no direito italiano:

---

114. Disponível em: <http://dirittocivilecontemporaneo.com/wp-content/uploads/2016/04/Cass.-sez.-un.-11-novembre-2008-n.-26792-Rel.-Preden.pdf>. Acesso em: 5 out. 2018.

115. FARIAS, Cristiano Chaves; BRAGA NETO, Felipe Peixoto; ROSENVALD, Nelson. *Curso de direito civil:* responsabilidade civil 9. ed. Salvador: JusPodivm, 2022. v. 3. p. 357.

116. SOARES, Flaviana Rampazzo. *Responsabilidade civil por dano existencial.* Porto Alegre: Livraria do Advogado, 2009. p. 98-99.

> O dano moral é essencialmente um 'sentir'; o dano existencial é mais um 'fazer' (isto é um 'não mais poder fazer', um 'dever agir de outro modo'). O primeiro refere-se quanto à sua natureza ao 'dentro' da pessoa, à esfera emotiva; o outro relaciona-se ao 'exterior', o tempo e espaço da vítima. No primeiro toma-se em consideração o pranto versado, as angústias; no outro as atenções se voltam para a reviravolta forçada da agenda do indivíduo.[117]

Como se verifica, as diferenças entre o dano moral e o dano existencial são mais facilmente percebidas quando se avalia os efeitos da lesão sofrida. Enquanto o dano moral repercute na esfera íntima da vítima, perturbando o seu estado de espírito pela angústia, mágoa e diversas manifestações emocionais de sofrimento, o dano existencial materializa-se na mudança forçada no modo de viver. O dano moral gera sensações subjetivas de sofrimento, ao passo que o dano existencial é percebido pelas alterações compulsórias das escolhas e do projeto de vida. O dano existencial a mudança compulsória do cotidiano da vítima mostra; o dano moral a alma sente.

Por tudo que foi exposto, as principais diferenças podem ser sintetizadas no quadro abaixo:

DANOS EXTRAPATRIMONIAIS — Art. 223-B da CLT	
Dano moral	**Dano existencial**
Identifica-se o prejuízo principalmente por *afetar sentimentos* (esfera íntima)	Identifica-se o prejuízo principalmente por *gerar impedimentos* (vida de relação)
Compromete o equilíbrio emocional (angústia, desconforto, desânimo, tristeza, humilhação etc.)	Compromete a fruição das atividades incorporadas ao *modus vivendi* (convívio, lazer, religião, arte, esporte etc.)
Afeta as sensações de bem-estar imediato (Tende a ser transitório)	*Afeta as aspirações* de realização do projeto de vida (Tende a ser duradouro)
Um incômodo sentimento dolorido	Um não mais poder fazer frustrante
Revolta-abatimento pelo dano injusto	Reprogramação compulsória do projeto de vida

8.7.5. Dano existencial trabalhista

Cabe assinalar neste passo que é sintomático ter sido a legislação trabalhista a primeira a contemplar o dano existencial no ordenamento jurídico

117. ALMEIDA NETO, Amaro Alves. Dano existencial — A tutela da dignidade da pessoa humana. *Revista Síntese*, São Paulo, v. XII, n. 80, p. 31, 2012.

nacional, porquanto é praticamente um fato notório que ocorrem e com muita frequência, as lesões por danos de natureza extrapatrimonial nas relações de trabalho. Agora, com o comando legal expresso, certamente haverá um acentuado crescimento dos pedidos de indenização a título de dano existencial.

Em muitas das hipóteses que até agora ensejavam o deferimento de indenização por dano moral é provável que estivesse presente também o suporte fático para a condenação por dano existencial, ou seja, desde que o evento danoso tenha repercutido negativamente no cotidiano e no projeto de vida da vítima.

No Brasil, as decisões pioneiras sobre o dano existencial, na seara trabalhista, tiveram como causa de pedir as jornadas de trabalho excessivas. Informa Flaviana Rampazzo que os primeiros casos surgiram a partir de diversas ações judiciais, propostas perante a Justiça do Trabalho no Rio Grande do Sul, contra uma rede de supermercados que submetia os empregados a jornadas de trabalho prolongadas, sendo que o primeiro acórdão sobre dano existencial, naquela região, foi proferido em 2012, adotando-se a ementa seguinte:

> "**Dano existencial. Jornada extra excedente do limite legal de tolerância. Direitos fundamentais.** O dano existencial é uma espécie de dano imaterial, mediante o qual, no caso das relações de trabalho, o trabalhador sofre danos/limitações em relação à sua vida fora do ambiente de trabalho em razão de condutas ilícitas praticadas pelo tomador do trabalho. Havendo a prestação habitual de trabalho em jornadas extras excedentes do limite legal relativo à quantidade de horas extras, resta configurado dano à existência, dada a violação de direitos fundamentais do trabalho que integram decisão jurídico-objetiva adotada pela Constituição. Do princípio fundamental da dignidade da pessoa humana decorre o direito ao livre desenvolvimento da personalidade do trabalhador, nele integrado o direito ao desenvolvimento profissional, o que exige condições dignas de trabalho e observância dos direitos fundamentais também pelos empregadores (eficácia horizontal dos direitos fundamentais). Recurso provido." TRT 4ª Região. 1ª Turma. RO n. 00105.14.2011.5.04.0241. Redator: Desembargador José Felipe Ledur, julgado em 14 mar. 2012[118].

Como as primeiras demandas propostas sobre dano existencial indicavam como causa de pedir o volume acentuado e habitual de horas extras, naturalmente que as decisões judiciais precursoras analisaram o cabimento dessa indenização apenas para a hipótese de trabalho extraordinário excessivo. Os acórdãos pioneiros sobre o tema motivaram o ajuizamento de novas ações judiciais, mas sempre abordando a mesma causa pedir, com pequenas

118. SOARES, Flaviana Rampazzo (Coord.). *Danos extrapatrimoniais no direito do trabalho*. São Paulo: LTr, 2017. p. 119.

variações: jornada excessiva, jornada exaustiva, jornada desgastante, jornada extenuante, sobrelabor excessivo...

Desse modo, uma pesquisa realizada em 2024, apenas pelo enfoque jurisprudencial, leva à conclusão equivocada de que só cabe a indenização por dano existencial para o caso de jornada de trabalho excessiva[119].

Recentemente, em sala de aula um aluno perguntou: *professor este tal de dano existencial é um tipo de dano moral cabível quando o empregador exige muitas horas extras*? E pelo que venho constatando, a indagação do aluno reflete um pensamento generalizado, talvez pela pouca abordagem doutrinária sobre o tema no Brasil. E, desse modo, os pedidos formulados sobre o dano existencial praticamente têm sido apenas para as hipóteses de jornada excessiva, ampliando a jurisprudência restritiva sobre o tema.

Sem o conhecimento da evolução histórica do dano existencial e o sentido hermenêutico da sua amplitude, conforme já sedimentado no direito comparado, corre-se o risco de limitarmos sua aplicação no Brasil tão somente para a hipótese de jornadas excessivas, mormente em razão do crescente acervo jurisprudencial a respeito.

Se as pretensões são formuladas com um sentido limitado do dano existencial, os julgamentos também ficarão contidos dentro dos limites do pedido. O campo de aplicação da norma foi elaborado com um conteúdo amplo, mas sua aplicação tem sido limitada a um aspecto menor; em outras palavras, o conceito de dano existencial contempla um arquipélago de hipóteses, mas as pretensões são deduzidas considerando apenas uma das suas ilhas.

Em síntese, seguindo-se os postulados corretos da boa interpretação, pode-se concluir pelo cabimento da indenização por dano existencial em diversas outras hipóteses que podem ocorrer na execução do contrato de trabalho, mas são raros os pedidos formulados com este enfoque. As condutas patronais que afetam os bens jurídicos imateriais dos empregados e provocam os danos existenciais poderão ser identificadas pela violência no local de trabalho, pelo assédio moral ou sexual, pelo trabalho degradante ou trabalho escravo, por acidente do trabalho ou doença ocupacional, por jornada exaustiva ou prolongada, pelo

---

119 Alguns acórdãos registram esse entendimento: "O dano existencial vem sendo entendido como o prejuízo sofrido em razão do sobrelabor excessivo imposto pelo empregador, que impossibilita o trabalhador de desempenhar suas atividades cotidianas e prejudica a manutenção de suas relações sociais externas ao ambiente de trabalho, tais como convívio com amigos e familiares, bem como as atividades recreativas. Contudo, ainda que a prestação habitual de horas extras cause transtornos ao empregado, tal fato não é suficiente para ensejar o deferimento da indenização por dano existencial, sendo imprescindível, na hipótese, a demonstração inequívoca do prejuízo que, no caso, não ocorre ***in re ipsa***." TST. 5ª Turma. Ag-RRAg-1523-02.2015.5.17.0009, *DEJT* 05 fev. 2021.

impedimento reiterado de fruição dos direitos trabalhistas (descanso, repouso, férias, etc.). Não é possível indicar e exaurir todas as condutas que podem provocar o dano injusto e propiciar o deferimento da reparação por dano existencial, considerando que há múltiplas possibilidades de ocorrências prejudiciais na execução do contrato de trabalho. Diante do caso concreto, considerando a diretriz conceitual mencionada, será possível identificar as condutas lesivas que autorizam o deferimento da indenização por dano existencial.

Entretanto, é necessário enfatizar que a figura do dano existencial aparece mesmo com mais nitidez é na hipótese de acidente do trabalho ou doença ocupacional. Em muitas ocasiões o acidente do trabalho ou a doença ocupacional representa para a vítima a mudança compulsória dos afazeres do seu cotidiano, o desmonte traumático do seu projeto de vida, o encarceramento numa cadeira de rodas ou o sepultamento dos sonhos acalentados quanto à possibilidade de um futuro melhor.

A indenização pelos danos patrimoniais repõe o prejuízo econômico e atende as necessidades básicas de sobrevivência da vítima, mas não elimina a revolta e a frustração diante da nova realidade, especialmente quando se olha para o futuro. O marco divisório imposto pelo sinistro altera para pior a rotina e o rumo da vida, apontando para uma existência arruinada, sombria, sem perspectivas animadoras.

As aspirações são substituídas pelas imposições, o futuro apresenta-se como uma cena trágica paralisada e o projeto de vida é amputado pelo vazio existencial. Saem de cena os planos de ascensão profissional, de aprimoramento na carreira, de realizações de ordem artística, espiritual ou de lazer, da aposentadoria para desfrutar do tempo livre... Enfim, a vítima interrompe ou sepulta o seu projeto de vida, livremente escolhido, no curso natural de sua fluência para improvisar necessariamente um modo de sobrevivência possível. Nessas hipóteses, sem dúvida, emerge a figura jurídica do dano existencial.

De todo modo, para o deferimento da indenização por dano existencial será necessário o detalhamento do prejuízo extrapatrimonial sofrido e a comprovação de que foi a conduta ilícita ou injusta do empregador que provocou a alegada alteração na rotina diária ou mesmo da qualidade de vida da vítima. É preciso, portanto, constatar o dano à existência pessoal e a identificação do nexo causal ou pelo menos nexo concausal com a prestação dos serviços da vítima em benefício do empregador. Pode ser, ainda, que o alegado dano existencial ocorra unicamente por fatores extralaborais ou exclusivamente pessoais da vítima, sem conexão direta com o trabalho, o que inviabiliza a reparação do dano por falta do pressuposto do liame causal.

Em síntese, para o acolhimento do pedido indenizatório por dano existencial é imprescindível a presença dos pressupostos da responsabilidade civil, quais sejam: a comprovação do dano, do nexo causal ou concausal e a da culpa ou do exercício de atividade de risco.

A jurisprudência trabalhista já acumula considerável acervo de decisões a respeito do dano existencial, valendo citar alguns julgados:

> "**Agravo em recurso de Embargos em Agravo em Recurso de Revista regido pela Lei nº 13.015/2014. Jornada de trabalho extenuante – Dano existencial – Não comprovação.** A jurisprudência do Tribunal Superior do Trabalho é no sentido de que o cumprimento de jornada extenuante pela prestação de horas extras habituais, por si só, não resulta em dano existencial, sendo imprescindível a demonstração inequívoca do prejuízo, que, no caso, não ocorre *in re ipsa* . Precedentes da SBDI-1/TST e de Turmas. Nesse contexto, não prospera a alegação de divergência jurisprudencial, eis que o único aresto colacionado nas razões de embargos é inservível para a demonstração do dissenso, porquanto se encontra superado pela atual, iterativa e notória jurisprudência da SBDI-1 do TST, nos termos da norma insculpida no § 2º do art. 894 da CLT. Agravo desprovido". TST. SBDI-I. Ag-E-Ag-ARR-310-74.2014.5.04.0811, Rel.: Ministro Renato de Lacerda Paiva, *DEJT* 03 dez. 2021.
>
> "**Embargos em Recurso de Revista interposto na vigência da lei nº 13.015/2014 – dano existencial – jornada excessiva.** 1. Discute-se nos autos se o trabalho em jornada excessiva constitui dano *in re ipsa*. 2. A Turma entendeu que a realização de jornada excessiva habitual, por si só, enseja o pagamento de indenização ao empregado. 3. O dano existencial não pode ser reconhecido à míngua de prova específica do efetivo prejuízo pessoal, social ou familiar. Nessa situação, é inviável a presunção de que o dano existencial tenha efetivamente acontecido, em face da ausência de provas nos autos. 4. Embora a possibilidade, abstratamente, exista, é necessária a constatação no caso concreto para que sobre o indivíduo recaia a reparação almejada. Demonstrado concretamente o prejuízo às relações sociais e a ruína do projeto de vida do trabalhador, tem-se como comprovados, *in re ipsa*, a dor e o dano à sua personalidade. 5. O que não se pode admitir é que, comprovada a prestação de horas extraordinárias, extraia-se daí automaticamente a consequência de que as relações sociais do trabalhador foram rompidas ou que seu projeto de vida foi suprimido do seu horizonte. Precedentes. Recurso de embargos conhecido e provido." TST. SBDI-I. E-RR n. 402-61.2014.5.15.0030, Rel.: Ministro Luiz Philippe Vieira de Mello Filho, *DEJT* 27 nov. 2020.
>
> "**III – Recurso de revista. Acórdão regional publicado na vigência da lei 13.467/2017. Dano existencial. Não concessão de férias por longo período (quatro anos). Configuração. Transcendência jurídica.** 1. Cinge-se a controvérsia a se saber se a supressão das férias, "por longo período", configura por si só prejuízo ao convívio familiar e social do empregado, apto a ensejar a condenação da empresa ao pagamento de indenização por dano existencial. 2. Consoante define Flaviana Rampazzo Soares, o dano existencial consiste na " lesão ao complexo de relações que auxiliam no desenvolvimento normal da personalidade do sujeito, abrangendo a ordem pessoal ou a ordem social.

É uma afetação negativa, total ou parcial, permanente ou temporária, seja a uma atividade, seja a um conjunto de atividades que a vítima do dano, normalmente, tinha como incorporado ao seu cotidiano e que, em razão do efeito lesivo, precisou modificar em sua forma de realização, ou mesmo suprimir de sua rotina (...)". (in Responsabilidade por dano existencial. Porto Alegre: Livraria do Advogado, Editora. 2009, págs. 44-45). 3. Trata-se, portanto, de dano externo, alheio à vontade da vítima, que lhe afeta a rotina e a qualidade de vida, na medida em que cria uma privação de se realizar algo que normalmente poderia ser feito no cotidiano, trazendo, assim, prejuízos ao projeto de vida pessoal. 4. No âmbito do direito do trabalho, o dano existencial pode decorrer do excesso da jornada de trabalho ou da supressão de outros direitos que afetem a rotina e a saúde física ou psíquica do trabalhador, tal como ao direito social ao lazer, assegurado constitucionalmente (art. 6º). 5. Contudo, como o dano existencial não se classifica como dano *in re ipsa*, exige-se , em regra geral, a comprovação pelo trabalhador de que teve efetiva restrição em seu convívio familiar e social, passível de indenização . 6. No caso, ficou registrado no v. acórdão regional que houve supressão das férias "por longo período". "Por longo período", entenda-se a não fruição das férias por quatro anos – períodos de "2010/2011, 2011/2012, 2012/2013, 2013/2014", conforme constou do v. acórdão regional (pág. 676). 7. Trata-se de situação que demonstra de forma inequívoca a frustração ao projeto de vida de pessoal do empregado, com privação ao lazer e seu convívio social, o que leva à constatação da supressão ao direito ao lazer e das consequências jurídicas impeditivas do convívio familiar e social. Precedentes da Corte . Recurso de revista conhecido por violação do art. 5º, X, da CR e provido." TST. 7ª Turma. RR-101882-49.2016.5.01.0015, Rel.: Ministro Alexandre de Souza Agra Belmonte, *DEJT* 19 dez. 2023.

"Recurso de revista. Dano existencial. Prestação excessiva, contínua e desarrazoada de horas extras. Indenização por dano moral. O excesso de jornada extraordinária, para muito além das duas horas previstas na Constituição e na CLT, cumprido de forma habitual e por longo período, tipifica, em tese, o dano existencial, por configurar manifesto comprometimento do tempo útil de disponibilidade que todo indivíduo livre, inclusive o empregado, ostenta para usufruir de suas atividades pessoais, familiares e sociais. A esse respeito é preciso compreender o sentido da ordem jurídica criada no País em cinco de outubro de 1988 (CF/88). (...) Se não bastasse, essa jornada gravemente excessiva reduz acentuadamente e de modo injustificável, por longo período, o direito à razoável disponibilidade temporal inerente a todo indivíduo, direito que é assegurado pelos princípios constitucionais mencionados e pelas regras constitucionais e legais regentes da jornada de trabalho. Tal situação anômala deflagra, assim, o dano existencial, que consiste em lesão ao tempo razoável e proporcional, assegurado pela ordem jurídica, à pessoa humana do trabalhador, para que possa se dedicar às atividades individuais, familiares e sociais inerentes a todos os indivíduos, sem a sobrecarga horária desproporcional, desarrazoada e ilegal, de intensidade repetida e contínua, em decorrência do contrato de trabalho mantido com o empregador. Logo, configurada essa situação no caso dos autos, em que a jornada de trabalho do Autor comumente era excessiva, não há dúvida sobre a necessidade de reparação do dano moral sofrido, devendo ser condenada a

Reclamada ao pagamento de uma indenização. Recurso de revista conhecido e provido no aspecto." TST. 3ª Turma. RRAg-10431-29.2017.5.18.0016, Rel.: Ministro Mauricio Godinho Delgado, *DEJT* 23 set. 2022.

"Recurso de Revista do Reclamante interposto na vigência da Lei nº 13.015/2014 e anteriormente à IN nº 40/2016 e à Lei nº 13.467/2017. Acidente de trabalho. Indenizações por danos extrapatrimoniais (morais, estéticos e "projeto de vida"). Arbitramento de valores. O reclamante desde a petição inicial postulou indenização por danos morais no valor de R$ 500.000,00, indenização por danos estéticos no valor de R$ 300.000,00 e indenização por danos ao projeto de vida de R$ 400.000,00. Não há como discutir o montante dos danos morais em sentido estrito, pois não consta nos trechos transcritos qual foi o montante fixado no TRT. Nesse particular, aplica-se o art. 896, § 1º-A, I, da CLT. Está demonstrada a falta de proporcionalidade entre os fatos provados, constantes nos trechos transcritos, e os montantes fixados pelo TRT a título de lesões extrapatrimoniais relativos a danos estéticos (R$ 60 mil) e a danos a projeto de vida (R$ 60 mil). Devem ser majorados os montantes para R$ 120 mil (danos estéticos) e R$ 120 mil (danos ao projeto de vida). Caso em que o TRT delimitou os seguintes aspectos fáticos: "Cumpre referir que a culpa da reclamada, no caso, é grave, tendo agido com negligência e imperícia na análise de risco da atividade a ser realizada por seu empregado"; "observo que o reclamante contava com apenas 29 anos à época do acidente, tendo sofrido graves e extensas lesões, físicas e neurológicas, que comprometem sua possibilidade de seguir um plano de vida pessoal e profissional. Com efeito, não há como entender que um trabalhador com diversas limitações de movimento, que apresenta cicatrizes extensas pelo corpo e não pode realizar esforço físico ou se expor ao sol tenha as mesmas condições de construir uma carreira que um trabalhador sem esses problemas. O reclamante, no caso, teve ceifado o seu direito a seguir na carreira inicialmente escolhida, como eletricista, ou mesmo a iniciar outra carreira, através do estudo, especialmente em razão do déficit de cognição resultante do acidente"; "evidente o dano ao projeto de vida do empregado em decorrência da lesão sofrida em seus órgãos reprodutores, tendo sido constatado, após o acidente, o grau de vitalidade 0%, conforme espermograma da fl. 101. O reclamante foi atingido, dessa forma, em esfera extremamente íntima de sua natureza humana, tendo-lhe sido retirada a possibilidade de reprodução e, com isso, a possibilidade de criação de uma família natural"; "Com efeito, o laudo dermatológico confirma a existência de cicatrizes das queimaduras sofridas (que cobriam aproximadamente 70% da superfície corporal do empregado), referindo que apresentam coloração castanho atrófico, sendo discrômicas e se estendendo pelo dorso, membros inferiores e superiores, pescoço e abdome. Também indica a existência de extensa retração fibrótica na planta e cavum do pé esquerdo, com perda de substância, que dificultam a deambulação. A prova dos autos indica, ainda, a existência de lesões nos órgãos genitais do autor, que sofreu enxertos no pênis e teve redução de um dos testículos"; "As queimaduras sofridas pelo reclamante, bem como a perda de substância do pé e a deambulação claudicante, acarretam evidente e grave impacto à imagem pessoal do autor, influenciando não apenas em sua relação com a sociedade na qual convive, mas também, em suas relações afetivas. Além disso, a perda estética relativa à parte dos órgãos genitais também atinge fortemente a imagem do empregado, repercutindo em sua esfera íntima e gerando dano de difícil mensuração". Recurso de revista a que se dá provimento parcial. TST. 6ª Turma. ARR n. 35-38.2012.5.04.0701, Rel.: Ministra Katia Magalhaes Arruda, *DEJT* 9 ago. 2019.

"**Dano moral. Dano existencial. Submissão à jornada extenuante. Prejuízo não comprovado. O dano existencial é espécie de dano imaterial.** No caso das relações de trabalho, o dano existencial ocorre quando o trabalhador sofre dano/limitações em sua vida fora do ambiente de trabalho em razão de condutas ilícitas, por parte do empregador, impossibilitando-o de estabelecer a prática de um conjunto de atividades culturais, sociais, recreativas, esportivas, afetivas, familiares etc., ou de desenvolver seus projetos de vida nos âmbitos profissional, social e pessoal. Não é qualquer conduta isolada e de curta duração, por parte do empregador, que pode ser considerada como dano existencial. Para isso, a conduta deve perdurar no tempo, sendo capaz de alterar o objetivo de vida do trabalhador, trazendo-lhe um prejuízo no âmbito de suas relações sociais. Ressalte-se, por oportuno, que a prestação de horas extras, por si só, não configura ato ilícito cometido pelo empregador a ensejar a condenação em danos existenciais, cabendo ao trabalhador a efetiva prova acerca da afronta aos seus direitos fundamentais do trabalhador, o que não ocorreu no caso dos autos. Recurso de Revista conhecido e não provido." TST. 4ª Turma. RR n. 1343-58.2016.5.12.0051, Rel.: Ministra Maria de Assis Calsing, *DEJT* 29 jun. 2018.

"**Dano moral. Dano existencial. Supressão de direitos trabalhistas. Não concessão de férias. Durante todo o período laboral. Dez anos. Direito da personalidade. Violação.** 1. A teor do art. 5º, X, da Constituição Federal, a lesão causada a direito da personalidade, intimidade, vida privada, honra e imagem das pessoas assegura ao titular do direito a indenização pelo dano decorrente de sua violação. 2. O dano existencial, ou o dano à existência da pessoa, — consiste na violação de qualquer um dos direitos fundamentais da pessoa, tutelados pela Constituição Federal, que causa uma alteração danosa no modo de ser do indivíduo ou nas atividades por ele executadas com vistas ao projeto de vida pessoal, prescindindo de qualquer repercussão financeira ou econômica que do fato da lesão possa decorrer. — (ALMEIDA NETO, Amaro Alves de. Dano existencial: a tutela da dignidade da pessoa humana. Revista dos Tribunais, São Paulo, v. 6, n. 24, p. 68, out./dez. 2005). 3. Constituem elementos do dano existencial, além do ato ilícito, o nexo de causalidade e o efetivo prejuízo, o dano à realização do projeto de vida e o prejuízo à vida de relações. Com efeito, a lesão decorrente da conduta patronal ilícita que impede o empregado de usufruir, ainda que parcialmente, das diversas formas de relações sociais fora do ambiente de trabalho (familiares, atividades recreativas e extralaborais), ou seja que obstrua a integração do trabalhador à sociedade, ao frustrar o projeto de vida do indivíduo, viola o direito da personalidade do trabalhador e constitui o chamado dano existencial. 4. Na hipótese dos autos, a reclamada deixou de conceder férias à reclamante por dez anos. A negligência por parte da reclamada, ante o reiterado descumprimento do dever contratual, ao não conceder férias por dez anos, violou o patrimônio jurídico personalíssimo, por atentar contra a saúde física, mental e a vida privada da reclamante. Assim, face à conclusão do Tribunal de origem de que é indevido o pagamento de indenização, resulta violado o art. 5º, X, da Carta Magna. Recurso de revista conhecido e provido, no tema." TST. 1ª Turma. RR n. 727-76.2011.5.24.0002, Rel.: Ministro Hugo Carlos Scheuermann, DJ 28 jun. 2013.

8.8. PERDA DE UMA CHANCE

Inicialmente, a ciência jurídica só admitia a reparação do dano material ou patrimonial, mormente porque o prejuízo era visível e mensurável. No final do século XX, ampliou-se o entendimento em favor da vítima, no sentido de que também seria cabível indenizar o dano moral e o dano estético. A Lei n. 13.467/2017 introduziu o dano existencial, acima tratado. Atualmente, já se vislumbra o surgimento de novas categorias de danos indenizáveis, tanto que o Código Civil de 2002, na linha desse movimento expansionista, relacionou no art. 948 as indenizações cabíveis no caso de homicídio, mas deixou a ressalva: *sem excluir outras reparações.* Também o art. 949, quando indica os danos indenizáveis provenientes de lesão ou outra ofensa à saúde, assegura o complemento da reparação *de algum outro prejuízo que o ofendido prove haver sofrido.*

Não há mais dúvidas, portanto, quanto ao cabimento da reparação dos danos materiais, morais, existenciais e estéticos. Contudo, o dano indenizável deve ser certo, atual e subsistente. Não cabe indenizar o dano incerto, hipotético ou o que eventualmente possa ocorrer. Daí por que o art. 403 do Código Civil restringe a indenização ao dano direto e imediato, ou seja, "as perdas e danos só incluem os prejuízos efetivos e os lucros cessantes por efeito dela direto e imediato".

Entretanto, o progresso da civilização impulsiona também o aperfeiçoamento do Direito, possibilitando o advento de novas figuras jurídicas para tutelar a reparação de lesões mais sutis, até então inobservadas. É certo que só o dano efetivo deve ser indenizado, não cabendo reparação de danos apenas hipotéticos. Mas qual a consequência jurídica quando o ato ilícito impede um provável ganho ou uma vantagem, deixando a vítima frustrada, com a quase certeza de ter sido prejudicada? O evento danoso não causou um prejuízo concreto, mas impediu a chance de obter um ganho provável. Exatamente para essa situação é que foi desenvolvida a teoria da indenização pela perda de uma chance[120].

---

120. Aponta-se como primeiro julgamento no Brasil aplicando a teoria da perda de uma chance um acórdão do Tribunal de Justiça do Rio Grande do Sul, do ano de 1990, com a seguinte ementa:

A perda de uma chance, como categoria nova, engloba a indenização correspondente a um percentual do provável dano, que pode abranger tanto o lucro cessante como o dano emergente. Pode, ainda, gerar indenização por danos morais, em razão da intensa decepção ou da frustração causada. Desse modo, essa reparação não pode ser enquadrada, no sentido estrito, como dano emergente, lucro cessante ou dano moral. Daí por que Raimundo Simão de Melo situa a perda de uma chance em uma espécie intermediária de dano, localizada entre o dano emergente e o lucro cessante[121]. Aliás, por ocasião da V Jornada de Direito Civil, realizada em 2011 pelo Centro de Estudos Judiciários do Conselho da Justiça Federal, foi aprovado o Enunciado n. 444, com o teor seguinte: "Art. 927: A responsabilidade civil pela perda de chance não se limita à categoria de danos extrapatrimoniais, pois, conforme as circunstâncias do caso concreto, a chance perdida pode apresentar também a natureza jurídica de dano patrimonial. A chance deve ser séria e real, não ficando adstrita a percentuais apriorísticos."

Em muitas ocasiões, o acidente do trabalho ou a doença ocupacional provoca a incapacidade total ou parcial da vítima, de forma permanente ou temporária, retirando-lhe a chance de alcançar provável vantagem ou progresso na carreira. Deve-se indenizar, então, a chance perdida e não o dano provável, ou seja, um percentual referente à probabilidade de ganho que acabou frustrada.[122]

Vejam exemplo de uma hipótese que vem ocorrendo com alguma frequência: um trabalhador da área bancária fazia o transporte de valores no seu veículo particular, levando numerário de um posto de atendimento até a agência central, acima dos limites permitidos pela legislação. No percurso, foi vítima de assalto, sofreu lesões diversas e ficou internado por vários meses, antes de obter a alta hospitalar. Apesar do tratamento recebido, ficaram sequelas

---

"*Responsabilidade civil. Médico. Cirurgia seletiva para correção de miopia, resultando névoa no olho operado e hipermetropia.* Responsabilidade reconhecida, apesar de não se tratar, no caso, de obrigação de resultado é de indenização por perda de uma chance." TJRS. 5ª Câmara, Apelação cível n. 589069996, Rel.: Ministro Ruy Rosado de Aguiar Júnior, julgado em 12 jun. 1990. Disponível em: <www.tjrs.jus.br>.

121. MELO, Raimundo Simão de. *Direito ambiental do trabalho e a saúde do trabalhador.* 3. ed. São Paulo: LTr, 2008. p. 357. De forma semelhante, pontua Sérgio Cavalieri: "Há forte corrente doutrinária que coloca a perda de uma chance como terceiro gênero de indenização, a meio caminho entre o dano emergente e o lucro cessante." Cf. *Programa de responsabilidade civil.* 14. ed. São Paulo: Atlas, 2020. p. 96.

122. "A perda de uma chance consiste em uma oportunidade dissipada de obter futura vantagem ou de evitar um prejuízo em razão da prática de um dano injusto". Cf. FARIAS, Cristiano Chaves; BRAGA NETO, Felipe Peixoto; ROSENVALD, Nelson. *Curso de direito civil*: responsabilidade civil 9. ed. Salvador: JusPodivm, 2022. v. 3. p. 300.

definitivas que praticamente comprometeram sua capacidade de trabalho. Ocorre que esse trabalhador, na data do assalto, estava aguardando apenas a etapa final de um concurso para ocupar cargo público cujos vencimentos eram quatro vezes superiores ao salário de bancário. A chance de êxito era real, visto que já havia superado as fases eliminatórias, restando um número de candidatos próximo do número de vagas disponíveis; contudo, por estar hospitalizado, não pôde comparecer para participar da última etapa, impedindo a aprovação tão almejada.

Não se pode garantir que o referido trabalhador teria sido aprovado nessa última prova, mas suas possibilidades eram grandes, especialmente porque já havia ultrapassado as etapas mais difíceis e concorridas do certame. O seu prejuízo efetivo, em razão do acidente do trabalho sofrido, foi a perda da chance de continuar participando do concurso e tomar posse no cargo. Desse modo, a indenização não pode ser calculada tendo em conta o dano provável (os vencimentos do cargo público), porquanto deve ser considerada a perda da chance de participar do final do concurso. A reparação, convém frisar, não é do dano total — a não ser que, já aprovado, o trabalhador só estivesse aguardando a nomeação —, mas da perda da chance do provável êxito, ou seja, a indenização não poderá ser da importância integral do virtual dano, mas do valor percentual da chance perdida. Vejam a respeito a doutrina do jurista Dallegrave Neto:

> É importante esclarecer que na aplicação da teoria da perda de uma chance não se indeniza o valor integral referente à perda de um pretenso resultado favorável, até porque o resultado esperado se baseia numa mera probabilidade de que haveria o ganho. Em verdade, o que se indeniza é a perda da possibilidade (perda da chance) de conseguir aquela determinada vantagem ou resultado.[123]

Para que fique caracterizada a *perda de uma chance*, é imprescindível que o evento danoso tenha impedido uma real probabilidade da vantagem, e não uma simples possibilidade, até para não vulgarizar a figura jurídica, colocando em descrédito essa nova modalidade de indenização.

O jurista Sérgio Cavalieri, até a 10ª edição do seu apreciado livro Programa de Responsabilidade Civil, indicava que a probabilidade de sucesso, que foi frustrada pelo ato ilícito, deveria ser superior a 50% para gerar indenização pela perda de uma chance[124]. A partir da 11ª edição, lançada em 2014, abandonou

---

123. DALLEGRAVE NETO, José Affonso. *Responsabilidade civil no direito do trabalho*. 5. ed. São Paulo: LTr, 2014. p. 244.

124. CAVALIERI FILHO, Sérgio. *Programa de responsabilidade civil*. 10. ed. São Paulo: Atlas, 2012. p. 81-82.

o percentual sugerido — a meu ver, corretamente —, preferindo indicar que a chance perdida não pode ser uma "mera eventualidade, suposição ou desejo, do contrário estar-se-ia premiando os oportunismos, e não oportunidades perdidas"[125]. O STJ em reiterados julgados assevera que é cabível a indenização pela chance perdida, "desde que séria e real a possibilidade de êxito, o que afasta qualquer reparação no caso de uma simples esperança subjetiva ou mera expectativa aleatória"[126].

No Brasil, ficou muito conhecido um caso de perda de uma chance (ou perda de oportunidade) julgado na Bahia e apreciado, posteriormente, pelo Superior Tribunal de Justiça. Uma participante do programa televisivo Show do Milhão, Ana Lúcia de Freitas Matos, foi superando as etapas e alcançando prêmios progressivos até acertar a pergunta que valia R$ 500.000,00. Chegou, finalmente, o grande momento, a pergunta do milhão: Qual o percentual do território nacional que a Constituição reserva aos indígenas? Foram indicadas quatro opções de respostas: 22%, 2%, 4% e 10%. Se a participante acertasse a resposta, ganharia a fabulosa quantia de um milhão de reais; se desistisse naquela etapa, ganharia R$ 500.000,00 e, finalmente, se errasse a resposta, ganharia apenas R$ 300,00. Depois de refletir por alguns instantes sobre a pergunta e as respostas indicadas, por cautela, a participante preferiu desistir e garantir os R$ 500.000,00.

Posteriormente, quando foi analisar com mais cuidado a pergunta, constatou que não há dispositivo algum na Constituição Federal sobre o percentual de reserva de terra aos indígenas. Observou que esse percentual havia sido obtido na *Enciclopédia Barsa* e que a pergunta fora mal formulada, tirando-lhe a chance de tentar ganhar o prêmio de um milhão de reais. Decidiu, então, ajuizar ação indenizatória postulando o valor total do prêmio.

Obteve o deferimento do pedido na primeira e na segunda instâncias, mas a empresa promotora do evento (BF Utilidades) recorreu ao STJ, requerendo a improcedência do pedido ou, no máximo, que fosse deferida a indenização proporcional pela perda de uma chance. E foi nesse sentido que o STJ decidiu. A chance que a autora teria de acertar, se a pergunta tivesse sido formulada corretamente, seria de no mínimo 25%, visto que havia quatro opções de resposta. Então, o recurso foi provido para limitar o deferimento ao pagamento de mais R$125.000,00. Vejam a ementa do acórdão respectivo:

> "**Recurso Especial. Indenização. Impropriedade de pergunta formulada em programa de televisão. Perda da oportunidade.** 1. O questionamento, em programa de perguntas e respostas, pela televisão, sem viabilidade lógica, uma vez que a

---

125. CAVALIERI FILHO, Sérgio. *Programa de responsabilidade civil.* 16. ed. São Paulo: Atlas, 2023. p. 99.

126. STJ. REsp n. 614.266/MG; REsp. n. 1354100/TO.

> Constituição Federal não indica percentual relativo às terras reservadas aos índios, acarreta, como decidido pelas instâncias ordinárias, a impossibilidade da prestação por culpa do devedor, impondo o dever de ressarcir o participante pelo que razoavelmente haja deixado de lucrar, pela perda da oportunidade. 2. Recurso conhecido e, em parte, provido." STJ. 4ª Turma. REsp n. 788.459-BA, Rel.: Ministro Fernando Gonçalves, *DJ* 13 mar. 2006.

Acreditamos até que seria mais razoável deferir o percentual de 50% — pelo desempenho demonstrado nas etapas anteriores —, mas esse acórdão do STJ de 2006 teve o mérito de servir de paradigma para diversos outros casos que estão hoje em tramitação nos tribunais.

A indenização pela perda de uma chance não se equipara àquela prevista no art. 129 do Código Civil: "Reputa-se verificada, quanto aos efeitos jurídicos, a condição cujo implemento for maliciosamente obstado pela parte a quem desfavorecer, considerando-se, ao contrário, não verificada a condição maliciosamente levada a efeito por aquele a quem aproveita o seu implemento." Na perda de uma chance, indeniza-se um percentual do provável prejuízo; na hipótese do art. 129, considera-se implementada a condição, apurando-se o dano total. Nesse sentido, pontua com propriedade Dallegrave Neto:

> A hipótese do art. 129 do CC é diversa da teoria da perda de uma chance, pois nessa o agente viola o direito de buscar um resultado positivo que poderia, ou não, ser alcançado. Já na hipótese prevista no art. 129 do CC a condição maliciosamente obstada já era suficiente para a produção integral dos efeitos jurídicos buscados pela parte credora da obrigação.[127]

Na jurisprudência, encontramos vários casos de ações envolvendo indenização por perda de chance contra advogados que perderam o prazo de recurso ou não atentaram para o cumprimento dos pressupostos recursais. Naturalmente que nesses casos, mesmo quando provada a alegação, não se defere a indenização considerando o êxito total do recurso não processado ou admitido, mas se defere um percentual da probabilidade de êxito que o cliente prejudicado teria na reforma da decisão.

Voltando ao tema da perda de uma chance em decorrência de acidente do trabalho, no cálculo da indenização cabível, depois de verificar os pressupostos da responsabilidade civil (dano, nexo causal e culpa ou risco), deve-se encontrar o valor da vantagem obstada, qual seja, o que o acidentado poderia ter alcançado pela ordem natural das coisas. Em seguida, calcula-se, com base

---

127. DALLEGRAVE NETO, José Affonso. *Responsabilidade civil no direito do trabalho*. 5. ed. São Paulo: LTr, 2014. p. 248.

nos elementos dos autos, qual o grau de probabilidade que o autor teria de alcançar a referida vantagem, fixando-se um percentual, como, por exemplo, 60%. Desse modo, a indenização pela perda da chance será correspondente a 60% do provável benefício que o acidentado alcançaria, não fosse a intercorrência do acidente do trabalho. O percentual de probabilidade deve ser arbitrado com razoabilidade, podendo-se invocar como fundamento a parte final do art. 402 do Código Civil: as perdas e os danos abrangem o que razoavelmente a vítima deixou de ganhar.

Atualmente, as decisões dos tribunais oferecem um considerável acervo de condenações a respeito da indenização pela perda de uma chance, sendo oportuno transcrever algumas ementas:

> "**Recurso de revista. Ação civil pública. Professores substituídos. Dispensa imotivada no início do semestre letivo. Dano moral e material caracterizados. Teoria da perda de uma chance. Transcendência política reconhecida** 1. Trata-se de ação civil coletiva em que o sindicato autor pugna pelo pagamento de indenização por danos morais e materiais para os professores substituídos, dispensados quando já em curso o período letivo. 2. Nos termos da "teoria da perda de uma chance", consoante os arts. 186 e 927 do Código Civil, a vítima, privada da oportunidade de obter certa vantagem, em face de ato ilícito praticado pelo ofensor, tem direito a indenização pelo prejuízo material sofrido, ante a real probabilidade de um resultado favorável esperado. 3. Assim, a despedida dos empregados substituídos, sem justa causa, no início do semestre letivo, quando já tinham expectativa justa e real de continuar como professores da instituição de ensino, evidencia abuso de poder diretivo do empregador, notadamente pela dificuldade que os substituídos teriam em lograr vagas em outra instituição de ensino, tendo em vista o início do ano letivo. Recurso de revista de que se conhece e a que se dá provimento." TST. 3ª Turma. RR-427-30.2023.5.12.0002, Rel.: Ministro Alberto Bastos Balazeiro, *DEJT* 04 out. 2024.

> "**Indenização por dano moral. Perda de uma chance. Promoções por merecimento indevidas. Ausência de dano.** A Corte Regional registrou que não vingava o pedido de indenização do reclamante por perda de uma chance, pois não configurada a figura típica da reparação civil em razão da perda de uma chance, visto que não foi comprovado o dano. O TRT registra que em momento algum foi comprovada qualquer perda de chance de se obter outro emprego, bem como indevida a promoção postulada, não havendo concretude a ponto de atrair a incidência da teoria da perda da chance, cuja aplicação deve ser efetuada com as devidas cautelas. Logo, não há falar em reforma, visto que a verificação do dano é indispensável para a responsabilidade civil subjetiva, não sendo a hipótese de dano *in re ipsa*. Agravo de instrumento não provido." TST. 2ª Turma. AIRR-21732-89.2014.5.04.0008, Rel.: Ministra Maria Helena Mallmann, *DEJT* 09 abr.2021.

> "**Recurso Especial. Responsabilidade civil. Ação de indenização por danos. Reality show. Fase semifinal. Contagem dos pontos. Erro. Eliminação. Ato ilícito. Indenização. Dano material. Perda de uma chance. Cabimento. Danos**

morais demonstrados. 1. Recurso especial interposto contra acórdão publicado na vigência do Código de Processo Civil de 2015 (Enunciados Administrativos n°s 2 e 3/STJ). 2. Cinge-se a controvérsia a discutir o cabimento de indenização por perda de uma chance na hipótese em que participante de reality show é eliminado da competição por equívoco cometido pelos organizadores na contagem de pontos. 3. A teoria da perda de uma chance tem por objetivo reparar o dano decorrente da lesão de uma legítima expectativa que não se concretizou porque determinado fato interrompeu o curso normal dos eventos e impediu a realização do resultado final esperado pelo indivíduo. 4. A reparação das chances perdidas tem fundamento nos artigos 186 e 927 do Código Civil de 2002 e é reforçada pelo princípio da reparação integral dos danos, consagrado no art. 944 do CC/2002. 5. Deve ficar demonstrado que a chance perdida é séria e real, não sendo suficiente a mera esperança ou expectativa da ocorrência do resultado para que o dano seja indenizado. 6. Na presente hipótese, o Tribunal de origem demonstrou que ficaram configurados os requisitos para reparação por perda de uma chance, tendo em vista (I) a comprovação de erro na contagem de pontos na rodada semifinal da competição, o que tornou a eliminação do autor indevida, e (II) a violação das regras da competição que asseguravam a oportunidade de disputar rodada de desempate. 7. O acolhimento da pretensão recursal, no sentido de afastar a indenização por danos morais ou de reduzir o valor arbitrado, demandaria o revolvimento do acervo fático-probatório dos autos (Súmula n° 7/STJ). 8. O montante arbitrado a título de indenização por danos morais (R$ 25.000,00 – vinte e cinco mil reais) encontra-se em conformidade com os parâmetros adotados por esta Corte, não se mostrando excessivo diante das particularidades do caso concreto. 9. Recursos especiais não providos." STJ. 3ª Turma. REsp 1757936/SP, Rel. Ministro Ricardo Villas Bôas Cueva, *DJe* 28 ago. 2019.

"**Teoria da chance perdida. Probabilidade séria e real de auferir vantagem. Subtração abrupta da oportunidade de obter ganho futuro. Intensa sensação de perda. Enquadramento na modalidade de dano moral. Possibilidade.** 3.1. A dinâmica da sociedade moderna, a despeito de promover integração e crescimento, imprescinde de mecanismo capaz de atuar tanto na prevenção de lesões quanto na restauração integral de prejuízos já consumados. 3.2. O impulso dessa estrutura contemporânea, ao fomentar o aparecimento de novos danos à pessoa, promove a edificação de diferentes propostas de reparação, dentre elas: a teoria da perda da oportunidade de obter vantagem certa e determinada *perte d'une chance*, sob a perspectiva da ação ou omissão responsável pela interrupção do curso natural do processo, antes, portanto, da realização de seu objeto. 3.3. Sobreleva notar que somente a chance séria e real, aqui compreendida como a probabilidade de auferir ganho futuro, é que admite a configuração dessa espécie de dano, pois, do contrário, ter-se-ia o ressarcimento indiscriminado de esperanças aleatórias ou hipotéticas. 3.4. Nesse contexto, não se admite a reparação da perda da própria vantagem, mas do prejuízo decorrente da subtração da chance de obter o resultado esperado, realidade que repercute, inclusive, no valor da indenização. 3.5. A presença dos requisitos que dão alento à configuração da responsabilidade pela perda da chance recomenda a apreciação da causa, sob o enfoque de prejuízos materiais ou imateriais. Recurso de revista não conhecido." TST. 3ª Turma. RR n. 93100-69.2003.5.07.0006, Rel.: Ministro Alberto Luiz Bresciani de Fontan Pereira, *DJ* 14 set. 2012.

> "**Agravo Interno.** Decisão Monocrática em Apelação Cível que negou provimento ao recurso interposto pela agravante em face de sentença que a condenou ao pagamento de indenização por danos materiais e compensação por danos morais sofridos pelo agravado, em virtude de lesão ocasionada no interior de coletivo da ré, que impediu o autor de prosseguir em concurso público para Inspetor de Segurança Penitenciária (prova de capacitação física). Perda de uma chance. Responsabilidade Objetiva. Correta valoração das provas. (....) Improvimento do Recurso." TJRJ. 2ª Câm. Cível. Apelação n. 2009.001.00165, Rel.: Desembargador Alexandre Câmara, julgado em 28 jan. 2009.

8.9. OUTROS DANOS INDENIZÁVEIS E CRÍTICAS À PROLIFERAÇÃO DE NOVOS DANOS

No Brasil, o conceito de dano patrimonial, também denominado dano material, está bem delineado, e o princípio da *restitutio in integrum* marca os limites e a extensão do ressarcimento cabível.

Já na seara das lesões extrapatrimoniais, doutrina e jurisprudência estão vislumbrando novos danos ou prejuízos, ampliando as possibilidades de reparação para assegurar à parte lesada maior completude da indenização. A tendência atual é de expansão das possibilidades reparatórias, para alcançar diversas espécies de danos de natureza extrapatrimonial, tais como: dano existencial, dano biológico, dano psicológico, dano à saúde, dano sexual, dano à vida de relação, etc. Essa tendência de ampliar os danos indenizáveis busca inspiração na legislação dos países da União Europeia, especialmente no direito italiano, que já consagrou o cabimento da indenização por dano biológico e por dano existencial.

Esse movimento adquiriu visibilidade em razão do fortalecimento do princípio da dignidade da pessoa humana, bem como pela falta de previsão legal do que seja o dano propriamente dito. A opção do legislador pelo sistema aberto permite agasalhar as novas condutas que a ciência jurídica venha a apontar como lesivas aos direitos da pessoa humana, nas suas diversas dimensões. Aliás, o Código Civil de 2002 expressamente abriu espaço para novas reparações, sem nominá-las, quando indicou no art. 948 a indenização "sem excluir outras reparações" e quando incluiu no art. 949 a reparação de "algum outro prejuízo que o ofendido prove haver sofrido".

Os professores Gustavo Tepedino, Aline Terra e Gisela Sampaio também registram essa expansão dos novos danos:

> Parece não haver dúvidas de que se vive a era dos danos, e assiste-se ao surgimento de formidável tipologia de novos danos, travando-se verdadeira "guerra de etiquetas", como já observado pelo saudoso Prof. Ruy Rosado de Aguiar Junior. Fala-se, por exemplo, em dano de nascimento indesejado,

dano por abandono afetivo, dano à vida de relação, dano sexual, dano à capacidade laborativa, dano de afirmação pessoal, dano por rompimento de noivado, dano de férias arruinadas, dano biológico, dano à identidade pessoal, dano hedonístico, dano de *mobbing*, dano de *mass media*, dano de brincadeiras cruéis, dano de privação do uso, desvio produtivo do tempo etc. São tantos os chamados "novos danos" e tão rápida é a sua proliferação que qualquer tentativa de enumerá-los se tornaria rapidamente obsoleta. A inventividade observada nessa seara apenas ratifica o que há tempos já se constatou: a jurisprudência tem sido criativa em diversos setores do Direito, mas em matéria de responsabilidade civil ela é mais notável.[128]

Se de um lado esse sistema aberto está contribuindo para densificar o princípio da dignidade da pessoa humana, por outro, arrisca-se a esvaziar as indenizações pelo excesso de especificações ou adjetivações de danos reparáveis, todos de natureza extrapatrimonial, ou seja, já abrangidos na amplitude do conceito de dano moral. Na Itália, por exemplo, que adota o sistema fechado, prevê o art. 2.059 do Código Civil que o dano não patrimonial deve ser ressarcido apenas nos casos determinados em lei[129].

Sérgio Cavalieri mostra-se preocupado com a grande proliferação de conceitos e modalidades de danos, numa verdadeira inundação de danos ressarcíveis nada criteriosa[130]. Rodolfo Pamplona e Luiz Carlos Vilas Boas mencionam a "torre de babel das novas adjetivações do dano" e asseveram que a profusão de novos danos não representa um aumento da proteção à pessoa, bem como carece de apuro técnico[131]. No mesmo sentido, Nelson Rosenvald e outros indicam o grande desafio de "selecionar quais são os verdadeiros interesses existenciais merecedores de tutela, evitando uma perigosa proliferação de danos reparáveis, que, se não contida pelo próprio direito privado, poderá acabar por implodir o próprio sistema compensatório do dano moral".[132] Anderson Schreiber menciona o temor antevisto por Stefano Rodotà de que a multiplicidade de novas figuras de dano venha a ter como únicos limites a criatividade do intérprete e a flexibilidade da jurisprudência[133].

---

128. TEPEDINO, Gustavo; TERRA, Aline de Miranda Valverde; GUEDES, Gisela Sampaio da Cruz. *Fundamentos do direito civil:* responsabilidade civil. 2 ed. Rio de Janeiro: Forense, 2021. p. 58.
129. Itália.Codice Civile. Art. 2.059. "Danni non patrimoniali — Il danno non patrimoniale deve essere risarcito solo nei casi determinati dalla legge."
130. CAVALIERI FILHO, Sérgio. *Programa de responsabilidade civil*. 16. ed. São Paulo: Atlas, 2023. p. 93.
131. PAMPLONA FILHO, Rodolfo; ANDRADE JÚNIOR, Luiz Carlos Vilas Boas. A torre de babel das novas adjetivações do dano. *Revista LTr*, São Paulo, v. 78, n. 5, p. 563, maio 2014.
132. FARIAS, Cristiano Chaves; BRAGA NETO, Felipe Peixoto; ROSENVALD, Nelson. *Novo tratado de responsabilidade civil.* São Paulo: Atlas, 2015. p. 301.
133. SCHREIBER, Anderson. *Novos paradigmas da responsabilidade civil*. 5. ed. Atlas, 2013. p. 96.

No ordenamento jurídico brasileiro, a Constituição da República assegurou a reparabilidade dos danos materiais e morais, contemplando desse modo os danos patrimoniais e os extrapatrimoniais (Art. 5º, V e X); foi esse o pensamento do legislador, com amplo respaldo na doutrina mais abalizada. A indenização fixada pelos danos morais, portanto, já abrange todas as lesões aos direitos de natureza extrapatrimonial, variando o *quantum* de acordo com a amplitude dos efeitos de cada sinistro e as singularidades do caso concreto.

Rodolfo Pamplona e Luiz Carlos Vilas Boas pontuam que "adjetivar os danos com base em qual âmbito da dignidade humana foi afetado significa fracionar essa dignidade, como se fosse composta por vários interesses distintos, quando, em verdade, trata-se de um valor unitário. É irrelevante se a ofensa se dirigiu à honra, à integridade física, psíquica ou qualquer outro interesse extrapatrimonial, haja vista que todos compõem a dignidade do ser humano, todos podem ser classificados como dano moral."[134]

Para arrematar as críticas doutrinárias ao surgimento dos chamados "novos danos", cabe citar o pensamento dos autores do excelente "Novo Tratado de Responsabilidade Civil":

> Ao nosso viso, no bojo de qualquer demanda de responsabilidade civil em território nacional, a alegação de uma possível prática de um dano existencial, biológico ou à saúde, ou mesmo a afirmação de um dano à vida em relação ou a um projeto de vida, não poderão significar nada a mais que figuras de linguagem capazes de persuadir o magistrado no sentido da demonstração de uma real afetação de um interesse existencial merecedor de tutela. Quer dizer, não desprezamos a possibilidade de enriquecimento da argumentação jurídica em tudo o que diga respeito à demonstração de um dano injusto a uma das incontáveis manifestações da personalidade humana. Mas, insistimos, todas essas nomenclaturas significam apenas uma mesmíssima coisa: dano moral.[135]

É bem verdade que a introdução dos arts. 223-C e 223-D na CLT, pela reforma trabalhista de 2017, teve o propósito de indicar e limitar os bens juridicamente tuteláveis, mas a lista instituída está longe de ser exaustiva, o que — acreditamos — será confirmado nos próximos anos pela jurisprudência. Se o progresso da civilização permite constatar lesões mais sutis que molestam

---

134. PAMPLONA FILHO, Rodolfo; ANDRADE JÚNIOR, Luiz Carlos Vilas Boas. A torre de babel das novas adjetivações do dano. *Revista LTr*, São Paulo, v. 78, n. 5, p. 562, maio 2014.

135. FARIAS, Cristiano Chaves; BRAGA NETO, Felipe Peixoto; ROSENVALD, Nelson. *Novo tratado de responsabilidade civil*. 3. ed. São Paulo: Saraiva, 2018. p. 374.

e comprometem a existência digna, inevitavelmente a ciência jurídica buscará as formas de reparação adequadas, em sintonia com o imperativo de justiça do Estado Democrático de Direito.

8.10. DO RISCO ERGONÔMICO PARA O RISCO ECONÔMICO

O aperfeiçoamento da legislação sobre a saúde do trabalhador passou a interessar ao planejamento estratégico das empresas, porquanto os riscos envolvidos em razão dos acidentes do trabalho ou doenças ocupacionais, como visto, podem gerar expressivas indenizações, além de comprometer a imagem institucional da empresa.

Enquanto a norma praticamente se limitava a conclamar o sentimento humanitário dos empresários, pouco resultado foi obtido; agora, quando o peso das indenizações assusta e até intimida, muitos estão procurando cumprir a lei, adotando políticas preventivas, nem sempre por convicção, mas até mesmo por conveniência estratégica. Gostando ou não do assunto, concordando ou discordando da amplitude da proteção, o certo é que o empresário contemporâneo, com vistas à sobrevivência do seu empreendimento, terá de levar em conta as normas a respeito da saúde no ambiente de trabalho e a proteção à integridade física e mental dos seus empregados.

É provável que o vulto das indenizações acabe sendo o melhor e mais convincente "argumento" para estimular os empresários descuidados a zelar pela integridade física e pela saúde dos seus empregados. "Os danos e custos que produzem os acidentes em serviço são de tal magnitude que a empresa tem que compreender que é mais econômico prevenir do que indenizar. O custo social não se esvazia com o pagamento do seguro social ou com eventuais indenizações, no mais das vezes onerosas. Alastra-se negativamente na economia do país. Além dos gastos com prestações em dinheiro e em serviço, desvigoram a capacidade de produção da maior potencialidade de uma nação, que é a sua população economicamente ativa."[136]

Na avaliação das empresas em processo de negociação, os consultores especializados já estão computando cifras correspondentes ao "passivo patológico" acumulado, orientando e prevenindo os compradores interessados sobre os riscos envolvidos em eventuais ações indenizatórias.

Começa-se a tomar consciência de que o valor principal que o empresário dirige é o homem enquanto trabalhador, para o qual devem convergir

---

136. SAAD, Teresinha Lorena P. Previdência Social como instrumento de prevenção dos riscos do trabalho. *Revista de Previdência Social*, São Paulo, v. 20, n. 190, p. 782, set. 1996.

a prioridade da proteção e a função social da propriedade. O aprimoramento da civilização no mundo inteiro vem indicando que produtos, mercadorias, bens de consumo, serviços e resultado econômico só se justificam do ponto de vista ético quando esse valor principal for preservado[137].

Na sequência deste pensamento, vale citar a opinião do jurista e promotor de Justiça de acidente do trabalho de São Paulo Antônio Lopes Monteiro:

> O dia em que o grau de sensibilidade de todos, Estados, empregadores e operários, ultrapassar a visão do casuísmo indenizatório ou reparatório, e levar a tratar a questão do acidente do trabalho e da doença ocupacional, e, portanto, do trabalhador, com o respeito e a dignidade que merecem, não precisaremos mais recorrer às teorias da responsabilidade aquiliana, contratual ou objetiva para demonstrar os direitos do trabalhador. Serão simples direitos da cidadania.[138]

---

137. O art. 2:102 (2) dos Princípios de Direito Europeu de responsabilidade civil estabelece: "A vida, a integridade física ou psíquica, a dignidade humana e a liberdade gozam de proteção mais extensa."

138. MONTEIRO, Antônio Lopes. Os aspectos legais da tenossinovite. In: CODO, Wanderley; ALMEIDA, Maria Celeste C. G. de (Org.). *LER:* diagnóstico, tratamento e prevenção: uma abordagem interdisciplinar. Petrópolis: Vozes, 1995. p. 281.

CAPÍTULO

9

INDENIZAÇÕES NOS ACIDENTES DO TRABALHO COM ÓBITO

9.1. CONSIDERAÇÕES INICIAIS

Uma vez constatado o dano, conforme abordamos no capítulo anterior, e estando presentes os demais pressupostos da responsabilidade civil, cabe dimensionar os valores das indenizações e as formas de pagamento. Neste capítulo, no entanto, vamos abordar somente as reparações decorrentes do acidente do trabalho com morte, em razão das singularidades quanto à apuração dos danos, identificação dos beneficiários, quantificação dos valores e duração do pensionamento.

O Código Civil tem regra específica para as indenizações devidas quando ocorre a morte da vítima, com aplicação indiscutível nas hipóteses de acidente do trabalho, se os pressupostos da responsabilidade civil estiverem comprovados:

> Art. 948. No caso de homicídio, a indenização consiste, sem excluir outras reparações:
>
> I — no pagamento das despesas com o tratamento da vítima, seu funeral e o luto da família;
>
> II — na prestação de alimentos às pessoas a quem o morto os devia, levando-se em conta a duração provável da vida da vítima.

Observa-se no dispositivo legal transcrito que os danos materiais emergentes estão indicados no Inciso I, os lucros cessantes, no Inciso II, e os outros danos podem ser enquadrados na ressalva contida no *caput* do artigo.

Cabe mencionar, todavia, que o dano indenizável não é a morte da vítima em si, mas os desembolsos ou prejuízos materiais ou morais dela decorrentes. Assim, um mesmo acidente que acarrete vários óbitos pode gerar indenizações de valores diferentes em razão das características peculiares dos dependentes de cada vítima. É por isso que, na maioria das vezes, o espólio não tem legitimidade para postular as indenizações por danos materiais ou morais, já que os titulares desse direito serão aqueles que foram diretamente afetados[1].

O acréscimo da expressão "sem excluir outras reparações", introduzida no *caput* do art. 948 anteriormente mencionado, veio para corrigir uma falha muito criticada do Código Civil anterior. Isso porque a interpretação literal do art. 1.537 limitava a indenização às verbas referentes ao tratamento da vítima, funeral, luto da família e aos alimentos aos dependentes do morto. Dessa forma, a reparação no caso concreto nem sempre atendia ao princípio milenar da *restitutio in integrum*, já que podia gerar redução dos rendimentos do núcleo familiar do falecido.

É verdade que a jurisprudência, mesmo na vigência do Código Civil anterior, evoluiu para abandonar a interpretação meramente gramatical daquele dispositivo, mas agora o texto atual consagra o entendimento de que a indicação das parcelas indenizatórias é apenas exemplificativa, ou seja, qualquer prejuízo que restar comprovado, decorrente do acidente, é passível de reparação[2]. Além disso, a previsão expressa do cabimento de "outras reparações" consolida a percepção de que o pagamento dos lucros cessantes não se limita à concessão singela de alimentos aos dependentes da vítima. Fica evidente, portanto, que a indenização aos prejudicados deve ser ampla e completa, abrangendo, dentre outras, a parcela dos alimentos.

9.2. APURAÇÃO E REPARAÇÃO DOS DANOS

9.2.1. *Danos emergentes*

A indenização dos danos emergentes no acidente do trabalho com óbito consiste no pagamento das despesas de tratamento da vítima, o funeral e o luto da família (art. 948, I, do Código Civil). Doutrina e jurisprudência entendem que estão abrangidos nos danos emergentes: despesas com tratamento

1. Vamos indicar os beneficiários do pensionamento no item 9.4 e dos legitimados para postular a indenização por danos morais ou extrapatrimoniais no item 9.9.
2. Carlos Roberto Gonçalves, ao comentar o art. 948 do atual Código Civil em comparação com o art. 1.537 do Código anterior, anota: "Atribui-se a esse dispositivo o defeito de haver, de certo modo, limitado a matéria da indenização. A interpretação literal, restritiva, perdurou durante largo tempo. Aos poucos, entretanto, uma jurisprudência mais evoluída passou a entender que o art. 1.537 devia ser interpretado como meramente enumerativo ou exemplificativo de verbas que devem necessariamente constar da indenização." In: *Comentários ao Código Civil*: parte especial: direito das obrigações. São Paulo: Saraiva, 2003. v. 11, p. 529.

médico ou hospitalar; remoção do corpo da vítima, quando for o caso; gastos diversos com os funerais, jazigo perpétuo ou a construção de mausoléu, de acordo com os usos e costumes adotados pela classe social da vítima. Outros danos comprovados também poderão ser objeto de ressarcimento, já que a indicação legal é meramente exemplificativa.

Para evitar controvérsias sobre o *quantum* desembolsado, as despesas devem ser comprovadas mediante recibos detalhados ou notas fiscais, levando-se em conta, ainda, as tradições locais e os cultos religiosos praticados pelos familiares do morto. Se não houver documentos comprobatórios das despesas, o valor será arbitrado pelo julgador, podendo-se invocar analogicamente a Lei n. 8.112/1990, que dispõe sobre o regime jurídico dos servidores públicos civis da União, cujo art. 226 prevê: "O auxílio-funeral é devido à família do servidor falecido na atividade ou aposentado, em valor equivalente a um mês da remuneração ou provento. § 1º No caso de acumulação legal de cargos, o auxílio será pago somente em razão do cargo de maior remuneração."

Os danos emergentes devem ser ressarcidos de imediato e de uma só vez, para recompor logo o patrimônio dos prejudicados, devendo-se apurar todos os valores efetivamente despendidos, com apoio no princípio da *restitutio in integrum*. Vale assinalar que o titular do direito ao ressarcimento é aquele que efetivamente arcou com tais despesas, não sendo necessariamente os dependentes diretos do acidentado[3]. Ademais, prevê o art. 943 do Código Civil que "o direito de exigir a reparação e a obrigação de prestá-la transmitem-se com a herança."

9.2.2. Lucros cessantes ou pensão

A indenização dos lucros cessantes decorrentes da morte do acidentado abrange a prestação de alimentos às pessoas a quem o morto os devia, levando-se em conta a duração provável da vida da vítima (art. 948, II, do Código Civil). A abordagem genérica quanto aos lucros cessantes foi feita no item 8.3.3 do capítulo anterior, cujas conclusões são aqui aplicáveis, sendo desnecessária a repetição. Cabem, no entanto, algumas considerações adicionais.

A morte do acidentado, por óbvio, interrompe os rendimentos gerados pelo contrato de trabalho; consequentemente, a indenização tem o propósito de assegurar ao grupo familiar que dependia da vítima o mesmo padrão de

---

3. Em situação análoga, é oportuno citar o entendimento adotado pelo Colendo STJ: "Tem legítimo interesse para pleitear indenização a pessoa que detinha a posse do veículo sinistrado, independentemente de título de propriedade." STJ. 3ª Turma. REsp. n. 5.130-SP, Rel.: Ministro Dias Trindade, julgado em 8 abr. 1991.

renda até então mantido. Daí mencionar o art. 402 do Código Civil que as perdas e danos abrangem o que o prejudicado perdeu mais o que razoavelmente deixou de lucrar, ou de receber, no caso do acidente do trabalho.

A lógica do cálculo dos lucros cessantes leva em conta os rendimentos que a vítima percebia e não as necessidades dos seus dependentes. Como adverte Aguiar Dias, "o que se procura, com a indenização, é restabelecer o *status quo* anterior ao dano. A indenização não empobrece nem enriquece. O responsável é obrigado a repor os beneficiários da vítima na situação em que estariam, sem o dano."[4] A concepção dos alimentos aqui tem enfoque e natureza diferentes do que ocorre no Direito de Família, como veremos no item 9.3.

Entendemos que no caso de morte do acidentado não se aplica a previsão do parágrafo único do art. 950 do Código Civil, que faculta ao prejudicado exigir que a indenização seja arbitrada e paga de uma só vez. Tal exceção, de acordo com a técnica de elaboração legislativa, vincula-se somente à previsão do *caput* do art. 950 (quando a vítima sobrevive ao acidente), não se aplicando ao que prevê o art. 948 (quando a vítima morre em razão do acidente). Na primeira hipótese, o beneficiário da indenização é a própria vítima, enquanto sobreviver; no caso de morte, os titulares do direito são os dependentes da vítima, de acordo com as limitações temporais estabelecidas. Se a intenção do legislador fosse estender a opção do pagamento de uma só vez para todas as hipóteses de pensionamento decorrentes dos atos ilícitos, a inovação do Código Civil de 2002 viria em artigo independente e não como parágrafo único do art. 950.[5]

Com efeito, considerando que o salário do empregado deve ser pago a cada mês[6], também a indenização por lucros cessantes deverá ser paga men-

4. DIAS, José de Aguiar. *Da responsabilidade civil*. 10. ed. Rio de Janeiro: Forense, 1995. v. II, p. 756.

5. "*Indenização por dano material. Pensão mensal devida aos dependentes do de cujus. Pagamento em parcela única. Impossibilidade. Transcendência política reconhecida. Conhecimento e provimento.* I. Esta Corte superior tem o entendimento de que nos casos de pensão por morte deferida aos dependentes do empregado falecido não é cabível o pagamento da prestação em parcela única, uma vez que a previsão contida no art. 950, parágrafo único, do CCB faculta apenas à própria vítima de pleitear o pagamento da sua indenização de uma só vez, sendo que aos dependentes do falecido, aplica-se o disposto no art. 948, II, do CCB. II. Dessa forma, ao determinar o pagamento da indenização por dano material em parcela única aos dependentes do empregado falecido, a decisão regional violou (por má-aplicação), os termos do art. 950, parágrafo único, do CCB e contrariou o entendimento desta Corte Superior a respeito da matéria. III. Recurso de revista de que se conhece e a que se dá provimento." TST. 4ª Turma. RRAg-336-08.2021.5.11.0011, Rel.: Ministro Alexandre Luiz Ramos, *DEJT* 01 set. 2023.

6. CLT. Art. 459. "O pagamento do salário, qualquer que seja a modalidade de trabalho, não deve ser estipulado por período superior a um mês, salvo o que concerne a comissões, percentagens e gratificações. (...)".

salmente, sob a forma de pensionamento. Aliás, quando a indenização por ato ilícito incluir prestação de alimentos, estabelece o art. 533 do CPC/2015 que o exequente poderá requerer que o executado constitua capital cuja renda assegure o pagamento do valor mensal da pensão. E o provimento alimentar, como sua própria natureza indica, prolonga-se no tempo e não se esgota em um ato isolado ou em um pagamento único.

O pensionamento decorrente do acidente do trabalho com óbito comporta diversas variáveis de estudo quanto à sua natureza jurídica, aos valores devidos, aos beneficiários, à base de cálculo, às garantias, aos limites temporais, ao termo final, ao direito de acrescer etc. Para facilitar a localização desses temas controvertidos, resolvemos destinar mais adiante tópicos específicos nos quais serão analisadas as principais discussões.

9.2.3. Danos morais ou extrapatrimoniais

O enfoque genérico a respeito dos danos morais e dos critérios para o seu arbitramento foi feito no capítulo 8, item 4, ao qual nos reportamos. A inovação do dano extrapatrimonial, introduzida pela reforma trabalhista de 2017, foi tratada no item 8.5 do mesmo capítulo.

Não há, a rigor, diferença essencial entre o dano moral e o dano extrapatrimonial, a não ser o maior apuro terminológico deste último, como mencionamos no item 8.5.2. Aliás, convém mencionar a disposição introduzida pelo § 5º do art. 223-G da CLT, por intermédio da Medida Provisória n. 808/2017 que vigorou no período de 14 de novembro de 2017 a 23 de abril de 2018, segundo a qual os parâmetros estabelecidos para fixação da indenização não se aplicam aos danos extrapatrimoniais decorrentes de morte. Assim, ocorrendo o óbito no acidente do trabalho ou doença ocupacional, aplicam-se os dispositivos já consolidados na seara do Direito Civil para o julgamento dos danos morais ou extrapatrimoniais. Entendemos, contudo, que mesmo com perda de vigência da referida Medida Provisória o critério por ela indicado deverá prevalecer, como norte interpretativo de razoabilidade. Ademais, o julgamento proferido pelo STF, em 2023, das ADIs 6050, 6069 e 6082, sedimentou o entendimento de que "as redações conferidas aos arts. 223-A e 223-B, da CLT, não excluem o direito à reparação por dano moral indireto ou dano em ricochete no âmbito das relações de trabalho, a ser apreciado nos termos da legislação civil".[7]

---

7. O inteiro teor do acórdão do julgamento foi publicado no *DJE* de 18 de agosto de 2023. Disponível em: https://portal.stf.jus.br/processos/downloadPeca.asp?id=15360197705&ext=.pdf Acesso em: 2 jan. 2024.

Neste tópico, vamos acrescentar abordagens específicas dos danos morais ou extrapatrimoniais no acidente que tenha causado a morte do trabalhador.

É questão pacífica atualmente que o acidente fatal, quando preenchidos os pressupostos da responsabilidade civil, gera danos morais aos familiares da vítima. Além do fundamento do art. 5º, X, da Constituição de 1988, o Código Civil prevê expressamente o dano moral no art. 186[8]. Por outro lado, o acréscimo da expressão "sem excluir outras reparações", no *caput* do art. 948 do mesmo Código, permite a inclusão do dano moral nas indenizações provenientes da morte por acidente do trabalho.

Diga-se, a propósito, que o dano moral pode ser também deduzido do próprio art. 948, I, do Código Civil, que determina o pagamento do "luto da família." Segundo Azevedo Marques, o luto da família não deve ser entendido apenas como vestimentas lúgubres, mas, no dizer dos léxicos, o profundo sentimento de tristeza causado pela perda de pessoa cara ou a tristeza profunda causada por desgostos e sofrimentos. Acrescenta, ainda, que "o luto não é somente o sinal de dor, é a própria dor; é o sofrimento moral íntimo; donde surge para logo, necessariamente, logicamente, a ideia de dano, ou melhor, de dor moral, esteja ou não escrito nas leis."[9]

Comentando o dano moral proveniente de morte causada por ato ilícito, registra, com autoridade na matéria, Yussef Cahali:

> No estágio atual de nosso Direito, seja em função de sua maturada evolução histórica, seja agora em função dos preceitos genéricos do art. 5º, V e X, da Constituição de 1988, já não mais cabe questionar a respeito da indenizabilidade do chamado dano moral puro; e, por evidência, também se reconhece que o homicídio é causa geradora de lesão aos sentimentos não patrimoniais das pessoas vinculadas, como parentes ou aliados, ao falecido. (...) Seria até mesmo afrontoso aos mais sublimes sentimentos humanos negar-se que a morte de um ente querido, familiar ou companheiro, desencadeia naturalmente uma sensação dolorosa de fácil e objetiva percepção. (...) Não mais se questiona que esses sentimentos feridos pela dor moral comportam ser indenizados; não se trata de ressarcir o prejuízo material representado pela perda de um familiar economicamente proveitoso, mas de reparar a dor com

---

8. Código Civil. "Art. 186. Aquele que, por ação ou omissão voluntária, negligência ou imprudência, violar direito e causar dano a outrem, ainda que exclusivamente moral, comete ato ilícito."
9. *Apud* STOCO, Rui. *Tratado de responsabilidade civil*. 9. ed. São Paulo: Revista dos Tribunais, 2013. Tomo 2, p. 421.

bens de natureza distinta, de caráter compensatório e que, de alguma forma, servem como lenitivo.[10]

A indenização arbitrada a título de dano moral ou extrapatrimonial deverá ser paga de uma só vez, juntamente com os valores apurados para ressarcir os danos emergentes. O pagamento em parcela única atende de modo mais completo às duas finalidades básicas da condenação por dano moral: dar uma compensação imediata para atenuar a dor e acalmar a revolta dos dependentes da vítima, bem como servir de desestímulo para novos comportamentos ilícitos por parte do lesante [11].

Não cabe o pagamento em parcelas, na forma de pensionamento, como ocorre com os lucros cessantes, porque a indenização por dano moral não tem natureza alimentar ou de ressarcimento. Como assevera Carlos Roberto Gonçalves, "enquanto o ressarcimento do dano material procura colocar a vítima no estado anterior, recompondo o patrimônio afetado mediante a aplicação da fórmula 'danos emergentes-lucros cessantes', a reparação do dano moral objetiva apenas uma compensação, um consolo, sem mensurar a dor."[12]

Tem sido esse também o posicionamento jurisprudencial, valendo citar parte dos fundamentos do voto proferido pelo Ministro do STJ Sálvio de Figueiredo:

> Na linha da jurisprudência deste Tribunal, mais recomendável se apresenta a orientação que determina o pagamento por danos morais de uma só vez, tendo em vista a natureza jurídica diversa que esse tipo de indenização possui em relação àquela prevista nos art. 1.537-II do Código Civil [art. 948-II do Código atual] e Enunciado n. 490 da Súmula/STF. Com efeito, os danos morais, no caso de perda de parente, traduzem-se em abrandamento da dor emocional sofrida pela parte, enquanto a pensão mensal visa à recomposição do patrimônio e tem fundamento no prejuízo objetivo, decorrente da perda da renda mensal que a vítima

10. CAHALI, Yussef Said. *Dano moral*. 3. ed., rev., atual. e ampl. São Paulo: Revista dos Tribunais, 2005. p. 114-118.
11. Anota Yussef Said Cahali: "À diferença do que ocorre com os danos patrimoniais do art. 1.537, II, do antigo CC (repetido no art. 948, II, do novo CC), em que a 'prestação de alimentos a quem o defunto os devia' representa obrigação de trato sucessivo que se desenvolve no tempo, inclusive com a garantia de pagamento do art. 602 do CPC [atual art. 475-Q], a quantia do dano moral, no caso, deve ser paga de uma só vez, de imediato, e não em forma pensional." Cf. *Dano moral*. 3. ed., rev. atual. e ampl. São Paulo: Revista dos Tribunais, 2005. p. 182.
12. GONÇALVES, Carlos Roberto. *Responsabilidade civil*. 14. ed. São Paulo: Saraiva, 2012. p. 506.

poderia produzir. Assim sendo, diversa a natureza das indenizações, a forma de pagamento e o arbitramento dos danos morais não merecem seguir o mesmo critério utilizado para os danos materiais.[13]

A questão polêmica sobre a legitimidade para postular indenização por danos morais pelos parentes, dependentes ou pelas pessoas que mantinham algum vínculo com o acidentado morto será abordada adiante no item 9.9.

9.2.4. Deduções cabíveis

Dos valores fixados a título de indenização por acidente do trabalho com óbito, cabe algum abatimento ou dedução em favor do réu?

Inicialmente, convém mencionar que determinados abatimentos já deverão ser considerados no momento de fixar o *quantum* indenizatório, especialmente quando há reconhecimento de concausa ou de culpa concorrente da vítima. Nessas hipóteses, a rigor, não ocorre abatimento nem compensação, mas apenas o arbitramento da indenização ponderando a contribuição causal ou culposa de cada parte.

Surgem dúvidas, no entanto, quanto à possibilidade de dedução quando a vítima do acidente do trabalho recebeu ou tem direito de receber indenização de seguradoras privadas, contratadas espontaneamente pelo empregador ou quando já conseguiu ressarcimento pelo Seguro Obrigatório para Proteção de Vítimas de Acidentes de Trânsito (SPVAT), regulamentado pela Lei Complementar n. 207/2024. Há, também, hipóteses de indenizações recebidas em razão de seguro contratado pelo empregador por determinação legal, em benefício dos seus trabalhadores, como são os casos previstos na Lei do Vigilante[14], na Lei do peão de rodeio[15], na Lei dos profissionais de rodeio[16], na Lei sobre o

---

13. Cf. STJ. 4ª Turma. REsp n. 403.940, Rel.: Ministro Sálvio de Figueiredo Teixeira, julgado em 2 maio 2002.

14. Lei n. 7.102, 20 jun. 1983. Art. 19. É assegurado ao vigilante: ... IV — seguro de vida em grupo, feito pela empresa empregadora. Essa lei foi revogada pela Lei n. 14.967/2024, cujo art. 29, V, manteve previsão semelhante.

15. Lei n. 10.220, 11 abr. 2001. Art. 2º "O contrato celebrado entre a entidade promotora das provas de rodeios e o peão, obrigatoriamente por escrito, deve conter: (...) § 1º É obrigatória a contratação, pelas entidades promotoras, de seguro de vida e de acidentes em favor do peão de rodeio, compreendendo indenizações por morte ou invalidez permanente no valor mínimo de cem mil reais, devendo este valor ser atualizado a cada período de doze meses contados da publicação desta Lei, com base na Taxa Referencial de Juros — TR."

16. Lei n.10.519, 17 jul. 2002. Art. 6º "Os organizadores do rodeio ficam obrigados a contratar seguro pessoal de vida e invalidez permanente ou temporária, em favor dos profissionais do rodeio, que incluem os peões de boiadeiro, os "madrinheiros", os "salva-vidas", os domadores, os porteiros, os juízes e os locutores."

desporto[17], na Lei do estágio de estudantes[18] e na Lei do motorista profissional[19]. Pode ser ainda que o acidentado tenha obtido indenização em decorrência de norma coletiva prevendo a contratação e o custeio de seguro pelo empregador.

A regulamentação do seguro está bem delineada no ordenamento jurídico, especialmente com a promulgação da Lei n. 15.040, de 9 de dezembro de 2024, que dispõe sobre as normas de seguro privado. Como previsto no art. 1º da Lei n. 15.040/2024 "pelo contrato de seguro, a seguradora obriga-se, mediante o pagamento do prêmio equivalente, a garantir interesse legítimo do segurado ou do beneficiário contra riscos predeterminados." Já o art. 98 a referida lei prevê: "O seguro de responsabilidade civil garante o interesse do segurado contra os efeitos da imputação de responsabilidade e do seu reconhecimento, assim como o dos terceiros prejudicados à indenização."

A inovação trazida pelo art. 787 do Código Civil de 2002, agora reiterada pelo art. 98 da Lei n. 15.040/2024, marca a superação definitiva de antiga controvérsia a respeito da validade ou não do seguro de responsabilidade civil. Na vigência do Código Civil de 1916 muitos defendiam que não havia espaço na ordem jurídica para tal modalidade de seguro, sobretudo porque o art. 1.436 previa a nulidade de contratação para garantir risco proveniente de atos ilícitos do segurado ou do beneficiado[20].

---

17. Lei n. 9.615, 24 mar. 1998. Art. 45. "As entidades de prática desportiva são obrigadas a contratar seguro de vida e de acidentes pessoais, vinculado à atividade desportiva, para os atletas profissionais, com o objetivo de cobrir os riscos a que eles estão sujeitos. § 1º A importância segurada deve garantir ao atleta profissional, ou ao beneficiário por ele indicado no contrato de seguro, o direito a indenização mínima correspondente ao valor anual da remuneração pactuada."

18. Lei n. 11.788, 25 set. 2008. Art. 9º "As pessoas jurídicas de direito privado e os órgãos da administração pública direta, autárquica e fundacional de qualquer dos Poderes da União, dos Estados, do Distrito Federal e dos Municípios, bem como profissionais liberais de nível superior devidamente registrados em seus respectivos conselhos de fiscalização profissional, podem oferecer estágio, observadas as seguintes obrigações: (...) IV — contratar em favor do estagiário seguro contra acidentes pessoais, cuja apólice seja compatível com valores de mercado, conforme fique estabelecido no termo de compromisso. (...) § 1º No caso de estágio obrigatório, a responsabilidade pela contratação do seguro de que trata o inciso IV do caput deste artigo poderá, alternativamente, ser assumida pela instituição de ensino. (Incluído pela Lei nº 14.913/2024)"

19. Lei n. 13.103, 2 mar. 2015. Art. 2º. "São direitos dos motoristas profissionais de que trata esta Lei, sem prejuízo de outros previstos em leis específicas:...V — se empregados:...c) ter benefício de seguro de contratação obrigatória assegurado e custeado pelo empregador, destinado à cobertura de morte natural, morte por acidente, invalidez total ou parcial decorrente de acidente, traslado e auxílio para funeral referentes às suas atividades, no valor mínimo correspondente a 10 (dez) vezes o piso salarial de sua categoria ou valor superior fixado em convenção ou acordo coletivo de trabalho."

20. Código Civil de 1916. Art. 1.436. "Nulo será este contrato, quando o risco, de que se ocupa, se filiar a atos ilícitos do segurado, do beneficiado pelo seguro, ou dos representantes e prepostos, quer de um, quer do outro."

A previsão normativa atual, entretanto, só prevê a nulidade do seguro contratado para garantir risco proveniente de ato doloso do segurado ou do beneficiário (art.10 da Lei n. 15.040/2024). Desse modo, não há mais dúvida quanto à viabilidade jurídica da cobertura securitária dos danos oriundos de atos culposos do segurado ou do beneficiário. A regra expressa do art. 98 da Lei n. 15.040/2024 afastou qualquer objeção a esse respeito. Vale registrar também que o entendimento sedimentado no STJ é no sentido de que até mesmo o dano moral pode ter a cobertura do seguro: "Súmula n. 402 — O contrato de seguro por danos pessoais compreende os danos morais, salvo cláusula expressa de exclusão."

A respeito da abrangência do art. 787 do Código Civil (agora substituído pelo art. 98 da Lei n. 15.040/2024), por ocasião da V Jornada de Direito Civil realizada em Brasília em 2013, foi aprovado o Enunciado n. 544, com o teor seguinte: "O seguro de responsabilidade civil facultativo garante dois interesses, o do segurado contra os efeitos patrimoniais da imputação de responsabilidade e o da vítima à indenização, ambos destinatários da garantia, com pretensão própria e independente contra a seguradora."

O instituto do seguro consolidou-se como técnica promissora de solidariedade, cada vez mais utilizada para socializar os efeitos dos danos, em sintonia com o princípio constitucional do solidarismo. O rateio dos riscos entre os segurados ocorre mediante o pagamento de um prêmio estipulado, para que todos tenham a garantia da reparação do prejuízo em caso de sinistro, porém sem onerar demasiadamente cada um em particular. Daí afirmar Rui Stoco que o seguro "é a maneira mais eficaz de assegurar uma indenização que não resulte em ruína do agente causador do dano, minimizando seu desembolso e, ao mesmo tempo, atendendo e satisfazendo a vítima, compondo o seu prejuízo."[21]

Há consenso na doutrina atual de que o futuro da responsabilidade civil cada vez mais contará com a securitização da atividade produtiva, como opção adequada para garantir às vítimas a respectiva reparação dos danos, diluindo os ônus entre os beneficiados por tal cobertura. Se não é possível afastar totalmente os riscos da atividade, pode-se ao menos garantir a reposição do prejuízo em caso de eventual sinistro, sem provocar a ruína do empresário.

O desejável crescimento do número de seguros contratados amplia o leque da solidariedade ou a socialização dos prejuízos, porquanto a garantia de cada um é obtida mediante o rateio proporcional dos custos, alcançando assim a

---

21. STOCO, Rui. *Tratado de responsabilidade civil*. 9. ed. São Paulo: Revista dos Tribunais, 2013. Tomo I, p. 913.

segurança de todos. Nesse sentido, afirma Anderson Schreiber, com apoio na doutrina de Yvonne Flour, que "na época contemporânea, a responsabilidade civil não pode mais ser pensada fora da noção de seguro."[22]

Era bastante controvertido o cabimento da dedução do valor que a vítima do acidente automobilístico recebe do seguro DPVAT (agora SPVAT), de modo a reduzir o montante da indenização judicial fixada para o causador do dano. A jurisprudência, contudo, restou pacificada pelo Colendo STJ, que acertadamente adotou o seguinte entendimento: "Súmula n. 246 — O valor do seguro obrigatório deve ser deduzido da indenização judicialmente fixada."

Comentando a respeito dessa Súmula, registrou Rui Stoco: "Se além de ter que pagar o seguro obrigatório o agente for obrigado a compor integralmente os danos causados, a instituição dessa garantia terá sido inócua e sem sentido lógico, ferindo o conceito moderno de socialização dos encargos, como tendência mundial, que preconiza que se aparte da responsabilidade civil o conceito de culpa como seu pressuposto".[23]

Ora, o princípio secular que orienta a indenização é o da *restitutio in integrum* ou da equivalência matemática entre o dano e a sua reparação. Se houver acúmulo da indenização com o valor ressarcido pelo seguro, ocorrerá o combatido *bis in idem*, ou seja, haverá reparação além da extensão do dano. A indenização do prejuízo pelo réu ou pela seguradora decorre do mesmo fato causal, tem a mesma natureza jurídica e cumpre a mesma finalidade. Aliás, é por essa razão que havendo indenização civil do dano o Código de Trânsito autoriza o desconto da multa reparatória depositada em favor da vítima (Art. 297, § 3º, do Código de Trânsito Brasileiro).

Convém mencionar que a cobertura do seguro não substitui a responsabilidade civil da empresa pelas indenizações cabíveis, nem mesmo quando a contratação é determinada por lei. Não se transfere à seguradora a responsabilidade que é própria do causador do dano.

O seguro apenas garante a cobertura dos prejuízos até o valor fixado na apólice e nos limites do que foi ajustado, sem qualquer vinculação ao princípio da reparação integral do dano.

A vedação do abatimento da indenização paga pela seguradora seria também um inoportuno desestímulo à contratação de seguro pelo empregador,

22. SCHREIBER, Anderson. *Novos paradigmas da responsabilidade civil*. 5. ed. São Paulo: Atlas, 2013. p. 232.

23. STOCO, Rui. *Tratado de responsabilidade civil*. 9. ed. São Paulo: Revista dos Tribunais, 2013. Tomo II, p. 521.

contrariando a tendência moderna de incentivar cada vez mais a segurança de todos pela intensa securitização da atividade privada.

Vejam um simples exemplo: aquele que contrata um seguro de danos contra terceiros para circular com seu automóvel com mais tranquilidade, e em caso de sinistro é compelido a indenizar integralmente a vítima, sem poder deduzir o valor pago pela seguradora, perderá todo o interesse na contratação do seguro; por outro lado, a vítima acabará recendo dupla indenização... Em outras palavras: com ou sem contratação do seguro para "garantir o pagamento de perdas e danos" o autor do dano arcará com a mesma indenização.

Apenas como reforço de argumentação, pode-se perguntar: se é incabível o desconto do valor ressarcido pela seguradora, como fica a indenização quando o empregador não contratou o seguro a que estava obrigado por lei ou por negociação coletiva? Entendemos que nessa hipótese o empregador pagará a indenização integral, mas sem o acúmulo do valor que o seguro pagaria se tivesse sido contratado, para não reparar o prejuízo acima do limite do *restitutio in integrum*. Também por esse raciocínio é imperioso concluir que caberá o desconto do valor pago pela seguradora para aquele que foi cuidadoso e contratou o seguro, sob pena de dar o mesmo tratamento para situações fáticas distintas.

Por outro lado, não cabe a dedução referida quando o seguro for custeado pela vítima, mesmo que haja a interveniência operacional do empregador como estipulante, para facilitar a contratação. Entretanto, se o custeio for compartilhado, entendemos justo e razoável que a dedução ocorra proporcionalmente à parcela do prêmio que foi suportada pelo empregador.

Conforme analisamos com vagar no item 4.4 retro, não cabe a dedução dos valores pagos pela Previdência Social referentes aos benefícios concedidos pela lei acidentária. Mas aqui, diferentemente, estamos tratando do abatimento das indenizações provenientes do seguro privado e facultativo, contratado e custeado pelo empregador, para cobrir os riscos a que estão expostos os seus empregados.

Na jurisprudência atual, o entendimento majoritário aponta no sentido do cabimento da dedução da parcela recebida do seguro privado, conforme se verifica nos julgados abaixo transcritos:

> "**Embargos interpostos pela reclamada. Compensação entre o seguro de vida e a indenização por danos morais e materiais paga aos herdeiros. Conflito jurisprudencial na apreciação do mesmo tema.** As indenizações a título de seguro de vida/acidentes pessoais e as decorrentes de dolo ou culpa do empregador, em razão de acidente de trabalho, na hipótese de o empregador arcar

exclusivamente com o pagamento das parcelas do seguro, são deduzíveis apenas no que se refere aos danos materiais, na medida em que a indenização por dano moral, no caso, tem por fim não apenas reparar o dano patrimonial, mas também se traduz no caráter punitivo e pedagógico da medida, que visa inibir a conduta ilícita. Quanto ao dano material, deve-se diferenciar o seguro de vida/acidentes de trabalho pago pelo empregador, do seguro contra acidentes de trabalho, a cargo do empregador, previsto como direito de todos os empregados no art. 7º, XXVIII, da CF. Este último consiste atualmente em contribuição do empregador à Previdência Social, paga na forma de percentual sobre a remuneração, conforme o risco da atividade. Já aquele visa à reparação, em certa medida, do acidente ocorrido. A indenização por dano material, decorrente de dolo ou culpa do empregador em casos de acidentes de trabalho visa, igualmente, à reparação do dano ocorrido, em relação ao empregado; além de outras finalidades na órbita da relação empregador-sociedade, e o objetivo se desdobra, em especial, na reparação econômica. Assim, a forma como o empregador paga essa indenização, se diretamente ou compartilhando o risco com uma empresa seguradora, diz respeito ao poder gerencial. O certo é que, *in casu*, houve um acidente de trabalho e o empregador indenizou parcialmente o dano, nos moldes do art. 7º, XXVIII, *in fine*, da CF, não podendo tal fato ser desconsiderado pelo Poder Judiciário. Não consiste a existência de seguro em estímulo à desproteção, pois o pagamento do prêmio ao empregado não impede a Justiça do Trabalho arbitrar o valor do dano conforme a conduta específica do empregador, havendo apenas a dedução. Dessa forma, o abatimento, com a dedução do valor pago a título de seguro de vida, em razão do acidente de trabalho que vitimou o empregado, não somente evita o enriquecimento ilícito do reclamante, como se trata de estímulo para que as empresas se cerquem de garantias para proteção do empregado submetido a situação de risco no trabalho. Recurso de Embargos conhecido e parcialmente provido." TST. SBDI-I. E-ED-RR n. 1535-82.2012.5.09.0093, Rel.: Ministro Aloysio Corrêa da Veiga, *DEJT* 29 jun. 2018.

"**Agravo de instrumento do reclamante. Processo sob a égide das leis 13.015/2014 e 13.467/2017. 1. Dedução dos valores percebidos a título de prêmio de seguro de vida privado da indenização por acidente de trabalho. 2. Cumulação de lucros cessantes com pensão mensal vitalícia. Cumulação de benefício previdenciário com pensão mensal vitalícia. Apelo lastreado apenas em divergência jurisprudencial. Arestos inservíveis.** A jurisprudência desta Corte entende ser cabível compensação dos valores da indenização por danos materiais decorrente de acidente de trabalho e com os valores do seguro de vida/acidentes de trabalho. Todavia tal dedução somente será possível no caso de o empregador custear totalmente os custos do seguro por liberalidade ou previsão convencional. Na hipótese, o TRT determinou a compensação do valor recebido pelo Reclamante do seguro de vida da indenização acidentária, sem, contudo, especificar se a dedução seria especificamente do montante da indenização por danos materiais. Também não mencionou a forma de custeio do seguro de vida. Nesse cenário, o seguimento do recurso de revista encontra óbice na falta de prequestionamento e na impossibilidade de revisão dos fatos e provas assentes nos autos, a rigor das Súmulas 126 e 297 do TST. Agravo de instrumento desprovido." TST. 3ª Turma. RRAg-0010247-55.2023.5.03.0089, Rel.: Ministro Mauricio Jose Godinho Delgado, *DEJT* 18 out. 2024.

"**Indenização por dano material. Compensação do valor da indenização deferida com o valor recebido a título de seguro de vida. Transcendência política reconhecida. Conhecimento e provimento.** I. A jurisprudência dessa Corte Superior é no sentido de que as indenizações a título de seguro de vida/acidentes pessoais e as decorrentes de dolo ou culpa do empregador, em razão de acidente de trabalho, na hipótese de o empregador arcar exclusivamente com o pagamento das parcelas do seguro, são deduzíveis no que se refere aos danos materiais. II. Com relação à indenização por dano moral, não pode ser compensada com indenizações a título de seguro de vida, porque aquela tem por fim não apenas reparar o dano patrimonial, mas também se traduz no caráter punitivo e pedagógico da medida, que visa inibir a conduta ilícita. III. Por outro lado, a indenização por dano material, decorrente de dolo ou culpa do empregador em casos de acidentes de trabalho visa à reparação do dano ocorrido, não podendo o valor pago a título de seguro de vida ser desconsiderado pelo Poder Judiciário. Dessa forma, o abatimento, com valor pago a título de seguro de vida, em razão do acidente de trabalho que vitimou o empregado, não somente evita o enriquecimento ilícito dos Reclamantes, como se trata de estímulo para que as empresas se cerquem de garantias para proteção do empregado submetido a situação de risco no trabalho e contratem seguros para seus empregados. IV. Recurso de revista de que se conhece e a que se dá provimento." TST. 4ª Turma. RRAg-336-08.2021.5.11.0011, Rel.: Ministro Alexandre Luiz Ramos, *DEJT* 1º set. 2023.

"**A) Agravo de instrumento em recurso de revista. Dedução de valores percebidos a título de seguro de vida privado e de seguro obrigatório (DPVAT).** Ante a demonstração de possível divergência jurisprudencial, merece processamento o recurso de revista. Agravo de instrumento conhecido e provido. **B) Recurso de revista. Dedução de valores percebidos a título de seguro de vida privado e de seguro obrigatório (DPVAT). Indenização por dano material. Acidente de trabalho. Possibilidade.** É cediço que o escopo precípuo da reparação do dano material é recompor a perda efetivamente sofrida pela parte em determinado evento danoso, seja em caráter emergente e/ou lucros cessantes (pensão mensal), consoante a expressa dicção do art. 944 do CC. *In casu* , restou evidenciado o recebimento de quantia indenizatória pelos seguros de vida privados e pelo seguro obrigatório (DPVAT) em decorrência do mesmo evento danoso (acidente de trabalho) que ensejou o reconhecimento da indenização por dano material deferida nestes autos, razão pela qual não há como deixar de autorizar o efetivo abatimento dos valores recebido pelos seguros privados e obrigatório, os quais recompuseram o prejuízo material sofrido. Contudo, idêntica exegese não é aplicável em relação à indenização por dano moral, tendo em vista a natureza distinta desta modalidade de reparação. Precedentes da SDI-1 do TST. Recurso de revista conhecido e parcialmente provido". TST. 8ª Turma. RR-10976-41.2015.5.12.0015, Rel.: Ministra Dora Maria da Costa, *DEJT* 03 dez. 2021.

Cabe mencionar que julgados recentes do Colendo TST sinalizam o não cabimento da dedução em favor do réu do valor ressarcido pela seguradora, na hipótese de indenização por danos morais, quando ficar caracterizada conduta culposa do empregador.

Os julgados daquela Corte apontam diferenças quanto à natureza jurídica das duas verbas, sob o argumento de que a indenização por danos morais, além da finalidade compensatória, tem funções punitiva e dissuasória, enquanto a cobertura securitária garante a reparação decorrente do risco normal do trabalho, sem as referidas funções. Enfatizam também que o abatimento do valor pago pelo seguro deixaria as empresas sem incentivo para adotar medidas de prevenção de acidentes do trabalho, transferindo às seguradoras os ônus pelo exercício de suas atividades econômicas às seguradoras. Vejam as ementas de alguns desses acórdãos:

> "**1. Indenização por dano material. Compensação do valor da indenização deferida com o valor recebido a título de seguro de vida. Transcendência política reconhecida. Conhecimento e provimento.** I. A jurisprudência dessa Corte Superior é no sentido de que as indenizações a título de seguro de vida/acidentes pessoais e as decorrentes de dolo ou culpa do empregador, em razão de acidente de trabalho, na hipótese de o empregador arcar exclusivamente com o pagamento das parcelas do seguro, são deduzíveis no que se refere aos danos materiais. II. Com relação à indenização por dano moral, não pode ser compensada com indenizações a título de seguro de vida, porque aquela tem por fim não apenas reparar o dano patrimonial, mas também se traduz no caráter punitivo e pedagógico da medida, que visa inibir a conduta ilícita. III. Por outro lado, a indenização por dano material, decorrente de dolo ou culpa do empregador em casos de acidentes de trabalho visa à reparação do dano ocorrido, não podendo o valor pago a título de seguro de vida ser desconsiderado pelo Poder Judiciário. Dessa forma, o abatimento, com valor pago a título de seguro de vida, em razão do acidente de trabalho que vitimou o empregado, não somente evita o enriquecimento ilícito dos Reclamantes, como se trata de estímulo para que as empresas se cerquem de garantias para proteção do empregado submetido a situação de risco no trabalho e contratem seguros para seus empregados. IV. Recurso de revista de que se conhece e a que se dá provimento." TST. 4ª Turma. RRAg-336-08.2021.5.11.0011, Rel.: Ministro Alexandre Luiz Ramos, *DEJT* 1º set. 2023.
>
> "**Recurso de revista. Acidente de trabalho. Ação proposta pela filha do *de cujus*. Compensação do valor recebido a título de seguro de vida com os valores fixados a título de indenização por danos morais.** 1. A discussão dos autos diz respeito à possibilidade de se compensar a indenização do valor pago a título de seguro de vida com as indenizações por danos morais deferidas. 2. Na hipótese, o Tribunal de origem deduziu do valor de indenização por dano moral o valor recebido a título de seguro de vida e os valores fixados a título de indenização por danos morais, sob o argumento de que seriam verbas pagas a idêntico título, advindas da mesma fonte pagadora e com a mesma finalidade. 3. A Constituição Federal, no seu art. 7º, XXVIII, diferencia o seguro contra acidente de trabalho da indenização a que se obriga o empregador. 3. O seguro contra acidente de trabalho é, pois, um direito constitucional do trabalhador,

> tal como as indenizações devidas por aquele responsável pelo evento danoso, não sendo possível cogitar que se trate de institutos idênticos ou que se limitam mutuamente. Entendimento contrário ensejaria o esvaziamento do direito à indenização por ato contra a integridade física e mental, que encontram respaldo no art. 5º, X, da Constituição Federal e nos arts. 223-B e 223-C da CLT. 4. Ainda, convém levar em consideração que, no seguro de vida, a ocorrência do evento coberto pelo contrato enseja, nos termos em que entabulado, a indenização paga ao beneficiário. Trata-se, pois, de uma relação contratual que visa amenizar o dispêndio financeiro decorrente de um futuro e incerto evento. 5. Noutro passo, a indenização decorrente do acidente de trabalho resulta da responsabilidade extracontratual oriunda da relação estabelecida entre o empregado e o empregador. A indenização decorrente da responsabilidade civil tem como função prevenir atos e condutas que atentem contra os bens jurídicos do trabalhador e reparar ou compensar os eventuais danos. Não se trata, pois, de institutos idênticos ou com a mesma finalidade. 6. Com efeito, a jurisprudência desta Corte tem entendimento pacífico no sentido de que é inviável a compensação entre o valor do prêmio do seguro de vida e a importância arbitrada a título da indenização por danos morais, visto que decorrente de obrigações jurídicas distintas. 7. Logo, o Tribunal Regional ao abater o valor do seguro de vida da indenização por dano moral cominada decidiu em desacordo com a jurisprudência pacificada desta Corte e contra o art. 7º, XXVIII, da Constituição Federal. Recurso de revista de que se conhece e a que se dá provimento." TST. 3ª Turma. RR-1018-72.2017.5.05.0462, Rel.: Ministro Alberto Bastos Balazeiro, *DEJT* 25 ago. 2023.

> "**Dedução dos valores percebidos a título de prêmio de seguro de vida privado pela família do *de cujus* da indenização por danos morais**. Prevalece nesta Corte Superior o entendimento de que não é possível a dedução dos valores percebidos pela família do empregado falecido a título de prêmio de seguro de vida privado da indenização por dano moral, tendo em vista a natureza jurídica distinta das parcelas. Julgados. Recurso de revista conhecido provido." TST. 3ª Turma. RR n. 1890-71.2011.5.02.0433, Rel.: Ministro Mauricio Godinho Delgado, *DEJT* 14 dez. 2018.

Em síntese, se o empregador por força de lei, negociação coletiva ou mesmo por livre iniciativa contrata seguro privado para cobertura dos riscos a que estão expostos os seus empregados, arcando com os custos dessa contratação, é imperioso concluir que, em caso de deferimento de indenização pelo acidente do trabalho, cabe a dedução das parcelas garantidas ou pagas pela seguradora. Também está pacificado o entendimento de que cabe deduzir da indenização o valor que a vítima recebeu do seguro DPVAT/SPVAT: "Súmula n. 246 do STJ — O valor do seguro obrigatório deve ser deduzido da indenização judicialmente fixada." Entretanto, segundo entendimentos recentes do Colendo TST, não cabe o referido abatimento quando se tratar de indenizações por danos morais, nos acidentes do trabalho em que for reconhecida a conduta culposa do empregador.

9.3. NATUREZA JURÍDICA DA PENSÃO

A natureza jurídica do pensionamento decorrente do ato ilícito sempre gerou controvérsias, com posicionamentos também conflitantes nos tribunais.

A redação do art. 1.537 do Código Civil de 1916 estabelecia que a indenização, no caso de homicídio, consistia na "prestação de alimentos às pessoas a quem o defunto os devia." O Código Civil de 2002, nesse aspecto, apenas substituiu o vocábulo "defunto" por "morto", sem alterar o conteúdo essencial do preceito. Assim, vigora atualmente o seguinte texto legal:

> "Art. 948. No caso de homicídio, a indenização consiste, sem excluir outras reparações: (...) II — na prestação de alimentos às pessoas a quem o morto os devia, levando-se em conta a duração provável de vida da vítima."

A interpretação literal do artigo pode gerar confusão com a pensão alimentícia regulada pelo Direito de Família, ou acarretar a limitação do pagamento somente aos alimentos de subsistência[24]. Por outro lado, surge a interrogação se o que esse dispositivo legal garante representa indenização aos herdeiros (caráter hereditário) ou alimentos aos dependentes da vítima (caráter alimentício) ou apenas o ressarcimento dos que provarem prejuízos (caráter reparatório).

Apesar de a redação do artigo citado sugerir que a indenização por lucros cessantes, no caso de homicídio, seria a simples concessão de alimentos aos dependentes do morto, uma análise mais detida afasta rapidamente essa falsa impressão inicial, como veremos a seguir.

Num breve apanhado histórico, pode-se observar que a interpretação restritiva do art. 1.537 do Código Civil de 1916 foi sendo gradativamente superada, com decisiva contribuição da doutrina mais autorizada. Na segura lição de Pontes de Miranda, "a expressão 'alimentos', no art. 1.537, II, do Código Civil, de modo nenhum se refere somente às dívidas de alimentos conforme o Direito de Família. Alimentos são, aí, apenas o elemento que se há de ter em conta para o cálculo da indenização." E mais adiante conclui: "Trata-se de indenização a título de alimentos, e não de alimentos propriamente ditos."[25]

---

24. O Código Civil de 1916, no art. 396, previa a concessão de alimentos para a subsistência do parente necessitado. O Código Civil atual, muito mais abrangente, menciona, no art. 1.694, alimentos necessários para o reclamante (parente, cônjuge ou companheiro) "viver de modo compatível com a sua condição social, inclusive para atender às necessidades de sua educação". No entanto os alimentos serão apenas os indispensáveis à subsistência quando a situação de necessidade resultar de culpa de quem os pleiteia, como prevê o § 2º do mesmo artigo.
25. PONTES DE MIRANDA, Francisco Cavalcanti. *Tratado de direito privado*. 2. ed. Rio de Janeiro: Borsoi, 1967. t. 54, p. 284-285.

De forma semelhante, assevera o clássico Aguiar Dias que "a expressão alimentos tem somente a finalidade de orientar o julgador para o *quantum* da indenização. Não constitui fundamento da reparação, que, assim, perderia o seu caráter de reconstituição, para assumir o de substituição da obrigação alimentar." E com apoio no voto do Ministro do STF Laudo de Camargo, sintetizou: "Não se trata de prestação de alimentos, que se fixa em proporção das necessidades do reclamante e dos recursos da pessoa obrigada, e sim de indenização, que visa a reparar, pecuniariamente, o mal originado do ato ilícito."[26] Nessa mesma trilha, o entendimento adotado pelo Colendo Supremo Tribunal Federal, em julgamento de 1976:

> "**Reparação de dano em consequência de homicídio.** A alusão a alimentos' contida no inciso II do art. 1.537 do Código Civil é simples ponto de referência para o cálculo da indenização e para a determinação dos beneficiários, e, sendo critério de liquidação de obrigação de indenizar, não se destina a transformar a natureza dessa obrigação, metamorfoseando-a em outra, de caráter diverso, como é a de prestar alimentos. Não é cabível, portanto, a concessão de alimentos provisionais no curso da ação de indenização de perdas e danos por homicídio. Recurso Extraordinário conhecido e provido." STF. RE n. 84.319, Rel.: Ministro Moreira Alves, julgado em 12 nov. 1976.

Em período mais recente, asseverou Yussef Cahali: "Era uniforme a lição dos doutos e a manifestação dos tribunais no sentido de que a remissão feita pelo dispositivo, referindo-se à 'prestação de alimentos a quem o defunto os devia', não está acoplada à obrigação alimentar do direito de família (arts. 233, IV, 399 e 400 do CC, correspondentes aos arts. 1.568, 1.695 e 1.694, § 1º, do atual CC), representando mera forma ou expediente técnico de que se utiliza o legislador para determinar a maneira como se fará a liquidação do dano resultante de homicídio, o que, aliás, vai refletir-se em matéria de ônus probatório do dano."[27]

A interpretação evoluída do art. 1.537 do Código Civil de 1916, como a denominou o civilista Sílvio Rodrigues[28], avançou para adotar o enfoque reparatório da concessão de alimentos, em vez de simples garantia alimentar. Afinado com esse pensamento, afirma Rui Stoco: "Para nós dúvida não resta de que os créditos nascidos dos atos ilícitos não têm natureza alimentar, nem hereditária, posto que traduzem mero ressarcimento de um prejuízo ou dano efetivo causado a terceiro."[29]

---

26. DIAS, José de Aguiar. *Da responsabilidade civil*. 10. ed. Rio de Janeiro: Forense, 1995. v. II, p. 756-757.
27. CAHALI, Yussef Said. *Dano moral*. 3. ed., rev. atual. e ampl. São Paulo: Revista dos Tribunais, 2005. p. 110.
28. RODRIGUES, Sílvio. *Direito civil*: responsabilidade civil. 19. ed. São Paulo: Saraiva, 2002. v. 4, p. 217.
29. STOCO, Rui. *Tratado de responsabilidade civil*. 9. ed. São Paulo: Revista dos Tribunais, 2013. Tomo 2, p. 578.

Esse entendimento, que já contava com o respaldo doutrinário e de inúmeros julgados dos tribunais, ficou agora ainda mais fortalecido com a previsão de que "outras reparações" podem ser incluídas, conforme disposto no *caput* do art. 948 do Código Civil de 2002, demonstrando fidelidade ao princípio da *restitutio in integrum,* adotado no campo da responsabilidade civil, segundo o qual a indenização deve ser integral ou a mais completa possível.

Por outro lado, se o art. 950 do Código Civil assegura ao acidentado que ficou inválido uma pensão correspondente "à importância do trabalho para que se inabilitou", não há razão lógica, nem jurídica, para deferir a pensão aos dependentes da vítima seguindo outras bases, apenas porque se trata de acidente fatal. Discorrendo sobre essa questão, concluiu Rui Stoco: "Ambas as hipóteses são de pensionamento mensal, seja aos dependentes do morto, seja à própria vítima, de modo que a utilização das expressões 'alimentos' no art. 948 e 'pensão' no art. 950 não significa que haja diferença ontológica e substancial entre uma e outra. Ambas têm características de prestação alimentar, mas não caráter alimentar propriamente dito."[30]

A prestação de alimentos propriamente ditos, conforme previsto no art. 1.694 do Código Civil, deve ser fixada "na proporção das necessidades do reclamante e dos recursos da pessoa obrigada". Já na pensão decorrente do ato ilícito, não se questiona sobre a necessidade ou não de alimentos por parte dos dependentes do morto, porque o objetivo é reparar o prejuízo da perda da renda familiar. Ainda que os prejudicados tenham posses suficientes para manter o padrão de vida anterior ao óbito, o ressarcimento é devido como reparação do dano causado. O fato gerador da pensão é o ato ilícito atribuído ao causador do homicídio e não a necessidade de prover alimentos[31].

O Ministro do STJ Eduardo Ribeiro, ao proferir voto no julgamento do Recurso Especial n. 33.127-8, registrou, com propriedade, o caráter de ressarcimento de prejuízo da pensão prevista no art. 1.537 do Código Civil de 1916, que corresponde ao art. 948 do Código atual:

---

30. STOCO, Rui. *Tratado de responsabilidade civil.* 9. ed. São Paulo: Revista dos Tribunais, 2013. Tomo 2, p. 578.

31. "*Recurso Especial. Responsabilidade civil. Aplicação do art. 1.537, II, do Código Civil.* 1. A reparação do dano não tem caráter alimentar, estando desvinculada da situação econômico-financeira do beneficiário, correta a interpretação do acórdão recorrido sobre o alcance do art. 1.537, II, do Código Civil. De fato, se fosse diversa a compreensão da regra jurídica invocada pela recorrente, estar-se-ia abrindo uma ampla frente para confinar a indenização a uma certa situação econômico-financeira do prejudicado pelo evento danoso, deixando de lado o fato do ilícito, com a consequente impunidade civil do agente." STJ. 3ª Turma. REsp n. 62.963, Rel.: Ministro Carlos Alberto Menezes Direito, julgado em 6 maio 1997.

> Exigir-se a dependência econômica para que se possa reconhecer o direito à indenização, em caso de morte, parece-me postura equivocada, derivada possivelmente de o Código Civil, no artigo 1.537, II, referir-se a alimentos. Ocorre que, de há muito, a doutrina mais autorizada vem mostrando que a menção a alimentos não há de ser entendida nos mesmos termos em que o é no Direito de Família. Tratando-se de indenização, ter-se-á em conta é o prejuízo sofrido, que deve ser reparado. Ora, ainda uma pessoa de recursos, não carecedora de alimentos, poderá sofrer dano econômico com a morte de um parente e isso se haverá de ressarcir. Assim, por exemplo, a mulher que, mesmo dispondo de fortuna própria, fosse sustentada pelo marido.[32]

Como se vê, a indenização prevista no art. 948, II, do Código Civil não se restringe a simplesmente conceder alimentos para a subsistência dos dependentes, como ocorre nas relações de parentesco, porquanto compreende o deferimento de uma pensão mensal que garanta a manutenção do mesmo padrão de vida e de conforto material que a vítima assegurava ao seu núcleo familiar.

Uma vez sedimentado o entendimento de que a concessão de alimentos decorrentes do ato ilícito tem natureza jurídica de reparação dos prejuízos, e não de prestação alimentícia em sentido estrito, muitas questões controvertidas ficam solucionadas, tais como:

> I) O pagamento da pensão independe de alegação ou comprovação quanto à necessidade dos dependentes da vítima;
>
> II) O valor do pensionamento terá como suporte básico os rendimentos do acidentado falecido e não as necessidades dos seus dependentes;
>
> III) Não há falar-se em prisão do devedor da pensão, como ocorre nos alimentos derivados das relações de parentesco, até porque o seu pagamento já pode estar garantido, conforme previsto no art. 533 do CPC[33];

---

32. STJ. 3ª Turma. REsp n. 33.127-8, Rel.: Ministro Nilson Naves, julgado em 8 ago. 1995.

33. "Habeas corpus. *Alimentos devidos em razão de ato ilícito. Prisão civil. Ilegalidade*. 1. Segundo a pacífica jurisprudência do Superior Tribunal de Justiça, é ilegal a prisão civil decretada por descumprimento de obrigação alimentar em caso de pensão devida em razão de ato ilícito. 2. Ordem concedida." STJ. 4ª Turma. HC 182.228/SP, Rel.: Ministro João Otávio de Noronha, *DJe* 11 mar. 2011.

"*Responsabilidade civil. Acidente do trabalho. Indenização. Direito comum. Prisão civil. Ato ilícito. Pagamento de prestação alimentícia fixada. Ausência. Descabimento*. Descabe a execução e cominação de prisão administrativa contra sócio de sociedade por cotas de responsabilidade limitada. A prisão civil de que trata o § 1º, do art. 733, do Código de Processo Civil, c.c. art. 5º, LXVII, da Constituição Federal, é restrita ao inadimplemento de alimentos decorrentes de relação de direito de família; cuidando-se de regra excepcional de prisão por dívida, aplica-se restritivamente, não se estendendo às ações por responsabilidade ex delito." São Paulo. STACivSP. 2ª Câm. HC 791.388-00/1, Rel.: Juiz Norival Oliva, julgado em 12 maio 2003.

IV) Não cabe a fixação de alimentos provisionais como previsto no art. 1.706 do Código Civil e nem mesmo os alimentos provisórios previstos no art. 4º da Lei n. 5.478/1968;

V) Também não cabe a revisão do valor do pensionamento, caso ocorra mudança na situação financeira das partes, como previsto no art. 1.699 do Código Civil, já que o objetivo é a reparação dos prejuízos, independentemente da necessidade dos dependentes da vítima[34];

VI) O cônjuge sobrevivente que contrai novas núpcias ou união estável não perde o direito ao pensionamento, como ocorre no Direito de Família (art. 1.708 do Código Civil)[35];

VII) Até a sexta edição deste livro, afirmamos que não cabia penhora do imóvel residencial, na execução da pensão mensal deferida aos dependentes econômicos do acidentado, por ser inaplicável a ressalva do art. 3º da Lei n. 8.009/1990. Revendo o entendimento, concluímos, com mais vagar, que é sim possível a penhora do imóvel residencial do executado nessa hipótese. O art. 3º da Lei n. 8.009/1990 exclui da impenhorabilidade o crédito decorrente de "pensão alimentícia". O art. 100, § 1º, da Constituição da República, com a redação alterada pela Emenda Constitucional n. 62/2009, esclarece o alcance jurídico da expressão *pensão alimentícia*: "Os débitos de natureza alimentícia compreendem aqueles decorrentes de salários, vencimentos, proventos, pensões e suas complementações, benefícios previdenciários e indenizações por morte ou por invalidez, fundadas em responsabilidade civil, em virtude de sentença judicial transitada em julgado ...". Conjugando os dois dispositivos, é imperioso concluir que o imóvel residencial do executado pode ser penhorado quando houver atraso no pagamento de pensão fixada judicialmente aos dependentes ou ao próprio acidentado[36].

34. Entendemos que continua válida nossa conclusão, mesmo depois da alteração introduzida pelo § 3º do art. 533 do CPC/2015, o qual sugere a possibilidade de alteração do valor do pensionamento, caso sobrevenha modificação das condições econômicas da parte. Vamos analisar a referida inovação legal no item 9.6 deste capítulo.

35. Trataremos com mais vagar deste tema no item 9.4.2.

36. "*Recurso Especial. Execução. Ação reparatória por ato ilícito. Acidente de trânsito. Pensão alimentícia. Bem imóvel. Penhorabilidade. Possibilidade. Inaplicabilidade da Lei n. 8.009/90. Recurso especial provido.* I — A pensão alimentícia é prevista no art. 3º, inciso III, da Lei n. 8.009/90, como hipótese de exceção à impenhorabilidade do bem de família. E tal dispositivo não faz qualquer distinção quanto à causa dos alimentos, se decorrente de vínculo familiar ou de obrigação de reparar danos. II — Na espécie, foi imposta pensão alimentícia em razão da prática de ato ilícito — acidente de trânsito — ensejando-se o reconhecimento de que a impenhorabilidade do bem de família não é oponível à credora da pensão alimentícia. Precedente da Segunda Seção. III — Recurso especial provido." STJ. 3ª Turma. REsp n. 1186225/RS, Rel. Ministro Massami Uyeda, *DJ* 13 set. 2012.

9.4. BENEFICIÁRIOS DA PENSÃO

9.4.1. Titulares do direito ao pensionamento

Em sintonia com o que foi apreciado no item precedente, cabe investigar neste passo quais são os titulares do direito ao pensionamento decorrente da morte do acidentado. Seriam os seus herdeiros, os seus dependentes ou os que foram diretamente prejudicados?

Inicialmente, convém esclarecer que neste tópico só estamos identificando os credores da pensão, uma das espécies de reparação do dano material ou patrimonial. Os titulares do direito à indenização por danos morais ou extrapatrimoniais nem sempre serão os mesmos que têm direito ao pensionamento, já que os pressupostos para deferimento de um e outro são diferentes. Em muitas ocasiões, os parentes ou determinados parentes não têm direito à pensão, pois não demonstram dependência econômica da vítima, ou seja, do ponto de vista material não sofreram diretamente qualquer prejuízo; no entanto, podem ser titulares legítimos da pretensão indenizatória por danos morais diante da intensa repercussão afetiva causada pelo acidente fatal. A legitimidade para postular os danos extrapatrimoniais será analisada no item 9.9 deste capítulo.

Quando o acidente do trabalho provoca a incapacidade total ou parcial, não há dúvida de que o destinatário da pensão é a própria vítima, conforme previsto nos arts. 949 e 950 do Código Civil. Contudo, no caso de morte, a questão dos beneficiários é mais complexa e admite diversas variáveis, de acordo com a situação familiar da vítima.

O art. 948 do Código Civil indica como credores dos alimentos "as pessoas a quem o morto os devia", ou, como interpretava Clóvis Beviláqua, as pessoas a quem o falecido teria de prestá-los se fosse vivo[37]. Não se trata, portanto, de direito de natureza hereditária porquanto não são necessariamente os sucessores da vítima, na forma da lei civil, que recebem a pensão. Para identificar o beneficiário ou os beneficiários do pensionamento, o eminente

---

"*Execução de pensão mensal vitalícia. Bem de família. Inaplicável a regra de impenhorabilidade estabelecida na Lei n. 8.009/90.* O inciso III do art. 3º da Lei n. 8.009/90 excepciona a regra da impenhorabilidade quando a execução for promovida "pelo credor de pensão alimentícia". Entre os débitos de natureza alimentícia estão incluídas as pensões e indenizações por morte ou invalidez fundadas na responsabilidade civil, conforme o disposto no art. 100, § 1º-A, da Constituição Federal, com redação dada pela Emenda Constitucional n. 30/2000. Assim, à execução dos créditos trabalhistas que trata de pensão mensal vitalícia não se aplica a regra da impenhorabilidade prevista no art. 3º, *caput*, da Lei n. 8.009/90, por incompatibilidade com o disposto no art. 100, § 1º-A, da CF." Paraná. TRT 9ª Região Seção Especializada. AP n. 991500-86.2006.5.09.0018. Rel.: Desembargador Luiz Eduardo Gunther, *DJ* 11 maio 2012.

37. *Apud* PEREIRA, Caio Mário da Silva. *Responsabilidade civil*. 9. ed. 8ª t. Rio de Janeiro: Forense, 2002. p. 322.

Caio Mário recomenda que seja formulada a seguinte indagação: quem é ou quem são as pessoas diretamente atingidas pela morte da vítima?[38]

É certo que os primeiros prejudicados geralmente são o cônjuge e os filhos. Mas o núcleo familiar a que a vítima pertencia, especialmente nos dias atuais, pode comportar diversas configurações, valendo alguns exemplos: 1 — A vítima era solteira e ajudava na subsistência dos pais; 2 — A vítima era casada e não tinha filhos; 3 — A vítima era casada e tinha filhos menores e maiores; 4 — A vítima mantinha união estável com ou sem filhos; 5 — A vítima tinha filhos e pagava pensão alimentícia ao cônjuge anterior etc.

Com efeito, em cada caso concreto é necessário verificar quem são aqueles que diretamente sofreram o prejuízo material com a morte do acidentado, ou seja, aqueles que efetivamente foram lesados. Enfatiza Maria Helena Diniz que "a vida humana tem um valor econômico para alguém, que não será o morto, que não é mais sujeito de direito, portanto, não é, no sentido jurídico, um lesado, por não sofrer dano patrimonial nem moral por sua morte. Os lesados são os que sobrevivem, que se verão privados do valor econômico que para eles representava a vida da vítima."[39]

Como os titulares do direito ao pensionamento são os que sofreram efetivamente prejuízo com a morte do acidentado, pela redução ou mesmo supressão da renda que beneficiava aquele núcleo familiar, conclui-se que a indenização é reclamada *jure proprio,* ou seja, cada pessoa lesada busca a reparação em nome próprio junto ao causador da morte do acidentado. Não reclamam na qualidade de herdeiros ou de sucessores do falecido, mas na condição de vítimas do prejuízo, por serem beneficiários econômicos dos rendimentos que o morto auferia[40].

Nesta linha de raciocínio, o espólio não detém legitimidade para postular ou receber a reparação do dano material pelos chamados lucros cessantes que normalmente são pagos aos diretamente prejudicados mediante pensionamento mensal, da mesma forma que o espólio não recebe pensão da Previdência

---

38. PEREIRA, Caio Mário da Silva. *Responsabilidade civil.* 9. ed. 8ª t. Rio de Janeiro: Forense, 2002. p. 329.

39. DINIZ, Maria Helena. *Curso de direito civil brasileiro:* responsabilidade civil. 21. ed. São Paulo: Saraiva, 2007. v. 7, p. 77. Com pensamento semelhante, anotou Rui Stoco: "Objetivou o legislador suprir as necessidades da própria vítima e, também, daqueles que dependiam da vítima falecida, de modo que se esta já não mais pode fazê-lo, evidenciada a carência que a morte do alimentante provocou no lar e aos seus dependentes, privados que estejam para uma sobrevivência em condições semelhantes àquela existente antes do evento, caberá ao ofensor, na mesma proporção, fazê-lo." Cf. *Tratado de responsabilidade civil.* 8. ed. São Paulo: Revista dos Tribunais, 2013. Tomo 2, p. 494.

40. Conferir nesse sentido: DIAS, José de Aguiar. *Da responsabilidade civil.* 10. ed. Rio de Janeiro: Forense, 1995. v. II, p. 789; DINIZ, Maria Helena. *Curso de direito civil:* responsabilidade civil. 21. ed. São Paulo: Saraiva, 2007. v. 7, p. 202; GONÇALVES, Carlos Roberto. *Responsabilidade civil.* 14. ed. São Paulo: Saraiva, 2012. p. 482.

Social pela morte do acidentado. Assevera Sílvio Venosa que "o espólio é visto como simples massa patrimonial que permanece coesa até a atribuição dos quinhões hereditários aos herdeiros."[41]

O valor fixado para o pagamento da pensão será rateado entre os beneficiários, podendo-se aplicar por analogia o critério estabelecido no art. 77, *caput,* da Lei n. 8.213/1991, que trata dos benefícios da Previdência Social: "A pensão por morte, havendo mais de um pensionista, será rateada entre todos em partes iguais." O direito de acrescer, quando cessa o pensionamento para algum dos credores, será analisado no item 9.8 deste capítulo.

Nos tópicos seguintes vamos examinar as hipóteses mais correntes dos beneficiários do pensionamento, destacando as principais controvérsias.

9.4.2. Pensionamento do cônjuge ou companheiro

Em princípio, o prejudicado mais visível pela morte do acidentado é o cônjuge sobrevivente, pelo desfalque imediato sofrido nos rendimentos familiares. Desse modo, não resta dúvida alguma quanto à sua condição de beneficiário da indenização dos lucros cessantes, deferida na forma de pensionamento mensal. Como já afirmamos, a pensão é devida independentemente da condição econômica do cônjuge, já que se trata de reparação dos prejuízos sofridos e não de garantia de alimentos em sentido estrito.

Equipara-se ao cônjuge sobrevivente, para fins de pensionamento, o companheiro ou companheira que convivia em regime de união estável com o acidentado[42], conforme reconhecido pelo art. 1.723 do Código Civil[43]. Essas disposições legais estão em harmonia com o que estabelece o art. 226, § 3º, da Constituição da República de 1988: "Para efeito de proteção do Estado, é reconhecida a união estável entre o homem e a mulher como entidade familiar, devendo a lei facilitar a sua conversão em casamento."[44]

---

41. VENOSA, Sílvio de Salvo. *Direito das sucessões.* 3. ed. São Paulo: Atlas, 2003. p. 21.

42. "*Direito civil. Família. Paralelismo de uniões afetivas. Recurso especial. Ação de reconhecimento de união estável post mortem e sua consequente dissolução. Concomitância de casamento válido. Peculiaridades.* Ainda que a coabitação não constitua requisito essencial para o reconhecimento de união estável, sua configuração representa dado relevante para se determinar a intenção de construir uma família, devendo a análise, em processos dessa natureza, centrar-se na conjunção de fatores presente em cada hipótese, como a *affectio societatis* familiar, a participação de esforços, a posse do estado de casado, a fidelidade, a continuidade da união, entre outros, nos quais se inclui a habitação comum (...)" STJ. 3ª Turma. REsp 1107192/PR, Rel.: Ministra Nancy Andrighi, *DJe* 27 maio 2010.

43. Código Civil. "Art. 1.723. É reconhecida como entidade familiar a união estável entre o homem e a mulher, configurada na convivência pública, contínua e duradoura, e estabelecida com o objetivo de constituição de família."

44. O § 3º do art. 226 da Constituição da República de 1988 foi regulado pela Lei n. 9.278/1996. Também o Código Civil de 2002 trata da união estável nos arts. 1.723 a 1.727.

O reconhecimento dos direitos dos companheiros, agora expressamente previstos, passou por longo período de maturação, valendo citar a Súmula n. 35 do Supremo Tribunal Federal, adotada em 1963: "Em caso de acidente do trabalho ou de transporte, a concubina tem direito de ser indenizada pela morte do amásio, se entre eles não havia impedimento para o matrimônio." Também o art. 16 da Lei n. 8.213/1991, que trata dos benefícios da Previdência Social, inclui dentre os dependentes do segurado a companheira ou o companheiro.

Por outro lado, se o acidentado estava impedido de se casar, a relação paralela mantida, mesmo que prolongada, não gera direito à concubina quanto ao pensionamento[45], mas pode levar ao reconhecimento da existência de sociedade de fato com a consequente partilha do patrimônio adquirido pelo esforço comum[46].

Aliás, essa controvérsia foi uniformizada em 2021 quando o plenário do STF analisou o Tema de repercussão geral n. 526 e fixou a seguinte tese: "É incompatível com a Constituição Federal o reconhecimento de direitos previdenciários (pensão por morte) à pessoa que manteve, durante longo período e com aparência familiar, união com outra casada, porquanto o concubinato não se equipara, para fins de proteção estatal, às uniões afetivas resultantes do casamento e da união estável"[47].

É oportuno transcrever a ementa do referido julgamento que expõe toda a controvérsia e os fundamentos da tese firmada:

> **"Ementa Direito Previdenciário e Constitucional. Recurso extraordinário. Sistemática da repercussão geral. Tema nº 526. Pensão por morte. Rateio entre a concubina e a viúva. Convivência simultânea. Concubinato e Casamento. Impossibilidade. Recurso extraordinário provido.** 1. Assentou-se no acórdão recorrido que, comprovada a convivência e a dependência econômica, faz jus a concubina à quota parte de pensão deixada por ex-combatente, em concorrência com a viúva, a contar do pedido efetivado na seara administrativa.

---

45. Código Civil: Art. 1.727. "As relações não eventuais entre o homem e a mulher, impedidos de casar, constituem concubinato."

46. Súmula n. 380 do STF: "Comprovada a existência de sociedade de fato entre os concubinos, é cabível a sua dissolução judicial, com a partilha do patrimônio adquirido pelo esforço comum."

47. A tese firmada consolida o entendimento que já vinha sendo adotado pelo STF: "*Companheira e concubina. Distinção.* Sendo o Direito uma verdadeira ciência, impossível é confundir institutos, expressões e vocábulos, sob pena de prevalecer a babel. *União Estável. Proteção do Estado.* A proteção do Estado à união estável alcança apenas as situações legítimas e nestas não está incluído o concubinato. *Pensão. Servidor público. Mulher. Concubina. Direito.* A titularidade da pensão decorrente do falecimento de servidor público pressupõe vínculo agasalhado pelo ordenamento jurídico, mostrando-se impróprio o implemento de divisão a beneficiar, em detrimento da família, a concubina." STF. 1ª Turma. RE n. 590.779/ES, Rel.: Ministro Marco Aurélio, *DJ* 27 mar. 2009.

Tal orientação, contudo, contraria a tese fixada pelo Supremo Tribunal Federal no julgamento do processo paradigma do Tema nº 529 sob a sistemática da repercussão geral, *in verbis*: "A preexistência de casamento ou de união estável de um dos conviventes, ressalvada a exceção do artigo 1723, § 1º, do Código Civil, impede o reconhecimento de novo vínculo referente ao mesmo período, inclusive para fins previdenciários, em virtude da consagração do dever de fidelidade e da monogamia pelo ordenamento jurídico-constitucional brasileiro". 2. Antes do advento da Constituição de 1988, havia o emprego indistinto da expressão concubinato para qualquer relação não estabelecida sob as formalidades da lei, daí porque se falava em concubinato puro (hoje união estável) e concubinato impuro (relações duradoras com impedimento ao casamento). Erigida a união estável, pelo texto constitucional (art. 226, § 3º, da CF), ao status de entidade familiar e tendo o Código Civil traçado sua distinção em face do concubinato (art. 1.723, § 1º, c/c art. 1.521, VI e art. 1.727 do CC), os termos passaram a disciplinar situações diversas, o que não pode ser desconsiderado pelo intérprete da Constituição. 3. O art. 1.521 do Código Civil – que trata dos impedimentos para casar -, por força da legislação (art. 1.723, § 1º), também se aplica à união estável, sob claro reconhecimento de que a ela, como entidade familiar, também se assegura proteção à unicidade do vínculo. A espécie de vínculo que se interpõe a outro juridicamente estabelecido (seja casamento ou união estável) a legislação nomina concubinato (art. 1.727 do CC). Assim, a pessoa casada não pode ter reconhecida uma união estável concomitante, por força do art. 1.723, § 1º, c/c o art. 1.521, VI, do Código Civil. 4. Considerando que não é possível reconhecer, nos termos da lei civil (art. 1.723, § 1º, c/c art. 1.521, VI e art. 1.727 do Código Civil Brasileiro), a concomitância de casamento e união estável (salvo na hipótese do § 1º, art. 1.723, do CC/02), impende concluir que o concubinato – união entre pessoas impedidas de casar – não gera efeitos previdenciários. 5. A exegese constitucional mais consentânea ao telos implícito no microssistema jurídico que rege a família, entendida como base da sociedade (art. 226, caput, da CF), orienta-se pelos princípios da exclusividade e da boa-fé, bem como pelos deveres de lealdade e fidelidade que visam a assegurar maior estabilidade e segurança às relações familiares. 5. Foi fixada a seguinte tese de repercussão geral: "É incompatível com a Constituição Federal o reconhecimento de direitos previdenciários (pensão por morte) à pessoa que manteve, durante longo período e com aparência familiar, união com outra casada, porquanto o concubinato não se equipara, para fins de proteção estatal, às uniões afetivas resultantes do casamento e da união estável". 6. Recurso extraordinário a que se dá provimento. STF. Pleno. RE n. 883168, Rel.: Dias Toffoli, *DJ* 07 out. 2021.

O novo casamento ou o vínculo de união estável acarreta a cessação do pensionamento? A resposta comporta algumas observações, porque a questão não alcançou ainda entendimento uniforme na jurisprudência. Acreditamos que a raiz das divergências resida no equivocado enquadramento da natureza jurídica da pensão decorrente do ato ilícito, conforme discorremos no item 9.3 retro. É verdade que no âmbito do Direito de Família o cônjuge que contrai novas núpcias ou união estável perde o direito à pensão (art. 1.708 do Código Civil), o que, em muitas ocasiões, até estimula relacionamentos clandestinos para evitar a interrupção do pagamento.

A pensão decorrente da responsabilidade civil do empregador tem natureza jurídica de reparação de danos, razão pela qual o casamento ou a união estável do cônjuge supérstite não deve implicar a interrupção do pensionamento. O novo vínculo afetivo não afasta ou sequer atenua o ato ilícito que provocou a morte, e, portanto, não pode ter influência nas reparações a que tem direito o cônjuge ou companheiro prejudicado.

O saudoso Pontes de Miranda há muito asseverava: "A indenização por alimentos é por tempo correspondente à duração provável da vida da vítima. Não se leva em consideração qualquer mudança nos haveres do legitimado ativo. Nem cessa a prestação à mulher do falecido se ela contrai novas núpcias."[48] Também o mestre Aguiar Dias bem focaliza a questão, quando afirma que o direito à reparação "é parte integrante do patrimônio do prejudicado. Por ocasião do dano, considera-se como retirada desse patrimônio a parcela que, regularmente avaliada e afinal convertida em numerário, a ele volta, para reintegrá-lo, em forma de indenização."[49]

A jurisprudência também aponta no sentido de que o novo casamento ou a união estável não acarreta a interrupção do pensionamento:

> "**Matrimônio. Cessação do recebimento de pensão do *de cujus*. Reconhecida transcendência política.** Nos termos do art. 948, II, do CC o período de recebimento de eventual pensão é limitado somente à expectativa de vida do *de cujus*, descabendo limitá-la à eventual superveniência de casamento ou união estável do cônjuge supérstite ou filhas sucessoras. Recurso de revista conhecido e provido." TST. 6ª Turma. RRAg-11868-05.2016.5.03.0034, Rel.: Ministro Augusto Cesar Leite de Carvalho, *DEJT* 11 mar. 2022.
>
> "**Indenização por danos materiais. Termo final do pensionamento. Viúva. Novo casamento.** Demonstrada a ocorrência de possível violação do artigo 948, II, do Código Civil, impõe-se o provimento do agravo de instrumento para determinar o processamento do recurso de revista. Agravo de instrumento provido. **Recurso de revista das reclamantes regido pela Lei 13.015/2014. Indenização por danos materiais. Termo final do pensionamento. Viúva. Novo casamento.** O artigo 948, II, do Código Civil, que prevê a indenização às pessoas a quem o falecido devia alimentos, não estabelece nenhuma limitação ao pagamento da pensão, senão a provável expectativa de vida da vítima. Assim, merece reforma o acórdão do Tribunal Regional, o qual entendeu que o novo casamento da

---

48. PONTES DE MIRANDA, Francisco Cavalcanti. *Tratado de direito privado*. 2. ed. Rio de Janeiro: Borsoi, 1967. t. 54, p. 286.
49. DIAS, José de Aguiar. *Da responsabilidade civil*. 10. ed. Rio de Janeiro: Forense, 1995. v. II, p. 790.

viúva constitui termo final do pensionamento. Precedentes. Recurso de revista conhecido e provido". TST. 8ª Turma. RRAg-10213-17.2014.5.01.0036, Rel.: Ministra Delaíde Alves Miranda Arantes, *DEJT* 13 ago. 2021.

"**Danos materiais. Morte de ex-empregado. Novo casamento da viúva. Pensão devida.** A controvérsia está centrada no direito da viúva de ex-empregado falecido à percepção da pensão após contrair novo matrimônio. Segundo se extrai do artigo 948, II, do Código Civil, que versa sobre a indenização consistente na prestação de alimentos aos dependentes do falecido, a constituição de novo matrimônio não caracteriza óbice ao pagamento de pensão à viúva de ex-empregado, uma vez que o referido dispositivo impõe como limite à indenização apenas a expectativa de vida da vítima. Nesse quadro, tem-se que a decisão regional imprimiu efetividade ao art. 948, II, do Código Civil. Precedentes. Recurso de revista conhecido e desprovido ". TST. 2ª Turma. RR-74-48.2015.5.23.0136, Rel.: Ministra Maria Helena Mallmann, *DEJT* 31 maio 2019.

"**Direito civil. Responsabilidade civil. Pensionamento à viúva da vítima de acidente fatal. Remaridação.** A pensão prestada à viúva pelos danos materiais decorrentes da morte de seu marido não termina em face da remaridação, tanto porque o casamento não constitui nenhuma garantia da cessação das necessidades da viúva alimentanda, quanto porque o prevalecimento da tese oposta importa na criação de obstáculo para que a viúva venha a contrair novas núpcias, contrariando o interesse social que estimula que as relações entre homem e mulher sejam estabilizadas com o vínculo matrimonial. Recurso parcialmente conhecido e, nessa parte, provido." STJ. 4ª Turma. REsp n. 100.927/RS, Rel.: Ministro César Asfor Rocha, *DJ* 15 out. 2001.

9.4.3. Pensionamento dos filhos

Os filhos que dependiam economicamente do acidentado morto são beneficiários natos da pensão, prevista no art. 948, II, do Código Civil. A dependência dos filhos menores não emancipados ou estudantes até os 25 anos é presumida; acima dessa idade, é necessária a comprovação do prejuízo, como, por exemplo, a situação do filho inválido impossibilitado de prover ao próprio sustento[50].

Se o filho, mesmo menor de 25 anos, já se casou, formando novo núcleo familiar, ou sobrevive sem nenhuma dependência econômica do acidentado morto, não lhe cabe participar do rateio da pensão, podendo, contudo, ser credor da indenização por dano moral ou extrapatrimonial. Conforme mencionado no item anterior, o pensionamento não tem conotação de direito hereditário, mas de reparação dos prejuízos de modo que aquele núcleo familiar possa manter o padrão de vida que era assegurado, até então, pelos rendimentos da vítima.

50. Segundo estabelece o art. 16, § 4º, da Lei n. 8.213/1991, que dispõe sobre os benefícios da Previdência Social, aqui invocada por analogia, é presumida a dependência do cônjuge, da companheira ou do companheiro e do filho não emancipado menor de 21 anos ou inválido.

O limite temporal para encerrar o direito dos filhos à pensão, atualmente considerado pela jurisprudência em 25 anos, leva em conta aquilo que ordinariamente acontece. Nessa idade, normalmente, o filho já completou sua formação escolar ou universitária e já dispõe de condições para conquistar sua independência financeira, ou mesmo contrair matrimônio. Além disso, é cabível a presunção de que toda pessoa adulta, não sendo inválida, deve prover às suas próprias necessidades, o que, aliás, é um dever ético. A jurisprudência dos tribunais superiores aponta nesse sentido:

> "**Indenização por danos materiais. Pensão mensal. Parâmetros de fixação. Transcendência econômica constatada.** Na esteira do que vem sendo decidido pelo e. STJ, a pensão devida a cada um dos filhos possui, como termo final, o dia em que completar 25 anos de idade, quando, presumidamente, já deverá ter alcançado a independência econômica ou constituído família e, por consequência, cessa a manutenção pelos pais. Precedentes. De igual modo, correta a fixação do termo final da pensão devida à ex-companheira do de cujus com base na expectativa de vida deste na data do acidente, conforme entendimento pacificado pela jurisprudência desta Corte. Precedentes. Agravo conhecido e não provido." TST. 7ª Turma. Ag-RRAg-10091-76.2021.5.03.0141, Rel.: Ministro Claudio Mascarenhas Brandao, *DEJT* 16 fev. 2024.
>
> "**Indenização por dano material. Pensão. Limite de 25 anos para os filhos e expectativa de vida do de cujus para a esposa.** 1 – Deve ser reconhecida a transcendência jurídica quando se mostra aconselhável o exame mais detido da controvérsia devido às peculiaridades do caso concreto. O enfoque exegético da aferição dos indicadores de transcendência em princípio deve ser positivo, especialmente nos casos de alguma complexidade, em que se torna aconselhável o debate mais aprofundado da matéria. 2 – O TRT fixou o limite para percepção da pensão pelos filhos do empregado falecido a idade de 25 anos, observado o direito de acrescer, e, para a esposa, até os 74,9 anos de idade do *de cujus*. 3 – A jurisprudência desta Corte é no sentido de que a pensão mensal devida aos familiares dependentes econômicos do empregado falecido deve obedecer ao disposto no art. 948, II, do CC, quando dispõe sobre ser devido o pagamento de alimentos levando-se em conta a expectativa de vida do empregado falecido, no caso. Julgados. 4 – Em relação ao termo final da pensão dos filhos, a jurisprudência desta Corte adota, como termo final, a data em que o filho dependente completar 25 anos de idade, observado o direito de acrescer. Julgados. 5 – Dessa forma, estando a decisão regional em consonância com a jurisprudência desta Corte, não cabe a reforma nos termos em que pretendida (...)" TST. 6ª Turma. AIRR-10034-61.2015.5.15.0100, Rel.: Ministra Katia Magalhaes Arruda, *DEJT* 8 set. 2023.
>
> "**Recurso Especial. Responsabilidade civil. Pensão alimentícia. Presunção da dependência financeira.** (...) 9. A pensão alimentícia devida ao filho menor da vítima tem como termo final a data em que este complete 25 (vinte e cinco) anos de idade, pois sua dependência financeira é presumida. Precedentes. Na espécie, a pensão deverá incidir até a data em que a autora

completou 24 (vinte e quatro) anos de idade, ante a vedação de decisão extra petita". STJ. 3ª Turma. REsp 1671344/RJ, Rel. Ministro Marco Aurélio Bellizze, *DJe* 03 nov. 2021.

"**Agravo interno no agravo em Recurso Especial. Responsabilidade civil. Composição do polo ativo. Súmula 7 do STJ. Pensionamento de filho menor. Termo final. Idade de 25 anos. Acórdão em consonância com a jurisprudência do STJ. Recurso não provido.** 1. Rever os fundamentos que ensejaram o entendimento de que a genitora do autor integra o polo ativo da demanda exigiria reapreciação do conjunto probatório, o que é vedado em recurso especial, ante o teor da Súmula 7/STJ. 2. No que se refere ao termo final da pensão, a jurisprudência do STJ firmou-se no sentido de que deve ocorrer na data em que o filho da vítima completa 25 (vinte e cinco) anos de idade, garantido o direito de a viúva acrescer. Precedentes. 3. Agravo interno não provido." STJ 4ª Turma. AgInt no AREsp n. 1244856/SE, Rel.: Ministro Luis Felipe Salomão, *DJe* 03 out. 2018.

9.4.4. Pensionamento dos pais

Ocorre um número considerável de acidentes do trabalho com empregados solteiros e que ainda residem com os pais, participando do rateio das despesas. Especialmente nas famílias de baixa renda, é normal os filhos contribuírem para a manutenção do lar, razão pela qual a morte representa verdadeiro prejuízo no conjunto dos rendimentos, ou seja, fica perfeitamente caracterizado o dano material.

Entretanto, depois de certa idade, é comum os filhos montarem sua própria residência, seja pelo casamento, por união estável ou apenas para terem vida independente. Desse modo, os tribunais, quando presentes os pressupostos da responsabilidade civil, estão deferindo a pensão aos pais até a idade em que o filho falecido completaria 25 anos e, posteriormente, o valor da pensão é reduzido pela metade até quando o filho viesse a completar sua duração provável de vida, caso haja a sobrevida dos pais. Esse entendimento é justificável porque é fato notório no Brasil, nas populações de baixa renda, que os filhos durante toda a vida colaboram para o sustento dos pais, sobretudo diante da carência de políticas públicas de amparo à velhice.

A prestação de assistência aos pais necessitados, além de ser um dever moral, é uma garantia prevista na Constituição da República de 1988, que prevê no art. 229: "Os pais têm o dever de assistir, criar e educar os filhos menores, e os filhos maiores têm o dever de ajudar e amparar os pais na velhice, carência ou enfermidade." Aliás, nessa mesma linha, o art. 399 do revogado Código Civil de 1916 recebeu, em 1993, o acréscimo do parágrafo único, que estabelecia: "No caso de pais que, na velhice, carência ou enfermidade, ficaram sem condições de prover o próprio sustento, principalmente quando se despojaram de bens em favor da prole, cabe, sem perda de tempo e até em caráter provisional, aos filhos maiores e capazes, o dever de ajudá-los e ampará-los, com a obrigação irrenunciável de assisti-los e alimentá-los até o final de suas vidas."

Por outro lado, se ficar comprovado que o filho não colaborava para as despesas da família, não cabe o deferimento de pensão aos pais, pela inexistência de prejuízo material, podendo ser concedida, conforme o caso, a indenização por danos morais ou extrapatrimoniais.

As controvérsias maiores a respeito da pensão deferida aos pais, em razão da morte do filho por ato ilícito, estão de alguma forma pacificadas, conforme se verifica nos acórdãos seguintes:

> "**Acidente de trabalho. Óbito do empregado. Indenização por dano material para o genitor. Presunção de dependência econômica.** A lei civil fixa critérios relativamente objetivos para a sua fixação. Esta envolve as "despesas de tratamento e dos lucros cessantes até o fim da convalescença" (art. 1.538, CCB/1.916; art. 949, CCB/2002), podendo abranger, também, segundo o novo Código, a reparação de algum outro prejuízo que o ofendido prove haver sofrido (art. 949, CCB/2002), bem como é possível que tal indenização atinja ainda o estabelecimento de "uma pensão correspondente à importância do trabalho, para que se inabilitou, ou da depreciação que ele sofreu" (art. 1.539, CCB/1916; art. 950, CCB/2002). No caso de óbito do empregado, o Código Civil também disciplina os parâmetros para a condenação em favor dos titulares do direito. O art. 948 prevê que a indenização consista, sem excluir outras reparações: no pagamento das despesas com o tratamento da vítima, seu funeral e o luto da família; na prestação de alimentos às pessoas a quem o morto os devia, levando-se em conta a duração provável da vida da vítima (art. 948, I e II, do CCB). Releva registrar que a presente açao foi ajuizada genitor do ex-empregado, falecido em 09.01.2018, em razão de acidente de trabalho. Com efeito, dispõe o artigo 229 da CF quc os pais têm o dever de assistir, criar e educar os filhos menores, e os filhos maiores têm o dever de ajudar e amparar os pais na velhice, carência e enfermidade. Ressalte-se que, não obstante o artigo 16, § 4º, da Lei 8.213/91, disponha que a dependência econômica dos ascendentes deva ser comprovada, a jurisprudência desta Corte Superior e do SJT firmou-se no sentido de que, nas famílias de baixa renda, há presunção relativa de assistência vitalícia dos filhos em relação aos seus pais. No caso em exame, o TRT manteve a sentença que indeferiu o pleito de indenização por dano material formulado pelo genitor do "de cujus", por assentar, com amparo nos elementos de prova dos autos, que "não restou demonstrada a dependência econômica do autor da ação em relação ao filho falecido". Todavia, extrai-se da qualificação do Autor, genitor do ex-empregado falecido, aposta na petição inicial que este, ao tempo do ajuizamento da ação, se encontrava desempregado, tendo inclusive apresentado declaração de hipossuficiência econômica (fl. 28 – pdf), declarando-se "POBRE na acepção legal do termo SOB AS PENAS DA LEI, não possuindo condições de arcar com os gastos da demanda judicial, sem que lhe falte o suficiente para

a sua sobrevivência e de seus familiares". Nesse cenário, resulta inconteste que se trata de família de baixa renda, atraindo, pois, a presunção relativa de dependência econômica entre seus membros, não havendo elementos no acórdão recorrido aptos a afastar a presunção de ajuda mútua entre o ex-empregado e seu genitor que, atualmente, conta com 57 anos de idade. Assim, presentes os pressupostos para a responsabilização da Reclamada em razão do acidente que culminou com a morte do trabalhador, faz o jus Autor, genitor do "de cujus", à indenização por danos materiais, na forma de pensão mensal. Recurso de revista conhecido e provido, no aspecto." TST. 3ª Turma. RR-12206-79.2019.5.15.0085, Rel.: Ministro Mauricio Godinho Delgado, *DEJT* 18 out. 2024.

"**Processual civil. Recurso especial. Pensão mensal. Valor da renda mensal da vítima.** Segundo a jurisprudência desta Corte Superior, a pensão mensal devida aos pais, pela morte do filho, deve ser estimada em 2/3 (dois terços) da remuneração deste até os 25 (vinte e cinco) anos de idade da vítima e, após, reduzida para 1/3 (um terço), haja vista a presunção de que o empregado constituiria seu próprio núcleo familiar. Ocorre que o afastamento dessa presunção no caso concreto, uma vez que a vítima já tinha mais de 25 (vinte e cinco) anos de idade na data do óbito, como pretendem os recorrentes, demandaria inequivocamente o revolvimento do conjunto fático probatório, o que é vedado em sede de recurso especial, nos termos da Súmula 7/STJ. STJ. 2ª Turma. REsp 1761898/CE, Rel. Ministro Mauro Campbell Marques, *DJe* 17 set. 2021.

"**Civil. Responsabilidade civil. Dissídio restrito ao termo final da pensão: se quando a vítima viesse a completar 25 anos (acórdão embargado) ou 65 anos (acórdão paradigma).** Assim como é dado presumir-se que o filho, vítima de acidente fatal, teria, não fosse o infausto evento, uma sobrevida até os sessenta e cinco anos, e até lá auxiliaria a seus pais, prestando alimentos, também pode-se supor, pela ordem natural dos fatos da vida, que ele se casaria aos vinte e cinco anos, momento a partir do qual já não mais teria a mesma disponibilidade para ajudar materialmente a seus pais, pois que, a partir do casamento, passaria a suportar novos encargos, que da constituição de uma nova família são decorrentes. A pensão fixada, com base nas peculiaridades da espécie pelo Tribunal de origem, deve, a partir de quando a vítima viesse a completar vinte e cinco anos, ser reduzida pela metade, assim ficando, caso haja a sobrevida dos pais, até os presumíveis sessenta e cinco anos da vítima. Embargos de divergência acolhidos." STJ. 2ª Seção. Embargos de Divergência no REsp n. 106.327, Rel.: Ministro César Asfor Rocha, *DJ*, 1º. out. 2001.

Naquelas hipóteses em que o acidentado já contava com idade superior a 25 anos, mas continuava residindo com a família, contribuindo para o pagamento das despesas, entende Carlos Roberto Gonçalves, citando precedentes jurisprudenciais, que é razoável conceder a pensão aos pais por mais cinco anos, no que estamos de acordo[51]. Naturalmente, nessa hipótese, após os

51. GONÇALVES, Carlos Roberto. *Comentários ao Código Civil*: parte especial: direito das obrigações. São Paulo: Saraiva, 2003. v. 11, p. 532.

primeiros cinco anos, o valor deverá ser reduzido pela metade, conforme os precedentes acima citados.

9.4.5. Pensionamento de outros beneficiários

Os membros do núcleo familiar estrito são presumidamente dependentes do acidentado falecido, como anotamos nos itens anteriores. Mas outros parentes ou mesmo terceiros poderiam estar recebendo auxílios regulares da vítima, quer por obrigação legal, quer por sentimento de fraternidade. Não é raro o trabalhador assumir o sustento de um irmão inválido ou deficiente, amparar um tio, sobrinho, neto ou os avós necessitados ou ainda arcar com o pagamento de planos de saúde, mensalidade escolar ou pagamento de asilo ou casa de repouso para tais necessitados. Pode ser também que a vítima já fosse devedora de alimentos por decisão judicial.

Em todas essas hipóteses, a morte do acidentado gera uma perda efetiva, um prejuízo mensurável, passível de reparação por intermédio do pensionamento, mesmo que o beneficiário não tenha relação de parentesco com a vítima. Não se trata propriamente de estabelecer indenização pela morte, mas reparar os prejuízos causados pela interrupção da fonte provedora.

Leciona Caio Mário que "todas essas situações podem ser enfeixadas numa fórmula global ou num princípio genérico: têm legitimidade ativa para a ação indenizatória as pessoas prejudicadas pelo ato danoso."[52] Com pensamento semelhante, assevera Aguiar Dias: "Tem direito de pedir reparação toda pessoa que demonstre um prejuízo e a sua injustiça. O quadro dos sujeitos ativos da reparação deve atender a esse princípio, de ampla significação. Assim sendo, quer se trate de dano moral ou de dano material, não se pode cogitar de restringir a ação de indenização a privilégio do parentesco."[53]

De qualquer forma, para o deferimento da pensão nesses casos, é necessário comprovar efetivamente o dano material, porque as perdas e os danos só incluem os prejuízos diretos e imediatos, como estabelece o art. 403 do Código Civil e dentro da razoabilidade indicada no art. 402 do mesmo Código. Sendo assim, o prejuízo não será demonstrado naquela hipótese em que a vítima ajudava eventualmente a um parente ou mesmo a um terceiro ou com a mera possibilidade de colaboração que algum dia pudesse ocorrer.

52. PEREIRA, Caio Mário da Silva. *Responsabilidade civil*. 9. ed. 8ª t. Rio de Janeiro: Forense, 2002. p. 330.
53. DIAS, José de Aguiar. *Da responsabilidade civil*. 10. ed. Rio de Janeiro: Forense, 1995. v. II, p. 793.

9.5. BASE DE CÁLCULO DA PENSÃO

Sendo reparatória a natureza jurídica da pensão (item 9.3 retro), a sua base de cálculo deve ser apurada considerando os rendimentos que a vítima percebia e não as necessidades dos beneficiários, conforme já enfatizado.

Se restar comprovado que o acidentado morto recebia rendimentos complementares, provenientes de um segundo contrato de trabalho ou outra ocupação permanente, essa parcela, desde que habitual, deverá ser adicionada ao valor da remuneração paga pelo empregador responsável para compor a base de cálculo da pensão. Esse entendimento, que já era acolhido pela jurisprudência, ficou agora mais fortalecido com o acréscimo da expressão "sem excluir outras reparações", no *caput* do art. 948 do Código Civil.

Pelo princípio da *restitutio in integrum*, que orienta o cálculo da indenização, devem-se apurar os rendimentos efetivos da vítima, computando-se o valor do seu último salário, mais a média das parcelas variáveis habitualmente recebidas, tais como: horas extras, adicional noturno, adicional de insalubridade ou de periculosidade, acréscimos previstos em convenções coletivas etc.

De acordo com o que estabelece o art. 457 da CLT, compreendem-se na remuneração as gorjetas recebidas. Também integram ao salário as gratificações legais e de função bem como as comissões pagas pelo empregador. Compõem, ainda, o cálculo da remuneração os valores correspondentes às utilidades fornecidas habitualmente pelo empregador, tais como: alimentação, habitação, vestuário e outras prestações *in natura*, salvo as exceções mencionadas (art. 458 da CLT).

Além das parcelas da remuneração, cabe acrescer à base de cálculo o valor relativo ao 13º salário, pelo seu duodécimo, ou determinar que no mês de dezembro de cada ano haja uma prestação adicional equivalente a tal vantagem. Se a vítima estivesse viva, com certeza estaria recebendo, por força de lei, a gratificação natalina, razão pela qual não seria correto excluir do pensionamento o referido valor[54].

Por outro lado, não cabe a integração no pensionamento da parcela referente às férias porque tal direito não representava aumento da renda anual do acidentado, já que sua finalidade principal era de proporcionar um repouso mais prolongado. É razoável, todavia, computar o acréscimo correspondente ao adicional de 1/3 sobre as férias, também pelo seu duodécimo, porquanto esse valor compunha o conjunto dos rendimentos ao longo do ano. Também

54. Súmula n. 207 do STF: "As gratificações habituais, inclusive a de Natal, consideram-se tacitamente convencionadas, integrando o salário."

os valores do FGTS não devem ser incluídos na base de cálculo da pensão porque não faziam parte da renda habitual do trabalhador[55].

O cálculo da indenização tem como objetivo restaurar, do ponto de vista material, a situação existente antes do óbito. Para atingir esse propósito, a apuração do *quantum* da pensão deverá retratar com fidelidade os ganhos que efetivamente o acidentado morto auferia, tomando-se o cuidado para que a indenização não se transforme em fonte de enriquecimento nem em causa de empobrecimento dos beneficiários. É oportuno transcrever, nesse sentido, a lição de Caio Mário:

---

55. "*Danos materiais. Pensão mensal. Base de cálculo. Exclusão dos depósitos de FGTS.* No tocante à base de cálculo, tendo em vista a finalidade de ressarcir o empregado dos prejuízos advindos da sua capacidade laborativa, a pensão mensal deve ser calculada com base na sua remuneração, o que inclui o 13º e o terço constitucional de férias, mas exclui os depósitos de FGTS, na medida em que esta parcela não se qualifica como remuneração do empregado. Precedentes. Recurso de revista conhecido e parcialmente provido". TST. 2ª Turma. RR n. 10044-39.2015.5.09.0661, Rel.: Ministro Jose Roberto Freire Pimenta. *DEJT* 30 ago.2019.

"*Instrução Normativa nº 40 do TST. Lei nº 13.467/2017. Danos materiais. Pensão mensal. Base de cálculo. Transcendência política constatada.* Em observância ao disposto na norma civil (artigo 950 do CC) e ao princípio da restitutio in integrum, a jurisprudência desta Corte tem se posicionado no sentido de que a base de cálculo da pensão deve ser a última remuneração recebida pelo empregado, nela incluídas todas as verbas de natureza salarial, ou seja, os valores relativos aos reajustes normativos, 13º salário e férias mais o terço constitucional. Os depósitos do FGTS + indenização de 40%, contudo, são realizados em conta vinculada, de forma que não devem ser levados em conta no cálculo do pensionamento mensal. Da mesma forma a verba paga a título de Participação nos Lucros e Resultados não compõe a base de cálculo da pensão, pois possui natureza indenizatória, inclusive em razão de previsão constitucional expressa nesse sentido no artigo 7º, inciso XI, da CF. Recurso de revista conhecido e parcialmente provido." TST. 7ª Turma. RR-1001202-59.2017.5.02.0085, Rel.: Ministro Claudio Mascarenhas Brandão, DEJT 25 nov. 2022.

O valor da pensão deve ser calculado tomando-se como base o prejuízo dos dependentes da vítima. A parcela do FGTS não compunha a renda mensal ou anual do acidentado, porque só poderia ser sacada em situações excepcionais, como nos períodos de desemprego ou na aposentadoria. Assim, a sua inclusão na base de cálculo do pensionamento implicaria conceder rendimentos superiores aos que a vítima habitualmente recebia. Vejam entendimento do TST a respeito: "*Indenização por danos materiais. Pensionamento. Valor arbitrado. FGTS na base de cálculo. Impossibilidade.* O Tribunal Regional incluiu no valor do pensionamento o FGTS e o terço constitucional de férias, reformando a r. sentença de origem, a qual havia condenado as Reclamadas, de forma solidária, ao pagamento de pensão mensal no importe de 2/3 dos rendimentos mensais do ex-empregado vítima de acidente de trabalho, englobados na base de cálculo apenas os valores pagos a título de 13º salário pelo seu duodécimo, desde a data do acidente até a data em que o Obreiro completaria 70 anos (limite do pedido, embora a expectativa de sobrevida à época fosse de 75). Contudo, ao concluir que no cálculo da indenização por danos materiais deveria ser considerado o depósito do FGTS, a Corte de origem concedeu aos dependentes rendimentos superiores aos que a vítima habitualmente recebia, uma vez que a verba paga a tal título não compunha a remuneração do trabalhador, não tendo natureza salarial e podendo ser sacada apenas em situações excepcionais. Recurso de revista conhecido e provido no aspecto." TST. 3ª Turma. AIRR n. 168700-33.2006.5.15.0115, Rel.: Ministro Mauricio Godinho Delgado, *DJ* 26 jun. 2015.

É também princípio capital, em termos de liquidação das obrigações, que não pode ela transformar-se em motivo de enriquecimento. Apura-se o quantitativo de ressarcimento inspirado no critério de evitar o dano (*de damno vitando*), não porém para proporcionar à vítima um lucro (*de lucro capiendo*). Ontologicamente subordina-se ao fundamento de restabelecer o equilíbrio rompido, e destina-se a evitar o prejuízo. Há de cobrir a totalidade do prejuízo, porém limita-se a ele.[56]

Com apoio no princípio mencionado, percebeu-se que o deferimento da pensão pela totalidade dos rendimentos da vítima, no caso de homicídio, mostra-se excessivo ou repara além do real prejuízo porque não leva em consideração que a vítima despendia parte dos rendimentos com o seu próprio sustento e despesas pessoais. Considerando que o dano deve ser apurado tomando-se como base as pessoas que foram lesadas (*o morto não é mais sujeito de direito*), não seria correto permitir que o falecimento provocasse um aumento de renda para os beneficiários da pensão.

Diante dessa constatação, o Supremo Tribunal Federal passou a entender que, da base de cálculo do pensionamento, dever-se-ia deduzir o valor correspondente a um terço, como presumíveis despesas pessoais da vítima, sendo que tais decisões serviram de paradigma para consolidar o entendimento na jurisprudência[57]. Entretanto, a redução de um terço poderá ser alterada,

---

56. PEREIRA, Caio Mário da Silva. *Responsabilidade civil*. 9. ed. 8ª t. Rio de Janeiro: Forense, 2002. p. 316.

57. *"Embargos. Recurso de revista. Acidente de trabalho. Óbito do empregado. Indenização por danos materiais. Pensão mensal. Valor. Dedução de 1/3 da remuneração do empregado falecido. Despesas pessoais.* 1. A controvérsia cinge-se em definir a parcela da remuneração recebida pelo empregado falecido que se destinaria ao seu próprio sustento, a fim de ser descontada da indenização por danos materiais (pensão mensal). A Turma arbitrou o montante no patamar de 20% (vinte por cento). 2. Contudo, a jurisprudência desta Corte Superior é firme no sentido de que a pensão mensal a ser paga aos dependentes deve equivaler a 2/3 (dois terços) da remuneração percebida pelo *de cujus*, em virtude da presunção de que a terça parte da remuneração por ele auferida era destinada aos seus gastos pessoais. Precedentes da SDI-1 e de todas as Turmas. Embargos conhecidos e providos." TST. SBDI-I. Emb-ED-RR-10395-56.2016.5.03.0107, Rel.: Ministro Alberto Bastos Balazeiro, *DEJT* 01 dez. 2023.

"Recurso de Revista interposto anteriormente à vigência da lei nº 13.015/2014. Dano material. Pensão mensal devida à viúva. Valor. Dedução de 1/3 da remuneração do empregado. 1. Na espécie, a Corte Regional condenou a reclamada ao pagamento de pensão mensal vitalícia, no importe de 80% da última remuneração do empregado, a ser paga em favor da viúva. 2. Nos termos da jurisprudência desta Corte Superior, a pensão concedida aos dependentes de vítima de acidente de trabalho deve corresponder a 2/3 da remuneração do empregado falecido, independente do número de herdeiros, considerando-se, assim, que 1/3 do montante seria despendido para o próprio sustento e despesas pessoais do trabalhador. 3. Nesse sentido, a decisão regional foi proferida em desacordo com a jurisprudência desta Corte Superior. Precedentes. Recurso

para mais ou para menos, se houver provas demonstrando que naquele caso em julgamento a presunção não é verdadeira, em razão das evidências em sentido contrário.

Os valores que os dependentes da vítima recebem da Previdência Social, a título de pensão por morte, não devem ser deduzidos da base de cálculo do pensionamento decorrente do ato ilícito, conforme já pacificado na jurisprudência. A Constituição da República de 1988 estabelece claramente que o pagamento das parcelas decorrentes do seguro acidentário não exclui a indenização devida pelo empregador[58]. Para evitar repetições, reportamo-nos ao capítulo 4, item 4, em que abordamos os fundamentos lógicos e jurídicos pelos quais não se compensam os proventos recebidos do INSS com o pensionamento decorrente da responsabilidade civil por acidente do trabalho.

Até recentemente, em caso de homicídio ou incapacidade, os tribunais calculavam o valor do pensionamento inicial e o convertia em números de salários mínimos, de modo que a parcela mensal permanecia sempre atualizada, dispensando aplicação de correção monetária. Esse posicionamento atendia ao enunciado da Súmula n. 490 do STF, adotada em 1969, com o seguinte teor: "A pensão correspondente à indenização oriunda de responsabilidade civil deve ser calculada com base no salário mínimo vigente ao tempo da sentença e ajustar-se às variações ulteriores."

Ocorre que a Constituição da República de 1988, no art. 7º, IV, optou por vedar qualquer vinculação de valor ao salário mínimo, especialmente para impedir sua adoção como indexador com o propósito de repor perdas inflacionárias. É o que também estabelece a Lei n. 7.789/1989, que dispõe sobre o salário mínimo: "Art. 3º Fica vedada a vinculação do salário mínimo para qualquer fim, ressalvados os benefícios de prestação continuada pela Previdência Social." A propósito, até mesmo as prestações da Previdência Social deixaram de ter atualizações monetárias vinculadas ao salário mínimo, tanto que a Lei n. 11.430/2006 introduziu novo dispositivo na Lei n. 8.213/1991, estabelecendo: "Art. 41-A. O valor dos benefícios em manutenção será reajustado, anualmente, na mesma data do reajuste do salário mínimo, *pro rata*, de acordo com suas respectivas datas de início ou do último reajustamento, com base no Índice Nacional de Preços ao Consumidor — INPC, apurado pela Fundação Instituto Brasileiro de Geografia e Estatística — IBGE."

---

de Revista parcialmente conhecido e provido". TST. 1ª Turma. RR n. 270-70.2011.5.09.0872, Rel.: Ministro Walmir Oliveira da Costa, *DEJT* 25 out. 2019.

58. Constituição da República. Art. 7º, XXVIII: "seguro contra acidentes de trabalho, a cargo do empregador, *sem excluir a indenização* a que este está obrigado, quando incorrer em dolo ou culpa." De forma semelhante prevê o art. 121 da Lei n. 8.213/1991.

Nos julgamentos do STF pode ser observado que a Corte, em respeito ao dispositivo constitucional mencionado, não mais aceita a utilização do salário mínimo como fator de correção do valor do pensionamento[59]. Até reputa válida a fixação do valor inicial em número de salários mínimos, mas as correções supervenientes não podem utilizá-lo como indexador automático[60]. É certo que periodicamente o valor da pensão deverá sofrer as atualizações cabíveis, preferencialmente de acordo com as variações salariais da categoria profissional da vítima ou por outro índice oficial de atualização, mas essa correção não poderá ter vinculação com o reajuste periódico do salário mínimo[61].

---

59. "*Dano moral. Fixação de indenização com vinculação a salário mínimo. Vedação Constitucional. Art. 7º, IV, da Carta Magna.* O Plenário desta Corte, ao julgar, em 1º.10.97, a ADIN 1425, firmou o entendimento de que, ao estabelecer o art. 7º, IV, da Constituição que é vedada a vinculação ao salário mínimo para qualquer fim, quis evitar que interesses estranhos aos versados na norma constitucional venham a ter influência na fixação do valor mínimo a ser observado. — No caso, a indenização por dano moral foi fixada em 500 salários mínimos para que, inequivocamente, o valor do salário mínimo a que essa indenização está vinculado atue como fator de atualização desta, o que é vedado pelo citado dispositivo constitucional. — Outros precedentes desta Corte quanto à vedação da vinculação em causa. Recurso extraordinário conhecido e provido." STF. 1ª Turma. RE n. 225.448, Rel.: Ministro Moreira Alves, *DJ* 16 jun. 2000.

    Constitucional. Art. 7º, Inc. IV, da Constituição da República. Não recepção do art. 3º, § 1º, da Lei Complementar paulista n. 432/1985 pela Constituição de 1988. Inconstitucionalidade de vinculação do adicional de insalubridade ao salário mínimo: Precedentes. 1. O sentido da vedação constante da parte final do inc. IV do art. 7º da Constituição impede que o salário mínimo possa ser aproveitado como fator de indexação; essa utilização tolheria eventual aumento do salário mínimo pela cadeia de aumentos que ensejaria se admitida essa vinculação (RE 217.700, Ministro Moreira Alves). A norma constitucional tem o objetivo de impedir que aumento do salário mínimo gere, indiretamente, peso maior do que aquele diretamente relacionado com o acréscimo. Essa circunstância pressionaria reajuste menor do salário mínimo, o que significaria obstaculizar a implementação da política salarial prevista no art. 7º, inciso IV, da Constituição da República. O aproveitamento do salário mínimo para formação da base de cálculo de qualquer parcela remuneratória ou com qualquer outro objetivo pecuniário (indenizações, pensões etc.) esbarra na vinculação vedada pela Constituição do Brasil. Histórico e análise comparativa da jurisprudência do Supremo Tribunal Federal. Declaração de não recepção pela Constituição da República de 1988 do Art. 3º, § 1º, da Lei Complementar n. 432/1985 do Estado de São Paulo. ..." STF. Pleno. RE n. 565.714-1, Rel. Ministra Cármen Lúcia, *DJe* 7 nov. 2008.

60. "*Embargos Declaratórios recebidos como agravo regimental. Indenização. Vedação de vinculação ao salário mínimo. Art. 7º, IV, da Constituição. Questão apresentada somente em embargos à execução.* À luz da jurisprudência do Supremo Tribunal Federal, é vedado o uso do salário mínimo como fator de atualização da indenização. O mesmo não ocorre, contudo, quando se faz uso dele como expressão do valor inicial da indenização. No entanto, no caso, observo que se trata de recurso extraordinário originário de embargos à execução. Assim, a vinculação da indenização ao salário mínimo é matéria que não pode mais ser discutida, porquanto alcançada pela coisa julgada. Agravo regimental a que se nega provimento." STF. 2ª Turma. AI n. 537333, Rel. Ministro Joaquim Barbosa, *DJe* 12 maio de 2009.

61. É oportuno transcrever a Súmula Vinculante do STF n. 4, adotada em 2008, cujo teor reforça o entendimento mencionado, apesar de tratar de assunto diverso: "Salvo nos casos previstos

Diante dessa posição da Corte Maior, não cabe corrigir o valor da pensão pela variação do salário mínimo, como sugere a previsão do art. 533, § 4º, do CPC (A prestação alimentícia poderá ser fixada tomando por base o salário mínimo). Sem dúvida, a regra deverá ser aplicada nos casos em que a vítima percebia um salário mínimo mensal, mormente porque a lógica indica que pelo menos essa quantia ela continuaria recebendo, não fosse o acidente. Entretanto, nas hipóteses de remunerações superiores, a fixação do valor pela quantidade de salários mínimos poderá acarretar ao longo do tempo um aumento real da pensão, especialmente em razão do propósito governamental, firmado nos últimos anos, de conceder reajuste do salário mínimo acima da inflação anual. Ademais, o reajuste pela variação do salário mínimo conflita com o que prevê o art. 7º, IV, da Constituição Federal e com a Súmula Vinculante n. 4, já mencionada.

Tem sido este também o entendimento adotado pelo TST:

> "**Recurso de revista da reclamada. Matéria admitida pelo tribunal regional. Indenização por dano material. Pensão mensal. Atualização monetária mediante conversão em salários mínimos. Impossibilidade.** O artigo 7º, IV, da Constituição Federal, veda a vinculação do salário mínimo para qualquer fim. O Supremo Tribunal Federal, interpretando referido dispositivo constitucional, editou a Súmula Vinculante nº 4, segundo a qual, salvo nos casos previstos na Constituição, o salário mínimo não pode ser usado como indexador de base de cálculo de vantagem de servidor público ou de empregado, nem ser substituído por decisão judicial. Referido entendimento, embora não trate especificamente da hipótese de pensão, deixa clara a interpretação dada pelo STF quanto ao sentido e o alcance do artigo 7º, IV, da Constituição Federal, ao vedar a vinculação de vantagem de servidor público ou empregado ao salário mínimo. Outrossim, nesta Corte é pacífica a jurisprudência quanto à impossibilidade de vinculação ao salário mínimo para fim de reajuste, como se vê, a título de exemplo, na parte final da OJ nº 71 da SbDI-2: "A estipulação do salário profissional em múltiplos do salário mínimo não afronta o art. 7º, inciso IV, da Constituição Federal de 1988, só incorrendo em vulneração do referido preceito constitucional a fixação de correção automática do salário pelo reajuste do salário mínimo." Nesse sentido, esta Corte tem firme jurisprudência no sentido de que o salário mínimo não pode servir de indexador para o cálculo da correção monetária, entretanto tal vedação não obsta a fixação do valor inicial da pensão mensal em múltiplos de salário mínimo. Precedentes. Recurso de revista conhecido e parcialmente provido." TST. 7ª Turma. RRAg-111800-84.2007.5.15.0021, Rel.: Ministro Claudio Mascarenhas Brandao, *DEJT* 1º dez. 2023.

---

na Constituição, o salário mínimo não pode ser usado como indexador de base de cálculo de vantagem de servidor público ou de empregado, nem ser substituído por decisão judicial."

> "**Acidente de trabalho. Indenização por dano material. Pensão mensal. Indexação ao salário-mínimo. Vedação.** 1 — A jurisprudência do Supremo Tribunal Federal e do Tribunal Superior do Trabalho somente admite a fixação do valor inicial da pensão mensal em múltiplos de salário-mínimo sem vinculação para o fim de reajuste, o que não é o caso dos autos, em que foi determinada a efetiva indexação para o fim de atualização da pensão mensal. 2 — Nesse ponto da controvérsia, a decisão recorrida afronta o conteúdo normativo do art. 7º, IV, da Constituição Federal, o qual veda a vinculação ao salário-mínimo com o objetivo de estabelecer indexação, fixando mecanismo de reajuste do valor monetário frente à inflação (Súmula Vinculante n. 4). 3 — Recurso de revista conhecido e provido, no aspecto." TST. 6ª Turma. RR n. 423-62.2014.5.15.0054, Rel.: Ministra Kátia Magalhães Arruda, *DEJT* 21 set. 2018.

> "**Recurso de embargos regido pela Lei n. 11.496/2007. Indenização por danos materiais. Pensão mensal. Fixação do valor em múltiplos do salário mínimo**. O art. 7º, inciso IV, da Constituição Federal, veda a vinculação do salário mínimo para qualquer fim. O Supremo Tribunal Federal, interpretando o referido dispositivo constitucional, editou a Súmula Vinculante n. 4, a qual recomenda: — Salvo nos casos previstos na Constituição, o salário mínimo não pode ser usado como indexador de base de cálculo de vantagem de servidor público ou de empregado, nem ser substituído por decisão judicial. Em relação à pensão decorrente de ação indenizatória fixada em múltiplos de salário mínimo, a Suprema Corte entende possível a fixação do valor inicial do benefício, mas de forma desvinculada da atualização do valor do salário mínimo. No caso concreto, o Tribunal Regional arbitrou o valor da pensão mensal equivalente a 4,34 salários mínimos — desde a data da despedida e enquanto perdurar a aposentadoria por invalidez —, não explicitando sobre a forma de atualização do benefício. A fim de evitar equívoco quanto à forma de cálculo e atualização da pensão mensal, o apelo deve ser provido para determinar que o valor arbitrado a título de pensão mensal, equivalente a 4,34 salários mínimos, seja utilizado apenas como valor inicial da indenização, a qual deverá ser corrigida com os índices oficiais de correção monetária, de forma desvinculada da atualização do salário mínimo. Recurso de embargos conhecido e provido." TST. SBDI-I. E-ED-RR n. 19500-19.2006.5.04.0030, Rel.: Ministro Augusto César Leite de Carvalho, *DEJT* 12 set. 2014.

Entendemos, portanto, que a previsão do art. 533, § 4º, do CPC só deverá ser aplicada nos casos em que a vítima percebia remuneração mensal equivalente ao salário mínimo. Para os salários superiores, a pensão deverá ser fixada com base na remuneração real percebida, aplicando-se a correção periódica do valor, preferencialmente de acordo com a variação salarial da categoria profissional do acidentado. De todo modo, deverá ser assegurado que o valor corrigido nunca seja inferior ao salário mínimo legal, vigente em cada época, salvo no caso de pagamento de pensão proporcional na hipótese de redução da capacidade laborativa.

9.6. CONSTITUIÇÃO DE CAPITAL PARA GARANTIA DO PENSIONAMENTO

Além de estabelecer o direito à reparação dos danos causados injustamente, a lei criou meios para garantir o cumprimento da sentença, de modo que a vítima possa conseguir efetivamente o ressarcimento do prejuízo sofrido. O próprio Código Civil estabelece no art. 942 que "os bens do responsável pela ofensa ou violação do direito de outrem ficam sujeitos à reparação do dano causado...". De forma semelhante, prevê o art. 789 do CPC que o devedor responde com todos os seus bens presentes e futuros para o cumprimento de suas obrigações.

Ocorre que a garantia da pensão mensal, cujo pagamento se prolonga no tempo por vários anos ou até décadas, deve ser mais rigorosa, especialmente em razão da natureza do direito protegido. Os dependentes do acidentado morto não podem ficar sujeitos às incertezas das oscilações econômicas, correndo o risco de perderem abruptamente a renda da pensão, pelo fechamento da empresa ou mesmo pela falência do ex-empregador. Além disso, muitas empresas de micro, pequeno ou médio porte nem mesmo teriam estímulo para prosseguir na atividade sabendo da despesa mensal certa já incluída inexoravelmente no seu passivo. Também não seria incomum ocorrerem falências ou encerramentos propositais da empresa, como forma calculada de exoneração do encargo mensal.

Com essas justas preocupações e com o objetivo de resguardar a sobrevivência digna dos beneficiários da pensão, o legislador estabeleceu no art. 533 do CPC/2015:

> Quando a indenização por ato ilícito incluir prestação de alimentos, caberá ao executado, a requerimento do exequente, constituir capital cuja renda assegure o pagamento do valor mensal da pensão.

Vale mencionar que a redação original do CPC/1973 estabelecia no art. 602 que a sentença condenatória já devia determinar a constituição de capital[62]. Com a mudança promovida pela Lei n. 11.232/2005, a constituição do capital passou a ser uma faculdade do julgador[63]. A redação do CPC/2015 prevê a constituição de capital no caso de requerimento do exequente.

---

62. CPC/1973. Art. 620 "Toda vez que a indenização por ato ilícito incluir prestação de alimentos, o juiz, quanto a esta parte, condenará o devedor a constituir um capital, cuja renda assegure o seu cabal cumprimento."

63. CPC/1973. Art. 475-Q. "Quando a indenização por ato ilícito incluir prestação de alimentos, o juiz, poderá ordenar ao devedor constituição de capital, cuja renda assegure o pagamento do valor mensal da pensão."

Mesmo considerando que o texto legal atual deixa a critério do exequente requerer a constituição de capital, é recomendável que o interessado busque sempre essa garantia, ainda no processo de conhecimento[64], pelos sérios riscos já mencionados. E a garantia não é só do pagamento da renda mensal; exige-se que seja destacado capital suficiente para gerar renda equivalente ao valor da pensão. Temos então uma sequência lógica: capital que produz renda, que gera alimentos, que garante a sobrevivência. É o propósito da lei de assegurar, com a fidelidade possível, que a morte injusta do acidentado não faça desaparecer o rendimento provedor.[65]

Comentando a respeito do disciplinamento legal do antigo art. 475-Q do CPC, o Juiz do Trabalho potiguar Luciano Athayde Chaves elaborou interessante interpretação:

> A mim me parece que a 'faculdade' de constituir o capital somente terá lugar se o juiz vislumbrar um outro modo de garantir o resultado útil da execução do julgado no tempo, pelas outras formas admitidas no § 2º. Sob esse prisma, a imperatividade de garantir a efetividade da obrigação sucessiva representada pela prestação de alimentos não desaparece, apenas é exercida num espectro mais amplo de possibilidades. Porém, deverá

64. Entendemos, com apoio na doutrina, que é possível determinar a constituição de capital para garantia do pensionamento mesmo posteriormente na fase de execução. Nesse sentido pondera Arnaldo Rizzardo: "Desde que surjam motivos para exigir a garantia posteriormente, concede-se sua instituição. Se em dado momento as circunstâncias não ensejavam a providência, não havia porque buscá-la. Surgindo uma situação que enseja o colapso financeiro do obrigado, com prenúncios de insolvência, o direito que consolidou a obrigação permite que se estabeleça a garantia." Cf. *Responsabilidade civil:* Lei n. 10.406, de 10.1.2002. Rio de Janeiro: Forense, 2005. p. 898-899.

65. *"Pensão mensal. Substituição de constituição de capital por inclusão do beneficiário em folha de pagamento.* 1 – A jurisprudência desta Corte é firme no sentido de que a previsão para a constituição de capital com o objetivo de assegurar o pagamento de pensão mensal constitui faculdade atribuída ao juiz, inerente ao seu poder discricionário, na escolha da melhor forma de satisfação da condenação imposta, nos termos do art. 533 do CPC/2015. 2 – No caso concreto , o TRT determinou que as parcelas vencidas no tocante à condenação em pensão mensal devem ser "pagas de uma só vez e as vincendas incluídas na folha de pagamento do réu, nos termos do art. 533 do CPC/2015, substituindo-se, assim, a constituição de capital (...)". No acórdão dos embargos de declaração, esclareceu que "pode o Juízo verificar a possibilidade de substituir a constituição de capital pela inclusão do benefício em folha de pagamento, de forma a viabilizar o cumprimento da obrigação devida ao credor, sem, no entanto, onerar excessivamente o réu, de forma a possibilitar a continuidade da atividade empresarial e a manutenção da função social da empresa, entendimento este que não conflita com o disposto na Súmula 313 do STJ". 3 – Logo, a decisão do Regional encontra-se em consonância com o entendimento desta Corte Superior. Julgados. Incidência do óbice da Súmula nº 333 do TST e do artigo 896, § 7º, da CLT. 4 – Agravo de instrumento a que se nega provimento." TST. 6ª Turma. RRAg-1719-74.2013.5.09.0005, Rel.: Ministra Katia Magalhaes Arruda, DEJT 25 nov. 2022.

> ser exercida. (...) É de grande relevo, pois, que o Juiz do Trabalho, ao acolher pretensão indenizatória que envolva prestação de alimentos, fixe, desde a sentença de mérito, a forma pela qual deverá ser garantido o capital para a satisfação da obrigação, atentando para tais ponderações, de modo a aperfeiçoar a entrega da tutela jurisdicional.[66]

O capital constituído por imóveis ou por direitos reais sobre imóveis suscetíveis de alienação, títulos da dívida pública ou aplicações financeiras em banco oficial será inalienável e impenhorável, enquanto durar a obrigação do devedor, além de constituir-se em patrimônio de afetação (art. 533, § 1º, do CPC). Os bens indicados permanecem normalmente na posse do devedor, mas os rendimentos têm destinação direcionada: garantir o pagamento mensal da pensão. Somente quando findar a obrigação é que o juiz fará a liberação do gravame (art. 533, § 5º, do CPC).

Na liquidação da sentença transitada em julgado haverá parcelas da pensão vencidas e vincendas. Serão apuradas para execução imediata as parcelas vencidas porque o valor mensal estabelecido na sentença será devido de forma retroativa, desde a data do óbito ou do acidente, conforme fixado na sentença. Assim, as parcelas vencidas serão executadas no procedimento comum; as vincendas poderão ser acobertadas com a garantia do art. 533 do CPC.

Anota Arnaldo Rizzardo, com apoio na jurisprudência, que é mais viável a garantia por intermédio de um depósito bancário em caderneta de poupança, que renda correção monetária e juros, com bloqueio dos saques, salvo o valor da pensão mensal, tomando-se o cuidado para que o montante das retiradas não consuma o capital constituído[67]. Essa solução apontada pela doutrina e pela jurisprudência acabou acolhida pelo dispositivo do CPC que possibilitou a garantia também por "aplicações financeiras em banco oficial" (art. 533, § 1º, do CPC).

Outra opção, um pouco mais flexível e menos burocrática, também indicada por Arnaldo Rizzardo, é a que o devedor "clausule os bens de impenhorabilidade e inalienabilidade" e passe a efetuar mensalmente o pagamento da pensão, já que o objetivo da norma é garantir o cumprimento das prestações e não que aqueles bens gravados produzam diretamente as rendas. Enquanto perdura a obrigação do pensionamento, os imóveis ficarão onerados, devendo ser expedido mandado de registro ao cartório competente para evitar qualquer

66. CHAVES, Luciano Athayde. A recente reforma no processo comum e seus reflexos no direito judiciário do trabalho. 3. ed., rev. e ampl. São Paulo: LTr, 2007. p. 99-100.

67. RIZZARDO, Arnaldo. *Responsabilidade civil*: Lei n. 10.406, de 10.1.2002. Rio de Janeiro: Forense, 2005. p. 900.

possibilidade de venda por parte do devedor. Dessa forma, se forem cumpridos regularmente os pagamentos da pensão, esses imóveis não serão executados[68].

Também poderá o juiz substituir a constituição do capital pela inclusão do exequente em folha de pagamento de pessoa jurídica de notória capacidade econômica ou, a requerimento do executado, por fiança bancária ou garantia real, em valor a ser arbitrado de imediato pelo juiz (Art. 533, § 2º). Essa opção, contudo, tem sido mais indicada quando o devedor for pessoa jurídica de direito público, já que inexiste o risco da insolvabilidade, sendo também admitida para as empresas públicas ou de economia mista com notória idoneidade.

A pretensão das empresas privadas de garantir a pensão pela simples inclusão na folha de pagamento mensal deve ser apreciada com bastante prudência e com análise cuidadosa de todas as variáveis do caso concreto. Em primeiro lugar, porque a determinação do juiz para que o devedor constitua capital, conforme previsto agora no art. 533 do CPC, tem fundamento jurídico inquestionável já sedimentado na jurisprudência, desde os revogados arts. 911 e 912 do CPC/1939. Por outro enfoque, ninguém desconhece que ocorrem falências inesperadas, mesmo em grandes corporações. O pensionamento pode ter duração prolongada por várias décadas, pelo que qualquer previsão a longo prazo sobre a solidez econômica do devedor é arriscada e precária. Vejam o caso da morte de um acidentado com 22 anos que deixa como beneficiária jovem viúva, situação que ocorre com razoável frequência. Esta pensão poderá perdurar por mais de 50 anos, ou seja, o tempo da expectativa de sobrevida da vítima[69]. Por causa de tais receios e das lições da experiência, o entendimento no âmbito do STJ é o de que a constituição de capital para as empresas privadas não deve ser dispensada[70]. Com a pacificação desse posicionamento, o STJ, em 2005, adotou a Súmula n. 313, com o seguinte enunciado: "Em ação de indenização, procedente o pedido, é necessária a

68. *Ibidem*, p. 901.

69. Vejam a questão da sobrevida provável da vítima no item seguinte.

70. "*Ação de indenização. Morte da vítima. Concessionária de serviço público. Constituição de capital. Cabimento.* A mera circunstância de a empresa ré ser concessionária de serviço público não a exime da constituição de capital garantidor, como forma de assegurar o cumprimento da obrigação (Enunciado 313 da Súmula do STJ). STJ. 4ª Turma. EDcl no AREsp n. 46.278/MG, Rel.: Ministra Maria Isabel Gallotti, *DJ* 29 maio de 2012.

"*Responsabilidade civil. Morte. Constituição de capital para garantir pensionamento.* Em face da realidade econômica do país, que não mais permite supor a estabilidade, longevidade e saúde empresariais, de modo a permitir a dispensa de garantia, a Segunda Seção deste Tribunal, no julgamento do Recurso Especial n. 302.304/RJ, pacificou posição afirmando a impossibilidade da substituição da constituição de capital, prevista na lei processual civil, pela inclusão do beneficiário de pensão em folha de pagamento." STJ. 3ª Turma. AgRg no AG 469.577/MG, Rel.: Ministro Castro Filho, julgado em 17 fev. 2004.

constituição de capital ou caução fidejussória para a garantia de pagamento da pensão, independentemente da situação financeira do demandado."[71]

A constituição de capital em estudo poderá ainda ser substituída por fiança bancária ou garantia real, em valor a ser arbitrado pelo juiz (art. 533, § 2º, do CPC). Pela fiança, o banco assume o encargo, caso o devedor não pague a pensão, como ocorria com a antiga caução fidejussória prevista no revogado art. 602, § 2º, do CPC[72]. Caberá ao juízo da execução, diante do requerimento do executado, analisar a proposta dessa modalidade de garantia, sempre com vistas à segurança futura dos beneficiários da pensão, podendo acolher ou não o requerido, de acordo com as circunstâncias do caso[73].

Para Sílvio Rodrigues, a caução fidejussória "pode representar um grande benefício para o devedor, sem constituir ameaça para o credor. Isso porque, através dela, fica o devedor exonerado de imobilizar grandes recursos, o que lhe é altamente inconveniente, enquanto o credor terá a garantia do adimplemento, através da assunção da obrigação solidariamente por fiador idôneo."[74]

Nada impede, como assegura Mendonça Lima, que "as partes façam acordo quanto ao valor da indenização ou a forma de pagamento, independentemente das normas aqui prescritas, que apenas têm aplicabilidade se os interessados não acertarem uma forma conciliatória de liquidar a obrigação."[75]

Por derradeiro, neste tópico, é necessário anotar que, em razão de mudança nas condições econômicas, o capital ou a garantia constituída pode tornar-se inadequado ou desproporcional ao objetivo proposto de assegurar a continuidade do pagamento da pensão, tanto pelo excesso quanto pela insuficiência. Em tal circunstância, qualquer das partes poderá pedir ao juiz da execução o aumento ou a redução do encargo, conforme previa o § 3º do art.

71. Vale registrar que a Súmula n. 313 do STJ foi adotada em 2005, mas antes da mudança promovida pela Lei n. 11.232/2005, que introduziu no CPC o art. 475-Q, ou seja, enquanto vigorava o art. 602 do CPC. Entretanto, diversos acórdãos do STJ publicados posteriormente continuam aplicando a Súmula n. 313, dependendo das circunstâncias do caso em julgamento.

72. De Plácido e Silva define a caução fidejussória: "É a caução por fiança pessoal prestada por uma terceira pessoa, perante o credor, para garantia da dívida ou da obrigação do devedor, no caso em que ele não a pague, ou não a cumpra. E se diz fidejussória, de *fide* e *jubere*, porque justamente significa fiança prestada por outrem. É a caução por fiança de terceiro, que assume todo o encargo de fiador e, nestas condições, se solidariza com o devedor pelo pagamento da dívida ou cumprimento da obrigação." Cf. *Vocabulário jurídico*. 10. ed. Rio de Janeiro: Forense, 1987. v. I, p. 408.

73. Como adverte Alcides de Mendonça Lima, "não é uma pena, nem um direito do devedor. É mera faculdade concedida ao juiz: 'poderá substituir a constituição de capital'." In: *Comentários ao Código de Processo Civil*. 5. ed., rev. e atual. Rio de Janeiro: Forense, 1987. v. VI, p. 540.

74. RODRIGUES, Sílvio. *Direito civil*: responsabilidade civil. 19. ed. São Paulo: Saraiva, 2002. v. 4, p. 216.

75. LIMA, Alcides de Mendonça. *Comentários ao Código de Processo Civil*. 5. ed. rev. e atual. Rio de Janeiro: Forense, 1987. v. VI, p. 537.

602 do CPC/1973[76]. A redação atual do art. 533, § 3º, do CPC estabelece que: "Se sobrevier modificação nas condições econômicas, poderá a parte requerer, conforme as circunstâncias, redução ou aumento da prestação."

Mesmo com a mudança mencionada do texto legal, entendemos que não se trata da possibilidade de rever o valor da pensão, como ocorre nas ações revisionais de alimentos no campo do Direito de Família. O pensionamento aqui tem natureza jurídica reparatória e não alimentar no sentido estrito (Art. 7º, XXVIII, da CF), razão pela qual a posterior mudança na situação econômica do devedor ou do credor não deve acarretar alteração do *quantum* mensal estabelecido. Como pondera Humberto Theodoro, "a lei não tem força, no tratar categorias jurídicas, de contrariar a natureza das coisas. A palavra final não é a do legislador, mas a da ciência jurídica."[77]

Pode-se observar também que todo o propósito do art. 533 do CPC está voltado para a garantia da continuidade do pagamento e não para alterar o valor fixado na condenação. Assim, a exegese do § 3º não pode ser buscada sem considerar o preceito básico estabelecido no *caput* do artigo. Nesse sentido, merece transcrição o entendimento de Carlos Roberto Gonçalves, quando analisou o texto do art. 602 do CPC/1973, que foi substituído pelo atual art. 533 do CPC/2015:

> O § 3º está ligado ao *caput* do art. 602, que trata da constituição de capital para garantir o pagamento da pensão. Assim, ao mencionar a possibilidade de se pedir redução ou aumento do encargo, está se referindo ao gravame que onera o bem. Destarte, se sofreu este uma desvalorização acentuada, de modo a que não mais garanta a satisfação da dívida, poderá ser pleiteado o reforço da garantia. Do mesmo modo, poderá ser pedida a sua redução, em caso de inesperada e desproporcional valorização.[78]

Na edição da sua obra lançada em 2012, Carlos Roberto Gonçalves, ao comentar a mudança introduzida pelo art. 475-Q do CPC/1973, pontuou:

> Entendemos, no entanto, inaplicável a revisão em caso de homicídio. É que não se pode confundir a pensão decorrente de um ato ilícito, que

76. CPC. Art. 602, § 3º: "Se, fixada a prestação de alimentos, sobrevier modificação nas condições econômicas, poderá a parte pedir ao juiz, conforme as circunstâncias, redução ou aumento do encargo."
77. THEODORO JÚNIOR, Humberto. *Comentários ao novo Código Civil*. Rio de Janeiro: Forense, 2003. v. III, t. 2, p. 158.
78. GONÇALVES, Carlos Roberto. *Responsabilidade civil*: doutrina, jurisprudência. 7. ed., atual. e ampl. São Paulo: Saraiva, 2002. p. 651.

é indenização, com a obrigação de pagar alimentos aos parentes ou ao cônjuge necessitados. A primeira tem natureza reparatória de danos. A segunda tem por pressuposto a necessidade dos familiares e cônjuge e a possibilidade do prestante. Como já se salientou, a primeira é indenização a título de alimentos e não de alimentos propriamente ditos. O fato gerador da indenização é o ato ilícito, não a necessidade de alimentos. Entender de modo contrário levaria à absurda consequência de que, se a vítima é pessoa de abastados recursos, nenhuma indenização deverá ser paga pelo delinquente, precisamente porque a família daquela não precisa de alimentos para a sua subsistência, como afirma Carvalho Santos.[79]

9.7. TERMO FINAL DA PENSÃO

De início, é oportuno informar que neste tópico só abordaremos o termo final do pensionamento decorrente do acidente fatal, porquanto a pensão devida à própria vítima, quando esta sobrevive ao acidente (arts. 949 e 950 do Código Civil), tem tratamento diverso, como veremos no próximo capítulo.

O termo final do direito à pensão pode ocorrer em razão de limite temporal relacionado ao acidentado falecido ou pelas condições dos próprios beneficiários. O primeiro limite a ser observado, que prepondera sobre todos os demais, é o que leva em conta "a duração provável da vida da vítima", conforme previsto no art. 948, II, do Código Civil. A obrigação do pagamento mensal encerra-se quando for atingida a provável sobrevida que a vítima teria, conforme fixado na sentença, independentemente da idade, condição ou necessidade dos beneficiários.

A estimativa do tempo provável de sobrevida da vítima, para estabelecer o termo final do pagamento, ainda gera controvérsias, apesar da inovação do Código Civil de 2002. Alguns tribunais continuam fixando o limite de 65 anos, mas cresce o número de decisões adotando idade superior.

O Código Civil de 1916 (art. 1.537) não mencionava o prazo de duração do pensionamento e, por essa razão, coube à jurisprudência arbitrar o lapso temporal do benefício. É verdade que o revogado CPC/1939 estabelecia no art. 911: "No arbitramento da indenização proveniente de ato ilícito, os lucros cessantes serão convertidos em prestação de renda ou pensão, mediante pagamento de capital que, aos juros legais e levada em conta a duração provável da vida da vítima, assegure as prestações devidas." Entretanto, o art. 602 do CPC, promulgado em 1973, ao tratar da mesma garantia, só mencionou como

79. GONÇALVES, Carlos Roberto. *Responsabilidade civil*. 14. ed. São Paulo: Saraiva, 2012. p. 581.

prazo "enquanto durar a obrigação do devedor", redação esta que foi praticamente repetida pelo art. 533 do CPC/2015, apenas substituindo o vocábulo devedor por executado.

O Supremo Tribunal Federal, nos anos 60 e 70 do século passado, fixava a idade provável do brasileiro, para fins de encerramento da pensão, em 60 anos[80]. Já na década de 80, ou seja, há mais de quatro décadas, a idade provável foi elevada para 65 anos, de acordo com cálculos atuariais da época[81], limite esse que passou a ser largamente adotado nos julgamentos.

Ocorre que nos últimos trinta anos houve um aumento progressivo da expectativa de vida e de sobrevida do brasileiro, conforme dados divulgados pela Fundação Instituto Brasileiro de Geografia e Estatística — IBGE. Basta mencionar que em 1980 a expectativa de vida ao nascer era de 62,5 anos; em 1991 passou para 66,9 anos; em 2000 para 69,8 anos e em 2023 para 76,4 anos. Na medida em que estatísticas mais atualizadas eram publicadas, os julgamentos começaram a incorporar limites de expectativa de vida superiores a 65 anos[82].

O Código Civil de 2002, todavia, trouxe inovação significativa nesta questão. O texto do art. 948, II, é muito claro ao estabelecer que a pensão no caso de homicídio por ato ilícito deve levar em conta "a duração provável da vida da vítima." Assim, não faz mais sentido utilizar a média de vida

---

80. Cf. RE 66.253 e RE 74.769.

81. Cf. RE 100.127.

82. "*Responsabilidade civil. Termo final da pensão por morte. Tabelas do INSS e IBGE.* Não é absoluto o critério temporal de fixação do termo final na data em que a vítima completaria 65 anos, devendo ser aferido em consonância com a tabela de sobrevida adotada pela Previdência Social de acordo com cálculos elaborados pelo IBGE. Precedentes específicos do STJ." STJ. 3ª Turma. REsp 1372889/SP, Rel.: Ministro Paulo de Tarso Sanseverino, *DJe* 19 out. 2015.

"*Responsabilidade civil do Estado. Ação de indenização por danos morais e materiais. Pensão. Termo* ad quem. *Data em que o* de cujus *completaria 70 anos.* O critério para determinar o termo final da pensão devida à viúva é a expectativa de vida do falecido. Ela não é indicador estanque, pois é calculado tendo em conta, além dos nascimentos e óbitos, o acesso à saúde, à educação, à cultura e ao lazer, bem como a violência, a criminalidade, a poluição e a situação econômica do lugar em questão. Qualquer que seja o critério adotado para a aferição da expectativa de vida, na hipótese de dúvida o juiz deve solucioná-la da maneira mais favorável à vítima e seus sucessores. A idade de 65 anos, como termo final para pagamento de pensão indenizatória, não é absoluta, sendo cabível o estabelecimento de outro limite, conforme o caso concreto. Precedentes do STJ. É possível a utilização dos dados estatísticos divulgados pela Previdência Social, com base nas informações do IBGE, no tocante ao cálculo de sobrevida da população média brasileira. Em homenagem à alteração gradativa e prospectiva da jurisprudência, bem como aos precedentes referidos pelos recorrentes, o termo *ad quem* para o pensionamento deve ser a data em que o *de cujus* completaria 70 anos." STJ. 2ª Turma. REsp n. 1244979/PB, Rel.: Ministro Herman Benjamin, *DJ* 20 maio 2011.

do brasileiro ou a expectativa de vida ao nascer, que conduzem a resultados distorcidos e ultrapassados. Antes do novo Código Civil, ainda era válido considerar a longevidade média do brasileiro, mas agora o dispositivo legal é taxativo ao estabelecer que a expectativa de sobrevida a ser apurada é a da vítima — ou seja, a expectativa de vida específica daquela vítima —, pelo que não é aceitável buscar outro critério por influência da jurisprudência baseada no Código Civil já revogado.

A pesquisa da "duração provável da vida da vítima", conforme determina o novo Código Civil, ficou muito facilitada por uma mudança ocorrida na legislação previdenciária. A Lei n. 9.876/1999, que introduziu o fator previdenciário para cálculo dos benefícios das aposentadorias por idade ou por tempo de contribuição, acrescentou dois parágrafos importantes no art. 29 da Lei n. 8.213/1991, que tratam exatamente da expectativa de sobrevida:

> § 7º O fator previdenciário será calculado considerando-se a idade, a expectativa de sobrevida e o tempo de contribuição do segurado ao se aposentar, segundo a fórmula constante do Anexo desta Lei.
>
> § 8º Para efeito do disposto no § 7º, a expectativa de sobrevida do segurado na idade da aposentadoria será obtida a partir da tábua completa de mortalidade construída pela Fundação Instituto Brasileiro de Geografia e Estatística — IBGE, considerando-se a média nacional única para ambos os sexos.

No mesmo ano de 1999, o Decreto n. 3.266 regulamentou a periodicidade e a publicação anual da tábua completa de mortalidade pelo IBGE:

> Art. 1º Para efeito do disposto no § 7º do art. 29 da Lei n. 8.213, de 24 de julho de 1991, com a redação dada pela Lei n. 9.876, de 26 de novembro de 1999, a expectativa de sobrevida do segurado na idade da aposentadoria será obtida a partir da tábua completa de mortalidade para o total da população brasileira, construída pela Fundação Instituto Brasileiro de Geografia e Estatística — IBGE, considerando-se a média nacional única para ambos os sexos.
>
> Art. 2º Compete ao IBGE publicar, anualmente, até o dia primeiro de dezembro, no Diário Oficial da União, a tábua completa de mortalidade para o total da população brasileira referente ao ano anterior.

Como se vê, a publicação anual do IBGE retrata, mediante critérios científicos, a expectativa de sobrevida do brasileiro para qualquer idade a cada ano, oferecendo uma tabela geral e outras duas específicas com separação por sexo. Logo, a "duração provável da vida da vítima", de que fala expressamente o art. 948, II, do Código Civil, poderá ser encontrada com segurança numa informação oficial, publicada por força de lei, por intermédio de uma instituição de reconhecida idoneidade e competência técnica.

Com base na última publicação do IBGE a respeito da tábua completa de mortalidade no Brasil, ocorrida em 29 de novembro de 2024[83], é possível montar o quadro de sobrevida média do brasileiro, relativo ao ano de 2023, considerando inicialmente ambos os sexos:

EXPECTATIVA DE SOBREVIDA NO BRASIL — AMBOS OS SEXOS — 2023					
Idade exata em anos	**Expectativa de sobrevida em anos**	**Idade exata em anos**	**Expectativa de sobrevida em anos**	**Idade exata em anos**	**Expectativa de sobrevida em anos**
11	66,6	38	41,4	65	18,7
12	65,6	39	40,5	66	17,9
13	64,6	40	39,6	67	17,2
14	63,7	41	38,7	68	16,5
15	62,7	42	37,8	69	15,8
16	61,7	43	36,9	70	15,1
17	60,8	44	36,0	71	14,5
18	59,8	45	35,1	72	13,8
19	58,9	46	34,2	73	13,1
20	58,0	47	33,4	74	12,5
21	57,0	48	32,5	75	11,8
22	56,1	49	31,6	76	11,2
23	55,2	50	30,7	77	10,6
24	54,3	51	29,9	78	10,0
25	53,4	52	29,0	79	9,5
26	52,5	53	28,2	80	8,9
27	51,5	54	27,3	81	8,4
28	50,6	55	26,5	82	7,9
29	49,7	56	25,7	83	7,4
30	48,8	57	24,9	84	7,0
31	47,9	58	24,1	85	6,6
32	46,9	59	23,3	86	6,2
33	46,0	60	22,5	87	5,9
34	45,1	61	21,7	88	5,6
35	44,2	62	20,9	89	5,3
36	43,3	63	20,1	90 ou mais	5,0
37	42,3	64	19,4		

Fonte: Tábua completa de mortalidade — IBGE — 2023

83. A tábua completa está disponível em: <http://www.ibge.gov.br>.

Ao consultar essa tabela, elaborada a partir de dados oficiais, basta conferir a idade exata em que ocorreu o óbito e localizar a expectativa de sobrevida daquela vítima. Esse será, portanto, o prazo do pensionamento devido, desde a data do óbito, porque corresponde exatamente à *duração provável da vida da vítima*, como estabelece o dispositivo legal mencionado.

É importante anotar que a expectativa de sobrevida, quando adicionada à idade da vítima, acaba alcançando um resultado maior do que a expectativa de vida ao nascer, em razão do ainda acentuado índice de mortalidade infantil no Brasil. No ano de 2023, por exemplo, segundo os dados do IBGE, a expectativa de vida média do brasileiro ao nascer era de 76,4 anos, mas a sobrevida provável para quem já atingiu um ano de idade foi também estimada em 76,4 anos. Um trabalhador que sofreu acidente fatal com 30 anos em 2023 tinha uma expectativa de sobrevida média de mais 48,8 anos, ou seja, a pensão pode perdurar até quando a vítima viesse a completar 78,0 anos[84].

Entendemos, todavia, que o mais correto será considerar a mesma tábua de mortalidade, porém adotando a projeção correspondente ao sexo do acidentado, já que o comando legal indica a sobrevida específica da vítima. Uma simples comparação deixa evidente a maior longevidade da mulher, o que acaba elevando a média indicada. Para essa finalidade, montamos a seguir dois quadros da expectativa de sobrevida para os óbitos ocorridos em 2023[85], com separação por sexo:

84. "*Civil. Sobrevida provável até os 70 anos de idade. Adoção da tabela do IBGE.* A sobrevida da pessoa adulta não é a mesma do recém-nascido, porque aquele já passou por riscos de mortalidade que este ainda não enfrentou; a tabela do IBGE, a respeito, reflete esse princípio, e prefere sobre o critério da sobrevida média, aproveitado por outros precedentes judiciais. Recurso especial conhecido, mas não provido." STJ. 3ª Turma. REsp n. 119.649/RJ, Rel.: Ministro Ari Pargendler, julgado em 4 abr. 2000.

85. Colocamos nos Anexos IX a XII a tabela da expectativa de sobrevida no Brasil por sexo, aplicável para os óbitos ocorridos nos anos de 2019 a 2022, conforme foi divulgado pelo IBGE.

EXPECTATIVA DE SOBREVIDA NO BRASIL — SEXO FEMININO — 2023					
Idade exata em anos	**Expectativa de sobrevida em anos**	**Idade exata em anos**	**Expectativa de sobrevida em anos**	**Idade exata em anos**	**Expectativa de sobrevida em anos**
11	69,8	38	43,8	65	20,0
12	68,9	39	42,8	66	19,2
13	67,9	40	41,9	67	18,4
14	66,9	41	41,0	68	17,7
15	65,9	42	40,0	69	16,9
16	64,9	43	39,1	70	16,2
17	64,0	44	38,2	71	15,4
18	63,0	45	37,3	72	14,7
19	62,0	46	36,3	73	14,0
20	61,0	47	35,4	74	13,2
21	60,1	48	34,5	75	12,6
22	59,1	49	33,6	76	11,9
23	58,1	50	32,7	77	11,2
24	57,2	51	31,8	78	10,6
25	56,2	52	30,9	79	10,0
26	55,2	53	30,0	80	9,4
27	54,3	54	29,2	81	8,9
28	53,3	55	28,3	82	8,3
29	52,4	56	27,4	83	7,8
30	51,4	57	26,6	84	7,4
31	50,4	58	25,7	85	6,9
32	49,5	59	24,9	86	6,5
33	48,5	60	24,0	87	6,2
34	47,6	61	23,2	88	5,9
35	46,6	62	22,4	89	5,6
36	45,7	63	21,6	90 ou mais	5,3
37	44,7	64	20,8		

Fonte: Tábua completa de mortalidade — IBGE — 2023

EXPECTATIVA DE SOBREVIDA NO BRASIL — SEXO MASCULINO — 2023

Idade exata em anos	Expectativa de sobrevida em anos	Idade exata em anos	Expectativa de sobrevida em anos	Idade exata em anos	Expectativa de sobrevida em anos
11	63,4	38	39,0	65	17,2
12	62,4	39	38,1	66	16,5
13	61,4	40	37,2	67	15,8
14	60,5	41	36,3	68	15,2
15	59,5	42	35,5	69	14,6
16	58,5	43	34,6	70	13,9
17	57,6	44	33,7	71	13,3
18	56,7	45	32,9	72	12,7
19	55,8	46	32,0	73	12,1
20	54,9	47	31,1	74	11,5
21	54,0	48	30,3	75	10,9
22	53,1	49	29,5	76	10,3
23	52,2	50	28,6	77	9,8
24	51,4	51	27,8	78	9,3
25	50,5	52	27,0	79	8,8
26	49,6	53	26,2	80	8,3
27	48,7	54	25,4	81	7,8
28	47,9	55	24,6	82	7,3
29	47,0	56	23,8	83	6,9
30	46,1	57	23,0	84	6,4
31	45,2	58	22,2	85	6,1
32	44,3	59	21,5	86	5,7
33	43,4	60	20,7	87	5,4
34	42,5	61	20,0	88	5,1
35	41,6	62	19,3	89	4,8
36	40,8	63	18,5	90 ou mais	4,5
37	39,9	64	17,8		

Fonte: Tábua completa de mortalidade — IBGE — 2023

Registramos aqui a expectativa de sobrevida para o Brasil como um todo, porém será mais fiel ainda a informação se for utilizada, no caso concreto, a estatística de sobrevida própria da unidade da Federação onde residia a vítima. É fato notório, por exemplo, que a longevidade no Sul do Brasil é bastante superior àquela verificada no Nordeste. Além disso, como a busca é da sobrevida pessoal da vítima, se alguma circunstância, devidamente comprovada, exercer influência decisiva nessa projeção, o juiz deverá tomá-la em consideração, fazendo os devidos ajustes, com indicação dos motivos do seu convencimento.

Mesmo antes da vigência do Código Civil de 2002, o Colendo STJ já vinha adotando a tabela de sobrevida publicada pelo IBGE. No julgamento do Recurso Especial n. 268.265/SP, o Ministro Aldir Passarinho anotou nos fundamentos do acórdão: "Essa questão já foi debatida no âmbito desta 4ª Turma, que vinha sempre adotando como critério o limite de 65 (sessenta e cinco) anos, até que, mais recentemente, essa orientação restou modificada, para adotar-se a tabela de sobrevida provável utilizada pela Previdência Social que, por sua vez, segue a tabela do IBGE, que calcula a longevidade em face do tempo de vida já decorrido de cada pessoa."

Os julgados recentes dos tribunais superiores apontam no mesmo sentido, indicando a sedimentação da jurisprudência:

> **"Responsabilidade civil do empregador. Pensão mensal vitalícia paga em parcela única. Termo final. Expectativa de vida. Tábua de mortalidade do IBGE.** I. O Tribunal Regional entendeu pela manutenção da sentença quanto à idade limite em 75 anos para pagamento da pensão mensal vitalícia em parcela única, pois corresponderia à expectativa de vida da população Sul Riograndense. A parte reclamante, por sua vez, pugna para que sejam utilizados os dados da Tábua de Mortalidade publicada pelo IBGE, quando do ajuizamento da reclamação, para se estabelecer a expectativa de vida no computo da indenização por dano material que será paga de uma só vez. II. A jurisprudência desta Corte Superior é firme no sentido de que, nas hipóteses de conversão em parcela única da pensão mensal vitalícia, deve-se levar em conta a expectativa de vida da vítima na data do acidente de trabalho, considerando a tábua de mortalidade publicada pelo IBGE. III, Desse modo, o Tribunal Regional, ao desconsiderar a expectativa de vida prevista na tábua de mortalidade fornecida pelo IBGE, proferiu decisão em desconformidade com a jurisprudência assente desta Corte Superior. IV. Recurso de revista de que se conhece e a que se dá provimento." TST. 7ª Turma. RRAg-20311-46.2015.5.04.0811, Rel.: Ministro Evandro Pereira Valadão Lopes, *DEJT* 04 out. 2024.
>
> **"Agravo em Agravo de Instrumento em Recurso de Revista. 2. Pensão mensal vitalícia. Termo final. Expectativa de vida da vítima.** (...) II. Quanto ao termo final da pensão vitalícia, esta Corte Superior tem jurisprudência firme no sentido de que a pensão mensal deve perdurar até a expectativa de vida da vítima, fixada com base na média de vida do brasileiro, conforme dados do IBGE. (...) TST. 4ª Turma. Ag-AIRR-1001363-96.2019.5.02.0603, Rel.: Ministro Alexandre Luiz Ramos, *DEJT* 18 ago. 2023.
>
> **"Agravo interno no Recurso Especial. Responsabilidade civil. Acidente de trânsito. Pensionamento civil por ato ilícito. Concomitância com pensão previdenciária. Origem diversa. Possibilidade. Termo final. Expectativa de vida segundo a tabela do ibge ou falecimento do beneficiário. Agravo interno não provido.** 1. O pensionamento por ilícito civil não se confunde com o pago

pela Previdência Social, por ter origem diversa, de sorte que possível a concomitância entre ambos, não ficando eximido o causador do sinistro se, porventura, a vítima ou seus beneficiários percebem pensão paga pelo INSS. Precedentes. 2. Segundo o entendimento desta Corte, a obrigação de pagamento de pensão mensal por morte de cônjuge, resultante da prática de ato ilícito, tem como termo final a data em que a vítima do evento danoso atingiria idade correspondente à expectativa média de vida do brasileiro prevista no momento de seu óbito, segundo a tabela do IBGE, ou até o falecimento do beneficiário, se tal fato vier a ocorrer primeiro. Precedentes (...)". STJ. 4ª Turma. AgInt no REsp 1795855/RS, Rel. Ministro Luis Felipe Salomão, *DJe* 07 jun. 2021.

Se a vítima do acidente fatal já contava com idade superior à média da expectativa de vida indicada, mas continuava trabalhando regularmente, doutrina e jurisprudência recomendam conceder pensão aos seus dependentes por mais cinco anos[86].

Com relação ao termo final da pensão por fatores ligados aos beneficiários (filhos, cônjuge, pais etc.), o assunto foi abordado no item 9.4, considerando as particularidades de cada dependente, ao qual nos reportamos. Cabe mencionar, porém, que o pensionamento cessa definitivamente com a exclusão do último beneficiário, ainda que esteja fluindo o prazo da expectativa de sobrevida que a vítima teria.

9.8. DIREITO DE ACRESCER DOS BENEFICIÁRIOS REMANESCENTES

O termo final do direito à pensão normalmente ocorre em datas diferentes para cada um dos beneficiários. No entanto, acontece a cessação simultânea quando for atingida a data limite fixada na sentença, correspondente à provável sobrevida do acidentado.

O chamado "direito de acrescer" surge quando algum dos dependentes, enquanto perdura o lapso temporal da obrigação, perde o direito ao pensionamento, seja por morte ou por ter atingido a idade-limite para a percepção do benefício. Cabe, então, investigar se o valor da quota-parte que era atribuído ao ex-beneficiário da pensão pode ser revertido ou rateado em favor dos remanescentes.

---

86. Verificar neste sentido: STOCO, Rui. *Tratado de responsabilidade civil.* 9. ed. São Paulo: Revista dos Tribunais, 2013. Tomo 2, p. 510; RIZZARDO, Arnaldo. *A reparação nos acidentes de trânsito.* 9. ed. São Paulo: Revista dos Tribunais, 2002. p. 174; GONÇALVES, Carlos Roberto. *Responsabilidade civil.* 14. ed. São Paulo: Saraiva, 2012. p. 602.

No âmbito da Previdência Social, desde 1960, havia norma prevendo a reversão do valor em favor dos pensionistas remanescentes[87]. A lei de benefícios tem norma expressa a respeito: "Art. 77. A pensão por morte, havendo mais de um pensionista, será rateada entre todos em partes iguais. § 1º Reverterá em favor dos demais a parte daquele cujo direito à pensão cessar."[88] Contudo, esta regra da Lei n. 8.213/91 ficou superada pela reforma da Previdência Social promovida pela Emenda Constitucional n. 103/2019, cujo art. 23, § 1º, prevê: "As cotas por dependente cessarão com a perda dessa qualidade e não serão reversíveis aos demais dependentes, preservado o valor de 100% (cem por cento) da pensão por morte quando o número de dependentes remanescente for igual ou superior a 5 (cinco)." Nesse sentido, foi inserido no Regulamento da Previdência Social dispositivo vedando a reversão, salvo quando o número de dependentes for igual ou superior a cinco.[89]

Enquanto era pacífico o direito de acrescer no âmbito do Direito Previdenciário, ficava a dúvida se era também aplicável no pensionamento proveniente de ato ilícito, especialmente diante da omissão do Código Civil sobre o tema. Em julgamento de 1972, o STF deferiu o direito de acrescer em pensão decorrente de responsabilidade civil[90]. Após algumas hesitações e entendimentos contraditórios, o antigo Tribunal Federal de Recursos adotou, em 1980, a Súmula n. 57, com o seguinte enunciado: "É cabível a reversão da pensão previdenciária e daquela decorrente de ato ilícito aos demais beneficiários, em caso de morte do respectivo titular ou a sua perda por força de impedimento legal."

O fundamento doutrinário para justificar o direito de acrescer reside na constatação lógica de que a vítima, se viva fosse, quando cessasse o desembolso para algum dos dependentes, presumivelmente assistiria melhor aos demais. Nessa linha de entendimento, afirma Carlos Roberto Gonçalves: "Justifica-se a reversão da quota-parte do pensionamento daquele que tenha completado a idade-limite, ou se casado, para os demais que não tenham perdido o direito

---

87. Lei n. 3.807, de 26 ago. 1960, art. 40: "Toda vez que se extinguir uma quota de pensão, proceder-se-á a novo cálculo e a novo rateio do benefício na forma do disposto no art. 37 e seu parágrafo único, considerados porém apenas os pensionistas remanescentes. Parágrafo único. Com a extinção da quota do último pensionista, extinta ficará também a pensão."

88. Lei n. 8.213, de 24 jul. 1991.

89. Decreto n. 3.048, 6 maio de 1999. Art. 113, § 3º: "As cotas por dependente cessarão com a perda dessa qualidade e não serão reversíveis aos demais dependentes, preservado o valor de cem por cento da pensão por morte quando o número de dependentes remanescentes for igual ou superior a cinco." (Incluído pelo Decreto nº 10.410, de 2020)

90. "*Responsabilidade civil, em consequência de acidente ferroviário. Pensão. Indenização à viúva e à filha da vítima.* Cessada a quota de pensão devida a uma das beneficiárias, ela reverterá em favor da remanescente." STF. 2ª Turma. RE 73.463, Rel.: Ministro Eloy da Rocha, julgado em 21 ago. 1972.

ao benefício, considerando-se que os pais, se vivos fossem, presumidamente melhor assistiriam os filhos restantes e a esposa, quando um deles atingisse a idade de autonomia econômica."[91]

Apesar da alteração ocorrida no âmbito do Direito Previdenciário, não temos dúvida quanto ao cabimento do direito de acrescer nas pensões decorrentes da responsabilidade civil por acidente do trabalho, especialmente quando se considera a sua natureza reparatória[92]. Entendemos que a reversão da quota-parte liberada em favor dos dependentes remanescentes está em harmonia com o princípio basilar da *restitutio in integrum*. Na esteira desse entendimento, assevera Rui Stoco que, na hipótese de pensionamento mensal, "prevalece o direito de acrescer, revertendo-se a quota-parte de um beneficiário para o outro, quando a indenização é concedida a mais de uma pessoa."[93]

Ainda que não tenha havido previsão a respeito no título executivo transitado em julgado, o direito de acrescer pode ser implementado posteriormente, ao longo do cumprimento da sentença[94]. Contudo, o recomendável é que a decisão no processo de conhecimento já determine o recálculo do valor (direito de acrescer) sempre que encerrar o pensionamento para algum dos beneficiários. Cabe anotar que o valor global da pensão para o devedor não se altera em cada recálculo; o que muda é a quantidade de beneficiários para o rateio. Daí porque o direito de acrescer pode ser deferido ainda que não haja pedido expresso deduzido na petição inicial[95].

---

91. GONÇALVES, Carlos Roberto. *Responsabilidade civil*. 14. ed. São Paulo: Saraiva, 2012. p. 603.

92. "*Direito de acrescer. Transcendência não reconhecida.* As reclamadas alegam que a reversão das cotas – partes dos filhos, ao atingirem a idade de 25 anos, em favor da companheira e mãe dos filhos, viola o artigo 23, § 1º, da EC 103/219. Não se vislumbra ofensa direta e literal ao artigo 23, § 1º, da EC 103/2019 na medida em que o aludido dispositivo se refere à pensão concedida a dependente de segurado no Regime Geral de Previdência Social ou de servidor público federal, hipóteses distintas do caso em tela. O exame prévio dos critérios de transcendência do recurso de revista revela a inexistência de qualquer deles a possibilitar o exame do apelo no TST. A par disso, irrelevante perquirir a respeito do acerto ou desacerto da decisão agravada, dada a inviabilidade de processamento, por motivo diverso, do apelo anteriormente obstaculizado. Agravo de instrumento não provido." TST. 6ª Turma. AIRR-10653-70.2019.5.03.0104, Rel.: Ministro Augusto Cesar Leite de Carvalho, DEJT 11 nov. 2022.

93. STOCO, Rui. *Tratado de responsabilidade civil*. 9. ed. São Paulo: Revista dos Tribunais, 2013. Tomo 2, p. 524.

94. "*Agravo regimental. Civil e processual civil. Impugnação ao cumprimento de sentença. Direito de acrescer. Ofensa à coisa julgada. Não ocorrência.* 1. Cabimento do direito de acrescer, independentemente de previsão no título executivo, no caso de pensão 'intuitu familiae', como na espécie. Precedentes." STJ. 3ª Turma. AgRg nos EDcl no Ag n. 1209255/MG, Rel.: Ministro Paulo de Tarso Sanseverino, *DJ* 13 ago. 2012.

95. "*Agravo regimental. Recurso especial. Civil e processual civil. Responsabilidade civil. Acidente de trânsito. Direito de acrescer. Efeito automático da condenação.* (...) Cabimento da inclusão do direito de acrescer na condenação, a despeito da inexistência de pedido específico, pois se trata de um

Nos últimos anos, a jurisprudência sedimentou-se em favor do direito de acrescer quando se trata de pensão decorrente de ato ilícito, como é o caso da morte por acidente do trabalho ou doença ocupacional:

> **"Acidente de trabalho. Óbito do ex-empregado. Pensão mensal para os dependentes. Critérios de cálculo. Termo final do pensionamento para as filhas menores. Maioridade civil. Cônjuge supérstite. Direito de acrescer.** (...) a) Com relação ao pedido de fixação de termo final do pensionamento para as Filhas menores - maioridade civil - cônjuge supérstite - direito de acrescer , a Corte de Origem entendeu que, mesmo quando as filhas do empregado falecido completarem 25 anos, não cessa o dever de continuidade do pensionamento à cônjuge supérstite que possui o direito de acrescer a quota-parte das filhas, direito esse que está resguardado pelo princípio da restituição integral, não se posicionando, entretanto, com relação ao termo final do pensionamento para as filhas. Quanto ao valor do pensionamento, o TRT fixou em 70% da remuneração do Empregado falecido. Com razão parcial a Reclamada. A jurisprudência desta Corte Superior se firmou no sentido de que o valor da pensão devido aos dependentes, equivale a 2/3 do valor da remuneração percebida pelo de cujus e o termo final da pensão para os filhos do trabalhador falecido é a data em que completarem 25 anos de idade, considerando a presunção de que o restante (1/3) seria destinado ao próprio sustento da vítima. Entretanto, tem a viúva do trabalhador falecido o direito de acrescer. Como visto, a jurisprudência entende que a dependência dos filhos em relação aos pais cessa na data em que o filho completar 25 anos de idade, contudo, em relação ao cônjuge supérstite, ele receberá a sua parte até a data em que o cônjuge falecido completaria determinada idade, nos moldes da tábua de mortalidade do IBGE que prevê a expectativa de sobrevida no Brasil - no presente caso, foi fixada a idade de 75,2 anos. O direito de acrescer da viúva decorre do princípio da restituição integral e da aplicação analógica do art. 77, § 1º, da Lei nº 8.213/1991, segundo o qual " Reverterá em favor dos demais a parte daquele cujo direito à pensão cessar ". Desse modo, o valor da pensão devido às filhas do de cujus deverá ser mantido até o momento em que completarem 25 anos de idade, reservado à cônjuge supérstite o direito de acrescer à sua parte as parcelas relativas às filhas. (...)". TST. 3ª Turma. RR-11915-08.2016.5.03.0089, Rel.: Ministro Mauricio Godinho Delgado, *DEJT* 10 dez. 2021.
>
> **"Danos materiais. Pensão mensal. Julgamento extra petita (direito de acrescer) e parâmetros da fixação da pensão mensal.** No tocante ao alegado julgamento extra petita pela ausência de pedido de direito de acrescer da viúva, após a cessação da parcela destinada ao filho menor, ressalta-se que este é mera consequência do pedido da pensão mensal e decorre do princípio da restituição integral e da aplicação analógica do artigo 77, § 1º, da Lei nº 8.213/1991, prescindindo de pedido na petição inicial. Nessa linha é o escólio de Sebastião Geraldo de Oliveira,

efeito automático da condenação ao pagamento de pensão mensal indenizatória, não havendo falar em julgamento '*extra petita*'." STJ. 3ª Turma. AgRg no REsp 1389254/ES, Rel.: Ministro Paulo de Tarso Sanseverino, *DJe* 17 abr. 2015. No mesmo sentido, o julgamento do REsp. 1.155.739/MG, *DJ* 10 out. 2012.

segundo o qual "o fundamento doutrinário para justificar o direito de acrescer reside na constatação lógica de que a vítima, se viva fosse, quando cessasse o desembolso para algum dos dependentes, presumivelmente assistiria melhor aos demais" (Indenizações por acidente do trabalho ou doença ocupacional. 4. ed. rev., ampl. São Paulo: LTr, 2008, p. 261). Precedentes. Por fim, em relação aos parâmetros utilizados para a fixação da pensão mensal, destaca-se que a fixação do pensionamento com base na tabela do IBGE, que mede estatisticamente a expectativa de vida do brasileiro, é o que comumentemente se adota, não se vislumbrando violação dos dispositivos de lei indicados. Ademais, frisa-se ser plenamente possível a cumulação do pensionamento mensal com o benefício previdenciário, em razão da natureza jurídica distinta de tais institutos. Assim, não há que se falar em limitação da pensão mensal ao valor correspondente à diferença entre a remuneração e a importância recebida da seguridade social. Precedentes. Recurso de revista não conhecido." TST. 3ª Turma. RR n. 407-33.2012.5.15.0134, Rel.: Ministro Alexandre Agra Belmonte, *DEJT* 23 ago. 2019.

"**Pensionamento. Direito de acrescer da viúva.** 1. O direito de acrescer não influencia no valor da indenização, uma vez que o parâmetro utilizado para o pensionamento refere-se aos ganhos do empregado, com os quais ele mantinha a sua prole. Portanto, é irrelevante a fixação da pensão dos vários herdeiros e o seu consequente acréscimo da cota antes destinada ao filho para a viúva, porquanto essa detém a condição de beneficiária somente condicionada à projeção de expectativa de vida ou sobrevida do extinto. Precedentes. Recurso de revista não conhecido." TST. 3ª Turma. RR n. 333-70.2013.5.15.0060, Rel.: Ministro Alexandre Agra Belmonte, *DEJT* 26 maio 2017.

"**Acidente de trabalho com morte do empregado. Danos materiais. Pensão dos herdeiros. Termo final do pensionamento de um dos beneficiários. Reversão da quota-parte em favor dos demais beneficiários.** 1 – Cinge-se a controvérsia à existência do direito de acrescer à pensão do beneficiário remanescente (esposa do falecido) a quota-parte da pensão de outro beneficiário que tenha atingido o seu termo final (filho menor de idade). 2 – É sabido que a reparação por ato ilícito deve se revestir de caráter compensatório, punitivo e pedagógico envolvida na responsabilidade do ofensor em toda sua extensão. 3 – No arbitramento da indenização correspondente, conforme o art. 944 do Código Civil, devem ser observadas as partes envolvidas na lide, a extensão do dano ocorrido e os seus efeitos, buscando quantia suficiente a reparar o sofrimento do ofendido, sem, contudo, concorrer para o seu enriquecimento sem causa ou para o empobrecimento do ofensor. 4 – No caso de acidente do trabalho em que houve a morte do empregado, é impossível o retorno ao *status quo ante*, e a função compensatória da indenização somente não se esvazia por completo ante a transmissão da pretensão reparatória aos seus sucessores. A seu turno, o caráter punitivo já se encontra alcançado pela fixação da indenização que atinge a função de reprimenda. Por fim, tem-se a função pedagógica da sanção, quando se busca desestimular a conduta danosa praticada pelo ofensor. 5 – Assim, em se tratando de dano material por ato ilícito, como no caso, o montante do pensionamento devido não pode ser diminuído em razão da cessão do pagamento da cota de um dos beneficiários. Havendo a cessação do pagamento de pensão a um dos beneficiários, sua cota-parte deve ser acrescida à pensão do outro. Nesse sentido o julgado TST-ARR-81300-53.2007.5.17.0191, de relatoria do Sr. Ministro Augusto César Leite de Carvalho. Há também julgados do STJ. 6 – Recurso de revista a que se dá provimento." TST. 6ª Turma. RR n. 42500-56.2007.5.01.0043, Rel.: Ministra Katia Magalhaes Arruda, *DEJT* 18 nov. 2016.

"**Agravo regimental em Recurso Especial. Indenização por danos materiais. Morte de mãe de família. Pensão mensal. Direito de acrescer. Cabimento. Agravo regimental desprovido.** 1. A jurisprudência desta Corte admite nas hipóteses de pensionamento por ato ilícito, em que há vários favorecidos, a possibilidade de reversão da quota de um beneficiário aos demais, quando ele deixar de perceber a verba, a qualquer título. Precedentes. 2. Agravo regimental a que se nega provimento." STJ. 4ª Turma. AgRg no REsp n. 676.887/DF, Rel.: Ministro Raul Araújo, *DJ* 24 jun. 2013.

9.9. LEGITIMIDADE PARA POSTULAR A INDENIZAÇÃO POR DANO MORAL OU EXTRAPATRIMONIAL

É pacífico o entendimento atual a respeito do cabimento da indenização por danos morais, quando ocorre acidente do trabalho fatal, se estiverem presentes os pressupostos da responsabilidade civil, conforme discorremos no item 9.2.3 acima.

A questão que ainda suscita controvérsias se refere à determinação das pessoas que têm legitimidade para postular a indenização por danos morais/extrapatrimoniais, dentre os familiares ou aqueles que de alguma forma mantinham vínculos com a vítima. Juntamente com o tema da legitimidade, cabe discutir a questão controvertida da transmissibilidade ou não do dano moral.

Considerando o que ocorre no dia a dia, optamos por abordar separadamente duas situações no acidente com morte, pelas repercussões jurídicas diferentes que acarretam. Na primeira hipótese, que é a mais frequente, o trabalhador sobrevive ao acidente, mas, passado algum tempo, ocorre o óbito, ainda como efeito daquele infortúnio. Na outra situação, a morte acontece logo após o acidente.

Quando a vítima sobrevive ao acidente por determinado tempo, não há dúvida de que nesse período ela, que foi diretamente atingida, é a pessoa legitimada para postular a indenização por danos morais, uma vez que, configurada a lesão moral, nasceu o direito de buscar a reparação, em face do causador do dano. Com efeito, no lapso temporal entre a ocorrência do acidente e a morte, conforme as circunstâncias, pode a vítima ter ajuizado ação indenizatória referente ao dano moral. Outras vezes o acidentado prefere aguardar a consolidação das lesões, para melhor aquilatar a extensão dos danos ou a possível recuperação, mas nesse período sobrevém a morte.

De uma forma didática, portanto, é permitido concluir que a posterior morte em razão do acidente pode acontecer: a) quando o acidentado já havia ajuizado ação; b) quando o acidentado estava nos preparativos para o ajuizamento; c) quando o acidentado nem havia cogitado reivindicar a indenização. Entretanto, para focalizar os desdobramentos jurídicos dessas três hipóteses de modo mais acertado, torna-se necessário apreciar primeiro o tema conexo da transmissibilidade do direito à reparação por danos morais.

9.9.1. *Transmissibilidade do dano moral*

Uma corrente doutrinária entende que o dano moral tem caráter personalíssimo, não sendo, portanto, transmissível com a herança, já que a personalidade desaparece com a morte do seu titular. Nessa linha de raciocínio, observa o clássico Wilson Melo da Silva:

> Os danos morais dizem respeito ao foro íntimo do lesado. Seu patrimônio ideal é marcadamente individual, e seu campo de incidência, o mundo interior de cada um de nós. (...) Os bens morais são inerentes à pessoa, incapazes, por isso, de subsistir sozinhos. Desaparecem com o próprio indivíduo. Podem os terceiros compartilhar de minha dor, sentindo, eles próprios, por eles mesmos, as mesmas angústias que eu. O que se não concebe, porém, é que as minhas dores, as minhas angústias, possam ser transferidas de mim para o terceiro. Isto seria atentatório da própria natureza das coisas e, materialmente, impossível. Não existe, pois, o *jus hereditatis* relativamente aos danos morais, tal como acontece com os danos puramente patrimoniais. A personalidade morre com o indivíduo, arrastando atrás de si todo o seu patrimônio. Só os bens materiais sobrevivem ao seu titular.[96]

Cumpre assinalar, porém, que, mesmo para os defensores dessa corrente, poderiam os dependentes da vítima reclamar a indenização, mas agindo em nome próprio, pelo seu dano moral pessoal, a dor de cada um, e não como direito do acidentado transmitido pela via hereditária.

Já os defensores da transmissibilidade, como o também clássico Aguiar Dias, argumentam que "a ação de indenização se transmite como qualquer

---

96. SILVA, Wilson Melo. *O dano moral e sua reparação*. 3. ed., rev. e ampl. Rio de Janeiro: Forense, 1983. p. 649. No mesmo sentido, pontua Yussef Cahali: "Não se adquire esse direito por sucessão, nem é ele transmissível aos herdeiros do seu titular. Direito personalíssimo, atrelado, aliás, aos direitos da personalidade, só o respectivo titular se legitima para o seu exercício, e ninguém pode fazê-lo por ele; não exercido em vida pelo beneficiário, esse direito à reparação do dano moral fenece, levando o beneficiário para seu túmulo toda a consternação de um dano moral não reparado." Cf. *Dano moral*. 3. ed., rev. atual. e ampl. São Paulo: Revista dos Tribunais, 2005. p. 171.

outra ação ou direito aos sucessores da vítima. Não se distingue, tampouco, se a ação se funda em dano moral ou patrimonial. A ação que se transmite aos sucessores supõe o prejuízo causado em vida da vítima. Porque a um morto não se pode causar nenhum dano."[97]

A controvérsia, todavia, a despeito dos sábios fundamentos mencionados, pode ser colocada sob outro enfoque mais esclarecedor, que permite superar o antagonismo das ideias, sem contrariar, na essência, a lição dos mestres.

Logo que acontece o dano injusto, nasce também o direito à sua reparação. O Código Civil atual estabelece: violado o direito, nasce para o titular a pretensão (art. 189). E como essa reparação normalmente é feita em dinheiro, o patrimônio da vítima já passa a contar com aquele provável crédito. Como a herança é considerada como um todo unitário (art. 1.791 do Código Civil), também o crédito que poderá resultar daquela ação integra a universalidade dos bens que a compõem.

Adotando-se essa linha de raciocínio, pode-se perceber que o dano moral não é transmissível. É mesmo uma questão de lógica incontestável. O que se transmite é o direito de acionar o responsável para reparar o dano causado à vítima quando viva. O art. 943 do Código Civil atual prevê expressamente: "O direito de exigir reparação e a obrigação de prestá-la transmitem-se com a herança." Não fosse assim, a morte da vítima seria um prêmio para o lesante, que estaria exonerado da obrigação. Em síntese, o dano sofrido pela vítima tem natureza moral, mas a sua reparação, ao contrário, tem caráter patrimonial.

A abordagem do problema por esse enfoque foi realizada, há muito, por Leon Mazeaud, merecendo transcrição, pela sua lucidez:

> O herdeiro não sucede no sofrimento da vítima. Não seria razoável admitir-se que o sofrimento do ofendido se estendesse ao herdeiro e este, fazendo seu o sofrimento do morto, acionasse o responsável a fim de indenizar-se da dor alheia. Mas é irrecusável que o herdeiro sucede no direito de ação que o morto, quando vivo ainda, tinha contra o autor do dano. Se o sofrimento é algo pessoal, a ação de indenização é de natureza patrimonial e, como tal, transmite-se aos herdeiros. Sem dúvida a indenização paga ao herdeiro não apaga ou elimina o sofrimento que afligiu a vítima. Mas também é certo que, se a vítima, ela mesma, houvesse recebido uma indenização, não eliminaria igualmente a dor que houvesse padecido. O direito a uma indenização simplesmente ampliou seu patrimônio. A indenização cumpre a sua finalidade compensatória,

97. DIAS, José de Aguiar. *Da responsabilidade civil*. 10. ed. Rio de Janeiro: Forense, 1995. v. II, p. 802.

> antes como depois do falecimento da vítima, com as mesmas dificuldades que resultam da reparação de um prejuízo moral por uma indenização pecuniária. Dano moral, por ser de natureza extrapatrimonial, não comunica esta particularidade à ação de indenização.[98]

Em sintonia com esse entendimento, enfatizou Mário Moacyr Porto que "o sofrimento em si é intransmissível, a dor não é 'bem' que componha o patrimônio do *de cujus*. O que se transmite por direito hereditário é o direito de acionar o responsável, é a faculdade de perseguir em juízo o autor do dano, quer material ou moral. Tal direito é de natureza patrimonial, e não extrapatrimonial."[99]

Está predominando a corrente que defende a natureza patrimonial da ação indenizatória e consequentemente o seu caráter de hereditariedade, quando a vítima falece no curso da referida ação. Alinham-se nesse sentido, entre outros, Aguiar Dias, Sérgio Cavalieri, Maria Helena Diniz, Arnaldo Rizzardo, Carlos Roberto Gonçalves, Carlos Alberto Bittar e Sérgio Severo[100]. Em sentido contrário, manifestam-se Yussef Said Cahali e Aparecida Amarante[101].

O antigo Código Civil argentino estabelecia como regra a corrente da intransmissibilidade do direito à indenização pelo dano moral, salvo quando a ação tivesse sido ajuizada, anteriormente, pela vítima[102]. Contudo, a partir do novo Código Civil, aprovado pela Lei n. 26.994/2014, foi adotada a corrente da transmissibilidade, atribuindo legitimação a título pessoal para reclamar a indenização aos ascendentes, aos descendentes, ao cônjuge ou às pessoas que conviviam diretamente com a vítima.[103]

---

98. MAZEAUD, Leon. *Recueil Critique Dalloz*, p. 46, 1943, *apud* PORTO, Mário Moacyr. Dano moral. *Revista dos Tribunais*, São Paulo, v. 590, ano 73, p. 39, dez. 1984.
99. PORTO, Mário Moacyr. Dano moral. *Revista dos Tribunais*, São Paulo, v. 590, ano 73, p. 39, dez. 1984.
100. DIAS, José de Aguiar. *Da responsabilidade civil*. 10. ed. Rio de Janeiro: Forense, 1995. v. II, p. 802; CAVALIERI FILHO, Sérgio. *Programa de responsabilidade civil*. 16. ed. São Paulo: Atlas, 2023. p. 119; DINIZ, Maria Helena. *Curso de direito civil brasileiro*: responsabilidade civil. 21. ed. São Paulo: Saraiva, 2007. v. 7, p. 203; RIZZARDO, Arnaldo. *A reparação nos acidentes de trânsito*. 9. ed. São Paulo: Revista dos Tribunais, 2001. p. 247; GONÇALVES, Carlos Roberto. *Comentários ao Código Civil*: parte especial: direito das obrigações. São Paulo: Saraiva, 2003. v. 11, p. 351; BITTAR, Carlos Alberto. *Reparação civil por danos morais*. 3. ed. rev., atual. e ampl., 2ª t. São Paulo: Revista dos Tribunais,1999. p. 157; SEVERO, Sérgio. *Os danos extrapatrimoniais*. São Paulo: Saraiva, 1996. p. 33.
101. CAHALI, Yussef Said. *Dano moral*. 3. ed., rev., atual. e ampl. São Paulo: Revista dos Tribunais, 2005. p. 171 e 802-807; AMARANTE, Aparecida. *Responsabilidade civil por dano à honra*. 3. ed. Belo Horizonte: Del Rey, 1996. p. 141.
102. Argentina. Código Civil. "Art. 1.099. Si se tratase de delitos que no hubiesen causado sino agravio moral, como las injurias o la difamación, la acción civil no pasa a los herederos y sucessores universales, sino cuando hubiese sido entablada por el difunto."
103. Argentina. Código Civil. "Articulo 1741. Indemnización de las consecuencias no patrimoniales. Está legitimado para reclamar la indemnización de las consecuencias no patrimoniales el damnificado

Diante do que foi exposto, depreende-se que, se a morte ocorrer quando o acidentado já tiver ajuizado a ação indenizatória a respeito do dano moral, ocorre automaticamente a transmissão do eventual crédito para os herdeiros (art. 943 do Código Civil combinado com art. 110 do CPC). Nesse aspecto também está sedimentada a jurisprudência:

> "**Recurso de revista interposto por herdeira do empregado falecido. Acórdão regional publicado na vigência da lei nº 13.467/2017. 1. Compensação por danos morais decorrente de doença ocupacional adquirida pelo trabalhador. Transmissibilidade. Legitimidade dos sucessores para prosseguir com a ação. Transcendência política reconhecida. Conhecimento e provimento.** I. Consta do acórdão regional que "considerando que o reclamante faleceu no curso do processo (antes da prolação da sentença) os pedidos de indenização por danos morais e materiais não detêm condições de provimento" e que "o dano moral pela surdez à toda evidência era situação personalíssima, intransferível à sucessora, razão pela qual reformo a sentença para julgar improcedente o pedido em questão. "II . Sobre a transmissibilidade da ação de compensação por danos morais aos herdeiros ou ao espólio, esta Corte Superior tem jurisprudência firme no sentido de que "embora o direito à honra se insira na categoria dos "direitos personalíssimos" – e, como tal, seja intransmissível -, sua violação gera o direito à reparação, sendo que tal direito, de cunho eminentemente patrimonial, é transmissível por herança, nos exatos termos do artigo 943 do CCB " (E-RR – 1187-80.2010.5.03.0035, Redator Ministro: Márcio Eurico Vitral Amaro, Data de Julgamento: 12/05/2016, Subseção I Especializada em Dissídios Individuais, Data de Publicação: DEJT 04/11/2016). Precedentes. III. Ademais, recentemente, no mesmo sentido da jurisprudência desta Corte Superior, o Superior Tribunal de Justiça editou o enunciado de súmula nº 642 em que consolidou o entendimento de que "o direito à indenização por danos morais transmite-se com o falecimento do titular, possuindo os herdeiros da vítima legitimidade ativa para ajuizar ou prosseguir a ação indenizatória. "IV . Na hipótese dos autos, o Tribunal Regional, no acórdão recorrido, ao assentar que a ação de indenização por dano moral é intransferível à sucessora, viola os arts. 12, parágrafo único, e 943 do Código Civil. V. Recurso de revista de que se conhece e a que se dá provimento." TST. 4ª Turma. RR-632-68.2014.5.02.0482, Rel.: Ministro Alexandre Luiz Ramos, *DEJT* 12 ago. 2022.

> "**Agravo de Instrumento interposto pela reclamada SSC displays LTDA. Responsabilidade civil do empregador. Danos morais causados ao empregado. Falecimento do autor no curso da ação. Legitimidade *ad causam* do espólio. Matéria remanescente.** Embora a ofensa à moral atinja apenas os direitos subjetivos da vítima, possuindo cunho personalíssimo, a propositura da ação

---

directo. Si del hecho resulta su muerte o sufre gran discapacidad también tienen legitimación a título personal, según las circunstancias, los ascendientes, los descendientes, el cónyuge y quienes convivían con aquél recibiendo trato familiar ostensible. La acción sólo se transmite a los sucesores universales del legitimado si es interpuesta por éste."

com pedido de indenização por dano moral pelo próprio ofendido evidencia o seu ânimo em obter a reparação, razão pela qual referido direito, de feição eminentemente patrimonial, transmite-se aos herdeiros, nos termos do artigo 943 do Código Civil combinado ao artigo 43 do CPC/1973. De se notar que não se transmite o direito material, ou seja, o dano moral sofrido pela vítima, haja vista que, decorrente de conduta atentatória à personalidade humana, é intransmissível, mas sim os direitos resultantes da ação de reparação previamente ajuizada pelo falecido. Inconteste, pois, a legitimidade do espólio para o prosseguimento da demanda. Agravo de instrumento a que se nega provimento." TST. 7ª Turma. RR n. 294700-45.2007.5.02.0361, Rel.: Ministro Claudio Mascarenhas Brandão, *DEJT* 27 abril 2018.

"**Recurso especial dos autores. Dissídio jurisprudencial. Danos morais. Falecimento do autor. Direito patrimonial que alcança os herdeiros. Legitimidade dos sucessores em dar prosseguimento à ação.** 1. O apelo foi interposto com base na alínea "c" do permissivo constitucional, indicando suposta divergência de entendimento quanto ao direito dos herdeiros em prosseguir em ação de indenização pelos danos morais sofridos pelo genitor, o qual veio a falecer no curso do processo. 2. No caso dos autos, o autor pretende receber indenização por danos morais em decorrência da perseguição política sofrida pelo seu genitor que foram sentidas pelos seus herdeiros. 3. A jurisprudência desta Corte Superior reconhece a legitimidade dos sucessores em prosseguir com a ação que visa ao recebimento de indenização por danos morais, em caso de óbito do autor, considerando que o direito patrimonial perseguido é transmissível aos herdeiros. Precedentes. 4. Recurso especial provido." STJ. 2ª Turma. REsp n. 1220982/RS, Rel.: Ministro Castro Meira, *DJ* 21 out. 2011.

"**Agravo de Instrumento. Indenização por dano moral. Direito personalíssimo. Processo em curso. Sucessão.** O falecimento do autor no curso do processo em que busca a reparação por dano moral não impede a continuação da demanda por intermédio de seus sucessores, vez que o direito reconhecido já ganhou contornos patrimoniais. Agravo não provido." TST. 4ª Turma. AIRR n. 35806/2003-007-11-40, Rel.: Juíza convocada Maria Doralice Novaes, *DJ* 8 jun. 2007.

O problema, no entanto, fica um pouco mais complexo quando a vítima do acidente do trabalho falece antes de ajuizar a ação reparatória ou quando o acidente provoca a morte instantânea do trabalhador. Nessas hipóteses, cabe a transmissão do direito à indenização por dano moral, podendo o espólio figurar como o autor da ação? Ou somente caberá a postulação indenizatória dos familiares ou dos lesados, em nome próprio, reclamando a compensação dos danos morais pela morte do acidentado? Ou, ainda, será cabível acumular as duas pretensões?

Conforme relatamos até a sexta edição deste livro (2011), predominava o entendimento no sentido de que o espólio não detinha legitimidade para postular a indenização por dano moral, porque o eventual direito seria daqueles indiretamente lesados (dano em ricochete) e não necessariamente dos herdeiros. Isso porque o possível valor da indenização não chegou a compor o patrimônio do acidentado morto, nem mesmo como expectativa de direito e, portanto, não fazia parte da herança a ser inventariada e repartida entre os herdeiros. Vejam um acórdão do STJ retratando o entendimento da época:

> "**Responsabilidade civil do Estado. Dano moral decorrente de morte causada por acidente de trabalho. Espólio. Ilegitimidade. Direito pessoal dos herdeiros.** Controvérsia gravitante em torno da legitimidade ativa do espólio para pleitear a reparação por dano moral resultante do sofrimento causado à família do *de cujus*, em decorrência de seu abrupto falecimento em acidente de trabalho. O art. 1.526, do Código Civil de 1916 (atual art. 943, do CC-2002), ao estatuir que o direito de exigir reparação, bem como a obrigação de prestá-la, transmitem-se com a herança (*droit de saisine*), restringe-se aos casos em que o dever de indenizar tenha como titular o próprio *de cujus* ou sucessor, nos termos do art. 43, do CPC. Precedentes desta Corte: RESP 648191/RS, Relator Ministro Jorge Scartezzini, Quarta Turma, DJ de 06.12.2004; RESP 602016/SP, Relator Ministro Castro Filho, Terceira Turma, DJ de 30.8.2004; RESP 470359/RS, Relator Ministro Felix Fischer, Quinta Turma, DJ de 17.5.2004; AgRg no RESP 469191/RJ, Relator Ministro Sálvio de Figueiredo Teixeira, Quarta Turma, DJ de 23.6.2003; e RESP 343654/SP, Relator Ministro Carlos Alberto Menezes Direito, Terceira Turma, DJ de 1º.7.2002. Deveras, cediço que nem sempre há coincidência entre os sujeitos da lide e os sujeitos do processo, restando inequívoco que o dano moral pleiteado pela família do *de cujus* constitui direito pessoal dos herdeiros, ao qual fazem jus, não por herança, mas por direito próprio, deslegitimando-se o espólio, ente despersonalizado, *nomine proprio*, a pleiteá-lo, posto carecer de autorização legal para substituição extraordinária dos sucessores do falecido. Recurso especial desprovido." STJ. 1ª Turma. REsp n. 697.141, Rel.: Ministro Luiz Fux, *DJ* 29 maio 2006.

Em razão dos entendimentos divergentes nas Turmas do STJ, tanto reconhecendo quanto negando a transmissibilidade do direito à indenização pelo dano moral, buscou-se naquela Corte uma uniformização, de modo a pacificar a controvérsia. O acórdão do Recurso Especial n. 978.651 retrata bem essa mudança de posicionamento, cuja longa ementa merece transcrição pela riqueza dos fundamentos adotados:

> "**Recurso especial do Estado de São Paulo. Responsabilidade civil. Dano moral. Ofendido falecido. Legitimidade dos sucessores para propor ação de indenização. Transmissibilidade do direito à reparação.** 1. Na hipótese dos autos, o filho dos recorridos, em abordagem policial, foi exposto a situação vexatória e a espancamento efetuado por policiais militares, o que lhe causou lesões corporais de natureza leve e danos de ordem moral. A ação penal transitou em julgado. Após, os genitores da vítima, quando esta já havia falecido por razões outras, propuseram ação de indenização contra o fato referido,

visando à reparação do dano moral sofrido pelo filho. 2. A questão controvertida consiste em saber se os pais possuem legitimidade ativa *ad causam* para propor ação, postulando indenização por dano moral sofrido, em vida, pelo filho falecido. 3. É certo que esta Corte de Justiça possui orientação consolidada acerca do direito dos herdeiros em prosseguir em ação de reparação de danos morais ajuizada pelo próprio lesado, o qual, no curso do processo, vem a óbito. Todavia, em se tratando de ação proposta diretamente pelos herdeiros do ofendido, após seu falecimento, a jurisprudência do Superior Tribunal de Justiça possui orientações divergentes. De um lado, há entendimento no sentido de que 'na ação de indenização de danos morais, os herdeiros da vítima carecem de legitimidade ativa *ad causam*' (REsp 302.029/RJ, 3ª Turma, Rel. Min. Nancy Andrighi, DJ de 1º.10.2001); de outro, no sentido de que 'os pais — na condição de herdeiros da vítima já falecida — estão legitimados, por terem interesse jurídico, para acionarem o Estado na busca de indenização por danos morais, sofridos por seu filho, em razão de atos administrativos praticados por agentes públicos (...)'. Isso, porque 'o direito de ação por dano moral é de natureza patrimonial e, como tal, transmite-se aos sucessores da vítima (RSTJ, vol. 71/183)' (REsp 324.886/PR, 1ª Turma, Rel. Min. José Delgado, DJ de 3.9.2001). 4. Interpretando-se sistematicamente os arts. 12, *caput* e parágrafo único, e 943 do Código Civil (antigo art. 1.526 do Código Civil de 1916), infere-se que o direito à indenização, ou seja, o direito de se exigir a reparação de dano, tanto de ordem material como moral, foi assegurado pelo Código Civil aos sucessores do lesado, transmitindo-se com a herança. Isso, porque o direito que se sucede é o de ação, que possui natureza patrimonial, e não o direito moral em si, que é personalíssimo e, portanto, intransmissível. 5. José de Aguiar Dias leciona que não há princípio algum que se oponha à transmissibilidade da ação de reparação de danos, porquanto 'a ação de indenização se transmite como qualquer outra ação ou direito aos sucessores da vítima. Não se distingue, tampouco, se a ação se funda em dano moral ou patrimonial. A ação que se transmite aos sucessores supõe o prejuízo causado em vida da vítima' (*Da Responsabilidade Civil*. 4. ed., v. II. Rio de Janeiro: Forense, 1960. p. 854). 6. Como bem salientou o Ministro Antônio de Pádua Ribeiro, no julgamento do REsp 11.735/PR (2ª Turma, DJ de 13.12.1993), 'o direito de ação por dano moral é de natureza patrimonial e, como tal, transmite-se aos sucessores da vítima'. 7. 'O sofrimento, em si, é intransmissível. A dor não é 'bem' que componha o patrimônio transmissível do *de cujus*. Mas me parece de todo em todo transmissível, por direito hereditário, o direito de ação que a vítima, ainda viva, tinha contra o seu ofensor. Tal direito é de natureza patrimonial. Leon Mazeaud, em magistério publicado no Recueil Critique Dalloz, 1943, p. 46, esclarece: 'O herdeiro não sucede no sofrimento da vítima. Não seria razoável admitir-se que o sofrimento do ofendido se prolongasse ou se entendesse (deve ser estendesse) ao herdeiro e este, fazendo sua a dor do morto, demandasse o responsável, a fim de ser indenizado da dor alheia. Mas é irrecusável que o herdeiro sucede no direito de ação que o morto, quando ainda vivo, tinha contra o autor do dano. Se o sofrimento é algo entranhadamente pessoal, o direito de ação de indenização do dano moral é de natureza patrimonial e, como tal, transmite-se aos sucessores'. (PORTO, Mário Moacyr, in *Revista dos Tribunais*, v. 661, p. 7/10). 8. 'O dano moral, que

> sempre decorre de uma agressão a bens integrantes da personalidade (honra, imagem, bom nome, dignidade etc.), só a vítima pode sofrer, e enquanto viva, porque a personalidade, não há dúvida, extingue-se com a morte. Mas o que se extingue — repita-se — é a personalidade, e não o dano consumado, nem o direito à indenização. Perpetrado o dano (moral ou material, não importa) contra a vítima quando ainda viva, o direito à indenização correspondente não se extingue com sua morte. E assim é porque a obrigação de indenizar o dano moral nasce no mesmo momento em que nasce a obrigação de indenizar o dano patrimonial — no momento em que o agente inicia a prática do ato ilícito e o bem juridicamente tutelado sofre a lesão. Neste aspecto não há distinção alguma entre o dano moral e patrimonial. Nesse mesmo momento, também, o correlativo direito à indenização, que tem natureza patrimonial, passa a integrar o patrimônio da vítima e, assim, se transmite aos herdeiros dos titulares da indenização' (CAVALIERI FILHO, Sérgio. *Programa de Responsabilidade Civil*. 7. ed. São Paulo: Atlas, 2007. p. 85/88). 9. Ressalte-se, por oportuno, que, conforme explicitado na r. sentença e no v. acórdão recorrido, 'o finado era solteiro e não deixou filhos, fato incontroverso comprovado pelo documento de fl.14 (certidão de óbito), sendo os autores seus únicos herdeiros, legitimados, pois, a propor a demanda' (fl. 154). Ademais, foi salientado nos autos que a vítima sentiu-se lesada moral e fisicamente com o ato praticado pelos policiais militares e que a ação somente foi proposta após sua morte porque aguardava-se o trânsito em julgado da ação penal. 10. Com essas considerações doutrinárias e jurisprudenciais, pode-se concluir que, embora o dano moral seja intransmissível, o direito à indenização correspondente transmite-se *causa mortis*, na medida em que integra o patrimônio da vítima. Não se olvida que os herdeiros não sucedem na dor, no sofrimento, na angústia e no aborrecimento suportados pelo ofendido, tendo em vista que os sentimentos não constituem um 'bem' capaz de integrar o patrimônio do *de cujus*. Contudo, é devida a transmissão do direito patrimonial de exigir a reparação daí decorrente. Entende-se, assim, pela legitimidade ativa *ad causam* dos pais do ofendido, já falecido, para propor ação de indenização por danos morais, em virtude de ofensa moral por ele suportada. 11. Recurso especial do Estado de São Paulo conhecido, mas desprovido." STJ. 1ª Turma. REsp. n. 978651/SP, Rel.: Ministra Denise Arruda, *DJ* 26 mar. 2009.

Como a decisão adotou posicionamento contrário aos interesses do réu, foram apresentados Embargos de Divergência em Recurso Especial e, posteriormente, Agravo Regimental para a Corte Especial. O acórdão desse importante julgamento que uniformizou o entendimento no âmbito do STJ teve a seguinte ementa:

> "**Agravo Regimental nos Embargos de Divergência em Recurso Especial. Dano moral. Falecimento do titular. Ajuizamento de ação indenizatória. Transmissibilidade do direito. Entendimento jurisprudencial consolidado. Súmula n. 168/STJ.** A posição atual e dominante que vigora nesta c. Corte é no sentido de, embora a violação moral atinja apenas o plexo de direitos subjetivos da vítima, o direito à respectiva indenização transmite-se com o falecimento

do titular do direito, possuindo o espólio ou os herdeiros legitimidade ativa *ad causam* para ajuizar ação indenizatória por danos morais, em virtude da ofensa moral suportada pelo *de cujus*. Incidência da Súmula n. 168/STJ. Agravo regimental desprovido." STJ. Corte Especial. AgRg nos EREsp n. 978651/SP, Rel.: Ministro Felix Fischer, *DJ* 10 fev. 2011[104].

A pacificação da controvérsia no STJ consolidou o pensamento a respeito da transmissibilidade da reparação por danos morais, atribuindo legitimidade ativa tanto ao espólio quanto aos herdeiros para ajuizar a respectiva ação indenizatória.

> "**Agravo interno no Agravo em Recurso Especial. Ação de obrigação de fazer. Danos morais. Herdeiros. Transmissibilidade.** (...) 2. O Superior Tribunal de Justiça tem entendimento firmado no sentido de que o direito à indenização por danos morais é transmissível aos sucessores do falecido por ter caráter patrimonial." STJ. 3ª Turma. AgInt no AREsp n. 1558607/PR, Rel. Ministro Ricardo Villas Bôas Cueva, *DJe* 18 ago. 2020.
>
> "**Processual civil. Ação de indenização por danos morais e materiais. Morte de familiar. Demanda ajuizada pelo espólio. Ilegitimidade ativa. Nulidade que não se proclama. Instrumentalidade das formas. Aplicação. Prosseguimento do feito após a emenda da inicial.** 1. A jurisprudência tem, de regra, conferido soluções diversas a ações i) ajuizadas pelo falecido, ainda em vida, tendo o espólio assumido o processo posteriormente; ii) ajuizadas pelo espólio pleiteando danos experimentados em vida pelo *de cujus*; e iii) ajuizadas pelo espólio, mas pleiteando direito próprio dos herdeiros (como no caso). 2. Nas hipóteses de ações ajuizadas pelo falecido, ainda em vida, tendo o espólio assumido o processo posteriormente (i), e nas ajuizadas pelo espólio pleiteando danos experimentados em vida pelo *de cujus* (ii), a jurisprudência tem reconhecido a legitimidade do espólio. 3. Diversa é a hipótese em que o espólio pleiteia bem jurídico pertencente aos herdeiros (iii) por direito próprio e não por herança, como é o caso de indenizações por danos morais experimentados pela família em razão da morte de familiar. Nessa circunstância, deveras, não há coincidência entre o postulante e o titular do direito pleiteado, sendo, a rigor, hipótese de ilegitimidade ad causam. 4. Porém, muito embora se reconheça que o espólio não tem legitimidade para pleitear a indenização pelos danos alegados, não se afigura razoável nem condicente com a principiologia moderna que deve guiar a atividade jurisdicional a extinção pura e simples do processo pela ilegitimidade ativa. A consequência prática de uma extinção dessa natureza é a de que o vício de ilegitimidade ativa seria sanado pelo advogado simplesmente ajuizando novamente a mesma demanda, com a mesma causa de pedir e o mesmo

---

104. Os julgamentos posteriores do STJ passaram a seguir esse entendimento, citando-se como exemplos: AgRg nos EDcl no RESP n. 1126313/PR; REsp n. 1071158/RJ; REsp n. 12200982/RS e REsp n. 1040529/PR. Ademais, conforme prevê a Súmula 168 do STJ, citada no julgamento, "não cabem embargos de divergência, quando a jurisprudência do tribunal se firmou no mesmo sentido do acórdão embargado".

> pedido, alterando apenas o nome do autor e reimprimindo a primeira página de sua petição inicial. 5. Em casos com esses contornos, a jurisprudência da Casa não tem proclamado a ilegitimidade do espólio, preferindo salvar os atos processuais praticados em ordem a observar o princípio da instrumentalidade. 6. No caso em exame, como ainda não houve julgamento de mérito, é suficiente que a emenda à inicial seja oportunizada pelo Juízo de primeiro grau, como seria mesmo de rigor. Nos termos dos arts. 284, *caput* e parágrafo único, e 295, inciso VI, do CPC, o juiz não poderia extinguir o processo de imediato e sem a oitiva do autor com base em irregularidades sanáveis, somente cabendo tal providência quando não atendida a determinação de emenda da inicial. 7. Recurso especial provido para que o feito prossiga seu curso normal na origem, abrindo-se prazo para que o autor emende a inicial e corrija a impropriedade de figurar o espólio no polo ativo, nos termos do art. 284, *caput* e parágrafo único, e 295, inciso VI, do CPC." STJ. 4ª Turma. REsp n. 1143968/MG, Rel.: Ministro Luis Felipe Salomão, *DJ* 1º jul. 2013.

Com a sedimentação do entendimento, o STJ aprovou em dezembro de 2020 a Súmula 642, com o seguinte teor: "*O direito à indenização por danos morais transmite-se com o falecimento do titular, possuindo os herdeiros da vítima legitimidade ativa para ajuizar ou prosseguir a ação indenizatória*".

Entretanto, é necessário enfatizar que o direito à indenização que se transmite é aquele decorrente das lesões sofridas em vida pela vítima. Como prevê o art. 189 do Código Civil, uma vez "violado o direito nasce a pretensão". Desse modo, se a vítima experimentou em vida qualquer violação passível de reparação, esse direito é transmissível com o falecimento, ainda que não tenha sido ajuizada a ação cabível.

Mas, se o acidente do trabalho gerou morte imediata, a eventual reparação extrapatrimonial pelo "dano-morte" só pode ser pleiteada pelos familiares ou dependentes do falecido, em nome próprio. Isso porque o direito à indenização só nasceu após a morte, quando já extinta, também, a personalidade da vítima (art. 6º do Código Civil). Nesse sentido, é oportuno citar acórdão de nossa relatoria, de julgamento proferido em 2022:

> "**Espólio. Ilegitimidade ativa ad causam. Dano-morte.** No caso específico do chamado "dano morte", decorrente de acidente que gerou a morte instantânea, não é possível constatar a existência do dano aos direitos de personalidade do *de cujus*, já que morte decreta a extinção da própria personalidade. O que se transmite com a herança é o direito ou a pretensão à reparação do dano já incorporado ao patrimônio da vítima antes do óbito. Como o dano-morte só se materializa após o falecimento da vítima, não tem o espólio legitimidade para postular a sua reparação. O dano extrapatrimonial que efetivamente pode ser vinculado ao acidente de trabalho fatal com morte instantânea são os suportados diretamente pelos familiares e aqueles que mantinham convivência com o *de cujus* (danos morais em ricochete), cuja reparação somente pode ser pleiteada

> pelos próprios lesados, ante seu caráter personalíssimo, de modo que o espólio não detém legitimidade para fazê-lo. TRT da 3.ª Região. 2ª Turma. PJe: 0010940-16.2020.5.03.0163 (ROT); Rel.: Sebastiao Geraldo de Oliveira, *DJe* 04 fev. 2022.

Pode-se concluir, portanto, que o espólio tem legitimidade para postular indenização pelos danos morais sofridos pela vítima antes da morte, cuja possível reparação já estava incorporada ao seu direito patrimonial. Não é transmissível direito que só nasce após a extinção da personalidade. Assim, a legitimidade para postular indenização por dano extrapatrimonial decorrente do "dano-morte" é da pessoa lesada, em nome próprio, em decorrência do vínculo de afeição que mantinha com a vítima (dano em ricochete).

O colendo TST já acumula considerável acervo de decisões a respeito do tema:

> "**Recurso de revista. Acórdão publicado na vigência da lei nº 13.467/2017. Acidente de trabalho. Indenização por danos morais e existenciais da vítima. Dano-morte. Morte instantânea do trabalhador. Transcendência jurídica reconhecida.** A premissa fática delineada pelo e. TRT, insuscetível de reexame a teor da Súmula n° 126 do TST, é no sentido de que o trabalhador faleceu instantaneamente, não tendo tempo de experimentar as consequências do acidente por ele sofrido. O Regional registrou que, "ao não sobreviver ao acidente, o trabalhador falecido não chegou a experimentar, de forma pessoal, as agruras decorrentes do infortúnio e, por isso, o direito à uma possível respiração sequer chegou a compor o patrimônio do acidentado, inexistindo possibilidade de reparação direta a ser transmitida aos sucessores". Nesse contexto, o Tribunal Regional assentou ainda que "A reparação por esses danos somente pode ser pleiteada pelos próprios lesados, porque, repita-se, os danos advindos do acidente de trabalho fatal foram suportados diretamente pelos sucessores e não pelo de cujus". Concluiu, portanto, que "é absolutamente imprópria a tese de que o acidente teria causado lesão a direito da personalidade do próprio falecido, porquanto a existência civil deste findou com a morte instantânea ao acidente". Com efeito, o art. 943 do Código Civil estabelece que "o direito de exigir reparação e a obrigação de prestá-la transmite-se com a herança". Nesse sentido é a Súmula 642 do STJ, segundo a qual "o direito à indenização por danos morais transmite-se com o falecimento do titular, possuindo os herdeiros da vítima legitimidade ativa para ajuizar ou prosseguir a ação indenizatória". É certo, portanto, que o direito de ação para reparação a eventuais danos sofridos em vida pelo de cujus transmite-se com a herança, razão pela qual o espólio possui legitimidade ativa para figurar na presente ação. Entretanto, o dano moral surge da violação dos direitos da personalidade do trabalhador, a qual deixou de existir com sua morte, no momento do acidente. Por essa razão, não há como se reconhecer a existência de dano moral e/ou existencial sofrido pelo próprio trabalhador, falecido instantaneamente em razão de acidente de trabalho. Desse modo, ausente o dano, não há que se falar em dever de indenizar, bem como não há violação dos dispositivos indicados. Correta, portanto, a decisão

regional que julgou improcedente o pedido de reparação. Precedente análogo da Eg. 5ª Turma. Recurso de revista não conhecido." TST. 5ª Turma. RRAg-10895-46.2020.5.03.0087, Rel.: Ministro Breno Medeiros, *DEJT* 28 jun. 2024.

"**Recurso de revista. Lei nº 13.467/2017. Ilegitimidade ativa ad causam. Interposição da ação pelo espólio postulando indenização por danos morais e materiais decorrentes de acidente do trabalho cujo resultado vitimou o trabalhador.** Discute-se, no tópico, a legitimidade do espólio para pleitear indenização por danos morais e materiais decorrentes de acidente do trabalho cujo resultado vitimou o trabalhador. De início, é fundamental ressaltar que a hipótese não é de sucessão processual, uma vez que o espólio figura como autor da ação desde o seu ajuizamento. Dessa forma, não há espaço para qualquer argumento que defenda o prosseguimento da ação reparatória em razão de sua natureza patrimonial, sendo inaplicáveis os artigos 43 do CPC de 1973 (110 do NCPC). A propósito da legitimidade para a causa, o ordenamento jurídico processual brasileiro abraça a teoria da pertinência subjetiva da relação de direito material como condição da ação (artigo 3º do CPC de 1973) ou como pressuposto processual (artigo 17 do NCPC). De qualquer sorte, o artigo 6º do CPC de 1973 (18, caput, do NCPC) dispõe que, via de regra, ninguém poderá pleitear, em nome próprio, direito de terceiro. Dessarte, o regular desenvolvimento do processo não prescinde de que seja inequívoca a relação entre o sujeito que demanda e o objeto controvertido, mesmo porque a legitimidade ativa caminha pari passu com o próprio interesse de agir. Ou seja, de acordo com essa sistemática processual, o espólio não é parte legítima para ajuizar ação reparatória de prejuízos suportados apenas pela herdeira sobrevivente. Isso porque o direito material que se pretende preservar possui índole personalíssima, sendo sua violação suportada apenas pela mãe. De fato, os danos decorrentes do acidente que ceifou a vida do trabalhador não alcançaram a universalidade de bens, direitos e obrigações do falecido; comprometeram, de forma exclusiva, o equilíbrio interior da mãe e sua subsistência a partir do evento danoso. Ressalte-se que esta decisão não discorda dos fundamentos declinados no recurso, de que a herdeira (mãe) possuiria o direito de reivindicar os prejuízos decorrentes da supressão da renda que a beneficiava e do sofrimento pela perda de seu filho. Todavia, deveria persegui-los e nome próprio, e não por meio do espólio do falecido, que, como visto, sequer possui legitimidade ou interesse de agir nessa hipótese. Precedentes desta Corte. Recurso de revista não conhecido". TST. 3ª Turma. RR-243-22.2017.5.12.0055, Rel.: Ministro Alexandre de Souza Agra Belmonte, *DEJT* 18 jun. 2021.

"**Recurso de Revista regido pelo CPC/2015 e pela instrução normativa nº 40/2016 do TST. Legitimidade ativa ad causam do espólio do empregado falecido para pleitear indenização por danos morais e materiais decorrentes do evento morte por acidente de trabalho.** A controvérsia dos autos trata-se de se definir se o espólio do obreiro possui legitimidade ativa para postular em face do empregador indenização por danos morais e materiais oriundos do falecimento do empregado por acidente de trabalho. No caso, depreende-se da petição inicial que a reclamação trabalhista foi proposta tão somente pelo espólio do empregado, *de cujus*, e não diretamente pelos herdeiros, ao contrário do que entendeu o Regional. Logo, não obstante a decisão recorrida ter consignado que os herdeiros do obreiro ajuizaram esta demanda, o exame da petição inicial revela que apenas o espólio do empregado falecido integrou o polo ativo do processo. Em suma, apenas o espólio do *de cujus* é autor do processo. Sobre a legitimidade ad causam, dispõe o artigo 18 do CPC/2015: "Ninguém poderá pleitear direito alheio em nome próprio, salvo quando autorizado pelo ordenamento jurídico". No sistema processual brasileiro, a legitimidade *ad causam* é aferida pela pertinência subjetiva da relação jurídica de direito material deduzida em Juízo. Consiste em condição da ação, sendo necessário que os sujeitos da demanda estejam em determinada situação jurídica que lhes autorize a conduzir o processo em que se discuta relação jurídica de direito material. No caso dos autos, o espólio do empregado falecido propôs, em nome próprio, demanda em que se pleiteia indenização por danos morais e materiais aos herdeiros do de cujus vítima de acidente de trabalho. Verifica-se que não se trata de dano reflexo, mas sim de dano direto decorrente da morte do obreiro, o que causou aos seus herdeiros dor, angústia, sofrimento e outros sentimentos que advêm da perda de um familiar, além de desamparo material. Reitera-se, por importante, que não se trata de pedido de verbas tipicamente trabalhistas, mas sim de indenização por danos morais e materiais sofridos pelos sucessores do empregado falecido, advindos do evento morte, em si mesmo considerado. Destaca-se que não se discute sucessão processual, porquanto o espólio figura como autor desde o início da demanda, quando o empregado, autor da herança, já havia falecido. Não é o caso, também, de transmissão hereditária de direitos patrimoniais do empregado falecido, mas sim de direito próprio dos seus herdeiros. Desse modo, com relação ao espólio (conjunto de bens, direitos e obrigações que integram o patrimônio deixado pelo *de cujus*), tendo em vista que, no caso vertente, não se pleiteia verba tipicamente trabalhista oriunda do contrato de trabalho, mas sim indenização, cuja causa de pedir é a morte do obreiro, o que causou danos morais e materiais nos seus sucessores, constata-se que a hipótese não trata de legitimação ordinária – pois não há pleito de direito próprio – nem extraordinária, ante a falta de previsão legal que conceda ao espólio legitimidade ativa *ad causam* para pleitear direito cuja titularidade seja dos herdeiros do autor da herança. A legitimidade ad causam do espólio alcança apenas as ações relativas a direitos transmissíveis, não abrangendo, portanto, aqueles desprovidos de caráter hereditário, a exemplo do direito à indenização por danos morais sofridos individualmente pelos herdeiros em razão de morte. Nesse contexto, o reconhecimento da ilegitimidade ativa do espólio é medida que se impõe. Recurso de revista conhecido e provido". TST. 2ª Turma. RR-1917-74.2011.5.15.0083, Rel.: Ministro Jose Roberto Freire Pimenta, *DEJT* 19 dez. 2019.

"**Legitimidade ativa *ad causam*. Espólio. Indenização por danos morais. *Distinguishing*.** É firme no âmbito deste Tribunal o entendimento de que, nas hipóteses em que se pleiteia indenização por danos morais decorrentes do sofrimento causado à viúva e aos filhos em virtude da morte do empregado por acidente de trabalho ou doença ocupacional — "prejuízo de afeição" —, não possui o espólio legitimidade para o ajuizamento da respectiva ação. No caso dos autos, porém, o dano cuja reparação se pleiteia é aquele experimentado pelo próprio empregado durante a contratualidade. Postula-se, noutros termos, a reparação de dano extrapatrimonial sofrido em vida pelo *de cujus*. Em sendo

> assim, se não se pleiteia direito próprio dos herdeiros, e sim do *de cujus*, a legitimidade para figurar no polo ativo da lide é, efetivamente, do espólio, e não dos herdeiros. Ademais, embora o direito à honra se insira na categoria dos "direitos personalíssimos" — e, como tal, seja intransmissível —, sua violação gera o direito à reparação, sendo que tal direito, de cunho eminentemente patrimonial, é transmissível por herança, nos exatos termos do artigo 943 do CCB. Recurso de embargos conhecido e desprovido." TST. SBDI-I. E-RR n. 1187-80.2010.5.03.0035, Red.: Ministro Márcio Eurico Vitral Amaro, DEJT 4 nov. 2016.

Por ocasião da V Jornada de Direito Civil, realizada em 2011 pelo Centro de Estudos Judiciário do Conselho da Justiça Federal, foi aprovado o Enunciado n. 454: "Art. 943: O direito de exigir reparação a que se refere o art. 943 do Código Civil abrange inclusive os danos morais, ainda que a ação não tenha sido iniciada pela vítima."

Essa conclusão, contudo, não prejudica nem inviabiliza que os herdeiros ou mesmo outros lesados reclamem, em nome próprio, a indenização pelo dano moral reflexo ou em ricochete por eles sofrido.

Resta analisar a situação em que a vítima, apesar de ter sobrevivido lucidamente ao acidente, faleceu sem ter esboçado desejo algum de buscar a reparação do dano moral, nem mesmo manifestou o seu inconformismo. Se, por razões pessoais, o acidentado não se sentiu atingido moralmente, torna-se questionável falar em direito de reparação transmitido como integrante da universalidade dos bens da herança. Isso porque ele não contava com o valor da eventual indenização no seu patrimônio, ou por não ter se sentido lesado, ou por ter deliberadamente renunciado ao eventual direito por razões de foro íntimo. O Ministro do STJ Ari Pargendler, por ocasião do seu voto-vista no julgamento do Recurso Especial n. 302.029, aduziu a respeito: "Em princípio, portanto, o direito à indenização pelo dano moral se transmite hereditariamente. Mas, para esse efeito, é preciso, salvo melhor juízo, que a vítima tenha, em vida, sentido o dano moral que os herdeiros querem ver reparado."

É certo, no entanto, que o comportamento do acidentado enquanto vivo, optando por não reclamar a reparação do dano moral, não prejudica os interesses dos seus familiares ou dos outros lesados indiretamente, que poderão buscar a eventual indenização do dano extrapatrimonial em nome próprio.

É imperioso anotar, contudo, que há julgamentos no TST em sentido diverso do que estamos aqui defendendo. Pela riqueza e densidade dos fundamentos, é oportuno transcrever a ementa de um acórdão proferido em 2023, da lavra do Ministro José Roberto Freire Pimenta:

> "**Indenização por dano-morte. Cabimento e transmissibilidade. Danos extrapatrimoniais sofridos pela vítima direta (*pretium mortis*).** A dignidade

da pessoa humana se consubstancia na qualidade intrínseca e distintiva reconhecida a todo ser humano, que é um fim em si mesmo (Immanuel Kant), de ser merecedor de respeito e consideração do Estado e de toda a comunidade, implicando a fruição de um complexo de direitos humanos e fundamentais correspondentes (arts. 1º e 2º da Declaração Universal dos Direitos Humanos – DUDH). Isso porque a dignidade da pessoa humana passou a ser o centro de gravidade de todo o ordenamento jurídico internacional e nacional, constituindo o vetor axiológico máximo da Constituição Federal (art. 1º da DUDH de 1948 e art. 1º, III, da CF de 1988), no período pós Segunda Guerra Mundial, com o advento do Neoconstitucionalismo, marcado pela adoção do paradigma do Estado Constitucional/Democrático de Direito, do pós-positivismo, com a leitura moral e ética do Direito e da Normatividade dos princípios. Dentre esses direitos dela decorrentes, encontra-se o reconhecimento do direito à vida , o que, no plano do direito constitucional positivo e do direito internacional dos direitos humanos, remonta aos primórdios do constitucionalismo moderno, encontrando-se hoje consagrado em inúmeros diplomas normativos, dentre os quais os artigos 5º, caput , da Constituição Federal, 3º da DUDH (Declaração Universal dos Direitos Humanos), 6º do PIDCP (Pacto Internacional sobre Direitos Civis e Políticos) e 4º, I, da CADH (Convenção Americana sobre Direitos Humanos de 1969, conhecida como Pacto de São José da Costa Rica). A proteção judicial de forma efetiva e a responsabilização do infrator, com a disponibilização de instrumentos jurídicos para tanto, pela ofensa ao direito em comento encontra guarida no plano internacional, como se percebe dos arts. 8º da DUDH, 2º, 3, "a", do PIDCP e 2º e 25 da CADH. No plano interno, a Constituição e a legislação infraconstitucional consagram o princípio da reparação integral do dano, segundo o qual devem ser reparados todos os danos causados por determinado fato, assim como aqueles que sejam sua consequência direta. É o que se verifica tanto do artigo 5º, incisos V e X, do Texto Constitucional, quanto do artigo 944 do Código Civil, o qual estabelece que a indenização se mede pela extensão do dano. Nesse passo, cumpre ressaltar que o art. 223-A da CLT, ao dispor que se aplicam à reparação de danos de natureza extrapatrimonial decorrentes da relação de trabalho apenas os dispositivos do Título no qual se encontra inserido, traz uma restrição indevida e inócua à incidência de outras normas do ordenamento jurídico, desconsiderando que o nascedouro e as bases dogmáticas e normativas da reparação pela prática de ato ilícito que ocasione dano extrapatrimonial é a legislação civilista. Igualmente olvida que a interpretação de cada norma-regra ou norma-princípio deve ser e é necessariamente realizada pelo julgador levando-se em consideração todo o sistema jurídico, de modo sistemático, em um verdadeiro diálogo, em direta e exemplar aplicação da doutrinariamente consagrada Teoria do Diálogo das Fontes, por inexistirem nesse sistema jurídico segmentos estanques. Em vista disso, a exegese a ser conferida aos arts. 6º e 11 do Código Civil, que dispõem sobre o término da existência da pessoa natural com a morte e a intransmissibilidade dos direitos da personalidade, não pode descurar que o próprio Código Civil, em seu art. 12, parágrafo único, prevê a possibilidade de proteção e reparação da tutela dos direitos da personalidade para além do término da vida da vítima. Realmente, o direito de ação pode ser exercido pelos seus sucessores ou por quem o ordenamento jurídico atribua a respectiva legitimidade, como, no caso dos autos, pelo sindicato da categoria profissional a que pertenciam os *de cujus* na esteira do art. 8º, III, da Constituição Federal, em virtude da transferência dos direitos sucessórios igualmente consagrada na norma do artigo 1784 do Código Civil. Isso porque, a partir dessa norma, os sucessores passam a deter legitimidade para a propositura da ação, em razão da transmissibilidade do direito à indenização, por não se tratar de direito personalíssimo do de cujus, dada a sua natureza patrimonial. Significa afirmar que o direito de exigir a reparação do dano, inclusive de ordem moral, é assegurado aos sucessores do ofendido, transmitindo-se com a herança, pois o direito que se sucede é o de ação indenizatória, de natureza patrimonial, e não o direito moral em si, de caráter personalíssimo e, por isso mesmo, intransmissível. Em outras palavras, mesmo que as personalidades jurídicas das vítimas fatais tenham cessado com suas mortes (art. 6º do Código Civil), o dano praticado e o direito à reparação perante o seu ofensor pela mácula ao maior bem jurídico de todo o ser humano, a vida, persistem. Ademais, o artigo 943 do Código Civil expressamente dispõe que "o direito de exigir reparação e a obrigação de prestá-la transmitem-se com a herança", do que se extrai que o direito à indenização constitui um crédito que integra o patrimônio do ofendido e, na hipótese de seu óbito, passa a compor a universalidade de bens e direitos que constituem a sua herança. No tocante ao direito à vida, acresça-se que no ordenamento jurídico brasileiro, em caso de homicídio, além das indenizações rotineiramente devidas, o artigo 948 do Código Civil contém uma cláusula de abertura, ao prever a possibilidade de fixação de outras indenizações advindas do evento morte através da expressão nele contida " sem excluir outras reparações (...)". Por outro lado, no momento da lesão o titular do direito à vida encontrava-se vivo e, por isso mesmo, teve violado o seu direito, com o que nasceu, para o titular, o seu direito à respectiva pretensão de reparação, na esteira do que dispõe o art. 189 do Código Civil. Ou seja, a aquisição do direito decorrente do dano-morte é automática e simultânea à ocorrência do fato danoso, independente, inclusive, do estado anímico ou consciência do seu titular no momento do evento fatídico. Portanto, permitir que o agressor que tenha ocasionado o dano máximo para o ser humano – consubstanciado na privação definitiva da sua capacidade de viver, de existir como pessoa – não responda por seu ato ilícito, diretamente cometido contra a própria vítima, é fazer tábula rasa de todas as normas já mencionadas, tanto quanto dos artigos 186 e 927, *caput*, do Código Civil. Além disso, isso também implicaria premiar o transgressor e até mesmo estimular a inobservância das normas de segurança e medicina do trabalho , na contramão do art. 7º, XXII e XXVIII, da Constituição Federal e de inúmeros outros normativos internacionais, como a Convenção 155 da OIT, visto que a sanção jurídica para o infrator que impõe o término prematuro à vida, não obstante seja este a mais grave violação que se possa praticar, seria em grau menor do que para aquele que ofende a integridade física de outrem sem, no entanto, ceifar-lhe a vida, pois retiraria da vítima na primeira situação o direito à reparação do dano extrapatrimonial adicional que sofrera. Desse modo, o direito à indenização pelo dano-morte (*pretium mortis*), autônomo e distinto dos prejuízos de afeição sofridos pelos herdeiros ou familiares do de cujus , decorrente da lesão a esse bem jurídico maior que é a vida independe de a morte ter sido ou não instantânea, uma vez que a proteção jurídica se refere à existência da pessoa humana , afigurando-se, portanto, irrelevantes juridicamente para o reconhecimento do direito à reparação a tal título discussões sobre a ocorrência ou não de eventual sofrimento que precedera ao falecimento das vítimas. Importantíssimo artigo Jurídico a respeito do tema ora em debate foi elaborado pelo eminente Ministro integrante da Primeira Turma desta Corte Superior, Amaury Rodrigues Pinto Junior, no qual Sua Excelência defende a possibilidade de esse dano-morte ser indenizado (in O dano morte: a existência jurídica do "*pretium mortis*". Revista do Tribunal Regional do Trabalho da 24ª Região, Campo Grande, n. 20, p. 39-60, 2015). É cediço, ainda, que tanto a doutrina e a jurisprudência portuguesas, como sua legislação, reconhecem o direito à indenização por dano-morte , encontrando-se este consagrado no Código Civil Português, em seu artigo 496º, entre os danos não patrimoniais: "ARTIGO 496º (Danos não patrimoniais) (...) 4 – O montante da indemnização é fixado equitativamente pelo tribunal, tendo em atenção, em qualquer caso, as circunstâncias referidas no artigo 494º; no caso de morte, podem ser atendidos não só os danos não patrimoniais sofridos pela vítima , como os sofridos pelas pessoas com direito a indemnização nos termos dos números anteriores". Cumpre esclarecer que o direito comparado é fonte de integração do direito do trabalho, na forma do art. 8º da CLT. Por outro lado, a jurisprudência no Brasil, emanada do Superior Tribunal de Justiça, por sinal, já consolidou o entendimento de ser cabível e transmissível a indenização por danos extrapatrimoniais sofridos pela vítima em virtude do seu falecimento, inclusive atribuindo legitimidade irrestrita tanto ao espólio quanto aos herdeiros para ajuizar a respectiva ação indenizatória por danos morais, em virtude da ofensa suportada pelo *de cujus*. No mais, deve ser afastada qualquer interpretação que implique vulneração ou esvaziamento dos princípios e direitos fundamentais insculpidos no art. 1º, inciso III, e art. 5º, caput e incisos V e X, da Constituição Federal, que, como direitos e garantias fundamentais, integram as chamadas cláusulas pétreas da Constituição, que são insuscetíveis de modificação até mesmo mediante Emendas constitucionais (art. 60, § 4º, inciso IV, da Carta Fundamental). Também não se pode admitir um resultado flagrantemente inconstitucional na interpretação dos artigos 6º e 11 do Código Civil à luz de todas as normas constitucionais já mencionadas, em decorrência da chamada eficácia objetiva das normas constitucionais, pela qual elas têm um efeito irradiante, projetando-se sobre todo o ordenamento jurídico para o intérprete, para o legislador e também, do mesmo modo, para as partes privadas que celebram negócios jurídicos. Significa afirmar que as normas constitucionais, sobretudo os direitos fundamentais, em sua dimensão objetiva, estabelecem diretrizes para a atuação não apenas dos poderes Executivo, Legislativo e Judiciário, mas também dos próprios particulares, devendo ser aplicadas diretamente a estes independentemente da existência de normas infraconstitucionais com o seu objeto. A aplicabilidade imediata dos dispositivos constitucionais, principalmente aqueles que definem direitos fundamentais, além de decorrer diretamente do que estabelece expressamente o § 1º do artigo 5º da Constituição da República, tem como base o princípio da máxima efetividade dos preceitos constitucionais , o qual apregoa que as normas constitucionais devem ser interpretadas de tal modo que a eficácia da Lei Maior seja plena, devendo, portanto, esses preceitos serem atendidos em sua máxima extensão possível. Por outro lado, com relação ao arcabouço normativo internacional mencionado, registra-se que os tratados e convenções internacionais de direitos humanos incorporados ao nosso ordenamento jurídico com status no mínimo supralegal (art. 5º, § § 2º e 3º, da CF e Recurso Extraordinário 466.343 do STF), devem ser observados quando da aplicação e interpretação do ordenamento jurídico nacional, cabendo o devido controle de convencionalidade. Inclusive é o que recomenda o Conselho Nacional de Justiça, por meio da sua Recomendação 123, de 07 de janeiro de 2022. No mais, não resta dúvida de que o direito à vida dos trabalhadores falecidos foi lesado por ocasião do maior acidente de trabalho na história do Brasil, tendo sido comprovados o nexo causal e a culpa da Vale S.A. no infortúnio, e de que este direito à vida dos próprios trabalhadores nele falecidos não foi recomposto pelo pagamento a seus familiares do dano moral por eles próprios sofridos, já que a lesão reparada na ação coletiva mencionada pela ré, repita-se, não alcançou o direito à compensação advindo das lesões sofridas pelas próprias vítimas. Na nossa nova ordem cosmopolita, que visa à prosperidade, ao desenvolvimento sustentável e à tutela de direitos fundamentais em escala mundial, a exemplo da Agenda 2030 da ONU e da Agenda de Ação de Adis Abeba, intitulada de Acordo da prosperidade, o reconhecimento do direito à indenização por dano-morte encontra respaldo nessa concepção e decorre da própria evolução histórica da responsabilização civil, desde sua origem individualista e patrimonial até a consagração da indenização por dano moral ou extrapatrimonial decorrente de lesão a bens imateriais da pessoa humana e a direitos da personalidade. As ordens jurídicas nacional e internacional acham-se, portanto, em incessante progressividade, na busca da concretização da proteção dos direitos humanos e fundamentais mais ampla e efetiva possível. Recurso de revista conhecido e desprovido (...)". TST. 3ª Turma. RAg-10165-84.2021.5.03.0027, Rel.: Ministro Jose Roberto Freire Pimenta, *DEJT* 23 jun. 2023.

A indagação central é essa: cabe ao familiar da vítima receber a indenização por danos extrapatrimoniais na condição de sucessor, representado pelo espólio, e, cumulativamente, receber a indenização pelo dano em ricochete sofrido pessoalmente, em ação ajuizada em nome próprio?

Como se depreende do exposto, na ausência de normal legal expressa, permanece a divergência jurisprudencial a respeito do cabimento da indenização pelo dano morte conferida ao espólio, acumulada com a indenização pelo dano extrapatrimonial devida aos dependentes da vítima. Considerando que o tema do dano morte, também chamado dano tanatológico, começa a ser debatido com mais frequência na doutrina especializada, com repercussão crescente na jurisprudência, é provável que brevemente a questão seja pacificada ou que ocorra alteração legislativa para dirimir a controvérsia.

9.9.2. *Titulares do direito à indenização por dano moral*

Cabe analisar neste tópico a questão controvertida a respeito da titularidade do direito para fins de postular a indenização por danos morais, especialmente no caso de acidente fatal. Quais pessoas, dentre os familiares ou aqueles que de alguma forma mantinham vínculos de proximidade com a vítima, são titulares do direito à indenização por danos morais?

O acidente do trabalho fatal repercute intensamente no núcleo familiar da vítima, mas projeta seus reflexos dolorosos sobre todos que de alguma forma estavam a ela vinculados afetivamente. O passamento repentino do trabalhador que saiu de casa para ganhar a vida, mas paradoxalmente a perde, causa "um profundo sentimento de dor, de pesar, de frustração, de ausência, de saudade, de desestímulo, de irresignação."[105] Como observa Sérgio Severo, "se a morte de alguém não aniquila o espírito das pessoas que lhe querem, com certeza amputa-lhes uma importante parte do seu patrimônio afetivo."[106]

Com efeito, os danos causados pelo óbito atingem reflexamente outros parentes ou mesmo terceiros que compartilhavam da convivência do acidentado. São os chamados danos morais indiretos ou em ricochete, decorrentes do ato ilícito. O mesmo acontece nos acidentes graves que deixam o trabalhador com incapacidade permanente total, alterando por completo sua rotina de vida, além de repercutir no dia a dia dos parentes mais próximos. Anotam Nelson Rosenvald e Felipe Braga Netto que "o lesado indireto é aquela pessoa que padece um dano próprio, derivado de um ilícito que tem por vítima uma terceira pessoa, em relação à qual há um vínculo de natureza patrimonial ou extrapatrimonial que resulta afetado. Este é o chamado dano reflexo ou dano por ricochete, pois o dano provém de uma situação jurídica objetiva que vincula o lesado indireto e a vítima direta."[107]

Importa assinalar neste passo que nem mesmo a introdução do art. 223-B na CLT, promovida pela reforma trabalhista, muda o entendimento aqui desenvolvido. A indicação de que a pessoa física lesada é a titular exclusiva do dano extrapatrimonial não afasta, a nosso ver, o direito ao dano em ricochete, conforme analisamos no item 8.5.6 do capítulo 8, ao qual nos reportamos para evitar repetições. Aliás, o julgamento pelo STF das ADIs 6.050, 6.069 e 6.082 confirmou esse entendimento: "As redações conferidas aos arts. 223-A e 223- B, da CLT, não excluem o direito à reparação por dano moral indireto ou dano em ricochete no

105. CAHALI, Yussef Said. *Dano moral*. 3. ed., rev., atual. e ampl. São Paulo: Revista dos Tribunais, 2005. p. 114.

106. SEVERO, Sérgio. *Os danos extrapatrimoniais*. São Paulo: Saraiva, 1996. p. 25.

107. ROSENVALD, Nelson; BRAGA NETO, Felipe. *Código civil comentado artigo por artigo*. 4 ed. São Paulo: Juspodivm 2003. p. 1.089.

âmbito das relações de trabalho, a ser apreciado nos termos da legislação civil", conforme já mencionamos no capítulo 8.

Se é verdade que todos os que se sentem lesados são, potencialmente, titulares do direito à reparação dos danos morais e, ainda, que a morte projeta repercussões diretas e indiretas sobre muitas pessoas, como identificar, dentre aquelas atingidas, quem ou quais têm legitimidade para receber indenização?

A resposta não é simples, sobretudo em razão da ausência de previsão legal a respeito. Vejam que a morte poderá causar sofrimento intenso, conforme as circunstâncias, para o cônjuge, os filhos, pais, netos, avós, irmãos, sobrinhos, tios, as noras, os genros, primos etc. Sem falar nas situações decorrentes da união estável, das ligações homoafetivas duradouras, da convivência com noivos, afilhados, amigos íntimos, ex-cônjuge e inúmeras situações que poderão surgir na apreciação do caso concreto.

Por outro lado, se for estendida a reparação para todos os que de algum modo sentiram a dor da perda, há o risco de ampliar demasiadamente o âmbito da indenização, podendo gerar uma indesejável banalização do dano moral. Convém lembrar que no caso do dano material, aqui invocado por analogia, o Código Civil estabeleceu que somente serão ressarcidos os danos diretos e imediatos (art. 403).

Predomina, portanto, o entendimento de que a abrangência do dano moral passível de indenização é mais restrita. A maior dificuldade é conseguir formular um critério seguro para estabelecer essa delimitação.

Quando deparamos com essas demandas, o primeiro pensamento sugere que os beneficiários da reparação serão os membros do núcleo familiar mais íntimo da vítima. Mas essa colocação deve ser analisada com cautela, porque nas últimas décadas ocorreu no Brasil uma mudança significativa no perfil demográfico. A família, no sentido estrito, encolheu, e a natureza do vínculo afetivo diversificou-se. Além disso, os membros da família, em razão das demandas profissionais, podem estar espalhados por diversas localidades distantes, não havendo mais aquela convivência de proximidade, a não ser para um grupo reduzido.

O Código Civil de 1916 estabelecia no parágrafo único do art. 76: "O interesse moral só autoriza a ação quando toque diretamente ao autor, ou à sua família." Essa regra, contudo, não foi acolhida no Código de 2002. Talvez pudéssemos fazer alguma analogia com a previsão estampada no parágrafo único do art. 12[108].

---

108. Código Civil. Art. 12. Parágrafo único: "Em se tratando de morto, terá legitimidade para requerer a medida prevista neste artigo o cônjuge sobrevivente, ou qualquer parente em linha reta, ou colateral até o quarto grau."

Em Portugal, o Código Civil[109] tem disposição expressa sobre os beneficiários da indenização por danos morais (ou danos não patrimoniais), sendo que a existência dos parentes mais próximos exclui do direito os mais afastados, ou seja, os pais e outros ascendentes, os irmãos ou sobrinhos, só recebem a indenização na falta do cônjuge, filhos ou outros descendentes:

> Art. 496º 2. Por morte da vítima, o direito à indemnização por danos não patrimoniais cabe, em conjunto, ao cônjuge não separado judicialmente de pessoas e bens e aos filhos ou outros descendentes; na falta destes, aos pais ou outros ascendentes; e, por último, aos irmãos ou sobrinhos que os representem.

De certa forma há um consenso doutrinário e jurisprudencial de que o núcleo familiar básico, formado por aqueles que tenham residido sob o mesmo teto, convivendo diariamente com a vítima, compreende os legitimados para postular a indenização por dano moral. Na maioria das vezes, as ações têm sido ajuizadas pelo cônjuge sobrevivente, isoladamente ou em conjunto com os filhos da vítima. Aliás, o STF, em decisão de 1967, já mencionava: "O dano decorrente da morte de uma pessoa, ligada a outra por vínculo de sangue, é presumido, daí o direito a indenização."[110]

Como visto, há uma presunção de danos morais para os componentes do núcleo familiar mais próximo da vítima. No entanto, adverte Cavalieri Filho que "só em favor do cônjuge, companheira, filhos, pais e irmãos menores há uma presunção *juris tantum* de dano moral por lesões sofridas pela vítima ou em razão de sua morte. Além dessas pessoas, todas as outras, parentes ou não, terão de provar o dano moral sofrido em virtude de fatos ocorridos com terceiros."[111]

Apesar da presunção mencionada, importa salientar que o laço de parentesco não será sempre o fator decisivo para o julgamento da legitimidade, porquanto o pressuposto básico é o laço afetivo[112]. Como pondera Aguiar Dias, há mortes que causam alívio e não aflição aos parentes, enquanto, muitas vezes, terceiros experimentam sofrimento intenso pela morte de alguém[113].

---

109. Aprovado pelo Decreto-lei n. 47.344 de 25 nov. 1966.
110. Cf. STF. 1ª Turma. RE n. 59358/GB, Rel.: Ministro Djaci Falcão, julgado em 5 jun. 1967.
111. CAVALIERI FILHO, Sérgio. *Programa de responsabilidade civil*. 16. ed. São Paulo: Atlas, 2023. p. 116.
112. Na opinião do juiz paulista Ronaldo Alves de Andrade, além dos familiares nucleares, "são legitimados ao pleito de dano moral decorrente do homicídio, aquelas pessoas muito próximas à vítima e que com ela mantinham especial relação afetiva e que por essa razão experimentaram extremada dor moral em razão da perda do ente querido. É o caso da companheira, noiva ou namorada que durante anos mantinham estreita relação afetiva com a vítima e que muita vez sofrem mais a perda do que os próprios familiares. Destarte, nos parece injusta a solução que somente reconhece legitimidade aos familiares da vítima." Cf. *Dano moral à pessoa e sua valoração*. São Paulo: Juarez de Oliveira, 2000. p. 163.
113. DIAS, José de Aguiar. *Da responsabilidade civil*. 10. ed. Rio de Janeiro: Forense, 1995. v. II, p. 794.

Ao trabalhar o tema dos legitimados à reparação pelo dano moral, Caio Mário constata a complexidade da matéria, mas sugere alguns critérios de identificação:

> Onde a matéria se complica é quando um terceiro pretende a indenização por dano moral, em consequência da lesão sofrida por outrem (o pai em relação ao filho, deste em relação àquele, do marido quanto à mulher e vice-versa). O primeiro elemento a considerar é o grau do relacionamento entre a vítima e o demandante. O segundo, são as circunstâncias de fato, se os cônjuges, posto não legalmente separados, o estão de fato; se o filho é rompido com o pai; e outras circunstâncias de fato ponderáveis. Em terceiro lugar, o que inspira o juiz, a existência de 'dor real e profunda' a que se referem Mazeaud e Tunc, circunstância esta que Yves Chartier qualifica como 'necessariamente subjetiva'.[114]

Afirma Carlos Alberto Bittar que "as pessoas legitimadas são, exatamente, aquelas que mantêm vínculos firmes de amor, de amizade ou de afeição, com os parentes mais próximos; os cônjuges que vivem em comum; os unidos estavelmente, desde que exista a efetiva aproximação..."[115]. Na concepção de Vilson Rodrigues Alves, são legitimadas para postular o dano moral "as pessoas mais próximas da vítima, porquanto essa proximidade suscita o vínculo de afeição e, com a ruptura dele, o que traduz empiricamente o dano apatrimonial, pela diminuição do que a dor acarreta à energia da vida."[116] Nelson Rosenvald e outros indicam como exigência para acolher a reparação do dano moral reflexo que "o pretenso ofendido demonstre forte nexo afetivo com a pessoa do falecido, capaz de induzir o julgador a presumir que a morte originou um excepcional abalo espiritual do ofendido."[117]

Por tudo que foi exposto, é imperioso concluir que a identificação dos legitimados para postular indenização por dano moral dependerá muito das especificidades do caso concreto, de acordo com o prudente convencimento do juiz. Com certeza, o ponto de partida será sempre o núcleo familiar restrito, dos que mantinham convivência mais íntima com a vítima — mesmo sem dependência econômica —, e que são presumivelmente aqueles diretamente afetados. Outros pretendentes também poderão lograr êxito na ação

---

114. PEREIRA, Caio Mário da Silva. *Responsabilidade civil*. 9. ed. 8ª t. Rio de Janeiro: Forense, 2002. p. 317.

115. BITTAR, Carlos Alberto. *Reparação civil por danos morais*. 3. ed., rev., atual. e ampl. 2ª t. São Paulo: Revista dos Tribunais, 1999. p. 156, nota de rodapé n. 277.

116. ALVES, Vilson Rodrigues. *Acidentes de trânsito e responsabilidade civil*. Campinas: Bookseller, 2002. v. II, p. 756. Esse mesmo autor afirma em nota de rodapé, na página indicada, que "não é a dor que se indeniza. É o que a dor diminui da energia vital. Rigorosamente, o dano moral não é essa dor, mas o que essa dor acarreta".

117. FARIAS, Cristiano Chaves, BRAGA NETO, Felipe Peixoto, ROSENVALD, Nelson. *Novo tratado de responsabilidade civil*. 3. ed. São Paulo: Saraiva, 2018. p. 403.

indenizatória, desde que apresentem provas convincentes de laço afetivo duradouro com a vítima e dos efeitos emocionais danosos causados pela morte, de modo a justificar o deferimento da reparação por danos morais. Para finalizar este tópico, vale citar alguns julgados a respeito do tema:

> "**Acidente de trabalho. Morte de trabalhador. Indenização por danos morais por ricochete. Ação ajuizada pelo irmão da vítima. Dano moral *in re ipsa*.** O caso dos autos trata de dano moral "em ricochete" (reflexo ou indireto) decorrente da morte de trabalhadora na tragédia ocorrida durante o rompimento de barragem na cidade de Brumadinho/MG. A doutrina e a jurisprudência pátria admitem o dano moral indireto ou em ricochete. Assim, é possível que um terceiro, ligado por laços afetivos à vítima, sofra de forma reflexa um prejuízo patrimonial ou extrapatrimonial, o qual decorre do evento danoso principal. Entre os ofendidos no dano moral indireto podem incluir-se os familiares mais próximos da vítima imediata, os quais, nessa posição, gozam de presunção juris tantum quanto ao prejuízo sofrido em decorrência do dano principal. Portanto, estão legitimados os integrantes do núcleo familiar do trabalhador acidentado, o qual veio a óbito, incluindo-se os pais, avós, filhos e irmãos, em relação aos quais não se pode presumir ausência de laços de afetividade. O dano moral, em tal hipótese, é *in re ipsa*, ou seja, é presumido e prescinde de qualquer tipo de prova para demonstrar o abalo moral decorrente da dor e sofrimento ocasionados. Precedentes do TST e do STJ. Recurso de embargos conhecido e provido." TST. SBDI-I. E-ED-R-RAg-10489-23.2019.5.03.0099, Rel.: Ministro Augusto Cesar Leite de Carvalho, *DEJT* 06 dez. 2024.
>
> "**Agravo em agravo de instrumento em recurso de revista. Acórdão regional publicado na vigência da lei nº 13.467/2017. 1. Acidente de trabalho. Rompimento da barragem de brumadinho/mg. Vale s.a. indenização por dano moral indireto ou por ricochete. Ação ajuizada pelo pai/avô por "afinidade" de duas vítimas (pai e filho). Núcleo familiar comprovado.** I – O dano moral reflexo ou por ricochete versa sobre direito autônomo de pessoas intimamente ligadas a vítimas de ato ilícito que tiveram seus direitos fundamentais atingidos, de forma indireta, pelo evento danoso. II – No caso de falecimento de empregado em virtude de acidente de trabalho, tal ato ilícito autoriza o pagamento de dano moral reflexo (em ricochete ou indireto) para familiares e pessoas que detém relação especial de afeto com o acidentado. III – Nesse contexto, há presunção juris tantum de dano moral reflexo apenas ao núcleo familiar básico da vítima do infortúnio (cônjuge, companheiro, companheira, filhos, pai e mãe). Outros familiares que não fazem parte desse núcleo familiar básico, como tios, primos e sobrinhos, por exemplo, podem ter direito à compensação por danos morais reflexos em decorrência do falecimento de empregado vítima de acidente de trabalho, desde que comprovem a existência de relação íntima de afeto ensejadora do dano moral. IV. Na hipótese dos autos, o Autor, Lourenço Almeida de Jesus, casou com a dona Maurina, mãe do falecido Carlos, que era pai do falecido Cássio. Pai e filho (Carlos e Cássio) morreram no acidente de Brumadinho. O Autor, portanto, era padrasto de Carlos e avô afetivo de Cássio. A Corte Regional reconheceu o vínculo socioafetivo entre o autor e as vítimas (pai e filho), na condição de padrasto e avô respectivamente.

Ficou consignado que "a prova oral produzida nos autos demonstrou a existência de uma proximidade entre o Autor e os Srs. Carlos Augusto dos Santos Pereira e Cássio Cruz Silva Pereira, vitimados no acidente. Inclusive se infere que as vítimas moravam no mesmo terreno que o autor, antes de se mudarem para Mário Campos em Minas Gerais". V. Assim sendo, muito embora não exista vínculo biológico entre eles, ficou comprovada a relação afetiva de natureza familiar próxima o bastante a ensejar o direito à reparação civil em ricochete. VI. Fundamentos da decisão agravada não desconstituídos quanto à ausência de transcendência da causa no aspecto. VII. Agravo conhecido e não provido." TST. 4ª Turma. RRAg-10316-64.2019.5.03.0142, Rel.: Ministro Alexandre Luiz Ramos, *DEJT* 15 mar. 2024.

"Agravo de instrumento. Recurso de revista. Lei nº 13.467/2017. Reclamante. Transcendência. Acidente de trabalho. Morte de empregado. Responsabilidade civil. Dano moral indireto ou reflexo. Ação trabalhista ajuizada pela sobrinha da vítima. Necessidade de comprovação do laço afetivo para configuração do dano. 1 – Deve ser reconhecida a transcendência jurídica para exame mais detido da controvérsia devido às peculiaridades do caso concreto. O enfoque exegético da aferição dos indicadores de transcendência em princípio deve ser positivo, especialmente nos casos de alguma complexidade, em que se torna aconselhável o debate mais aprofundado do tema. 2 – A pretensão da reclamação trabalhista é de pagamento de indenização por dano moral sofrido pela sobrinha em razão do falecimento do seu tio, decorrente de acidente de trabalho. Trata-se de dano reflexo ou indireto, também denominado dano por ricochete, que é aquele causado a terceiros ligados à vítima por vínculos familiares e afetivos. 3 – O Tribunal Regional manteve a sentença que indeferiu o pagamento de indenização por dano reflexo, sob o argumento de que o dano moral somente se configura *in re ipsa* "em relação aos parentes próximos da vítima, do pequeno círculo familiar, ou seja, a família propriamente dita (pai, mãe, cônjuge, filho e também os irmãos)". 4 – A controvérsia devolvida à apreciação desta Corte diz respeito à possibilidade de se presumir o dano moral reflexo para os parentes até o terceiro grau, em linha reta ou colateral, de empregado falecido em acidente de trabalho com culpa do empregador. 5 – Sobre a matéria, Sebastião Geraldo de Oliveira (Indenizações por Acidente do Trabalho ou Doença Ocupacional, 12ª ed., Editora Juspodivm, 2021, p. 447) leciona: "(...) o ponto de partida será sempre o núcleo familiar restrito, dos que mantinham convivência mais íntima com a vítima – mesmo sem dependência econômica – , e que são presumivelmente aqueles diretamente afetados. Outros pretendentes também poderão lograr êxito na ação indenizatória, desde que apresentem provas convincentes de laço afetivo duradouro com a vítima e dos efeitos emocionais danosos causados pela morte, de modo a justificar o deferimento da reparação por danos morais". 6 – Seguindo esta linha de raciocínio, Sérgio Cavalieri Filho (citado por Sebastião Geraldo de Oliveira em Indenizações por Acidente do Trabalho ou Doença Ocupacional, 12ª ed., Editora Juspodivm, 2021, p. 445/446) destaca que "só em favor do cônjuge, da companheira, dos filhos, pais e irmãos menores há uma presunção *juris tantum* de dano moral por lesões sofridas pela vítima ou em razão de sua morte. Além dessas pessoas, todas as outras, parentes ou não, terão de provar o dano moral sofrido em virtude de fatos ocorridos com terceiros". 7 – Há julgados desta Corte, inclusive desta Sexta Turma, nos quais, além de reforçar a tese de que o dano em ricochete é presumido apenas para o círculo familiar próximo, se destaca que se trata de uma presunção relativa, podendo ser questionada mediante prova da ausência de laços de afetividade. Julgados. 8 – Assim, conclui-se que o dano reflexo não se presume no caso dos autos, mas deve ser comprovado, uma vez que a reclamante não está inserida no núcleo familiar do acidentado. 9 – Necessário, portanto, que se demonstre a existência de relação de intimidade e afetividade ensejadora do dano à reclamante. Nesse norte, a premissa fática e probatória estabelecida pelo TRT foi no sentido de que as provas dos autos não confirmam a alegada relação de intimidade e afetividade existente entre a recorrente e o acidentado. O Tribunal a quo destacou que "Não restou demonstrado, *in casu*, que o contato havido entre eles extrapolou o mero parentesco, não havendo nos autos elementos de coabitação ou convivência cotidiana e formação de laços afetivos estreitos". 10 – Ressalte-se que – ainda que se considerasse a presunção do dano –, se tratando de presunção relativa, a premissa probatória estabelecida pelo Regional não permitiria o reconhecimento do direito à indenização pela parte. 11 – Agravo de instrumento a que se nega provimento." TST. 6ª Turma. AIRR-10901-76.2019.5.03.0026, Rel.: Ministra Katia Magalhaes Arruda, *DEJT* 24 mar. 2023.

"I – Agravo de instrumento das reclamadas em recurso de revista. Acórdão regional na vigência da Lei 13.467/2017. Matéria comum. Responsabilidade civil. Danos morais indiretos ou ricochete. Ação trabalhista ajuizada pelos avós da vítima. 1. A matéria diz respeito à responsabilidade civil das reclamadas pelo acidente que resultou na morte de trabalhador na ocasião do rompimento da barragem da Mina Córrego do Feijão, em Brumadinho. Trata-se de ação trabalhista ajuizada pelos avós da vítima, pleiteando indenização por dano moral. 2. O col. Tribunal Regional registrou que o ex-empregado era descendente em segundo grau do reclamante, bem como que a prova demonstrou "o convívio próximo dos reclamantes com a vítima e a existência de laços afetivos estreitos entre eles, durante todo o período de vida do de cujus, e, ainda a ocorrência de danos morais profundos, agravados pela avançada idade dos autos na data do infortúnio, que, diga-se, já se encontravam aos cuidados do neto". Em seguida, entendeu por configurada a responsabilidade civil objetiva das reclamadas pelo acidente ocorrido, em face da natureza de risco da atividade explorada, inclusive com fundamento nas NR' s 4 e 22 da Portaria do Ministério do Trabalho, que, respectivamente, classifica a extração de minerais metálicos como de risco "Grau 4" e disciplina a segurança e a saúde ocupacional na mineração, objetivando compatibilizar o planejamento e o desenvolvimento desta com a garantia de segurança e saúde dos trabalhadores. 3. Embora as reclamadas apontem violação dos artigos 186, 187 e 927 do Código Civil e 7º, XXVIII, da CR, sob a alegação de que a interpretação dada pelo TRT para a configuração da responsabilidade civil tenha sido extremamente extensiva, porque não teria sido apurado o dano sofrido pelos avós da vítima, bem como que, nos casos de dano indireto, deve ser apurada a responsabilidade subjetiva e não objetiva, não se constatam as alegadas ofensas. 4. Diferentemente do que acontece no direito das sucessões, em que os parentes mais próximos normalmente excluem os mais remotos, os danos morais decorrentes do falecimento de uma pessoa querida não seguem um padrão lógico de incidência ou de gradação. "Se no direito sucessório os parentes excluem-se gradativamente, o mesmo não ocorre no caso da ação indenizatória " (PEREIRA, Caio Mário da Silva. Responsabilidade Civil. 9. ed., Forense. p. 329). 5. Evidentemente, presume-se que os membros do núcleo familiar íntimo (normalmente integrado pelo cônjuge, pelos filhos e pelos pais) sejam os que sofram as repercussões personalíssimas causadas pelo infortúnio e que este sofrimento se apresente de forma mais intensa que em outros parentes. Não por outro motivo, J. M. Carvalho Santos diz que a ordem natural das afeições familiares obedece a um padrão em que " o amor primeiro desce, depois sobe , e em seguida dilata-se " (CARVALHO SANTOS, J. M. Código Civil Brasileiro Interpretado. Vol. XXII. 13. ed., Freitas Bastos. p. 247). 6. É verdade que isto não significa que estes ou mesmo outros indivíduos que sequer tenham relação de parentesco com aquele que se foi não possam padecer das mesmas dores ou até mesmo de aflições mais intensas que as suportadas pelos familiares. A complexidade das relações e dos sentimentos humanos não permite que se chegue a uma conclusão estanque nesse sentido, embora a estreita via da legitimação ad causam restrinja sobremaneira o universo das pessoas com respaldo jurídico para provocar o Poder Judiciário a fim de fazer valer o seu direito à compensação pela ofensa moral em ricochete. 7. Conforme ressaltado alhures, apenas os parentes em linha reta e os que figuram até o quarto grau colateral possuem essa prerrogativa, salvo em situações muito particulares. A partir do momento em que é demonstrado o vínculo objetivo de parentesco, a atenção do juiz deve voltar-se para o problema da prova do dano de que a parte alega padecer. A presunção de que a morte possui a capacidade de desencadear sentimentos de profunda tristeza, de angústia e de sofrimento, é natural para os membros do núcleo familiar e para os parentes mais próximos. 8. No caso, o col. TRT evidencia de forma inegável o dano sofrido pelos reclamantes, uma vez que registra que " o falecido empregado era descendente em segundo grau, em linha reta, dos reclamantes ", que " o de cujus e os reclamantes residiam no mesmo endereço", que havia estreita relação afetiva entre eles e que os avós, inclusive, " já se encontravam aos cuidados do neto. 9. Além disso, diversamente do que se alega, não há nenhuma incompatibilidade entre o reconhecimento da responsabilidade civil objetiva com o dano indireto ou ricochete. O art. 927, parágrafo único, do CCB estabelece que "haverá obrigação de reparar o dano, independentemente de culpa, nos casos especificados em lei, ou quando a atividade normalmente desenvolvida pelo autor do dano implicar, por sua natureza, risco para os direitos de outrem". Quanto ao art. 7º, XXVIII, da CR, o próprio Supremo Tribunal Federal, no julgamento do RE nº 828.040/DF (Tema 932 da Tabela de Repercussão Geral), fixou a seguinte tese jurídica: " O artigo 927, parágrafo único, do Código Civil é compatível com o artigo 7º, XXVIII, da Constituição Federal, sendo constitucional a responsabilização objetiva do empregador por danos decorrentes de acidentes de trabalho, nos casos especificados em lei, ou quando a atividade normalmente desenvolvida, por sua natureza, apresentar exposição habitual a risco especial, com potencialidade lesiva e implicar ao trabalhador ônus maior do que aos demais membros da coletividade", como no caso. 10. Ou seja, não há nenhuma vedação em lei para a aplicação da teoria objetiva nos casos de dano ricochete, de forma que, sempre que a atividade econômica implicar, por sua própria natureza, perigo de dano aos trabalhadores em patamar superior a outras atividades normalmente desenvolvidas no mercado, haverá a obrigação de reparação dos prejuízos decorrentes daquela espécie de infortúnio, independentemente da existência de culpa do empresário. 11. Essa é exatamente a hipóteses dos autos, tendo em vista que as atividades de suporte à mineração em barragens são de altíssimo risco. Os rompimentos em Mariana e em Brumadinho são exemplos dolorosos e bem ilustrativos desta compreensão. Aliás, pelo princípio do poluidor-pagador, as pessoas físicas ou jurídicas exploradoras de atividades nocivas ao meio ambiente – onde se insere o meio ambiente de trabalho – devem responder de forma objetiva e solidária pelos custos e prejuízos sociais diretos ou indiretos provenientes da degradação. Essa é a exegese que se extrai dos artigos 3º, IV, e 14, §1º, primeira parte, da Lei nº 6.938/1981, ao assentarem que o poluidor é aquele " responsável, direta ou indiretamente, por atividade causadora de degradação ambiental", sendo este "obrigado, independentemente da existência de culpa, a indenizar ou reparar os danos causados ao meio ambiente e a terceiros, afetados por sua atividade". 12. Acresça-se não constar do v. acórdão regional excludente de nexo de causalidade, notadamente caso fortuito ou força maior e que, embora o col. Tribunal Regional tenha fundamentado sua decisão na responsabilidade civil objetiva, também evidenciou a responsabilidade civil subjetiva, ao salientar que o gravíssimo acidente ocorrido na barragem da Mina do Córrego do Feijão, em Brumadinho-MG se deu por culpa da reclamada, por falhas técnicas e ausência de fiscalização das condições de segurança na estrutura da barragem. 13. Desta feita, quer pela natureza da atividade econômica, quer pelo risco do empreendimento explorado, quer pela conduta antijurídica na administração dos riscos inerentes ao ambiente de trabalho, deve ser mantida a responsabilidade das rés pelos danos morais sofridos pelos avós do trabalhador falecido. 13. Ressalte-se que idêntica solução jurídica fora dada por esta c. 3ª Turma na ocasião do julgamento do TST-ARR-11159-20.2017.5.03.0140, em 07/04/2021 (DEJT 09/04/2021), cujo caso envolvia morte de trabalhador que fora soterrado pelo rejeito de minério enquanto dirigia caminhão pipa à jusante da barragem de Fundão, em Mariana-MG. Agravos de instrumento conhecidos e desprovidos." TST. 3ª Turma. RRAg-11051-51.2019.5.03.0028, Rel.: Ministro Alexandre de Souza Agra Belmonte, *DEJT* 08 abr. 2022.

"**Indenização por dano moral indireto (em ricochete) para o genitor e os irmãos do trabalhador falecido. Cabimento.** Não se olvide que, ante as peculiaridades que envolvem o caso concreto, o sofrimento suportado pela Viúva e Filhas, também ocorre com relação ao Genitor e aos Irmãos do Trabalhador falecido, Autores da ação 0010117-75.2017.5.03.0089, conexa com a presente. É que – assim como a Viúva e Filhas – os Irmãos e Genitor também foram privados do convívio com o ente querido e conviveram com o martírio por ele sofrido, desde o acidente, até o seu falecimento. O TRT, a esse respeito, assentou que: " Dadas as peculiaridades do presente caso, ante o extremo sofrimento físico vivenciado pelo irmão falecido que, reitere-se, passou por três meses de internação hospitalar em virtude de extensas e graves queimaduras corporais ocasionadas pelo calor dissipado em uma descarga elétrica em equipamento de alta potência, culminando com sua morte, que encerrou a convivência com o núcleo familiar, está configurado o dano moral sofrido pelos irmãos da vítima ". Frise-se que os danos experimentados em situação tal transcendem a esfera individual ou de parcela do núcleo familiar. Nesse contexto, conforme afirmou o TRT, o dano moral sofrido pelo Genitor do Empregado falecido com a perda precoce de seu filho, especialmente em situação tão dolorosa como a dos presentes autos, é presumido, assim como em relação aos Irmãos do Empregado vitimado, que, conforme apurado pelo Tribunal Regional, embora não integrassem o núcleo familiar imediato e estrito do "ex-empregado" na ocasião do falecimento, a presunção do dano moral persiste, em face dos laços de afeição inerentes à entidade familiar. Ainda com relação aos Irmãos da vítima, o TRT foi além, constatando tanto a presunção do dano, como a existência de vínculo próximo daqueles com o falecido, o que deixou evidente que entre eles havia relação de amor fraternal, relação essa, que, no entender do Tribunal Regional, foi suficiente para caracterizar prejuízos à esfera íntima em face das ocorrências que vitimaram o irmão falecido. Portanto, cabível o pleito de indenização por danos morais formulado pelo Genitor e pelos irmãos do Empregado falecido. Assentadas tais premissas, torna-se patente que a presente questão não deve ser analisada com espeque nas regras da vocação hereditária estabelecida pelo Código Civil, conforme pleiteado pela Empregadora, no sentido de que se deve priorizar a legitimidade excludente da viúva e das filhas, em detrimento dos demais. A decisão do TRT foi proferida conforme doutrina e jurisprudência, que, ante a falta de previsão específica na legislação civil brasileira sobre o rol de legitimados para postular indenização por danos morais em caso de morte da vítima, fixaram entendimento no sentido de que tais beneficiários poderão ser aqueles que compõem o núcleo familiar, ou seja, as pessoas que, de fato, mantinham vínculos de afeição, amizade e amor com a vítima – entre as quais se incluem os seus irmãos, uma vez demonstrada a convivência mais íntima com o ex-empregado. Consoante ensina Sebastião Geraldo de Oliveira: " A identificação dos legitimados para postular indenização por dano moral dependerá muito das especificidades do caso concreto, de acordo com o prudente convencimento do juiz. Com certeza o ponto de partida será sempre o núcleo familiar restrito, dos que mantinham convivência mais íntima com a vítima e que são presumivelmente aqueles diretamente afetados. Outros pretendentes também poderão lograr êxito, desde que apresentem provas convincentes de laço afetivo duradouro com a vítima e dos efeitos danosos causados pela morte, de modo a justificar o deferimento da reparação por danos morais " (Indenizações por Acidentes do Trabalho ou Doença Ocupacional, LTR, 2013, p. 321). No caso concreto, uma vez comprovada à convivência íntima entre o Obreiro falecido e o seu Pai e os irmãos, tem-se que estes são Partes legítimas para pleitearem indenização por danos morais em razão do seu falecimento. Recurso de revista não conhecido no tema." TST. 3ª Turma. RR-11915-08.2016.5.03.0089, Rel.: Ministro Mauricio Godinho Delgado, *DEJT* 10 dez. 2021.

"**Direito civil. Recurso especial. Responsabilidade civil. Legitimidade para o ajuizamento de ação indenizatória de danos morais por morte. Noivo. Ilegitimidade ativa. Necessária limitação subjetiva dos autorizados a reclamar compensação.** 1. Em tema de legitimidade para propositura de ação indenizatória em razão de morte, percebe-se que o espírito do ordenamento jurídico rechaça a legitimação daqueles que não fazem parte da 'família' direta da vítima, sobretudo aqueles que não se inserem, nem hipoteticamente, na condição de herdeiro. Interpretação sistemática e teleológica dos arts. 12 e 948, inciso I, do Código Civil de 2002; art. 63 do Código de Processo Penal e art. 76 do Código Civil de 1916. 2. Assim, como regra — ficando expressamente ressalvadas eventuais particularidades de casos concretos —, a legitimação para a propositura de ação de indenização por dano moral em razão de morte deve mesmo alinhar-se, *mutatis mutandis*, à ordem de vocação hereditária, com as devidas adaptações. 3. Cumpre realçar que o direito à indenização, diante de peculiaridades do caso concreto, pode estar aberto aos mais diversificados arranjos familiares, devendo o juiz avaliar se as particularidades de cada família nuclear justificam o alargamento a outros sujeitos que nela se inserem, assim também, em cada hipótese a ser julgada, o prudente arbítrio do julgador avaliará o total da indenização para o núcleo familiar, sem excluir os diversos legitimados indicados. A mencionada válvula, que aponta para as múltiplas facetas que podem assumir essa realidade metamórfica chamada família, justifica precedentes desta Corte que conferiu legitimação ao sobrinho e à sogra da vítima fatal. 4. Encontra-se subjacente ao art. 944, *caput* e parágrafo único, do Código Civil de 2002, principiologia que, a par de reconhecer o direito à integral reparação, ameniza-o em havendo um dano irracional que escapa dos efeitos que se esperam do ato causador. O sistema de responsabilidade civil atual, deveras, rechaça indenizações ilimitadas que alcançam valores que, a pretexto de reparar integralmente vítimas de ato ilícito, revelam nítida desproporção entre a conduta do agente e os resultados ordinariamente dela esperados. E, a toda evidência, esse exagero ou desproporção da indenização estariam presentes caso não houvesse — além de uma limitação quantitativa da condenação — uma limitação subjetiva dos beneficiários. 5. Nessa linha de raciocínio, conceder legitimidade ampla e irrestrita a todos aqueles que, de alguma forma, suportaram a dor da perda de alguém — como um sem-número de pessoas que se encontram fora do núcleo familiar da vítima — significa impor ao obrigado um dever também ilimitado de reparar um dano cuja extensão será sempre desproporcional ao ato causador. Assim, o dano por ricochete a pessoas não pertencentes ao núcleo familiar da vítima direta da morte, de regra, deve ser considerado como não inserido nos desdobramentos lógicos e causais do ato, seja na responsabilidade por culpa, seja na objetiva, porque extrapolam os efeitos razoavelmente imputáveis à conduta do agente. 6. Por outro lado, conferir a via da ação indenizatória a sujeitos não inseridos no núcleo familiar da vítima acarretaria também uma diluição de valores, em evidente prejuízo daqueles que efetivamente fazem jus a uma compensação dos danos morais, como cônjuge/companheiro, descendentes e ascendentes. 7. Por essas razões, o noivo não possui legitimidade ativa para pleitear indenização por dano moral pela morte da noiva, sobretudo quando os pais da vítima já intentaram ação reparatória na qual lograram êxito, como no caso. 8. Recurso especial conhecido e provido." STJ. 4ª Turma. REsp n. 1076160/AM, Rel.: Ministro Luis Felipe Salomão, *DJ* 21 jun. 2012.

9.9.3. *Arbitramento da indenização quando há vários lesados*

Nesta etapa, vamos tecer algumas considerações sobre o arbitramento do dano moral quando há pluralidade de legitimados ativos, integrantes ou não do núcleo familiar mais restrito. A indenização deverá ser fixada em valor único para rateio entre os diversos credores ou atribuída separadamente a cada um?

Discorrendo a respeito do assunto, assevera Carlos Alberto Bittar que há "plena autonomia do direito de cada lesado, de sorte que, nas demandas do gênero se atribuem indenizações próprias e individualizadas aos interessados: assim acontece, por exemplo, quanto à mulher e ao filho, com respeito à morte provocada do marido ou pai (...). Nada impede se faça sob litisconsórcio o pleito judicial, quando admissível, mas cada demandante faz jus à indenização compatível com a sua posição."[118]

De acordo com o magistério de Humberto Theodoro Júnior, seria preferível atribuir a indenização ao "núcleo familiar como uma unidade ou uma comunidade."[119] Em obra específica a respeito do dano moral, o jurista mineiro explica com mais vagar seu pensamento:

> Definidos os parentes a serem indenizados, remanesce outro problema sério: o cálculo da indenização será feito de modo a multiplicar a verba reparatória pelo número de parentes do ofendido, ou se apurará um valor geral a ser rateado entre os membros do clã? Sempre nos pareceu que a indenização do dano moral não deve ser apurada de maneira diversa do que se passa com o dano material. Assim como o pensionamento se estipula em bloco para a família, também a indenização da dor moral deve ser única, e não repetida inúmeras vezes diante de cada parente que compareça em juízo em busca de reparação.[120]

Se os danos morais decorrentes do acidente do trabalho fatal atingiram diretamente ou em ricochete diversas pessoas, não padece dúvida de que a pretensão reparatória é individual de cada lesado, podendo ser apresentada em juízo separadamente ou em litisconsórcio. Desse modo, mesmo quando os parentes diretos da vítima já obtiveram a indenização pelos danos extrapatrimoniais decorrentes do acidente com morte, não há impedimento de que outro parente, que também tenha legitimidade, possa ajuizar ação distinta postulando a reparação individual do dano moral[121].

Todavia, considerando que na apuração do dano material o valor da pensão é rateado entre os beneficiários, como argumentou Humberto Theodoro,

---

118. BITTAR, Carlos Alberto. *Reparação civil por danos morais*. 3. ed., rev., atual. e ampl. 2ª t. São Paulo: Revista dos Tribunais, 1999. p. 157.

119. THEODORO JÚNIOR, Humberto. *Comentários ao novo Código Civil*. Rio de Janeiro: Forense, 2003. v. III, t. 2, p. 49.

120. THEODORO JÚNIOR, Humberto. *Dano moral*. 4. ed., atual e ampl. São Paulo: Juarez de Oliveira, 2001. p. 94.

121. Sempre que vamos fixar a indenização por danos morais decorrente de acidente com morte, adotamos o cuidado de verificar na certidão de óbito, normalmente juntada aos autos, se todos os parentes diretos figuram no polo ativo. Muitas vezes, como há conflito de interesses entre o cônjuge sobrevivente e alguns dos filhos do *de cujus*, as ações acidentárias são propostas separadamente, até mesmo após o trânsito em julgado da ação anterior.

é razoável também que o montante da indenização por dano moral seja fixado de forma global para o conjunto dos credores, solução essa que vem tendo acolhimento na jurisprudência mais autorizada, quando a reclamação abrange todos os interessados. É oportuno citar alguns julgamentos do TST a respeito do tema:

> **"Dano moral. Morte do empregado. Manutenção em rede elétrica. Quantum indenizatório.** Para a fixação do valor da reparação por danos morais, deve ser observado o princípio da proporcionalidade entre a gravidade da culpa e a extensão do dano, tal como dispõem os arts. 5º, V e X, da Constituição Federal e 944 do CC, de modo que as condenações impostas não impliquem mero enriquecimento ou empobrecimento sem causa das partes. Cabe ao julgador, portanto, atento às relevantes circunstâncias da causa, fixar o quantum indenizatório com prudência, bom senso e razoabilidade. Devem ser observados, também, o caráter punitivo, o pedagógico, o dissuasório e a capacidade econômica das partes. No caso em exame, o Tribunal Regional fixou o valor global da compensação pelos danos morais em R$185.000,00, valor que será dividido pelos seis filhos do de cujus. O montante fixado se encontra aquém dos valores mantidos por esta Corte em casos análogos, de modo que não há como acolher a tese da reclamada de que estaria fixado em valor excessivo ou em desacordo com os princípios da razoabilidade e proporcionalidade. Precedentes. Agravo de instrumento a que se nega provimento." TST. 2ª Turma. AIRR-911-29.2018.5.06.0312, Rel.: Ministra Maria Helena Mallmann, *DEJT* 17 fev. 2023.

> **"Indenização por danos morais. Acidente de trabalho típico. Morte. Pai e irmão do trabalhador. Acordo homologado em juízo em ação anterior em favor da mãe e da irmã do de cujus. Rateio do valor global. Não cabimento.** Trata-se de ação proposta pelo pai e pelo irmão de empregado falecido em acidente de trabalho típico, postulando indenização por danos morais. O Tribunal Regional concluiu ser incabível a condenação nestes autos, sob pena de *bis in idem*, pois já concedida indenização em ação proposta pela mãe e pela irmã do de cujus, de forma que tal montante (R$ 130.000,00) deveria ser rateado entre os legitimados, credores solidários nos termos do art. 884, § 2º, do Código Civil. Ocorre que os danos causados pelo óbito de um trabalhador atingem reflexamente as pessoas intimamente ligadas à vítima, especialmente no núcleo familiar. Trata-se dos danos morais em ricochete decorrentes do ato ilícito, cujo pressuposto consiste na subjetivação ou experimentação individual da dor decorrente da perda sofrida. Dessa maneira, essas pessoas são legitimadas a pleitear indenização por danos morais, em nome próprio, em razão do dano extrapatrimonial que pessoalmente sofreram com o acidente fatal. Saliente-se, ainda, que o direito ora postulado pelo pai e pelo irmão do de cujus não faz parte da herança a ser inventariada e repartida aos herdeiros, visto que o pretenso direito à indenização por danos morais é personalíssimo, e seus titulares, na hipótese, são os reclamantes, e não o espólio. Destaco, ainda, que esta Corte superior já se manifestou quanto à possibilidade de um ou mais herdeiros postularem, em nome próprio, indenização por danos morais em decorrência do óbito de parente em acidente de trabalho, ainda que outros herdeiros já o tenham feito noutra ação. Portanto,

cabível o pleito de indenização por danos morais formulado pelos reclamantes, pai e irmão do empregado falecido. Recurso de revista de que se conhece e a que se dá provimento ". TST. 2ª Turma. ARR-61200-52.2013.5.17.0002, Rel.: Ministra Maria Helena Mallmann, *DEJT* 23 out. 2020.

"**Indenização por danos morais. Acidente de trabalho. Morte do empregado. Pluralidade de legitimados. Ação ajuizada pelo pai. Existência de ação anterior, ajuizada pela mãe e pela filha, na qual houve acordo homologado judicialmente. Rateio do valor global entre todos os legitimados. Solidariedade. Art. 844, § 2º, do Código Civil. Aplicação analógica do art. 77 da Lei n. 8.213/91.** Independentemente de acordo realizado em ação anterior por alguns dos legitimados, o valor global da indenização por danos morais pela morte de empregado deve ser rateado entre todos os legitimados, cabendo a eles o pleito relativo à individualização do valor pago, na sua devida proporção, em ação própria. Assim, deve ser julgado improcedente o pedido de indenização por danos morais realizado em ações posteriores. Isso porque, nos termos do art. 844, § 2º, do Código Civil, os legitimados ativos são solidários e concorrem entre si. Logo, se um dos credores solidários transaciona com o devedor, extingue a obrigação deste para com os outros credores. Nesse contexto, se a empresa pagou a um ou mais dos legitimados a reparação por danos morais, ela se desonera em relação aos demais credores, razão pela qual deve ser mantida a improcedência do pedido de pagamento de indenização por danos morais na presente ação. Quanto à possibilidade da adoção do critério de rateio entre todos os legitimados, cabe a aplicação analógica do art. 77 da Lei n. 8.213/91 (a pensão por morte, havendo mais de um pensionista, será rateada entre todos em parte iguais). Recurso de revista conhecido e não provido." TST. 6ª Turma. RR n. 81-36.2013.5.08.0101, Rel.: Ministro Augusto César Leite de Carvalho, *DJ* 14 mar. 2014.

"**Responsabilidade civil. Recurso Especial. Acidente aéreo. Queda de helicóptero. Morte de passageiros. Pleitos indenizatórios deduzidos por descendentes e cônjuge/companheira de duas vítimas do evento. Responsabilidade civil da empresa de taxi aéreo.** ... 4. Em se tratando de danos morais, o sistema de responsabilidade civil atual rechaça indenizações ilimitadas que alcançam valores que, a pretexto de reparar integralmente vítimas de ato ilícito, revelam nítida desproporção entre a conduta do agente e os resultados ordinariamente dela esperados. 5. É certo que a solução de simplesmente multiplicar o valor que se concebe como razoável pelo número de autores tem a aptidão de tornar a obrigação do causador do dano demasiado extensa e distante de padrões baseados na proporcionalidade e razoabilidade. Por um lado, a solução que pura e simplesmente atribui esse mesmo valor ao grupo, independentemente do número de integrantes, também pode acarretar injustiças. Isso porque, se no primeiro caso o valor global pode se mostrar exorbitante, no segundo o valor individual pode se revelar diluído e se tornar ínfimo, hipóteses opostas que ocorrerão no caso de famílias numerosas. 6. Portanto, em caso de dano moral decorrente de morte de parentes próximos, a indenização deve ser arbitrada de forma global para a família da vítima, não devendo, de regra, ultrapassar o equivalente a quinhentos salários mínimos, podendo, porém, ser acrescido do que bastar

> para que os quinhões individualmente considerados não sejam diluídos e nem se tornem irrisórios, elevando-se o montante até o dobro daquele valor." STJ. 4ª Turma. REsp 1127913, Rel.: Ministro Marco Buzzi, *DJe* 30 out. 2012.

A indenização global ou fixada em bloco - quando possível - evita que ocorra elastecimento excessivo da condenação, com o risco de desviar a reparação do dano moral de suas verdadeiras finalidades. Nessa linha de raciocínio, colhe-se também o entendimento do jurista Rui Stoco:

> Não se pode pôr em dúvida que a compensação do *pretium doloris* é uma só. Se ingressa em juízo um só legitimado, terá direito a um determinado valor. Por exemplo, 200 salários mínimos. Se ingressam dois ou mais legitimados, deverão repartir entre si os mesmos 200 salários mínimos, e assim por diante. E se posteriormente outro legitimado pleiteia reparação pelo mesmo fato, quando outro já tenha obtido aquele valor em ação judicial, só restará a este último pleitear parte desse valor daquele que já recebeu e não pretender 'valor novo'. Assim não fosse e então estar-se-ia diante de verdadeira indústria da indenização, criando-se insuportável 'bola de neve', o que não se admite.[122]

122. STOCO, Rui. *Tratado de responsabilidade civil*. 9. ed. São Paulo: Revista dos Tribunais, 2013. Tomo 2, p. 968.

10

INDENIZAÇÕES NOS ACIDENTES DO TRABALHO SEM ÓBITO

10.1. DANOS QUANDO A VÍTIMA SOBREVIVE AO ACIDENTE

Todo acidente do trabalho provoca determinados danos, cuja extensão pode variar desde um leve aborrecimento ou incômodo de alguns minutos, sem maiores consequências, até a morte, no extremo de maior gravidade. No capítulo 9, tratamos das indenizações decorrentes dos acidentes do trabalho com óbito; neste, vamos analisar as indenizações cabíveis nos acidentes ou nas doenças ocupacionais em que a vítima continua viva. No entanto, convém enfatizar, a indenização somente será deferida quando preenchidos os pressupostos da responsabilidade civil, já analisados nos capítulos 5 a 8.

O estudo jurídico da incapacidade nas suas diversas espécies (permanente total, permanente parcial ou apenas temporária) pode ser conduzido pelo enfoque previdenciário ou da infortunística (aposentadoria por incapacidade, auxílio-acidente ou reabilitação profissional); pelo prisma dos seguros privados (seguro obrigatório de danos pessoais causados por veículos — DPVAT ou seguro de vida e acidentes pessoais) ou pelo ângulo da responsabilidade civil (indenizações devidas pelo causador do dano). Vamos tratar, aqui, somente dessa última modalidade, buscando, eventualmente, subsídios pertinentes relacionados às outras duas hipóteses.[1]

---

1. É oportuno anotar que a Emenda Constitucional n. 103, de 12 de novembro de 2019, que aprovou a denominada reforma da Previdência Social, alterou algumas denominações consolidadas do Direito Previdenciário. Desse modo, a antiga aposentadoria por invalidez passou a ser denominada como aposentadoria por incapacidade permanente e o auxílio-doença passou a ser chamado de auxílio por incapacidade temporária. Confira detalhamento a respeito na Portaria do INSS n. 450, de 3 de abr. 2020. Diante do melhor apuro técnico e terminológico da mudança, optamos por alterar também as denominações ao longo do capítulo.

O Código Civil de 2002 trata das indenizações provenientes de lesões ou outra ofensa à saúde, como é o caso dos acidentes do trabalho, em dois artigos que se complementam:

> Art. 949. No caso de lesão ou outra ofensa à saúde, o ofensor indenizará o ofendido das despesas do tratamento e dos lucros cessantes até ao fim da convalescença, além de algum outro prejuízo que o ofendido prove haver sofrido.
>
> Art. 950. Se da ofensa resultar defeito pelo qual o ofendido não possa exercer o seu ofício ou profissão, ou se lhe diminua a capacidade de trabalho, a indenização, além das despesas do tratamento e lucros cessantes até ao fim da convalescença, incluirá pensão correspondente à importância do trabalho para que se inabilitou, ou da depreciação que ele sofreu.[2]

Quando a vítima sobrevive ao acidente, normalmente poderemos constatar, conforme o caso, a ocorrência de danos materiais, morais, estéticos ou existenciais. Em determinados acidentes os prejuízos são tão diminutos ou inexpressivos que nem cabe reparação pecuniária, ao passo que noutras situações poderão ocorrer sérios danos indenizáveis, que produzem incapacidade permanente e deformação estética, causando à vítima acentuada perda da qualidade de vida.

Nos acidentes de menor gravidade pode ser que nem haja necessidade de o acidentado se afastar do trabalho ou, então, que ocorra um afastamento temporário até que ele se recupere integralmente. Por outro lado, nos casos de maior gravidade, após consolidadas as lesões, poderá ocorrer perda definitiva total ou parcial da capacidade para o trabalho. Cada uma dessas hipóteses produz efeitos jurídicos distintos, conforme veremos nos tópicos seguintes.

10.2. PROVA PERICIAL PARA MENSURAÇÃO DOS DANOS

Quando a vítima de acidente do trabalho postula indenização em face do seu empregador ou ex-empregador, apresenta como causa de pedir o relato das lesões, dos danos ou das perdas sofridas, indicando as repercussões na sua capacidade de trabalho e na vida pessoal.

Os fatos alegados, todavia, deverão ser comprovados, em confronto com as impugnações da defesa, para que o juiz possa apreciar com segurança o

---

2. Convém registrar que a fonte principal do direito à indenização por acidente do trabalho é o art. 7º, XXVIII, da Constituição da República quando relaciona os direitos dos trabalhadores. Todavia, o detalhamento da matéria deve ser buscado no Código Civil, por aplicação subsidiária, conforme determina o art. 8º, parágrafo único, da CLT: "O direito comum será fonte subsidiária do direito do trabalho." E para os danos extrapatrimoniais os dispositivos dos arts. 223-A a 223-G introduzidos na CLT pela reforma trabalhista.

pedido formulado. Meras alegações do acidentado sem respaldo em provas convincentes não autorizam o deferimento das reparações pretendidas, salvo quando for cabível a distribuição dinâmica do ônus da prova a respeito de determinados fatos, conforme previsto no art. 818 da CLT, com a redação alterada pela Lei n. 13.467/2017.

Além de buscar a comprovação da natureza ocupacional do acidente ou da doença, deve o julgador, conforme o caso, avaliar a extensão dos danos; a capacidade residual de trabalho; a possibilidade de readaptação ou reabilitação profissional; o percentual da incapacidade parcial ou o reconhecimento da incapacidade permanente; as lesões estéticas e seus reflexos na imagem da vítima; os membros, segmentos, órgãos ou funções atingidas; os pressupostos da responsabilidade civil etc.

Todos os meios legais são hábeis para demonstrar a verdade dos fatos, mas a prova de determinadas alegações exige conhecimento técnico ou científico de profissionais especializados que atuam em outros ramos do conhecimento. Não detém o julgador formação ou experiência na área médica para avaliar e mensurar todos os efeitos das lesões causadas pelo acidente ou doença ocupacional, razão pela qual deve valer-se do auxílio de um perito, conforme estabelece o art. 156 do CPC[3]. Assinala Amaral Santos que "a perícia consiste no meio pelo qual, no processo, pessoas entendidas verificam fatos interessantes à causa, transmitindo ao juiz o respectivo parecer."[4]

Com efeito, nas ações indenizatórias, uma vez formada a relação processual, normalmente será determinada a realização da prova pericial, cujo laudo deverá retratar a extensão dos danos ou da incapacidade e todas as variáveis consequentes. Deverá também fornecer informações técnicas a respeito do nexo de causalidade e da eventual conduta culposa do empregador, da própria vítima ou mesmo de terceiros, com o objetivo de proporcionar ao juiz informações completas sobre os fatos controvertidos, para que possa formar sua convicção e proferir o julgamento com segurança. Por tudo isso, a diligência pericial envolvendo acidente do trabalho ou doença ocupacional será mais demorada e trabalhosa, com laudos extensos muitas vezes complementados por esclarecimentos, pelo que deve merecer por parte dos magistrados o arbitramento de honorários condizentes para remunerar adequadamente o perito oficial, certamente bem acima dos valores fixados para os laudos envolvendo adicional de insalubridade ou de periculosidade.

---

3. CPC. Art. 156. "O juiz será assistido por perito quando a prova do fato depender de conhecimento técnico ou científico."
4. SANTOS, Moacyr Amaral. *Primeiras linhas de direito processual civil*. 15. ed. São Paulo: Saraiva, 1993. v. 2, p. 474.

Por oportuno, cabe registrar que discordamos da inovação introduzida pela reforma trabalhista de 2017 que limita os honorários periciais aos valores máximos fixados pelo Conselho Superior da Justiça do Trabalho (art. 790-B, § 1º). O limite indicado na Resolução n. 247/2019 do CSJT foi fixado considerando a hipótese de responsabilização da União pelo encargo dos honorários periciais, no caso de concessão ao reclamante do benefício da justiça gratuita. Vejam o teor da ementa da referida Resolução:

> Institui, no âmbito da Justiça do Trabalho, o Sistema Eletrônico de Assistência Judiciária – Sistema AJ/JT, destinado ao cadastro e ao gerenciamento de peritos, órgãos técnicos ou científicos, tradutores e intérpretes, e ao pagamento desses profissionais nas situações em que prestarem a assistência à custa do orçamento da União, e dá outras providências.

Além disso, a previsão expressa do art. 21 da referida Resolução n. 247/2019 indica que o limite máximo de R$ 1.000,00 (um mil reais) foi estabelecido para os casos de pagamento vinculados à gratuidade judiciária, tanto que no § 3º do referido artigo o CSJT deixou bem claro: "Os limites estabelecidos neste capítulo não se aplicam às perícias, traduções e interpretações custeadas pelas partes, nas quais os honorários serão arbitrados e pagos nos termos da legislação vigente e em consonância com os critérios avaliados pelo magistrado responsável." A responsabilidade pelo pagamento dos honorários periciais é da parte sucumbente na pretensão objeto da perícia. Quando o reclamante, beneficiário da justiça gratuita, for a parte sucumbente o juiz determinará na sentença o pagamento dos honorários periciais pela União, como previsto na Resolução acima mencionada. Por razões de dificuldades orçamentárias, foi fixado um limite reduzido do valor dos honorários com o propósito de, pelo menos, ressarcir os custos do Perito do Juízo na produção da prova[5].

Convém mencionar que o art. 21, § 2º, da Resolução n. 247/2019 autoriza a fixação dos honorários em valor superior, desde que devidamente

---

5. O *caput* do art. 790-B da CLT, com a redação alterada pela Reforma Trabalhista de 2017, previa: "A responsabilidade pelo pagamento dos honorários periciais é da parte sucumbente na pretensão objeto da perícia, ainda que beneficiária da justiça gratuita." Esse dispositivo, contudo, foi considerado inconstitucional pelo plenário do STF no julgamento da ADI n. 5.766, ocorrido em 2021. Vejam o teor da certidão do julgamento: "**Decisão**: O Tribunal, por maioria, julgou parcialmente procedente o pedido formulado na ação direta, para declarar inconstitucionais os arts. 790-B, caput e § 4º, e 791-A, § 4º, da Consolidação das Leis do Trabalho (CLT), vencidos, em parte, os Ministros Roberto Barroso (Relator), Luiz Fux (Presidente), Nunes Marques e Gilmar Mendes. Por maioria, julgou improcedente a ação no tocante ao art. 844, § 2º, da CLT, declarando-o constitucional, vencidos os Ministros Edson Fachin, Ricardo Lewandowski e Rosa Weber. Redigirá o acórdão o Ministro Alexandre de Moraes. Plenário, 20.10.2021 (Sessão realizada por videoconferência – Resolução 672/2020/STF).

fundamentado pelo magistrado e submetido ao Presidente do Tribunal para a devida análise e autorização. Em muitas ocasiões, o laudo pericial é realizado em ações plúrimas, envolvendo diversos reclamantes ou em locais distantes com custos adicionais para deslocamento do Perito do juízo.

Desse modo, quando a parte sucumbente não for beneficiária da justiça gratuita, o valor dos honorários periciais deverá ser condizente para garantir a qualidade do laudo e a realização da diligência por profissionais experientes e capacitados para bem esclarecer todas as controvérsias técnicas da matéria fática. Os destacados magistrados do trabalho Antônio Umberto, Fabiano Coelho, Ney Maranhão e Platon Teixeira, ao comentar este ponto da reforma trabalhista, pontuaram:

> "Os valores de honorários periciais tabelados pelo CSJT não são estipulados com a exclusiva preocupação de remunerar com justiça o importante trabalho prestado pelos *Experts*, mas buscam conciliar o impacto de tais despesas com as limitações orçamentárias (cada vez mais crescentes), pois é dos cofres da União que são retirados os recursos para tais pagamentos. Essa a razão pela qual os honorários periciais são arbitrados em valores díspares conforme seja sucumbente na pretensão respectiva o empregador ou o empregado. (...) No fim, a par de aliviar as condenações sucumbenciais sofridas pelos empregadores em geral, a inovação acaba por aviltar a remuneração dos peritos e, consequentemente, fragilizar os auxiliares da justiça incumbidos de promover a análise do meio ambiente do trabalho, tão importante para o bem-estar físico e mental dos trabalhadores em geral."[6]

É oportuno anotar que no CPC/2015 a fixação de honorários nos limites da tabela dos Tribunais ou do Conselho Nacional de Justiça só tem cabimento quando o pagamento da perícia for de responsabilidade do beneficiário de gratuidade de justiça (art. 95, § 3º, II). Nas demais situações, o valor será arbitrado pelo juiz, após analisar a proposta de honorários apresentada pelo perito nomeado e a manifestação das partes a respeito (art. 465 e parágrafos).

Enfatiza Teixeira Filho que "o perito é um auxiliar do juízo, contribuindo, mediante compromisso, com a sua cognição técnica para o descobrimento da verdade. E porque *auxiliar* o é, não substitui o juiz, em suas funções jurisdicionais. Supre-lhe, apenas, o desconhecimento ou a ciência imperfeita a respeito de certos fatos de natureza técnica ou científica."[7]

---

6. SOUZA JÚNIOR, Antônio Umberto *et al*. *Reforma trabalhista: análise comparativa e crítica da Lei n. 13.467/2017*.2 ed. São Paulo: Rideel, 2018.
7. TEIXEIRA FILHO, Manoel Antonio. *A prova no processo do trabalho*. 8. ed. São Paulo: LTr, 2003. p. 385.

Convém esclarecer que a realização da prova pericial nas ações de indenização por acidente do trabalho não é obrigatória, como ocorre quando se pede o adicional de insalubridade ou periculosidade. Contudo, na quase totalidade das ações dessa natureza, a perícia torna-se imprescindível para fornecer subsídios técnico-científicos, de modo que o julgador possa dirimir com segurança a controvérsia.

Vejam alguns acórdãos dos tribunais relacionados à prova pericial:

> "**Honorários periciais. Valor arbitrado.** Ao manter a condenação das reclamadas, partes sucumbentes na pretensão objeto da perícia, ao pagamento dos honorários periciais, a Corte Regional imprimiu efetividade ao disposto no artigo 790-B da CLT. Relativamente ao valor da perícia, a Corte Regional delimitou que o montante de R$ 3.200,00 está arbitrado de forma moderada e compatível com a complexidade e o nível técnico do trabalho desenvolvido. Óbice da Súmula 126 do TST. No tocante à aplicação do artigo 789, IX, da CLT e da OJ-SDI-1 n. 198 do TST, as questões não foram devidamente prequestionadas na forma da Súmula 297 do TST. Não merece reparos a decisão. Agravo não provido." TST. 2ª Turma. Ag-AIRR-128-88.2013.5.15.0109, Rel.: Ministra Maria Helena Mallmann, *DEJT* 02 jun. 2023.

> "**Agravo em agravo de instrumento em recurso de revista da reclamada interposto na vigência da Lei 13.467/2017. Honorários periciais**. O Regional manteve a sentença de origem que fixou o respectivo valor em R$ 2.000,00 (dois mil reais), considerando a extensão e complexidade do trabalho que fora apresentado pelo perito. Tratando-se de perícia médica, dotada de complexidade e a exigir profissional qualificado, o valor se mostra razoável, não sendo possível considerá-lo desproporcional, de forma que a intervenção desta Corte não se justifica. Incólumes os artigos de lei e da Constituição indicados como violados." TST. 8ª Turma. Ag-AIRR-1001790-56.2016.5.02.0714, Rel.: Ministra Delaíde Alves Miranda Arantes, *DEJT* 03 dez. 2021.

> "**Indenização. Danos. Doença ocupacional. Ausência injustificada do empregado ao exame pericial. Consequências processuais.** Na pretensão de recebimento de indenização por danos supostamente decorrentes de doença ocupacional, a injustificada ausência do empregado ao exame médico agendado com o perito oficial prejudica a apuração da existência da doença indicada como causa de pedir e do alegado nexo causal entre ela e o trabalho desempenhado pelo empregado na empresa. Não se pode pensar no nexo "condições de trabalho-doença" sem que haja exame do suposto doente. Aliás, o art. 231 do Código Civil atual estabelece expressamente que: 'Aquele que se nega a submeter-se a exame médico necessário não poderá aproveitar-se de sua recusa'. Tornadas inviáveis a obtenção da anamnese clínica e ocupacional do empregado, a realização do exame físico e otológico, bem como a colheita de informações sobre o serviço por ele desempenhado, ficam as conclusões periciais limitadas aos elementos probatórios contidos na prova documental já existente nos autos." Minas Gerais. TRT 3ª Região. 2ª Turma. RO n. 00381-2006-101-03-00-9, Rel.: Des. Sebastião Geraldo de Oliveira, *DJ* 14 fev. 2007.

Os peritos serão nomeados entre os profissionais legalmente habilitados e os órgãos técnicos ou científicos devidamente inscritos em cadastro mantido pelo tribunal ao qual o juiz está vinculado (art. 156, § 1º, do CPC e a Resolução CSJT n. 247/2019).

Qual será, portanto, o profissional legalmente habilitado para realização da perícia nas ações de responsabilidade civil decorrentes de acidente do trabalho? A CLT prevê no art. 195 que o laudo para caracterização e classificação da insalubridade ou periculosidade deverá ficar a cargo de Médico do Trabalho ou Engenheiro de Segurança do Trabalho. A Lei n. 8.213/1991, no art. 58, § 1º, estabelece que o laudo técnico das condições ambientais para fins de aposentadoria especial deverá ser expedido por Médico do Trabalho ou Engenheiro de Segurança do Trabalho. Entendemos que o profissional indicado para realizar a perícia nas ações indenizatórias para mensurar a extensão dos danos causados à vítima é o médico que tenha concluído curso de especialização em Medicina do Trabalho, com o devido registro dessa habilitação perante o Conselho Regional de Medicina. A Medicina do Trabalho é reconhecida oficialmente como uma especialidade na área médica, conforme detalhado nas Resoluções ns. 2.323/2022 e 2.380/2024 do Conselho Federal de Medicina. Para o médico obter o título oficial de especialista em Medicina do Trabalho, são necessários dois anos de formação específica, com elevada carga horária (1.920 horas), em cursos aprovados no processo de "acreditação" perante a Associação Nacional de Medicina do Trabalho (ANAMT), que envolvem atividades teóricas e treinamento em serviço no campo da saúde do trabalhador.

Com o propósito de aprofundar conhecimentos na área pericial, o Conselho Federal de Medicina, por intermédio da Resolução n. 1.973/2011, alterou a especialização em "Medicina Legal" para "Medicina Legal e Perícia Médica", cuja formação demanda três anos e cuidadoso exame de suficiência para obtenção do título de especialista. A Resolução CFM n. 2.162/2017 atualizou o disciplinamento das especialidades, mas vigora atualmente a Resolução n. 2.380/2024 que atualizou novamente a matéria.

Além do Médico do Trabalho, para análise dos fatores causais do acidente e da presença dos pressupostos da responsabilidade civil, poderá ser muito útil a perícia realizada por engenheiro, com especialização em Engenharia de Segurança do Trabalho, conforme previsto na Lei n. 7.410/85. Esse profissional pode fornecer subsídios para o juiz verificar se a empresa cumpria todas as normas de segurança, ergonomia e higiene no local de trabalho. Pode também esclarecer as causas da ocorrência por meio de uma memória descritiva da dinâmica dos fatos que desencadearam o acidente. O CPC/2015 determina que a nomeação do perito recaia entre os profissionais especializados inscritos em cadastro mantido pelo tribunal ao qual o juiz está vinculado (art. 156, § 1º). Estabelece também que o tribunal deve realizar avaliações e reavaliações periódicas, considerando a formação profissional, a atualização do conhecimento e a experiência dos peritos interessados (art. 156, § 3º). Essa matéria e todos os detalhes do referido cadastro foram minuciosamente disciplinados pela Resolução do Conselho Nacional de Justiça n. 233, de 13 de julho de 2016[8] complementada pela Resolução do CSJT n. 247 de 25 de outubro de 2019.

O propósito evidente dessas normas é promover a qualificação técnica dos quadros periciais, com exigência de atualização permanente e critério transparente para seleção dos profissionais mais aptos. O juiz somente poderá nomear peritos fora do cadastro organizado pelo tribunal quando na localidade não houver profissional inscrito e habilitado no referido cadastro, mesmo assim a escolha deverá recair sobre perito que tenha comprovadamente conhecimento necessário à realização da perícia (art. 156, § 5º, do CPC).

Nos casos das ações envolvendo doenças ocupacionais, cujas controvérsias são mais complexas, o laudo pericial deve abranger com suficiente profundidade técnica três etapas sucessivas, para oferecer ao julgador amplo conhecimento dos fatos:

1. diagnóstico detalhado, com mensuração do grau de incapacidade e da capacidade residual de trabalho para a mesma ou para outras funções[9];
2. minuciosa descrição das condições ergonômicas em que os serviços eram prestados e dos fatores etiológicos da doença, para aferir sobre a existência ou não de nexo causal ou concausal com o trabalho;
3. investigação sobre o possível descumprimento das normas legais, ergonômicas, técnicas e outras, bem como avaliação dos aspectos organizacionais e psicossociais aos quais o trabalhador esteve exposto, para verificar eventual culpa (grave, leve ou levíssima) do empregador.

Ocorre que para o exame concomitante dessas três etapas são exigidos conhecimentos multidisciplinares, que raramente um só profissional que atua como perito do juízo detém. Em diversos julgamentos de ações indenizatórias temos observado

8. Disponível no portal: <www.cnj.jus.br/atos-normativos?documento=2310>.

9. Segundo Primo Brandimiller, podem ser estabelecidos os seguintes diagnósticos: 1) *Diagnóstico anátomo-patológico*— descreve o tipo de lesão ou de processo patológico que acomete determinado órgão, segmento corporal ou função: amputação da falange distal do polegar direito, tenossinovite dos extensores do punho esquerdo. 2) *Diagnóstico funcional* — indica o tipo e grau de intensidade em que se encontra alterada determinada função: insuficiência respiratória obstrutiva; hipoacusia (ou disacusia) neurossensorial. 3) *Diagnóstico sindrômico* — tipifica a ocorrência de síndrome, entendida como um conjunto de sinais e sintomas comuns a um grupo de diferentes doenças: hipertensão arterial sistêmica, síndrome vestibular periférica, parkinsonismo, icterícia. 4) *Diagnóstico etiológico* — identifica a causa, ou causas, das lesões, reduções funcionais ou síndromes: tendinite do supraespinhoso por esforços repetitivos, perda auditiva induzida por ruído, silicose, dermatite de contato por cimento. Cf. *Perícia judicial em acidentes e doenças do trabalho*. São Paulo: Senac, 1996. p. 178.

maior atenção dos peritos para o diagnóstico, algumas observações sobre os fatores causais e quase nada a respeito dos fatores organizacionais e psicossociais.

A introdução do art. 431-B no CPC/1973, por intermédio da Lei n. 10.358/2001, cujo dispositivo foi repetido no art. 475 do CPC/ 2015, facilitou a superação desse problema, visto que foi facultado ao juiz nomear mais de um perito quando se tratar de perícia complexa que abranja mais de uma área de conhecimento especializado, podendo a parte, também, indicar mais de um assistente técnico.

Convém registrar que a perícia médica é ato privativo de médico, como previsto expressamente na Lei n. 12.842/2013, razão pela qual não tem validade o diagnóstico nosológico ou prognóstico realizado por outros profissionais[10]. A propósito, vejam o teor do Parecer n. 45/2016 do CFM[11]:

> "O juiz nomeará perito especializado no objeto da perícia, ou seja: consoante a área de especialidade, técnica ou de expertise, nomeará perito em: engenharia, contabilidade, medicina, informática, agronomia etc. O termo 'especialidade' no CPC é genérico e não se refere às especialidades médicas, mas sim à área do conhecimento técnico ensejado pelo objeto da perícia. Se o objeto da perícia, por exemplo, for a determinação de nexo causal em ação de indenização por acidente de trabalho, o perito nomeado deverá ser médico, consoante disposto no art. 5º, inciso II, da Lei n. 12.842/2013".

O Parecer n. 9/2016 do CFM[12] também esclarece a questão:

> "Existe alguma norma que determine que a capacidade ou incapacidade para o trabalho seja avaliada por especialista na doença que acomete o periciado? Se positivo, qual seria?
>
> Resposta: A determinação da capacidade laboral para fins previdenciários, no âmbito do Instituto Nacional do Seguro Social (INSS), compete ao perito médico da Previdência Social; no âmbito criminal, compete ao perito legista, e no âmbito judicial de forma geral, a competência é de médico designado como perito, não havendo obrigatoriedade que seja especialista na doença que acomete o periciado."

Naturalmente que outros profissionais poderão realizar perícias complementares, como acima mencionado, mas dentro da respectiva área de atuação,

10. Segundo o art. 4º da Lei n. 12.842/2013, são atos privativos de médico: ... X — determinação do prognóstico relativo ao diagnóstico nosológico; XII — realização de perícia médica e exames médico-legais, excetuados os exames laboratoriais de análises clínicas, toxicológicas, genéticas e de biologia molecular; XIII — atestação médica de condições de saúde, doenças e possíveis sequelas;

11. Disponível em: https://sistemas.cfm.org.br/normas/visualizar/pareceres/BR/2016/45. Acessado em 10 nov. 2018.

12. Disponível em: https://sistemas.cfm.org.br/normas/visualizar/pareceres/BR/2016/9. Acessado em 10 nov. 2018.

conforme os limites estabelecidos nas normas legais que regem categoria profissional, em sintonia com a previsão do art. 5º, XIII, da Constituição da República[13]. Vejam o entendimento dos tribunais:

> “**Agravo de Instrumento em Recurso de Revista. Interposição em face de acórdão publicado após a Lei nº 13.015/2014, mas antes da Lei nº 13.105/2015. Doença ocupacional – Nulidade do laudo pericial elaborado por médico perito – Não configuração.** No caso, ao considerar válida a prova técnica elaborada por médico perito, o TRT proferiu decisão em consonância com o art. 156, §1º, do CPC, segundo o qual “Os peritos serão nomeados entre os profissionais legalmente habilitados e os órgãos técnicos ou científicos devidamente inscritos em cadastro mantido pelo tribunal ao qual o juiz está vinculado “. Assim, não há qualquer vedação legal para que laudo seja produzido por profissional da área médica, bastando ser habilitado e com conhecimento técnico/científico na área objeto da perícia. É bem verdade que há diversos julgados nesta Corte reconhecendo a validade do laudo confeccionado por fisioterapeuta. Entretanto, o que se conclui dos precedentes deste c. TST, é que a perícia pode ser realizada por fisioterapeuta, mas não deve, obrigatoriamente, ser efetivada por tal profissional, podendo, perfeitamente, ser produzida por médico capacitado para elucidar a questão controvertida no processo. Agravo de instrumento desprovido.” AIRR-1237-46.2010.5.09.0001, 7ª Turma, Rel.: Ministro Renato de Lacerda Paiva, *DEJT* 26 ago.2022.
>
> “**Recurso de revista. Reclamada. Nulidade da perícia realizada por fisioterapeuta.** Nos termos do art. 145 do CPC, quando a prova do fato depender de conhecimento técnico ou científico, o juiz escolherá o perito entre profissionais de nível universitário, devidamente inscritos no órgão de classe competente, desde que sejam especialistas na matéria sobre a qual deverão opinar. No caso, o auxiliar escolhido foi uma fisioterapeuta, cuja profissão é regulamentada pelo Decreto-Lei n. 938/1969 e pela Lei Federal n. 6.316/1975, bem como pelas Resoluções do Conselho Federal de Fisioterapia e Terapia Ocupacional ns. 381/2010, 259/2003 e 80/1997. No exame dos dispositivos referidos, não se constata óbice à possibilidade de a fisioterapeuta elaborar laudo pericial, em lides que envolvam doença profissional, no âmbito da sua atuação, com vista a identificar, avaliar e observar os fatores ambientais que possam constituir risco à saúde funcional do trabalhador e, ainda, elaborar o diagnóstico fisioterapêutico, indicando o grau de capacidade ou de incapacidade funcional, competências ou incompetências laborais, mudanças ou adaptações nas funcionalidades e seus efeitos no desempenho laboral. Esclareça-se que o laudo da fisioterapeuta não foi para diagnosticar a doença em si mesma, mas, sim, para verificar seu nexo de causalidade com o ambiente de trabalho. Recurso de revista de que não se conhece.” TST. 6ª Turma. RR n. 374-58.2012.5.06.0016, Rel.: Ministra Kátia Magalhães Arruda, *DJ* 11 set. 2015.

---

13. Constituição da República. “Art. 5º, XIII: é livre o exercício de qualquer trabalho, ofício ou profissão, atendidas as qualificações profissionais que a lei estabelecer.”

> "**Laudo pericial. Doença ocupacional. Requisitos.** O inciso XIII, art. 5º, da Constituição Federal, assegura a liberdade do exercício de "qualquer trabalho, ofício ou profissão, atendidas as qualificações profissionais que a lei estabelecer". O Decreto-Lei n. 938, de 13.10.1969, que regula a profissão do fisioterapeuta, dispõe que as atividades desse profissional estão ligadas à execução de métodos e técnicas fisioterápicas, terapêuticas e recreacionais, com a finalidade de restaurar, desenvolver e conservar a capacidade física e mental do paciente (arts. 3º e 4º). Mas o profissional não está legalmente autorizado para proceder ao diagnóstico de doença ocupacional. O art. 145 CPC determina que o perito será escolhido entre profissionais de nível universitário, regularmente inscrito no órgão de classe competente, com especialidade na matéria. Assim, no caso é exigida a atuação do profissional médico, e preferencialmente, com especialização em Medicina do Trabalho". Minas Gerais. TRT 3ª Região. 2ª Turma. RO n. 00251-2011-031-03-00-7, Rel.: Desembargador Jales Valadão Cardoso, *DJ* 14 dez. 2012.

> "**Perícia. Doença profissional. LER/DORT. Nexo causal atestado por mais de um laudo pericial. Doença relacionada às condições inadequadas de trabalho a que era submetida a trabalhadora. Consistência do trabalho apresentado por fisioterapeuta a complementar o estudo de caso realizado pelo perito médico.** É legítima a perícia realizada por fisioterapeuta, habilitada e credenciada por seu órgão de classe, para estabelecer o nexo causal e emitir parecer técnico para os distúrbios funcionais, de modo a complementar exame clínico e patológico no empregado a cargo do perito médico. Aplicação dos arts. 145, 424 e 431-B do CPC." São Paulo. TRT 2ª Região. 6ª Turma. RO n. 00540003020085020020, Rel.: Desembargador Rafael E. Pugliese Ribeiro, *DJ* 19 set. 2012.

Com frequência surgem conflitos com o perito oficial, porque parentes, advogados ou mesmo dirigentes sindicais insistem em acompanhar o exame médico do(a) reclamante, ocorrendo, algumas vezes, até ameaças ou tentativas de intimidação. Em princípio, só o assistente técnico, devidamente qualificado e indicado pela parte, pode presenciar o exame pericial[14]. Não há fundamento convincente para exigir o acompanhamento da diligência por terceiros, sobretudo porque os valores principais a serem observados são a preservação do direito à intimidade da parte autora, bem como a plena autonomia e isenção do perito do juízo.

A propósito, o Parecer CFM n. 09/2006, resultante do Processo-Consulta n. 1.829/2006, concluiu que: "O exame médico-pericial é um ato médico. Como tal, por envolver a interação entre o médico e o periciando, deve o médico perito agir com plena autonomia, decidindo pela presença ou não de pessoas estranhas ao atendimento efetuado, sendo obrigatórias a preservação da intimidade do paciente e a garantia do sigilo profissional, não podendo,

---

14. Em situações excepcionais, o perito pode autorizar que outras pessoas interessadas acompanhem o exame médico-pericial, como, por exemplo, no caso de menores ou de pessoas que não conseguem, por qualquer motivo, prestar as informações solicitadas.

em nenhuma hipótese, qualquer norma, quer seja administrativa, estatutária ou regimental, violar este princípio ético fundamental". Já na Nota Técnica de Expediente n. 044/2012, do SEJUR do mesmo CFM, foi aprovado o esclarecimento seguinte:

> Pelas razões jurídicas acima expendidas, entendemos que o advogado, no exercício de sua profissão, tem direito assegurado pelo art. 7º, inc. I, III e VI, letras "c" e "d" do EOAB, Lei n. 8.906/94 de fazer-se acompanhar de seu cliente, quando solicitado, nos exames periciais em âmbito judicial ou administrativo. Todavia, a atuação do advogado, nestes casos, limitar-se-á a dar conforto e segurança jurídica ao periciando com sua presença, não podendo interferir no ato médico-pericial a ser realizado, que é de competência exclusiva do médico-perito designado para o mister. Consignamos, também, que o exame pericial é um ato médico. Assim, na hipótese do médico-perito sentir-se, de alguma forma, pressionado por advogado que por ventura esteja acompanhando o periciando, assiste-lhe o direito — com fundamento em sua autonomia profissional —, de decidir acerca da presença do profissional da advocacia no recinto em que a perícia for realizada, mediante explicitação por escrito de seus motivos, sob pena de recusa da realização da perícia.[15]

E mais recentemente, a Resolução do CFM n. 2.325/2022 também indicou a amplitude do ato médico, na realização da perícia médica:

> Art. 1º Compreende-se como avaliação médico pericial qualquer atividade que se utiliza da metodologia médico-legal e pericial para confecção de laudos, pareceres e notas técnicas com objetivo médico-legal, independentemente do âmbito administrativo, judicial ou particular.
>
> § 1º A Perícia Médica é, em sentido amplo, todo e qualquer ato propedêutico com formulação de diagnósticos, utilizando conhecimentos médicos, feito por médico e com a finalidade de contribuir com as autoridades administrativas, policiais ou judiciárias na formação de juízos a que estão obrigados em busca da primazia da verdade.
>
> § 2º Não existe uma relação médico-paciente clássica no ato médico pericial, sendo o perito compromissado com os princípios éticos da imparcialidade, do respeito à pessoa, da veracidade, da objetividade e da qualificação profissional.
>
> § 3º A anamnese clínica, o exame físico e mental, a avaliação dos exames complementares e demais documentos médicos, utilizando metodologia específica e com consequente elaboração de laudo pericial conclusivo, são etapas que integram o ato médico pericial[16].

---

15. Disponível em: <https://sistemas.cfm.org.br/normas/visualizar/notas/BR/2012/44>. Acessado em 24 nov. 2020.
16. Disponível em: <https://sistemas.cfm.org.br/normas/visualizar/resolucoes/BR/2022/2325>. Acesso em 29 dez. 2023. Essa Resolução também aborda as hipóteses restritas de utilização da telemedicina para realização da prova pericial.

Os profissionais da área jurídica ressentem-se de formação adequada no campo da saúde do trabalhador e demonstram dificuldades na elaboração dos quesitos, nas impugnações dos laudos periciais e mesmo na formulação de perguntas pertinentes durante a instrução processual. As grades curriculares das Faculdades de Direito no Brasil praticamente ignoram o tema da saúde do trabalhador fora do aspecto da monetização do risco, pois dão prioridade ao estudo dos adicionais de insalubridade, periculosidade ou as estabilidades dos membros da CIPA. Paradoxalmente, estuda-se Medicina Legal para examinar os mortos, mas não se incluem os temas da saúde ocupacional e do meio ambiente do trabalho sadio para preservar os vivos.

Observamos com frequência, ao proferir julgamento a respeito dos acidentes ou das doenças ocupacionais, que faltam elementos fáticos importantes para a solução justa do litígio, tais como: extensão da jornada de trabalho, realização reiterada de horas extras, trabalho noturno e em turnos, gozo regular de férias, duplo emprego, atividades fora do trabalho que atuam como fatores contributivos, condições ergonômicas, tratamento da chefia, relacionamento interpessoal, pressão da clientela ou da direção, remuneração por produção, intervalos de refeição e descanso, pausas obrigatórias, treinamento adequado, cumprimento do contrato de trabalho, monotonia ou repetitividade das tarefas etc. Em verdade, tais informações já deveriam constar da petição inicial ou da defesa, com o necessário respaldo probatório ao longo da instrução processual.

Diante dessas dificuldades, no exercício da judicatura, sempre que nos deparamos com ações indenizatórias decorrentes de acidente do trabalho ou doenças ocupacionais, formulamos para resposta do perito oficial os "Quesitos do Juízo", conforme faculta o CPC[17], com o objetivo de facilitar a instrução processual e obter melhores subsídios para proferir o julgamento, conforme exemplo a seguir:

1. O autor foi acometido por alguma doença ou sofreu acidente do trabalho?
2. Há nexo causal do trabalho com a doença ou o acidente?
3. O exercício do trabalho atuou como concausa no aparecimento ou agravamento da doença ou na ocorrência do acidente? Explique a resposta.
4. Houve causa ou concausa mensurável relativa a fatores extralaborais? Qual o grau de contribuição do trabalho para o adoecimento?
5. A empresa cumpria todas as normas de segurança e prevenção indicadas na legislação e outras normas técnicas aplicáveis, especialmente as NRs da Portaria n. 3.214/1978 do Ministério do Trabalho?

17. CPC. Art. 470: "Incumbe ao Juiz: I — indeferir quesitos impertinentes; II — formular os quesitos que entender necessários ao esclarecimento da causa."

6. O autor foi treinado para o exercício da função?
7. O autor gozava regularmente de intervalos, repousos e férias?
8. Algum fator de caráter organizacional contribuiu para o aparecimento da doença ou para a ocorrência do acidente?
9. No setor de trabalho do reclamante ocorreram casos semelhantes nos últimos cinco anos?
10. Quais as alterações e/ou os comprometimentos que a doença diagnosticada acarreta na saúde do reclamante, na sua capacidade de trabalho e na sua vida social?
11. É possível mensurar a eventual capacidade residual de trabalho do reclamante e a viabilidade do seu aproveitamento no mercado, dentro da sua área de atuação profissional ou em funções compatíveis?
12. Há possibilidade efetiva de reversão do quadro para recuperação da aptidão normal de trabalho?
13. Há nexo epidemiológico da patologia que acometeu o autor com a atividade da empresa?
14. Informar se o Fator Acidentário de Prevenção da empresa está acima ou abaixo da média.
15. O tempo de exposição ao risco na empresa pode ser considerado suficiente para acarretar o adoecimento? Houve exposição ao mesmo risco em empregos anteriores?
16. Após o afastamento do risco houve agravamento ou melhora da doença?

A pesquisa do nexo causal nas doenças ocupacionais deverá ser desenvolvida seguindo-se o roteiro indicado pela Resolução n. 2.323/2022 do Conselho Federal de Medicina mais os subsídios da Resolução INSS/DC n. 10, de 23 de dezembro de 1999, conforme mencionamos no capítulo 6, item 6.3, ao qual nos reportamos para evitar repetições. Pode ser útil também os procedimentos indicados na Resolução INSS/PRES. n. 485 de 8 de julho de 2015, que trata da perícia médica no ambiente do trabalho, bem como a consulta à Resolução INSS/PRES n. 535 de 5 de maio de 2016 que aprovou o Manual de Acidente do Trabalho com o objetivo de orientar os atos da Perícia Médica Previdenciária para análise de acidente do trabalho e, ainda, a pesquisa no Manual Técnico de Perícia Médica Previdenciária aprovado pela Resolução INSS/PRES n. 637, de 19 de março de 2018.

Como se vê, compete à perícia médica a importante tarefa de avaliar qualitativa e quantitativamente o dano causado no patrimônio físico e psíquico do acidentado, fornecendo elementos para o arbitramento da indenização. Para Primo Brandimiller, é de competência da perícia médica:

- diagnosticar as lesões e perturbações funcionais;
- examinar a compatibilidade entre as características das lesões e alterações funcionais diagnosticadas com as causas alegadas;
- avaliar as perdas ou reduções funcionais de órgãos, funções ou segmentos corporais;
- avaliar percentualmente o prejuízo no patrimônio físico e psíquico;
- indicar a eventual necessidade de tratamentos especializados, próteses e reabilitação profissional e estimar os respectivos custos[18].

De qualquer forma, é importante consignar que o juiz não fica vinculado ao resultado do laudo pericial, podendo formar sua convicção com apoio em com outros elementos ou fatos provados nos autos[19], ou determinar a realização de nova perícia, de ofício ou a requerimento da parte, quando a matéria não estiver suficientemente esclarecida[20]. Ademais, pode a parte interessada pedir esclarecimentos do laudo pericial, impugnar suas conclusões ou até mesmo requerer que o perito oficial preste os esclarecimentos em audiência, conforme prevê o art. 477, § 3º, do CPC.

Pelo princípio da persuasão racional ou do livre convencimento motivado, goza o juiz de liberdade para valorar a prova, mas deve indicar na sentença as razões que motivaram o seu entendimento, considerando ou não as conclusões do laudo pericial. Vejam alguns julgados a respeito:

> "**Agravo interno em agravo de instrumento em recurso de revista. Acidente de trabalho. Indenização. Desconsideração do laudo pericial produzido em juízo. Possibilidade. Óbice da súmula n.º 126 do TST. Ausência de transcendência**. É lícito ao julgador esposar conclusão, de forma fundamentada, contrária à prova técnica, desde que sua convicção esteja alicerçada em outros elementos ou fatos provados nos autos. No caso, a decisão regional, para afastar a conclusão do laudo pericial, investigou e valorou as provas colhidas nos autos, procedendo com indiscutível legalidade (arts. 131 e 436 do CPC/1973 e 371 e 479 do CPC/2015). Dentro de tal contexto, o acolhimento da alegação recursal de que o acidente acarretou incapacidade para o trabalho capaz de gerar direito a indenização ao reclamante somente seria possível por meio do reexame de fatos e provas. Logo, o trânsito da revista encontra óbice no entendimento

---

18. BRANDIMILLER, Primo A. *Perícia judicial em acidentes e doenças do trabalho*. São Paulo: Senac, 1996. p. 200.
19. CPC. Art. 479. "O juiz apreciará a prova pericial de acordo com o disposto no art. 371, indicando na sentença os motivos que o levaram a considerar ou a deixar de considerar as conclusões do laudo, levando em conta o método utilizado pelo perito."
20. CPC. Art. 480. "O juiz determinará, de ofício ou a requerimento da parte, a realização de nova perícia, quando a matéria não estiver suficientemente esclarecida."

reunido em torno da Súmula n.º 126 do TST. Mantida a decisão monocrática que denegou seguimento ao apelo, por ausência de transcendência da causa, à luz do que disciplina o art. 896-A, caput e §1º, da CLT. Agravo conhecido e não provido." TST. 1ª Turma. Ag-AIRR-1000428-21.2021.5.02.0010, Rel.: Ministro Luiz José Dezena da Silva, *DEJT* 23 ago. 2024.

"Recurso de revista. Vigência da Lei n.º 13.467/17. Julgamento preferencial. Matéria prejudicial. Responsabilidade civil do empregador. Doença ocupacional. Configuração. Desconsideração do laudo pericial. Nexo de concausalidade. Fundamentos nas provas produzidas nos autos. Indenização por danos extrapatrimoniais devida. Transcendência não reconhecida. 1. Na hipótese, a Corte Regional concluiu pela caracterização da doença ocupacional, em razão do nexo de concausalidade entre a enfermidade acometida pelo autor e o trabalho exercido, sob o fundamento de que "De acordo com toda a documentação médica dos autos, não há dúvida de que as suas atividades agiram como concausa nas doenças descritas as quais perduram até os dias atuais, haja vista que a doença que foi agravada pela atividade desenvolvida pelo reclamante na reclamada, apesar de não tê-lo deixado totalmente incapaz para trabalhar". 2. A conclusão, contrária à do laudo pericial, foi lastreada no conjunto probatório, especialmente a prova documental e testemunhal, não sendo possível chegar a conclusão diversa sem ultrapassar o óbice da Súmula n.º 126 do TST. Recurso de revista não conhe-cido." TST. 1ª Turma. RRAg-1495-15.2017.5.08.0009, Rel.: Ministro Amaury Rodrigues Pinto Junior, *DEJT* 22 set. 2023.

"Danos morais. Doença ocupacional. Hérnia de disco lombar. Nexo concausal. Desconsideração do laudo pericial. Nos termos do art. 479 do CPC/2015, o julgador não se encontra vinculado à conclusão do laudo pericial, podendo formar a sua convicção amparado em outros elementos ou fatos provados nos autos, desde que exponha os motivos que o levaram a desconsiderar o laudo. No caso, analisando o acervo fático-probatório dos autos, o Tribunal Regional chegou à conclusão de que o trabalho desenvolvido pelo reclamante atuou como concausa da lesão (hérnia de disco lombar) experimentada pelo reclamante. Assinalou que diversos documentos indicam que o reclamante apresenta redução da capacidade laborativa em decorrência da lesão em coluna lombar, que importou em afastamento do trabalho e posterior readaptação, sendo o autor direcionado para máquina com menor exigência de esforço físico. Registrou que o reclamante possui restrições à flexão da coluna lombar, com ou sem peso, à sustentação manual de peso maior que 1kg e movimentos repetitivos com membros superiores com elevação de braço acima do nível dos ombros. Apontou ainda que a prova documental indica a existência de riscos ergonômicos posturais no trabalho desenvolvido pelo autor, sendo que o PCMS e o PPRA apresentados pela reclamada apontam a existência de risco ergonômico pelo transporte de materiais nas atividades desenvolvidas pelo recorrente. Por fim, anotou que o INSS garantiu ao autor a percepção do auxílio-doença na modalidade acidentária, tendo em vista a natureza permanente da lesão que importou na redução de sua capacidade laborativa, restando demonstrado não apenas o dano, mas igualmente o nexo de concausalidade com o trabalho desenvolvido na empresa. Adotar entendimento em sentido oposto implicaria o revolvimento de fatos e provas, inadmissível em sede de recurso de revista, a teor da Súmula 126/TST. Agravo de instrumento a que se nega provimento." TST. 2ª Turma. RRAg-1000852-97.2016.5.02.0411, Rel.: Ministra Maria Helena Mallmann, *DEJT* 07 out. 2022.

10.3. INDENIZAÇÕES NO CASO DE INCAPACIDADE PERMANENTE

Segundo a Lei de Benefícios da Previdência Social, será devida a aposentadoria por incapacidade permanente quando o segurado for considerado incapaz e insusceptível de reabilitação para o exercício de atividade que lhe garanta a subsistência, após comprovação da incapacidade mediante exame médico-pericial[21].

O Código Civil, com exigência menos rigorosa, estabelece no art. 950 o direito à indenização por incapacidade permanente quando o ofendido não puder mais exercer o seu ofício ou sua profissão. Não menciona a possibilidade de readaptação da vítima para o exercício de outra função compatível.

A incapacidade permanente reconhecida pelo INSS cria a presunção da incapacidade da vítima para o exercício da profissão para fins de responsabilidade civil. Não se trata, porém, de presunção absoluta (*jure et de jure*), podendo o empregador produzir prova em sentido contrário, até porque o ato administrativo da Previdência Social não vincula o Poder Judiciário[22]. A

---

21. Lei n. 8.213, 24 de jul. 1991. Art. 42.

22. "*Responsabilidade civil. Acidente do trabalho. Indenização. Direito comum. Prova da incapacidade com base na concessão de benefício acidentário pelo INSS. Ausência de pedido de perícia médica, por parte da ré. Conformismo com as conclusões periciais do INSS. Alegação de inexistência de sequelas no obreiro não comprovada. Indenizabilidade.* A prova da incapacidade do obreiro, resultante de acidente do trabalho, deve ser feita por perícia médica, para efeito de concessão de indenização no âmbito do direito comum. Entretanto, se o autor pede o mesmo grau de incapacidade reconhecido pelo INSS, o ônus de provar o desacerto dessa conclusão é do réu, por força do disposto no inciso II do art. 333 do Código de Processo Civil. Não pleiteando este prova médico-pericial para apurar a efetiva redução da capacidade laborativa do autor, à míngua de outras provas, prevalecerá o laudo do Instituto Nacional do Seguro Social." São Paulo. STACivSP. 5ª Câm. Apelação com Revisão n. 509.750, Rel.: Juiz Luís de Carvalho, julgado em 27 maio 1998.

"*Doença ocupacional. Inocorrência.* O INSS reconheceu, em uma das oportunidades em que a reclamante recebeu benefício previdenciário, nexo de causalidade entre as doenças por ela sofridas e as suas atividades laborais. Em que pese a conclusão da perícia médica realizada pelo INSS possa gerar uma presunção favorável à tese da reclamante, de que é acometida de doença ocupacional, essa presunção, no contexto dos autos, restou afastada pelos demais elementos de prova produzidos, especialmente pelo laudo médico elaborado por perito de confiança do Juízo. Com base neste laudo, não infirmado pelos demais elementos de prova dos autos, as patologias são de ordem exclusivamente degenerativa, e não decorrentes das condições de trabalho da autora, não havendo falar em nexo causal. Aplicação do art. 20, § 1º, alínea *a*, da Lei n. 8.213/91.

propósito, também no campo do Seguro Privado, o entendimento é semelhante, sendo oportuno mencionar que a Circular n. 667/2022 da SUSEP, no art. 69, estabelece que "a aposentadoria por invalidez concedida por instituições oficiais de previdência, ou assemelhadas, não caracteriza por si só o estado de invalidez permanente que deve ser comprovada na forma prevista nas condições contratuais".

A controvérsia tormentosa nas ações indenizatórias, nos casos de incapacidade permanente, refere-se à medida do grau da incapacidade. Basicamente são três os desfechos possíveis: 1. Inabilitação para a profissão que a vítima exercia, mas com possibilidade de readaptação para o trabalho em outra função; 2. Incapacidade para o exercício de qualquer profissão ou atividade; 3. Incapacidade total para qualquer atividade e ainda com necessidade permanente do auxílio de outra pessoa para os atos normais da vida diária, também chamada de grande invalidez.

No âmbito da reparação civil, em princípio, basta demonstrar a incapacidade para a profissão que o acidentado exercia no momento do infortúnio, conforme dispõe o art. 950 mencionado. Certos acidentes deixam a incapacidade tão evidente que dispensam maiores indagações, tais como um motorista ou um cirurgião que perdeu a visão, um violinista que perdeu o braço, um jogador de futebol que teve amputada uma das pernas, o pedreiro que ficou paraplégico etc.

Mas em muitas situações surgem dúvidas quanto ao acidente ter causado ou não incapacidade permanente total ou parcial, sobretudo pela frequente alegação defensiva quanto à possibilidade de readaptação da vítima para outra função compatível. Recomenda Sílvio Rodrigues que "o juiz deverá agir com ponderação ao fixar a indenização em casos tais, admitindo por vezes haver apenas redução na capacidade laborativa, com o fito não só de impossibilitar um enriquecimento indevido quando a vítima possa voltar a trabalhar em outro mister, como também o de desencorajar um injustificado ócio"[23].

A decisão, acerca da ocorrência de incapacidade total ou parcial, não pode ser tomada somente pela análise fria e isolada das lesões sofridas pela vítima, mormente diante da relevância das consequências[24]. Em tese, quase

---

Não reconhecido o nexo causal, não há cogitar do pagamento das indenizações pretendidas. Provimento negado." Rio Grande do Sul. TRT 4ª Região. 4ª Turma. RO n. 00621-2005-661-04-00-3, Rel.: Desembargador Fabiano de Castilhos Bertolucci, *DJ* 11 dez. 2007.

23. RODRIGUES, Sílvio. *Direito civil*: responsabilidade civil. 19. ed. São Paulo: Saraiva, 2002. v. 4, p. 234.

24. *"Indenização por dano material. Definição do grau de redução da capacidade laborativa. Omissão.* A determinação do grau de redução da capacidade de trabalho não envolve explanação matemática, mas, sim, juízo de valor fundamentado, segundo a persuasão racional do magistrado. A

todos os acidentados poderiam ser readaptados para outras atividades, mas não cabe impor ao lesado a busca compulsória de profissão diversa, até porque o serviço de reabilitação e readaptação profissional no Brasil ainda funciona precariamente. Pontua Cavalieri Filho que "a regra aplicável é aquela que resulta do texto legal em face da presunção de que os portadores de defeitos físicos de certa monta dificilmente poderão exercer outro trabalho sem sacrifício inexigível, constrangimento e humilhação."[25] Nessa sequência de ideias, é oportuno transcrever o pensamento abalizado de Caio Mário:

> Não existe um critério rígido para determinar o que seja a perda ou habilitação para o exercício da atividade normal da vítima. Uma cantora que perde a voz pode trabalhar em outra atividade; um atleta que perde a destreza não está impedido de ser comentarista. Uma e outro, no entanto, sofrem a destruição inerente à sua atividade normal. A indenização a que fazem *jus* leva em consideração o prejuízo específico, uma vez que a procura de outro trabalho é uma eventualidade que pode ou não vir a ser.[26]

Como se depreende, a avaliação da incapacidade deve ser feita considerando as especificidades do caso da vítima, tais como: idade, situação do mercado de trabalho, rendimento útil no trabalho, grau de instrução, segurança e risco na prestação de serviço, local de moradia, transporte até o lugar do trabalho. Assinala Hertz Costa que "para a avaliação da incapacidade laborativa, não deve o perito ou o julgador fundamentar-se simplesmente em cálculos baseados em tabelas, nacionais ou internacionais, senão que deve, à luz das repercussões das sequelas incapacitantes, considerar a realidade econômica, social e familiar, que são efeitos determinantes da incapacidade."[27]

O Ministro do STJ Humberto Gomes de Barros, ao julgar essa questão, registrou na ementa do acórdão em que atuou como relator: "Se o acidente incapacitou o ofendido para a profissão que exercia, a indenização deve

ciência jurídica preocupa-se, antes, com a justa reparação do dano sofrido, do que, especificamente, com a precisão matemática dos cálculos. Segundo o princípio do livre convencimento motivado, cumpre ao magistrado examinar e qualificar as provas produzidas e juntadas aos autos, fundamentando sua decisão. A obrigatoriedade de fundamentação dos atos judiciais, no entanto, não exige que o magistrado destaque, entre os componentes do quadro fático-probatório, uma ou outra prova em que especificamente baseou sua decisão. Recurso não conhecido." TST. 3ª Turma. RR n. 930/2001-010-08-00.6, Rel.: Ministra Maria Cristina Irigoyen Peduzzi, *DJ* 19 mar. 2004.

25. CAVALIERI FILHO, Sérgio. *Programa de responsabilidade civil*. 16. ed. São Paulo: Atlas, 2023. p. 170.
26. PEREIRA, Caio Mário da Silva. *Responsabilidade civil*. 9. ed. 8ª t. Rio de Janeiro: Forense, 2002. p. 319-320.
27. COSTA, Hertz J. *Acidentes do trabalho na atualidade*. Porto Alegre: Síntese, 2003. p. 143.

traduzir-se em pensão correspondente ao valor do que ele deixou de receber em virtude da inabilitação. Nada justifica sua redução pela simples consideração, meramente hipotética, de que o trabalhador pode exercer outro trabalho."[28]

A preocupação com o futuro profissional do acidentado e a importância acentuada da análise do caso concreto podem ser observadas em diversos julgados a respeito do tema da incapacidade:

> **"Embargos interpostos pelo reclamante. Indenização por danos materiais. Empresa Brasileira de Correios e Telégrafos – ECT. Pensão mensal. Doença ocupacional. Incapacidade permanente para desempenho da função de carteiro. Empregado reabilitado para o exercício de função diversa.** 1. Nos termos do disposto no artigo 950 do Código Civil, se do ato ilícito praticado pelo empregador resultar lesão ao empregado que o impeça de "exercer o seu ofício ou profissão", a indenização por danos materiais, paga na forma de pensionamento mensal, corresponderá "à importância do trabalho para que se inabilitou". 2. Extrai-se do referido preceito legal que o legislador, ao vincular o valor da indenização por danos materiais "à importância do trabalho para que [o empregado] se inabilitou, teve por objetivo tutelar as consequências jurídicas e fáticas decorrentes do ato ilícito praticado pela empresa, que conduziu à incapacidade do empregado para exercer o seu ofício ou profissão". 3. A extensão do dano, na hipótese de perda ou redução da capacidade para o trabalho, deve ser aferida a partir da profissão ou ofício para o qual o empregado ficou inabilitado, não devendo ser adotada, como parâmetro para fixação do dano, a extensão da lesão em relação à capacidade para o trabalho considerada em sentido amplo, porquanto inaplicável, em tais circunstâncias, a regra geral prevista no artigo 944 do Código Civil, em razão da existência de norma a reger de forma específica tal situação (artigo 950 do Código Civil). 4. Esse raciocínio, longe de conduzir ao enriquecimento indevido do empregado, assegura o cumprimento da finalidade da lei, ao sancionar a conduta ilícita do empregador que, ao não observar os deveres que resultam do contrato de emprego, deixa de propiciar a seus empregados um meio ambiente de trabalho sadio, desatendendo à função social da empresa e da propriedade privada. 5. Na hipótese dos autos, a Corte regional, mediante acórdão transcrito pela Turma do TST, a par de manter a condenação ao pagamento de indenização por danos morais decorrentes do acometimento de doença ocupacional que acarretou a incapacidade permanente para o exercício da função de carteiro e culminou com a reabilitação do empregado em função diversa, ratificou a improcedência do pedido de indenização por danos materiais, na forma de pensão mensal. Asseverou, para tanto, o TRT que, "[n]o caso dos autos, não vislumbro tal perda pecuniária, já que o contrato de emprego do obreiro permanece ativo e não há qualquer alegação de redução salarial ao longo dos anos, não tendo sofrido, nesses termos, nenhum prejuízo

28. STJ. 3ª Turma. AgRg no AgRg no Ag. 596.920, Rel.: Ministro Humberto Gomes de Barros, *DJ* 1º jul. 2005. Com redação praticamente idêntica, a Ementa do REsp n. 233.610, também julgado pela 3ª Turma do STJ em 9 nov. 1999, tendo como Relator o Ministro Eduardo Ribeiro.

material capaz de justificar a reparação pretendida". 6. A Turma do TST não conheceu do Recurso de Revista obreiro, por não divisar, no caso, violação do artigo 950, cabeça, do Código Civil. Asseverou o Colegiado que, "não obstante seja incontroverso que o reclamante tenha sido acometido por doença profissional, o Tribunal *a quo* assinalou que a mencionada doença não o incapacitou, tanto que continuou trabalhando para a reclamada, sendo readaptado em outra função". 7. Diante do contexto fático-probatório em que inserida a controvérsia, conclui-se que o reclamante, em razão da conduta ilícita do empregador, ficou permanentemente incapacitado para a função que desempenhava na empresa, sendo readaptado para função diversa. Faz jus, por conseguinte, à pensão mensal vitalícia, nos termos da jurisprudência assente da SBDI-1 do TST. Precedentes. 8. Recurso de Embargos obreiro de que se conhece, por dissenso jurisprudencial, e a que se dá provimento". TST. SBDI-I. E-RR-1000458-56.2017.5.02.0023, Rel.: Ministro Lelio Bentes Correa, *DEJT* 12 ago. 2022.

"**Responsabilidade civil do empregador. Indenização por dano material. Valor da pensão. Empregado total e permanentemente incapacitado. Doença psiquiátrica. Princípio do *restitutio in integrum*.** I. A jurisprudência desta Corte posiciona-se no sentido de que a incapacidade que enseja o direito à pensão mensal, com base no art. 950 do Código Civil, é apurada a partir do trabalho para o qual o empregado é incapaz, sendo irrelevante a possibilidade de ele realizar função diversa ou de ter sido readaptado. Isto porque, ao empregado vítima de acidente de trabalho e/ou doença ocupacional é garantida o direito à indenização por danos materiais, em decorrência da sua diminuição na capacidade laboral, consistente no pagamento das despesas para o tratamento, indenização por lucros cessante e/ou pensão mensal vitalícia. Precedentes. II. Extrai-se da decisão regional restar comprovada: a) a redução da capacidade laborativa, em virtude da doença psiquiátrica. Tanto o é que o INSS reabilitou o autor para nova função; b) que a doença tem origem ocupacional; c) que a parte reclamante apresenta problemas psiquiátricos desde 2008. III. Estando a parte reclamante total e permanentemente incapacitada para as funções que desempenhava, faz jus a uma pensão de 100% do valor da sua última remuneração, em atenção ao princípio do *restitutio in integrum*. IV. Recurso de revista de que se conhece e a que se dá provimento." TST. 7ª Turma. RR-1673-15.2017.5.17.0008, Rel.: Ministro Evandro Pereira Valadão Lopes, *DEJT* 30 ago. 2024.

"**Danos materiais. Pensão mensal vitalícia. Percentual de 100% da última remuneração. Incapacidade permanente e multiprofissional.** Hipótese em que o Tribunal Regional deferiu o pagamento de pensão em parcela única no importe de 100% da última remuneração pelo período entre o afastamento previdenciário e a data em que o Reclamante completaria 78 anos. Registrou que o laudo pericial foi categórico ao atestar a incapacidade parcial e permanente do autor para o exercício da atividade por ele exercida. O art. 950 do Código Civil prevê que em caso de redução da capacidade de trabalho, será devida pensão correspondente à depreciação sofrida. Igualmente, o art. 944 do mesmo diploma consigna que a indenização a ser fixada deve fazer jus à extensão do dano. Assim, quando do acidente de trabalho resulta a incapacidade de trabalho, hipótese dos autos, o valor da indenização deve ser apurado com base na incapacidade para o exercício de ofício ou profissão anteriormente exercida pelo trabalhador, e não para o exercício de outras profissões, devendo ser avaliada também a situação pessoal da vítima e a capacidade econômica do empregador. No caso, é incontroverso que o autor exercia atividade perigosa atuando como eletricista de linha viva, cuja função consiste em dar manutenção na linha de energia sem que o consumidor tenha seu serviço interrompido, trabalho permanentemente exposto ao sol. Da mesma forma, indiscutível que o laudo pericial concluiu que o reclamante ficou com sequelas de dor e ardência quando exposto ao sol, o que o impede de exercer o trabalho de eletricista de linha viva. Assim, embora o Tribunal Regional tenha concluído pela incapacidade parcial do reclamante, ele está totalmente impossibilitado de realizar a função anteriormente exercida, fazendo jus à pensão vitalícia como deferido no acórdão recorrido. Desta forma, considerando o quadro fático delineado, a condenação das reclamadas ao pagamento de pensionamento vitalício no importe de 100% é medida que se impõe, nos termos do que prevê o art. 950, caput, do Código Civil, uma vez que as sequelas adquiridas pelo empregado geraram redução total e permanente de sua capacidade laborativa para o ofício de eletricista de linha viva. Agravo de instrumento a que se nega provimento." TST. 2ª Turma. RRAg-424-90.2016.5.05.0010, Rel.: Ministra Maria Helena Mallmann, *DEJT* 29 set. 2023.

"**Acidente de trabalho. Mutilação. Incapacidade permanente para a função. Indenização.** Para caracterização da incapacidade laboral, considera-se invalidez permanente aquela que inviabiliza a aceitação da vítima no mercado de trabalho em função compatível com a formação profissional da vítima." STJ. 3ª Turma. REsp n. 240.406, Rel.: Ministro Humberto Gomes de Barros, *DJ* 1º fev. 2006.

"**Indenização. Dano material e dano moral. Acidente do trabalho. DORT (Distúrbio Osteomuscular Relacionado ao Trabalho). Art. 1.539 do Código Civil de 1916 (950 do vigente). Prova do dano. Lucros cessantes.** O art. 1.539 do Código Civil de 1916 (art. 950 do vigente), na parte final, estabelece que a pensão será correspondente à 'importância do trabalho, para que se inabilitou, ou da depreciação que ele sofreu'. Com isso, o que vale para a fixação do percentual, em princípio, é a incapacidade para o trabalho que exercia no momento do ato lesivo, pouco relevando que haja incapacidade apenas parcial para outras atividades, salvo a comprovação de que o ofendido efetivamente exerce outro emprego remunerado. A mera possibilidade de fazê-lo está fora da presunção legal." STJ. 3ª Turma. REsp n. 569.351/MG, Rel.: Ministro Carlos Alberto Menezes Direito, *DJ* 4 abr. 2005.

Se ficar caracterizada a chamada grande invalidez, situação em que o acidentado necessita de assistência permanente de outra pessoa para os cuidados pessoais ou para cumprir as tarefas domésticas que antes desempenhava, cabe incluir no cálculo da indenização os dispêndios necessários para tal fim[29]. Aliás, o acréscimo da expressão "além de algum outro prejuízo que o

29. "Tendo a vítima de acidente de trânsito ficado, em razão dos ferimentos, impossibilitada de cuidar dos afazeres da casa, faz jus ao recebimento de indenização para contratação de empregada enquanto

ofendido prove haver sofrido" no art. 949 do Código Civil de 2002 agasalha sem dúvida essa despesa adicional do acidentado[30]. Por outro lado, se essa despesa da vítima é inevitável, é justo e razoável que o ressarcimento englobe tal valor em sintonia com o princípio da *restitutio in integrum*.

Uma vez decidido que ocorreu a incapacidade permanente total e estando presentes os pressupostos da responsabilidade civil, cabe o deferimento da reparação dos danos materiais, morais, estéticos, existenciais ou a perda de uma chance, conforme o caso. A abordagem genérica dos danos como pressuposto da indenização foi feita no capítulo 8, ao qual nos reportamos. Neste tópico vamos realçar algumas questões peculiares à indenização no caso dos danos decorrentes da incapacidade permanente.

A reparação dos danos materiais nos acidentes que acarretaram incapacidade permanente, de acordo com o art. 950 do Código Civil, abrange:

1. Despesas de tratamento até o fim da convalescença;
2. Lucros cessantes também até o fim da convalescença;
3. Pensão correspondente à importância do trabalho para que a vítima se inabilitou.

Ocorrido o acidente do trabalho, sobrevém o período do tratamento médico até o fim da convalescença, ou seja, até a cura ou a consolidação das lesões[31]. Nessa etapa cabe a indenização de todas as despesas necessárias para o tratamento, bem como dos lucros cessantes que, no caso do acidente do

---

subsistir o impedimento. Tal verba não se confunde com a pensão, já deferida, decorrente da redução da capacidade laborativa." São Paulo. 1ºTACivSP. 7ª Câm. Rel.: Juiz Luiz de Azevedo. In: STOCO, Rui. *Tratado de responsabilidade civil*. 9. ed. São Paulo: Revista dos Tribunais, 2013. Tomo 2, p. 405.

30. Confira nesse sentido: GONÇALVES, Carlos Roberto. *Responsabilidade civil*. 14. ed. São Paulo: Saraiva, 2012. p. 612. Pode ser também invocado por analogia o art. 45 da Lei n. 8.213, de 24 jul. 1991, que trata dos benefícios da Previdência Social. O Anexo I do Regulamento da Previdência Social (Decreto n. 3.048/1999) relaciona as hipóteses que autorizam o pagamento do adicional previsto no art. 45: 1 — Cegueira total; 2 — Perda de nove dedos das mãos ou superior a esta; 3 — Paralisia dos dois membros superiores ou inferiores; 4 — Perda dos membros inferiores, acima dos pés, quando a prótese for impossível; 5 — Perda de uma das mãos e de dois pés, ainda que a prótese seja possível; 6 — Perda de um membro superior e outro inferior, quando a prótese for impossível; 7 — Alteração das faculdades mentais com grave perturbação da vida orgânica e social; 8 — Doença que exija permanência contínua no leito; 9 — Incapacidade permanente para as atividades da vida diária. Vale anotar, no entanto, que a reparação civil é mais ampla e não está limitada somente a tais hipóteses ou ao percentual da regra previdenciária. O parâmetro principal deve ser a reparação integral do prejuízo demonstrado.

31. "Deve ser interpretado o período da convalescença como o período necessário à cura". Cf. DIREITO, Carlos Alberto Menezes; CAVALIERI FILHO, Sérgio. *Comentários ao novo Código Civil*. 2. ed. Rio de Janeiro: Forense, 2007. v. XIII, p. 453.

trabalho, representam o valor da remuneração mensal que a vítima percebia. Como salienta Carlos Roberto Gonçalves, "as despesas do tratamento e os lucros cessantes serão mais elevados, em caso de lesão corporal de natureza grave, porque abrangem todas as despesas médicas e hospitalares, incluindo-se cirurgias, aparelhos ortopédicos, fisioterapia etc."[32]

Depois da convalescença ou da consolidação das lesões, decidindo-se pela incapacidade para o trabalho, o valor que era devido mensalmente pelo empregador como reparação dos lucros cessantes passa a ser devido a título de pensão vitalícia[33]. O art. 950 do Código Civil expressamente prevê o pagamento dos lucros cessantes até o fim da convalescença e do pensionamento a partir de então. O tema da apuração da base de cálculo do pensionamento foi abordado com vagar no capítulo 9, item 5, ao qual nos reportamos.

Se, mesmo depois de consolidadas as lesões, persistir a necessidade do tratamento médico, conforme indicação do laudo pericial, a condenação deverá prever verba para esse fim, já que a indenização do tratamento independe do valor pago a título de pensionamento pela inabilitação da vítima para o trabalho[34]. Já decidiu o STJ: "tratando-se de sequelas duradouras, que exijam tratamento contínuo e prolongado, a indenização devida ao prejudicado também deve abranger essas despesas, sendo desnecessária a propositura de novas ações."[35]

Convém enfatizar que a importância que a vítima recebe a título de aposentadoria por incapacidade permanente, da Previdência Social, não deve ser

32. GONÇALVES, Carlos Roberto. *Responsabilidade civil*. 14. ed. São Paulo: Saraiva, 2012. p. 606.

33. No ramo dos Seguros Privados, prevê a Circular n. 667/2022 da SUSEP: "Art. 70. Para cobertura de invalidez permanente por acidente que garanta o pagamento de indenização relativa à perda, à redução ou à impotência funcional definitiva, total ou parcial, de um membro ou órgão por lesão física, causada por acidente pessoal coberto, deverão ser previstos nas condições contratuais: I – critérios objetivos para apuração do valor da indenização; II – critérios para apuração do valor da indenização por perda parcial no caso de não estarem abolidas por completo as funções do membro ou órgão lesado; III – critérios para apuração do valor da indenização no caso da falta de indicação exata do grau de redução funcional; IV – critérios para apuração do valor da indenização quando do mesmo acidente resultar invalidez de mais de um membro ou órgão."

34. "*Indenização. Verba destinada às despesas de tratamento.* Segundo o disposto no art. 1.539 do Código Civil, não se confundem, sendo suscetíveis de acumulação, as despesas de tratamento e a pensão correspondente à inabilitação para o trabalho. Recurso especial conhecido, em parte, e provido." STJ. 4ª Turma. REsp n. 50.903/RJ, Rel.: Ministro Barros Monteiro, julgado em 21 fev. 1995.

35. STJ. 3ª Turma. REsp n. 651.225, Rel.: Ministro Castro Filho, julgado em 19 ago. 2004. Em outro julgamento, decidiu o STJ: "A necessidade de cirurgias reparadoras durante alguns anos justifica o deferimento de verba para custear essas despesas, mas sem a imediata execução do valor para isso arbitrado, uma vez que o numerário necessário para cada operação deverá ser antecipado pela empresa-ré sempre que assim for determinado pelo juiz, de acordo com a exigência médica. A devedora constituirá um fundo para garantir a exigibilidade dessa parcela." Cf. STJ. 4ª Turma. REsp n. 347.978/RJ, Rel.: Ministro Ruy Rosado de Aguiar, julgado em 18 abr. 2002.

deduzida da base de cálculo do pensionamento decorrente do ato ilícito, conforme já pacificado na jurisprudência[36]. A Constituição da República de 1988 estabelece claramente que o pagamento das parcelas decorrentes do seguro acidentário não exclui a indenização devida pelo empregador[37]. Para evitar repetições, reportamo-nos ao capítulo 4, item 4, no qual abordamos os fundamentos pelos quais não se compensam os proventos recebidos do INSS com o pensionamento decorrente da responsabilidade civil por acidente do trabalho.

O termo final da pensão devida à própria vítima não sofre a limitação relativa à expectativa de vida ou de sobrevida, como ocorre no caso de morte do acidentado[38]. Na incapacidade permanente, a pensão deve ser paga enquanto a vítima viver; no caso de morte, o termo final será a provável sobrevida que

36. *"Pensão mensal. Compensação com benefício previdenciário. Impossibilidade.* O Tribunal Regional condenou os réus ao pagamento da pensão mensal correspondente a 10% da remuneração do autor, sob o fundamento de que o dano material não se compensa com prestações previdenciárias. A indenização por ato ilícito decorre da responsabilidade civil e o autor do dano deverá responder integralmente por ela. O benefício previdenciário é pago porque o empregado contribuiu mensalmente para a previdência na expectativa de que na ocorrência de um risco coberto pelo seguro social não ficaria sem os meios indispensáveis de sobrevivência. Dessa forma, não é possível diminuir o valor da indenização por danos materiais do valor do benefício previdenciário, ante a finalidade distinta dos institutos, sendo que a indenização por danos materiais tem natureza reparatória enquanto o benefício previdenciário tem caráter securitário. Precedentes. Recurso de revista não conhecido." TST. 3ª Turma. AIRR n. 3595200-78.2007.5.09.0009, Rel.: Ministro Alexandre de Souza Agra Belmonte, *DJ* 18 dez. 2015.

"Civil. Acidente do trabalho. Indenização pelo direito comum. Se o empregado teve, comprovadamente, uma redução irreversível na sua capacidade auditiva, faz jus à respectiva indenização, independentemente do benefício previdenciário correspondente. Recurso especial conhecido e provido, em parte." STJ. 3ª Turma. REsp n. 419.034/RJ, Rel.: Ministro Ari Pargendler, julgado em 5 dez. 2002.

37. Constituição da República. Art. 7º, XXVIII: "seguro contra acidentes de trabalho, a cargo do empregador, *sem excluir a indenização* a que este está obrigado, quando incorrer em dolo ou culpa." De forma semelhante prevê o art. 121 da Lei n. 8.213/1991: "O pagamento, pela Previdência Social, das prestações por acidente do trabalho não exclui a responsabilidade civil da empresa ou de outrem." Aliás, a Súmula n. 229 do STF menciona que "a indenização acidentária não exclui a do direito comum...".

38. *"Recurso de revista. Pensão vitalícia. Limitação a 65 anos de idade. Pagamento em parcela única. Termo final. Transcendência política reconhecida.* 1. Em atenção ao princípio da reparação integral que norteia a responsabilidade civil, a jurisprudência desta Corte firmou entendimento de que não há limitação temporal na reparação integral do dano. Dessa forma, a reparação deve perdurar enquanto persistir a convalescença ou, em caso de incapacidade permanente, de forma vitalícia. Não havendo que se falar em limitação etária. 2. Por sua vez, quando a pensão mensal é convertida em parcela única, ocorre a redução do valor a que o reclamante teria direito em relação a pensão paga mensalmente, pois o cálculo para pagamento em cota única fica delimitado a certa idade. 3. Contudo, o Tribunal Regional, ao aplicar o lapso temporal final, adotando como parâmetro a aposentadoria por idade (65 anos), desconsiderou a jurisprudência desta Corte que se deve levar em conta a expectativa de vida da vítima do acidente de trabalho, ou doença ocupacional equiparada, com base na Tabela de Expectativa de Sobrevida do cidadão brasileiro

o acidentado teria, conforme abordado no capítulo 9, item 9.7. A duração vitalícia da pensão garante harmonia com o princípio da "reparação integral" porque a vítima, não fosse o acidente, poderia trabalhar e auferir rendimentos enquanto viva estivesse, mesmo depois de aposentada pela Previdência Social[39].

O STF já decidiu que no caso de incapacidade o pagamento deve prolongar-se "pela duração da vida da vítima, não cabendo estabelecer limite, com base na presunção de vida provável, visto que a vítima sobreviveu ao acidente"[40]. A propósito dessa questão, asseverou com propriedade Rui Stoco:

> Se a vítima sobrevive, mas fica total ou parcialmente incapacitada para o trabalho, deve receber pensão vitalícia, ou seja, enquanto viver, sem qualquer limitação

---

do IBGE. Precedentes. Recurso de revista de que se conhece e a que se dá provimento." TST. 3ª Turma. RR-25882-93.2016.5.24.0006, Rel.: Ministro Alberto Bastos Balazeiro, DEJT 24 maio 2024.

39. *"Doença ocupacional. Incapacidade total e permanente. Indenização por danos materiais sob a forma de pensão mensal. Limitação temporal. Impossibilidade* 1 – Há transcendência política quando se constata em exame preliminar o desrespeito da instância recorrida à jurisprudência majoritária, predominante ou prevalecente no TST. 2 – O Tribunal Regional reconheceu a redução total e permanente da capacidade laborativa do reclamante, o qual se encontra inclusive aposentado por invalidez, tendo sido estabelecida pensão mensal incidente sobre o valor total da última remuneração por ele percebida, limitada a 60% em razão da concausalidade verificada, porém, "até o dia em que o reclamante completar 70 anos ou falecer, sendo indevida qualquer compensação com o benefício previdenciário (aposentadoria por invalidez) recebido", sob o fundamento de que há previsão legal para a aposentadoria compulsória por idade aos 70 anos (art. 51 da Lei 8.213/1991). 3 – Entretanto, no tocante ao termo final para o pensionamento mensal, os arts. 949 e 950 do Código Civil tratam do direito ao pagamento da indenização "até ao fim da convalescença" e não estabelece limitação etária à duração do referido pagamento. 4 – O entendimento atual, notório e iterativo desta Corte Superior é de que, no caso da invalidez permanente: se a indenização por danos materiais for paga sob a forma de pensão mensal, deve ser vitalícia, não limitada a critérios de idade; por outro lado, se a pensão mensal for convertida em parcela única, deve ser limitada à expectativa de vida da vítima na data do acidente de trabalho. Julgados. 5 – No caso, não houve conversão da pensão mensal em parcela única, logo, não há se falar em limitação de critérios de idade para o pagamento da pensão mensal, que deverá ser vitalícia. 6 – Nesse contexto, há de se concluir que o TRT não observou o disposto no art. 950, caput, do Código Civil que, assim, foi violado. 7 – Recurso de revista a que se dá provimento" TST. 6ª Turma. RRAg-17506-13.2016.5.16.0016, Rel.: Ministra Katia Magalhaes Arruda, DEJT 01 jul. 2022.

40. Cf. STF. 1ª Turma. RE n. 94.429-0, Rel.: Ministro José Néri da Silveira, julgado em 30 abr. 1984. Vejam também a respeito acórdão do STJ: *"Agravo regimental no agravo em recurso especial. Responsabilidade civil. Erro médico. Intoxicação do autor por mercúrio. Necrose e amputação de dois dedos da mão. Condenação. Hospital. Pagamento. Pensão vitalícia à vítima. Não limitação da pensão à data em que a vítima completar 65 anos. Precedentes.* 1. No caso, em que não houve óbito da vítima, inexiste razão para limitar a pensão a ela devida à data em que completar 65 anos. "A estimativa de idade provável de vida para o recebimento da pensão é feita quando a indenização é pedida, por exemplo, pelos pais, em face da morte de algum filho, pois aí pode ser usada tabela do IBGE sobre qual seria a idade provável de vida da vítima. Situação diversa do presente caso, em que o agravado é a vítima e está vivo" (AgRg no Ag 1294592/SP, Rel. Ministro Aldir Passarinho Junior, Quarta Turma, julgado em 23.11.2010, *DJe* 03/12/2010) 2. Agravo regimental a que se nega provimento, com aplicação de multa." STJ. 4ª Turma. AgRg no AREsp n. 126.529/SP, Rel. Ministro Luis Felipe Salomão, *DJe* 18 abr.2012.

> temporal. E a razão é simples: se é ela incapaz hoje em razão do infortúnio, o será aos 25 anos de idade, bem como quando alcançar os 65 anos. Se hoje não tem condições de exercer uma atividade produtiva e remunerada, muito menos as terá quando estiver com idade mais avançada. Ora, nada justifica estabelecer tempo provável de vida àquele que necessitará para o resto de sua sobrevivência de amparo mensal. A ficção não pode sobrepor-se à realidade.[41]

A previsão do Código Civil de 2002, que faculta ao prejudicado exigir que a indenização, incluindo o valor do pensionamento, seja arbitrada e paga de uma só vez (art. 950, parágrafo único), será abordada separadamente no item 10.7.

Além dos danos materiais, a incapacidade permanente total autoriza o deferimento das indenizações pelos danos morais, danos estéticos, danos existenciais ou pela perda de uma chance, conforme o caso. No capítulo 8, ao qual nos reportamos, tratamos detalhadamente sobre o cabimento da reparação dessas modalidades de danos, inclusive sobre a inovação do dano extrapatrimonial, introduzido pela reforma trabalhista de 2017, no item 8.5.

10.4. INDENIZAÇÕES NO CASO DE REDUÇÃO DA CAPACIDADE

No início do tópico anterior, registramos as controvérsias quanto ao enquadramento da incapacidade, se total ou parcial, especialmente quando a perda funcional do acidentado é maior. Mencionamos também que a incapacidade no enfoque da responsabilidade civil, em princípio, deve ser avaliada tendo por referência a profissão da vítima, como literalmente aponta o art. 950 do Código Civil. Com frequência, a redução da capacidade implica o afastamento da vítima do mundo do trabalho, pela dificuldade de conseguir novo emprego[42]. Assim, para melhor compreensão deste tópico, recomendamos a leitura prévia do item anterior.

---

41. STOCO, Rui. *Tratado de responsabilidade civil*. 9. ed. São Paulo: Revista dos Tribunais, 2013. Tomo 2, p. 510.

42. "*Ação de indenização. Acidente de trabalho. Amputação parcial de membro. Danos materiais, morais e estético. Redução reconhecida na capacidade laboral. Aspecto dissociado da eventual não diminuição salarial. Pensionamento devido.* I. Diversamente do benefício previdenciário, a indenização de cunho civil tem por objetivo não apenas o ressarcimento de ordem econômica, mas, igualmente, o de compensar a vítima pela lesão física causada pelo ato ilícito do empregador, que reduziu a sua capacidade laboral em caráter definitivo, inclusive pelo natural obstáculo de ensejar a busca por melhores condições e remuneração na mesma empresa ou no mercado de trabalho. II. Destarte, ainda que eventualmente prosseguisse a empregada nas mesmas funções — o que sequer é o caso dos autos — o desempenho do trabalho com maior sacrifício em face das sequelas permanentes há de ser compensado pelo pagamento de uma pensão ressarcitória, independentemente de ter ou não havido perda financeira concretamente apurada." STJ. 4ª Turma. REsp n. 588.649/RS, Rel.: Ministro Aldir Passarinho Júnior, julgado em 2 set. 2004.

Ocorre a incapacidade parcial permanente quando, após a convalescença, consolidadas as lesões, chega-se à conclusão de que a vítima sofreu redução parcial definitiva da capacidade de trabalho, conforme apontado pelo laudo pericial. Sendo a redução parcial, a vítima poderá até ser reabilitada para exercer a mesma função ou readaptada para outra função compatível, naturalmente com menor rendimento e maior esforço.

Num primeiro passo, a medida do percentual de redução da capacidade laborativa é uma questão técnica que o médico-perito, auxiliar especializado do juízo, deverá apurar. Habitualmente, o fundamento principal utilizado no julgamento tem como base as conclusões do perito oficial. Entretanto, como enfatiza o art. 479 do CPC, o juiz não está vinculado ao laudo, podendo adotar conclusão diversa devidamente motivada ou optar pelas conclusões do assistente técnico indicado por uma das partes ou, ainda, acolher as impugnações apresentadas. Pode até mesmo determinar a realização de nova perícia quando entender que a controvérsia técnica não está suficientemente esclarecida (art. 480 do CPC). Desse modo, para bem fundamentar a decisão, deve o julgador perquirir quais os critérios utilizados pelo médico-perito para mensurar o grau ou percentual da incapacidade da vítima.

No âmbito da responsabilidade civil não há, no Brasil, tabelas ou quadros estabelecendo parâmetros oficiais para mensurar as perdas parciais da capacidade laborativa, mas essa matéria tem regulamentação detalhada no campo dos benefícios previdenciários e dos seguros privados. Cabe, portanto, uma breve notícia acerca da avaliação das perdas parciais da capacidade de trabalho sob esses dois enfoques, os quais podem ser aplicados por analogia na reparação civil, fazendo-se os necessários ajustes e ponderações.

No seguro acidentário, quando o infortúnio provoca sequelas que impliquem redução da capacidade para o trabalho habitual da vítima, é cabível a concessão do auxílio-acidente[43]. O regulamento da Previdência Social (art. 104, *caput*, do Decreto n. 3.048/1999, com a redação dada pelo Decreto 10.410/2020) esclarece que o auxílio-acidente, correspondente a 50% do salário de benefício, será concedido aos segurados quando, após a consolidação das lesões decorrentes do acidente, resultar sequela definitiva, que implique redução da capacidade para o trabalho que habitualmente exercia.

43. Lei n. 8.213, de 24 jul. 1991. Art. 86. "O auxílio-acidente será concedido, como indenização, ao segurado quando, após a consolidação das lesões decorrentes de acidente de qualquer natureza, resultarem sequelas que impliquem redução da capacidade para o trabalho que habitualmente exercia."

O Anexo III do regulamento citado, em extensa tabela composta de nove quadros, relaciona as lesões que autorizam a concessão do auxílio-acidente[44]. Segundo a doutrina, "a concessão do auxílio-acidente tornou-se hoje a questão mais controvertida no direito infortunístico brasileiro em face do poder legiferante das medidas provisórias e da confusão criada entre redução da capacidade funcional e laborativa e impedimento para o exercício de qualquer atividade."[45]

No ramo dos seguros privados, a medição da incapacidade dos acidentados é feita a partir de uma tabela antiga elaborada pela Superintendência de Seguros Privados (SUSEP), a qual indica o percentual de incapacidade permanente total ou parcial[46]. Como exemplo, a perda total do uso de uma das mãos caracteriza incapacidade parcial de 60%; a perda total da visão de um olho representa 30%; o encurtamento de um dos membros inferiores acima de cinco centímetros aponta incapacidade de 15%; a perda total do uso de um dos dedos mínimos ou um dos dedos médios caracteriza incapacidade de 12%[47]. Não se deve perder de vista, todavia, que essa tabela enquadra a incapacidade de forma genérica, sem levar em conta a profissão da vítima, diferentemente da regulamentação do auxílio-acidente do INSS, que considera a capacidade para o trabalho habitualmente exercido.

Especificamente para o cálculo das indenizações pela cobertura de incapacidade permanente do Seguro Obrigatório de Danos Pessoais causados por veículos automotores de via terrestre, ou por sua carga, a pessoas transportadas ou não (DPVAT), a Lei n. 11.945/2009 introduziu uma tabela dos danos corporais totais ou segmentares, cuja utilização também poderia ser útil para auxiliar o perito no arbitramento do grau de incapacidade da vítima do acidente do trabalho. Entretanto, a tabela da Lei n. 11.945 foi revogada expressamente pela Lei Complementar n. 207, de 16 de maio de 2024, que criou o Seguro Obrigatório para Proteção de Vítimas de Acidentes

44. Para facilitar a consulta, reproduzimos o inteiro teor da referida tabela como Anexo VII, no final deste livro.

45. MONTEIRO, Antônio Lopes; BERTAGNI, Roberto Fleury de Souza. *Acidentes do trabalho e doenças ocupacionais*. 5. ed. São Paulo: Saraiva, 2009. p. 45. De forma semelhante, sustenta *Hertz Costa* que o auxílio-acidente tornou-se um benefício polêmico e fonte de infindáveis discussões judiciárias. Cf. *Acidentes do trabalho na atualidade*. Porto Alegre: Síntese, 2003. p. 111.

46. A SUSEP é uma autarquia federal, vinculada ao Ministério da Fazenda, responsável pelo controle e fiscalização dos mercados de seguro, previdência privada aberta, capitalização e resseguro.

47. Para facilitar a consulta, reproduzimos o inteiro teor da Tabela da SUSEP, adotada pela Circular n. 029 de 20 dez. 1991, como Anexo VIII, no final deste livro. Vale esclarecer que a Circular SUSEP n. 302, de 19 de setembro de 2005, revogou a mencionada Circular n. 029/1991, mas manteve em vigor a Tabela daquela norma. Contudo, a Circular SUSEP 667/2022 revogou expressamente a Circular 302/2005. Assim, a Tabela, mesmo sendo aplicada ostensivamente e incorporada nos contratos de seguros privados, não tem mais conteúdo normativo no âmbito da SUSEP.

de Trânsito (SPVAT) para substituir o antigo DPVAT da Lei n. 6.194/1974. Os valores das indenizações agora serão estabelecidos pelo Conselho Nacional de Seguros Privados (CNSP), conforme previsto no art. 2º, § 1º, da LC n. 207/2024.

Tende a ganhar maior aceitação no Brasil, pelo amplo detalhamento e pela análise das diversas variáveis, a Classificação Internacional de Funcionalidade, Incapacidade e Saúde, aprovada por 191 países durante a 54ª Assembleia Mundial da Organização Mundial de Saúde, realizada em maio de 2001. Essa classificação substituiu documento anterior de 1976 que fazia a divisão das situações resultantes das doenças ou acidentes em deficiência, incapacidade e desvantagem. Inspirado na referida Classificação Internacional de Funcionalidade e no Guia Baremo de Avaliação das Lesões Físicas e Psíquicas adotado pela União Europeia, foi promulgado em Portugal o Decreto-Lei n. 352/2007, que aprovou duas tabelas para apuração das incapacidades: 1. Tabela Nacional de Incapacidades por Acidentes de Trabalho e Doenças Profissionais; 2. Tabela Nacional para Avaliação de Incapacidades Permanentes em Direito Civil.[48]

Sem dúvida, as diversas tabelas podem oferecer subsídios importantes para o enquadramento da incapacidade parcial, mas a análise da questão nos domínios da responsabilidade civil agrega outros pressupostos importantes. Diferentemente do benefício acidentário e dos seguros privados, a indenização por responsabilidade civil busca a reparação total do prejuízo, considerando o multicitado princípio da *restitutio in integrum* ou da equivalência matemática. Os arts. 949 e 950 do Código Civil asseguram claramente que a indenização abrange: despesas de tratamento, lucros cessantes até o fim da convalescença, pensão correspondente à importância do trabalho para o qual a vítima se inabilitou, além de algum outro prejuízo que o ofendido prove haver sofrido, como são os casos dos danos morais, estéticos, existenciais ou perda de uma chance.

Cabe ao perito oficial "avaliar em cada caso a repercussão do prejuízo funcional na execução das operações e atividades implicadas na função", bem como "avaliar qualitativa e quantitativamente o dano causado no patrimônio físico e psíquico — um dos elementos que servem de base para o arbitramento da indenização."[49] Os peritos judiciais que atuam na Justiça do Trabalho,

48. Publicado no Diário da República do dia 23 de outubro de 2007, a partir da p. 7.715, com vigência desde 23 de janeiro de 2008. Disponível em: <https://dre.pt/dre/detalhe/decreto-lei/352-2007-629107>. Acesso em 15 jan. 2022.

49. BRANDIMILLER, Primo A. *Perícia judicial em acidentes e doenças do trabalho*. São Paulo: Senac, 1996. p. 169 e 200.

normalmente, arbitram o percentual de incapacidade do acidentado com fundamento apenas na tabela da SUSEP, até por falta de uma tabela específica para mensurar danos corporais no Brasil. Desse modo, cabe ao julgador, ao apreciar o caso concreto, promover os devidos ajustes acima mencionados para fixar a indenização adequada, mormente porque a referida tabela, adotada no já distante ano de 1991, é bem limitada e não foi concebida com o propósito de alcançar a reparação integral dos danos pessoais. Nesse sentido cabe mencionar artigo do médico e advogado, Dr. Valter Gurfinkel:

> A Tabela da SUSEP não pode ser utilizada em perícias médicas para determinar o grau de incapacidade laborativa após doença ou acidente, pois considera somente a redução do patrimônio físico do indivíduo para fins exclusivamente securitários, de forma arbitrária e genérica. Os valores descritos nesta tabela, expressos em percentagem, baseiam-se apenas na importância segurada, e não em parâmetros reais de incapacidade funcional de determinado órgão ou sistema. Seus critérios, extremamente simplistas por não levar em consideração as características funcionais e profissionais específicas e individuais no caso concreto, tornam inaplicável sua utilização para determinação da redução da capacidade laborativa efetiva nos casos de doença ou acidente, especialmente em perícias judiciais[50].

Alguns peritos afirmam que a SUSEP elaborou apenas uma "tabela ortopédica para fins securitários". Em cuidadoso artigo doutrinário sobre a utilização da tabela da SUSEP no arbitramento de pensão mensal acidentária, Cristine Cunha e Raimundo Simão concluíram:

> A utilização dos percentuais de incapacidade oriundos da tabela da SUSEP, para os casos de incapacidade parcial decorrentes de acidentes do trabalho, não parece ser a opção mais acertada, notadamente porque essa tabela não se pauta pelo princípio da reparação integral e se utiliza de parâmetros genéricos de acordo com a parte do corpo atingida, sem considerar as aptidões laborais da vítima e sua atividade habitual. Não obstante isso, mas de forma contraditória, ao mesmo tempo que a jurisprudência sinaliza que a incapacidade indenizável deve ser aferida tendo como base a profissão da vítima, o parâmetro que mais aparece nos processos que chegam ao Tribunal Superior do Trabalho (TST) é o da tabela da SUSEP. A jurisprudência da Corte, ainda esparsa quanto à validade de utilização dessa referência na quantificação da pensão decorrente de acidente de trabalho, sinaliza que a aplicação dos percentuais dessa tabela não pode se dar de forma isolada, devendo o julgador ponderar outros critérios, principalmente as especificidades da atividade exercida pela vítima e sua incapacidade

---

50. GURFINKEL, Valter. A Tabela da SUSEP e suas limitações em perícias médicas. Disponível em <https://www.medicosperitos.com.br/artigos/49/A-Tabela-da-SUSEP-e-suas-limitacoes-em-pericias-medicas>. Acesso em 23 fev. 2023.

> para a atividade exercida quando do acidente ou doença que causaram o dano a ser indenizado.[51]

Cabe mencionar que a Circular SUSEP n. 667/2022 revogou expressamente a Circular n. 302/2005, que assegurava a vigência da referida Tabela de Invalidez Permanente, criada pela antiga Circular n. 029/1991. Com efeito, a tão mencionada e tradicional "Tabela da SUSEP" não tem mais vigência no âmbito daquela autarquia federal. A mudança ocorreu em razão do novo marco regulatório do setor de seguros, advindo da Lei n. 13.874/2019, a respeito da liberdade econômica.

Importante registrar que a Associação Brasileira de Medicina Legal e Perícia Médica – ABMLPM lançou, em setembro de 2024, a "Tabela Brasileira de Medicina Legal e Perícia Médica".[52] A Coordenadora Nacional da Tabela, Dra. Viviam Paula Lucianelli Spina, explicou que para elaboração do documento foi criado um grupo de trabalho com mais de 50 médicos especialistas em Medicina Legal e perícia médica das cinco regiões do Brasil. Acrescentou que a tabela é composta por 10 capítulos, divididos por Sistemas e órgãos do corpo humano e teve como referência técnica-científica as tabelas internacionais consagradas e as tabelas nacionais, com adequação ao contexto sociocultural atual da nação.[53]

Louvamos a iniciativa pioneira da ABMLPM de lançar a "Tabela Brasileira de Medicina Legal e Perícia Médica" e estamos na real esperança de que o tempo possa respaldar e confirmar os propósitos científicos da sua elaboração. A consolidação perante a comunidade dos médicos do trabalho e do Poder Judiciário de uma Tabela Brasileira dá mais uniformidade no deferimento das reparações, visto que evita as avaliações periciais com acentuado teor opinativo ou excesso de subjetivismo. Além disso, proporciona ao julgador mais segurança para arbitrar a indenização cabível.

Ainda que o acidentado permaneça no emprego, exercendo a mesma função, é cabível o deferimento da indenização, porquanto, "mesmo se o trabalho desempenhado não sofrer, na prática, diminuição na qualidade e intensidade, o dano precisa ser ressarcido, eis que a limitação para as atividades humanas

---

51. CUNHA, Cristine Helena; MELO, Raimundo Simão. A utilização da Tabela da SUSEP como parâmetro de arbitramento da pensão mensal decorrente de acidente do trabalho: uma contradição jurisprudencial. *In* FELICIANO, Guilherme Guimarães; MELO, Raimundo Simão (Org.) *Meio ambiente de trabalho em tempos de pandemia*. Campinas: Lacier Editora, 2021. p. 65.

52. Informações sobre a tabela podem ser obtidas no seguinte link: <https://abmlpm.org.br/noticias/tabela-brasileira-para-apuracao-do-dano-corporal/>. Acesso em 30 dez. 2024.

53. Disponível em: <https://www.jusbrasil.com.br/artigos/lancada-a-tabela-brasileira-para-a-apuracao-do-dano-corporal/2743539892>. Acesso em 30 dez. 2024.

é inconteste. Talvez continue no mesmo trabalho, mas é viável que resulte a impossibilidade para a admissão em outro que propicie igual padrão de rendimentos."[54] Nessa mesma linha de raciocínio pontuam Gustavo Tepedino e colaboradores: "A lesão raras vezes gera uma imediata redução salarial. A diminuição da capacidade laborativa repercutirá, pouco a pouco, na estagnação profissional, na perda de oportunidades, na ausência de promoções e na indiferença do mercado em relação à vítima."[55]

Em sintonia com esse entendimento, o Tribunal Regional do Trabalho da 15ª Região aprovou tese, em 2020, no julgamento de Incidente de Resolução de Demandas Repetitivas- IRDR, com o seguinte teor: "**Tese em IRDR n. 2**: Direito do trabalhador ao recebimento de indenização por danos materiais, modalidade pensionamento, decorrente de redução, ainda que parcial, da capacidade laborativa, em virtude de acidente de trabalho ou moléstia profissional, nos casos em que o contrato de trabalho permanece em vigência. Aplicação dos arts. 402 e 950, Código Civil".[56] No mesmo sentido, cabe registrar, ainda, importante decisão da Seção Uniformizadora do TST, adotada em 2022:

> "**Recurso de Embargos. Interposição sob a égide da Lei 13.015/2014. Doença ocupacional. Estabilidade provisória. Reintegração. Percepção cumulada de salário e de indenização por dano material (pensão mensal). Possibilidade**. 1. Trata-se, no caso dos autos, de empregado que, em decorrência de doença ocupacional, está incapacitado para o exercício da função para a qual contratado. 2. É devido, pois, na hipótese, o pagamento de pensão mensal, a partir da data da consolidação das lesões, nos termos do art. 950 do CC. 3. Não se desconsidera que na instância ordinária foi determinada a reintegração do reclamante, "em funções compatíveis à sua limitação funcional e habilidades físicas", com fundamento em norma coletiva em que assegurada garantia no emprego aos trabalhadores acometidos de doença ocupacional. 4. Tal circunstância não altera, contudo, o termo inicial da indenização por dano material. É que os salários do período de reintegração e a pensão mensal possuem natureza jurídica e fatos geradores distintos. Com efeito, o direito à pensão mensal emana do dano sofrido pelo empregado, decorrente de doença ocupacional, e possui fundamento

54. RIZZARDO, Arnaldo. Responsabilidade civil: Lei n. 10.406, de 10.1.2002. Rio de Janeiro: Forense, 2005. p. 232. Também nesse sentido decidiu o STJ: "*Responsabilidade civil. Acidente no trabalho. Direito comum. Redução da capacidade laborativa. Perda de dedos da mão esquerda. Retorno às atividades profissionais. Irrelevância.* Ainda que tenha retornado o obreiro às mesmas funções, o desempenho do trabalho com maiores sacrifícios e a dificuldade natural de obter melhores condições no futuro justificam o pagamento de pensão ressarcitória, independentemente de ter havido ou não perda financeira concretamente apurada (REsps ns. 402.833-SP e 588.649-RS)." 4ª Turma. REsp n. 536.140/RS. Rel.: Ministro Barros Monteiro, *DJ* 17 abr. 2006.
55. TEPEDINO, Gustavo; BARBOZA, Heloisa Helena; MORAES, Maria Celina Bodin de. *Código Civil interpretado conforme a Constituição da República*. Rio de Janeiro: Renovar, 2006. v. II, p. 877.
56. Cf. Resolução Administrativa nº 010/2020, de 17 nov. 2020, *DEJT* 30 nov. 2020.

no instituto da responsabilidade civil (arts. 186 e 927 do CC). A remuneração percebida pelo empregado reintegrado, por outro lado, tem natureza trabalhista e decorre diretamente da prestação de serviços em benefício da reclamada. Não há óbice, pois, à percepção dessas duas parcelas de forma cumulada. Recurso de embargos conhecido e provido." TST. SBDI-I. E-RR-21100-76.2009.5.02.0434, Rel.: Ministro Hugo Carlos Scheuermann, *DEJT* 09 dez. 2022.

De qualquer modo, como já mencionado, não está o julgador circunscrito às conclusões da perícia. A decisão judicial será proferida a partir do laudo pericial, mas conjugada com as outras provas dos autos, com a realidade da vida e todas as demais circunstâncias e singularidades que envolvem a pessoa do acidentado.

Uma perda, apontada pelo perito, de 50% da capacidade laborativa, por exemplo, não deve ser apreciada como uma questão de simples percentual, com o rigor inflexível das ciências exatas. Não basta medir a lesão isoladamente fora do contexto dos atributos, da idade, da formação profissional, do local de residência e das limitações da pessoa lesada. É necessário visualizar o acidentado, agora vítima de deficiência irreversível, na busca de emprego ou de atividade rentável na sua área de atuação profissional, na região onde reside, com as dificuldades de deslocamento e acessibilidade, em um mercado de trabalho cada vez mais seletivo e competitivo.

Uma vez decidido que ocorreu a incapacidade permanente parcial e estando presentes os pressupostos da responsabilidade civil, cabe o deferimento da reparação dos danos materiais, morais, existenciais e estéticos, conforme o caso.

O cálculo e as particularidades das indenizações cabíveis nas hipóteses de incapacidade permanente foram abordados no item anterior, ao qual nos reportamos para evitar repetições. A diferença, quando ocorre a redução ou depreciação da capacidade de trabalho, conforme estabelece o art. 950 do Código Civil, reside no cálculo proporcional do valor da pensão, que deverá observar o percentual arbitrado a respeito da incapacidade permanente parcial. Assim, se o laudo pericial, acolhido pelo julgador, indicar que o reclamante teve, por exemplo, redução da capacidade de trabalho de 30%, cabe o deferimento, em princípio, de uma pensão mensal vitalícia também correspondente a 30% da sua remuneração habitual.

Também na incapacidade parcial a indenização abrangerá todas as despesas de tratamento e lucros cessantes até a data da alta médica ou da cessação do benefício acidentário, quando a vítima estará apta a retornar ao trabalho, mesmo com as limitações parciais sofridas. Observa Carlos Roberto Gonçalves que "o pagamento dos lucros cessantes deve ser feito de modo integral até a obtenção da alta médica, ou seja, até que a vítima esteja em condições de retornar ao trabalho normal. Daí por diante, corresponderá a uma porcentagem do salário que deveria receber normalmente, proporcional à redução de sua capacidade laborativa."[57]

Depois da cessação do auxílio por incapacidade temporária acidentário, a indenização dos lucros cessantes passará a ser paga a título de pensão vitalícia, porém com a redução fixada em razão da parcial incapacidade. Como já anotamos, se, mesmo depois de cessado o afastamento, houver necessidade de prosseguir no tratamento, os dispêndios deverão ser igualmente suportados pelo causador do dano.

A previsão do Código Civil de 2002, que faculta ao acidentado exigir que a indenização, incluindo o pensionamento, seja arbitrada e paga de uma só vez (art. 950, parágrafo único), será abordada separadamente no item 10.7.

Além dos danos materiais, a incapacidade permanente parcial também pode ensejar o deferimento da indenização dos danos morais, danos estéticos, existenciais ou perda de uma chance, conforme o caso. No capítulo 8, itens 8.4 a 8.8, aos quais nos reportamos, abordamos detalhadamente o cabimento das reparações dessas modalidades de danos.

10.5. DEDUÇÕES CABÍVEIS

Dos valores fixados a título de indenização por acidente do trabalho sem óbito, cabe algum abatimento ou dedução em favor do réu?

Se o empregador por força de lei, negociação coletiva ou mesmo por livre iniciativa contrata seguro privado para cobertura dos riscos a que estão expostos os seus empregados, arcando com os custos dessa contratação, é imperioso concluir que, em caso de deferimento de indenização pelo acidente do trabalho, cabe a dedução das parcelas garantidas ou pagas pela seguradora. Também está pacificado o entendimento de que cabe deduzir da indenização o valor que a vítima recebeu do seguro DPVAT/SPVAT: "Súmula n. 246 do STJ — O valor do seguro obrigatório deve ser deduzido da indenização judicialmente fixada." Entretanto, segundo entendimentos recentes do Colendo TST, não cabe o referido abatimento quando se tratar de indenizações por danos morais, nos acidentes do trabalho em que for reconhecida a conduta culposa do empregador.

O tema dos abatimentos cabíveis foi trabalhado com mais vagar no item 9.2.4 do capítulo anterior, ao qual nos reportamos para evitar repetições, mormente em razão da identidade de fundamentos para as deduções nos acidentes com ou sem óbito.

57. GONÇALVES, Carlos Roberto. *Responsabilidade civil*. 14. ed. São Paulo: Saraiva, 2012. p. 611.

10.6. POSSIBILIDADE DE REVISÃO DO PENSIONAMENTO

O valor fixado para a pensão mensal concedida à própria vítima, nos casos de incapacidade permanente, total ou parcial, derivada do acidente do trabalho, pode ser revisto ou prevalece a imutabilidade da coisa julgada?

Esse questionamento tem inspiração no preceito do art. 1.699 do Código Civil, que estabelece: "Se, fixados os alimentos, sobrevier mudança na situação financeira de quem os supre, ou na de quem os recebe, poderá o interessado reclamar ao juiz, conforme as circunstâncias, exoneração, redução ou majoração do encargo."

Conforme já analisado no capítulo 9, item 9.3, o pensionamento derivado da responsabilidade civil por acidente do trabalho não tem natureza jurídica de alimentos no sentido adotado pelo Direito de Família. Consequentemente, não resta espaço para revisão do valor arbitrado, com base no art. 1.699 mencionado, porque a pensão aqui tem natureza reparatória, cujo propósito é o ressarcimento integral do prejuízo da vítima. Não há vínculo necessário do montante da pensão com a situação econômica ou financeira do empregador, nem com as necessidades do acidentado, como indica o art. 1.694, § 1º, do Código Civil.

Com efeito, consideramos equivocada e contrária a todo o entendimento doutrinário a redação do art. 475-Q, § 3º do CPC/1973, introduzida pela Lei n. 11.232/2005 e repetida no art. 533, § 3º do CPC/2015, que estabelece: "Se sobrevier modificação nas condições econômicas, poderá a parte requerer, conforme as circunstâncias, redução ou aumento da prestação." Se o Código Civil determinou o ressarcimento integral dos danos incluindo outros prejuízos que o ofendido prove haver sofrido (art. 949), não faz sentido a revisão do valor da prestação de natureza reparatória em razão da mudança das condições econômicas da vítima ou do réu.

Entendemos que a interpretação do parágrafo 3º retromencionado deverá ser feita de forma sistemática, em harmonia com o *caput* do art. 533, cujo objetivo centra-se na constituição de capital para garantir o pagamento da pensão. Assim, a "modificação econômica" deve ser entendida como a alteração do patrimônio do réu que possa colocar em risco o pagamento da pensão mensal. Nessa hipótese, a parte deve estar vigilante para pedir o reforço da garantia com o propósito de assegurar o cumprimento futuro do pensionamento mensal. Como bem pondera Humberto Theodoro em outra passagem, "a lei não tem força, no tratar categorias jurídicas, de contrariar a natureza das coisas. A palavra final não é a do legislador, mas a da ciência jurídica."[58]

---

58. THEODORO JÚNIOR, Humberto. *Comentários ao novo Código Civil*. Rio de Janeiro: Forense, 2003. v. III, t. 2, p. 158.

Todavia, é possível veicular o pedido revisional do valor do pensionamento, em ação distinta, mas por outros fundamentos. A pensão mensal como ressarcimento dos danos, correspondente à importância do trabalho para que o acidentado se inabilitou (art. 950 do Código Civil), foi estabelecida a partir do estado em que este se encontrava no fim da convalescença, após a consolidação das lesões. No entanto, em se tratando de relação jurídica de trato continuado, sobrevindo modificação no estado de fato ou de direito da vítima, qualquer das partes poderá pedir a revisão do valor fixado na sentença, conforme previsto no CPC/2015[59].

Desse modo, se o acidentado teve a pensão vitalícia deferida em razão de incapacidade permanente parcial, mas com o passar do tempo constata que sua capacidade residual de trabalho diminuiu ou desapareceu, poderá pedir a revisão para aumentar o valor arbitrado. Por outro lado, se a vítima foi considerada totalmente inválida, mas obteve êxito na readaptação profissional, desenvolvendo regularmente atividade remunerada, mesmo na condição de deficiente, poderá o réu pedir a redução do valor do pensionamento. A recuperação inesperada da vítima (*mudança no estado de fato*) fez desaparecer ou reduzir o prejuízo mensal proveniente do antigo acidente do trabalho[60].

Considerando a importância crescente da ação revisional nos acidentes do trabalho, resolvemos abordar com maior profundidade as diversas variáveis do tema no capítulo 12, ao qual nos reportamos.

10.7. OPÇÃO DO ACIDENTADO PELO PAGAMENTO INTEGRAL

O parágrafo único do art. 950 do Código Civil de 2002 introduziu importante modificação normativa quando estabeleceu: "O prejudicado, se preferir, poderá exigir que a indenização seja arbitrada e paga de uma só vez."

Esse dispositivo rompeu longa tradição que determinava o pagamento parcelado com o propósito de substituir o rendimento mensal da vítima pela pensão de valor equivalente, garantindo-se o cumprimento da obrigação pela

59. CPC. Art. 505. "Nenhum juiz decidirá novamente as questões já decididas, relativas à mesma lide, salvo: I — se, tratando-se de relação jurídica de trato continuado, sobreveio modificação no estado de fato ou de direito; caso em que poderá a parte pedir a revisão do que foi estatuído na sentença;"

60. Aliás, no âmbito da Previdência Social, diante dessas possibilidades de alteração, prevê o art. 71 da Lei n. 8.212/1991: "O Instituto Nacional do Seguro Social — INSS deverá rever os benefícios, inclusive os concedidos por acidente do trabalho, ainda que concedidos judicialmente, para avaliar a persistência, atenuação ou agravamento da incapacidade para o trabalho alegada como causa para a sua concessão." Se for constatada a recuperação da capacidade para o trabalho, o INSS deverá cessar o benefício, conforme especificado no art. 49 do Decreto n. 3.048/1999, com a redação atualizada pelo Decreto n. 10.410/2020.

constituição de capital, de acordo com o previsto no art. 533 do CPC. Em conferência proferida no ano de 1985, a respeito do Projeto de Lei que resultou no Código Civil atual, o mestre Aguiar Dias posicionou-se contrário à inovação:

> Autoriza-se o prejudicado a exigir a avaliação e o pagamento da reparação de uma só vez, o que nos parece inconveniente. A orientação atualmente seguida, no sentido de parcelamento da indenização, atende a interesse do credor e do devedor e, ainda, a um interesse social, o da prevenção da dilapidação da reparação global. O Projeto TUNC, de seguro dos acidentes de trabalho na França, contempla a modalidade do pensionamento, em vez da entrega da quantia integral.[61]

Com pensamento semelhante, o civilista Rui Stoco demonstra perplexidade diante dessa alteração. Em longo arrazoado aponta, em síntese, as seguintes objeções: o abalo financeiro ou mesmo a insolvência que pode sofrer o réu, pelo desembolso de uma só vez de um pensionamento que seria devido por décadas; a possibilidade de o acidentado inválido dissipar em pouco tempo o montante da indenização recebida com bens supérfluos ou em outras despesas aleatórias; o incentivo à transação de um direito de natureza alimentar, praticamente transformando-o em reparação por danos morais; a possibilidade de serem deferidas reparações com valores reduzidos, pois não foi indicado um critério para o juiz "arbitrar" a indenização; há um conflito entre esse dispositivo e o art. 533 do CPC, que trata de garantia do pensionamento mensal[62].

Aliás, Arnaldo Rizzardo defende que a opção pelo pagamento de uma só vez abrange tão somente as despesas de tratamento e lucros cessantes, argumentando que se a pensão tem sua causa na inabilitação para o trabalho ou sua depreciação, importando em pagamento que se vai prolongando no tempo, não cabe a pretensão de pagamento imediato, envolvendo as prestações futuras. Assevera que as pensões que se protraem no futuro somente oportunizam a sua postulação na medida em que vencerem; do contrário, não viria consignada a satisfação por meio de pensão, cujo termo expressa o valor de uma renda que se paga periodicamente[63].

Apesar das bem fundamentadas objeções, o Código Civil faculta ao prejudicado, de forma expressa, a opção de exigir o pagamento da indenização de uma só vez. Asseveram Menezes Direito e Sérgio Cavalieri que a opção

---

61. DIAS, José de Aguiar. *Da responsabilidade civil*. 10. ed. Rio de Janeiro: Forense, 1995. v. 1, p. 39.
62. STOCO, Rui. *Tratado de responsabilidade civil*. 9. ed. São Paulo: Revista dos Tribunais, 2013. Tomo 2, 505-507.
63. RIZZARDO, Arnaldo. *Responsabilidade civil*: Lei 10.406, de 10.01.2002. Rio de Janeiro: Forense, 2005. p. 236.

"depende, apenas, da vontade do prejudicado. A nosso entender, o autor do dano não pode obstar a opção da vítima, nem o Magistrado pode negá-la. Como está disposto, somente a vítima pode fazer a opção. E esta pode já estar contida no pedido inaugural que, igualmente, pode ser alternativo, isto é, a própria vítima pode deixar a critério do juiz decidir o que é melhor. Mas o importante é considerar que a vontade do lesado é que conta."[64]

A I Jornada de Direito Civil, promovida pelo Centro de Estudos Judiciários do Conselho da Justiça Federal, em 2002, em Brasília, adotou o Enunciado n. 48, com o seguinte teor: "Art. 950, parágrafo único: o parágrafo único do art. 950 do novo Código Civil institui direito potestativo do lesado para exigir pagamento da indenização de uma só vez, mediante arbitramento do valor pelo juiz, atendido o disposto nos artigos 944 e 945 e à possibilidade econômica do ofensor." Já por ocasião da IV Jornada de Direito Civil, também promovida pelo Centro de Estudos Judiciários da Justiça Federal em 2006, foi adotado o Enunciado n. 381 no mesmo sentido de flexibilizar racionalmente a aplicação do referido dispositivo: "O lesado pode exigir que a indenização, sob a forma de pensionamento, seja arbitrada e paga de uma só vez, salvo impossibilidade econômica do devedor, caso em que o juiz poderá fixar outra forma de pagamento, atendendo à condição financeira do ofensor e aos benefícios resultantes do pagamento antecipado."

Entendemos que a possibilidade de exigir o pagamento de uma só vez fica restrita aos casos do pensionamento devido à própria vítima, ou seja, quando ocorre incapacidade permanente total ou parcial. Ao se analisar a localização topográfica do parágrafo e considerando a técnica de elaboração legislativa, pode-se perceber que a faculdade só tem aplicação na hipótese indicada no *caput* do art. 950 do Código Civil. Desse modo, não cabe a exigência do pagamento único no caso de pensão devida aos dependentes pela morte do acidentado, como previsto no art. 948 do Código Civil.[65]

---

64. DIREITO, Carlos Alberto Menezes; CAVALIERI FILHO, Sérgio. *Comentários ao novo Código Civil*. 2. ed. Rio de Janeiro: Forense, 2007. v. XIII, p. 458-459.

65. *"Recurso de Revista interposto pela parte reclamante. Acórdão regional. Publicação antes da vigência da Lei nº 13.015/2014. Acidente de trabalho. Indenização por dano material. Pensão mensal. Parcela única. Impossibilidade.* I. É jurisprudência pacificada nesta Corte Superior que, em se tratando de pedido de pensão mensal decorrente de falecimento do empregado em razão do exercício do contrato de trabalho, inaplicável o art. 950 do CC, haja vista a existência de dispositivo específico que remete à "prestação de alimentos", aplicando-se, por conseguinte, o disposto no art. 948, II, do CC. II. O Tribunal Regional, ao reformar a sentença e condenar a parte reclamada ao pagamento da pensão mensal em favor dos autores, o fez com base no entendimento firmado por esta Corte Superior de que o art. 950 do Código Civil não vincula o Juízo que pode, no caso concreto e discricionariamente, arbitrar a pensão de forma mensal ou em parcela única, haja

Apenas para argumentar, se fosse cabível deferir o pagamento da pensão de uma só vez a cada um dos dependentes econômicos do acidentado morto, haveria no arbitramento do valor um cálculo complexo e impreciso, com diversas variáveis e resultados distintos, porquanto cada dependente teria um limite temporal diferente para auferir o rendimento. Além disso, haveria o risco de transformar o pagamento da pensão aos dependentes econômicos em verba de natureza patrimonial que seria dividida igualmente entre os herdeiros, dependentes ou não do acidentado, com possível prejuízo dos verdadeiros credores da pensão[66].

Questão tormentosa para o julgador é o estabelecimento de um critério justo para o arbitramento do valor a ser pago acumuladamente, ponto não esclarecido no texto legal. O primeiro pensamento a respeito — a nosso ver equivocado — sugere que o cálculo deveria considerar a expectativa de sobrevida da vítima, como acontece no caso de morte do acidentado[67]. Assim, se um pedreiro com 25 anos, que recebia remuneração média de R$ 3.000,00 por mês, sofreu acidente do trabalho em 2023 que acarretou incapacidade permanente total, temos que a sua expectativa de sobrevida será de mais 50,5 anos, conforme tabela oficial do IBGE. Consequentemente, a indenização a ser paga deveria considerar a remuneração de 656,5 meses, já incluindo o 13º salário, o que resultaria num valor de R$ 1.969.500,00.

---

vista que o parágrafo único do dispositivo em comento não constitui direito subjetivo da parte, mas tão somente uma opção que deverá ser levada em consideração quando da condenação. III. Observe, no entanto, que o art. 950 do CC tem reflexo nos casos em que o obreiro é a própria parte reclamante que ajuíza a demanda em razão da lesão sofrida em decorrência do contrato de trabalho. IV. No caso vertente, tem-se a ocorrência de ação proposta pelos dependentes – companheira e filhos menores do empregador- do empregado falecido, óbito registrado como em decorrência de acidente de trabalho, tendo a Corte Regional declarada a responsabilidade objetiva da empregadora pelo evento danoso, decisão mantida por esta Corte Superior. V. Recurso de revista de que não se conhece." TST. 7ª Turma. RR-88100-41.2011.5.17.0132, Rel.: Ministro Evandro Pereira Valadão Lopes, DEJT 28 out. 2022.

66. "*Embargos em recurso de revista. Interposição sob a égide da Lei n. 13.015/2014. Acidente do trabalho com óbito. Indenização por danos materiais. Pagamento em parcela única. Impossibilidade. Inaplicabilidade do art. 950, parágrafo único, do CC.* A faculdade prevista no parágrafo único do art. 950 do CC, de exigir que a indenização por danos materiais seja paga em parcela única, é conferida ao empregado que, em decorrência de acidente do trabalho, está incapacitado para o trabalho de forma permanente, total ou parcialmente. Em casos como o dos autos, de acidente do trabalho com óbito, o pagamento de indenização por danos materiais aos dependentes do ex-empregado está assegurado no art. 948, II, do CC, que se refere à "prestação de alimentos às pessoas a quem o morto os devia, levando-se em conta a duração provável da vida da vítima", não havendo amparo legal para o seu pagamento de uma única vez. Recurso de embargos conhecido e provido." TST. SBDI-I. E-ED-ED-ARR n. 407-91.2011.5.15.0029, Rel.: Ministro Hugo Carlos Scheuermann, *DEJT* 15 dez. 2017.

67. Ver item 9.7 do capítulo 9 *retro*.

Se para a vítima o pagamento de uma só vez significa uma antecipação de receita, abrangendo todo o período da sua provável sobrevida, para o empregador representa concentrar as despesas de mais de 50 anos num único desembolso. Para o acidentado, no exemplo acima, o valor atinge uma pequena fortuna que exige habilidades para ser bem administrada e preservada; por outro lado, para aproximadamente 90% dos empregadores, esse montante poderá dificultar a continuidade dos negócios ou mesmo determinar o fechamento da empresa.

Além disso, com base ainda no exemplo citado, se a vítima aplicar o valor da indenização recebida no mercado financeiro, mesmo em investimentos considerados conservadores, certamente obterá um retorno de pelo menos 0,8% ao mês — um rendimento por volta de cinco vezes superior ao salário mensal até então recebido —, o que não deixa de ser um enriquecimento indevido. Como se percebe, na grande maioria das ações indenizatórias, o pagamento da pensão de uma só vez poderá trazer muitas dificuldades e embaraços para o julgador e para as partes.

Entendemos que, em linha de princípio, a opção da vítima pelo pagamento antecipado não deve gerar para o causador do dano um ônus maior do que representaria o pagamento feito na forma de pensionamento. É razoável interpretar a previsão legal "a indenização seja arbitrada e paga de uma só vez" como um indicativo de que, na fixação do valor indenizatório pelo julgador, deve ser adotado um critério de justiça do caso concreto (daí o verbo arbitrar), sem vinculação necessária com os rendimentos acumulados na provável sobrevida da vítima. Ainda assim, mesmo com toda a ponderação do magistrado, o arbitramento não deixa de ser, a longo prazo, arriscado para a vítima e, de imediato, muito oneroso para o empregador.

Também não se pode olvidar que o pagamento único — correspondente a vários anos de pensão — deve provocar, necessariamente, ajustamentos no valor a ser arbitrado. Da mesma forma que o pagamento com atraso implica acréscimos pela mora, a quitação antecipada deve gerar abatimento proporcional dos juros, até porque o credor poderá aplicar logo o montante recebido, auferindo, de imediato, os respectivos rendimentos. Nesse sentido, aliás, o art. 77 da Lei n. 11.101/2005 estabelece que a decretação da falência determina o vencimento antecipado das dívidas do devedor, *com o abatimento proporcional dos juros*. Também a Lei n. 6.404/1976, que trata das sociedades por ações, estabelece regras para avaliação dos ativos e passivos no balanço, quais sejam: os elementos do ativo decorrentes de operações de longo prazo "serão ajustados a valor presente" (art. 183, VIII); da mesma forma, as obrigações, os encargos e os riscos classificados no passivo não circulante "serão ajustados ao seu valor presente" (art. 184, III).

Com efeito, uma receita de longo prazo fixada em prestações mensais, quando recebida antecipadamente, deve expurgar os efeitos dos juros futuros pelo pagamento parcelado, apurando-se o seu "valor presente" para pagamento único. É oportuno mencionar que o Conselho Federal de Contabilidade aprovou a Resolução n. 1.151, de 23 de janeiro de 2009, estabelecendo os requisitos básicos a serem observados quando da apuração do "Ajuste a valor presente"[68].

Não se deve perder de vista que a finalidade essencial do pensionamento é garantir para a vítima o mesmo nível de rendimentos percebidos até então e não lhe conceder um capital para produzir rendas futuras. Com efeito, se em poucos anos o acidentado consumir o valor recebido acumuladamente, passará o restante da vida em arrependimento tardio, porém ineficaz.

Quando ocorre o deferimento do pagamento único da pensão, algumas Turmas do TST têm arbitrado a aplicação de um redutor calculado entre 20% e 30% sobre o montante global, como forma mais direta para evitar o complexo cálculo de apuração do valor presente de pensionamento futuro. Contudo, trata-se de redutor aleatório, que pode ter efeitos danosos conforme as circunstâncias de cada caso, razão pela qual deve ser avaliado cuidadosamente pela parte interessada e pelo julgador [69].

---

68. Disponível em: <http://www.normaslegais.com.br/legislacao/resolucaocfc1151_2009.htm>. Acesso em: 24 fev. 2023.

69. "*Indenização por danos materiais. Pensão mensal. Pagamento em parcela única. Redutor.* 1 – A decisão monocrática reconheceu a transcendência da matéria, deu provimento ao agravo de instrumento, conheceu e proveu o recurso de revista do reclamante no aspecto. 2 – Cabível a aplicação de um redutor pelo pagamento da indenização de uma única vez. Isso porque, em princípio, o objetivo da indenização é garantir a subsistência do trabalhador acidentado, o que implicaria o seu pagamento em parcelas mensais, situação certamente menos onerosa para o devedor. Se o trabalhador opta pelo pagamento em parcela única, e o julgador entende que o contexto dos autos torna conveniente e possível que assim seja, mostra-se justa a aplicação de um redutor sobre as parcelas antecipadas pela decisão judicial, mesmo porque existe a possibilidade de que algumas dessas parcelas futuras nem seriam devidas (por exemplo, no caso de falecimento do credor antes do termo final da expectativa de vida). 3 – A aplicação de um redutor, portanto, é medida fundamentada nos princípios da proporcionalidade, razoabilidade e da vedação do enriquecimento sem causa. 4 – A jurisprudência predominante desta Corte Superior firmou-se no sentido de que, nos casos em que a condenação ao pagamento de indenização por danos materiais se dá em parcela única, é proporcional e razoável o arbitramento de deságio no percentual de 20% a 30%. A solução que melhor atende o princípio da proporcionalidade indica que não se deve adotar um redutor fixo para toda e qualquer situação, mas um redutor adequado diante das peculiaridades de cada caso concreto. Julgados. 5 – Registre-se, ainda, que o redutor incide tão somente quanto às parcelas vincendas, uma vez que as parcelas vencidas não se projetam no tempo e são adimplidas com atraso. Assim, considerando-se que o redutor é matéria apenas de direito, e que já era um aspecto controvertido no âmbito do TRT, é cabível o acolhimento do agravo para consignar que deve ser aplicado um redutor à indenização em parcela única, em relação às parcelas vincendas, no percentual de 20%. 6 – Agravo da reclamada a que se dá provimento quanto ao tema para complementar o mérito do recurso de revista

Entendemos, portanto, que a diretriz para nortear o "arbitramento" do valor a ser pago de uma só vez, como estabelece o parágrafo único do art. 950, deve ser no sentido de que o montante encontrado proporcione rendimentos semelhantes ao valor do pensionamento mensal, podendo-se utilizar da técnica contábil de apuração do valor presente para o referido cálculo. Vejam decisões que já proferimos a respeito:

> "**Acidente do trabalho. Indenização por dano material. Arbitramento.** O arbitramento da pensão devida em face de acidente do trabalho deverá observar, dentre outros fatores, o grau de incapacitação laborativa da vítima. Por sua vez, a decisão, acerca da ocorrência da incapacidade total ou parcial, não pode ser

---

do reclamante especificamente quanto à questão do redutor, nos termos da fundamentação assentada." TST. 6ª Turma. Ag-RRAg-1001478-46.2019.5.02.0465, Rel.: Ministra Katia Magalhaes Arruda, *DEJT* 13 dez. 2024.

"Recurso de Revista. Acórdão regional publicado após a vigência da lei nº 13.467/17. Indenização por danos materiais – pensionamento – parcela única – aplicação do redutor. Transcendência econômica evidenciada. Constatada a incapacidade permanente do empregado, total ou parcial, em virtude de acidente de trabalho ou doença a ele equiparada, incumbe ao magistrado proceder à apuração do valor da indenização devida, além da forma de sua execução, a fim de assegurar real efetividade à condenação. Contudo, em caso de reparação por danos materiais, deferida na forma de pensionamento, cujo pagamento foi autorizado em parcela única, nos moldes do artigo 950, parágrafo único, do Código Civil, o quantum indenizatório resultante da incapacidade deve, ainda, considerar os efeitos da antecipação das parcelas. Desse modo, não pode ser limitada ao mero somatório do valor correspondente às pensões mensais a que faria jus o empregado, porquanto indispensável, também, a adequação da condenação à modalidade de sua execução. Atento a esta situação, o legislador atribui ao julgador a responsabilidade pelo arbitramento, a fim de atender o objetivo da reparação integral do dano sofrido pela vítima (artigo 944, Código Civil), sem ocasionar excessivo prejuízo ao empregador, ante a vedação do enriquecimento sem causa. Contudo, a utilização de um percentual único, a ser aplicado indistintamente em todos os casos, como tem ocorrido na jurisprudência desta Corte, inclusive desta Turma e em acórdãos da minha relatoria, não parece ser a solução mais adequada, uma vez que dissociada do conceito de justiça, tendo em vista os diferentes períodos de apuração do montante devido, resultante do interregno entre a data do pagamento antecipado e o termo final a que se refere o cálculo. Ressalte-se também que a antecipação do valor pago em cota única também tem consequências financeiras, pois não se pode deixar de considerar as vantagens econômicas propiciadas ao credor, ao receber a quantia total de uma única vez e antecipadamente, situação mais vantajosa do que recebê-la de forma parcelada, ao longo de vários anos. Essa é a conclusão lógica que se deriva da máxima de que "o dinheiro tem valor no tempo". Assim, revela-se mais adequada – e consequentemente justa – para as partes (credor e devedor) a utilização do método do "valor presente" ou "valor atual" para arbitramento do valor da pensão paga antecipadamente, nos termos do art.950, parágrafo único, do Código Civil. Isso porque, essa metodologia permite ao julgador a adequação do valor devido a título de indenização a cada caso concreto e atento às suas particularidades, por basear-se em critério objetivo (a definição do percentual), levar em consideração os diferentes períodos de apuração – resultantes do intervalo medido entre a data do pagamento e o termo final do cálculo –, adotar percentual de juros a incidir sobre a parcela devida mensalmente, além de também se revelar mais consentâneo com o Princípio da Razoabilidade. Precedentes. Recurso de revista conhecido e parcialmente provido." TST. 7ª Turma. RR-20665-65.2014.5.04.0016, Rel.: Ministro Cláudio Mascarenhas Brandão, *DEJT* 03 fev. 2023.

tomada somente pela análise fria e isolada das lesões sofridas pela vítima, mormente diante da relevância das consequências. A avaliação do grau de incapacidade deve ser feita considerando as especificidades do caso, tais como: idade da vítima, situação do mercado de trabalho, rendimento útil no trabalho, grau de instrução, segurança e risco na prestação de serviço. Outrossim, se for pago de uma só vez, o pensionamento não pode corresponder, simplesmente, ao somatório de todas as parcelas mensais vincendas, sob pena de gerar enriquecimento indevido da vítima e impor ao causador do dano um ônus maior do que lhe traria o pagamento sob a forma de pensão, em prestações quitadas mês a mês, sendo razoável interpretar o preceito do parágrafo único do art. 950 do Código Civil (a indenização seja arbitrada e paga de uma só vez) como um indicativo de que, na fixação do valor do *quantum* indenizatório, o Julgador deve adotar um critério de justiçado caso concreto (arbitrar), sem vinculação necessária com o valor global dos rendimentos durante a provável sobrevida da vítima". Minas Gerais. TRT 3ª Região. RO n. 0011049-87.2016.5.03.0157, Rel.: Desembargador Sebastião Geraldo de Oliveira, *DEJT* 12 set. 2017.

"**Valor da indenização. Danos materiais. Art. 950 do Código Civil. Pagamento em parcela única. Critério de fixação.** A antecipação do pagamento em parcela única do valor da pensão mensal vitalícia está prevista no parágrafo único art. 950 do Código Civil. É faculdade conferida pelo legislador ao ofendido, quando expressamente requerida na petição inicial. Entretanto, a fixação desse valor requer cuidados especiais, para evitar desequilíbrio da equação financeira. Apurado o valor da perda mensal de renda, deve ser estipulado um valor que, alocado em aplicação financeira de perfil conservador (e, portanto, seguro), à taxa média de juros de 0,5% (juros legais e da caderneta de poupança), resulte no mesmo valor da perda mensal de renda do acidentado. As sentenças proferidas em ação reclamatória têm simplesmente multiplicado o número de meses pelo valor da perda mensal do acidentado, para pagamento antecipado, o que resulta em desequilíbrio da equação financeira, pois deve ser considerado o rendimento mensal do capital antecipado (art. 950 do Código Civil) e não o valor futuro do somatório das prestações mensais vincendas. Recurso parcialmente provido, para adequar o valor da parcela de danos materiais, a ser quitado por antecipação, ao conceito de indenização de capital suficiente para cobrir a perda de renda do acidentado." Minas Gerais. TRT 3ª Região. 2ª Turma. RO n. 00477-2008-152-03-00-1, Rel.: Desembargador Jales Valadão Cardoso, *DJ* 10 jun. 2009.

Em face de tais dificuldades, tende a ganhar relevância — e até demasiada extensão — a faculdade prevista no art. 944, parágrafo único, do Código Civil, que prevê: "Se houver excessiva desproporção entre a gravidade da culpa e o dano, poderá o juiz reduzir, equitativamente, a indenização."

Por tudo que foi exposto, diante da análise de cada caso, pode o juiz indeferir a pretensão de pagamento único, com apoio no parágrafo único do art. 950 do Código Civil, sempre que tiver fundamentos ponderáveis para demonstrar a sua inconveniência ou inviabilidade.

Em muitas ocasiões, considerando o valor maior da segurança jurídica e as condições econômicas do devedor, o mais prudente será deferir o pensionamento na forma tradicional, com a devida garantia do pagamento mensal na forma prevista no art. 533 do CPC. O Colendo TST vem acolhendo esse entendimento, deixando ao prudente arbítrio do juiz, conforme as circunstâncias do caso concreto, o acolhimento ou não do pagamento de uma só vez ou o deferimento do pensionamento na forma tradicional. Vejam a respeito acórdãos do TST, especialmente da Seção Uniformizadora:

> "**Indenização por dano material. Pensão. Pagamento em parcela única. Art. 950, parágrafo único, do Código Civil.** A jurisprudência desta Corte é no sentido de que a fixação da indenização por dano material, em parcela única ou na forma de pensão mensal, nos termos do art. 950, parágrafo único, do CC, constitui prerrogativa do magistrado, a ser aferida segundo seu livre convencimento motivado, em cada caso concreto. Precedentes da SBDI-I. Assim, encontra-se superado o único aresto transcrito para cotejo de tese." SBDI-I. AgR-E-Ag-ED-RR n. 48000-58.2007.5.17.0011, Rel.: Ministro Alberto Luiz Bresciani de Fontan Pereira, *DEJT* 23 mar. 2018.

> "**Recurso de embargos. Doença ocupacional. Pensão mensal vitalícia. Valor arbitrado. Art. 950 do Código Civil. Pagamento em parcela única. Incidência do redutor.** O valor da indenização por dano material, relativa à pensão mensal em face de redução da capacidade para o trabalho, para pagamento em parcela única, não deve corresponder à somatória dos valores das pensões mensais a que faria jus o empregado, de modo a não ocasionar o seu enriquecimento sem causa. Também não pode ser arbitrada em quantia que onere indevidamente o devedor, que terá de dispor de quantia pecuniária vultosa de uma só vez. Deve corresponder, assim, a valor que, uma vez aplicado financeiramente, lhe renda por mês o *quantum* aproximado da pensão devida. Recurso de revista conhecido e provido." TST. SBDI-I. E-ED-RR n. 2230-18.2011.5.02.0432, Rel.: Ministro Aloysio Corrêa da Veiga, *DEJT* 6 maio 2016.

> "**Indenização por danos materiais. Pretensão ao pagamento em parcela única. Art. 950, parágrafo único, do Código Civil.** O acórdão embargado, ao manter a decisão do Tribunal Regional que reformou a sentença para deferir à reclamante o pagamento da indenização por danos materiais em parcela única, por concluir ser do ofendido o direito potestativo de optar pela forma de pagamento — pensão mensal ou parcela única —, sem qualquer outra justificativa a não ser o seu pedido, dissentiu da jurisprudência desta Subseção 1 Especializada em Dissídios Individuais, que, ao interpretar o disposto no art. 950, parágrafo único, do Código Civil, firmou posicionamento no sentido de que a fixação de indenização por danos materiais, em parcela única ou na forma de pensionamento mensal, constitui prerrogativa do Magistrado, ante a avaliação das peculiaridades de cada caso, com vistas a garantir maior efetividade à condenação imposta. Precedentes. Recurso de embargos de que se conhece e a que se dá provimento." TST. SBDI-I. E-ED-RR n. 400-78.2006.5.17.0010, Rel.: Ministro Cláudio Mascarenhas Brandão, *DJ* 28 ago. 2015.

> "**Recurso de revista da reclamante. Pensão mensal. Pagamento em parcela única. Faculdade do magistrado.** A jurisprudência pacífica do TST é no sentido de que a determinação de adimplemento em parcela única da pensão do art. 950 do Código Civil não é obrigatória, constituindo faculdade do magistrado, o qual deve sopesar os efeitos da condenação e escolher a maneira mais adequada à efetividade do provimento jurisdicional. Precedentes. Óbice da Súmula 333 do TST. Recurso de revista não conhecido." TST. 2ª Turma. RRAg-1001928-07.2015.5.02.0472, Rel.: Ministra Maria Helena Mallmann, *DEJT* 18 nov. 2024.

10.8. INDENIZAÇÕES NO CASO DE INCAPACIDADE TEMPORÁRIA

Cabe nesta etapa verificar os danos passíveis de reparação, nos casos de acidentes ou doenças ocupacionais que tenham gerado tão somente incapacidade temporária para o trabalho.

A incapacidade temporária fica caracterizada quando ocorre o afastamento do acidentado das suas atividades profissionais, para o devido tratamento, até a sua recuperação e o retorno ao trabalho, sem nenhuma sequela, perda ou redução da capacidade laborativa. Com efeito, o período desta incapacidade corresponde ao lapso temporal contado desde o dia da interrupção do trabalho, em decorrência do acidente ou da doença ocupacional, até a data da cessação do benefício acidentário junto ao INSS.

No enfoque dos seguros privados, ocorre a incapacidade temporária quando fica caracterizada a impossibilidade contínua e ininterrupta de o segurado exercer a sua profissão ou ocupação, durante o período em que se encontrar sob tratamento médico[70]. Já o seguro acidentário, integrado ao sistema da Previdência Social, concede o benefício do auxílio por incapacidade temporária quando o segurado ficar incapacitado para o seu trabalho ou para a sua atividade habitual por mais de quinze dias consecutivos[71].

Estabelece o art. 949 do Código Civil: "No caso de lesão ou outra ofensa à saúde, o ofensor indenizará o ofendido das despesas do tratamento e dos lucros cessantes até ao fim da convalescença, além de algum outro prejuízo que o ofendido prove haver sofrido."

Após o acidente do trabalho ou a manifestação da doença ocupacional, sobrevém o período do tratamento que perdura até o fim da convalescença, ou seja, até a cura ou estabilização da lesão. Nessa etapa a vítima deverá ser

---

70. SUSEP. Circular n. 302, de 19 set. 2005, art. 19, § 1º. Cabe registrar que a Circular n. 302/2005 foi revogada pela Circular SUSEP n. 667, de 04 de jul. 2022.

71. Lei n. 8.213, de 24 jul. 1991. Art. 59. "O auxílio-doença será devido ao segurado que, havendo cumprido, quando for o caso, o período de carência exigido nesta Lei, ficar incapacitado para o seu trabalho ou para a sua atividade habitual por mais de 15 (quinze) dias consecutivos (...)."

indenizada de todas as despesas necessárias para o tratamento, bem como dos "lucros cessantes" que, no caso, representam o valor da remuneração que a vítima percebia, desde o 16º dia do afastamento até o dia da cessação do benefício acidentário, permitindo o retorno normal ao trabalho[72].

Só deve ser computado no cálculo dos lucros cessantes o valor equivalente à remuneração do acidentado a partir do 16º dia de afastamento, visto que o empregador já tem obrigação de continuar pagando normalmente os salários dos primeiros quinze dias, conforme estabelece a Lei n. 8.213/1991[73]. Se o cálculo for feito desde a data do acidente, haverá duplicidade de pagamento da quinzena posterior ao acidente, além de ferir o princípio da razoabilidade insculpido no art. 402 do Código Civil.

Salienta Carlos Roberto Gonçalves que "na hipótese de terem sido causadas lesões corporais transitórias, que não deixam marcas, serão pagas pelo agente causador do dano as despesas do tratamento. Incluem-se nelas as despesas hospitalares, médicas etc. Se exageradas, incluindo tratamento no estrangeiro, o juiz pode glosá-las. Também devem ser pagos os lucros cessantes, isto é, aquilo que a vítima deixou de ganhar em virtude do acidente. São os dias de trabalho perdidos."[74]

Por outro lado, a importância que a vítima recebe a título de auxílio por incapacidade temporária acidentário da Previdência Social, a partir do 16º dia do afastamento, não deve ser deduzida do cálculo dos lucros cessantes. A Constituição da República de 1988 estabelece claramente que o pagamento das parcelas decorrentes do seguro acidentário não exclui a indenização devida pelo empregador[75]. Para evitar repetições, reportamo-nos

---

72. "Deve ser interpretado o período da convalescença como o período necessário à cura. Basta que haja impossibilidade do exercício da sua atividade normal, assim não apenas a retenção ao leito hospitalar como, ainda, a permanência em casa, ou seja, que 'se veja privado das vantagens que naturalmente obteria se estivesse em atividade', como adverte *Clóvis*. E as despesas são aquelas decorrentes do tratamento hospitalar, do tratamento ambulatorial, do tratamento domiciliar, incluída a medicação, a fisioterapia em suas diversas modalidades, as próteses e órteses, tudo aquilo que for necessário ao tratamento da vítima até sua completa recuperação. O que importa, na nossa avaliação, é a cura, isto é, a indenização deve cobrir todas as despesas que são exigidas para a cura da vítima, sem exceção." Cf. DIREITO, Carlos Alberto Menezes; CAVALIERI FILHO, Sérgio. *Comentários ao novo Código Civil*. 2007, v. XIII, p. 454.
73. Lei n. 8.213, de 24 jul. 1991. Art. 60, § 3º. "Durante os primeiros quinze dias consecutivos ao do afastamento da atividade por motivo de doença, incumbirá à empresa pagar ao segurado empregado o seu salário integral."
74. GONÇALVES, Carlos Roberto. *Responsabilidade civil*. 10. ed. São Paulo: Saraiva, 2012. p. 605.
75. Constituição da República. Art. 7º, XXVIII: "seguro contra acidentes de trabalho, a cargo do empregador, *sem excluir a indenização* a que este está obrigado, quando incorrer em dolo ou culpa." De forma semelhante, prevê o art. 121 da Lei n. 8.213/1991: "O pagamento de prestações pela Previdência Social em decorrência dos casos previstos nos incisos I e II do caput do art. 120 desta Lei não exclui a responsabilidade civil da empresa, no caso do inciso I, ou do responsável pela

ao capítulo 4, item 4, em que abordamos os fundamentos pelos quais não se compensam os proventos recebidos do INSS com a indenização devida em razão da responsabilidade civil do empregador pelo acidente do trabalho ou situações equiparáveis.

Mesmo nas hipóteses de acidente do trabalho que tenha gerado apenas incapacidade temporária, pode ser cabível o deferimento da reparação dos danos morais ou extrapatrimoniais, quando presentes os pressupostos da responsabilidade civil. Segundo Carlos Roberto Gonçalves, a expressão constante do art. 949 do Código Civil *além de algum outro prejuízo que o ofendido prove haver sofrido* permite que a vítima pleiteie, também, reparação por dano moral. E na sequência argumenta: "Embora nem sempre a lesão corporal de natureza leve justifique pedido dessa natureza, há casos em que tal pretensão mostra-se pertinente. Se a lesão resultou de uma agressão física, por exemplo, que provocou uma situação vexatória para a vítima, é possível, conforme as circunstâncias, pleitear-se a reparação do dano moral causado pela injusta e injuriosa agressão, que será arbitrada judicialmente, em cada caso."[76] A questão dos danos morais e extrapatrimoniais nos acidentes do trabalho foi tratada com vagar no capítulo 8, itens 4 a 7, aos quais nos reportamos para evitar repetições.

Pode ainda ocorrer de o acidentado ficar com alguma alteração morfológica sem que haja qualquer comprometimento da capacidade laborativa para a sua profissão, tais como uma cicatriz, um corte na orelha, a perda de uma falange etc. Nessa hipótese, será cabível também o deferimento da reparação pelo dano estético, conforme mencionamos no capítulo 8, item 6, ao qual também nos reportamos.

10.9. INDENIZAÇÕES NO CASO DE ACIDENTE SEM AFASTAMENTO

Os acidentes do trabalho ou as doenças ocupacionais de menor gravidade, que não geram incapacidade laborativa ou então só acarretam afastamento por período inferior a quinze dias, não ensejam a indenização a título de lucros cessantes, uma vez que o acidentado continuará recebendo normalmente sua remuneração[77].

---

violência doméstica e familiar, no caso do inciso II." Aliás, a Súmula n. 229 do STF menciona que "a indenização acidentária não exclui a do direito comum (...)".

76. GONÇALVES, Carlos Roberto. *Responsabilidade civil*. 10. ed. São Paulo: Saraiva, 2012. p. 605.

77. Lei n. 8.213, de 24 jul. 1991. Art. 60, § 3º. "Durante os primeiros quinze dias consecutivos ao do afastamento da atividade por motivo de doença, incumbirá à empresa pagar ao segurado empregado o seu salário integral."

Mesmo não ocorrendo prejuízo quanto ao salário, pode ter havido despesas em razão do tratamento até a convalescença, ou seja, até a vítima recobrar totalmente a saúde, independentemente de estar ou não afastada do serviço. Essas despesas representam os danos emergentes derivados do acidente do trabalho (art. 949 do Código Civil) que deverão ser integralmente ressarcidos, conforme já abordamos nos itens anteriores deste capítulo. Além disso, se o acidentado comprovar algum outro prejuízo relacionado com o acidente, será cabível a indenização correspondente, conforme previsto na parte final do art. 949 mencionado.

O que anotamos a respeito dos danos morais, extrapatrimoniais e estéticos quando o acidente gera afastamento temporário (item 10.8) também deve ser aplicado para os casos de acidentes sem afastamento, com os ajustamentos cabíveis em razão do caso concreto. É oportuno ressalvar, contudo, que o mero aborrecimento ou simples desconforto sem maiores consequências, causado pelos acidentes de menor gravidade, não dá ensejo ao pagamento de indenização por danos morais. Para hipótese semelhante, por ocasião da III Jornada de Direito Civil promovida em 2004 pelo Conselho da Justiça Federal, foi adotado o Enunciado n. 159 com o seguinte teor: "O dano moral, assim compreendido todo o dano extrapatrimonial, não se caracteriza quando há mero aborrecimento inerente a prejuízo material."

11

PRESCRIÇÃO

11.1. CONSIDERAÇÕES INICIAIS

O ordenamento jurídico assegura ao lesado a faculdade de se insurgir contra a violação do seu direito e propor judicialmente sua pretensão de ressarcimento dos danos sofridos. Todavia, o exercício desta pretensão deverá ser feito dentro de determinado prazo fixado em lei, findo o qual ocorrerá a prescrição[1]. Vencido o prazo prescricional, o ressarcimento do dano ficará ao exclusivo arbítrio ou à boa vontade do devedor, que poderá até recusar-se ao pagamento de qualquer indenização.

A prescrição sintetiza a convivência equilibrada entre dois valores fundamentais do Direito: o ideal de justiça e a segurança jurídica. Enquanto flui o prazo prescricional, a supremacia é do valor *justiça,* pois se assegura ao prejudicado o exercício da pretensão para a busca da reparação coativa do dano. Mas se a vítima, por inércia, conformação ou descaso, deixa vencer o prazo para corrigir a injustiça, a prioridade desloca-se inexoravelmente para o valor *segurança jurídica*, ficando sepultadas, sem avaliação de conteúdo, todas as incertezas que poderiam gerar conflitos, de modo a preservar a paz social e a estabilidade nas relações.

Prevê o art. 189 do Código Civil: "Violado o direito, nasce para o titular a pretensão, a qual se extingue, pela prescrição, nos prazos a que aludem os arts. 205 e 206." Para Humberto Theodoro, consiste a prescrição "na abertura

---

1. Para o clássico Antônio Luis da Câmara Leal, "prescrição é a extinção de uma ação ajuizável, em virtude da inércia de seu titular durante um certo lapso de tempo, na ausência de causas preclusivas do seu curso. Aí estão a dar-lhe corpo a individualidade, seus diversos elementos integrantes: objeto, causa eficiente, fator operante, fator neutralizante e efeito. Seu objeto: a ação ajuizável; sua causa eficiente: a inércia do titular; seu fator operante: o tempo; seu fator neutralizante: as causas legais preclusivas de seu curso; seu efeito: extinguir as ações." Cf. *Da prescrição e da decadência:* teoria geral do direito civil. 4. ed. Rio de Janeiro: Forense, 1982. p. 12.

de uma faculdade que a lei faz ao devedor para poder este, amparado no transcurso do tempo, negar-se a cumprir a prestação devida, que só veio a ser reclamada depois de ultrapassado o prazo."[2]

11.2. PRAZO PRESCRICIONAL: CIVIL OU TRABALHISTA?

Instaurou-se fundada polêmica doutrinária e jurisprudencial quanto ao prazo de prescrição aplicável nas indenizações provenientes dos acidentes sofridos pelo trabalhador, formando-se, então, duas correntes que disputam a preferência dos operadores jurídicos[3].

Uma corrente defende que, por ser a indenização proveniente de acidente do trabalho um direito de natureza eminentemente civil, deve prevalecer a prescrição prevista no art. 206, § 3º, inc. V, do Código Civil de 2002, ainda que o julgamento seja proferido pela Justiça do Trabalho, porquanto o fundamental para estabelecer a competência é que a pretensão deduzida em juízo esteja vinculada à relação de trabalho, pouco importando se a controvérsia de Direito Material deva ser dirimida à luz do Direito Comum. Argumentam os defensores dessa corrente que o acidente representa uma ocorrência extraordinária, alheia à expectativa normal do empregado e à execução regular do contrato de trabalho. Assim, a vítima postulará a reparação dos danos pessoais sofridos e não créditos trabalhistas propriamente ditos.

Afirma Martinez Dal Col que os prazos prescricionais a serem observados serão os do Código Civil, visto que "os danos oriundos do acidente do trabalho não se inserem no conceito de créditos resultantes das relações de trabalho. Pelo contrário, trata-se de gravames pessoais sofridos em decorrência de fatores que desequilibram o desempenho normal do trabalho e constituem anomalia em face das relações de trabalho."[4] Complementa Jorge Souto Maior, afirmando que "a Constituição especifica o instituto em questão como indenização e, por óbvio, indenização não é crédito que decorra da relação de trabalho, não se lhe podendo, também por este motivo, fazer incidir na regra da prescrição trabalhista, prevista na mesma Constituição."[5]

---

2. THEODORO JÚNIOR, Humberto. *Comentários ao novo Código Civil.* Rio de Janeiro: Forense, 2003. v. III, t. 2, p.159.
3. A questão tornou-se polêmica a partir da vigência da Emenda Constitucional n. 45/2004, quando passou para a Justiça do Trabalho a competência para julgar as ações indenizatórias por acidente do trabalho ou doenças ocupacionais. Enquanto a competência era da Justiça Comum dos Estados, aplicava-se, sem controvérsia, o prazo prescricional previsto no Código Civil.
4. DAL COL, Helder Martinez. A prescrição nas ações indenizatórias por acidente do trabalho no Código Civil de 2002. *Revista RT*, São Paulo, v. 93, n. 821, p. 13, 2004.
5. SOUTO MAIOR, Jorge Luiz. A prescrição do direito de ação para pleitear indenização por dano moral e material decorrente de acidente do trabalho. *Revista LTr*, São Paulo, v. 70, n. 5, p. 545, 2006.

Com posicionamento semelhante, Raimundo Simão de Melo, igualmente, defende a aplicação dos prazos prescricionais do Código Civil:

> A reparação por danos pessoais (moral, material ou estético) decorrentes de acidentes de trabalho constitui para a vítima um direito humano fundamental de índole constitucional e não mero direito de natureza trabalhista ou civil; por não existir norma expressa sobre o prazo de prescrição das respectivas pretensões, aplicam-se subsidiariamente os prazos previstos na lei civil: vinte anos para as ofensas ocorridas até 11.1.2003 (CC de 1916, art. 177) e dez anos para as ofensas ocorridas a partir de 12.1.2003 (CC de 2002, art. 205), independentemente da data em que tenha sido ajuizada a ação e se na Justiça Comum ou na do Trabalho.[6]

A outra corrente, todavia, assevera que a indenização por acidente do trabalho é também um direito de natureza trabalhista, diante da previsão contida no art. 7º, XXVIII, da Constituição da República de 1988[7], devendo-se aplicar, portanto, a prescrição de cinco ou dois anos prevista no inciso XXIX do mesmo art. 7º[8]. Esse argumento, sem dúvida, é de fácil acolhida porque a indenização, na hipótese, não deixa de ser também "um crédito resultante da relação de trabalho", mesmo que atípico, e o litígio tem como partes o empregado e o empregador. De acordo com a observação de Arnaldo Süssekind, "a expressão 'créditos resultantes das relações de trabalho' foi inserida no texto com sua significação mais genérica. Corresponde aos direitos do sujeito ativo das obrigações (o trabalhador), contra o qual corre a prescrição: direito a prestações de dar, de fazer ou de não fazer, que devem ser satisfeitas pelo sujeito passivo da obrigação (o empregador ou o tomador de serviços), em favor de quem flui a prescrição."[9]

---

6. MELO, Raimundo Simão de. *Direito ambiental do trabalho e a saúde do trabalhador*. 3. ed. São Paulo: LTr, 2008. p. 463. Aliás, no sentido desse posicionamento, por ocasião da 1ª Jornada de Direito Material e Processual do Trabalho, realizada em Brasília, em novembro de 2007, foi aprovado, por maioria, o Enunciado n. 45, com o seguinte teor: "*Responsabilidade civil. Acidente do trabalho. Prescrição.* A prescrição da indenização por danos materiais ou morais resultantes de acidente do trabalho é de 10 anos, nos termos do art. 205, ou de 20 anos, observado o art. 2.028 do Código Civil de 2002."
7. Art. 7º "São direitos dos trabalhadores urbanos e rurais, além de outros que visem à melhoria de sua condição social: ... XXVIII — seguro contra acidentes de trabalho, a cargo do empregador, sem excluir a indenização a que este está obrigado, quando incorrer em dolo ou culpa."
8. Art. 7º "São direitos dos trabalhadores urbanos e rurais, além de outros que visem à melhoria de sua condição social: ... XXIX — ação, quanto a créditos resultantes das relações de trabalho, com prazo prescricional de cinco anos para os trabalhadores urbanos e rurais, até o limite de dois anos após a extinção do contrato de trabalho."
9. SÜSSEKIND, Arnaldo. *Direito constitucional do trabalho*. 2. ed., ampl. e atual. Rio de Janeiro: Renovar, 2001. p. 314. De forma semelhante, assevera Eduardo Fornazari Alencar que "a compreensão da

Como se verifica, as duas correntes oferecem argumentos ponderáveis, todavia, entendemos aplicável o prazo prescricional dos créditos de natureza trabalhista. Considerando, entretanto, a complexidade da questão e a polêmica instaurada, é recomendável um aprofundamento maior para justificar nossa conclusão.

O instituto da responsabilidade civil não se aplica exclusivamente no âmbito do Direito Civil, uma vez que a ilicitude no sentido amplo, que gera a obrigação de indenizar, pode ocorrer em qualquer ramo do Direito[10]. Assinala o professor Antônio Álvares da Silva que a responsabilidade civil não é um instituto peculiar do Direito Civil, mas um princípio que informa toda a ciência do Direito, uma exigência lógica de qualquer ordenamento jurídico[11].

Desse modo, para localizar a prescrição aplicável é necessário primeiramente identificar a natureza da relação jurídica controvertida, e isso será feito "tendo exclusivamente em vista a norma jurídica que impõe o dever violado pelo agente."[12] No mesmo sentido assinala com argúcia Pontes de Miranda que "o ramo do direito em que nasce a pretensão é o que lhe marca a prescrição, ou estabelece prazo preclusivo ao direito."[13]

É certo que diversas indenizações previstas no âmbito do Direito Privado submetem-se ao prazo prescricional estabelecido no Código Civil. Contudo, o extraordinário progresso ocorrido no século XX determinou o fortalecimento de ramos especializados que passaram a exigir regulamentação própria ou mesmo microssistemas no Direito Privado, com normas peculiares, tendo o Código Civil como suporte subsidiário. Afirma o professor Gustavo Tepedino

---

palavra 'créditos', no texto constitucional, deve se dar na sua significação mais ampla e abrangente, como sendo 'direitos' ou 'pretensões' do trabalhador em relação ao empregador, sejam eles de cunho patrimonial ou não." Cf. *A prescrição do dano moral decorrente de acidente do trabalho*. São Paulo: LTr, 2004. p. 87.

10. "*Dano moral. Natureza jurídica. Prescrição.* A questão do dano moral em si mesma não tem natureza jurídica previamente definida. A moldura de tal natureza jurídica depende, por acessoriedade, da natureza jurídica da relação principal na qual ocorreu. Assim, se ocorreu em razão de relação civil, houve um dano moral civil. Se em razão de relação comercial, houve um dano moral comercial. Se em razão de relação de trabalho, houve um dano moral trabalhista. Tratando-se de dano moral trabalhista, o crédito pretendido resultaria de comando obrigacional (por ilícito) trabalhista. Sendo assim, tal crédito subordina-se ao estatuído pelo inciso XXIX, e alíneas, do art. 7º, da CRFB/88." São Paulo. TRT 15ª Região. 6ª Turma. RO n. 7563/04, Rel. Juiz Luiz Felipe Paim da Luz Bruno Lobo, *DJ* 19 nov. 2004.
11. SILVA, Antônio Álvares da. *Pequeno tratado da nova competência trabalhista*. São Paulo: LTr, 2005. p. 234.
12. CAVALIERI FILHO, Sérgio. *Programa de responsabilidade civil*. 16. ed. São Paulo: Atlas, 2023. p. 25.
13. PONTES DE MIRANDA, Francisco C. *Tratado de direito privado*. 2. ed. Rio de Janeiro: Borsoi, 1955. t. VI, p. 101.

que "todos os institutos do direito civil, a rigor, foram perdendo a estrutura abstrata e generalizante, em favor de disciplinas legislativas cada vez mais concretas e específicas."[14] Pode-se identificar, portanto, um Direito Privado comum ou geral centrado na amplitude do Código Civil (por muitos até chamado de Constituição do Direito Privado), mas complementado por outros ramos especializados com regras específicas, tais como: Direito Comercial, Direito do Trabalho, ou mesmo, em parte, o Direito do Consumidor. O professor Dallegrave Neto, apoiado em sólida doutrina, sintetiza bem esse movimento:

> A verdade é que o chamado ***direito privado***, que rege as relações jurídicas travadas entre particulares, tem no direito civil seu núcleo fundamental. Entretanto, isso não significa que o Direito Civil seja ***todo*** o direito privado.
>
> Historicamente, o direito privado confundiu-se com o Direito Civil, fato que se modificou com o passar do tempo em face do desenvolvimento da sociedade e o surgimento de necessidades específicas de determinados segmentos da vida dos homens. Então, surgiram regras especiais que, sistematizadas, deram origem ao chamado Direito Privado Especial, incluindo-se, aqui, o Direito Comercial e o Direito do Trabalho. O Direito Civil passou a ser denominado de Direito (privado) comum, encerrando o papel de integração das lacunas existentes nas normas trabalhistas.[15]

Se a regulamentação especial tem regra específica a respeito da prescrição, não cabe adotar o preceito geral do Código Civil, cuja aplicação só deve ocorrer subsidiariamente. Por essa razão, para decidir qual a prescrição aplicável é necessário identificar o dever jurídico violado ou a natureza da relação jurídica de suporte no âmbito da qual ocorreu a lesão do direito da vítima[16].

---

14. TEPEDINO, Gustavo. *Temas de direito civil*. 2. ed. Rio de Janeiro: Renovar, 2001. p. 200.
15. DALLEGRAVE NETO, José Affonso. *Responsabilidade civil no direito do trabalho*. 5. ed. São Paulo: LTr, 2014. p. 57.
16. Anota Paulo Emílio Ribeiro de Vilhena: "Como conceito técnico, a *relação jurídica*, em si, não define um parcelamento de interesse, juridicamente organizado. Sua característica está em ser neutra, incolor. De seu conteúdo não se extrai uma direção tutelar do ordenamento jurídico, mas, apenas, um nexo entre o *dever* (qualquer que seja) e *um direito* (não importa sua natureza), em que se defrontam dois polos (os sujeitos). Em uma só *relação jurídica* não se encontram critérios valorativos de preceituação jurídica, senão em seu agrupamento, através de direitos e deveres que se entrecruzam. Insiste-se: unitariamente considerada, a relação jurídica é incolor. Somente a reunião, o cruzamento ou a superposição de *relações jurídicas* é que revelarão um princípio organizado de tutela de interesses, uma situação jurídica, um instituto jurídico (conceito que tem tonalidade fosca e, quase sempre, difusa), uma posição jurídica firmada segundo um princípio jurídico." Cf. *Direito público e direito privado:* sob o prisma das relações jurídicas. 2. ed. rev. e atual. Belo Horizonte: Del Rey, 1996. p. 64.

Um mesmo trabalhador pode acionar seu empregador postulando indenização por danos sofridos tendo por base relações jurídicas diversas, atraindo, em consequência, a aplicação de regramentos legais diferenciados. Vejam o caso de um empregado que durante suas férias, por mero acaso, venha a sofrer acidente de trânsito provocado por veículo do empregador, mas sem nexo causal com o cumprimento do seu contrato laboral. Nessa circunstância a reparação dos danos pelo empregador terá como base o Código de Trânsito conjugado com o Código Civil, aplicando-se a prescrição civil. Numa outra hipótese, esse mesmo empregado pode adquirir um produto fabricado pela empresa para a qual trabalha e ser vítima de um acidente de consumo na sua residência por fato do produto. A reparação dos danos terá como base as normas do Direito do Consumidor, aplicando-se a prescrição quinquenal prevista no art. 27 do Código de Defesa do Consumidor[17]. Poderá, ainda, aquele empregado sofrer acidente do trabalho por culpa do empregador, decorrente de violação das normas de segurança previstas na CLT, hipótese em que a prescrição aplicável será a trabalhista.

O simples fato de grande parte do detalhamento da indenização estar disciplinada no Código Civil não atrai a prescrição do Direito Comum porque no campo especial do Direito do Trabalho há regra específica prevendo o cabimento da indenização (art. 7º, XXVIII, da CF), bem como estabelecendo o prazo prescricional (art. 7º, XXIX, da CF). Em decorrência do que estabelece o art. 8º da CLT, o Direito Comum será fonte subsidiária, mas somente na ausência de regra própria trabalhista, ou como enfatiza Mozart Russomano: "O Direito Comum, nos silêncios do Direito do Trabalho, é considerado sua fonte subsidiária. Este provém daquele. Tudo quanto este cala, pois, importa na implícita aceitação do que naquele se diz. O que acontece com o Direito Comum também acontece com o Direito Judiciário Civil, na forma do que está inscrito no art. 769 desta Consolidação."[18]

Em cuidadosa dissertação de mestrado sobre a prescrição do dano moral decorrente do acidente do trabalho, concluiu Eduardo Fornazari:

> O Constituinte, ao colocar tanto a indenização de acidente do trabalho devida pelo empregador (inciso XXVIII) quanto a prescrição das pretensões relativas aos créditos resultantes das relações de trabalho (inciso XXIX) dentro do mesmo rol — de direitos do trabalhador — e, ainda, de forma

17. Lei n. 8.078, de 11 set. 1990. Art. 27: "Prescreve em 5 (cinco) anos a pretensão à reparação pelos danos causados por fato do produto ou do serviço prevista na Seção II deste Capítulo, iniciando-se a contagem do prazo a partir do conhecimento do dano e de sua autoria."

18. RUSSOMANO, Mozart Victor. *Comentários à CLT*. Rio de Janeiro: Forense, 1990. v. 1, p. 46.

subsequente o segundo ao primeiro, evidencia, de um lado, ser um direito do trabalhador, ou seja, trabalhista, a indenização de reparação civil devida pelo empregador, prevista no inciso XXVIII do art. 7º, e, de outro, que a prescrição, disposta no inciso XXIX do mesmo artigo, é abrangente à pretensão daquele direito. (...) A pretensão da reparação de dano moral, defluente de acidente do trabalho a que alude o inciso XXVIII, do art. 7º, da Constituição, consiste em um direito (crédito — no sentido lato) do trabalhador resultante da relação de trabalho, de modo que a prescrição aplicável é a prevista no inciso XXIX do mesmo preceito constitucional. Não há razão para aplicação supletiva ou subsidiária do prazo prescricional estabelecido pelo Código Civil (velho e novo), mormente porque a norma constitucional que prevê a prescrição trabalhista, ao encerrar um único prazo prescricional para as pretensões deduzidas perante a Justiça do Trabalho, não permite a invocação de outros prazos fixados pelo diploma civil."[19]

É importante citar também parte dos fundamentos do acórdão proferido no Conflito de Competência n. 7.204/MG, no qual o STF adotou expressamente o entendimento quanto à natureza trabalhista da indenização decorrente do acidente do trabalho, fortalecendo significativamente o ponto de vista da segunda corrente:

> Ora, um acidente de trabalho é fato ínsito à interação trabalhador/empregador. A causa e seu efeito. Porque, sem o vínculo trabalhista, o infortúnio não se configuraria; ou seja, o acidente só é acidente de trabalho se ocorre no próprio âmago da relação laboral. A possibilitar a deflagração de efeitos morais e patrimoniais imputáveis à responsabilidade do empregador, em regra, ora por conduta comissiva, ora por comportamento omissivo. (...) Vale dizer, o direito à indenização em caso de acidente de trabalho, quando o empregador incorrer em dolo ou culpa, vem enumerado no art. 7º da Lei Maior como autêntico direito trabalhista. E como todo direito trabalhista, é de ser tutelado pela Justiça especial, até porque desfrutável às custas do empregador (nos expressos dizeres da Constituição).[20]

Como a própria Constituição de 1988 incluiu o direito à indenização decorrente do acidente do trabalho no rol dos direitos dos trabalhadores, também a prescrição será aquela indicada para os créditos resultantes da

---

19. ALENCAR, Eduardo Fornazari. *A prescrição do dano moral decorrente de acidente do trabalho*. São Paulo: LTr, 2004. p. 106 e 127.
20. Esse acórdão está transcrito na íntegra no Anexo XII deste livro.

relação de trabalho. A existência de norma especial expressa afasta a aplicação da previsão genérica do Direito Comum.

Ademais, se a Suprema Corte, por unanimidade, entendeu que a indenização por acidente do trabalho caracteriza-se como um "autêntico direito trabalhista", é imperioso concluir que a prescrição aplicável é também a trabalhista. Nessa linha de entendimento enfatizou Rodrigues Pinto: "Do ponto de vista lógico sempre nos pareceu agressivo à inteligência imaginar que o acidente *no trabalho* pudesse ter natureza diversa da *trabalhista*."[21]

Além de tudo que foi exposto, convém mencionar que há um raciocínio quase automático que vincula a questão da competência ao prazo da prescrição. Ou seja, os mesmos argumentos que fundamentam a competência da Justiça do Trabalho acabam por influenciar na decisão a respeito da prescrição aplicável.[22]

Na real verdade, a Emenda Constitucional n. 45/2004, ao incluir na competência da Justiça do Trabalho "as ações de indenização por dano moral ou patrimonial, decorrentes da relação de trabalho", também produziu o efeito de evidenciar a natureza trabalhista das indenizações por acidente do trabalho. Aliás, por ocasião da V Jornada de Direito Civil, realizada em 2011 pelo Centro de Estudos Judiciários do Conselho da Justiça Federal, adotou-se o Enunciado 420, com o seguinte teor: "Art. 206, § 3º, V. Não se aplica o art. 206, § 3º, V, do Código Civil às pretensões indenizatórias decorrentes de acidente de trabalho, após a vigência da Emenda Constitucional n. 45, incidindo a regra do art. 7º, XXIX, da Constituição da República."

Também a invocação do princípio da norma mais favorável ao trabalhador, defendida outrora por parte da doutrina, considerando o período prescricional mais dilatado de vinte anos, previsto no Código Civil anterior, não mais se sustenta, visto que o Código de 2002 reduziu para três anos o prazo dessa prescrição (art. 206, § 3º, Inciso V).[23]

---

21. RODRIGUES PINTO, José Augusto. Prescrição, indenização acidentária e doença ocupacional. *Revista LTr*, São Paulo, v. 70, n. 1, p. 9, jan. 2006.

22. Observa o jurista Rodolfo Pamplona Filho: "Reconhecida a competência da Justiça do Trabalho para apreciar e julgar pedido de reparação de dano moral, a prescrição aplicável a esse crédito deve ser a ordinária trabalhista, atualmente prevista no art. 7º, XXIX, da Constituição Federal de 1988." In: *O dano moral na relação de emprego*. São Paulo: LTr, 1998. p. 115.

23. O Projeto de Lei n. 6.476/2009 apresentado pelo deputado Carlos Bezerra, em tramitação na Câmara dos Deputados, propõe novo prazo prescricional: "Art. 1º Prescreve em dez anos a pretensão de reparação civil decorrente de acidente de trabalho, não se aplicando à hipótese o inciso V do § 3º do art. 206 da Lei n. 10.426, de 10 de janeiro de 2002, que 'Institui o Código Civil'. Parágrafo único. O termo inicial do prazo prescricional de que trata este artigo será contado a partir do exame pericial que comprovar a enfermidade ou verificar a natureza da incapacidade laboral."

Nos diversos julgados do TST, a partir de 2008, pacificou-se o entendimento em favor da prescrição trabalhista do art. 7º, XXIX da Constituição da República, tanto na Seção de Dissídio Individual I quanto em todas as oito Turmas da Corte:

> "**Prescrição. Reparação por danos morais e indenização por danos materiais. Acidente do trabalho ocorrido anteriormente à vigência da Emenda Constitucional n. 45/2004.** A jurisprudência desta Corte consolidou o entendimento de que o termo inicial para aferir o lapso prescricional para o ajuizamento da ação trabalhista cuja pretensão é a reparação de danos morais ou materiais decorrentes de acidente de trabalho (ou doença profissional a ele equiparado) é a data em que a vítima toma conhecimento efetivo da lesão e de sua extensão, a qual, como regra, se perfaz quando da aposentadoria por invalidez ou do retorno ao labor. Na hipótese de ter ocorrido após a promulgação da EC n. 45/2004 (31.12.2004), aplica-se a regra prescricional do art. 7º, XXIX, da Constituição Federal. De outra sorte, caso se efetive antes, incide a prescrição civil, observada a regra de transição inserta no artigo 2028 do Código Civil de 2002. Na situação dos autos, como a ciência inequívoca dos danos ocorreu em 11/5/2006 (data da alta médica), incide o prazo quinquenal, previsto no art. 7º, XXIX, da Constituição Federal. Desse modo, ajuizada a reclamação em 16/8/2008 e não havendo notícia do término da relação de emprego, como registrou o Tribunal Regional de origem, a pretensão deduzida pelo autor não se encontra fulminada pela prescrição. Recurso de embargos conhecido e provido." TST. SBDI-I. E-ED-RR n. 182700-97.2008.5.02.0028, Rel.: Ministro Cláudio Mascarenhas Brandão, *DEJT* 16 nov. 2018.

> "**Recurso de Embargos interposto na vigência da Lei n. 13.015/2014. Prescrição. Indenização por danos morais e materiais. Doença ocupacional.** Nos casos de doença ocupacional, para fixação da prescrição aplicável, deve-se levar em consideração a data da ocorrência do evento danoso, se antes ou depois da vigência do Código Civil de 2002 e da Emenda Constitucional n. 45/2004. Isso porque somente após a vigência da Emenda Constitucional n. 45/2004 é que se reconheceu a competência da Justiça do Trabalho para processar e julgar as ações de reparação de danos materiais, morais e estéticos oriundos de acidentes de trabalho ou de doenças profissionais. Dessarte, aplica-se a prescrição trabalhista apenas nos casos em que a ciência do dano se deu após a vigência da Emenda Constitucional n. 45/2004. Considerando, então, ter sido registrado que a ciência inequívoca da lesão se deu em 11.2.2011, aplica-se a prescrição trabalhista. Dessa forma, tendo em vista que não transcorreram mais de dois anos entre a rescisão contratual (7.2.2011) e o ajuizamento da ação (16.4.2012), não há prescrição a ser declarada. Assim, a decisão recorrida foi proferida em estrita sintonia com a Súmula n. 308, item I, desta Corte, não havendo cogitar de contrariedade a seus termos, estando superado o aresto colacionado." TST. SBDI-I. E-ED-RR n. 624-11.2012.5.09.0242, Rel.: Ministro João Batista Brito Pereira, *DEJT* 7 dez. 2017.

> "**Prescrição. Dano moral e material decorrente de acidente do trabalho. Lesão ocorrida antes da Emenda Constitucional n. 45/2004. Ação ajuizada antes da vigência do Código Civil de 2002.** A SBDI-1, em sua composição completa,

examinando a matéria, em julgamento ocorrido em 22.5.2014, nos autos do processo n. TST-E-RR-145600-73.2007.5.17.0013 (publicado no *DEJT* de 14.11.2014), decidiu, por maioria de votos, que, no tocante às lesões ocorridas posteriormente à vigência da Emenda Constitucional n. 45/2004, por meio da qual se estabeleceu a competência da Justiça do Trabalho para processar e julgar as ações de indenização de danos moral e material decorrentes da relação de trabalho, a prescrição incidente é a prevista no art. 7º, XXIX, da Carta Magna, porquanto indiscutível a natureza trabalhista reconhecida ao caso. *Contrario sensu*, verificada a lesão anteriormente à entrada em vigor da referida emenda constitucional, prevalece a prescrição civil, em face da controvérsia quanto à natureza do pleito. Na presente hipótese, conforme asseverado pela Turma, "o acidente de trabalho ocorreu na vigência do Código Civil de 1916 e a ação foi ajuizada na Justiça Estadual Comum em 12.12.2002", razão pela qual encontra-se irretocável a decisão de aplicar a prescrição vintenária prevista no art. 177 Código Civil de 1916. É inadequada, à hipótese, a aplicação da regra de transição contida no art. 2028 do novo Código Civil, que traz norma de direito intertemporal aplicável apenas às hipóteses em que a ação é ajuizada após o advento do mencionado diploma legal. Na situação dos autos, em que o autor ingressou em juízo antes da vigência do Código Civil de 2002, é aplicável a legislação vigente à época, qual seja, o Código Civil de 1916. Recurso de embargos conhecido e desprovido." TST. SBDI-I. E-ED-Ag-ED-RR n. 34100-28.2006.5.15.0066, Rel.: Ministro Renato de Lacerda Paiva, *DJ* 18 dez. 2015.

"Prescrição. Doença ocupacional. Indenização por danos morais e materiais. I. Esta Corte Superior tem decidido que as ações decorrentes de acidente de trabalho ou doença profissional estão sujeitas à incidência da norma prescricional trabalhista prevista no art. 7º, XXIX, da Constituição da República nas hipóteses em que a ciência inequívoca da lesão tenha ocorrido em data posterior à entrada em vigor da Emenda à Constituição nº 45, em 31/12/2004. Para os casos em que o conhecimento da lesão ocorreu em data anterior, aplicam-se os prazos prescricionais estabelecidos no Direito Civil. II. No caso vertente, registrado no acórdão recorrido que a parte reclamante teve conhecimento inequívoco da lesão com o primeiro diagnóstico da doença em 14/07/2006, a prescrição de sua pretensão deve ser examinada sob a ótica da norma prescricional trabalhista (art. 7º, XXIX, da CR)." TST. 7ª Turma. ARR-39500-44.2009.5.17.0007, Rel.: Ministro Evandro Pereira Valadão Lopes, *DEJT* 10 dez. 2021.

E com certeza será esse o entendimento que deverá prevalecer, mormente porque o Excelso STF já firmou entendimento que a prescrição em processo trabalhista é matéria de âmbito infraconstitucional (Apreciação do tema de repercussão geral n. 637), inviável de ser apreciada em sede de recurso extraordinário:

"**Direito do trabalho. Acidente de trabalho. Ação de reparação de danos. Prazo prescricional. Matéria infraconstitucional. Ofensa reflexa. Inexistência de repercussão geral.** Decisão: O Tribunal, por maioria, reconheceu a inexistência de repercussão geral da questão, por não se tratar de matéria constitucional." STF. Repercussão Geral no Recurso Extraordinário com Agravo n. 650.932, Rel. Ministro Ricardo Lewandowski, Tema 673, *DJe* 5 abr. 2013.

"**Ementa: Recurso extraordinário com Agravo. Direito do trabalho. Indenização por dano moral. Prescrição. Matéria infraconstitucional. Responsabilidade do empregador. Súmula n. 279/STF. Ausência de repercussão geral.** O Supremo Tribunal Federal já assentou tratar-se matéria de âmbito infraconstitucional controvérsia sobre ocorrência ou não de prescrição em processo trabalhista. Precedentes. A jurisprudência desta Corte é firme no sentido de que a controvérsia sobre eventual responsabilidade do empregador por acidente de trabalho não é matéria constitucional e demanda o reexame do material fático-probatório dos autos, procedimento inviável em sede de recurso extraordinário, nos termos da Súmula n. 279/STF. Ausência de repercussão da questão alusiva ao cabimento de recursos da competência de outros tribunais. Precedente. Agravo regimental a que se nega provimento." STF. 1ª Turma. ARE n. 656.673, Rel.: Ministro Roberto Barroso, *DJ* 6 jun. 2014.[24]

11.3. REGRAS DE TRANSIÇÃO PARA APLICAÇÃO DA PRESCRIÇÃO CIVIL

Quando for cabível aplicar o prazo prescricional do Direito Comum, deverá ser observada a regra de transição prevista no art. 2.028 do Código Civil atual, conforme o caso, que estabelece: "Serão os da lei anterior os prazos, quando reduzidos por este Código, e se, na data de sua entrada em vigor, já houver transcorrido mais da metade do tempo estabelecido na lei revogada."

Considerando a redução do prazo de vinte anos para três e as regras do Direito intertemporal, pode-se adotar, didaticamente, a seguinte divisão no que se refere aos prazos prescricionais nas ações indenizatórias por acidente do trabalho:

1. Acidentes ocorridos antes de 12 de janeiro de 1993 ([25]) — Será observada a prescrição de 20 anos prevista no art. 177 do Código Civil de 1916, uma vez que na data de vigência do novo Código já haviam transcorrido mais de dez anos do início da contagem do prazo prescricional (art. 2.028 do Código de 2002).

---

24. Ver no mesmo sentido: **1. Tema 880** – "*Ementa: dano moral. Responsabilidade civil extracontratual. Matéria fática e infraconstitucional. Ausência de repercussão geral.* Não há repercussão geral quando a controvérsia refere-se à indenização por dano moral decorrente de responsabilidade civil extracontratual." STF. Pleno, ARE 945271 Rel.: Edson Fachin, *DJe* 16 jun. 2016; **2. Tema 869** – "*Ementa: Consumidor. Dano moral. Inadimplemento de cláusula contratual. Matéria fática e infraconstitucional.* Ausência de repercussão geral." STF. Pleno. ARE 927467 RG, Rel.: Edson Fachin, *DJe* 16 dez. 2015.

25. É oportuno mencionar que o atual Código Civil, publicado no dia 11 de janeiro de 2002, entrou em vigor no dia 12 de janeiro de 2003, em razão do que prevê o seu art. 2.044 combinado com o art. 8º, § 1º, da Lei Complementar n. 95/1998: "A contagem do prazo para entrada em vigor das leis que estabeleçam período de vacância far-se-á com inclusão da data da publicação e do último dia do prazo, entrando em vigor no dia subsequente à sua consumação integral."

2. Acidentes ocorridos entre 12 de janeiro de 1993 e 11 de janeiro de 2003 — É certo que será aplicada a prescrição do novo Código Civil (art. 2.028), mas o texto legal não estabelece a regra de contagem. Uma leitura apressada pode até sugerir que, se na data de vigência do novo Código já tivessem transcorrido mais de três anos do acidente, a prescrição já estaria consumada. Essa equivocada conclusão, além de atribuir efeito retroativo ao novo Código, ainda surpreenderia a vítima, fulminando a pretensão tão somente pela vigência da nova regra da prescrição[26].

O entendimento que prevalece na doutrina e na jurisprudência recomenda a aplicação do novo prazo reduzido, porém com sua contagem tendo início a partir da vigência da lei nova, ou seja, despreza-se o tempo transcorrido na vigência do Código anterior e contam-se os três anos a partir de 12 de janeiro de 2003, data da vigência do Código atual. Aliás, nesse sentido é a previsão da Lei de Introdução ao Código Civil alemão, conforme registra Campos Batalha: "Se o prazo de prescrição, conforme o Código Civil, é mais curto que segundo as leis anteriores, computa-se o prazo mais curto a partir da entrada em vigor do Código Civil. Se, entretanto, o prazo mais longo determinado pelas leis anteriores expira mais cedo que o mais curto, determinado pelo Código Civil, a prescrição se completa com o fim do prazo mais longo."[27] Pode-se apontar, ainda, em abono dessa tese, a previsão do art. 916 da CLT: "Os prazos de prescrição fixados pela presente Consolidação começarão a correr da data da vigência desta, quando menores do que os previstos pela legislação anterior."

A base desse entendimento doutrinário remonta à obra clássica de Paul Roubier sobre Direito intertemporal, com ampla aceitação no Brasil[28]. Com

---

26. *"Agravo de instrumento. Acidente do trabalho. Responsabilidade civil. Prescrição. Direito intertemporal.* A partir da vigência do novo Código Civil, o prazo prescricional das ações de reparação de danos que não houver atingido a metade do tempo previsto no Código Civil de 1916 fluirá por inteiro a partir da vigência do novo Código, sob pena de se impor a retroatividade da lei civil e se perpetrar uma inconstitucionalidade tal a de contrariar o princípio da isonomia." Rio Grande do Sul. TJRS. 9ª Câm. Cível. AI n. 70010969012, Rel.: Desembargadora Marilene Bonzanini Bernardi, julgado em 21 fev. 2005. *"Responsabilidade civil. Acidente do trabalho. Indenização. Direito comum. Prescrição. Prazo pela nova lei (art. 206, v, § 3º, v c.c. art. 2.028, do Código Civil de 2002). Fluência a partir da data da vigência do novo código. Irretroatividade. Reconhecimento.* A lei nova, sob pena de inconstitucionalidade, não pode retroagir para suprimir direitos e, assim, a redução do prazo prescricional conta-se a partir de sua entrada em vigor." São Paulo. STACivSP, 2ª Câm. Cível, AI n. 830.741-00/8, Rel.: Juiz Felipe Ferreira, julgado em 15 mar. 2004.

27. BATALHA, Wilson de Souza Campos. *Direito intertemporal*. Rio de Janeiro: Forense, 1980. p. 246.

28. A respeito, consultar, dentre outros: 1) THEODORO JÚNIOR, Humberto. *Comentários ao novo Código Civil*. Rio de Janeiro: Forense, 2003. v. III, t. 2, p. 296-302; 2) SANTOS, Antônio Jeová. *Direito intertemporal e o novo Código Civil*. São Paulo: Revista dos Tribunais, 2003. p. 103-108; 3) GONÇALVES, Carlos Roberto. *Responsabilidade civil*. 10. ed. São Paulo: Saraiva, 2012. p. 656-657.

efeito, durante a 1ª Jornada de Direito Civil promovida pelo Centro de Estudos Judiciários do Conselho da Justiça Federal, realizada em 2002, foi adotado o Enunciado n. 50, com a seguinte redação: "Art. 2.028: a partir da vigência do novo Código Civil, o prazo prescricional das ações de reparação de danos que não houver atingido a metade do tempo previsto no Código Civil de 1916 fluirá por inteiro, nos termos da nova lei (art. 206)." Pode-se observar que essa diretriz doutrinária vem sendo acolhida sem resistência pela jurisprudência:

> "**Embargos regidos pela Lei n. 11.496/2007. Prescrição. Indenização por danos morais e materiais. Acidente de trabalho. Ciência inequívoca da lesão anterior à vigência da Emenda Constitucional n. 45 de 2004. Ação ajuizada antes da referida Emenda. Transcorridos menos de dez anos entre a ciência inequívoca da lesão e a data da vigência do Código Civil de 2002 (11.1.2003). Aplicação da regra de transição. Prazo prescricional de três anos contados da entrada em vigor do novo Código Civil.** Após a vigência da Emenda Constitucional n. 45/2004, fixada a competência da Justiça do Trabalho para apreciar e julgar as demandas que tratam das indenizações por dano moral e/ou material decorrentes de acidente de trabalho ou equiparado, a jurisprudência do Tribunal Superior do Trabalho consagrou o entendimento de que se aplica o prazo prescricional civilista quando a ciência inequívoca da lesão ocorrer em data anterior à de vigência do diploma constitucional reformador (Emenda Constitucional n. 45 de 2004), incidindo a prescrição trabalhista, na forma do art. 7º, inciso XXIX, da Constituição Federal, quando a ciência inequívoca do dano se der após a referida emenda constitucional. Nesse sentido passou a decidir a SBDI-1 desta Corte, após amplo debate na sessão de 22.5.2014, com composição completa, a partir do julgamento do Processo n. E-RR — 2700-23.2006.5.10.0005, de relatoria do Ministro Aloysio Corrêa da Veiga, publicado no *DEJT* em 3.2.2012, e no qual este Magistrado foi vencido. Na hipótese dos autos, a ciência inequívoca da lesão ocorreu em 1997, antes, portanto, do deslocamento da competência para a Justiça laboral apreciar e julgar as questões dessa natureza e a demanda foi ajuizada, na Justiça comum, em 21.12.2004. Diante desse quadro fático e do entendimento que passou a prevalecer nesta Corte superior, tem-se que, no que concerne à norma civilista aplicável, incide, no caso, a regra de transição prevista no art. 2.208 do Código Civil de 2002, pois, na data de vigência desse diploma legal, não havia transcorrido mais de dez anos a contar da lesão, sendo inaplicável o art. 177 do Código Civil de 1916, que previa a incidência da prescrição vintenária. Por outro lado, não há que se cogitar de aplicação da regra trabalhista prevista no art. 7º, inciso XXIX, da Constituição Federal, uma vez que a lesão ocorreu antes da vigência da EC n. 45/2004. Assim, incidindo as regras previstas no novo Código Civil, conforme dispõe o art. 206, § 3º, inciso V, c/c o art. 2.208 do Código Civil de 2002, verifica-se que, tendo sido esta ação ajuizada há menos de três anos após a entrada em vigor do novo Código Civil, ocorrida em 11.1.2003, a pretensão da reclamante não se encontra fulminada pela prescrição. Embargos conhecidos e desprovidos." TST. SBDI-1. E-RR n. 29500-22.2006.5.12.0009, Rel.: Ministro José Roberto Freire Pimenta, *DEJT* 9 jan. 2017.
>
> "**Prescrição. Indenização por danos morais e materiais decorrentes de acidente do trabalho.** A prescrição aplicável, nos casos de acidente do trabalho, deve ser vista levando-se em consideração a data do evento danoso, se antes ou depois

da Emenda Constitucional n. 45/2004. Isso porque somente após a vigência da Emenda Constitucional n. 45/2004 é que se reconheceu a competência da Justiça do Trabalho para processar e julgar as ações de reparação por danos materiais, morais e estéticos oriundos de acidentes do trabalho ou doenças profissionais. Todavia, há que se considerar a regra de transição inscrita no art. 2.028 do Código Civil. Assim, para os acidentes ocorridos antes de 12.1.1993, o prazo prescricional é de 20 anos (art. 177 do Código Civil de 1916), porquanto, consoante o art. 2.028 do atual Código Civil, já havia transcorrido mais da metade do tempo estabelecido na lei revogada no momento da entrada em vigor do atual Código Civil, 12.1.2003. Para os acidentes ocorridos entre 12.1.1993 e 11.1.2003, o prazo prescricional é de três anos contados a partir da vigência do Código Civil de 2002, porquanto, segundo o art. 2.028 do atual Código Civil, ainda não transcorrera a metade do tempo previsto no Código Civil de 1916 no momento da entrada em vigor do atual Código Civil, 12.1.2003, razão por que o prazo a ser observado é o do atual Código Civil, no seu art. 206. Recurso de Embargos de que se conhece e a que se nega provimento." TST. SDBI-I. E-RR n. 214800-49.2008.5.15.0059, Rel.: Ministro João Batista Brito Pereira, *DJ* 21 jun. 2013.

Para tornar mais claro o entendimento doutrinário, durante a IV Jornada de Direito Civil realizada em 2006, também promovida pelo Centro de Estudos Judiciários do Conselho da Justiça Federal, foi aprovado o Enunciado n. 299, com a seguinte redação: "Art. 2.028. Iniciada a contagem de determinado prazo sob a égide do Código Civil de 1916, e vindo a lei nova a reduzi-lo, prevalecerá o prazo antigo, desde que transcorrido mais de metade deste na data da entrada em vigor do novo Código. O novo prazo será contado a partir de 11 de janeiro de 2003, desprezando-se o tempo anteriormente decorrido, salvo quando o não aproveitamento do prazo já decorrido implicar aumento do prazo prescricional previsto na lei revogada, hipótese em que deve ser aproveitado o prazo já decorrido durante o domínio da lei antiga, estabelecendo-se uma continuidade temporal."

Assim, a pretensão reparatória quanto aos acidentes do trabalho ocorridos entre 12 de janeiro de 1993 e 11 de janeiro de 2003 só prescreveu no dia 12 de janeiro de 2006. Diga-se, a propósito, que o STF tem precedente nessa linha de pensamento: "no caso em que a lei nova reduz o prazo exigido para a prescrição, a lei nova não se pode aplicar ao prazo em curso sem se tornar retroativa. Daí, resulta que o prazo novo, que ela estabelece, correrá somente a contar de sua entrada em vigor; entretanto, se o prazo fixado pela lei antiga deveria terminar antes do prazo novo contado a partir da lei nova, mantém-se a aplicação da lei antiga, havendo aí um caso de sobrevivência tácita desta lei, porque seria contraditório que uma lei, cujo fim é diminuir a prescrição, pudesse alongá-la."[29]

---

29. STF. 1ª Turma. RE 51.706, Rel. Ministro Luis Gallotti, julgado em 4 abr. 1963. No mesmo sentido o RE n. 79.327, julgado em 3 out. 1978.

3. Acidentes ocorridos de 12 de janeiro de 2003 até 31.12.2004 (Emenda Constitucional 45/2004) — A prescrição civil será de três anos, conforme previsto no art. 206, § 3º, inc. V, do Código Civil de 2002, vigente a partir dessa data. A existência do prazo especial de três anos afasta o prazo geral de dez anos, ainda quando se trate de reparação de danos de natureza pessoal.

Todavia, é necessário registrar que há uma corrente doutrinária entendendo que o prazo prescricional aplicável é o geral de dez anos (art. 205 do Código Civil), sob o argumento de que não se trata de simples reparação de danos. Nesse sentido defende Raimundo Simão de Melo que a indenização buscada decorre da violação de um direito fundamental inerente à pessoa humana e aos direitos da personalidade, com assento constitucional, acima das categorias de direitos civis ou trabalhistas[30]. Corroborando o entendimento dessa corrente, por ocasião da 1ª Jornada de Direito Material e Processual do Trabalho, realizada em Brasília, em novembro de 2007, foi aprovado o Enunciado n. 45, com o seguinte teor: "**Responsabilidade civil. Acidente do trabalho. Prescrição.** A prescrição da indenização por danos materiais ou morais resultantes de acidente do trabalho é de 10 anos, nos termos do art. 205, ou de 20 anos, observado o art. 2.028 do Código Civil de 2002."

11.4. PRESCRIÇÃO NAS AÇÕES AJUIZADAS ANTES DA EC N. 45/2004

Concluímos no item 11.2 pela aplicação da prescrição trabalhista, mesmo nas pretensões relativas às indenizações decorrentes de acidente do trabalho ou doença ocupacional. Contudo, surge a questão delicada das ações que foram ajuizadas antes da vigência da Emenda Constitucional n. 45/2004, muitas delas perante a Justiça Comum, e que foram remetidas à Justiça do Trabalho em razão da alteração da competência. Se fosse aplicada automaticamente a prescrição trabalhista, inúmeros processos recebidos da Justiça Comum seriam abruptamente extintos, mormente nos casos das ações ajuizadas antes de 12 de janeiro de 2003, cujo prazo prescricional pelo Código Civil de 1916 era de vinte anos.

Preocupado com o tema da prescrição na mudança de competência, anotou o Desembargador do Tribunal Regional do Trabalho da 4ª Região, Doutor Ricardo Gehling:

---

30. MELO, Raimundo Simão de. Prescrição nas ações acidentárias. *Revista LTr*, São Paulo, v. 70, n. 10, p. 1.171, out. 2006.

> Neste aspecto, a violência seria desmedida porque um número incomensurável de lesões perpetradas, cujas pretensões ainda não haviam sido atingidas pelo manto prescricional, como num passe de mágica seriam soterradas. O mesmo se faria, com maior insídia, no caso de ser pronunciada a prescrição quinquenal ou bienal em processo iniciado na Justiça Comum dentro do prazo vintenário então vigente, remetido à Justiça do Trabalho por força da incompetência absoluta declarada no curso do feito.[31]

Também a Juíza do Trabalho do Paraná, Doutora Ilse Marcelina, mostrou-se apreensiva com o acolhimento da prescrição trabalhista nos processos remetidos da Justiça Comum para a Justiça do Trabalho, após a vigência da EC n. 45/2004:

> Questão que vem causando perplexidade no julgamento de tais ações pela Justiça do Trabalho diz respeito à prescrição aplicável, (...) pois, não raro, após anos de tramitação na Justiça Estadual, o processo, chegando à Vara do Trabalho, é extinto, com exame do mérito, em razão da pronúncia da prescrição disciplinada no art. 7º, XXIX, da Constituição Federal, muitas vezes apenas arguida pelo interessado após o encaminhamento dos autos pela Justiça Estadual.[32]

Compartilhamos das mesmas inquietações externadas pelos dois eminentes magistrados. A prescrição para as ações que se encontravam em tramitação no advento da Emenda Constitucional n. 45/2004 deverá ser apreciada com a devida ponderação sem se distanciar de um valor muito caro ao Direito: a segurança jurídica.

Os operadores jurídicos têm conhecimento de que até 2004 o entendimento predominante nos tribunais superiores indicava que a competência para julgamento das ações de indenização por acidente do trabalho era da Justiça Comum. Basta consultar a jurisprudência do STF, do STJ e até do TST daquele período para localizar centenas de acórdãos afirmando e reafirmando a competência da Justiça Comum, sob o argumento principal de que a reparação postulada tinha natureza de ilícito civil e não trabalhista.

Ora, se até 2004 os tribunais superiores julgavam que essa indenização era um direito de natureza civil e o acidentado, confiando no entendimento da cúpula do Poder Judiciário, considerava o prazo prescricional mais elastecido do Código Civil para o ajuizamento da ação perante a Justiça Comum, não

---

31. GEHLING, Ricardo. Ações sobre acidente do trabalho contra o empregador — competência, coisa julgada e prescrição. *Revista LTr*, São Paulo, v. 69, n. 12, p. 1.451, dez. 2005.

32. LORA, Ilse Marcelina Bernardi. A prescrição nas ações de indenização decorrentes de acidentes do trabalho — o problema da competência. Disponível em: <http://www.anamatra.org.br>. Acesso em: 10 fev. 2006.

poderia agora ser surpreendido, tão somente pela mudança da competência, com a extinção quase automática da sua pretensão. Não se encontra presente o pressuposto básico da prescrição, consagrado no vetusto brocardo jurídico: *dormientibus non succurrit jus*. O inesperado dessa decisão, que acolhe a prescrição aplicável aos créditos trabalhistas nos processos iniciados antes da Emenda n. 45/2004, contraria frontalmente os valores da estabilidade e da segurança jurídica, deixando o acidentado com a impressão de ter sido novamente vítima, mas desta vez de uma armadilha jurídica.

Não se pode cogitar de descaso, incúria ou renúncia do acidentado ao exercício da sua pretensão, como ocorre naquelas hipóteses em que a prescrição é pronunciada, porquanto sabendo ele que dispunha legalmente de um prazo de vinte anos, deixou para ajuizar a ação na época que lhe pareceu mais oportuna. Nesse sentido, cita-se mais uma vez a doutrina abalizada de Ilse Marcelina:

> Não se pode atribuir a tais empregados a pecha de negligentes, na medida em que exercitaram em Juízo tempestivamente sua pretensão. Puni-los com o mal da prescrição porque acreditaram na interpretação conferida pelas mais altas cortes de Justiça a dispositivo constitucional significa subverter os próprios fundamentos da prescrição, que busca justamente a paz social, o equilíbrio e a harmonia. Proclamar a prescrição trabalhista em ações da espécie, muitas vezes somente arguida quando o feito, já contestado na Justiça Estadual, é recepcionado na Justiça laboral, é impingir ao titular do direito, que diligentemente invocou a prestação jurisdicional em tempo oportuno, castigo indevido. Também representa a legitimação da esperteza e da chicana, em manifesta afronta à consciência social que 'não costuma aceitar que o direito desapareça apenas pelo passar do tempo e, ao contrário, censura o devedor que se ampara na prescrição como única justificativa para não pagar o que deve'. (...) Nos processos encaminhados pela Justiça Estadual à Justiça do Trabalho, por força da Emenda Constitucional n. 45 e da decisão do STF proferida no julgamento do conflito de competência 7.204-1, a prescrição aplicável é aquela prevista no Código Civil. Sendo um dos fundamentos da prescrição a punição à inércia do credor, não se pode, razoavelmente, atribuir a pecha de negligente ao trabalhador que, confiando no entendimento doutrinário e jurisprudencial dominante, no prazo fixado na lei civil deduziu sua pretensão perante o Juízo então havido competente.[33]

---

33. LORA, Ilse Marcelina Bernardi. A prescrição nas ações de indenização decorrentes de acidentes do trabalho — o problema da competência. Disponível em: <http://www.anamatra.org.br>. Acesso em: 10 fev. 2006.

Pouco importa o entendimento que hoje prevalece a respeito do assunto, já que na época em que a ação foi proposta, corretamente ou não, a conclusão jurídica era diversa. Além disso, convém enfatizar que a prescrição deve ser considerada de acordo com o pensamento que prevalecia na data do ajuizamento, sobretudo porque "a interrupção da prescrição retroagirá à data da propositura da ação", conforme dispunha o art. 219, § 1º, do CPC anterior e agora repete o art. 802, parágrafo único do CPC/2015. Se o julgamento fosse realizado naquela oportunidade, como, por exemplo, no caso de revelia, adotar-se-ia, com certeza, a prescrição do Código Civil. Foi dentro dessa perspectiva que o STF adotou a Súmula n. 445, com o teor seguinte: "A Lei n. 2.437, de 7.3.1955, que reduz prazo prescricional, é aplicável às prescrições em curso na data de sua vigência (1º.1.1956), salvo quanto aos processos então pendentes."

É certo que tecnicamente a prescrição é um instituto do direito material, mas sua aplicação só acontece validamente no âmbito do processo, daí a conexão e a complementaridade do regramento do assunto nas normas processuais. A mudança do texto constitucional — regra processual — teve o efeito prático de tornar visível a natureza jurídica da indenização por acidente do trabalho, tanto que o STF a considerou como marco divisório para separar a competência relativamente aos feitos em andamento. Como diz, com elegância, o jurista Rodrigues Pinto, a propósito da Emenda n. 45/2004: "sendo visceralmente orgânico, o Direito é fundamentalmente sistêmico. Daí resulta que qualquer alteração de seu todo, por mínima e despretensiosa que seja, lhe afeta o organismo e o sistema, despertando uma série de dúvidas sobre o modo e a regularidade de seu funcionamento a partir dela."[34]

Deve ser considerado, ainda, que as mudanças de competência sempre recomendam ajustamentos transitórios e algumas concessões à regra geral para os processos que já se encontrem em andamento, de modo a não surpreender as partes. Nesse sentido, merece transcrição um trecho da ementa do acórdão do CC n. 7.204, julgado em 2005 pelo STF em sua composição plenária:

> A nova orientação alcança os processos em trâmite pela Justiça comum estadual, desde que pendentes de julgamento de mérito. É dizer: as ações que tramitam perante a Justiça comum dos Estados, com sentença de mérito anterior à promulgação da EC n. 45/2004, lá continuam até o trânsito em julgado e correspondente execução. Quanto àquelas cujo mérito ainda não foi apreciado, hão de ser remetidas à Justiça do Trabalho,

34. PINTO, José Augusto Rodrigues. Prescrição, indenização acidentária e doença ocupacional. *Revista LTr*, São Paulo, v. 70, n.1, p. 5, 2006.

no estado em que se encontram, com total aproveitamento dos atos praticados até então. A medida se impõe, em razão das características que distinguem a Justiça comum estadual e a Justiça do Trabalho, cujos sistemas recursais, órgãos e instâncias não guardam exata correlação. O Supremo Tribunal Federal, guardião-mor da Constituição Republicana, pode e deve, em prol da segurança jurídica, atribuir eficácia prospectiva às suas decisões, com a delimitação precisa dos respectivos efeitos, toda vez que proceder a revisões de jurisprudência definidora de competência ***ex ratione materiae***. O escopo é preservar os jurisdicionados de alterações jurisprudenciais que ocorram sem mudança formal do Magno Texto.

O mesmo raciocínio que orientou essa diretriz processual de transição, *mutatis mutandis*, tem inteira pertinência no caso da prescrição a ser adotada. A mensagem da decisão da Suprema Corte de algum modo está dizendo: a indenização por acidente do trabalho deve ser considerada de natureza civil até 2004 e trabalhista depois da vigência da Emenda Constitucional n. 45/2004. Basta mencionar que a Justiça Comum continua aplicando a prescrição civil para aquelas ações cujo julgamento em primeira instância ocorreu antes da mudança constitucional e que agora estão sendo apreciadas em grau de recurso.

Em síntese, por tudo que foi exposto, é imperioso concluir que a prescrição aplicável nas ações indenizatórias decorrentes de acidente do trabalho deve ser a do Código Civil para as ações ajuizadas até 2004 e a trabalhista para aquelas iniciadas posteriormente. Também a jurisprudência está acolhendo esse entendimento:

> "**Recurso Ordinário em Ação Rescisória. Art. 485, V, do CPC/1973. Doença do trabalho. Indenização por danos morais e materiais. Ciência inequívoca da moléstia antes da vigência do Código Civil de 2002. Regra de transição do art. 2.028 do Código Civil atual. Aplicação canhestra do art. 7º, XXIX, da Constituição Federal. Procedência da ação rescisória**. Cinge-se a controvérsia acerca da prescrição aplicável à pretensão de reparação por danos morais e materiais decorrentes de doença do trabalho, ocorrida antes da promulgação da Emenda Constitucional 45/04 e da vigência do Código Civil de 2002. Segundo jurisprudência dessa Corte Superior consolidada à luz da teoria da *actio* nata, quando a pretensão nasce posteriormente à publicação da Emenda Constitucional 45/2004, a qual alterou a competência desta Justiça Especializada para processar esse tipo de ação, o prazo prescricional aplicável é aquele previsto no art. 7º, XXIX, da Constituição Federal; se anterior à publicação da EC 45/2004, a prescrição incidente é a civil. Na espécie, porém, a ciência inequívoca da lesão se deu em fevereiro de 2000, a qual foi confirmada em 2001 em perícia realizada pela Autarquia Previdenciária – INSS e em 2003 houve pedido de demissão da trabalhadora. Ainda assim, aplicou-se à pretensão indenizatória atinente à doença ocupacional o prazo prescricional de que cuida o art. 7º, XXIX, do Constituição Federal. A norma constitucional em relevo, pois, foi aplicada à margem do

princípio da segurança jurídica, insculpido no art. 5º, XXXV, da Constituição Federal, porquanto se exigiu da trabalhadora o ajuizamento da ação em prazo diverso daquele previsto na lei que vigorava no momento em que nascida a sua pretensão. Nesse contexto, conclui-se que entre a ciência inequívoca da lesão (02/2000) e a vigência do Código Civil de 2002 (11/01/2003) não transcorreram mais de 10 anos, razão pela qual é aplicável o prazo estabelecido no artigo 206, § 3º, V, do atual Código Civil, qual seja, 3 anos a contar da sua vigência. Assim, o termo final do prazo prescricional se daria em 11/1/2006, e a reclamação trabalhista foi ajuizada em 6/10/2005, tem-se que as pretensões de compensação por danos morais e reparação por danos materiais formuladas pela reclamante, ora ré e recorrida, de fato, não estão fulminadas pela prescrição. Constatada a aplicação canhestra do art. 7º, XXIX, da Constituição Federal à espécie, é procedente a ação rescisória por violação manifesta de seus termos. Precedentes específicos. Recurso ordinário conhecido e provido". TST. SBDI-II. RO n. 2354-31.2014.5.02.0000, Rel.: Ministra Maria Helena Mallmann, *DEJT* 27 set. 2019.

"**Recurso de embargos interposto sob a égide da Lei n. 11.496/2007. Doença ocupacional. Ciência da lesão em data posterior à promulgação da Emenda Constitucional n. 45/2004. Danos morais e materiais. Prescrição trabalhista.** A SBDI-1 desta Corte firmou entendimento que, em relação à pretensão de indenização por dano moral e/ou material decorrente de acidente de trabalho, ou na hipótese em que a lesão, ou a ciência da lesão, ocorre em momento posterior ao advento da Emenda Constitucional n. 45/2004, por meio da qual se definiu a competência da Justiça do Trabalho para processar e julgar tais demandas, a prescrição incidente é a prevista no art. 7º, XXIX, da Constituição da República, porquanto indiscutível a natureza trabalhista reconhecida ao evento. Na presente hipótese, incontroversa que a ciência inequívoca da lesão ocorreu em 3.5.2005, e que a ação foi ajuizada em 4.7.2007, a pretensão encontra-se fulminada pela prescrição, pois ultrapassado o biênio legal de que trata o mencionado dispositivo constitucional. Recurso de embargos conhecido e desprovido." TST. SBDI-I. E-RR n. 674700-82.2007.5.12.0036, Rel.: Ministro Luiz Philippe Vieira de Mello Filho, *DJ* 3 nov. 2015.

"**Recursos de embargos interpostos por ambas as reclamadas regidos pela Lei n. 11.496/2007. Análise em conjunto. Prescrição. Indenização por danos morais. Lesão ocorrida antes da promulgação da Emenda Constitucional n. 45/2004.** Depreende-se da decisão recorrida que a lesão acarretadora do falecimento do empregado confunde-se com a data da extinção do contrato de trabalho, ocorrida em 22.5.2000, e a ação foi ajuizada em 21.5.2003. Em princípio, seria aplicável a regra prescricional prevista no Código Civil de 1916. Todavia, em janeiro de 2003, entrou em vigor o novo Código Civil, o qual alterou o prazo prescricional relativo à reparação de dano. Assim, em consonância com a inteligência do art. 2.028 do Código Civil de 2002, o qual estabeleceu regra de transição, é de três anos o prazo prescricional relativo à reparação de dano, quando, pela lei anterior, não houver transcorrido mais da metade do prazo anteriormente estabelecido. Ademais, tem-se que a prescrição prevista no art. 7º, XXIX, da CF, se aplicada, causaria aos embargantes o prejuízo que se quis evitar com a norma de transição. Desse modo, considerando-se que, ao início da vigência do Código Civil de 2002 (12.1.2003), ainda não havia transcorrido metade do lapso temporal da prescrição vintenária, há de se aplicar ao caso o prazo trienal previsto no art. 206, § 3º, V, do novo Código Civil, contado a partir da data na qual entrou em vigor. Recursos das reclamadas conhecidos e não providos." TST. SBDI-I. E-RR n. 164640-24.2005.5.02.0047, Rel.: Ministro Augusto César Leite de Carvalho, *DJ* 28 set. 2012.

11.5. PRESCRIÇÃO NAS AÇÕES AJUIZADAS APÓS A EC N. 45/2004

Em decorrência do posicionamento adotado no item anterior, nas ações indenizatórias por acidente do trabalho ajuizadas após a vigência da Emenda Constitucional n. 45/2004, deve-se aplicar a prescrição trabalhista. Mas o início da contagem do prazo prescricional poderá sofrer alguns ajustes de transição quando o acidente que dá suporte ao pedido de indenização tiver ocorrido antes da Emenda Constitucional mencionada.

Com efeito, se o dano indenizável ocorreu até 31 de dezembro de 2004, mas a reclamação correspondente foi ajuizada após a vigência da EC n. 45, será necessária a observância de uma regra de transição quanto ao início da fluência do prazo prescricional, porquanto, em algumas hipóteses, a aplicação automática da prescrição trabalhista leva à conclusão injusta que vulnera gravemente o valor da segurança jurídica.

Cita-se, como exemplo, a hipótese de um empregado que sofreu acidente do trabalho em setembro de 1992, mas só ajuizou a ação indenizatória em agosto de 2005. Um primeiro e superficial raciocínio poderia concluir que, se o ajuizamento ocorreu após a vigência da Emenda Constitucional n. 45/2004, o prazo da prescrição é o trabalhista e, sendo assim, a pretensão já estaria fulminada pela prescrição. Ora, o acidentado que até então dispunha do prazo de vinte anos para reclamar judicialmente a indenização, ou seja, até setembro de 2012, mesmo após a vigência do Código Civil de 2002 (art. 2.028), seria surpreendido com o pronunciamento imediato da prescrição trabalhista. Como poderemos afastar essa conclusão desarrazoada?

Sempre que ocorre a redução do prazo prescricional, é usual adotar-se regras transitórias para não surpreender o lesado, como fez o legislador do novo Código Civil no art. 2.028, acima mencionado. Mas no campo do Direito do Trabalho há regra legal a respeito que entendemos perfeitamente aplicável na hipótese em estudo. Trata-se do art. 916 da CLT, cujo enunciado preceitua: "Os prazos de prescrição fixados pela presente Consolidação começarão a correr da data da vigência desta, quando menores do que os previstos pela legislação anterior."

Fazendo o devido ajustamento no teor desse antigo dispositivo, pode-se concluir que, se o prazo da prescrição trabalhista, diante do caso concreto, implicou redução do lapso temporal previsto no Código Civil, para os acidentes ocorridos antes da vigência da Emenda Constitucional n. 45/2004, somente deveremos iniciar a contagem da prescrição trabalhista a partir de 1º de janeiro de 2005. Esse marco temporal deve ser considerado porque o STF, no julgamento do Conflito de Competência n. 7.204, fixou entendimento de que a mudança da competência ocorreu com a promulgação da Emenda Constitucional n. 45/2004. Conforme já assinalamos, a mudança do texto constitucional, mesmo sendo regra de natureza processual, teve o efeito prático de tornar visível a natureza jurídica da indenização por acidente do trabalho e a consequente prescrição aplicável. No exemplo acima, a prescrição trabalhista somente seria pronunciada a partir de 1º de janeiro de 2010 ou de 2007, dependendo da variável se o contrato de trabalho foi ou não extinto antes do ajuizamento.

Adotando essa linha de raciocínio, ao apreciar a prescrição arguida para os danos provenientes dos acidentes ou das doenças ocupacionais ocorridos até 31 de dezembro de 2004, será imprescindível apurar tanto a prescrição civil que seria aplicável quanto a trabalhista. Se restar evidenciado que a prescrição trabalhista reduziu o lapso temporal da prescrição civil em curso, então a contagem do prazo daquela prescrição somente terá início a partir da vigência da Emenda Constitucional n. 45/2004, ou seja, 1º de janeiro de 2005. Essa conclusão, *mutatis mutandis*, está em sintonia com o Enunciado n. 299 adotado durante a IV Jornada de Direito Civil promovida pelo Conselho da Justiça Federal em 2006, com o seguinte teor:

> Art. 2.028. Iniciada a contagem de determinado prazo sob a égide do Código Civil de 1916, e vindo a lei nova a reduzi-lo, prevalecerá o prazo antigo, desde que transcorrido mais de metade deste na data da entrada em vigor do novo Código. O novo prazo será contado a partir de 11 de janeiro de 2003, desprezando-se o tempo anteriormente decorrido, salvo quando o não aproveitamento do prazo já decorrido implicar aumento do prazo prescricional previsto na lei revogada, hipótese em que deve ser aproveitado o prazo já decorrido durante o domínio da lei antiga, estabelecendo-se uma continuidade temporal.

Conclui-se, portanto, que a regra transitória de contagem de prazo, prevista no art. 916 da CLT, deverá ser aplicada nas ações indenizatórias por acidente do trabalho ou doenças ocupacionais sempre que, no caso concreto, a consumação da prescrição trabalhista ocorrer antes do tempo previsto no Código Civil. Nessa hipótese excepcional, o prazo da prescrição fluirá por inteiro a partir de 1º de janeiro de 2005, data da vigência da Emenda Constitucional n. 45/2004 e não da data da violação do direito[35].

Convém mencionar, contudo, que o TST passou a adotar o entendimento de que o prazo prescricional, para as pretensões decorrentes dos acidentes do trabalho ocorridos antes da vigência da Emenda Constitucional n. 45/2004, ainda que a ação tenha sido ajuizada a partir de 2005, é o previsto no Código Civil, e para aqueles ocorridos posteriormente, o prazo aplicável é o trabalhista. Vejam alguns acórdãos:

> "**Recurso ordinário em ação rescisória. Art. 485, V, do CPC/1973. Doença do trabalho. Indenização por danos morais e materiais. Ciência inequívoca da moléstia na vigência do Código Civil de 2002. Prescrição civil. Improcedência do corte rescisório.** Cinge-se a controvérsia acerca da prescrição aplicável à pretensão de reparação por danos morais e materiais decorrentes de doença equiparada a acidente de trabalho, de que se teve notícia em 23/04/2004, portanto, antes da promulgação da Emenda Constitucional 45/04 e já na vigência do Código Civil de 2002. Segundo jurisprudência desta Corte Superior, consolidada à luz da teoria da *actio nata*, quando a pretensão nasce posteriormente à promulgação da Emenda Constitucional 45/2004, a qual alterou a competência desta Justiça Especializada para processar esse tipo de ação, o prazo prescricional aplicável é aquele previsto no art. 7º, XXIX, da Constituição Federal; se anterior à publicação da EC 45/2004, a prescrição incidente é a civil. Considerando-se que a pretensão indenizatória nasceu na vigência do Novo Código Civil/2002 e antes da promulgação da Emenda Constitucional 45/04, revela-se absolutamente descabida a incidência da prescrição trabalhista quinquenal na forma como pretende o ora autor, então reclamante. Portanto, tendo como ciência inequívoca a data de 23/04/2004 (fato não impugnado na presente ação), é aplicável o prazo estabelecido no artigo 206, § 3º, V, do atual Código Civil, qual seja, 3 anos a contar da citada ciência, em observância ao princípio da segurança jurídica insculpido no art. 5º, XXXV, da Constituição Federal. Assim, o termo final do prazo prescricional da pretensão indenizatória não pode ser contado sob a perspectiva do art. 7º, XXIX, da Constituição Federal, uma vez que isso importaria na aplicação retroativa da Emenda Constitucional nº 45/04. Somente o prazo civilista é aplicável ao caso vertente. Precedentes. Recurso ordinário conhecido

35. "*Ação indenizatória. Acidente do trabalho. Prescrição aplicável.* A indenização por danos materiais e morais decorrentes de acidente de trabalho é um direito de natureza trabalhista, pela regra do inciso XXVIII do art. 7º da Constituição Federal, razão pela qual a prescrição aplicável é a prevista no respectivo inciso XXIX. Existindo regras específicas a regular a matéria, de ordem constitucional e de direito do trabalho, as regras do direito comum incidem apenas de forma subsidiária, pela regra do parágrafo único do art. 8º da CLT. Mas cabe considerar a regra específica do art. 916 da CLT, porque a parte não pode ser surpreendida com as alterações do entendimento jurisprudencial sobre a competência, matéria controvertida até o pronunciamento do Excelso Supremo Tribunal Federal no Julgamento do CC-7.204-1." Minas Gerais. TRT 3ª Região. 2ª Turma. RO n. 00930-2005-064-03-00-9, Rel.: Desembargador Jales Valadão Cardoso, *DJ* 26 jul. 2006.

e não provido". TST. SBDI-II. RO-7046-76.2015.5.15.0000, Rel.: Ministra Maria Helena Mallmann, *DEJT* 24 set. 2021.

"**Embargos regidos pela Lei n. 11.496/2007. Prescrição. Indenização por danos morais e materiais. Óbito decorrente de queda de escada de prolongamento. Ciência inequívoca da lesão anterior à promulgação da Emenda Constitucional n. 45, de 8.12.2004. Ação ajuizada na Justiça do Trabalho após a referida emenda.** Transcorridos mais de dez anos entre a ciência inequívoca da lesão e a data da vigência do Código Civil de 2002 (11.1.2003). Aplicação da prescrição vintenária prevista no art. 177 do Código Civil de 1916. Após a promulgação da Emenda Constitucional n. 45/2004, fixada a competência da Justiça do Trabalho para apreciar e julgar as demandas que tratam das indenizações por dano moral e/ou material decorrente de acidente de trabalho ou equiparado, a jurisprudência do Tribunal Superior do Trabalho consagrou o entendimento de que se aplica o prazo prescricional civilista quando a ciência inequívoca da lesão ocorrer em data anterior à de promulgação do diploma constitucional reformador (Emenda Constitucional n. 45, de 8.12.2004), incidindo a prescrição trabalhista, na forma do art. 7º, inciso XXIX, da Constituição Federal, quando a ciência inequívoca do dano se der após a referida emenda constitucional. Nesse sentido passou a decidir a SbDI-1 desta Corte, após amplo debate na sessão de 22.5.2014, com composição completa, a partir do julgamento do Processo n. E-RR — 2700-23.2006.5.10.0005, de relatoria do Ministro Aloysio Corrêa da Veiga, publicado no *DEJT* em 3.2.2012, e no qual este Magistrado ficou vencido. Na hipótese dos autos, o acidente de trabalho ocorreu em 14.5.1991 (óbito decorrente de queda de escada de prolongamento), antes, portanto, do deslocamento da competência para a Justiça laboral apreciar e julgar as questões dessa natureza, tendo em vista que esta ação foi ajuizada, na Justiça do Trabalho, em 29.9.2006. Diante desse quadro fático e do entendimento que passou a prevalecer nesta Corte superior, tem-se que, no que concerne à norma civilista aplicável, incide, no caso, o art. 177 do Código Civil de 1916, que previa a incidência da prescrição vintenária, pois, na data de vigência do Código Civil de 2002, havia transcorrido mais de dez anos a contar das lesões sofridas pelo reclamante, nos termos do art. 2.208 do novo Código Civil. Embargos conhecidos e desprovidos." TST. SBDI-I. E-RR n. 105700-05.2006.5.15.0036, Rel.: Ministro José Roberto Freire Pimenta, *DJ* 17 abr. 2015.

"**Agravo em recurso de revista. Acórdão regional publicado na vigência da lei nº 13.467/2017. Doença ocupacional. Prescrição total. Ciência inequívoca da lesão anterior à promulgação da Emenda Constitucional nº 45/2004 e posterior à vigência do código civil de 2002. Transcendência política reconhecida**. 1. A controvérsia estabelecida gira em torno do prazo aplicável e do termo inicial da prescrição da pretensão relativa à indenização por danos materiais decorrentes de acidente de trabalho típico. 2. Esta Corte tem-se posicionado no sentido de que a definição do prazo prescricional deve ser feita de acordo com a data do infortúnio: antes ou após a vigência da Emenda Constitucional nº 45/04. No caso de o fato ser posterior à alteração da Constituição Federal, aplica-se o prazo do art. 7º, XXIX, da Carta Magna. Por outro lado, na hipótese de constatação de evento ocorrido em período anterior à referida Emenda, incide o prazo do Código Civil (art. 206,

> §3º, V). 3. De outra sorte, em se tratando de pretensão de indenização por danos decorrentes de acidente do trabalho, que se equipara a doença profissional, o termo inicial do prazo prescricional é a data em que o trabalhador teve ciência inequívoca da incapacidade laboral ou do resultado gravoso. No mesmo sentido, o teor da Súmula 278 do STJ, segundo a qual "o termo inicial do prazo prescricional, na ação de indenização, é a data em que o segurado teve ciência inequívoca da incapacidade laboral". 4. Na hipótese, assinala a Corte de origem que "o recorrido teve ciência inequívoca da sua incapacidade laboral, em 19/04/2004, com a elaboração do laudo pericial médico nos autos da ação acidentária movida em face do INSS (processo nº 2723/2003), pois foi neste momento que o recorrido passou a ter exata ciência da extensão da moléstia e das consequências dela advindas" (sem destaques no original). Nesse contexto, deve-se aplicar o prazo prescricional de três anos, previsto no art. 206, §3º, V, do CC. 5. Ajuizada a ação apenas em 21/7/2017, quando decorridos mais de 13 anos desde a noticiada ciência inequívoca da lesão, está irremediavelmente prescrita a pretensão de indenização por dano material. Agravo conhecido e provido para não conhecer do recurso de revista do reclamante." TST. 5ª Turma. Ag-RR-1001558-69.2017.5.02.0468, Rel. Ministra Morgana de Almeida Richa, *DEJT* 07 jun. 2024.

Contudo, com a devida vênia, continuamos a defender nosso ponto de vista, no sentido de considerar como marco delimitador da regra prescricional a data da propositura da ação — antes ou depois da EC n. 45/2004 — e não a data da lesão ou do acidente do trabalho. Todos que propuseram ações indenizatórias até 2004 estavam convictos, na época, de que se tratava de uma pretensão de natureza civil, mas os que ajuizaram reclamações a partir da Emenda Constitucional n. 45/2004 já estavam cientificados que a pretensão era de natureza trabalhista, mormente após o beneplácito da Corte Maior. O art. 291, § 1º, do CPC/1973 estabelecia que a interrupção da prescrição retroagiria à data da propositura da ação, ou seja, devíamos considerar a prescrição aplicável naquela data. Ora, se a ação foi proposta após a vigência da EC n. 45, a pretensão, mesmo para os acidentes ocorridos em anos anteriores, já passou a ostentar claramente a natureza trabalhista, o que atrai por consequência a prescrição trabalhista. O acórdão do CC n. 7.204-1 do STF, em sua composição plenária, esclareceu no item 4 da ementa:

> A nova orientação alcança os processos em trâmite pela Justiça Comum Estadual, desde que pendentes de julgamento de mérito. É dizer: as ações que tramitam perante a Justiça Comum dos Estados, com sentença de mérito anterior à promulgação da EC 45/04, lá continuam até o trânsito em julgado e correspondente execução. Quanto àquelas cujo mérito ainda não foi apreciado, hão de ser remetidas à Justiça do Trabalho, no estado em que se encontram, com total aproveitamento dos atos praticados até então. A medida se impõe, em razão das características que distinguem a Justiça Comum Estadual e a Justiça do Trabalho, cujos sistemas recursais, órgãos e instâncias não guardam exata correlação.

Se o acidentado, por exemplo, ajuizou ação em 2005 para reclamar direitos decorrentes de acidente ocorrido em maio de 2004, o prazo prescricional a ser considerado será o trabalhista de dois ou cinco anos e não o prazo trienal do Código Civil. Com efeito, na data do ajuizamento, o STF já havia esclarecido que a indenização por acidente do trabalho tem natureza jurídica trabalhista e não civil; mas, por razões de "política judiciária" e "em prol da segurança jurídica", limitou a competência da Justiça Comum para as ações que já tivessem sentença de mérito proferida até dezembro de 2004. Como se vê, o marco escolhido pelo STF para implementar a alteração da competência não considerou a data da lesão, visto que separou os períodos considerando a vigência da Emenda Constitucional n. 45/2004. Em outras palavras, para garantir a segurança jurídica e uma transição da competência sem maiores sobressaltos, a Suprema Corte implicitamente asseverou que a indenização por acidente do trabalho deve ser considerada de natureza civil para as ações ajuizadas até 2004 e trabalhista para as ações propostas depois da vigência da EC n. 45/2004. É imperioso concluir, portanto, que o marco temporal adotado pelo STF para delimitar a competência material da Justiça do Trabalho também repercute na identificação da norma de regência a respeito da prescrição aplicável.

Cabe registrar, por fim, que o critério mais direto adotado pelo TST, fixando a regra de regência da prescrição de acordo com a data da ocorrência do fato lesivo — se antes ou depois da Emenda Constitucional n. 45/2004 —, soluciona bem a grande maioria das controvérsias a respeito da prescrição e, com o passar do tempo, essa questão tende a ficar superada pela aplicação exclusiva da prescrição trabalhista.

11.6. INÍCIO DA FLUÊNCIA DO PRAZO PRESCRICIONAL

Cabe focalizar, neste passo, a questão tormentosa da contagem do prazo da prescrição, especialmente no caso das pretensões decorrentes das doenças ocupacionais, que são legalmente equiparadas ao acidente do trabalho.

Diz o art. 189 do Código Civil que, violado o direito, nasce para o titular a pretensão, a qual se extingue, pela prescrição. Leciona o mestre Humberto Theodoro que, "no caso da prescrição, o termo *a quo* é aquele em que nasce a pretensão e o final é aquele em que se completa o lapso temporal assinalado pela lei para o exercício da ação destinada a fazer atuar em juízo a pretensão."[36]

36. THEODORO JÚNIOR, Humberto. *Comentários ao novo Código Civil*. Rio de Janeiro: Forense, 2003. v. III, t. 2, p. 175.

Se o empregado foi acometido de incapacidade decorrente de doença do trabalho ou profissional e preenche os pressupostos para o deferimento das indenizações cabíveis, surge a indagação: a partir de que momento poderemos dizer que ocorreu o termo *a quo* do prazo prescricional?

A pergunta realmente é embaraçosa, porque o adoecimento é um processo gradual (período de latência) que pode durar vários anos até atingir o grau irreversível de incapacitação total ou parcial para o trabalho. Normalmente, no início da enfermidade, o tratamento começa com simples acompanhamento médico, sem interrupção do trabalho; depois, com o agravamento dos sintomas e sinais clínicos, surgem afastamentos temporários, às vezes intercalados com retornos ao trabalho; em seguida, ocorre afastamento mais prolongado, com o pagamento de auxílio por incapacidade temporária pela Previdência Social; finalmente, após a consolidação dos efeitos da doença ou do acidente, constata-se a incapacidade total ou parcial para o trabalho.

Ao longo desse percurso, a vítima pode ter se submetido a inúmeras consultas médicas, perícias, tratamentos diversos ou até intervenções cirúrgicas, sempre alimentando a esperança de recuperação da saúde e da capacidade laborativa. A partir de que momento, portanto, ocorreu o fenômeno da "violação do direito" e a pretensão reparatória (*actio nata*) tornou-se exercitável?

A absorção pelo Direito positivo brasileiro da teoria da *actio nata,* conforme o texto do art. 189 do Código Civil de 2002 (Violado o direito, nasce para o titular a pretensão...), foi a consagração do entendimento doutrinário de que a fluência do prazo prescricional só tem início quando a vítima fica ciente do dano e pode aquilatar sua real extensão, ou seja, quando pode veicular com segurança sua pretensão reparatória[37]. O próprio Código Civil estipula no art. 200 que, no caso de fato que deva ser apurado no juízo criminal, não correrá a prescrição antes da respectiva sentença definitiva. Para as indenizações oriundas de seguro de vida em grupo ou acidentes pessoais (art. 206, II, b), a prescrição só começa a correr quando o segurado tem ciência do fato gerador da pretensão[38].

---

37. O Código Civil italiano tem dispositivo expresso nesse sentido: "Art. 2.935: La prescrizione comincia a decorrere dal giorno in cui Il diritto può essere fatto valere."

38. *"Seguro de vida em grupo e acidentes pessoais. Prescrição ânua. Termo inicial. Surdez bilateral. Síndrome neuropsíquica. Males da coluna.* A prescrição da ação indenizatória somente flui a partir da data em que o segurado toma conhecimento inequívoco acerca da existência da incapacidade permanente, através de laudo médico elaborado para esse fim, indicando causa, natureza e extensão, não se considerando suficiente ter ele realizado consultas, tratamentos ou recebido diagnósticos. Recurso especial conhecido e provido parcialmente para afastar a prescrição com respeito à síndrome neuropsíquica e aos males da coluna." STJ. 4ª Turma. REsp n. 166.316/SP, Rel.: Ministro Barros Monteiro, *DJ* 14 fev. 2005.

Na linha desse raciocínio, cabe transcrever o ensinamento doutrinário de Câmara Leal, em obra clássica sobre o tema da prescrição:

> Não nos parece racional admitir-se que a prescrição comece a correr sem que o titular do direito violado tenha ciência da violação. Se a prescrição é um castigo à negligência do titular — *cum contra desides homines, et sui juris contentors, odiosa e excepciones oppositae sunt* —, não se compreende a prescrição sem a negligência, e esta, certamente, não se dá quando a inércia do titular decorre da ignorância da violação. Nosso Código Civil, a respeito de diversas ações, determina expressamente o conhecimento do fato, de que se origina a ação, pelo titular, como ponto inicial da prescrição. Exercitar a ação, ignorando a violação que lhe dá origem é racionalmente impossível, e antijurídico seria responsabilizar o titular por uma inércia que não lhe pode ser imputada — *ad impossibilia remo tenetur*."[39]

Também o Código de Defesa do Consumidor tem regras coerentes com o princípio da *actio nata*:

> Art. 26, § 3º. Tratando-se de vício oculto, o prazo decadencial inicia-se no momento em que ficar evidenciado o defeito.
>
> Art. 27. Prescreve em 5 (cinco) anos a pretensão à reparação pelos danos causados por fato do produto ou do serviço prevista na Seção II deste Capítulo, iniciando-se a contagem do prazo a partir do conhecimento do dano e de sua autoria.

A aplicação analógica do art. 27 *supra* tem indiscutível pertinência porque os danos causados por fato do produto ou do serviço (acidente ou doença), em muitas ocasiões, guardam bastante similitude com os prejuízos decorrentes das doenças ocupacionais. Pode ser que o consumidor faça uso de determinado produto de higiene pessoal ou mesmo de algum medicamento que lhe venha provocar danos à saúde, caracterizando o que a doutrina consumerista denomina "acidente de consumo". Só depois que esse consumidor toma conhecimento de que é portador de determinada doença e, ainda, que identifica qual foi o fornecedor, é que começará a fluir o prazo prescricional quanto à

"*Seguro de vida em grupo e acidentes pessoais. Prescrição ânua. Termo inicial do prazo.* Segundo a jurisprudência do STJ, o *dies a quo* do lapso prescricional não é a data do sinistro, mas aquela em que o segurado teve ciência inequívoca da incapacidade permanente que o acometera e de sua extensão. Recurso especial conhecido e provido parcialmente." STJ. 4ª Turma. REsp n. 156.661/SP, Rel.: Ministro Barros Monteiro, *DJ* 21 ago. 2000.

39. LEAL, Antônio Luis da Câmara. *Da prescrição e da decadência:* teoria geral do direito civil. 4. ed. Rio de Janeiro: Forense, 1982. p. 23-24.

pretensão reparatória dos danos. Vale citar a respeito doutrina abalizada da área do Direito do Consumidor:

> Antônio Herman V. Benjamin ensina que o conhecimento do dano relaciona-se efetivamente com a percepção do consumidor de que foi vítima de um acidente de consumo. O dano experimentado pelo consumidor não se confunde com o conhecimento do evento lesivo pelo mesmo consumidor. O autor supracitado esclarece a questão jurídica com um caso hipotético de um consumidor ter sido contaminado radioativamente em virtude de ingestão de alimentos. Ato contínuo, o consumidor verifica perda de cabelo, mas, diante da falta de informação, atribuiu o fato à calvície. Nesse caso, o consumidor identificou apenas os efeitos do dano, desconhecendo o fato de ter sido vítima de um acidente de consumo.
>
> O Código de Defesa do Consumidor abandona o paradigma do instante da ocorrência do evento danoso. Acolhe-se como um dos requisitos para o marco inicial do curso da prescrição o momento do conhecimento do dano, não pelo fornecedor ou agente público, mas pelo consumidor que efetivamente experimentou prejuízos.
>
> O segundo requisito cumulativo do início do prazo prescricional nas relações de consumo é quanto ao conhecimento da autoria do dano. Não é suficiente a ciência do evento danoso para operar-se a prescrição. Necessariamente deve-se conhecer o fornecedor que provocou o acidente de consumo.[40]

Até mesmo a interpretação da contagem do prazo prescricional nas ações indenizatórias por danos pessoais ajuizadas em face do Poder Público vem sendo adaptada ao princípio norteador da *actio nata*. Vejam que o Decreto n. 20.910/1932, que regula a prescrição aplicável na hipótese, estabelece claramente no art. 1º: "As dívidas passivas da União, dos Estados e dos Municípios, bem assim todo e qualquer direito ou ação contra a Fazenda federal, estadual ou municipal, seja de que natureza for, prescrevem em 5 anos, contados da data do ato ou fato do qual se originaram." No entanto, a jurisprudência do Colendo STJ, evitando a mera interpretação literal desse dispositivo, considera que ocorreu "a data do ato ou fato" somente quando a vítima tem ciência do dano e sua extensão:

> **"Civil. Processual civil. Momento da ciência inequívoca da doença incapacitante. Reexame de provas. Descabimento. Súmula nº 7 do STJ. Decisão**

---

40. SANTANA, Héctor Valverde. *Prescrição e decadência nas relações de consumo*. São Paulo: Revista dos Tribunais, 2003. p. 100.

> **mantida. Agravo interno não provido.** (...) 4. Segundo a jurisprudência desta Corte Superior, o prazo prescricional ânuo para o ajuizamento de ação de indenização securitária deve ser contado a partir da ciência inequívoca da invalidez pelo segurado (Súmula nº 278/STJ). 5. O conhecimento inequívoco do fato gerador da pretensão de indenização atinente ao seguro por invalidez permanente, ocorre, em regra, com a elaboração do laudo médico, indicando a causa, natureza e extensão da lesão, podendo a ciência restar configurada, outrossim, a partir da concessão da aposentadoria por invalidez pelo INSS. 6. No caso, para ultrapassar a conclusão do Tribunal local – em relação ao momento em que se deu a ciência inequívoca do fato gerador da pretensão indenizatória – seria necessário o reexame do acervo fático-probatório da causa, o que não se admite no âmbito de recurso especial, ante o óbice da Súmula nº 7 do STJ. 7. Agravo interno não provido." STJ. 3ª Turma. AgInt no AREsp n. 2.093.295/RS, Rel.: Ministro Moura Ribeiro, *DJe* de 08 set. 2022.

> "**Processual civil e civil. Agravo interno no recurso especial. Prescrição. Art. 1º do Decreto n. 20.910/1932. Acidente de trabalho. Termo inicial. Acórdão que entendeu pela inequívoca ciência do dano em data posterior à alegada pelo recorrente. Revisão. Impossibilidade. Súmula n. 7/STJ.** 1. Consoante a jurisprudência desta Corte, o termo inicial do prazo prescricional para pleito indenizatório decorrente de acidente de trabalho é a data da ciência inequívoca, por parte do lesado, da incapacidade laboral ou do ato gravoso, conforme a teoria da *Actio nata*. Precedentes: REsp 1.655.279/MT, Segunda Turma, Rel. Ministro Herman Benjamin, DJe 25.4.2017; AgRg no AREsp. 790.522/SP, Rel. Min. Humberto Martins, *DJe* 10.2.2016. 2. A Corte de origem, mediante análise das circunstâncias fáticas e probatórias dos autos, entendeu que o agravado somente teve ciência da ocorrência do dano a partir da elaboração do laudo previdenciário que atestou sua incapacidade definitiva, considerando tal data como termo inicial da ação indenizatória, de forma que o provimento do pleito de reconhecimento da prescrição implicaria reexame dos mencionados suportes, esbarrando no teor da Súmula n. 7/STJ. 3. Agravo interno não provido." STJ. 1ª Turma. AgInt no REsp 145513/DF, Rel.: Ministro Benedito Gonçalves, *DJe* 21 jun. 2017.

> "**Processo Civil e Administrativo. Responsabilidade civil do Estado. Prescrição: Decreto n. 20.910/32. Termo *a quo*.** 1. O art. 1º do Decreto n. 20.910/32 determina como termo inicial da prescrição quinquenal a data do ato ou fato que deu origem à ação de indenização. 2. Entende-se como fato aquele que é capaz de gerar o direito de indenização. 3. Um acidente, por si só, não gera lesão. A lesão surge depois de avaliadas as consequências do acidente. 4. Termo *a quo* da prescrição a partir da data em que ficou constatada a lesão provocada por disparo de arma de fogo por policial militar. Inteligência do art. 1º do Decreto aludido. 5. Recurso especial não conhecido." STJ. 2ª Turma. REsp n. 68.181/SP, Rel.: Ministra Eliana Calmon, *DJ* 28 ago. 2000.

Igualmente, a Lei n. 8.213/1991, que disciplina o seguro de acidente do trabalho, tem disposição expressa a respeito da contagem do prazo prescricional e também pode ser aplicada analogicamente nas ações de reparação dos danos acidentários ajuizadas em face do empregador:

> Art. 104. As ações referentes à prestação por acidente do trabalho prescrevem em 5 (cinco) anos, observado o disposto no art. 103 desta Lei, contados da data:
>
> I — do acidente, quando dele resultar a morte ou a incapacidade temporária, verificada esta em perícia médica a cargo da Previdência Social; ou
>
> II — em que for reconhecida pela Previdência Social, a incapacidade permanente ou o agravamento das sequelas do acidente.

Como se verifica, há muito a questão suscita controvérsias, mas já conta com posicionamento sedimentado nos tribunais superiores. O STF, em 1963, adotou a Súmula n. 230, que prevê: "A prescrição da ação de acidente do trabalho conta-se do exame pericial que comprovar a enfermidade ou verificar a natureza da incapacidade."

Em 2003, o STJ editou a Súmula n. 278, consolidando o entendimento de que "o termo inicial do prazo prescricional, na ação de indenização, é a data em que o segurado teve ciência inequívoca da incapacidade laboral". Esse posicionamento é de grande importância porque diversas patologias decorrentes de exposição aos agentes nocivos do ambiente de trabalho, em razão do longo período de latência, só se manifestam muitos anos depois, como é o caso da asbestose[41].

Corroborando referido entendimento, por ocasião da 1ª Jornada de Direito Material e Processual do Trabalho, realizada em Brasília em novembro de 2007, foi aprovado o Enunciado n. 46, com o seguinte teor: "**Acidente do trabalho. Prescrição. Termo inicial.** O termo inicial do prazo prescricional da indenização por danos decorrentes de acidente do trabalho é a data em que o trabalhador teve ciência inequívoca da incapacidade laboral ou do resultado gravoso para a saúde física e/ou mental."

Importa observar que a Súmula do STJ menciona corretamente "ciência inequívoca da incapacidade" e não ciência da doença; a reparação será avaliada não pela doença ou pelo acidente em si, mas a partir dos efeitos danosos verificados ou incapacidade total ou parcial da vítima. Vejam a respeito a lição de Caio Mário: "No caso de ocorrerem danos continuados, porém subordinados a uma causa única, o prazo prescricional inicia-se quando se completar a lesão. Ao revés, em se tratando de fatos danosos autônomos, a pretensão objetiva-se em relação a cada um deles e, consequentemente, a prescrição."[42]

---

41. "*Acidente no trabalho. Prescrição. Termo inicial. Asbestose. Amianto.* O termo inicial da prescrição da pretensão indenizatória não flui da data do desligamento da empresa, mas de quando o operário teve conhecimento da sua incapacidade, origem, natureza e extensão, que no caso corresponde à data do laudo. O fato do decurso de 34 anos da despedida do empregado impressiona, mas deve ser examinado em conjunto com as características da doença provocada pelo contato com o amianto (asbestose), que pode levar muitos anos para se manifestar. Recurso conhecido e provido." STJ. 4ª Turma. REsp n. 291.157/SP, Rel.: Ministro Ruy Rosado de Aguiar, *DJ* 3 set. 2001.

42. PEREIRA, Caio Mário da Silva. *Responsabilidade civil*. 9. ed. 8ª t. Rio de Janeiro: Forense, 2002. p. 340.

Por ocasião da VII Jornada de Direito Civil realizada em Brasília em setembro de 2015, adotou-se o Enunciado n. 579, com o seguinte teor: "Nas pretensões decorrentes de doenças profissionais ou de caráter progressivo, o cômputo da prescrição iniciar-se-á somente a partir da ciência inequívoca da incapacidade do indivíduo, da origem e da natureza dos danos causados."

Se o reclamante estiver afastado do serviço, percebendo benefício previdenciário ou aposentadoria por incapacidade permanente, o prazo prescricional, contado a partir da ciência inequívoca da incapacidade, será de cinco anos, porque o contrato de trabalho, nessa hipótese, fica apenas suspenso (Súmula n. 160 do TST). A propósito, o Colendo TST, em 2010, firmou entendimento no sentido de que ocorre a fluência regular do prazo prescricional no período em que o empregado estiver afastado pela Previdência Social, percebendo auxílio-doença ou aposentadoria por incapacidade permanente, salvo se ele estiver acometido de enfermidade que inviabilize totalmente o seu acesso ao Judiciário[43].

Por tudo que foi exposto, pode-se concluir que o termo *a quo* da contagem do prazo prescricional nas doenças ocupacionais não está vinculado à data da extinção do contrato de trabalho, ou do aparecimento da doença ou do diagnóstico, ou mesmo do afastamento. É incabível exigir da vítima o ajuizamento precoce da ação quando ainda persistem questionamentos sobre a doença, sua extensão e o grau de comprometimento, a possibilidade de recuperação ou mesmo de agravamento, dentre outras possibilidades. A lesão no sentido jurídico só fica mesmo caracterizada quando o empregado toma conhecimento, sem margem a dúvidas, da consolidação da doença e da estabilização dos seus efeitos na capacidade laborativa ou, como diz a Súmula n. 278 do STJ, quando ele tem "ciência inequívoca da incapacidade laboral". Vejam a respeito o posicionamento dos tribunais:

> "**Prescrição. Termo inicial. Dano moral e material. Indenização. Doença ocupacional. Perda auditiva. Ciência inequívoca da lesão.** 1. Reclamação trabalhista ajuizada por ex-empregado da extinta RFFSA que laborou por mais de vinte anos submetido a ruídos excessivos, sem proteção auricular. Postulação de indenização por dano moral e material em decorrência de doença ocupacional que acarretou perda auditiva. 2. Consoante norma técnica expedida pelo Ministério do Trabalho e Emprego, as doenças ocupacionais relacionadas à exposição a ruído intenso, com perda auditiva, ostentam, como características principais, a progressão gradual devido ao tempo de exposição ao risco e, ao mesmo tempo, a estagnação do processo evolutivo da moléstia, uma vez cessada a exposição

43. TST. OJ n. 375 da SBDI-I. "*Auxílio-doença. Aposentadoria por invalidez. Suspensão do contrato de trabalho. Prescrição. Contagem.* A suspensão do contrato de trabalho, em virtude da percepção do auxílio-doença ou da aposentadoria por invalidez, não impede a fluência da prescrição quinquenal, ressalvada a hipótese de absoluta impossibilidade de acesso ao Judiciário."

ao ruído. 3. A ciência inequívoca da lesão, construída gradualmente ao longo dos anos, consolida-se ao desaparecer a exposição ao ruído nocivo à saúde, o que se dá mais precisamente ao sobrevir a cessação do contrato de trabalho. Até porque não há relação de causalidade para o empregador responder pelo virtual agravamento posterior da doença, debitável a causas estranhas à execução do contrato de emprego. A partir da cessação do contrato de trabalho, define-se a extensão do dano, não mais sujeita à progressão no tempo imputável ao empregador. 4. A data da cessação do contrato de emprego, portanto, e não a do superveniente resultado de avaliação audiométrica realizada cerca de doze anos após, é o marco inicial do fluxo do prazo prescricional para o ajuizamento de ação visando à reparação de lesão moral e material em decorrência de perda auditiva advinda da exposição a ruído excessivo no exercício das atividades laborais. 5. Embargos da União de que se conhece, por divergência jurisprudencial, e a que se dá provimento." TST. SBDI-I. E-RR n. 140400-50.2009.5.04.0701, Rel.: Ministro João Oreste Dalazen, *DJ* 3 nov. 2015.

"**Prescrição. Acidente de trabalho. Ciência inequívoca da incapacidade. Transcendência não reconhecida.** Na linha de jurisprudência desta Corte Superior e do entendimento fixado Súmula nº 278 do STJ, tratando-se de pretensão indenizatória deduzida em ação trabalhista que tem como causa de pedir o acidente de trabalho ou a doença ocupacional, o termo *a quo* da contagem do prazo prescricional é a ciência inequívoca da consolidação da incapacidade laboral do trabalhador, que pode ocorrer da aposentadoria por invalidez ou da cessação do benefício previdenciário, com o consequente retorno do empregado ao trabalho, quando ele tem o conhecimento do grau de comprometimento gerado pela enfermidade no exercício da atividade laboral." TST. 1ª Turma. Ag-AIRR-1000133-89.2014.5.02.0313, Rel.: Ministro Amaury Rodrigues Pinto Junior, *DEJT* 06 dez. 2024.

"**Recurso de Revista. Acórdão recorrido publicado após a vigência da Lei nº 13.015/2014 e antes da Lei nº 13.467/2017. Doença ocupacional equiparada a acidente de trabalho. Indenização por dano moral e material. Prescrição. Não conhecimento.** I. A jurisprudência desta Corte Superior firmou-se no sentido de que, nos casos de ação de indenização por dano moral e material decorrente de doença ocupacional equiparada a acidente de trabalho, o marco inicial da prescrição é a data da " ciência inequívoca da incapacidade " (Súmulas 230 do STF e 278 do STJ), e não da ciência da doença, até porque a reparação será avaliada não pela doença ou acidente considerados em si mesmo, mas a partir dos seus efeitos danosos, da incapacidade total ou parcial do empregado, da cura da doença, e até mesmo da certidão de trânsito em julgado da ação acidentária na qual foi requerida a concessão do benefício auxílio doença. II. Recurso de revista não conhecido." TST. 7ª Turma. RR-20415-87.2014.5.04.0030, Rel.: Ministro Evandro Pereira Valadão Lopes, *DEJT* 18 nov. 2022.

"**Agravo de instrumento. Acidente de trabalho ou equiparado. Prescrição. Marco inicial. Ciência inequívoca dos efeitos danosos da lesão. Incapacidade. Aposentadoria por invalidez.** A jurisprudência trabalhista, no caso de pretensão de indenização por danos morais e materiais decorrentes de acidente ou doença de trabalho, tem adotado, como parâmetro para fixação do marco inicial da prescrição, o critério consagrado pela Súmula nº 278 do Superior Tribunal de Justiça, a qual dispõe que o direito a pleitear essa indenização, em todos os seus contornos, somente surge para o segurado na data em que ele tiver ciência inequívoca da sua incapacidade laboral, em toda sua extensão. Assim, trazendo o entendimento consagrado na citada súmula ao âmbito trabalhista, a deflagração do prazo prescricional da pretensão de indenização por danos morais e materiais decorrentes de doença ocupacional deverá, em regra, coincidir com a data em que o empregado tenha tido ciência inequívoca dos efeitos danosos da lesão sofrida, pois é nesse momento que o direito à reparação civil se torna exigível. Dessa forma, não é razoável exigir do trabalhador que ele proponha a ação em que pretenda o pagamento de indenização por danos morais e materiais decorrentes de acidente ou doença profissional antes que ele tenha a exata noção da gravidade da moléstia que o acometeu e da extensão dos efeitos danosos da lesão, uma vez que, apenas com a aposentadoria por invalidez ou com a cessação do auxílio-doença ou auxílio-doença acidentária e com o consequente retorno do empregado ao trabalho, quando todos os efeitos do fato danoso já estiverem definitivamente configurados, é que nasce, para o empregado, o direito de pretender a reparação civil respectiva. Na hipótese sub judice, a prescrição foi contada da "ciência inequívoca da incapacidade laboral do trabalhador", o que "ocorreu no momento da concessão da aposentadoria por invalidez" (em 2017). Desse modo, como a ação havia sido ajuizada no mesmo ano da concessão da aposentadoria por invalidez, não foi extrapolado o prazo prescricional previsto no artigo 7º, inciso XXIX, da Constituição Federal. Agravo de instrumento desprovido." TST. 2ª Turma. Ag-AIRR-100122-20.2017.5.01.0342, Rel.: Ministro Jose Roberto Pimenta, *DEJT* 06 maio 2022.

11.7. PRESCRIÇÃO PARCIAL NA PENSÃO INDENIZATÓRIA

A indenização decorrente de acidente do trabalho ou doença ocupacional pode abranger parcelas diversas, tais como: dano emergente, lucros cessantes, pensão, dano moral, dano estético, perda de uma chance, dano existencial etc. Essas parcelas têm natureza indenizatória ou compensatória, mas o lucro cessante e a pensão mensal ostentam também o caráter de *crédito alimentar* e, por isso, geram efeitos especiais no exame da prescrição.

O tratamento legal diferenciado dos créditos de natureza alimentar decorre da necessidade de preservação da vida, direito fundamental da pessoa humana, com amplo respaldo na Constituição da República de 1988. A prestação alimentícia, dada a sua essencialidade, é irrenunciável, mesmo que provisoriamente dispensada pelo interessado, razão pela qual é incabível aplicar a prescrição total, mas somente a prescrição parcial das parcelas vencidas.

Assim, a inércia da vítima na busca da reparação alimentar em juízo, mesmo que prolongada, não afeta o chamado "fundo do direito", visto que apenas as parcelas do biênio ou quinquênio anterior ao ajuizamento, conforme o caso, são atingidas pela prescrição parcial. Nessa linha de pensamento, anota o Desembargador Edilton Meireles que "o direito em si à pensão é imprescritível. Prescrevem, porém, eventuais parcelas alimentares"[44].

Com o propósito de suprir as necessidades vitais da vítima de forma contínua, em sintonia com o princípio maior da dignidade da pessoa humana, o ordenamento jurídico atribui aos créditos de caráter alimentar proteção privilegiada. O revogado Código Civil de 1916 previa no art. 404 que se pode "deixar de exercer, mas não se pode renunciar o direito a alimentos". A Lei n. 5.478/1968, que dispõe sobre a ação de alimentos, estabelece no art. 23: "A prescrição quinquenal referida no art. 178, § 10, inciso I, do Código Civil só alcança as prestações mensais e não o direito a alimentos, que, embora irrenunciável, pode ser provisoriamente dispensado." No Código Civil atual, a garantia foi contemplada no art. 1.707: "Pode o credor não exercer, porém lhe é vedado renunciar o direito a alimentos, sendo o respectivo crédito insuscetível de cessão, compensação ou penhora." O Código de Processo Civil estabelece que "os honorários constituem direito do advogado e têm natureza alimentar, com os mesmos privilégios dos créditos oriundos da legislação do trabalho" (Art. 85, § 14).

No caso de acidente do trabalho com óbito, a indenização deve incluir a prestação de alimentos a quem o morto os devia (art. 948 do Código Civil). Além disso, no caso de lesão ou outra ofensa à saúde, a indenização contemplará os lucros cessantes e a pensão correspondente à importância do trabalho para o qual a vítima se inabilitou ou teve reduzida sua capacidade de trabalho (Art. 950 do Código Civil).

É imperioso concluir que o próprio texto legal já indica a natureza alimentícia das prestações indenizatórias, porquanto visam a recompor a renda mensal e periódica correspondente ao salário que a vítima auferia. Mas, se dúvida ainda pudesse existir sobre a natureza alimentícia do pensionamento deferido na indenização por acidente do trabalho, a Emenda Constitucional n. 62/2009 dissipou de vez qualquer hesitação, ao introduzir novo dispositivo na Constituição da República. Vejam o teor:

> Art. 100, § 1º. Os débitos de natureza alimentícia compreendem aqueles decorrentes de salários, vencimentos, proventos, pensões e suas complementações, benefícios previdenciários e indenizações por morte ou por invalidez, fundadas em responsabilidade civil, em virtude de sentença judicial transitada em julgado,

---

44. MEIRELES, Edilton. Responsabilidade civil no acidente do trabalho: questões processuais e materiais. 2. Ed. Salvador: Editora Juspodivm, 2019. p. 243.

e serão pagos com preferência sobre todos os demais débitos, exceto sobre aqueles referidos no § 2º deste artigo.

Como se depreende do exposto, as pretensões indenizatórias decorrentes de acidentes do trabalho ou doenças ocupacionais, a título de lucros cessantes ou pensão, diante da natureza alimentar, não são passíveis de prescrição total; prescrevem apenas as parcelas anteriores ao período do quinquênio ou biênio anterior ao ajuizamento, conforme o caso.[45] Trata-se de lesão repetitiva no rendimento de cada mês, com repercussão continuada enquanto persistir o direito da vítima ao pensionamento. Por outro lado, as outras pretensões formuladas (dano emergente, dano moral, dano estético, dano existencial) recebem o tratamento habitual das normas que regem a prescrição, porquanto mesmo sendo verbas indenizatórias não têm a natureza de crédito alimentar.

A jurisprudência do Colendo TST já está bem assentada no sentido de acolhimento apenas da prescrição parcial nessas hipóteses:

> "**Embargos em recurso de revista. Interposição sob a égide da lei 13.015/2014. Doença ocupacional. Danos materiais. Pensão mensal vitalícia. Prescrição do fundo de direito. Impossibilidade. Crédito de natureza alimentar constitucionalmente definida. Prestação continuativa. Prescrição parcial.** 1. A pensão mensal a que alude o art. 950 do Código Civil visa a reparar dano material consubstanciado na impossibilidade de a vítima exercer o seu ofício ou profissão ou na diminuição da sua capacidade laborativa. Trata-se de indenização constitucionalmente definida como um crédito de natureza alimentar, consoante o disposto no art. 100, § 1º, da Constituição da República. Inviável, na espécie, cogitar-se de lesão única, ainda que o direito à indenização tenha em sua gênese lesão física com resultados instantâneos, como no caso da perda de um membro, pois o referido dispositivo diz com a hipótese de dano material e o que se visa a reparar, como ressaltado, não é o dano físico em si, mas o prejuízo patrimonial daí decorrente, o qual, decerto, protrai-se no tempo. Assim, enquanto durar a incapacidade, exigível será sua reparação. 2. Cuida-se, pois, de relação jurídica de natureza continuativa, que não se esgota em lesão única, podendo, inclusive, sobrevir alteração no estado de fato, a justificar, inclusive, redução ou aumento da prestação. Desse modo, e ante a natureza alimentar constitucionalmente definida da pensão mensal devida

45. O tratamento aqui será semelhante àquele aplicável no julgamento de diferenças de complementação de aposentadoria, conforme pacificado na Súmula do TST n. 327: "*Complementação de aposentadoria. Diferenças. Prescrição parcial* – A pretensão a diferenças de complementação de aposentadoria sujeita-se à prescrição parcial e quinquenal, salvo se o pretenso direito decorrer de verbas não recebidas no curso da relação de emprego e já alcançadas pela prescrição, à época da propositura da ação."

Pode-se apontar também o entendimento sedimentado no STJ pela Súmula 85: "Nas relações jurídicas de trato sucessivo em que a Fazenda Pública figure como devedora, quando não tiver sido negado o próprio direito reclamado, a prescrição atinge apenas as prestações vencidas antes do quinquênio anterior a propositura da ação".

em decorrência de acidente de trabalho ou doença ocupacional, da qual acarrete impossibilidade de a vítima exercer o seu ofício ou profissão ou diminuição da sua capacidade laborativa, não há falar em prescrição do fundo de direito, mas, tão somente, das prestações anteriores ao lapso prescricional que antecede o ajuizamento da ação. 3. Precedente da SDI-I do TST. Recurso de embargos não conhecido." TST. SBDI-I. E-ED-ED-RR-9200-56.2010.5.17.0010, Rel.: Ministro Hugo Carlos Scheuermann, *DEJT* 08 mar. 2024.

"**Recurso de revista. Acórdão regional publicado na vigência da lei nº 13.467/2017. Acidente de trabalho. Danos materiais. Pensão mensal vitalícia. Prescrição do fundo de direito. Impossibilidade. Crédito de natureza alimentar constitucionalmente definida. Prestação continuativa. Prescrição parcial. Transcendência. Reconhecimento.** I. Nos termos do art. 950 do Código Civil, "se da ofensa resultar defeito pelo qual o ofendido não possa exercer o seu ofício ou profissão, ou se lhe diminua a capacidade de trabalho, a indenização, além das despesas do tratamento e lucros cessantes até ao fim da convalescença, incluirá pensão correspondente à importância do trabalho para que se inabilitou, ou da depreciação que ele sofreu". Não se pode cogitar-se de lesão única, ainda que o direito à indenização tenha em sua gênese lesão física com resultados instantâneos, como no caso do acidente de trabalho típico, pois o referido dispositivo procura reparar o prejuízo patrimonial decorrente da redução da capacidade laboral. II. Trata-se, portanto de relação jurídica continuada, que não se esgota em lesão única, podendo, inclusive, sobrevir alteração no estado de fato, a justificar, inclusive, redução ou aumento da prestação. Assim, não há falar em prescrição do fundo de direito, mas, tão somente, das prestações anteriores ao lapso prescricional que antecede o ajuizamento da ação. III. Recurso de revista de que se conhece e a que se dá provimento" TST. 7ª Turma. RRAg-1000626-36.2017.5.02.0386, Rel.: Ministro Evandro Pereira Valadão Lopes, *DEJT* 19 dez. 2024.

"**Recurso de revista interposto sob a égide da lei n.º 13.015/2014. Pensão mensal vitalícia. Acidente do trabalho. Prescrição parcial**. Na hipótese, pretende o reclamante o pagamento de indenização por danos materiais decorrentes do acidente de trabalho sofrido, em forma de pensão mensal vitalícia, devido à redução em sua capacidade laboral. O Tribunal Regional entendeu que a ciência inequívoca das lesões geradas pelo acidente de trabalho ocorreu em setembro de 2012, quando o reclamante retornou ao trabalho após fruir de benefício previdenciário e, considerando que a ação foi ajuizada em 27/08/2020, aplicando-se a prescrição trabalhista, teria incidido a prescrição total do direito de ação. Contudo, uma vez que do acidente de trabalho resultou lesão parcial e permanente, há relação jurídica de natureza continuativa e de crédito de natureza alimentícia, pois a lesão se renova mês a mês, o que atrai a incidência apenas da prescrição parcial das prestações vencidas antes do quinquênio que antecede o ajuizamento da ação trabalhista. Precedentes da SBDI-1 e de Turmas desta Corte. Recurso de revista conhecido e provido." TST. 2ª Turma. RR-20485-72.2020.5.04.0781, Rel.: Ministra Maria Helena Mallmann, *DEJT* 04 out. 2024.

"**Recurso de Revista sob a égide da Lei 13.015/2014. Prescrição. Termo inicial. Acidente de trabalho. Pensão mensal vitalícia. Ciência inequívoca após a vigência do código civil de 2002 e antes da vigência da EC 45/2004. Requisitos do artigo 896, § 1º-a, da CLT, atendidos.** A pensão mensal vitalícia representa crédito de natureza alimentar – arts. 950 CC, 100, § 1º, da CF de 1988. É, portanto, direito indisponível, irrenunciável, e o fundo do direito não é suscetível de prescrição total – arts. 206, § 2º, e 1.707 do CC. Seja aplicável prazo da legislação civil (como é o caso) ou o prazo da prescrição trabalhista, vencem apenas as prestações, dado que se cuida de crédito alimentício. Entendimento de que para o dano material, na forma de pensionamento, decorrente da redução parcial e permanente para o trabalho, incide a prescrição parcial. Precedentes do TST e do STJ. Recurso de revista conhecido e provido". TST. 6ª Turma. RR-963-54.2015.5.17.0011, Rel.: Ministro Augusto Cesar Leite de Carvalho, *DEJT* 20 ago. 2021.

"**Acidente de trabalho que ocasionou a amputação do braço esquerdo do reclamante ocorrido em 2001.** (...) . Por outro lado, no tocante à pensão mensal devida em decorrência de acidente de trabalho ou doença ocupacional que acarretou a impossibilidade de a vítima exercer o seu ofício ou profissão ou na redução da sua capacidade laborativa (art. 950 do Código Civil), a jurisprudência desta Corte é firme no sentido de que é aplicável a prescrição parcial, não se caracterizando a prescrição do fundo do direito, mas, tão somente, das prestações anteriores ao lapso prescricional que antecede o ajuizamento da ação. Precedentes. Recursos de revista parcialmente conhecidos e providos". TST. 1ª Turma. RR-58100-24.2011.5.17.0014, Rel.: Ministro Walmir Oliveira da Costa, *DEJT* 04 set. 2020.

É oportuno assinalar que o STF já fixou entendimento de que a controvérsia sobre a prescrição aplicável, se parcial ou total, por ser infraconstitucional, não enseja repercussão geral, razão pela qual deve prevalecer o entendimento adotado pelo Colendo TST: "**Tema 583. Ementa: 1. Trabalhista. 2. Prescrição aplicável, se total ou parcial**. Controvérsia que se situa no âmbito da legislação infraconstitucional. Inexistência de repercussão geral." STF. Pleno. ARE 697514 RG, Rel.: Gilmar Mendes, *DJ* 14 set. 2012.

Para finalizar este tópico, pela semelhança do enfoque jurídico quanto à imprescritibilidade do "fundo do direito", cabe transcrever acórdão da Primeira Seção do STJ a respeito da prescrição apenas parcial de crédito previdenciário, em razão da sua natureza alimentar:

"**Previdenciário e administrativo. Embargos de divergência em Recurso Especial. Prescrição do fundo de direito. Concessão de pensão por morte de servidor público estadual. Relação de trato sucessivo que atende necessidade de caráter alimentar. Inexistindo negativa expressa e formal da administração, incide a súmula 85/STJ. Superação da orientação adversa oriunda de julgamento da Corte Especial do Superior Tribunal de Justiça, em recurso fundado em divergência entre a primeira e a terceira seções do STJ. Ulterior concentração, mediante emenda regimental, da competência para julgar a matéria na Primeira Seção. Embargos do particular e do MPF acolhidos.** 1. O Supremo Tribunal Federal, no julgamento do RE 626.489/SE, Rel. Min. ROBERTO BARROSO. DJe 23.9.2014, com repercussão geral reconhecida, firmou entendimento de que o direito fundamental ao benefício previdenciário pode ser exercido a qualquer tempo, sem que se atribua qualquer consequência negativa à inércia do beneficiário, reconhecendo que inexiste prazo decadencial para a concessão inicial de benefício previdenciário. 2. De fato, o benefício previdenciário constitui direito fundamental da pessoa humana, dada a sua natureza alimentar e vinculada à preservação da vida. Por essa razão, não é admissível considerar extinto o direito à concessão do benefício pelo seu não exercício em tempo que se julga oportuno. A compreensão axiológica dos Direitos Fundamentais não cabe na estreiteza das regras do processo clássico, demandando largueza intelectual que lhes possa reconhecer a máxima efetividade possível. Portanto, no caso dos autos, afasta-se a prescrição de fundo de direito e aplica-se a quinquenal, exclusivamente em relação às prestações vencidas antes do ajuizamento da ação. 3. Não se pode admitir que o decurso do tempo legitime a violação de um direito fundamental. O reconhecimento da prescrição de fundo de direito à concessão de um benefício de caráter previdenciário excluirá seu beneficiário da proteção social, retirando-lhe o direito fundamental à previdência social, ferindo o princípio da dignidade da pessoa humana e da garantia constitucional do mínimo existencial. 4. Essa salutar orientação já foi acolhida no Supremo Tribunal Federal, no julgamento do RE 626.489/SE, Rel. Min. ROBERTO BARROSO. DJe 23.9.2014, de modo que não se faz necessária, em face desse acolhimento, qualquer manifestação de outros órgãos judiciais a respeito do tema, porquanto se trata de matéria já definida pela Suprema Corte. Ademais, sendo o direito à pensão por morte uma espécie de direito natural, fundamental e indisponível, não há eficácia de norma infraconstitucional que possa cortar a fruição desse mesmo direito. Os direitos humanos e fundamentais não estão ao alcance de mudanças prejudiciais operadas pelo legislador comum. 5. Assim, o pedido de concessão do benefício de pensão por morte deve ser tratado como uma relação de trato sucessivo, que atende necessidades de caráter alimentar, razão pela qual a pretensão à obtenção de um benefício é imprescritível. Assim, não havendo óbice legal a que se postule o benefício pretendido em outra oportunidade, o beneficiário pode postular sua concessão quando dele necessitar. Sendo inadmissível a imposição de um prazo para a proteção judicial que lhe é devida pelo Estado. 6. Mesmo nas hipóteses em que tenha havido o indeferimento administrativo, não se reconhece a perda do direito em razão do transcurso de tempo. Isso porque a Administração tem o dever de orientar o administrado para que consiga realizar a prova do direito requerido, não havendo, assim, que se falar na caducidade desse direito em razão de um indeferimento administrativo que se revela equivocado na esfera judicial. 7. Tal compreensão tem sido adotada pelas Turmas que compõem a Primeira Seção quando da análise de recursos relacionados a Segurados vinculados ao Regime Geral de Previdência Social, reconhecendo-se que as prestações previdenciárias tem características de direitos indisponíveis, que incorpora-se ao patrimônio jurídico do interessado, daí porque o benefício previdenciário em si não prescreve, somente as prestações não reclamadas no lapso de cinco anos é que prescreverão, uma a uma, em razão da inércia do beneficiário, nos exatos termos do art. 3o. do Decreto 20.910/32. Precedentes: AgRg no REsp. 1.429.237/MA, Rel. Min. NAPOLEÃO NUNES MAIA FILHO, DJe 5.10.2015; AgRg no REsp. 1.534. 861/PB, Rel. Min. HUMBERTO MARTINS, DJe 25.8.2015; AgRg no AREsp. 336.322/PE, Rel. Min. BENEDITO GONÇALVES, DJe 8.4.2015; AgRg no AREsp. 493.997/PR, Rel. Min. MAURO CAMPBELL MARQUES, DJe 9.6.2014. 7. Impõe-se, assim, estender tal compreensão às demandas que envolvem o pleito de benefícios previdenciários de Servidores vinculados ao Regime Próprio de Previdência, uma vez que, embora vinculados a regimes diversos, a natureza fundamental dos benefícios é a mesma 8. Nestes termos, deve-se reconhecer que não ocorre a prescrição do fundo de direito no pedido de concessão de pensão por morte, estando prescritas apenas as prestações vencidas no quinquênio que precedeu à propositura da ação. 9. Não é demais pontuar que no âmbito da Lei 8.112/90, o art. 219 confere esse tratamento distinto àquele que tem legítimo interesse ao benefício previdenciário, reconhecendo que só ocorre a prescrição das prestações exigíveis há mais de 5 anos, uma vez que a lei permite o requerimento da pensão a qualquer tempo. 10. Embargos de Divergência do particular e do MPF acolhidos, a fim de prevalecer o entendimento de que não há que se falar em prescrição de fundo de direito, nas ações em que se busca a concessão do benefício de pensão por morte." STJ. Primeira Seção. EREsp 1269726/MG, Rel. Ministro Napoleão Nunes Maia Filho, *DJe* 20 mar. 2019.

11.8. PRESCRIÇÃO NAS AÇÕES AJUIZADAS POR DOMÉSTICOS

Neste tópico vamos abordar o prazo prescricional aplicável nas ações indenizatórias provenientes dos acidentes sofridos por empregados domésticos[46].

Até o advento da Lei Complementar n. 150, de 1º de junho de 2015, a prescrição envolvendo os direitos dos empregados domésticos foi bastante controvertida. Em primeiro lugar, porque a CLT no art. 7º, alínea *a*, estabelece que os seus preceitos não se aplicam aos empregados domésticos. Em segundo, porque o parágrafo único do art. 7º da Constituição da República não assegura aos domésticos o direito previsto no inciso XXIX, nem mesmo após a Emenda Constitucional n. 72/2013. Como faltava norma legal específica, uma corrente defendia a aplicação aos domésticos da prescrição trabalhista; outra, a prescrição do Código Civil; e uma terceira corrente ainda invocava o antigo Decreto-Lei n. 1.237, de 2 de maio de 1939, que estabelece no art. 101: "Não havendo disposição especial em contrário, prescreve em dois anos qualquer reclamação perante a Justiça do Trabalho."

A saudosa professora Alice Monteiro de Barros defendia a corrente que aplicava aos empregados domésticos a prescrição trabalhista, apesar da omissão do inciso XXIX no rol dos direitos indicados no parágrafo único do art. 7º da Constituição de 1988:

> Filiamo-nos aos que entendem que a pretensão resultante da relação de trabalho doméstico está sujeita à prescrição a que se refere o art. 7º, XXIX, da Constituição da República de 1988, embora o citado artigo não inclua este item em seu parágrafo único, no qual arrola os direitos sociais

---

46. No capítulo 14 abordaremos as singularidades das indenizações por acidentes ocorridos com trabalhadores domésticos.

atribuídos aos domésticos. Essa circunstância não afasta a aplicação do disposto no mencionado inciso ao doméstico, pois a prescrição não é direito social, mas perda da pretensão, logo, a boa técnica legislativa não autorizaria a inserção da prescrição no citado parágrafo único.[47]

A redação do art. 11 da CLT, dada pela Lei n. 9.658/1998, fortaleceu sobremaneira o entendimento dessa corrente que aplica a prescrição trabalhista aos créditos dos empregados domésticos, porque foi substituída a antiga redação — "Não havendo disposição especial em contrário nesta Consolidação, prescreve em dois anos o direito de pleitear a reparação de qualquer ato infringente de dispositivo nela contido" — para a redação seguinte: "Art. 11. O direito de ação quanto a créditos resultantes das relações de trabalho prescreve: I — em cinco anos para o trabalhador urbano, até o limite de dois anos após a extinção do contrato." O referido artigo 11 da CLT sofreu nova alteração, promovida pela Lei n. 13.467/2017.

Também no âmbito do Tribunal Superior do Trabalho prevaleceu, acertadamente, o entendimento de que a prescrição aplicável às pretensões do empregado doméstico é a mesma do empregado comum:

> "**Agravo regimental. Agravo de instrumento. Recurso de revista. Empregado doméstico. Prescrição. Art. 7º, XXIX, da Carta Magna.** Nega-se provimento a agravo regimental em que a reclamante não consegue desconstituir os fundamentos da decisão proferida no agravo de instrumento em recurso de revista. Na linha dos precedentes desta Corte Superior, o prazo de prescrição constante do inciso XXIX do art. 7º da Constituição Federal é aplicado a todos os trabalhadores, sendo irrelevante a circunstância de a prescrição não estar elencada no rol dos direitos sociais assegurados aos empregados domésticos. A prescrição, com natureza de direito material, não se confunde com o direito subjetivo, tendo a finalidade de extinguir a pretensão (ação de direito material), produzindo efeitos no âmbito do processo (CPC, art. 269, IV). Agravo regimental a que se nega provimento." TST. 1ª Turma. AgR-AIRR n. 632-27.2010.5.15.0036, Rel.: Ministro Walmir Oliveira da Costa, *DJ* 29 jun. 2012.
>
> "**Prescrição. Trabalhador doméstico.** Levando-se em consideração que a prescrição tem como fundamento a segurança jurídica, prevalece o entendimento de que deve ser aplicado ao trabalhador doméstico a regra geral trabalhista fixada no inciso XXIX do art. 7º da Constituição Federal, por ser a regra aplicável aos trabalhadores em geral. Precedentes. Recurso de Revista não conhecido." TST. 4ª Turma. RR n. 1658-98.2011.5.03.0023, Rel.: Ministra Maria de Assis Calsing, *DEJT* 24 abr. 2015.
>
> "**Empregado doméstico. Prescrição.** Não obstante o parágrafo único do art. 7º da Carta Magna não se refira expressamente ao inciso XXIX, o prazo prescricional de cinco anos até o limite de dois anos após a extinção do contrato de

47. BARROS, Alice Monteiro de. *Curso de direito do trabalho*. 7. ed. São Paulo: LTr, 2011. p. 833.

trabalho é critério geral, dirigido a todos os trabalhadores urbanos e rurais, não existindo exceção expressa quanto aos domésticos, seja na Constituição Federal ou na legislação infraconstitucional. Precedentes do TST. Recurso de revista não conhecido." TST. 8ª Turma, RR n. 1484/2002-102-04-00.3, Rel.: Ministra Dora Maria da Costa, *DJ* 9 maio 2008.

Entretanto, com a promulgação da Lei Complementar n. 150, de 1º de junho de 2015, que disciplinou o trabalho doméstico em sintonia com a Emenda Constitucional n. 72/2013, a controvérsia restou pacificada com dispositivo legal expresso:

> Art. 43. O direito de ação quanto a créditos resultantes das relações de trabalho prescreve em 5 (cinco) anos até o limite de 2 (dois) anos após a extinção do contrato de trabalho.

Agora com a letra firme da norma jurídica não restam mais dúvidas quanto ao prazo prescricional das pretensões dos empregados domésticos, ou seja, os mesmos prazos aplicáveis aos empregados em geral.

Como já estava prevalecendo na doutrina e na jurisprudência a regra geral da prescrição trabalhista, é imperioso concluir que o prazo da prescrição dos créditos dos trabalhadores domésticos é o mesmo, tanto para os acidentes ocorridos antes ou após a publicação da Lei Complementar n. 150/2015.

11.9. PRESCRIÇÃO NAS AÇÕES AJUIZADAS POR RECLAMANTES MENORES

Qual a prescrição aplicável nas ações ajuizadas por reclamantes menores?

Inicialmente, cabe mencionar que o menor pode ajuizar ação pleiteando indenizações decorrentes de acidente do trabalho ou doença ocupacional em três situações distintas, que geram diferentes repercussões jurídicas. Vamos tratar separadamente das três hipóteses:

a) Menor empregado que foi vítima de acidente do trabalho

Como já anotamos no tópico 11.2, para determinar a regra da prescrição aplicável é necessário, primeiramente, identificar a natureza da relação jurídica que assegura o direito pretendido e isso será feito "tendo exclusivamente em vista a norma jurídica que impõe o dever violado pelo agente."[48] Nesse sentido, assinala o clássico Pontes de Miranda que "o ramo do direito em que nasce a pretensão é o que lhe marca a prescrição, ou estabelece prazo

48. CAVALIERI FILHO, Sérgio. *Programa de responsabilidade civil*. 16. ed. São Paulo: Atlas, 2023. p. 25.

preclusivo ao direito."[49] A prescrição está ligada à natureza da pretensão de direito material.

No caso do acidente do trabalho sofrido pelo menor, a pretensão deduzida em juízo está amparada no art. 7º, XXVIII, da Constituição da República e no vínculo jurídico preexistente de natureza trabalhista. Assim, quando o menor ajuíza ação para reclamar indenizações decorrentes de acidente por ele mesmo sofrido, na condição de trabalhador, aplica-se integralmente as regras da prescrição trabalhista. Também não haverá início da fluência do prazo prescricional até que ele atinja a idade de 18 anos, conforme previsto no art. 440 da CLT[50].

Vale mencionar que não cabe na reparação do acidente sofrido pelo menor, limitar o impedimento da fluência do prazo prescricional somente até os 16 anos, como previsto no art. 198 do Código Civil, porque, pelo princípio da especialidade, a norma de direito especial da CLT prevalece sobre a regra geral civilista (*Lex specialis derogat legi generali*)[51].

b) Menor herdeiro que postula indenizações ou direitos trabalhistas adquiridos pelo acidentado enquanto vivo

O menor também pode ajuizar ação trabalhista na condição de herdeiro do empregado falecido, para postular indenizações ou verbas trabalhistas a que o acidentado teria direito adquirido na data do óbito.

Nessa hipótese, os créditos a que o *de cujus* teria direito ostentam natureza trabalhista, mas a atuação do menor para o recebimento dos direitos

---

49. PONTES DE MIRANDA, Francisco C. *Tratado de direito privado*. 2. ed. Rio de Janeiro: Borsoi, 1955. t. VI, p. 101.

50. CLT. Art. 440. Contra os menores de 18 (dezoito) anos não corre nenhum prazo de prescrição.

51. "*Acidente de trabalho. Trabalhador menor de idade. Indenização por danos moral e material. Prazo de prescrição.* (...) 2. Na hipótese dos autos, conforme reconhecido no acórdão regional, o reclamante, na data do acidente de trabalho, em 18/9/1989, contava 17 anos de idade. No art. 440 da CLT, consta disposição expressa em relação ao trabalhador menor, no sentido de que contra os menores de 18 anos não corre nenhum prazo prescricional, cuja aplicação se impõe, ante a especialidade da norma. TST. 1ª Turma. ARR-9951700-60.2006.5.09.0029, Rel.: Ministro Walmir Oliveira da Costa, *DEJT* 16 ago. 2019.

"*Recurso de revista da Radiante Engenharia de Telecomunicações Ltda. Prescrição. Herdeiro menor sucessor de empregado falecido. Incidência do art. 198, I, do Código Civil em detrimento do art. 440 da CLT.* O art. 440 da CLT, por estar inserido no capítulo da CLT dedicado à proteção do trabalho do menor, aplica-se apenas ao empregado menor, não beneficiando o menor herdeiro de empregado falecido. A este aplica-se, por força do art. 8º, parágrafo único, da CLT, o art. 198, I, do Código Civil, segundo o qual não corre a prescrição contra os menores de dezesseis anos (absolutamente incapazes). Recurso de revista conhecido e provido. (...) (RR-1337-68.2010.5.09.0011, 6ª Turma, Relator Ministro Augusto Cesar Leite de Carvalho, *DEJT* 23 nov. 2018).

herdados tem disciplinamento legal no Direito Civil. Como consequência, serão consideradas duas regras sobre a prescrição.

Quanto às indenizações postuladas, aplica-se a prescrição trabalhista, visto que a transmissão dos direitos aos herdeiros não muda a sua natureza jurídica original[52]. Com efeito, pode o réu arguir a prescrição dos direitos que na data da morte da vítima já estavam prescritos pela regra trabalhista. Além disso, vencido o prazo do impedimento da fluência que beneficia o menor, a prescrição iniciada contra o acidentado continua a correr contra o sucessor (art. 196 do Código Civil).

Por outro lado, a regra que impede a fluência da prescrição para o menor, nessa hipótese, deve ser a do Código Civil (art. 198, I), ou seja, a partir dos 16 anos, quando o menor se tornar relativamente incapaz (art. 3º e 4º do Código Civil), o prazo prescricional começará a correr. Não cabe acolher o prazo trabalhista de 18 anos, porque a CLT não disciplina o impedimento de fluência do prazo prescricional para não empregados, razão pela qual se deve aplicar subsidiariamente a regra geral prevista no Código Civil (art. 8º, § 1º, da CLT). É oportuno observar que o art. 440 está inserido no Capítulo 4, do Título III da CLT, que trata "Da proteção do trabalho do menor", ou seja, o prazo mais benéfico indicado na CLT só tem aplicação na hipótese em que o menor postula reparação de danos ocorridos durante a sua atuação como trabalhador e não quando figura na condição de herdeiro.

Vejam decisões do TST a respeito do tema:

> "**Agravo em recurso de revista com agravo. Lei 13.467/17. Prescrição**. Aplicação do art. 440 da CLT exclusivamente ao menor trabalhador, não alcançando herdeiro/dependente, que reivindica direitos decorrentes do contrato de trabalho de empregado falecido. Ausência de prequestionamento. Incidência da súmula 297/TST. Óbice processual. Prejudicado o exame da transcendência. A questão de que o art. 440 da CLT só se aplica exclusivamente ao menor trabalhador, não sendo extensível a herdeiros/dependentes, que reivindicam direitos decorrentes do contrato de trabalho de empregado falecido, não foi objeto de análise pelo Tribunal Regional, que sequer foi instado a se pronunciar por meio de embargos de declaração. Logo, o exame do tema "prescrição nuclear", sob o enfoque apresentado no recurso de revista e renovado em sede de agravo, encontra óbice na Súmula 297/TST. Prejudicado o exame da transcendência. Agravo conhecido e desprovido." TST. 7ª Turma. Ag-RRAg-2465-60.2015.5.02.0006, Rel.: Ministro Alexandre de Souza Agra Belmonte, *DEJT* 14 nov. 2024.
>
> "**Prescrição. Interrupção. Herdeiro menor sucessor de empregado falecido. Ausência de transcendência.** A jurisprudência do TST firmou o entendimento

52. Código Civil. Art. 943. O direito de exigir reparação e a obrigação de prestá-la transmitem-se com a herança.

de que, nas reclamações trabalhistas, envolvendo interesse de herdeiro menor em que se postulam direitos decorrentes do contrato de trabalho do empregado falecido, se aplica o disposto no artigo 198, I, do Código Civil, que estabelece a suspensão do prazo prescricional para os menores absolutamente incapazes, pois o preceito inserido no art. 440 da CLT abrange tão somente o empregado menor de 18 anos, não beneficiando o menor herdeiro de empregado falecido. Ressalta-se, ainda, o intuito do legislador é justamente garantir às pessoas que estão em situação de vulnerabilidade a defesa de seus interesses. Dessa forma, deve ser aplicado o disposto no art. 198, I, do CPC, ainda que a ação venha a ser ajuizada pelo espólio ou por maior de dezesseis anos, pois a referida causa impeditiva da prescrição acaba por beneficiar a todos. Julgados. Incidem, portanto, a Súmula nº 333 desta Corte e o art. 896, § 7º, da CLT como óbices ao prosseguimento da revista, a pretexto da alegada ofensa aos dispositivos apontados, bem como da divergência jurisprudencial transcrita. Agravo não provido." TST. 5ª Turma. RRAg-1000540-23.2017.5.02.0012, Rel.: Ministro Breno Medeiros, *DEJT* 23 jun. 2023.

"**Prescrição quinquenal. Menor herdeiro. Ex-empregado falecido.** A suspensão da prescrição em benefício do menor, prevista no art. 198, I, do CCB/2002, não elimina a prescrição parcial quinquenal das parcelas trabalhistas em relação ao próprio titular do direito, considerada a extinção do contrato de trabalho do ex-empregado, em face da regra constitucional do art. 7º, XXIX. Isso porque, na qualidade de herdeiro, o menor não pleiteia verbas próprias, agindo na posição de sucessor civil do pai, empregado falecido; inviabilizando-se, assim, a exigência de créditos já prescritos quando do óbito do empregado. Recurso de revista conhecido e provido no aspecto. Diante do provimento do recurso de revista, tem-se por confirmada a decisão que deferiu a tutela provisória de urgência para o fim de restringir os atos executórios de oneração/bloqueio dos bens das Recorrentes, em relação às verbas devidas às herdeiras menores, aos valores apurados referentes a direitos situados no lapso temporal definido nesta decisão (07.03.2006 a 07.03.2011)".TST. 3ª Turma. RR-2011-93.2011.5.12.0054, Rel.: Ministro Mauricio Godinho Delgado, *DEJT* 13 dez. 2019.

O impedimento da fluência do prazo prescricional, previsto no art. 198, I, do Código Civil, prevalece mesmo quando estiverem presentes no polo ativo da ação herdeiros menores em litisconsórcio com herdeiros maiores. Isso porque, quando se trata de obrigação indivisível, a suspensão da prescrição beneficia a todos os credores solidários, como estabelece o art. 201 do Código Civil[53]. E a herança é considerada legalmente um todo unitário, sendo que, até a partilha o direito dos co-herdeiros, quanto à propriedade e posse da herança, será indivisível, de acordo com o previsto no art. 1.791 do Código Civil[54].

53. Código Civil. Art. 201. Suspensa a prescrição em favor de um dos credores solidários, só aproveitam os outros se a obrigação for indivisível.

54. "*Recurso de Revista. Não regido pela Lei 13.015/2014. 1. Prescrição. Herdeiros concorrentes maiores e menor.* Na forma do art. 943 do CC, o direito de exigir reparação por danos e a obrigação de prestá-la transmitem-se com a herança, que configura um todo unitário – ainda que sejam vá-

c) Menor que postula em nome próprio direitos por danos reflexos ou em ricochete

É muito frequente a reclamação proposta por descendentes menores, postulando indenizações por danos materiais ou extrapatrimoniais pela morte por acidente do trabalho de um parente integrante do núcleo familiar básico, conforme abordamos no item 9.9.2. do capítulo 9.

Quando o menor ajuíza ação em nome próprio pleiteando indenização pelo dano reflexo ou em ricochete, decorrente do acidente do trabalho ou doença ocupacional sofrido pelo trabalhador, aplicam-se as regras da prescrição civil.

Prevalece na jurisprudência esse entendimento, porque o cabimento da indenização pelo dano em ricochete tem suporte e disciplina no âmbito do Direito Civil, visto que o autor da ação, nessa hipótese, não tem vínculo de natureza trabalhista com o réu. A indenização postulada pelo menor enquadra-se como um direito pessoal de natureza civil, em razão de um dano reflexo causado em decorrência do acidente do trabalho.

Reforça esse entendimento a tese fixada pelo STF no julgamento das ADIs 6.050, 6.069 e 6.082, finalizado em 2023, estabelecendo que: "As redações conferidas aos arts. 223-A e 223- B, da CLT, não excluem o direito à reparação por dano moral indireto ou dano em ricochete no âmbito das relações de trabalho, a ser apreciado nos termos da legislação civil"[55].

Então, o prazo da prescrição será o indicado no Código Civil (trienal - art. 206, § 3º, V). Da mesma forma, o prazo de impedimento da fluência da prescrição para o menor será o do art. 198, I, do Código Civil (até 16 anos).

Se estiverem presentes no polo ativo da ação trabalhista vítimas do dano reflexo menores e maiores, o impedimento da fluência do prazo prescricional

---

rios os herdeiros – e indivisível, até a formalização da partilha (CC, art. 1791 e parágrafo único). Assim, se é certo que a morte não implica a automática suspensão ou interrupção do curso da prescrição da pretensão reparatória em causa (CC, arts. 189, 197 e 199), bem assim que, aberta a sucessão, a herança transmite-se, desde logo, aos herdeiros legítimos e testamentários (CC, art. 1784), não há como divisar qualquer óbice de fato ou de direito ao curso da prescrição de pretensão originariamente titularizada pelo trabalhador falecido (CC, art. 189). Havendo, contudo, herdeiros menores em autêntico concurso solidário ativo com herdeiros maiores (CC, art. 267), a pretensão transmitida com a herança não se submete aos efeitos extintivos da prescrição, enquanto não ultimada a partilha e atingida a maioridade pelos sucessores menores. Afinal, não correndo a prescrição contra os absolutamente incapazes (art. 198, I, do CC) e beneficiando-se da interrupção da prescrição os credores solidários de obrigação indivisível (art. 201 do CC) – caso da herança (CC, art. 1791 c/c o art. 88) -, não há espaço para o fluxo da prescrição. Recurso de revista não conhecido. (RR-48500-10.2005.5.04.0221, 7ª Turma, Relator Ministro Douglas Alencar Rodrigues, *DEJT* 13/05/2016).

55. Tratamos desse julgamento nas considerações lançadas no item 8.5.10 do capítulo 8.

previsto no art. 198, I, do Código Civil só beneficia os reclamantes menores de 16 anos. Diferentemente da situação do reclamante que atua como herdeiro, tratada acima, nesta hipótese o menor postula direito divisível e independente, razão pela qual não há impedimento da fluência da prescrição para o reclamante maior (art. 257 do Código Civil) que figura como litisconsorte.

Vale citar a jurisprudência do TST a respeito:

> **"III - Recurso de revista. Regido pela lei 13.467/2017. Indenização por dano material reflexo, indireto ou em ricochete. Ação ajuizada pela sucessora do ex-empregado falecido em decorrência de acidente de trabalho. Direito pleiteado em nome próprio. Prescrição civil. Herdeiro menor. Suspensão do prazo prescricional. Art. 198, I, do código civil. Transcendência política.** No presente caso, a Autora pleiteia indenização por danos materiais decorrentes de acidente do trabalho típico que vitimou seu genitor. A Autora era menor de idade à época do fato. Discute-se, portanto, a suspensão da prescrição aplicável ao herdeiro menor, bem como a prescrição aplicável à pretensão de indenização por danos materiais em ação ajuizada pelos sucessores, em nome próprio, em razão do falecimento do trabalhador, decorrente de acidente do trabalho típico. O Tribunal Regional entendeu que a prescrição não corre contra o absolutamente incapaz, conforme art. 198 do CC. Esclareceu que a suspensão da prescrição do art. 440 da CLT somente se aplica ao empregado menor de idade e não ao herdeiro menor. Consignou que, após completar 16 anos, começa a contagem do prazo prescricional de dois anos previsto no art. 7º, XXIX, da CF, tendo em vista que a ação foi ajuizada após a EC 45/2004. Manteve o reconhecimento da prescrição, pois a herdeira menor completou 16 anos em 18/07/2017, quando passou a correr a prescrição bienal, que foi atingida em 18/07/2019, sendo que o ajuizamento da ação somente ocorreu em 04/05/2020. Acerca da suspensão do herdeiro menor, a jurisprudência desta Corte firmou-se no sentido de que a suspensão da prescrição prevista no art. 440 da CLT aplica-se somente ao trabalhador menor de 18 anos, ao passo que aos menores herdeiros do trabalhador falecido, aplica-se subsidiariamente o art. 198, I, do Código Civil, segundo a qual não corre a prescrição contra herdeiros menores absolutamente incapazes, dentre os quais se encontram os menores de 16 anos. Nesse aspecto, encontra-se correta a decisão regional. Todavia, no âmbito desta Corte Superior, encontra-se pacificado o entendimento de que a prescrição aplicável à pretensão de indenização por danos morais em ação ajuizada pelos sucessores, em nome próprio, decorrente do falecimento de ex-empregado em razão de doença ocupacional e/ou acidente de trabalho, é a trienal disposta no art. 206, § 3º, V, do Código Civil, e que o direito de reparação dos danos de ricochete só nasce para os sucessores na data do falecimento do ex-empregado. Assim, tendo ocorrido a morte do trabalhador em 23/05/2017, após a vigência do Código Civil de 2002, é aplicável o prazo prescricional civil trienal, na forma do seu art. 206, § 3º, V. Nessa esteira de raciocínio, conclui-se que, ao declarar a prescrição trabalhista bienal prevista no art. 7º, XXIX, da Constituição Federal, o Tribunal Regional proferiu decisão dissonante da consolidada no âmbito desta Corte Superior. Logo, não há prescrição a ser declarada, na medida em que a ação foi ajuizada

em 04/05/2020, ou seja, dentro do prazo de 3 anos contados da data em que a Autora completou 16 anos (18/07/2017). Recurso de revista conhecido e provido." TST. 5ª Turma. RR-10446-63.2020.5.15.0052, Rel.: Ministro Douglas Alencar Rodrigues, *DEJT* 28 out. 2022.

"Recursos de revista das reclamadas . Matéria em comum: análise conjunta. Acidente de trabalho fatal. Dano em ricochete dos filhos. Pretensão de indenização por danos morais e materiais. Obrigação divisível. Suspensão do prazo prescricional do autor menor de idade para a autora maior. Impossibilidade. Prescrição aplicável. "*actio nata*". Data do óbito. Cinge-se a controvérsia ao aproveitamento da suspensão do prazo prescricional do filho menor do ex-empregado, quando do ajuizamento da presente ação, para a filha maior, que já contava com 23 anos ao tempo da propositura. Por meio da presente ação, os filhos do ex-empregado buscam reparação por danos morais e materiais decorrentes do acidente de trabalho que ceifou a vida de seu genitor. Embora o direito da compensação do dano decorra do falecimento do ex-empregado, tra-ta-se de dano reflexo cuja pretensão indenizatória é própria e individual de cada um dos Autores, podendo, portanto, ser julgada de forma independente. Trata-se, portanto, de situação distinta da presente no direito sucessório, em que os direitos titularizados por ex-empregado assumem caráter patrimonial e são transmitidos aos herdeiros como obrigação indivisível (arts. 12, 258, 943 e 1.784 do CCB). Nesses casos – de direito sucessório –, se houver herdeiros menores, caberá um concurso solidário ativo e os herdeiros, inclusive os que são maiores, serão beneficiados pela interrupção da prescrição, pois, tratando-se de obrigação indivisível, não inicia a fluência do prazo prescricional – art. 201 do CCB. No caso dos autos, como visto, a pretensão dos Autores não se confunde com o direito sucessório, visto que não se trata de pretensão ao pagamento de compensação por dano moral sofrido pelo ex-empregado, que seria passível de transmissão aos herdeiros; mas reme-te à reparação de danos morais e materiais sofridos por cada um dos Autores, que postulam direito próprio em nome próprio – cuja natureza assume a roupagem de obrigação divisível, nos moldes do art. 257 do CCB. Na hipótese, o TRT entendeu que a suspensão do prazo prescricional do Autor menor aproveita à Autora maior de idade por considerar que a ação de indenização por danos morais e materiais tratar-se-ia de obrigação indivisível, reformando a sentença para declarar imprescrita a pretensão da filha maior. Contudo, tratando-se a pretensão indenizatória por danos morais em ricochete de obrigação divisível, a suspensão do prazo prescricional do Autor menor não aproveita à Autora maior – sendo inaplicável o art. 201 do Código Civil. Uma vez afastado o óbice erigido pelo TRT, e tratando-se de dano em ricochete, analisa-se a prescrição aplicável ao caso concreto. A SBDI-1 do TST tem decidido que, em ações nas quais as Partes postulam em nome próprio direito próprio em decorrência do falecimento de ex-empregado por infortunística do trabalho, a prescrição aplicável é a civilista, nos termos do art. 206, § 3º, do Código Civil. Importante registrar que, diante da celeuma que envolve essa questão, há também, nesta Corte, entendimento no sentido de que a prescrição aplicável, na presente hipótese, seria a trabalhista. Ademais, pacificou a jurisprudência do TST que o termo inicial da prescrição, em se tratando de pretensão deduzida em ação reparatória de dano em ricochete, se dá da data do falecimento do ex-empregado. No caso dos autos, considerando que o óbito do ex-empregado ocorreu em 24/06/2007 e que a presente ação foi ajuizada em 10/11/2014, verifica-se que, por qualquer ângulo que se analise a questão, a pretensão indenizatória da Autora, filha maior, está prescrita - sob a ótica trienal civilista ou à luz das regras trabalhistas insculpidas no art. 7º, XXIX, da Constituição Federal - devendo, portanto, ser declarada prescrita a sua pretensão. Recursos de revista conhecidos e providos no aspecto." TST. 3ª Turma. RR-5-97.2015.5.18.0251, Rel.: Ministro Mauricio Godinho Delgado, *DEJT* 06 ago. 2021.

Para finalizar o tópico e facilitar a compreensão do tratamento jurídico quanto à prescrição aplicável, nas hipóteses das ações ajuizadas por reclamantes menores, elaboramos um quadro resumo:

Hipóteses de ações ajuizadas pelo menor	Prescrição aplicável quanto aos direitos pretendidos	Impedimento da fluência da prescrição
1. Menor vítima de acidente do trabalho	**Trabalhista** - Art. 7º, XXVIII, da CR/1988	Art. 440, da CLT
2. Menor herdeiro ou sucessor do acidentado	**Trabalhista** - Art. 7º, XXVIII, da CR/1988	Art. 198, I, do Código Civil
3. Menor que postula dano reflexo ou em ricochete	**Civil** - Art. 206, § 3º, V, do Código Civil	Art. 198, I, do Código Civil

11.10. PRESCRIÇÃO NAS AÇÕES POR DANOS EM RICOCHETE

Além da própria vítima, outras pessoas lesadas indiretamente podem ajuizar reclamação postulando indenizações pelo dano reflexo sofrido, também chamado dano em ricochete. Na hipótese de acidente fatal, tem sido muito frequente o ajuizamento de ação indenizatória por membros do núcleo familiar, ou mesmo por parte de terceiros que de alguma forma mantinham vínculos duradouros de proximidade com a vítima. E a competência para julgar tais ações é mesmo da Justiça do Trabalho, conforme fixado no Tema de Repercussão Geral no STF n. 242[56].

56. ***Tese fixada do Tema 242:*** "Compete à Justiça do Trabalho processar e julgar as ações de indenização por danos morais e patrimoniais decorrentes de acidentes de trabalho propostas por empregado contra empregador, inclusive as propostas pelos sucessores do trabalhador falecido, salvo quando a sentença de mérito for anterior à promulgação da EC nº 45/04, hipótese em que, até o trânsito em julgado e a sua execução, a competência continuará a ser da Justiça Comum". A redação da tese foi aprovada nos termos do item 2 da Ata da 12ª Sessão Administrativa do STF, realizada em 09 de dez. 2015.

Então, surge a dúvida: nas ações ajuizadas por terceiros que sofreram danos reflexos ou em ricochete, decorrentes de acidente do trabalho ou doença ocupacional, qual a prescrição aplicável?

Conforme anotamos no item precedente, para determinar a regra da prescrição aplicável, é necessário, primeiramente, identificar a natureza da relação jurídica que assegura o direito pretendido e isso será feito "tendo exclusivamente em vista a norma jurídica que impõe o dever violado pelo agente."[57] Nesse sentido, assinala Pontes de Miranda que "o ramo do direito em que nasce a pretensão é o que lhe marca a prescrição, ou estabelece prazo preclusivo ao direito."[58] A prescrição está ligada à natureza da pretensão de direito material.

O dano reflexo sofrido por terceiro tem suporte e disciplina no âmbito do Direito Civil, porquanto o autor da ação, nessa hipótese, não ostenta vínculo de natureza trabalhista com o réu. Com efeito, a pretensão indenizatória é de um direito pessoal de natureza civil, em razão do dano em ricochete, provocado pelo acidente do trabalho sofrido pelo trabalhador.

Reforça esse entendimento a tese fixada pelo STF no julgamento das ADIs 6.050, 6.069 e 6.082, finalizado em 2023, estabelecendo que: "As redações conferidas aos arts. 223-A e 223- B, da CLT, não excluem o direito à reparação por dano moral indireto ou dano em ricochete no âmbito das relações de trabalho, a ser apreciado nos termos da legislação civil"[59].

Conclui-se, portanto, que a prescrição aplicável nas ações envolvendo danos reflexos que tenham atingido terceiros em decorrência do acidente do trabalho será a do Código Civil, ou seja, prescrição trienal, como previsto no art. 206, § 3º, V.

Vale conferir a jurisprudência do TST a respeito desse tema:

> "**Agravo contra decisão de presidente de turma denegatória de seguimento de embargos regidos pela lei nº 13.467/2017. Acidente de trabalho**. Falecimento do empregado ocorrido após a promulgação da emenda constitucional nº 45/2004. Indenização por danos morais e materiais proposta pelos herdeiros. Direito próprio. Natureza civil. Prescrição aplicável. Artigo 206, § 3º, do código civil. Cinge-se a controvérsia em definir a prescrição aplicável à ação de danos morais e materiais ajuizada pelos sucessores da vítima, em decorrência do óbito referente a acidente de trabalho. Nos termos da jurisprudência desta Corte

57. CAVALIERI FILHO, Sérgio. *Programa de responsabilidade civil*. 16. ed. São Paulo: Atlas, 2023. p. 25.

58. PONTES DE MIRANDA, Francisco C. *Tratado de direito privado*. 2. ed. Rio de Janeiro: Borsoi, 1955. t. VI, p. 101.

59. Tratamos desse julgamento nas considerações lançadas no item 8.5.10 do capítulo 8.

superior, tratando-se de demanda envolvendo dano moral indireto, reflexo ou "em ricochete", na qual os herdeiros do ex-empregado postulam ação reparatória em nome próprio, encerra-se pretensão de natureza eminentemente civil para obter a reparação em razão do dano moral indireto, razão pela qual se aplica a prescrição trienal prevista no artigo 206, § 3º, do Código Civil. Precedentes. Agravo desprovido." TST. SBDI-I. Ag-E-RR-10392-74.2019.5.03.0082, Rel.: Ministro Jose Roberto Freire Pimenta, *DEJT* 01 mar. 2024.

"Embargos interpostos sob a égide da Lei nº 13.015/2014 e do CPC/2015 – Indenização por danos morais e materiais decorrentes da morte de trabalhador por suposta doença ocupacional – Ação ajuizada pela viúva e filhos do *de cujus* – Direito pleiteado em nome próprio – Controvérsia relativa à prescrição incidente (cível ou trabalhista). 1. Nos termos do art. 114 da Constituição Federal (com a redação que lhe foi conferida pela Emenda Constitucional nº 45/2004), compete à Justiça do Trabalho o processamento e o julgamento das ações reparatórias de danos materiais, morais e estéticos oriundos de acidentes de trabalho ou moléstias profissionais. 2. Nesse sentido, pacificou-se o entendimento nesta Corte de que a pretensão referente à reparação por danos material e moral oriundos de infortúnios do trabalho caracteriza-se como direito eminentemente trabalhista, atraindo a incidência do art. 7º, XXIX, da Constituição Federal, com a aplicação das regras de transição, conforme a decisão proferida pelo Supremo Tribunal Federal no Conflito de Competência nº 7.204-1, publicada em 9/12/2005. 3. Contudo, em se tratando de ações propostas pelos sucessores do trabalhador em decorrência de acidente ou moléstia profissional, que se inserem na competência desta Justiça Especial, na conformidade da parte final da Súmula nº 392 do TST, é necessário fazer uma distinção relativamente à natureza do direito pleiteado para efeito de definição da prescrição incidente. 4. Com efeito, distintas são as situações em que os sucessores pugnam na condição de substitutos processuais pelo pagamento de indenização por danos causados ao de cujos no curso da relação de emprego, que poderá vir a integrar seu patrimônio por força de herança, daquelas em que pleiteiam a indenização pelo dano a si mesmos causado em razão do acidente ou moléstia que vitimou seu ente querido (dano reflexo ou em ricochete). 5. Trata-se, no segundo caso, de direito personalíssimo e autônomo dos familiares da vítima, que, embora tenha origem no mesmo evento e, por essa razão, esteja inserido na jurisdição trabalhista, destaca-se do dano sofrido pelo próprio trabalhador, ostentando natureza eminentemente civil, o que atrai a incidência da prescrição prevista no art. 206, § 3º, do Código Civil. Recurso de embargos conhecido e desprovido." TST. SBDI-I. E-RR-10248-50.2016.5.03.0165, Rel.: Ministro Luiz Philippe Vieira de Mello Filho, *DEJT* 15 jun. 2018.

"Agravo. Agravo de instrumento. Acidente de trabalho fatal. Dano em ricochete da mãe e irmã. Pretensão de indenização por danos morais e materiais. Prescrição aplicável. *Actio nata*. Data do óbito. Inaplicabilidade do artigo 200 do Código Civil. 1. Cinge-se a controvérsia em determinar o termo inicial do prazo prescricional. Na presente ação, a mãe e a irmã do *de cujus* buscam reparação por danos morais e materiais decorrentes do acidente de trabalho que ceifou a vida do ex-empregado. Trata-se, portanto, do instituto denominado dano moral indireto, reflexo ou em ricochete. 2. O Tribunal Regional concluiu estar prescrita a pretensão, na forma do artigo 7º, XXIX, da CF, tendo em vista que a ação foi ajuizada mais de dois anos após o falecimento do ex-empregado. Em acréscimo argumentativo, consignou que, ainda que se aplicasse o prazo prescricional previsto no artigo 206, § 3º, V, do CC, melhor sorte não assistiria às autoras, pois estaria igualmente prescrita. 3. Em situações como a dos autos, a jurisprudência desta Corte possui entendimento pela aplicação da prescrição trienal, prevista no artigo 206, § 3º, V, do Código Civil. Ademais, pacificou a jurisprudência do TST que o termo inicial da prescrição, em se tratando de pretensão deduzida em ação reparatória de dano em ricochete, dá-se a partir da data do falecimento do ex-empregado, momento em que nasceu a pretensão pela suposta violação ao direito dos parentes do *de cujus* . Precedentes. 4. Não se aplica ao caso o art. 200 do CCB como causa interruptiva ou suspensiva do prazo prescricional, considerando que o ajuizamento desta ação reparatória na Justiça do Trabalho independe da apuração de crime no juízo criminal. O resultado daquela ação não impede que seja analisado o pedido de pagamento de indenização por danos morais e materiais decorrentes do acidente do trabalho típico. Portanto, a data do trânsito em julgado da ação criminal não se caracteriza como *actio nata* para a contagem do prazo prescricional da presente ação. Precedentes. 5. Assim, decorridos mais de três anos entre a data da rescisão contratual advinda com a morte do empregado (11/03/2011) e o ajuizamento da presente ação (15/03/2018), não há como se afastar a prescrição pronunciada. Agravo não provido." TST. 2ª Turma. Ag-AIRR-109-43.2018.5.12.0060, Rel.: Ministra Maria Helena Mallmann, *DEJT* 15 out. 2021.

11.11. PRESCRIÇÃO NAS AÇÕES DO TRABALHADOR NÃO EMPREGADO

Após a ampliação da competência pela Emenda Constitucional n. 45/2004, a Justiça do Trabalho passou a julgar também as ações indenizatórias por acidente ocorrido com trabalhadores que prestam serviço sem vínculo de emprego[60]. Utilizando redação idêntica à do art. 114, prevê o art. 7º, XXIX, da Constituição Federal, os prazos prescricionais quanto aos créditos resultantes das "relações de trabalho". Também o art. 11 da CLT, com a redação alterada pela Lei n. 9.658/1998, menciona a prescrição quanto a "créditos resultantes das relações de trabalho." É possível defender, portanto, que o prazo da prescrição aplicável, mesmo nos casos das indenizações por acidente com os trabalhadores que atuam sem vínculo de emprego, seria também o trabalhista.

Entretanto, como anotamos nos itens precedentes, para decidir qual a prescrição aplicável é necessário identificar o dever jurídico violado ou a relação jurídica de suporte, no âmbito da qual ocorreu a lesão dos direitos da

60. No capítulo 14 abordaremos as singularidades das indenizações por acidentes ocorridos com esses trabalhadores.

vítima. A prescrição está ligada à natureza da pretensão de direito material. Daí surge a indagação: qual o regramento legal que contempla os direitos dos trabalhadores que atuam sem vínculo de emprego e que assegura a indenização cabível pela lesão sofrida pelo acidente?

A relação de trabalho do autônomo, do eventual ou de qualquer prestador de serviço sem vínculo de emprego é de natureza civil, tanto que o art. 593 do Código Civil estabelece: "A prestação de serviço que não estiver sujeita às leis trabalhistas ou a lei especial, reger-se-á pelas disposições deste Capítulo."[61] E

---

61. "*Prescrição. Inocorrência.* O Tribunal Regional registrou que o autor prestava serviços ao reclamado na condição de trabalhador autônomo. Por essa razão, concluiu pela incidência da prescrição de natureza civil, prevista no artigo 206, § 3º, V, do Código Civil. A controvérsia relativa a qual prescrição deve ser aplicada – civil ou trabalhista – nas lides envolvendo trabalhadores autônomos já foi objeto de análise por esta Corte Superior. Apesar de não existirem muitas decisões do TST sobre o tema, o entendimento que prevaleceu foi o de que incide a prescrição civil, uma vez que a relação jurídica entre a empresa e o trabalhador autônomo é de natureza civil. Precedentes. Nesse contexto, conclui-se a decisão do Tribunal de origem – que aplicou o prazo prescricional civil de três anos – está em consonância com o entendimento do TST sobre o tema. Recurso de revista não conhecido". TST. 2ª Turma. RR-1121-88.2010.5.04.0030, Rel.: Ministra Maria Helena Mallmann, *DEJT* 03 jul. 2017.

"*Agravo de instrumento. Recurso de revista – descabimento. Prescrição. Trabalhador autônomo.* A Corte Regional registrou que a ação não trata de relação de emprego, mas sim de típico contrato civil de prestação de serviços envolvendo trabalhador autônomo (Súmula 126 do TST). Sob esse enfoque, entendeu ser aplicável ao caso a prescrição trienal prevista no art. 206, § 3º, V, do Código Civil. Esta Corte Superior já se posicionou no sentido de que a prescrição aplicável nos casos de relação jurídica havida entre o trabalhador autônomo e o tomador de serviços é aquela prevista na legislação civil, não obstante a competência para julgar tais demandas seja desta Justiça Especial (EC 45/2004). Precedentes." TST. 3ª Turma. AIRR-123-48.2014.5.05.0032, Rel.: Ministro Alberto Luiz Bresciani de Fontan Pereira, ***DEJT*** 08 out. 2021.

"*Prescrição quinquenal cível. Trabalhador autônomo.* Incontroverso que o caso dos autos se refere a contrato autônomo de prestação de serviços, de natureza civil, regido pelas regras insertas nos artigos 593 e seguintes do Código Civil. Conforme consignado na decisão regional, o reclamante afirma ser trabalhador autônomo contratado pela primeira reclamada para realizar serviços de colocação, teste e regulagem de projetores para iluminação de campo de futebol da segunda reclamada. Tratando-se de contrato de trabalho tipicamente civil (prestação de serviços), sem os requisitos da relação de emprego (arts. 2º e 3º da Consolidação das Leis do Trabalho), deve-se perquirir qual o prazo prescricional aplicável, se aquele previsto no art. 206 do Código Civil ou o descrito no art. 7º, inciso XXIX, da Constituição Federal. Com efeito, a prescrição é questão de mérito disciplinada pelo princípio da especialidade ou da especificidade relativamente ao direito material que rege a relação estabelecida. A prescrição trabalhista, disciplinada no art. 7º, inciso XXIX, da Constituição Federal, dirige-se essencialmente às relações de trabalho subordinado, haja vista que o citado dispositivo constitucional, artigo 7º, rege as relações de trabalho subordinado, com exceção do trabalhador avulso, por expressa dicção constitucional estabelecida no inciso XXXIV do citado artigo 7º. Esta Corte, analisando casos análogos a este, relativamente aos que envolvem representantes comerciais, já firmou entendimento de que, havendo lei específica que regula as atividades dos representantes comerciais autônomos, não há como se aplicar a prescrição bienal prevista no artigo 7º, inciso XXIX, da Constituição Federal, de nítida natureza geral. Apesar de neste caso não haver legislação específica, há disciplinamento relativo à prescrição cível, o que também

sendo as referidas relações de trabalho de natureza civil, cabe aplicar o prazo prescricional de três anos previsto no art. 206, § 3º, V, do Código Civil[62].

11.12. PRONUNCIAMENTO DE OFÍCIO DA PRESCRIÇÃO

A tradição do nosso ordenamento jurídico, a exemplo de diversos outros países[63], indicava que o juiz não podia conhecer a prescrição se não fosse invocada pela parte interessada. Assim previam o art. 194 do Código Civil de 2002[64] e o art. 166 do Código de 1916[65].

---

afasta a incidência da norma constitucional trabalhista, do artigo 7º, inciso XXIX, fazendo incidir a prescrição quinquenal prevista na legislação civil. Recurso de revista conhecido e provido." TST. 2ª Turma. RR - 813-92.2011.5.03.0079, Redator: Ministro: José Roberto Freire Pimenta, DEJT 30 out. 2013.

62. *"Prescrição. Trabalhadores autônomos. Prestação de serviços. Profissionais liberais. Prazo prescricional civilista. Artigo 206, § 5º, inciso II, do Código Civil.* No caso, a pretensão consiste no pagamento de valores contratados para prestação dos serviços de melhoria dos processos internos de produção e gestão. Registra-se que os reclamantes não postularam o reconhecimento de vínculo empregatício com a empregadora. É incontroverso, portanto, que o caso dos autos refere-se a contrato autônomo de prestação de serviços, de natureza civil. Tratando-se de contrato de trabalho tipicamente civil (prestação de serviços), sem os requisitos da relação de emprego (artigos 2º e 3º da CLT), deve-se perquirir qual o prazo prescricional aplicável à demanda que pretende o pagamento dos honorários pactuados, se aquele previsto no artigo 206 do Código Civil ou o descrito no artigo 7º, inciso XXIX, da Constituição da República. A prescrição trabalhista, disciplinada no artigo 7º, inciso XXIX, da Constituição Federal, dirige-se às relações de trabalho subordinado, com exceção do trabalhador avulso, por expressa dicção do inciso XXXIV do referido dispositivo. Na verdade, a prestação de serviços de melhoria dos processos internos de produção e gestão para a parte reclamada evidencia a prestação de serviço de profissional liberal, com liberdade para criação e sem ingerência da contratante no desempenho desta atividade. Ressalta-se que esta Corte, analisando casos análogos a este, tem entendido não ser possível a aplicação da prescrição bienal, prevista no artigo 7º, inciso XXIX, da Constituição Federal, de nítida natureza geral. Apesar de neste caso não haver legislação específica, há disciplinamento relativo à prescrição cível, o que também afasta a incidência da norma constitucional trabalhista. Desse modo, a modalidade de trabalho autônomo pactuada entre as partes está inserida na hipótese de prestação de serviços de profissional autônomo, o que atrai a prescrição quinquenal civilista, prevista no artigo 206, § 5º, inciso II, do Código Civil, por se tratar de norma mais específica. Assim, tendo em vista a extinção da relação de trabalho autônomo arbitrada em 31/05/2012 e a propositura da ação em 27/06/2014, não há falar em prescrição da pretensão autoral, porquanto observado o prazo de cinco anos previsto no artigo 206, § 5º, inciso II, do Código Civil. Recurso de revista não conhecido." TST. 3ª Turma. RR-10895-54.2014.5.15.0109, Rel.: Ministro Jose Roberto Freire Pimenta, *DEJT* 09 set. 2022.

63. A obra clássica de Antônio Luís da Câmara Leal informa que a maioria dos Códigos estabelece que a prescrição não pode ser conhecida pelo juiz *ex officio*. Como exemplo, cita os Códigos da França, da Itália, da Suíça, de Portugal, da Argentina, da Bolívia, do Chile, do Peru, do Uruguai, da Venezuela e do Japão. Cf. *Da prescrição e da decadência:* teoria geral do direito civil. 4. ed. Rio de Janeiro: Forense, 1982. p. 79.

64. Art. 194. "O juiz não pode suprir, de ofício, a alegação de prescrição, salvo se favorecer a absolutamente incapaz."

65. Art. 166. "O juiz não pode conhecer da prescrição de direitos patrimoniais, se não for invocada pelas partes."

No entanto, a Lei n. 11.280/06 modificou a redação do § 5º do art. 219 do CPC/1973, que passou a ser: "§ 5º O juiz pronunciará, de ofício, a prescrição." Na previsão anterior desse parágrafo era vedado ao juiz pronunciar de ofício a prescrição quando se tratasse de direitos patrimoniais[66]. Para completar a mudança, foi revogado expressamente o art. 194 do Código Civil atual. De acordo com a nova redação do dispositivo processual supramencionado, o juiz deverá pronunciar a prescrição, ainda que não alegada pela parte. Para auxiliar na compreensão dessa mudança, é oportuno pesquisar no processo legislativo os fundamentos adotados para a sua aprovação.

O dispositivo alterado teve origem em Projeto de Lei apresentado pelo Poder Executivo em 2004, com a seguinte justificativa na mensagem de encaminhamento, no ponto que estamos apreciando:

> Sob a perspectiva das diretrizes estabelecidas para a reforma da Justiça, faz-se necessária a alteração do sistema processual brasileiro com o escopo de conferir racionalidade e celeridade ao serviço de prestação jurisdicional, sem, contudo, ferir o direito ao contraditório e à ampla defesa. (...) No mesmo sentido, louvável a disposição que permite ao juiz decretar de ofício, sem necessidade de provocação das partes, a prescrição, em qualquer caso, conforme proposta de redação inédita ao § 5º do art. 219 do CPC.[67]

Na Câmara, o deputado federal pelo Partido dos Trabalhadores, Maurício Rands, designado relator da matéria (Projeto de Lei n. 4.726/2004), opinou favoravelmente à mudança, lavrando parecer que merece transcrição:

> Igualmente conveniente é a norma do art. 219, § 5º, do CPC, que permite o reconhecimento *ex officio* da prescrição, ainda que se trate de direitos patrimoniais. O Código Civil, no art. 194, ora revogado, já ampliava essa possibilidade quando a prescrição favorecesse o absolutamente incapaz, de forma que a doutrina entendia derrogado o referido § 5º do art. 219 do CPC. Agora permite-se que o juiz reconheça, de ofício, a prescrição, independentemente da natureza dos direitos em litígio e da capacidade das partes. A providência é salutar, uma vez que, podendo a prescrição ser alegada em qualquer grau de jurisdição (art. 193 do Código Civil), não raro o seu reconhecimento tardio ocasionava a tramitação inócua

---

66. Redação anterior: CPC. Art. 219, § 5º. "Não se tratando de direitos patrimoniais, o juiz poderá, de ofício, conhecer da prescrição e decretá-la de imediato."

67. Disponível em: <www.camara.gov.br>.

do processo, gerando uma extinção do feito que poderia ter ocorrido muito antes (art. 269, IV, CPC).[68]

Completando a tramitação legislativa do projeto mencionado, o senador pelo Partido dos Trabalhadores Aloísio Mercadante, relator da matéria no Senado Federal (Projeto de Lei da Câmara n. 116/2005), também opinou favoravelmente à aprovação, com os seguintes fundamentos sobre o tema da prescrição pronunciada de ofício:

> Quanto ao mérito, as alterações propostas merecem nosso apoio, uma vez que seguem as diretrizes traçadas no 'Pacto de Estado em Favor de um Judiciário mais Rápido e Republicano', firmado por ilustres representantes desta Casa, da Câmara dos Deputados, do Poder Judiciário e do Poder Executivo. Nesse sentido, esta proposição vem no bojo de um grande esforço conjunto para a reformulação do nosso sistema de prestação jurisdicional, tornando-o mais célere e racional, sem, contudo, ferir os direitos e garantias dos jurisdicionados. (...) O projeto também altera o § 5º do art. 219 do Código de Processo Civil, para fixar a regra geral que permite ao juiz conhecer a prescrição, independentemente de provocação das partes. Este dispositivo é complementado pela revogação do art. 194 do Código Civil. Esta medida acabará com as restrições impostas ao conhecimento da prescrição, de ofício, pelo magistrado, contribuindo para a redução da morosidade processual, uma vez que impedirá a prática de atos desnecessários naquelas demandas em que o direito material controvertido já foi fulminado pela prescrição.[69]

Não resta dúvida, portanto, de que o propósito da alteração foi mesmo estabelecer o pronunciamento da prescrição de ofício "independentemente da natureza dos direitos em litígio". De todo modo, é surpreendente que uma mudança tão importante não tenha sido debatida previamente com a sociedade para o devido amadurecimento. O projeto foi aprovado numa convocação extraordinária, com votações sumárias, sem maior aprofundamento e reflexão sobre todos os contornos da questão. Daí porque o insigne Humberto Theodoro Júnior, após qualificar a mudança como "desastrosa inovação" ou "um grave equívoco ideológico da reforma", conclui:

> A não fatalidade do prazo prescricional, sujeito que é a numerosos e constantes fatores de interrupção e suspensão (Cód. Civil, art. 197 a 204), não permite ao juiz sequer reconhecer, sem o concurso da parte,

---

68. *Idem*.

69. Disponível em: <www.senado.gov.br>. Acesso em: 11 dez. 2016.

> a consumação da prescrição, na generalidade dos casos. A decretação *in limine litis* da prescrição agride o devido processo legal, violando interesses legítimos tanto do credor quanto do devedor, ao negar-lhes o eficaz contraditório e a ampla defesa e privá-los do livre exercício de direitos e faculdades assegurados pela ordem jurídica material.
>
> A decretação autoritária e sumária da prescrição, sem a necessária provocação da parte, ofende ainda a garantia do devido processo legal por não respeitar os interesses tanto do credor como do devedor: do credor, porque o surpreende, sem dar-lhe oportunidade de adequada demonstração das objeções que legalmente possa opor a uma causa extintiva que não é automática e que em regra envolve, ou pode envolver, complexos elementos de fato e de direito; ao devedor, porque lhe impõe o reconhecimento de uma obrigação e uma exoneração que nem sempre correspondem a seus desígnios éticos e jurídicos.
>
> As regras procedimentais que cogitam de decretação de prescrição sem condicioná-las à provocação do devedor (CPC, arts. 295, IV, e 219, § 5º) somente podem ser aplicadas, *in concreto*, nos casos em que a lei material considere indisponível o direito patrimonial (casos, *v. g.*, de prescrição em favor de pessoas absolutamente incapazes) ou quando a própria lei substancial determine a aplicação *ex officio* da prescrição (caso como o da Lei de Execução Fiscal, art. 40, § 4º, a respeito dos créditos tributários). Essa é a única interpretação que permite aos referidos dispositivos processuais harmonizarem-se com o sistema e os objetivos da prescrição, disciplinada pela ordem jurídica substancial.
>
> Melhor mesmo seria revogar, *de lege ferenda,* a infeliz inovação, mas, enquanto isto não se der, o dever do intérprete e aplicador da lei inovadora será o de buscar minimizar as impropriedades contidas em sua literalidade, e reduzir sua aplicação apenas às hipóteses compatíveis com a natureza, a finalidade e o sistema da prescrição dentro do direito material.[70]

Em virtude dessa inesperada alteração, que rompeu um preceito secular perfeitamente sedimentado na lei, na doutrina e na jurisprudência, surgiram muitas dúvidas a respeito do cabimento de sua aplicação, especialmente no processo do trabalho.

Assevera o professor Arion Romita que a pronúncia da prescrição de ofício, no processo do trabalho, aproveita apenas ao empregador inadimplente, diferentemente do que ocorre com a relação de Direito Civil. Posicionando-se

---

70. THEODORO JÚNIOR, Humberto. *As novas reformas do Código de Processo Civil.* 1. ed. 5ª t. Rio de Janeiro: Forense, 2007. p. 67-69.

contrário à inovação, conclui que "o novel preceito legal é incompatível com a norma constitucional, que promove a melhoria da condição social dos trabalhadores e, assim, por força do princípio da subsidiariedade, não tem aplicação no processo do trabalho."[71] Na mesma toada, o professor mineiro Ricardo Wagner de Carvalho entende que a aplicação do § 5º do art. 219 do CPC deve sofrer um exame à luz dos princípios e normas trabalhistas e conclui pela incompatibilidade do acolhimento *ex officio* da prescrição no processo do trabalho[72].

Muitos magistrados trabalhistas não estão aplicando a referida inovação, ao argumento de que o crédito trabalhista é irrenunciável e que o pronunciamento da prescrição de ofício seria contrário aos princípios que orientam o Direito do Trabalho, além de malferir a Constituição Federal, conforme mencionado por Arion Romita. Consoante a doutrina do Ministro Godinho Delgado, "a pronúncia oficial da prescrição pelo juiz, principalmente em situações que não envolvam o patrimônio público, subverte toda a estrutura normativa do Direito Material e Processual do Trabalho, não só nos seus princípios, como também a lógica que cimenta suas regras jurídicas."[73]

Adotando posicionamento em sentido contrário, mesmo sem demonstrar entusiasmo com a inovação, Rodrigues Pinto entende que, sendo a legislação processual trabalhista omissa a respeito da iniciativa para declaração dos efeitos prescricionais, aplica-se aos dissídios trabalhistas a alteração da Lei n. 11.280/2006, como já se aplicava o próprio art. 219, § 5º, antes dela[74]. Nesta mesma trilha, Francisco Antonio de Oliveira conclui incisivamente que "as novas regras da prescrição têm plena aplicação em sede trabalhista, não só na matéria civilista adquirida por força da EC n. 45/04, mas também na matéria de núcleo vocacionalmente trabalhista que liga empregado e empregador."[75] Também Manoel Antonio Teixeira Filho entende que a inovação incidirá no processo do trabalho[76].

---

71. ROMITA, Arion Sayão. Pronúncia de ofício da prescrição trabalhista. *Suplemento Trabalhista LTr*, São Paulo, n. 100, p. 422-423, 2006.

72. CARVALHO, Ricardo Wagner Rodrigues de. O instituto da prescrição e a arguição *ex officio*: aplicação no processo do trabalho. In: KOURI, Luiz Ronan Neves; FERNANDES, Nadia Soraggi; CARVALHO, Ricardo Wagner Rodrigues de (Coord.). *Tendências do processo do trabalho*. São Paulo: LTr, 2010. p. 127-136.

73. DELGADO, Mauricio Godinho. Direito do trabalho e processo do trabalho: critérios para a importação de regras legais civis e processuais civis. *Revista LTr*, São Paulo, v. 71, n. 5, p. 554, maio 2007.

74. PINTO, José Augusto Rodrigues. Reconhecimento *ex officio* da prescrição e processo do trabalho. *Revista LTr*, São Paulo, v. 70, n. 4, p. 395, abr. 2006.

75. OLIVEIRA, Francisco Antonio. A prescrição com nova cara. *Revista LTr*, São Paulo, v. 70, n. 5, p. 522, maio 2006.

76. TEIXEIRA FILHO, Manoel Antonio. As novas leis alterantes do processo civil e sua repercussão no processo do trabalho. *Revista LTr*, São Paulo, v. 70, n. 3, p. 298, mar. 2006.

Os julgamentos recentes sobre o tema no TST estão sedimentando o entendimento sobre a incompatibilidade da prescrição de ofício no Processo do Trabalho:

> "**Agravo em recurso de revista interposto pela reclamada - Regência pela lei nº 13.467/2017 – Prescrição quinquenal. Pronúncia de ofício. Incompatibilidade com o processo trabalhista.** O entendimento desta Corte Superior é no sentido de que a autorização de decretação da prescrição de ofício pelo magistrado, prevista no artigo 487, II, do CPC/2015, é incompatível com os princípios norteadores do direito do trabalho, especialmente o princípio da proteção. Dessa forma, o referido instituto processual civil não se aplica subsidiariamente ao processo trabalhista, e, portanto, a aplicação do referido dispositivo não encontra amparo no art. 769 da CLT. Logo, não merece reparos a decisão monocrática, pois foi proferida em consonância com esse entendimento. Agravo a que se nega provimento." TST. 8ª Turma. Ag-RR-1268-56.2021.5.20.0007, Rel.: Ministro Sergio Pinto Martins, *DEJT* 28 out. 2024.
>
> "**Recurso de revista interposto pelo reclamante. Acórdão regional publicado na vigência das Leis nos 13.015/2014 e 13.467/2017. Prescrição. Pronúncia de ofício. Inaplicabilidade do art. 487, II, do CPC/15 no processo do trabalho. Transcendência política reconhecida. Conhecimento e provimento.** I. A decisão do Tribunal Regional em que se entendeu ser possível reconhecer a prescrição de ofício contraria a iterativa e notória jurisprudência desta Corte Superior, a qual não admite a aplicação do art. 219, § 5º, do CPC/73 (art. 487, II, do CPC/15) no Processo do Trabalho. Transcendência política reconhecida. II. Recurso de revista de que se conhece, por divergência jurisprudencial, e a que se dá provimento". TST. 4ª Turma. RR-12210-52.2017.5.15.0032, Rel.: Ministro Alexandre Luiz Ramos, *DEJT* 21 out. 2022.
>
> "**Recurso de embargos interposto na vigência da Lei n. 11.496/2007. Prescrição. Declaração de ofício. Art. 219, § 5º, do CPC. Aplicação ao processo do trabalho.** Prevalece nesta Corte o entendimento de que não cabe aplicar a prescrição de ofício no âmbito do processo trabalhista, por ser essa inovação, promovida pela Lei n. 11.280/2006, incompatível com os princípios que norteiam o Direito do Trabalho. Como bem recomenda Humberto Theodoro Júnior 'melhor mesmo seria revogar, *de lege ferenda*, a infeliz inovação, mas, enquanto isso não se der, o dever do intérprete e aplicador da lei inovadora será o de buscar minimizar as impropriedades contidas em sua literalidade, e reduzir sua aplicação apenas às hipóteses compatíveis com a natureza, finalidade e sistema de prescrição dentro do direito material.' Precedentes da SDI-I. Embargos conhecidos e não providos." TST. SBDI-I. E-RR n. 269800-45.2007.5.12.0029, Rel.: Desembargador Convocado Sebastião Geraldo de Oliveira, *DJ* 9 jan. 2012.
>
> "**Recurso ordinário em ação rescisória. Trânsito em julgado ocorrido na vigência do CPC/2015. Biênio decadencial previsto no art. 975 do CPC. Suspensão dos prazos pela lei 14.010/20. Ação rescisória ajuizada após o prazo decadencial estendido. Manutenção da decadência pronunciada pelo TRT.** I – Sabe-se que os prazos decadenciais, dentre os quais o biênio previsto no art. 975 do CPC/2015, restaram suspensos entre os dias 10/06/2020 e 30/10/2020,

> nos termos do art. 3º da Lei nº 14.010/20, a qual dispôs sobre o Regime Jurídico Emergencial e Transitório das relações jurídicas de Direito Privado (RJET) no período da pandemia do coronavírus (Covid-19). Precedentes desta Subseção. II – No caso concreto, o trânsito em julgado da ação matriz se deu em 24/09/2020, de forma que, em condições normais, o termo final para ajuizamento da ação rescisória seria o dia 25/09/2022 (Súmula 100, I, do TST). III - Contudo, em razão da suspensão dos prazos estabelecida pela Lei nº 14.010/20, o "dies a quo" para ajuizamento de ação rescisória se deu apenas em 31/10/2020, com fim previsto para 31/10/2022. Como nesta última data não houve expediente no Tribunal Regional de origem, o "dies ad quem" prorrogou-se para o primeiro dia útil subsequente, qual seja, o dia 03/11/2022. IV – Diante do ajuizamento desta ação apenas no dia 16/11/2022, mostra-se evidente que o ajuizamento se deu a destempo, tal qual decidido pelo Tribunal Regional. V – Registre-se que as hipóteses de influência sobre os prazos decadenciais devem ser analisadas de forma restritiva, pois dispostas taxativamente no Código Civil (arts. 207 e 208). Dessa forma, não prosperam as alegações de suspensão do prazo decadencial até 31/12/2020 por meio do Decreto Legislativo nº 6/2020, ou da situação pandêmica no país. Recurso ordinário conhecido e desprovido." TST. SBDI-II. ROT-0011247-83.2022.5.18.0000, Rel.: Ministra Liana Chaib, *DEJT* 15 dez. 2023.

Pode-se argumentar, também, que, se o reclamado não argui a prescrição, ocorre a renúncia tácita, na forma prevista no art. 191 do Código Civil, que estabelece: "A renúncia da prescrição pode ser expressa ou tácita, e só valerá, sendo feita, sem prejuízo de terceiro, depois que a prescrição se consumar; tácita é a renúncia quando se presume de fatos do interessado, incompatíveis com a prescrição." A propósito, durante a IV Jornada de Direito Civil, promovida pelo Conselho da Justiça Federal em 2006, foi aprovado o Enunciado doutrinário n. 295, com a seguinte redação: "Art. 191. A revogação do art. 194 do Código Civil pela Lei n. 11.280/2006, que determina ao juiz o reconhecimento de ofício da prescrição, não retira do devedor a possibilidade de renúncia admitida no art. 191 do texto codificado."

Como a prescrição extingue a pretensão, gerando o "atrofiamento" do direito, deve-se apreciar com cuidado a sua aplicação de ofício, pelo que, na dúvida, a interpretação deve ser contra a prescrição, ou seja, a favor do direito da vítima. Com apoio no escólio de Washington de Barros Monteiro, em matéria de prescrição, "as disposições são sempre de aplicação estrita, não comportando interpretação extensiva, nem analogia; a exegese será sempre restritiva. Na dúvida, deve julgar-se contra a prescrição, meio talvez antipático de extinguir-se a obrigação."[77]

---

77. MONTEIRO, Washington de Barros. *Curso de direito civil*. 34. ed. São Paulo: Saraiva, 1985. v. 1: Parte Geral, p. 294.

Desse modo, antes do eventual pronunciamento da prescrição de ofício pelo juiz, é imperioso analisar, também de ofício, se não teria ocorrido alguma causa impeditiva, suspensiva ou interruptiva da prescrição, tais como:

1. O autor ou algum dos autores pode ser menor (arts. 198 do Código Civil e 440 da CLT);
2. A vítima do acidente ou da doença pode ter-se tornado incapaz, perdendo o discernimento necessário para promover o ajuizamento da ação, mesmo que transitoriamente (arts. 3º e 198 do Código Civil);
3. A ciência inequívoca do dano ou do nexo causal (*actio nata*) só ocorreu muito tempo depois da extinção do contrato de trabalho, não havendo anteriormente fluência do prazo da prescrição, especialmente nos casos de doenças ocupacionais;
4. O autor pode ter ajuizado ação anterior, mesmo que tenha sido arquivada, produzindo o efeito da interrupção do prazo prescricional em curso (art. 202 do Código Civil e Súmula n. 268/TST);
5. O reclamado pode ter renunciado à prescrição, expressa ou tacitamente, ao praticar atos incompatíveis com a prescrição (art. 191 do Código Civil);
6. O reclamado pode ter praticado algum ato inequívoco, ainda que extrajudicial, que importe reconhecimento do direito do autor (art. 202, VI, do Código Civil).

Em harmonia com o pensamento que rejeita a aplicação da prescrição de ofício no processo do trabalho, a Orientação Jurisprudencial n. 130 da SBDI-I do Colendo TST prevê: "Ao exarar o parecer na remessa de ofício, na qualidade de *custos legis*, o Ministério Público não tem legitimidade para arguir a prescrição em favor de entidade de direito público, em matéria de direito patrimonial."

A reforma trabalhista de 2017 tratou da prescrição intercorrente no processo do trabalho, ao introduzir na CLT o art. 11-A, com o seguinte teor:

> "Art. 11-A. Ocorre a prescrição intercorrente no processo do trabalho no prazo de dois anos.
>
> § 1º A fluência do prazo prescricional intercorrente inicia-se quando o exequente deixa de cumprir determinação judicial no curso da execução.
>
> § 2º A declaração da prescrição intercorrente pode ser requerida ou declarada de ofício em qualquer grau de jurisdição."

Como se verifica, o novo dispositivo da CLT deixou claro que a prescrição intercorrente é sim aplicável no processo do trabalho, mas apenas na fase de execução, tanto que o início da fluência do prazo prescricional intercorrente só ocorre "quando o exequente deixa de cumprir determinação judicial no curso da execução". Continua válido, portanto, o entendimento sedimentado na Súmula n. 114 do TST, no sentido da inaplicabilidade da prescrição intercorrente na Justiça do Trabalho, porém agora somente para a fase de conhecimento. Com essa mudança fica realçada a antiga regra do art. 884 da CLT que indica a alegação de prescrição da dívida como matéria de defesa nos embargos à execução.

E as situações que autorizam a declaração da prescrição intercorrente na fase de execução surgirão com mais frequência, especialmente porque a nova redação do art. 878 da CLT restringe a hipótese da promoção da fase executiva de ofício apenas para quando a parte não estiver representada por advogado, hipótese cada vez mais rara na Justiça do Trabalho. Com efeito, a regra agora passa a ser a execução trabalhista promovida por iniciativa do exequente.

Ficou estabelecido também no novo dispositivo que a prescrição intercorrente pode ser declarada de ofício ou a requerimento da parte, desde que observado o requisito da inércia do exequente no cumprimento de determinação do juízo da execução. E a Instrução Normativa do TST n. 41/218 esclareceu no art. 2º que "o fluxo da prescrição intercorrente conta-se a partir do descumprimento da determinação judicial a que alude o § 1º do art. 11-A da CLT, desde que feita após 11 de novembro de 2017 (Lei n. 13.467/2017)".

Pontuam o magistrado Antônio Umberto e outros que "a prescrição compreende fenômeno jurídico que pressupõe a inércia do credor: somente nas hipóteses em que a execução fique paralisada pela inação do credor, sendo a ele imputável a culpa exclusiva pelo não andamento da causa, é que se poderá cogitar de prescrição intercorrente."[78]

11.13. IMPEDIMENTO E SUSPENSÃO DA PRESCRIÇÃO NO PERÍODO DA COVID-19

Cabe ainda registrar neste capítulo a previsão da Lei n. 14.010 de 10 de junho de 2020, que dispõe sobre o Regime Jurídico Emergencial e Transitório das relações jurídicas de Direito Privado (RJET) no período da pandemia do coronavírus (Covid-19).

Diante da situação excepcional em decorrência da pandemia da Covid-19, a fluência do prazo prescricional ficou impedida ou suspensa, conforme o

78. SOUZA JÚNIOR, Antônio Umberto *et al*. *Reforma trabalhista*: análise comparativa e crítica da Lei n. 13.467/2017. 2. ed. São Paulo: Rideel, 2018. p. 39.

caso, até o dia 30 de outubro de 2020, como previsto no art. 3º da referida lei[79]. Essa regra transitória tem aplicação nas ações ajuizadas com pedido de indenização por acidente do trabalho ou doença ocupacional, visto que tais demandas integram o vasto campo indicado no art. 1º das "relações jurídicas de Direito Privado". Logo, a fluência do prazo prescricional das lesões ocorridas no período mencionado não iniciou seu curso (impedimento) e para os prazos que já estavam em andamento a contagem ficou paralisada (suspensão), com recomeço a partir do dia 31 de outubro de 2020[80].

É oportuno observar que a Lei n. 14.010/2020 não instituiu a interrupção dos prazos da prescrição (anulação do prazo já decorrido), considerando que apenas mencionou as figuras jurídicas do impedimento e da suspensão. Desse modo, os prazos corridos no período anterior ao início da pandemia do coronavírus deverão ser computados.

Dúvida pode surgir, em um primeiro olhar, quanto a data correta do termo inicial do impedimento ou da suspensão do prazo prescricional no período da pandemia. O art. 3º estabelece que o efeito ocorrerá "a partir da entrada em vigor desta Lei". Como a publicação oficial da lei ocorreu no dia 12 de junho de 2020, seria essa a data inicial a ser considerada? Essa pode até ser uma conclusão admissível no sentido mais literal da norma. Entendemos, contudo, que não é essa a melhor interpretação, pelos fundamentos que passamos a indicar.

A Lei n. 14.010/2020 estabeleceu no art. 1º, parágrafo único: "*Para os fins desta Lei, considera-se 20 de março de 2020, data da publicação do Decreto Legislativo nº 6, como termo inicial dos eventos derivados da pandemia do coronavírus (Covid-19).*" Ora, se a própria lei fixou a data inicial dos efeitos da pandemia, é imperioso concluir que, com a sua entrada em vigor, deve-se

79. Lei n. 14.010, 10 jun. 2020. "Art. 3º Os prazos prescricionais consideram-se impedidos ou suspensos, conforme o caso, a partir da entrada em vigor desta Lei até 30 de outubro de 2020."

80. "*Prescrição Bienal. Suspensão. Pandemia Covid-19. Lei nº 14.010/2020. Aplicabilidade de seu artigo 3º à esfera trabalhista.* Discute-se, no caso, a configuração da prescrição bienal, tendo em vista a edição da Lei nº 14.010/2020, que suspendeu os prazos prescricionais até 30/10/2020, em face da pandemia de Covid-19. No caso, não se constata prescrição bienal, porquanto a ação em apreço foi ajuizada em 27/10/2020, quando ainda estava suspenso o prazo prescricional, nos termos do artigo 3º da Lei nº 14.010/2020. Não há qualquer motivo, lógico ou jurídico, que impeça a aplicação dessa lei federal, genérica e que não estabelece qualquer exceção ou distinção, à esfera trabalhista e a suas correspondentes obrigações e pretensões, até por força do artigo 8º, § 1º, da CLT, que estabelece que o direito comum será fonte subsidiária do direito do trabalho. Em período de pandemia que atingiu da mesma forma todas as relações jurídicas, econômicas e sociais, os empregados, assim como os demais credores particulares, enfrentam severas dificuldades para buscar a satisfação de seus direitos. Recurso de revista não conhecido." TST. 3ª Turma. RR-593-04.2020.5.13.0014, 3ª Turma, Rel.: Ministro Jose Roberto Freire Pimenta, *DEJT* 02 set. 2022.

considerar essa ressalva expressamente indicada. Em outras palavras, entrou em vigência no dia 12 de junho a norma que considera o dia 20 de março de 2020 como termo inicial dos efeitos da pandemia, o que deve ser considerado inclusive para fins de impedimento ou suspensão dos prazos prescricionais.

Reforça esse entendimento a previsão do art. 12 da mesma lei, que trata da assembleia condominial, ao estabelecer que não sendo possível a realização da referida assembleia por meios virtuais, os mandatos de síndico vencidos a partir de 20 de março de 2020 ficam prorrogados até 30 de outubro de 2020.

Ademais, uma interpretação teleológica da norma indica que desde o dia 20 de março o lesado já estava com dificuldades, praticamente intransponíveis, para ajuizar a ação judicial, diante do fato notório da quase paralisação total de inúmeras atividades no Brasil, incluindo os escritórios de advocacia e os diversos ramos do Poder Judiciário.

Contudo, a jurisprudência do Colendo TST firmou no sentido de considerar a suspensão somente a partir da vigência da Lei n. 14.010/2020, ou seja, os prazos ficaram suspensos apenas no período de 12 de junho a 30 de outubro de 2020. Esse entendimento tem apoio no artigo 3º da referida lei, que estabelece: "Os prazos prescricionais consideram-se impedidos ou suspensos, conforme o caso, a partir da entrada em vigor desta Lei até 30 de outubro de 2020." Vejam algumas decisões do TST a respeito:

> "**Agravo. Recurso de revista. Prescrição bienal. Suspensão. Pandemia covid-19. Lei nº 14.010/2020. Aplicabilidade de seu artigo 3º à esfera trabalhista**. Não merece provimento o agravo que não desconstitui os fundamentos da decisão monocrática pela qual foi determinada a observância do art. 3º da Lei nº 14.010/2020. Conforme consignado na decisão recorrida, ao contrário do entendimento adotado pelo Regional, diante da previsão normativa expressa do artigo 3º da referida Lei Federal, quanto à suspensão do prazo prescricional no período de 10/6/2020 a 30/10/2020, o respectivo intervalo de 140 (cento e quarenta) dias deve ser desconsiderado da prescrição prevista no artigo 7º, inciso XXIX, da Constituição Federal. Note-se que não há qualquer motivo, lógico ou jurídico, que impeça a aplicação dessa lei federal, genérica e que não estabelece qualquer exceção ou distinção, à esfera trabalhista e a suas correspondentes obrigações e pretensões, até por força do artigo 8º, § 1º, da CLT, que estabelece que o direito comum será fonte subsidiária do direito do trabalho. Em período de pandemia que atingiu da mesma forma todas as relações jurídicas, econômicas e sociais, os empregados, assim como os demais credores particulares, enfrentam severas dificuldades para buscar a satisfação de seus direitos. Agravo desprovido." TST. 3ª Turma. RR-0020968-28.2022.5.04.0104, Rel.: Ministro Jose Roberto Freire Pimenta, *DEJT* 14 nov. 2024.
>
> "**Prescrição bienal. Pandemia. Suspensão do prazo conforme art. 3º da lei 14.010/2020. Aplicabilidade**. No presente caso, a Corte Regional firmou entendimento no sentido de que a lei que suspendeu os prazos prescricionais

durante a pandemia não se aplica à seara trabalhista. Desse modo, reconheceu a prescrição bienal para interposição da ação trabalhista, porquanto o contrato de trabalho do reclamante se encerrou em 17/5/2019 e o ajuizamento da reclamatória ocorreu em 09.07.2021 fora do prazo prescricional de dois anos, encerrado em 17.05.2021. É necessário mencionar que esta Corte possui jurisprudência firme reconhecendo aplicabilidade, na esfera trabalhista, da suspensão dos prazos processuais, conforme o disposto na Lei nº 14.010/2020. Não se discute que o termo inicial dos efeitos da pandemia Covid-19 foi oficialmente reconhecido como sendo o dia 20/3/2020, consoante o art. 1º, parágrafo único, da Lei nº 14.010/2020, que dispôs sobre o Regime Jurídico Emergencial e Transitório das relações jurídicas de Direito Privado (RJET) no período da pandemia. Todavia, o legislador optou por suspender os prazos prescricionais somente entre 12/6/2020, data da entrada em vigor da norma, e 30/10/2020, conforme teor do art. 3º. Uma vez ocorrida a suspensão dos prazos processuais, tem-se que a prescrição bienal apenas ocorreria em 5/10/2021. A ação em apreço, por sua vez, foi ajuizada em 9/7/2021. Conclui-se, portanto, que não se operou a prescrição bienal das pretensões do reclamante. Recurso de revista conhecido por divergência jurisprudencial e provido." TST. 6ª Turma. RR-0000549-88.2021.5.09.0651, Rel.: Ministro Augusto Cesar Leite de Carvalho, *DEJT* 25 out. 2024.

"**Recurso de revista da parte autora. Lei nº 13.015/2014. CPC/2015. Instrução normativa nº 40 do TST. Lei nº 13.467/2017. Prescrição bienal. Forma de contagem do prazo. Transcendência econômica constatada.** Encontra-se pacificado nesta Corte o entendimento de que o período do aviso prévio indenizado se integra ao tempo de serviço para fins de cômputo do prazo prescricional, nos termos da Orientação Jurisprudencial nº 83 da SBDI-1. Ademais, há que se ter em mente que a prescrição começa a fluir no dia seguinte à ruptura contratual, pois excluído o dia do começo, conforme artigo 132 do Código Civil. Desta feita, considerado o aviso prévio indenizado e a extinção contratual em 11/06/2018, a suspensão dos prazos prescricionais pelo artigo 3 da Lei nº 14.010/2020 pelo período de 12/06/2020 a 30/10/2020, o cômputo do prazo da prescrição excluindo-se o dia do começo e incluindo-se o do vencimento, infere-se que a parte autora se beneficiou da referida suspensão, pois o prazo da prescrição terminaria em 12/06/2020. Desta feita, ajuizada a reclamação em 21/07/2020, conclui-se observado o prazo constitucional de dois anos. Recurso de revista conhecido e provido." TST. 7ª Turma. RR-709-03.2020.5.09.0020, Rel.: Ministro Claudio Mascarenhas Brandao, *DEJT* 17 maio 2024.

12

AÇÃO REVISIONAL NAS INDENIZAÇÕES POR ACIDENTE DO TRABALHO

12.1. CONSIDERAÇÕES INICIAIS

Nas ações indenizatórias por acidente do trabalho ou doença ocupacional, é comum o deferimento de pensão mensal à própria vítima, em razão de incapacidade permanente, ou pensão proporcional pela redução da capacidade laborativa. O art. 950, *caput*, do Código Civil estabelece que a indenização será correspondente à importância do trabalho para o qual o acidentado se inabilitou ou da depreciação que ele sofreu[1].

Essa indenização projeta-se para o futuro, prolongando-se por todo o período de sobrevivência da vítima, podendo, assim, perdurar por várias décadas. Ocorre que, no período do pensionamento, o acidentado pode sofrer alterações no "estado de fato" da incapacidade ou do adoecimento, tanto no sentido da recuperação da capacidade de trabalho, para a mesma ou para outra profissão, quanto no sentido de agravamento dos danos, podendo até sofrer o dano máximo: a morte.

Diante dessas ocorrências, quais as soluções que o ordenamento jurídico oferece para ajustar o comando da decisão já transitada em julgado ao novo estado de fato da vítima? E se ocorrer alteração do dano durante a tramitação do processo? Mesmo após a celebração de um acordo ou quando a vítima tenha recebido a indenização de uma só vez, cabe alguma revisão? Qual a Justiça competente para julgar a ação revisional nos casos de sentenças proferidas na

---

1. Código Civil. Art. 950. "Se da ofensa resultar defeito pelo qual o ofendido não possa exercer o seu ofício ou profissão, ou se lhe diminua a capacidade de trabalho, a indenização, além das despesas do tratamento e lucros cessantes até o fim da convalescença, incluirá pensão correspondente à importância do trabalho para que se inabilitou, ou da depreciação que ele sofreu."

Justiça Comum dos Estados? Na tentativa de responder a essas indagações e a outras correlatas, resolvemos escrever este capítulo.

12.2. CABIMENTO DA AÇÃO REVISIONAL

Para iniciar este tópico, formulamos a seguinte pergunta: é cabível o ajuizamento da ação revisional para alterar o valor da pensão deferida decorrente do acidente do trabalho ou da doença ocupacional?

O tema da ação revisional é muito debatido nas demandas envolvendo benefícios previdenciários, prestações de alimentos, valor dos aluguéis ou normas coletivas de trabalho[2]. Contudo, possivelmente por desconhecimento das partes, tem sido pouco utilizada a reavaliação dos danos, com vistas à revisão do valor do pensionamento decorrente de responsabilidade civil.

O deferimento da pensão mensal vitalícia institui entre o acidentado e o devedor da indenização uma relação jurídica de natureza continuativa ou de trato continuado. O julgador toma como base, para fundamentar sua decisão, um determinado quadro fático, captado durante a instrução processual, até porque não lhe cabe proferir sentença condicional disciplinando os efeitos jurídicos de mudanças que podem vir a acontecer, ou não, na fluência do pensionamento[3].

Com o passar do tempo, a extensão do dano que foi considerada para arbitrar o pensionamento pode sofrer alteração, tanto para melhorar quanto para piorar a situação da vítima, criando um descompasso entre o valor da pensão mensal e o grau da sua incapacidade laborativa. Em razão dessa mudança superveniente, o valor fixado na sentença não mais representa a reparação adequada do dano, tornando a prestação mensal injusta para uma das partes.

Diante dessa realidade da vida, que não pode ser ignorada, é imperioso concluir que as alterações ocorridas com a vítima, enquanto perdura essa relação jurídica de trato continuado, devem repercutir no direito ao pensionamento, em face da mudança do "estado de fato" que o juiz levou em consideração no

---

2. CLT. Art. 873. "Decorrido mais de 1 (um) ano de sua vigência, caberá revisão das decisões que fixarem condições de trabalho, quando se tiverem modificado as circunstâncias que as ditaram, de modo que tais condições se hajam tornado injustas ou inaplicáveis."

3. CPC. "Art. 492. É vedado ao juiz proferir decisão de natureza diversa da pedida, bem como condenar a parte em quantidade superior ou em objeto diverso do que lhe foi demandado. Parágrafo único. A decisão deve ser certa, ainda que resolva relação jurídica condicional." Previsão correspondente no art. 460 do CPC/1973. "É defeso ao juiz proferir sentença, a favor do autor, de natureza diversa da pedida, bem como condenar o réu em quantidade superior ou em objeto diverso do que lhe demandado. Parágrafo único. A sentença deve ser certa, ainda quando decida relação jurídica condicional."

momento de proferir o julgamento. Nessa relação jurídica estatuída, de alguma forma, está presente ou implícita a cláusula *rebus sic stantibus*, permitindo que a decisão primitiva sofra uma adaptação, por meio de nova decisão judicial, para garantir continuadamente a manutenção da justa reparação do dano[45]. Consoante o ensinamento de Liebman, "de certo modo, todas as sentenças contêm implicitamente a cláusula *rebus sic stantibus*, enquanto a coisa julgada não impede absolutamente que se tenham em conta os fatos que intervierem sucessivamente à emanação da sentença."[6]

A ação revisional ou ação de modificação, como a denominava Pontes de Miranda, está assegurada expressamente no art. 505 do CPC, aplicável no Processo do Trabalho em razão do que preveem os arts. 15 do CPC e 769 da CLT[7]. Urge frisar que não há impedimento, vedação ou incompatibilidade quanto ao seu cabimento nas indenizações por acidente do trabalho quando se deferem parcelas vincendas em forma de pensionamento. Vale transcrever o dispositivo mencionado:

> Art. 505. Nenhum juiz decidirá novamente as questões já decididas relativas à mesma lide, salvo: I — se, tratando-se de relação jurídica de trato continuado, sobreveio modificação no estado de fato ou de direito, caso em que poderá a parte pedir a revisão do que foi estatuído na sentença;[8]

---

4. Assinala Caio Mário que os juristas da Idade Média, atentando em que nos contratos de execução diferida o ambiente no momento da execução pode ser diverso do que existia no da celebração, sustentaram que o contrato devia ser cumprido no pressuposto de que se conservassem imutáveis as condições externas, mas que, se houvessem alterações, a execução devia ser igualmente modificada. Sintetiza o mestre que "a teoria tornou-se conhecida como cláusula *rebus sic stantibus*, e consiste, resumidamente, em presumir, nos contratos comutativos, uma cláusula, que não se lê expressa, mas figura implícita, segundo a qual os contratantes estão adstritos ao seu cumprimento rigoroso, no pressuposto de que as circunstâncias ambientes se conservem inalteradas no momento da execução, idênticas às que vigoravam no da celebração." Cf. PEREIRA, Caio Mário da Silva. *Instituições de direito civil*. 7. ed. Rio de Janeiro: Forense, 1986. v. III, p. 110.
5. No mesmo sentido o entendimento do STF: "A força vinculativa das sentenças sobre relações jurídicas de trato continuado atua *rebus sic stantibus*: sua eficácia permanece enquanto se mantiverem inalterados os pressupostos fáticos e jurídicos adotados para o juízo de certeza estabelecido pelo provimento sentencial". STF Pleno. RE 596663, julgado em 24 set. 2014.
6. LIEBMAN, Enrico Tullio. *Eficácia e autoridade da sentença*. 3. ed. Rio de Janeiro: Forense, 1984. p. 25.
7. CPC. Art. 15. "Na ausência de normas que regulem processos eleitorais, trabalhistas ou administrativos, as disposições deste Código lhes serão aplicadas supletiva e subsidiariamente."

   CLT. Art. 769: "Nos casos omissos, o direito processual comum será fonte subsidiária do direito processual do trabalho, exceto naquilo em que for incompatível com as normas deste Título."
8. No CPC/1973, a ação revisional era tratada no art. 471: Nenhum juiz decidirá novamente as questões já decididas, relativas à mesma lide, salvo: I — se, tratando-se de relação jurídica continuativa, sobreveio modificação do estado de fato ou de direito; caso em que poderá a parte pedir a revisão do que foi estatuído na sentença."

É oportuno citar, nesse passo, a lição de Pontes de Miranda: "Quando, em caso de condenação a prestações periódicas futuras, as circunstâncias se modificarem de tal maneira, que não mais se justifiquem as prestações, no todo, ou em parte, ou a própria condenação, ou a duração delas — cabe à parte reclamar pela chamada ação de modificação", ressaltando que "a ação de modificação supõe que a sentença mesma, que formalmente transitou em julgado, pode ser alterada no que dispusera para o futuro: a eficácia no futuro é que está sujeita, devido à natureza da sentença, a mudança, se o juízo a reconhecer."[9] No mesmo sentido, comenta Sérgio Sahione Fadel:

> Há (...) situações que estão sempre sujeitas a alterações, porque as questões propostas pelos litigantes, mesmo depois de resolvidas, permanentemente, devem ser modificadas, porque não é vontade do Estado, que as resolveu, se mantenham estáveis e imutáveis, mas, ao contrário, que se ajustem às novas condições e aos fatos estranhos supervenientes. No campo das obrigações, a teoria da imprevisão já é um exemplo atual de que o ato jurídico, para ser realmente perfeito, e imutável, deve manter constantemente atualizadas as circunstâncias em que se celebrou. Aliás, no campo processual, essa regra poderia ser afirmada em outros termos: a verdadeira imutabilidade da coisa julgada é aquela que sustenta a mesma autoridade e a mesma eficácia, através dos tempos, mercê da manutenção das circunstâncias de fato e de valor vigorantes na ocasião em que se formou.[10]

Desse modo, a mudança na capacidade laborativa ocorrida com a vítima autoriza o ajuizamento, por qualquer das partes, de uma nova ação com o objetivo de modificar a sentença anterior transitada em julgado[11].

Na doutrina especializada em responsabilidade civil, tem-se como certo o cabimento da ação revisional, sendo oportuno citar o ensinamento de Antônio Lindbergh Montenegro:

---

9. PONTES DE MIRANDA, Francisco C. *Comentários ao Código de Processo Civil*. 3. ed. Rio de Janeiro: Forense, 1997. Tomo V, p. 148.

10. FADEL, Sérgio Sahione. *Código de Processo Civil comentado*. 7. ed. Rio de Janeiro: Forense, 2004. p. 537-538.

11. O Código Civil de Portugal tem dispositivo expresso a respeito que prevê: "*ART. 567º — (Indemnização em renda)* — 1. Atendendo à natureza continuada dos danos, pode o tribunal, a requerimento do lesado, dar à indemnização, no todo ou em parte, a forma de renda vitalícia ou temporária, determinando as providências necessárias para garantir o seu pagamento. 2. Quando sofram alteração sensível as circunstâncias em que assentou, quer o estabelecimento da renda, quer o seu montante ou duração, quer a dispensa ou imposição de garantias, a qualquer das partes é permitido exigir a correspondente modificação da sentença ou acordo."

Acontece, às vezes, que, após o trânsito em julgado da sentença condenatória, o dano vem a sofrer sensível alteração para mais ou para menos. O equânime será adaptar o ressarcimento ao novo estado de fato. Do contrário, o Direito estaria permitindo que se pagasse mais ou se recebesse menos do que o devido. Na verdade, tanto seria injusto continuar a pagar-se uma pensão por incapacidade física que deixou de existir quanto não reajustar essa mesma pensão, como se exprime Alfredo Orgaz, "por força de uma agravação imprevista, qual o estado de demência sobrevindo à vítima em consequência das lesões que sofreu". Aparece então a revisão do julgamento, também denominada ação de modificação, como o remédio idôneo para adaptar o ressarcimento ao verdadeiro valor do prejuízo.[12]

O doutrinador Carlos Alberto Menezes Direito, em obra conjunta com Sérgio Cavalieri, concluiu: "Incontestável, destarte, o direito à revisão da condenação, no todo ou em parte, seja em favor do devedor, seja em prol da vítima, sempre que ocorrer fato superveniente modificativo da relação jurídica anteriormente decidida."[13] Também opinam pelo cabimento da ação revisional no pensionamento decorrente de responsabilidade civil, dentre outros, José de Aguiar Dias[14], Carlos Roberto Gonçalves[15], Rui Stoco[16] e Sérgio Cavalieri Filho[17].

Além do posicionamento doutrinário, o cabimento da ação revisional, na hipótese em estudo, já se encontra bem sedimentado na jurisprudência pátria, conforme se verifica nas ementas dos acórdãos seguintes:

> **"II – Agravo de instrumento em recurso de revista. Reclamado. Lei nº 13.467/2017. Ação revisional. Majoração pelas instâncias ordinárias da pensão mensal de 20% para 100%. Constatação pelo TRT de modificação do estado de fato e de direito. Moléstias que incapacitavam a reclamante parcial e temporariamente acarretaram, com a continuidade da prestação laboral, a incapacidade total e permanente da reclamante para o trabalho anteriormente exercido (aposentadoria por invalidez). Controvérsia sobre a proporcionalidade e razoabilidade da pensão arbitrada.** Delimitação do acórdão recorrido: Na fração de interesse, o TRT negou provimento ao recurso ordinário do banco reclamado,

12. MONTENEGRO, Antônio Lindbergh C. *Ressarcimento de danos*. 8. ed., ampl. e atual. Rio de Janeiro: Lumen Juris, 2005. p. 218.
13. DIREITO, Carlos Alberto Menezes; CAVALIERI FILHO, Sérgio. *Comentários ao novo Código Civil*. 2. ed. Rio de Janeiro: Forense, 2007. v. XIII, p. 394-397.
14. DIAS, José de Aguiar. *Da responsabilidade civil*. 10. ed. Rio de Janeiro: Forense, 1995. v. II, p. 785-786.
15. GONÇALVES, Carlos Roberto. *Responsabilidade civil*. 10. ed. São Paulo: Saraiva, 2012. p. 581.
16. STOCO, Rui. *Tratado de responsabilidade civil*. 9. ed., rev., atual. e ampl. São Paulo: Revista dos Tribunais, 2013. Tomo II, p.470.
17. CAVALIERI FILHO, Sérgio. *Programa de responsabilidade civil*. 16. ed. São Paulo: Atlas, 2023. p. 178.

para manter a sentença na parte em que o Juízo de origem julgou procedente a ação revisional e majorou, de 20% para 100%, o valor da pensão mensal da reclamante. Para tanto, o TRT asseverou que: "Em se tratando de ação revisional, especificamente quanto às indenizações na modalidade pensionamento, busca-se provar que houve alteração superveniente das condições de saúde do trabalhador, a qual, a depender da análise pericial, pode justificar a cessação da pensão, minoração ou até majoração, esta última hipótese correlacionada ao agravamento da incapacidade, a qual decorra diretamente da moléstia ocupacional, tudo isso levando em conta uma análise comparativa entre o estado em que se encontrava no momento da concessão da pensão original e o momento posterior" (fl. 646); "Comparando os resultados periciais tem-se como inconteste que houve agravamento das condições de saúde da trabalhadora, pois no laudo produzido em 2014 a incapacidade era parcial e temporária, enquanto que no resultado do último, produzido em 2020, a incapacidade verificada foi total e permanente" (fl. 648); "Além da própria conclusão pericial, convém ressaltar que o histórico da relação entre as partes, dentro do interregno entre a produção dos laudos, é também indicativo de ter a relação do trabalho ocasionado a progressão da incapacidade" (fl. 649); "Quanto a majoração do valor da pensão, tenho como adequada a revisão promovida pelo julgador, de 20% para 100%, pois no novo laudo pericial produzido verificou-se que a dentre as moléstias que acometem a Reclamante, duas delas têm relação direta com o trabalho exercido (EPICONDILITE MEDIAL E LATERAL; SÍNDROME DO TÚNEL DO CARPO), somente uma delas considera em grau mínimo de concausa (SÍNDROME DE MANGUITO ROTADOR), mas todas em si consideradas incapacitam totalmente a trabalhadora para o exercício funcional" (fl. 649). Não há transcendência política, pois não constatado o desrespeito à jurisprudência sumulada do Tribunal Superior do Trabalho ou do Supremo Tribunal Federal. Não há transcendência social, pois não se trata de postulação, em recurso de reclamante, de direito social constitucionalmente assegurado. Não há transcendência jurídica, pois não se discute questão nova em torno de interpretação da legislação trabalhista. Não se reconhece a transcendência econômica quando, a despeito dos valores da causa e da condenação, não se constata a relevância do caso concreto, pois a tese do TRT é no mesmo sentido do entendimento desta Corte Superior, não remanescendo matéria de direito a ser uniformizada. Com efeito, verifica-se ter sido adotado no acórdão recorrido posicionamento que se coaduna com a jurisprudência consolidada no âmbito da SBDI-1 do TST, no sentido de que a pensão mensal deve ser equivalente a 100% da remuneração quando há incapacidade total e permanente para as atividades anteriormente exercidas. Julgados citados. Agravo de instrumento a que se nega provimento." TST. 6ª Turma. Ag-AIRR-506-60.2020.5.14.0001, Rel.: Ministra Katia Magalhaes Arruda, *DEJT* 05 maio 2023.

"Embargos de declaração. Recurso de revista com agravo de instrumento. Petição. Prática superveniente de roubos pelo reclamante. Alegação de simulação do reclamante e nulidade da perícia médica. Fato novo inexistente. 1) Não se constata existência de fato novo capaz de influenciar no julgamento da lide, pois eventual prática de roubos pelo reclamante, por si só, não tem o condão de alterar situação fática pretérita acerca de seu estado de saúde do reclamante, constatada no laudo pericial. 2) Não obstante, nos termos do art. 505, I, do CPC/2015 (art. 471, I, do CPC/1973), em se tratando de relação jurídica continuativa, a modificação no estado de fato ou de direito pode ser objeto de revisão perante o órgão jurisdicional competente. 3) Consoante o ensinamento de Sebastião Geraldo de Oliveira, "com o passar do tempo, a extensão do dano, considerada para arbitrar o pensionamento, pode sofrer alteração, tanto para melhorar quanto para piorar a situação da vítima, criando um descompasso entre o valor da pensão mensal e o grau da sua incapacidade laborativa. Em razão dessa mudança superveniente, o valor fixado na sentença não mais representa a reparação adequada do dano, tornando a prestação mensal injusta para uma das partes". (OLIVEIRA, Sebastião Geraldo. Indenizações por Acidente do Trabalho ou Doença Ocupacional – De acordo com a reforma trabalhista Lei n.º 13.467/2017. 11ª. ed. São Paulo: LTr, 2019. p. 488). 4) Assim, se o empregado acidentado recebe pensão de 30% do seu salário decorrente de invalidez parcial e, após alguns anos, fica totalmente incapacitado para o trabalho, faz jus à pensão no valor total da sua remuneração desde a data do ajuizamento da ação revisional. 5) Ao contrário, se a incapacidade deixou de existir, não se justifica a manutenção do pensionamento. Nesse sentido, cito precedentes desta Corte. 6) Caso a modificação tenha ocorrido no curso do processo, antes do trânsito em julgado, a parte poderá postular a revisão da decisão, com fundamento no artigo 493 do CPC. Entretanto, se o processo já tramita em fase extraordinária e para o exame do fato novo seja indispensável produção de prova pericial, não se aplica o disposto no artigo 493 do CPC, devendo a parte ajuizar ação revisional. Neste sentido, cito precedente do Supremo Tribunal Federal. 7) Outrossim, a Súmula 394 do TST é impertinente ao caso dos autos porque não abrange as hipóteses em que é imprescindível a realização de prova pericial para o exame do fato novo, providência incabível em se tratando de recurso de natureza extraordinária. 8) Por todo o exposto, eventual infração penal do reclamante ou eventual restabelecimento superveniente de sua saúde não altera o julgamento do presente embargos de declaração. Rejeito." TST. 2ª Turma. ED-ARR-112500-13.2009.5.05.0007, Rel.: Ministra Maria Helena Mallmann, *DEJT* 13 dez. 2019.

"**Doença do trabalho. Pensão mensal. Percentual e base de cálculo.** Considerando que a autora está aposentada por invalidez, em decorrência exclusivamente de doença ocupacional, é certo que a inabilitação para a função anteriormente exercida é total, a ensejar o pagamento de pensão equivalente a 100% da última remuneração, nos exatos termos do artigo 950 do Código Civil. Eventual melhora ou recuperação total da empregada deverá ser avaliada oportunamente, em ação revisional, e poderá acarretar a redução ou suspensão da pensão mensal. Não pode, todavia, interferir desde já – enquanto ainda se trata de mera possibilidade – no valor da indenização deferida. Quanto à base de cálculo, deve ser última remuneração percebida pela vítima, e não apenas o salário-base. Aplicação do artigo 950 do Código Civil. Recurso de Revista de que se conhece e a que se dá provimento." TST. 7ª Turma. RR n. 1915-64.2010.5.09.0000, Rel.: Ministro Cláudio Mascarenhas Brandão, *DEJT* 29 nov. 2019.

"**Doença ocupacional. Incapacidade laborativa total. Nexo causal. Culpa da reclamada.** O Tribunal de origem manteve o indeferimento do pedido de realização de exames periódicos para verificação da persistência do estado de incapacidade da obreira, pois, uma vez alterada a condição econômica, da autora, isto é, caso seja possível a reversão de seu estado de incapacidade, esta deverá ser provada para a revisão da pensão. Nos termos do art. 471 do CPC; ainda que deferida a pensão vitalícia, como há relação jurídica continuativa, sobrevindo modificação no estado de fato e de direito, poderá a parte pedir revisão do que foi estatuído na sentença. Nesse contexto, se a capacidade laborativa da autora aumentar ou se restabelecer, poderá a parte interessada pedir o revisionamento da pensão, conforme decidido pela Corte *a quo*, estando intacto o art. 471 do CPC. Recurso de Revista não conhecido neste particular." TST. 2ª Turma. RR n. 159300-08.2005.5.17.0007, Rel.: Ministro José Roberto Freire Pimenta, *DJe* 31 maio 2013.

"**Ação de revisão de pensionamento vitalício decorrente de incapacidade laborativa. Relação jurídica continuativa. Possibilidade jurídica do pedido. Não agressão à coisa julgada.** Em princípio, o pedido de revisão de pensão sob a alegação de ocorrência de alteração fática superveniente é cabível, ante a natureza continuativa da relação jurídica. Uma vez fixada pensão em razão de incapacidade laborativa permanente e parcial, atestada por perícia, somente uma outra perícia poderia constatar eventuais modificações no grau de incapacidade. Configurada a possibilidade de eventual revisão no pensionamento, o processo deve ser remetido ao primeiro grau, para que haja a instrução. Provimento do recurso. Anulação da sentença." Rio de Janeiro. TJRJ. 2ª Câmara Cível. Apelação Cível n. 2005.001.39627, Rel.: Elisabete Filizzola, *DJ* 24 jan. 2006.

12.3. COMPETÊNCIA PARA JULGAMENTO

A competência para o julgamento da ação revisional de indenizações por acidente do trabalho é da Justiça do Trabalho, mesmo quando se busca rever o pensionamento deferido em sentença transitada em julgado perante a Justiça Comum. Isso porque, desde a Emenda Constitucional n. 45/2004, a competência absoluta em razão da matéria para julgar as indenizações por acidente do trabalho, seja na ação principal ou na revisional, passou a ser da Justiça do Trabalho.

A abordagem da ação revisional, no aspecto da competência, será feita, com maior profundidade, no capítulo 13, item 13.7, ao qual nos reportamos.

12.4. LIMITES E EFEITOS DA AÇÃO REVISIONAL

Superada a questão do cabimento da ação revisional e da competência para o seu julgamento, cabe analisar os contornos da sua abrangência e a extensão dos seus efeitos, especialmente em comparação com a sentença anterior transitada em julgado.

Não há dúvida de que a decisão anterior tem força de lei nos limites da questão principal expressamente decidida (art. 503 do CPC). Assim, não há espaço, na via da ação revisional, para rediscutir os pressupostos da responsabilidade civil apreciados no primeiro julgamento, tais como o dano indicado no primeiro pedido, o nexo causal, a culpa ou a responsabilidade civil objetiva. Podem até ser cabíveis tais questionamentos, em casos excepcionais, mas por intermédio da ação rescisória, no prazo e nas estritas hipóteses legais. Nessa linha de pensamento assevera Rui Stoco:

O direito à reparação em si é matéria que não mais pode ser rediscutida com o advento do trânsito em julgado da decisão que a reconheceu. Mas a necessidade — e possibilidade — de manutenção do seu *quantum* originalmente fixado não é atingida pela imutabilidade, pois não se estará alterando o que ficou decidido, mas reafirmando o valor que ali foi estabelecido.[18]

Convém mencionar que a ação revisional não deve ser manejada como se fosse mais um recurso da sentença primitiva, porquanto a discussão possível refere-se às mudanças fáticas ou de direito ocorridas após o primeiro julgamento, em razão da natureza continuativa da relação jurídica criada pela sentença. Não há, portanto, violação da coisa julgada anterior, conforme bem analisa Sérgio Cavalieri:

> A revisão não afronta a coisa julgada, porque estamos em face de uma sentença que decidiu uma relação jurídica continuativa e que, por isso, traz implícita a cláusula *rebus sic stantibus*. Constatando um fato superveniente que modificou a relação jurídica anterior, decidida pela sentença, nada impede um novo pronunciamento judicial, mesmo porque já teremos uma nova relação jurídica, uma outra lide, não abrangida pela *res judicata*.[19]

O segundo julgamento em outra ação apenas ajusta o comando da sentença anterior à nova realidade fática, para garantir a continuidade do espírito de justiça do valor ou percentual da indenização fixada em forma de pensionamento. Presume-se que o prolator do primeiro julgamento, se estivesse diante desse novo estado de fato da vítima, teria proferido a mesma sentença da ação revisional[20]. Pode-se afirmar, portanto, que não há desrespeito, mas verdadeira fidelidade à coisa julgada, como bem registra Alexandre de Paula:

> No fundo, a revisão se opera em homenagem mesmo à coisa julgada, de vez que a sentença considerou, no momento de sua emissão, fatos e circunstâncias relevantes que não mais perduram, que sofreram alterações de tal ordem, que traduziria *summa injuria*, verdadeira denegação da Justiça, mantê-la intocável na sua letra, por *omnia secula*..."[21]

---

18. STOCO, Rui. *Tratado de responsabilidade civil*. 9. ed., rev., atual. e ampl. São Paulo: Revista dos Tribunais, 2013. Tomo II, p. 614.
19. CAVALIERI FILHO, Sérgio. *Programa de responsabilidade civil*. 16. ed. São Paulo: Atlas, 2023. p. 178.
20. Como bem assevera José de Aguiar Dias, "sem dúvida que a sentença deve ser executada fielmente. Mas a linguagem da lei deve ser entendida de forma que corresponda ao seu espírito e não de maneira a traí-lo, mediante interpretação farisaica, que consiste em simular respeito à lei, para deixar de aplicá-la." Cf. *Da responsabilidade civil*. 10. ed. Rio de Janeiro: Forense, 1995. v. II, p. 726.
21. PAULA, Alexandre de. *Código de Processo Civil anotado*. 3. ed. São Paulo: Revista dos Tribunais, 1986. p. 637.

De qualquer forma, importa anotar que o pedido revisional só terá êxito se ficar comprovada a mudança superveniente alegada. Assim, por exemplo, se o reclamante postula aumento da pensão pelo agravamento da doença ocupacional, terá de comprovar o novo dano (agravamento da doença ou do percentual de incapacidade fixado na primeira sentença) e o nexo causal desse agravamento com a situação que gerou a referida doença ocupacional. Pode ser que o dano adicional (a redução da capacidade ou a incapacidade total) tenha surgido em decorrência de outras atividades desenvolvidas pela vítima ou por razões de doenças degenerativas ou do grupo etário, sem ligação com a patologia incapacitante considerada na sentença primitiva. Nessa hipótese, apesar de comprovado o novo dano, não há nexo causal com o trabalho anteriormente desempenhado pelo acidentado, o que inviabiliza o acolhimento do pedido revisional.

Para o jurista Sérgio Cavalieri, a eficácia jurídica da nova sentença será *ex nunc*, a partir do seu trânsito em julgado, vigendo até então os efeitos da sentença anterior[22]. Concordamos apenas em parte com esse entendimento. Estamos de acordo, sem dúvida, quanto aos efeitos *ex nunc* da decisão proferida na ação revisional julgada procedente, dada a sua natureza constitutiva, porquanto alterará a relação jurídica vigente entre as partes[23]. No entanto entendemos, *data venia*, que as consequências da sentença devem ser consideradas desde a data do ajuizamento da nova ação na Justiça do Trabalho, podendo a parte autora requerer o deferimento da tutela antecipatória ou mesmo decisão cautelar, se for o caso[24].

Se o acidentado, por exemplo, vinha recebendo uma pensão equivalente a 50% do seu último salário em razão de incapacidade parcial, mas, vencidos alguns anos, tornou-se totalmente incapaz, deve receber a pensão integral desde a data do ajuizamento da ação revisional. Se for adotado o entendimento de que os efeitos da decisão revisional só devem ser computados a partir do seu trânsito em julgado, o acidentado pode ser seriamente prejudicado porque, durante o período da tramitação processual, que pode demorar anos, ficará privado do novo valor da pensão.

---

22. CAVALIERI FILHO, Sérgio. *Programa de responsabilidade civil.* 16. ed. São Paulo: Atlas, 2023. p. 179.
23. THEODORO JÚNIOR, Humberto. *Curso de direito processual civil.* 45. ed. Rio de Janeiro: Forense, 2006. v. 1, p. 611.
24. Entendo razoável aplicar, *mutatis mutandis*, a cautelar admitida na rescisória para suspender total ou parcialmente a execução, conforme entendimento consolidado na Orientação Jurisprudencial n. 76 da SBDI-II: *Ação rescisória. Ação cautelar proposta sob a vigência do CPC de 1973. Suspensão da execução. Juntada de documento indispensável. Possibilidade de êxito na rescisão do julgado.* É indispensável a instrução da ação cautelar proposta sob a vigência do CPC/1973 com as provas documentais necessárias à aferição da plausibilidade de êxito na rescisão do julgado. Assim sendo, devem vir junto com a inicial da cautelar as cópias da petição inicial da ação rescisória principal, da decisão rescindenda, da certidão do trânsito em julgado da decisão rescindenda e informação do andamento atualizado da execução.

Aliás, entendemos pertinente aplicar por analogia a previsão constante da Lei n. 5.478/1968, que trata da ação de alimentos:

> Art. 13. O disposto nesta lei aplica-se igualmente, no que couber, às ações ordinárias de desquite, nulidade e anulação de casamento, à revisão de sentenças proferidas em pedidos de alimentos e respectivas execuções.
>
> § 1º Os alimentos provisórios fixados na inicial poderão ser revistos a qualquer tempo, se houver modificação na situação financeira das partes, mas o pedido será sempre processado em apartado.
>
> § 2º Em qualquer caso, os alimentos fixados retroagem à data da citação.

Vale citar, também, a Lei n. 8.245/1991, que regula as locações imobiliárias, cujo art. 69 estabelece que, na ação revisional de aluguel, o novo valor fixado na sentença retroage à data da citação, sendo que, se houver pedido, o juiz, com base nos elementos fornecidos pelo autor, poderá fixar um valor a título de aluguel provisório (art. 68, I). Pode-se invocar, ainda, o dispositivo do art. 478 do Código Civil, quando estabelece que os efeitos da sentença que decretar a resolução do contrato por onerosidade excessiva retroagirão à data da citação.

Nessa linha de raciocínio, coloca-se a Súmula n. 226 do STF, segundo a qual os alimentos são devidos desde a inicial e não a partir da data da decisão que os concede. Também a Súmula n. 277 do STJ firmou entendimento no sentido de que, julgada procedente a investigação de paternidade, os alimentos são devidos a partir da citação.

A revisão pretendida deve ser intentada por intermédio de processo distinto e autônomo, pelo que é inviável pretender a revisão da sentença anterior mediante simples oposição de Embargos à Execução[25]. Mesmo não havendo norma legal expressa a respeito, esse entendimento acabou consagrado pela doutrina e pela jurisprudência, sobretudo porque na execução não cabe alterar os limites fixados na decisão transitada em julgado[26]. Além disso, são mais restritas as possibilidades dos Embargos à Execução, tanto que no Processo

---

25. CLT. Art. 879, § 1º. "Na liquidação, não se poderá modificar, ou inovar, a sentença liquidanda, nem discutir matéria pertinente à causa principal." No mesmo sentido prevê o art. 509, § 4º, do CPC: "Na liquidação é vedado discutir de novo a lide ou modificar a sentença que a julgou."

26. "*Processual civil. Recurso especial em agravo de instrumento. Liquidação de sentença. Pensão mensal vitalícia. Alegação de fato novo (reabilitação da vítima). Suposta violação do art. 471, I, do CPC. Não ocorrência. Desprovimento.* 1. O juiz pode decidir novamente as questões já decididas, quando sobrevier, na relação jurídica continuativa, a modificação no estado de fato ou de direito (CPC, art. 471, I). 2. O juízo de primeiro grau, no entanto, equivocou-se na aplicação dessa regra, porquanto suprimiu, sem observância do contraditório, o direito do recorrido — garantido por coisa julgada material — à percepção de pensão mensal vitalícia estabelecida no título judicial condenatório. 3. Eventual recuperação do recorrido (fato novo) deve ser, indiscutivelmente, avaliada e comprovada em perícia médica, sob pena de ofensa à coisa julgada material e ao devido processo legal

do Trabalho as decisões proferidas em execução de sentença não são passíveis de recurso de revista, salvo na hipótese de ofensa direta e literal de norma da Constituição Federal[27]. Comentando a respeito desse assunto, anotou o insigne Moacyr Amaral Santos:

> A ação de revisão ou de modificação deverá ser manifestada em processo distinto do em que foi proferida a sentença revisionanda, perante o juiz de primeiro grau que a proferiu, ainda que esta tenha sido objeto de recurso e por este afinal decidida.[28]

Para finalizar este tópico, convém mencionar que a pretensão deduzida na ação revisional não está sujeita à prescrição, visto que a segunda decisão só produzirá efeitos *ex nunc* a partir do ajuizamento, conforme acima mencionado. Uma vez decidido na sentença anterior o pagamento da pensão mensal, o fundo do direito está garantido enquanto durar essa relação jurídica de natureza continuativa. Dessa forma, a ação revisional poderá ser ajuizada em qualquer época durante o pensionamento, desde que ocorra uma alteração relevante e mensurável do estado de fato ou de direito, que foi considerado por ocasião do primeiro julgamento[29].

(CF/88, art. 5º, XXXVI, LIV e LV). 4. Recurso especial desprovido." STJ. 1ª Turma. REsp n. 782.087/RJ, Rel.: Ministra Denise Arruda, *DJ* 2 ago. 2007.

27. CLT. Art. 896, § 2º. "Das decisões proferidas pelos Tribunais Regionais do Trabalho ou por suas Turmas, em execução de sentença, inclusive em processo incidente de embargos de terceiro, não caberá Recurso de Revista, salvo na hipótese de ofensa direta e literal de norma da Constituição Federal."

28. SANTOS, Moacyr Amaral. *Comentários ao Código de Processo Civil*. 4. ed. Rio de Janeiro: Forense, 1986. v. IV, p. 454.

29. "*I – Recurso de Revista interposto pelo autor prescrição da pretensão revisional. Aposentadoria por invalidez. Diferenças de complementação do benefício previdenciário. Previsão em cláusula de norma coletiva. Alteração da base de cálculo por norma coletiva superveniente. Não ocorrência.* 1. Trata-se de ação revisional ajuizada com fundamento no art. 505, I, do CPC, em face da decisão proferida nos autos da Ação Trabalhista nº 0162900-62.1995.5.04.0811, cujo trânsito em julgado ocorreu em 17.08.2009 e por meio da qual se condenou a ré ao pagamento de complementação de aposentadoria por invalidez decorrente de acidente de trabalho, conforme critérios definidos em Acordo Coletivo vigente à época do ajuizamento da ação. 2. O pedido revisional está fundamentado na modificação dos critérios definidos em Acordos Coletivos posteriores e sucessivamente renovados. 3. O Tribunal Regional decretou a prescrição total da pretensão revisional em razão de ter sido ajuizada dez anos depois da sentença transitada em julgado e mais de vinte anos depois da modificação relevante alegada. 4. Porém, em se tratando de demanda revisional, tem-se por irrelevante, para efeitos prescricionais, a data em que transitou em julgado a sentença que se pretende a modificação ou a data em que houve modificação da situação de fato ou de direito, pois estaremos sempre diante de parcelas de trato sucessivo, cada uma delas disciplinada pela ordem jurídica vigente na época de seu vencimento. 5. Essa é a característica que justifica o reconhecimento da prescrição parcial de que cogita a Súmula 327 do TST. 6. Embora verificada contrariedade à Súmula 327 do TST em relação à decretação da prescrição total do direito, há que se reconhecer uma distinção importante no fato

Poder-se-ia até cogitar da prescrição parcial de dois ou cinco anos, conforme o caso, se fosse atribuído o efeito *ex nunc* da ação revisional a partir da ciência inequívoca da mudança do estado de fato da vítima e não da data do ajuizamento, como acima defendido. Nessa hipótese, seria válido aplicar por analogia o entendimento sedimentado nas Súmulas ns. 327 do TST[30] e 85 do STJ[31]. Também seria cabível, como reforço de fundamentação, considerar a previsão do art. 104 da Lei n. 8.213/1991, segundo o qual as ações (*rectius:* pretensões) referentes a prestações por acidente do trabalho prescrevem em cinco anos, contados da data em que for reconhecida pela Previdência Social a incapacidade permanente ou o agravamento das sequelas do acidente.

12.5. ALTERAÇÃO OCORRIDA ANTES DO TRÂNSITO EM JULGADO

Quando a modificação ocorre durante a tramitação do processo, mas antes do trânsito em julgado da sentença, não cabe, ainda, o ajuizamento de ação revisional. Não há como rever a decisão que ainda é passível de recurso e, portanto, sujeita a mudança pela instância superior. Nessa hipótese, poderá a parte interessada invocar, quando cabível, a aplicação do art. 493 do CPC, que estabelece:

> Art. 493. Se, depois da propositura da ação, algum fato constitutivo, modificativo ou extintivo do direito influir no julgamento do mérito, caberá ao juiz tomá-lo em consideração, de ofício ou a requerimento da parte, no momento de proferir a decisão.

O comando estabelecido no art. 493 do CPC atual, que repetiu a previsão do art. 462 do CPC/1973, favorece a economia dos atos processuais, porquanto

---

de a pretensão, ainda que seja de diferenças de complementação de aposentadoria, ter natureza revisional. 7. A distinção está justamente no fato de que a situação jurídica estava disciplinada por sentença transitada em julgado e que não pode ser modificada retroativamente sem que se ofenda a coisa julgada até então soberana. 8. Exatamente por isso, a nova disciplina, resultante da modificação relevante da situação de fato ou de direito, só poderá ter eficácia a partir do ajuizamento da ação revisional, não sendo possível cogitar de prazo prescricional retroativo. 9. Recurso de revista conhecido e parcialmente provido para, afastando a prescrição pronunciada, determinar o retorno dos autos ao Tribunal Regional de origem para que examine a matéria de fundo, como entender de direito." TST. 1ª Turma. RRAg-20190-76.2019.5.04.0811, Rel.: Ministro Amaury Rodrigues Pinto Junior, DEJT 07 fev. 2022.

30. Súmula n. 327 do TST: "A pretensão a diferenças de complementação de aposentadoria sujeita-se à prescrição parcial e quinquenal, salvo se o pretenso direito decorrer de verbas não recebidas no curso da relação de emprego e já alcançadas pela prescrição, à época da propositura da ação."

31. Súmula n. 85 do STJ: "Nas relações jurídicas de trato sucessivo em que a Fazenda Pública figure como devedora, quando não tiver sido negado o próprio direito reclamado, a prescrição atinge apenas as prestações vencidas antes do quinquênio anterior à propositura da ação."

evita o ajuizamento de nova ação, além de propiciar que o julgamento reflita com mais fidelidade a situação das partes no momento da decisão final. Como assevera Galeno Lacerda, "o processo deixa de ater-se a um momento estático no tempo, para afeiçoar-se, ao contrário, ao dinamismo e à fluência da vida, a fim de, com olhos voltados à economia das partes e à necessidade de eliminar-se o litígio com presteza, aproveitar o já instaurado para fazer justiça ulterior ao momento inicial."[32] Em sintonia com esse pensamento, coloca-se a Súmula n. 394 do TST, com o seguinte teor:

> **Súmula 394. Fato superveniente. Art. 493 do CPC de 2015. Art. 462 do CPC de 1973.** O art. 493 do CPC de 2015 (art. 462 do CPC de 1973), que admite a invocação de fato constitutivo, modificativo ou extintivo do direito, superveniente à propositura da ação, é aplicável de ofício aos processos em curso em qualquer instância trabalhista. Cumpre ao juiz ou tribunal ouvir as partes sobre o fato novo antes de decidir.

A título de exemplo, podemos citar alguns fatos supervenientes que podem ocorrer durante a tramitação processual: morte do acidentado, concessão de aposentadoria por incapacidade permanente pela Previdência Social, cancelamento de aposentadoria por incapacidade, recebimento pela vítima de indenização de seguro patrocinado pelo empregador, celebração de acordo em outra ação, amputação de um dedo ou membro, novo contrato de trabalho em vaga destinada a deficientes, posse do reclamante como servidor público etc.

A disposição do art. 493 mencionado, contudo, deve ser aplicada com a necessária cautela, zelando para que a parte contrária não seja surpreendida com a alegação de fato novo, sem que tenha oportunidade de impugnação ou até mesmo de apresentar contraprova. Os princípios do contraditório, da ampla defesa e do devido processo legal não podem ser ignorados ou relegados a plano secundário, especialmente quando a alegação do fato superveniente ocorre após o julgamento da primeira instância[33]. Em harmonia com tais princípios, o CPC/2015 expressamente estabelece no art. 10 que o juiz não pode decidir, em qualquer grau de jurisdição, com base em fundamento a respeito do qual não se tenha dado às partes oportunidade de se manifestar, o chamado princípio da não surpresa. Daí porque a nova redação da Súmula n. 394 do TST incluiu a necessidade do contraditório: "cumpre ao juiz ou

32. LACERDA, Galeno. O Código e o formalismo processual. *Ajuris*, Porto Alegre, n. 28, p. 12, jul. 1983.

33. Com igual pensamento, assevera *Araken de Assis*: "De tal ordem é a influência do fato superveniente, no desfecho da causa, que o órgão judiciário não deverá surpreender as partes, aplicando-o *ex officio*, como lhe autoriza o art. 462, sem apresentá-lo ao debate conjunto. Feita a alegação pelo interessado, impõe-se a observância do contraditório, colhendo o juiz a manifestação da parte contrária e, se for o caso, admitindo sua prova". Cf. "Extinção do processo por superveniência de dano irreparável." In: *Doutrina e prática do processo civil contemporâneo*. São Paulo: RT, 2001. p. 198.

tribunal ouvir as partes sobre o fato novo antes de decidir."[34] Aliás, no STF, firmou-se o entendimento de que não se aplica o disposto no art. 493 do CPC na fase extraordinária, a não ser em casos absolutamente excepcionais[35].

12.6. QUESTÕES CONTROVERTIDAS SOBRE O CABIMENTO DA AÇÃO REVISIONAL

O caso típico de cabimento da ação revisional ocorre quando o acidentado é beneficiário de pensão mensalmente paga pelo empregador, proveniente de sentença transitada em julgado na ação de indenização por acidente do trabalho ou doença ocupacional. Havendo alteração da situação fática da vítima, qualquer das partes pode pedir a revisão ou mesmo a supressão do valor do pensionamento fixado na sentença.

No entanto, além da hipótese mais comum acima mencionada, ocorrem outras alterações em momentos e situações diversas, que geram efeitos jurídicos distintos. Nem sempre será cabível a ação revisional propriamente dita, mas a alteração do estado de fato ou de direito, após o trânsito em julgado, poderá ensejar outra demanda correlata, conforme passaremos a expor nos tópicos seguintes.

12.7. ALTERAÇÃO OCORRIDA APÓS A INDENIZAÇÃO PAGA DE UMA SÓ VEZ

O Código Civil de 2002, no art. 950, parágrafo único, facultou ao prejudicado exigir que a indenização pela perda ou redução da capacidade laboral seja arbitrada e paga de uma só vez. Ocorre que, após o pagamento da indenização de uma só vez, pode o acidentado apresentar alteração importante quanto à

---

34. *"Recurso de Revista interposto antes da vigência da lei nº 13.015/2014. Petição. Fotos atuais do reclamante extraídas de rede social. Alegação de inexistência de doença ocupacional. Fato novo inexistente.* 5) Caso a modificação tenha ocorrido no curso do processo, antes do trânsito em julgado, a parte poderá postular a revisão da decisão, com fundamento no artigo 493 do CPC. Entretanto, se o processo já tramita em fase extraordinária e para o exame do fato novo seja indispensável produção de prova pericial, não se aplica o disposto no artigo 493 do CPC, devendo a parte ajuizar ação revisional. Neste sentido, já se manifestou o Supremo Tribunal Federal." TST, 2ª Turma. RR n. 1024-68.2012.5.12.0039, Rel.: Ministra Maria Helena Mallmann, *DEJT* 04 out. 2019.

35. *"Direito Constitucional e Processual Civil. Fato superveniente. Art. 493 do CPC/2015. Inaplicabilidade em sede extraordinária.* 1. É inaplicável, em sede extraordinária, o comando do art. 493 do CPC/2015, que dispõe sobre a análise de fato superveniente em juízo, salvo em circunstâncias especialíssimas, como a alteração da competência constitucional, consoante a jurisprudência desta Suprema Corte." STF. 1ª Turma. RE n. 721553 AgR, Rel.: Rosa Weber, DJ 04 abril 2017.

"Direito do Trabalho. Agravo regimental em recurso extraordinário com agravo. Impossibilidade de aplicação do art. 462 do CPC. A jurisprudência desta Corte firmou-se no sentido de que o art. 462 do CPC não se aplica na instância extraordinária." STF. 2ª Turma. ARE 665710 AgR, Rel.: Ministro Gilmar Mendes, *DJ* 20 jun. 2012.

perda funcional, modificando a situação fática considerada no arbitramento da indenização pelo juiz. Caberia, também nessa hipótese, a veiculação da ação revisional?

Entendemos pelo não cabimento da ação revisional propriamente dita, porque a sentença, ao determinar o pagamento de uma só vez, não estabeleceu uma relação jurídica de natureza continuativa. O juiz considerou o grau de incapacidade comprovado nos autos e arbitrou a indenização cabível para ser paga em parcela única. A ação revisional é típica das relações jurídicas de trato sucessivo. Dessa forma, se a vítima, anos mais tarde, recuperar parcial ou totalmente a capacidade laborativa, não pode o empregador requerer a devolução parcial do valor arbitrado porque a indenização de uma só vez pôs termo ao processo nos limites do dano alegado, do pedido formulado e da sentença proferida. O trânsito em julgado ocorrido tornou imutável e indiscutível a decisão de mérito (art. 502/CPC).[36]

Todavia, se houver agravamento comprovado da incapacidade laborativa, entendemos que o acidentado poderá ajuizar outra ação postulando a indenização, mas tão somente desse dano adicional, desde que ainda haja nexo causal com o acidente do trabalho anteriormente ocorrido e estejam presentes os pressupostos da responsabilidade civil. Trata-se, na hipótese, de uma nova demanda com pedido e causa de pedir diferentes, fora dos limites objetivos da coisa julgada anterior[37]. Como bem acentua Barbosa Moreira, "é ocioso salientar o que há de óbvio na asserção: *coisa julgada* não pode deixar de ser a coisa (*res*) que se *julgou*. Aquilo que não se julgou... não se converte, à evidência, em coisa julgada!".[38]

---

36. "*Recurso de revista. Indenização por dano material. Pensionamento. Pagamento em parcela única. Ação revisional. Não cabimento.* O cabimento da ação revisional pressupõe a existência de uma relação jurídica continuativa, como se infere do art. 471 do CPC, em seu inciso I, não guardando esta característica a hipótese onde se defere, com respaldo no art. 950, parágrafo único, do Código Civil, o pagamento em parcela única da pensão mensal. Com efeito, nesta circunstância eventual modificação no estado de fato ou de direito não rende ensejo à revisão da sentença, vez que imutável e indiscutível por força da coisa julgada material. Recurso de Revista conhecido e provido." TST. 5ª Turma. RR n. 1214-15.2010.5.05.0033, Rel.: Desembargador Convocado Tarcísio Régis Valente, *DEJT* 4 dez. 2015.

    Vejam no mesmo sentido: TST. 3ª Turma. RR n. 1001013-24.2017.5.02.0007, Rel.: Ministro Alexandre de Souza Agra Belmonte, *DEJT* 04 set. 2020 e TST. 1ª Turma. Ag-ED-AIRR-11217-91.2018.5.15.0058, Rel.: Ministro Hugo Carlos Scheuermann, *DEJT* 11 nov. 2022..

37. "*Coisa julgada. Segunda demanda. Indenização.* A sentença transita em julgado, deferindo indenização correspondente à incapacidade em grau menor do que o apurado no processo judicial, que ali não poderia ser reconhecida porque fora do pedido inicial, não impede uma segunda demanda proposta para obter a diferença de indenização correspondente ao maior grau de incapacidade. Recurso conhecido e provido." STJ. 4ª Turma. REsp n. 175.681/SP, Rel.: Ministro Ruy Rosado de Aguiar, *DJ* 8 fev. 1999.

38. MOREIRA, José Carlos Barbosa. *Temas de direito processual.* 2. ed. São Paulo: Saraiva, 1998. p. 243.

Essa segunda ação não tem o propósito de rever os efeitos futuros ou pretéritos da sentença anterior, mas de estabelecer a reparação cabível para um novo dano ou dano acrescido, em ação diversa, ou seja, um novo pedido e por outra causa de pedir. Assim, se o acidentado, na primeira ação, teve comprovada a redução da capacidade de trabalho em 50% e mais tarde, porém, após o recebimento da indenização em parcela única, a situação avançou para incapacidade total, cabe discutir na segunda ação apenas o alegado dano superveniente.

É certo que a coisa julgada anterior é inviolável, mas tão somente nos limites da questão principal expressamente decidida (art. 503/CPC). Os motivos e os fatos discutidos e adotados como fundamento para o julgamento anterior não fazem coisa julgada e nem vinculam o julgador dessa segunda causa (art. 504/CPC).

Pode ocorrer, por exemplo, que nessa segunda ação fique demonstrado que o agravamento da doença incapacitante não teve etiologia ocupacional, sendo incabível qualquer nova condenação. Mesmo que na sentença anterior o julgador tenha considerado a doença como de natureza ocupacional, essa verdade estabelecida como fundamento da sentença não vincula o prolator da segunda decisão. Como assevera com propriedade Ovídio Baptista, "a influência que a sentença pode exercer sobre o juiz do futuro processo não passará de efeito de precedente, capaz, seguidamente, de exercer acentuada ou quase irresistível influência psicológica sobre o espírito do juiz, mas não irá além dessa simples autoridade moral a que o julgador não se liga juridicamente, permanecendo livre para decidir de modo diverso."[39]

Convém assinalar que, na hipótese deste tópico, o prazo prescricional dos direitos decorrentes do agravamento do dano — diferentemente do que ocorre com a ação revisional típica — só começa a fluir quando restar constatado de forma inequívoca o dano adicional, independentemente da data de extinção do contrato de trabalho, aplicando-se, também aqui, o entendimento da Súmula n. 278 do STJ[40]. Nesse sentido assinala o mestre Caio Mário: "No caso de ocorrerem danos continuados, porém subordinados a uma causa única, o prazo prescricional inicia-se quando se completar a lesão. Ao revés, em se tratando de fatos danosos autônomos, a pretensão objetiva-se em relação a cada um deles e, consequentemente, a prescrição."[41] O prazo prescricional é o mesmo, porém o início da sua contagem só ocorre quando se constata

39. SILVA, Ovídio A. Baptista. *Sentença e coisa julgada*: ensaios e pareceres. 4. ed., rev. e ampl. Rio de Janeiro: Forense, 2003. p. 95.

40. STJ. *Súmula n. 278:* "O termo inicial do prazo prescricional, na ação de indenização, é a data em que o segurado teve ciência inequívoca da incapacidade laboral."

41. PEREIRA, Caio Mário da Silva. *Responsabilidade civil*. 9. ed. 8ª t. Rio de Janeiro: Forense, 2002. p. 340.

efetivamente a violação do direito, ou seja, a partir do nascimento da pretensão, que no caso é o agravamento do dano.

12.8. ALTERAÇÃO OCORRIDA APÓS A CELEBRAÇÃO DE ACORDO

A ocorrência de dano superveniente à celebração de acordo também não enseja o ajuizamento da ação revisional propriamente dita, a não ser que o termo de conciliação tenha estabelecido o pagamento de pensão mensal, criando, efetivamente, uma relação jurídica de natureza continuativa.

De toda forma, mesmo após a extinção do processo por acordo, quando se ajustou uma indenização para pôr fim ao litígio, ainda pode ser cabível o ajuizamento de outra ação com pedido indenizatório quando se verificar o agravamento do dano, de modo semelhante ao exposto no tópico anterior.

Importa salientar que a quitação dada no termo de conciliação só abrange os limites do pedido e das lesões até então conhecidas. Os limites objetivos da coisa julgada, conforme previsto no art. 503 do CPC, não mudam em razão da celebração do acordo. Assim, não pode ser acolhida ou considerada válida a quitação de eventuais danos futuros, incertos e indeterminados, antes mesmo do nascimento da pretensão reparatória. O termo de conciliação, por óbvio, não produz o efeito de impedir o aparecimento de novos danos até então desconhecidos, nem impede o nascimento de pretensão quando, mais tarde, for constatada a efetiva violação do direito. Até porque a Constituição da República veda excluir da apreciação do Poder Judiciário qualquer lesão ou ameaça de direito (art. 5º, XXXV). Vale lembrar, ainda, que a transação deve ser interpretada restritivamente, como dispõe expressamente o art. 843 do Código Civil, pelo que não se admite que haja quitação implícita de danos desconhecidos e futuros no momento da celebração do ajuste. Vejam a jurisprudência a respeito:

> **"SÚMULA Nº 32 do TRT 6ª Região – Doença profissional. Empregado exposto ao amianto/asbesto. Transação extrajudicial. Direito futuro. Renúncia. Invalidade.** É inválida a transação extrajudicial, com o escopo de prevenir litígio decorrente do agravamento de saúde do ex-empregado resultante da exposição ao amianto/asbesto, que contenha cláusula de renúncia a direito futuro."

> **"Recurso de Revista do reclamante – Extinção do processo sem resolução de mérito por carência de ação em virtude da ausência de interesse de agir – Transação extrajudicial celebrada pelo empregado perante o Ministério Público Estadual – Invalidade.** 1. O Tribunal Regional manteve a sentença que extinguiu o processo sem resolução de mérito por carência de ação em virtude da existência de acordo extrajudicial firmado perante o Ministério Público Estadual, em que o autor se comprometeu a não ajuizar ação de indenização relativamente ao acidente de trabalho que sofreu e que o deixou com sequelas graves e irreversíveis. 2. Extrai-se dos termos do acordo, mormente as Cláusulas

8 e 9, que estabelecem, respectivamente, que o reclamante "com este acordo, dá plena e geral quitação aos reclamados de qualquer verba indenizatória relativamente ao sinistro em questão, para nada mais ser cobrado no futuro, dos mesmos, quanto ao acidente tratado nesta transação" e que "se dá por satisfeito, comprometendo-se a deixar de ajuizar qualquer ação cível indenizatória contra os reclamados, bem como a retirar eventual documentação encaminhada a algum advogado para propor alguma ação indenizatória", que a transação revela verdadeira renúncia a direito constitucionalmente estabelecido pelo art. 7º, XXVIII, da Constituição Federal, intrinsecamente ligado à saúde, à promoção e à proteção do trabalhador. 3. Assim, o acordo extrajudicial entabulado entre o autor e os supostos responsáveis pela obra em que trabalhou é nulo, não sendo obstáculo ao direito de propor ação de indenização em virtude da ocorrência do acidente de trabalho, mesmo que tenha havido a participação do Ministério Público Estadual, considerando que, quando ajuizada a presente ação, esta Justiça do Trabalho já era competente para analisar a matéria. Recurso de Revista conhecido e provido ". TST. 7ª Turma. RR n. 52800-46.2006.5.15.0068, Rel.: Ministro Luiz Philippe Vieira de Mello Filho, *DEJT* 7 fev. 2020.

12.9. MORTE DO ACIDENTADO

Quais os efeitos jurídicos derivados da morte do acidentado que vinha percebendo pensão mensal deferida em ação indenizatória de acidente do trabalho ou doença ocupacional? Caberia nessa hipótese ação revisional?

Vamos começar pela resposta da segunda indagação. Não cabe o ajuizamento da ação revisional quando ocorre a morte do acidentado. O direito ao pensionamento deferido ao falecido encerrou-se com a sua morte, nos exatos limites fixados na sentença anterior. O direito que se transmite com a herança (art. 943 do Código Civil) é o de exigir reparação de danos, de bens que já integravam o patrimônio da vítima, e não os proventos futuros deferidos a título de pensão ou de lucros cessantes. Se a morte encerrou a relação jurídica de natureza continuativa entre o empregador e o acidentado, não há falar em revisional de pensão, agora inexistente[42].

Todavia, esse fato novo — a morte — pode ensejar o ajuizamento de outra ação indenizatória, mas por parte dos que foram diretamente lesados, sem qualquer ofensa à coisa julgada anterior. Com efeito, aquelas pessoas a

42. "*Recurso ordinário em mandado de segurança. Administrativo. Responsabilidade civil do Estado. Redução da capacidade laborativa. Pensão vitalícia. Extensão da obrigação aos dependentes. Impossibilidade.* 1. Indenização por ato ilícito não se confunde com pensão enquanto benefício previdenciário (REsp 811.193/GO, Min. Rel. Jorge Scartezzini, 4ª T., *DJ* de 6.11.2006). A indenização, reconhecida em sentença, representada por pensão mensal vitalícia, devida a quem teve reduzida a capacidade laborativa, tem caráter personalíssimo, perdurando enquanto vivo o seu titular. Falecido o credor, em respeito à natureza da obrigação e aos limites da coisa julgada, os seus dependentes não têm direito a continuar percebendo a indenização. 2. Recurso ordinário improvido." STJ. 1ª Turma. RMS 21611/PR, Rel.: Ministro Teori Albino Zavascki, *DJ* 8 maio 2007.

quem o morto devia alimentos, conforme mencionado no art. 948, II, do Código Civil, podem postular, em nome próprio, a reparação dos prejuízos sofridos em razão desse dano superveniente. São elas que detêm legitimidade para ajuizar outra ação indenizatória em face do empregador, postulando o pagamento da pensão mensal para garantir o mesmo nível de renda que o falecido conferia àquele núcleo familiar, descontando-se a parcela que ele habitualmente despendia com suas próprias despesas.

De qualquer forma, os dependentes econômicos do acidentado falecido somente terão direito ao pensionamento se estiverem presentes os pressupostos da responsabilidade civil, ou seja, que a morte tenha nexo de causalidade com o acidente anterior e que tenha havido culpa do empregador ou que a atividade deste implicava riscos, na forma do art. 927, parágrafo único, do Código Civil. Havendo evidências de que ocorreu a morte prematura do acidentado em decorrência de um agravamento dos efeitos da doença ocupacional ou do acidente anteriormente sofrido, estará preenchido o pressuposto do nexo causal. Determinados acidentes ou doenças ocupacionais causam danos que produzem efeitos graduais e progressivos até culminar com a morte da vítima.

Por outro lado, se for constatado que a morte ocorreu por motivos diversos, sem ligação com o acidente anterior ou por uma doença sem origem ocupacional, como, por exemplo, uma doença degenerativa ou inerente ao grupo etário, não cabe indenização alguma aos dependentes do falecido.

Convém mencionar, como registramos acima, que os motivos e os fatos discutidos e adotados como fundamento para o julgamento da ação anterior, que deferiu o pensionamento ao próprio acidentado, não fazem coisa julgada e nem vinculam o julgador dessa segunda causa (art. 504/CPC). Na ação anterior, o dano apreciado foi outro (a incapacidade total ou parcial, por exemplo) e a vítima figurou como autora da ação reparatória. Apesar da semelhança das questões discutidas, os limites objetivos e subjetivos da coisa julgada anterior são diversos, visto que tanto a parte autora (os dependentes) quanto o pedido (pensionamento fracionado entre os autores) e a causa de pedir (a morte) são diferentes. É certo que o julgamento anterior pode ter importante influência no convencimento do julgador, mas não ocorre uma vinculação necessária.

É possível, ainda, ocorrer uma terceira hipótese: o acidente do trabalho anterior pode ter atuado como fator concausal para a morte prematura. Os efeitos ou as sequelas do acidente do trabalho, conjugados com outras causas pessoais da vítima, podem ter acelerado o processo mórbido para atingir o dano maior: a morte. O nexo concausal não impede a indenização, mas reduz o seu valor; o montante deverá ser apurado na proporção e na intensidade em que o acidente do trabalho tenha contribuído para a morte antecipada do acidentado[43].

43. Conferir o que anotamos no capítulo 6, item 6.4.3, sobre a gradação das concausas.

13

CONTROVÉRSIAS SOBRE A COMPETÊNCIA

13.1. HISTÓRICO DAS CONTROVÉRSIAS SOBRE A COMPETÊNCIA

Após a promulgação da Constituição de 1988, a competência para processar e julgar as ações indenizatórias decorrentes dos acidentes do trabalho gerou controvérsias e decisões contraditórias que se tornaram mais acentuadas com a promulgação da Emenda Constitucional n. 45/2004. Somente no julgamento memorável do Conflito de Competência n. 7.204-1, ocorrido no dia 29 de junho de 2005, o Supremo Tribunal Federal, em sua composição plenária, pacificou de vez o entendimento quanto à competência da Justiça do Trabalho e não mais da Justiça Comum dos Estados.

Para compreender o significado transcendente dessa mudança de competência, vamos fazer um breve histórico das discussões havidas, valendo assinalar que a polêmica sempre esteve presente desde a criação da Justiça do Trabalho, ramo do Poder Judiciário especializado na solução dos litígios entre o trabalhador e a empresa. De fato, a competência que era atribuída à Justiça Comum dos Estados para o julgamento de tais ações representava uma anomalia no sistema, de difícil aceitação.

Quando do advento da CLT, em 1943, não havia discussão a respeito dessa competência porque o Decreto n. 24.637/1934, que regulamentava o seguro de acidente do trabalho, expressamente excluía a responsabilidade civil do empregador[1]. As demandas judiciais envolvendo acidente do trabalho somente

1. Decreto n. 24.637, de 10 jul. 1934. Art. 12. "A indenização estatuída pela presente lei exonera o empregador de pagar à vítima, pelo mesmo acidente, qualquer outra indenização de Direito Comum."

versavam sobre os direitos assegurados na legislação da infortunística. Daí a ressalva indicada no art. 643, § 2º, da CLT: "As questões referentes a acidentes do trabalho continuam sujeitas à justiça ordinária, na forma do Decreto n. 24.637, de 10 de julho de 1934, e legislação subsequente."

Na Assembleia Constituinte de 1946, o projeto original, além de incluir a Justiça do Trabalho entre os órgãos do Poder Judiciário, atribuía-lhe a competência para julgar os dissídios relativos aos acidentes do trabalho, por se tratar de típica demanda decorrente da relação de trabalho. Todavia, foi apresentada a Emenda n. 2.662 para excluir da Justiça do Trabalho a competência para julgamento das questões acidentárias, com o propósito de atender "aos interesses das companhias seguradoras privadas que temiam a benevolência dos órgãos da Justiça trabalhista em favor dos acidentados."[2] Com efeito, ao art. 123 da Constituição de 1946, que tratou da competência da Justiça do Trabalho, foi acrescido o § 1º, com ressalva expressa: "Os dissídios relativos a acidentes do trabalho são de competência da Justiça ordinária." Mesmo quando a seguradora era uma autarquia federal, o STF entendia que a competência para a ação de acidente do trabalho era da Justiça Comum[3].

Da mesma forma, o Projeto original da Constituição de 1967, quando tratava da competência da Justiça do Trabalho, não excluía os litígios decorrentes dos acidentes do trabalho. No entanto, a Emenda n. 820-2, de autoria do Senador Gilberto Marinho, apoiada pela de n. 849-5, do Senador Eurico Resende, indicou a inclusão de um parágrafo sob a alegação singela de que: "Guanabara, São Paulo, Minas, Rio Grande, Pernambuco, Bahia e outros Estados, com suas Varas especializadas, perfeitamente aparelhadas, processam e julgam no momento mais de cem mil causas relativas a acidentes do trabalho, o que torna facílimo prever as consequências de um hiato no sistema atual."[4] Por conseguinte, a Constituição de 1967 e a Emenda Constitucional de 1969 mantiveram a mesma ressalva da Constituição de 1946. O entendimento era que a competência para julgar as causas referentes à indenização por responsabilidade civil, decorrentes de acidente do trabalho, era da Justiça Comum Estadual, uma vez que o art. 142, que fixava a competência da Justiça do Trabalho, contemplava uma exceção no § 2º, com o seguinte teor: "Os litígios relativos a acidentes do trabalho são de competência da justiça ordinária dos

---

2. FERREIRA FILHO, Manoel Gonçalves. *Comentários à Constituição brasileira*. 4. ed. São Paulo: Saraiva, 1983. p. 526.

3. STF. Súmula n. 235, de 16 dez. 1963. "É competente para a ação de acidente do trabalho a justiça cível comum, inclusive em segunda instância, ainda que seja parte autarquia seguradora."

4. SARASATE, Paulo. *A Constituição do Brasil ao alcance de todos*. Rio de Janeiro: Freitas Bastos, 1967. p. 463.

Estados, do Distrito Federal e dos Territórios, salvo exceções estabelecidas na Lei Orgânica da Magistratura Nacional".

Naquela época, contudo, já se discutia a responsabilidade civil do empregador por acidente do trabalho, porque a Súmula n. 229 do STF, publicada em 1963, fixara entendimento de que "a indenização acidentária não exclui a do Direito Comum, em caso de dolo ou culpa grave do empregador."

Quando a Lei n. 5.316/1967 integrou o seguro de acidente do trabalho na Previdência Social, o seu art. 16 dizia: "Os juízes federais são competentes para julgar os dissídios decorrentes da aplicação desta Lei." Esse artigo, porém, foi considerado inconstitucional porque estava em vigor a Constituição de 1967, cujo art. 142, acima mencionado, adotava ressalva expressa atribuindo à Justiça Comum a competência dos litígios relativos aos acidentes do trabalho. Diante desse entendimento, o STF adotou, em 1969, a Súmula n. 501, cujo enunciado esclarecia: "Compete à Justiça ordinária estadual o processo e o julgamento, em ambas as instâncias, das causas de acidente do trabalho, ainda que promovidas contra a União, suas autarquias, empresas públicas ou sociedades de economia mista."[5]

Entretanto, desde a promulgação da Constituição da República de 1988, a questão da competência mereceu tratamento diverso, que não pode ser ignorado. Em primeiro lugar, porque o art. 114 não repetiu a ressalva acima registrada, não devendo o intérprete criar distinção onde a Lei Maior não distinguiu; em segundo, porque a indenização a cargo do empregador, proveniente do acidente do trabalho, foi incluída expressamente no rol dos direitos dos trabalhadores (art. 7º, XXVIII).

O professor Roland Hasson, em cuidadosa tese de doutoramento sobre esse assunto, defendida perante a Universidade Federal do Paraná, ao analisar a supressão pela Constituição de 1988 da ressalva que constava no art. 142, § 2º, da Constituição de 1967, concluiu:

> A não reprodução de uma regra constante do ordenamento constitucional anterior, sem a ressalva de sua continuidade, é um ato de vontade do constituinte. Se é suprimida uma norma proibitiva, é evidente a sua intenção de permitir o que antes era vedado. Como visto, os elaboradores da Constituição de 1969 e o constituinte de 1988 trataram de modo

5. Vale citar uma das ementas indicadas nos precedentes que deram origem à Súmula n. 501: "*Conflito negativo de jurisdição. Acidente do trabalho*. Ainda quando ajuizado contra o INPS, a competência é da Justiça Estadual. Inconstitucionalidade do art. 16 da Lei n. 5.316, de 14.9.1967 (CJ n. 3.893-GB). Procedência." STF. Pleno. CJ 4759/SC, Rel.: Ministro Thompson Flores, julgado em 21 ago. 1968.

diverso a questão da competência da Justiça do Trabalho. A comparação entre ambas as Constituições evidencia que, na vigente, não foi repetido o dispositivo que retirava do âmbito da Justiça Especial a análise das lides acidentárias.[6]

Com pensamento semelhante, Rodrigues Pinto, em obra de 1993, mencionava que a Constituição de 1946 (art. 123, § 2º) e a Constituição de 1967 (art. 142, § 2º) expressamente excluíam o acidente do trabalho da competência da Justiça do Trabalho. E ainda acrescentava: "Considerando não haver na Constituição atual nenhuma norma conservando essa exclusão da competência trabalhista para conhecer de dissídios de acidentes no trabalho, parece-nos fora de dúvida que eles devem passar a ser julgados pelos órgãos da Justiça do Trabalho, em harmonia com a regra geral e natural da competência em razão da matéria."[7]

Como se verifica, as decisões que estavam atribuindo competência à Justiça Comum dos Estados para apreciar tais litígios, *data venia*, só tinham como sustentáculo o apego às construções jurídicas do passado. Como bem acentua o Juiz do Trabalho Saulo Fontes, não se pode estabelecer uma espécie de "competência por tradição", pois tal critério agride o princípio do juízo natural[8].

Alguns julgados do STF registravam o entendimento de que o art. 109, I, da Constituição de 1988, havia excluído da competência da Justiça Federal as causas relativas ao acidente do trabalho, bem como aquelas sujeitas à Justiça do Trabalho[9]. A partir desse fundamento precário, concluíam que a Justiça Comum era a competente para todas as ações de reparação de danos decorrentes do acidente do trabalho[10]. Contudo, uma leitura mais atenta evidencia que aquele

---

6. HASSON, Roland. *Acidente de trabalho & competência*. Curitiba: Juruá, 2002. p. 145.
7. PINTO, José Augusto Rodrigues. *Processo trabalhista de conhecimento*. São Paulo: LTr, 1993. p. 113.
8. FONTES, Saulo Tarcísio Carvalho. Acidente de trabalho — competência da Justiça do Trabalho: os reflexos da Emenda Constitucional n. 45. In: COUTINHO, Grijalbo Fernandes; FAVA, Marcos Neves (Coord.) *Nova competência da Justiça do Trabalho*. São Paulo: LTr, 2005. p. 358.
9. Constituição da República, de 5 out. 1988. Art. 109. "Aos juízes federais compete processar e julgar: I — as causas em que a União, entidade autárquica ou empresa pública federal forem interessadas na condição de autoras, rés, assistentes ou oponentes, exceto as de falência, as de acidentes de trabalho e as sujeitas à Justiça Eleitoral e à Justiça do Trabalho."
10. "Ninguém, certamente, considera que interpretar a lei seja interpretar a passagem de um artigo ou de um inciso, colocando-o ao microscópio e examinando suas partículas, absolutamente desinteressado de todo o organismo vivo, do qual faz parte esse fragmento. Isso não é interpretar, é apenas ler um texto. A leitura pode ser tão inteligente e compreensiva quanto se queira; poderá o leitor conhecer a etimologia de todas e de cada uma de suas palavras, dominando suas raízes históricas; poderá ele ser um sagaz crítico gramatical, capacitado a pôr em relevo as exatidões ou os erros do trecho examinado. Mas se o trabalho não vai além disso, se se limita a examinar o

dispositivo apenas registra uma exceção à regra geral, qual seja, sempre que participar da relação processual entidade autárquica federal — como é o caso da Previdência Social —, a competência é da Justiça Federal, exceto quando se tratar de causas relativas a acidentes do trabalho, as sujeitas à Justiça Eleitoral e à Justiça do Trabalho. Quando se trata de identificar tecnicamente o juízo correto, o primeiro passo é investigar se a competência é das Justiças Especiais, visto que a Justiça Comum Estadual tem a competência residual. Em outras palavras, somente será atribuída à Justiça Comum aquela causa que não puder ser enquadrada na competência de alguma das Justiças Especiais[11].

A interpretação que concluía pela competência da Justiça Comum incidia em visível equívoco, porque, em vez de privilegiar a regra da competência ampla da Justiça do Trabalho, conforme previsto no art. 114 da Constituição, buscava solução por obscura via transversa numa exceção à competência da Justiça Federal. Ora, a ressalva do art. 109, I, da Carta Maior, só indica que as causas de falência, de acidente do trabalho e as sujeitas à Justiça Eleitoral e à Justiça do Trabalho não são da competência da Justiça Federal, mesmo quando forem interessadas a União, entidade autárquica ou empresa pública federal. Assinala o professor Roland Hasson que "é por demais incoerente e forçado o entendimento de que a definição da competência entre a Justiça Estadual e a do Trabalho para as demandas acidentárias que envolvam a responsabilidade do empregador esteja contida não no art. 114, mas em dispositivo constitucional destinado a determinar a competência de um terceiro órgão jurisdicional, ou seja, destinado a tratar da Justiça Federal (art. 109, I)."[12]

---

fragmento que se encontra no microscópio, não haverá interpretação. Toda tarefa interpretativa pressupõe trabalho de relacionar a parte com o todo. O sentido é extraído inserindo-se a parte no todo." Cf. COUTURE, Eduardo J. *Interpretação das leis processuais*. 4. ed. Rio de Janeiro: Forense, 1994. p. 28-29.

11. O Juiz do Trabalho da 3ª Região Vander Zambeli Vale, em cuidadoso artigo doutrinário, assinalou: "*Data maxima venia*, incidem em deslize de interpretação, passando ao largo de noções básicas de processualística, os que argumentam pela incompetência da Justiça especial para o julgamento de ação de (ex) empregado em face do (ex) empregador, quando se pede indenização por dano decorrente de acidente do trabalho. Seu raciocínio eiva-se de simplismo na medida em que procuram primeiramente enquadrar a matéria no âmbito de competência da Justiça comum, sabidamente residual, sem antes verificarem o campo delimitado para as Justiças especiais. Ora, se a competência comum é eminentemente residual, para fixação de seu âmbito, o primeiro passo há de ser a delimitação das competências das especiais, adotando-se obviamente em tal mister os critérios estabelecidos pela Constituição e demais leis, situando-se, assim, por exclusão, o campo de atuação da Jurisdição comum. A inversão da ordem atenta contra a Constituição e fere o senso lógico quando se procura a competência residual sem se considerar a expressamente prevista." Cf. Acidente do Trabalho — Culpa do Empregador — Indenização — Competência da Justiça do Trabalho. *Jornal Trabalhista*, Brasília, v. 13, n. 601, p. 392, 1996.

12. HASSON, Roland. *Acidente de trabalho & competência*. Curitiba: Juruá, 2002. p. 156.

O art. 129 da Lei n. 8.213/1991, que dispõe sobre os Planos de Benefícios da Previdência Social, fixa a competência da Justiça Estadual para as causas decorrentes dos acidentes do trabalho apenas no que tange aos direitos acidentários, oriundos do seguro infortunístico, tanto que menciona as hipóteses de apreciação dos litígios na esfera administrativa ou na via judicial[13]. Por outro lado, esses litígios em que se postulam benefícios acidentários, ainda que provenientes da execução do contrato de trabalho, não têm o empregador no polo passivo, já que a ação é ajuizada pelo segurado em face da Previdência Social, que detém o monopólio do seguro de acidente do trabalho.

Ademais, não há dúvida de que os danos sofridos pelo empregado, provenientes dos acidentes do trabalho, estão diretamente relacionados à execução do contrato laboral, mormente porque a culpa do empregador ou mesmo o risco da atividade, nessa hipótese, quase sempre resulta da não observância das normas regulamentares de segurança, higiene e saúde no ambiente de trabalho previstas na legislação trabalhista.

Como se depreende do exposto, a conclusão inarredável seria que, após a Constituição da República de 1988, os litígios referentes às indenizações por danos materiais, morais ou estéticos postuladas pelo acidentado em face do empregador, provenientes de acidente do trabalho, deveriam ser apreciados pela Justiça do Trabalho.

Apesar dessa sólida fundamentação, durante vários anos houve decisões contraditórias sobre o tema nos tribunais superiores[14], sendo que no ano de

---

13. Art. 129. "Os litígios e medidas cautelares relativos a acidentes do trabalho serão apreciados: I — na esfera administrativa, pelos órgãos da Previdência Social, segundo as regras e prazos aplicáveis às demais prestações, com prioridade para a conclusão, e II — na via judicial, pela Justiça dos Estados e do Distrito Federal, segundo o rito sumaríssimo, inclusive durante as férias forenses, mediante petição instruída pela prova de efetiva notificação do evento à Previdência Social, através de Comunicação de Acidente do Trabalho — CAT."

14. "*Recurso extraordinário. Medida Cautelar. Deferimento.* É de deferir-se medida cautelar de suspensão dos efeitos do acórdão objeto de RE já admitido na origem e adstrito a questão de competência da Justiça Comum ou da Justiça do Trabalho para o processo, quando, à primeira vista, a solução dada na instância *a quo*, ao afirmar a competência da Justiça Estadual para o caso — ação de indenização contra o empregador por danos decorrentes de acidente do trabalho —, é contrária à orientação do Supremo Tribunal." STF. 1ª Turma. Pet. n. 2.260-2, Rel.: Ministro Sepúlveda Pertence, *DJ* 1º mar. 2002.

    "*Competência: Justiça comum: ação de indenização fundada em acidente de trabalho, ainda quando movida contra o empregador.* 1. É da jurisprudência do STF que, em geral, compete à Justiça do Trabalho conhecer de ação indenizatória por danos decorrentes da relação de emprego, não importando deva a controvérsia ser dirimida à luz do direito comum e não do Direito do Trabalho. 2. Da regra geral são de excluir-se, porém, por força do art. 109, I, da Constituição, as ações fundadas em acidente de trabalho, sejam as movidas contra a autarquia seguradora, sejam as

2004 prevaleceu no STF[15] e no STJ o entendimento de que a competência era da Justiça Comum, enquanto no TST predominou a conclusão de que a competência era da Justiça do Trabalho[16]. Aliás, a Súmula n. 392 do Colendo TST, adotada em 2005, sintetizava o entendimento: "**Dano moral. Competência da Justiça do Trabalho**. Nos termos do art. 114 da CF/1988, a Justiça do Trabalho é competente para dirimir controvérsias referentes à indenização por dano moral, quando decorrente da relação de trabalho." Vejam que essa Súmula do TST mencionava dano moral de forma genérica, não distinguindo se a causa tinha como suporte acidente do trabalho ou a mera execução do contrato laboral[17].

A publicação da Súmula n. 736 pelo STF, em dezembro de 2003, sinalizou para a superação da controvérsia, porquanto foi adotado o entendimento de que "compete à Justiça do Trabalho julgar as ações que tenham como causa de pedir o descumprimento de normas trabalhistas relativas à segurança, higiene e saúde dos trabalhadores". Todavia, os precedentes dessa Súmula indicam que sua aplicação está mais voltada para os pedidos que envolvam preceitos cominatórios para exigir o cumprimento de normas de preservação do meio ambiente do trabalho. De qualquer forma, não pode passar despercebido que

---

propostas contra o empregador." STF. 1ª Turma. RE n. 349.160/BA, Rel.: Ministro Sepúlveda Pertence, *DJ* 19 mar. 2003.

15. "*Agravo regimental em recurso extraordinário.* 2. Competência da Justiça Comum para processar e julgar causas de acidente de trabalho. Precedentes. 3. Agravo regimental a que se nega provimento." STF. 2ª Turma. RE n. 430.377 AgR, Rel.: Ministro Gilmar Mendes, *DJ* 12 nov. 2004.

"*Competência: Justiça comum: CF, art. 109, I:* ação de indenização fundada em acidente do trabalho, ainda quando movida contra o empregador: precedente (RE n. 349.160, 1ª T., Pertence, DJ 14.3.03)." STF. 1ª Turma. RE n. 388.277 AgR, Rel.: Ministro Sepúlveda Pertence, *DJ* 8 ago. 2004.

16. "*Embargos. Competência da Justiça do Trabalho. Indenização por dano material. Acidente de trabalho.* A Justiça do Trabalho é competente para conhecer e julgar ação versando pedido de indenização por dano material decorrente de culpa do empregador em acidente de trabalho sofrido pelo empregado. A competência da Justiça Comum é para apreciar a ação acidentária, promovida pelo acidentado contra o Instituto Nacional do Seguro Social — INSS —, autarquia federal, visando ao pagamento do benefício previdenciário respectivo. No caso dos autos, todavia, está em discussão o pedido de ressarcimento por danos materiais decorrentes de acidente de trabalho, causado em razão de culpa do empregador. Nessa hipótese, a obrigação de indenizar decorre diretamente da relação empregatícia, donde exsurge a conclusão de que a Justiça do Trabalho é competente para conhecer e julgar a ação, nos termos do art. 114 da Constituição. Embargos não conhecidos." TST. SBDI-I. ERR n. 575533/99, Rel.: Ministra Maria Cristina Peduzzi, *DJ* 13 fev. 2004.

17. Em outubro de 2015 a Súmula n. 392 teve a redação alterada para: "*Dano moral e material. Relação de trabalho. Competência da justiça do trabalho.* Nos termos do art. 114, inc. VI, da Constituição da República, a Justiça do Trabalho é competente para processar e julgar ações de indenização por dano moral e material, decorrentes da relação de trabalho, inclusive as oriundas de acidente de trabalho e doenças a ele equiparadas, ainda que propostas pelos dependentes ou sucessores do trabalhador falecido."

os acidentes ou as doenças ocupacionais normalmente decorrem do descumprimento de normas trabalhistas relativas à segurança, higiene e saúde do trabalhador.

A pacificação desta tumultuada controvérsia, que durou mais de cinquenta anos, só viria mais tarde com a Reforma do Judiciário, como abordaremos no item seguinte.

13.2. CONSOLIDAÇÃO DA COMPETÊNCIA DA JUSTIÇA DO TRABALHO

A publicação da Emenda Constitucional n. 45, no apagar das luzes do ano de 2004, indicava que a polêmica estaria solucionada. A nova redação do art. 114 estabelece expressamente que: "Compete à Justiça do Trabalho processar e julgar: ... VI — as ações de indenização por dano moral ou patrimonial, decorrentes da relação de trabalho."

Se antes dessa Emenda a conclusão técnico-jurídica já apontava a competência da Justiça do Trabalho, depois, com o beneplácito da interpretação autêntica da Lei Maior, não restaria mais espaço para atribuir à Justiça Comum a competência para instruir e julgar as ações de indenização por danos morais, patrimoniais ou estéticos decorrentes da relação de trabalho, abrangendo os acidentes do trabalho e as doenças ocupacionais[18]. Aliás, o principal e mais frequente pedido de dano moral ou patrimonial formulado pelo empregado em face do empregador aparece exatamente nas ações reparatórias decorrentes dos acidentes do trabalho ou das doenças ocupacionais.

Poder-se-ia objetar que o dispositivo da Emenda Constitucional não menciona que estão abrangidos os danos provenientes do acidente do trabalho. Esse argumento, todavia, não vinga porque, de acordo com os princípios da hermenêutica, se o gênero está contemplado, não há necessidade de relacionar as espécies. Por conseguinte, todos os litígios relacionados aos danos morais ou patrimoniais decorrentes da relação de trabalho atraem a competência da Justiça do Trabalho, sendo oportuno enfatizar, apesar de óbvio, que só ocorre "acidente do trabalho" quando existe previamente uma relação de emprego.

Pela técnica de redação legal, quando é intenção do legislador excluir do gênero alguma de suas espécies, coloca-se ressalva expressa e explícita,

---

18. Assegura o douto Edilton Meireles que "esse dispositivo, ao certo, serviu muito mais para acabar com as controvérsias quanto à competência para julgamento dos feitos em que se pede o ressarcimento de danos morais e materiais, inclusive quando decorrentes do acidente de trabalho". Cf. A nova Justiça do Trabalho — competência e procedimento. In: COUTINHO, Grijalbo Fernandes; FAVA, Marcos Neves (Coord.). *Nova competência da Justiça do Trabalho*. São Paulo: LTr, 2005. p. 67.

mormente em se tratando de norma a respeito de competência material. Aliás, a Lei Complementar n. 95/1998, que dispõe sobre a elaboração, redação, alteração e a consolidação das leis, incluindo as emendas à Constituição, editada em cumprimento ao que determina o art. 59 da Constituição de 1988, estabelece que:

> Art. 11. As disposições normativas serão redigidas com clareza, precisão e ordem lógica, observadas, para esse propósito, as seguintes normas: (...)
>
> III — para a obtenção de ordem lógica:
>
> a) reunir sob as categorias de agregação — subseção, seção, capítulo, título e livro — apenas as disposições relacionadas com o objeto da lei;
>
> b) restringir o conteúdo de cada artigo da lei a um único assunto ou princípio;
>
> c) expressar por meio dos parágrafos os aspectos complementares à norma enunciada no *caput* do artigo e as exceções à regra por este estabelecida;

Por outro lado, a ação para reparação dos danos provenientes dos acidentes do trabalho ou doenças ocupacionais é tipicamente trabalhista, envolvendo o empregado e o empregador. A Justiça do Trabalho é o ramo do Poder Judiciário que se encontra mais próximo do dia a dia dos trabalhadores, das relações do empregado com a empresa, das ocorrências habituais no meio ambiente do trabalho. Consequentemente está mais habilitada para verificar o cumprimento dos deveres do empregado e do empregador quanto às normas de segurança e saúde no local de trabalho, conforme previsto na Consolidação das Leis do Trabalho e nas normas regulamentares. Na trilha do ensinamento de Giuseppe Chiovenda, "quando a lei atribui a um juiz uma causa tendo em vista a natureza dela, obedece à consideração de ser esse juiz mais idôneo que outro para decidir; e essa consideração não tolera aos particulares parecer diferente."[19]

Com pensamento semelhante, assevera João Oreste Dalazen, estudioso do tema: "Não se pode ignorar também que o acidente de trabalho é um mero desdobramento do labor pessoal e subordinado prestado a outrem e, em decorrência, gera uma causa acessória e conexa da lide trabalhista típica. De sorte que não há mesmo razão jurídica ou lógica para que as lides decorrentes de acidente de trabalho entre empregado e empregador transcendam da competência da Justiça do Trabalho."[20]

---

19. CHIOVENDA, Giuseppe. *Instituições de direito processual civil*. 2. ed. Campinas: Bookseller, 2000. p. 187.
20. DALAZEN, João Oreste. A reforma do Judiciário e os novos marcos da competência material da Justiça do Trabalho no Brasil. In: COUTINHO, Grijalbo Fernandes; FAVA, Marcos Neves (Coord.). *Nova competência da Justiça do Trabalho*. São Paulo: LTr, 2005. p. 173.

Quando tudo indicava que a polêmica estaria pacificada de vez pela Emenda Constitucional n. 45, o STF ainda adotou entendimento diverso afirmando que a competência seria da Justiça Comum. Na sessão plenária do dia 9 de março de 2005, ao julgar o Recurso Extraordinário n. 438.639, interposto pela Mineração Morro Velho Ltda., entendeu a maioria dos Ministros do STF que a Justiça Comum era a competente para instruir e julgar as ações indenizatórias decorrentes do acidente do trabalho. Foram apontados como fundamentos da decisão o "princípio da unidade de convicção", "razões de ordem prática" e "a consistência de funcionalidade".

Entendemos, todavia, que o alegado princípio da unidade de convicção favorece, na realidade, a competência da Justiça do Trabalho porque raramente o acidentado propõe ação judicial na Justiça Comum para ver declarada a ocorrência do acidente do trabalho. Normalmente a Previdência Social caracteriza o acidente administrativamente, em razão da emissão da CAT feita pelo empregador. Desde que a Lei n. 9.032/1995 uniformizou o valor dos benefícios previdenciários e acidentários, praticamente acabaram as ações judiciais para enquadramento do evento como acidente do trabalho[21]. Além disso, a Justiça do Trabalho julga a estabilidade prevista no art. 118 da Lei n. 8.213/1991, decorrente do mesmo acidente do trabalho, reforçando ainda mais que a unidade de convicção ou a consistência de funcionalidade foi atribuída a essa Justiça, e não à Justiça Comum[22].

Também não se sustentava o argumento das "razões de ordem prática". Ora, a Justiça do Trabalho atualmente conta com Varas instaladas em todas as cidades-polo do País, não havendo dificuldade para acesso do acidentado. Só no interior do Estado de Minas Gerais, por exemplo, há 110 Varas da Justiça do Trabalho. A propósito, se o empregado procura a Justiça do Trabalho para pleitear a reparação dos direitos trabalhistas violados pelo empregador, por que deveria procurar outro ramo do Judiciário se a lesão for decorrente de acidente do trabalho?

Diante desse entendimento da maioria do STF, a nosso ver equivocado, *data venia*, resolvemos apresentar pessoalmente aos ministros daquela Corte um memorial defendendo a competência da Justiça do Trabalho, com os argumentos já mencionados. Visitamos, com o apoio operacional da Associação

---

21. No capítulo 3, item 3.2, abordamos a questão da ação judicial para enquadramento do evento como acidente do trabalho, ao qual nos reportamos.

22. Mantivemos a redação para registro histórico. Contudo, com a promulgação da Emenda Constitucional n. 103/2019, que promoveu a reforma da Previdência Social, alguns benefícios concedidos pelo INSS passaram a contemplar valores diferenciados para maior quando provenientes de acidente do trabalho ou doença ocupacional.

Nacional dos Magistrados do Trabalho (ANAMATRA), todos os onze ministros da Corte Maior, quando pudemos também expor sucintamente nosso ponto de vista. Paralelamente, em vários artigos doutrinários e manifestações públicas, diversos juízes do Trabalho e as respectivas associações de classe apontavam o equívoco do primeiro julgamento, na esperança de que o STF adotasse o entendimento pela competência da Justiça do Trabalho.

A Corte Suprema, ao perceber o equívoco da decisão anterior, teve a coragem, a grandeza intelectual e científica para mudar o entendimento, pouco mais de três meses após o julgamento ocorrido em março de 2005. Com efeito, no dia 29 de junho de 2005, ao julgar o Conflito de Competência n. 7.204-1, suscitado pelo Tribunal Superior do Trabalho em face do extinto Tribunal de Alçada do Estado de Minas Gerais, o STF, por unanimidade, definiu a competência da Justiça do Trabalho para julgamento das ações por danos morais e patrimoniais decorrentes de acidente do trabalho. Vejam a ementa do referido acórdão:

> **"Constitucional. Competência judicante em razão da matéria. Ação de indenização por danos morais e patrimoniais decorrentes de acidente do trabalho, proposta pelo empregado em face de seu (ex-)empregador. Competência da Justiça do Trabalho. Art. 114 da Magna Carta. Redação anterior e posterior à Emenda Constitucional n. 45/04. Evolução da jurisprudência do Supremo Tribunal Federal. Processos em curso na Justiça Comum dos Estados. Imperativo de política judiciária.** 1. Numa primeira interpretação do inciso I do art. 109 da Carta de Outubro, o Supremo Tribunal Federal entendeu que as ações de indenização por danos morais e patrimoniais decorrentes de acidente do trabalho, ainda que movidas pelo empregado contra seu (ex-) empregador, eram da competência da Justiça comum dos Estados-Membros. 2. Revisando a matéria, porém, o Plenário concluiu que a Lei Republicana de 1988 conferiu tal competência à Justiça do Trabalho. Seja porque o art. 114, já em sua redação originária, assim deixava transparecer, seja porque aquela primeira interpretação do mencionado inciso I do art. 109 estava, em boa verdade, influenciada pela jurisprudência que se firmou na Corte sob a égide das Constituições anteriores. 3. Nada obstante, como imperativo de política judiciária — haja vista o significativo número de ações que já tramitaram e ainda tramitam nas instâncias ordinárias, bem como o relevante interesse social em causa, o Plenário decidiu, por maioria, que o marco temporal da competência da Justiça Trabalhista é o advento da EC n. 45/04. Emenda que explicitou a competência da Justiça Laboral na matéria em apreço. 4. A nova orientação alcança os processos em trâmite pela Justiça Comum Estadual, desde que pendentes de julgamento de mérito. É dizer: as ações que tramitam perante a Justiça Comum dos Estados, com sentença de mérito anterior à promulgação da EC n. 45/04, lá continuam até o trânsito em julgado e correspondente execução. Quanto àquelas cujo mérito ainda não foi apreciado, hão de ser remetidas à Justiça do Trabalho, no

> estado em que se encontram, com total aproveitamento dos atos praticados até então. A medida se impõe, em razão das características que distinguem a Justiça Comum Estadual e a Justiça do Trabalho, cujos sistemas recursais, órgãos e instâncias não guardam exata correlação. 5. O Supremo Tribunal Federal, guardião-mor da Constituição Republicana, pode e deve, em prol da segurança jurídica, atribuir eficácia prospectiva às suas decisões, com a delimitação precisa dos respectivos efeitos, toda vez que proceder a revisões de jurisprudência definidora de competência *ex ratione materiae*. O escopo é preservar os jurisdicionados de alterações jurisprudenciais que ocorram sem mudança formal do Magno Texto. 6. Aplicação do precedente consubstanciado no julgamento do Inquérito 687, Sessão Plenária de 25.8.99, ocasião em que foi cancelada a Súmula n. 394 do STF, por incompatível com a Constituição de 1988, ressalvadas as decisões proferidas na vigência do verbete. 7. Conflito de competência que se resolve, no caso, com o retorno dos autos ao Tribunal Superior do Trabalho." STF. Pleno. Conflito de Competência n. 7.204-1-MG; Rel.: Ministro Carlos Ayres Britto, *DJ* 9 dez. 2005.

Em razão do significado histórico dessa decisão, resolvemos transcrever o inteiro teor do acórdão no Anexo XIII deste livro. O julgamento, além de registrar a mudança de posicionamento já mencionada, demonstra em diversas passagens uma nova e enriquecida visão dos ministros do órgão de cúpula do Poder Judiciário a respeito da Justiça do Trabalho e sua expansão no Brasil.

Essa decisão do STF representou um marco da ampliação da competência da Justiça do Trabalho e ficará na memória dos operadores jurídicos como um dos momentos da emancipação institucional deste importante ramo do Poder Judiciário. O juiz do trabalho, desde então, além de julgar o adicional de insalubridade, julga também a doença que o agente nocivo causou; quando julga o adicional de periculosidade, terá em mente os acidentes ocorridos nos trabalhos em condições perigosas; ao julgar as horas extras paradoxalmente chamadas de habituais, tem conhecimento da fadiga crônica, do estresse e de seus efeitos prejudiciais decorrentes das jornadas de trabalho exaustivas; enfim, não julga tão somente parcelas rescisórias ou verbas trabalhistas, visto que aprecia, em muitas ocasiões, a "sucata humana" que o trabalho produziu. Isso confere um sentido de unidade em questões aparentemente desconexas e maior coerência sistêmica na proteção jurídica à saúde e integridade psicobiofísica dos trabalhadores.

Para consolidar de vez o entendimento, o Supremo Tribunal Federal, em dezembro de 2009, editou a Súmula Vinculante n. 22, com o seguinte teor:

> A Justiça do Trabalho é competente para processar e julgar as ações de indenização por danos morais e patrimoniais decorrentes de acidente de trabalho propostas por empregado contra empregador, inclusive aquelas que ainda não

possuíam sentença de mérito em primeiro grau quando da promulgação da Emenda Constitucional n. 45/04.

A inovação da súmula de natureza vinculante foi introduzida na Constituição da República pela Emenda Constitucional n. 45/2004 (art. 103-A), com o propósito de aumentar a segurança jurídica dos jurisdicionados e combater a morosidade dos julgamentos. Além disso, evita decisões contraditórias e impede a repetição de recursos sobre a mesma matéria nos Tribunais Superiores, deixando o STF mais liberado para cumprir a sua função precípua de guardião maior da Constituição da República.

Uma vez definida a competência da Justiça do Trabalho para julgar o mais delicado e pungente conflito decorrente das relações laborais, cabe aos seus juízes o importante desafio de demonstrar para os operadores jurídicos e para o mundo do trabalho o acerto da Emenda Constitucional n. 45/2004 e da decisão do STF que dirimiu de vez a controvérsia. Agora, passados mais de vinte anos de vigência da Emenda Constitucional n. 45/2004, podemos fazer um balanço positivo dessa alteração de competência, visto que, como era esperado, a Justiça do Trabalho está cumprindo com êxito e celeridade a importante atribuição que lhe foi confiada. E a perspectiva é de aperfeiçoamento contínuo, bastando lembrar a crescente produção doutrinária dos magistrados trabalhistas, envolvendo o tema da saúde do trabalhador e das ações indenizatórias por acidente do trabalho ou doenças ocupacionais.

13.3. PROCESSOS EM ANDAMENTO NA JUSTIÇA COMUM

Merece realce a diretriz adotada pelo STF naquele julgamento histórico para solucionar as questões embaraçosas de direito intertemporal, especialmente para os processos que se encontravam em andamento por ocasião da vigência da Emenda Constitucional n. 45/2004. Ficou assentado, sem muito rigor técnico, mas como "imperativo de política judiciária" e "em prol da segurança jurídica", que a nova orientação que atribuiu a competência à Justiça do Trabalho alcança os processos em andamento na Justiça Comum Estadual, desde que pendentes de julgamento de mérito.

Todos os processos que no dia 1º de janeiro de 2005, data do início da vigência da Emenda Constitucional n. 45/2004, já tinham sentença proferida na Justiça Comum, lá deverão permanecer até o trânsito em julgado e a respectiva execução; todos os demais passaram para a competência da Justiça do Trabalho, no estado em que se encontravam, com total aproveitamento dos atos. A ementa do acórdão do CC n. 7.204-1, no item 4, bem sintetiza a decisão do STF a esse respeito:

> A nova orientação alcança os processos em trâmite pela Justiça Comum Estadual, desde que pendentes de julgamento de mérito. É dizer: as ações que tramitam perante a Justiça Comum dos Estados, com sentença de mérito anterior à promulgação da EC n. 45/04, lá continuam até o trânsito em julgado e correspondente execução. Quanto àquelas cujo mérito ainda não foi apreciado, hão de ser remetidas à Justiça do Trabalho, no estado em que se encontram, com total aproveitamento dos atos praticados até então. A medida se impõe, em razão das características que distinguem a Justiça Comum Estadual e a Justiça do Trabalho, cujos sistemas recursais, órgãos e instâncias não guardam exata correlação.

A Súmula Vinculante n. 22 ratificou também este entendimento quando acrescentou na parte final do verbete: "inclusive aquelas que ainda não possuíam sentença de mérito em primeiro grau quando da promulgação da Emenda Constitucional n. 45/04."

O Ministro do STF Marco Aurélio ficou vencido, argumentando que este acréscimo na parte final do verbete dizia respeito às ações nas quais, ao tempo da edição da súmula, ainda não havia sido proferida sentença de mérito em primeiro grau. Concluiu tratar-se de situações residuais, de 2004, que já estavam ultrapassadas.

A solução adotada pelo STF pacificou o entendimento e prevalece até mesmo sobre decisões anteriores do STJ atribuindo competência à Justiça Estadual, em processos que se encontram em andamento. Assim, todos os processos em tramitação que ainda não possuíam sentença de mérito no primeiro grau, mesmo com decisão anterior do STJ no sentido da competência da Justiça Estadual, deverão ser remetidos à Justiça do Trabalho. Não cabe aqui aplicar a preclusão processual, diante do peso da interpretação constitucional emanada do Tribunal constitucional competente, ou seja, a súmula vinculante do STF sobrepaira de forma inexorável sobre decisões determinativas de competência, proferidas sob fundamento diverso, no âmbito infraconstitucional. Vejam acórdãos do STJ nesse sentido:

> **"Agravo interno em reclamação. Ação de indenização por danos morais decorrentes de acidente de trabalho. Herdeiros. Competência. Emenda constitucional nº 45. Súmula vinculante nº 22 do STF. Sobreposição do enunciado de súmula vinculante à decisão proferida em conflito de competência, ainda que após o trânsito em julgado. Precedentes. Agravo interno não provido.** 1. A interpretação atribuída pelo Supremo Tribunal Federal ao art. 114, I, da CF/88, que resultou na edição da Súmula Vinculante n. 22, no sentido de reconhecer a competência absoluta da Justiça do Trabalho para o julgamento de ação indenizatória decorrente de acidente de trabalho, prevalece sobre decisão proferida pelo STJ em sede de conflito de competência. Precedentes. 2. Agravo interno não provido." STJ. Segunda Seção. AgInt na Rcl n. 42.401/SC, Rel.: Ministro Luís Felipe Salomão, *DJe* de 06 jun. 2022.

"**Agravo interno no Recurso Especial. Ação indenizatória. Acidente de trabalho. Competência da Justiça do Trabalho, em relação às demandas ajuizadas após a promulgação da Emenda Constitucional n. 45/2004, e concernente àquelas anteriormente ajuizadas, mas que à data dessa alteração ainda não possuíam sentença. Súmula Vinculante n. 22. Ação ajuizada por familiares do empregado falecido. Circunstância irrelevante para aferição da competência. Existência de decisão monocrática anterior em conflito de competência com trânsito em julgado. Não ocorrência de preclusão processual. Prevalência do entendimento constante da Súmula Vinculante n. 22. Agravo interno desprovido.** 1. A competência para processar e julgar as ações indenizatórias provenientes de acidente de trabalho passou a ser da Justiça do Trabalho, com o advento da Emenda Constitucional n. 45/2004. Após essa EC, sobreveio a edição, pelo Supremo Tribunal Federal, da Súmula Vinculante n. 22, que assim dispôs: "a Justiça do Trabalho é competente para processar e julgar as ações de indenização por danos morais e patrimoniais decorrentes de acidente de trabalho propostas por empregado contra empregador, inclusive aquelas que ainda não possuíam sentença de mérito em primeiro grau quando da promulgação da Emenda Constitucional n. 45/04". 2. Ademais, "com o julgamento do RE 600.091, relatado pelo Ministro Dias Toffoli, com característica de repercussão geral, o STF consolidou o entendimento de que é da competência da Justiça do Trabalho o julgamento de ação decorrente de danos sofridos em acidente de trabalho, sendo irrelevante, para fins de fixação da competência, o fato de ter sido ajuizada por sucessores do trabalhador falecido" (REsp 1.109.875/PR, Rel. Ministro Luis Felipe Salomão, Quarta Turma, julgado em 21.2.2013, *DJe* 6.3.2013). 3. A jurisprudência desta Casa assenta-se, também, no sentido de que "a interpretação atribuída pelo Supremo Tribunal Federal ao art. 114, I, da CF/88, que resultou na edição da Súmula Vinculante n. 22, no sentido de reconhecer a competência absoluta da Justiça do Trabalho para o julgamento de ação indenizatória decorrente de acidente de trabalho, prevalece sobre decisão proferida pelo STJ em sede de conflito de competência" (AgInt na Rcl 33.214/SP, Rel. Ministra Nancy Andrighi, Segunda Seção, julgado em 26.4.2017, *DJe* 2/5/2017). 4. Agravo interno desprovido." STJ. 3ª Turma. AgInt no REsp n. 1611744/PR, Rel.: Ministro Marco Aurélio Bellizze, *DJe* 24 ago. 2018.

13.4. AÇÃO AJUIZADA POR PESSOA DIVERSA DO ACIDENTADO

O acidente do trabalho, muitas vezes, produz danos reflexos ou em ricochete sobre terceiros, como mencionamos em diversas partes deste livro. Desse modo, a ação indenizatória pode ser ajuizada, em nome próprio, por qualquer outra pessoa que tenha sofrido danos materiais, morais ou extrapatrimoniais em razão do acidente ou doença ocupacional, tais como o cônjuge, os dependentes, familiares mais próximos ou mesmo alguém que convivia ou dependia do acidentado.

As ações ajuizadas por pessoas diversas do acidentado aparecem, em maior número, nos casos de acidentes com óbito, quando os dependentes do falecido postulam, em nome próprio, o pagamento de pensão e/ou indenização por danos morais. Também é comum ocorrerem pedidos de reparação de danos morais ou materiais por outros intensamente atingidos pela incapacidade total da vítima. Muitos acidentados tornam-se paraplégicos ou tetraplégicos e passam a depender de cuidados permanentes, até mesmo para a higiene pessoal e alimentação, causando, assim, danos reflexos sobre as pessoas mais próximas, em razão da mudança compulsória da rotina doméstica, sem falar nas repercussões emocionais.

Em qualquer dessas hipóteses, se o pedido de indenização por danos morais ou materiais estiver fundado em acidente do trabalho ou doença ocupacional, a competência, sem dúvida, é da Justiça do Trabalho. A nova redação do art. 114 da Constituição da República, promovida pela Emenda Constitucional n. 45/2004, atribui à Justiça Laboral competência para processar e julgar "as ações oriundas da relação de trabalho" e, mais enfaticamente no Inciso VI, "as ações de indenização por dano moral ou patrimonial, decorrentes da relação de trabalho".

Como se verifica, essa competência foi atribuída em razão da matéria e não da pessoa, visto que o cerne da controvérsia a ser apreciada continuará sendo se ocorreu o acidente do trabalho ou situação equiparada, se o empregador agiu com dolo ou culpa, se houve (des)cumprimento das normas de segurança da CLT, se ocorreu culpa exclusiva ou concorrente da vítima, se as condições e a organização do trabalho eram seguras e saudáveis etc. Logo, não há razão plausível para mudar a competência considerando a pessoa que formula a pretensão: se for a própria vítima, competente a Justiça do Trabalho; se for algum dos seus dependentes, a Justiça Comum.

É verdade que o STJ, inicialmente, resistiu em adotar o entendimento que estamos defendendo, tanto que em 2008 publicou a Súmula n. 366, com o teor seguinte: "Compete à Justiça estadual processar e julgar ação indenizatória proposta por viúva e filhos de empregado falecido em acidente de trabalho."

Discordamos, *data venia*, do posicionamento da Súmula n. 366. Na realidade, o STJ estava restringindo ou limitando a decisão do STF proferida no Conflito de Competência n. 7.204, porquanto estava decidindo que a competência para julgamento das ações indenizatórias por acidente do trabalho era da Justiça do Trabalho, exceto quando ocorresse acidente fatal, criando, assim, uma exceção inexistente na Constituição Federal e no referido julgado.

Além disso, haveria — *aí sim* — violação do princípio da unidade de convicção. Basta citar o caso do dano moral reflexo postulado pela esposa do acidentado que ficou tetraplégico. Pelo antigo entendimento do STJ, a postulação do acidentado seria julgada pela Justiça do Trabalho, ao passo que a ação veiculada por sua esposa seria apreciada pela Justiça Comum Estadual, com o risco evidente de decisões contraditórias a respeito do mesmo fato.

O Ministro do STF Carlos Ayres Britto, nos fundamentos do acórdão do RE-AgR n. 503.043, explicitou as razões do seu convencimento sobre a competência da Justiça do Trabalho, quando a ação for ajuizada pelos dependentes do acidentado falecido, sendo oportuno destacar os trechos seguintes:

> Foge ao propósito das regras definidoras da competência da Justiça do Trabalho pretender que a qualidade das partes modifique o juízo competente para a apreciação da causa. Se a lide está calçada na relação de trabalho, se a controvérsia depende da análise dos contornos e do conteúdo dessa relação, a competência é da Justiça Especial. (...) No caso, a agravante defende a competência da Justiça Comum Estadual porque não foi o trabalhador quem ajuizou a ação, e sim o seu espólio. Entende, assim, que a controvérsia não decorre de relação trabalhista alguma, pois nunca teve nenhum liame com o espólio de seu ex-trabalhador. Sucede que a causa do pedido de indenização por danos morais, deduzido pelo espólio, é o acidente do trabalho sofrido pelo trabalhador no curso de sua relação laboral com a agravante. A matéria é a mesma. Causa de pedir e pedido, também. Logo, a competência da Justiça do Trabalho permanece. Não fosse assim, e a seguir o raciocínio da agravante, poder-se-ia chegar à espantosa conclusão de que a Justiça trabalhista, declarada pelo STF a Justiça competente para julgar pedido de indenização por danos morais e patrimoniais decorrentes de acidente do trabalho, deixaria de sê-lo quando o acidente vitimasse o trabalhador: vivo ele teria a tutela da Justiça especial; já morto, seus herdeiros deveriam recorrer à Justiça comum. Decerto que uma tal solução é inteiramente descabida.[23]

Apesar da resistência do STJ, o Supremo Tribunal Federal decidiu que a competência para julgar tais ações é da Justiça do Trabalho, mesmo não figurando o acidentado como autor da ação, sobretudo porque a causa de pedir continua sendo o acidente do trabalho ocorrido. Após alguns julgamentos das Turmas nesse sentido, a questão foi apreciada pelo Plenário do STF, no julgamento do Conflito de Competência n. 7.545, que pacificou a controvérsia:

> **"Ementa: Conflito de competência. Constitucional. Juízo Estadual de primeira instância e Tribunal Superior. Competência originária do Supremo Tribunal Federal para solução do conflito. Art. 102, I, "o", da CB/88. Justiça Comum e Justiça do Trabalho. Competência para julgamento da ação de indenização**

23. STF. 1ª Turma. RE-AgR 503.043/SP, *DJ* 1º jun. 2007.

> **por danos morais e materiais decorrentes de acidente do trabalho proposta pelos sucessores do empregado falecido. Competência da Justiça Laboral.** 1. Compete ao Supremo Tribunal Federal dirimir o conflito de competência entre Juízo Estadual de primeira instância e Tribunal Superior, nos termos do disposto no art. 102, I, "o", da Constituição do Brasil. Precedente [CC n. 7.027, Relator o Ministro CELSO DE MELLO, *DJ* de 1º.9.95] 2. A competência para julgar ações de indenização por danos morais e materiais decorrentes de acidente de trabalho, após a edição da EC n. 45/04, é da Justiça do Trabalho. Precedentes [CC n. 7.204, Relator o Ministro CARLOS BRITTO, DJ de 9.12.05 e AgR-RE n. 509.352, Relator o Ministro MENEZES DIREITO, *DJe* de 1º.8.08]. 3. O ajuizamento da ação de indenização pelos sucessores não altera a competência da Justiça especializada. A transferência do direito patrimonial em decorrência do óbito do empregado é irrelevante. Precedentes. [ED-RE n. 509.353, Relator o Ministro SEPÚLVEDA PERTENCE, DJ de 17.8.07; ED-RE n. 482.797, Relator o Ministro RICARDO LEWANDOWSKI, *DJe* de 27.6.08 e ED-RE n. 541.755, Relator o Ministro CÉZAR PELUSO, DJ de 7.3.08]. Conflito negativo de competência conhecido para declarar a competência da Justiça do Trabalho." STF. Tribunal Pleno. CC n. 7.545, Rel.: Ministro Eros Grau, *DJe* 13 ago. 2009.

Diante desse posicionamento firme do Supremo Tribunal Federal, o STJ resolveu cancelar a Súmula n. 366, rendendo-se, finalmente, ao entendimento de que a competência é mesmo da Justiça do Trabalho:

> "**Conflito negativo de competência. Acidente de trabalho.** Empregado público municipal. Vínculo celetista. Alteração introduzida pela Emenda Constitucional n. 45/2004. Ação de indenização. Proposta por viúva do empregado acidentado. Reiterada jurisprudência das Turmas e do plenário do STF afirmando a competência da Justiça do Trabalho. Entendimento diferente da Súmula n. 366/STJ. Conflito conhecido para, cancelando a Súmula, declarar a competência do juízo suscitante." STJ. Corte Especial. CC n. 101.977/SP, Rel.: Ministro Teori Albino Zavascki, *DJ* 5 out. 2009.

Posteriormente a questão foi pacificada pelo Plenário do STF, no julgamento do RE n. 600.091, com reconhecimento de repercussão geral (Tema 242), quando a Corte fixou, em 2011, a seguinte tese:

> "Compete à Justiça do Trabalho processar e julgar as ações de indenização por danos morais e patrimoniais decorrentes de acidentes de trabalho propostas por empregado contra empregador, inclusive as propostas pelos sucessores do trabalhador falecido, salvo quando a sentença de mérito for anterior à promulgação da EC nº 45/04, hipótese em que, até o trânsito em julgado e a sua execução, a competência continuará a ser da Justiça Comum."[24]

---

24. *"Conflito negativo de competência – Ação de reparação de danos materiais e morais ajuizada por viúva de trabalhador falecido durante a atividade laboral – Natureza trabalhista da questão contro-*

Também o Tribunal Superior do Trabalho, em sintonia com os fundamentos jurídicos mencionados, está decidindo pela competência da Justiça do Trabalho:

> "**Recurso ordinário da ré. Ação rescisória ajuizada sob a égide do CPC de 2015. Art. 966, V, do CPC. Alegação de violação do art. 114, IV, da constituição federal. Reclamação trabalhista proposta por familiar de trabalhador falecido no rompimento da barragem de brumadinho. Compreensão da súmula 392 do TST. Competência da justiça do trabalho.** 1. A discussão trazida ao debate consiste no exame da competência da Justiça do Trabalho para o julgamento de lides relacionadas ao dano em ricochete, decorrentes de acidente de trabalho, propostas por parentes do trabalhador falecido. 2. *In casu*, na sentença rescindenda, o órgão julgador concluiu pela incompetência desta Justiça Especializada ao fundamento de que a Autora da demanda – tia do obreiro – não é sucessora ou dependente deste. 3. Segundo a diretriz contida na Súmula 392 do TST, "nos termos do art. 114, inc. VI, da Constituição da República, a Justiça do Trabalho é competente para processar e julgar ações de indenização por dano moral e material, decorrentes da relação de trabalho, inclusive as oriundas de acidente de trabalho e doenças a ele equiparadas, ainda que propostas pelos dependentes ou sucessores do trabalhador falecido". Nessas hipóteses, a competência é definida em razão da matéria. É dizer: é irrelevante para a definição da competência da Justiça do Trabalho que a ação tenha sido proposta pelo empregado ou por seus sucessores, herdeiros ou familiares, bastando que a indenização pretendida decorra da relação de trabalho. Julgados do STF e do TST. 4. Sendo assim, como a reclamação trabalhista matriz foi proposta por familiar do trabalhador falecido no rompimento da barragem de Brumadinho (tia do de cujus), é procedente o pleito rescisório fundamentado no art. 966, V, do CPC de 2015, por violação do art. 114, IV, da CF, na medida em que a Justiça do Trabalho é mesmo competente para o julgamento daquele feito. Recurso ordinário conhecido e não provido." TST. SBDI-II. ROT-0012384-20.2022.5.03.0000, Rel.: Ministro Douglas Alencar Rodrigues, *DEJT* 30 ago. 2024.
>
> "**Competência da Justiça do Trabalho. Dano moral. Acidente de trabalho. Morte do empregado.** Na hipótese, conquanto os reclamantes sejam dependentes do *de cujus*, buscam direito decorrente de fato — acidente de trabalho — cujo liame com a relação de emprego havida entre o empregado e a reclamada é indiscutível. Dessa forma, não há como afastar a competência da Justiça do Trabalho,

---

vertida – Escólio jurisprudencial da Segunda Seção e do Eg. Supremo Tribunal Federal – declaração de competência do juízo trabalhista. 1. Cabe ao Superior Tribunal de Justiça dirimir conflito negativo de competência entre juízos vinculados a Tribunais diversos, nos termos do que dispõe o artigo 105, I, "d", da Constituição Federal. 2. A Justiça do Trabalho é competente para processar e julgar ações de indenização por dano moral e material, decorrentes da relação laboral, inclusive as oriundas de acidente de trabalho e doenças a ele equiparadas, ainda que propostas pelos dependentes ou sucessores do falecido. 2.1. Precedentes da Segunda Seção: AgInt no CC 146.522/SP, Rel. Ministro Luis Felipe Salomão, *DJe* de 07/05/2019; CC 156377/SP, Rel. Min. Raul Araújo, *DJe* de 01/09/2021; CC 178284/SP, Rel. Min. Antonio Carlos Ferreira, *DJe* de 06/04/2021. 3. Conflito conhecido para declarar a competência do r. Juízo da 7ª Vara do Trabalho de Campinas/SP." STJ. 2ª Seção. CC 176.418/SP, Rel. Ministro Marco Buzzi, *DJe* 29 nov. 2021.

porquanto o pedido é decorrente da relação de emprego, permanecendo, pois, inalterada a causa de pedir." TST. SBDI-I. E-ED-RR n. 9955100-27.2006.5.09.0015, Rel.: Ministro João Batista Brito Pereira, *DJ* 2 ago. 2013.

Competência da justiça do trabalho. Dano moral em ricochete. A questão encontra-se pacificada no âmbito da jurisprudência desta Corte, no sentido de que a Justiça do Trabalho é competente para apreciar os pedidos de indenização por danos morais e materiais decorrentes de acidente de trabalho, ainda que a ação seja ajuizada em nome dos herdeiros do trabalhador falecido. Inteligência da Súmula 392 do TST em sua atual redação. Recurso de revista não conhecido [...]." TST. 6ª Turma. ARR-70200-21.2009.5.03.0030, Rel.: Ministro Augusto Cesar Leite de Carvalho, *DEJT* 06 maio 2022.

Cabe registrar, ainda, o entendimento adotado por ocasião da 1ª Jornada de Direito Material e Processual na Justiça do Trabalho, realizada em Brasília em novembro de 2007, quando foi aprovado o Enunciado n. 36, com o seguinte teor: "**Acidente do trabalho. Competência. Ação ajuizada por herdeiro, dependente ou sucessor.** Compete à Justiça do Trabalho apreciar e julgar ação de indenização por acidente de trabalho, mesmo quando ajuizada pelo herdeiro, dependente ou sucessor, inclusive em relação aos danos em ricochete."

Em conclusão, desde a vigência da Emenda Constitucional n. 45/2004, a competência para julgar ação indenizatória em face do empregador, decorrente de acidente do trabalho ou doença ocupacional, mesmo quando ajuizada por terceiro em nome próprio, é da Justiça do Trabalho.

13.5. AÇÃO DO ACIDENTADO SEM VÍNCULO DE EMPREGO

O conceito de acidente do trabalho propriamente dito, conforme previsto nos arts. 19 a 21 da Lei n. 8.213/1991, não abrange o acidente ocorrido com o prestador de serviço sem vínculo de emprego. Contudo, nos infortúnios sofridos por esses trabalhadores também ocorrem danos materiais, extrapatrimoniais, morais ou estéticos passíveis de reparação pelo tomador dos serviços, quando estiverem presentes os pressupostos da responsabilidade civil[25].

Então, qual será a Justiça competente para julgar a ação indenizatória dos danos sofridos em acidente envolvendo o trabalhador não empregado, tais como o autônomo, o empreiteiro, o cooperado, o estagiário, a diarista, o jardineiro e outros?

Com a promulgação da EC n. 45/2004, a competência da Justiça do Trabalho foi ampliada para julgar as ações oriundas da relação de trabalho

25. Trataremos das indenizações cabíveis no caso de acidente sofrido por trabalhador doméstico ou sem vínculo de emprego no capítulo 14.

(gênero) e não somente aquelas decorrentes da relação de emprego (espécie). Além disso, prevê o art. 114, VI, da Constituição da República, com a nova redação, que compete à Justiça do Trabalho processar e julgar as "ações de indenização por dano moral ou patrimonial, decorrentes da relação de trabalho". Assim, não há dúvida de que a competência material para processar e julgar as ações indenizatórias em face do tomador de serviços, decorrentes de acidentes envolvendo trabalhadores com ou sem vínculo de emprego, é da Justiça do Trabalho.

Nesse sentido, aliás, estão decidindo o TST e o STJ que detém a competência para dirimir conflito entre a Justiça do Trabalho e a Justiça Comum dos Estados (art. 105, I, d, da Constituição da República):

> **"Agravo de Instrumento da reclamada UBER do Brasil Tecnologia Ltda em Recurso de Revista adesivo. Acórdão regional na vigência da lei 13.467/2017. Competência material da Justiça do Trabalho. Relação de trabalho.** 1. A competência material da Justiça do Trabalho é fixada pelo pedido e pela causa de pedir. É definida a partir da existência de relação de trabalho (lato sensu) mantida pelos litigantes, quanto aos conflitos dela decorrentes, considerando a ampliação trazida pela Emenda Constitucional nº 45/2004, que atribuiu a esta Justiça especializada a competência para processar e julgar todas as ações oriundas da relação de trabalho, inclusive as que versem sobre indenização por danos moral e material (art. 114, I e VI, da CR). 2. No caso, a pretensão autoral, de pagamento de indenização por danos moral e material decorrentes de acidente sofrido por motorista de aplicativo, está fundada na relação de trabalho estabelecida com a empresa UBER, na condição de trabalhador autônomo, na execução de serviço prestado com pessoalidade. Sendo assim, não há como afastar a competência da Justiça do Trabalho para o exame do pedido, até porque a Súmula 392 desta Corte estabelece que: " Nos termos do art. 114, inc. VI, da Constituição da República, a Justiça do Trabalho é competente para processar e julgar ações de indenização por dano moral e material, decorrentes da relação de trabalho, inclusive as oriundas de acidente de trabalho e doenças a ele equiparadas, ainda que propostas pelos dependentes ou sucessores do trabalhador falecido". 3. Este Relator não desconhece que o Superior Tribunal de Justiça, dirimindo o conflito negativo de competência nº 164.555/MG, decidiu ser da Justiça Comum o exame de controvérsia estabelecida entre um motorista de aplicativo e a empresa UBER. No entanto, deve ser destacado que o referido julgado tratou apenas do pedido de motorista atinente à reativação de sua conta no aplicativo e ao consequente ressarcimento por danos morais e materiais. Ou seja, a pretensão examinada pelo STJ se funda tão somente no desligamento do motorista da plataforma digital ou aplicativo oferecido pela empresa, e não como no caso sub judice, em questão decorrente da execução do trabalho. Incólume, pois, o art. 114, I, da CR. Agravo de instrumento conhecido e desprovido." TST. 3ª Turma. RRAg-849-82.2019.5.07.0002, Rel.: Ministro Alexandre de Souza Agra Belmonte, *DEJT* 17 dez. 2021.

"**Agravo Interno no Recurso Especial. Indenizatória. Acidente sofrido por prestador (terceirizado) de serviços. Competência da Justiça do Trabalho. Agravo interno não provido.** 1. A expressão "as ações de indenização por dano moral ou patrimonial, decorrentes da relação de trabalho", inscrita no art.114, VI, da Constituição Federal, não restringe a competência da Justiça do Trabalho às ações ajuizadas pelo empregado contra o empregador, e vice-versa. Se o acidente ocorreu no âmbito de uma relação de trabalho, só a Justiça do Trabalho pode decidir se o tomador dos serviços responde pelos danos sofridos pelo prestador terceirizado. Precedentes. 2. Agravo interno não provido." STJ. 4ª Turma. AgInt no REsp n. 1774775/RJ, Rel. Ministro Luis Felipe Salomão, julgado em 24 ago. 2020.

"**Conflito de competência. Juízos estadual e trabalhista. Indenização. Acidente sofrido por empregado da prestadora de serviços. Demanda ajuizada apenas contra o tomador dos serviços. Acidente decorrente da relação de trabalho. Competência da Justiça trabalhista.** 1. Trabalhador de empresa particular que prestava serviços ao DER/RJ sofreu acidente fatal na condução de caminhão pertencente ao referido ente estatal. 2. Os herdeiros do *de cujus* não ajuizaram a demanda indenizatória contra o empregador, mas somente contra o DER/RJ, ao fundamento de que o caminhão estava mal conservado. 3. Se o acidente ocorreu durante o desempenho da atividade laboral, não é razoável examinar o fato à margem do subjacente vínculo trabalhista. 4. A jurisprudência desta Corte assevera que o julgamento de demanda de indenização por danos morais e patrimoniais decorrente de acidente de trabalho, ainda que ajuizada pelos herdeiros do *de cujus*, é da competência da justiça do trabalho. 5. Conflito conhecido para declarar competente o Juízo Trabalhista." STJ. 1ª Seção. CC n. 23.122/RJ, Rel. Ministro Sérgio Kukina, *DJe* 15 abr. 2013.

"**Agravo regimental no conflito negativo de competência. Ação de indenização decorrente de acidente de trabalho. Servidor público municipal. Contratação temporária pela municipalidade, sem concurso público. Incidência das regras previstas na CLT. Competência da Justiça Laboral.** 1. A controvérsia em exame diz respeito à ação de indenização por danos morais e estéticos decorrentes de acidente do trabalho. Dessarte, subjaz que as indenizações perquiridas resultaram de relação de trabalho; isso porque, sem que houvesse o vínculo empregatício, sequer existiria o acidente de trabalho. 2. No caso em foco, sobreleva notar que, para se aferirem os elementos típicos do ato ilícito, tais como o nexo causal e a culpa, é imprescindível que se esteja o mais próximo do dia a dia da complexa relação do trabalho. 3. O autor da demanda foi contratado pela entidade municipal sem concurso público e mediante contrato temporário, atraindo a incidência das regras previstas na Consolidação das Leis do Trabalho. Nesse sentido, conforme já decidiu esta egrégia Corte, prevalece a competência da Justiça laboral para decidir sobre a indenização do acidente de trabalho de servidor público, admitido indevidamente sem concurso público, através de contrato de caráter celetista. Precedentes: CC 50.443 — SP, Rel. Ministro Luiz Fux, Primeira Seção, DJU 2.4.07 e CC 33.84/SP, Rel. Ministro Paulo Gallotti, Terceira Seção, DJU 24.4.06). 4. Agravo regimental não provido." STJ. 1ª Seção. AgRg no CC n. 108.627/MS, Rel.: Ministro Benedito Gonçalves, *DJ* 4 mar. 2010.

Não vinga a objeção de que as relações de trabalho sem vínculo de emprego não são regidas pela CLT e que, portanto, estariam fora da competência trabalhista. Ora, na antiga redação do art. 114 da Constituição de 1988, essa ponderação teria acolhimento, porque a competência até então atribuída à Justiça do Trabalho era para conciliar e julgar os dissídios entre trabalhadores e empregadores. Após a Emenda Constitucional n. 45/2004, no entanto, a competência expandiu-se para abranger as "ações oriundas da relação de trabalho", pouco importando qual o direito material aplicável para solucionar a controvérsia[26].

Corroborando esse entendimento, cabe citar os fundamentos utilizados pelo Ministro do STF Cezar Peluzo, no julgamento do Agravo de Instrumento n. 578.880/MG, quando asseverou: "Ressalto que mesmo que a causa decorra da relação de trabalho como sustenta o agravante, é velha e aturada a orientação da Corte no sentido de que compete à Justiça do Trabalho, como princípio ou regra geral, processar e julgar ação de indenização de danos, morais e materiais, decorrentes de relação de trabalho, pouco se dando, para esse fim, deva a controvérsia ser dirimida à luz do Direito Civil ou doutra província normativa (cf. CJ n. 6.959, Red. p/ o acórdão Min. Sepúlveda Pertence, RTJ 134/96; RE n. 238.737, Rel. Min. Sepúlveda Pertence, *DJ* de 5.2.1999, e decisão monocrática no RE n. 409.699, Rel.: Min. Carlos Velloso)."

Entretanto, a competência da Justiça do Trabalho não alcança o julgamento das ações indenizatórias envolvendo os acidentes sofridos por servidores públicos estatutários, porquanto o STF, ao julgar a liminar da Ação Direta de Inconstitucionalidade n. 3.395-DF, entendeu na sua composição plenária que estão excluídos da abrangência da expressão "relação de trabalho" os vínculos decorrentes de típica relação de ordem estatutária ou de caráter jurídico-administrativo. Posteriormente, no julgamento do mérito concluído em 2020, a liminar foi confirmada. Essas demandas, portanto, serão apreciadas pela Justiça Comum Estadual ou pela Justiça Federal, conforme for o caso.

---

26. "*Acidente no trabalho. Trabalhadora autônoma. Responsabilidade civil*. Esta Justiça do Trabalho, após a EC n. 45/2004, passou a ser competente para o julgamento de 'causas oriundas da relação de trabalho', aí incluídas a indenização por dano material e moral decorrente da relação de trabalho, que deve ser entendida como relação de trabalho *lato sensu*. Ainda que não caracterizada nos autos a relação de emprego, é inegável que houve a prestação de serviços, em prédio de propriedade dos demandados, e em favor deles, durante a qual ocorreu acidente que deixou sequelas na reclamante. Demonstrada a existência dos requisitos caracterizadores da responsabilidade civil subjetiva, respondem os réus pelos danos, incidindo na espécie o artigo 927 do Código Civil. Recurso provido." Rio Grande do Sul. TRT 4ª Região. 4ª Turma. RO n. 0209-2006-522-04-00-3, Rel.: Fabiano de Castilhos Bertolucci, julgado em 17 jan. 2008.

13.6. AÇÃO RESCISÓRIA DE JULGADO DA JUSTIÇA COMUM

Qual a Justiça competente para julgar a ação rescisória proposta em razão de sentença transitada em julgado na Justiça Comum, a respeito de indenizações por acidente do trabalho ou doença ocupacional?

Antes de esboçar a resposta, não se pode esquecer que, além de almejar a rescisão do julgado (*iudicium rescindens*), a parte interessada pode pretender também um novo julgamento do processo (*iudicium rescissorium*), como autoriza o art. 968, I, do CPC/2015.

Sempre que ocorrem alterações de competência, surgem algumas perplexidades diante de questões pontuais relativas ao período de transição, como é o caso da pergunta acima. Nas indenizações por acidente do trabalho, acreditamos que outras dúvidas ainda surgirão, sobretudo porque o STF, por razões de política judiciária e segurança jurídica, autorizou a permanência de uma competência residual da Justiça Comum com relação aos processos que já contavam com sentença de mérito anterior à promulgação da Emenda Constitucional n. 45/2004.

É pacífico na doutrina e na jurisprudência que cada ramo do Poder Judiciário rescinde suas próprias decisões pelo tribunal hierarquicamente competente. Desse modo, nas ações propostas para rescindir decisões da Justiça Comum dos Estados a respeito de indenizações por acidente do trabalho, compete a essa Justiça e não à Justiça do Trabalho decidir a rescisória, mas apenas no que toca ao efeito rescindente.

Entretanto, se na ação rescisória ajuizada houver também pedido de novo julgamento (efeito rescisório) e sendo acolhida a rescisão do julgado na Justiça Comum (efeito rescindente), os autos do processo deverão ser remetidos à Justiça do Trabalho para que o tribunal competente profira a decisão cabível. Isso porque, desde o advento da Emenda Constitucional n. 45/2004, a Justiça Comum não mais detém competência para proferir decisão de mérito a respeito das indenizações por acidente do trabalho, ressalvando-se tão somente os processos que já se encontravam em andamento com sentença de mérito proferida até dezembro de 2004, conforme já mencionado.

Esse posicionamento de cindir o julgamento da ação rescisória, quando ocorre mudança de competência, foi adotado em 1982 pelo Pleno do STF. Na época, contrariamente ao que hoje está ocorrendo, a Justiça do Trabalho proferiu sentença em lide que seria da competência da Justiça Comum, conforme entendeu o STF. Vejam a ementa do acórdão:

> "Rescindir decisão proferida pela Justiça do Trabalho, só à Justiça do Trabalho é competente; não, à Justiça comum. Rescindida a sentença trabalhista, outra decisão sobre a matéria, é de ser proferida pela Justiça Estadual, competente de

julgar litígio relativo a direito de trabalhador contra o seu respectivo sindicato. Conflito de jurisdição conhecido, para se ter de competente, para processar e julgar a rescisória da decisão trabalhista, a Justiça do Trabalho." STF. Tribunal Pleno, CJ 6.339/PE, Rel.: Ministro Firmino Paz, *DJ* de 11 jun. 1982.

Inspirado nesse julgamento do STF, o Colendo STJ julgou conflito negativo de competência, estabelecendo que na ação rescisória de decisão da Justiça Estadual, a respeito de representação sindical, essa Justiça é a competente para julgar o efeito rescindente e a Justiça do Trabalho, por sua vez, competente para proferir o julgamento da ação rescisória, mas apenas no efeito rescisório:

> "**Conflito negativo de competência. Ação rescisória. Representação sindical. Emenda constitucional n. 45/04. Juízos rescindente e rescisório.** 1. O *iudicium rescindens* é da própria essência da ação rescisória. Nele, busca o autor a rescisão do julgado com fundamento em algum dos incisos elencados no art. 485 do CPC. No *iudicium rescissorium* pretende a parte o rejulgamento da causa. Trata-se de juízo eventual, pois dependente do tipo de ação e do resultado a que chegou a decisão rescindenda. 2. Caso a sentença rescindenda tenha eficácia declaratória ou constitutiva, sendo de procedência, não caberá a cumulação do juízo rescisório ao juízo rescindente. Nas ações essencialmente declaratórias, a rescisão do julgado faz com que a certeza declarada a favor do autor na sentença rescindenda se transmude a favor do réu. Já nas ações constitutivas ou desconstitutivas (constitutivas negativas), a rescindibilidade opera como se o pedido originário fosse julgado improcedente. 3. As inúmeras alterações trazidas pela Emenda Constitucional n. 45/04 repercutem, de maneira insólita, na competência para julgamento das ações rescisórias. A decisão rescindenda, proferida sob o pálio da regra de competência anterior, deverá ser anulada pelo próprio tribunal prolator que, muitas vezes, já não detém competência em razão da matéria para proferir um novo julgamento. Em outras palavras, a Corte de onde se origina o aresto rescindendo será competente para o juízo rescindente, mas não para o rescisório. 4. O Supremo Tribunal Federal, ao julgar o Conflito de Jurisdição 6.339/PE, Relator o Ministro Firmino Paz, entendeu que a competência deve ser cindida, cabendo ao órgão prolator da decisão rescindenda o *iudicium rescindens*, e à Corte detentora de competência material o *iudicium rescissorium*. 5. No caso, a matéria de fundo tratada no acórdão rescindendo, após a EC n. 45/04, passou à competência da Justiça do Trabalho, nos termos do art. 114, III, da CF/88. Cuida-se de controvérsia atinente à representação sindical, em que dois sindicatos disputam, com base no princípio da unicidade, o direito de constituir-se e organizar-se legitimamente em uma mesma base territorial. 6. O acórdão rescindendo detém eficácia exclusivamente declaratória e resultou na procedência do pedido formulado pelo Sindicato autor. Nesses termos, a ação rescisória se esgota em único juízo, o rescindente, não havendo espaço para o *iudicium rescissorium*. Desnecessária, portanto, a cisão de julgamento. 7. Tratando-se de ação rescisória que apenas comporta o *iudicium rescindens*, a competência para apreciá-la recai sobre o tribunal prolator, independentemente de ter sido a matéria de fundo transferida para outra jurisdição em virtude de alteração constitucional. 8. Conflito de competência conhecido para declarar competente o Tribunal de Justiça do Estado do Espírito Santo, o suscitado." STJ. 1ª Seção. CC n. 74.683-ES, Rel.: Ministro Castro Meira, *DJ* 21 maio 2007.

Em resumo, a competência para julgar a ação rescisória de julgamentos proferidos pela Justiça Comum, a respeito de indenização por acidente do trabalho, é desta mesma Justiça, mas tão somente no efeito rescindente. Se, após a rescisão do julgado, a Justiça Comum perceber que cabe também proferir novo julgamento (efeito rescisório), os autos deverão ser remetidos à Justiça do Trabalho para que o tribunal competente profira a nova decisão que entender cabível.

13.7. AÇÃO REVISIONAL DO PENSIONAMENTO

A ação revisional de decisão da Justiça do Trabalho[27] deverá ser ajuizada e decidida perante a Vara do Trabalho que a proferiu e estiver executando, mesmo que a condenação tenha sido fixada em grau de recurso. Respalda esse entendimento a previsão do art. 61 do CPC/2015, segundo o qual a ação acessória será proposta no juízo competente para a ação principal[28]. E não há dúvida quanto ao caráter acessório da ação revisional, conforme bem acentua Agrícola Barbi:

> Entre duas ou mais ações, pode haver relação tal que uma delas, porque mais importante quanto ao objetivo do autor, tem posição de principal; e as outras, que a ela se ligam, porque se destinam a complementá-la ou porque dela decorrem, assumem uma situação secundária, e são consideradas acessórias em relação a ela. Essas ações acessórias pressupõem, pois, a existência da principal.[29]

Tem sido este também o entendimento reiterado da jurisprudência:

> **"Ação revisional. Juízo competente.** Consoante os termos da decisão exarada pela SDI deste Regional, no julgamento do conflito negativo de competência (processo nº 0012161-38.2020.5.03.0000), o Juízo competente para apreciar e julgar a ação revisional é aquele que julgou a ação principal, objeto da revisional, posto configurada a prevenção." Minas Gerais. TRT 3ª Reg. 7ª Turma. RO n. 0011257-18.2019.5.03.0173, Rel.: Desembargadora Cristiana M. Valadares Fenelon, *DEJT* 19 abr. 2021.

---

27. No capítulo 12 retro detalhamos as hipóteses de cabimento da ação revisional das decisões transitadas em julgado sobre indenizações decorrentes do acidente do trabalho ou doença ocupacional.

28. "*Conflito de competência. Ação de revisão de alimentos.* Distribuídas no mesmo foro, competente a Vara de Família por onde tramitou a ação de fixação da pensão, sendo a revisional desta oriunda, sem falar até na facilitação da instrução probatória. Acessoriedade. Art. 108 do CPC." Minas Gerais. TJMG. 2ª Câmara Cível. Conflito de Competência n. 000.238.465-9/00, Rel.: Abreu Leite, *DJ* 8 fev. 2002.

29. BARBI, Celso Agrícola. *Comentários ao Código de Processo Civil*. 4. ed. Rio de Janeiro: Forense,1986. v. 1, p. 471.

> "**Conflito de competência. Ação revisional.** A competência para processar e julgar a ação revisional é do Juízo que proferiu a condenação em relação à qual se busca a revisão. Minas Gerais. TRT 3ª Reg. 1ª Seção de Dissídios Individuais." CC n. 0010347-25.2019.5.03.0000, Rel.: Desembargadora Ana Maria Amorim Rebouças, *DJ* 27 maio 2019.
>
> "**Ação Revisional de sentença. Competência para julgamento** – Tratando-se de ação visando a revisão de sentença, com suporte no art. 471, I, do CPC, o Juízo competente para julgamento é o mesmo prolator da sentença que se pretende revisar." Minas Gerais. TRT 3ª Reg. 1ª SDI. CC n. 0001780-33.2014.5.03.0112, Rel.: Desembargador Sércio da Silva Peçanha. *DJ* 25 ago. 2015.

Questão que deve despertar maior questionamento refere-se aos casos das ações julgadas definitivamente pela Justiça Comum e que não foram abrangidas pela alteração de competência promovida pela Emenda Constitucional n. 45/2004. Nessa hipótese, a ação revisional deverá ser proposta ainda perante a Justiça Comum ou na Justiça do Trabalho?

Respondemos, sem hesitar, que o ajuizamento deverá ocorrer perante a Justiça do Trabalho, porquanto, desde a Emenda Constitucional n. 45/2004, a competência absoluta em razão da matéria para julgar as indenizações por acidente do trabalho passou a ser da Justiça do Trabalho.

Não cabe aqui nem mesmo a ressalva aposta pelo STF, no julgamento da CC n. 7.204, no sentido de que "as ações que tramitam perante a Justiça comum dos Estados, com sentença de mérito anterior à promulgação da EC n. 45/2004, lá continuam até o trânsito em julgado e correspondente execução". A ação revisional instaura uma nova relação processual para apreciar os efeitos jurídicos da mudança ocorrida no quadro fático após o julgamento anterior, visto que não se enquadra como um mero incidente de execução da sentença primitiva. Aliás, no julgamento mencionado ficou também decidido: "Quanto àquelas (ações) cujo mérito ainda não foi apreciado, hão de ser remetidas à Justiça do Trabalho, no estado em que se encontram, com total aproveitamento dos atos praticados até então."

A competência para julgar a ação revisional a respeito das sentenças proferidas na Justiça Comum é mesmo da Justiça do Trabalho, mormente porque, nessa hipótese, não há efeito rescindente a ser declarado, como ocorre na ação rescisória, mas um outro julgamento, em processo distinto, com novo pedido e causa de pedir, para produzir efeitos *ex nunc* a partir do ajuizamento, diante da mudança do quadro fático do acidentado e que serviu de base para a decisão primitiva.

É imperioso concluir, portanto, que, desde o advento da Emenda Constitucional n. 45/2004, a Justiça Comum não mais detém competência para proferir sentença de mérito envolvendo as ações indenizatórias por acidente do trabalho, seja a ação principal ou mesmo a revisional.

13.8. AÇÃO AJUIZADA PELO ACIDENTADO EM FACE DO INSS

Com a mudança da competência introduzida pela Emenda Constitucional n. 45/2004, alguns operadores jurídicos defendem que também passou para a Justiça do Trabalho a competência para julgar os pedidos de benefícios acidentários em face da Previdência Social quando o litígio for decorrente de acidente do trabalho ou doença ocupacional.

Data venia, não entendemos dessa forma. Ainda que a ideia seja atraente do ponto de vista operacional e de especialização, a sua aplicação depende de outra mudança constitucional. A competência atribuída à Justiça do Trabalho pela Emenda Constitucional n. 45/2004 refere-se às indenizações postuladas em face do empregador, com apoio no art. 7º, XXVIII, da Constituição da República. Situação diversa ocorre quando o acidentado busca obter judicialmente, em face do INSS, os benefícios de natureza acidentária, tais como auxílio por incapacidade temporária, aposentadoria por incapacidade permanente, auxílio-acidente etc.

Na demanda acidentária, a relação processual forma-se entre o segurado e a Autarquia Previdenciária, sem a participação do empregador. Não se trata, portanto, de lide entre o trabalhador e o tomador de serviços ou entre o empregado e o empregador. Essa competência, portanto, continua sendo da Justiça Comum, conforme previsto no art. 109, I e § 3º da Constituição de 1988, bem como na Lei n. 8.213/1991, que prevê:

> Art. 129. Os litígios e medidas cautelares relativos a acidentes do trabalho serão apreciados:
>
> I — na esfera administrativa, pelos órgãos da Previdência Social, segundo as regras e prazos aplicáveis às demais prestações, com prioridade para conclusão; e
>
> II — na via judicial, pela Justiça dos Estados e do Distrito Federal, segundo o rito sumaríssimo, inclusive durante as férias forenses, mediante petição instruída pela prova de efetiva notificação do evento à Previdência Social, através de Comunicação de Acidente do Trabalho — CAT.

O STF consolidou esse entendimento no julgamento de tema de repercussão geral, em 2011, quando fixou a seguinte tese: "Tema 414 - Compete à Justiça Comum Estadual julgar as ações acidentárias que, propostas pelo segurado contra o Instituto Nacional do Seguro Social (INSS), visem à prestação de benefícios relativos a acidentes de trabalho."[30]

Nos fundamentos do acórdão do RE 478.472, julgado em 2007, o eminente relator, o Ministro Carlos Ayres Britto, esclarece com precisão a diferença entre a ação indenizatória em face do empregador e a ação para reivindicar direitos acidentários junto ao INSS:

> 6. De início, lembro que no julgamento do Conflito de Competência n. 7.204 este excelso Tribunal tratou exclusivamente da competência para processar e julgar pedido de indenização por danos morais e patrimoniais, decorrentes de acidente do trabalho, pedido deduzido pelo trabalhador contra o tomador do trabalho. Para essas causas, o Plenário concluiu ser competente a Justiça trabalhista, não apenas por conta da redação do inciso VI do art. 114 da Lei Maior, introduzido pela EC n. 45/04, como também a teor da redação originária do mesmo artigo.
>
> 7. Ora, no presente caso, a matéria é inteiramente diversa: a autora pretende o reconhecimento, em juízo, de acidente do trabalho não admitido pelo Instituto Nacional do Seguro Social — INSS, e a consequente condenação da Autarquia ao pagamento do benefício previdenciário e à prestação dos serviços correspondentes. Como não podia deixar de ser, o pedido foi deduzido contra o INSS; a lide se instaurou entre segurado e seguradora, por assim dizer. Logo, cuida-se de típica ação acidentária, que visa ao benefício previdenciário em si e não se confunde com a ação de indenização por danos morais e patrimoniais sofridos pelo acidentado. Em tal hipótese — de ação acidentária —, a competência é da Justiça comum dos entes federados, conforme disposição expressa da Constituição Republicana (inciso I e § 3º do art. 109).
>
> 8. Cumpre recordar, por oportuno, que as Constituições brasileiras tradicionalmente remetem a competência para as ações acidentárias à Justiça comum dos Estados-membros: § 1º do art. 123 da Carta de 1946; § 2º do art. 134 da Carta de 1967; e § 2º do art. 142 da EC n. 1 de 1969. Não por outra razão, o Supremo Tribunal Federal editou, há muito (Sessão Plenária de 3.12.1969), a Súmula n. 501, assim enunciada: "Compete à Justiça ordinária Estadual o processo e o julgamento, em ambas as instâncias, das causas de acidente do trabalho, ainda que promovidas contra a União, suas autarquias, empresas públicas ou sociedades de economia mista."

---

30. Cf. STF. Pleno. RE 638.483, Rel.: Ministro Cezar Peluso, *DJe* 31 ago. 2011. A redação da tese foi aprovada na 12ª Sessão administrativa, realizada em 09 dez. 2015. Em julgamento posterior o mesmo entendimento foi mantido: "*Ementa. Agravo regimental no recurso extraordinário com agravo. Benefício acidentário. Competência. Justiça Comum. Repercussão geral reconhecida. Precedentes.* 1. O Supremo Tribunal Federal, no julgamento do RE n. 638.483/PA-RG, Relator o Ministro Cezar Peluso, reconheceu a repercussão geral da matéria nele em debate, a qual guarda identidade com a ora em análise, bem como reafirmou a jurisprudência da Corte no sentido de que compete à Justiça comum estadual julgar as causas propostas contra o Instituto Nacional do Seguro Social (INSS) referentes a benefícios previdenciários decorrentes de acidente de trabalho. 2. Agravo regimental não provido". STF. 2ª Turma. ARE n. 792.280, Rel.: Ministro Dias Toffoli, *DJ* 14 dez. 2015.

> 9. Nessa contextura normativa, tenho que o verbete da Súmula n. 501 continua em pleno vigor, mesmo porque a EC n. 45/04 não trouxe nenhuma modificação para o inciso I e o § 3º do art. 109 da Constituição de 1988. Daí retirar da Justiça comum estadual a competência para as ações acidentárias significaria negar vigência a esses preceitos constitucionais. E entregar essa mesma competência à Justiça do Trabalho significaria melindrar o princípio da distribuição de competência em razão da matéria, norteador da nova redação do art. 114, dada pela EC n. 45/04. É que, muito embora a causa remota da ação acidentária seja uma relação de trabalho, pois sem essa o acidente do trabalho sequer pode ser caracterizado, o fato é que a natureza exclusivamente previdenciária dessa ação afasta a competência da Justiça especial."

O mesmo entendimento vem sendo reiteradamente adotado pelo Colendo STJ, conforme se verifica nas ementas seguintes:

> **"Conflito de competência. Previdenciário. Beneficiário previdenciário. Competência Justiça Federal comum. Pedido e causa de pedir.** I – A Justiça estadual é competente para processar e julgar as demandas relativas a acidente de trabalho, mas também aquelas que discutem as relações daí decorrentes (restabelecimento, reajuste e cumulação), porquanto art. 109, I, da Constituição Federal não fez qualquer ressalva a respeito. II – A competência para processar e julgar a ação que discute a concessão de benefício previdenciário decorrente de acidente de trabalho deve ser determinada em função do pedido e da causa de pedir, constantes da petição inicial. III – A partir da análise da petição inicial (fls. 4-9), é possível verificar que o pedido principal consiste na concessão de auxílio-doença e/ou aposentadoria por invalidez, já a causa de pedir não indica qualquer relação com a atividade laboral. Conclui-se que tanto o pedido quanto a causa de pedir da ação possuem natureza previdenciária, razão pela qual compete à Justiça Federal processá-la e julgá-la. IV – Conflito de competência conhecido para declarar competente para a causa o Juízo federal da 1ª Unidade Avançada de Atendimento em Ivaiporã/PR." STJ. Primeira Seção. CC n. 187.898/PR, Rel.: Ministro Francisco Falcão, *DJe* 30 maio 2022.
>
> **"Previdenciário. Conflito de competência. Benefício previdenciário. Conversão de auxílio-doença em aposentadoria por invalidez decorrente de acidente de trabalho. Competência da Justiça Estadual. Súmulas 15/STJ e 501/STF. Conflito de competência conhecido para declarar competente o juízo comum estadual.** 1. Compete à Justiça comum dos Estados apreciar e julgar as ações acidentárias, que são aquelas propostas pelo Segurado contra o Instituto Nacional do Seguro Social, visando ao benefício, aos serviços previdenciários e respectivas revisões correspondentes ao acidente do trabalho. Incidência da Súmula 501/STF e da Súmula 15/STJ. 2. Conflito de Competência conhecido para declarar competente o Tribunal de Justiça do Estado de São Paulo." STJ. Primeira Seção. CC 163.821, Rel.: Napoleão Nunes Maia Filho, *DJe* 20 mar. 2019.

13.9. AÇÃO AJUIZADA EM FACE DO TERCEIRO CAUSADOR DO ACIDENTE

Surgem dúvidas sobre a Justiça competente para processar e julgar a ação indenizatória na hipótese de acidente do trabalho causado por terceiro ou quando esse terceiro tenha contribuído com participação concausal no evento danoso.

Quando o acidente for causado exclusivamente por terceiro que não mantenha qualquer vínculo operacional com o empregador, não haverá nexo causal direto com o trabalho desempenhado pela vítima e, por consequência, não cabe indenização por parte do empregador. Nesse caso, ocorre somente nexo condicional com o trabalho (a vítima estava em serviço ou em deslocamento por conta do trabalho no momento do acidente), mas não fica caracterizado o nexo causal para fins de responsabilidade civil do empregador. O trabalho atua apenas como condição, mas não como causa do infortúnio. Perante o empregador ocorreu um acidente do trabalho, mas com relação ao terceiro ocorreu uma lesão de natureza civil. Assim, a causa de pedir não é o acidente do trabalho, mas o acidente de outra natureza, porque o eventual responsável pela reparação não é o empregador.

Nessa hipótese, a ação indenizatória deve ser ajuizada perante a Justiça Comum em face do terceiro causador do dano ou na Justiça Federal se o terceiro for a União, entidade autárquica ou empresa pública federal, Estado estrangeiro ou organismo internacional (art. 109 da CF). Vejam os entendimentos do STJ ao julgar os conflitos de competência a respeito dessas hipóteses:

> "**Recurso de revista. Acórdão regional publicado na vigência da lei nº 13.467/2017. Preliminar. Incompetência da justiça do trabalho. Indenização por dano moral ou patrimonial. Não oriunda da relação de trabalho. Transcendência. Reconhecimento.** I. A Emenda Constitucional nº 45/2004 acrescentou, dentre outros, o inciso VI ao art. 114, da Constituição da República, expressamente atribuindo à Justiça do Trabalho a competência para processar e julgar as ações de indenização por dano moral ou patrimonial, decorrentes da relação de trabalho. A Súmula Vinculante nº 22 do STF dispõe que "Compete à Justiça do Trabalho processar e julgar as ações de indenização por danos morais e patrimoniais decorrentes de acidente de trabalho propostas por empregado contra empregador, inclusive naquelas em que, ao tempo da edição da EC 45/2004, ainda não havia sido proferida sentença de mérito em primeiro grau". II. No caso vertente, não se verifica qualquer relação de trabalho entre a parte reclamante e a parte recorrente (COMPANHIA PAULISTA DE FORÇA E LUZ – CPFL). A parte reclamante foi contratada pela segundo reclamado (EDNALDO RAQUEL) na condição de pedreiro autônomo para encher a laje da sua residência, quando ocorreu um acidente envolvendo um poste de iluminação pública de responsabilidade da primeira

reclamada, COMPANHIA PAULISTA DE FORÇA E LUZ – CPFL. A parte recorrente não possui nenhum vínculo com a parte reclamada, nem com a parte reclamante. III. Desse modo, a pretensão da parte reclamante em relação a COMPANHIA PAULISTA DE FORÇA E LUZ – CPFL não se encontra abarcada pela competência prevista no art. 114 da Constituição da República. IV. Recurso de revista de que se conhece e a que se dá provimento." TST. 7ª Turma. RR-1274-27.2013.5.15.0090, Rel.: Ministro Evandro Pereira Valadão Lopes, *DEJT* 25 out. 2024.

"**Agravo interno. Conflito de competência. Justiça do trabalho. Justiça Comum Estadual. Ação de indenização por danos materiais e morais. Causa de pedir sem ligação com a relação de trabalho mantida entre a vítima e terceiro. Acidente em equipamento público. Responsabilidade civil objetiva do concessionário do serviço. Acidente de trabalho não alegado. Competência da Justiça Comum Estadual. Agravo interno desprovido.** 1. A causa de pedir deduzida pelo autor não guarda pertinência com a relação de trabalho, mantida com pessoa jurídica diversa e que nem sequer foi arrolada no polo passivo da demanda, relacionando-se, na verdade, à reparação de danos materiais e morais decorrentes de acidente provocado pela má conservação de equipamento público e sob a alegação da responsabilidade objetiva que impera no seio da prestação de serviço público, não obstante ser evidente que o sinistro, em outra esfera, também caracterize acidente de trabalho, não alegado na hipótese.2. Ausente, na espécie, discussão sobre obrigações decorrentes da relação de trabalho, ou pedidos afins, não se verifica a competência especializada da Justiça do Trabalho.3. Agravo interno ao qual se nega provimento." STJ. 2ª Seção. AgInt no CC n. 156.615/SP, Rel.: Ministro Lázaro Guimarães (Desembargador convocado do TRF 5ª região), *DJe* 01 jun. 2018.

"**Conflito negativo de competência. Justiça do Trabalho. Justiça Comum Estadual. Ação de indenização por danos materiais e morais. Responsabilidade civil. Causa de pedir. Acidente de trânsito sem ligação com a relação de trabalho mantida entre a vítima e a sociedade ré. Acidente de trabalho não alegado. Competência da Justiça Comum Estadual.** 1. A pretensão indenizatória deduzida na presente ação, proposta pelo genitor da vítima fatal de acidente de trânsito, deriva de responsabilidade civil comum, e não da relação de trabalho havida entre o falecido e a também empregadora do agente causador do dano. A análise da dinâmica do sinistro descrita na inicial permite concluir que a vítima não estava a trabalho, que a motocicleta por ela usada não era da empresa, e que não estava em trânsito para o trabalho ou dele regressando. 2. Compete à Justiça Comum Estadual processar e julgar a pretensão indenizatória deduzida, pois, embora seja incontestável a existência de relação de trabalho entre a vítima e a sociedade empresária empregadora do causador do acidente, a lide não tem causa de pedir e pedido fundados na relação de emprego ou em acidente de trabalho. 3. Conflito conhecido para declarar competente a Justiça Comum Estadual. STJ. 2ª Seção. CC n. 133.668/SP, Rel. Ministro Raul Araújo, *DJe* 3 ago. 2015.

"**Conflito negativo de competência. Justiças comum e trabalhista. Responsabilidade civil. Acidente durante a jornada de trabalho. Empresa ré estranha à relação laboral. Causa de pedir imediata. Dever de indenizar decorrente da legislação**

> **civil. Arts. 186, 927 e 950 do Código Civil. Competência da Justiça Comum.** 1. Consoante a jurisprudência sedimentada nesta Corte Superior, a competência em razão da matéria se define a partir da natureza jurídica da controvérsia, que se afere da análise do pedido e da causa de pedir veiculados na inicial. 2. A delimitação da *causa petendi*, para fins de definição da competência *ratione materiae*, não pode resultar apenas da análise da causa de pedir mediata (ou remota) da ação, mas especialmente de sua causa de pedir imediata (ou próxima), ou seja, da aferição da natureza dos fundamentos jurídicos que justificam o pedido. 3. Compete à Justiça Comum, e não à Justiça especializada, processar e julgar a ação reparatória proposta contra a parte com a qual o autor não possua nenhuma relação trabalhista, quando fundada na existência do dever de indenizar decorrente das disposições da legislação civil ou das normas de proteção ao consumidor, ainda que, em tese, os fatos narrados na inicial possam corresponder a acidente laboral. 4. Conflito de competência conhecido para declarar competente o Juízo de Direito da 2ª Vara Cível da Comarca de São Mateus/ES, o suscitado." STJ. 2ª Seção. CC n. 121.723/ES, Rel.: Ministro Ricardo Villas Bôas Cueva, *DJe* 28 fev. 2014.

Entretanto, se na dinâmica do acidente houver contribuição causal do empregador e do terceiro (concausa), pode-se vislumbrar relações jurídicas diversas, dependendo da pretensão do autor e da parte que for acionada. O mesmo evento, só para citar um exemplo corrente, pode ter natureza jurídica de acidente do trabalho perante o empregador e simultaneamente de acidente de trânsito em face do terceiro, com repercussões jurídicas distintas.

Se o autor da pretensão indenizatória entender que o empregador deve responder juntamente com o terceiro, tanto pela consideração da responsabilidade subjetiva quanto pela teoria do risco, deverá acionar separadamente um e outro. Não cabe formular na mesma ação trabalhista a pretensão em face do terceiro, porque a Justiça do Trabalho não tem competência material para processar e julgar ação indenizatória da vítima perante o apontado causador do dano, por se tratar de controvérsia de natureza eminentemente civil entre partes que não mantêm relação de trabalho. Se ocorrer o ajuizamento dessa forma, o Juízo trabalhista deverá decidir a controvérsia nos limites da sua competência, mas o autor poderá ajuizar outra ação em face do terceiro no Juízo próprio, com o pedido remanescente[31]. Nesse sentido é o posicionamento do Colendo STJ, nos julgamentos dos conflitos de competência:

> **Conflito negativo de competência. Justiça do Trabalho. Justiça Comum estadual. Ação de indenização por danos morais e materiais. Duas pretensões. Dois réus. Primeiro pleito decorrente de alegado acidente de trabalho.**

31. STJ. Súmula n. 170. "Compete ao juízo onde primeiro for intentada a ação envolvendo acumulação de pedidos, trabalhista e estatutário, decidi-la nos limites da sua jurisdição, sem prejuízo de nova causa, com pedido remanescente, no juízo próprio."

Segundo pleito fundado em responsabilidade civil comum. Cumulação indevida de pedidos. Competências materiais diversas. Justiça do Trabalho e Justiça Comum. Aplicação da Súmula n. 170/STJ. 1. A parte autora deduziu, de forma indevida, duas pretensões distintas numa única ação, tendo em vista as competências materiais diversas para análise dos dois pleitos formulados (Justiça Comum Estadual e Justiça do Trabalho). 2. A primeira pretensão tem como fundamento ilícito decorrente de alegado acidente de trabalho que vitimou o marido da autora, circunstância que atrai a competência da Justiça do Trabalho para julgar o pleito indenizatório, nos termos do art. 114, VI, da Constituição Federal. 3. A segunda pretensão se funda na responsabilidade civil comum, não derivando da relação de trabalho existente entre o empregado falecido e a segunda ré, o que enseja a competência da Justiça Comum Estadual para julgamento do pedido específico. 4. Aplicação, com as adaptações pertinentes, do enunciado da Súmula n. 170 desta Corte, segundo o qual "compete ao juízo onde primeiro for intentada a ação envolvendo acumulação de pedidos, trabalhista e estatutário, decidi-la nos limites da sua jurisdição, sem prejuízo de nova causa, com pedido remanescente, no juízo próprio". 5. Conflito conhecido para declarar competente o d. Juízo de Direito da 1ª Vara Cível de Jardim/MS. STJ. 2ª Seção. CC n. 134.793/MS, Rel. Ministro Raul Araújo, *DJe* 3. ago. 2015.

"**Agravo regimental. Conflito negativo. Acidente fatal de trabalho. Ação de indenização por danos materiais e morais movida pela viúva e pelos filhos em face da ex-empregadora e da proprietária do veículo. Cumulação indevida de pedidos de natureza distinta. Enunciado 170 da Súmula do STJ. Aplicação quanto à segunda ré. Competência. Justiça estadual.** 1. Compete à Justiça Estadual, onde primeiramente ajuizada, processar e julgar ação de indenização por danos materiais e morais sofridos pela viúva e filhos de trabalhador falecido em acidente de trabalho, em que consta no polo passivo, além da ex-empregadora, a proprietária do veículo na oportunidade dirigido pelo *de cujus*. 2. A indevida cumulação de pedidos, que contra a empregadora tramitará na Justiça do Trabalho, tem como consequência, por faltar essa qualidade à agravante, que responda pelo ilícito na Justiça Comum, nos termos do entendimento sumulado no Enunciado 170-STJ. 3. Inviabilidade de discussão em conflito de competência de questões relativas à suposta ilegitimidade passiva *ad causam* da recorrente e ao mérito da controvérsia. 4. Agravo regimental a que se nega provimento." STJ. 2ª Seção. AgRg no CC 117.133/SP, Rel. Ministra Maria Isabel Gallotti, *DJe*31. ago. 2011.

13.10. FLEXIBILIZAÇÃO DA COMPETÊNCIA PARA O DOMICÍLIO DA VÍTIMA

Como estabelece o art. 651 da CLT, a ação trabalhista deve ser proposta na Vara do Trabalho da localidade onde o acidentado prestava serviços, ainda que tenha sido contratado noutro local. A redação original do artigo de 1943 já sofreu pequena flexibilização em 1999 (Lei n. 9.851), facultando ao agente ou viajante comercial ajuizar a ação na Vara do Trabalho do seu domicílio, quando não houver agência ou filial a que ele esteja subordinado.

Incialmente, cabe mencionar que a competência denominada em razão do lugar ou territorial é apenas relativa e não absoluta. Desse modo, se a ação foi proposta fora do local da prestação dos serviços do autor, não cabe ao magistrado pronunciar de ofício a incompetência; não havendo oposição da parte reclamada (art. 800 da CLT), a competência fica automaticamente prorrogada (art. 65 do CPC). Esse entendimento já está pacificado no âmbito do TST pela OJ 149 da SBDI-II: "Não cabe declaração de ofício de incompetência territorial no caso do uso, pelo trabalhador, da faculdade prevista no art. 651, § 3º, da CLT. Nessa hipótese, resolve-se o conflito pelo reconhecimento da competência do juízo do local onde a ação foi proposta." Também o STJ adota entendimento no mesmo sentido: "Súmula 33 -A incompetência relativa não pode ser declarada de ofício." Muitas empresas promovem serviços em diversas localidades, ou mesmo em todo o território nacional, e contratam trabalhadores de várias regiões. Quando ocorre acidente ou doença que gera incapacidade, normalmente, o trabalhador retorna para junto da sua família, cuja residência pode ficar muito distante do local da prestação de serviços.

Como se verifica, o acidente do trabalho, com bastante frequência, deixa a vítima, já fragilizada pelo sinistro, com muita dificuldade de acesso à Vara do Trabalho da localidade da prestação dos serviços (*caput* do art. 651-CLT), seja pela sua condição física alterada ou pelos dispêndios necessários para o deslocamento. A mesma dificuldade aparece, algumas vezes, para o acesso à justiça dos dependentes ou sucessores da vítima de acidente fatal.

As dificuldades do acidentado para acessar o Judiciário começaram a aparecer, com mais visibilidade, após a Emenda Constitucional n. 45/2004, quando a competência para julgar as indenizações por acidente do trabalho foi deslocada da Justiça Comum dos Estados para a Justiça do Trabalho.

A pesquisa do foro competente, para a vítima de acidente do trabalho, deve ser considerada a partir dos princípios constitucionais e das regras modernas que facilitam o acesso à justiça, consolidadas no direito processual, com ampliação do entendimento que vigorava na época que foi promulgada a CLT, no já remoto ano de 1943.

A Constituição da República de 1988 estabeleceu o princípio fundamental do direito ao acesso à justiça em caso de lesão ou ameaça a direito (Art. 5º, XXXV). Todo o ordenamento jurídico, sintonizado com esse princípio maior, deve estar direcionado para tornar acessível a busca da tutela jurisdicional, mormente para os mais vulneráveis ou hipossuficientes.

Nessa linha de pensamento, foi adotado o Enunciado n. 7, por ocasião da "1ª Jornada de Direito Material e Processual na Justiça do Trabalho", com o seguinte teor: "**Acesso à Justiça. CLT, art. 651, § 3º. Interpretação conforme a Constituição. Art. 5º, Inc. XXXV, da Constituição da República.** Em se tratando de empregador que arregimente empregado domiciliado em outro município ou outro Estado da federação, poderá o trabalhador optar por ingressar com a reclamatória na Vara do Trabalho de seu domicílio, na do local da contratação ou na do local da prestação dos serviços."[32]

Como bem enfatiza o jurista Fredie Didier Jr. "o devido processo legal impõe um processo adequado, que, dentre outros atributos, é aquele que se desenvolve perante um juízo adequadamente competente. A exigência de uma competência adequada é um dos corolários dos princípios do devido processo legal, da adequação e da boa-fé, de modo que se pode inclusive falar em um princípio da competência adequada"[33].

Pelo que se constata no ordenamento jurídico nacional, há diversas normas que estabelecem exceções à regra geral da competência em razão do lugar, sempre com o propósito de facilitar o acesso à justiça da parte mais fragilizada. Vale citar alguns exemplos: 1. Nas ações fundadas no Estatuto da criança e do adolescente, a competência é determinada pelo domicílio dos pais (art. 147 da Lei n. 8.069/1990); 2. Nas ações em que se pedem alimentos, é competente o foro do domicílio ou residência do alimentando (art. 53, II, do CPC); 3. Nas ações sobre responsabilidade por ofensa aos direitos assegurados ao idoso, é competente o foro do seu domicílio (art. 80 da Lei 10.741/2003); 4. A vítima de violência doméstica pode propor a ação, a seu critério, no foro do seu domicílio, no lugar do fato em que se baseou a demanda ou no domicílio do agressor (art. 15 da Lei Maria da Penha e art. 53 do CPC); 5. Nas ações de reparação de dano sofrido por acidente de veículos, é competente o foro do domicílio do autor ou do local do fato (art. 53, V, do CPC); 6. Nas ações para reparação de dano de qualquer natureza, previstas na Lei do Juizado Especial, é competente o foro do domicílio do autor (art. 4º da Lei n. 9.099/1995); 7. Na ação de cobrança do seguro DPVAT, a critério do autor, é competente o foro do seu domicílio, do local do acidente ou do domicílio do réu (Súmula

---

32. A 1ª Jornada de Direito Material e Processual na Justiça do Trabalho foi realizada no mês de novembro de 2007, nas dependências do TST em Brasília, mediante promoção conjunta da Associação Nacional dos Magistrados da Justiça do Trabalho (ANAMATRA), do Tribunal Superior do Trabalho (TST) e da Escola Nacional de Formação e Aperfeiçoamento de Magistrados (ENAMAT).
33. DIDIER Jr, Fredie. Curso de direito processual civil: introdução ao direito processual civil. 23. ed. Salvador: Juspodivm, 2021. v.1 p. 263.

STJ n. 540); 8. Nas ações em que o incapaz for réu, será competente o foro de domicílio do seu representante legal (art. 50 do CPC).

Além disso, a "Convenção Internacional sobre os Direitos das Pessoas com Deficiência", ratificada pelo Brasil (Decreto n. 6.949/2009), com hierarquia de Emenda Constitucional, contempla o direito ao efetivo acesso das pessoas com deficiência à justiça, em igualdade com as demais, inclusive mediante adaptações processuais (art. 13). A referida Convenção também coloca em relevo a regra da "adaptação razoável", que deverá ser implementada, sem acarretar ônus desproporcional, a fim de assegurar que as pessoas com deficiência possam gozar ou exercer, em igualdade de oportunidades com as demais pessoas, todos os direitos humanos e liberdades fundamentais (art. 2º).

Cabe registrar, ainda, que a situação aflitiva das vítimas de acidentes do trabalho levou o TST a recomendar o regime de prioridade na tramitação das reclamações trabalhistas relativas a acidentes do trabalho [34]. Também o CPC de 2015 instituiu, no art. 1.048, I, a tramitação prioritária para tais processos, em qualquer juízo ou tribunal.

Como se depreende de todo o exposto, as diversas hipóteses das exceções mencionadas guardam estreita similitude com a situação peculiar das vítimas de acidente do trabalho ou doença ocupacional, razão pela qual é mesmo imperioso consolidar a interpretação ampliada do art. 651, § 3º, da CLT com o propósito de viabilizar ou facilitar o acesso delas à justiça.

O volume crescente de ações ajuizadas no domicílio da vítima de acidente do trabalho gerou, inicialmente, decisões contraditórias, ora acolhendo, ora rejeitando a incompetência em razão do lugar, oposta pela parte reclamada. Começou então, no âmbito dos Tribunais Regionais do Trabalho e depois no TST, um movimento predominante na jurisprudência de aplicação ampliada da exceção prevista no art. 651, § 3º da CLT. Desse modo, em circunstâncias excepcionais, considerando as singularidades do caso concreto, o autor pode ajuizar a ação, não somente no foro da celebração do contrato ou da prestação dos serviços, mas também no foro do seu domicílio[35].

---

34. Cf. Recomendação conjunta n.º 1/GP.CGJT, de 3 DE maio DE 2011, modificada pela Ato Conjunto nº 4 /GP.CGJT, de 9 de dezembro de 2013.

35. Em julgado da 1ª Turma do TST de 2011 foi indicado na ementa: "As regras de competência em razão do lugar, no âmbito do processo trabalhista, têm por escopo beneficiar o hipossuficiente, sob pena de negar-se o acesso à Justiça. Devem-se levar em conta, pois, os princípios protetores que norteiam o direito do trabalho, deixando a critério do reclamante a opção pelo ajuizamento da demanda trabalhista no lugar em que lhe será mais fácil exercitar o direito de ação. Assim, ausente o prejuízo essencial à declaração de nulidade, a alegação de incompetência relativa

Dois acórdãos do TST, o primeiro de 2013 e o segundo já proferido pela Subseção I Especializada em Dissídios Individuais, em 2015, com o propósito de uniformizar o entendimento, mostram bem a evolução do entendimento da Corte:

> "**Recurso de revista. Exceção de incompetência territorial. Art. 651 da CLT. Garantia de acesso à justiça como direito fundamental. Interpretação a luz da constituição federal. Empresa de construção civil de âmbito nacional. Reclamação ajuizada no domicílio do reclamante. Possibilidade.** A regra geral para fixação da competência das Varas do Trabalho está prevista no artigo 651, -*caput*-, da CLT, o qual define o local da prestação de serviços como competente para o ajuizamento da reclamação trabalhista. A CLT, mediante o § 3º do artigo 651, faculta ao empregado optar entre apresentar a reclamação trabalhista no foro da celebração do contrato de trabalho ou no local da prestação de serviços, nas situações em que o empregador realiza atividades fora do lugar do contrato de trabalho. *In casu*, o reclamante foi contratado e prestou serviços na cidade de Porto Velho/RO, local diverso do seu domicílio, Aracaju/SE, o que, em uma interpretação literal do § 3º do artigo 651 da CLT, não ensejaria a aplicação do aludido dispositivo ao caso. Todavia, as regras de competência territorial devem ser interpretadas à luz da Constituição Federal, necessitando assegurar, em primeiro lugar, o amplo acesso do empregado à justiça, afim de que a atribuição da competência territorial ao local da prestação de serviço ou ao local da contratação não inviabilize o exercício do direito de ação, garantido no artigo 5º, XXXV, da CF. Outrossim, em estrita observância às normas de proteção do empregado, basilar no direito do trabalho, deve-se privilegiar o juízo da localidade que seja mais acessível ao trabalhador, beneficiando a parte mais hipossuficiente economicamente. Isso porque a finalidade precípua das regras de competência territorial, no âmbito da Justiça do Trabalho, é beneficiar o empregado, parte hipossuficiente, sob pena de negar-se acesso à Justiça. Daí, a observância literal do artigo 651 da CLT, pode possibilitar, em determinados casos, a denegação do próprio acesso à justiça, como se denota no caso em apreço. Ora, se o reclamante reside atualmente na cidade de Aracaju/SE, local sabidamente distante da cidade de Porto Velho/RO – mais de 4000 km – e, como alega em sua petição inicial (a fl. 2), não tem condições de arcar com as custas e despesas processuais, impor a fixação da competência para o local em que foi contratado e prestou serviços (Porto Velho/RO), é fixar como competente local de difícil acesso para o reclamante, tornando inexequível o seu acesso à Justiça, ainda mais em se tratando de reclamada que é empresa de construção civil, de âmbito nacional, que realiza contratação em todo o País. Desse modo, entendo que é perfeitamente possível a aplicação ampliativa do preceito contido no § 3º do artigo 651 da CLT, facultando, pois, ao reclamante, a opção de ajuizar a reclamação trabalhista no local do seu domicílio. Precedentes desta c. Corte na mesma linha. Recurso de revista conhecido e provido." TST.

---

cede em face da garantia da razoável duração do processo. Cf. RR-312-90.2010.5.22.0000, Rel. Min. Vieira de Mello Filho, *DEJT* de 23 set. 2011.

> 6ª Turma. TST-RR-1189-44.2011.5.20.0002, Rel. Min. Aloysio Corrêa da Veiga, *DJET* de 18 out. 2013.
>
> "**Competência territorial. Justiça do Trabalho. Dissídio individual atípico. Acidente de trabalho. Falecimento do empregado. Ação de indenização por danos moral e material. Viúva e herdeiros menores de idade. Pretensão deduzida em nome próprio** 1. A determinação da competência territorial para o dissídio individual típico, no processo do trabalho, define-se, em regra, pelo local da prestação dos serviços do empregado, seja ele reclamante ou reclamado, nos termos do artigo 651, caput, da CLT. Norma de cunho protecionista e ditada pela observância do princípio constitucional da acessibilidade (art. 5º, inciso XXXV, Constituição Federal). Excepcionalmente, toma-se em conta o juízo da localidade da contratação (§ 3º do artigo 651 da CLT). 2. Em alguns casos, as regras objetivas de fixação da competência territorial do artigo 651 da CLT revelam-se insuficientes, sobretudo em virtude de não abarcarem o complexo mosaico de lides hoje confiadas à competência material da Justiça do Trabalho, mormente a partir da Emenda Constitucional nº 45/04. Nesses casos, à falta de norma específica definidora da competência territorial, cumpre ao órgão jurisdicional colmatar a lacuna mediante a aplicação de norma compatível com o princípio da acessibilidade por que se norteia o sistema processual trabalhista. 3. Ação de indenização movida por viúva e filhos menores de idade de ex-empregado falecido, na defesa de direito próprio e não fruto de transmissão do "de cujus". Ausente disciplina legal específica na CLT. Admite-se a fixação da competência territorial, excepcionalmente, pelo foro do local de domicílio dos Reclamantes, por aplicação analógica do disposto no artigo 147, I, do Estatuto da Criança e do Adolescente. A prevalência do foro da localidade da prestação de serviços do falecido empregado, além de contemplada para lide de natureza diversa, em que o próprio empregado figure como demandante ou demandado, poderia implicar denegação de justiça em situações desse jaez. 4. Embargos dos Reclamantes de que se conhece, por divergência jurisprudencial, e a que se dá provimento para reconhecer a competência territorial do foro do domicílio dos Autores". TST. SBDI-I. E-RR-86700-15.2009.5.11.0007, *DEJT* 18 dez. 2015.

Essa interpretação ampliada do art. art. 651, § 3º, foi recebendo expressiva adesão nas decisões do Colendo TST, com reflexos em inúmeros julgamentos dos Tribunais Regionais do Trabalho:

> "**Recurso ordinário. Ação trabalhista ajuizada no domicílio do trabalhador. Proteção ao hipossuficiente. Prevalência do princípio do acesso à justiça. Critérios plásticos de fixação da competência.** Em regra, a competência territorial rege-se pela localidade da prestação de serviços, a teor da disposição contida na CLT, art. 651, caput. De outra parte, o próprio legislador, com a intenção de ampliar ao máximo o acesso do trabalhador ao Poder Judiciário, flexibilizou a norma, sinalizando as exceções contidas nos §§ 1º, 2º e 3º, que tratam do agente ou viajante comercial, da prestação de serviços no exterior e do empregador que promove atividades fora do lugar do contrato de trabalho, respectivamente. Entretanto, há casos em que o critério legal, interpretado em

sua literalidade, não é suficiente, sendo imperioso que o juiz aplique os dispositivos da CLT, em conformidade com o princípio do acesso à justiça (CF, art. 5º, XXXV), bem ainda, com arrimo na finalidade social da norma (CLT, art. 8º, c/c LINDB, art. 5º), reconhecendo-se os critérios de fixação da competência territorial trabalhista. Assim, uma vez constatada a hipossuficiência do trabalhador, que não tem condições de se deslocar para Estado distante de sua residência para acionar a reclamada, aliada à inexistência de prejuízo à defesa da empresa que atua em numerosas e volumosas obras públicas espalhadas por vários Estados, é de se reconhecer a competência da Vara do Trabalho da localidade do domicílio do obreiro, em detrimento daquela do local da prestação de serviços. Máxime quando há alegação de que o autor tenha sofrido acidente de trabalho severamente debilitante, motivo pelo qual tenha retornado ao convívio familiar em sua cidade de origem. Entendimento em contrário ceifaria qualquer possibilidade de o ex-funcionário discutir em juízo os direitos que entende não terem sido adimplidos no curso do liame, porque jamais terá condições de suportar o ônus econômico de uma eventual fixação da competência em Vara distante, o que equivale, na prática, a lhe surrupiar o acesso à justiça. Decisão de origem reformada, para se estabelecer a competência da Vara do Trabalho do local do domicílio do trabalhador. Recurso obreiro provido." Paraíba. TRT 13ª Região. 2ª Turma. RO n. 0130357-13.2015.5.13.0016, Rel.: Desembargador Wolney De Macedo Cordeiro, *DEJT* 22 fev. 2016.

"**Deslocamento da competência territorial em razão de doença ocupacional. Possibilidade. Exceção.** No caso de comprovação de doença, principalmente quando a doença foi reconhecida pelo órgão previdenciário como de cunho ocupacional, excepcionalmente, poderá haver o deslocamento da competência para o Juízo da Vara do Trabalho da residência do trabalhador, a fim de preservar o direito de acesso à justiça, previsto no art. 5º, XXXV, da Constituição Federal." Santa Catarina. TRT 12ª Reg. 1ªTurma. RO n. 0000219-35.2018.5.12.0030, Rel.: Hélio Bastida Lopes, *DEJT* 26 out. 2018.

"**Recurso ordinário. Exceção de incompetência territorial.** A competência territorial na Justiça do Trabalho é determinada, em regra, pela localidade onde se dá a prestação dos serviços, sendo assegurado ao empregado ajuizar sua reclamação trabalhista no foro da celebração do contrato de trabalho, à luz do disposto no art. 651 da CLT. Ocorre que a jurisprudência do C. TST vem admitindo que a ação trabalhista também seja ajuizada no foro do domicílio do empregado, quando lhe for mais favorável, em observância ao princípio constitucional do amplo acesso à justiça (art. 5º, XXXV, da CRFB). Recurso do autor ao qual se dá provimento." Rio de Janeiro. TRT 1ª Reg. 2ª Turma. RO n. 0100807-11.2020.5.01.0281, Rel.: Maria das Graças Cabral Viegas Paranhos, *DEJT* 24 set. 2021.

A jurisprudência atual do Colendo TST está bem sedimentada no sentido de que, no caso excepcional do acidente do trabalho, pelas suas peculiaridades, o autor pode propor a ação indenizatória tanto na Vara do Trabalho da localidade da prestação dos serviços quanto na Vara do Trabalho instalada na jurisdição do seu domicílio. Vejam alguns acórdãos recentes:

> "**Recurso de revista. Competência territorial. Acidente de trabalho. Falecimento do empregado. Ação de ajuizada pelos genitores no foro de seus domicílios. Flexibilização da regra do art. 651 da CLT. Princípios do acesso à justiça e da proteção ao trabalhador. Ausência de transcendência**. A regra geral do art. 651, caput, da CLT, fixa a competência em função do local de prestação dos serviços. Todavia, havendo conflito entre princípios (a legalidade estrita, de um lado, e o acesso à justiça, de outro) faz-se necessário analisar se a solução pretendida é adequada, necessária e proporcional. Esta Corte Trabalhista possui entendimento no sentido de que os princípios do acesso à justiça e da proteção ao trabalhador autorizam, em condições específicas, o processamento da reclamação trabalhista no foro do domicílio do autor/reclamante. A Subseção II Especializada em Dissídios Individuais já decidiu que ações em que se pretende indenização por danos morais e materiais em decorrência de acidente de trabalho, propostas pelos sucessores de empregado falecido, "por se constituírem em dissídio individual atípico, podem ser ajuizadas tanto perante o foro de seus domicílios quanto no do local onde ocorreu o dano, em observância aos princípios do acesso ao Poder Judiciário e da proteção ao hipossuficiente". O Tribunal de origem, ao rejeitar a exceção de incompetência territorial oposta pela reclamada, mantendo a competência do juízo do foro do domicílio dos autores, privilegiando o princípio do acesso à Justiça, afinou-se à jurisprudência atual e iterativa desta Corte Superior. Recurso de revista de que não se conhece." TST. 3ª Turma. RR-310-19.2021.5.22.0006, Rel.: Ministro Alberto Bastos Balazeiro, *DEJT* 21 jun. 2024.
>
> "**Conflito positivo de competência. Competência territorial. Dissídio individual atípico. Acidente de trabalho. Falecimento do empregado. Ação de indenização por danos moral e material. Pretensão deduzida em nome próprio pelos sucessores no foro de seus domicílios. Princípios do acesso ao Poder Judiciário e da proteção ao hipossuficiente. Ajuizamento de ação pelos filhos na Vara do Trabalho de Parnaíba/PI e pela companheira do falecido na Vara do Trabalho de Colíder/MT. Conexão. Reunião de processos. Prevenção**. 1. A jurisprudência desta Corte Superior é no sentido de que as ações em que se pretende indenização por danos morais e materiais propostas em nome próprio pelos sucessores de empregado falecido em decorrência de alegado acidente de trabalho, por se constituírem em dissídio individual atípico, podem ser ajuizadas tanto perante o foro de seus domicílios quanto no do local onde ocorreu o dano, em observância aos princípios do acesso ao Poder Judiciário e da proteção ao hipossuficiente. 2. No tocante à reunião de processos, verifica-se a conexão das ações trabalhistas apresentadas por terem o mesmo pedido (indenização por danos morais e materiais) e a mesma causa de pedir (falecimento do empregado em razão de alegado acidente de trabalho). Ainda, em consulta realizada nos sistemas de acompanhamento processual dos sítios da internet dos Tribunais Regionais do Trabalho da 22ª e 23ª Regiões, verifica-se que os processos encontram-se sobrestados. Portanto, sendo a

competência relativa na presente hipótese, os processos devem ser reunidos para evitar risco de prolação de decisões conflitantes ou contraditórias, com a remessa dos autos ao Juízo da Vara do Trabalho de Parnaíba/PI, em razão da prevenção, conforme os arts. 55, §§ 1º e 3º, 58 e 59 do Código de Processo Civil. Conflito positivo de competência admitido para declarar a competência do Juízo da Vara do Trabalho de Parnaíba/PI para julgar ambas as ações, que devem ser reunidas". TST. SBDI-II. CC-1651-47.2020.5.00.0000, Rel.: Ministro Amaury Rodrigues Pinto Junior, *DEJT* 22 out. 2021.

"Recurso de Revista. Acórdão regional publicado na vigência das Leis nºs 13.015/2014 e 13.456/2017. 1. Competência territorial. Ação interposta no domicílio dos herdeiros do trabalhador falecido. Local diverso da prestação de serviços e da contratação. Transcendência política reconhecida. Conhecimento e provimento. I. A Corte Regional decidiu que "não há previsão de competência territorial distinta quando se tratar de ação ajuizada por herdeiros, tal como mencionado na sentença ". II. Trata-se de hipótese em que o herdeiro e a viúva promovem ação para postular direito próprio – danos moral e material – decorrente de acidente de trabalho. III. Em casos análogos, esta Corte Superior já decidiu que a norma do art. 651 da CLT não regula especificamente a situação em que os herdeiros e a viúva promovem ação para postular direito próprio – danos moral e material – decorrente de acidente de trabalho. Diante desse excepcional contexto, as Subseções I e II Especializada em Dissídios Individuais, já reconheceram a competência do foro do local de domicílio dos Reclamantes. IV. Recurso de revista de que se conhece e a que se dá provimento". TST. 4ª Turma. RR-19-81.2019.5.09.0513, Rel.: Ministro Alexandre Luiz Ramos, *DEJT* 25 jun. 2021.

"Agravo de instrumento da reclamada. Recurso de revista. Vigência da Lei 13.015/2014 e da IN 40/TST. Competência territorial. Dissídio individual atípico. Acidente de trabalho. Falecimento do empregado. Indenização por dano moral e material. Direito próprio. Foro do domicílio da mãe do "de cujus". O Tribunal Regional, com base no princípio do livre acesso ao Judiciário, manteve a competência territorial da Vara do Trabalho de Teresina-PI, juízo diverso do local da contratação ou da prestação de serviço do "de cujus", entretanto mais próxima ao domicílio da autora, sob o fundamento de que o caso envolve a defesa de direito próprio, consistente em ação de indenização por danos morais e materiais movida pela mãe do ex-empregado, vítima fatal de acidente de trabalho. Constou a ausência de prejuízo à parte reclamada quanto ao direito de produzir provas no processo. Decisão proferida em conformidade com a jurisprudência desta Corte Superior a respeito da competência territorial, caracterizada, em regra, pelo local da contratação ou da prestação dos serviços, na forma do art. 651 da CLT, admitida a flexibilização, de forma excepcional, nas hipóteses envolvendo dissídios individuais atípicos, de modo a imprimir efetividade aos princípios do livre acesso à Justiça, previsto no art. 5º, XXXV, da CF/1988, e da proteção ao hipossuficiente, quando constatada, em todo caso, a ausência de prejuízo para o direito de defesa da parte reclamada. Nesse quadro, caracterizada a situação excepcional, amparado está o deslocamento da competência para o domicílio da reclamante. Precedentes. Agravo de instrumento a que se nega provimento." TST. 2ª Turma. RRAg-81734-36.2014.5.22.0004, Rel.: Ministra Maria Helena Mallmann, *DEJT* 21 maio 2021.

"Agravo de instrumento. Recurso de revista – Descabimento. Competência territorial. Reclamação ajuizada pelos herdeiros do empregado falecido, no domicílio dos autores. Não coincidência com o local da celebração do contrato ou da prestação dos serviços. Acidente de trabalho. Indenização por dano moral. 1. O art. 651, 'caput' e parágrafos, da CLT franqueia a possibilidade de ajuizamento da ação no foro do domicílio do empregado, ou da localidade mais próxima, quando for parte no dissídio agente ou viajante comercial. Nas demais situações, o reclamante somente poderá ajuizar a reclamação trabalhista no seu domicílio se este coincidir com o local da prestação dos serviços ou da celebração do contrato. 2. Tratando-se, entretanto, de reclamação trabalhista proposta pelos herdeiros do empregado falecido, na qual se pretende o pagamento de indenização por dano moral decorrente de acidente de trabalho, a interpretação do dispositivo não deve limitar-se ao método gramatical, mas, ao contrário, reclama exegese à luz da Carta Magna. Conforme o art. 5º, XXXV, da Constituição Federal, "a lei não excluíra da apreciação do Poder Judiciário lesão ou ameaça a direito". 3. No presente caso, a aplicação da regra geral do local da prestação de serviços, Novo Progresso/PA, inviabilizaria o acesso dos herdeiros do trabalhador 'de cujus' ao Poder Judiciário, que possuem domicílio em lugar distinto, Alto Alegre dos Parecis/RO. Nessa esteira, a fim de dar efetividade à garantia de acesso amplo ao Poder Judiciário previsto no preceito constitucional, inafastável é a competência da Vara do Trabalho de Rolim de Moura/RO. Precedentes. Agravo de instrumento conhecido e desprovido". TST. 3ª Turma. AIRR-456-66.2019.5.14.0131, Rel.: Ministro Alberto Luiz Bresciani de Fontan Pereira, *DEJT* 14 maio 2021.

Por tudo que foi exposto, podemos concluir que a vítima de acidente do trabalho ou doença ocupacional, considerando as peculiaridades do caso concreto, pode ajuizar a reclamação trabalhista na Vara do Trabalho da localidade do seu domicílio. Essa interpretação excepcional do art. 651 da CLT está em sintonia com o princípio constitucional que prioriza o amplo acesso à justiça (art. 5º, XXXV), bem como guarda harmonia com as diversas exceções da regra de competência territorial já contempladas no ordenamento jurídico, para viabilizar ou facilitar o acesso de pessoas vulneráveis ou hipossuficientes ao Poder Judiciário. Como se trata de leitura ampliativa da exceção já prevista no art. 651, § 3º, da CLT, deve o magistrado ponderar, no caso concreto, as adaptações razoáveis para também assegurar à reclamada a observância do contraditório e do devido processo legal.[36]

36. Pontifica o jurista Fredie Didier: "Não é possível aplicar as regras legais de competência sem que se faça o juízo de ponderação a partir do exame das peculiaridades do caso concreto". Cf. *Curso de Direito Processual Civil*: introdução ao direito processual civil. 23. ed. Salvador: Juspodivm, 2021. v.1. p. 263.

14

ACIDENTE SOFRIDO POR TRABALHADOR DOMÉSTICO OU NÃO EMPREGADO

14.1. CONSIDERAÇÕES INICIAIS

Desde a Emenda Constitucional n. 45/2004, passou para a competência da Justiça do Trabalho processar e julgar as ações de indenização, por danos decorrentes dos acidentes sofridos por aqueles que atuam como empregados domésticos ou que prestam serviço sem vínculo de natureza empregatícia.

No entanto, quando nos deparamos com ações indenizatórias ajuizadas por esses trabalhadores, surgem vários questionamentos: pode-se enquadrar o evento como acidente do trabalho? Quando cabe indenização ao acidentado? Para deferir a indenização é necessária a comprovação da culpa do tomador dos serviços ou seria cabível aplicar a teoria da responsabilidade civil objetiva? Como avaliar os deveres do tomador dos serviços com relação ao cumprimento das normas de segurança e prevenção das doenças ou dos acidentes? O arbitramento do valor da indenização sofre algum ajuste? Qual a prescrição aplicável?

As consequências jurídicas dos acidentes ocorridos com trabalhadores que atuam no âmbito doméstico ou que prestam serviços sem vínculo de emprego, pelas suas peculiaridades, devem ser apreciadas com algumas adaptações, quando comparadas com as repercussões dos acidentes ou das doenças ocupacionais sofridos pelos empregados de empresas, conforme passaremos a expor.

14.2. ACIDENTE DO TRABALHO E ACIDENTE NO TRABALHO

Costumeiramente, consideramos acidente do trabalho qualquer dano pessoal sofrido por alguém durante a prestação de serviços em benefício de outrem ou mesmo em proveito próprio. Todavia, essa denominação corrente, apesar de estar consagrada pelo uso, nem sempre é correta, visto que não é todo acidente ocorrido no ambiente de trabalho que pode ser enquadrado, tecnicamente, como acidente do trabalho.

Do ponto de vista jurídico, o "acidente do trabalho" tem limites bem delineados na legislação. Estabelece o art. 19 da Lei n. 8.213/1991: "Art. 19. Acidente do trabalho é o que ocorre pelo exercício do trabalho a serviço de empresa ou de empregador doméstico ou pelo exercício do trabalho dos segurados referidos no inciso VII do art. 11 desta Lei, provocando lesão corporal ou perturbação funcional que cause a morte ou a perda ou redução, permanente ou temporária, da capacidade para o trabalho." São equiparadas ao acidente do trabalho típico as doenças profissionais e as do trabalho (art. 20 da Lei n. 8.213/1991), bem como os acidentes ocorridos no trajeto da residência para o local de trabalho ou deste para aquela (art. 21 da referida lei).

Como se verifica, somente se enquadra no conceito legal acima transcrito o acidente sofrido por aqueles segurados relacionados pela legislação da infortunística e que tenha nexo causal direto ou indireto com o exercício do trabalho. Consequentemente, não são considerados acidente do trabalho, em termos legais, os acidentes sofridos no trabalho pelo trabalhador autônomo, pelo cooperado, pelo estagiário, pelo sócio ou qualquer prestador de serviço sem vínculo de natureza empregatícia[1]. De forma semelhante, os acidentes sofridos pelos servidores públicos federais, regidos pela Lei n. 8.112/1990, também não se enquadram no conceito legal de acidente do trabalho, recebendo a denominação própria de acidente em serviço[2].

Os trabalhadores que atuam na condição de autônomos são apenas segurados da Previdência Social, mas não são ainda beneficiários do seguro de acidente do trabalho; quando sofrem acidentes ou ficam incapacitados por doença relacionada ao trabalho, recebem benefícios previdenciários, mas não aqueles de natureza acidentária.

Como tais eventos não estão incluídos no conceito legal de acidente do trabalho, a Previdência Social os enquadra como acidentes de qualquer natureza ou causa. É o que prevê o art. 30, §1º, do Regulamento da Previdência Social,

---

1. Convém mencionar que, excepcionalmente, a lei considera acidente do trabalho aquele sofrido pelo trabalhador avulso ou pelo segurado especial.
2. Lei n. 8.112, de 11 dez. 1990. Art. 212. "Configura acidente em serviço o dano físico ou mental sofrido pelo servidor, que se relacione, mediata ou imediatamente, com as atribuições do cargo exercido. Parágrafo único. Equipara-se ao acidente em serviço o dano: I — decorrente de agressão sofrida e não provocada pelo servidor no exercício do cargo; II — sofrido no percurso da residência para o trabalho e vice-versa."

o Decreto n. 3.048/1999: "Entende-se como acidente de qualquer natureza ou causa aquele de origem traumática e por exposição a agentes exógenos, físicos, químicos ou biológicos, que acarrete lesão corporal ou perturbação funcional que cause a morte ou a perda ou a redução permanente ou temporária da capacidade laborativa."

Em síntese, o prestador de serviços sem vínculo de emprego, apesar de sofrer acidente "no" trabalho, não é vítima, do ponto de vista técnico, de acidente "do" trabalho. O evento é considerado acidente apenas em termos genéricos, sendo que na legislação previdenciária enquadra-se no conceito de acidente de qualquer natureza ou causa.

É oportuno mencionar que após a Emenda Constitucional n. 72/2013 foram estendidos ao empregado doméstico os direitos previstos no art. 7º, XXVIII, da Constituição da República, porém "atendidas as condições estabelecidas em lei e observada a simplificação do cumprimento das obrigações tributárias, principais e acessórias, decorrentes da relação de trabalho e suas peculiaridades". A Lei Complementar n. 150, de 1º de junho de 2015, regulamentou o contrato de trabalho doméstico em cumprimento à referida Emenda Constitucional e determinou a incorporação do empregado doméstico como beneficiário do seguro de acidente do trabalho da Lei n. 8.213/1991. Após a vigência da nova regulamentação em outubro de 2015, o empregador deverá recolher mensalmente, juntamente com a contribuição previdenciária (Simples doméstico), o percentual adicional de 0,8% para financiar os benefícios acidentários[3] e deverá emitir a CAT em caso de acidente do trabalho ou doença de natureza ocupacional[4].

14.3. ACIDENTE OCORRIDO NO ÂMBITO DOMÉSTICO

São frequentes os acidentes ou as doenças de natureza ocupacional sofridos pelos prestadores de serviços que atuam no âmbito residencial.

O art. 1º da Lei Complementar n. 150/2015 considera como empregado doméstico aquele que presta serviços de forma contínua, subordinada, onerosa e pessoal e de finalidade não lucrativa à pessoa ou à família, no âmbito residencial destas, por mais de dois dias por semana.

Segundo a doutrina da saudosa Alice Monteiro de Barros, compreendem-se no conceito de empregado doméstico "não só a cozinheira, a copeira, a babá, a lavadeira, o mordomo, a governanta, mas também os que prestam serviço

3. Lei Complementar n. 150, de 1º jun. 2015, art. 34, III.
4. Lei n. 8.213, de 24 jul. 1991, art. 22.

nas dependências ou em prolongamento da residência, como o jardineiro, o vigia, o motorista, o piloto ou marinheiro particular, os caseiros e zeladores de casas de veraneio ou sítios destinados ao recreio dos proprietários, sem qualquer caráter lucrativo."[5]

Em razão dos perigos e da falta de segurança nas grandes cidades, os espaços públicos de lazer estão sendo substituídos pelo lazer privado ou privativo de determinados grupos. Com isso, muitas residências atualmente são equipadas com pequenas academias de ginástica, quadras esportivas, saunas e piscinas, tornando o ambiente de trabalho doméstico mais vulnerável a diversos riscos de acidente, especialmente para os que atuam nos serviços de limpeza e manutenção.

Além dos acidentes ou das doenças que acometem o empregado doméstico, também há ocorrências danosas com outros prestadores de serviços eventuais ou autônomos, tais como faxineiras, passadeiras, jardineiros, bombeiros, eletricistas, decoradores, professores particulares etc.

14.4. COMPETÊNCIA PARA JULGAR A AÇÃO INDENIZATÓRIA

Tratamos do tema da competência para julgar as ações indenizatórias por acidente envolvendo aqueles que prestam serviço sem vínculo de emprego no capítulo 13, item 13.5, ao qual nos reportamos.

14.5. ANÁLISE DO CABIMENTO DE INDENIZAÇÃO

Considerando que os acidentes ocorridos com os diversos prestadores de serviço sem vínculo de emprego não são enquadrados, legalmente, como acidentes do trabalho[6], surge logo o questionamento: cabe indenização quando ocorrem tais acidentes?

Antes da promulgação da Emenda Constitucional n. 72/2013, o parágrafo único do art. 7º da Constituição da República não estendia aos empregados domésticos a previsão do inciso XXVIII. Entretanto, essa omissão indicava apenas que tais empregados não seriam beneficiários dos direitos concedidos pelo seguro de acidente do trabalho. Aliás, na indenização deferida ao empregado doméstico, por acidente ocorrido no trabalho, nem cabia o questionamento sobre a cumulação do valor mensal pago pela Previdência Social com a indenização por responsabilidade civil, uma vez que ele não recebia

5. BARROS, Alice Monteiro de. *Curso de direito do trabalho*. 7. ed. São Paulo: LTr, 2011. p. 268-269.
6. Vejam o item 14.2, em que analisamos a diferença entre o acidente do trabalho e o acidente no trabalho.

benefícios acidentários, mas apenas prestações de natureza previdenciária. O direito da indenização por acidente cumulado com os benefícios previdenciários concedidos ao trabalhador doméstico nunca gerou discussão ou dúvida. A Súmula n. 229 do STF foi adotada para dirimir controvérsia a respeito da cumulação da indenização devida pelo empregador com os benefícios decorrentes do seguro de acidente do trabalho, e não com as prestações concedidas pela Previdência Social propriamente dita.

Se ocorrer acidente de qualquer natureza, tanto com o empregado doméstico quanto com o simples prestador de serviços sem vínculo de emprego, a vítima pode ter direito à indenização por responsabilidade civil, se estiverem presentes os pressupostos do dano, nexo causal e culpa do empregador ou tomador dos serviços.

O direito de qualquer lesado à reparação dos danos está consagrado de modo amplo no ordenamento jurídico nacional, em especial no Código Civil. Assim, não há fundamento legal ou lógico para afastá-lo nos danos oriundos dos acidentes ocorridos com os trabalhadores domésticos ou sem vínculo de emprego, a não ser que haja alguma das excludentes da responsabilidade, tais como a culpa exclusiva da vítima (ou fato da vítima), o caso fortuito ou força maior e o fato de terceiro. De todo modo, serão necessárias determinadas adaptações da regra geral, em razão da natureza do vínculo (empregado ou autônomo), da mensuração da culpa (deveres do empregador ou do simples tomador) ou ainda dos critérios a considerar na fixação do valor da indenização (caráter compensatório e punitivo), como veremos a seguir.

14.6. AJUSTAMENTOS NA APRECIAÇÃO DA CULPA

Para o deferimento da indenização por responsabilidade civil, é imprescindível que estejam presentes o dano, o nexo causal e a culpa ou o risco da atividade. Nos acidentes ocorridos no âmbito residencial ou com trabalhadores não empregados, a análise do dano e do nexo causal deve ser feita de forma semelhante ao que ocorre nos acidentes do trabalho em geral. Contudo, na apreciação da culpa, em razão da natureza da prestação dos serviços, cabem algumas ponderações.

Inicialmente, é preciso separar, para fins de avaliar os deveres do tomador dos serviços, os trabalhadores que atuam com subordinação e aqueles outros que agem com independência funcional, técnica e operacional.

No primeiro grupo, podemos relacionar os empregados domésticos em geral, mas também a faxineira, a passadeira ou a diarista, dentre outros, que atuam apenas alguns dias por semana. Ainda que não haja prestação de serviço de natureza contínua (art. 1º da Lei Complementar n. 150/2015), o trabalho é desenvolvido com a dependência típica dos verdadeiros empregados, com observância das orientações e dos comandos do tomador dos serviços. Também devem ser incluídos nesse grupo os cooperados e os estagiários, mormente porque a Lei n. 11.788, de 25 de setembro de 2008, estabeleceu expressamente no art. 14: "Aplica-se ao estagiário a legislação relacionada à saúde e segurança no trabalho, sendo sua implementação de responsabilidade da parte concedente do estágio."

Com efeito, para esse primeiro grupo de trabalhadores, o tomador dos serviços deve cumprir fielmente as normas de segurança, higiene e saúde no local de trabalho, com obrigação de treinar, orientar, fornecer equipamentos de proteção individual, exigir e fiscalizar a observância de condições de trabalho seguras e saudáveis. Aplicam-se, nesse caso, com as adaptações pertinentes, os mesmos deveres previstos no art. 157 da CLT.

Já no segundo grupo estão os trabalhadores autônomos ou eventuais que são contratados para prestar serviços determinados, tais como: um bombeiro, um eletricista, um paisagista, um técnico de informática, um *personal trainer* ou mesmo um professor particular. Esses profissionais, normalmente, são detentores de habilidades especiais e são contratados exatamente para desempenhar uma tarefa mais qualificada, que exige experiência e conhecimento específico. Agem com independência funcional quanto às precauções a tomar no sentido de evitar acidentes e, presumidamente, conhecem e dominam os riscos inerentes aos serviços que vão executar. No desenvolvimento dos serviços desses trabalhadores, em princípio, não cabe ao tomador fiscalizar o cumprimento das normas de segurança e saúde quanto aos **riscos inerentes à tarefa**, até porque ele contratou um profissional qualificado para ter essa tranquilidade.

Pode até haver responsabilidade, ou culpa concorrente, se o tomador dos serviços não tiver agido com a diligência necessária na contratação (culpa *in eligendo*) e concordado em atribuir tarefa sabidamente perigosa a um aventureiro, sem a devida qualificação técnica ou experiência, levado tão somente pela oferta do melhor preço. Ainda que a deficiência não tenha sido percebida no momento do ajuste, pode ser que ao longo da execução dos serviços tenha ficado visível, para qualquer pessoa de média prudência ou senso de observação, o despreparo do trabalhador ou de seus auxiliares.

Por outro lado, o acidente pode ocorrer por fatores causais que não são inerentes à tarefa que o contratado estava executando, por se tratar de risco existente no local, que podia e devia ser controlado e vigiado pelo tomador dos serviços. Não são riscos inerentes, mas **riscos alheios aos serviços** contratados.

O trabalhador autônomo no âmbito residencial pode, por exemplo, ser atacado por um cão feroz que fugiu do canil, ou cair numa cisterna desativada no quintal da casa, ou esbarrar em um fio com carga elétrica colocado em um sistema de alarme mal instalado, ou chocar-se com algum obstáculo deixado imprudentemente na área de circulação etc. O prestador de serviço eventual numa empresa pode ficar exposto a um gás nocivo ou inflamável, a queda ou deslocamentos de objetos ou qualquer outro agente prejudicial ali existente. O dever de redução dos riscos no local de trabalho, previsto no art. 7º, XXII, da Constituição da República, não se restringe ao trabalhador empregado, mas beneficia a todos os trabalhadores urbanos e rurais. Então, quando se trata de prestação de serviços por autônomos no estabelecimento de uma empresa, cabe ao tomador avaliar a inserção de eventuais riscos naquele ambiente para fazer a devida prevenção, tanto em benefício dos seus trabalhadores, quanto dos próprios prestadores de serviço[7]. Aliás, nesse sentido há previsão expressa do art. 8.2 da Convenção n. 167 da OIT, que foi ratificada

---

7. *Acidente de trabalho. Responsabilidade civil. Manutenção de calhas. Queda do telhado que causou a morte do trabalhador. Indenização por danos moral e material. Transcendência política. Controvérsia sobre a responsabilidade civil por acidente de trabalho para fins de indenização por danos morais e materiais.* O trabalhador – pai e esposo dos autores – sofreu uma queda de uma altura de dez metros enquanto executava serviços de manutenção das calhas da sede da ré, sem o uso de EPI' s, falecendo em decorrência de traumatismo crânio-encefálico. Os autores alegaram que a ré contratou o de cujus como autônomo para a execução dos serviços. A ré defendeu-se, aduzindo ter contratado a empresa Portal Calhas, especializada na execução desses serviços, a qual era composta pelo de cujus e dois dos autores, seus filhos. O Regional acolheu a tese de defesa e manteve a improcedência dos pedidos. Consignou que a ré "na condição de tomadora dos serviços, não tinha o dever legal de vigilância e fiscalização próprios de um contrato de emprego", tampouco "ingerência sobre as atividades desempenhadas" pelo trabalhador "no sentido de coagi-lo a adotar as medidas de segurança necessárias à integridade física". Concluiu que o acidente fatal decorreu de culpa exclusiva da vítima ao não tomar as devidas cautelas diante da atividade que desenvolvia. Em fundamento adicional, a respeito da tese recursal dos autores, registrou que: o "trabalhador autônomo é aquele que conduz e assume os riscos da própria atividade. Cabia, portanto, ao Sr. Antonio arcar com os equipamentos necessários não somente para a execução dos serviços, mas para o desenvolvimento seguro da atividade. Nessas condições, a ré não concorreu para o infortúnio, não tendo como ser responsabilizada". Nos termos da jurisprudência reiterada desta Corte a responsabilidade decorrente de acidente do trabalho apresenta natureza jurídica civil, em razão de culpa aquiliana por ato ilícito, consoante previsão dos arts. 186 e 927, caput e parágrafo único, do Código Civil e dos artigos art. 7º, caput e XXVIII, bem como do § 6º do art. 37 da Constituição Federal. Desse modo, o fato de o acidente ocorrer em relação de emprego, de trabalho autônomo, em contrato de empreitada ou mesmo de terceirização de serviços, não afasta a responsabilização do contratante e o respectivo dever de indenizar, caso presentes os requisitos respectivos – dano, nexo causal e culpa. Assim, o acidente fatal enquanto laborava para a ré demonstra o dano e o nexo causal. E a permissão, por parte da ré, de ocorrência de trabalho em sua sede, sem o uso de qualquer EPI, demonstra a culpa, na modalidade de negligência, a qual concorreu para o infortúnio. Patente o ato ilícito, impõe-se a responsabilização civil da ré e o consequente dever de indenizar os danos morais e materiais.

pelo Brasil: "Quando empregadores ou trabalhadores autônomos realizarem atividades simultaneamente em uma mesma obra, terão a obrigação de cooperarem na aplicação das medidas prescritas em matéria de segurança e saúde que a legislação nacional determinar."[8]

Na análise do caso concreto, é importante avaliar a memória descritiva da dinâmica do acidente ocorrido e verificar se o tomador dos serviços deixou de adotar as medidas de segurança ou cautela que a prudência ou a legislação recomendam. Por outro lado, se a ocorrência estiver fora de qualquer previsibilidade, estaremos diante da hipótese de caso fortuito ou força maior, que são fatores excludentes do nexo causal e do dever de indenizar. Ninguém tem o dever de fazer prevenção daquilo que se mostra imprevisível.

Em resumo, para os acidentes ocorridos com os trabalhadores do primeiro grupo (os subordinados ou equiparados), a análise do comportamento do tomador dos serviços deve ser feita tomando-se como referência os deveres de segurança que se exigem do empregador comum. Entretanto, para os acidentes ocorridos com os trabalhadores autônomos ou eventuais, em princípio, não cabe atribuir culpa ao contratante pelos **riscos inerentes aos serviços** contratados, salvo se ficar caracterizada a sua culpa por ter criado, por ação ou omissão, um risco adicional que tenha gerado o acidente (ou **risco alheio aos serviços** contratados). Cabe citar nesse passo alguns entendimentos da jurisprudência:

> "**Agravo em agravo de instrumento em recurso de revista interposto pela reclamante. Acórdão regional publicado na vigência da lei nº 13.467/2017. Indenização por dano moral e material. Acidente do trabalho. Trabalhador autônomo. Empresa de titularidade do de cujus. Óbito. Responsabilidade do contratante. Inexistência. Culpa exclusiva da vítima. Transcendência jurídica reconhecida.** I. Nas lides de acidente de trabalho envolvendo trabalhador autônomo, é necessária a comprovação de culpa do contratante, não sendo o caso de aplicar-se a excepcional teoria da responsabilidade objetiva. II. Na hipótese dos autos, não há registros sobre a eventual ingerência na execução dos serviços por parte do condomínio contratante. Segundo o quadro fático delimitado pelo acórdão regional, "o Réu contratou empresa especializada para a prestação de serviços de dedetização, ficando a cargo da contratada o fornecimento de todo material necessário, bem como de mão de obra qualificada". Assim, ao passo que o de cujus "se apresentou para o trabalho inadequadamente trajado" e, principalmente, sem os equipamentos essenciais à execução do serviço para

Recurso de revista conhecido e parcialmente provido". TST. 6ª Turma. RR-333-07.2017.5.09.0122, Rel.: Ministro Augusto Cesar, DEJT 11 mar. 2022.

8. A Convenção n. 167 da OIT foi ratificada pelo Brasil (Decreto Legislativo n. 61/2006), com vigência interna desde 19 de maio de 2007. A promulgação ocorreu por intermédio do Decreto n. 6.271, de 22 nov. 2007, mas agora consta da consolidação das Convenções da OIT ratificadas no Decreto n. 10.088/2019.

o qual foi contratado, sobressai sua culpa exclusiva no evento danoso, circunstância que afasta o dever de reparação. O acórdão Regional ainda revela que a empresa de titularidade do de cujus venceu a licitação para realização do serviço de descupinização e, assim, compareceu o local para realização de vistoria prévia, pegando as chaves e dirigindo-se à cobertura do edifício, de onde caiu em acidente fatal. III. Em que pese o recurso de revista não lograr processamento, fica reconhecida a transcendência jurídica da causa, por se tratar de matéria em relação à qual ainda não há jurisprudência pacificada no âmbito do Tribunal Superior do Trabalho. IV. Agravo conhecido e não provido." TST. 4ª Turma. Ag-AIRR-100722-11.2017.5.01.0061, Rel.: Ministro Alexandre Luiz Ramos, *DEJT* 14 jun. 2024.

"**B) Recurso de Revista. Processo sob a égide das Leis 13.015/2014 e 13.467/2017. Acidente no trabalho. Óbito do trabalhador autônomo. Tomador de serviços pessoa física. Trabalho em altura. Atividade de risco. Responsabilidade civil objetiva.** Ficou comprovado nos autos que a relação existente entre o "*de cujus*" e o Reclamado (pessoa física) decorreu de contrato de prestação de serviços, sendo o Obreiro trabalhador autônomo. A condição de trabalhador autônomo não afasta, por si só, a responsabilização do tomador de serviços, pois a indenização por danos morais e materiais resultantes de acidente do trabalho tem natureza jurídica civil, conforme previsto nos artigos 186 e 927, *caput*, parágrafo único, do CCB/2002. Assim, para que se possa imputar responsabilização ao Reclamado pelo alegado acidente, mister se faz a conjugação dos seguintes requisitos: o dano; o nexo causal (que traduz a causalidade entre a conduta antijurídica e o dano sofrido); e, regra geral, a culpa. Não é o caso, contudo, de culpa presumida, que só pode ser reconhecida nas relações de emprego, em virtude de o empregador ter o controle e a direção sobre a estrutura, a dinâmica, a gestão e a operação do estabelecimento em que ocorrer o evento danoso. Nesse sentido, conforme leciona o professor Sebastião Geraldo de Oliveira: " Se ocorrer acidente de qualquer natureza, tanto com o empregado doméstico quanto com o simples prestador de serviços sem vínculo de emprego, a vítima pode ter direito à indenização por responsabilidade civil, se estiverem presentes os pressupostos do dano, nexo causal e culpa do empregador ou tomador de serviços. O direito de qualquer lesado à reparação dos danos está consagrado de modo amplo no ordenamento jurídico nacional, em especial no código civil. Assim, não há fundamento legal ou lógico para afastá-lo nos danos oriundos dos acidentes ocorridos com os trabalhadores domésticos ou sem vínculo de emprego, a não ser que haja alguma das excludentes da responsabilidade, tais como a culpa exclusiva da vítima (ou fato da vítima), o caso fortuito ou força maior e o fato de terceiro. (...)." (OLIVEIRA, Sebastião Geraldo de. Indenizações por acidente do trabalho ou doença ocupacional. 12 ed. Salvador: Editora Juspodivm, 2021, pg. 607). No caso dos autos, o Tribunal Regional, mantendo a sentença, julgou improcedentes os pedidos indenizatórios, por concluir pela inexistência de responsabilidade do tomador de serviços. Entendeu que não ficou comprovado o nexo causal/concausal, bem como a culpa do Reclamado. Contudo, o contexto fático delineado pela Corte de origem permite que esta Corte proceda ao enquadramento jurídico diverso da questão. Conforme se extrai do acórdão recorrido, "O 2º reclamado afirmou ser gerente da 1ª reclamada e que, por indicação do senhor Edvaldo, acertou serviço com o falecido no valor de R$ 200,00, a ser feito em imóvel de sua propriedade , disse que o serviço era pequeno, não incluía trabalho em altura e muito menos no telhado, mas de retirada de janelas, portas, portal de imóvel do depoente que era um galpão; que além disso seria feito ainda o retirada do excesso de cimento ao redor das vigas de madeira que sustentavam o galpão". Anote-se que a controvérsia deve ser examinada sob o enfoque da responsabilidade objetiva do tomador, ante o risco acentuado a que estava exposto o *de cujus* (art. 927, parágrafo único, do CC c/c art. 7º, *caput*, da CF). Não há dúvida de que a atividade em altura, para retirada de excesso de cimento ao redor das vigas de madeira que sustentavam o galpão , expõe o trabalhador a riscos mais acentuados do que aquele a que se submete a coletividade , porquanto, no exercício de tais atividades, o trabalhador fica sujeito à possibilidade de quedas, muitas vezes fatais, o que potencializa o risco de acidentes. Com efeito, trata-se de atividade de risco a ensejar a responsabilidade objetiva. Entende-se que, inclusive nas relações de trabalho autônomo, há a possibilidade de aplicação da teoria da responsabilidade civil objetiva, haja vista que a incidência da diretriz constante no art. 927, parágrafo único, do Código Civil, não se limita às relações jurídicas envolvendo os contratos de emprego. Por outro lado, quanto à suposta culpa exclusiva da vítima, esclareça-se que o fato da vítima (denominado como culpa da vítima no CCB/2002 – art. 936) é fator excludente da reparação civil, por inexistência de nexo de causalidade do evento danoso com o exercício da atividade laboral. Nesse norte, a caracterização da culpa exclusiva da vítima é fator de exclusão do elemento "nexo causal" para efeito de inexistência de reparação civil no âmbito laboral quando o infortúnio ocorre por causa única decorrente da conduta do trabalhador , sem qualquer ligação com o descumprimento das normas legais, contratuais, convencionais, regulamentares, técnicas ou do dever geral de cautela por parte de quem o contratou , ou também sem qualquer ligação com os fatores objetivos do risco da atividade – o que não é o caso dos autos, haja vista que o acidente não ocorreu tendo como causa única a conduta do trabalhador, estando diretamente atrelada aos fatores objetivos do risco da atividade, além do descumprimento do dever geral de cautela por parte do tomador de serviços. Logo, não há falar em culpa exclusiva da vítima. Ademais, a presença de culpa concorrente não é fator de exclusão da responsabilidade civil da tomadora, devendo ser considerada, no entanto, no momento do arbitramento dos valores das indenizações. Recurso de revista conhecido e provido no aspecto." TST. 3ª Turma. RR-309-11.2019.5.08.0130, Rel.: Ministro Mauricio Godinho Delgado, *DEJT* 20 out. 2023.

"Recurso de Revista. Acidente de trabalho. Morte do trabalhador autônomo. Responsabilidade do tomador de serviços. Indenização. Culpa exclusiva da vítima. Esta Corte vem entendendo que no contrato com trabalhador autônomo, marcado pela autonomia de vontade, não se pode presumir a culpa ou responsabilizar objetivamente o contratante pelos infortúnios ocorridos na execução dos serviços, a não ser quando restar provada a participação da reclamada no evento danoso, uma vez que não há típica relação de emprego. O quadro fático delineado pelo Tribunal Regional evidenciou ter cabido exclusivamente ao vitimado, prestador de serviços (autônomo), a escolha do momento e da forma pela qual realizaria o serviço. Nesse contexto, não restou comprovada a conduta culposa da administração pública que tenha contribuído para o acidente que de que foi **vítima o prestador de serviços**. Recurso de Revista de que se conhece e a que se nega provimento." TST. 8ª Turma. RR n. 1746.95.2013.5.12.0030, Rel.: Ministro João Batista Brito Pereira, *DEJT* 14 ago. 2020.

"**Agravo de instrumento. Recurso de revista. Processo anterior à Lei n. 13.467/2017. Acidente de trabalho. Trabalhador autônomo. Tomador de serviços pessoa física. Pequena empreitada. Responsabilidade civil. Danos morais e materiais.** Infere-se do acórdão recorrido que o vínculo existente entre o Reclamante e Reclamado (pessoa física) decorreu de contrato de pequena empreitada para execução de obra certa na casa de veraneio do Reclamado, sendo o Obreiro, trabalhador autônomo. Com efeito, a condição de trabalhador autônomo não afasta, por si só, a responsabilização do tomador de serviços — dono da obra —, pois a indenização por danos morais e materiais resultantes de acidente do trabalho tem natureza jurídica civil, decorrente de culpa por ato ilícito - conforme previsto nos arts. 186 e 927, *caput*, do Código Civil. Assim, para que se possa imputar responsabilização ao Reclamado pelo alegado acidente, mister se faz a conjugação dos seguintes requisitos: o dano; o nexo causal (que traduz a causalidade entre a conduta antijurídica e o dano sofrido); e, regra geral, a culpa. Não é o caso, contudo, de culpa presumida, que só pode ser reconhecida nas relações de emprego, em virtude de o empregador ter o controle e a direção sobre a estrutura, a dinâmica, a gestão e a operação do estabelecimento em que ocorrer o evento danoso. Também, segundo se extrai do acórdão, não prevalece na hipótese dos autos a responsabilidade objetiva, uma vez que a atividade de pedreiro desempenhada pelo Autor (profissional autônomo) não representa um risco maior do que o vivenciado pelo indivíduo médio. No caso concreto, o Tribunal Regional manteve a sentença, que havia julgado improcedentes os pedidos indenizatórios, por considerar que o acidente foi provocado por ato inseguro do trabalhador, sem qualquer responsabilidade do Reclamado. Nesse aspecto, constou do acórdão regional que, conforme laudo pericial, o Autor encontrava-se em cima de uma escada de abrir, sem equipamento de proteção individual, quando solicitou a terceira pessoa (ex-caseiro do Reclamado) que retirasse uma barra de ferro localizada embaixo da escada, vindo a tombar juntamente com esta, sofrendo uma fratura no punho. Assentou, ainda, a Corte Regional a ausência de qualquer determinação do Reclamado que tivesse culminado no acidente, tendo resultado comprovado nos autos que o Reclamado propiciou a aquisição de todos os equipamentos de proteção. Diante desses dados fáticos incontroversos, não há dúvidas sobre a presença dos elementos dano e nexo causal. Todavia, não se verifica o elemento culpa. Não se observa dos fatos narrados pelo TRT, qualquer interferência do Reclamado nos fatos que resultaram no acidente sofrido pelo Autor. Destaca-se que no tocante à adoção de medidas de segurança no ambiente de trabalho, em regra, a pessoa física que contrata profissionais autônomos, para execução de obra certa em imóvel próprio, por não deter conhecimento técnico necessário para garantir um ambiente de trabalho seguro e não possuir condições de fiscalizar o cumprimento de normas de saúde, higiene e segurança do trabalho, confia na capacidade, perícia e experiência dos prestadores de serviços contratados. Ademais, consta do acórdão regional está comprovado nos autos, que o Reclamado propiciou a aquisição de todos os equipamentos de proteção. Assim, não constatado, na hipótese, que o acidente sofrido pelo Autor tenha decorrido de qualquer conduta do tomador de serviços, não há falar em responsabilidade civil do Reclamado. Outrossim, para reverter a decisão regional, seria imprescindível o revolvimento de conteúdo fático-probatório, o que não é viável nesta instância recursal diante do óbice da Súmula 126/TST. Agravo de instrumento desprovido." TST. 3ª Turma. AIRR n. 73500-95.2008.5.02.0242, Rel.: Ministro Mauricio Godinho Delgado, *DEJT* 06 abr. 2018.

"**Trabalhador autônomo. Acidente. Responsabilidade civil. Dono da obra.** A natureza autônoma na prestação de serviços não tem o condão de afastar, por si só, eventual responsabilidade civil do dono da obra na hipótese de acidente ocorrido pelo trabalhador por ele contratado durante a execução de sua atividade profissional. O dever da redução dos riscos no local de trabalho, previsto no inciso XXII do art. 7º da Constituição da República, não se restringe ao trabalhador empregado, mas beneficia a todos os trabalhadores urbanos e rurais. Diante disso, é possível a atribuição da responsabilidade civil ao dono da obra, desde que evidenciada a sua culpa quanto ao infortúnio, mormente quando evidenciado nos autos que criou um risco adicional e alheio aos serviços contratados para a construção de um muro de arrimo, que foi determinante para a ocorrência do acidente que vitimaram os trabalhadores autônomos envolvidos na empreitada civil." Minas Gerais. TRT 3ª Região. 2ª Turma. RO n. 0010326-39.2016.5.03.0102, Rel.: Desembargador Sebastião Geraldo de Oliveira, *DEJT* 6 nov. 2017.

"**Direito do Trabalho. Trabalho autônomo. Responsabilidade por acidente de trabalho. Inobservância de norma técnica e de equipamento de proteção individual.** Sendo o obreiro prestador de serviço autônomo, não se cogita de culpa do empreitante, pois o prestador de serviços autônomo é o único capacitado para decidir qual a melhor forma de realizar o serviço e quais são os meios necessários para sua consecução, especialmente porque o tomador do serviço não tem o dever jurídico de fiscalizar a realização do trabalho ou mesmo de fornecer equipamentos de segurança, mormente porque o risco do negócio é do próprio prestador de serviço. Recurso ordinário improvido. Pernambuco." TRT 6ª Região. 1ª Turma. RO n. 0001779-45-2011-5-06-0023, Rel.: Desembargadora Roberta Corrêa de Araújo Monteiro, *DJ* 11 set. 2013.

"**Trabalhador autônomo. Acidente durante a prestação de serviço. Inexistência de responsabilidade do contratante.** No trabalho autônomo, o prestador, com organização própria, desenvolve a atividade sem subordinação e com ampla autonomia na prestação de serviço, não havendo ingerência pelo contratante. Logo, entende-se que o prestador de serviço autônomo se obrigou a todo e qualquer serviço compatível com as suas forças e condições, assumindo os riscos de seu labor, cumprindo-lhe entregá-lo feito ao contratante, não se podendo exigir deste as mesmas obrigações do empregador de fornecer e cobrar a utilização de EPIs, bem como a obrigação de indenizar o autônomo por acidentes ocorridos durante sua atividade, nos moldes previstos nos arts. 927 a 933 do Código Civil/2002, principalmente quando não há provas de que as ferramentas utilizadas pelo prestador eram de propriedade

> do Reclamado, inviabilizando aferir a negligência deste." Minas Gerais. TRT 3ª Região. 8ª Turma. RO n. 01686-2005-053-03-00-8, Rel.: Juíza Convocada Olívia Figueiredo Pinto Coelho, *DJ* 16 set. 2006.

É pertinente mais uma indagação neste tópico: cabe aplicar a responsabilidade civil objetiva, também denominada teoria do risco, nos acidentes sofridos por trabalhadores que prestam serviços no âmbito residencial?

Pelo que dispõe o parágrafo único do art. 927 do Código Civil, haverá obrigação de reparar o dano, independentemente de culpa, nos casos especificados em lei, ou quando a atividade normalmente desenvolvida pelo autor do dano implicar, por sua natureza, riscos para os direitos de outrem. Por ocasião da I Jornada de Direito Civil, promovida pelo Centro de Estudos Judiciários do Conselho da Justiça Federal em 2002, foi adotada uma diretriz interessante para interpretar o alcance do dispositivo insculpido no parágrafo único do art. 927 do Código Civil, conforme se verifica no teor do Enunciado n. 38:

> "**Enunciado 38 — Art. 927**: A responsabilidade fundada no risco da atividade, como prevista na segunda parte do parágrafo único do art. 927 do novo Código Civil, configura-se quando a atividade normalmente desenvolvida pelo autor do dano causar a pessoa determinada um ônus maior do que aos demais membros da coletividade."

Partindo desse entendimento, os serviços realizados no âmbito residencial poderiam ser enquadrados como exercício de atividade de risco, suficiente para gerar a indenização independentemente de culpa? Entendemos que não. Em regra, quem atua em tais serviços está exposto ao mesmo grau de risco da média dos demais membros da coletividade. Além disso, o tomador dos serviços no âmbito residencial não desenvolve atividade econômica, nem cria um risco adicional de acidente pela natureza das tarefas que ajusta com o trabalhador[9].

---

9. "*Indenização por acidente de trabalho. Pessoa física (réu) que contrata trabalhador autônomo (autor), para prestação de serviços no âmbito de sua residência. Poda de uma árvore.* Prestação de serviços que, *in casu*, não está vinculada a qualquer atividade econômica desenvolvida pelo tomador, não se aplicando a norma do parágrafo único do art. 927 do Código Civil (responsabilidade objetiva), e sim, a regra geral da responsabilidade civil, fundada na culpa do agente (arts. 186 e 927, *caput*, do CC). Culpa do tomador não demonstrada. Recurso provido para absolver o réu da condenação." Rio Grande do Sul. TRT 4ªRegião. 1ª Turma. RO n. 01664-2006-030-04-00-0, Rel.: Desembargadora Maria da Graça Ribeiro Centeno, *DJ* 24 jun. 2008.

"*Agravo de instrumento. Acidente de trabalho. Indenização por dano moral e/ou patrimonial.* A v. decisão afastou a responsabilidade objetiva de pessoa física que contrata trabalhador autônomo para poda de uma árvore, e entendeu que não houve conduta culposa, pela ausência de ingerência no serviço ou responsabilidade para observância de normas de segurança do trabalho, em face do acidente ao cortar um galho de uma árvore que resultou na fratura do fêmur. Não demonstrada violação literal de dispositivo constitucional ou legal, nem divergência jurisprudencial apta ao

14.7. FIXAÇÃO DO VALOR DA INDENIZAÇÃO

Cabe, neste tópico, tecer algumas considerações sobre o valor da indenização, principalmente considerando o fato de o empregador ou tomador dos serviços domésticos não exercer atividade econômica.

Se estiverem presentes os pressupostos da responsabilidade civil, não há mudança de abordagem quanto ao valor do dano material, em comparação com o acidente do trabalho sofrido pelo trabalhador que presta serviços para empresas. A indenização deve ser calculada no sentido de garantir a reparação integral do prejuízo do acidentado, tanto dos danos materiais emergentes quanto dos lucros cessantes. Se houver incapacidade total ou parcial para o trabalho, deverá ser deferida pensão correspondente à importância do trabalho para o qual a vítima se inabilitou, ou na proporção da depreciação sofrida, conforme previsto no art. 950, *caput*, do Código Civil.

No caso do trabalhador que presta serviços sem vínculo de emprego, a dificuldade pode residir na apuração do valor dos lucros cessantes ou da pensão. Será necessário comprovar o valor médio dos rendimentos habitualmente recebidos e, se não houver prova convincente, deve ser garantido, pelo menos, um valor equivalente ao salário mínimo mensal.

Já com relação aos danos morais, extrapatrimoniais e danos estéticos, os valores devem ser arbitrados levando-se em conta as duas finalidades básicas: compensar a vítima e punir o infrator. A indenização, porém, deve ser fixada com moderação, não devendo servir para enriquecer a vítima nem para levar o infrator à ruína. O roteiro de apreciação do pedido indicado no art. 223-G da CLT deve ser observado para fundamentar a condenação. No capítulo 8 tratamos com vagar dos temas dos danos morais, extrapatrimoniais, estéticos e existenciais em tópicos separados, aos quais nos reportamos para evitar repetições.

Além disso, quando o juiz considerar o objetivo punitivo ou pedagógico para o tomador dos serviços domésticos, no momento de arbitrar a indenização, deve fazer a devida ponderação do caso concreto, pelo que não servem de parâmetro os valores dos danos morais fixados para as empresas que empregam muitos trabalhadores e têm capacidade econômica diferenciada. Naturalmente que serão também considerados outros fatores que podem influenciar no arbitramento do valor, tais como: o grau de culpa do tomador dos serviços ou a culpa concorrente da vítima, a gravidade dos danos sofridos, a possibilidade de recuperação do acidentado, a situação econômica do infrator etc.

---

confronto de tese. Art. 896, e alíneas, da CLT." TST. 6ª Turma. AIRR n. 166440-50.2006.5.04.0030, Rel.: Ministro Aloysio Corrêa da Veiga, *DJ* 7 abr. 2009.

Nos casos em que a vítima sobrevive ao acidente, é bem provável que haja pedido de pagamento da pensão de uma só vez, conforme autoriza o parágrafo único do art. 950 do Código Civil. Esse pedido deverá ser analisado com bastante prudência pelo julgador, porque muitas vezes será praticamente impossível o pagamento de uma só vez, porém, é bem provável que o reclamado tenha condições de efetuar o pagamento da pensão mensal. Aliás, essa regra do Código Civil de 2002 mereceu severas censuras da doutrina e vem sendo frequentemente flexibilizada pela jurisprudência[10].

Por ocasião da IV Jornada de Direito Civil, promovida em Brasília pelo Centro de Estudos Judiciários da Justiça Federal em 2006, foi adotado entendimento doutrinário no sentido de flexibilizar racionalmente o direito potestativo de o lesado exigir o pagamento da indenização de uma só vez. Vejam o teor do Enunciado n. 381:

> O lesado pode exigir que a indenização, sob a forma de pensionamento, seja arbitrada e paga de uma só vez, salvo impossibilidade econômica do devedor, caso em que o juiz poderá fixar outra forma de pagamento, atendendo à condição financeira do ofensor e aos benefícios resultantes do pagamento antecipado.

A possibilidade de exigir o pagamento de uma só vez fica restrita aos casos do pensionamento devido à própria vítima, ou seja, quando ocorre invalidez permanente total ou parcial. Ao se analisar a localização topográfica do parágrafo e considerando a técnica de elaboração legislativa, pode-se perceber que essa opção só tem cabimento na hipótese indicada no *caput* do art. 950 referido, não abrangendo a pensão decorrente de óbito do acidentado prevista no art. 948 do Código Civil[11].

14.8. PRESCRIÇÃO APLICÁVEL

Tratamos da prescrição aplicável nas ações ajuizadas por acidentados que atuavam como empregados domésticos no capítulo 11, item 11.8, e dos acidentados que prestavam serviços sem vínculo de emprego, no item 11.11 do mesmo capítulo.

---

10. Tratamos com vagar das críticas e dos inconvenientes a respeito do pagamento de uma só vez no item 10.7, *supra*. Anotamos também naquele tópico o entendimento atual do TST no sentido de analisar, na hipótese do caso concreto, a conveniência ou não de deferimento da indenização de uma só vez.
11. Para mais fundamentos a respeito dessa conclusão, sugerimos a leitura do item 10.6, *supra*.

15

ACIDENTES OU DOENÇAS OCUPACIONAIS NO TELETRABALHO

15.1. CONSIDERAÇÕES INICIAIS

A revolução tecnológica juntamente com o avanço da informática e das telecomunicações ensejaram mudanças progressivas no mundo do trabalho neste início do Século XXI. Uma dessas mudanças foi a possibilidade do trabalho a distância, mediante tecnologias de informação e comunicação, fora do estabelecimento do empregador.

O advento da pandemia em 2019 acelerou fortemente essa tendência, em decorrência da necessidade do distanciamento social dos trabalhadores para preservação do contágio pela Covid-19. Em um curto espaço de tempo, muitos empregados foram deslocados para o teletrabalho, especialmente para as suas residências.

Esse movimento exigiu mudanças repentinas, algumas improvisadas, para viabilizar a continuidade do trabalho, tais como: ajustes possíveis no mobiliário residencial; adequação dos equipamentos; reprogramação da rotina diária; entendimento para compartilhar o mesmo espaço com os membros da família para estudo, trabalho ou o exercício de outros afazeres. Em pouco tempo, o mesmo ambiente residencial tornou-se palco de atividades estudantis e profissionais, além da convivência familiar e afetiva.

O incremento compulsório do teletrabalho mudou comportamentos, alterou costumes e rotinas consolidadas, causando diversas repercussões no bem-estar e na saúde do trabalhador. Além dos temores gerados pelos riscos da pandemia da Covid-19 e da consequente crise econômica, a mudança, em muitas situações, acarretou insegurança e medo do desemprego, bem como relações conflituosas no lar.

Os acidentes e as doenças ocupacionais que ocorriam geralmente no estabelecimento da empresa, agora estão aparecendo também nos novos locais de atuação do trabalhador. Desse modo, a causalidade acidentária desprende-se do espaço territorial tradicional do empregador para se manifestar em qualquer lugar onde ocorra a prestação virtual do trabalho.

Em razão do aumento do teletrabalho, surgem várias indagações: como caracterizar o acidente ou doença ocupacional que ocorre no trabalho a distância? O empregador tem deveres legais para preservar a segurança e a saúde do trabalhador no teletrabalho? Como aferir a culpa do empregador nessa situação? Como distinguir o acidente do trabalho com o simples acidente doméstico, sem nexo causal com as atividades desempenhadas? O arbitramento da indenização acidentária deverá sofrer algum ajuste no teletrabalho? Já existe alguma sedimentação jurisprudencial a respeito?

Para tentar esboçar respostas para essas indagações resolvemos inserir, a partir da 14ª edição, um novo capítulo no livro.

15.2. REGULAMENTAÇÃO LEGAL DO TELETRABALHO

Desde o advento da CLT, em 1943, estava previsto no art. 6º que não haveria distinção entre o trabalho realizado no estabelecimento do empregador e o executado no domicílio do empregado, desde que estivesse caracterizada a relação de emprego.

Em 2011, a Lei n. 12.551 atualizou a redação do referido art. 6º, para explicitar que não há distinção entre o trabalho realizado no estabelecimento do empregador, no domicílio do empregado ou o realizado a distância. Estabeleceu, ademais, que "os meios telemáticos e informatizados de comando, controle e supervisão se equiparam, para fins de subordinação jurídica, aos meios pessoais e diretos de comando, controle e supervisão do trabalho alheio".

A reforma trabalhista de 2017 (Lei n. 13.467) introduziu o Capítulo II-A no Título II da CLT, para regulamentar o regime do teletrabalho. Atualmente, após a mudança promovida pela Lei n. 14.442/2022, o teletrabalho está disciplinado no referido Capítulo II-A da CLT, do art. 75-A até ao art. 75-F. Além disso, foi inserido o item III no art. 62, para explicitar que os empregados em regime de teletrabalho podem ser excluídos das regras da duração do trabalho.

Para evitar discussões inúteis sobre a terminologia, o legislador brasileiro decidiu não fazer distinção entre teletrabalho e trabalho remoto, concentrando o enfoque conceitual em três pilares: a) prestação de serviços fora das dependências do empregador, b) utilização de tecnologias de informação e de comunicação, c) não configuração do trabalho externo. Vejam como ficou o conceito estabelecido no texto legal:

> Art. 75-B. Considera-se teletrabalho ou trabalho remoto a prestação de serviços fora das dependências do empregador, de maneira preponderante ou não, com a utilização de tecnologias de informação e de comunicação, que, por sua natureza, não configure trabalho externo.

Como se verifica, o teletrabalho pode ser prestado em qualquer lugar fora das dependências do empregador, mediante tecnologias de informação e comunicação, e não somente no domicílio do empregado (*home office*). Entretanto, não deve ser confundido com o trabalho externo, como é o caso de um motorista ou vendedor, porque o serviço no teletrabalho é prestado mediante tecnologia de informação e comunicação. Onde estiver o trabalhador e o seu equipamento de comunicação pode haver a prestação dos serviços no regime de teletrabalho, seja na residência ou numa sala particular, num hotel ou restaurante, num espaço de *coworking* etc.

Vale assinalar que foi estabelecida a exigência de que a prestação de serviços na modalidade de teletrabalho deverá constar expressamente do instrumento do contrato individual de trabalho, como previsto no art. 75-C.

Importante mencionar, ainda, que a norma legal diferencia o teletrabalho da prestação de serviços de telemarketing ou de teleatendimento[1]. Os serviços de telemarketing ou teleatendimento, nas modalidades ativo ou receptivo, são prestados em centrais de atendimento a clientes a distância (*call centers*), por telefone ou rádio, com a utilização simultânea de terminais de computador, conforme regulamentado com vagar no Anexo II da NR-17, da Portaria n. 3.214/1978 do Ministério do Trabalho. Para os serviços de telemarketing, foram estabelecidas, no mencionado Anexo II, regras especiais sobre o mobiliário, os postos de trabalho, a organização, as condições sanitárias de conforto, as pausas etc. Pretendeu o legislador deixar claro que as normas estabelecidas para os serviços de telemarketing ou teleatendimento não são aplicáveis automaticamente para a hipótese de teletrabalho.

No âmbito do Poder Judiciário, o teletrabalho foi disciplinado pela Resolução n. 227/2016 do Conselho Nacional de Justiça – CNJ e foi definido como "modalidade de trabalho realizada de forma remota, com a utilização de recursos tecnológicos" (Art. 2º, I). Recomendou-se também que fosse fixado um quantitativo mínimo de dias por ano para o comparecimento do servidor à instituição, para que não deixe de vivenciar a cultura organizacional ou para fins de aperfeiçoamento (Art. 5º, § 2º). No âmbito da Justiça do Trabalho, a

---

1. CLT. Art. 75-B, § 4º O regime de teletrabalho ou trabalho remoto não se confunde nem se equipara à ocupação de operador de telemarketing ou de teleatendimento.

modalidade de teletrabalho foi disciplinada pela Resolução n. 151/2015 do Conselho Superior da Justiça do Trabalho-CSJT [2].

15.3. DEVERES DO EMPREGADOR QUANTO À SEGURANÇA E SAÚDE NO TELETRABALHO

Uma vez regulamentado na CLT o teletrabalho ou trabalho remoto, cabe indagar: quais os deveres do empregador quanto ao cumprimento das normas de segurança e saúde do trabalhador?

Inicialmente, é necessário mencionar que a Constituição da República estabelece como direito de todos os trabalhadores "a redução dos riscos inerentes ao trabalho, por meio de normas de saúde, higiene e segurança" (Art. 7º, XXII). E o simples fato de o trabalho ser prestado a distância não afasta nem atenua o direito consagrado na Lei Maior [3].

Além disso, a Convenção n. 155 da OIT, ratificada pelo Brasil, estabelece de forma explícita:

> "Art. 3 - Para os fins da presente Convenção: (...) c) a expressão "local de trabalho" abrange todos os lugares onde os trabalhadores devem permanecer ou onde têm que comparecer, e que estejam sob o controle, direto ou indireto, do empregador;

O art. 16-1 da mencionada Convenção 155 complementa a previsão quanto aos deveres do empregador:

> Art. 16 - 1. Deverá ser exigido dos empregadores que, à medida que for razoável e possível, garantam que os locais de trabalho, o maquinário, os equipamentos e as operações e processos que estiverem sob seu controle são seguros e não envolvem risco algum para a segurança e a saúde dos trabalhadores[4].

---

2. Essa Resolução já foi modificada algumas vezes, sendo que a última alteração foi promovida pela Resolução CSJT n. 308/CSJT, de 24 de setembro de 2021, com modificações da Resolução CSJT n. 342/2022.

3. O Supremo Tribunal Federal pontuou no julgamento do **Tema de Repercussão Geral n. 555** que:"2. A eliminação das atividades laborais nocivas deve ser a meta maior da Sociedade - Estado, empresariado, trabalhadores e representantes sindicais -, que devem voltar-se incessantemente para com a defesa da saúde dos trabalhadores, como enuncia a Constituição da República, ao erigir como pilares do Estado Democrático de Direito a dignidade humana (art. 1º, III, CRFB/88), a valorização social do trabalho, a preservação da vida e da saúde (art. 3º, 5º, e 196, CRFB/88), e o meio ambiente de trabalho equilibrado (art. 193, e 225, CRFB/88)". (STF. Pleno. ARE n. 664.335, *DJ* 12 fev. 2015).

4. A Convenção n. 155 da OIT foi ratificada pelo Brasil em 1992 e promulgada pelo Decreto n. 1.254/1994. Posteriormente, foi englobada no Decreto de consolidação das Convenções da OIT n. 10.088/2019 – Anexo LI.

A regulamentação do teletrabalho inserida na CLT, a partir de 2017, acrescentou dispositivo específico quanto à obrigação do empregador a respeito das medidas preventivas:

> Art. 75-E. O empregador deverá instruir os empregados, de maneira expressa e ostensiva, quanto às precauções a tomar a fim de evitar doenças e acidentes de trabalho.
>
> Parágrafo único. O empregado deverá assinar termo de responsabilidade comprometendo-se a seguir as instruções fornecidas pelo empregador.

Sabidamente, é mais difícil o acompanhamento pelo empregador do cumprimento das instruções sobre as normas de prevenção de acidentes ou doenças ocupacionais no trabalho prestado a distância. Desse modo, as instruções passadas ao trabalhador, que atua em teletrabalho, devem ser mais detalhadas e rigorosas, ou seja, devem ser "expressas e ostensivas". A prestação dos serviços na modalidade do teletrabalho não pode acarretar a precarização das condições de segurança e saúde do trabalhador.

Cabe enfatizar que a simples assinatura de termo de responsabilidade pelo empregado, comprometendo-se a seguir as instruções passadas, não isenta o empregador da responsabilidade pelos danos acidentários sofridos, se estiverem presentes os pressupostos da responsabilidade civil.

Os estudiosos da ergonomia apontam a necessidade de concentrar esforços para o exercício do teletrabalho na postura correta, utilizando cadeiras apropriadas e mobiliário ajustável, devendo-se evitar o trabalho em sofás ou camas. Ademais, são necessárias as pausas intermitentes, iluminação adequada e ajustes combinados da rotina com familiares ou terceiros que atuam no mesmo ambiente.

Essa dificuldade de compatibilizar o teletrabalho com os outros membros da família foi bem analisada pelo jurista paranaense Célio de Oliveira Neto, em obra cuidadosa sobre o teletrabalho:

> Na empresa há um território demarcado para o trabalhador, no mínimo correspondente à sua mesa, ou nas empresas mais modernas às estações livres, ao passo que o âmbito familiar se desacostumou da presença do pai ou mãe no meio do expediente. O teletrabalhador passa, em ocasiões, a competir com o espaço antes ocupado pelos filhos ou cônjuge, gerando necessidade de ajustes, desde o uso do computador até a hora de passar o aspirador, uso do liquidificador, ou outras tarefas do lar" [5].

---

5. OLIVEIRA NETO, Célio Pereira. *Trabalho em ambiente virtual: causas, efeitos e conformação*. São Paulo: LTr, 2018. p. 137

Cabe enfatizar que continua válida, no teletrabalho, a exigência prevista no art. 157, I, da CLT, quanto à obrigação do empregador de "cumprir e fazer cumprir" as normas de segurança e saúde do trabalho. Com efeito, é dever do empregador analisar as condições ergonômicas, o mobiliário, os equipamentos, bem como indicar claramente os riscos e as medidas preventivas, além de realizar treinamentos e fiscalizar periodicamente o cumprimento de tais normas.

Da mesma forma que o simples fornecimento dos equipamentos de proteção pelo empregador não o exime do pagamento do adicional de insalubridade, a simples assinatura do termo de responsabilidade, indicada no parágrafo único do art. 75-E da CLT, não impede o deferimento da indenização por acidente ou doença no teletrabalho, quando o empregador não acompanha nem fiscaliza ostensivamente o cumprimento das normas de prevenção [6].

Nesse sentido, é oportuno citar dois Enunciados adotados por ocasião da 2ª Jornada de Direito Material e Processual do Trabalho, realizada pela Associação Nacional dos Magistrados da Justiça do Trabalho – ANAMATRA, para interpretar os dispositivos introduzidos pela reforma trabalhista de 2017:

> **Enunciado 72. Teletrabalho: responsabilidade civil do empregador por danos** - A mera subscrição, pelo trabalhador, de termo de responsabilidade em que se compromete a seguir as instruções fornecidas pelo empregador, previsto no art. 75-E, parágrafo único, da CLT, não exime o empregador de eventual responsabilidade por danos decorrentes dos riscos ambientais do teletrabalho. Aplicação do art. 7º, XXII da Constituição c/c art. 927, parágrafo único, do Código Civil.
>
> **Enunciado 83. Controle dos riscos labor-ambientais** - O regime de teletrabalho não exime o empregador de adequar o ambiente de trabalho às regras da NR-7 (PCMSO), da NR-9 (PPRA) e do artigo 58, § 1º, da Lei 8.213/91 (LTCAT), nem de fiscalizar o ambiente de trabalho, inclusive com a realização de treinamentos. Exigência dos artigos 16 a 19 da Convenção 155 da OIT [7].

O Código do Trabalho de Portugal, após as reformas promovidas em 2021, proíbe, no art. 169º-A, impor ao trabalhador a "conexão permanente", mesmo durante a jornada de trabalho e, no art. 169º-B, estabelece que o empregador deve abster-se de contactar com o trabalhador no período

6. **TST. Súmula 289. Insalubridade. Adicional. Fornecimento do aparelho de proteção. Efeito**. O simples fornecimento do aparelho de proteção pelo empregador não o exime do pagamento do adicional de insalubridade. Cabe-lhe tomar as medidas que conduzam à diminuição ou eliminação da nocividade, entre as quais as relativas ao uso efetivo do equipamento pelo empregado.
7. Disponível em: < http://www.jornadanacional.com.br/listagem-enunciados-aprovados.asp> Acesso em 4 jan. 2023.

de descanso, salvo em situações de força maior. Trata-se, portanto, de dispositivo legal expresso para garantir o chamado "direito à desconexão", tema este que vem ganhando cada vez mais acolhimento na doutrina e na jurisprudência [8]. A demanda intensa imposta pelo empregador ou mesmo o desejo compulsivo de conexão permanente, especialmente nos trabalhos remunerados por produção ou mediante comissões, sacrifica o direito ao repouso do trabalhador, compromete os intervalos para descanso e alimentação, afeta o convívio familiar e social, bem como inviabiliza o direito ao lazer. E pode, finalmente, culminar nos processos de adoecimento ocupacional, principalmente nos transtornos mentais relacionados ao trabalho (Estresse, ansiedade, depressão, *burnout* etc.).

Para evitar os adoecimentos, o já mencionado Código do Trabalho português estabelece, no art. 170º, que "o empregador deve respeitar a privacidade do trabalhador, o horário de trabalho e os tempos de descanso e de repouso da família deste, bem como proporcionar-lhe boas condições de trabalho, tanto do ponto de vista físico como psíquico". Indica, também, no art. 169º-B, como dever do empregador adotar diligências para reduzir o "isolamento do trabalhador", devendo ocorrer com intervalos não superiores a dois meses "contactos presenciais com as chefias e demais trabalhadores". E para não restar dúvidas, enfatiza o art. 170º-A, n. 5: "O regime legal de reparação dos acidentes de trabalho e doenças profissionais aplica-se às situações de teletrabalho, considerando-se local de trabalho o local escolhido pelo trabalhador para exercer habitualmente a sua atividade e tempo de trabalho todo aquele em que, comprovadamente, esteja a prestar o seu trabalho ao empregador."

São oportunas algumas considerações a respeito da fiscalização do cumprimento das normas de segurança e saúde ocupacional no teletrabalho, especialmente quando o serviço for prestado a partir da residência do empregado.

O empregador tem o direito e o dever de dirigir e fiscalizar a prestação dos serviços e o cumprimento das normas de segurança e saúde no teletrabalho, mas a residência do empregado é o seu asilo inviolável, na qual ninguém poderá penetrar sem o seu consentimento (Art. 5º, XI, da Constituição da República). A intimidade e a vida privada do trabalhador têm garantia constitucional de inviolabilidade, não podendo sofrer restrições em decorrência

8. O Código do Trabalho de Portugal foi aprovado pela Lei n. 7/ 2009 e recebeu atualizações a respeito do tema do teletrabalho pela Lei n. 83/2021, que entrou em vigor a partir de janeiro de 2022. Disponível em: <https://dre.pt/dre/legislacao-consolidada/lei/2009-34546475> Acesso em 10 mar. 2023.

do poder diretivo do empregador. Para conjugar e ponderar tais direitos equitativamente, pode-se aplicar por analogia a previsão do art. 44, da Lei Complementar n. 150/2015, que acrescentou dispositivo na Lei n. 10.593/2002, a respeito da atuação da Auditoria Fiscal no trabalho doméstico:

> "Art. 11-A. A verificação, pelo Auditor-Fiscal do Trabalho, do cumprimento das normas que regem o trabalho do empregado doméstico, no âmbito do domicílio do empregador, dependerá de agendamento e de entendimento prévios entre a fiscalização e o empregador.
>
> § 1º A fiscalização deverá ter natureza prioritariamente orientadora.
>
> § 2º Será observado o critério de dupla visita para lavratura de auto de infração, salvo quando for constatada infração por falta de anotação na Carteira de Trabalho e Previdência Social ou, ainda, na ocorrência de reincidência, fraude, resistência ou embaraço à fiscalização.
>
> § 3º Durante a inspeção do trabalho referida no *caput*, o Auditor-Fiscal do Trabalho far-se-á acompanhar pelo empregador ou por alguém de sua família por este designado."

É necessário, portanto, ajuste prévio com o trabalhador para os dias e horários para as devidas orientações ou fiscalizações, por parte dos prepostos do empregador, de modo a preservar suficientemente as garantias da intimidade e vida privada do empregado. O já citado Código do Trabalho de Portugal exige comunicação com antecedência de 24 horas e concordância do trabalhador (Art. 170º- número 2).

Nessa mesma linha de entendimento foi adotado o Enunciado 23 por ocasião do XIX Congresso Nacional dos Magistrados da Justiça do Trabalho (CONAMAT), realizado em 2018:

> **Enunciado 23. Teletrabalho. Fiscalização do meio ambiente laboral. Obrigação do empregador. Limites.** Sempre que o teletrabalho seja realizado no domicílio do trabalhador, a visita ao local de trabalho para fins de fiscalização do meio ambiente laboral, deverá se dar:
>
> (I) com a anuência e presença do empregado ou de alguém por ele indicado;
>
> (II) a visita ao local de trabalho só deve ter por objeto o controle da atividade laboral, bem como dos instrumentos de trabalho;
>
> (III) em horário comercial segundo os usos e costumes do local;
>
> (IV) com respeito aos direitos fundamentais – intimidade e vida privada – do empregado. [9]

9. Disponível em: , <https://www.anamatra.org.br/attachments/article/27175/livreto_RT_Jornada_19_Conamat_site.pdf> Acesso em 4 jan. 2023.

15.4. CARACTERIZAÇÃO DO ACIDENTE OU DOENÇA OCUPACIONAL NO TELETRABALHO

A Constituição da República confere aos trabalhadores, no art. 7º, XXVIII, o direito aos benefícios do seguro contra acidentes do trabalho, sem excluir a indenização a que o empregador está obrigado, quando incorrer em dolo ou culpa.

Desse modo, para auferir os benefícios de natureza acidentária junto ao INSS, bem como para veicular a postulação judicial das indenizações por responsabilidade civil em face do empregador, o trabalhador que foi vítima de danos ocupacionais no teletrabalho deverá, primeiramente, demonstrar que aquela ocorrência pode ser enquadrada em uma das hipóteses que a Lei Previdenciária n. 8.213/1991 considera como acidente ou doença relacionada ao trabalho.

Os efeitos para a saúde do trabalhador em decorrência do teletrabalho só mais recentemente começam a ser avaliados. Destaca a professora Evelise Dias Antunes, na sua tese de doutoramento defendida na USP em 2022, que o teletrabalho provoca isolamento profissional e social, favorecendo a individualização, com prejuízo para as interações sociais e de amizade. Acrescenta que os estudos recentes indicam a presença da telepressão, do tecnoestresse e da fadiga de *Zoom*. Vejam como a Dra. Evelise Antunes explica esses efeitos nocivos do teletrabalho:

> A telepressão no local de trabalho pode representar conceitualmente a combinação de preocupação e urgência em responder imediatamente às mensagens mediadas pelas TICs relacionadas ao trabalho. A desorganização temporal e a extensão das jornadas de trabalho geram um sentimento e uma expectativa de trabalhadores "estarem sempre disponíveis", promovido pela invasão das ferramentas de comunicação e interação on-line.
>
> Agrega-se o tecnoestresse, que versa sobre um processo que, pela presença de condições ambientais tecnológicas, promove uma ativação crônica do sistema de estresse humano, resultante do fator de risco proximal para várias doenças, incluindo doenças mentais (tecnologia como estressor). Muitas pessoas vivenciaram o tecnoestresse durante a pandemia por serem obrigadas subitamente a conectar computadores em suas casas, aprender a instalar softwares e utilizar novas plataformas de trabalho e comunicação (Molino et al., 2020). Artefatos que eram presentes em nosso cotidiano do local de trabalho "invadiram" as casas, tornando-se um padrão.
>
> A mudança na comunicação entre os colegas de trabalho passou a se dar no espaço formal, nas plataformas, ligações, mensagens, ferramentas que não foram pensadas para os processos de cooperação e aprendizado coletivos, levando a um sentido de desumanização do trabalho. O espaço informal deixa de existir assim como a interação face-a-face. Finda-se a hora do cafezinho, um dos momentos

> que permitia o alívio das tensões organizacionais e o compartilhamento de conhecimento, para além da socialização tão necessária ao fazer do trabalho.
>
> Um novo fenômeno aparece e foi batizado como "Zoom fatigue". Refere-se ao sentimento de exaustão associado ao uso de vídeoconferências (como o programa Zoom). Pesquisadores de Stanford, nos Estados Unidos, verificaram que a fadiga é maior em mulheres, provavelmente pela "atenção autocentrada" desencadeada pela visão de si mesma em videoconferências e pela necessidade de estar fisicamente "presa", centrada no campo de visão da câmera (Fauville et al., 2021). Possivelmente as longas e repetidas reuniões, muitas vezes desnecessárias, acentuem a ansiedade e a exaustão não apenas de mulheres como também dos homens.[10]

A análise da amplitude do conceito de acidente do trabalho e da doença relacionada ao trabalho foi realizada com vagar nos itens 2.3 e 2.4 do Capítulo 2, aos quais nos reportamos para evitar repetições.

Cabe anotar, para a hipótese deste capítulo, que o núcleo do conceito legal exige que o acidente seja uma decorrência do "exercício do trabalho a serviço da empresa ou do empregador doméstico". Indica, também, que a doença seja "produzida ou desencadeada pelo exercício do trabalho ou em função de condições especiais em que o trabalho é realizado". Além disso, o art. 21, IV, da Lei n. 8.213/1991, equipara ao acidente do trabalho o acidente sofrido pelo segurado, ainda que fora do local de trabalho, na execução de ordem ou na realização de serviço sob a autoridade da empresa.

Como se verifica, para o enquadramento na natureza acidentária, não importa o local da ocorrência ou a modalidade da prestação dos serviços, mas sim que esteja bem caracterizada a relação causal do evento com o trabalho. Em reforço deste entendimento, enfatiza o art. 6º da CLT que, havendo a relação de emprego, não se distingue o trabalho realizado no estabelecimento do empregador, o executado no domicílio do empregado ou o realizado a distância. Desse modo, no teletrabalho podem ocorrer os acidentes típicos, as doenças do grupo LER/DORT ou os transtornos mentais relacionados ao trabalho.

Contudo, o teletrabalhador pode sofrer acidente ou doença sem qualquer relação causal com o exercício da prestação de serviço no teletrabalho ou, ainda, fora do horário habitual das atividades profissionais. Nessas hipóteses, o evento vai proporcionar ao teletrabalhador apenas os benefícios previstos na lei previdenciária e não os proventos pertinentes aos afastamentos acidentários.

---

10. ANTUNES, Evelise Dias. Teletrabalho: o novo lócus de trabalho pós-pandêmico? Tese doutorado – Faculdade de Saúde Pública da Universidade de São Paulo, 2022, p. 62-63.

O grande desafio, portanto, será a investigação do nexo causal para distinguir o evento que tem natureza ocupacional com as ocorrências de outra natureza. Pela experiência do que ordinariamente acontece, no mesmo local de execução do teletrabalho, são desenvolvidas outras atividades que também podem ocasionar quedas, danos, queimaduras, ferimentos, intoxicações ou enfermidades, tais como: preparo de alimentação, cuidado de crianças ou idosos, atividades de limpeza, manutenção de equipamentos diversos, manuseio de objetos, atividades físicas, instalação ou troca de dispositivos elétricos etc.

No já mencionado XIX Congresso Nacional dos Magistrados da Justiça do Trabalho (CONAMAT), realizado em 2018, foi adotado o Enunciado 24 a respeito desse tema, com o seguinte teor:

> **24. Teletrabalho. Acidente de trabalho. Presunção relativa de ocorrência no local onde o trabalho é exercido.** O acidente ocorrido no local onde o teletrabalho é exercido durante a atividade profissional do teletrabalhador é presumido como acidente de trabalho (art. 8º da CLT c/c artigo L1222-9 do Código do Trabalho francês).

Trata-se de presunção relativa (*juris tantum*), visto que pode a parte contrária demonstrar quo o acidente ou a doença não guarda qualquer nexo causal com a prestação dos serviços. Só mesmo uma instrução processual cuidadosa poderá aclarar a dinâmica do acidente ou o desenvolvimento do adoecimento.

Constatado o acidente ou a doença ocupacional, cabe ao empregador a emissão da CAT, como previsto no art. 22 da Lei n. 8.213/1991. Quando a CAT for regularmente emitida pelo empregador, já haverá um indicativo forte de que o evento tem natureza ocupacional, ou seja, tem nexo causal com o exercício do teletrabalho pela vítima[11].

15.5. CABIMENTO DAS INDENIZAÇÕES ACIDENTÁRIAS NO TELETRABALHO

Uma vez caracterizado o acidente ou a doença de natureza ocupacional no teletrabalho, além dos benefícios que a vítima pode obter junto à Previdência Social, pode ser cabível indenização a título de responsabilidade civil, como previsto no art. 7º, XXVIII, da Constituição da República.

O acidente ou a doença ocupacional no teletrabalho geram as mesmas indenizações cabíveis para o acidente do trabalho em geral, desde que estejam

11. A abordagem genérica quanto à emissão da CAT foi feita no capítulo 3, ao qual nos reportamos.

presentes os pressupostos do dano, do nexo causal e da culpa do empregador. Se a atividade for de risco, é cabível aplicar a teoria objetiva, segundo a qual basta a ocorrência do dano e a presença do nexo causal para o deferimento da indenização[12].

Quanto ao pressuposto do nexo causal, restará prejudicado o deferimento das indenizações quando o evento ocorrer por culpa exclusiva da vítima, por caso fortuito ou força maior, por fato de terceiro ou por adoecimentos não ocupacionais, conforme abordamos nos itens 6.5 a 6.9, do capítulo 6.

Quanto ao pressuposto da culpa, é necessário verificar se o empregador cumpriu todas as obrigações preventivas, conforme mencionamos no item 15.3 supra. Convém reafirmar que o simples fato de o empregado assinar termo de responsabilidade (art. 75-E da CLT), sem que o empregador tenha passado as instruções cabíveis, com as orientações e a fiscalização rotineira na execução do teletrabalho, não exime o empregador da responsabilidade, a não ser que fiquem comprovadas algumas das excludentes de causalidade.

A prestação de serviços no regime de teletrabalho pode provocar danos a terceiros não empregados, como por exemplo, a um familiar ou a trabalhador doméstico vinculado ao empregado. Já houve caso, por exemplo, de intoxicação de filhos por matéria prima utilizada pelo empregado no processo produtivo, sem as instruções e cuidados cabíveis. Nessa hipótese, se estiverem presentes os pressupostos da responsabilidade civil, pode ser deferida a indenização pelos danos reflexos ou em ricochete suportados pelo terceiro prejudicado.

Também pode ocorrer no teletrabalho acidente causado por terceiros ou por companheiro de trabalho, tal como, a insatisfação de um usuário com os serviços prestados ou desavenças com o fornecedor de produtos ou matérias primas utilizadas. São as hipóteses equiparadas ao acidente do trabalho, previstas no art. 21, II, da Lei n. 8.213/1991. Ocorrendo os danos, a responsabilidade normalmente é do empregador, com a possibilidade de ajuizamento de ação regressiva contra o causador do acidente para reembolso dos prejuízos sofridos.

Em síntese, os acidentes ou doenças ocupacionais ocorridos com os teletrabalhadores podem gerar danos patrimoniais ou extrapatrimoniais, conforme abordamos para o acidente em geral, desde que estejam presentes os pressupostos da responsabilidade civil.

12. O Código do Trabalho de Portugal, já citado, prevê no art. 170º-A: "1 - É vedada a prática de teletrabalho em atividades que impliquem o uso ou contacto com substâncias e materiais perigosos para a saúde ou a integridade física do trabalhador, exceto se efetuados em instalações certificadas para o efeito." Disponível em: <https://dre.pt/dre/legislacao-consolidada/lei/2009-34546475> Acesso em 10 mar. 2023.

15.6. CASUÍSTICA DOS ACIDENTES EM TELETRABALHO

Como o teletrabalho é uma prática só recentemente regulamentada, a jurisprudência das indenizações acidentárias a respeito ainda é escassa. Uma das explicações para o baixo volume de demandas pode ser o desconhecimento dos direitos pelas vítimas, ou mesmo a dúvida sobre como caracterizar o nexo causal para fins indenizatórios nesta modalidade de prestação de serviços.

É verdade que há diversos julgamentos sobre acidentes ocorridos no âmbito do trabalho doméstico ou no domicílio da vítima, ou, ainda, no domicílio do usuário onde a vítima se encontrava em serviço. Desse modo, pela similitude das situações fáticas, tais acórdãos servem como indicativo dos rumos da jurisprudência para as ocorrências envolvendo o teletrabalho:

> "**Teletrabalho. Responsabilidade civil do empregador. Acidente de trabalho típico. Caso fortuito. Responsabilidade subjetiva.** O acidente de trabalho não é descaracterizado por ter ocorrido na residência do empregado em teletrabalho, desde que comprovada a ocorrência durante o expediente. Contudo, sendo a responsabilidade subjetiva, mister que seja demonstrada a culpa do empregador. A queda da trabalhadora bancária, no momento de atender telefonema da empresa, é caso fortuito. A ausência do termo de responsabilidade prevista no art. 75-E da CLT pode induzir à presunção de culpa, contudo não se sustenta diante da dinâmica do acidente, caracterizando o caso fortuito, para o qual não se podia evitar ou impedir." Espírito Santo. TRT da 17ª Região. 1ª Turma. Processo: 0001107-11.2022.5.17.0002, Rel.: Des. Wanda Lúcia Costa Leite França Decuzzi, *DEJT* 19 jun. 2024.
>
> "**Dano material.** Prestado em domicílio serviço, não há como atribuir nexo concausal à tenossinovite, porquanto, por óbvio, o meio-ambiente laboral se confunde com aquele em que a parte autora pratica todos os demais atos de sua vida pessoal. Nesse sentido, não há como responsabilizar civilmente o empregador. Recurso ordinário desprovido." Rio de Janeiro. TRT 1ª Região. 8ª Turma. RO n. 0100172-04.2019.5.01.0301, Rel.: Alexandre Teixeira Bastos Cunha, *DEJT* 15 fev. 2023.
>
> "**Acidente de trabalho. Agressão por terceiro durante execução do trabalho. Nexo causal. Fato de terceiro.** Voltando-se a atividade da reclamada para o atendimento da clientela em domicílio, tornam-se os instaladores e ajudantes mais vulneráveis a agressões verbais ou, até mesmo físicas, por insatisfações de toda ordem, inclusive relacionadas às especificações do serviço ditadas pelo empregador. As cada vez mais corriqueiras notícias de agressões perpetradas contra trabalhador, por clientes insatisfeitos com produtos e serviços, estão a delinear nova situação de risco próprio da atividade econômica dessas empresas, que passam a ser responsáveis pela integridade física e psíquica dos seus empregados fora do estabelecimento empresarial. Portanto, estando o empregado a executar serviços próprios de sua profissão, no domicílio do cliente, no contexto da sociedade contemporânea, permeada de violência e com cidadão

ávidos pelo exercício arbitrário das próprias razões, as agressões físicas sofridas não podem ser elevadas à condição de ato inusitado, imponderável, a exonerar a responsabilização do empregador por exclusão do nexo causal. O reclamante foi agredido enquanto trabalhava, por desavenças relacionadas ao local de instalação da antena de tv a cabo, estando em situação de vulnerabilidade própria da atividade que exercia, sendo, portanto, o trabalho a causa remota, porém necessária para o resultado havido, inserindo-se o fato de terceiro na concepção de risco esperado da atividade desenvolvida (art. 927, parágrafo único do CC), descaracterizando-se como excludente do nexo causal." Bahia. TRT da 5ª Reg. 4ª Turma. RO n. 0000170-39.2016.5.05.0036, Rel.: Juíza Convocada Ana Paola Santos Machado Diniz, *DEJT* 25 jun. 2022.

"**Ementa. Acidente do trabalho. Ausência de responsabilidade patronal**. Não há dever patronal de indenizar quando o acidente, embora ocorrido no pleno exercício das funções laborativas no âmbito do serviço doméstico, tem como causa exclusiva descuido da própria empregada." Rio Grande do Sul. TRT da 4ª Reg. 6ª Turma. RO n. 0020601-41.2017.5.04.0601, Rel.: Desembargadora Maria Cristina Schaan Ferreira, *DEJT* 27 fev. 2019.

"**Acidente no âmbito do trabalho doméstico. Cicatrizes no antebraço direito. Responsabilização civil do empregador configurada**. O fato exclusivo da vítima enquanto excludente de nexo causal e, por consequência, do dever de indenizar, somente se configura quando restar comprovado que o resultado danoso decorreu direta e exclusivamente da conduta da vítima. Hipótese em que os elementos probatórios não permitem concluir que o infortúnio ocorreu por qualquer atuação ou comportamento concorrente do trabalhador vitimado. Recurso ordinário da reclamada a que se nega provimento, no aspecto." Rio Grande do Sul. TRT da 4ª Reg. 1ª Turma. RO n. 0000892-91.2013.5.04.0461, Rel.: Desembargadora Laís Helena Jaeger Nicotti, *DEJT* 30 mar. 2016.

Trabalhador de teleatendimento. Doença ocupacional. Transtorno de adaptação. Pausas para recuperação de conflitos não concedidas pela empregadora. Culpa. Para diminuir a incidência de lesões psíquicas aos trabalhadores em Teleatendimento/Telemarketing, a NR-17, que trata da ERGONOMIA, tem o anexo II, que no tópico 5 refere-se à Organização do Trabalho. Especialmente o sub-item 5.4.5 assim estabelece: "Devem ser garantidas pausas no trabalho imediatamente após operação onde haja ocorrido ameaças, abuso verbal, agressões ou que tenha sido especialmente desgastante, que permitam ao operador recuperar-se e socializar conflitos e dificuldades com colegas, supervisores ou profissionais de saúde ocupacional especialmente capacitados para tal acolhimento." Não comprovada a concessão dessas pausas, reconhece-se a culpa da empregadora no adoecimento da reclamante. A concessão de pausas com interferência no requisito 'aderência', relativo ao atingimento de metas para comissionamento, não atende ao disposto na NR acima indicada." Goiás. TRT da 18ª Reg. 3ª Turma. RO n. 0010121-58.2014.5.18.0006, Rel.: Desembargadora Rosa Nair da Silva Nogueira Reis, *DEJT* 26 fev. 2016.

"**Indenização por danos morais. Doença profissional. Culpa do empregador. Empregado em domicílio**. O fato de o empregado trabalhar em domicílio não constitui, por si só, motivo para eximir o empregador da observância das normas de segurança e medicina do trabalho, colocando o trabalhador à margem da proteção legal que deve abranger "todos os locais de trabalho", sem distinção (artigo 154 da CLT). É certo que não há como exigir do empregador, em semelhante circunstância, a fiscalização cotidiana dos serviços prestados, inclusive quanto à efetiva observância pelo empregado das normas de segurança e medicina, mesmo porque a casa é asilo inviolável do indivíduo, ninguém nela podendo penetrar sem o consentimento do morador, salvo em caso de flagrante delito ou desastre, ou para prestar socorro, ou, durante o dia, por determinação judicial, nos termos da garantia estatuída no artigo 5o., inciso XI, da Constituição Federal. Essa particularidade, sem dúvida, constitui elemento que vai interferir na gradação da culpa do empregador em relação a eventual doença profissional constatada, mas não permite isentá-lo do cumprimento de obrigações mínimas, como a de instruir os empregados quanto às precauções a tomar no sentido de evitar acidentes do trabalho ou doenças ocupacionais, nos termos do artigo 157, II, da CLT, além de fornecer mobiliário adequado, orientando o empregado quanto à postura correta (artigo 199 da CLT), pausas para descanso, etc. Verificado o descumprimento dessas obrigações primordiais pelo empregador, em face da sua omissão negligente no tocante aos cuidados com a saúde da empregada, é inegável a sua culpa no surgimento da doença profissional constatada, incidindo sua responsabilidade pela compensação do dano moral sofrido pela obreira." Minas Gerais. TRT da 3ª Reg. 11ª Turma. RO n. 00208-2006-143-03-00-2, Rel.: Desembargador Heriberto de Castro, *DEJT* 17 set. 2008.

16

INDENIZAÇÕES DECORRENTES DA COVID-19 OCUPACIONAL

16.1. O ADVENTO DA PANDEMIA DO NOVO CORONAVÍRUS

No final de 2019, surgiu primeiramente na cidade de Wuhan, na China, uma doença infecciosa causada por um novo coronavírus, com surpreendente grau de contágio e letalidade, avançando, em seguida, para a Europa e, posteriormente, para o restante do planeta. Os múltiplos efeitos danosos dessa patologia provocaram mudanças no modo de viver, de produzir, de consumir, com repercussões acentuadas no mundo do trabalho e na regulação dos direitos trabalhistas.

A Organização Mundial de Saúde (OMS) passou a denominar a doença causada pelo novo coronavírus pela sigla **Covid-19**, formada pela junção das letras iniciais dos vocábulos em inglês "Corona Virus Disease", sendo que o 19 representa o ano em que o vírus foi detectado. Diante da rápida expansão da doença por todos os continentes, a OMS declarou oficialmente, no dia 11 de março de 2020, o surto da Covid-19 como uma pandemia[1].

No Brasil, o primeiro caso da Covid-19 foi confirmado pelo Ministério da Saúde no dia 26 de fevereiro 2020 e a primeira morte ocorreu no dia 17 de março 2020. A Portaria n. 454 do Ministério da Saúde, de 20 de março de

---

1. Segundo a OMS "os coronavírus são uma extensa família de vírus que podem causar doenças em animais e humanos. Em humanos, sabe-se que vários coronavírus causam infecções respiratórias que podem variar do resfriado comum a doenças mais graves, como a síndrome respiratória do Oriente Médio (MERS) e a síndrome respiratória aguda grave (SARS). O coronavírus descoberto mais recentemente causa a doença de coronavírus COVID-19". Disponível em:<https://www.who.int/es/emergencies/diseases/novel-coronavirus-2019/advice-for-public/q-a-coronaviruses>. Acesso em 26 maio 2020.

2020, declarou o estado de transmissão comunitária do coronavírus (Covid-19) em todo o território nacional. Em pouco tempo, a quantidade de infectados e de óbitos cresceu rapidamente e permaneceu elevada ao longo de 2020 e 2021, só declinando substancialmente em 2022, com o avanço da vacinação.

Os efeitos surpreendentes da Covid-19 repercutiram intensamente no mundo do trabalho, na saúde do trabalhador e no adoecimento ocupacional. Alguns temores de uma ruptura acentuada com o passado, para ingresso num desconhecido "novo normal", foram superados com o sucesso dos programas de vacinação e a retomada das atividades, especialmente a partir de 2023. Entretanto, essa quadra da história ficará gravada na memória da nossa geração com muitas lembranças impactantes, lições de fraternidade ou de indiferença e farto material de pesquisa para prevenções futuras, com importantes avanços no campo da medicina.

Levando-se em conta os questionamentos e as dúvidas decorrentes da Covid-19 de natureza ocupacional, resolvemos adicionar ao livro este novo capítulo, desde a 12ª edição, para estudar separadamente as repercussões jurídicas dos danos causados ao trabalhador.

16.2. CARACTERIZAÇÃO DA COVID-19 COMO DOENÇA OCUPACIONAL

16.2.1. Repercussões do enquadramento ocupacional da Covid-19

A Constituição da República confere aos trabalhadores, no art. 7º, XXVIII, o direito aos benefícios do seguro contra acidentes do trabalho, sem excluir a indenização a que o empregador está obrigado, quando incorrer em dolo ou culpa.

Desse modo, para auferir os benefícios de natureza acidentária junto ao INSS, bem como para veicular a postulação judicial das indenizações por responsabilidade civil em face do empregador, deverá o trabalhador que foi vítima da Covid-19, primeiramente, demonstrar que aquela ocorrência pode ser enquadrada em uma das hipóteses que a Lei Previdenciária n. 8.213/1991 considera como doença relacionada ao trabalho.

Além disso, a caracterização da patologia como de natureza ocupacional proporciona à vítima benefícios superiores aos que são concedidos quando a doença não tem relação causal com o trabalho.

Após a alteração promovida pela Emenda Constitucional n. 103/2019, o segurado que se aposentar por incapacidade permanente, em decorrência de acidente do trabalho, de doença profissional ou de doença do trabalho, terá direito a receber um valor mensal correspondente a 100% do salário benefício. Por outro lado, na aposentadoria comum por incapacidade não relacionada ao trabalho, o valor a receber partirá de um piso de 60% do salário de benefício, com o acréscimo de dois pontos percentuais para cada ano de contribuição que exceder o tempo de 20 anos, no caso dos homens, e de 15 anos, quando for mulher[2].

Também haverá repercussão no valor inicial da pensão por morte, ocorrida a partir de 14 de novembro de 2019, quando oriunda de causa ocupacional, cuja renda mensal inicial será correspondente ao valor a que o segurado teria direito se fosse aposentado por incapacidade permanente na data do óbito, acrescida de dez pontos percentuais por dependente, até o máximo de 100%. Assim, considerando que a aposentadoria por incapacidade decorrente de acidente do trabalho, de doença profissional ou doença do trabalho proporciona um benefício de valor maior, também a pensão dos dependentes da vítima, nessas circunstâncias, terá um valor superior[3].

Ao lado dessas repercussões que produzem efeitos de longo prazo, há outras consequências que destacam a importância do enquadramento da doença como de natureza ocupacional. Se for constatada a Covid-19 ocupacional, a vítima terá direito a continuar recebendo os depósitos do FGTS na sua conta vinculada, durante todo o período de afastamento junto ao INSS, conforme previsto no art. 15, § 5º, da Lei n. 8.036/1990[4]. Ademais, quando ocorrer o afastamento por doença ocupacional, o trabalhador terá garantia de emprego pelo prazo mínimo de doze meses, após a cessação do auxílio-doença acidentário, de acordo com o que estabelece a Lei de Benefícios da Previdência Social[5].

---

2. Emenda Constitucional n. 103, 12 nov. 2019. Art. 26, §§ 2º, 3º e 5º. Os critérios desses cálculos foram detalhados na Portaria do INSS n. 450, de 3 de abr. 2020.
3. Emenda Constitucional n. 103, 12 nov. 2019. Art. 23 *caput*, combinado com o art. 26, §§ 2º, 3º e 5º. A Portaria INSS n. 450, de 3 de abr. 2020 esclareceu no art. 47: "Na pensão por morte, o valor do benefício, com fato gerador a partir de 14 de novembro de 2019, será calculado na forma da aposentadoria por incapacidade permanente a que o segurado teria direito na data do óbito, aplicando sobre esse valor a regra de cotas para cada dependente, nos termos fixados pelo art. 23 da EC nº 103, de 2019." Essa data foi também confirmada pela alteração do Regulamento da Previdência Social, promovida pelo Decreto nº 10.410 de 30 jun. 2020.
4. Este dispositivo foi regulamentado pelo art. 28 do Decreto n. 99.684/1990 que estabelece: "Art. 28. O depósito na conta vinculada do FGTS é obrigatório também nos casos de interrupção do contrato de trabalho prevista em lei, tais como: (...) II – licença para tratamento de saúde de até quinze dias; III – licença por acidente de trabalho (...). Parágrafo único. Na hipótese deste artigo, a base de cálculo será revista sempre que ocorrer aumento geral na empresa ou na categoria profissional a que pertencer o trabalhador.
5. Lei n. 8.213, 24 jul. 1991. "Art. 118. O segurado que sofreu acidente do trabalho tem garantida, pelo prazo mínimo de doze meses, a manutenção do seu contrato de trabalho na empresa, após a cessação do auxílio-doença acidentário, independentemente de percepção de auxílio-acidente."

Mas não é só. A caracterização ocupacional da Covid-19 dispensa a carência para obtenção de benefícios da Previdência Social, repercute no aumento da alíquota do seguro de acidente do trabalho pago pelo empregador, pode gerar repercussão criminal, possibilita a lavratura de auto de infração pela Inspeção do Trabalho e pode ensejar ainda o ajuizamento de ação regressiva pela Previdência Social em face do empregador.

Como se depreende do exposto, o empregado, para respaldar sua pretensão, buscará sempre enquadrar a Covid-19 como patologia relacionada ao exercício do contrato de trabalho e, por outro lado, o empregador, para fortalecer sua defesa, insistirá que o adoecimento não guarda nexo causal com o trabalho e, portanto, só autoriza a concessão de benefícios de natureza estritamente previdenciária.

16.2.2. Enquadramento ocupacional após emissão regular da CAT

O primeiro passo para o reconhecimento de qualquer direito trabalhista ao empregado que foi contaminado pela Covid-19, em razão do seu trabalho, é obter a comunicação da ocorrência à Previdência Social[6].

Com o objetivo de facilitar a concessão rápida dos benefícios e, ainda, diante do caráter social do seguro acidentário, a norma legal atribui primeiramente ao empregador a obrigação de expedir a comunicação do adoecimento ocupacional, ficando dispensada, em princípio, a vítima ou seus dependentes. Estabelece a Lei n. 8.213/1991:

> Art. 22. A empresa ou o empregador doméstico deverão comunicar o acidente do trabalho à Previdência Social até o primeiro dia útil seguinte ao da ocorrência e, em caso de morte, de imediato, à autoridade competente, sob pena de multa variável entre o limite mínimo e o limite máximo do salário de contribuição, sucessivamente aumentada nas reincidências, aplicada e cobrada pela Previdência Social. (...)

A Comunicação do Acidente do Trabalho à Previdência Social deverá ser expedida pela empresa ou pelo empregador doméstico, de acordo com formulário próprio criado pelo INSS[7], cujo modelo pode ser obtido pela *Internet* no

6. Estabelece o art. 129, II, da Lei n. 8.213/1991 que os litígios e medidas cautelares relativos ao acidente do trabalho serão apreciados na via judicial mediante petição inicial instruída pela prova da efetiva notificação do evento à Previdência Social, por meio de Comunicação de Acidente do Trabalho — CAT.
7. O formulário da CAT e as respectivas instruções de preenchimento eram regulados pela Portaria n. 5.817 de 6 outubro de 1999 e pela Ordem de Serviço INSS/DSS n. 621, de 5 de maio de 1999 e

endereço <http://www.previdenciasocial.gov.br>, sendo que atualmente a comunicação será cadastrada exclusivamente em meio eletrônico, não sendo mais possível o protocolo físico do documento nas Agências da Previdência Social[8].

Conforme já mencionamos, o adoecimento pela Covid-19 decorrente do trabalho pode ser o fato gerador de diversas e sérias consequências jurídicas. Com receio de tantas repercussões onerosas e diante dos inúmeros questionamentos que a Covid-19 suscita, provavelmente muitos empregadores não irão emitir a CAT. Deve-se ponderar, também, que há situações efetivamente duvidosas que nem mesmo os profissionais da Medicina têm respostas seguras quanto ao nexo causal da doença com o trabalho.

Quando a CAT for regularmente emitida pelo empregador já haverá um indicativo forte de que a Covid-19 tem natureza ocupacional, ou seja, tem nexo causal com o exercício do trabalho da vítima[9].

16.2.3. Enquadramento ocupacional sem a emissão da CAT pelo empregador

A não emissão da CAT pelo empregador, apesar de dificultar, não impede o enquadramento ocupacional da Covid-19, tanto para fins de obtenção dos benefícios perante o INSS, quanto para auferir indenização pela via judicial.

No caso de omissão ou resistência do empregador, a CAT também pode ser emitida pelo próprio trabalhador, por seus dependentes, pela entidade sindical competente, pelo médico que o assistiu ou por qualquer autoridade pública, mesmo depois de vencido o prazo fixado para a comunicação pela empresa[10].

Muitas empresas estão negando a emissão da CAT, alegando que não existe o *diagnóstico firmado* de que a doença tem natureza ocupacional. Se verificarmos o antigo "Manual de Instrução para Preenchimento da CAT" disponível no sítio eletrônico do INSS, publicado por intermédio da Ordem

---

pela Instrução Normativa do INSS/PRES. n. 77, de 21 jan. 2015, a partir do art. 327. Atualmente a CAT está regulada pela Portaria SEPRT/ME n. 4.334, de 15 de abril de 2021 e Instrução Normativa INSS/PRES. n. 128, de 28 de mar. 2022, arts. 350 e 351.

8. Cf. Portaria SEPRT/ME n. 4.334, 15 abr. 2021, arts. 1º e 2º.

9. A abordagem genérica quanto à emissão da CAT foi feita no capítulo 3, ao qual nos reportamos.

10. Lei n. 8.213, de 24 jul. 1991, art. 22, § 2º ou Decreto n. 3.048, de 6 maio 1999, art. 336, § 3º. A Instrução Normativa do INSS/PRES n. 128, de 28 mar. 2022 relaciona no art. 351, § 5º, quais são as autoridades que podem emitir a CAT: "Para efeito do disposto no § 1º deste artigo, consideram-se autoridades públicas reconhecidas para tal finalidade os magistrados em geral, os membros do Ministério Público e dos Serviços Jurídicos da União e dos Estados, os comandantes de unidades militares do Exército, da Marinha, da Aeronáutica e das Forças Auxiliares (Corpo de Bombeiros e Polícia Militar), prefeitos, delegados de polícia, diretores de hospitais e de asilos oficiais e servidores da administração direta e indireta federal, estadual, do Distrito Federal ou municipal, quando investidos de função."

de Serviço INSS/DSS n. 621/1999, havia previsão de que "todos os casos com diagnóstico firmado de doença profissional ou do trabalho devem ser objeto de emissão de CAT pelo empregador" e, ainda, de que "no caso de doença profissional ou do trabalho, a CAT deverá ser emitida após a conclusão do diagnóstico." No atual Manual de Orientação para preenchimento do eSocial, consta no item que trata da Comunicação do Acidente do Trabalho (S-2210) que deverá ser considerada "como data do acidente a da conclusão do diagnóstico ou a do início da incapacidade laborativa, devendo ser consignada aquela que ocorrer primeiro"[11]. Entendemos, todavia, que a referida exigência, além de equivocada, é ilegal, pois contraria norma expressa. Diz o art. 169 da CLT, com a redação dada pela Lei n. 6.514/1977:

> Art. 169. Será obrigatória a notificação das doenças profissionais e das produzidas em virtude de condições especiais de trabalho, comprovadas ou objeto de suspeita, de conformidade com as instruções expedidas pelo Ministério do Trabalho.

Assim, a partir do momento em que surge a "suspeita diagnóstica" de Covid-19 relacionada ao trabalho, é dever do empregador e direito do empregado a emissão da CAT. Contudo, é necessário que haja alguma alteração, algum sintoma ou sinal clínico que possa levar à "suspeita", para não cair no comportamento excessivo de emissão da CAT pela simples desconfiança ou para atender a um capricho do empregado.

Entretanto, a recusa da emissão da CAT não impede que a vítima busque o enquadramento da Covid-19 como de natureza ocupacional em juízo, tanto para fins de obtenção dos benefícios acidentários junto ao INSS na Justiça Comum Estadual, quanto para viabilizar eventual indenização em decorrência da responsabilidade civil do empregador na Justiça do Trabalho.

Segundo o art. 129 do Código Civil, reputa-se verificada, quanto aos efeitos jurídicos, a condição, cujo implemento for maliciosamente obstado pela parte a quem desfavorecer. O enquadramento judicial perante a Justiça do Trabalho visa a obter os benefícios trabalhistas do reconhecimento da doença como relacionada ao trabalho, tais como: garantia provisória de emprego, depósitos do FGTS do período de afastamento ou indenizações pelos danos decorrentes da Covid-19.

Verificando-se pelas provas dos autos que ocorreu a hipótese legalmente classificada como doença ocupacional, são reconhecidos pela sentença todos os efeitos jurídicos, como se a CAT tivesse sido regularmente emitida, conforme entendimento sedimentado na Súmula 378 do TST:

---

11. Disponível em: <https://www.gov.br/esocial/pt-br/documentacao-tecnica/manuais/mos-s-1-3-consolidada-ate-a-no-s-1-3-02-2024.pdf>. Acesso em: 3 jan.2025.

> **"Estabilidade provisória. Acidente do trabalho. Art. 118 da Lei n. 8.213/1991.** I – É constitucional o artigo 118 da Lei nº 8.213/1991 que assegura o direito à estabilidade provisória por período de 12 meses após a cessação do auxílio-doença ao empregado acidentado. II – São pressupostos para a concessão da estabilidade o afastamento superior a 15 dias e a consequente percepção do auxílio-doença acidentário, salvo se constatada, após a despedida, doença profissional que guarde relação de causalidade com a execução do contrato de emprego."

Em síntese, antes de apreciar o pedido indenizatório pelos alegados danos causados pela Covid-19, o juiz deverá decidir sobre o nexo causal do adoecimento com o exercício do trabalho, caso haja controvérsia a respeito. Se a conclusão for no sentido de que a doença não teve relação alguma com a prestação dos serviços, não ficará caracterizada a doença ocupacional e, portanto, não caberá indenização por parte do empregador (art. 7º, XXVIII, da Constituição da República):

> **"Covid-19. Trabalhadores da saúde em entidade hospitalar. Linha de frente no combate à pandemia. Nexo causal presumido. Emissão de CAT. Obrigação reconhecida.** A Lei nº 14.128/2021 instituiu previsão expressa quanto à incidência da teoria do risco objetivo para os profissionais da área da saúde em caso de contaminação pelo covid-19, nascendo a obrigatoriedade da empresa de emitir a CAT em caso de confirmação da doença. Recurso desprovido." Santa Catarina. TRT 12ª Região. 1ª Câmara. RO n. 0000084-65.2022.5.12.0003, Rel.: Hélio Bastida Lopes, *DEJT* 13 dez. 2022.
>
> **"Ação civil pública. Pandemia SARS-COV2. COVID-19. Doença ocupacional. Expedição de CAT.** Embora a Pandemia do Covid-19 tenha alastramento global, com o contágio indeterminado de pessoas nos mais variados ambientes, tratando-se das profissões ligadas diretamente ao atendimento dos acometidos pela doença, como os trabalhadores da saúde na linha de frente nas unidades hospitalares, a Covid-19 estará caracterizada como doença de natureza ocupacional, pois a exposição ao contágio está diretamente ligada ao exercício profissional, atraindo a presunção do nexo causal, nos termos do artigo 20, § 2º, da Lei 8.213/1991, devendo ser expedida a CAT para cada profissional em tal condição acometido pela moléstia, ressalvados os casos em que a contaminação do empregado aconteceu em período em que estava afastado do trabalho. Recurso a que se dá parcial provimento." Mato Grosso. TRT 23ª Região. 1ª Turma. RO n. 0000339-42.2021.5.23.0006, Rel.: Desembargadora Adenir Alves da Silva Carruesco, *DEJT* 26 jun. 2022.
>
> **"Emissão de CAT. Técnicos e auxiliares de enfermagem. Contaminação por Covid-19.** O novo coronavírus, em razão da surpreendente rapidez de contágio e dos altos níveis de gravidade e letalidade, confirmou-se como pandemia, assolando todo o planeta, apresentando-se como uma doença democrática e ceifando muitas vidas ao redor do mundo. Por certo, a pandemia causada pelo novo coronavírus provocou alterações de comportamento acentuadas, exigindo-se uma inevitável adaptação do modo de viver, trabalhar, consumir... com inarredáveis repercussões

no mundo do direito do trabalho. Ante o elevado grau de exposição ao risco de contágio pela COVID-19, os profissionais da saúde, ainda que não atuantes no enfrentamento direto da doença, fazem jus à emissão da CAT quando comprovadamente infectados pelo SARS-COV-2. Assim, é dever do empregador emitir a Comunicação de Acidente de Trabalho, salvo se apurar, mediante procedimento investigativo interno, que a contaminação deu-se exclusivamente por fator externo ao ambiente de trabalho." Espírito Santo. TRT 17ª Região. 2ª Turma. RO n. 0000561-91.2020.5.17.0012, Rel.: Desembargadora Marise Medeiros Cavalcanti Chamberlain, *DEJT*: 12 jul. 2022.

"**Recurso Ordinário. Doença ocupacional. COVID 19. Emissão da CAT.** Segundo se extrai do julgamento, pelo STF, das Adins 6344, 6346, 6348, 6349, 6352, 6354, que suspendeu a eficácia do artigo 29 da Medida Provisória 927/2020, bem como da Nota Técnica da Secretaria Especial de Previdência e Trabalho n. 56376/2020/ME, a Covid-19 pode ser enquadrada como doença ocupacional a depender do caso concreto, a partir da análise das condições de trabalho, da existência de risco acentuado à contaminação por Covid-19 em determinado ambiente de trabalho, seja por sua natureza ou pela ausência de execução das medidas reconhecidas como eficazes na prevenção, seja pelas evidências de que o contato com vírus se deu no ambiente de trabalho. Por isso, ainda que por suspeita diagnóstica, se for constatada, em exames médicos ocupacionais, a relação de tal doença com o trabalho, incumbe ao empregador a emissão da CAT. Rio de Janeiro." TRT 1ª Região. 10ª Turma. Processo n. 0100404-58.2020.5.01.0017. Rel.: Desembargador Flávio Ernesto Rodrigues Silva, *DJe* 13 de jul. de 2021.

16.3. ENQUADRAMENTO DA COVID-19 PELA PREVIDÊNCIA SOCIAL

16.3.1. *Considerações iniciais*

A rigor, não é imprescindível o reconhecimento pelo INSS da natureza ocupacional da Covid-19 para que a vítima possa ajuizar ação indenizatória, buscando a reparação dos danos sofridos em face do empregador, visto que o julgador pode resolver essa questão incidente diretamente no processo do trabalho. Mas, se já houver o reconhecimento do nexo causal pela Previdência Social, cria-se uma presunção favorável para a vítima na ação judicial de responsabilidade civil perante a Justiça do Trabalho.

A emissão da CAT não significa automaticamente que houve confissão do empregador quanto à ocorrência de doença ocupacional, uma vez que o reconhecimento oficial é realizado pelo INSS, depois de verificar o liame causal entre a doença e o trabalho. O setor de perícia médica do INSS, nos afastamentos superiores a quinze dias, faz análise técnica para conferência do nexo entre o trabalho e o agravo, considerando-se como agravo a lesão, a doença, o transtorno de saúde, distúrbio, disfunção ou síndrome de evolução aguda, subaguda ou crônica, de natureza clínica ou subclínica, inclusive morte, independentemente do tempo de latência[12]. Desse modo, o INSS pode ou não caracterizar a Covid-19 que acometeu o trabalhador como de natureza ocupacional, após avaliar o alegado nexo da patologia com o trabalho.

É oportuno esclarecer que o enquadramento da doença como decorrente do trabalho pelo INSS dispensa a constatação de culpa do empregador ou da vítima. A culpa tem muita importância no aspecto da responsabilidade civil apreciada na Justiça do Trabalho, mas não é considerada para fins de enquadramento da natureza acidentária pela Previdência Social. "É irrelevante para a caracterização do acidente do trabalho a existência de culpa do segurado ou de seu contratante. Trata-se da aplicação da teoria do risco social, segundo a qual a sociedade arca com o ônus do indivíduo incapacitado, independentemente de quem causou o infortúnio"[13].

Do mesmo modo, também não exclui o enquadramento ocupacional do adoecimento a alegação de caso fortuito, ato de terceiro ou motivo de força maior, tanto pela natureza social da cobertura do seguro acidentário quanto pela previsão expressa a respeito, constante na Lei de Benefícios da Previdência Social[14].

16.3.2. A suspensão do art. 29 da MP n. 927/2020 pelo STF

Ao editar a Medida Provisória n. 927/2020[15], com medidas trabalhistas para enfrentamento do estado de calamidade pública decorrente da Covid-19, o Presidente da República inseriu disposição normativa para estabelecer, como regra geral, que a referida doença não teria natureza ocupacional. É oportuno transcrever o teor do dispositivo:

12. Decreto n. 3.048, de 6 maio 1999, art. 337. Conferir também o "Manual Técnico da Perícia Médica Previdenciária" aprovado pela Resolução do INSS n. 637, de 19 de março de 2018.
13. CASTRO, Carlos Alberto Pereira de. *Manual de Direito Previdenciário*. 24ª ed. Rio de Janeiro: Forense, 2021. p. 554.
14. Lei n. 8.213, de 24 jul. 1991. "Art. 21. Equiparam-se também ao acidente do trabalho, para efeitos desta Lei: (...) II – o acidente sofrido pelo segurado no local e no horário do trabalho, em consequência de: (...) c) ato de imprudência, de negligência ou de imperícia de terceiro ou de companheiro de trabalho; (...) e) desabamento, inundação, incêndio e outros casos fortuitos ou decorrentes de força maior."
15. Publicada na edição extra do Diário Oficial da União do dia 22 de março de 2020.

> Art. 29. Os casos de contaminação pelo coronavírus (covid-19) não serão considerados ocupacionais, exceto mediante comprovação do nexo causal.

Logo após a publicação dessa norma, diversos partidos políticos e confederações de trabalhadores ajuizaram Ações Diretas de Inconstitucionalidade (ADIs), postulando a suspensão do dispositivo por contrariedade à Constituição da República de 1988, porquanto estaria violando direitos fundamentais dos trabalhadores. As ações foram ajuizadas no Supremo Tribunal Federal-STF pelo Partido Democrático Trabalhista (ADI 6342), pela Rede Sustentabilidade (ADI 6344), pela Confederação Nacional dos Trabalhadores Metalúrgicos (ADI 6346), pelo partido Solidariedade (ADI 6352) e pela Confederação Nacional dos Trabalhadores da Indústria (ADI 6354).

O STF, na sessão de julgamento telepresencial do dia 29 de abril de 2020, acolheu a inconstitucionalidade alegada e suspendeu a eficácia do mencionado artigo 29 da MP n. 927/2020, pela consistente maioria de 7 votos a favor e apenas 3 votos contrários.

O Ministro do STF Edson Fachin, ao proferir seu voto para considerar inconstitucional o art. 29, sintetizou o entendimento que prevaleceu:

> "Nas ADIs 6.342, 6.344, 6.346, 6.352 e 6.354, aponta-se a inconstitucionalidade do disposto no artigo 29 da Medida Provisória n. 927/2020 fundada na dificuldade de os empregados comprovarem o nexo causal da doença causada pelo novo coronavírus, considerando o fato notório e consabido de que a transmissão da doença é comunitária e exponencial.
>
> Afirma-se que o regime de responsabilidade estabelecido na norma impugnada exime o empregador de tomar todas as medidas de saúde, higiene e segurança necessárias à proteção dos trabalhadores, afrontando, assim, direito fundamental à redução de riscos inerentes ao trabalho, constante do artigo 7º, XXII, da CRFB.
>
> Assim está posta a norma impugnada: Art. 29. Os casos de contaminação pelo coronavírus (covid-19) não serão considerados ocupacionais, exceto mediante comprovação do nexo causal.
>
> Exigir-se que o ônus probatório seja do empregado, diante da infecção e adoecimento pelo novo coronavírus, não se revela como medida adequada e necessária à redução dos riscos dos trabalhadores quanto à doença deflagrada pelo novo coronavírus. Se o constituinte de 1988 reconheceu a redução de riscos inerentes ao trabalho como um direito fundamental social do trabalhador brasileiro, obrigando que os empregadores cumpram normas de saúde, higiene e segurança no trabalho, certamente ele previu que o empregador deveria responsabilizar-se por doenças adquiridas no ambiente e/ou em virtude da atividade laboral.
>
> A previsão de responsabilidade subjetiva parece uma via adequada a justificar a responsabilização no caso das enfermidades decorrentes de infecção pelo novo coronavírus, de forma que se o empregador não cumprir as orientações,

> recomendações e medidas obrigatórias das autoridades brasileiras para enfrentar a pandemia pelo novo coronavírus, deverá ser responsabilizado.
>
> Assim, o ônus de comprovar que a doença não foi adquirida no ambiente de trabalho e/ou por causa do trabalho deve ser do empregador, e, não, do empregado, como estabelece a norma impugnada.
>
> O artigo 29 da Medida Provisória n. 927/2020 afronta o que dispõe o art. 7º, XXII, da CRFB: "redução dos riscos inerentes ao trabalho, por meio de normas de saúde, higiene e segurança", invertendo o ônus probatório no caso específico da infecção por coronavírus.
>
> Diante do que exposto, divirjo do e. Ministro Relator e julgo procedente o pedido de suspensão, por inconstitucionalidade, do art. 29 da Medida Provisória n. 927/2020."[16]

Entendemos acertada a decisão do STF, uma vez que o temor manifestado pelos autores das Ações Diretas de Inconstitucionalidade é mesmo justificável. O dispositivo estabelecia uma presunção contrária ao enquadramento da Covid-19 como de natureza ocupacional, sobrecarregando a vítima com o difícil ônus de provar o nexo de causalidade. A norma proposta estava indicando para a perícia médica do INSS que todo adoecimento da Covid-19, em princípio, não teria natureza ocupacional, salvo se houvesse prova em sentido contrário. Assim, na falta ou na impossibilidade da prova, prevaleceria a regra geral da natureza não ocupacional da Covid-19.

Como foi redigido o dispositivo impugnado, mesmo para a situação das vítimas que contraíram a Covid-19 nas diversas atividades com risco acentuado de contágio ou transmissão do novo coronavírus, haveria a necessidade de provar que a doença teve etiologia ocupacional.

Estava implícito também que um dos propósitos da previsão do art. 29 da MP n. 927/2020 era o de não sobrecarregar a Previdência Social com o pagamento dos benefícios de natureza acidentária, considerando que esse enquadramento, depois da promulgação da Emenda Constitucional n. 103/2019, gera para os beneficiários rendimentos superiores aos benefícios simplesmente previdenciários, conforme já mencionamos acima.

Uma vez suspensa a eficácia jurídica do art. 29 mencionado, restou afastada a presunção legal no sentido de que a doença não tem natureza ocupacional. Então, o enquadramento como doença relacionada ou não ao trabalho será verificado considerando o caso concreto, as previsões contidas na Lei n. 8.213/1991 e os ajustes hermenêuticos decorrentes das singularidades dessa nova

16. Disponível em: <https://www.conjur.com.br/dl/stf-fachin-adis-referendo-mp-927.pdf>. Acesso em 31 maio de 2020.

pandemia. Como indicado no julgamento da Corte Suprema, o grau de risco da exposição ao novo coronavírus, pela natureza da atividade do empregador, cria a presunção da etiologia ocupacional da Covid-19 em favor da vítima.

Vale enfatizar, para fins de orientação interpretativa, o destaque registrado no julgamento do STF ao direito do empregado à "redução dos riscos inerentes ao trabalho, por meio de normas de saúde, higiene e segurança", como previsto expressamente no art. 7º, XXII, da Constituição da República de 1988. E não se trata de julgamento isolado. Em diversos acórdãos proferidos nos últimos anos, a proteção jurídica à saúde do trabalhador vem adquirindo maior acolhimento no âmbito do Supremo Tribunal Federal[17].

16.3.3. Como doença ocupacional

Desde a primeira lei acidentária de 1919, as doenças provocadas pelo trabalho são equiparadas ao acidente do trabalho. O art. 1º do Decreto Legislativo n. 3.724/1919 mencionava a "moléstia contraída exclusivamente pelo exercício do trabalho." No correr do tempo, a legislação incorporou as doenças profissionais atípicas, que passaram a ser denominadas "doenças do trabalho", a partir da quarta lei acidentária publicada em 1967.

Como adverte Mozart Russomano, o acidente e a enfermidade têm conceitos próprios. A equiparação entre eles se faz apenas no plano jurídico, com efeitos nas reparações e nos direitos que resultam para o trabalhador nos dois casos. Enquanto o acidente é um fato que provoca lesão, a enfermidade profissional é um estado patológico ou mórbido, ou seja, perturbação da saúde do trabalhador[18].

A Lei n. 8.213/1991 disciplina atualmente as doenças ocupacionais, com a seguinte redação:

> Art. 20. Consideram-se acidente do trabalho, nos termos do artigo anterior, as seguintes entidades mórbidas:
>
> I — doença profissional, assim entendida a produzida ou desencadeada pelo exercício do trabalho peculiar a determinada atividade e constante da respectiva relação elaborada pelo Ministério do Trabalho e da Previdência Social;
>
> II — doença do trabalho, assim entendida a adquirida ou desencadeada em função de condições especiais em que o trabalho é realizado e com ele se relacione diretamente, constante da relação mencionada no inciso I. (...)

---

17. A maior densidade normativa do art. 7º, XXII, da Constituição da República de 1988 pode ser observada nos julgamentos da ADIs 4.842, em 2016; ADIs 3.937, 3.406, 3.470, 4.066 julgadas em 2017; ADIs 5.938 e RE 828.040 julgados em 2019 e ADIs 6.342, 6.344, 6.346, 6.352, 6.354 e 3.931 julgadas em 2020.

18. RUSSOMANO, Mozart Victor. *Curso de previdência social*. Rio de Janeiro: Forense, 1983. p. 350-351.

Cabe, nesta etapa, indicar o conceito das três denominações: doença profissional, doença do trabalho e doença ocupacional, já que a lei, como princípio hermenêutico, não contém palavras inúteis.

A doença profissional é aquela peculiar a determinada atividade ou profissão, também chamada de doença profissional típica, tecnopatia ou ergopatia. O exercício de determinada profissão pode produzir ou desencadear certas patologias, sendo que, nessa hipótese, o nexo causal da doença com a atividade é presumido. É o caso, por exemplo, do empregado de uma mineradora que trabalha exposto ao pó de sílica e contrai a silicose. Afirma Tupinambá do Nascimento que, nas tecnopatias, a relação com o trabalho é presumida *juris et de jure*, inadmitindo prova em sentido contrário. Basta comprovar a prestação do serviço na atividade e o acometimento da doença profissional[19]. Sinteticamente, pode-se afirmar que doença profissional é aquela típica de determinada profissão.

Diferentemente, a doença do trabalho, também chamada mesopatia ou doença profissional atípica, apesar de igualmente ter origem na atividade do trabalhador, não está vinculada necessariamente a essa ou aquela profissão. Seu aparecimento decorre da forma em que o trabalho é prestado ou das condições específicas do ambiente de trabalho. Nas doenças do trabalho, "as condições excepcionais ou especiais do trabalho determinam a quebra da resistência orgânica com a consequente eclosão ou a exacerbação do quadro mórbido, e até mesmo o seu agravamento."[20]

Ao contrário das doenças profissionais, as doenças do trabalho não têm nexo causal presumido, exigindo demonstração de que a patologia apareceu em razão das condições especiais em que o trabalho foi realizado.

Como se verifica nessa exposição genérica, entendemos que a Covid-19, quando relacionada ao trabalho, tanto pode ser classificada como uma doença profissional, ou seja, aquela que foi "*produzida ou desencadeada pelo exercício do trabalho peculiar a determinada atividade*", quanto pode ser enquadrada como doença do trabalho quando se verificar que a enfermidade foi "*adquirida ou desencadeada em função de condições especiais em que o trabalho foi realizado*".

Em qualquer dessas duas modalidades, a Covid-19 estará caracterizada como doença de natureza "ocupacional" que é o gênero mais próximo que abrange as duas espécies (Doença profissional e do trabalho), conforme anotado, por exemplo, no art. 157, II, da CLT. Pode-se utilizar também a expressão genérica de "doença relacionada ao trabalho", como mencionada na redação da NR-7 do Ministério do Trabalho.

---

19. CASTRO DO NASCIMENTO, Tupinambá M. *Comentários à nova lei de acidentes do trabalho*. Porto Alegre: Síntese, 1977. p. 50.
20. OLIVEIRA, José de. *Acidentes do trabalho*. 3. ed. São Paulo: Saraiva, 1997. p. 2.

Entendemos que o adoecimento pelo exercício daquelas atividades que expõem ao maior risco de contágio, especialmente dos trabalhadores que atuam de alguma forma no diagnóstico, exames, socorro, transporte, tratamento, atividades diversas de apoio e funeral das vítimas da Covid-19, pode ser enquadrado como doença profissional pela presunção do nexo causal.

Nesse sentido, a Lista "A" das doenças relacionadas ao trabalho, publicada como Anexo II do Regulamento da Previdência Social (Decreto n. 3.048/1999) indica no Campo XXV como agente etiológico ou fatores de risco a exposição ocupacional aos "micro-organismos e parasitas infecciosos vivos e seus produtos tóxicos (exposição ocupacional ao agente e/ou transmissor da doença, em profissões e/ou condições de trabalho especificadas)." Além disso, relaciona de forma exemplificativa várias doenças: Tuberculose, dengue, febre amarela, hepatites virais, doença pelo vírus da Imunodeficiência Adquirida – HIV, malária etc.

Com efeito, o adoecimento pelo novo coronavírus, quando houver evidência da exposição ao maior risco de contágio, pode ser enquadrado neste campo como doença ocupacional típica, também chamada de doença profissional. Cumpre enfatizar que o próprio Regulamento da Previdência Social (Decreto n. 3.048/99) registra no início da Lista das doenças que: "*Nota: 1. As doenças e respectivos agentes etiológicos ou fatores de risco de natureza ocupacional listados são exemplificativos e complementares*". Isso indica que a lista não é exaustiva, mas apenas exemplificativa.

Aliás, o Ministério da Saúde publicou no dia 1º de setembro de 2020 a Portaria n. 2.309/2020, a qual relaciona o enquadramento ocupacional da Covid-19 no capítulo das doenças infecciosas e parasitárias com a seguinte indicação: "*U07.1 Doença causada pelo coronavírus SARS-CoV-2 – (COVID-19) Exposição a coronavírus SARS-CoV-2 em atividades de trabalho*". Contudo, ocorreu intensa pressão das entidades empresariais, o que levou o Ministro da Saúde a publicar no dia seguinte a Portaria n. 2.345/2020 com expressa revogação da Portaria n. 2.309/2020. Esse movimento contraditório do Ministério da Saúde em nada interfere no enquadramento ou não da natureza ocupacional da Covid-19, diante da previsão legal a respeito na Lei n. 8.213/1991, que não sofreu alteração alguma, mormente com a perda de eficácia do art. 29 da Medida Provisória n. 927/2020, após o julgamento já mencionado do Excelso STF.

Contudo, no final de 2023, o enquadramento da Covid-19 como doença ocupacional foi confirmado oficialmente com a publicação da nova Lista de Doenças Relacionadas ao Trabalho (LDRT) pela Portaria GM/MS n. 1.999, de

27 de novembro de 2023[21]. Cumpre anotar, que em 2024, novamente a Lista das Doenças Relacionadas ao Trabalho – LDRT foi atualizada pela Portaria GM/MS n. 5.674, de 1º de novembro de 2024 (DOU de 5 de novembro de 2024).

A Covid-19 foi incluída na Parte II, da **Lista A**, entre os "Agentes e/ou Fatores de Risco Biológicos", como: Coronavírus SARS-CoV-2 em atividades de trabalho – B34-2 – Coronavírus SARS-CoV-2 em atividades de trabalho – Infecção por coronavírus de localização não especificada. E foi também incluída na **Lista B**, no capítulo I sobre "Algumas doenças infecciosas e parasitárias", como: B34.2 – Infecção por coronavírus de localização não especificada – Exposição a SARS-CoV-2 em atividades de trabalho. Tratamos desta nova LDRT no item 2.5 do capítulo 2, ao qual nos reportamos para evitar repetições.

Também poderá ser caracterizado como ocupacional o adoecimento do empregado que executa outras atividades com menor risco visível de contágio pela Covid-19, mas as condições singulares em que o trabalho foi realizado — sem os cuidados, orientações e treinamentos necessários, bem como pela insuficiência do fornecimento e da reposição dos equipamentos de proteção individual adequados — propiciaram o contágio da patologia. São as hipóteses da antiga denominação das doenças profissionais atípicas, também chamadas de doenças do trabalho.

Reforça essa possibilidade de enquadramento a previsão legal no sentido de que "em caso excepcional, constatando-se que a doença não incluída na relação prevista nos incisos I e II deste artigo resultou das condições especiais em que o trabalho é executado e com ele se relaciona diretamente, a Previdência Social deve considerá-la acidente do trabalho" (art. 20, § 2º da Lei n. 8.213/1991). E este é um vigoroso fundamento para considerar o caráter apenas exemplificativo da lista das doenças ocupacionais.

Na linha desse entendimento, a Secretaria Especial de Previdência e Trabalho, vinculada, na época, ao Ministério da Economia, divulgou no dia 11 de dezembro de 2020 a Nota Técnica SEI n. 56.376/2020, de cunho orientativo. O propósito expressamente indicado foi o de uniformizar a interpretação jurídica dos artigos 19 a 23 da Lei n. 8.213/1991, para fins de configuração do nexo entre o trabalho e a Covid-19, no âmbito interno da Previdência Social, especialmente para a perícia médica federal. Ao final de detalhada exposição, concluiu a mencionada nota técnica:

> "**14. CONCLUSÃO** – Ante o exposto, resta evidenciado que "à luz das disposições da Lei nº 8.213, de 24 de julho de 1991, a depender do contexto fático, a covid-19 pode ser reconhecida como doença ocupacional, aplicando-se na

21. Essa Portaria entrou em vigor 30 dias após a sua publicação, ocorrida no dia 29 de novembro de 2023.

espécie o disposto no § 2º do mesmo artigo 20, quando a doença resultar das condições especiais em que o trabalho é executado e com ele se relacionar diretamente; podendo se constituir ainda num acidente de trabalho por doença equiparada, na hipótese em que a doença seja proveniente de contaminação acidental do empregado pelo vírus SARS-CoV-2 no exercício de sua atividade (artigo 21,inciso III, Lei nº 8.213, de 1991); em qualquer dessas hipóteses, entretanto, será a Perícia Médica Federal que deverá caracterizar tecnicamente a identificação do nexo causal entre o trabalho e o agravo, não militando em favor do empregado, a princípio, presunção legal de que a contaminação constitua-se em doença ocupacional."[22]

Posteriormente a mesma Secretaria Especial de Previdência e Trabalho publicou a Nota Técnica SEI n. 14.127/2021/ME, no dia 1º de abril de 2021. Merecem destaque e transcrição alguns tópicos da referida nota:

(...) **4. DEVERES DOS MÉDICOS COORDENADORES DO PCMSO OU RESPONSÁVEIS PELO EXAME MÉDICO DE TRABALHADORES**

38. Quanto aos deveres dos médicos do trabalho e aqueles que atendem a trabalhadores, destaca-se que esses deveres são aqueles definidos pelo CFM, em especial os previstos na Resolução nº 2.183, de 21 de junho de 2018, e no Código de Ética Médica (CEM), previsto na Lei nº 3.268, de 30 de setembro de 1957, revisado pela Resolução CFM nº 2.217, de 27 de setembro de 2018, publicada no D.O.U. de 01 de novembro de 2018. Quando a NR 07 determina qualquer obrigação a essa categoria profissional, o faz em consonância com as determinações daquele Conselho.

39. A emissão de Comunicação de Acidente do Trabalho (CAT) deve ser solicitada à organização pelo médico do trabalho quando este confirmar ou suspeitar que a COVID-19 de um trabalhador está relacionada ao seu trabalho, levando em consideração os art. 2º e 3º e respectivos incisos da Resolução supracitada. Destaca-se que o referido art. 2º proíbe que o médico do trabalho conclua sobre o caso analisado sem considerar, entre outros fatores, o estudo do local de trabalho e da organização do trabalho, os dados epidemiológicos e a literatura científica:

Art. 2º **Para o estabelecimento do nexo causal entre os transtornos de saúde e as atividades do trabalhador**, além da anamnese, do exame clínico (físico e mental), de relatórios e dos exames complementares, é dever do médico considerar:

I – a história clínica e ocupacional atual e pregressa, decisiva em qualquer diagnóstico e/ou investigação de nexo causal;

II – o estudo do local de trabalho;

III – o estudo da organização do trabalho;

IV – os dados epidemiológicos;

---

22. Disponível em: <https://www.gov.br/economia/pt-br/assuntos/noticias/2020/previdencia/dezembro/nota-tecnica-esclarece-sobre-caracterizacao-da-covid-19-como-doenca-ocupacional>. Acesso em 31 dez. 2020.

> V – a literatura científica;
>
> **VI – a ocorrência de quadro clínico ou subclínico em trabalhadores expostos a riscos semelhantes;**
>
> VII – a identificação de riscos físicos, químicos, biológicos, mecânicos, estressantes e outros;
>
> VIII – o depoimento e a experiência dos trabalhadores;
>
> IX – os conhecimentos e as práticas de outras disciplinas e de seus profissionais, sejam ou não da área da saúde.
>
> **Parágrafo único. Ao médico assistente é vedado determinar nexo causal entre doença e trabalho sem observar o contido neste artigo e seus incisos.** (grifou-se)
>
> 40. Dessa forma, verifica-se se tratar de atuação fundamentada do médico do trabalho com base na realidade do estabelecimento atendido. **Portanto, o médico não deve se basear apenas no diagnóstico de COVID-19 para solicitar a emissão da CAT. Nesse contexto, um dos pontos fundamentais a ser avaliado pelo médico do trabalho é o atendimento, pela organização, das exigências contidas na Portaria Conjunta SEPRT/MS nº 20/2020.**
>
> 41. A Nota Técnica SEI nº 56376/2020/ME, de 11 de dezembro de 2020, emitida pela Secretaria da Previdência do Ministério da Economia, esclareceu que a **COVID-19 pode ser ou não caracterizada como doença ocupacional, necessitando de avaliação pericial pelo Serviço Pericial Federal para sua caracterização:**
>
> ... à luz das disposições da Lei nº 8.213, de 24 de julho de 1991, **a depender do contexto fático, a COVID-19 pode ser reconhecida como doença ocupacional...** entretanto, **será a Perícia Médica Federal que deverá caracterizar tecnicamente a identificação do nexo causal entre o trabalho e o agravo, não militando em favor do empregado, a princípio, presunção legal de que a contaminação constitua-se em doença ocupacional.** (grifou-se)[23]

A jurisprudência dos Tribunais do Trabalho já acumula considerável acervo de decisões a respeito do enquadramento ou não da Covid-19 como doença ocupacional:

> **"Falecimento do empregado por covid. Responsabilidade do empregador. Necessidade de prova cabal de infecção no local de trabalho.** Considerando que as atividades exercidas pelo falecido não o expunham a risco acentuado de infecção pela Covid 19, em conformidade com o art. 818, I, da CLT, constitui ônus dos autores provarem que o "de cujus" contraiu a doença contagiosa no local de trabalho e em razão dele, a fim que seja equiparada a acidente do trabalho (art. 21, III, da Lei nº 8.213, de 24 de julho de 1991). No caso concreto,

23. Disponível em: <https://cbic.org.br/wp-content/uploads/2021/04/nota-tecnica-orientacioes-sobre-a-elaboraciao-de-documentos-cat-covid.pdf> Acesso em 24 jan. 2022. Vale registrar que a Resolução CFM nº 2.183, de 21 de junho de 2018, citada na Nota Técnica, foi revogada e atualizada pelas Resoluções CFM n. 2.297/2021 e 2.323/2022, mas o texto do art. 2º mencionado foi mantido sem alteração.

os autores não se desincumbiram de seu ônus probatório, razão pela qual não há como ser reconhecida a natureza laboral da doença decorrente da contaminação pelo novo Coronavírus." Minas Gerais. TRT 3ª Região. 2ª Turma. ROT n. 0010383-73.2022.5.03.0061, Rel.: Maristela Iris S. Malheiros, *DEJT* 02 fev. 2023.

"Covid-19. Doença ocupacional. Estabilidade provisória. Considerando que o obreiro, no exercício das suas funções (maqueiro), trabalhava em ambiente hospitalar mediante contato direto com pacientes acometidos de COVID-19, em evidente alto risco de contaminação, e tendo em vista que contraiu o coronavírus na constância do vínculo empregatício, escorreita a sentença de origem que reconheceu a natureza ocupacional da referida enfermidade e assegurou à obreira o direito à estabilidade provisória de que cuida o art. 118 da Lei nº 8.213/1991. Recurso conhecido e improvido. Sentença mantida por seus próprios e jurídicos fundamentos." Ceará. TRT 7ª Região. 2ª Turma. RO n. 0000720-70.2021.5.07.0014, Rel.: Francisco José Gomes da Silva, *DEJT* 26 out. 2022.

"Covid-19. Doença equiparada a acidente de trabalho. Nexo de causalidade. Presunção não verificada. A ausência de presunção do nexo causal entre a doença COVID-19 apresentada pelo trabalhador e as atividades laborais exercidas, à mingua de comprovação do alto risco de exposição do trabalhador à contaminação pelo novo coronavírus em razão do trabalho, associada à adoção de medidas de segurança e saúde pelo empregador, obstam o reconhecimento da doença ocupacional equiparada a acidente de trabalho e, em decorrência, o acolhimento das pretensões correlatas." Santa Catarina. TRT 12ª Região. 1ª Câmara. RO n. 0000433-60.2022.5.12.0038, Rel.: Roberto Luiz Guglielmetto, *DEJT* 15 dez. 2022.

"Covid-19. Nexo de causalidade ao trabalho. Possibilidade. A partir da suspensão da eficácia do art. 29 da MP 927/2020, conforme a medida cautelar deferida pelo STF nas ADI 6342, 6344, 6346, 6348, 6352 e 6354, foi afastada a presunção legal de que a contaminação pela Covid não teria natureza ocupacional. Nesse sentido, a possibilidade de constatação do nexo de causalidade passa a ser fundamentada no disposto no art. 20, §1º, alínea d, da Lei 8.213/91, segundo o qual poderá ser considerada como doença ocupacional aquela que, embora endêmica (situação que se assemelha ao atual estado de disseminação da Covid), comprovadamente resulte "de exposição ou contato direto determinado pela natureza do trabalho." Minas Gerais. TRT 3ª Região. 7ª Turma. RO n. 0010422-57.2021.5.03.0109, Rel.: Desembargadora Cristiana M. Valadares Fenelon, *DEJT* 12 set. 2022.

"Recurso ordinário – Doença ocupacional – COVID-19. A Covid-19 pode ser enquadrada como doença ocupacional a depender do caso concreto, a partir de uma análise das condições de trabalho, da existência de risco acentuado à contaminação em determinado ambiente de trabalho, seja por sua natureza ou pela ausência de execução das medidas reconhecidas como eficazes na prevenção, seja pelas evidências de que o contato com o vírus se deu no ambiente de trabalho." Rio de Janeiro. TRT 1ª Região. 10ª Turma. ROT n. 0100044-04.2021.5.01.0013, Rel.: Claudio Jose Montesso, *DEJT* 24 jun. 2022.

16.3.4. Exceção da doença de natureza endêmica (pandêmica)

Cabe apreciar neste passo a exceção prevista no art. 20, § 1º, alínea "d", da Lei n. 8.213/1991, que exclui do enquadramento ocupacional *"a doença endêmica adquirida por segurado habitante de região em que ela se desenvolva, salvo comprovação de que é resultante de exposição ou contato direto determinado pela natureza do trabalho."*

A doença endêmica é aquela que existe em determinada região ou população e que incide de forma constante ou variando a regularidade ao longo do tempo[24]. Em princípio, ela não tem natureza ocupacional porque todos os habitantes daquela região estão suscetíveis ao adoecimento, independentemente do trabalho que exercem. O sentido hermenêutico da norma indica que, na hipótese, não é o trabalho a causa do adoecimento, visto que a endemia pode afetar qualquer pessoa habitante daquela localidade. Entretanto, é necessário enfatizar que o próprio dispositivo legal contempla uma ressalva importante: "*salvo comprovação de que [a doença] é resultante de exposição ou contato direto determinado pela natureza do trabalho.*"

Essa previsão normativa direcionada para a doença endêmica pode ser aplicada também na hipótese da pandemia da Covid-19, cuja base lógica é muito semelhante. A pergunta básica a ser formulada é a seguinte: a doença é resultante ou não da exposição ao risco determinada pela natureza do trabalho?

Quando o exercício do trabalho expõe o empregado a um fator de risco de contágio acima do nível da exposição média da população daquela região da endemia ou da pandemia, surge a hipótese que a doutrina denomina de "risco criado", em razão da natureza da atividade desenvolvida, gerando o enquadramento da doença como de natureza ocupacional. Vejam alguns exemplos de hipóteses similares que a própria regulamentação da Previdência Social já reconheceu.

A infecção pela doença endêmica da febre amarela não tem natureza ocupacional, mas o INSS a enquadra como tal quando ocorre a "exposição ocupacional ao mosquito (Aedes aegypti), transmissor do arbovírus da Febre Amarela, principalmente em atividades em zonas endêmicas, em trabalhos de saúde pública, e em trabalhos de laboratórios de pesquisa, entre outros. (Z57.8) (Quadro XXV)".

O adoecimento por dengue em zonas endêmicas não tem natureza ocupacional, contudo deve ser enquadrado como relacionado ao trabalho se ocorrer a "exposição ocupacional ao mosquito (Aedes aegypti), transmissor

24. Cf. REY, Luís. *Dicionário de termos técnicos em saúde.* 2ª ed. Rio de Janeiro: Guanabara Koogan, 2003. Verbete endemia.

do arbovírus da Dengue, principalmente em atividades em zonas endêmicas, em trabalhos de saúde pública, e em trabalhos de laboratórios de pesquisa, entre outros (Z57.8) (Quadro XXV)".

A infecção pela malária nas zonas endêmicas, em princípio, não tem relação com o trabalho, mas pode ser caracterizada como ocupacional se ocorrer a "exposição ocupacional ao Plasmodium malariae; Plasmodium vivax; Plasmodium falciparum ou outros protozoários, principalmente em atividades de mineração, construção de barragens ou rodovias, em extração de petróleo e outras atividades que obrigam a entrada dos trabalhadores em zonas endêmicas (Z57.8) (Quadro XXV)"[25].

Em síntese, se restar evidenciado que a infecção pela Covid-19 resultou da exposição ou contato direto determinado pela natureza do trabalho, a perícia médica federal deverá enquadrar a doença como de natureza ocupacional, apesar da sua natureza pandêmica. Essa situação fica mais evidente naquelas atividades relacionadas ao enfrentamento da doença, nas atividades essenciais ou nos serviços que exijam contatos diversificados com possíveis portadores da Covid-19.

16.3.5. Pela contaminação acidental

Outra possibilidade de enquadramento da Covid-19 como doença ocupacional surgirá quando ocorrer a "contaminação acidental do empregado no exercício da sua atividade", conforme previsto no art. 21, III, da Lei n. 8.213/1991. Essa hipótese ocorre com frequência para o pessoal que atua na área de saúde ou que tenha contato com pacientes, materiais ou objetos utilizados por pacientes infectados. Aliás, é por essa maior probabilidade de contágio que a NR-15 da Portaria n. 3.214/78 do Ministério do Trabalho indica, no Anexo XIV, a relação das atividades que envolvem agentes biológicos para fins de pagamento do adicional de insalubridade, no grau médio ou máximo.

A Previdência Social já tem entendimento assentado para enquadramento de diversas doenças como de natureza ocupacional nas hipóteses de contaminação, valendo também citar alguns exemplos que podem ser utilizados por analogia como roteiro de interpretação para o caso da Covid-19[26].

---

25. Exemplos colhidos na Lista B do Grupo I que trata das "Doenças infecciosas e parasitárias relacionadas com o trabalho", aprovada pelo Decreto nº 6.957/2009 e incluída no Anexo II do Decreto n. 3.048/199, o Regulamento da Previdência Social. A relação das doenças tem suporte legal no art. 20, I, da Lei n. 8.213/1991.

26. CLT. Art. 8º – As autoridades administrativas e a Justiça do Trabalho, na falta de disposições legais ou contratuais, decidirão, conforme o caso, pela jurisprudência, por analogia, por equidade e

A tuberculose pode ser considerada como doença relacionada ao trabalho se houver "exposição ocupacional ao Mycobacterium tuberculosis (Bacilo de Koch) ou Mycobacterium bovis, em atividades em laboratórios de biologia, e atividades realizadas por pessoal de saúde, que propiciam contato direto com produtos contaminados ou com doentes cujos exames bacteriológicos são positivos (Z57.8) (Quadro XXV)".

O contágio das hepatites virais pode ser enquadrado como equiparado a acidente do trabalho quando ocorre a "exposição ocupacional ao Vírus da Hepatite A (HAV); Vírus da Hepatite B (HBV); Vírus da Hepatite C (HCV); Vírus da Hepatite D (HDV); Vírus da Hepatite E (HEV), em trabalhos envolvendo manipulação, acondicionamento ou emprego de sangue humano ou de seus derivados; trabalho com 'águas usadas' e esgotos; trabalhos em contato com materiais provenientes de doentes ou objetos contaminados por eles. (Z57.8) (Quadro XXV)"

De forma semelhante, a infecção pelo Vírus da Imunodeficiência Adquirida (HIV) pode ser enquadrada como de natureza acidentária quando houver "exposição ocupacional ao Vírus da Imunodeficiência Humana (HIV), principalmente em trabalhadores da saúde, em decorrência de acidentes pérfuro-cortantes com agulhas ou material cirúrgico contaminado, e na manipulação, acondicionamento ou emprego de sangue ou de seus derivados, e contato com materiais provenientes de pacientes infectados. (Z57.8) (Quadro XXV)".[27]

Aliás, a Nota Técnica SEI n. 56.376/2020, acima mencionada, emitida pela Secretaria Especial de Previdência e Trabalho, vinculada ao Ministério da Economia, também indicou o possível enquadramento da Covid-19 como de natureza ocupacional "na hipótese em que a doença seja proveniente de contaminação acidental do empregado pelo vírus SARS-CoV-2".

16.3.6. Pelo Nexo Técnico Epidemiológico

Os profissionais da área da saúde do trabalhador reclamavam da dificuldade de conseguir a emissão da CAT pelo empregador, o que causava uma grande subnotificação, especialmente das doenças ocupacionais. Muitos benefícios eram concedidos pelo INSS como de natureza simplesmente previdenciária, deixando as vítimas sem as vantagens do enquadramento como acidentário.

---

outros princípios e normas gerais de direito, principalmente do direito do trabalho, e, ainda, de acordo com os usos e costumes, o direito comparado, mas sempre de maneira que nenhum interesse de classe ou particular prevaleça sobre o interesse público.

27. Exemplos também colhidos da Lista B do Grupo I que trata das "Doenças infecciosas e parasitárias relacionadas com o trabalho", aprovada pelo Decreto nº 6.957/2009 e incluída no Anexo II do Decreto n. 3.048/1999, o Regulamento da Previdência Social.

Para combater os efeitos prejudiciais da subnotificação, foi instituído pela Lei n. 11.430/2006 o nexo técnico epidemiológico, ou seja, o INSS deve reconhecer a doença como de natureza ocupacional tão somente a partir da constatação da predominância de determinadas doenças em certas atividades econômicas, de acordo com os levantamentos estatísticos oficiais dos últimos anos. Com efeito, foi acrescentado um novo artigo à Lei n. 8.213/1991, cujo teor foi também alterado pela Lei Complementar n. 150/2015:

> Art. 21-A. A perícia médica do Instituto Nacional do Seguro Social (INSS) considerará caracterizada a natureza acidentária da incapacidade quando constatar ocorrência de nexo técnico epidemiológico entre o trabalho e o agravo, decorrente da relação entre a atividade da empresa ou do empregado doméstico e a entidade mórbida motivadora da incapacidade elencada na Classificação Internacional de Doenças (CID), em conformidade com o que dispuser o regulamento.
>
> § 1º A perícia médica do INSS deixará de aplicar o disposto neste artigo quando demonstrada a inexistência do nexo de que trata o *caput* deste artigo.
>
> § 2º A empresa ou o empregador doméstico poderão requerer a não aplicação do nexo técnico epidemiológico, de cuja decisão caberá recurso, com efeito suspensivo, da empresa, do empregador doméstico ou do segurado ao Conselho de Recursos da Previdência Social. (NR)

Após a implantação do NTEP desde o ano-base de 2007, a Previdência Social passou a publicar também a estatística dos acidentes do trabalho reconhecidos sem a emissão da CAT pelo empregador. Para mensurar a importância desta mudança, basta mencionar que, somente em 5 anos de estatísticas oficiais publicadas pela Previdência Social (2013 a 2018), foram reconhecidos 740.003 benefícios como de natureza ocupacional, sem a emissão da CAT pelo empregador, apenas considerando a presunção instituída pelo Nexo Técnico Epidemiológico.

O cálculo do Fator Acidentário de Prevenção-FAP é feito a partir da base de dados dos benefícios previdenciários, levando-se em conta os índices de frequência, gravidade e custo, conforme especifica o art. 202-A do Regulamento da Previdência Social, após as alterações promovidas pelos Decretos ns. 6.042/2007, 6.957/2009, 7.126/2010 e 10.410/2020. Vale registrar que foi arguida no STF a inconstitucionalidade da instituição do NTEP, no entanto, a ação foi julgada improcedente, confirmando o acerto do legislador (STF. Pleno. ADI n. 3.931, Rel. Ministra Cármen Lúcia, *DJe* 12 maio 2020).

Além de poder apurar se a atividade que o acidentado exercia tem um grau de risco de acidente do trabalho ou doença ocupacional considerado leve, médio ou grave, conforme previsto no art. 22, II, da Lei n. 8.212/1991 e Anexo V do Regulamento da Previdência Social (Decreto n. 3.048/1999), é possível verificar se o "Fator Acidentário de Prevenção" daquela empresa a coloca num grau de risco acima ou abaixo da média da respectiva atividade econômica. É possível, portanto, obter duas informações relevantes: a do risco inerente, com base no potencial de risco da atividade, e a do risco criado, obtido a partir da sinistralidade específica daquele empregador, ou seja, quando o FAP da empresa estiver acima da média da respectiva atividade econômica.

Diante do exposto, é também possível enquadrar o adoecimento pela Covid-19 como doença ocupacional pela utilização do Nexo Técnico Epidemiológico, mormente quando for ajustada a matriz da Classificação Nacional de Atividades Econômicas-CNAE para contemplar também essa patologia. Desse modo as partes ou mesmo o perito oficial poderão indicar os dados epidemiológicos pertinentes daquela atividade profissional, com o propósito de oferecer subsídios adequados para análise do enquadramento ocupacional da Covid-19 no caso concreto, considerando a relevância dos relatos estatísticos.

16.3.7. Pelo nexo concausal

A Covid-19 pode também ser enquadrada como ocupacional ainda que o trabalho tenha apenas contribuído para o adoecimento, pela conjugação de uma causa laboral com outra causa de natureza extralaboral.

A legislação atual (Lei n. 8.213/1991) tem previsão expressa admitindo a concausa:

> Art. 21. Equiparam-se também ao acidente do trabalho, para os efeitos desta Lei:
>
> I — o acidente ligado ao trabalho que, embora não tenha sido a causa única, haja contribuído diretamente para a morte do segurado, para a redução ou perda da sua capacidade para o trabalho, ou produzido lesão que exija atenção médica para a sua recuperação;

Importa mencionar que as doenças ocupacionais estão incluídas no conceito amplo de acidente do trabalho, conforme expressamente prevê o *caput* do art. 20 da Lei n. 8.213/1991. Aliás, a Emenda Constitucional n. 103/2019, que promoveu a chamada reforma da previdência, preferiu indicar por extenso no art. 26, § 3º, a aposentadoria por incapacidade permanente decorrente "de acidente de trabalho, de doença profissional e de doença do trabalho".

Ensina Cavalieri Filho que a "concausa é outra condição que, juntando-se à principal, concorre adequadamente para o resultado. Ela não inicia e nem interrompe o processo causal, apenas o reforça, tal como um rio menor que deságua em outro maior, aumentando-lhe o caudal."[28]

---

28. CAVALIERI FILHO, Sérgio. *Programa de responsabilidade civil*. 16. ed. São Paulo: Atlas, 2022. p. 74.

As concausas podem ocorrer por fatores preexistentes, supervenientes ou concomitantes com aquela causa que desencadeou o acidente ou a doença ocupacional. O "Manual de Acidente do Trabalho" adotado pela Resolução INSS n. 535/2016 conceitua como concausa "o conjunto de fatores, preexistentes ou supervenientes, suscetíveis de modificar o curso natural do resultado de uma lesão. Trata-se da associação de alterações anatômicas, fisiológicas ou patológicas que existiam ou possam existir, agravando um determinado processo." E na sequência do conceito esclarece: "O primeiro critério a ser considerado para definição da concausalidade é a modificação da história natural da doença, aquilo que o próprio conceito chama de curso natural do resultado de uma lesão ou doença. Assim, quando um determinado agente não levar à modificação da história natural da doença, ou quando forem verificados em seu quadro fatores exclusivamente ligados ao processo natural de envelhecimento, não será considerada a concausalidade."

A doença oriunda de causas múltiplas não perde o enquadramento como patologia ocupacional, se houver pelo menos uma causa laboral que tenha contribuído diretamente para o seu aparecimento ou agravamento, conforme prevê o dispositivo legal retrocitado. Desse modo, a aceitação normativa da etiologia multicausal não dispensa a existência de uma causa eficiente, decorrente da atividade laboral, que "*haja contribuído diretamente*" para o adoecimento, ou seja, para que haja o reconhecimento da concausa é imprescindível constatar a contribuição de algum fator causal de natureza ocupacional. No âmbito da lei previdenciária, na apreciação da concausa, aplica-se a teoria da equivalência das condições ou da *conditio sine qua non*, como ocorre no Direito Penal, pois tudo o que concorre para o adoecimento é considerado causa, sem distinção entre causa e condição[29]. Para a Previdência Social não há necessidade de se precisar qual das causas foi aquela que efetivamente gerou a doença, como ocorre na aplicação da teoria da causalidade adequada no campo da responsabilidade civil, pois todas as condições ou causas têm valoração equivalente. Conforme previsto no art. 21, I, da Lei n. 8.213/1991, é necessário apenas que a causa laboral contribua diretamente para a doença, mas não que contribua decisivamente.

Além disso, o acolhimento já pacificado da concausa na lei acidentária está em sintonia com a finalidade do seguro social do ramo da infortunística, cujo propósito explícito é o de dar maior cobertura para o trabalhador.

Cabe mencionar a questão controvertida a respeito do grau de contribuição do trabalho na formação do nexo concausal do adoecimento pela

---

29. OPTIZ, Oswaldo; OPTIZ, Sílvia. *Acidentes do trabalho e doenças profissionais*. 3. ed. São Paulo: Saraiva, 1988. p. 26.

Covid-19. Se o dano resultou da interação de fatores laborais e extralaborais (concausa), qual deve ser a consequência jurídica quando as provas demonstrarem as diferentes intensidades da contribuição do trabalho exercido pela vítima? O fator laboral pode ter contribuído de forma discreta, moderada ou intensa juntamente com os fatores extralaborais que provocaram o acidente ou a doença ocupacional.

Na Previdência Social basta que o trabalho tenha contribuído diretamente para ensejar o enquadramento do evento como de natureza acidentária, independentemente do grau dessa contribuição. Se o trabalho atuou como concausa é o suficiente para o pagamento integral dos benefícios acidentários previstos na Lei n. 8.213/1991, em sintonia com os objetivos sociais do seguro. Não há na lei, doutrina ou jurisprudência previdenciária preocupação alguma em mensurar a intensidade da contribuição de cada fator concausal.

Por outro lado, na seara da responsabilidade civil, o grau da contribuição do trabalho como fator concausal nos acidentes ou nas doenças ocupacionais deve ser considerado, gerando repercussões no arbitramento dos valores indenizatórios, como veremos adiante.

Logo, o fato de a vítima já estar acometida de outras doenças (comorbidades), que tenham facilitado o contágio ou produzido efeitos mais graves no adoecimento, não afasta o enquadramento ocupacional da Covid-19 no âmbito da Previdência Social. Entretanto, a presença da concausa ou da comorbidade gera repercussão importante no arbitramento da indenização cabível na seara da responsabilidade civil do empregador, como veremos mais adiante.

16.3.8. Como doença não relacionada ao trabalho

Não cabe o enquadramento da Covid-19 como de natureza ocupacional quando o adoecimento não tiver ligação alguma com o exercício da atividade do trabalhador. Nessa hipótese, a doença apenas apareceu na vigência do contrato de trabalho, mas não foi por causa dele desencadeada ou produzida, nem mesmo na modalidade de concausa. Foi apenas diagnosticada no trabalhador, mas não teve o exercício do trabalho como fator etiológico.

Como o INSS garante aos seus segurados cobertura das prestações nos afastamentos por todos os tipos de acidentes ou adoecimentos, havendo ou não nexo causal com o trabalho, o regulamento da Previdência Social registra um conceito genérico de acidente de qualquer natureza, para os afastamentos sem relação com a prestação dos serviços: "*Entende-se como acidente de qualquer natureza ou causa aquele de origem traumática e por exposição a agentes exógenos, físicos, químicos ou biológicos, que acarrete lesão corporal ou perturbação funcional que cause a morte ou a perda ou a redução permanente ou temporária da capacidade laborativa.*"[30]

Nessa hipótese, o trabalhador vítima da Covid-19 ou seus dependentes, no caso de óbito, não receberá do INSS o benefício qualificado como acidentário, uma vez que terá direito apenas aos proventos de natureza previdenciária. Além disso, não haverá fundamento fático nem jurídico para postular indenizações em face do empregador, uma vez que a Covid-19 não foi enquadrada na previsão normativa de doença equiparada ao acidente do trabalho.[31]

16.3.9. *Recurso administrativo ou judicial contra o enquadramento*

As diferenças dos direitos conferidos às vítimas, em razão do acatamento ou não da Covid-19 como de natureza ocupacional pelo INSS, deverão gerar muitos recursos administrativos na própria Previdência Social ou mesmo ações judiciais para tentar obter a revisão do enquadramento.

O segurado poderá interpor recurso administrativo, isto é, insistir na modificação do enquadramento no âmbito do próprio INSS, antes de ingressar com ação perante o Poder Judiciário. Pode-se dizer, portanto, que o recurso administrativo é o remédio jurídico disponível ao segurado para provocar o reexame de uma decisão, na esfera administrativa, pela mesma autoridade ou por outra de hierarquia superior.

A ação judicial contra o enquadramento será ajuizada em face do INSS, perante a Justiça Comum estadual, juntando-se com a petição inicial, sempre que possível, a prova da emissão da CAT e sua remessa à Previdência

---

30. Decreto n. 3.048, de 6 maio 1999, art. 30, § 1º, com a redação atualizada pelo Decreto n. 10.410, de 30 jun. 2020.

31. "*Recurso ordinário. Reclamante acometido de covid. Reconhecimento de doença ocupacional. Não caracterização.* O STF, no julgamento de medida cautelar apresentada nas ADIs 6342, 6344, 6346, 6348, 6352 E 6354, não declarou que a covid-19 é uma doença ocupacional, apenas reconheceu a impossibilidade de transferir ao reclamante o ônus de provar nexo de causalidade em casos de responsabilidade objetiva da empresa. Assim, a caracterização da covid-19 como doença ocupacional, dependerá de cada caso, na medida que existem exceções, como na hipótese em que a atividade normalmente desenvolvida, por sua natureza, apresentar exposição habitual a risco especial, com potencialidade lesiva e implicar ao trabalhador ônus maior do que aos demais membros da coletividade. No presente caso, não restou provado que a reclamante foi contaminada no ambiente de trabalho ou que a atividade desenvolvida pela mesma implicasse, por si só, risco grave ou superior para a covid-19 quando comparada com as demais profissões. Recurso a que se dá parcial provimento." Pará. TRT 8ª Reg. 3ª Turma. RO n. 0000440-30.2020.5.08.0007, Rel.: Des. Antônio Oldemar Coelho dos Santos, *DEJT*: 01 dez. 2021.

Social[32]. Naturalmente que todos os dados e exames realizados perante o INSS poderão ser juntados no processo judicial, mas a perícia médica agora será realizada por profissional habilitado independente, de livre escolha do juiz, sem vinculação com as conclusões do processo administrativo. Aliás, a Lei n. 14.331/2022 inseriu na Lei previdenciária n. 8.213/1991 o art. 129-A, instituindo diversos requisitos adicionais para a petição inicial, referente aos litígios e medidas cautelares relativos aos benefícios por incapacidade, abrangendo os relacionados a acidentes do trabalho[33].

Se o Judiciário acolher o pedido do acidentado, o INSS, após o trânsito em julgado da sentença, deverá rever seu enquadramento, concedendo o benefício na categoria acidentária.

No capítulo 3, item 3.1, tratamos do tema do recurso administrativo contra o enquadramento realizado pela Previdência Social, ao qual nos reportamos para evitar repetições.

---

32. Lei n. 8.213, de 24 jul. 1991, art. 129.
33. Lei n. 8.213, de 24 jul. 1991, Art. 129-A. "Os litígios e as medidas cautelares relativos aos benefícios por incapacidade de que trata esta Lei, inclusive os relativos a acidentes do trabalho, observarão o seguinte:

    I – quando o fundamento da ação for a discussão de ato praticado pela perícia médica federal, a petição inicial deverá conter, em complemento aos requisitos previstos no art. 319 da Lei nº 13.105, de 16 de março de 2015 (Código de Processo Civil): a) descrição clara da doença e das limitações que ela impõe; b) indicação da atividade para a qual o autor alega estar incapacitado; c) possíveis inconsistências da avaliação médico-pericial discutida; e d) declaração quanto à existência de ação judicial anterior com o objeto de que trata este artigo, esclarecendo os motivos pelos quais se entende não haver litispendência ou coisa julgada, quando for o caso;

    II – para atendimento do disposto no art. 320 da Lei nº 13.105, de 16 de março de 2015 (Código de Processo Civil), a petição inicial, qualquer que seja o rito ou procedimento adotado, deverá ser instruída pelo autor com os seguintes documentos: a) comprovante de indeferimento do benefício ou de sua não prorrogação, quando for o caso, pela administração pública; b) comprovante da ocorrência do acidente de qualquer natureza ou do acidente do trabalho, sempre que houver um acidente apontado como causa da incapacidade; c) documentação médica de que dispuser relativa à doença alegada como a causa da incapacidade discutida na via administrativa.

    § 1º Determinada pelo juízo a realização de exame médico-pericial por perito do juízo, este deverá, no caso de divergência com as conclusões do laudo administrativo, indicar em seu laudo de forma fundamentada as razões técnicas e científicas que amparam o dissenso, especialmente no que se refere à comprovação da incapacidade, sua data de início e a sua correlação com a atividade laboral do periciando.

    § 2º Quando a conclusão do exame médico pericial realizado por perito designado pelo juízo mantiver o resultado da decisão proferida pela perícia realizada na via administrativa, poderá o juízo, após a oitiva da parte autora, julgar improcedente o pedido.

    § 3º Se a controvérsia versar sobre outros pontos além do que exige exame médico-pericial, observado o disposto no § 1º deste artigo, o juízo dará seguimento ao processo, com a citação do réu."

16.4. NEXO CAUSAL NOS DANOS DA COVID-19

16.4.1. Considerações iniciais

O pressuposto da causalidade para fins de responsabilidade civil nos acidentes do trabalho e nas doenças ocupacionais foi analisado com vagar no capítulo 6, ao qual nos reportamos. Neste tópico vamos abordar basicamente as singularidades do nexo causal com o trabalho nos danos decorrentes da Covid-19.

Para que a vítima tenha direito às indenizações decorrentes da responsabilidade civil do empregador, é imprescindível constatar a presença do dano, do nexo causal e da culpa ou do exercício de atividade considerada de risco. Quando se adota a responsabilidade civil de natureza subjetiva, é imprescindível a presença simultânea dos três pressupostos mencionados; mas, quando se aplica a responsabilidade objetiva, basta a comprovação do dano e do nexo de causalidade. Com efeito, antes de analisar a natureza da responsabilidade civil, cabe abordar a presença do nexo, visto que se não houver relação causal da Covid-19 com o trabalho, restará frustrada qualquer pretensão indenizatória.

Se a Previdência Social já tiver feito o enquadramento da Covid-19 como de natureza ocupacional, a vítima já terá em seu benefício a presunção do nexo causal, mas o empregador ainda poderá discutir a questão e tentar provar a ausência de causalidade no âmbito da ação de reparação de danos perante a Justiça do Trabalho. Trata-se de presunção relativa (*juris tantum*) e não presunção absoluta (*juris et de juris*).

Do mesmo modo, o não reconhecimento da causalidade pelo INSS criará uma presunção favorável ao empregador, mas isso não impede que a vítima busque afastar tal enquadramento, mediante produção de provas do nexo causal no âmbito da ação indenizatória proposta.

16.4.2. Controvérsias sobre a causalidade

A verificação do nexo causal nas doenças ocupacionais suscita muitos questionamentos. Em determinados casos, o trabalho é o único fator que desencadeia a doença; em outros, o trabalho atua como fator contributivo; pode ser ainda que o trabalho apenas agrave uma patologia preexistente ou determine a precocidade de uma doença latente.

No caso da Covid-19 a identificação causal também exigirá investigação criteriosa. Trata-se de doença infectocontagiosa, que apresenta consequências clínicas variáveis, desde infecções assintomáticas até quadros graves que podem culminar com o óbito. Além da dificuldade de precisar a circunstância, a data e o local do provável contágio, é preciso considerar que os sintomas poderão aparecer até 14 dias depois da exposição ao vírus[34]. Cabe considerar, ainda, que o vírus original da Covid-19 vem passando por constantes alterações, produzindo efeitos danosos diferentes em cada mutação, como se verifica nas já conhecidas variantes Alfa, Beta, Delta, Gama e Ômicron.

Determinadas atividades, pela sua natureza, colocam o trabalhador em contato ostensivo com o vírus ou com pacientes infectados, gerando maior probabilidade de contágio, mormente se não forem adotadas as medidas preventivas indicadas. Também não se pode perder de vista que durante a prestação do trabalho presencial ocorrem contatos prolongados e próximos com colegas, fornecedores e clientes, propiciando maiores possibilidades de contágio e propagação da doença. Esclarece a professora de Medicina do Trabalho da UNICAMP, Márcia Bandini, que "a transmissão da Covid-19 se dá do mesmo modo que um resfriado comum. Ao tossir ou espirrar uma pessoa infectada expele gotículas que podem contaminar mesas, telefones ou estações de trabalho. Ao tocar nessas superfícies e depois tocar seus próprios olhos, nariz ou boca, outra pessoa pode contrair o vírus"[35].

16.4.3. Investigação do nexo causal

A vítima, quando ajuíza ação trabalhista em busca de indenização pelos danos decorrentes da Covid-19, parte da suposição de que o adoecimento foi provocado pelo exercício do trabalho ou pela conduta culposa do empregador. E com esse pensamento relata para o advogado escolhido diversas ocorrências do seu cotidiano profissional, elabora suas hipóteses causais e indica as razões para fundamentar a sua conclusão. Na petição inicial, o procurador constituído indica os fatos e as ocorrências considerados juridicamente importantes para fundamentar a pretensão, para em seguida formular os pedidos indenizatórios.

A empresa reclamada, por sua vez, normalmente contesta os fatos indicados pelo autor e alega que o trabalho não foi a causa do contágio, além de

34. O Ministério da Saúde esclarece: "O DIAGNÓSTICO CLÍNICO-EPIDEMIOLÓGICO é realizado pelo médico atendente no qual considera-se: casos de paciente com a associação dos sinais e sintomas supracitados ou Síndrome Respiratória Aguda Grave-SRAG MAIS histórico de contato próximo ou domiciliar, nos últimos 14 dias antes do aparecimento dos sintomas, com caso confirmado laboratorialmente para COVID-19 e para o qual não foi possível realizar a investigação laboratorial específica." Disponível em: <https://coronavirus.saude.gov.br/sobre-a-doenca#definicaodecaso>. Acesso em 21 dez. 2020.
35. BANDINI, Márcia. Prevenindo o Coronavírus: orientações da OMS para implantar plano de prevenção e contingência nas empresas. *Revista Proteção*. Novo Hamburgo. V. XXXIII, n. 340, p. 54, abr. 2020.

argumentar que todas as medidas de prevenção foram regularmente adotadas. Argumenta, ademais, que a Covid-19 não é considerada doença ocupacional, tratando-se de pandemia que atingiu o estágio de transmissão comunitária em todo o território nacional, conforme reconhecido pelo Ministério da Saúde pela Portaria n. 454, de 20 de março de 2020.

Diante da descrição contraditória dos fatos, será necessário que o juiz conduza a instrução processual para investigar e tentar esclarecer a veracidade das alegações das partes, podendo-se utilizar de todos os meios legais de prova, com o objetivo de elaborar o verdadeiro quadro fático.

Para bem resolver a controvérsia é imprescindível cuidadosa instrução processual, uma vez que a apreciação das provas pode conduzir a diferentes desfechos, conforme o caso concreto. Em razão do estágio de transmissão comunitária da Covid-19 o contágio pode ter ocorrido no local de trabalho, no transporte público ou particular, no elevador, na própria residência da vítima, no momento de descanso e lazer com outras pessoas, no convívio permanente ou ocasional com parentes próximos, no acesso a estabelecimentos diversos, tais como farmácias, mercados ou supermercados, feiras, academias, cabeleireiro etc.

É oportuno mencionar que a investigação do nexo causal deverá abranger o adoecimento e os danos causados. Em geral, somente o fato de alguém ser contaminado pela Covid-19 não enseja reparação; o que cabe indenizar é o prejuízo material ou extrapatrimonial que a doença provocou pela perda ou redução da capacidade de trabalho, de forma permanente ou temporária, total ou parcial. Não se indeniza simplesmente porque a vítima foi acometida pela Covid-19, visto que a previsão legal é de reparação dos danos que a doença produziu. Logo, a pesquisa do nexo causal deverá conjugar o foco no adoecimento e nos danos sofridos.

A investigação da causalidade deverá ser iniciada a partir dos registros dos primeiros sintomas e sinais da Covid-19. Em seguida, deverá ser pesquisado onde, como e quando deve ter ocorrido o contágio, conjugando os fatos narrados pela vítima com as informações dos prepostos do empregador e com as demais provas dos autos.

Segundo a Organização Pan-Americana da Saúde-OPAS "as evidências disponíveis atualmente apontam que o vírus causador da Covid-19 pode se espalhar por meio do contato direto, indireto (através de superfícies ou objetos contaminados) ou próximo (na faixa de um metro) com pessoas infectadas através de secreções como saliva e secreções respiratórias ou de suas gotículas respiratórias, que são expelidas quando uma pessoa tosse, espirra, fala ou canta.

As pessoas que estão em contato próximo (a menos de 1 metro) com uma pessoa infectada podem pegar a Covid-19 quando essas gotículas infecciosas entrarem na sua boca, nariz ou olhos."[36]

A Secretaria de Saúde do Estado da Bahia divulgou as "Orientações Técnicas para a Investigação e Notificação de Casos de Covid-19 Relacionados ao Trabalho" com detalhado roteiro para a verificação da causalidade. Mesmo sendo editado para outra finalidade, pode ser adaptado com proveito na investigação do nexo causal no âmbito da responsabilidade civil:

> "**4.1. Estabelecimento da relação da Covid-19 com o trabalho.** Como qualquer outra doença relacionada ao trabalho, a Covid-19 poderá ocorrer em trabalhadores como consequência da sua ocupação ou pelas condições adversas em que seu trabalho é realizado. De acordo com a classificação proposta por Schilling, assumida pelo Ministério da Saúde (BRASIL, 2001), a Covid-19 pode ser inserida no grupo II: doenças em que o trabalho pode ser um fator de risco, contributivo, mas não necessário. São doenças comuns, que acometem a população geral, mas que podem aparecer de forma mais frequente ou mais precoce em determinados grupos ocupacionais; neste caso, a relação com o trabalho (ou nexo causal) é de natureza epidemiológica.
>
> Desse modo, a investigação da relação Covid-19 e trabalho deve ser baseada na abordagem da história da doença, buscando identificar os sintomas, sinais, exames complementares e diagnóstico clínico, e da história ocupacional do trabalhador (o que faz, como faz, em que condições; quais instrumentos e equipamentos são utilizados etc.) para identificar quais fatores e situações de risco no ambiente de trabalho estão favorecendo a sua exposição e contaminação. Também é importante obter informações sobre a organização do trabalho (jornada, ritmo, distribuição de tarefas etc.) e fatores psicossociais do trabalho (características da gestão; como é o apoio ao trabalhador frente à pandemia; quais dificuldades são enfrentadas no trabalho, como essas dificuldades se refletem na vida pessoal etc.).
>
> A escuta ao trabalhador é fundamental no estabelecimento da relação entre Covid-19 e trabalho; sua fala pode trazer elementos para conhecer as condições de trabalho, as repercussões na saúde e sua percepção em relação ao trabalho diante da pandemia.
>
> As condições de trabalho favoráveis à contaminação do trabalhador pelo SARS-CoV-2 poderão ser identificadas por meio das informações dos trabalhadores e/ou de seus familiares; quando necessária, poderão ser complementadas com a inspeção nos ambientes de trabalho. A literatura científica e informações veiculadas nas mídias são também fontes de informação para ratificar a nocividade do trabalho durante a pandemia.

36. ORGANIZAÇÃO PAN AMERICANA DE SAÚDE. Paho. 2020. *Perguntas e Respostas: Como o vírus responsável pela COVID-19 se espalha?* Disponível em: < https://www.paho.org/pt/covid19#perguntas>. Acesso em: 21 dez. 2020.

> A sistematização das informações obtidas a partir dessas diversas fontes (trabalhadores, familiares, investigação clínica epidemiológica da doença, inspeção nos locais de trabalho, quando necessária, da literatura científica e mídia) deve ser suficiente para se estabelecer, ou não, o diagnóstico da relação entre Covid-19 e trabalho na maior parte dos casos.
>
> A investigação epidemiológica para estabelecimento da relação da Covid-19 com o trabalho é uma ação multidisciplinar. Cada técnico que compõe a equipe de investigação pode contribuir com informações e entendimentos importantes para estabelecer essa relação."[37]

A partir da data do diagnóstico da Covid-19 deve-se pesquisar o dia da provável contaminação, mediante elaboração de um diário cronológico retrospectivo dos últimos 14 dias de todas as atividades, laborais ou extralaborais, exercidas pela vítima. Isso porque, segundo a OMS, "o período de incubação do vírus que causa a Covid-19, que é o tempo entre a exposição ao vírus e o início dos sintomas, é, em média, de cinco a seis dias, podendo chegar a quatorze dias".[38] De forma semelhante, os Centros de Controle e Prevenção de Doenças do Departamento de Saúde e Serviços Humanos dos Estados Unidos da América afirmam que "os sintomas da Covid-19 podem aparecer em apenas 2 dias ou até 14 dias após a exposição".[39]

O segundo ponto importante na análise do nexo causal será a verificação do grau de risco de contágio da Covid-19, em razão da atividade exercida pela vítima.

Determinadas profissões pela sua natureza ampliam as possibilidades de contágio. O exemplo mais evidente recai sobre os que atuam no setor de saúde e nas atividades correlatas. Em todos os passos e etapas desde os exames, o diagnóstico, passando pelo tratamento, a internação e, em alguns casos, até

---

37. Cf. *Orientações técnicas para a investigação e notificação de casos de Covid-19 relacionados ao trabalho. SUS/BAHIA*. Organizado por Letícia Coelho da Costa Nobre e Jesuína do Socorro Mendes Castro. Sesab/Suvisa/Divast/Cesat. Salvador: Cesat/Divast, 2020. p. 15-16. Disponível em: <http://renastonline.ensp.fiocruz.br/sites/default/files/arquivos/recursos/orientacoes_tecnicas_covid-st_divast_atualizado_setembro_2020.pdf.>. Acesso em: 4 jan. 2021.

    Orientação semelhante foi também publicada pela Fundação Oswaldo Cruz: *Emissão de Comunicação de Acidente de Trabalho (CAT) para trabalhadores que contraíram o novo Coronavírus (Covid-19) em decorrências de suas atividades laborais*. Rio de Janeiro: FIOCRUZ, 2020. (ENSP, CST). Disponível em: <https://www.arca.fiocruz.br/bitstream/icict/43175/2/documento_st_._cat._covid-19._julho.2020_final.pdf>. Acesso em: 4 jan. 2021.

38. ORGANIZAÇÃO MUNDIAL DA SAÚDE. (2020). *Transmissão do SARS-CoV-2: implicações para as precauções de prevenção de infecção. Resumo científico. 9 de julho de 2020*. World Health Organization. Disponível em: <https://iris.paho.org/handle/10665.2/52472>. Acesso em: 21 dez. 2020.

39. DEPARTMENT OF HEALTH & HUMAN SERVICES – USA. *Diretrizes para a Preparação dos Locais de Trabalho para o COVID-19*. Washington: OSHA, 2020. Disponível em: <https://www.osha.gov/Publications/OSHA3990.pdf>. Acesso 21 dez. 2020.

depois do óbito há profissionais envolvidos, que ficam mais expostos aos riscos de contaminação, mesmo com a adoção de todos os cuidados preventivos. Foi por esse motivo que a Lei n. 14.128/2021 estabeleceu expressamente a presunção do nexo causal para as vítimas de Covid-19 que estavam atuando como profissionais e trabalhadores de saúde[40].

Para outras atividades, é indispensável o trabalho presencial durante o surto da pandemia do coronavírus, compartilhado com diversos colegas, em contatos frequentes com fornecedores, clientes, entregadores etc. Então, certas atividades expõem mais os trabalhadores ao risco de contágio da Covid-19 pela aglomeração inevitável ou pelos contatos com pessoas contaminadas ou em tratamento, ainda que assintomáticas.

É oportuno citar, na linha desse pensamento, a classificação realizada pela conceituada Agência Especializada em Administração e Segurança Ocupacional dos Estados Unidos – OSHA (*Occupational Safety and Health Administration)* que indicou quatro níveis de exposição à Covid-19, conforme as probabilidades de exposição e contágio: 1. Risco muito alto, 2. Risco alto, 3. Risco médio e 4. Risco baixo. O documento da OSHA explicita que o nível de risco depende do tipo de setor, da necessidade de contato a menos de um metro e meio de pessoas conhecidas como infectadas com SARS-CoV-2 ou suspeitas de estarem infectadas com SARS-CoV-2 ou da exigência de contato repetido ou prolongado com pessoas conhecidas ou suspeitas de estarem infectadas com SARS-CoV-2[41].

Pela importância e pertinência dessa classificação, vamos reproduzir a "Pirâmide do Risco Ocupacional para a Covid-19", conforme conclusão da referida Agência Especializada dos Estados Unidos da América:

> "**1. Risco de exposição muito alto**
>
> Trabalhos com risco de exposição muito alto são aqueles com alto potencial de exposição a fontes conhecidas ou suspeitas de COVID-19 durante procedimentos médicos, *post-mortem* ou laboratoriais específicos. Os trabalhadores desta categoria incluem:

---

40. Lei nº 14.128, de 26 de mar. 2021. Art. 2º § 1º: "Presume-se a Covid-19 como causa da incapacidade permanente para o trabalho ou óbito, mesmo que não tenha sido a causa única, principal ou imediata, desde que mantido o nexo temporal entre a data de início da doença e a ocorrência da incapacidade permanente para o trabalho ou óbito, se houver: I – diagnóstico de Covid-19 comprovado mediante laudos de exames laboratoriais; ou II – laudo médico que ateste quadro clínico compatível com a Covid-19".
41. DEPARTMENT OF HEALTH & HUMAN SERVICES – USA. Diretrizes para a Preparação dos Locais de Trabalho para o COVID-19. Washington: OSHA, 2020. p. 18. Disponível em: <https://www.osha.gov/Publications/OSHA3990.pdf>. Acesso em: 21 dez. 2020.

- Profissionais de saúde (por exemplo, médicos, enfermeiros, dentistas, paramédicos, técnicos de emergência médica) realizando procedimentos de geração de aerossóis (por exemplo, intubação, procedimentos de indução de tosse, broncoscopias, alguns procedimentos e exames dentários ou coleta invasiva de amostras) em pacientes conhecidos ou suspeitos de portar o COVID-19.
- Pessoal de saúde ou de laboratório que coleta ou manipula amostras de pacientes conhecidos ou suspeitos de portar o COVID-19 (por exemplo, manipular culturas de pacientes conhecidos ou suspeitos de portar o COVID-19).
- Trabalhadores do necrotério realizando autópsias, que geralmente envolvem procedimentos de geração de aerossóis, nos corpos de pessoas que possuem ou suspeitam ter o COVID-19 no momento de sua morte.

2. Alto risco de exposição

Os trabalhos de alto risco de exposição são aqueles com alto potencial de exposição a fontes conhecidas ou suspeitas de portar o COVID-19. Os trabalhadores desta categoria incluem:

- Equipe de assistência e suporte médico (por exemplo, médicos, enfermeiros e outros funcionários do hospital que precisam entrar no quarto dos pacientes) expostos a pacientes conhecidos ou suspeitos de portar o COVID-19. (Nota: quando esses trabalhadores executam procedimentos de geração de aerossol, seu nível de risco de exposição se torna muito alto.)
- Trabalhadores de transporte médico (por exemplo, operadores de veículos de ambulância) que transportam pacientes conhecidos ou suspeitos de portar o COVID-19 em veículos fechados.
- Trabalhadores de necrotérios envolvidos na preparação (por exemplo, para enterro ou cremação) dos corpos de pessoas que se sabe ter ou são suspeitas de portarem o COVID-19 no momento de sua morte.

3. Risco de Exposição Média

Trabalhos de risco de exposição média incluem aqueles que requerem contato frequente e/ou próximo de pessoas que podem estar infectadas com SARS-CoV-2 (a menos de um metro e meio de distância), mas que não são pacientes suspeitos ou conhecidos de portarem o COVID-19. Em áreas sem transmissão comunitária contínua, os trabalhadores desse grupo de risco podem ter contato frequente com viajantes que podem retornar de locais internacionais com transmissão generalizada de COVID-19. Nas áreas em que há transmissão comunitária em andamento, os trabalhadores dessa categoria podem ter contato com o público em geral (por exemplo, nas escolas, nos ambientes de trabalho com alta densidade populacional e em alguns ambientes de varejo de alto volume).

4. Menor risco de exposição (atenção)

Os trabalhos com menor risco de exposição (atenção) são aqueles que não requerem contato com pessoas conhecidas como infectadas com SARS-CoV-2, ou suspeitas de estarem infectadas com SARS-CoV-2, nem contato frequente e próximo com o público em geral. Os trabalhadores desta categoria têm contato profissional mínimo com o público e outros colegas de trabalho."[42]

O terceiro ponto a ser verificado, na pesquisa da causalidade, refere-se ao cumprimento pelo empregador das diversas normas legais e regulamentares de segurança e saúde do trabalhador no meio ambiente de trabalho, especialmente daquelas voltadas para a prevenção da Covid-19.

A Lei n. 13.979, de 6 de fevereiro de 2020, já indicou medidas de isolamento, quarentena, uso obrigatório de máscaras, funcionamento de serviços públicos e atividades essenciais, relação dos profissionais considerados essenciais ao controle de doenças etc. Vejam, como exemplo, a disposição da referida lei que trata do uso obrigatório de máscara:

> "Art. 3º-A. É obrigatório manter boca e nariz cobertos por máscara de proteção individual, conforme a legislação sanitária e na forma de regulamentação estabelecida pelo Poder Executivo federal, para circulação em espaços públicos e privados acessíveis ao público, em vias públicas e em transportes públicos coletivos, bem como em:
>
> I – veículos de transporte remunerado privado individual de passageiros por aplicativo ou por meio de táxis;
>
> II – ônibus, aeronaves ou embarcações de uso coletivo fretados;
>
> III – estabelecimentos comerciais e industriais, templos religiosos, estabelecimentos de ensino e demais locais fechados em que haja reunião de pessoas."

A Lei n. 13.979/2020 foi regulamentada pelo Decreto n. 10.282/2020, que definiu a relação dos serviços públicos e atividades essenciais. No decorrer do ano de 2020, esse decreto regulamentar foi alterado algumas vezes, basicamente para incluir novas atividades consideradas essenciais (Decretos n. 10.292, 10.329, 10.342 e 10.344)[43]. É oportuno mencionar que o § 1º do art. 3º-J, da Lei n. 13.979/2020, relaciona uma lista extensa de 30 diferentes profissionais considerados essenciais para o controle de doenças e para a manutenção da ordem pública.

Vale conferir também a Lei n. 14.047, de 24 de agosto de 2020, que estabeleceu medidas para enfrentamento da pandemia da Covid-19 no setor portuário. No art. 2º há indicação dos sintomas e das situações que impedem escalar o trabalhador portuário ou as situações que exijam tratamento especial (gestante

---

42. DEPARTMENT OF HEALTH & HUMAN SERVICES – USA. Diretrizes para a Preparação dos Locais de Trabalho para o COVID-19. Washington: OSHA, 2020. p. 19-20. Disponível em: <https://www.osha.gov/Publications/OSHA3990.pdf>. Acesso em: 21 dez. 2020.

43. Em 2022, o Decreto n. 10.282/2020 foi revogado pelo Decreto n. 11.077/2022.

ou lactante, idosos, grupo de risco etc.). Determinados dispositivos dessa lei podem ser invocados por analogia para situações semelhantes em outras atividades. Também cabe verificar, se a vítima for gestante, o cumprimento do afastamento determinado pela Lei n. 14.151/2021, atualizada pela Lei n. 14.311/2022.

Na avaliação das normas preventivas, será fundamental conferir o cumprimento das determinações da Portaria Conjunta da Secretaria Especial de Previdência e Trabalho do Ministério da Economia e do Ministério da Saúde n. 20, de 18 de junho de 2020 que estabeleceu medidas a serem observadas visando à prevenção, controle e mitigação dos riscos de transmissão da Covid-19 nos ambientes de trabalho[44]. Trata-se de norma extensa, com diversas regras importantes, cujo descumprimento potencializa os riscos de contágio da Covid-19 no ambiente de trabalho. O sumário dos itens abordados no Anexo 1 da mencionada Portaria mostra a amplitude da sua abrangência:

> 1. Medidas gerais;
>
> 2. Conduta em relação aos casos suspeitos e confirmados da COVID-19 e seus contatantes;
>
> 3. Higiene das mãos e etiqueta respiratória
>
> 4. Distanciamento social
>
> 5. Higiene e limpeza dos ambientes
>
> 6. Ventilação dos locais de trabalho e áreas comuns
>
> 7. Trabalhadores do grupo de risco
>
> 8. Equipamentos de Proteção Individual – EPI e outros equipamentos de proteção
>
> 9. Refeitórios e bebedouros
>
> 10 . Vestiários
>
> 11. Transporte de trabalhadores fornecido pela organização para deslocamento entre residência e trabalho
>
> 12. Serviços Especializados em Engenharia de Segurança e em Medicina do Trabalho – SESMT e Comissão Interna de Prevenção de Acidentes – CIPA
>
> 13. Medidas para retomada das atividades[45]

Diversas entidades da área da Medicina, da Engenharia, da classe empresarial ou profissional divulgaram documentos, recomendações, diretrizes ou sugestões de implementação de medidas preventivas a respeito da Covid-19. Vale citar, como exemplo, a série das Cartilhas intituladas "Prevenção à Covid–19", publicadas pela FUNDACENTRO, entidade de estudo e pesquisa

44. A Portaria Interministerial MTP/MS n. 17, de 22 de março de 2022, promoveu alterações no Anexo I da Portaria Conjunta nº 20, de 18 de junho de 2020.

45. O Anexo 1 da Portaria Conjunta SEPT n. 20/2020 foi alterado e ampliado pela Portaria Interministerial MTP/MS n. 14, de 20 de janeiro de 2022, publicada no D.O.U no dia 25 de janeiro de 2022.

vinculada ao Ministério do Trabalho e Previdência, com indicação técnica detalhada das medidas de prevenção e higiene ocupacional. Em março de 2023, já estavam disponíveis oito cartilhas, todas com indicação de endereço eletrônico para acesso *on-line* e eventual *download*:

> 1. Prevenção à Covid-19: orientação aos empregadores e trabalhadores de comércio eletrônico;
> 2. Prevenção à Covid-19: orientação aos empregadores e trabalhadores de farmácias;
> 3. Prevenção à Covid-19: orientações aos empregadores e trabalhadores de supermercados;
> 4. Prevenção à Covid-19: orientação aos empregadores e trabalhadores de teleatendimento;
> 5. Prevenção à Covid-19: orientações aos trabalhadores em indústrias de setores essenciais – alimentação, farmacêutica e equipamentos hospitalares;
> 6. Prevenção à Covid-19: orientações para prevenção e controle da Covid-19 nos locais de trabalho;
> 7. Prevenção à Covid-19: proteção respiratória – orientações de uso frente à Covid-19.
> 8. Orientações aos empregadores e trabalhadores de supermercados: prevenção à Covid-19 – 2ª edição.[46]

A Constituição da República indica como direito do trabalhador e, portanto, dever do empregador a "redução dos riscos inerentes ao trabalho, por meio de normas de saúde, higiene e segurança" (art. 7º, XXII). Do mesmo modo, estabelece o art. 157, I, da CLT que o empregador tem o dever de "cumprir e fazer cumprir as normas de segurança e medicina do trabalho". É necessário, portanto, conferir se a empresa cumpria e exigia o cumprimento das normas preventivas, se promovia o treinamento correto, com o fornecimento dos equipamentos de proteção adequados, uma vez que a negligência ou o descaso patronal gera condições de vulnerabilidade que facilitam a contaminação pela Covid-19.

Outro ponto que merece avaliação refere-se à conduta do empregador diante dos casos de Covid-19 diagnosticados no ambiente de trabalho. As normas acima mencionadas indicam as condutas que devem ser adotadas pela empresa, o modo de atendimento e os cuidados para preservar os colegas de trabalho. Em muitas ocasiões a Covid-19 contamina outros trabalhadores

46. Disponível em: <https://www.gov.br/fundacentro/pt-br/centrais-de-conteudo/biblioteca/covid-19> Acesso em 12 mar. 2023.

ou gera efeitos mais danosos exatamente pela falta de orientação correta da rotina de encaminhamento.

Vejam alguns entendimentos colhidos na jurisprudência do TST a respeito do nexo causal, nas hipóteses da Covid-19 de natureza ocupacional:

> "**Agravo de instrumento em recurso de revista regido pela lei 13.467/2017. 1. Responsabilidade civil. Motorista de caminhão. Falecimento em razão de covid-19. Viagem a serviço com duração de nove dias. Sintomas no dia seguinte à chegada ao destino final. Nexo causal entre moléstia e labor constatado. Medidas de prevenção. Ausência de prova. Omissão patronal. Conduta culposa. Transcendência jurídica caracterizada.** 1. A jurisprudência do Tribunal Superior do Trabalho vem se firmando no sentido de que, em caso de óbito do empregado por COVID-19, no contexto da Pandemia que se abateu sobre o planeta, não há responsabilidade civil do empregador, em razão da difícil verificação do nexo causal entre o adoecimento e as atividades laborativas, com a exceção dos profissionais de saúde que atuaram no atendimento da população, em razão do risco acentuado da atividade, com fulcro no art. 927, parágrafo único, do Código Civil, aplicável à seara trabalhista. 2. No caso presente, apesar de o labor desenvolvido pelo empregado falecido (motorista de caminhão), em tese, não ser considerado gerador de risco para COVID-19, o Tribunal Regional, com base no exame circunstanciado do arcabouço fático-probatório dos autos, concluiu, de maneira fundamentada, que a COVID-19 foi efetivamente contraída durante o trabalho (nove dias de viagem a serviço). Nesse sentido, o Tribunal Regional consignou que "o Sr. Carlos se contaminou na viagem de Extrema/MG (saída em 06.05.2020) até Recife/PE (chegada em 14.05.2020), documento de ID 92a23bb – Pág. 1 (item 4), uma vez que os primeiros sintomas foram por ele percebidos em 15.05.2020.". Narrou ainda o TRT que a viagem aconteceu "em um dos períodos mais assustadores da pandemia da COVID-19 no Brasil, isto é, em plena segunda semana de maio de 2020.". Amparado nas circunstâncias específicas do caso concreto, o Tribunal Regional, soberano na análise de fatos e provas (Súmula 126 do TST), compreendeu que "a contaminação do empregado falecido ocorreu durante a prestação de serviços, ou seja, no exercício de sua atividade de motorista de carreta em benefício da Reclamada" e que, consequentemente, "tem-se configurado o nexo de causalidade entre as atividades desempenhadas pelo Autor e a enfermidade que lhe tirou a vida." 3. Conforme o quadro fático delineado, insuscetível de reexame nesta instância extraordinária, foi evidenciado que, durante nove dias a serviço da Reclamada, o laborista esteve longe de casa, transitando em rodovias na boleia do caminhão, bem como em postos de combustível, restaurantes ou pátios de carga e descarga, destacando-se que os primeiros sintomas da doença surgiram no dia seguinte à chegada ao destino, revelando que a contaminação pelo vírus da COVID-19, que levou o trabalhador à morte, verificou-se durante a viagem de 09 dias a serviço da Demandada, considerando o período de incubação do vírus. Nesse cenário, afigura-se razoável a conclusão adotada pelo Regional, com base nas particularidades do caso concreto, acerca da configuração do nexo de causalidade, observando-se que a conclusão, por não ser fruto de mera presunção,

torna necessária a realização de uma distinção (distinguishing) em relação aos casos análogos analisados por este Tribunal Superior. 4. Sobre a culpa patronal, a Lei 13.979/2020 estabeleceu, dentre outras regras, o dever dos empregadores de promover medidas visando à segurança dos trabalhadores, a exemplo da orientação acerca de medidas preventivas e do fornecimento de EPIs, como máscaras de proteção e álcool em gel. Na mesma linha, a Portaria nº 1.565/2020 do Ministério da Saúde. Ademais, "cabe às empresas cumprir e fazer cumprir as normas de segurança e medicina do trabalho" (CLT, art. 157, I), bem como "a empresa é responsável pela adoção e uso das medidas coletivas e individuais de proteção e segurança da saúde do trabalhador." (Lei 8.213, art. 19, §1º). 5. Na situação analisada, à medida que optou por manter o seu empregado em atividade presencial no auge da pandemia (2020), sujeitando-o, assim, a um alto risco de contaminação e, consequentemente, de morte, cabia à Reclamada ter adotado as medidas de prevenção legalmente previstas e amplamente divulgadas pelas autoridades públicas e especialistas. Como fato impeditivo do direito das Autoras (CLT, 818, II), incumbia à Reclamada o ônus da prova, a fim de afastar a sua culpa pelo evento danoso, porém, de acordo com o TRT, essa prova não foi produzida. 6. Por tudo exposto, a ilicitude da conduta da empresa e a sua consequente responsabilidade civil ficam evidenciadas, restando ilesos os arts. 7º, XXVIII, da Constituição Federal; 186, 187, e 927 do Código Civil; 19 e 21 da Lei 8.213/91. Agravo de instrumento não provido." TST. 5ª Turma. AIRR-10626-21.2020.5.03.0147, Rel.: Ministro Douglas Alencar Rodrigues, *DEJT* 29 nov. 2024.

"**Agravo de instrumento em recurso de revista. Recurso de revista interposto na vigência das leis nºs 13.015/14 e 13.467/2017. Responsabilidade civil da empregadora. Indenização por danos morais concedida aos herdeiros. R$ 50.000,00 para cada filho em razão dos danos em ricochete ou danos reflexos aos próprios herdeiros. R$ 5.000,00 em razão do sofrimento da empregada falecida antes da sua morte para cada filho. Doença ocupacional. Contaminação por covid-19. Falecimento da empregada que exercia a função de varrição e coleta de lixo. Nexo causal e culpa configurados. Matéria fática.** Trata a hipótese de pedido dos herdeiros da ex-empregada, que exercia a função de varrição de ruas e coleta de lixo e faleceu em decorrência da Covid-19, de pagamento de indenização por danos morais. O Regional, para concluir pela indenização por dano moral em razão do sofrimento dos próprios reclamantes em ricochete ou dano em reflexo (R$ 50.000,00 para cada autor) e em razão do sofrimento da própria trabalhadora antes de morrer (R$ 5.000,00 para cada herdeiro), baseou-se em elementos levantados na instrução processual. Com efeito, extrai-se do acórdão regional que a reclamada, quando deflagrada a pandemia, afastou a empregada das suas atividades presenciais por 11 meses, em razão das suas comorbidades, para proteger a sua saúde, entretanto, requereu o seu retorno sem qualquer mudança no quadro fático ou justificativa lógico-científica, sendo que ela veio a se contaminar, adoecer e falecer justamente pouco mais de um mês após voltar à atividade. Esclareceu a Corte de origem que a convocação da reclamada foi precedida por norma interna da ré, mas a empregadora não cumpriu os requisitos nela contidos, como a declaração expressa da chefia imediata da necessidade da presença física da trabalhadora. O Tribunal Regional consignou, ainda, que os EPIs (máscaras de proteção) só foram entregues mais de uma semana após o seu retorno. Nesse contexto, concluiu estar configurado o nexo causal entre a morte da ex-empregada e o labor por ela desenvolvido e a culpa da reclamada, de modo que, para se chegar à conclusão diversa, seria necessário o reexame da valoração do conjunto fático-probatório feito pelas esferas ordinárias, procedimento vedado nesta instância recursal de natureza extraordinária (Súmula nº 126 do TST). Agravo de instrumento desprovido" TST. 3ª Turma. AIRR-10343-52.2022.5.03.0171, Rel.: Ministro Jose Roberto Freire Pimenta, *DEJT* 15 mar. 2024.

"**Indenização por danos morais. Doença ocupacional. Covid-19. Auxiliar de limpeza em hospital. Nexo causal comprovado por laudo pericial. Ausência de fornecimento de EPI. Dano *in re ipsa*.** Trata-se de pedido de indenização por dano moral decorrente de acometimento da COVID-19 durante o vínculo empregatício, em razão das atividades desempenhadas no âmbito da 1ª reclamada. O Regional manteve a sentença que condenou as reclamadas ao pagamento de três vezes o valor do limite máximo dos benefícios do RGPS, a título de danos morais à trabalhadora, sob o fundamento de que "a perícia ambiental identificou não fornecimento de EPIs adequados à autora. Considerando que a reclamante laborou ativamente em contato com agentes biológicos em hospitais durante o pico da Pandemia e que não recebia EPIs com CAs específicos, reconheço a ilicitude da conduta da reclamada, bem como fica traçado o nexo de causalidade". Assim, o Regional, instância soberana na análise do conjunto fático-probatório, amparado, mormente, no laudo pericial, concluiu pelo nexo causal entre a doença ocupacional que acometeu a reclamante e as atividades desempenhadas em prol da reclamada, como auxiliar de serviços gerais. Com efeito, revela-se desnecessária a prova concreta do dano moral nos casos de pedido de indenização decorrente de doença profissional ou acidente do trabalho, bastando, para tanto, a comprovação do nexo de causalidade ou concausalidade e da culpa do agente, em virtude de se tratar de dano existente in re ipsa, hipótese dos autos. Ademais, há entendimento pacificado nesta Corte superior acerca da ausência de necessidade de comprovação do dano moral nos casos de pedido de indenização em decorrência de doença profissional. Precedentes. Agravo de instrumento desprovido." TST. 3ª Turma. AIRR-11315-83.2020.5.15.0130, Rel.: Ministro Jose Roberto Freire Pimenta, *DEJT* 06 out. 2023.

16.4.4. Presunção do nexo causal

Nos últimos tempos, percebe-se uma tendência de flexibilizar a exigência de prova rigorosa do nexo causal ou, levando-se em consideração a ostensividade dos indícios e dos demais elementos dos autos, presumir a sua existência, o que provavelmente também ocorrerá no julgamento da relação causal da Covid-19 com o trabalho.

O jurista Anderson Schreiber pontua que "esse 'nexo causal flexível' que tem se manifestado em diversas experiências, surge não como um elemento dogmático de caracterização precisa, mas como um espaço de discricionariedade judicial a ser exercido em favor da conclusão 'mais justa' no caso particular, quase sempre identificada com a integral reparação dos danos sofridos pela vítima".[47]

Como não é possível, por razões óbvias, precisar o "momento do contágio", é necessário relacionar, associar e ponderar todas as condições examinadas que habitualmente favorecem a contaminação pela Covid-19, cuja probabilidade será progressivamente maior pela exposição a dois ou a mais fatores de riscos simultaneamente. A conjugação dos dados colhidos no diagnóstico com o grau de risco da atividade, mais a verificação do cumprimento das normas preventivas e as demais provas e indícios dos autos, normalmente, permitem estabelecer ou presumir se o adoecimento teve ou não natureza ocupacional.

Cabe destacar, como reforço dessa argumentação, um dos fundamentos indicados na Nota Técnica SEI nº 56.376/2020/ME, da Secretaria Especial de Previdência e Trabalho, qual seja, a atividade laboral normalmente desenvolvida, por sua natureza, com exposição habitual do trabalhador ao risco de infecção pelo novo coronavírus (Covid-19), tem sua força natural enquanto fator de convicção decisória que, certamente, poderá e será considerado pela Perícia Médica Federal na sua definição, inclusive como possível razão de redução do nível de exigência probatória, especialmente nas atividades essenciais relacionadas ao enfrentamento da doença que demandam o contato direto com o patógeno.[48]

Aliás, foi seguindo essa mesma linha de raciocínio que o legislador resolveu instituir o nexo técnico epidemiológico, adotando-se verdadeiramente uma presunção causal, com apoio na relevância estatística entre a doença e a atividade econômica da empresa, conforme previsto no art. 21-A da Lei n. 8.213/1991, cujo dispositivo foi considerado em perfeita harmonia com a Constituição da República, no julgamento da ADI n. 3931 pelo plenário do STF.

Em cuidadosa dissertação de mestrado, registrou na parte conclusiva a professora carioca Gisela Sampaio:

> Nos últimos tempos, acompanhando as transformações da responsabilidade civil, o conceito de nexo causal foi flexibilizado, com vistas a permitir a efetivação do princípio da reparação integral. Não é mais possível em

47. SCHREIBER, Anderson. *Novos paradigmas da responsabilidade civil:* da erosão dos filhos da reparação à diluição dos danos. 5 ed. São Paulo: Atlas, 2013. p.251.
48. Disponível em: <https://www.gov.br/economia/pt-br/assuntos/noticias/2020/previdencia/dezembro/nota-tecnica-esclarece-sobre-caracterizacao-da-covid-19-como-doenca-ocupacional>. Acesso em 22 dez. 2020.

alguns casos, à luz dos princípios constitucionais, exigir da vítima a prova cabal e absoluta da relação de causalidade. Dessa forma, apesar de o nexo causal ser, tal qual o dano, um dos elementos da responsabilidade civil, exige-se, com fundamento na nova ordem constitucional, que a prova da relação de causalidade seja flexibilizada em certas situações.[49]

O Ministro do TST, Cláudio Brandão, estudioso do tema da saúde do trabalhador, registrou na última edição do seu apreciado livro, lançada em 2023:

> Em virtude das características da doença e das formas de contágio, a prova indiciária será por demais valorizada e importante, sobretudo porque dificilmente – quiçá, jamais – se poderá definir, com precisão, o local e as circunstâncias em que ocorreu a transmissão. Haverá elementos fáticos que poderão traçar o caminho percorrido pelo trabalhador e cabe lembrar que, regra geral, a prova pericial será realizada quando não mais estará presente o mesmo ambiente em que se verificou a realidade do contágio e mais difícil ainda será a sua reprodução ou reconstituição. (...)
>
> É bom lembrar – e esse aspecto é importante para manter acesa a chama da recordação do cenário vivido na pandemia – que inúmeras foram as atividades empresariais cuja manutenção, durante o período da pandemia, foi essencial para a sobrevivência do restante da sociedade e, para que fossem executadas, pessoas trabalhadoras se expuseram a risco demasiado. Em outros casos, algumas espécies de trabalhos foram também tidas como essenciais. A imprescindibilidade que resultou da essencialidade imposta pelo legislador alcançou dois universos distintos: atividades empresariais e profissões.
>
> De que maneira se aquilatar, meses ou anos depois, as chances de contaminação a que esteve submetido médico ou enfermeiro que permaneceu nas UTIs na fase mais aguda em que sequer vacinas existiam?

---

49. CRUZ, Gisela Sampaio da. *O problema do nexo causal na responsabilidade civil*. Rio de Janeiro: Renovar, 2005. p. 347. Na apresentação da referida obra, anota o civilista *Gustavo Tepedino*: "Diante da inquietante proliferação dos fatores de risco, que se constituem em potenciais causadores de danos no conturbado cenário da sociedade industrial e tecnológica, afigura-se o nexo causal como o maior problema da responsabilidade civil contemporânea. (...) De fato, fala-se hoje, com certa frequência, de causalidade presumida, causalidade alternativa, causalidade flexível, causalidade elástica e outras tantas teorias que se voltam à proteção da vítima. A responsabilidade civil encontra-se, neste momento, diante de verdadeira escolha de Sofia no que diz respeito ao nexo causal: se, por um lado, não se pode desconsiderar o nexo causal como elemento da responsabilidade civil, por outro, exige-se, com fundamento na nova ordem constitucional, uma maior proteção da vítima do dano injusto."

> Não é difícil – pode se dizer que até é fácil – para o julgador analisar o quadro fático resumido em texto nos autos do processo, no interior do seu gabinete, em ambiente confortável, e concluir em sentido positivo ou negativo quanto à pretensão indenizatória. A distância do palco dos acontecimentos – física ou cronológica – torna cada vez mais fria e carente de emoção a interpretação da prova e pode dificultar a compreensão do que efetivamente ocorreu[50].

Desse modo, em muitas ocasiões, mesmo depois de todas as pesquisas, avaliações de presunções e ponderação dos indícios, a conclusão indicará, com apoio em argumentos convincentes, a causa mais provável do contágio, sem a exigência de prova absoluta. Será suficiente um elevado grau de probabilidade a respeito do nexo causal quando as circunstâncias impedirem a identificação precisa da causalidade. Seguindo essa diretriz, a jurista Gisele Sampaio enfatiza a tendência atual da substituição da causalidade real ou efetiva pela causalidade suposta.[51] Nesse sentido também sinaliza a jurisprudência, para as ações de danos decorrentes da Covid-19:

> "**Recurso de revista da primeira reclamada – Fundação de saúde pública de Novo Hamburgo – FSNH processo sob a égide da lei no 13.467/2017 empregada técnica de enfermagem. Contágio pela covid-19 no ambiente de trabalho. Doença profissional. Não observância das medidas de saúde e segurança necessárias frente à pandemia da covid-19. Culpa da reclamada. Indenização por danos morais devida.** Trata-se de pedido de indenização por danos morais fundado na alegação de que a autora, em razão do labor como técnica de enfermagem, foi infectada pela Covid-19 no ambiente hospitalar, caracterizando, assim, hipótese de doença ocupacional. Consta do acórdão recorrido que a reclamante exercia suas atividades laborais em hospital, realizando atendimento a pacientes contaminados com o vírus da Covid-19, expondo-se a risco de contágio consideravelmente superior àquele normalmente existente. Com efeito, o Regional registrou que, "considerando que a reclamante exercia suas atividades na função de "Técnica de Enfermagem", nas dependências do Hospital Municipal de Novo Hamburgo, presume-se que o contágio da reclamante pela COVID-19 decorreu das atividades por ela desempenhadas, pois é fato notório que o tratamento aos pacientes acometidos pela COVID-19 passou a ser atividade normalmente desenvolvida no Hospital Municipal de Novo Hamburgo, inclusive com a disponibilização de leitos para tratamento intensivo da doença". O Tribunal de origem ressaltou que "à época do contágio (junho de 2020), a CTPS da reclamante não registra outras relações laborais

---

50. BRANDÃO Cláudio. *Acidente do trabalho e responsabilidade civil do empregador*. 5. ed. Brasília, DF: Editora Venturoli, 2023. p. 610-611.
51. CRUZ, Gisela Sampaio da. *O problema do nexo causal na responsabilidade civil*. Rio de Janeiro: Renovar, 2005. p.307.

vigentes (Id. 1694ab6 e Id. 42d5156 – Pág. 11 e seguintes), o que fortalece a tese de nexo causal entre as atividades laborais desempenhadas em favor da reclamada e o contágio. Dessa forma, nos termos do art. 818, inc. I, da CLT e do art. 373 do CPC, era ônus das reclamadas produzir provas no sentido de que o contágio não decorreu das atividades desempenhadas pela autora, encargos do qual não se desincumbiram. A culpa da reclamada, portanto, é notória, ante ao não atendimento dos deveres estabelecidos no art. 7º, XXII, da Constituição da República, no art. 157 da CLT e art. 338 do Regulamento da Previdência Social, estando preenchidos os pressupostos do dever de indenizar ex vi dos arts. 186 e 927 do Código Civil Brasileiro". Assim, concluiu que "os danos morais são evidentes na medida em que a trabalhadora foi atingida em sua integridade psíquica, direito este da personalidade expressamente assegurado constitucionalmente (art. 5.º caput e inciso III). Não é demasiado lembrar que o dano deriva inexoravelmente do próprio fato ofensivo a um direito da personalidade, *in re ipsa*". Considerando, portanto, o contexto fático delineado no acórdão recorrido, acerca do dano suportado pela empregada (contágio pela Covid-19), do nexo de causalidade com a atividade laboral e da conduta culposa da empregadora, impõe-se o dever de indenizar. Acresça-se que o dano moral de ordem íntima prescinde de prova da sua ocorrência, em virtude de ele consistir em ofensa a valores humanos, bastando a demonstração do ato ilícito ou antijurídico em função do qual a parte afirma tê-lo sofrido. Assim, revela-se desnecessária a prova concreta do dano moral nos casos de pedido de indenização decorrente de acidente de trabalho ou doença ocupacional, bastando, para tanto, a comprovação do nexo de causalidade ou concausalidade e da culpa do agente, em virtude de se tratar de dano existente in re ipsa, hipótese dos autos. Constata-se, ademais, que não há, nos autos, indício de que a contaminação da empregada pelo vírus da Covid-19 tenha ocorrido fora do ambiente de trabalho ou de que a empregadora haja adotado medidas de prevenção sanitárias efetivamente capazes de neutralizar o risco de contágio por seus empregados. Nesse contexto, não se pode deixar de reconhecer a culpa da empresa pelo evento danoso, decorrente de sua omissão quanto à observância das normas de saúde e segurança no trabalho. Ressalta-se que, para se adotar conclusão diversa daquela à qual chegou o Regional, necessário seria o reexame da valoração do conjunto fático-probatório dos autos feita pelas esferas ordinárias, procedimento vedado a esta instância recursal de natureza extraordinária, ante o óbice da Súmula nº 126 do Tribunal Superior do Trabalho. Recurso de revista não conhecido." TST. 3ª Turma. RR-20484-72.2020.5.04.0301, Rel.: Ministro Jose Roberto Freire Pimenta, *DEJT* 10 nov. 2023.

"Morte por Covid-19. Acidente de trabalho. Responsabilidade civil. A caracterização do nexo causal entre a enfermidade e o labor, em regra, é ônus do empregado, por se tratar de fato constitutivo do direito. Nesse sentido, inclusive, dispunha o art. 29 da Medida Provisória n. 927/2020, segundo o qual "os casos de contaminação pelo coronavírus (covid-19) não serão considerados ocupacionais, exceto mediante comprovação do nexo causal". Porém, logo após sua publicação, foram ajuizadas inúmeras ADIs questionando a constitucionalidade da disposição contida no art. 29 da MP 927, sendo que o STF deferiu medida liminar no sentido de suspender a eficácia do dispositivo (ADI 6342). Cabe realçar, ainda, que o Plenário do STF, ao julgar o RE 828.040, com repercussão geral reconhecida, decidiu que o trabalhador que atua em atividade de risco tem direito à indenização em razão de danos decorrentes de acidente de trabalho, independentemente da comprovação de culpa ou dolo do empregador (TEMA 932). No caso, a atividade de risco resta evidente quando considerada a dinâmica laboral dentro de uma unidade fabril frigorífica, em que os trabalhadores realizam suas funções próximos uns dos outros, em ambiente fechado e sem ventilação natural, expondo os trabalhadores envolvidos a risco mais agravado de contrair doenças infectocontagiosas com alto grau de transmissibilidade, a exemplo da COVID-19. Nessa esteira e considerando que a ré não produziu prova hábil a permitir a conclusão de que contágio teria ocorrido em outro local, resta caracterizado o acidente do trabalho por equiparação, na forma do art. 20, III, da Lei n. 8.213/91, devendo a ré responder pelos danos causados." Mato Grosso. TRT 23ª Região. 2ª Turma. RO n. 0000304-40.2020.5.23.0096, Rel.: Desembargador João Carlos Ribeiro de Souza, *DEJT* 14 jan. 2022.

"**Recurso ordinário. Do acidente de trabalho. Contaminação por covid-19. Ônus da prova.** Entendo que ainda que não atuando na linha de frente no atendimento a pacientes com Covid e mesmo não mantendo contato com estes, laborava em ambiente de trabalho com maior risco de infecção pelo vírus. O risco desse trabalhador não é equivalente ao risco populacional geral, há no caso maior exposição epidemiológica ao vírus decorrente de questões inerentes à própria característica do ambiente de trabalho (hospital de referência ao atendimento de pacientes com Covid19). Nesse sentido, e ainda considerando que por meio da Portaria no. 2.309 de 28 de agosto de 2020, o Conoravírus SARS-CoV-2 foi inserido na Lista de Doenças Relacionadas do Trabalho (LDRT), necessário reconhecer a presunção quanto à contaminação do reclamante no ambiente de trabalho." Rio de Janeiro. TRT 1ª Região. 1ª Turma. RO n. 0100706-26.2020.5.01.0005, Rel.: Desembargador Mario Sergio Medeiros Pinheiro, *DEJT* 26 nov. 2021.

"**Doença do trabalho. Covid-19. Indenização por dano moral trabalho no interior de complexo hospitalar. Responsabilidade objetiva**. Artigo 927, parágrafo único, do Código Civil. Prova do nexo causal. Teoria da verossimilhança preponderante e redução das exigências probatórias. A atividade do reclamado, por sua natureza, implica um risco inerente e habitual de contágio de doenças, pela circulação e atendimento de pacientes. Trata-se de um risco inerente à atividade, por ser um Complexo Hospitalar. Assim, em razão de as funções exercidas pela reclamante estarem diretamente ligadas à atividade de risco do reclamado, ela está exposta habitualmente a um risco especial, implicando em um ônus maior do que aos demais membros da coletividade, nos exatos termos da norma do parágrafo único do art. 927 do Código Civil. Quando não há possibilidade de pleno esclarecimento da causalidade, não há como exigir uma "convicção de certeza", bastando a "verossimilhança", sob pena de não se poder entregar a tutela jurisdicional ao direito material, negando-se a própria peculiaridade do direito em discussão. Por meio da teoria da "verossimilhança preponderante" a regra do ônus da prova perde relevância, pois não pesaria sobre nenhuma das partes. O magistrado decide em favor da parte que tiver a posição mais verossímil do que a outra, ainda que minimamente, ou seja, a "verossimilhança preponderante" significa a possibilidade de o juiz julgar em favor da parte que demonstra ter o direito mais verossímil. A reclamante se ativa em uma atividade de risco inerente ao contágio de doenças, inclusive o coronavírus (COVID-19), por trabalhar dentro do Complexo Hospitalar, de modo que é mais verossímil a alegação de que contraiu a doença em razão de suas atividades e não em outro local. Mantida a condenação." São Paulo. TRT 2ª Reg. 17ª Turma. RO 1000723-17.2020. 5.02.0035, Rel.: Des. Maria de Lourdes Antonio, *DEJT* 10 dez. 2021.

16.4.5. Excludentes do nexo causal

Na abordagem genérica da responsabilidade civil decorrente de acidente do trabalho ou doença ocupacional, são relacionados como ocorrências que excluem o nexo causal a culpa exclusiva da vítima, o caso fortuito, a força maior e o fato de terceiro. Tratamos desses tópicos separadamente no capítulo 6, nos itens 6.5 a 6.9, aos quais nos reportamos. Aqui vamos analisar se tais excludentes podem ser aplicadas nos adoecimentos oriundos da Covid-19.

Fica caracterizada a **culpa exclusiva da vítima** quando a causa única do contágio da Covid-19 tiver sido a sua conduta, sem nenhuma ligação com o descumprimento das normas legais, contratuais, convencionais, regulamentares, técnicas ou do dever geral de cautela por parte do empregador.

A chegada da pandemia do coronavírus exigiu de todos adaptações e mudanças quanto aos hábitos de higiene, bem como da convivência familiar, social e profissional. Além das regras já existentes nas diversas Normas Regulamentadoras trabalhistas, foram instituídas normas adicionais estabelecendo a utilização de máscara adequada, cobrindo boca e nariz, distanciamento social, lavagem frequente das mãos e uso de álcool em gel, desinfecção do ambiente e dos equipamentos de trabalho, tratamento especial para os trabalhadores que integram o grupo de risco, vacinação obrigatória etc.

Cabe ao empregador cumprir e fazer cumprir as diversas normas preventivas (art. 157 da CLT) mediante orientação, treinamento, fiscalização e fornecimento de materiais e equipamentos de proteção adequados. Entretanto, se o trabalhador ostensivamente descumpre tais orientações, comportando-se com indiferença ou desprezo quanto à observância das regras estabelecidas, fica caracterizada a exclusão do nexo causal no adoecimento pela Covid-19, na modalidade de culpa exclusiva da vítima. Vale acrescentar que não basta o cumprimento das normas apenas no ambiente profissional, visto que o comportamento negligente fora do local de trabalho também potencializa a possibilidade de contágio.

Surge a indagação se a pandemia do coronavírus pode ser enquadrada nas figuras jurídicas da **força maior ou do caso fortuito,** para fins de exclusão do nexo na ação judicial em que a vítima postula a reparação dos danos, impedindo, assim, o deferimento da indenização.

A dúvida surge em razão do estado de calamidade pública reconhecido pelo Decreto Legislativo n. 6, de 20 de março de 2020, com efeitos até o dia 31 de dezembro de 2020.[52] A legislação trabalhista tem regra própria na CLT a respeito da força maior, que abrange também a figura do caso fortuito:

> Art. 501 – Entende-se como força maior todo acontecimento inevitável, em relação à vontade do empregador, e para a realização do qual este não concorreu, direta ou indiretamente.
>
> § 1º – A imprevidência do empregador exclui a razão de força maior.
>
> § 2º – À ocorrência do motivo de força maior que não afetar substancialmente, nem for suscetível de afetar, em tais condições, a situação econômica e financeira da empresa não se aplicam as restrições desta Lei referentes ao disposto neste Capítulo.

Como se verifica no dispositivo transcrito, não há espaço para considerar o contágio da Covid-19 como "acontecimento inevitável", especialmente porque a postura do empregador, quanto ao descumprimento das normas preventivas, pode sim concorrer para o adoecimento do trabalhador. Para não deixar dúvidas, a regra legal ainda enfatiza que "a imprevidência do empregador exclui a razão de força maior". Aliás, a falta de previdência do empregador caracteriza mesmo a sua culpa no adoecimento, ficando também reconhecido o nexo de causalidade do evento com a sua conduta omissiva.[53]

Convém registrar que a Lei n. 14.020/2020 deixou claro não se aplicar, para o enfretamento da calamidade pública do coronavírus, nem mesmo o chamado "fato do príncipe" previsto no art. 486 da CLT, o que também reforça o descabimento da excludente do caso fortuito ou da força maior para as hipóteses confirmadas de Covid-19 de natureza ocupacional.[54]

---

52. A Medida Provisória n. 927 de 22 de março de 2020 que não foi convertida em lei e, portanto, perdeu vigência no dia 19 de julho de 2020, indicava no Art. 1º, parágrafo único, que o estado de calamidade pública reconhecido pelo Decreto Legislativo n. 6/2020 induzia a hipótese jurídica de força maior, mas nos termos do disposto no art. 501 da CLT.

53. "*Agravo em agravo de instrumento em recurso de revista – descabimento. Rito sumaríssimo. Parcelas rescisórias e multa do art. 467 da CLT. Força maior. Pandemia de covid-19. Inaplicabilidade do art. 502 da CLT.* A pandemia de Covid-19 não configura motivo de força maior apto a ensejar a aplicação do art. 502 da CLT. O motivo alegado pela ré caracteriza imprevidência patronal, prevista no § 1º do art. 501 da CLT. Agravo conhecido e desprovido". TST. 3ª Turma. Ag-AIRR-10926-24.2020.5.03.0101, Rel.: Ministro Alberto Luiz Bresciani de Fontan Pereira, *DEJT* 12 nov. 2021.

54. Lei nº 14.020, de 6 de julho de 2020. Art. 29. Não se aplica o disposto no art. 486 da CLT, aprovada pelo Decreto-Lei nº 5.452, de 1º de maio de 1943, na hipótese de paralisação ou suspensão

Quanto ao tema do **fato de terceiro** relativamente **à Covid-19** do trabalhador, é possível vislumbrar dois desfechos.

Em princípio, quando a contaminação da Covid-19 for provocada por um terceiro, sem qualquer ligação com o trabalho desempenhado pela vítima, fica excluído o nexo causal com relação ao empregador. De fato, ninguém deve responder por um dano a que não tenha dado causa.

Contudo, não se enquadra na categoria jurídica de terceiro, para essa finalidade, o contágio provocado pelo comportamento negligente dos colegas de trabalho, dos prestadores de serviços terceirizados, dos clientes, dos fornecedores ou em qualquer situação relacionada ao exercício da atividade da vítima em benefício do empregador. Todos os contatos pessoais que a natureza do serviço determinar, dentro ou fora do estabelecimento, estão vinculados ao cumprimento do contrato de trabalho. E o eventual contágio nessas hipóteses não afasta a causalidade ocupacional, visto que não se trata de dano provocado por terceiro propriamente dito.

É por essa razão que o Código Civil prevê no art. 932, III, que o empregador responde pelos atos dos seus empregados, serviçais ou prepostos, desde que estejam no exercício do trabalho que lhes competir ou em razão dele. E o art. 933 do mesmo Código Civil reforça que o empregador responderá pelos danos, nas hipóteses do art. 932, ainda que não haja culpa de sua parte.

16.5. RESPONSABILIDADE CIVIL OBJETIVA OU SUBJETIVA PELA COVID-19

A indenização decorrente do dano causado ao trabalhador pela Covid-19 pode ser deferida com apoio na responsabilidade civil de natureza objetiva?

Para o deferimento da indenização aplicando a responsabilidade subjetiva, é imprescindível a presença da culpa do empregador, enquanto, na responsabilidade de natureza objetiva, cabe a reparação do dano ocorrido tão somente pelo risco da atividade, se estiver presente o nexo causal.

A indenização dos danos decorrentes da Covid-19 terá como suporte principal a responsabilidade subjetiva, ou seja, deverá a vítima comprovar a culpa do empregador, de qualquer grau, para conseguir a reparação. Constatando-se o dano, o nexo causal e o comportamento culposo do empregador, impõe-se o deferimento da indenização.

---

de atividades empresariais determinada por ato de autoridade municipal, estadual ou federal para o enfrentamento do estado de calamidade pública reconhecido pelo Decreto Legislativo nº 6, de 20 de março de 2020, e da emergência de saúde pública de importância internacional decorrente do coronavírus, de que trata a Lei nº 13.979, de 6 de fevereiro de 2020.

Como abordamos com vagar no capítulo 5, está pacificado o entendimento de que também é cabível o deferimento da indenização por doença ocupacional apenas com a presença do dano e do nexo causal, independentemente de qualquer conduta culposa do empregador, quando a vítima atuar numa atividade considerada de risco.

O Código Civil de 2002 estabeleceu norma genérica encampando expressamente a teoria do risco, no parágrafo único do art. 927, com o seguinte teor: *"Haverá obrigação de reparar o dano, independentemente de culpa, nos casos especificados em lei, ou quando a atividade normalmente desenvolvida pelo autor do dano implicar, por sua natureza, riscos para os direitos de outrem."*

Mesmo com a previsão legal expressa, pairavam questionamentos na jurisprudência dos Tribunais Superiores se esta regra seria aplicável nas hipóteses de indenização por acidente do trabalho ou doenças ocupacionais.

O STF reconheceu a existência de repercussão geral no julgamento do Recurso Extraordinário n. 828.040-DF, para decidir a natureza da responsabilidade do empregador na reparação dos danos a empregado vítima de acidente de trabalho. O Plenário Virtual do STF entendeu por maioria que a matéria tinha natureza constitucional e repercussão econômica e social, tendo em vista sua relevância para o desenvolvimento das relações empregatícias - Tema 932.

Finalmente, em 2019, o Plenário do STF julgou o mérito do recurso, após longos e substanciosos debates, fixando a seguinte tese de repercussão geral:

> **"TEMA 932. Tese de repercussão geral**: "O artigo 927, parágrafo único, do Código Civil é compatível com o artigo 7º, XXVIII, da Constituição Federal, sendo constitucional a responsabilização objetiva do empregador por danos decorrentes de acidentes de trabalho, nos casos especificados em lei, ou quando a atividade normalmente desenvolvida, por sua natureza, apresentar exposição habitual a risco especial, com potencialidade lesiva e implicar ao trabalhador ônus maior do que aos demais membros da coletividade" .

Pela importância desse julgamento que pacifica uma discussão alimentada por décadas na Justiça do Trabalho, é oportuno transcrever a ementa do acórdão que gerou a uniformização da jurisprudência:

> **"Ementa: Direito Constitucional. Direito do Trabalho. Recurso Extraordinário. Repercussão geral reconhecida. Tema 932. Efetiva proteção aos direitos sociais. Possibilidade de responsabilização objetiva do empregador por danos decorrentes de acidentes de trabalho. Compatibilidade do art. 7º, XXVIII da Constituição Federal com o art. 927, parágrafo único, do Código civil. Aplicabilidade pela Justiça do Trabalho.** 1. A responsabilidade civil subjetiva é a regra no Direito brasileiro, exigindo-se a comprovação de dolo ou culpa. Possibilidade,

entretanto, de previsões excepcionais de responsabilidade objetiva pelo legislador ordinário em face da necessidade de justiça plena de se indenizar as vítimas em situações perigosas e de risco como acidentes nucleares e desastres ambientais. 2. O legislador constituinte estabeleceu um mínimo protetivo ao trabalhador no art. 7º, XXVIII, do texto constitucional, que não impede sua ampliação razoável por meio de legislação ordinária. Rol exemplificativo de direitos sociais nos artigos 6º e 7º da Constituição Federal. 3. Plena compatibilidade do art. 927, parágrafo único, do Código Civil com o art. 7º, XXVIII, da Constituição Federal, ao permitir hipótese excepcional de responsabilização objetiva do empregador por danos decorrentes de acidentes de trabalho, nos casos especificados em lei ou quando a atividade normalmente desenvolvida pelo autor implicar, por sua natureza, outros riscos, extraordinários e especiais. Possibilidade de aplicação pela Justiça do Trabalho. 4. Recurso Extraordinário desprovido. TEMA 932. Tese de repercussão geral: "O artigo 927, parágrafo único, do Código Civil é compatível com o artigo 7º, XXVIII, da Constituição Federal, sendo constitucional a responsabilização objetiva do empregador por danos decorrentes de acidentes de trabalho, nos casos especificados em lei, ou quando a atividade normalmente desenvolvida, por sua natureza, apresentar exposição habitual a risco especial, com potencialidade lesiva e implicar ao trabalhador ônus maior do que aos demais membros da coletividade". STF. Pleno. RE n. 828.040-DF, Rel.: Ministro Alexandre de Moraes, *DJE* 26 jun. 2020.

O pronunciamento final do Excelso STF, com efeito de repercussão geral, sedimenta o entendimento judicial a respeito e levará a um alinhamento de toda a jurisprudência dos tribunais trabalhistas, até porque será negado seguimento ao Recurso Extraordinário se o acórdão recorrido coincidir com a orientação fixada (Arts. 1.030, 1.040 e 1.042 do CPC). Como previsto no art. 28, parágrafo único, da Lei n. 9.868/1999, a declaração de constitucionalidade pelo STF tem eficácia contra todos e efeito vinculante em relação aos órgãos do Poder Judiciário e à Administração Pública federal, estadual e municipal. Nesse sentido, asseveram os juristas Fredie Didier e Leonardo Cunha, "o pronunciamento do Plenário do STF sobre a repercussão geral de determinada questão vincula os demais órgãos do tribunal e dispensa, inclusive, que se remeta o tema a um novo exame do Plenário, em recurso extraordinário que verse sobre a questão cuja amplitude da repercussão já tenha sido examinada, haja ou não enunciado sumulado a respeito".[55]

Consoante o que foi exposto, é possível o deferimento de indenização à vítima da Covid-19 ocupacional, com fundamento na responsabilidade civil de natureza objetiva, quando o trabalho por ela desempenhado for considerado atividade de risco para o coronavírus, ou seja, "*quando a atividade normalmente desenvolvida, por sua natureza, apresentar exposição habitual a*

55. DIDIER Jr. Fredie; CUNHA, Leonardo Carneiro da. Curso de direito processual civil.18 ed. Salvador: Juspodivm, 2021. v. 3. p.474.

risco especial, com potencialidade lesiva e implicar ao trabalhador ônus maior do que aos demais membros da coletividade". Desse modo, se na instrução processual não for comprovada conduta culposa do empregador, resta verificar se a vítima exercia atividade considerada de risco especial, com probabilidade maior de ser contaminada pela Covid-19, em comparação com os demais membros da coletividade. Essa verificação será feita em cada caso concreto, de acordo com as alegações das partes e das provas colhidas. Vejam algumas decisões a respeito:

> "**Agravo. Agravo de instrumento em recurso de revista. Processo sob a égide da lei nº 13.015/2014. Responsabilidade civil objetiva do empregador. Configuração. Doença ocupacional equiparada a acidente de trabalho. Coronavírus. Óbito da reclamante que trabalhava na linha de frente de enfrentamento da covid-19.** Na hipótese, ficou explicitado que os fatos são incontroversos, pois a reclamante sentiu-se mal em 29/05/2020 e, nesse mesmo dia, fez teste rápido para detecção do vírus (nos laboratórios da reclamada), teste este que foi negativo. Por conta disso, a reclamante continuou trabalhando nos dias seguintes, até que, em 02/06/2020, face à persistência do quadro, buscou ajuda médica e, daí em diante, acabou testando positivo, sendo internada e vindo a falecer em 14/06/2022. Não há, nos autos, prova de culpa da falecida na contaminação. Em relação à conduta da reclamada, asseverou-se que os procedimentos de defesa não foram suficientes para evitar o mal maior, a morte da reclamante. Consequentemente, há responsabilidade objetiva da reclamada, por acidente ocorrido com empregado no desempenho de atividade de risco, caso em que é desnecessária a comprovação de culpa. Não merece provimento o agravo que não desconstitui os fundamentos da decisão monocrática pela qual se negou provimento ao agravo de instrumento. Agravo desprovido." TST. 3ª Turma. Ag-AIRR-1000981-27.2021.5.02.0056, Rel.: Ministro Jose Roberto Freire Pimenta, *DEJT* 27 set. 2024.
>
> "**Indenização por danos morais. Doença ocupacional. Contágio pela covid-19. Responsabilidade objetiva.** Não merece provimento o agravo, haja vista que os argumentos apresentados não desconstituem os fundamentos da decisão monocrática pela qual se adotou o entendimento de que o trabalho em ambiente hospitalar enseja o reconhecimento da responsabilidade objetiva para o pagamento de indenização do COVID-19, por se tratar de ambiente em que o empregado está mais suscetível a riscos, nos termos da Lei nº 14.128, de 26 de março de 2021. Precedentes do TST. Agravo desprovido." TST. 3ª Turma. AIRR-0010211-55.2022.5.15.0043, Rel.: Ministro Jose Roberto Freire Pimenta, *DEJT* 06 dez. 2024.
>
> "**Covid-19. Auxiliar de enfermagem que veio a falecer por conta da doença. Responsabilidade objetiva pelo desenvolvimento de atividade de risco. Artigo 927 do código civil.** Tendo em conta que a falecida trabalhou na linha de frente do combate à COVID 19 e que faleceu em decorrência de ter sido contaminada pela doença, configura-se a hipótese de responsabilidade objetiva do empregador, nos termos do artigo 927 do Código Civil, face à inegável atividade de

risco. Dá-se provimento ao apelo deferindo-se as indenizações por dano moral e material aos autores (marido e filha da falecida)." São Paulo. TRT 2ª Região. 4ª Turma. ROT n. 1000981-27.2021.5.02.0056, Rel.: Paulo Sergio Jakutis, *DEJT* 15 fev. 2023.

"Covid-19. Caracterização como doença ocupacional. Possibilidade. É incontroverso que a obreira foi contratada para laborar como técnica de enfermagem em 06/08/2008 e estava em atividade durante o período de calamidade pública decorrente da pandemia da covid-19, tendo apresentado sintomas respiratórios e apresentado atestado médico em 29/06/2020, recebido o diagnóstico de detecção do RNA do coronavírus Sars-Cov-2 em 01/07/2020, indo a óbito em 30/07/2020, tendo a respectiva certidão indicado que a causa da morte foi "pneumonia bacteriana, pneumonia viral, COVID-19, Obesidade". Além de a trabalhadora ter sido exposta a um risco maior do que a coletividade em geral, por ter laborando dentro de um hospital que recebia pacientes contaminados pelo Sars-Cov-2, tendo apresentado sintomas quando estava em atividade, o que é suficiente para se estabelecer o nexo causal e aplicar a responsabilidade objetiva, a documentação juntada aos autos pela reclamada não comprova que a obreira recebia EPI's suficientes para se proteger contra a doença e nem que ela foi treinada especificamente para a prevenção da covid-19, o que caracteriza a responsabilidade sob o prisma subjetivo. Assim, a doença, neste caso, caracteriza-se como ocupacional, estando presentes os pressupostos da reparação civil." Goiás. TRT 18ª Região. 2ª Turma. RO n. 0011074-79.2020.5.18.0016, Rel.: Platon Teixeira de Azevedo Filho, *DEJT* 24 nov. 2022.

Como ponto de partida para esse enquadramento, é recomendável utilizar a classificação de risco da conceituada Agência Especializada em Administração e Segurança Ocupacional dos Estados Unidos – OSHA (*Occupational Safety and Health Administration*) que citamos no item 16.4.3 acima. Aquelas atividades relacionadas como de "risco muito alto" ou de "risco alto" com certeza podem ser enquadradas na hipótese de "risco especial", para fins de aplicação da responsabilidade civil objetiva.

Aquela lista, naturalmente, não é exaustiva pelo que, na análise do caso concreto, de acordo com as provas dos autos, poderá haver o enquadramento de outras atividades como geradoras de responsabilidade civil objetiva para as vítimas da Covid-19 ocupacional.

16.6. CULPA NOS DANOS DECORRENTES DA COVID-19

Nas ações judiciais para reparação dos danos decorrentes da Covid-19, é fundamental verificar se o empregador incidiu em alguma conduta culposa.

Para aplicação da teoria do risco, bastam a constatação dos danos decorrentes da Covid-19 ocupacional e do nexo causal com a atividade do empregador para o deferimento da indenização correspondente. Mas, para aplicar a responsabilidade civil subjetiva, é imprescindível a presença simultânea dos três pressupostos: os danos causados pela Covid-19, o nexo causal do adoecimento com o trabalho e a culpa do empregador. Então, a exigência da culpa é o ponto que diferencia a natureza da responsabilidade: objetiva ou subjetiva.

Mesmo com a pacificação do cabimento da responsabilidade civil objetiva nas ações indenizatórias por acidente do trabalho ou doença ocupacional, conforme mencionamos no item anterior, a pretensão deduzida terá maior possibilidade de êxito e a indenização por dano moral ou existencial poderá alcançar valor mais elevado quando a culpa patronal estiver caracterizada. Em síntese, a comprovação da culpa atende a um requisito essencial para o deferimento das indenizações no enfoque da responsabilidade subjetiva e a sua gravidade (grave, leve ou levíssima) representa importante circunstância a ser ponderada no arbitramento do valor da indenização por danos morais.

O Código Civil trata da culpa no art. 186: "Aquele que, por ação ou omissão voluntária, negligência ou imprudência, violar direito e causar dano a outrem, ainda que exclusivamente moral, comete ato ilícito." Assim, a culpa na doença ocupacional fica caracterizada quando o empregador pratica conduta que revela imprudência, negligência ou imperícia.

Portanto, o empregador tem obrigação de adotar a diligência necessária e adequada para evitar o adoecimento ocupacional. A situação mais visível de culpa ocorre quando a empresa deixa de cumprir norma legal ou regulamentar a respeito da prevenção da Covid-19. É o que o jurista Sérgio Cavalieri denomina *culpa contra a legalidade*, visto que o dever transgredido resulta de texto expresso de alguma norma jurídica. A simples infração da norma, quando o comportamento acarreta algum dano, já desencadeia a responsabilidade civil em favor da vítima, pois cria a presunção de culpa, incumbindo ao réu o ônus da prova em sentido contrário[56]. Desse modo, para investigar possível culpa contra a legalidade, é conveniente conferir o cumprimento das normas que mencionamos no item 16.4.3. acima, a respeito da prevenção da Covid-19.

Mas, mesmo não ocorrendo infração das normas legais ou regulamentares, ainda pode ser constatada conduta culposa do empregador. Os textos normativos, por mais extensos e detalhados que sejam, não conseguem abarcar todas as hipóteses da conduta humana nas suas múltiplas possibilidades. Com efeito, além da *culpa contra a legalidade*, pode também ser constatada a culpa tão somente pela inobservância pelo empregador do *dever geral de cautela* em sentido lato.

---

56. CAVALIERI FILHO, Sérgio. *Programa de responsabilidade civil*. 16. ed. São Paulo: Atlas, 2023. p. 54.

Nessa modalidade, ficará caracterizada a culpa mesmo sem violação legal, conforme as circunstâncias do caso concreto, se o evento danoso resultou de desvio do comportamento que se espera atualmente do bom empresário em período de pandemia, ou seja, aquele empregador que esteja tecnicamente habilitado para explorar, com efetiva segurança, as atividades do seu empreendimento. Em razão do dever geral de cautela, todos devem adotar conduta cuidadosa e diligente para não causar danos a outrem, conforme ensina a antiga doutrina da conduta esperada do bom pai de família (*bonus pater familias*).

Será importante, também, no caso da Covid-19 verificar o grau de culpa do empregador (grave, leve ou levíssima), bem como se ocorreu a culpa concorrente do empregado para reduzir o valor da indenização ou, ainda, analisar a possibilidade de presumir a culpa do empregador, especialmente pela distribuição dinâmica do ônus da prova. Todos esses temas relacionados à culpa foram tratados separadamente no capítulo 7 (Itens 7.6, 7.8 e 7.9), ao qual nos reportamos, mormente porque não há ajuste especial no enfoque por se tratar da Covid-19.

É oportuno mencionar ainda que, se ficar comprovada a culpa exclusiva da vítima, não cabe indenização porque ocorreu a exclusão do nexo causal. Tratamos deste tema no item 16.4.5. acima ao qual nos reportamos.

Vejam alguns julgamentos a respeito da culpa em ações ajuizadas por vítimas da Covid-19:

> "**Agravo de instrumento em recurso de revista regido pela lei 13.467/2017. 1. Responsabilidade civil. Motorista de caminhão. Falecimento em razão de covid-19. Viagem a serviço com duração de nove dias. Sintomas no dia seguinte à chegada ao destino final. Nexo causal entre moléstia e labor constatado. Medidas de prevenção. Ausência de prova. Omissão patronal. Conduta culposa. Transcendência jurídica caracterizada.** (...) 4. Sobre a culpa patronal, a Lei 13.979/2020 estabeleceu, dentre outras regras, o dever dos empregadores de promover medidas visando à segurança dos trabalhadores, a exemplo da orientação acerca de medidas preventivas e do fornecimento de EPIs, como máscaras de proteção e álcool em gel. Na mesma linha, a Portaria nº 1.565/2020 do Ministério da Saúde. Ademais, "cabe às empresas cumprir e fazer cumprir as normas de segurança e medicina do trabalho" (CLT, art. 157, I), bem como "a empresa é responsável pela adoção e uso das medidas coletivas e individuais de proteção e segurança da saúde do trabalhador." (Lei 8.213, art. 19, §1º). 5. Na situação analisada, à medida que optou por manter o seu empregado em atividade presencial no auge da pandemia (2020), sujeitando-o, assim, a um alto risco de contaminação e, consequentemente, de morte, cabia à Reclamada ter adotado as medidas de prevenção legalmente previstas e amplamente divulgadas pelas autoridades públicas e especialistas. Como

fato impeditivo do direito das Autoras (CLT, 818, II), incumbia à Reclamada o ônus da prova, a fim de afastar a sua culpa pelo evento danoso, porém, de acordo com o TRT, essa prova não foi produzida. 6. Por tudo exposto, a ilicitude da conduta da empresa e a sua consequente responsabilidade civil ficam evidenciadas, restando ilesos os arts. 7º, XXVIII, da Constituição Federal; 186, 187, e 927 do Código Civil; 19 e 21 da Lei 8.213/91. Agravo de instrumento não provido." TST. 5ª Turma. AIRR-10626-21.2020.5.03.0147, Rel.: Ministro Douglas Alencar Rodrigues, *DEJT* 29 nov. 2024.

"**Falecimento de empregado por covid-19. Responsabilidade. Nexo causal.** Para a configuração da responsabilidade civil da empregadora, deve haver estreita relação de causa e efeito entre a execução das atividades profissionais do obreiro e o acidente e/ou doença ocupacional. Na hipótese, comprovou-se que o reclamante foi convocado a retornar ao trabalho presencial, mesmo sendo integrante de grupo de risco para Covid-19 (maior de 60 anos de idade), sendo que outros empregados na mesma condição foram mantidos em trabalho remoto, fato que expôs o falecido empregado a risco maior de infecção pelo Corona Vírus. Ficou demonstrado ainda que outros trabalhadores do setor foram contaminados antes do início da doença que acometeu o "*de cujus*", revelando a vulnerabilidade da vítima. Evidenciou-se, assim, o nexo causal entre a doença e o trabalho, bem como a culpa da reclamada, que não promoveu todas as medidas cabíveis de proteção para proteção do trabalhador, impondo-se o dever de indenizar." TRT 3ª Região. 11ª Turma. ROT 0010716-07.2021.5.03.0143, Rel.: Des. Antônio Gomes de Vasconcelos, *DJE* 22 set. 2023.

"**Falecimento do empregado por covid. Responsabilidade do empregador. Dano moral e material. Ausência de fornecimento de EPI.** Culpa patronal. Considerando que as atividades exercidas pelo de cujus se davam em local fechado com grande circulação de pessoas, sujeitando o empregado a um risco acentuado de infecção por Covid-19, bem como verificada a contaminação simultânea de diversos empregados que prestavam serviços no mesmo local e, ainda, constatando-se que não houve fornecimento de máscaras adequadas a reduzir os riscos de contágio, conclui-se pelo nexo causal entre a doença e o trabalho, cabendo à ré a reparação pelos efeitos nefastos decorrentes de sua conduta culposa." Minas Gerais. TRT 3ª Região. 8ª Turma. ROT n. 0011227-81.2021.5.03.0053, Rel.: Jose Marlon de Freitas, *DEJT* 19 out. 2022.

"**Ação indenizatória ajuizada por herdeiros. Acidente de trabalho. Morte por COVID 19. Ambiente laboral e descumprimento de normas de saúde e segurança. Descumprimento de decreto municipal de prevenção e contenção à propagação do contágio. Responsabilidade civil do empregador. Culpa comprovada.** Os fatos da vida em sociedade clamam por soluções que, por vezes, não há formulações jurídicas previamente especificadas. Nesse estado de coisas, a pandemia COVID19 trouxe consigo surpresas e desafios, os quais clamam por soluções atuais. A novidade do tema exige do intérprete acuidade para lidar com crise social e olhos atentos aos princípios e garantias fundamentais previstos na Constituição Federal, notadamente a norma introdutória do artigo 1º da Carta Magna que é um farol para compreensão do sistema de direitos e garantias da pessoa humana e dos valores sociais do trabalho e da livre iniciativa. Vale assentar que não se trata de estabelecer, inexoravelmente, presunção de nexo causal entre contágio por COVID 19 e frequência ao ambiente laboral, desprezando-se as particularidades, caso a caso. Há de se aferir as condições do ambiente laboral, o modus operandi da atividade e a conduta patronal, posto que o sistema trabalhista infraconstitucional apresenta diversas normas sobre saúde e segurança do trabalho. Por força do artigo 157 da CLT, compete às empresas cumprir e fazer cumprir as normas de segurança e medicina do trabalho (art. 157, inciso I, da CLT), o que foi negligenciado pela reclamada, em seu dever de cumprimento das normas de saúde e segurança. Na especificidade desta ação, houve morte do empregado, laborava presencialmente em escritório de contabilidade. O empregado falecido testou positivo para COVID-19 em março/2021, foi afastado no dia 08/03/2021, e foi a óbito em 01/04/2021, conforme documentos. Nesta ação, ficou comprovado que a empresa deliberadamente descumpriu medidas de saúde e segurança necessárias à prevenção e contenção do contágio do coronavirus (COVID-19), inclusive decretos municipais editados à época do estado de calamidade pública pela pandemia; por negligência, a reclamada impôs condições de trabalho que expuseram o empregado ao risco acentuado de contrair o vírus COVID-19, levando-o à morte. Feita a devida adequação dos fatos às normas, especificamente a previsão do art. 157 CLT e decretos municipais, reafirmo que, neste caso, não se trata de mera presunção objetiva de nexo causal contaminação em local de trabalho, e sim de sucessão de eventos na produção de ambiente laboral com atuação deliberada do empregador, na contramão das medidas restritivas essenciais à saúde e segurança, no contexto pandêmico, as quais foram implementadas em momento crítico e assustador por que passava a sociedade em geral, em 2020 e 2021.Enfim, mantida a responsabilidade civil patronal e o dever de reparar o dano, na medida de sua participação culposa, surge o dever de indenizar familiares da vítima falecida – artigos 186 e 927 do CC." Goiás. TRT 18ª Região. 3ª Turma. RO n. 0010939-51.2021.5.18.0010, Rel.: Rosa Nair da Silva Nogueira Reis, *DEJT* 19 set. 2022.

16.7. INDENIZAÇÕES DECORRENTES DA COVID-19

16.7.1. *Considerações iniciais*

O estudo genérico a respeito dos danos indenizáveis foi feito nos capítulos 8, 9 e 10. Neste tópico vamos abordar as singularidades até agora percebidas dos danos provenientes da Covid-19.

Uma vez constatado o dano decorrente da Covid-19, a presença do nexo causal com o trabalho e a constatação da culpa ou o exercício de atividade de risco, é cabível o deferimento das indenizações. Se faltar qualquer um desses pressupostos, restará frustrada a pretensão indenizatória.

Conforme já mencionamos, apenas o fato de o trabalhador ser acometido pela Covid-19 não enseja indenização. É indispensável verificar se o adoecimento provocou algum dano ou prejuízo efetivo, como a perda ou redução da capacidade para o trabalho, alguma sequela, transtorno mental ou qualquer outro prejuízo material ou extrapatrimonial. Em outras palavras, não se indeniza pela doença, mas pelos danos ou prejuízos que ela causou:

> "**Indenização por dano moral. Doença ocupacional.** Em relação ao pedido de indenização por danos morais, é imprescindível a presença do dano decorrente da Covid-19, a presença do nexo causal com o trabalho e a constatação da culpa ou exercício da atividade de risco, para o deferimento do pleito. Se faltar qualquer um desses pressupostos, restará frustrada a pretensão indenizatória. Apenas o fato de a trabalhadora ser acometida pela Covid-19 não enseja indenização. É indispensável verificar se o adoecimento provocou algum dano ou prejuízo efetivo, como a perda ou redução da capacidade para o trabalho, alguma sequela, transtorno mental ou qualquer outro prejuízo. Em outras palavras, não se indeniza pela doença, mas pelos danos ou prejuízos que ela causou. No caso dos autos, a reclamante limitou-se a afirmar que faz jus à indenização pelo fato de ter sido contaminada pela Covid-19 em decorrência de alegado surto da doença nas dependências do hospital, relatando sintomas leves como dor de cabeça, cansaço e diarreia. Não há indícios, sequer alegação, de eventual redução da capacidade para o trabalho, sequela, transtorno mental ou qualquer outro prejuízo, não havendo, portanto, como acolher a pretensão indenizatória." Minas Gerais. TRT 3ª Região. 2ª Turma. RO n. 0010602-76.2020.5.03.0184, Rel.: Desembargador Sebastião Geraldo de Oliveira, *DEJT* 16 jul. 2021.

16.7.2. Indenizações no caso de óbito

Quando ocorre o óbito pela Covid-19 de natureza ocupacional, é cabível o deferimento de pensão aos dependentes econômicos da vítima na forma prevista no art. 948 do Código Civil:

> Art. 948. No caso de homicídio, a indenização consiste, sem excluir outras reparações:
>
> I — no pagamento das despesas com o tratamento da vítima, seu funeral e o luto da família;
>
> II — na prestação de alimentos às pessoas a quem o morto os devia, levando-se em conta a duração provável da vida da vítima.

O pensionamento mensal será devido até a data da duração provável de vida que a vítima teria. Esse cálculo tem sido feito considerando a expectativa de sobrevida da população brasileira, publicada anualmente pelo IBGE.

Essa pensão tem natureza indenizatória e será devida aos dependentes, com base na renda líquida mensal, deduzindo-se o valor que a vítima normalmente despendia com as suas próprias despesas.

Além dos danos materiais em forma de pensionamento, é cabível indenização pelos danos morais que serão arbitrados pelo juiz com dupla finalidade: compensar a vítima e punir o empregador descuidado que deixou de observar as normas de prevenção adequadas.

No arbitramento dessas indenizações, como mencionamos em outros tópicos deste livro, pode haver atenuações em razão do nexo concausal, incluindo as comorbidades, ou em razão da culpa concorrente da vítima no surgimento do dano.

Nas ações indenizatórias envolvendo doença ocupacional com morte, há diversas singularidades, tais como: base de cálculo da pensão, deduções cabíveis, beneficiários, constituição de capital para garantia do pagamento da pensão, termo final do pagamento, direito de acrescer, titulares dos direitos aos danos morais etc. Todas essas questões foram analisadas com vagar no capítulo 9, ao qual nos reportamos para evitar repetições.

16.7.3. Indenizações nas hipóteses de incapacidade

O adoecimento ocupacional pela Covid-19 pode causar incapacidade permanente ou temporária, parcial ou total. Os danos materiais, nessas hipóteses, serão calculados considerando as previsões dos artigos 949 e 950 do Código Civil:

> Art. 949. No caso de lesão ou outra ofensa à saúde, o ofensor indenizará o ofendido das despesas do tratamento e dos lucros cessantes até ao fim da convalescença, além de algum outro prejuízo que o ofendido prove haver sofrido.
>
> Art. 950. Se da ofensa resultar defeito pelo qual o ofendido não possa exercer o seu ofício ou profissão, ou se lhe diminua a capacidade de trabalho, a indenização, além das despesas do tratamento e lucros cessantes até ao fim da convalescença, incluirá pensão correspondente à importância do trabalho para que se inabilitou, ou da depreciação que ele sofreu. (...)[57]

Quando a vítima sobrevive ao adoecimento grave pela Covid-19, normalmente poderemos constatar, conforme o caso, a ocorrência de danos materiais, morais, estéticos ou existenciais. Em determinados casos, os danos são tão diminutos ou inexpressivos que nem cabe reparação pecuniária; mas, também

57. Convém registrar que a fonte principal do direito à indenização por acidente do trabalho é o art. 7º, XXVIII, da Constituição da República quando relaciona os direitos dos trabalhadores. Todavia, o detalhamento da matéria deve ser buscado no Código Civil, por aplicação subsidiária, conforme determina o art. 8º, parágrafo único, da CLT: "O direito comum será fonte subsidiária do direito do trabalho." E para os danos extrapatrimoniais os dispositivos dos arts. 223-A a 223-G introduzidos na CLT pela reforma trabalhista.

poderão ocorrer sérios prejuízos ou sequelas, que produzem incapacidade permanente, causando à vítima acentuada perda da qualidade de vida.

Nos adoecimentos de menor gravidade pode ser que haja apenas um afastamento temporário com recuperação integral logo após. Por outro lado, nos casos de maior gravidade, após o período da convalescença, poderá ocorrer perda permanente total ou parcial da capacidade para o trabalho. Os estudos recentes estão avaliando também os efeitos da Covid-19 prolongada ou Covid-longa que afetam algumas vítimas. Cada uma dessas hipóteses produz efeitos jurídicos distintos.

A reparação dos danos materiais nos casos de Covid-19 que acarretarem incapacidade permanente, de acordo com o art. 950 do Código Civil, abrange:

1. Despesas de tratamento até o fim da convalescença;

2. Lucros cessantes também até o fim da convalescença;

3. Pensão correspondente à importância do trabalho para que a vítima se inabilitou.

Quando ocorre a incapacidade permanente total a pensão será calculada considerando a renda mensal líquida da vítima, mas se a incapacidade for parcial o pensionamento será deferido considerando o percentual arbitrado a respeito da redução da capacidade laborativa.

O termo final da pensão devida à própria vítima não sofre a limitação relativa à expectativa de vida ou de sobrevida, como ocorre no caso de morte da vítima da Covid-19. Na incapacidade permanente, a pensão deve ser paga enquanto a vítima viver; no caso de morte, o termo final será a provável sobrevida que o acidentado teria, conforme abordado no capítulo 9, item 9.7.

O parágrafo único do art. 950 do Código Civil estabelece que "o prejudicado, se preferir, poderá exigir que a indenização seja arbitrada e paga de uma só vez." Esta previsão normativa, contudo, tem sido aplicada com diversos temperamentos. Pode o juiz indeferir a pretensão de pagamento de uma só vez previsto no parágrafo único do art. 950 do Código Civil, sempre que tiver fundamentos ponderáveis para demonstrar a sua inconveniência ou inviabilidade.

Em muitas ocasiões, considerando o valor maior da segurança jurídica e as condições econômicas do devedor, o mais prudente será deferir o pensionamento na forma tradicional, com a garantia do pagamento mensal, como previsto no art. 533 do CPC. O Colendo TST vem acolhendo esse entendimento, deixando ao prudente arbítrio do juiz o acolhimento ou não do pagamento de uma só vez ou o deferimento do pensionamento na forma tradicional, conforme as circunstâncias do caso.

No capítulo 10 trabalhamos com vagar todas as questões que envolvem os diversos danos provocados pela perda ou redução da capacidade profissional, cujas conclusões são também aplicáveis nos casos decorrentes da Covid-19.

16.7.4. Indenizações por outros prejuízos

Além da morte e das incapacidades já mencionadas, a Covid-19 pode causar outros danos, em determinadas pessoas, que aos poucos estão sendo percebidos e que podem ensejar também postulações indenizatórias.

Diversos estudos já apontam sequelas respiratórias, cardiovasculares, neurológicas, psicológicas, bem como alterações no olfato e no paladar, entre outras. Os efeitos são mais danosos, segundo a Organização Pan-Americana de Saúde, para as "pessoas com fatores de risco: adultos mais idosos, fumantes e aqueles com comorbidades subjacentes, como hipertensão, obesidade, diabetes, doença cardiovascular, doença pulmonar crônica (por exemplo, doença pulmonar obstrutiva crônica e asma), doença renal crônica, doença hepática crônica, doença cerebrovascular, câncer e imunodeficiência".[58]

Vejam esclarecimento a respeito das sequelas da Covid-19, publicado pela Organização Pan-Americana de Saúde:

> **Pessoas infectadas pela COVID-19 podem ter sequelas?**
>
> Após o primeiro relato, no final de dezembro, da doença causada pelo novo coronavírus, o conhecimento sobre suas complicações e sequelas aumentou substancialmente. A principal sequela nos pacientes que tiveram quadro clínico grave de COVID-19 é a fibrose pulmonar. Também foram identificadas miocardite relacionada à infecção, com redução da função sistólica e arritmias; declínio cognitivo de longo prazo, como deficiências de memória, atenção, velocidade de processamento e funcionamento, juntamente com perda neuronal difusa; encefalopatia aguda, alterações de humor, psicose, disfunção neuromuscular ou processos desmielinizantes; sequelas psicológicas relacionadas ao distanciamento social; entre outras.[59]

Não é possível, por enquanto, estabelecer com segurança a extensão, possibilidade de reversão e a permanência de tais sequelas a médio e longo prazo, mas como os estudos continuam acelerados, reunindo contribuições de diversos países e organizações internacionais, é provável que em pouco tempo as complicações decorrentes da Covid-19 estejam bem identificadas e descritas.

---

58. Disponível em: <https://www.paho.org/bra/index.php?option=com_docman&view=download&slug=alerta-epidemiologico-complicacoes-e-sequelas-da-covid-19&Itemid=965>. Acesso em 3 jan. 2021.
59. Disponível em: <https://www.paho.org/pt/covid19>. Acesso em 24 dez. 2020.

No documento intitulado "Alerta Epidemiológico – Complicações e sequelas da Covid-19", publicado pela Organização Pan-Americana de Saúde em 12 de agosto de 2020, foram listadas as sequelas já identificadas da Covid-19 no sistema respiratório, no sistema cardiovascular, neuropsiquiátricas e psicológicas.[60]

Em 2021 surgiram as constatações dos efeitos prolongados no tempo da Covid-19, também chamada de Covid longa, Covid-19 pós-aguda ou Síndrome Pós-Covid. Vejam a informação divulgada pela Agência Europeia para a Segurança e Saúde no Trabalho, a respeito da "Covid prolongada":

> "COVID prolongada" é um termo utilizado se os sintomas persistirem após quatro semanas e o impedirem de realizar as suas atividades normais. Segundo estudos de investigação realizados, uma em cada cinco pessoas apresenta sintomas depois de cinco semanas e uma em dez mantém os sintomas durante 12 semanas ou mais, após a COVID-19 aguda. Em fevereiro de 2021, a Organização Mundial da Saúde (OMS) publicou uma nota informativa sobre a COVID-19 prolongada, que apresenta os sintomas, a prevalência e a gestão da doença. O que é a experiência pós-COVID? Ainda estamos a aprender sobre o impacto da COVID-19, mas sabemos que:
>
> - Uma em cada cinco pessoas tem sintomas ao fim de quatro semanas, e 1 em 10 tem sintomas durante 12 semanas ou períodos mais longos. Em alguns casos, os sintomas podem durar muitos meses.
> - Os sintomas podem ser imprevisíveis e variar ao longo do tempo.
> - Os sintomas comuns incluem extrema fadiga, falta de ar, dores musculares e nas articulações, dores no peito e problemas de saúde mental.
> - A maior parte dos trabalhadores com sintomas contínuos necessitam de adaptações no local de trabalho, mas alguns poderão não necessitá-las.
> - A natureza imprevisível e variável da COVID longa significa que alguns trabalhadores poderão necessitar de regressar ao trabalho gradualmente, durante um período de tempo longo — no qual desenvolvem a sua capacidade de trabalho.[61]

Em 2023, o cientista Nathan Cheetham, do Departamento de Pesquisas com Gêmeos e Epidemiologia Genética do King's College de Londres, publicou estudo sobre os efeitos da Covid Longa na função cerebral, abordando o sintoma do "nevoeiro mental". Vejam as evidências constatadas:

---

60. Disponível em: <https://www.paho.org/bra/index.php?option=com_docman&view=download&slug=alerta-epidemiologico-complicacoes-e-sequelas-da-covid-19&Itemid=965>. Acesso em 3 jan. 2021.
61. Disponível em: <https://osha.europa.eu/pt/publications/covid-19-infection-and-long-covid-guide-managers> Acesso em 25 jan. 2022.

> Após contraírem covid-19, é comum que pacientes relatem dificuldades com funções ou habilidades cognitivas, como a capacidade de relembrar memórias, concentrar-se em tarefas ou encontrar as palavras certas durante uma conversa. Estes sintomas são frequentemente denominados "nevoeiro mental". São especialmente comuns entre as pessoas que apresentam sintomas persistentes ou de longo prazo – a chamada covid longa.
>
> No último levantamento, em março de 2023, um milhão de pessoas com covid longa no Reino Unido tiveram dificuldade de concentração e 750 mil apresentaram perda de memória ou confusão mental.
>
> Em curto prazo, os sintomas do nevoeiro mental podem prejudicar a capacidade das pessoas de realizar suas tarefas diárias normais, como o trabalho e o cuidado com os filhos, e reduzir sua qualidade de vida. No longo prazo, as leves dificuldades cognitivas podem evoluir até se tornarem condições mais graves, como demência. De fato, a infecção por covid-19, de forma geral, vem sendo relacionada ao aumento do risco de diagnóstico de demência[62].

Os estudos publicados ao longo de 2024 indicam que o tema da Covid longa continua desafiando os pesquisadores que não chegaram, ainda, a conclusões seguras. Determinadas vítimas acometidas pela chamada Covid longa continuam com sintomas incapacitantes, mesmo decorridos vários anos do adoecimento. Espera-se que nos próximos anos possa haver consenso científico a respeito.

Os danos decorrentes das sequelas deverão ser indicados na petição inicial e serão investigados pelo perito do juízo para conferir a veracidade da alegação, a extensão dos danos e o prognóstico a respeito. Ademais, as sequelas poderão ser agravadas em razão das doenças preexistentes (concausa ou comorbidades), as quais deverão ser esclarecidas na diligência pericial.

De acordo com a extensão das sequelas pode ocorrer prejuízo para a capacidade profissional e para a qualidade de vida da vítima, possibilitando o deferimento de danos materiais, morais e existenciais.

16.7.5. Indenizações no caso de comorbidade

O advento da pandemia do coronavírus trouxe para o linguajar comum um termo técnico habitual na área médica, qual seja, comorbidades. A Covid-19 gera repercussões mais graves quando atinge pessoas com doenças preexistentes, que são indicadas na categoria de grupo de risco. O efeito prejudicial

62. Disponível em: <https://www.bbc.com/portuguese/articles/c4n0l3de96do>. Acesso em: 02 jan. 2024.

conjugado das enfermidades diminui a resistência da vítima e multiplica as possibilidades de danos. Vejam explicação a respeito divulgada pela Secretaria de Saúde do Estado de Minas Gerais:

> A palavra comorbidade é formada por dois termos que, unidos, explicam o seu significado: "co" (junto, união) e morbidade (conjunto de causas capazes de produzir uma doença). Ou seja, as comorbidades são o conjunto de doenças que uma pessoa apresenta em determinado momento.
>
> O problema é que os portadores de comorbidades podem não saber que possuem a doença, visto que podem viver muitos anos sem apresentar sintomas (paciente assintomático). Qualquer pessoa, de qualquer idade, pode ter diversas comorbidades, mas pelo tempo de vida acabam sendo mais comuns nos idosos!
>
> Entre os indivíduos com idade acima de 60 anos, é comum a presença de doenças pulmonares crônicas, doenças renais crônicas, diabetes mellitus (principalmente se não estiver bem controlada), doenças hepáticas crônicas e obesidade. Todas essas condições que citamos são comorbidades que podem elevar o risco de complicações da covid-19.
>
> As comorbidades crônicas como, por exemplo, a diabetes mellitus e a obesidade, mantêm o paciente em um estado inflamatório crônico, ou seja, tornando-o suscetível a outros quadros inflamatórios/infecciosos com resposta exagerada, como o que ocorre na covid-19.[63]

Notícias e estatísticas reiteradas estão demonstrando os efeitos mais danosos da Covid-19 para os portadores de comorbidades, tais como: diabetes, hipertensão, doença pulmonar crônica, câncer, asma, tuberculose, obesidade etc.

A constatação da comorbidade não impede o enquadramento da Covid-19 como de natureza ocupacional, mas deve repercutir no arbitramento do valor da indenização.

Se restar comprovado um dano mais grave em razão das comorbidades, é necessário avaliar o grau de participação causal da Covid-19, em comparação com a contribuição das outras doenças preexistentes. Depois dessa apuração, deverá o juiz reduzir equitativamente a condenação na hipótese de comorbidade, ou seja, quando as provas dos autos indicarem que na etiologia do dano houve contribuição da Covid-19 e das doenças preexistentes.

Como visto, o percentual de redução do valor indenizatório deverá ser arbitrado equitativamente pelo julgador, em sintonia com o grau de contribuição da Covid-19 ocupacional e considerando as singularidades do caso

---

63. Disponível em: <https://coronavirus.saude.mg.gov.br/blog/166-envelhecimento-e-covid-19>. Acesso em: 3 jan. 2021.

concreto, conforme previsto no art. 945 do Código Civil. Não se trata de fixar um critério matemático, com o rigor inflexível das ciências exatas, mas sim de um critério equitativo, com apoio na razoabilidade e proporcionalidade, conforme as circunstâncias do caso em julgamento.

Tratamos com vagar da figura jurídica da concausa, do arbitramento dos graus de concausa e dos efeitos jurídicos dessa gradação no capítulo 6, item 6.4, ao qual nos reportamos para evitar repetições. Cabe salientar, por oportuno, que concausa e comorbidade geram os mesmos efeitos para o arbitramento da indenização cabível.

16.7.6. *Diretrizes para arbitramento do dano extrapatrimonial*

A fixação dos valores indenizatórios dos danos extrapatrimoniais (morais, existenciais ou estéticos) sempre suscita alguma perplexidade ao magistrado, na busca do justo ponto do equilíbrio. Mesmo com o tabelamento indicado pela reforma trabalhista (Art. 223-G da CLT), há considerável margem de subjetivismo para o enquadramento do grau da ofensa. É inevitável, portanto, que nas ações a respeito da reparação do dano extrapatrimonial a decisão traga sempre a assinatura pessoal da sensibilidade e argúcia de cada julgador.

As ações indenizatórias decorrentes da Covid-19 de natureza ocupacional trarão, com certeza, um novo desafio nesse aspecto. Trata-se de doença recente, com transmissão comunitária em todo o território nacional (Portaria n. 454/2020 do Ministério da Saúde) deixando praticamente todos como vítimas e não somente aqueles que foram diretamente prejudicados pela doença.

Desse modo, é necessária muita ponderação e serenidade ao fixar o montante das indenizações, de modo a encontrar a justa reparação possível para não deixar a vítima ao desamparo, nem levar a empresa à ruína. Não é possível aplicar mecanicamente o texto legal, ignorando o contexto atual e todas as circunstâncias que envolvem uma doença pandêmica tão avassaladora.

Ao proferir os julgamentos das reparações decorrentes da Covid-19 deve o magistrado atentar para a previsão insculpida no art. 8º do CPC, cujas diretrizes indicam o roteiro recomendável para decidir com acerto:

> Art. 8º Ao aplicar o ordenamento jurídico, o juiz atenderá aos fins sociais e às exigências do bem comum, resguardando e promovendo a dignidade da pessoa humana e observando a proporcionalidade, a razoabilidade, a legalidade, a publicidade e a eficiência.

Conforme já enfatizamos alhures, a indenização por danos morais tem duas finalidades básicas: dar uma compensação para a vítima e punir, pedagogicamente, o infrator pela sua conduta. Ocorre que nas hipóteses em que o deferimento da indenização tem como fundamento tão somente a teoria do risco, especialmente quando ausente prova convincente de culpa do empregador no adoecimento pela Covid-19, parece não haver espaço para considerar o efeito punitivo da indenização.

Sem dúvida, a finalidade de compensar a vítima continua; todavia, se não foi a conduta culposa do réu que gerou o adoecimento, mas sim um risco inerente à atividade, é pelo menos questionável o aspecto da condenação com propósito punitivo-pedagógico. Se o risco de contrair a Covid-19 é próprio daquela atividade, nenhuma punição poderá alterar sua natureza, razão pela qual é ineficaz falar-se em indenização como técnica de desestímulo ou com finalidade pedagógica.

Não se deve esquecer que o grau de culpa do empregador no adoecimento deve ser considerado para o arbitramento da indenização pelo dano moral, tanto que o art. 944 do Código Civil estabelece no parágrafo único: "Se houver excessiva desproporção entre a gravidade da culpa e o dano, poderá o juiz reduzir, equitativamente, a indenização." Mas, diante desse preceito legal, cabe indagar: E quando não houver culpa alguma do empregador, mas apenas condenação pela teoria do risco, a redução equitativa da indenização é também cabível?

Entendemos que a resposta seja positiva e que o norte da fixação do montante indenizatório será mesmo a equidade, que foi expressamente mencionada no dispositivo transcrito. Convém reiterar o papel cada vez mais importante que a doutrina e o legislador estão atribuindo à equidade para dimensionar a justa reparação do dano, principalmente quando se trata de dano moral ou extrapatrimonial.

No campo das indenizações por doenças ocupacionais o juiz dispõe de um poder discricionário mais elastecido para proferir o julgamento, em razão das peculiaridades e consequências de cada caso, que não podem ser ignoradas. No Estado Democrático de Direito, a superação de certos postulados de cunho estritamente patrimonialista produz como efeito a relativização racional de princípios até então invioláveis, para colocar em proeminência os valores axiológicos da dignidade da pessoa humana e da solidariedade, sem distinção essencial entre o autor e o réu. Como assevera o Ministro aposentado do TST Carlos Alberto Reis de Paula, apoiado em Carnelutti, "o escopo do processo não é a simples composição, mas a justa composição da lide."[64]

64. PAULA, Carlos Alberto Reis de. *A especificidade do ônus da prova no processo do trabalho*. São Paulo: LTr, 2001. p. 193.

16.7.7. Compensação financeira especial da Lei n. 14.128/2021

Além da possibilidade da reparação dos danos causados pela Covid-19 pelo empregador, a Lei n. 14.128, de 26 de março de 2021, instituiu uma compensação financeira especial, a ser paga diretamente pela União, mas apenas para as vítimas que se tornaram permanentemente incapacitadas para o trabalho, no período de emergência de saúde pública decorrente da disseminação do novo coronavírus, ou para os dependentes ou herdeiros necessários, quando tiver ocorrido óbito no referido período. Importa mencionar, contudo, que essa compensação financeira só é cabível para as vítimas da Covid-19 que estejam enquadradas como "profissionais e trabalhadores de saúde", abrangendo os agentes comunitários de saúde ou de combate a endemias que tenham atuado no atendimento direto a pacientes. Não é viável, portanto, estender o benefício para outras categorias, fora dos limites indicados no preceito legal.

A Emergência em Saúde Pública de Importância Nacional (ESPIN) foi declarada, no Brasil, pela Portaria GM/MS n. 188 /2020, publicada no Diário Oficial da União do dia 04 de fevereiro de 2020, e encerrada no dia 22 de maio de 2022, 30 dias após a publicação da Portaria MS n. 913, de 22 de abril de 2022[65].

Os valores da compensação financeira foram estabelecidos no art. 3º em duas parcelas. A primeira prestação será de um valor fixo de R$50.000,00,

---

65. PORTARIA Nº 913, DE 22 DE ABRIL DE 2022 – Declara o encerramento da Emergência em Saúde Pública de Importância Nacional (ESPIN) em decorrência da infecção humana pelo novo coronavírus (2019-nCoV) e revoga a Portaria GM/MS nº 188, de 3 de fevereiro de 2020.

    O MINISTRO DE ESTADO DA SAÚDE, no uso das atribuições que lhe conferem os incisos I e II do parágrafo único do art. 87 da Constituição, e tendo em vista o disposto no Decreto nº 7.616, de 17 de novembro de 2011, resolve:

    Art. 1º Fica declarado o encerramento da Emergência em Saúde Pública de Importância Nacional (ESPIN) em decorrência da Infecção Humana pelo novo Coronavírus (2019-nCov), de que tratava a Portaria GM/MS nº 188, de 3 de fevereiro de 2020.

    Art. 2º O Ministério da Saúde orientará os Estados, o Distrito Federal e os Municípios sobre a continuidade das ações que compõem o Plano de Contingência Nacional para Infecção Humana pelo novo Coronavírus, com base na constante avaliação técnica dos possíveis riscos à saúde pública brasileira e das necessárias ações para seu enfrentamento.

    Parágrafo único. As orientações serão dadas precipuamente pelas Secretarias finalísticas da Pasta, em especial a Secretaria de Vigilância em Saúde, a Secretaria de Atenção Primária à Saúde e a Secretaria de Atenção Especializada à Saúde.

    Art. 3º Fica revogada a Portaria GM/MS nº 188, de 3 de fevereiro de 2020, publicada no Diário Oficial da União nº 24-A, de 4 de fevereiro de 2020, Seção 1, página 1.

    Art. 4º Esta Portaria entrará em vigor 30 (trinta) dias após a data de sua publicação.

    Marcelo Antônio Cartaxo Queiroga Lopes – DOU – 22.04.2022 – Ed. Extra.

acrescida de outra parcela variável, calculada de acordo com o número de dependentes menores e os anos faltantes para completarem a idade de 21 ou 24 anos, se estiverem cursando ensino superior.

O início do pagamento das compensações mencionadas está aguardando a expedição do regulamento previsto no art. 4º da lei referida, para indicação detalhada de todos os beneficiários contemplados, do órgão federal competente para efetuar o desembolso e o procedimento da tramitação administrativa do requerimento. O esperado Decreto regulamentar, contudo, ainda não foi expedido, impedindo, por enquanto, o pagamento efetivo da compensação financeira.[66] Tudo indica que a grande dificuldade do Executivo reside no impacto orçamentário ou fonte de custeio para o pagamento, mormente pela explosão do número de vítimas da Covid-19, após a apresentação do Projeto de Lei em abril de 2020.

Em agosto de 2021, o Presidente da República ajuizou no STF Ação Direta de Inconstitucionalidade da Lei n. 14.128/2021 (ADI 6.970), que foi distribuída à Ministra Cármen Lúcia. A Relatora adotou o rito do art. 10 da Lei n. 9.868/99, para que o pedido liminar de suspensão da lei seja apreciado no plenário da Corte.

Em agosto de 2022, o plenário do STF julgou improcedente a ação direta proposta e declarou constitucional o disposto na Lei n. 14.128/2021. Vejam a ementa do julgamento:

> "**Ementa: Ação Direta de Inconstitucionalidade. Lei n. 14.128, de 26 de março de 2021. Compensação financeira aos trabalhadores da área da saúde. Covid-19. Morte ou incapacitação permanente para o trabalho. Política pública social. Ausência de interferência no regime jurídico de servidores públicos da união ou alteração nas atribuições de órgão da administração pública federal. Legislação instituída com base no regime extraordinário fiscal das Emendas Constitucionais n. 106/2020 e n. 109/2021. Enfrentamento da crise sanitária causada pela Covid-19 e de suas consequências sociais e econômicas. Art. 167-D da constituição da república. Reconhecimento do estado de calamidade pública e prolongamento da crise sanitária causada pela Covid-19. Ação direta julgada improcedente.** 1. Instruído o feito nos termos do art. 10 da Lei n. 9.868/1999, é de cumprir-se o princípio constitucional da duração razoável do processo, com o conhecimento e

66. A tramitação legislativa da Lei n. 14.128/2021 foi marcada por controvérsias. Oriunda do Projeto de Lei n. 1.826/2020 de autoria do Deputado Reginaldo Lopes (PT-MG) e da Deputada Fernanda Melchionna (PSOL-RS), após aprovação na Câmara Federal e no Senado o projeto recebeu veto total do Presidente da República. Contudo, o veto foi derrubado pelo Congresso e o Executivo foi compelido a promulgar a lei, mas resiste a promover a sua regulamentação, como previsto no art. 84 da Constituição da República.

> julgamento definitivo de mérito da ação direta por este Supremo Tribunal, ausente a necessidade de novas informações. Precedentes. 2. É formalmente constitucional a Lei n. 14.128/2021 por não dispor sobre regime jurídico de servidores públicos da União ou interferir nas atribuições de órgãos da Administração Pública federal. 3. É constitucional a compensação financeira de caráter indenizatório prevista na Lei n. 14.128/2021, inserida no regime fiscal excepcional disposto nas Emendas Constitucionais n. 106/2020 e n. 109/2021, no contexto de enfrentamento das "consequências sociais e econômicas" da crise sanitária da Covid-19. 4. Ação direta de inconstitucionalidade: conversão do julgamento da medida cautelar em definitivo de mérito; improcedência do pedido formulado na ação para declarar constitucional o disposto na Lei n. 14.128, de 26 de março de 2021." STF. Pleno. ADI 6970, Rel.: Ministra Cármen Lúcia, *DJE* 29 ago. 2022.

Considerando que até o início de 2025 não havia sido publicada a regulamentação da Lei n. 14.128/2021, disciplinando os trâmites para o devido pagamento da compensação financeira pelas vias administrativas, resta aos interessados o caminho do ajuizamento de ação perante a Justiça Federal em face da União, como já vem ocorrendo com bastante frequência[67-68].

---

67. *Ementa: Profissionais e trabalhadores da saúde. Compensação financeira. Lei 14.128/21. Ausência de regulamentação. Irrelevância. Normatividade suficiente para que os beneficiários obtenham indenização.* (...) 2. A indenização para os profissionais da saúde, ou para seus dependentes, que sofreram enormemente em virtude da atividade fundamental que exerceram no enfrentamento à pandemia, era, segundo os objetivos da Lei nº 14.128/21, para ser célere e de fácil obtenção. 3. Não se pode admitir que a falta de regulamentação torne a Lei 14.128/21 letra morta. 4. Os beneficiários e as situações fáticas em que a indenização é devida estão claramente descritos na Lei 14.128/21, que inclusive estabelece, de acordo com valores que estipula, o modo de calcular a indenização para cada caso. Não há lacuna quanto a esses aspectos. Ou seja, a Lei 14.128/21 possui normatividade suficiente para que os beneficiários1 obtenham indenização. Seus dispositivos, no que interessa para a solução da demanda, possuem eficácia. 5. Ainda que a falta de regulamentação impeça a aplicação integral da Lei 14.128/21, é possível tomar esse diploma legal como um reconhecimento de que os profissionais da saúde e seus dependentes têm direito à indenização e concedê-la com base no art. 37, § 6º, da Constituição, sem que isso configure julgamento extra ou ultra petita e ofensa ao princípio da congruência. 6. O bem da vida perseguido é a indenização e o pedido deve ser interpretado de acordo com o conjunto da postulação, nos termos do art. 322, § 2º, do CPC. 7. Caso em que as autoras são filhas e esposa de servidor público, Agente Comunitário de Saúde. Basta que elas comprovem que ele faleceu em decorrência das complicações causadas pela contaminação pelo Covid 19, adquirido no exercício de suas funções. 8. A indenização poderá ser concedida nos moldes da Lei 14.128/21, conforme o que for apurado. Não há ofensa ao princípio da legalidade e o Poder Judiciário, consideradas as peculiaridades do caso concreto, não está legislando positivamente. 9. Devolução dos autos ao juízo de origem para que se proceda a instrução probatória e a consequente análise dos pedidos. TRF4, AC 5000047-78.2022.4.04.7012, 3ª Turma, Rel.: Rogerio Favreto, julgada em 23 ago. 2022.
68. Cf. https://portal.trf1.jus.br/sjam/comunicacao-social/imprensa/noticias/viuva-de-medico-falecido-em-decorrencia-da-covid-19-ganha-indenizacao-na-justica-federal.htm. Acesso em: 2. jan. 2024.

A competência para julgamento é da Justiça Federal, porque não se trata de demanda entre a vítima e o empregador, visto que a compensação financeira será suportada integralmente pela União[69].

Ao longo de 2024, inúmeras ações foram apreciadas nos Tribunais Federais normalmente deferindo aos autores as indenizações previstas na Lei n. 14.128/2021, independentemente de norma regulamentadora. Predominou o entendimento de que a referida lei ostenta normatividade suficiente para o acolhimento dos pedidos, mormente porque o texto legal disciplinou suficientemente as hipóteses e os limites para o cabimento das indenizações, tratando-se de lei de eficácia plena ou autoaplicável. Vejam alguns julgamentos:

> **Administrativo. Benefício social. Lei 14.128/2021. Compensação financeira a ser paga pela união federal a cônjuge ou companheiro, dependentes e herdeiros necessários de profissional de saúde morto em razão da covid-19.** Sentença de improcedência do pedido autoral, ao fundamento de se tratar, a lei 14.128/2021, de norma de eficácia limitada, pendente de regulamentação, não implementada pelo governo federal, para a produção de efeitos. Recurso dos autores pela reforma da sentença. A lei 14.128/2021 fixa, claramente, as hipóteses de incidência, seus destinatários e suas consequências. Norma de eficácia plena, autoaplicável desde a sua publicação. Inexistência de violação à separação dos poderes. Preenchidos, no caso concreto, os requisitos legais para o direito dos autores ao recebimento da compensação financeira de R$ 50.000,00, prevista no art. 3º, i, e § 2º, da lei 14.128/2021. Recurso dos autores conhecido e provido. Sentença reformada. DECISAO: A 7ª Turma Recursal do Rio de Janeiro decidiu, por unanimidade, conhecer do recurso inominado interposto pelos autores e dar-lhe provimento para reformar a sentença recorrida e julgar procedente o pedido autoral, com a condenação da União Federal no pagamento de R$ 50.000,00 (cinquenta mil reais), referente à compensação financeira prevista no art. 3º, I, da Lei 14.128/2021, valor a ser atualizado monetariamente, a partir da data desta decisão, acrescido de juros de mora, a contar da citação, com base no Manual de Cálculos da Justiça Federal. Após o trânsito em julgado desta decisão, será expedida requisição de pequeno valor (art. 17 da Lei 10.259/2001). Vencedores os autores na instância recursal, não há condenação em honorários advocatícios e em custas processuais, nos termos do art. 55, caput, segunda parte, da Lei 9.099/1995, combinado com o art. 1º da Lei 10.259/2001. Esta decisão foi referendada pelos demais juízes integrantes da 7ª Turma Recursal dos Juizados Especiais Federais da Seção Judiciária do Rio de Janeiro. Intimem-se as partes. Decorrido o prazo recursal, certifique-se o trânsito em julgado desta decisão e remetam-se os autos ao juízo de origem." TRF 2ª Região. 7ª Turma Recursal do

69. Constituição da República de 1988. Art. 109. "Aos juízes federais compete processar e julgar: I – as causas em que a União, entidade autárquica ou empresa pública federal forem interessadas na condição de autoras, rés, assistentes ou oponentes, exceto as de falência, as de acidentes de trabalho e as sujeitas à Justiça Eleitoral e à Justiça do Trabalho;"

Rio de Janeiro. Processo 5001652-07.2024.4.02.5117, Rel.: Des. Federal Carlos Alexandre Benjamin, DJE 28 nov. 2024.

"**Constitucional e administrativo. Compensação financeira. Óbito de profissional da saúde. Atendimento a pacientes acometidos pela covid-19. Lei nº 14.128/2021. Constitucionalidade reconhecida pelo Supremo Tribunal Federal. Medida inserida em regime fiscal excepcional. Requisitos demonstrados. Compensação devida**. 1. Rejeitada a alegação de inadequação da via eleita, uma vez que a falta de solicitação administrativa prévia não impede o ajuizamento da presente demanda, em atenção ao princípio da inafastabilidade do Poder Judiciário (art. 5º, XXXV, da Constituição Federal). 2. Da mesma forma, a preliminar de falta de interesse processual também não merece razão, uma vez que a ausência de regulamentação da Lei 14.128/2021 não poderia ser argumento de preliminar utilizado pela União, responsável pela omissão, para prejudicar os apelados, inviabilizando que os beneficiários levem a pretensão ao Poder Judiciário e possam receber a compensação financeira criada por lei. Legítima, portanto, a busca da concretização do direito dos demandantes em sede judicial. A alegação da União, contudo, pode ser enfrentada na análise do mérito. 3. Nos termos da Lei nº 14.128/2021 a compensação financeira é devida aos profissionais e trabalhadores de saúde que, durante o período de emergência de saúde pública de importância nacional decorrente da disseminação do novo coronavírus (SARS-CoV-2), por terem trabalhado no atendimento direto a pacientes acometidos pela Covid-19, ou realizado visitas domiciliares em determinado período de tempo, no caso de agentes comunitários de saúde ou de combate a endemias, tornaram-se permanentemente incapacitados para o trabalho, ou ao seu cônjuge ou companheiro, aos seus dependentes e aos seus herdeiros necessários, em caso de óbito. 4. O Supremo Tribunal Federal, no julgamento da ADI nº 6.970, considerou que: "É constitucional a compensação financeira de caráter indenizatório prevista na Lei n. 14.128/2021, inserida no regime fiscal excepcional disposto nas Emendas Constitucionais n. 106/2020 e n. 109/2021, no contexto de enfrentamento das 'consequências sociais e econômicas' da crise sanitária da Covid-19" (ADI 6970, Tribunal Pleno, Relatora Min. CÁRMEN LÚCIA, j. 16/08/2022). 5. Hipótese em que companheiro e filha de Técnica de Enfermagem pleiteiam a compensação financeira prevista na Lei nº 14.128/2021, em razão da atuação da profissional na linha de frente no combate à Covid-19, no período de 2019 e 2021, ocasião em que contraiu o vírus, conforme declaração expedida pela médica da Unidade Básica de Saúde Aida Costa Barbosa da Comunidade do Maracanã, no Município de Faro/PA, vindo a falecer em razão dessa doença, de acordo com certidão de óbito anexada aos autos. Situação que se enquadra de forma clara e inafastável no fato gerador da compensação financeira prevista na Lei nº 14.128/2021. 6. A responsabilidade da União pela compensação financeira prevista na referida lei não está condicionada à comprovação de conduta irregular do Poder Público ou mesmo de relação de causalidade entre a ação da Administração e o dano ocorrido (incapacidade ou morte), sendo suficiente que os critérios estabelecidos na lei em questão sejam atendidos. 7. Não assiste razão à União Federal quanto ao argumento de que a ausência de regulamentação da Lei nº 14.128/2021 seria óbice ao reconhecimento dos direitos nela previstos. O texto legal nela inserido é de tal modo suficiente que dispensa complemento por meio de decreto ou norma infralegal. Nesse mesmo sentido: "Os beneficiários e as situações fáticas em que a indenização é devida estão claramente descritos na Lei 14.128/21, que inclusive estabelece, de acordo com valores que estipula, o modo de calcular a indenização para cada caso. Não há lacuna quanto a esses aspectos. Ou seja, a Lei 14.128/21 possui normatividade suficiente para que os beneficiários obtenham indenização. Seus dispositivos, no que interessa para a solução da demanda, possuem eficácia. Ainda que a falta de regulamentação impeça a aplicação integral da Lei 14.128/21, é possível tomar esse diploma legal como um reconhecimento de que os profissionais da saúde e seus dependentes têm direito à indenização e concedê-la com base no art. 37, § 6º, da Constituição, sem que isso configure violação ao princípio da separação dos Poderes" (TRF4, AC 5006518-25.2022.4.04.7202, Quarta Turma, Relator MARCOS ROBERTO ARAUJO DOS SANTOS, 14/11/2023). 8. Apelação a que se nega provimento." TRF 1ª Região. 12ª Turma. Processo 1006560-35.2022.4.01.3902, Rel.: Des. Federal Ana Carolina Alves Araujo Roman, DJE 5 jul. 2024.

"**Administrativo. Responsabilidade civil da união. Lei 14.128/21. Covid-19. Profissional da saúde. Óbito. Indenização compensatória. Cabimento. Apelação desprovida**. 1. Trata-se de apelação interposta pela União contra sentença que, em ação ordinária, julgou procedente o pedido inicial para condenar o ente público ao pagamento, em favor da paute autora, da indenização prevista na Lei nº 14.128/2021, no montante de R$ 100.000,00 (cem mil reais), composto de R$ 10.000,00 (dez mil reais) referente à compensação do inciso I do art. 3º e de R$ 90.000,00 (noventa mil reais) referente à compensação do inciso II do art. 3º. 2. Não merece prosperar a alegação de carência de ação por falta de interesse de agir. A inexistência de regulamentação da lei pelo Poder Executivo consiste na própria razão da lide, vez que, caso não houvesse tal omissão, os demandantes, ora recorridos, poderiam pleitear o direito diretamente na esfera administrativa. Além disso, a deliberada morosidade na regulamentação da norma demonstra a falta de interesse do Poder Executivo em fazer cumprir a lei, tanto que tentou, inicialmente, vetá-la na sua íntegra, o que foi derrubado pelo Congresso Nacional, e, posteriormente, pugnou pela declaração da inconstitucionalidade, por meio da ADI 6.970, pretensão que restou frustrada pelo STF. 3. Na hipótese em liça, a responsabilidade civil da União decorre da Lei nº 14.128/2021, que instituiu uma compensação financeira de natureza indenizatória, no valor de R$ 50.000,00 (cinquenta mil reais), para os profissionais e trabalhadores da saúde acometidos pela Covid-19 e que se tornaram permanentemente incapacitados para o trabalho ou foram a óbito. 4. Da análise dos autos, observa-se que o genitor da autora exercia a função de maqueiro no Hospital Geral do Estado Professor Osvaldo Brandão Vilela – HGE, em Maceió/AL, e permaneceu na referida função até o seu falecimento, em 17.05.2020, ou seja, trabalhou durante o período da emergência pública de saúde, decorrente da disseminação do novo coronavírus. A seu turno, a certidão de óbito do genitor da recorrida registra, como causa da morte, "Insuficiência Respiratória Aguda, Pneumonia, Infecção Respiratória Aguda, Covid-19". Outrossim, a parte autora juntou aos autos

> exame laboratorial realizado pelo Sr. Osvaldo Alves da Silva Filho, comprovando que em 10.05.2020 foi detectada a presença de Coronavírus SARS-CoV2 nele, além de documentos comprobatórios de que o genitor da parte autora foi admitido no SEMI - COVID 19 no Hospital da Mulher - no setor de COVID em 12.05.2020, foi encaminhado para a UTI - COVID 19 em 16.05.2020 e veio a óbito em 17.05.2020, conforme declaração de óbito nº 297727044. Nessa senda, constata-se os nexos causal e temporal entre a infecção pelo Covid-19 e o óbito. 5. Comprovado o parentesco da autora com o profissional de saúde falecido, a teor da certidão de nascimento acostada, resta devida a compensação financeira, nos termos do art. 2º, III, da Lei nº 14.128/2021. Nessa linha: PROCESSO Nº: 0813864-27.2022.4.05.0000 - APELAÇÃO CÍVEL, RELATOR(A): Desembargador(a) Federal Leonardo Resende Martins - 6ª Turma, Publicação: 07.09.2023; PROCESSO: 0800560-66.2022.4.05.8501, APELAÇÃO CÍVEL, DESEMBARGADOR FEDERAL SEBASTIÃO JOSÉ VASQUES DE MORAES, 6ª TURMA, JULGAMENTO: 21.03.2023. 6. A necessidade de perícia judicial, por servidores integrantes da carreira de Perito Médico Federal, somente é exigida para as situações de incapacidade, o que não é o caso dos autos (art. 2º, I e II, e § 3º, da Lei nº 14.128/2021). 7. Apelação desprovida, com a majoração dos honorários advocatícios na forma do art. 85, §11, do CPC." TRF 5ª Região. 6ª Turma. Processo 08136145020224058000, Rel.: Des. Federal Leonardo Resende Martins, DJE 7 maio 2024.

Com o objetivo de pacificar as controvérsias a respeito da necessidade do ato regulamentar do Poder Executivo para o pagamento das indenizações, no dia 6 de novembro de 2024, a Turma Nacional de Uniformização dos Juizados Especiais Federais (TNU) decidiu, por unanimidade, dar provimento ao pedido de uniformização, nos termos do voto do relator do processo, juiz federal Paulo Roberto Parca de Pinho, julgando a questão como representativa de controvérsia e fixando a seguinte tese:

> Tema 362 - "A Lei n. 14.128/2021 possui caráter autoaplicável, prescindindo de regulamentação para assegurar o pagamento da compensação financeira no âmbito judicial, mediante requisição de pagamento."

16.8. IMPORTÂNCIA DA PROVA PERICIAL

No julgamento das indenizações decorrentes da Covid-19 ocupacional a prova pericial terá destacada importância. Não detém o julgador formação ou experiência na área médica para avaliar e mensurar os fatores de risco, as causas, o contágio e os danos causados, razão pela qual deve valer-se do auxílio de um perito, conforme estabelece o art. 156, *caput*, do CPC[70].

70. CPC. Art. 156. "O juiz será assistido por perito quando a prova do fato depender de conhecimento técnico ou científico."

O laudo pericial dever retratar a extensão dos danos ou da incapacidade, as eventuais sequelas e todas as variáveis consequentes. Deverá também fornecer informações técnicas a respeito do nexo causal ou concausal e da eventual conduta inadequada do empregador ou da própria vítima, com o objetivo de proporcionar ao julgador informações suficientes sobre os fatos controvertidos, para que possa formar sua convicção, promover o devido enquadramento jurídico e proferir o julgamento com segurança.

Os peritos serão nomeados entre os profissionais legalmente habilitados e os órgãos técnicos ou científicos devidamente inscritos em cadastro mantido pelo tribunal ao qual o juiz está vinculado (art. 156, § 1º, do CPC e a Resolução CSJT n. 247/2019). Qual será o profissional legalmente habilitado para realização da perícia nas ações de responsabilidade civil decorrentes da Covid-19 ocupacional?

Entendemos que é o médico que tenha concluído curso de especialização em Medicina do Trabalho, com o devido registro dessa habilitação perante o Conselho Regional de Medicina. A Medicina do Trabalho é reconhecida oficialmente como uma especialidade na área médica, conforme detalhado nas Resoluções n. 2.323/2022 e 2.380/2024 do Conselho Federal de Medicina. Com o propósito de aprofundar conhecimentos na área pericial, o Conselho Federal de Medicina, por intermédio da Resolução n. 1.973/2011, alterou a especialização em "Medicina Legal" para "Medicina Legal e Perícia Médica", cuja formação demanda três anos e cuidadoso exame de suficiência para obtenção do título de especialista. A Resolução CFM n. 2.162/2017 atualizou o disciplinamento das especialidades, mas vigora atualmente a Resolução CFM n. 2.380/2024, que atualizou novamente a matéria.

Além disso, para a realizaçao da prova pericial sobre Covid-19, será muito importante que o profissional tenha se atualizado sobre a matéria e esteja acompanhando a evolução da pesquisa científica, divulgada pelos principais organismos responsáveis, nacionais e internacionais. Aliás, a própria Lei n. 13.979/2020, que trata das medidas de enfrentamento decorrentes do surto da Covid-19, estabelece que as medidas previstas deverão ser determinadas "com base em evidências científicas" o que reforça a necessidade do aprofundamento técnico do Perito Oficial, sem emitir conclusões meramente opinativas (Art. 473, § 2º, do CPC).

Nos casos das ações envolvendo a Covid-19 ocupacional, o laudo pericial deve abranger com suficiente profundidade técnica três etapas sucessivas, para oferecer ao julgador amplo conhecimento dos fatos:

1. verificação do nexo causal ou concausal da Covid-19 com o trabalho, observando as regras que mencionamos no item 16.4.3 supra, especialmente quanto ao cumprimento das normas de prevenção;

2. indicação e detalhamento de eventuais comorbidades e o grau de interferência delas no agravamento dos danos alegados;

3. diagnóstico e prognóstico detalhado da doença, horizonte clínico, possibilidade terapêutica e eventuais sequelas, com mensuração do grau de incapacidade e da capacidade residual de trabalho para a mesma ou para outras funções.

Convém registrar que a perícia médica é ato privativo de médico, como previsto expressamente na Lei n. 12.842/2013, razão pela qual não tem validade o diagnóstico nosológico ou prognóstico realizado por outros profissionais[71]. A propósito, vejam o teor do Parecer n. 45/2016 do CFM[72]:

> "O juiz nomeará perito especializado no objeto da perícia, ou seja: consoante a área de especialidade, técnica ou de expertise, nomeará perito em: engenharia, contabilidade, medicina, informática, agronomia etc. O termo 'especialidade' no CPC é genérico e não se refere às especialidades médicas, mas sim à área do conhecimento técnico ensejado pelo objeto da perícia. Se o objeto da perícia, por exemplo, for a determinação de nexo causal em ação de indenização por acidente de trabalho, o perito nomeado deverá ser médico, consoante disposto no art. 5º, inciso II, da Lei n. 12.842/2013".

Será muito importante também a formulação adequada dos quesitos pelas partes, ou mesmo pelo juiz, conforme faculta o CPC[73], com o objetivo de facilitar a instrução processual e obter do Perito Oficial o esclarecimento das questões controvertidas de natureza técnica. Vejam alguns quesitos que podem ser importantes para a prova pericial, nas ações por responsabilidade civil decorrentes da Covid-19:

1. O Expert é especialista em Medicina Legal/Perícia Médica ou Medicina do Trabalho? Caso positivo, indicar o Registro de Qualificação de Especialista-RQE.

2. A partir dos elementos de convicção do caso concreto é possível confirmar o diagnóstico de Covid-19? Caso positivo, justificar e indicar a data do diagnóstico, o teste utilizado, o período da incapacitação temporária e, se for o caso, esclarecer se há sequela permanente (atestação médica de sequela).

---

71. Segundo o art. 4º da Lei n. 12.842/2013, são atos privativos de médico: ... X — determinação do prognóstico relativo ao diagnóstico nosológico; XII — realização de perícia médica e exames médico-legais, excetuados os exames laboratoriais de análises clínicas, toxicológicas, genéticas e de biologia molecular; XIII — atestação médica de condições de saúde, doenças e possíveis sequelas.

72. Disponível em: https://sistemas.cfm.org.br/normas/visualizar/pareceres/BR/2016/45. Acessado em 10 nov. 2018.

73. CPC. Art. 470: "Incumbe ao Juiz: I — indeferir quesitos impertinentes; II — formular os quesitos que entender necessários ao esclarecimento da causa."

3. Considerando a data do diagnóstico, qual o período pregresso provável da contaminação? Apresentar um diário cronológico retrospectivo de quais atividades, laborativas ou não, o(a) reclamante desempenhou no período.

4. Descrever o grau de risco do contágio da Covid-19 em razão da atividade exercida na empresa, utilizando as classificações técnicas disponíveis. Avaliar também o grau de risco em razão da tarefa específica cumprida pelo(a) reclamante.

5. A atividade da empresa foi enquadrada oficialmente como essencial, com funcionamento regular durante a pandemia?

6. A atividade exercida pelo(a) reclamante exigia contatos pessoais com colegas de trabalho, fornecedores, clientes, entregadores? Com qual intensidade e frequência?

7. A empresa cumpria e fazia cumprir as normas de prevenção da Covid-19, especialmente as regras previstas nas Normas Regulamentadoras e nos atos administrativos publicados especificamente para a Covid-19? Descrever, se for o caso, os eventuais descumprimentos.

8. A Reclamada instituiu programa para enfrentamento da Covid-19, como ação do seu PCMSO? Caso positivo, referenciar o programa no laudo, comentando se foram suficientes para impedir ou minimizar a chance de contaminação no ambiente de trabalho. Caso negativo, indagar ao coordenador do PCMSO da Reclamada por qual motivo não adotou as providências necessárias, considerando dispositivos da NR7, NR32 e Código de Ética Médica.

9. O(a) reclamante pertence ao grupo de risco (idade, comorbidades ou grávida)? Caso positivo, a Reclamada comprova a proteção do trabalhador com afastamento das atividades presenciais, trabalho em *homeoffice* ou outra providência?

10. Na data de diagnóstico da Covid-19 e nos 14 dias anteriores, outros trabalhadores que atuavam junto ou próximo do(a) reclamante testaram positivo?

11. Nos relatos colhidos ou em outras documentos disponíveis, há informação de adoecimentos pela Covid-19 de parentes do convívio próximo do(a) reclamante no mesmo período de tempo?

12. Considerando a resposta do quesito anterior, há alguma informação objetiva de ocorrência de surto de Covid-19 no estabelecimento da empresa? Fundamente a resposta.

13. Qual a conduta médica adotada pela Reclamada após o diagnóstico da Covid-19? Apresentar registros em prontuário médico demonstrando a condução do caso, as providências adotadas, as orientações para o(a) reclamante e os colegas do ambiente de trabalho.

14. É plausível firmar o diagnóstico ocupacional de Covid-19 no caso do(a) reclamante? Quais os elementos determinantes para formar essa conclusão, considerando os fatores de risco laborais, extralaborais e epidemiológicos?

15. O(a) reclamante tem alguma comorbidade ou ostenta outro fator que tenha contribuído para o agravamento do dano indicado na petição inicial? Descrever a força de conexão ou a intensidade da associação da comorbidade com o dano alegado (fraca, moderada ou intensa).

16. Houve evolução do adoecimento para a síndrome pós-covid, também denominada Covid longa? Caso positivo, descrever quais sistemas do corpo humano foram afetados, os tratamentos ministrados e o período de reabilitação funcional.

17. Há alguma sequela atribuível exclusivamente à ocorrência da Covid-19? Caso positivo, explicar mecanismo fisiopatológico e referenciar o efeito da doença, indicando, se for o caso, o eventual dano corporal.

18. Há incapacidade para o trabalho no momento? Caso positivo, de qual tipo (parcial/total e temporária/permanente). Justificar.

19. Há possibilidade efetiva de reversão do quadro para recuperação da aptidão normal de trabalho?

20. Há viabilidade de reabilitação do(a) reclamante para a mesma função ou readequação para outra função compatível?

A pesquisa do nexo causal nas doenças ocupacionais deverá ser desenvolvida seguindo-se o roteiro indicado pela Resolução n. 2.323/2022 do Conselho Federal de Medicina mais os subsídios da Resolução INSS/DC n. 10, de 23 de dezembro de 1999, conforme mencionamos no capítulo 6, item 6.3, ao qual nos reportamos para evitar repetições.

Podem ser úteis também os procedimentos indicados na Resolução INSS/PRES. n. 485, de 8 de julho de 2015, que trata da perícia médica no ambiente do trabalho, bem como a consulta à Resolução INSS/PRES n. 535, de 5 de maio de 2016, que aprovou o Manual de Acidente do Trabalho com o objetivo de orientar os atos da Perícia Médica Previdenciária para análise de acidente do trabalho e, ainda, a pesquisa no Manual Técnico de Perícia Médica Previdenciária, aprovado pela Resolução INSS/PRES n. 637, de 19 de março de 2018.

Contudo, é importante consignar que o juiz não fica vinculado ao resultado do laudo pericial, podendo formar sua convicção com base em outros elementos ou fatos provados nos autos[74], ou determinar a realização de nova

---

74. CPC. Art. 479. "O juiz apreciará a prova pericial de acordo com o disposto no art. 371, indicando na sentença os motivos que o levaram a considerar ou a deixar de considerar as conclusões do laudo, levando em conta o método utilizado pelo perito."

perícia, de ofício ou a requerimento da parte, quando a matéria não estiver suficientemente esclarecida[75]. Ademais, pode a parte interessada pedir esclarecimentos do laudo pericial, impugnar suas conclusões ou até mesmo requerer que o perito oficial preste os esclarecimentos em audiência, conforme prevê o art. 477, § 3º, do CPC.

Pelo princípio da persuasão racional ou do livre convencimento motivado, goza o juiz de ampla liberdade para valorar a prova, mas deve indicar na sentença as razões que motivaram o seu entendimento, considerando ou não as conclusões indicadas no laudo pericial.

75. CPC. Art. 480. "O juiz determinará, de ofício ou a requerimento da parte, a realização de nova perícia, quando a matéria não estiver suficientemente esclarecida."

17

LIQUIDAÇÃO DA SENTENÇA NAS AÇÕES INDENIZATÓRIAS

17.1. CONSIDERAÇÕES INICIAIS

Resolvemos abordar neste capítulo as questões que envolvem a liquidação da sentença nas indenizações por acidente do trabalho ou doenças ocupacionais. Na nossa atuação judicante, percebemos que há particularidades que exigem alguns ajustamentos em relação ao trato habitual do tema, mormente quando são incluídas na condenação parcelas vencidas e vincendas.

Como bem assinala o eminente processualista Bezerra Leite, as sentenças condenatórias, via de regra, tornam certo apenas o débito (*an debeatur*), cabendo à liquidação a fixação do quanto devido (*quantum debeatur*)[1]. Além de apurar o valor principal da condenação, cabe também calcular as parcelas acessórias da correção monetária e dos juros de mora, bem como proceder à retenção legal do imposto de renda na fonte, quando for o caso. Aliás, os juros de mora e a correção monetária deverão ser incluídos na liquidação da sentença, ainda que omisso o pedido inicial ou a condenação, conforme entendimento pacificado no Colendo TST pela Súmula n. 211. São frequentes os questionamentos sobre a época própria da incidência da correção monetária e dos juros de mora no cálculo das diversas modalidades de indenização (dano material emergente, lucros cessantes ou pensionamento mensal, dano moral e dano estético). Também há controvérsias a respeito do cabimento ou não da retenção do imposto de renda na fonte sobre tais parcelas.

---

1. LEITE, Carlos Henrique Bezerra. *Curso de direito processual do trabalho*. 6. ed. São Paulo: LTr, 2008. p. 878.

Trataremos da correção monetária e dos juros de mora, levando em consideração que as indenizações por acidente do trabalho têm natureza jurídica de crédito trabalhista, ainda que atípico.

17.2. CONTRIBUIÇÃO PARA A PREVIDÊNCIA SOCIAL

Não cabe a incidência ou a retenção de contribuição para a Previdência Social sobre as indenizações por acidente do trabalho nem mesmo quando se defere o pagamento de lucros cessantes ou pensão mensal ao empregado que continua em atividade, em razão da natureza jurídica dessas parcelas.

As indenizações deferidas não têm caráter contraprestrativo nem integram o salário de contribuição do INSS para cálculo de futuros benefícios, como sucede com as diversas parcelas de cunho salarial. O propósito das indenizações é reparar os danos causados e não remunerar o trabalhador. Nesse sentido, estabelece o Regulamento da Previdência Social que não integram o salário de contribuição, além das diversas verbas de natureza indenizatória previstas na CLT, as importâncias recebidas pelo empregado a título de indenização, desde que expressamente previstas em lei[2].

17.3. CORREÇÃO MONETÁRIA

Os surtos inflacionários ocorridos no Brasil ao longo do século passado levaram o legislador a estabelecer normas legais para assegurar a recomposição do poder aquisitivo da moeda. Os débitos trabalhistas, desde o advento do Decreto-Lei n. 75/1966, passaram a ser corrigidos monetariamente e, mais tarde, a Lei n. 6.899/1981 instituiu a aplicação da correção monetária para todos os débitos oriundos de decisão judicial.

A correção monetária visa a garantir a integridade do poder de compra dos valores da condenação, considerando o dia do vencimento fixado na sentença. Tem por objetivo, tão somente, a recomposição do valor diante da corrosão inflacionária, sem o propósito de apenar o devedor com o agravamento do valor real do débito. A ementa de um acórdão do Colendo Superior Tribunal de Justiça sintetiza, com inteira pertinência, os fundamentos da correção monetária:

> "**Processual civil. Restituição de pagamento indevido. Correção monetária. Incidência.** A correção monetária não se constitui em um *plus*, senão em uma mera atualização da moeda aviltada pela inflação, impondo-se como um imperativo

---

2. Decreto n. 3.048, 6 maio 1999, art. 214, § 9º, V, alínea l.

> de ordem jurídica, econômica e ética. Jurídica, porque o credor tem o direito tanto de ser integralmente ressarcido dos prejuízos da inadimplência, como o de ter por satisfeito, em toda a sua inteireza, o seu crédito pago com atraso. Econômica, porque a correção nada mais significa senão um mero instrumento de preservação do valor do crédito. Ética, porque o crédito pago sem correção importa um verdadeiro enriquecimento sem causa do devedor, e a ninguém é lícito tirar proveito de sua própria inadimplência. Recurso improvido." STJ. 1ª Turma. REsp n. 57.644/SP, Rel.: Ministro César Asfor Rocha, *DJ* 8 maio 1995.

Como se viu anteriormente, para compensar a deterioração do valor da moeda, promove-se a sua atualização diária, de acordo com a variação do índice oficial.

Desde a Lei n. 8.177/1991 a correção monetária do débito trabalhista era calculada considerando a variação equivalente à TRD do período da mora, conforme previsto no art. 39:

> Art. 39. Os débitos trabalhistas de qualquer natureza, quando não satisfeitos pelo empregador nas épocas próprias assim definidas em lei, acordo ou convenção coletiva, sentença normativa ou cláusula contratual sofrerão juros de mora equivalentes à TRD acumulada no período compreendido entre a data do vencimento da obrigação e o seu efetivo pagamento.
>
> § 1º Aos débitos trabalhistas constantes de condenação na Justiça do Trabalho ou decorrentes dos acordos feitos em reclamatória trabalhista, quando não cumpridos nas condições homologadas ou constantes do termo de conciliação, serão acrescidos, nos juros de mora previstos no *caput*, juros de um por cento ao mês, contados do ajuizamento da reclamatória e aplicados *pro rata die*, ainda que não explicitados na sentença ou no termo de conciliação.

Esse dispositivo legal transcrito, além de instituir a atualização diária, fixou os marcos temporais para o cálculo da correção monetária do débito: *o período compreendido entre a data do vencimento da obrigação e o seu efetivo pagamento*. Desse modo, a responsabilidade do devedor pela correção monetária diária incidente sobre o débito exequendo não cessa com o depósito em dinheiro para garantia da execução, mas apenas na data do efetivo pagamento ou da disponibilidade do numerário ao credor[3].

O *caput* do mencionado art. 39 da Lei n. 8.177/1991 estabelece a incidência de "juros de mora", mas na roupagem camuflada de atualização monetária porque, na época, era intenção do legislador promover a desindexação total

---

3. A Súmula n. 15 do Tribunal Regional do Trabalho da 3ª Região prevê: *"Execução. Depósito em dinheiro. Atualização monetária e juros.* A responsabilidade do executado pela correção monetária e juros de mora incidentes sobre o débito exequendo não cessa com o depósito em dinheiro para garantia da execução, mas sim com o seu efetivo pagamento."

da economia, como forma de combater a inflação crônica. Apesar da denominação "juros de mora", trata-se, a rigor, de verdadeira correção monetária, tanto que o TST, por intermédio da OJ n. 300 da SBDI-1, fixou entendimento de que "não viola norma constitucional (art. 5°, II e XXXVI) a determinação de aplicação da TRD, como fator de correção monetária dos débitos trabalhistas, cumulada com juros de mora, previstos no art. 39 da Lei n. 8.177/1991 e convalidado pelo art. 15 da Lei n. 10.192/2001".

Na apreciação conjunta das ADI 5867, ADI 6021, ADC 58 e ADC 59, em julgamento concluído no dia 18 de dezembro de 2020, o STF adotou conclusão inesperada.

Foi acolhida a inconstitucionalidade parcial da TR como fator de correção monetária e conferida interpretação conforme a Constituição ao art. 879, § 7º, da CLT, para considerar que a atualização dos créditos decorrentes da condenação judicial, na Justiça do Trabalho, deverá ser aplicada, até que sobrevenha solução legislativa, utilizando os mesmos índices de correção monetária e de juros vigentes para as condenações cíveis em geral, quais sejam, a incidência do IPCA-E na fase pré-judicial e, a partir da citação, a incidência apenas da taxa SELIC (art. 406 do Código Civil).

Na fase denominada pré-judicial, além da indexação pelo IPCA-E, serão computados os juros do *caput* do art. 39, da Lei n. 8.177/1991; ou seja, para a fase anterior ao ajuizamento, os valores deferidos na sentença serão corrigidos pelo IPCA-E, acumulados com a variação da TRD, como constou expressamente no item 6 da ementa do acórdão da ADC 58 e 59. A questão gerou alguma controvérsia, porque o tópico 6 da ementa não foi mencionado expressamente no dispositivo do acórdão da ADC 58, nem no julgamento do Tema 1191. Contudo, os julgamentos posteriores do STF indicaram o cabimento cumulado do IPCA-E com os juros da TRD do período extrajudicial[4].

O inesperado dessa decisão deve-se ao fato de que a arguição de inconstitucionalidade, que visava ao afastamento da aplicação do IPCA-E ou da TR como fator de correção, acabou por afastar a aplicação dos referidos índices de atualização juntamente com os juros de mora, uma vez que a taxa SELIC já englobaria, em tese, a correção monetária e os juros de mora (Art.

---

4. Nesse sentido, explicitou o STF no julgamento de diversas Reclamações: 1. Reclamação 57.893/ES – Rel: Ministra Cármen Lúcia, DJ de 03 mar. 2023; 2. Reclamação n. 55.183/MG – Rel: Ministro Gilmar Mendes, DJ de 17 out. 2022; 3. Reclamação n. RCL 57705/AP, Rel.: Ministro Dias Toffoli, DJ de 23 fev. 2023; 4. Reclamação n. 52.842-AgR, Rel.: o Ministro Alexandre de Moraes, Primeira Turma, DJe 19.5.2022. Diante da interpretação autêntica do STF, também o TST pacificou o entendimento na SBDI-I: Ag-E-Ag-RR-11426-75.2017.5.18.0005, Rel.: Ministro Claudio Mascarenhas Brandao, DEJT 03 mar.2023.

13 da Lei n. 9.065/95). Além disso, criou dois critérios de correção: um para o período anterior à citação e outro para o período posterior.

Já prevendo as inúmeras discussões a respeito da aplicação temporal da correção monetária e por razões de segurança jurídica, o STF resolveu modular os efeitos da decisão, conforme previsto no art. 27 da Lei n. 9.868/99. Vejam a ementa do julgamento, lançada no acórdão publicado:

> **"Ementa: Direito constitucional. Direito do trabalho. Ações diretas de inconstitucionalidade e ações declaratórias de constitucionalidade. Índices de correção dos depósitos recursais e dos débitos judiciais na Justiça do Trabalho. Art. 879, §7º, e art. 899, §4º, da CLT, na redação dada pela Lei 13. 467, de 2017. Art. 39, caput e §1º, da lei 8.177 de 1991. Política de correção monetária e tabelamento de juros. Institucionalização da taxa referencial (TR) como política de desindexação da economia. TR como índice de correção monetária. Inconstitucionalidade. Precedentes do STF. Apelo ao legislador.** Ações diretas de inconstitucionalidade e ações declaratórias de constitucionalidade julgadas parcialmente procedentes, para conferir interpretação conforme à constituição ao art. 879, §7º, e ao art. 899, §4º, da clt, na redação dada pela lei 13.467, de 2017. Modulação de efeitos. 1. A exigência quanto à configuração de controvérsia judicial ou de controvérsia jurídica para conhecimento das Ações Declaratórias de Constitucionalidade (ADC) associa-se não só à ameaça ao princípio da presunção de constitucionalidade – esta independe de um número quantitativamente relevante de decisões de um e de outro lado –, mas também, e sobretudo, à invalidação prévia de uma decisão tomada por segmentos expressivos do modelo representativo. 2. O Supremo Tribunal Federal declarou a inconstitucionalidade do art. 1º-F da Lei 9.494/1997, com a redação dada pela Lei 11.960/2009, decidindo que a TR seria insuficiente para a atualização monetária das dívidas do Poder Público, pois sua utilização violaria o direito de propriedade. Em relação aos débitos de natureza tributária, a quantificação dos juros moratórios segundo o índice de remuneração da caderneta de poupança foi reputada ofensiva à isonomia, pela discriminação em detrimento da parte processual privada (ADI 4.357, ADI 4.425, ADI 5.348 e RE 870.947-RG – tema 810). 3. A indevida utilização do IPCA-E pela jurisprudência do Tribunal Superior do Trabalho (TST) tornou-se confusa ao ponto de se imaginar que, diante da inaplicabilidade da TR, o uso daquele índice seria a única consequência possível. A solução da Corte Superior Trabalhista, todavia, lastreia-se em uma indevida equiparação da natureza do crédito trabalhista com o crédito assumido em face da Fazenda Pública, o qual está submetido a regime jurídico próprio da Lei 9.494/1997, com as alterações promovidas pela Lei 11.960/2009. 4. A aplicação da TR na Justiça do Trabalho demanda análise específica, a partir das normas em vigor para a relação trabalhista. A partir da análise das repercussões econômicas da aplicação da lei, verifica-se que a TR se mostra inadequada, pelo menos no contexto da Consolidação das Leis Trabalhistas (CLT), como índice de atualização dos débitos trabalhistas. 5. Confere-se interpretação conforme à Constituição ao art. 879, §7º, e ao art. 899, §4º, da CLT, na redação dada pela Lei 13.467, de 2017, definindo-se que, até que sobrevenha solução legislativa,

> deverão ser aplicados à atualização dos créditos decorrentes de condenação judicial e à correção dos depósitos recursais em contas judiciais na Justiça do Trabalho os mesmos índices de correção monetária e de juros vigentes para as hipóteses de condenações cíveis em geral (art. 406 do Código Civil), à exceção das dívidas da Fazenda Pública que possui regramento específico (art. 1º-F da Lei 9.494/1997, com a redação dada pela Lei 11.960/2009), com a exegese conferida por esta Corte na ADI 4.357, ADI 4.425, ADI 5.348 e no RE 870.947-RG (tema 810). 6. Em relação à fase extrajudicial, ou seja, a que antecede o ajuizamento das ações trabalhistas, deverá ser utilizado como indexador o IPCA-E acumulado no período de janeiro a dezembro de 2000. A partir de janeiro de 2001, deverá ser utilizado o IPCA-E mensal (IPCA-15/IBGE), em razão da extinção da UFIR como indexador, nos termos do art. 29, § 3º, da MP 1.973-67/2000. Além da indexação, serão aplicados os juros legais (art. 39, caput, da Lei 8.177, de 1991). 7. Em relação à fase judicial, a atualização dos débitos judiciais deve ser efetuada pela taxa referencial do Sistema Especial de Liquidação e Custódia – SELIC, considerando que ela incide como juros moratórios dos tributos federais (arts. 13 da Lei 9.065/95; 84 da Lei 8.981/95; 39, § 4º, da Lei 9.250/95; 61, § 3º, da Lei 9.430/96; e 30 da Lei 10.522/02). A incidência de juros moratórios com base na variação da taxa SELIC não pode ser cumulada com a aplicação de outros índices de atualização monetária, cumulação que representaria bis in idem. 8. A fim de garantir segurança jurídica e isonomia na aplicação do novo entendimento, fixam-se os seguintes marcos para modulação dos efeitos da decisão: (i) são reputados válidos e não ensejarão qualquer rediscussão, em ação em curso ou em nova demanda, incluindo ação rescisória, todos os pagamentos realizados utilizando a TR (IPCA-E ou qualquer outro índice), no tempo e modo oportunos (de forma extrajudicial ou judicial, inclusive depósitos judiciais) e os juros de mora de 1% ao mês, assim como devem ser mantidas e executadas as sentenças transitadas em julgado que expressamente adotaram, na sua fundamentação ou no dispositivo, a TR (ou o IPCA-E) e os juros de mora de 1% ao mês; (ii) os processos em curso que estejam sobrestados na fase de conhecimento, independentemente de estarem com ou sem sentença, inclusive na fase recursal, devem ter aplicação, de forma retroativa, da taxa Selic (juros e correção monetária), sob pena de alegação futura de inexigibilidade de título judicial fundado em interpretação contrária ao posicionamento do STF (art. 525, §§ 12 e 14, ou art. 535, §§ 5º e 7º, do CPC. 9. Os parâmetros fixados neste julgamento aplicam-se aos processos, ainda que transitados em julgado, em que a sentença não tenha consignado manifestação expressa quanto aos índices de correção monetária e taxa de juros (omissão expressa ou simples consideração de seguir os critérios legais). 10. Ação Declaratória de Constitucionalidade e Ações Diretas de Inconstitucionalidade julgadas parcialmente procedentes." STF. Pleno. ADC n. 58. Rel.: GILMAR MENDES, julgado em 18 dez. 2020, *DJ* 07 abr. 2021.

Cabe mencionar que na apreciação dos Embargos de Declaração opostos, ocorrida em 25 de outubro de 2021, foi dado provimento parcial tão somente para sanar erro material e estabelecer "a incidência do IPCA-E na fase pré-judicial e, a partir do ajuizamento da ação, a incidência da taxa SELIC (art.

406 do Código Civil)", sem conferir efeitos infringentes. (STF. Pleno. Rel. Ministro Gilmar Mendes, *DJ* 09 dez. 2021).

A modulação dos efeitos, além de constar da decisão plenária proferida em dezembro de 2020, foi reafirmada por ocasião do julgamento do RE n. 1.269.353 (Tema de Repercussão Geral n. 1191). Nesse julgamento, finalizado em 16 de dezembro de 2021, a modulação foi atualizada para incorporar e esclarecer a mudança acolhida no julgamento dos Embargos de Declaração acima mencionados.

Em síntese, a redação final da modulação dos efeitos, proposta pelo Ministro Relator, foi proclamada no julgamento do Tema de repercussão geral n. 1191, com o seguinte teor:

> "I - É inconstitucional a utilização da Taxa Referencial - TR como índice de atualização dos débitos trabalhistas, devendo ser aplicados, até que sobrevenha solução legislativa, os mesmos índices de correção monetária e de juros vigentes para as condenações cíveis em geral, quais sejam a incidência do IPCA-E na fase pré-judicial e, a partir do ajuizamento da ação, a incidência da taxa SELIC (art. 406 do Código Civil), à exceção das dívidas da Fazenda Pública, que possuem regramento específico. A incidência de juros moratórios com base na variação da taxa SELIC não pode ser cumulada com a aplicação de outros índices de atualização monetária, cumulação que representaria *bis in idem*.
>
> II - A fim de garantir segurança jurídica e isonomia na aplicação desta tese, devem ser observados os marcos para modulação dos efeitos da decisão fixados no julgamento conjunto da ADI 5.867, ADI 6.021, ADC 58 e ADC 59, como segue: (i) são reputados válidos e não ensejarão qualquer rediscussão, em ação em curso ou em nova demanda, incluindo ação rescisória, todos os pagamentos realizados utilizando a TR (IPCA-E ou qualquer outro índice), no tempo e modo oportunos (de forma extrajudicial ou judicial, inclusive depósitos judiciais) e os juros de mora de 1% ao mês, assim como devem ser mantidas e executadas as sentenças transitadas em julgado que expressamente adotaram, na sua fundamentação ou no dispositivo, a TR (ou o IPCA-E) e os juros de mora de 1% ao mês; (ii) os processos em curso que estejam sobrestados na fase de conhecimento, independentemente de estarem com ou sem sentença, inclusive na fase recursal, devem ter aplicação, de forma retroativa, da taxa Selic (juros e correção monetária), sob pena de alegação futura de inexigibilidade de título judicial fundado em interpretação contrária ao posicionamento do STF (art. 525, §§ 12 e 14, ou art. 535, §§ 5º e 7º, do CPC e (iii) os parâmetros fixados neste julgamento aplicam-se aos processos, ainda que transitados em julgado, em que a sentença não tenha consignado manifestação expressa quanto aos índices de correção monetária e taxa de juros (omissão expressa ou simples consideração de seguir os critérios legais)."[5]

5. Disponível em: <https://portal.stf.jus.br/jurisprudenciaRepercussao/detalharProcesso.asp?numeroTema=1191>. Acesso em 22 jan. 2022.

Entretanto, nova mudança ocorreu com a publicação da Lei n. 14.905, de 28 de junho de 2024, que alterou diversos artigos do Código Civil sobre atualização monetária e juros. Sobreveio, portanto, a solução legislativa recomendada no julgamento do STF para pacificar a controvérsia. A redação modificada do art. 389 do Código Civil, com vigência a partir de 30 de agosto de 2024, estabeleceu como índice geral de correção monetária o IPCA e não mais o IPCA-E. Além disso, a nova disposição do art. 406 do Código Civil criou uma "taxa legal" de juros, cujo cálculo será feito mensalmente, pela simples dedução do IPCA da taxa SELIC (SELIC - IPCA = Taxa legal de juros do mês), ou seja, somando-se o índice do IPCA mais a taxa legal, o resultado equivale exatamente ao fator da SELIC do mês.[6] Cabe mencionar que a Lei n. 14.905/24 é compatível com o processo do trabalho e tem indiscutível aplicação na atualização dos créditos trabalhistas.

Desse modo, para encontrar o índice de correção monetária aplicável, será necessário conciliar as decisões do plenário do STF, dotadas de eficácia *erga omnes* e efeito vinculante, com as modulações indicadas nos respectivos julgamentos e ainda com as previsões da recente Lei n. 14.905/2024, em vigor, neste tópico, desde 30 de agosto de 2024.

Considerando que as controvérsias sobre correção monetária e juros têm aplicação em praticamente todos os processos trabalhistas, o TST rapidamente resolveu se pronunciar a respeito. Com efeito, na sessão de julgamento da SBDI-I do dia 17 de outubro de 2024, por unanimidade, foram fixadas importantes diretrizes para uniformização do entendimento da Corte sobre os impactos da Lei n. 14.905/2024 (E-ED-RR-713-03.2010.5.04.0029, Relator Ministro Alexandre Agra Belmonte, *DEJT* de 25/10/2024). Considerando os comandos fixados no julgamento, entendemos que nos cálculos da correção monetária e dos juros dos débitos trabalhistas deverão ser observadas as seguintes diretrizes:

a) As disposições da Lei n. 14.905/24, com vigência a partir de 30 de agosto de 2024, são aplicáveis no processo do trabalho;

b) O entendimento adotado pelo STF no julgamento da ADC 58, com efeito vinculante, deverá ser ajustado para aplicação dos comandos fixados na Lei n. 14.905/2024, a partir do dia 30 de agosto de 2024, isso porque sobreveio a "solução legislativa" recomendada no referido julgamento;

---

6. Código Civil. Art. 406, § 1º: "A taxa legal corresponderá à taxa referencial do Sistema Especial de Liquidação e de Custódia (Selic), deduzido o índice de atualização monetária de que trata o parágrafo único do art. 389 deste Código". Conferir também a Resolução CMN nº 5.171, de 29 de agosto de 2024 que dispõe sobre a metodologia de cálculo e a forma de aplicação da taxa legal, de que trata o art. 406 da Lei nº 10.406, de 10 de janeiro de 2002 – Código Civil.

c) Na fase pré-judicial, até 29 de agosto de 2024, será apurada a correção monetária pela variação do IPCA-E, mais os juros de mora indicados no art. 39, caput, da Lei n. 8.177/1991; a partir do dia 30 de agosto de 2024, deverá ser adotado o critério da Lei n. 14.905/2024;
d) A partir da data do ajuizamento da ação até o dia 29 de agosto de 2024, a atualização será calculada utilizando-se a taxa SELIC, cujo percentual, neste lapso temporal, já engloba a correção monetária e os juros;
e) A partir do dia 30 de agosto de 2024, a correção monetária será computada pela variação do IPCA e os juros serão calculados aplicando-se a taxa legal, apurada mensalmente conforme critério estabelecido no art. 406, § 3º, do Código Civil, dispositivo este inserido pela Lei n. 14.905/24.

Depois da uniformização do entendimento pela SBDI-I do TST, por unanimidade, na sessão do dia 17 de outubro de 2024, as decisões das Turmas passaram a adotar as referidas diretrizes:

> **Juros de mora e índice de correção monetária dos créditos trabalhistas. Tese firmada no julgamento conjunto das ações declaratórias de constitucionalidade (ADCS) 58 e 59 e das ações diretas de inconstitucionalidade (ADIS) 5867 e 6021**. 1. O Supremo Tribunal Federal decidiu, por maioria, pela procedência parcial das ADCs 58 e 59 e ADIs 6021 e 5867, conferindo interpretação conforme à Constituição aos artigos 879, § 7º, e 899, § 4º, da CLT, na redação dada pela Lei 13.467 de 2017, no sentido de considerar que à atualização dos créditos decorrentes de condenação judicial e à correção dos depósitos recursais em contas judiciais na Justiça do Trabalho deverão ser aplicados, até que sobrevenha solução legislativa, os mesmos índices de correção monetária e de juros vigentes para as condenações cíveis em geral, quais sejam, a incidência do IPCA-E na fase pré-judicial e, a partir da citação, a incidência da taxa SELIC (art. 406 do Código Civil, em sua redação anterior). 2. Ocorre que a Lei nº 14.905/2024 alterou os arts. 389 e 406 do Código Civil, para estabelecer o IPCA como índice de correção monetária e fixar os juros de acordo com a taxa legal, que corresponderá à taxa Selic deduzido o IPCA, nas condenações cíveis. 3. Dessa forma, permanecendo íntegra a *ratio decidendi* do julgamento das ADI-5867, ADI-6021, ADC 58 e ADC 59 e conforme expressamente determinado na referida decisão, os créditos trabalhistas, até que sobrevenha solução legislativa, serão atualizados pelos mesmos índices de correção monetária e de juros vigentes para as condenações cíveis em geral, que passam a corresponder, respectivamente, ao IPCA e à taxa legal (SELIC deduzido o IPCA), nos termos da nova redação dos artigos 389 e 406 do CC, vigente 60 dias após a publicação da Lei 14.905/2024. 4. No presente caso, o Tribunal Regional adotou como índice de atualização dos débitos trabalhistas a TRD. 5. Necessária, pois, a adequação da decisão regional à tese de caráter vinculante fixada pela Suprema Corte, bem como às alterações inseridas pela Lei nº 14.905/2024 no Código Civil, determinar que, na fase pré-judicial, o crédito trabalhista deferido na presente ação seja atualizado pelo IPCA-E e juros legais (art. 39, caput, da Lei 8.177/1991); a partir do ajuizamento da ação, pela taxa SELIC, que abarca correção monetária e juros

de mora (art. 406 do CC, na sua redação anterior), e, a partir da vigência da Lei 14.905/2024, pelo IPCA e juros de mora conforme a taxa legal, nos termos da nova redação dos artigos 389 e 406 do CC, observados os parâmetros fixados pelo STF no julgamento das ADI-5867, ADI-6021, ADC 58 e ADC 59. 6. Configurada divergência jurisprudencial. Recurso de revista conhecido e provido". TST. 1ª Turma. RRAg-1770-36.2015.5.12.0004, , Relator Ministro Hugo Carlos Scheuermann, *DEJT* 7 jan. 2025.

"**Recurso de revista do reclamado - Índice de correção monetária aplicável na atualização dos créditos trabalhistas - Decisão de caráter vinculante proferida pela Suprema Corte no julgamento da ADC 58 - CC, arts. 389, parágrafo único, e 406, §§ 1º e 3º - Transcendência política - Provimento**. 1. Ao término do ano judiciário de 2020, o STF julgou o mérito da ADC 58, que versava sobre a correção monetária dos débitos judiciais trabalhistas, devendo ser observada a decisão proferida por todas as instâncias judiciárias da Justiça do Trabalho, tendo em vista o caráter vinculante da questão dirimida pelo Pretório Excelso em sede de controle concentrado de constitucionalidade. 2. A decisão final do STF na referida ação declaratória de constitucionalidade, em voto conjunto com a ADC 59 e ADIs 5867 e 6021, teve como dispositivo: " Ante o exposto, julgo parcialmente procedentes as ações diretas de inconstitucionalidade e as ações declaratórias de constitucionalidade, para conferir interpretação conforme à Constituição ao art. 879, §7º, e ao art. 899, §4º, da CLT, na redação dada pela Lei 13.467, de 2017. Nesse sentido, há de se considerar que à atualização dos créditos decorrentes de condenação judicial e à correção dos depósitos recursais em contas judiciais na Justiça do Trabalho deverão ser aplicados, até que sobrevenha solução legislativa, os mesmos índices de correção monetária e de juros vigentes para as hipóteses de condenações cíveis em geral, quais sejam a incidência do IPCA-E na fase pré-judicial e, a partir da citação, a incidência da taxa SELIC (art. 406 do Código Civil)" (julgado em 18/12/20). 3. A decisão majoritária da Suprema Corte teve a virtude de equalizar a atualização de todos os débitos judiciais, qualquer que seja a sua natureza, trabalhista, administrativa, tributária, previdenciária ou cível, não se justificando o superprivilégio que se buscava para o crédito judicial trabalhista. 4. Sistematizando a parte final do voto condutor, do Min. Gilmar Mendes, que deixou claro os parâmetros de aplicação da decisão, temos 4 situações distintas, com a modulação levada a cabo pela Suprema Corte na mesma assentada: 1) débitos trabalhistas judiciais ou extrajudiciais já pagos - serão mantidos os critérios com os quais foram pagos (TR ou IPCA-e + juros de 1% ao mês); 2) processos transitados em julgado COM definição dos critérios de juros e correção monetária - observar-se-ão esses critérios (TR ou IPCA-e + juros de 1% ao mês); 3) processos transitados em julgado SEM definição dos critérios de juros e correção monetária - atualização e juros pela Taxa Selic (que já engloba os dois fatores); e 4) processos em curso - IPCA-e mais juros equivalentes à TR acumulada (Lei 8.177/91, art. 39) para o período pré-processual, e Taxa Selic (englobando juros e correção monetária) para o período processual. 5. No caso da fase pré-processual, os juros continuam sendo os previstos no *caput* do art. 39 da Lei 8.177/91, pois apenas o § 1º do referido artigo trata da fase processual. E na fase processual, a SELIC não substitui apenas a TR da correção monetária, mas também a TR dos juros, pois os engloba. 6. Como a decisão da Suprema Corte se deu em controle concentrado de constitucionalidade das leis, em que se discute a constitucionalidade da lei em tese e não para o caso concreto, não há de se cogitar de julgamento extra petita ou *reformatio in pejus*. Ademais, a própria decisão do STF foi clara, no sentido de aplicação da tese de repercussão geral aos processos em curso ou transitados em julgado sem definição de critérios de juros e correção monetária. Desse modo restam superadas as teses patronal (de aplicação da TR a todo o período, processual e pré-processual) e obreira (de aplicação do IPCA-e a todo o período, processual e pré-processual), uma vez que o STF fez distinção entre os períodos, acolhendo em parte as teses patronal e obreira, conforme o período, processual ou pré-processual. 7. Por outro lado, a decisão do STF na ADC 58 deixou claro que os parâmetros de juros e correção monetária estabelecidos pela Corte deveriam ser aplicados, "até que sobrevenha solução legislativa", o que ocorreu com a edição da Lei 14.905/24, que alterou o Código Civil nessa matéria, estabelecendo como critérios de recomposição de créditos judiciais os seguintes: a) correção monetária - IPCA (CC, art. 389, parágrafo único); b) juros - Taxa SELIC, da qual deve ser deduzido o valor do IPCA (CC, art. 406, § 1º). Ou seja, se a decisão da Suprema Corte previa, para a fase processual, a utilização exclusiva da Taxa SELIC, que já inclui os juros e correção monetária, a nova lei chega a solução semelhante com outra dicção, ao determinar a retirada da correção monetária para utilização da SELIC como parâmetro dos juros. Nesse sentido, a SbDI-1 do TST fixou o entendimento de que, "a partir de 30/08/2024, no cálculo da atualização monetária, será utilizado o IPCA (art. 389, parágrafo único, do Código Civil); os juros de mora corresponderão ao resultado da subtração SELIC - IPCA (art. 406, § 1º, do Código Civil), com a possibilidade de não incidência (taxa 0), nos termos do § 3º do artigo 406" (E-ED-RR-713-03.2010.5.04.0029, Rel. Min. Alexandre de Souza Agra Belmonte, *DEJT* 25/10/24). 8. No caso dos autos, o Regional aplicou o entendimento vinculante do STF para a fase pré-processual, quanto à incidência do IPCA-E, mas restou silente quanto aos juros de mora para este período. No que concerne à fase processual, o TRT também observou de forma correta a tese vinculante fixada pelo STF, em relação à aplicação da taxa SELIC, a partir do ajuizamento da ação. 9. Assim, impõe-se a reforma da decisão regional, para determinar a aplicação da tese vinculante do STF fixada na ADC 58, inclusive no que se refere à incidência dos juros de mora previstos no caput do art. 39 da Lei 8.177/91 na fase pré-processual, até 29/08/24 e, depois, os critérios constantes dos arts. 389, parágrafo único, e 406, §§ 1º e 3º, do CC, com as dicções alteradas pela Lei 14.905/24. Recurso de revista provido". TST. 4ª Turma. RR-Ag-AIRR-117100-16.2007.5.02.0465, Rel.: Ministro Ives Gandra da Silva Martins Filho, *DEJT* 19 dez. 2024.

"**Recurso de revista. Correção monetária. Índice aplicável. Fase de conhecimento. Transcendência política reconhecida** 1. A matéria referente ao índice de correção monetária aplicável aos débitos trabalhistas e aos depósitos recursais, com exceção das dívidas da Fazenda Pública, foi pacificada mediante a decisão

> proferida pelo Supremo Tribunal Federal nos autos da ADC 58, em julgamento conjunto com a ADC 59. 2. Trata-se, na hipótese, de fixação de critério de correção monetária em processo em curso na fase de conhecimento. No caso, o Tribunal Regional relegou a aplicação do índice de correção monetária à fase de execução, deixando de observar a decisão proferida pelo Supremo Tribunal Federal. 3. Ressalta-se que, no julgamento do E-ED-RR-713-03.2010.5.04.0029, de relatoria do Ministro Alexandre Agra Belmonte, por unanimidade, a SDI-1 desta Corte Superior entendeu que se aplica ao Processo do Trabalho as alterações promovidas pela Lei 14.905/24 no Código Civil, com vigência a partir de 30/08/2024, de modo que, a partir dessa data, no cálculo da atualização monetária, deverá ser observada: a utilização do IPCA (art. 389, parágrafo único, do Código Civil); os juros de mora corresponderão ao resultado da subtração SELIC – IPCA (art. 406, parágrafo único, do Código Civil), com a possibilidade de não incidência (taxa 0), nos termos do § 3º do art. 406. 4. Assim, aplica-se a tese geral estabelecida pelo Supremo Tribunal Federal na ADC 58, de que incide o IPCA-e na fase pré-judicial e a taxa SELIC a partir do ajuizamento da ação. Para o período posterior a 30/08/2024, observem-se as alterações dadas pela Lei 14.905/2024. Recurso de revista de que se conhece e a que se dá parcial provimento". TST. 3ª Turma. RR-1000081-19.2024.5.02.0386, Rel.: Ministro Alberto Bastos Balazeiro, *DEJT* 19 dez. 2024.

Com a uniformização do entendimento pelo TST, as tabelas de atualização dos débitos a serem aplicadas na elaboração de todos os cálculos trabalhistas deverão ser ajustadas, como previsto na Resolução CSJT n. 380/2024. Essas tabelas são disponibilizadas nos sítios da internet do Conselho Superior da Justiça do Trabalho e dos Tribunais Regionais do Trabalho, como determinado no art. 1º, parágrafo único, da referida Resolução.

Com o propósito de facilitar a compreensão do leitor, vamos abordar, separadamente, a época própria para início de fluência da correção monetária a respeito das diversas parcelas que podem compor as indenizações por acidente do trabalho ou doenças ocupacionais.

a) Dano material emergente: Como se refere a despesas suportadas pela vítima ou por alguém em nome dela, o valor deve ser corrigido desde a data em que foi efetuado o desembolso, conforme restar comprovado nos autos. Como exemplos das indenizações por danos emergentes podem ser mencionadas as despesas com assistência médica ou hospitalar, tratamentos ou funeral.

b) Lucros cessantes ou pensionamento — Parcelas vencidas: Essas indenizações têm como objetivo recompor os rendimentos mensais que o acidentado auferia. Sendo assim, as parcelas vencidas no momento da liquidação da sentença devem ser corrigidas com observância da mesma periodicidade do vencimento dos salários, aplicando-se, nesse caso, o entendimento da Súmula

n. 381 do TST[7]. Como fundamento dessa conclusão, pode-se raciocinar que, não fosse o infortúnio, naquelas datas, mensalmente, o acidentado estaria recebendo o pagamento regular do salário.

c) Lucros cessantes ou pensionamento — Parcelas vincendas: As indenizações fixadas a tais títulos só passarão a ensejar correção monetária se não forem pagas nas datas do vencimento, conforme fixado na sentença ou no termo de conciliação. Se a decisão for omissa quanto ao vencimento, presume-se que o pagamento deve ser feito na mesma periodicidade fixada em lei para o salário. Naturalmente, se houver atraso no pagamento mensal estipulado, calcula-se a atualização monetária separadamente a partir do vencimento de cada parcela, como ocorre com as verbas salariais.

Vale anotar que o valor da pensão fixado na sentença deverá sofrer as atualizações periódicas — normalmente uma vez por ano —, de acordo com a variação salarial da categoria profissional do acidentado ou na mesma proporção das variações do salário mínimo (art. 533, § 4º, do CPC)[8]. Neste tópico, no entanto, só estamos tratando da correção monetária decorrente da mora no pagamento.

d) Pensionamento arbitrado para pagamento de uma só vez: O Código Civil atual (art. 950, parágrafo único) faculta ao prejudicado exigir que a indenização seja arbitrada e paga de uma só vez. Nessa hipótese, como o juiz vai arbitrar um valor único em razão do pagamento antecipado do pensionamento, a correção monetária deverá incidir a partir da data da prolação da sentença ou do acórdão que fixou o valor final da indenização, salvo se a decisão liquidanda expressamente tiver estabelecido outro termo inicial de fluência ou acolhido integralmente o pedido do autor. Isso porque o arbitramento do montante indenizatório, normalmente, é feito considerando a dimensão do valor à luz dos dados econômicos do momento da sua fixação e não da data do acidente ou do ajuizamento, que podem ter ocorrido muitos anos antes do dia do julgamento.

e) Dano moral, extrapatrimonial ou dano estético: O entendimento que prevalece a respeito do valor da indenização por dano moral, extrapatrimonial, existencial ou dano estético é de que o arbitramento deve ser feito a critério do julgador, mas devidamente fundamentado, considerando as circunstâncias do caso concreto, para pagamento em parcela única. Também aqui o arbitramento

---

7. "*Correção monetária. Salário. Art. 459 da CLT.* O pagamento dos salários até o 5º dia útil do mês subsequente ao vencido não está sujeito à correção monetária. Se essa data limite for ultrapassada, incidirá o índice da correção monetária do mês subsequente ao da prestação dos serviços, a partir do dia 1º." (TST. Súmula n. 381).
8. Abordamos com vagar essa questão no capítulo 9, item 9.6, *retro*.

da indenização normalmente é feito considerando a dimensão do valor à luz dos dados econômicos do momento da sua fixação. Desse modo, a correção monetária deve ser computada a partir da data da sentença ou do acórdão, que fixou o valor definitivo da condenação a ser liquidada, independentemente da data do trânsito em julgado.

Importa anotar, ainda, que o Enunciado n. 52, aprovado por ocasião da 1ª Jornada de Direito Material e Processual do Trabalho, realizada em Brasília, em novembro de 2007, adotou o entendimento aqui defendido: "**Responsabilidade civil. Danos morais. Correção monetária. Termo inicial.** O termo inicial de incidência da correção monetária sobre o valor fixado a título de indenização por danos morais é o da prolação da decisão judicial que o quantifica."

Em 2008, o STJ consolidou esse entendimento por intermédio da Súmula n. 362, com o seguinte teor: "A correção monetária do valor da indenização do dano moral incide desde a data do arbitramento."

Seguindo a mesma trilha, o TST também pacificou a discussão ao aprovar, em 2012, a Súmula n. 439: "Nas condenações por dano moral, a atualização monetária é devida a partir da data da decisão de arbitramento ou de alteração do valor. Os juros incidem desde o ajuizamento da ação, nos termos do art. 883 da CLT."

17.4. JUROS DE MORA

Enquanto a correção monetária visa à reconstituição permanente do poder de compra da moeda, em face da corrosão inflacionária, os juros de mora representam a remuneração ou os frutos do capital do qual o titular do crédito ficou privado temporariamente.

Assevera Arnaldo Rizzardo que o juro é a remuneração do credor por ficar sem a posse ou a utilização do capital, sendo que os juros moratórios se constituem em pena imposta ao devedor pelo atraso no adimplemento da prestação, porquanto a mora corresponde ao não pagamento no tempo marcado[9]. Já o eminente Juiz do Trabalho paranaense José Aparecido dos Santos assevera que os juros não correspondem a uma penalidade, mas apenas à remuneração do capital retido, pelo que a incidência deles sobre as multas não caracteriza *bis in idem*[10].

Em apertada síntese, a correção monetária recompõe o valor (atualização), ao passo que os juros de mora remuneram o capital (rendimento). Diante

---

9. RIZZARDO, Arnaldo. *Direito das obrigações*. 2. ed. Rio de Janeiro: Forense, 2004. p. 511-514.
10. SANTOS, José Aparecido dos. *Curso de cálculos de liquidação trabalhista*. 2. ed. Curitiba: Juruá, 2008. p. 473.

dessa conclusão, pacificou-se o entendimento no sentido de que os juros de mora só devem ser calculados após a recomposição do valor da condenação pela correção monetária[11].

A incidência dos juros de mora sobre os débitos trabalhistas já estava prevista expressamente na CLT:

> Art. 883. Não pagando o executado, nem garantindo a execução, seguir-se-á penhora dos bens, tantos quantos bastem ao pagamento da importância da condenação, acrescida de custas e juros de mora, sendo estes, em qualquer caso, devidos a partir da data em que for ajuizada a reclamação inicial.

A Lei n. 8.177/1991, que tratou da desindexação da economia, de alguma forma ratificou o art. 883 da CLT, quando estabeleceu no art. 39, § 1º:

> Aos débitos trabalhistas constantes de condenação na Justiça do Trabalho ou decorrentes dos acordos feitos em reclamatória trabalhista, quando não cumpridos nas condições homologadas ou constantes do termo de conciliação, serão acrescidos, nos juros de mora previstos no *caput*, juros de um por cento ao mês, contados do ajuizamento da reclamatória e aplicados *pro rata die*, ainda que não explicitados na sentença ou no termo de conciliação.

Mais tarde, a Lei n. 9.069/1995 estabeleceu no art. 27, § 6º: "Continua aplicável aos débitos trabalhistas o disposto no art. 39 da Lei n. 8.177, de 1º de março de 1991."

Entretanto, como mencionamos no item anterior a respeito da correção monetária, a decisão do STF em julgamento concluído em 18 de dezembro de 2020, na apreciação conjunta da ADI 5867, ADI 6021, ADC 58 e ADC 59 alterou a contagem dos juros de mora na Justiça do Trabalho.

Com efeito, foi acolhida a inconstitucionalidade parcial da TR como fator de correção monetária e conferida interpretação conforme a Constituição ao art. 879, § 7º, da CLT para considerar que a atualização dos créditos decorrentes da condenação judicial na Justiça do Trabalho deverá ser aplicada, até que sobrevenha solução legislativa, utilizando os mesmos índices de correção monetária e de juros vigentes para as condenações cíveis em geral, quais sejam, a incidência do IPCA-E na fase pré-judicial e, a partir do ajuizamento, a incidência apenas da taxa SELIC (art. 406 do Código Civil). Vejam que

---

11. "*Juros de mora. Incidência.* Os juros de mora incidem sobre a importância da condenação já corrigida monetariamente." (TST. Súmula n. 200)

ao aplicar a atualização pela SELIC já estarão computados tanto a correção monetária quanto os juros de mora, como expressamente registrou o julgado.

Convém repetir neste tópico, que a decisão proferida pelo STF tem eficácia *erga omnes* e efeito vinculante, aplicando-se nas ações em tramitação[12]. Assim, desde a data da publicação da ata de julgamento da sessão plenária do dia 18 de dezembro de 2020, deve-se considerar o critério para atualização monetária e juros, fixado no julgamento[13]. Vejam a certidão de julgamento, disponibilizada pelo STF:

> "**Decisão:** O Tribunal, por maioria, julgou parcialmente procedente a ação, para conferir interpretação conforme à Constituição ao art. 879, § 7º, e ao art. 899, § 4º, da CLT, na redação dada pela Lei 13.467 de 2017, no sentido de considerar que à atualização dos créditos decorrentes de condenação judicial e à correção dos depósitos recursais em contas judiciais na Justiça do Trabalho deverão ser aplicados, até que sobrevenha solução legislativa, os mesmos índices de correção monetária e de juros que vigentes para as condenações cíveis em geral, quais sejam a incidência do IPCA-E na fase pré-judicial e, a partir da citação, a incidência da taxa SELIC (art. 406 do Código Civil), nos termos do voto do Relator, vencidos os Ministros Edson Fachin, Rosa Weber, Ricardo Lewandowski e Marco Aurélio."

Para evitar controvérsias infindáveis e oferecer segurança jurídica, o STF resolveu modular os efeitos da decisão, como previsto no art. 27 da Lei n. 9.868/99, conforme citamos no item anterior. Então, a modulação dos efeitos quanto aos juros, após o que foi reafirmado no julgamento do RE n. 1.269.353 (Tema de repercussão geral n. 1191) fixou o seguinte entendimento, conforme proposta do Ministro Relator, aprovada por maioria:

> "I - É inconstitucional a utilização da Taxa Referencial - TR como índice de atualização dos débitos trabalhistas, devendo ser aplicados, até que sobrevenha solução legislativa, os mesmos índices de correção monetária e de juros vigentes para as condenações cíveis em geral, quais sejam a incidência do IPCA-E na fase pré-judicial e, a partir do ajuizamento da ação, a incidência da taxa SELIC (art. 406 do Código Civil), à exceção das dívidas da Fazenda Pública, que possuem

12. Constituição da República de 1988. Art. 102, § 2º: "As decisões definitivas de mérito, proferidas pelo Supremo Tribunal Federal, nas ações diretas de inconstitucionalidade e nas ações declaratórias de constitucionalidade produzirão eficácia contra todos e efeito vinculante, relativamente aos demais órgãos do Poder Judiciário e à administração pública direta e indireta, nas esferas federal, estadual e municipal".

13. Cumpre registrar que o Supremo Tribunal Federal adota entendimento de que as decisões nas ADIs e ADCs produzem efeito desde a data da publicação da ata de julgamento da sessão plenária, não sendo necessário aguardar o trânsito em julgado do acórdão paradigma para observância da orientação estabelecida. (STF, Rcl n. 32.840; RE n. 1.129.931; RE n. 1.112.500)

> regramento específico. A incidência de juros moratórios com base na variação da taxa SELIC não pode ser cumulada com a aplicação de outros índices de atualização monetária, cumulação que representaria *bis in idem*.
>
> II - A fim de garantir segurança jurídica e isonomia na aplicação desta tese, devem ser ob-servados os marcos para modulação dos efeitos da decisão fixados no julgamento conjunto da ADI 5.867, ADI 6.021, ADC 58 e ADC 59, como segue: (i) são reputados válidos e não ensejarão qualquer rediscussão, em ação em curso ou em nova demanda, incluindo ação rescisória, todos os pagamentos realizados utilizando a TR (IPCA-E ou qualquer outro índice), no tempo e modo oportunos (de forma extrajudicial ou judicial, inclusive depósitos judiciais) e os juros de mora de 1% ao mês, assim como devem ser mantidas e executadas as sentenças transitadas em julgado que expressamente adotaram, na sua fundamentação ou no dispositivo, a TR (ou o IPCA-E) e os juros de mora de 1% ao mês; (ii) os processos em curso que estejam sobrestados na fase de conhecimento, independentemente de estarem com ou sem sentença, inclusive na fase recursal, devem ter aplicação, de forma retroativa, da taxa Selic (juros e correção monetária), sob pena de alegação futura de inexigibilidade de título judicial fundado em interpretação contrária ao posicionamento do STF (art. 525, §§ 12 e 14, ou art. 535, §§ 5º e 7º, do CPC e (iii) os parâmetros fixados neste julgamento aplicam-se aos processos, ainda que transitados em julgado, em que a sentença não tenha consignado manifestação expressa quanto aos índices de correção monetária e taxa de juros (omissão expressa ou simples consideração de seguir os critérios legais)."[14]

Como previsto na decisão do STF acima transcrita, foi determinada a aplicação dos juros cabíveis nas condenações cíveis em geral, mas também foi determinada sua apuração no período pré-judicial. Nesse sentido, prevê o Código Civil, no art. 398: "nas obrigações provenientes de ato ilícito, considera-se o devedor em mora, desde que o praticou". Esse entendimento há muito tempo vem sendo aplicado pelo STJ, que adotou em 1992 a Súmula n. 54, com o seguinte enunciado: "Os juros moratórios fluem a partir do evento danoso, em caso de responsabilidade extracontratual."

Como já mencionamos no tópico anterior, em razão do advento da Lei n. 14.905/24 sobre atualização monetária e juros, na sessão de julgamento da SBDI-I do TST do dia 17 de outubro de 2024, por unanimidade, foram fixadas importantes diretrizes na uniformização do entendimento da Corte (E-ED-RR-713-03.2010.5.04.0029, Relator Ministro Alexandre Agra Belmonte, *DEJT* de 25/10/2024). Considerando os comandos adotados no referido julgamento, entendemos que o cálculo dos juros dos débitos trabalhistas deverá observar as seguintes diretrizes:

---

14. Disponível em: <https://portal.stf.jus.br/jurisprudenciaRepercussao/detalharProcesso.asp?numeroTema=1191>. Acesso em 22 jan. 2022.

a) As disposições da Lei n. 14.905/24, com vigência a partir de 30 de agosto de 2024, são aplicáveis no processo do trabalho;

b) O entendimento adotado pelo STF no julgamento da ADC 58, com efeito vinculante, deverá ser ajustado para aplicação dos comandos previstos na Lei n. 14.905/24, a partir do dia 30 de agosto de 2024, isso porque sobreveio a "solução legislativa" recomendada no referido julgamento;

c) Na fase pré-judicial até 29 de agosto de 2024, além da atualização monetária pelo IPCA-E caberá o acréscimo dos juros de mora indicados no art. 39, *caput*, da Lei n. 8.177/1991; a partir do dia 30 de agosto de 2024, deverá ser adotado o critério da Lei n. 14.905/2024;

d) A partir da data do ajuizamento da ação até o dia 29 de agosto de 2024, a atualização será calculada utilizando-se a taxa SELIC, cujo percentual, neste lapso temporal, já engloba a correção monetária e os juros;

e) A partir do dia 30 de agosto de 2024, os juros de mora serão calculados aplicando-se a taxa legal, apurada conforme critério estabelecido no art. 406, § 3º, do Código Civil, dispositivo este inserido pela Lei n. 14.905/24.

Merece abordagem separada o tema dos juros de mora aplicáveis nas condenações por danos morais ou danos existenciais. A Súmula n. 439 do Colendo TST, aprovada em 2012, fixou o entendimento de que, nas condenações por dano moral, os juros incidem desde o ajuizamento da ação, nos termos do art. 883 da CLT[15]. E este entendimento continua aplicável na jurisprudência do TST, mesmo após o advento da Lei n. 14.905/2024[16]. Assim, não cabe calcular juros de mora para indenização por dano moral ou dano existencial quanto à fase pré-judicial. São parcelas que somente se tornam exigíveis na fase judicial, até porque não teria como o empregador quitar regularmente a suposta obrigação de indenizar em momento anterior ao ajuizamento[17]. Entretanto, para a fase

15. TST. Súmula 439: "Nas condenações por dano moral, a atualização monetária é devida a partir da data da decisão de arbitramento ou de alteração do valor. Os juros incidem desde o ajuizamento da ação, nos termos do art. 883 da CLT."

16. Cf. TST. 7ª Turma. RRAg-135600-33.2010.5.17.0005, Relator Ministro Evandro Pereira Valadão Lopes, *DEJT* 22 nov. 2024; TST. 3ª Turma. Ag-RRAg-32000-79.2007.5.05.0281, Rel.: Ministro Jose Roberto Freire Pimenta, *DEJT* 27 set. 2024; TST. 6ª Turma. RR-107500-33.2009.5.01.0075, Rel.: Ministra Katia Magalhaes Arruda, *DEJT* 13 dez. 2024.

17. O STJ no julgamento do Tema Repetitivo n. 1221, em novembro de 2024, fixou entendimento semelhante: "No caso de demanda em que se pleiteia reparação moral decorrente de mau cheiro oriundo da prestação de serviço público de tratamento de esgoto, os juros moratórios devem ser contados desde a data da citação válida, salvo se a mora da prestadora do serviço tiver sido comprovada em momento anterior." Vale anotar que o STJ, em 2024, afetou para uniformização o Tema Repetitivo n. 1251, com o seguinte teor: "Definir o termo inicial dos juros de mora, nos casos em que reconhecido judicialmente o direito à indenização, por danos morais, a anistiado político ou aos seus sucessores, nos termos da Lei n. 10.559/2002."

judicial são aplicáveis os juros de mora sobre as referidas parcelas, conforme acima detalhado.

Nos casos das indenizações a título de lucros cessantes ou pensionamento, cujos pagamentos sejam fixados mensalmente, só haverá contagem dos juros de mora após o vencimento da obrigação, ou seja, se o pagamento das parcelas vincendas for efetuado até a data fixada, não haverá nenhum acréscimo de juros de mora. O devedor só será considerado em mora quando não efetuar o pagamento no tempo, no lugar e na forma estabelecidos na sentença, em sintonia com o preceito do art. 394 do Código Civil. E, como consequência lógica, não poderão ser calculados juros moratórios do período anterior à constituição do devedor em mora.

Por outro lado, se no momento da liquidação da sentença houver parcelas vencidas referentes aos lucros cessantes ou pensão do período posterior ao ajuizamento, haverá incidência dos juros moratórios desde o vencimento de cada parcela até a data do efetivo pagamento, nesta hipótese considerando a SELIC na forma determinada pelo STF, para o período anterior à vigência da Lei n. 14.905/24 e a taxa legal a partir de 30 de agosto de 2024.

17.5. RETENÇÃO DE IMPOSTO DE RENDA NA FONTE

De início, cumpre anotar que a Justiça do Trabalho tem competência para decidir a respeito da incidência ou não do imposto de renda sobre as indenizações deferidas ou sobre as parcelas constantes dos acordos homologados (Súmula n. 368 do TST). Nesse sentido, aliás, mesmo antes da explicitação legal dessa competência, já havia se pronunciado o Supremo Tribunal Federal, entendimento este que continua prevalecendo:

> "**Competência. Execução. Título judicial trabalhista. Descontos previdenciário e do imposto de renda. Controvérsia.** Cumpre à própria Justiça do Trabalho, prolatora do título judicial e competente para a execução respectiva, definir a incidência, ou não, dos descontos previdenciário e para o imposto de renda." STF. 2ª Turma. RE n. 196517/PR, Rel.: Ministro Marco Aurélio, *DJ* 20 abr. 2001.
>
> "**Agravo regimental no recurso extraordinário. Processual civil. Reclamatória trabalhista. Incidência de tributos sobre a condenação.** Competência da Justiça do Trabalho. Precedentes. Limites da coisa julgada. Matéria com repercussão geral rejeitada pelo plenário do STF no ARE 748.371. Controvérsia de índole infraconstitucional. Agravo regimental desprovido." STF. 1ª Turma. RE n. 691104 AgR, Rel.: Min. Luiz Fux, *DJe* 17 nov. 2015.

Na mesma linha do entendimento da Corte Suprema, a Lei n. 10.833, de 29 de dezembro de 2003, estabelece:

> Art. 28. Cabe à fonte pagadora, no prazo de 15 (quinze) dias da data da retenção de que trata o *caput* do art. 46 da Lei n. 8.541, de 23 de dezembro de 1992, comprovar, nos respectivos autos, o recolhimento do imposto de renda na fonte incidente sobre os rendimentos pagos em cumprimento de decisões da Justiça do Trabalho.
>
> § 1º Na hipótese de omissão da fonte pagadora relativamente à comprovação de que trata o *caput*, e nos pagamentos de honorários periciais, competirá ao Juízo do Trabalho calcular o imposto de renda na fonte e determinar o seu recolhimento à instituição financeira depositária do crédito.

A Lei n. 11.457, de 16 de março de 2007, conhecida como a lei que instituiu a "Super-receita", deixou ainda mais clara essa competência, quando estabeleceu no art. 16, § 3º:

> Compete à Procuradoria-Geral Federal representar judicial e extrajudicialmente: (...) II — a União, nos processos da Justiça do Trabalho relacionados com a cobrança de contribuições previdenciárias, de imposto de renda retido na fonte e de multas impostas aos empregadores pelos órgãos de fiscalização das relações do trabalho, mediante delegação da Procuradoria-Geral da Fazenda Nacional.

Além disso, essa mesma lei, ao acrescentar no art. 832 da CLT os §§ 4º e 5º, facultou à União interpor recurso relativo aos tributos a ela devidos, ou seja, para se insurgir contra a discriminação da natureza das parcelas do acordo ou da sentença trabalhista. Discorrendo a respeito dessa inovação, assinalou com propriedade o Juiz do Trabalho mineiro Marco Aurélio Treviso:

> Um segundo aspecto que merece atenção especial é a substituição da expressão "contribuições", que antigamente constava no § 4º do art. 832 da CLT, pela expressão "tributos", alcançando, como se vê pelo art. 16 da Lei n. 11.457/07, o imposto de renda retido na fonte decorrente dos débitos executados na Justiça do Trabalho. Este talvez seja o grande avanço desta nova lei. É que, com base na interpretação sistemática destas normas, é possível concluir que a cobrança judicial e os recursos ao encargo da Procuradoria-Geral Federal alcançarão não só as contribuições previdenciárias, mas, também, os valores devidos a título de imposto de renda. (...) A partir de agora, em conjunto com a execução da contribuição previdenciária, a União poderá promover a cobrança efetiva e concreta dos valores devidos a título de imposto de renda.[18]

---

18. TREVISO, Marco Aurélio Marsiglia. A Lei n. 11.457/2007 e o processo do trabalho. In: *Jornal Trabalhista Consulex*, Brasília, ano XXIV, n. 1175, p. 10, jun. 2007.

Superada a questão da competência da Justiça do Trabalho, surge a indagação: cabe retenção de imposto de renda na fonte sobre as parcelas pagas em juízo pelo reclamado, decorrentes das indenizações por acidente do trabalho ou doenças ocupacionais?

Antes de esboçar a resposta, é conveniente recordar que as reparações mencionadas podem gerar parcelas indenizatórias de três modalidades:

1. *Danos emergentes.* Indenização referente aos desembolsos realizados pela vítima, ou alguma pessoa em nome dela, com assistência médica, tratamentos, funeral ou outras despesas relacionadas;

2. *Lucros cessantes ou pensão.* Indenização convertida em parcelas que deverão ser pagas mensalmente à vítima ou aos seus dependentes, conforme o caso, de acordo com o previsto nos artigos 948 a 950 do Código Civil, com o propósito de manter o mesmo nível dos rendimentos do acidentado ou dos seus dependentes econômicos;

3. *Danos morais, extrapatrimoniais, existenciais ou estéticos.* Indenização por danos de caráter extrapatrimonial, de natureza compensatória, paga à vítima ou a outras pessoas legitimadas, conforme o caso.

Estabelece a Lei n. 7.713/1988 que ficam isentos do imposto de renda os rendimentos percebidos por pessoa física, referentes às indenizações por acidente do trabalho[19]. Contudo, prevê o Regulamento do imposto de renda que as indenizações convertidas em pagamento de prestações continuadas são computadas no rendimento bruto para fins de tributação[20].

É pacífico na doutrina e na jurisprudência que a indenização dos danos emergentes, por representar mera recomposição do patrimônio do acidentado, nao gera a incidência do imposto de renda. Todavia, com relação à indenização convertida em pagamentos mensais, a título de lucros cessantes ou pensão, há entendimentos divergentes.

Uma corrente defende a tributação porque a pensão mensal representa a manutenção dos rendimentos futuros e não a reposição de perdas patrimoniais. Nas orientações da Receita Federal para a declaração do imposto de renda do ano de 2024, consta a seguinte diretriz a respeito da tributação das indenizações por invalidez ou morte:

---

19. Lei n. 7.713, de 22 dez. 1988. Art. 6º Ficam isentos do imposto de renda os seguintes rendimentos percebidos por pessoas físicas: (...) IV — as indenizações por acidentes do trabalho.

20. Decreto n. 9.580, 22 nov. 2018. Art. 35:São isentos ou não tributáveis: III — os seguintes rendimentos de indenizações e assemelhados: h — "a indenização reparatória por danos físicos, invalidez ou morte, ou por bem material danificado ou destruído, em decorrência de acidente, até o limite fixado em condenação judicial, exceto no caso de pagamento de prestações continuadas;"

> 290 — Os rendimentos correspondentes a indenizações reparatórias em decorrência de ato ilícito são tributáveis?
>
> Os prejuízos físicos ou materiais, em consequência de ato ilícito praticado por terceiros, são indenizáveis na forma da lei civil. Essas indenizações têm por finalidade repor o patrimônio danificado ou destruído, bem como substituir os rendimentos não percebidos em decorrência da perda do bem, de invalidez temporária, permanente ou de morte.
>
> As indenizações por ato ilícito podem ser:
>
> 1 — indenizações por bem material danificado ou destruído, denominadas "danos emergentes". São valores que visam exclusivamente a repor o bem destruído ou a reparar o bem danificado, até o limite fixado em condenação judicial. Não sofrem incidência do imposto sobre a renda;
>
> 2 — indenização reparatória por invalidez ou morte — o pagamento dessa indenização pode ocorrer das seguintes maneiras:
>
> a) quantia paga periodicamente, cujo total é indeterminável previamente (desconhecido o termo final da obrigação), caracteriza-se como pensão civil por ato ilícito, também denominada "lucros cessantes". Sob essa designação, o empregado postula os salários que deixa de perceber; o profissional liberal, os honorários; a pessoa jurídica, os lucros; o locador, o aluguel; o aplicador, os rendimentos do título (correção monetária, deságios, juros e outros). Tem por finalidade substituir os rendimentos que a vítima deixou de perceber em razão da invalidez ou morte. Tais valores devem ser oferecidos à tributação, no mês do seu recebimento e na declaração. Podem ser deduzidas as despesas judiciais ou extrajudiciais suportadas pelo contribuinte ou por seu beneficiário para a obtenção dos rendimentos pagos acumuladamente, desde que não ressarcidas;
>
> b) quantia certa paga de uma vez ou dividida em um número certo de parcelas — referindo-se ao ressarcimento dos danos anteriormente causados e guardando com eles equivalência — caracteriza-se como indenização. Esses valores não sofrem incidência do imposto sobre a renda.
>
> Na hipótese do item 2, as quantias recebidas para cobrir despesas médico-hospitalares necessárias ao restabelecimento da vítima, inclusive próteses de qualquer espécie, estão fora do campo de incidência do imposto sobre a renda. (Regulamento do Imposto sobre a Renda - RIR/2018, art. 35, inciso III, alínea "h", aprovado pelo Decreto nº 9.580, de 22 de novembro de 2018; Instrução Normativa RFB nº 1.500, de 29 de outubro de 2014, art. 7º, inciso VIII; Ato Declaratório Normativo Cosit nº 20, de 1989; e Solução de Consulta Cosit nº 313, de 7 de novembro de 2014).[21]

De fato, esses pagamentos (lucros cessantes ou pensão) têm por objetivo substituir os rendimentos que a vítima perceberia ao longo do tempo, não fosse a ocorrência da invalidez ou da morte, ou seja, visam a garantir

---

21. Disponível em: <https://www.gov.br/receitafederal/pt-br/centrais-de-conteudo/publicacoes/perguntas-e-respostas/dirpf/pr-irpf-2024.pdf/view>. Acesso em 2 jan. 2025.

a continuidade de uma renda que já era tributável. Vejam a respeito o pensamento de Hugo Machado, professor titular de Direito Tributário da Universidade Federal do Ceará:

> A indenização para o lucro cessante é indenização do patrimônio econômico potencial. O dano, no caso, não afeta o patrimônio atual, mas a sua perspectiva de crescimento. Atinge o lucro que, em face das circunstâncias, se podia ter como certo. Faz cessar o lucro que vinha sendo obtido, ou cuja obtenção era prevista com razoável grau de certeza. (...) Em se tratando de indenização por lucro cessante é inegável a ocorrência do crescimento patrimonial. Os lucros são acréscimos patrimoniais, e como tais são tributáveis. Na medida em que sejam substituídos por indenizações, evidentemente estas assumem a posição daqueles.[22]

De forma semelhante, pontua o Ministro do STJ José Augusto Delgado: "O lucro cessante caracteriza-se por lucro certo que alguém deixou de concretizar, em decorrência de dano praticado por outrem. A verba paga a título de lucro cessante não é indenização. É o pagamento de uma renda que deixou de ser obtida pelo credor. O que ocorre é a substituição do agente devedor. (...) O tratamento tributário, portanto, do lucro cessante passa a ser o de receita obtida por alguém."[23]

Diante do entendimento de que a parcela dos lucros cessantes ou da pensão mensal gera a incidência do imposto de renda na fonte, como fica a tributação quando a vítima opta por receber a indenização de uma só vez, na forma prevista no art. 950, parágrafo único, do Código Civil atual? Pela literalidade da Lei n. 7.713/1988 já citada, esse pagamento fica isento do imposto de renda.

Essa conclusão encerra um aparente paradoxo: a simples opção do autor de transformar o pensionamento mensal em indenização antecipada produz o efeito de alterar a natureza do rendimento de tributável para isento?

Entendemos que não e, por essa e outras razões, defendemos uma segunda corrente no sentido de que a indenização por lucro cessante ou pensão decorrente do acidente do trabalho não é tributável. O pagamento da pensão

---

22. MACHADO, Hugo de Brito. *Regime tributário das indenizações*. Fortaleza: Instituto Cearense de Estudos Tributários — ICET, 2000. p. 102 e 109.
23. DELGADO, José Augusto. Reflexões sobre o regime tributário das indenizações. In: MACHADO, Hugo de Brito. *Regime tributário das indenizações*. Fortaleza: Instituto Cearense de Estudos Tributários — ICET, 2000. p. 173.

mensal tem natureza indenizatória e não remuneratória, pelo que dispõem expressamente os artigos 948 a 950 do Código Civil. Não é a opção da vítima pelo pagamento de uma só vez que torna a verba indenizatória, pois essa natureza é da sua essência, *ex vi legis*.

A isenção prevista na Lei n. 7.713/1988 é abrangente e não pode o intérprete criar uma distinção onde a lei não distinguiu. Vamos reproduzir, para melhor compreensão, o texto legal: *Art. 6º Ficam isentos do imposto de renda os seguintes rendimentos percebidos por pessoas físicas: (...) IV — as indenizações por acidentes do trabalho.* Convém sublinhar que o vocábulo "indenizações" foi grafado no plural, ou seja, todas as indenizações decorrentes do acidente do trabalho estão abrangidas pela isenção. A simples opção por uma ou outra modalidade de pagamento da indenização não produz o efeito surpreendente de modificar sua natureza jurídica. Desse modo, o inciso III, alínea h, do art. 35 do Decreto n. 9.580/2018, na sua parte final, extrapola os limites legais, criando uma parcela tributável onde a lei expressamente concedeu isenção, especialmente no caso de acidente do trabalho.

Em síntese, entendemos que não cabe a incidência do imposto de renda sobre os valores pagos mensalmente ao acidentado, ou aos seus dependentes, a título de pensão ou lucros cessantes. Nesse sentido a jurisprudência do Colendo STJ:

> **"Processual civil e previdenciário. Pensão especial de caráter indenizatório. Isenção de imposto de renda.** (...) 2. Ademais, o Superior Tribunal de Justiça decidiu que, "ainda que a indenização seja paga sob a forma de pensionamento mensal, os pagamentos não perdem a natureza indenizatória, não subsistindo razão para a retenção de imposto de renda na fonte" (AgRg no REsp 1.457.830/RS, Rel. Min. Humberto Martins, Segunda Turma, julgado em 16/9/2014, DJe 23/9/2014) 3. Agravo Interno não provido." STJ. 2ª Turma. AgInt no AREsp n. 2.142.844/RS, Rel.: Ministro Herman Benjamin, *DJe* 19 dez. 2022.
>
> **"Tributário. Imposto de renda. Acidente de trânsito. Indenização. Art. 39, XVI, do RIR/99. Não incidência. Juros de mora. Verba acessória que segue a sorte da principal.** 1. A jurisprudência do STJ, nos termos do art. 39, XVI, do Regulamento do Imposto de Renda aprovado pelo Decreto n. 3.000/99, entende que não entra no cômputo do rendimento bruto a indenização reparatória por danos físicos, invalidez ou morte, ou por bem material danificado ou destruído, em decorrência de acidente, até o limite fixado em condenação judicial. 2. Os precedentes mais recentes desta Corte também preceituam que, ainda que a indenização seja paga sob a forma de pensionamento mensal, os pagamentos não perdem a natureza indenizatória, não subsistindo razão para a retenção de imposto de renda na fonte. 3. No julgamento do REsp 1.089.720/RS, a Primeira Seção reafirmou a orientação firmada no Recurso Especial repetitivo n. 1.227.133/RS, ocasião em que deixou consignado que é legítima a tributação dos juros de mora pelo imposto de renda, salvo a existência de norma isentiva específica (art.

6º, V, da Lei n. 7.713/88, que isenta do imposto de renda inclusive os juros de mora devidos no contexto de rescisão do contrato de trabalho) ou a constatação de que a verba principal, a que se referem os juros, é isenta ou fora do campo de incidência do imposto de renda. 4. Considerando que o caso dos autos trata de indenização por morte decorrente de acidente de trânsito, a título de danos materiais, a qual não sofre tributação pelo imposto de renda, não deve incidir o imposto de renda sobre os juros de mora, de acordo com o entendimento de que o acessório segue a sorte do principal. Agravo regimental improvido." STJ. 2ª Turma. AgRg no REsp n. 1457830/RS, Rel. Ministro Humberto Martins, *DJe* 23 set. 2014.

"**Direito civil. Ação de indenização por danos materiais e morais decorrentes de acidentes de veículos. Transação celebrada pelas partes instituindo pensionamento, mediante inclusão em folha de pagamento mensal. Retenção indevida de imposto de renda na fonte.** Diante de transação em que as partes instituem pensionamento mensal, com inclusão em folha de pagamento, pondo fim a demanda indenizatória, os pagamentos conservam a natureza indenizatória da origem da obrigação, não havendo fundamento para retenção do imposto de renda na fonte. Recurso Especial provido." STJ. 3ª Turma. REsp n. 1012843/RJ, Rel.: Ministro Sidnei Beneti, *DJ* 17 fev. 2009.

Resta, neste tópico, analisar outra questão polêmica: cabe ou não a incidência do imposto de renda sobre a parcela deferida a título de danos morais, extrapatrimoniais, existenciais ou estéticos?

Por um lado, pode-se argumentar que os valores percebidos como indenização não devem ser tributados, mas por outro enfoque é possível sustentar que o ingresso dessa verba acarreta aumento real no patrimônio econômico da vítima; o dano moral é de natureza extrapatrimonial, mas o valor deferido para sua reparação ostenta a qualidade de um bem patrimonial.

Segundo as orientações da Receita Federal, com apoio no art. 43 do Código Tributário Nacional[24], a quantia recebida a título de danos morais é tributável porque provoca acréscimo patrimonial, ainda mais que a simples aquisição de disponibilidade econômica, oriunda de proventos de qualquer natureza, também se enquadra legalmente como fato gerador do imposto de renda.

Apesar dessa posição da Receita Federal, o entendimento majoritário da jurisprudência afasta a incidência do imposto sobre tal parcela, visto que o

24. Código Tributário Nacional. "Art. 43. O imposto, de competência da União, sobre a renda e proventos de qualquer natureza, tem como fato gerador a aquisição da disponibilidade econômica ou jurídica: I — de renda, assim entendido o produto do capital, do trabalho ou da combinação de ambos; II — de proventos de qualquer natureza, assim entendidos os acréscimos patrimoniais não compreendidos no inciso anterior. § 1º A incidência do imposto independe da denominação da receita ou do rendimento, da localização, condição jurídica ou nacionalidade da fonte, da origem e da forma de percepção."

valor recebido como reparação de um dano não deve ser incluído no conjunto das verbas tributáveis. A indenização obtida pelo ofendido não se caracteriza como fruto do capital ou do trabalho, mas apenas uma compensação dos prejuízos imateriais sofridos, não havendo, assim, justificativa plausível ou moralmente aceitável para concluir pela incidência do imposto por acréscimo de renda[25]. Aliás, desde o final de 2008, o Colendo STJ passou a decidir nesse sentido, após uniformização do entendimento pela 1ª Seção:

> "**Processo Civil e Tributário. Recurso Especial representativo de controvérsia. Art. 543-C, do CPC. Indenização por dano moral. Incidência do imposto de renda. Impossibilidade. Caráter indenizatório da verba recebida.** 1. A verba percebida a título de dano moral tem a natureza jurídica de indenização, cujo objetivo precípuo é a reparação do sofrimento e da dor da vítima ou de seus parentes, causados pela lesão de direito, razão pela qual torna-se infensa à incidência do imposto de renda, porquanto inexistente qualquer acréscimo patrimonial. (Precedentes: REsp n. 686.920/MS, Rel. Ministra Eliana Calmon, Segunda Turma, julgado em 6.10.2009, DJe 19.10.2009; AgRg no Ag 1021368/RS, Rel. Ministro Luiz Fux, Primeira Turma, julgado em 21.5.2009, DJe 25.6.2009; REsp 865.693/RS, Rel. Ministro Teori Albino Zavascki, Primeira Turma, julgado em 18.12.2008, DJe 4.2.2009; AgRg no REsp 1017901/RS, Rel. Ministro Francisco Falcão, Primeira Turma, julgado em 4.11.2008, DJe 12.11.2008; REsp 963.387/RS, Rel. Ministro Herman Benjamin, Primeira Seção, julgado em 8.10.2008, DJe 5.3.2009; REsp 402035 / RN, 2ª Turma, Rel. Min. Franciulli Netto, DJ 17.5.2004; REsp 410347 / SC, desta Relatoria, DJ 17.2.2003). 2. *In casu*, a verba percebida a título de dano moral adveio de indenização em reclamação trabalhista. 3. Deveras, se a reposição patrimonial goza dessa não incidência fiscal, *a fortiori*, a indenização com o escopo de reparação imaterial deve subsumir-se ao mesmo regime, porquanto *ubi eadem ratio, ibi eadem legis dispositio*. 4. "Não incide imposto de renda sobre o valor da indenização pago a terceiro. Essa ausência de incidência não depende da natureza do dano a ser reparado. Qualquer espécie de dano (material, moral puro ou impuro, por ato legal ou ilegal) indenizado, o valor concretizado como ressarcimento está livre da incidência de imposto de renda. A prática do dano em si não é fato gerador do imposto de renda por não ser renda. O pagamento da indenização também não é renda, não sendo, portanto, fato gerador desse imposto. (...) Configurado esse panorama, tenho que aplicar o princípio de que a base de cálculo do imposto de renda (ou de qualquer outro imposto) só pode ser fixada por via de lei oriunda do poder competente. É o comando do art. 127, IV, do CTN. Se a lei não insere a 'indenização', qualquer que seja

25. Decidimos neste sentido quando atuamos como Relator no julgamento do AP n. 01561-2005-114-03-00-3, Minas Gerais. TRT 3ª Região. 2ª Turma, *DJ* 11 fev. 2009.

o seu tipo, como renda tributável, inocorrendo, portanto, fato gerador e base de cálculo, não pode o fisco exigir imposto sobre essa situação fática. (...) Atente-se para a necessidade de, em homenagem ao princípio da legalidade, afastar-se as pretensões do fisco em alargar o campo da incidência do imposto de renda sobre fatos estranhos à vontade do legislador." ("Regime Tributário das Indenizações", coordenado por Hugo de Brito Machado, Ed. Dialética, p. 174/176)." STJ. 1ª Seção. REsp n. 1.152.764/CE, Rel.: Ministro Luiz Fux, *DJ* 1º jul. 2010.

"**Tributário. Imposto de renda. Indenização por danos morais. Natureza da verba. Acréscimo patrimonial. Não incidência. Princípio da reparação integral. Precedentes do STJ.** 1. A indenização por dano estritamente moral não é fato gerador do Imposto de Renda, pois limita-se a recompor o patrimônio imaterial da vítima, atingido pelo ato ilícito praticado. 2. *In casu*, a negativa de incidência do Imposto de Renda não se faz por força de isenção, mas em decorrência da ausência de riqueza nova — oriunda dos frutos do capital, do trabalho ou da combinação de ambos — capaz de caracterizar acréscimo patrimonial. 3. A indenização por dano moral não aumenta o patrimônio do lesado, apenas o repõe, pela via da substituição monetária, *in statu quo ante*. 4. A vedação de incidência do Imposto de Renda sobre indenização por danos morais é também decorrência do *princípio da reparação integral*, um dos pilares do Direito brasileiro. A tributação, nessas circunstâncias e, especialmente, na hipótese de ofensa a direitos da personalidade, reduziria a plena eficácia material do princípio, transformando o Erário simultaneamente em sócio do infrator e beneficiário do sofrimento do contribuinte. 5. Recurso Especial não provido." STJ. 1ª Seção. REsp n. 963.387/RS, Rel.: Ministro Herman Benjamin, *DJ* 5 mar. 2009.

Como se depreende do exposto, no caso de pagamento dos danos morais decorrentes de acidente do trabalho, não cabe a incidência do imposto de renda, tanto na retenção pela fonte pagadora quanto na declaração anual de ajuste elaborada pelo contribuinte, uma vez que a Lei n. 7.713/1988 expressamente concede isenção sobre a indenização genericamente considerada, sem fazer qualquer diferenciação quanto a sua natureza ou espécie[26].

A controvérsia acabou pacificada no STJ com a edição da **Súmula n. 498**, publicada em 13 de agosto de 2012: "Não incide imposto de renda sobre

26. "*Imposto de renda na fonte e indenização por dano moral derivado de doença do trabalho.* Como as indenizações (plural) referentes a acidente de trabalho são isentas de imposto de renda, consoante previsão da Lei n. 7.713/1988 (art. 6º, inciso IV), a deferida, condenatoriamente, pela Justiça do Trabalho por danos morais, em virtude de doença do trabalho equiparada para todos os fins a acidente de trabalho, não tem como não se aninhar no comando legal excludente da retenção na fonte do referido imposto." Minas Gerais. TRT. 3ª Região. 2ª Turma. AP n. 0665/2003, Rel.: Juiz Antônio Fernando Guimarães, *DJ* 26 mar. 2003.

a indenização por danos morais". Com a sedimentação da jurisprudência, a Procuradoria-Geral da Fazenda Nacional expediu Ato Declaratório dispensando a apresentação de contestação ou a interposição de recursos nas ações judiciais que discutam a incidência do Imposto de Renda sobre verba percebida a título de dano moral por pessoa física. Autorizou também a desistência dos recursos já interpostos a respeito do tema[27].

Em síntese, as parcelas indenizatórias decorrentes dos acidentes do trabalho ou das doenças ocupacionais deferidas a título de danos materiais emergentes, lucros cessantes ou pensão, danos estéticos ou danos morais não sofrem incidência do imposto de renda.

17.6. QUADRO SINÓPTICO DAS INCIDÊNCIAS CABÍVEIS

RESUMO DAS INCIDÊNCIAS SOBRE AS INDENIZAÇÕES POR ACIDENTE DO TRABALHO OU DOENÇA OCUPACIONAL			
Parcelas indenizatórias	**Correção monetária**	**Juros de mora**	**Imposto de renda na fonte**
Dano material emergente	Incide desde a data do desembolso.	Incidem conforme critérios indicados.	Isento
Lucros cessantes ou pensionamento — Parcelas vencidas *antes* do ajuizamento	Incide desde o vencimento de cada parcela mensal, separadamente.	Incidem desde o vencimento de cada parcela mensal, separadamente, conforme critérios indicados.	Isento
Lucros cessantes ou pensionamento — Parcelas vencidas *após* o ajuizamento	Incide desde o vencimento de cada parcela mensal, separadamente.	Incidem desde o vencimento de cada parcela mensal, separadamente.	Isento
Lucros cessantes ou pensionamento — Parcelas vincendas	Não incide. Se pagas com atraso, só incide após o vencimento.	Não incidem. Se pagas com atraso, só incidem após o vencimento, aplicando-se a taxa legal.	Isento
Pensionamento pago de uma só vez	Incide a partir da data do julgamento.	Incidem desde a data do ajuizamento.	Isento
Dano moral, existencial ou dano estético	Incide a partir da data do julgamento.	Incidem desde a data do ajuizamento.	Isento

Observações:

1. Para a Receita Federal, são tributáveis os valores pagos a título de lucros cessantes ou pensão, mas o entendimento do Judiciário é diverso, conforme acima exposto.

2. Não cabe incidência ou retenção da contribuição para o INSS em qualquer das indenizações citadas.

3. O cálculo dos juros de mora deve ser feito depois da recomposição do valor da indenização pela incidência da correção monetária — (Súmula n. 200-TST).

27. Cf. Ato Declaratório da PGFN n. 09/2011, de 20 dez. 2011.

ANEXO I[1]

AGENTES PATOGÊNICOS CAUSADORES DE DOENÇAS PROFISSIONAIS OU DO TRABALHO, CONFORME PREVISTO NO ART. 20 DA LEI N. 8.213, DE 1991

Agentes Patogênicos	Trabalhos que contêm o risco
Químicos	
I — Arsênio e seus compostos arsenicais	1. metalurgia de minérios arsenicais e indústria eletrônica; 2. extração do arsênio e preparação de seus compostos; 3.fabricação, preparação e emprego de tintas, lacas (gás arsina), inseticidas, parasiticidas e raticidas; 4. processos industriais em que haja desprendimento de *hidrogênio* arseniado; 5. preparação e conservação de peles e plumas (empalhamento de animais) e conservação da madeira; 6. agentes na produção de vidro, ligas de chumbo, medicamentos e semicondutores.
II — Asbesto ou amianto	1. extração de rochas amiantíferas, furação, corte, desmonte, trituração, peneiramento e manipulação; 2. despejos do material proveniente da extração, trituração; 3. mistura, cardagem, fiação e tecelagem de amianto; 4. fabricação de guarnições para freios, materiais isolantes e produtos de fibrocimento; 5. qualquer colocação ou demolição de produtos de amianto que produza partículas atmosféricas de amianto.

1. Lista Anexa ao Decreto n. 3.048, de 6 de maio de 1999.

Agentes Patogênicos	Trabalhos que contêm o risco
III — Benzeno ou seus homólogos tóxicos	Fabricação e emprego do benzeno, de seus homólogos ou seus derivados aminados e nitrosos: 1. instalações petroquímicas onde se produzir benzeno; 2. indústria química ou de laboratório; 3. produção de cola sintética; 4. usuários de cola sintética na fabricação de calçados, artigos de couro ou borracha e móveis; 5. produção de tintas; 6. impressores (especialmente na fotogravura); 7. pintura a pistola; 8. soldagem.
IV — Berílio e seus compostos tóxicos	1. extração, trituração e tratamento de berílio; 2. fabricação e fundição de ligas e compostos; 3. utilização na indústria aeroespacial e manufatura de instrumentos de precisão e ordenadores; ferramentas cortantes que não produzam faíscas para a indústria petrolífera; 4. fabricação de tubos fluorescentes, de ampolas de raios X, de eletrodos de aspiradores, catodos de queimadores e moderadores de reatores nucleares; 5. fabricação de cadinhos, vidros especiais e de porcelana para isolantes térmicos.
V — Bromo	Fabricação e emprego do bromo e do ácido brômico.
VI — Cádmio e seus compostos	1. extração, tratamento, preparação e fundição de ligas metálicas; 2. fabricação de compostos de cádmio para soldagem; 3. soldagem; 4. utilização em revestimentos metálicos (galvanização), como pigmentos e estabilizadores em plásticos, nos acumuladores de níquel-cádmio e soldagem de prata.
VII — Carbonetos metálicos de tungstênio sinterizados	Produção de carbonetos sinterizados (mistura, pulverização, modelado, aquecimento em forno, ajuste, pulverização de precisão), na fabricação de ferramentas e de componentes para máquinas e no afiamento das ferramentas. Trabalhadores situados nas proximidades e dentro da mesma oficina.
VIII — Chumbo ou seus compostos tóxicos	1. extração de minérios, metalurgia e refinação do chumbo; 2. fabricação de acumuladores e baterias (placas); 3. fabricação e emprego de chumbo-tetraetila e chumbo-tetrametila; 4. fabricação e aplicação de tintas, esmaltes e vernizes à base de compostos de chumbo; 5. fundição e laminação de chumbo, de bronze etc.; 6. fabricação ou manipulação de ligas e compostos de chumbo; 7. fabricação de objetos e artefatos de chumbo, inclusive munições; 8. vulcanização da borracha pelo litargírio ou outros compostos de chumbo; 9. soldagem; 10. indústria de impressão; 11. fabricação de vidro, cristal e esmalte vitrificado; 12. sucata, ferro-velho; 13. fabricação de pérolas artificiais; 14. olaria; 15. fabricação de fósforos.

Agentes Patogênicos	Trabalhos que contêm o risco
IX — Cloro	Fabricação e emprego de cloro e ácido clorídrico.
X — Cromo ou seus compostos tóxicos	1. fabricação de ácido crômico, de cromatos e bicromatos e ligas de ferrocromo; 2. cromagem eletrolítica de metais (galvanoplastia); 3. curtição e outros trabalhos com o couro; 4. pintura a pistola com pigmentos de compostos de cromo, polimento de móveis; 5. manipulação de ácido crômico, de cromatos e bicromatos; 6. soldagem de aço inoxidável; 7. fabricação de cimento e trabalhos da construção civil; 8. impressão e técnica fotográfica.
XI — Flúor ou seus compostos tóxicos	1. fabricação e emprego de flúor e de ácido fluorídrico; 2. siderurgia (como fundentes); 3. fabricação de ladrilhos, telhas, cerâmica, cimento, vidro, esmalte, fibra de vidro, fertilizantes fosfatados; 4. produção de gasolina (como catalisador alquilante); 5. soldagem elétrica; 6. galvanoplastia; 7. calefação de superfícies; 8. sistema de combustível para foguetes.
XII — Fósforo ou seus compostos tóxicos	1. extração e preparação do fósforo branco e de seus compostos; 2. fabricação e aplicação de produtos fosforados e organofosforados (sínteses orgânicas, fertilizantes, praguicidas); 3. fabricação de projéteis incendiários, explosivos e gases asfixiantes à base de fósforo branco; 4. fabricação de ligas de bronze; 5. borrifadores, trabalhadores agrícolas e responsáveis pelo armazenamento, transporte e distribuição dos praguicidas organofosforados.
XIII — Hidrocarbonetos alifáticos ou aromáticos (seus derivados halogenados tóxicos)	
— Cloreto de metila	Síntese química (metilação), refrigerante, agente especial para extrações.
— Cloreto de metileno	Solvente (azeites, graxas, ceras, acetato de celulose), desengordurante, removedor de pinturas.
— Clorofórmio	Solvente (lacas), agente de extração.
— Tetracloreto de carbono	Síntese química, extintores de incêndio.
— Cloreto de etila	Síntese química, anestésico local (refrigeração).
1.1 — Dicloroetano	Síntese química, solvente (resinas, borracha, asfalto, pinturas), desengraxante.
1.1.1 — Tricloroetano	Agente desengraxante para limpeza de metais e limpeza a seco.
1.1.2 — Tricloroetano	Solvente.
— Tetracloroetano	Solvente.
— Tricloroetileno	Desengraxante, agente de limpeza a seco e de extração, sínteses químicas.

Agentes Patogênicos	Trabalhos que contêm o risco
— Tetracloroetileno	Desengraxante, agente de limpeza a seco e de extração, sínteses químicas.
— Cloreto de vinila	Intermediário na fabricação de cloreto de polivinila.
— Brometo de metila	Inseticida em fumigação (cereais), sínteses químicas.
— Brometo de etila	Sínteses químicas, agente especial de extração.
1.2 — Dibromoetano	Inseticida em fumigação (solos), extintor de incêndios, solvente (celuloide, graxas, azeite, ceras).
— Clorobenzeno	Sínteses químicas, solvente.
— Diclorobenzeno	Sínteses químicas, solvente.
XIV — Iodo	Fabricação e emprego do iodo.
XV — Manganês e seus compostos tóxicos	1. extração, tratamento e trituração de pirolusita (dióxido de manganês); 2. fabricação de ligas e compostos do manganês; 3. siderurgia; 4. fabricação de pilhas secas e acumuladores; 5. preparação de permanganato de potássio e fabricação de corantes; 6. fabricação de vidros especiais e cerâmica; 7. soldagem com eletrodos contendo manganês; 8. fabricação de tintas e fertilizantes; 9. curtimento de couro.
XVI — Mercúrio e seus compostos tóxicos	1. extração e fabricação do mineral de mercúrio e de seus compostos; 2. fabricação de espoletas com fulminato de mercúrio; 3. fabricação de tintas; 4. fabricação de solda; 5. fabricação de aparelhos: barômetros, manômetros, termômetros, interruptores, lâmpadas, válvulas eletrônicas, ampolas de raios X, retificadores; 6. amalgamação de zinco para fabricação de eletrodos, pilhas e acumuladores; 7. douração e estanhagem de espelhos; 8. empalhamento de animais com sais de mercúrio; 9. recuperação de mercúrio por destilação de resíduos industriais; 10. tratamento a quente de amálgamas de ouro e prata para recuperação desses metais; 11. secretagem de pelos, crinas e plumas, e feltragem à base de compostos de mercúrio; 12. fungicida no tratamento de sementes e brilhos vegetais e na proteção da madeira.
XVII — Substâncias asfixiantes 1. Monóxido de carbono	Produção e distribuição de gás obtido de combustíveis sólidos (gaseificação do carvão); mecânica de motores, principalmente movidos a gasolina, em recintos semifechados; soldagem acetilênica e a arco; caldeiras, indústria química; siderurgia, fundição, mineração de subsolo; uso de explosivos; controle de incêndios; controle de tráfego; construção de túneis; cervejarias.

Agentes Patogênicos	Trabalhos que contêm o risco
2. Cianeto de hidrogênio ou seus derivados tóxicos	Operações de fumigação de inseticidas, síntese de produtos químicos orgânicos; eletrogalvanoplastia; extração de ouro e prata; produção de aço e de plásticos (especialmente o acrilonitrilo-estireno); siderurgia (fornos de coque).
3. Sulfeto de hidrogênio (Ácido sulfídrico)	Estações de tratamento de águas residuais; mineração; metalurgia; trabalhos em silos; processamento de açúcar da beterraba; curtumes e matadouros; produção de viscose e celofane; indústria química (produção de ácido sulfúrico, sais de bário); construção de túneis; perfuração de poços petrolíferos e gás; carbonização do carvão a baixa temperatura; litografia e fotogravura.
XVIII — Sílica livre (Óxido de silício - Si O2)	1. extração de minérios (trabalhos no subsolo e a céu aberto); 2. decapagem, limpeza de metais, foscamento de vidros com jatos de areia e outras atividades em que se usa areia como abrasivo; 3. fabricação de material refratário para fornos, chaminés e cadinhos, recuperação de resíduos; 4. fabricação de mós, rebolos, saponáceos, pós e pastas para polimento de metais; 5. moagem e manipulação de sílica na indústria de vidros e porcelanas; 6. trabalho em pedreiras; 7. trabalho em construção de túneis; 8. desbastes e polimento de pedras.
XIX — Sulfeto de carbono ou dissulfeto de carbono	1. fabricação de sulfeto de carbono; 2. indústria de viscose ou raiom (seda artificial); 3. fabricação e emprego de solventes, inseticidas, parasiticidas e herbicidas; 4. fabricação de vernizes, resinas, sais de amoníaco, tetracloreto de carbono, têxteis, tubos eletrônicos a vácuo, gorduras; 5. limpeza a seco; galvanização; fumigação de grãos; 6. processamento de azeite, enxofre, bromo, cera, graxas e iodo.
XX — Alcatrão, breu, betume, hulha mineral, parafina e produtos ou resíduos dessas substâncias, causadores de epiteliomas primitivos da pele	Processos e operações industriais ou não, em que sejam utilizados alcatrão, breu, betume, hulha mineral, parafina e produtos ou resíduos dessas substâncias.
Físicos	
XXI — Ruído e afecção auditiva	Mineração, construção de túneis, exploração de pedreiras (detonação, perfuração); engenharia pesada (fundição de ferro, prensa de forja); trabalho com máquinas que funcionam com potentes motores a combustão; utilização de máquinas têxteis; testes de reatores de aviões.
XXII — Vibrações (Afecções dos músculos, tendões, ossos, das articulações, dos vasos sanguíneos periféricos ou dos nervos periféricos)	Indústria metalúrgica, construção naval e automobilística; mineração; agricultura (motosserras); instrumentos pneumáticos; ferramentas vibratórias, elétricas e manuais; condução de caminhões e ônibus.
XXIII — Ar comprimido	1. trabalhos em caixões ou câmaras pneumáticas e em tubulões pneumáticos; 2. operações com uso de escafandro; 3. operações de mergulho; 4. trabalho com ar comprimido em túneis pressurizados.

Agentes Patogênicos	Trabalhos que contêm o risco
XXIV — Radiações ionizantes	1. extração de minerais radioativos (tratamento, purificação, isolamento e preparo para distribuição), como o urânio; 2. operação com reatores nucleares ou com fontes de nêutrons ou de outras radiações corpusculares; 3. trabalhos executados com exposições a raios X, rádio e substâncias radioativas para fins industriais, terapêuticos e diagnósticos; 4. fabricação e manipulação de produtos químicos e farmacêuticos radioativos (urânio, radônio, mesotório, tório X, césio 137 e outros); 5. fabricação e aplicação de produtos luminescentes radíferos; 6. pesquisas e estudos dos raios X e substâncias radioativas e laboratórios.
Biológicos	
XXV — Micro-organismos e parasitas infecciosos vivos e seus produtos tóxicos	
1. *Mycobacterium*; vírus hospedados por artrópodes; cocciclioides; fungos; histoplasma; leptospira; ricketsia; bacilo (carbúnculo, tétano); ancilóstomo; tripanossoma; *pasteurella*.	Agricultura; pecuária; silvicultura; caça (inclusive a caça com armadilhas); veterinária; curtume.
2. Ancilóstomo; histoplasma; cocciclioides; leptospira; bacilo; sepse.	Construção; escavação de terra; esgoto; canal de irrigação; mineração.
3. *Mycobacterium*; brucellas; estreptococo (erisipela); fungo; ricketsia; pasteurella.	Manipulação e embalagem de carne e pescado.
4. Fungos; bactérias; mixovírus (doença de Newcastle).	Manipulação de aves confinadas e pássaros.
5. Bacilo (carbúnculo) e pasteurella.	Trabalho com pelo, pele ou lã.
6. Bactérias; micobactéria; *brucella*; fungos; leptospira; vírus; mixovírus; ricketsia; *pasteurella*.	Veterinária.
7. Micobacteria, vírus; outros organismos responsáveis por doenças transmissíveis.	Hospital; laboratórios e outros ambientes envolvidos no tratamento de doenças transmissíveis.
8. Fungos (micose cutânea).	Trabalhos em condições de temperatura elevada e umidade (cozinhas; ginásios; piscinas etc.).
Poeiras Orgânicas	
XXVI — Algodão, linho, cânhamo, sisal	Trabalhadores nas diversas operações com poeiras provenientes desses produtos.
XXVII — Agentes físicos, químicos ou biológicos, que afetam a pele, não considerados em outras rubricas.	Trabalhadores mais expostos: agrícolas; da construção civil em geral; da indústria química; de eletrogalvanoplastia; de tinturaria; da indústria de plásticos reforçados com fibra de vidro; da pintura; dos serviços de engenharia (óleo de corte ou lubrificante); dos serviços de saúde (medicamentos, anestésicos locais, desinfetantes); do tratamento de gado; dos açougues

ANEXO II – LISTA A[1]

AGENTES OU FATORES DE RISCO DE NATUREZA OCUPACIONAL RELACIONADOS COM A ETIOLOGIA DE DOENÇAS PROFISSIONAIS E DE OUTRAS DOENÇAS RELACIONADAS COM O TRABALHO

Agentes Etiológicos ou Fatores de Risco de Natureza Ocupacional	Doenças Causalmente Relacionadas com os Respectivos Agentes ou Fatores de Risco (Denominadas e Codificadas Segundo a Cid-10)
I — Arsênio e seus compostos arsenicais	1. Angiossarcoma do fígado (C22.3) 2. Neoplasia maligna dos brônquios e do pulmão (C34.-) 3. Outras neoplasias malignas da pele (C44.-) 4. Polineuropatia devida a outros agentes tóxicos (G52.2) 5. Encefalopatia Tóxica Aguda (G92.1) 6. Blefarite (H01.0) 7. Conjuntivite (H10) 8. Queratite e Queratoconjuntivite (H16) 9. Arritmias cardíacas (I49.-) 10. Rinite Crônica (J31.0) 11. Ulceração ou Necrose do Septo Nasal (J34.0) 12. Bronquiolite Obliterante Crônica, Enfisema Crônico Difuso ou Fibrose Pulmonar Crônica (J68.4) 13. Estomatite Ulcerativa Crônica (K12.1) 14. Gastroenterite e Colites tóxicas (K52.-) 15. Hipertensão Portal (K76.6) 16. Dermatite de Contato por Irritantes (L24.-) 17. Outras formas de hiperpigmentação pela melanina: "Melanodermia" (L81.4) 18. Leucodermia, não classificada em outra parte (Inclui "Vitiligo Ocupacional") (L81.5) 19. Ceratose Palmar e Plantar Adquirida (L85.1) 20. Efeitos Tóxicos Agudos (T57.0)

1. Lista anexa ao Decreto n. 3.048, de 6 de maio de 1999.

Agentes Etiológicos ou Fatores de Risco de Natureza Ocupacional	Doenças Causalmente Relacionadas com os Respectivos Agentes ou Fatores de Risco (Denominadas e Codificadas Segundo a Cid-10)
II — Asbesto ou Amianto	1. Neoplasia maligna do estômago (C16.-) 2. Neoplasia maligna da laringe (C32.-) 3. Neoplasia maligna dos brônquios e do pulmão (C34.-) 4. Mesotelioma da pleura (C45.0) 5. Mesotelioma do peritônio (C45.1) 6. Mesotelioma do pericárdio (C45.2) 7. Placas epicárdicas ou pericárdicas (I34.8) 8. Asbestose (J60.-) 9. Derrame Pleural (J90.-) 10. Placas Pleurais (J92.-)
III — Benzeno e seus homólogos tóxicos	1. Leucemias (C91-C95.-) 2. Síndromes Mielodisplásicas (D46.-) 3. Anemia Aplástica devida a outros agentes externos (D61.2) 4. Hipoplasia Medular (D61.9) 5. Púrpura e outras manifestações hemorrágicas (D69.-) 6. Agranulocitose (Neutropenia tóxica) (D70) 7. Outros transtornos especificados dos glóbulos brancos: Leucocitose, Reação Leucemoide (D72.8) 8. Outros transtornos mentais decorrentes de lesão e disfunção cerebrais e de doença física (F06.-) (Tolueno e outros solventes aromáticos neurotóxicos) 9. Transtornos de personalidade e de comportamento decorrentes de doença, lesão e de disfunção de personalidade (F07.-) (Tolueno e outros solventes aromáticos neurotóxicos) 10. Transtorno Mental Orgânico ou Sintomático não especificado (F09.-) (Tolueno e outros solventes aromáticos neurotóxicos) 11. Episódios depressivos (F32.-) (Tolueno e outros solventes aromáticos neurotóxicos) 12. Neurastenia (Inclui "Síndrome de Fadiga") (F48.0) (Tolueno e outros solventes aromáticos neurotóxicos) 13. Encefalopatia Tóxica Crônica (G92.2) 14. Hipoacusia Ototóxica (H91.0) (Tolueno e Xileno) 15. Dermatite de Contato por Irritantes (L24.-) 16. Efeitos Tóxicos Agudos (T52.1 e T52.2)
IV — Berílio e seus compostos tóxicos	1. Neoplasia maligna dos brônquios e do pulmão (C34.-) 2. Conjuntivite (H10) 3. Beriliose (J63.2) 4. Bronquite e Pneumonite devida a produtos químicos, gases, fumaças e vapores ("Bronquite Química Aguda") (J68.0) 5. Edema Pulmonar Agudo devido a produtos químicos, gases, fumaças e vapores ("Edema Pulmonar Químico") (J68.1) 6. Bronquiolite Obliterante Crônica, Enfisema Crônico Difuso ou Fibrose Pulmonar Crônica (J68.4) 7. Dermatite de Contato por Irritantes (L24.-) 8. Efeitos Tóxicos Agudos (T56.7)

Agentes Etiológicos ou Fatores de Risco de Natureza Ocupacional	Doenças Causalmente Relacionadas com os Respectivos Agentes ou Fatores de Risco (Denominadas e Codificadas Segundo a Cid-10)
V — Bromo	1. Faringite Aguda ("Angina Aguda", "Dor de Garganta") (J02.9) 2. Laringotraqueíte Aguda (J04.2) 3. Faringite Crônica (J31.2) 4. Sinusite Crônica (J32.-) 5. Laringotraqueíte Crônica (J37.1) 6. Bronquite e Pneumonite devida a produtos químicos, gases, fumaças e vapores ("Bronquite Química Aguda") (J68.0) 7. Edema Pulmonar Agudo devido a produtos químicos, gases, fumaças e vapores ("Edema Pulmonar Químico") (J68.1) 8. Síndrome de Disfunção Reativa das Vias Aéreas (SDVA/RADS) (J68.3) 9. Bronquiolite Obliterante Crônica, Enfisema Crônico Difuso ou Fibrose Pulmonar Crônica (J68.4) 10. Estomatite Ulcerativa Crônica (K12.1) 11. Dermatite de Contato por Irritantes (L24.-) 12. Efeitos Tóxicos Agudos (T57.8.)
VI — Cádmio ou seus compostos	1. Neoplasia maligna dos brônquios e do pulmão (C34.-) 2. Transtornos do nervo olfatório (Inclui "Anosmia") (G52.0) 3. Bronquite e Pneumonite devida a produtos químicos, gases, fumaças e vapores ("Bronquite Química Aguda") (J68.0) 4. Edema Pulmonar Agudo devido a produtos químicos, gases, fumaças e vapores ("Edema Pulmonar Químico") (J68.1) 5. Síndrome de Disfunção Reativa das Vias Aéreas (SDVA/RADS) (J68.3) 6. Bronquiolite Obliterante Crônica, Enfisema Crônico Difuso ou Fibrose Pulmonar Crônica (J68.4) 7. Enfisema intersticial (J98.2) 8. Alterações pós-eruptivas da cor dos tecidos duros dos dentes (K03.7) 9. Gastroenterite e Colites tóxicas (K52.-) 10. Osteomalácia do Adulto Induzida por Drogas (M83.5) 11. Nefropatia Túbulo-Intersticial induzida por metais pesados (N14.3) 12. Efeitos Tóxicos Agudos (T56.3)
VII — Carbonetos metálicos de Tungstênio sinterizados	1. Outras Rinites Alérgicas (J30.3) 2. Asma (J45.-) 3. Pneumoconiose devida a outras poeiras inorgânicas especificadas (J63.8)
VIII — Chumbo ou seus compostos tóxicos	1. Outras anemias devidas a transtornos enzimáticos (D55.8) 2. Anemia Sideroblástica secundária a toxinas (D64.2) 3. Hipotireoidismo devido a substâncias exógenas (E03.-) 4. Outros transtornos mentais decorrentes de lesão e disfunção cerebrais e de doença física (F06.-) 5. Polineuropatia devida a outros agentes tóxicos (G52.2) 6. Encefalopatia Tóxica Aguda (G92.1) 7. Encefalopatia Tóxica Crônica (G92.2) 8. Hipertensão Arterial (I10.-) 9. Arritmias Cardíacas (I49.-) 10. "Cólica da Chumbo" (K59.8) 11. Gota Induzida pelo Chumbo (M10.1) 12. Nefropatia Túbulo-Intersticial induzida por metais pesados (N14.3) 13. Insuficiência Renal Crônica (N17) 14. Infertilidade Masculina (N46) 15. Efeitos Tóxicos Agudos (T56.0)

Agentes Etiológicos ou Fatores de Risco de Natureza Ocupacional	Doenças Causalmente Relacionadas com os Respectivos Agentes ou Fatores de Risco (Denominadas e Codificadas Segundo a Cid-10)
IX — Cloro	1. Rinite Crônica (J31.0)
	2. Outras Doenças Pulmonares Obstrutivas Crônicas (Inclui "Asma Obstrutiva", "Bronquite Crônica", "Bronquite Obstrutiva Crônica") (J44.-)
	3. Bronquite e Pneumonite devida a produtos químicos, gases, fumaças e vapores ("Bronquite Química Aguda") (J68.0)
	4. Edema Pulmonar Agudo devido a produtos químicos, gases, fumaças e vapores ("Edema Pulmonar Químico") (J68.1)
	5. Síndrome de Disfunção Reativa das Vias Aéreas (SDVA/RADS) (J68.3)
	6. Bronquiolite Obliterante Crônica, Enfisema Crônico Difuso ou Fibrose Pulmonar Crônica (J68.4)
	7. Efeitos Tóxicos Agudos (T59.4)
X — Cromo ou seus compostos tóxicos	1. Neoplasia maligna dos brônquios e do pulmão (C34.-)
	2. Outras Rinites Alérgicas (J30.3)
	3. Rinite Crônica (J31.0)
	4. Ulceração ou Necrose do Septo Nasal (J34.0)
	5. Asma (J45.-)
	6."Dermatoses Pápulo-Pustulosas e suas complicações infecciosas" (L08.9)
	7. Dermatite Alérgica de Contato (L23.-)
	8. Dermatite de Contato por Irritantes (L24.-)
	9. Úlcera Crônica da Pele, não classificada em outra parte (L98.4)
	10. Efeitos Tóxicos Agudos (T56.2)
XI — Flúor ou seus compostos tóxicos	1. Conjuntivite (H10)
	2. Rinite Crônica (J31.0)
	3. Bronquite e Pneumonite devida a produtos químicos, gases, fumaças e vapores ("Bronquite Química Aguda") (J68.0)
	4. Edema Pulmonar Agudo devido a produtos químicos, gases, fumaças e vapores ("Edema Pulmonar Químico") (J68.1)
	5. Bronquiolite Obliterante Crônica, Enfisema Crônico Difuso ou Fibrose Pulmonar Crônica (J68.4)
	6. Erosão Dentária (K03.2)
	7. Dermatite de Contato por Irritantes (L24.-)
	8. Fluorose do Esqueleto (M85.1)
	9. Intoxicação Aguda (T59.5)
XII — Fósforo ou seus compostos tóxicos	1. Polineuropatia devida a outros agentes tóxicos (G52.2)
	2. Arritmias cardíacas (I49.-) (Agrotóxicos organofosforados e carbamatos)
	3. Dermatite Alérgica de Contato (L23.-)
	4. Dermatite de Contato por Irritantes (L24.-)
	5. Osteomalácia do Adulto Induzida por Drogas (M83.5)
	6. Osteonecrose (M87.-): Osteonecrose Devida a Drogas (M87.1); Outras Osteonecroses Secundárias (M87.3)
	7. Intoxicação Aguda (T57.1)
	Intoxicação Aguda por Agrotóxicos Organofosforados: (T60.0)

Agentes Etiológicos ou Fatores de Risco de Natureza Ocupacional	Doenças Causalmente Relacionadas com os Respectivos Agentes ou Fatores de Risco (Denominadas e Codificadas Segundo a Cid-10)
XIII — Hidrocarbonetos alifáticos ou aromáticos (seus derivados halogenados tóxicos)	1. Angiossarcoma do fígado (C22.3) 2. Neoplasia maligna do pâncreas (C25.-) 3. Neoplasia maligna dos brônquios e do pulmão (C34.-) 4. Púrpura e outras manifestações hemorrágicas (D69.-) 5. Hipotireoidismo devido a substâncias exógenas (E03.-) 6. Outras porfirias (E80.2) 7. *Delirium*, não sobreposto à demência, como descrita (F05.0) (Brometo de Metila) 8. Outros transtornos mentais decorrentes de lesão e disfunção cerebrais e de doença física (F06.-) 9. Transtornos de personalidade e de comportamento decorrentes de doença, lesão e de disfunção de personalidade (F07.-) 10. Transtorno Mental Orgânico ou Sintomático não especificado (F09.-) 11. Episódios Depressivos (F32.-) 12. Neurastenia (Inclui "Síndrome de Fadiga") (F48.0) 13. Outras formas especificadas de tremor (G25.2) 14. Transtorno extrapiramidal do movimento não especificado (G25.9) 15. Transtornos do nervo trigêmio (G50.-) 16. Polineuropatia devida a outros agentes tóxicos (G52.2) (n-Hexano) 17. Encefalopatia Tóxica Aguda (G92.1) 18. Encefalopatia Tóxica Crônica (G92.2) 19. Conjuntivite (H10) 20. Neurite Óptica (H46) 21. Distúrbios visuais subjetivos (H53.-) 22. Outras vertigens periféricas (H81.3) 23. Labirintite (H83.0) 24. Hipoacusia ototóxica (H91.0) 25. Parada Cardíaca (I46.-) 26. Arritmias cardíacas (I49.-) 27. Síndrome de Raynaud (I73.0) (Cloreto de Vinila) 28. Acrocianose e Acroparestesia (I73.8) (Cloreto de Vinila) 29. Bronquite e Pneumonite devida a produtos químicos, gases, fumaças e vapores ("Bronquite Química Aguda") (J68.0) 30. Edema Pulmonar Agudo devido a produtos químicos, gases, fumaças e vapores ("Edema Pulmonar Químico") (J68.1) 31. Síndrome de Disfunção Reativa das Vias Aéreas (SDVA/RADS) (J68.3) 32. Bronquiolite Obliterante Crônica, Enfisema Crônico Difuso ou Fibrose Pulmonar Crônica (J68.4) 33. Doença Tóxica do Fígado (K71.-): Doença Tóxica do Fígado, com Necrose Hepática (K71.1); Doença Tóxica do Fígado, com Hepatite Aguda (K71.2); Doença Tóxica do Fígado com Hepatite Crônica Persistente (K71.3); Doença Tóxica do Fígado com Outros Transtornos Hepáticos (K71.8) 34. Hipertensão Portal (K76.6) (Cloreto de Vinila) 35. "Dermatoses Pápulo-Pustulosas e suas complicações infecciosas" (L08.9) 36. Dermatite de Contato por Irritantes (L24.-) 37. "Cloracne" (L70.8)

Agentes Etiológicos ou Fatores de Risco de Natureza Ocupacional	Doenças Causalmente Relacionadas com os Respectivos Agentes ou Fatores de Risco (Denominadas e Codificadas Segundo a Cid-10)
XIII — Hidrocarbonetos alifáticos ou aromáticos (seus derivados halogenados tóxicos)	38. Outras formas de hiperpigmentação pela melanina: "Melanodermia" (L81.4) 39. Outros transtornos especificados de pigmentação: "Profiria Cutânea Tardia" (L81.8) 40. Geladura (Frostbite) Superficial: Eritema Pérnio (T33) (Anestésicos clorados locais) 41. Geladura (Frostbite) com Necrose de Tecidos (T34) (Anestésicos clorados locais) 42. Osteólise (M89.5) (de falanges distais de quirodáctilos) (Cloreto de Vinila) 43. Síndrome Nefrítica Aguda (N00.-) 44. Insuficiência Renal Aguda (N17) 45. Efeitos Tóxicos Agudos (T53.-)
XIV — Iodo	1. Conjuntivite (H10) 2. Faringite Aguda ("Angina Aguda", "Dor de Garganta") (J02.9) 3. Laringotraqueíte Aguda (J04.2) 4. Sinusite Crônica (J32.-) 5. Bronquite e Pneumonite devida a produtos químicos, gases, fumaças e vapores ("Bronquite Química Aguda") 6. Edema Pulmonar Agudo devido a produtos químicos, gases, fumaças e vapores ("Edema Pulmonar Químico") (J68.1) 7. Síndrome de Disfunção Reativa das Vias Aéreas (SDVA/RADS) (J68.3) 8. Bronquiolite Obliterante Crônica, Enfisema Crônico Difuso ou Fibrose Pulmonar Crônica (J68.4) 9. Dermatite Alérgica de Contato (L23.-) 10. Efeitos Tóxicos Agudos (T57.8)
XV — Manganês e seus compostos tóxicos	1. Demência em outras doenças específicas classificadas em outros locais (F02.8) 2. Outros transtornos mentais decorrentes de lesão e disfunção cerebrais e de doença física (F06.-) 3. Transtornos de personalidade e de comportamento decorrentes de doença, lesão e de disfunção de personalidade (F07.-) 4. Transtorno Mental Orgânico ou Sintomático não especificado (F09.-) 5. Episódios Depressivos (F32.-) 6. Neurastenia (Inclui "Síndrome de Fadiga") (F48.0) 7. Parkisonismo Secundário (G21.2) 8. Inflamação Coriorretiniana (H30) 9. Bronquite e Pneumonite consequentes de produtos químicos, gases, fumaças e vapores ("Bronquite Química Aguda") (J68.0) 10. Bronquiolite Obliterante Crônica, Enfisema Crônico Difuso ou Fibrose Pulmonar Crônica (J68.4) 11. Efeitos Tóxicos Agudos (T57.2)
XVI — Mercúrio e seus compostos tóxicos	1. Outros transtornos mentais decorrentes de lesão e disfunção cerebrais e de doença física (F06.-) 2. Transtornos de personalidade e de comportamento decorrentes de doença, lesão e de disfunção de personalidade (F07.-) 3. Transtorno Mental Orgânico ou Sintomático não especificado (F09.-) 4. Episódios Depressivos (F32.-) 5. Neurastenia (Inclui "Síndrome de Fadiga") (F48.0) 6. Ataxia Cerebelosa (G11.1)

Agentes Etiológicos ou Fatores de Risco de Natureza Ocupacional	Doenças Causalmente Relacionadas com os Respectivos Agentes ou Fatores de Risco (Denominadas e Codificadas Segundo a Cid-10)
XVI — Mercúrio e seus compostos tóxicos	7. Outras formas especificadas de tremor (G25.2) 8. Transtorno extrapiramidal do movimento não especificado (G25.9) 9. Encefalopatia Tóxica Aguda (G92.1) 10. Encefalopatia Tóxica Crônica (G92.2) 11. Arritmias cardíacas (I49.-) 12. Gengivite Crônica (K05.1) 13. Estomatite Ulcerativa Crônica (K12.1) 14. Dermatite Alérgica de Contato (L23.-) 15. Doença Glomerular Crônica (N03.-) 16. Nefropatia Túbulo-Intersticial induzida por metais pesados (N14.3) 17. Efeitos Tóxicos Agudos (T57.1)
XVII — Substâncias asfixiantes: Monóxido de Carbono, Cianeto de Hidrogênio ou seus derivados tóxicos, Sulfeto de Hidrogênio (Ácido Sulfídrico)	1. Demência em outras doenças específicas classificadas em outros locais (F02.8) 2. Transtornos do nervo olfatório (Inclui "Anosmia") (G52.0) (H2S) 3. Encefalopatia Tóxica Crônica (G92.2) (Sequela) 4. Conjuntivite (H10) (H2S) 5. Queratite e Queratoconjuntivite (H16) 6. Angina Pectoris (I20.-) (CO) 7. Infarto Agudo do Miocárdio (I21.-) (CO) 8. Parada Cardíaca (I46.-) (CO) 9. Arritmias cardíacas (I49.-) (CO) 10. Bronquite e Pneumonite devidas a produtos químicos, gases, fumaças e vapores ("Bronquite Química Aguda") (HCN) 11. Edema Pulmonar Agudo devido a produtos químicos, gases, fumaças e vapores ("Edema Pulmonar Químico") (J68.1) (HCN) 12. Síndrome de Disfunção Reativa das Vias Aéreas (SDVA/RADS) (J68.3) (HCN) 13. Bronquiolite Obliterante Crônica, Enfisema Crônico Difuso ou Fibrose Pulmonar Crônica (J68.4) (HCN; H2S) 14. Efeitos Tóxicos Agudos (T57.3; T58; T59.6)
XVIII — Sílica Livre	1. Neoplasia maligna dos brônquios e do pulmão (C34.-) 2. Cor Pulmonale (I27.9) 3. Outras Doenças Pulmonares Obstrutivas Crônicas (Inclui "Asma Obstrutiva", "Bronquite Crônica", "Bronquite Obstrutiva Crônica") (J44.-) 4. Silicose (J62.8) 5. Pneumoconiose associada com Tuberculose ("Sílico-Tuberculose") (J63.8) 6. Síndrome de Caplan (J99.1; M05.3)
XIX — Sulfeto de Carbono ou Dissulfeto de Carbono	1. Demência em outras doenças específicas classificadas em outros locais (F02.8) 2. Outros transtornos mentais decorrentes de lesão e disfunção cerebrais e de doença física (F06.-) 3. Transtornos de personalidade e de comportamento decorrentes de doença, lesão e de disfunção de personalidade (F07.-) 4. Transtorno Mental Orgânico ou Sintomático não especificado (F09.-) 5. Episódios Depressivos (F32.-) 6. Neurastenia (Inclui "Síndrome de Fadiga") (F48.0) 7. Polineuropatia devida a outros agentes tóxicos (G52.2) 8. Encefalopatia Tóxica Crônica (G92.2)

Agentes Etiológicos ou Fatores de Risco de Natureza Ocupacional	Doenças Causalmente Relacionadas com os Respectivos Agentes ou Fatores de Risco (Denominadas e Codificadas Segundo a Cid-10)
XIX — Sulfeto de Carbono ou Dissulfeto de Carbono	9. Neurite Óptica (H46) 10. Angina Pectoris (I20.-) 11. Infarto Agudo do Miocárdio (I21.-) 12. Ateroesclerose (I70.-) e Doença Ateroesclerótica do Coração (I25.1) 13. Efeitos Tóxicos Agudos (T52.8)
XX — Alcatrão, Breu, Betume, Hulha Mineral, Parafina e produtos ou resíduos dessas substâncias, causadores de epiteliomas primitivos da pele	1. Neoplasia maligna dos brônquios e do pulmão (C34.-) 2. Outras neoplasias malignas da pele (C44.-) 3. Neoplasia maligna da bexiga (C67.-) 4. Dermatite Alérgica de Contato (L23.-) 5. Outras formas de hiperpigmentação pela melanina: "Melanodermia" (L81.4)
XXI — Ruído e afecção auditiva	1. Perda da Audição Provocada pelo Ruído (H83.3) 2. Outras percepções auditivas anormais: Alteração Temporária do Limiar Auditivo, Comprometimento da Discriminação Auditiva e Hiperacusia (H93.2) 3. Hipertensão Arterial (I10.-) 4. Ruptura Traumática do Tímpano (pelo ruído) (S09.2)
XXII — Vibrações (afecções dos músculos, tendões, ossos, articulações, vasos sanguíneos periféricos ou dos nervos periféricos)	1. Síndrome de Raynaud (I73.0) 2. Acrocianose e Acroparestesia (I73.8) 3. Outros transtornos articulares não classificados em outra parte: Dor Articular (M25.5) 4. Síndrome Cervicobraquial (M53.1) 5. Fibromatose da Fascia Palmar: "Contratura ou Moléstia de Dupuytren" (M72.0) 6. Lesões do Ombro (M75.-): Capsulite Adesiva do Ombro (Ombro Congelado, Periartrite do Ombro) (M75.0); Síndrome do Manguito Rotatório ou Síndrome do Supraespinhoso (M75.1); Tendinite Bicipital (M75.2); Tendinite Calcificante do Ombro (M75.3); Bursite do Ombro (M75.5); Outras Lesões do Ombro (M75.8); Lesões do Ombro, não especificadas (M75.9) 7. Outras entesopatias (M77.-): Epicondilite Medial (M77.0); Epicondilite lateral ("Cotovelo de Tenista"); Mialgia (M79.1) 8. Outros transtornos especificados dos tecidos moles (M79.8) 9. Osteonecrose (M87.-): Osteonecrose Devida a Drogas (M87.1); Outras Osteonecroses Secundárias (M87.3) 10. Doença de Kienböck do Adulto (Osteocondrose do Adulto do Semilunar do Carpo) (M93.1) e outras Osteocondropatias especificadas (M93.8)
XXIII — Ar Comprimido	1. Otite Média não supurativa (H65.9) 2. Perfuração da Membrama do Tímpano (H72 ou S09.2) 3. Labirintite (H83.0) 4. Otalgia e Secreção Auditiva (H92.-) 5. Outros transtornos especificados do ouvido (H93.8) 6. Osteonecrose no "Mal dos Caixões" (M90.3) 7. Otite Barotraumática (T70.0) 8. Sinusite Barotraumática (T70.1) 9. "Mal dos Caixões" (Doença da Descompressão) (T70.4) 10. Síndrome devida ao deslocamento de ar de uma explosão (T70.8)

Agentes Etiológicos ou Fatores de Risco de Natureza Ocupacional	Doenças Causalmente Relacionadas com os Respectivos Agentes ou Fatores de Risco (Denominadas e Codificadas Segundo a Cid-10)
XXIV — Radiações Ionizantes	1. Neoplasia maligna da cavidade nasal e dos seios paranasais (C30-C31.-) 2. Neoplasia maligna dos brônquios e do pulmão (C34.-) 3. Neoplasia maligna dos ossos e cartilagens articulares dos membros (Inclui "Sarcoma Ósseo") 4. Outras neoplasias malignas da pele (C44.-) 5. Leucemias (C91-C95.-) 6. Síndromes Mielodisplásicas (D46.-) 7. Anemia Aplástica devida a outros agentes externos (D61.2) 8. Hipoplasia Medular (D61.9) 9. Púrpura e outras manifestações hemorrágicas (D69.-) 10. Agranulocitose (Neutropenia tóxica) (D70) 11. Outros transtornos especificados dos glóbulos brancos: Leucocitose, Reação Leucemoide (D72.8) 12. Polineuropatia induzida pela radiação (G62.8) 13. Blefarite (H01.0) 14. Conjuntivite (H10) 15. Queratite e Queratoconjuntivite (H16) 16. Catarata (H28) 17. Pneumonite por radiação (J70.0 e J70.1) 18. Gastroenterite e Colites tóxicas (K52.-) 19. Radiodermatite (L58.-): Radiodermatite Aguda (L58.0); Radiodermatite Crônica (L58.1); Radiodermatite não especificada (L58.9); Afecções da pele e do tecido conjuntivo relacionadas com a radiação, não especificadas (L59.9) 20. Osteonecrose (M87.-): Osteonecrose Devida a Drogas (M87.1); Outras Osteonecroses Secundárias (M87.3) 21. Infertilidade Masculina (N46) 22. Efeitos Agudos (não especificados) da Radiação (T66)
XXV — Micro-organismos e parasitas infecciosos vivos e seus produtos tóxicos (exposição ocupacional ao agente e/ou transmissor da doença, em profissões e/ou condições de trabalho especificadas)	1. Tuberculose (A15-A19.-) 2. Carbúnculo (A22.-) 3. Brucelose (A23.-) 4. Leptospirose (A27.-) 5. Tétano (A35.-) 6. Psitacose, Ornitose, Doença dos Tratadores de Aves (A70.-) 7. Dengue (A90.-) 8. Febre Amarela (A95.-) 9. Hepatites Virais (B15-B19.-) 10. Doença pelo Vírus da Imunodeficiência Humana (HIV) (B20-B24.-) 11. Dermatofitose (B35.-) e Outras Micoses Superficiais (B36.-) 12. Paracoccidiomicose (Blastomicose Sul-Americana, Blastomicose Brasileira, Doença de Lutz) (B41.-) 13. Malária (B50-B54.-) 14. Leishmaniose Cutânea (B55.1) ou Leishmaniose Cutâneo-Mucosa (B55.2) 15. Pneumonite por Hipersensibilidade a Poeira Orgânica (J67.-); Pulmão do Granjeiro (ou Pulmão do Fazendeiro) (J67.0); Bagaçose (J67.1); Pulmão dos Criadores de Pássaros (J67.2); Suberose (J67.3); Pulmão dos Trabalhadores de Malte (J67.4); Pulmão dos que Trabalham com Cogumelos (J67.5); Doença Pulmonar Devida a Sistemas de Ar Condicionado e de Umidificação do Ar (J67.7); Pneumonites de Hipersensibilidade Devidas a Outras Poeiras Orgânicas (J67.8); Pneumonite de Hipersensibilidade Devida a Poeira Orgânica não especificada (Alveolite Alérgica Extrínseca SOE; Pneumonite de Hipersensibilidade SOE (J67.0) 16. Dermatoses Pápulo-Pustulosas e suas complicações infecciosas (L08.9)

Agentes Etiológicos ou Fatores de Risco de Natureza Ocupacional	**Doenças Causalmente Relacionadas com os Respectivos Agentes ou Fatores de Risco (Denominadas e Codificadas Segundo a Cid-10)**
XXVI — Algodão, Linho, Cânhamo, Sisal	1. Outras Rinites Alérgicas (J30.3) 2. Outras Doenças Pulmonares Obstrutivas Crônicas (Inclui "Asma Obstrutiva", "Bronquite Crônica", "Bronquite Obstrutiva Crônica") (J44.-) 3. Asma (J45.-) 4. Bissinose (J66.0)
XXVII — Agentes físicos, químicos ou biológicos, que afetam a pele, não considerados em outras rubricas	1. Dermatoses Pápulo-Pustulosas e suas complicações infecciosas (L08.9) 2. Dermatite Alérgica de Contato (L23.-) 3. Dermatite de Contato por Irritantes (L24.-) 4. Urticária Alérgica (L50.0) 5. "Urticária Física" (devida ao calor e ao frio) (L50.2) 6. Urticária de Contato (L50.6) 7. Queimadura Solar (L55) 8. Outras Alterações Agudas da Pele devidas à Radiação Ultravioleta (L56.-): Dermatite por Fotocontato (Dermatite de Berloque) (L56.2); Urticária Solar (L56.3); Outras Alterações Agudas Especificadas da Pele devidas à Radiação Ultravioleta (L56.8); Outras Alterações Agudas da Pele devidas à Radiação Ultravioleta, sem outra especificação (L56.9) 9. Alterações da Pele devidas à Exposição Crônica a Radiação Não Ionizante (L57.-): Ceratose Actínica (L57.0); Outras Alterações: Dermatite Solar, "Pele de Fazendeiro", "Pele de Marinheiro" (L57.8) 10. "Cloracne" (L70.8) 11. "Elaioconiose" ou "Dermatite Folicular" (L72.8) 12. Outras formas de hiperpigmentação pela melanina: "Melanodermia" (L81.4) 13. Leucodermia, não classificada em outra parte (Inclui "Vitiligo Ocupacional") (L81.5) 14. Úlcera Crônica da Pele, não classificada em outra parte (L98.4) 15. Geladura (*Frostbite*) Superficial: Eritema Pérnio (T33) (Frio) 16. Geladura (*Frostbite*) com Necrose de Tecidos (T34) (Frio)

ANEXO III – LISTA B[1]

DOENÇAS E OS RESPECTIVOS AGENTES ETIOLÓGICOS (REDAÇÃO DADA PELO DECRETO N. 6.957, DE 2009)

Nota:

1 — As doenças e os respectivos agentes etiológicos ou fatores de risco de natureza ocupacional listados são exemplificativos e complementares.

DOENÇAS INFECCIOSAS E PARASITÁRIAS RELACIONADAS COM O TRABALHO (GRUPO I DA CID-10)

Doenças	Agentes Etiológicos ou Fatores de Risco de Natureza Ocupacional
I — Tuberculose (A15-A19.-)	Exposição ocupacional ao *Mycobacterium tuberculosis* (Bacilo de Koch) ou *Mycobacterium bovis*, em atividades em laboratórios de biologia e atividades realizadas por pessoal de saúde que propiciam contato direto com produtos contaminados ou com doentes cujos exames bacteriológicos são positivos (Z57.8) (Quadro XXV) Hipersuscetibilidade do trabalhador exposto a poeiras de sílica (Sílico-tuberculose) (J65.-)
II — Carbúnculo (A22.-)	Zoonose causada pela exposição ocupacional ao *Bacillus anthracis*, em atividades suscetíveis de colocar os trabalhadores em contato direto com animais infectados ou com cadáveres desses animais; trabalhos artesanais ou industriais com pelos, pele, couro ou lã. (Z57.8) (Quadro XXV)
III — Brucelose (A23.-)	Zoonose causada pela exposição ocupacional a *Brucella melitensis*, *B. abortus*, *B. suis*, *B. canis* etc., em atividades em abatedouros, frigoríficos, manipulação de produtos de carne; ordenha e fabricação de laticínios e atividades assemelhadas. (Z57.8) (Quadro XXV)
IV — Leptospirose (A27.-)	Exposição ocupacional a *Leptospira icterohaemorrhagiae* (e outras espécies), em trabalhos expondo ao contato direto com águas sujas, ou efetuado em locais suscetíveis de serem sujos por dejetos de animais portadores de germes; trabalhos efetuados dentro de minas, túneis, galerias, esgotos em locais subterrâneos; trabalhos em cursos d'água; trabalhos de drenagem; contato com roedores; trabalhos com animais domésticos e com gado; preparação de alimentos de origem animal, de peixes, de laticínios etc. (Z57.8) (Quadro XXV)

1. Lista Anexa ao Decreto n. 3.048, de 6 de maio de 1999. Regulamento da Previdência Social.

Doenças	**Agentes Etiológicos ou Fatores de Risco de Natureza Ocupacional**
V — Tétano (A35.-)	Exposição ao *Clostridium tetani*, em circunstâncias de acidentes do trabalho na agricultura, na construção civil, na indústria, ou em acidentes de trajeto (Z57.8) (Quadro XXV)
VI — Psitacose, Ornitose, Doença dos Tratadores de Aves (A70.-)	Zoonoses causadas pela exposição ocupacional a *Chlamydia psittaci* ou *Chlamydia pneumoniae*, em trabalhos em criadouros de aves ou pássaros, atividades de Veterinária, em zoológicos, e em laboratórios biológicos etc. (Z57.8) (Quadro XXV)
VII — Dengue [Dengue Clássico] (A90.-)	Exposição ocupacional ao mosquito (*Aedes aegypti*), transmissor do arbovírus da Dengue, principalmente em atividades em zonas endêmicas, em trabalhos de saúde pública e em trabalhos de laboratórios de pesquisa, entre outros. (Z57.8) (Quadro XXV)
VIII — Febre Amarela (A95.-)	Exposição ocupacional ao mosquito (*Aedes aegypti*), transmissor do arbovírus da Febre Amarela, principalmente em atividades em zonas endêmicas, em trabalhos de saúde pública e em trabalhos de laboratórios de pesquisa, entre outros. (Z57.8) (Quadro XXV)
IX — Hepatites Virais (B15-B19.-)	Exposição ocupacional ao Vírus da Hepatite A (HAV); Vírus da Hepatite B (HBV); Vírus da Hepatite C (HCV); Vírus da Hepatite D (HDV); Vírus da Hepatite E (HEV), em trabalhos envolvendo manipulação, acondicionamento ou emprego de sangue humano ou de seus derivados; trabalho com "águas usadas" e esgotos; trabalhos em contato com materiais provenientes de doentes ou objetos contaminados por eles. (Z57.8) (Quadro XXV)
X — Doença pelo Vírus da Imunodeficiência Humana (HIV) (B20.-B24.-)	Exposição ocupacional ao Vírus da Imunodeficiência Humana (HIV), principalmente em trabalhadores da saúde, em decorrência de acidentes perfurocortantes com agulhas ou material cirúrgico contaminado, e na manipulação, no acondicionamento ou emprego de sangue ou de seus derivados, e contato com materiais provenientes de pacientes infectados. (Z57.8) (Quadro XXV)
XI — Dermatofitose (B35.-) e Outras Micoses Superficiais (B36.-)	Exposição ocupacional a fungos do gênero *Epidermophyton*, *Microsporum* e *Trichophyton*, em trabalhos em condições de temperatura elevada e umidade (cozinhas, ginásios, piscinas) e outras situações específicas de exposição ocupacional. (Z57.8) (Quadro XXV)
XII — Candidíase (B37.-)	Exposição ocupacional a *Candida albicans*, *Candida glabrata* etc., em trabalhos que requerem longas imersões das mãos em água e irritação mecânica das mãos, tais como trabalhadores de limpeza, lavadeiras, cozinheiras, entre outros. (Z57.8) (Quadro XXV)
XIII — Paracoccidioidomicose (Blastomicose Sul-Americana, Blastomicose Brasileira, Doença de Lutz) (B41.-)	Exposição ocupacional ao *Paracoccidioides brasiliensis*, principalmente em trabalhos agrícolas ou florestais e em zonas endêmicas. (Z57.8) (Quadro XXV)
XIV — Malária (B50 - B54.-)	Exposição ocupacional ao *Plasmodium malariae*; *Plasmodium vivax*; *Plasmodium falciparum* ou outros protozoários, principalmente em atividades de mineração, construção de barragens ou rodovias, em extração de petróleo e outras atividades que obrigam a entrada dos trabalhadores em zonas endêmicas (Z57.8) (Quadro XXV)

Doenças	Agentes Etiológicos ou Fatores de Risco de Natureza Ocupacional
XV — Leishmaniose Cutânea (B55.1) ou Leishmaniose Cutâneo-Mucosa (B55.2)	Exposição ocupacional à *Leishmania braziliensis*, principalmente em trabalhos agrícolas ou florestais e em zonas endêmicas, e outras situações específicas de exposição ocupacional. (Z57.8) (Quadro XXV)

NEOPLASIAS (TUMORES) RELACIONADOS COM O TRABALHO (GRUPO II DA CID-10)

Doenças	Agentes Etiológicos ou Fatores de Risco de Natureza Ocupacional
I — Neoplasia maligna do estômago (C16.-)	Asbesto ou Amianto (X49.-; Z57.2) (Quadro II)
II — Angiossarcoma do fígado (C22.3)	1. Arsênio e seus compostos arsenicais (X48.-; X49.-; Z57.5) (Quadro I) 2. Cloreto de Vinila (X46.-; Z57.5) (Quadro XIII)
III — Neoplasia maligna do pâncreas (C25.-)	1. Cloreto de Vinila (X46.-; Z57.5) (Quadro XIII) 2. Epicloridrina (X49.-; Z57.5) 3. Hidrocarbonetos alifáfitos e aromáticos na Indústria do Petróleo (X46.-; Z57.5)
IV — Neoplasia maligna da cavidade nasal e dos seios paranasais (C30-C31.-)	1. Radiações ionizantes (W88.-; Z57.1) (Quadro XXIV) 2. Níquel e seus compostos (X49.-; Z57.5) 3. Poeiras de madeira e outras poeiras orgânicas da indústria do mobiliário (X49.-; Z57.2) 4. Poeiras da indústria do couro (X49.-; Z57.2) 5. Poeiras orgânicas (na indústria têxtil e em padarias) (X49.-; Z57.2) 6. Indústria do petróleo (X46.-; Z57.5)
V — Neoplasia maligna da laringe (C32.-)	Asbesto ou Amianto (Z57.2) (Quadro II)
VI — Neoplasia maligna dos brônquios e do pulmão (C34.-)	1. Arsênio e seus compostos arsenicais (X48.-; X49.-; Z57.4 e Z57.5) (Quadro I) 2. Asbesto ou Amianto (X49.-; Z57.2) (Quadro II) 3. Berílio (X49.-; Z57.5) (Quadro IV) 4. Cádmio ou seus compostos (X49.-; Z57.5) (Quadro VI) 5. Cromo e seus compostos tóxicos (X49.-; Z57.5) (Quadro X) 6. Cloreto de Vinila (X46.-; Z57.5) (Quadro XIII) 7. Clorometil éteres (X49.-; Z57.5) (Quadro XIII) 8. Sílica livre (Z57.2) (Quadro XVIII) 9. Alcatrão, breu, betume, hulha mineral, parafina e produtos de resíduos dessas substâncias (X49.-; Z57.5) (Quadro XX) 10. Radiações ionizantes (W88.-; Z57.1) (Quadro XXIV) 11. Emissões de fornos de coque (X49.-; Z57.5) 12. Níquel e seus compostos (X49.-; Z57.5) 13. Acrilonitrila (X49.-; Z57.5) 14. Indústria do alumínio (fundições) (X49.-; Z57.5) 15. Neblinas de óleos minerais (óleo de corte) (X49.-; Z57.5) 16. Fundições de metais (X49.-; Z57.5)

Doenças	Agentes Etiológicos ou Fatores de Risco de Natureza Ocupacional
VII — Neoplasia maligna dos ossos e cartilagens articulares dos membros (Inclui "Sarcoma Ósseo") (C40.-)	Radiações ionizantes (W88.-; Z57.1) (Quadro XXIV)
VIII — Outras neoplasias malignas da pele (C44.-)	1. Arsênio e seus compostos arsenicais (X49.-; Z57.4 e Z57.5) (Quadro I) 2. Alcatrão, breu, betume, hulha mineral, parafina e produtos de resíduos dessas substâncias causadores de epiteliomas da pele (X49.-; Z57.5) (Quadro XX) 3. Radiações ionizantes (W88.-; Z57.1) (Quadro XXIV) 4. Radiações ultravioletas (W89; Z57.1)
IX — Mesotelioma (C45.-): Mesotelioma da pleura (C45.0); Mesotelioma do peritônio (C45.1) e Mesotelioma do pericárdio (C45.2)	Asbesto ou Amianto (X49.-; Z57.2) (Quadro II)
X — Neoplasia maligna da bexiga (C67.-)	1. Alcatrão, breu, betume, hulha mineral, parafina e produtos de resíduos dessas substâncias (X49.-; Z57.5 (Quadro XX) 2. Aminas aromáticas e seus derivados (Beta-naftilamina, 2-cloroanilina, benzidina, o-toluidina, 4-cloro-orto-toluidina (X49.-; Z57.5) 3. Emissões de fornos de coque (X49.-; Z57.5)
XI — Leucemias (C91-C95.-)	1. Benzeno (X46.-; Z57.5) (Quadro III) 2. Radiações ionizantes (W88.-; Z57.1) (Quadro XXIV) 3. Óxido de etileno (X49.-; Z57.5) 4. Agentes antineoplásicos (X49.-; Z57.5) 5. Campos eletromagnéticos (W90.-; Z57.5) 6. Agrotóxicos clorados (Clordane e Heptaclor) (X48.-; Z57.4)

DOENÇAS DO SANGUE E DOS ÓRGÃOS HEMATOPOÉTICOS RELACIONADAS COM O TRABALHO (GRUPO III DA CID-10)

Doenças	Agentes Etiológicos ou Fatores de Risco de Natureza Ocupacional
I — Síndromes Mielodisplásicas (D46.-)	1. Benzeno (X46.-; Z57.5) (Quadro III) 2. Radiações ionizantes (W88.-; Z57.1) (Quadro XXIV)
II — Outras anemias devidas a transtornos enzimáticos (D55.8)	Chumbo ou seus compostos tóxicos (X49.-; Z57.5) (Quadro VIII)
III — Anemia Hemolítica adquirida (D59.2)	Derivados nitrados e aminados do Benzeno (X46.-; Z57.5)
IV — Aplástica devida a outros agentes externos (D61.2)	1. Benzeno (X46.-; Z57.5) (Quadro III) 2. Radiações ionizantes (W88.-) (Quadro XXIV)
V — Anemia Aplástica não especificada, Anemia hipoplástica SOE, Hipoplasia medular (D61.9)	1. Benzeno (X46.-; Z57.5) (Quadro III) 2. Radiações ionizantes (W88.-; Z57.1) (Quadro XXIV)
VI — Anemia Sideroblástica secundária a toxinas (Inclui "Anemia Hipocrômica, Microcítica, com Reticulocitose") (D64.2)	Chumbo ou seus compostos tóxicos (X46.-; Z57.5) (Quadro VIII)
VII — Púrpura e outras manifestações hemorrágicas (D69.-)	1. Benzeno (X46.-; Z57.5) (Quadro III) 2. Cloreto de Vinila (X46.-) (Quadro XIII) 3. Radiações ionizantes (W88.-; Z57.1) (Quadro XXIV)

Doenças	Agentes Etiológicos ou Fatores de Risco de Natureza Ocupacional
VIII — Agranulocitose (Neutropenia tóxica) (D70)	1. Benzeno (X46.-; Z57.5) (Quadro III) 2. Radiações ionizantes (W88.-; Z57.1) (Quadro XXIV) 3. Derivados do Fenol, Pentaclorofenol, Hidroxibenzonitrilo (X49.-; XZ57.5)
IX — Outros transtornos especificados dos glóbulos brancos: leucocitose, reação leucemoide (D72.8)	1. Benzeno (X46.-; Z57.5) (Quadro III) 2. Radiações ionizantes (W88.-; Z57.1) (Quadro XXIV)
X — Meta-hemoglobinemia (D74.-)	Aminas aromáticas e seus derivados (X49.-; Z57.5)

DOENÇAS ENDÓCRINAS, NUTRICIONAIS E METABÓLICAS RELACIONADAS COM O TRABALHO (GRUPO IV DA CID-10)

Doenças	Agentes Etiológicos ou Fatores de Risco de Natureza Ocupacional
I — Hipotireoidismo devido a substâncias exógenas (E03.-)	1. Chumbo ou seus compostos tóxicos (X49.-; Z57.5) (Quadro VIII) 2. Hidrocarbonetos halogenados (Clorobenzeno e seus derivados) (X46.-; Z57.5) (Quadro XIII) 3. Tiuracil (X49.-; Z57.5) 4. Tiocinatos (X49.-; Z57.5) 5. Tiureia (X49.-; Z57.5)
II — Outras Porfirias (E.80.2)	Clorobenzeno e seus derivados (X46.-; Z57.4 e Z57.5) (Quadro XIII)

TRANSTORNOS MENTAIS E DO COMPORTAMENTO RELACIONADOS COM O TRABALHO (GRUPO V DA CID-10)

Doenças	Agentes Etiológicos ou Fatores de Risco de Natureza Ocupacional
I — Demência em outras doenças específicas classificadas em outros locais (F02.8)	1. Manganês (X49.-; Z57.5) (Quadro XV) 2. Substâncias asfixiantes: CO, H2S etc. (sequela) (X47.-; Z57.5) (Quadro XVII) 3. Sulfeto de Carbono (X49.-; Z57.5) (Quadro XIX)
II — *Delirium*, não sobreposto à demência, como descrita (F05.0)	1. Brometo de Metila (X46.-; Z57.4 e Z57.5) (Quadro XIII) 2. Sulfeto de Carbono (X49.-; Z57.5) (Quadro XIX)
III — Outros transtornos mentais decorrentes de lesão e disfunção cerebrais e de doença física (F06.-): Transtorno Cognitivo Leve (F06.7)	1. Tolueno e outros solventes aromáticos neurotóxicos (X46.-; Z57.5) (Quadro III) 2. Chumbo ou seus compostos tóxicos (X49.-; Z57.5) (Quadro VIII) 3. Tricloroetileno, Tetracloroetileno, Tricloroetano e outros solventes orgânicos halogenados neurotóxicos (X46.-; Z57.5) (Quadro XIII) 4. Brometo de Metila (X46.-; Z57.4 e Z57.5) (Quadro XIII) 5. Manganês e seus compostos tóxicos (X49.-; Z57.5) (Quadro XV) 6. Mercúrio e seus compostos tóxicos (X49.-; Z57.4 e Z57.5) (Quadro XVI) 7. Sulfeto de Carbono (X49.-; Z57.5) (Quadro XIX) 8. Outros solventes orgânicos neurotóxicos (X46.-; X49.-; Z57.5)

Doenças	Agentes Etiológicos ou Fatores de Risco de Natureza Ocupacional
IV — Transtornos de personalidade e de comportamento decorrentes de doença, lesão e de disfunção de personalidade (F07.-): Transtorno Orgânico de Personalidade (F07.0); Outros transtornos de personalidade e de comportamento decorrentes de doença, lesão ou disfunção cerebral (F07.8)	1. Tolueno e outros solventes aromáticos neurotóxicos (X46.-; Z57.5) (Quadro III) 2. Tricloroetileno, Tetracloroetileno, Tricloroetano e outros solventes orgânicos halogenados neurotóxicos (X46.-; Z57.5) (Quadro XIII) 3. Brometo de Metila (X46.-; Z57.4 e Z57.5) (Quadro XIII) 4. Manganês e seus compostos tóxicos (X49.-; Z57.5) (Quadro XV) 5. Mercúrio e seus compostos tóxicos (X49.-; Z57.4 e Z57.5) (Quadro XVI) 6. Sulfeto de Carbono (X49.-; Z57.5) (Quadro XIX) 7. Outros solventes orgânicos neurotóxicos (X46.-; X49.-; Z57.5)
V — Transtorno Mental Orgânico ou Sintomático não especificado (F09.-)	1. Tolueno e outros solventes aromáticos neurotóxicos (X46.-; Z57.5) (Quadro III) 2. Tricloroetileno, Tetracloroetileno, Tricloroetano e outros solventes orgânicos halogenados neurotóxicos (X46.-; Z57.5) (Quadro XIII) 3. Brometo de Metila (X46.-; Z57.5) (Quadro XIII) 4. Manganês e seus compostos tóxicos (X49.-; Z57.5) (Quadro XV) 5. Mercúrio e seus compostos tóxicos (X49.-; Z57.4 e Z57.5) (Quadro XVI) 6. Sulfeto de Carbono (X49.-; Z57.5) (Quadro XIX) 7. Outros solventes orgânicos neurotóxicos (X46.-; X49.-; Z57.5)
VI — Transtornos mentais e comportamentais devidos ao uso do álcool: Alcoolismo Crônico (Relacionado com o Trabalho) (F10.2)	1. Problemas relacionados com o emprego e com o desemprego: Condições difíceis de trabalho (Z56.5) 2. Circunstância relativa às condições de trabalho (Y96)
VII — Episódios Depressivos (F32.-)	1. Tolueno e outros solventes aromáticos neurotóxicos (X46.-; Z57.5) (Quadro III) 2. Tricloroetileno, Tetracloroetileno, Tricloroetano e outros solventes orgânicos halogenados neurotóxicos (X46.-; Z57.5) (Quadro XIII) 3. Brometo de Metila (X46.-; Z57.4 e Z57.5) (Quadro XIII) 4. Manganês e seus compostos tóxicos (X49.-; Z57.5) (Quadro XV) 5. Mercúrio e seus compostos tóxicos (X49.-; Z57.4 e Z57.5) (Quadro XVI) 6. Sulfeto de Carbono (X49.-; Z57.5)(Quadro XIX) 7. Outros solventes orgânicos neurotóxicos (X46.-; X49.-; Z57.5)
VIII — Reações ao "Stress" Grave e Transtornos de Adaptação (F43.-): Estado de "Stress" Pós-Traumático (F43.1)	1. Outras dificuldades físicas e mentais relacionadas com o trabalho: reação após acidente do trabalho grave ou catastrófico, ou após assalto no trabalho (Z56.6) 2. Circunstância relativa às condições de trabalho (Y96)

Doenças	Agentes Etiológicos ou Fatores de Risco de Natureza Ocupacional
IX — Neurastenia (Inclui "Síndrome de Fadiga") (F48.0)	1. Tolueno e outros solventes aromáticos neurotóxicos (X46.-; Z57.5) (Quadro III) 2. Tricloroetileno, Tetracloroetileno, Tricloroetano e outros solventes orgânicos halogenados (X46.-; Z57.5) (Quadro XIII) 3. Brometo de Metila (X46.-; Z57.4 e Z57.5) (Quadro XIII) 4. Manganês e seus compostos tóxicos (X49.-; Z57.5) (Quadro XV) 5. Mercúrio e seus compostos tóxicos (X49.-; Z57.4 e Z57.5) (Quadro XVI) 6. Sulfeto de Carbono (X49.-; Z57.5) (Quadro XIX) 7. Outros solventes orgânicos neurotóxicos (X46.-; X49.-; Z57.5)
X — Outros transtornos neuróticos especificados (Inclui "Neurose Profissional") (F48.8)	Problemas relacionados com o emprego e com o desemprego (Z56.-): Desemprego (Z56.0); Mudança de emprego (Z56.1); Ameaça de perda de emprego (Z56.2); Ritmo de trabalho penoso (Z56.3); Desacordo com patrão e colegas de trabalho (Condições difíceis de trabalho) (Z56.5); Outras dificuldades físicas e mentais relacionadas com o trabalho (Z56.6)
XI — Transtorno do Ciclo Vigília-Sono Devido a Fatores Não Orgânicos (F51.2)	1. Problemas relacionados com o emprego e com o desemprego: má adaptação à organização do horário de trabalho (Trabalho em Turnos ou Trabalho Noturno) (Z56.6) 2. Circunstância relativa às condições de trabalho (Y96)
XII — Sensação de Estar Acabado ("Síndrome de *Burn-Out*", "Síndrome do Esgotamento Profissional") (Z73.0)	1. Ritmo de trabalho penoso (Z56.3) 2. Outras dificuldades físicas e mentais relacionadas com o trabalho (Z56.6)

DOENÇAS DO SISTEMA NERVOSO RELACIONADAS COM O TRABALHO (GRUPO VI DA CID-10)

Doenças	Agentes Etiológicos ou Fatores de Risco de Natureza Ocupacional
I — Ataxia Cerebelosa (G11.1)	Mercúrio e seus compostos tóxicos (X49.-; Z57.4 e Z57.5) (Quadro XVI)
II — Parkinsonismo Secundário devido a outros agentes externos (G21.2)	Manganês e seus compostos tóxicos (X49.-; Z57.5) (Quadro XV)
III — Outras formas especificadas de tremor (G25.2)	1. Brometo de metila (X46.-; Z57.4 e Z57.5) (Quadro XIII) 2. Tetracloroetano (X46.-; Z57.5) (Quadro XIII) 3. Mercúrio e seus compostos tóxicos (X49.-; Z57.4 e Z57.5) (Quadro XVI) 4. Outros solventes orgânicos neurotóxicos (X46.-; X49.-; Z57.5)
IV — Transtorno extrapiramidal do movimento não especificado (G25.9)	1. Mercúrio e seus compostos tóxicos (X49.-; Z57.4 e Z57.5) (Quadro XVI) 2. Cloreto de metileno (Diclorometano) e outros solventes halogenados neurotóxicos (X46.-; Z57.5) (Quadro XIII)
V — Distúrbios do Ciclo Vigília-Sono (G47.2)	Problemas relacionados com o emprego e com o desemprego: Má adaptação à organização do horário de trabalho (Trabalho em Turnos ou Trabalho Noturno) (Z56.6)

Doenças	Agentes Etiológicos ou Fatores de Risco de Natureza Ocupacional
VI — Transtornos do nervo trigêmio (G50.-)	Tricloroetileno e outros solventes halogenados neurotóxicos (X46.-; Z57.5) (Quadro XIII)
VII — Transtornos do nervo olfatório (G52.0) (Inclui "Anosmia")	1. Cádmio ou seus compostos (X49.-; Z57.5) (Quadro VI) 2. Sulfeto de hidrogênio (X49.-; Z57.5) (Quadro XVII)
VIII — Transtornos do plexo braquial (Síndrome da Saída do Tórax, Síndrome do Desfiladeiro Torácico) (G54.0)	Posições forçadas e gestos repetitivos (Z57.8)
IX — Mononeuropatias dos Membros Superiores (G56.-): Síndrome do Túnel do Carpo (G56.0); Outras Lesões do Nervo Mediano: Síndrome do Pronador Redondo (G56.1); Síndrome do Canal de Guyon (G56.2); Lesão do Nervo Cubital (ulnar): Síndrome do Túnel Cubital (G56.2); Lesão do Nervo Radial (G56.3); Outras Mononeuropatias dos Membros Superiores: Compressão do Nervo Supraescapular (G56.8)	Posições forçadas e gestos repetitivos (Z57.8)
X — Mononeuropatias do membro inferior (G57.-): Lesão do Nervo Poplíteo Lateral (G57.3)	Posições forçadas e gestos repetitivos (Z57.8)
XI — Polineuropatia devida a outros agentes tóxicos (G62.2)	1. Arsênio e seus compostos arsenicais (X49.-; Z57.4 e Z57.5) (Quadro I) 2. Chumbo e seus compostos tóxicos (X49.-; Z57.5) (Quadro VIII) 3. Fósforo (X48.-; X49.-; Z57.4 e Z57.5) (Quadro XII) 4. Sulfeto de Carbono (X49.-; Z57.5) (Quadro XIX) 5. n-Hexano (X46.-; Z57.5) (Quadro XIII) 6. Metil-n-Butil Cetona (MBK) (X46.-; Z57.5)
XII — Polineuropatia induzida pela radiação (G62.8)	Radiações ionizantes (X88.-; Z57.1) (Quadro XXIV)
XIII — Encefalopatia Tóxica Aguda (G92.1)	1. Arsênio e seus compostos arsenicais (X49.-; Z57.4 e Z57.5) (Quadro I) 2. Chumbo e seus compostos tóxicos (X49.-; Z57.5) (Quadro VIII) 3. Hidrocarbonetos alifáticos ou aromáticos (seus derivados halogenados neurotóxicos) (X46.-; Z57.5) (Quadro XIII) 4. Mercúrio e seus derivados tóxicos (X49.-; Z57.4 e Z57.5) (Quadro XVI)
XIV — Encefalopatia Tóxica Crônica (G92.2)	1. Tolueno e Xileno (X46.-; Z57.5) (Quadro III) 2. Chumbo e seus compostos tóxicos (X49.-; Z57.5) (Quadro VIII) 3. Solventes orgânicos halogenados neurotóxicos (X46.-; Z57.5) (Quadro XIII) 4. Mercúrio e seus compostos tóxicos (X49.-; Z57.5) (Quadro XVI) 5. Substâncias asfixiantes: CO, H2S etc. (sequela) (X47.-; Z57.5) (Quadro XVII) 6. Sulfeto de Carbono (X49.-; Z57.5) (Quadro XIX)

DOENÇAS DO OLHO E ANEXOS RELACIONADAS COM O TRABALHO (GRUPO VII DA CID-10)

Doenças	Agentes Etiológicos ou Fatores de Risco de Natureza Ocupacional
I — Blefarite (H01.0)	1. Arsênio e seus compostos arsenicais (X49.-; Z57.4 e Z57.5) (Quadro I) 2. Radiações Ionizantes (W88.-; Z57.1) (Quadro XXIV) 3. Cimento (X49.-; Z57.2)
II — Conjuntivite (H10)	1. Arsênio e seus compostos arsenicais (X49.-; Z57.4 e Z57.5) (Quadro I) 2. Berílio e seus compostos tóxicos (X49.-; Z57.5) (Quadro IV) 3. Flúor e seus compostos tóxicos (X49.-) (Quadro XI) 4. Iodo (X49.-; Z57.5) (Quadro XIV) 5. Cloreto de etila (X46.-; Z57.5) (Quadro XIII) 6. Tetracloreto de carbono (X46.-; Z57.5) (Quadro XIII) 7. Outros solventes halogenados tóxicos (X46.-; Z57.4 e Z57.5) (Quadro XIII) 8. Ácido sulfídrico (Sulfeto de hidrogênio) (X49.-; Z57.5) (Quadro XVII) 9. Radiações ionizantes (W88.-; Z57.1) (Quadro XXIV) 10. Radiações Ultravioletas (W89; Z57.1) 11. Acrilatos (X49.-; Z57.5) 12. Cimento (X49.-; Z57.2) 13. Enzimas de origem animal, vegetal ou bacteriana (X44.-; Z57.2) 14. Furfural e Álcool Furfurílico (X45.-; Z57.5) 15. Isocianatos orgânicos (X49.-; Z57.5) 16. Selênio e seus compostos (X49.-; Z57.5)
III — Queratite e Queratoconjuntivite (H16)	1. Arsênio e seus compostos arsenicais (X49.-; Z57.4 e Z57.5) (Quadro I) 2. Ácido sulfídrico (Sulfeto de hidrogênio) (X49.-; Z57.5) (Quadro XVII) 3. Radiações ionizantes (W88.-; Z57.1) (Quadro XXIV) 4. Radiações Infravermelhas (W90.-; Z57.1) 5. Radiações Ultravioletas (W89.-; Z57.1)
IV — Catarata (H28)	1. Radiações ionizantes (W88.-; Z57.1) (Quadro XXIV) 2. Radiações Infravermelhas (W90.-; Z57.1)
V — Inflamação Coriorretiniana (H30)	Manganês e seus compostos tóxicos (X49.-; Z57.5) (Quadro XV)
VI — Neurite Óptica (H46)	1. Brometo de metila (X46.-; Z57.4 e Z57.5) (Quadro XIII) 2. Cloreto de metileno (Diclorometano) e outros solventes clorados neurotóxicos (X46.-; Z57.5) (Quadro XIII) 3. Tetracloreto de carbono (X46.-; Z57.5) (Quadro XIII) 4. Sulfeto de carbono (X49.-; Z57.5) (Quadro XIX) 5. Metanol (X45.-; Z57.5)
VII — Distúrbios visuais subjetivos (H53.-)	1. Brometo de metila (X46.-; Z57.4 e Z57.5) (Quadro XIII) 2. Cloreto de metileno e outros solventes clorados neurotóxicos (X46.-; Z57.5) (Quadro XIII)

DOENÇAS DO OUVIDO RELACIONADAS COM O TRABALHO (GRUPO VIII DA CID-10)

Doenças	Agentes Etiológicos ou Fatores de Risco de Natureza Ocupacional
I — Otite Média não supurativa (H65.9)	1. "Ar Comprimido" (W94.-; Z57.8) (Quadro XXIII) 2. Pressão atmosférica inferior à pressão padrão (W94.-; Z57.8)
II — Perfuração da Membrana do Tímpano (H72 ou S09.2)	1. "Ar Comprimido" (W94.-; Z57.8) (Quadro XXIII) 2. Pressão atmosférica inferior à pressão padrão (W94.-; Z57.8)
III — Outras vertigens periféricas (H81.3)	Cloreto de metileno e outros solventes halogenados tóxicos (X46.-; Z57.5) (Quadro XIII)
IV — Labirintite (H83.0)	1. Brometo de metila (X46.-; Z57.4 e Z57.5) (Quadro XIII) 2. "Ar Comprimido" (W94.-; Z57.8) (Quadro XXIII)
V — Efeitos do ruído sobre o ouvido interno/ Perda da Audição Provocada pelo Ruído e Trauma Acústico (H83.3)	Exposição ocupacional ao Ruído (Z57.0; W42.-) (Quadro XXI)
VI — Hipoacusia Ototóxica (H91.0)	1. Homólogos do Benzeno otoneurotóxicos (Tolueno e Xileno) (X46.-; Z57.5) (Quadro III) 2. Solventes orgânicos otoneurotóxicos (X46.-; Z57.8) (Quadro XIII)
VII — Otalgia e Secreção Auditiva (H92.-): Otalgia (H92.0), Otorreia (H92.1) ou Otorragia (H92.2)	"Ar Comprimido" (W94.-; Z57.8) (Quadro XXIII)
VIII — Outras percepções auditivas anormais: Alteração Temporária do Limiar Auditivo, Comprometimento da Discriminação Auditiva e Hiperacusia (H93.2)	Exposição ocupacional ao Ruído (Z57.0; X42.-) (Quadro XXI)
IX — Outros transtornos especificados do ouvido (H93.8)	1. Brometo de metila (X46.-; Z57.4 e Z57.5) (Quadro XIII) 2. "Ar Comprimido" (W94.-; Z57.8) (Quadro XXIII)
X — Otite Barotraumática (T70.0)	1. "Ar Comprimido" (W94.-; Z57.8) (Quadro XXIII) 2. Alterações na pressão atmosférica ou na pressão da água no ambiente (W94.-; Z57.8)
XI — Sinusite Barotraumática (T70.1)	1. "Ar Comprimido" (W94.-; Z57.8) (Quadro XXIII) 2. Alterações na pressão atmosférica ou na pressão da água no ambiente (W94.-; Z57.8)
XII — "Mal dos Caixões" (Doença de Descompressão) (T70.4)	1. "Ar Comprimido" (W94.-; Z57.8) (Quadro XXIII) 2. Alterações na pressão atmosférica ou na pressão da água no ambiente (W94.-)
XIII — Síndrome devida ao deslocamento de ar de uma explosão (T70.8)	1. "Ar Comprimido" (W94.-; Z57.8) (Quadro XXIII) 2. Alterações na pressão atmosférica ou na pressão da água no ambiente (W94.-; Z57.8)

DOENÇAS DO SISTEMA CIRCULATÓRIO RELACIONADAS COM O TRABALHO (GRUPO IX DA CID-10)

Doenças	Agentes Etiológicos ou Fatores de Risco de Natureza Ocupacional
I — Hipertensão Arterial (I10.-)	1. Chumbo ou seus compostos tóxicos (X49.-; Z57.5) (Quadro VIII) 2. Exposição ocupacional ao Ruído (Z57.0; X42.-) (Quadro XXI) 3. Problemas relacionados com o emprego e com o desemprego (Z56.-)
II — Angina Pectoris (I20.-)	1. Monóxido de Carbono (X47.-; Z57.5) (Quadro XVII) 2. Sulfeto de Carbono (X49.-; Z57.5) (Quadro XIX) 3. Nitroglicerina e outros ésteres do ácido nítrico (X49.-; Z57.5) 4. Problemas relacionados com o emprego e com o desemprego (Z56.-)
III — Infarto Agudo do Miocárdio (I21.-)	1. Monóxido de Carbono (X47.-; Z57.5) (Quadro XVII) 2. Sulfeto de Carbono (X49.-; Z57.5) (Quadro XIX) 3. Nitroglicerina e outros ésteres do ácido nítrico (X49.-; Z57.5) 4. Problemas relacionados com o emprego e com o desemprego (Z56.-)
IV — Cor Pulmonale SOE ou Doença Cardiopulmonar Crônica (I27.9)	Complicação evolutiva das pneumoconioses graves, principalmente Silicose (Z57.2) (Quadro XVIII)
V — Placas epicárdicas ou pericárdicas (I34.8)	Asbesto ou Amianto (W83.-; Z57.2) (Quadro II)
VI — Parada Cardíaca (I46.-)	1. Derivados halogenados dos hidrocarbonetos alifáticos (X46.-) (Quadro XIII) 2. Monóxido de Carbono (X47.-; Z57.5) (Quadro XVII) 3. Outros agentes potencialmente causadores de arritmia cardíaca (Z57.5)
VII — Arritmias cardíacas (I49.-)	1. Arsênio e seus compostos arsenicais (X49.-; Z57.5) (Quadro I) 2. Chumbo ou seus compostos tóxicos (X49.-; Z57.5) (Quadro VIII) 3. Derivados halogenados dos hidrocarbonetos alifáticos (X46.-; Z57.5) (Quadro XIII) 4. Mercúrio e seus compostos tóxicos (X49.-; Z57.5) (Quadro XVI) 5. Monóxido de Carbono (X47.-; Z57.5) (Quadro XVII) 6. Agrotóxicos organofosforados e carbamatos (X48; Z57.4) (Quadros XII e XXVII) 7. Exposição ocupacional a Cobalto (X49.-; Z57.5) 8. Nitroglicerina e outros ésteres do ácido nítrico (X49.-; Z57.5) 9. Problemas relacionados com o emprego e com o desemprego (Z56.-)
VIII — Ateroesclerose (I70.-) e Doença Ateroesclerótica do Coração (I25.1)	Sulfeto de carbono (X49.-; Z57.5) (Quadro XIX)

Doenças	Agentes Etiológicos ou Fatores de Risco de Natureza Ocupacional
IX — Síndrome de Raynaud (I73.0)	1. Cloreto de vinila (X46.-; Z57.5) (Quadro XIII) 2. Vibrações localizadas (W43.-; Z57.7) (Quadro XXII) 3. Trabalho em baixas temperaturas (frio) (W93.-; Z57.6)
X — Acrocianose e Acroparestesia (I73.8)	1. Cloreto de vinila (X46.-; Z57.5) (Quadro XIII) 2. Vibrações localizadas (W43.-; Z57.7) (Quadro XXII) 3. Trabalho em baixas temperaturas (frio) (W93.-; Z57.6)

DOENÇAS DO SISTEMA RESPIRATÓRIO RELACIONADAS COM O TRABALHO (GRUPO X DA CID-10)

Doenças	Agentes Etiológicos ou Fatores de Risco de Natureza Ocupacional
I — Faringite Aguda, não especificada ("Angina Aguda", "Dor de Garganta") (J02.9)	1. Bromo (X49.-; Z57.5) (Quadro V) 2. Iodo (X49.-; Z57.5) (Quadro XIV)
II — Laringotraqueíte Aguda (J04.2)	1. Bromo (X49.-; Z57.5) (Quadro V) 2. Iodo (X49.-; Z57.5) (Quadro XIV)
III — Outras Rinites Alérgicas (J30.3)	1. Carbonetos metálicos de tungstênio sinterizados (X49.-; Z57.2 e Z57.5) (Quadro VII) 2. Cromo e seus compostos tóxicos (X49.-; Z57.5) (Quadro X) 3. Poeiras de algodão, linho, cânhamo ou sisal (Z57.2) (Quadro XXVI) 4. Acrilatos (X49.-; Z57.5) 5. Aldeído fórmico e seus polímeros (X49.-; Z57.5) 6. Aminas aromáticas e seus derivados (X49.-; Z57.5) 7. Anidrido ftálico (X49.-; Z57.5) 8. Azodicarbonamida (X49.-; Z57.5) 9. Carbetos de metais duros: cobalto e titânio (Z57.2) 10. Enzimas de origem animal, vegetal ou bacteriana (X44.-; Z57.3) 11. Furfural e Álcool Furfurílico (X45.-; Z57.5) 12. Isocianatos orgânicos (X49.-; Z57.5) 13. Níquel e seus compostos (X49.-; Z57.5) 14. Pentóxido de vanádio (X49.-; Z57.5) 15. Produtos da pirólise de plásticos, cloreto de vinila, teflon (X49.-; Z57.5) 16. Sulfitos, bissulfitos e persulfatos (X49.-; Z57.5) 17. Medicamentos: macrólidos; ranetidina; penicilina e seus sais; cefalosporinas (X44.-; Z57.3) 18. Proteínas animais em aerossóis (Z57.3) 19. Outras substâncias de origem vegetal (cereais, farinhas, serragem etc.) (Z57.2) 20. Outras susbtâncias químicas sensibilizantes da pele e das vias respiratórias (X49.-; Z57.2) (Quadro XXVII)

Doenças	Agentes Etiológicos ou Fatores de Risco de Natureza Ocupacional
IV — Rinite Crônica (J31.0)	1. Arsênico e seus compostos arsenicais (X49.-; Z57.4 e Z57.5) (Quadro I) 2. Cloro gasoso (X47.-; Z57.5) (Quadro IX) 3. Cromo e seus compostos tóxicos (X49.-) (Quadro X) 4. Gás de flúor e Fluoreto de Hidrogênio (X47.-; Z57.5) (Quadro XI) 5. Amônia (X47.-; Z57.5) 6. Anidrido sulfuroso (X49.-; Z57.5) 7. Cimento (Z57.2) 8. Fenol e homólogos (X46.-; Z57.5) 9. Névoas de ácidos minerais (X47.-; Z57.5) 10. Níquel e seus compostos (X49.-; Z57.5) 11. Selênio e seus compostos (X49.-; Z57.5)
V — Faringite Crônica (J31.2)	Bromo (X49.-; Z57.5) (Quadro V)
VI — Sinusite Crônica (J32.-)	1. Bromo (X49.-; Z57.5) (Quadro V) 2. Iodo (X49.-; Z57.5) (Quadro XIV)
VII — Ulceração ou Necrose do Septo Nasal (J34.0)	1. Arsênio e seus compostos arsenicais (X49.-; Z57.4 e Z57.5) (Quadro I) 2. Cádmio ou seus compostos (X49.-; Z57.5) (Quadro VI) 3. Cromo e seus compostos tóxicos (X49.-; Z57.5) (Quadro X) 4. Soluções e aerossóis de Ácido Cianídrico e seus derivados (X47.-; Z57.5) (Quadro XVII)
VIII — Perfuração do Septo Nasal (J34.8)	1. Arsênio e seus compostos arsenicais (X49.-; Z57.4 e Z57.5) (Quadro I) 2. Cromo e seus compostos tóxicos (X49.-; Z57.5) (Quadro X)
IX — Laringotraqueíte Crônica (J37.1)	Bromo (X49.-; Z57.5) (Quadro V)
X — Outras Doenças Pulmonares Obstrutivas Crônicas (Inclui: "Asma Obstrutiva", "Bronquite Crônica", "Bronquite Asmática", "Bronquite Obstrutiva Crônica") (J44.-)	1. Cloro gasoso (X47.-; Z57.5) (Quadro IX) 2. Exposição ocupacional à poeira de sílica livre (Z57.2-) (Quadro XVIII) 3. Exposição ocupacional a poeiras de algodão, linho, cânhamo ou sisal (Z57.2) (Quadro XXVI) 4. Amônia (X49.-; Z57.5) 5. Anidrido sulfuroso (X49.-; Z57.5) 6. Névoas e aerossóis de ácidos minerais (X47.-; Z57.5) 7. Exposição ocupacional a poeiras de carvão mineral (Z57.2)
XI — Asma (J45.-)	Mesma lista das substâncias sensibilizantes produtoras de Rinite Alérgica (X49.-; Z57.2, Z57.4 e Z57.5)
XII — Pneumoconiose dos Trabalhadores do Carvão (J60.-)	1. Exposição ocupacional a poeiras de carvão mineral (Z57.2) 2. Exposição ocupacional a poeiras de sílica livre (Z57.2) (Quadro XVIII)
XIII — Pneumoconiose devida ao Asbesto (Asbestose) e a outras fibras minerais (J61.-)	Exposição ocupacional a poeiras de asbesto ou amianto (Z57.2) (Quadro II)
XIV — Pneumoconiose devida à poeira de Sílica (Silicose) (J62.8)	Exposição ocupacional a poeiras de sílica livre (Z57.2) (Quadro XVIII)
XV — Beriliose (J63.2)	Exposição ocupacional a poeiras de berílio e seus compostos tóxicos (Z57.2) (Quadro IV)
XVI — Siderose (J63.4)	Exposição ocupacional a poeiras de ferro (Z57.2)

Doenças	**Agentes Etiológicos ou Fatores de Risco de Natureza Ocupacional**
XVII — Estanhose (J63.5)	Exposição ocupacional a poeiras de estanho (Z57.2)
XVIII — Pneumoconiose devida a outras poeiras inorgânicas especificadas (J63.8)	1. Exposição ocupacional a poeiras de carboneto de tungstênio (Z57.2) (Quadro VII) 2. Exposição ocupacional a poeiras de carbetos de metais duros (Cobalto, Titânio etc.) (Z57.2) 3. Exposição ocupacional à rocha fosfática (Z57.2) 4. Exposição ocupacional a poeiras de alumina (Al2O3) ("Doença de Shaver") (Z57.2)
XIX — Pneumoconiose associada com Tuberculose ("Sílico-Tuberculose") (J65.-)	Exposição ocupacional a poeiras de sílica-livre (Z57.2) (Quadro XVIII)
XX — Doenças das vias aéreas devidas a poeiras orgânicas (J66.-); Bissinose (J66.0), devidas a outras poeiras orgânicas especificadas (J66.8)	Exposição ocupacional a poeiras de algodão, linho, cânhamo, sisal (Z57.2) (Quadro XXVI)
XXI — Pneumonite por Hipersensibilidade a Poeira Orgânica (J67.-): Pulmão do Granjeiro (ou Pulmão do Fazendeiro) (J67.0); Bagaçose (J67.1); Pulmão dos Criadores de Pássaros (J67.2); Suberose (J67.3); Pulmão dos Trabalhadores de Malte (J67.4); Pulmão dos que Trabalham com Cogumelos (J67.5); Doença Pulmonar Devida a Sistemas de Ar Condicionado e de Umidificação do Ar (J67.7); Pneumonites de Hipersensibilidade Devidas a Outras Poeiras Orgânicas (J67.8); Pneumonite de Hipersensibilidade Devida a Poeira Orgânica não especificada (Alveolite Alérgica Extrínseca SOE); Pneumonite de Hipersensibilidade SOE (J67.0)	1. Exposição ocupacional a poeiras contendo micro-organismos e parasitas infecciosos vivos e seus produtos tóxicos (Z57.2) (Quadro XXV) 2. Exposição ocupacional a outras poeiras orgânicas (Z57.2)
XXII — Bronquite e Pneumonite devida a produtos químicos, gases, fumaças e vapores ("Bronquite Química Aguda") (J68.0)	1. Berílio e seus compostos tóxicos (X49.-; Z57.5) (Quadro IV) 2. Bromo (X49.-; Z57.5) (Quadro V) 3. Cádmio ou seus compostos (X49.-; Z57.5) (Quadro VI) 4. Gás cloro (X47.-; Z57.5) (Quadro IX) 5. Flúor ou seus compostos tóxicos (X47.-; Z57.5) (Quadro XI) 6. Solventes halogenados irritantes respiratórios (X46.-; Z57.5) (Quadro XIII) 7. Iodo (X49.-; Z57.5) (Quadro XIV) 8. Manganês e seus compostos tóxicos (X49.-; Z57.5) (Quadro XV) 9. Cianeto de hidrogênio (X47.-; Z57.5) (Quadro XVII)
XXIII — Edema Pulmonar Agudo devido a produtos químicos, gases, fumaças e vapores (Edema Pulmonar Químico) (J68.1)	1. Berílio e seus compostos tóxicos (X49.-; Z57.5) (Quadro IV) 2. Bromo (X49.-; Z57.5) (Quadro V) 3. Cádmio ou seus compostos (X49.-; Z57.5) (Quadro VI) 4. Gás cloro (X47.-; Z57.5) (Quadro IX) 5. Flúor e seus compostos (X47.-; Z57.5) (Quadro XI) 6. Solventes halogenados irritantes respiratórios (X46.-; Z57.5) (Quadro XIII) 7. Iodo (X49.-; Z57.5) (Quadro XIV) 8. Cianeto de hidrogênio (X47.-; Z57.5) (Quadro XVII)

Doenças	Agentes Etiológicos ou Fatores de Risco de Natureza Ocupacional
XXIV — Síndrome de Disfunção Reativa das Vias Aéreas (SDVA/RADS) (J68.3)	1. Bromo (X49.-; Z57.5) (Quadro V) 2. Cádmio ou seus compostos (X49.-; Z57.5) (Quadro VI) 3. Gás Cloro (X47.-; Z57.5) (Quadro IX) 4. Solventes halogenados irritantes respiratórios (X46.-; Z57.5) (Quadro XIII) 5. Iodo (X49.-; Z57.5) (Quadro XIV) 6. Cianeto de hidrogênio (X47.-; Z57.5) (Quadro XVII) 7. Amônia (X49.-; Z57.5)
XXV — Afeccções respiratórias crônicas devidas à inalação de gases, fumos, vapores e substâncias químicas: Bronquiolite Obliterante Crônica, Enfisema Crônico Difuso, Fibrose Pulmonar Crônica (J68.4)	1. Arsênico e seus compostos arsenicais (X49.-; Z57.4 e Z57.5) (Quadro I) 2. Berílio e seus compostos (X49.-; Z57.5) (Quadro IV) 3. Bromo (X49.-; Z57.5) (Quadro V) 4. Cádmio ou seus compostos (X49.-; Z57.5) (Quadro VI) 5. Gás cloro (X47.-; Z57.5) (Quadro IX) 6. Flúor e seus compostos (X47.-; Z57.5) (Quadro XI) 7. Solventes halogenados irritantes respiratórios (X46.-; Z57.5) (Quadro XIII) 8. Iodo (X49.-; Z57.5) (Quadro XIV) 9. Manganês e seus compostos tóxicos (X49.-; Z57.5) (Quadro XV) 10. Cianeto de hidrogênio (X47.-; Z57.5) (Quadro XVII) 11. Ácido sulfídrico (Sulfeto de hidrogênio) (X47.-; Z57.5) (Quadro XVII) 12. Carbetos de metais duros (X49.-; Z57.5) 13. Amônia (X49.-; Z57.5) 14. Anidrido sulfuroso (X49.-; Z57.5) 15. Névoas e aerossóis de ácidos minerais (X47.-; Z57.5) 16. Acrilatos (X49.-; Z57.5) 17. Selênio e seus compostos (X49.-; Z57.5)
XXVI — Pneumonite por Radiação (manifestação aguda) (J70.0) e Fibrose Pulmonar Consequente a Radiação (manifestação crônica) (J70.1)	Radiações ionizantes (W88.-; Z57.1) (Quadro XXIV)
XXVII — Derrame pleural (J90.-)	Exposição ocupacional a poeiras de Asbesto ou Amianto (Z57.2) (Quadro II)
XXVIII — Placas pleurais (J92.-)	Exposição ocupacional a poeiras de Asbesto ou Amianto (Z57.2) (Quadro II)
XXIX — Enfisema intersticial (J98.2)	Cádmio ou seus compostos (X49.-; Z57.5) (Quadro VI)
XXX — Transtornos respiratórios em outras doenças sistêmicas do tecido conjuntivo classificadas em outra parte (M05.3): "Síndrome de Caplan" (J99.1)	1. Exposição ocupacional a poeiras de Carvão Mineral (Z57.2) 2. Exposição ocupacional a poeiras de Sílica livre (Z57.2) (Quadro XVIII)

DOENÇAS DO SISTEMA DIGESTIVO RELACIONADAS COM O TRABALHO (GRUPO XI DA CID-10)

Doenças	Agentes Etiológicos ou Fatores de Risco de Natureza Ocupacional
I — Erosão Dentária (K03.2)	1. Névoas de fluoretos ou seus compostos tóxicos (X47.-; Z57.5) (Quadro XI) 2. Exposição ocupacional a outras névoas ácidas (X47.-; Z57.5)
II — Alterações pós-eruptivas da cor dos tecidos duros dos dentes (K03.7)	1. Névoas de Cádmio ou seus compostos (X47.-; Z57.5) (Quadro VI) 2. Exposição ocupacional a metais: Cobre, Níquel, Prata (X47.-; Z57.5)
III — Gengivite Crônica (K05.1)	Mercúrio e seus compostos tóxicos (X49.-; Z57.5) (Quadro XVI)
IV — Estomatite Ulcerativa Crônica (K12.1)	1. Arsênio e seus compostos arsenicais (X49.-; Z57.5) (Quadro I) 2. Bromo (X49.-; Z57.5) (Quadro XII) 3. Mercúrio e seus compostos tóxicos (X49.-; Z57.5) (Quadro XVI)
V — Gastroenterite e Colite tóxicas (K52.-)	1. Arsênio e seus compostos arsenicais (X49.-; Z57.5) (Quadro I) 2. Cádmio ou seus compostos (X49.-; Z57.5) (Quadro VI) 3. Radiações ionizantes (W88.-; Z57.1) (Quadro XXIV)
VI — Outros transtornos funcionais do intestino ("Síndrome dolorosa abdominal paroxística apirética, com estado suboclusivo: "cólica do chumbo") (K59.8)	Chumbo ou seus compostos tóxicos (X49.-; Z57.5) (Quadro VIII)
VII — Doença Tóxica do Fígado (K71.-): Doença Tóxica do Fígado, com Necrose Hepática (K71.1); Doença Tóxica do Fígado, com Hepatite Aguda (K71.2); Doença Tóxica do Fígado com Hepatite Crônica Persistente (K71.3); Doença Tóxica do Fígado com Outros Transtornos Hepáticos (K71.8)	1. Cloreto de Vinila, Clorobenzeno, Tetracloreto de Carbono, Clorofórmio e outros solventes halogenados hepatotóxicos (X46.- e X48.-; Z57.4 e Z57.5) (Quadro XIII) 2. Hexaclorobenzeno (HCB) (X48.-; Z57.4 e Z57.5) 3. Bifenilas policloradas (PCBs) (X49.-; Z57.4 e Z57.5) 4. Tetraclorodibenzodioxina (TCDD) (X49.-)
VIII — Hipertensão Portal (K76.6)	1. Arsênio e seus compostos arsenicais (X49.-; Z57.4 e Z57.5) (Quadro I) 2. Cloreto de Vinila (X46.-; Z57.5) (Quadro XIII) 3. Tório (X49.-; Z57.5)

DOENÇAS DA PELE E DO TECIDO SUBCUTÂNEO RELACIONADAS COM O TRABALHO (GRUPO XII DA CID-10)

Doenças	Agentes Etiológicos ou Fatores de Risco de Natureza Ocupacional
I — Outras Infecções Locais da Pele e do Tecido Subcutâneo: "Dermatoses Pápulo-Pustulosas e suas complicações infecciosas" (L08.9)	1. Cromo e seus compostos tóxicos (Z57.5) (Quadro X) 2. Hidrocarbonetos alifáticos ou aromáticos (seus derivados tóxicos) (Z57.5) (Quadro XIII) 3. Micro-organismos e parasitas infecciosos vivos e seus produtos tóxicos (Z57.5) (Quadro XXV) 4. Outros agentes químicos ou biológicos que afetem a pele, não considerados em outras rubricas (Z57.5) (Quadro XXVII)
II — Dermatite Alérgica de Contato devida a metais (L23.0)	1. Cromo e seus compostos tóxicos (Z57.5) (Quadro X) 2. Mercúrio e seus compostos tóxicos (Z57.5) (Quadro XVI)
III — Dermatite Alérgica de Contato devida a adesivos (L23.1)	Adesivos, em exposição ocupacional (Z57.5) (Quadro XXVII)
IV — Dermatite Alérgica de Contato devida a cosméticos (fabricação/manipulação) (L23.2)	Fabricação/manipulação de cosméticos (Z57.5) (Quadro XXVII)
V — Dermatite Alérgica de Contato devida a drogas em contato com a pele (L23.3)	Drogas, em exposição ocupacional (Z57.5) (Quadro XXVII)
VI — Dermatite Alérgica de Contato devida a corantes (L23.4)	Corantes, em exposição ocupacional (Z57.5) (Quadro XXVII)
VII — Dermatite Alérgica de Contato devida a outros produtos químicos (L23.5)	1. Cromo e seus compostos tóxicos (Z57.5) (Quadro X) 2. Fósforo ou seus produtos tóxicos (Z57.5) (Quadro XII) 3. Iodo (Z57.5) (Quadro XIV) 4. Alcatrão, Breu, Betume, Hulha Mineral, Parafina ou resíduos dessas substâncias (Z57.8) (Quadro XX) 5. Borracha (Z57.8) (Quadro XXVII) 6. Inseticidas (Z57.5) (Quadro XXVII) 7. Plásticos (Z57.8) (Quadro XXVII)
VIII — Dermatite Alérgica de Contato devida a alimentos em contato com a pele (fabricação/ manipulação) (L23.6)	Fabricação/manipulação de alimentos (Z57.5) (Quadro XXVII)
IX — Dermatite Alérgica de Contato devida a plantas (não inclui plantas usadas como alimentos) (L23.7)	Manipulação de plantas, em exposição ocupacional (Z57.8) (Quadro XXVII)
X — Dermatite Alérgica de Contato devida a outros agentes (causa externa especificada) (L23.8)	Agentes químicos, não especificados anteriormente, em exposição ocupacional (Z57.5) (Quadro XXVII)
XI — Dermatite de Contato por Irritantes devida a Detergentes (L24.0)	Detergentes, em exposição ocupacional (Z57.5) (Quadro XXVII)
XII — Dermatite de Contato por Irritantes devida a Óleos e Gorduras (L24.1)	Óleos e gorduras, em exposição ocupacional (Z57.5) (Quadro XXVII)
XIII — Dermatite de Contato por Irritantes devida a Solventes: Cetonas, Ciclohexano, Compostos do Cloro, Ésteres, Glicol, Hidrocarbonetos (L24.2)	1. Benzeno (X46.-; Z57.5) (Quadro III) 2. Hidrocarbonetos aromáticos ou alifáticos ou seus derivados halogenados tóxicos (Z57.5) (Quadro XIII)
XIV — Dermatite de Contato por Irritantes devida a Cosméticos (L24.3)	Cosméticos, em exposição ocupacional (Z57.5) (Quadro XXVII)

Doenças	Agentes Etiológicos ou Fatores de Risco de Natureza Ocupacional
XV — Dermatite de Contato por Irritantes devida a Drogas em contato com a pele (L24.4)	Drogas, em exposição ocupacional (Z57.5) (Quadro XXVII)
XVI — Dermatite de Contato por Irritantes devida a outros produtos químicos: Arsênio, Berílio, Bromo, Cromo, Cimento, Flúor, Fósforo, Inseticidas (L24.5)	1. Arsênio e seus compostos arsenicais (Z57.5) (Quadro I) 2. Berílio e seus compostos tóxicos (Z57.5) (Quadro IV) 3. Bromo (Z57.5) (Quadro V) 4. Cromo e seus compostos tóxicos (Z57.5) (Quadro X) 5. Flúor ou seus compostos tóxicos (Z57.5) (Quadro XI) 6. Fósforo (Z57.5) (Quadro XII)
XVII — Dermatite de Contato por Irritantes devida a alimentos em contato com a pele (L24.6)	Alimentos, em exposição ocupacional (Z57.8) (Quadro XXVII)
XVIII — Dermatite de Contato por Irritantes devida a plantas, exceto alimentos (L24.7)	Plantas, em exposição ocupacional (Z57.8) (Quadro XXVII)
XIX — Dermatite de Contato por Irritantes devida a outros agentes: corantes (L24.8)	Agentes químicos, não especificados anteriormente, em exposição ocupacional (Z57.5) (Quadro XXVII)
XX — Urticária Alérgica (L50.0)	Agrotóxicos e outros produtos químicos (X48.-; Z57.4 e Z57.5) (Quadro XXVII)
XXI — Urticária devida ao Calor e ao Frio (L50.2)	Exposição ocupacional a calor e frio (W92,-; W93.-; Z57.6) (Quadro XXVII)
XXII — Urticária de Contato (L50.6)	Exposição ocupacional a agentes químicos, físicos e biológicos que afetam a pele (X49.-; Z57.4 e Z57.5) (Quadro XXVII)
XXIII — Queimadura Solar (L55)	Exposição ocupacional a radiações actínicas (X32.-; Z57.1) (Quadro XXVII)
XXIV — Outras Alterações Agudas da Pele devidas à Radiação Ultravioleta (L56.-): Dermatite por Fotocontato (Dermatite de Berloque) (L56.2); Urticária Solar (L56.3); Outras Alterações Agudas Especificadas da Pele devidas à Radiação Ultravioleta (L56.8); Outras Alterações Agudas da Pele devidas à Radiação Ultravioleta, sem outra especificação (L56.9);	Radiação Ultravioleta (W89.-; Z57.1) (Quadro XXVII)
XXV — Alterações da Pele devidas à Exposição Crônica à Radiação Não Ionizante (L57.-): Ceratose Actínica (L57.0); Outras alterações: Dermatite Solar, "Pele de Fazendeiro", "Pele de Marinheiro" (L57.8)	Radiações não ionizantes (W89.-; X32.-; Z57.1) (Quadro XXVII)
XXVI — Radiodermatite (L58.-): Radiodermatite Aguda (L58.0); Radiodermatite Crônica (L58.1); Radiodermatite, não especificada (L58.9); Afecções da pele e do tecido conjuntivo relacionadas com a radiação, não especificadas (L59.9)	Radiações ionizantes (W88.-; Z57.1) (Quadro XXIV)
XXVII — Outras formas de Acne: "Cloracne" (L70.8)	1. Derivados halogenados dos hidrocarbonetos aromáticos, monoclorobenzeno, monobromobenzeno, hexaclorobenzeno (X46.; Z57.5) (Quadro XIII) 2. Derivados do fenol, pentaclorofenol e do hidrobenzonitrilo (X49.-; Z57.4 e Z57.5) (Quadro XXVII) 3. Policloretos de bifenila (PCBs) (X49.-; Z57.4 e Z57.5) (Quadro XXVII)
XXVIII — Outras formas de Cistos Foliculares da Pele e do Tecido Subcutâneo: "Elaioconiose" ou "Dermatite Folicular" (L72.8)	Óleos e gorduras de origem mineral ou sintéticos (X49.-; Z57.5) (Quadro XXVII)

Doenças	Agentes Etiológicos ou Fatores de Risco de Natureza Ocupacional
XXIX — Outras formas de hiperpigmentação pela melanina: "Melanodermia" (L81.4)	1. Arsênio e seus compostos arsenicais (X49.-; Z57.4 e Z57.5) (Quadro I) 2. Clorobenzeno e Diclorobenzeno (X46.-; Z57.4 e Z57.5) (Quadro XIII) 3. Alcatrão, Breu, Betume, Hulha Mineral, Parafina, Creosoto, Piche, Coaltar ou resíduos dessas substâncias (Z57.8) (Quadro XX) 4. Antraceno e Dibenzoantraceno (Z57.5) (Quadro XX) 5. Bismuto (X44.-; Z57.5) (Quadro XXVII) 6. Citostáticos (X44.-; Z57.5) (Quadro XXVII) 7. Compostos nitrogenados: Ácido nítrico, Dinitrofenol (X49.-; Z57.5) (Quadro XXVII) 8. Naftóis adicionados a corantes (X49,-; Z57.5) (Quadro XXVII) 9. Óleos de corte (Z57.5) (Quadro XXVII) 10. Parafenilenodiamina e seus derivados (X49.-; Z57.5) (Quadro XXVII) 11. Poeira de determinadas madeiras (Z57.3) (Quadro XXVII) 12. Quinino e seus derivados (Z57.5) (Quadro XXVII) 13. Sais de ouro (X44.-; Z57.5) (Quadro XXVII) 14. Sais de prata (Sequelas de Dermatite Crônica de Contato) (X44.-; Z57.5) (Quadro XXVII)
XXX — Leucodermia, não classificada em outra parte (Inclui "Vitiligo Ocupacional") (L81.5)	1. Arsênio e seus compostos (X49.-; Z57.4 e Z57.5) (Quadro I) 2. Hidroquinona e ésteres derivados (X49.-; Z57.5) (Quadro XXVII) 3. Monometil éter de hidroquinona (MBEH) (X49.-; Z57.5) (Quadro XXVII) 4. para-Aminofenol (X49.-; Z57.5) (Quadro XXVII) 5. para-Butilfenol (X49.-; Z57.5) (Quadro XXVII) 6. para-Cresol (X49.-; Z57.5) (Quadro XXVII) 7. Catecol e Pirocatecol (X49.-; Z57.5) (Quadro XXVII) 8. Clorofenol (X46.-; Z57.4 e Z57.5) (Quadro XXVII)
XXXI — Outros transtornos especificados da pigmentação: "Porfiria Cutânea Tardia" (L81.8)	Derivados halogenados dos hidrocarbonetos aromáticos: mi-nocloro-benzeno, monobromo-benzeno, hexaclorobenzeno (X46.-; Z57.4 e Z57.5) (Quadro XIII)
XXXII — Ceratose Palmar e Plantar Adquirida (L85.1)	Arsênio e seus compostos arsenicais (X49.-; Z57.4 e Z57.5) (Quadro I)
XXXIII — Úlcera Crônica da Pele, não classificada em outra parte (L98.4)	1. Cromo e seus compostos tóxicos (Z57.5) (Quadro X) 2. Enzimas de origem animal, vegetal ou bacteriana (Z57.8) (Quadro XXVII)
XXXIV — Geladura (*Frostbite*) Superficial (T33): Eritema Pérnio	1. Cloreto de etila (anestésico local) (W93.-; Z57.6) (Quadro XIII) 2. Frio (X31.-; W93.-; Z57.6) (Quadro XXVII)
XXXV — Geladura (*Frostbite*) com Necrose de Tecidos (T34)	1. Cloreto de etila (anestésico local) (W93.-; Z57.6) (Quadro XIII) 2. Frio (X31.-; W93.-; Z57.6) (Quadro XXVII)

DOENÇAS DO SISTEMA OSTEOMUSCULAR E DO TECIDO CONJUNTIVO, RELACIONADAS COM O TRABALHO (GRUPO XIII DA CID-10)

Doenças	Agentes Etiológicos ou Fatores de Risco de Natureza Ocupacional
I — Artrite Reumatoide associada a Pneumoconiose dos Trabalhadores do Carvão (J60.-): "Síndrome de Caplan" (M05.3)	1. Exposição ocupacional a poeiras de carvão mineral (Z57.2) 2. Exposição ocupacional a poeiras de sílica livre (Z57.2) (Quadro XVIII)
II — Gota induzida pelo chumbo (M10.1)	Chumbo ou seus compostos tóxicos (X49.-; Z57.5) (Quadro VIII)
III — Outras Artroses (M19.-)	Posições forçadas e gestos repetitivos (Z57.8)
IV — Outros transtornos articulares não classificados em outra parte: Dor Articular (M25.5)	1. Posições forçadas e gestos repetitivos (Z57.8) 2. Vibrações localizadas (W43.-; Z57.7) (Quadro XXII)
V — Síndrome Cervicobraquial (M53.1)	1. Posições forçadas e gestos repetitivos (Z57.8) 2. Vibrações localizadas (W43.-; Z57.7) (Quadro XXII)
VI — Dorsalgia (M54.-): Cervicalgia (M54.2); Ciática (M54.3); Lumbago com Ciática (M54.4)	1. Posições forçadas e gestos repetitivos (Z57.8) 2. Ritmo de trabalho penoso (Z56.3) 3. Condições difíceis de trabalho (Z56.5)
VII — Sinovites e Tenossinovites (M65.-): Dedo em Gatilho (M65.3); Tenossinovite do Estiloide Radial (De Quervain) (M65.4); Outras Sinovites e Tenossinovites (M65.8); Sinovites e Tenossinovites não especificadas (M65.9)	1. Posições forçadas e gestos repetitivos (Z57.8) 2. Ritmo de trabalho penoso (Z56.3) 3. Condições difíceis de trabalho (Z56.5)
VIII — Transtornos dos tecidos moles relacionados com o uso, o uso excessivo e a pressão, de origem ocupacional (M70.-): Sinovite Crepitante Crônica da mão e do punho (M70.0); Bursite da Mão (M70.1); Bursite do Olécrano (M70.2); Outras Bursites do Cotovelo (M70.3); Outras Bursites Pré-rotulianas (M70.4); Outras Bursites do Joelho (M70.5); Outros transtornos dos tecidos moles relacionados com o uso, o uso excessivo e a pressão (M70.8); Transtorno não especificado dos tecidos moles, relacionados com o uso, o uso excessivo e a pressão (M70.9).	1. Posições forçadas e gestos repetitivos (Z57.8) 2. Ritmo de trabalho penoso (Z56.3) 3. Condições difíceis de trabalho (Z56.5)
IX — Fibromatose da Fáscia Palmar: "Contratura ou Moléstia de Dupuytren" (M72.0)	1. Posições forçadas e gestos repetitivos (Z57.8) 2. Vibrações localizadas (W43.-; Z57.7) (Quadro XXII)
X — Lesões do Ombro (M75.-): Capsulite Adesiva do Ombro (Ombro Congelado, Periartrite do Ombro) (M75.0); Síndrome do Manguito Rotatório ou Síndrome do Supraespinhoso (M75.1); Tendinite Bicipital (M75.2); Tendinite Calcificante do Ombro (M75.3); Bursite do Ombro (M75.5); Outras Lesões do Ombro (M75.8); Lesões do Ombro não especificadas (M75.9)	1. Posições forçadas e gestos repetitivos (Z57.8) 2. Ritmo de trabalho penoso (Z56) 3. Vibrações localizadas (W43.-; Z57.7) (Quadro XXII)
XI — Outras entesopatias (M77.-): Epicondilite Medial (M77.0); Epicondilite lateral ("Cotovelo de Tenista"); Mialgia (M79.1)	1. Posições forçadas e gestos repetitivos (Z57.8) 2. Vibrações localizadas (W43.-; Z57.7) (Quadro XXII)
XII — Outros transtornos especificados dos tecidos moles (M79.8)	1. Posições forçadas e gestos repetitivos (Z57.8) 2. Vibrações localizadas (W43.-; Z57.7) (Quadro XXII)

Doenças	Agentes Etiológicos ou Fatores de Risco de Natureza Ocupacional
XIII — Osteomalácia do Adulto induzida por drogas (M83.5)	1. Cádmio ou seus compostos (X49.-) (Quadro VI) 2. Fósforo e seus compostos (Sesquissulfeto de Fósforo) (X49.-; Z57.5) (Quadro XII)
XIV — Fluorose do Esqueleto (M85.1)	Flúor e seus compostos tóxicos (X49.-; Z57.5) (Quadro XI)
XV — Osteonecrose (M87.-): Osteonecrose devida a drogas (M87.1); Outras Osteonecroses secundárias (M87.3)	1. Fósforo e seus compostos (Sesquissulfeto de Fósforo) (X49.-; Z57.5) (Quadro XII) 2. Vibrações localizadas (W43.-; Z57.7) (Quadro XXII) 3. Radiações ionizantes (Z57.1) (Quadro XXIV)
XVI — Osteólise (M89.5) (de falanges distais de quirodáctilos)	Cloreto de Vinila (X49.-; Z57.5) (Quadro XIII)
XVII — Osteonecrose no "Mal dos Caixões" (M90.3)	"Ar Comprimido" (W94.-; Z57.8) (Quadro XXIII)
XVIII — Doença de Kienböck do Adulto (Osteocondrose do Adulto do Semilunar do Carpo) (M93.1) e outras Osteocondropatias especificadas (M93.8)	Vibrações localizadas (W43.-; Z57.7) (Quadro XXII)

DOENÇAS DO SISTEMA GENITURINÁRIO RELACIONADAS COM O TRABALHO (GRUPO XIV DA CID-10)

Doenças	Agentes Etiológicos ou Fatores de Risco de Natureza Ocupacional
I — Síndrome Nefrítica Aguda (N00.-)	Hidrocarbonetos alifáticos halogenados nefrotóxicos (X46.-; Z57.5) (Quadro XIII)
II — Doença Glomerular Crônica (N03.-)	Mercúrio e seus compostos tóxicos (X49.-; Z57.5) (Quadro XVI)
III — Nefropatia túbulo-intersticial induzida por metais pesados (N14.3)	1. Cádmio ou seus compostos (X49.-; Z57.5) (Quadro VI) 2. Chumbo ou seus compostos tóxicos (X49.-; Z57.5) (Quadro VIII) 3. Mercúrio e seus compostos tóxicos (X49.-; Z57.4 e Z57.5) (Quadro XVI)
IV — Insuficiência Renal Aguda (N17)	Hidrocarbonetos alifáticos halogenados nefrotóxicos (X46.-; Z57.5) (Quadro XIII)
V — Insuficiência Renal Crônica (N18)	Chumbo ou seus compostos (X49.-; Z57.5) (Quadro VIII)
VI — Cistite Aguda (N30.0)	Aminas aromáticas e seus derivados (X49.-; Z57.5)
VII — Infertilidade Masculina (N46)	1. Chumbo ou seus compostos tóxicos (X49.-; Z57.5) (Quadro VIII) 2. Radiações ionizantes (W88.-: Z57.1) (Quadro XXIV) 3. Chlordecone (X48.-; Z57.4) 4. Dibromocloropropano (DBCP) (X48.-; Z57.4 e Z57.5) 5. Calor (trabalho em temperaturas elevadas) (Z57.6)

TRAUMATISMOS, ENVENENAMENTOS E ALGUMAS OUTRAS CONSEQUÊNCIAS DE CAUSAS EXTERNAS RELACIONADOS COM O TRABALHO (GRUPO XIX DA CID-10)

Doenças	Agentes Etiológicos ou Fatores de Risco de Natureza Ocupacional
I — Efeitos tóxicos de Solventes Orgânicos (T52.-): Álcoois (T51.8) e Cetonas (T52.4); Benzeno, Tolueno e Xileno (T52.1 e T52.2); Derivados halogenados dos Hidrocarbonetos Alifáticos e Aromáticos (T53): Tetracloreto de Carbono (T53.0); Clorofórmio (T53.1); Tricloroetileno (T53.2); Tetracloroetileno (T53.3); Dicloroetano (T53.4); Cloroflúor-carbonos (T53.5); Outros derivados halogenados de hidrocarbonetos alifáticos (T53.6); Outros derivados halogenados de hidrocarbonetos aromáticos (T53.7); Derivados halogenados de hidrocarbonetos alifáticos e aromáticos não especificados (T53.9); Sulfeto de Carbono (T65.4)	Exposição ocupacional a agentes tóxicos em outras indústrias (Z57.5)
II — Efeito tóxico de Substâncias Corrosivas (T54): Fenol e homólogos do fenol (T54.0); Flúor e seus compostos (T65.8); Selênio e seus compostos (T56.8); Outros compostos orgânicos corrosivos (T54.1); Ácidos corrosivos e substâncias ácidas similares (T54.2); Álcalis cáusticos e substâncias alcalinas similares (T54.3); Efeito tóxico de substância corrosiva não especificada (T54.9).	Exposição ocupacional a agentes tóxicos em outras indústrias (Z57.5)
III — Efeito tóxico de Metais (T56): Arsênico e seus compostos (T57.0); Cádmio e seus compostos (T56.3); Chumbo e seus compostos (T56.0); Cromo e seus compostos (T56.2); Manganês e seus compostos (T57.2); Mercúrio e seus compostos (T56.1); Outros metais (T56.8); Metal não especificado (T56.9).	Exposição ocupacional a agentes tóxicos em outras indústrias (Z57.5)
IV — Asfixiantes Químicos (T57-59): Monóxido de Carbono (T58); Ácido cianídrico e cianetos (T57.3); Sulfeto de hidrogênio (T59.6); Aminas aromáticas e seus derivados (T65.3)	Exposição ocupacional a agentes tóxicos em outras indústrias (Z57.5)
V — Praguicidas (Pesticidas, "Agrotóxicos") (T60): Organofosforados e Carbamatos (T60.0); Halogenados (T60.1); Outros praguicidas (T60.2)	Exposição ocupacional a agentes tóxicos na Agricultura (Z57.4)
VI — Efeitos da Pressão do Ar e da Pressão da Água (T70): Barotrauma Otítico (T70.0); Barotrauma Sinusal (T70.1); Doença Descompressiva ("Mal dos Caixões") (T70.3); Outros efeitos da pressão do ar e da água (T70.8).	Exposição ocupacional a pressões atmosféricas anormais (W94.-; Z57.8)

ANEXO IV
LISTA DE DOENÇAS RELACIONADAS AO TRABALHO

LISTA A – AGENTES E/OU FATORES DE RISCO COM RESPECTIVAS DOENÇAS RELACIONADAS AO TRABALHO[1] (PORTARIA GM/MS N. 5.674, DE 1º DE NOVEMBRO DE 2024)

LISTA A – Agentes e/ou Fatores de Risco com respectivas Doenças Relacionadas ao Trabalho (Parte I)

Agentes e/ou Fatores de Risco Físicos	CID10	Doença Relacionada ao Trabalho
Níveis de pressão sonora elevados no trabalho	H83.3	Efeitos do ruído sobre o ouvido interno
	I10	Hipertensão essencial (primária)
Radiações ionizantes – iodo radioativo – incluindo iodo-131 em atividades de trabalho	C08	Neoplasia maligna de outras glândulas salivares maiores e as não especificadas
	C40	Neoplasia maligna dos ossos e cartilagens articulares dos membros
	C41	Neoplasia maligna dos ossos e das cartilagens articulares de outras localizações e de localizações não especificadas
	C49	Neoplasia maligna do tecido conjuntivo e de outros tecidos moles
	C73	Neoplasia maligna da glândula tireoide
Radiações ionizantes – plutônio em atividades de trabalho	C22	Neoplasia maligna do fígado e das vias biliares intra-hepáticas
	C34	Neoplasia maligna dos brônquios e dos pulmões
	C40	Neoplasia maligna dos ossos e cartilagens articulares dos membros
	C41	Neoplasia maligna dos ossos e das cartilagens articulares de outras localizações e de localizações não especificadas
Radiações ionizantes – produtos de fissão, incluindo estrôncio-90; e/ou fósforo-32; e/ou tório-232 e produtos de seu decaimento em atividades de trabalho	C82	Linfoma não-Hodgkin, folicular (nodular)
	C83	Linfoma não-Hodgkin difuso

1. A exposição aos agentes e/ou fatores de risco podem desencadear doenças relacionadas ao trabalho.

Agentes e/ou Fatores de Risco Físicos	CID10	Doença Relacionada ao Trabalho
	C84	Linfomas de células T cutâneas e periféricas
	C85	Linfoma não-Hodgkin de outros tipos e de tipo não especificado
	C91	Leucemia linfoide
	C92	Leucemia mieloide
	C93	Leucemia monocítica
	C94	Outras leucemias de células de tipo especificado
	C95	Leucemia de tipo celular não especificado
Radiações ionizantes – rádio-222 e produtos de seu decaimento em atividades de trabalho	C34	Neoplasia maligna dos brônquios e dos pulmões
Radiações ionizantes – rádio-224 e produtos de seu decaimento em atividades de trabalho	C40	Neoplasia maligna dos ossos e cartilagens articulares dos membros
	C41	Neoplasia maligna dos ossos e das cartilagens articulares de outras localizações e de localizações não especificadas
Radiações ionizantes – rádio-226 e/ou rádio-228, e produtos de seu decaimento em atividades de trabalho	C30.0	Neoplasia maligna da cavidade nasal
	C31	Neoplasia maligna dos seios da face
	C40	Neoplasia maligna dos ossos e cartilagens articulares dos membros
	C41	Neoplasia maligna dos ossos e das cartilagens articulares de outras localizações e de localizações não especificadas
Radiações ionizantes -radônio em atividades de trabalho	C34	Neoplasia maligna dos brônquios e dos pulmões
Radiações ionizantes – raios-X e/ou gama em atividades de trabalho	C08	Neoplasia maligna de outras glândulas salivares maiores e as não especificadas
	C15	Neoplasia maligna do esôfago
	C16	Neoplasia maligna do estômago
	C18	Neoplasia maligna do cólon
	C20	Neoplasia maligna do reto
	C22	Neoplasia maligna do fígado e das vias biliares intra-hepáticas
	C25	Neoplasia maligna do pâncreas
	C34	Neoplasia maligna dos brônquios e dos pulmões
	C40	Neoplasia maligna dos ossos e cartilagens articulares dos membros
	C41	Neoplasia maligna dos ossos e das cartilagens articulares de outras localizações e de localizações não especificadas
	C44	Outras neoplasias malignas da pele
	C50	Neoplasia maligna da mama
	C56	Neoplasia maligna de ovário

Agentes e/ou Fatores de Risco Físicos	CID10	Doença Relacionada ao Trabalho
	C61	Neoplasia maligna da próstata
	C64	Neoplasia maligna do rim, exceto pelve renal
	C67	Neoplasia maligna da bexiga
	C71	Neoplasia maligna do encéfalo
	C72	Neoplasia maligna da medula espinhal, dos nervos cranianos e de outras partes do sistema nervoso central
	C73	Neoplasia maligna da glândula tireoide
	C82	Linfoma não-Hodgkin, folicular (nodular)
	C83	Linfoma não-Hodgkin difuso
	C84	Linfomas de células T cutâneas e periféricas
	C85	Linfoma não-Hodgkin de outros tipos e de tipo não especificado
	C91	Leucemia linfoide
	C92	Leucemia mieloide
	C93	Leucemia monocítica
	C94	Outras leucemias de células de tipo especificado
	C95	Leucemia de tipo celular não especificado
Radiações ionizantes tório-232 e produtos de seu decaimento em atividades de trabalho	C22	Neoplasia maligna do fígado e das vias biliares intra-hepáticas
	C23	Neoplasia maligna da vesícula biliar
	C25	Neoplasia maligna do pâncreas
	C61	Neoplasia maligna da próstata
	C64	Neoplasia maligna do rim, exceto pelve renal
Radiações ionizantes em atividades de trabalho	D46	Síndromes Mielodisplásicas
	D61.2	Anemia Aplástica devida a outros agentes externos
	D61.9	Anemia aplástica não especificada
	D69	Púrpura e outras afecções hemorrágicas
	D70	Agranulocitose
	D72.8	Outros transtornos especificados dos glóbulos brancos
	G62.8	Outras polineuropatias especificadas
	H01.0	Blefarite
	H10	Conjuntivite
	H16	Ceratite
	H28	Catarata e outros transtornos do cristalino em doenças classificadas em outra parte
	J70.0	Manifestações pulmonares agudas devidas à radiação
	J70.1	Manifestações pulmonares crônicas e outras, devidas a radiação

Agentes e/ou Fatores de Risco Físicos	CID10	Doença Relacionada ao Trabalho
	K52	Outras gastroenterites e colites não-infecciosas
	L58	Radiodermatite
	L58.0	Radiodermatite aguda
	L58.1	Radiodermatite crônica
	L58.9	Radiodermatite, não especificada
	L59.9	Afecções da pele e do tecido subcutâneo relacionadas com a radiação, não especificadas
	M87	Osteonecrose
	M87.1	Osteonecrose devida a drogas
	M87.3	Outras osteonecroses secundárias
	N46	Infertilidade masculina
	N97	Infertilidade feminina
	T66	Efeitos não especificados de radiação
Radiações não ionizantes (campos eletromagnéticos de radiofrequência – incluindo os provenientes de telefone sem fio) em atividades de trabalho	C71	Neoplasia maligna do encéfalo
	C72	Neoplasia maligna da medula espinhal, dos nervos cranianos e de outras partes do sistema nervoso central
Radiações não ionizantes (infravermelha) em atividades de trabalho	C43	Melanoma maligno da pele
	H11.0	Pterígio
	H16	Ceratite
	H16.2	Ceratoconjuntivite
	H26	Outras cataratas
	H28	Catarata e outros transtornos do cristalino em doenças classificadas em outra parte
	L55	Queimadura solar
	L56.3	Urticária solar
	L57.0	Ceratose actínica
Radiações não ionizantes (micro-ondas) em atividades de trabalho	H26	Outras cataratas
Radiações não ionizantes (ultravioleta) em atividades de trabalho	C00	Neoplasia maligna do lábio
	C43	Melanoma maligno da pele
	C44	Outras neoplasias malignas da pele
	C69	Neoplasia maligna do olho e anexos
	H10	Conjuntivite
	H11.0	Pterígio
	H16	Ceratite
	H16.2	Ceratoconjuntivite
	H26	Outras cataratas

Agentes e/ou Fatores de Risco Físicos	CID10	Doença Relacionada ao Trabalho
	H28	Catarata e outros transtornos do cristalino em doenças classificadas em outra parte
	L55	Queimadura solar
	L56	Outras alterações Agudas da Pele devidas a radiação ultravioleta
	L56.2	Dermatite por fotocontato (Dermatite do berloque)
	L56.3	Urticária solar
	L57.0	Ceratose actínica
Radiações não ionizantes em atividades de trabalho	L57.8	Outras alterações da pele devidas a exposição crônica à radiação não-ionizante
Trabalho em altas temperaturas	L50.2	Urticária devida a frio e a calor
	N46	Infertilidade masculina
	T67	Efeitos do calor e da luz
Trabalho em baixas temperaturas	I73.0	Síndrome de Raynaud
	I73.8	Outras doenças vasculares periféricas especificadas
	L50.2	Urticária devida a frio e a calor
	T33	Geladura superficial
	T34	Geladura com necrose de tecidos
Umidade em atividades de trabalho	L60	Afecções das unhas
Variação de pressão ambiental no trabalho	H65.9	Otite média não-supurativa, não especificada
	H72	Perfuração da membrana do tímpano
	H83.0	Labirintite
	H93.8	Outros transtornos especificados do ouvido
	M90.3	Osteonecrose em "mal dos caixões"
	T70.0	Otite barotraumática
	T70.1	Sinusite barotraumática
	T70.3	Mal dos caixões [doença de descompressão]
Vibração em atividades de trabalho	I73.0	Síndrome de *Raynaud*
	I73.8	Outras doenças vasculares periféricas especificadas
	M16	Coxartrose [artrose do quadril]
	M17	Gonartrose [artrose do joelho]
	M19	Outras artroses
	M50	Transtornos dos discos cervicais
	M50.0	Transtorno do disco cervical com mielopatia
	M50.1	Transtorno do disco cervical com radiculopatia
	M50.2	Outro deslocamento de disco cervical
	M50.3	Outra degeneração de disco cervical
	M50.8	Outros transtornos de discos cervicais
	M50.9	Transtorno não especificado de disco cervical

Agentes e/ou Fatores de Risco Físicos	CID10	Doença Relacionada ao Trabalho
	M51	Outros transtornos de discos intervertebrais
	M51.0	Transtornos de discos lombares e de outros discos intervertebrais com mielopatia
	M51.1	Transtornos de discos lombares e de outros discos intervertebrais com radiculopatia
	M51.2	Outros deslocamentos discais intervertebrais especificados
	M51.3	Outra degeneração especificada de disco intervertebral,
	M51.8	Outros transtornos especificados de discos intervertebrais
	M53.1	Síndrome cervicobraquial
	M54	Dorsalgia
	M54.2	Cervicalgia
	M54.3	Ciática
	M54.4	Lumbago com ciática
	M54.5	Dor lombar baixa
	M70	Transtornos dos tecidos moles relacionados com o uso, o uso excessivo e a pressão
	M72.0	Fibromatose de fáscia palmar [Dupuytren]
	M75	Lesões do ombro
	M75.0	Capsulite adesiva do ombro
	M75.1	Síndrome do manguito rotador
	M75.2	Tendinite bicipital
	M75.3	Tendinite calcificante do ombro
	M75.5	Bursite do ombro
	M75.8	Outras lesões do ombro
	M75.9	Lesão não especificada do ombro
	M77	Outras entesopatias
	M77.0	Epicondilite medial
	M77.1	Epicondilite lateral
	M77.8	Outras entesopatias não classificadas em outra parte
	M79.8	Outros transtornos especificados dos tecidos moles
	M84.3	Fratura de fadiga ("*stress*") não classificadas em outra parte
	M87.1	Osteonecrose devida a drogas
	M87.3	Outras osteonecroses secundárias
	M93.1	Doença de Kienböck do adulto
	M93.8	Outras osteocondropatias, especificadas

LISTA A – Agentes e/ou Fatores de Risco com respectivas Doenças Relacionadas ao Trabalho (Parte II)

Agentes e/ou Fatores de Risco Químicos	CID10	Doença Relacionada ao Trabalho
1,2-dicloropropano em atividades de trabalho	C22	Neoplasia maligna do fígado e das vias biliares intra-hepáticas
1,3-butadieno em atividades de trabalho	C82	Linfoma não-Hodgkin, folicular (nodular)
	C83	Linfoma não-Hodgkin difuso
	C84	Linfomas de células T cutâneas e periféricas
	C85	Linfoma não-Hodgkin de outros tipos e de tipo não especificado
	C91	Leucemia linfoide
	C92	Leucemia mieloide
	C93	Leucemia monocítica
	C94	Outras leucemias de células de tipo especificado
	C95	Leucemia de tipo celular não especificado
2-mercaptobenzotiazol em atividades de trabalho	C67	Neoplasia maligna da bexiga
2,3,7,8-tetraclorodibenzo-p-dioxina (TCDD) em atividades de trabalho	C34	Neoplasia maligna dos brônquios e dos pulmões
	C49	Neoplasia maligna do tecido conjuntivo e de outros tecidos moles
	C82	Linfoma não-Hodgkin, folicular (nodular)
	C83	Linfoma não-Hodgkin difuso
	C84	Linfomas de células T cutâneas e periféricas
	C85	Linfoma não-Hodgkin de outros tipos e de tipo não especificado
	C91	Leucemia linfoide
	C92	Leucemia mieloide
	C93	Leucemia monocítica
	C94	Outras leucemias de células de tipo especificado
	C95	Leucemia de tipo celular não especificado
	K71	Doença hepática tóxica
	K71.1	Doença hepática tóxica com necrose hepática
	K71.2	Doença hepática tóxica com hepatite aguda
	K71.3	Doença hepática tóxica com hepatite crônica persistente
	K71.6	Doença hepática tóxica com hepatite não classificada em outra parte
	K71.8	Doença hepática tóxica com outros transtornos do fígado
Ácido aristolóquico em atividades de trabalho	C65	Neoplasia maligna da pelve renal
	C66	Neoplasia maligna dos ureteres

Agentes e/ou Fatores de Risco Químicos	CID10	Doença Relacionada ao Trabalho
Ácido cianídrico e seus derivados (soluções e aerossóis) em atividades de trabalho	J34.0	Abscesso, furúnculo e antraz do nariz
	J40	Bronquite não especificada como aguda ou crônica
	G40.1	Epilepsia e síndromes epilépticas sintomáticas definidas por sua localização (focal) (parcial) com crises parciais simples
Ácido diclorofenoxiacético (2, 4-D) em atividades de trabalho	C82	Linfoma não-Hodgkin, folicular (nodular)
	C83	Linfoma não-Hodgkin difuso
	C84	Linfomas de células T cutâneas e periféricas
	C85	Linfoma não-Hodgkin de outros tipos e de tipo não especificado
	C91	Leucemia linfoide
	C92	Leucemia mieloide
	C93	Leucemia monocítica
	C94	Outras leucemias de células de tipo especificado
	C95	Leucemia de tipo celular não especificado
Ácido perfluorooctanoico em atividades de trabalho	C62	Neoplasia maligna dos testículos
	C64	Neoplasia maligna do rim, exceto pelve renal
Ácido sulfídrico (sulfeto de hidrogênio) em atividades de trabalho	H10	Conjuntivite
	H16	Ceratite
	J68.4	Afecções respiratórias crônicas devidas a produtos químicos, gases, fumaças e vapores
	T59.6	Efeito tóxico do ácido sulfídrico
Ácido sulfúrico em atividades de trabalho	J40	Bronquite não especificada como aguda ou crônica
	J68.3	Afecções respiratórias agudas e subagudas devidas a produtos químicos, gases, fumaças e vapores; outras
	K03.2	Erosão dentária
Ácidos corrosivos e substâncias semelhantes em atividades de trabalho	T54.2	Efeito tóxico de ácidos corrosivos e substâncias semelhantes
Ácidos orgânicos em atividades de trabalho	E04.9	Bócio não-tóxico, não especificado
	J40	Bronquite não especificada como aguda ou crônica
Acrilamida em atividades de trabalho	G62.2	Polineuropatia devida a outros agentes tóxicos
Acrilatos em atividades de trabalho	H10	Conjuntivite
	J30.3	Outras rinites alérgicas
	J31.0	Rinite crônica
	J31.2	Faringite crônica

Agentes e/ou Fatores de Risco Químicos	CID10	Doença Relacionada ao Trabalho
	J45	Asma
	J68.4	Afecções respiratórias crônicas devidas a produtos químicos, gases, fumaças e vapores
Adesivos em atividades de trabalho	L23.1	Dermatite alérgica de contato devida a adesivos
Aflatoxina em atividades de trabalho	C22	Neoplasia maligna do fígado e das vias biliares intra-hepáticas
Agentes imunoalérgicos de origem animal e vegetal em atividades de trabalho	J30.3	Outras rinites alérgicas
Agentes químicos cáusticos e/ou tóxicos em atividades de trabalho	J02.9	Faringite aguda não especificada
	J04.2	Laringotraqueíte aguda
	J37.1	Laringotraqueíte crônica
Agentes químicos corrosivos em atividades de trabalho	T54	Efeito tóxico de corrosivos
Agentes químicos e/ou físicos e/ou biológicos que afetem a pele em atividades de trabalho	L08.9	Infecção localizada da pele e do tecido subcutâneo, não especificada
	L50.6	Urticária de contato
Agentes químicos provenientes da produção de alumínio em atividades de trabalho	C34	Neoplasia maligna dos brônquios e dos pulmões
	C67	Neoplasia maligna da bexiga
Agentes químicos usados no processo de produção de álcool isopropílico em atividades de trabalho	C30.0	Neoplasia maligna da cavidade nasal
	C31	Neoplasia maligna dos seios da face
Agentes químicos usados na produção de auramina em atividades de trabalho	C67	Neoplasia maligna da bexiga
Agentes químicos usados na produção de magenta em atividades de trabalho	C67	Neoplasia maligna da bexiga
Agentes químicos usados no processo de produção da borracha, incluindo processo de vulcanização	C15	Neoplasia maligna do esôfago
	C16	Neoplasia maligna do estômago
	C32	Neoplasia maligna da laringe
	C34	Neoplasia maligna dos brônquios e dos pulmões
	C61	Neoplasia maligna da próstata
	C67	Neoplasia maligna da bexiga
	C82	Linfoma não-Hodgkin, folicular (nodular)
	C83	Linfoma não-Hodgkin difuso
	C84	Linfomas de células T cutâneas e periféricas
	C85	Linfoma não-Hodgkin de outros tipos e de tipo não especificado
	C91	Leucemia linfoide
	C92	Leucemia mieloide

Agentes e/ou Fatores de Risco Químicos	CID10	Doença Relacionada ao Trabalho
	C93	Leucemia monocítica
	C94	Outras leucemias de células de tipo especificado
	C95	Leucemia de tipo celular não especificado
Agentes químicos usados na produção e beneficiamento de tecidos em atividades de trabalho	C15	Neoplasia maligna do esôfago
	C16	Neoplasia maligna do estômago
	C32	Neoplasia maligna da laringe
	C34	Neoplasia maligna dos brônquios e dos pulmões
	C61	Neoplasia maligna da próstata
	C67	Neoplasia maligna da bexiga
	C82	Linfoma não-Hodgkin, folicular (nodular)
	C83	Linfoma não-Hodgkin difuso
	C84	Linfomas de células T cutâneas e periféricas
	C85	Linfoma não-Hodgkin de outros tipos e de tipo não especificado
	C91	Leucemia linfoide
	C92	Leucemia mieloide
	C93	Leucemia monocítica
	C94	Outras leucemias de células de tipo especificado
	C95	Leucemia de tipo celular não especificado
Agrotóxicos em atividades de trabalho	C22	Neoplasia maligna do fígado e das vias biliares intra-hepáticas
	C34	Neoplasia maligna dos brônquios e dos pulmões
	C44	Outra neoplasia maligna da pele
	C50	Neoplasia maligna da mama
	C61	Neoplasia maligna da próstata
	C62	Neoplasia maligna dos testículos
	C82	Linfoma não-Hodgkin, folicular (nodular)
	C83	Linfoma não-Hodgkin difuso
	C84	Linfomas de células T cutâneas e periféricas
	C85	Linfoma não-Hodgkin de outros tipos e de tipo não especificado
	C91	Leucemia linfoide
	C92	Leucemia mieloide
	C93	Leucemia monocítica
	C94	Outras leucemias de células de tipo especificado
	C95	Leucemia de tipo celular não especificado
	E03	Outros hipotireoidismos
	F32	Episódios depressivos
	F33	Transtorno depressivo recorrente

Agentes e/ou Fatores de Risco Químicos	CID10	Doença Relacionada ao Trabalho
	G11.1	Ataxia cerebelar de início precoce
	G21.2	Parkinsonismo secundário devido a outros agentes externos
	G25.2	Outras formas especificadas de tremor
	G62.2	Polineuropatia devida a outros agentes tóxicos
	H91.0	Perda de audição ototóxica
	I49	Outras arritmias cardíacas
	J68.1	Edema pulmonar devido a produtos químicos, gases, fumaças e vapores
	L23.5	Dermatite alérgica de contato devida a outros produtos químicos
	L25.9	Dermatite de contato não especificada, de causa não especificada
	L50.0	Urticária alérgica
	T60	Efeito tóxico de pesticidas
	T60.0	Efeito tóxico de inseticidas organofosforados e carbamatos
	T60.1	Efeito tóxico de inseticidas halogenados
	T60.2	Efeito tóxico de outros inseticidas
	T60.4	Efeito tóxico de rodenticidas
	T60.8	Efeito tóxico de outros pesticidas
Alcaloides em atividades de trabalho	J45	Asma
Alcatrão de carvão e seus resíduos em atividades de trabalho	C34	Neoplasia maligna dos brônquios e dos pulmões
	C44	Outras neoplasias malignas da pele
	C67	Neoplasia maligna da bexiga
	L23.5	Dermatite alérgica de contato devida a outros produtos químicos
	L81.4	Outras formas de hiperpigmentação pela melanina
Álcoois e derivados em atividades de trabalho	F18	Transtornos mentais e comportamentais devidos ao uso de solventes voláteis
	G62.2	Polineuropatia devida a outros agentes tóxicos
	H46	Neurite óptica
	J40	Bronquite não especificada como aguda ou crônica
	J42	Bronquite crônica não especificada
	T51.8	Efeito tóxico de outros álcoois
Álcool etílico em atividades de trabalho	T51.0	Efeito tóxico do etanol
Álcool metílico em atividades de trabalho	T51.1	Efeito tóxico do metanol
Álcool propílico em atividades de trabalho	T51.2	Efeito tóxico do 2-propanol
Aldeído fórmico e seus polímeros em atividades de trabalho	J30.3	Outras rinites alérgicas

Agentes e/ou Fatores de Risco Químicos	CID10	Doença Relacionada ao Trabalho
	J31.0	Rinite crônica
	J31.2	Faringite crônica
	J40	Bronquite não especificada como aguda ou crônica
	J45	Asma
Alimentos em atividades de trabalho	L23.6	Dermatite alérgica de contato devida a alimentos em contato com a pele
	L24.6	Dermatite de contato por irritantes devida a alimentos em contato com a pele
Amidos, anidridos e derivados em atividades de trabalho	J40	Bronquite não especificada como aguda ou crônica
Aminas aromáticas e seus derivados em atividades de trabalho	C67	Neoplasia maligna da bexiga
	D74	Metemoglobinemia
	D74.8	Outras metemoglobinemias
	J30.3	Outras rinites alérgicas
	J31.0	Rinite crônica
	J31.2	Faringite crônica
	J45	Asma
	N30.0	Cistite aguda
Amônia em atividades de trabalho	J31.0	Rinite crônica
	J31.2	Faringite crônica
	J42	Bronquite crônica não especificada
	J44	Outras doenças pulmonares obstrutivas crônicas
	J68.3	Afecções respiratórias agudas e subagudas devidas a produtos químicos, gases, fumaças e vapores outras
	J68.4	Afecções respiratórias crônicas devidas a produtos químicos, gases, fumaças e vapores
Anidrido ftálico em atividades de trabalho	J30.3	Outras rinites alérgicas
	J31.0	Rinite crônica
	J31.2	Faringite crônica
	J45	Asma
Anidrido sulfuroso em atividades de trabalho	J31.0	Rinite crônica
	J31.2	Faringite crônica
	J44	Outras doenças pulmonares obstrutivas crônicas
	J68.4	Afecções respiratórias crônicas devidas a produtos químicos, gases, fumaças e vapores
Anilina em atividades de trabalho	N97	Infertilidade feminina
Antibióticos em atividades de trabalho	T36	Intoxicação por antibióticos sistêmicos
Antimônio e seus compostos em atividades de trabalho	D59.8	Outras anemias hemolíticas adquiridas

Agentes e/ou Fatores de Risco Químicos	CID10	Doença Relacionada ao Trabalho
	J40	Bronquite não especificada como aguda ou crônica
Antraceno e dibenzoantraceno em atividades de trabalho	L81.4	Outras formas de hiperpigmentação pela melanina
Arsênio e seus compostos em atividades de trabalho	C22	Neoplasia maligna do fígado e das vias biliares intra-hepáticas
	C34	Neoplasia maligna dos brônquios e dos pulmões
	C44	Outras neoplasias maligna da pele
	C61	Neoplasia maligna da próstata
	C64	Neoplasia maligna do rim, exceto pelve renal
	C67	Neoplasia maligna da bexiga
	D59	Anemia hemolítica adquirida
	F02.8	Demência em outras doenças específicas classificadas em outros locais
	F05.0	Delirium não superposto a uma demência, assim descrito
	G62.2	Polineuropatia devida a outros agentes tóxicos
	G92	Encefalopatia tóxica
	H01.0	Blefarite
	H10	Conjuntivite
	H16	Ceratite
	H91.0	Perda de audição ototóxica
	I49	Outras arritmias cardíacas
	J31.0	Rinite crônica
	J31.2	Faringite crônica
	J34.0	Abscesso, furúnculo e antraz do nariz
	J34.8	Outros transtornos especificados do nariz e dos seios paranasais
	J42	Bronquite crônica não especificada
	J68.4	Afecções respiratórias crônicas devidas a produtos químicos, gases, fumaças e vapores
	K12.1	Outras formas de estomatite
	K52	Outras gastroenterites e colites não-infecciosas
	K71	Doença hepática tóxica
	K71.1	Doença hepática tóxica com necrose hepática
	K71.2	Doença hepática tóxica com hepatite aguda
	K71.3	Doença hepática tóxica com hepatite crônica persistente
	K71.6	Doença hepática tóxica com hepatite não classificada em outra parte
	K71.8	Doença hepática tóxica com outros transtornos do fígado

Agentes e/ou Fatores de Risco Químicos	CID10	Doença Relacionada ao Trabalho
	K76.6	Hipertensão portal
	L24.5	Dermatite de contato por irritantes devida a outros produtos químicos
	L80	Vitiligo
	L81.4	Outras formas de hiperpigmentação pela melanina
	L81.5	Leucodermia, não classificada em outra parte
	L85.1	Ceratose adquirida [ceratodermia] palmar e plantar
	N17	Insuficiência renal aguda
	T57.0	Efeito tóxico do arsênico e seus compostos
Asbesto ou amianto em atividades de trabalho	C16	Neoplasia maligna do estômago
	C18	Neoplasia maligna do cólon
	C20	Neoplasia maligna do reto
	C32	Neoplasia maligna da laringe
	C34	Neoplasia maligna dos brônquios e dos pulmões
	C45	Mesotelioma
	C56	Neoplasia maligna de ovário
	I34.8	Outros transtornos não-reumáticos da valva mitral
	J61	Pneumoconiose devida a amianto [asbesto] e outras fibras minerais
	J90	Derrame pleural não classificado em outra parte
	J92	Placas pleurais
Atividades de pintura	C45	Mesotelioma
Azatioprina em atividades de trabalho	C44	Outras neoplasias malignas da pele
Azodicarbonamida em atividades de trabalho	J30.3	Outras rinites alérgicas
	J31.0	Rinite crônica
	J31.2	Faringite crônica
	J45	Asma
Bases (álcalis) cáusticas(os) e substâncias semelhantes em atividades de trabalho	T54.3	Efeito tóxico de bases (álcalis) cáusticas(os) e substâncias semelhantes
Benzeno em atividades de trabalho	C34	Neoplasia maligna dos brônquios e dos pulmões
	C82	Linfoma não-Hodgkin, folicular (nodular)
	C83	Linfoma não-Hodgkin difuso
	C84	Linfomas de células T cutâneas e periféricas
	C85	Linfoma não-Hodgkin de outros tipos e de tipo não especificado
	C91	Leucemia linfoide
	C92	Leucemia mieloide
	C93	Leucemia monocítica

Agentes e/ou Fatores de Risco Químicos	CID10	Doença Relacionada ao Trabalho
	C94	Outras leucemias de células de tipo especificado
	C95	Leucemia de tipo celular não especificado
	D46	Síndromes mielodisplásicas
	D59.4	Outras anemias hemolíticas não-autoimunes
	D61.2	Anemia aplástica devida a outros agentes externos
	D61.9	Anemia aplástica não especificada
	D69	Púrpura e outras afecções hemorrágicas
	D70	Agranulocitose
	D72.8	Outros transtornos especificados dos glóbulos brancos
	L24.2	Dermatite de contato por irritantes devida a solventes
	N97	Infertilidade feminina
	T52.1	Efeito tóxico do benzeno
Benzeno em atividades de trabalho (derivados nitrados e aminados)	D59	Anemia hemolítica adquirida
	D59.2	Anemia hemolítica não-auto-imune induzida por drogas
	D74	Metemoglobinemia
Berílio e seus compostos em atividades de trabalho	C34	Neoplasia maligna dos brônquios e dos pulmões
	H10	Conjuntivite
	J40	Bronquite não especificada como aguda ou crônica
	J68.0	Bronquite e pneumonite devida a produtos químicos, gases, fumaças e vapores
	J68.1	Edema pulmonar devido a produtos químicos, gases, fumaças e vapores
	J68.4	Afecções respiratórias crônicas devidas a produtos químicos, gases, fumaças e vapores
	L24.5	Dermatite de contato por irritantes devida a outros produtos químicos
	L92.3	Granuloma de corpo estranho da pele e do tecido subcutâneo
	T56.7	Efeito tóxico do berilo e seus compostos
Betume e seus resíduos em atividades de trabalho	C34	Neoplasia maligna dos brônquios e dos pulmões
	L23.5	Dermatite alérgica de contato devida a outros produtos químicos
	L81.4	Outras formas de hiperpigmentação pela melanina
Bis clorometil éter e clorometil metil éter em atividades de trabalho	C34	Neoplasia maligna dos brônquios e dos pulmões
Bifenilas policloradas (PCB) em atividades de trabalho	C43	Melanoma maligno da pele

Agentes e/ou Fatores de Risco Químicos	CID10	Doença Relacionada ao Trabalho
	C50	Neoplasia maligna da mama
	C82	Linfoma não-Hodgkin, folicular (nodular)
	C83	Linfoma não-Hodgkin difuso
	C84	Linfomas de células T cutâneas e periféricas
	C85	Linfoma não-Hodgkin de outros tipos e de tipo não especificado
	C91	Leucemia linfoide
	C92	Leucemia mieloide
	C93	Leucemia monocítica
	C94	Outras leucemias de células de tipo especificado
	C95	Leucemia de tipo celular não especificado
	K71	Doença hepática tóxica
	K71.1	Doença hepática tóxica com necrose hepática
	K71.2	Doença hepática tóxica com hepatite aguda
	K71.3	Doença hepática tóxica com hepatite crônica persistente
	K71.6	Doença hepática tóxica com hepatite não classificada em outra parte
	K71.8	Doença hepática tóxica com outros transtornos do fígado
	L70.8	Outras formas de acne
Bismuto em atividades de trabalho	L81.4	Outras formas de hiperpigmentação pela melanina
Borracha em atividades de trabalho	L23.5	Dermatite alérgica de contato devida a outros produtos químicos
Breu e/ou carvão mineral e/ou piche e/ou coaltar e/ou resíduos dessas substâncias em atividades de trabalho	L23.5	Dermatite alérgica de contato devida a outros produtos químicos
	L81.4	Outras formas de hiperpigmentação pela melanina
Brometo de metila em atividades de trabalho	F05.0	Delirium não superposto a uma demência, assim descrito
	F06	Outros transtornos mentais devidos à lesão e disfunção cerebral e a doença física
	F06.7	Transtorno cognitivo leve
	F07	Transtornos de personalidade e do comportamento devidos a doença, a lesão e a disfunção cerebral
	F09	Transtorno mental orgânico ou sintomático não especificado
	F32	Episódios depressivos
	F33	Transtorno depressivo recorrente
	F48.0	Neurastenia
	G25.2	Outras formas especificadas de tremor

Agentes e/ou Fatores de Risco Químicos	CID10	Doença Relacionada ao Trabalho
	H46	Neurite óptica
	H83.0	Labirintite
	H93.8	Outros transtornos especificados do ouvido
Bromo em atividades de trabalho	F13.2	Transtornos mentais e comportamentais devidos ao uso de sedativos e hipnóticos – síndrome de dependência
	J02.9	Faringite aguda não especificada
	J04.2	Laringotraqueíte aguda
	J32	Sinusite Crônica
	J37.1	Laringotraqueíte crônica
	J40	Bronquite não especificada como aguda ou crônica
	J68.0	Bronquite e pneumonite devida a produtos químicos, gases, fumaças e vapores
	J68.1	Edema pulmonar devido a produtos químicos, gases, fumaças e vapores
	J68.3	Afecções respiratórias agudas e subagudas devidas a produtos químicos, gases, fumaças e vapores; outras
	J68.4	Afecções respiratórias crônicas devidas a produtos químicos, gases, fumaças e vapores
	K12.1	Outras formas de estomatite
	L24.5	Dermatite de contato por irritantes devida a outros produtos químicos
Butadieno em atividades de trabalho	J40	Bronquite não especificada como aguda ou crônica
Cádmio e seus compostos em atividades de trabalho	C34	Neoplasia maligna dos brônquios e dos pulmões
	C61	Neoplasia maligna da próstata
	C64	Neoplasia maligna do rim, exceto pelve renal
	G52.0	Transtornos do nervo olfatório
	J34.0	Abscesso, furúnculo e antraz do nariz
	J40	Bronquite não especificada como aguda ou crônica
	J68.0	Bronquite e pneumonite devida a produtos químicos, gases, fumaças e vapores
	J68.1	Edema pulmonar devido a produtos químicos, gases, fumaças e vapores
	J68.3	Afecções respiratórias agudas e subagudas devidas a produtos químicos, gases, fumaças e vapores; outras
	J68.4	Afecções respiratórias crônicas devidas a produtos químicos, gases, fumaças e vapores
	J98.2	Enfisema intersticial

Agentes e/ou Fatores de Risco Químicos	CID10	Doença Relacionada ao Trabalho
	K52	Outras gastroenterites e colites não-infecciosas
	M83.5	Outras osteomalácias do adulto induzidas por drogas
	N14.3	Nefropatia induzida por metais pesados
	T56.3	Cádmio e seus compostos
Carboneto de silício em atividades de trabalho	C34	Neoplasia maligna dos brônquios e dos pulmões
Carbonetos de metais duros em atividades de trabalho	J30.3	Outras rinites alérgicas
	J31.0	Rinite crônica
	J31.2	Faringite crônica
	J45	Asma
	J63.8	Pneumoconiose devida a outras poeiras inorgânicas especificadas
	J68.4	Afecções respiratórias crônicas devidas a produtos químicos, gases, fumaças e vapores
Carbonetos metálicos de tungstênio sintetizados em atividades de trabalho	J30.3	Outras rinites alérgicas
	J31.0	Rinite crônica
	J31.2	Faringite crônica
	J45	Asma
	J63.8	Pneumoconiose devida a outras poeiras inorgânicas especificadas
Carvão em atividades de trabalho (gaseificação de)	C34	Neoplasia maligna dos brônquios e dos pulmões
Catecol e pirocatecol em atividades de trabalho	L80	Vitiligo
	L81.5	Leucodermia, não classificada em outra parte
Cetonas em atividades de trabalho	G62.2	Polineuropatia devida a outros agentes tóxicos
	G92	Encefalopatia tóxica
	J40	Bronquite não especificada como aguda ou crônica
	L24.2	Dermatite de contato por irritantes devida a solventes
	T52.4	Efeito tóxico de cetonas
Clordecona em atividades de trabalho	N46	Infertilidade masculina
Chumbo e seus compostos tóxicos em atividades de trabalho	D55.8	Outras anemias devidas a transtornos enzimáticos
	D64	Outras anemias
	E03	Outros hipotireoidismos
	F02.8	Demência em outras doenças específicas classificadas em outros locais
	F05.0	Delirium não superposto a uma demência, assim descrito
	F06	Outros transtornos mentais devidos à lesão e disfunção cerebral e a doença física

Agentes e/ou Fatores de Risco Químicos	CID10	Doença Relacionada ao Trabalho
	F06.7	Transtorno cognitivo leve
	F07	Transtornos de personalidade e do comportamento devidos a doença, a lesão e a disfunção cerebral
	F09	Transtorno mental orgânico ou sintomático não especificado
	F32	Episódios depressivos
	F33	Transtorno depressivo recorrente
	F48.0	Neurastenia
	G62.2	Polineuropatia devida a outros agentes tóxicos
	G92	Encefalopatia tóxica
	H46	Neurite óptica
	H49.0	Paralisia do terceiro par [oculomotor]
	H91.0	Perda de audição ototóxica
	I10	Hipertensão essencial (primária)
	I49	Outras arritmias cardíacas
	K59.8	Outros transtornos funcionais especificados do intestino
	M10.1	Gota induzida pelo chumbo
	M19	Outras artroses
	N14.3	Nefropatia induzida por metais pesados
	N18	Insuficiência renal crônica
	N46	Infertilidade masculina
	T56.0	Efeito tóxico do chumbo e seus compostos
Chumbo em atividades de trabalho (compostos inorgânicos)	C16	Neoplasia maligna do estômago
Cianetos e/ou nitrila (acrilonitrila, outros) em atividades de trabalho	G40.1	Epilepsia e síndromes epilépticas sintomáticas definidas por sua localização (focal) (parcial) com crises parciais simples
	J40	Bronquite não especificada como aguda ou crônica
	G92	Encefalopatia tóxica
Cianeto de hidrogênio (ácido cianídrico) em atividades de trabalho	J68.0	Bronquite e pneumonite devida a produtos químicos, gases, fumaças e vapores
	J68.1	Edema pulmonar devido a produtos químicos, gases, fumaças e vapores
	J68.3	Afecções respiratórias agudas e subagudas devidas a produtos químicos, gases, fumaças e vapores; outras
	J68.4	Afecções respiratórias crônicas devidas a produtos químicos, gases, fumaças e vapores
	T57.3	Efeito tóxico do cianeto de hidrogênio (ácido cianídrico)
Ciclofosfamida em atividades de trabalho	C67	Neoplasia maligna da bexiga

Agentes e/ou Fatores de Risco Químicos	CID10	Doença Relacionada ao Trabalho
Ciclosporina em atividades de trabalho	C44	Outras neoplasias malignas da pele
Citostáticos em atividades de trabalho	L81.4	Outras formas de hiperpigmentação pela melanina
Cloreto de carbono ou fósforo em atividades de trabalho	J40	Bronquite não especificada como aguda ou crônica
Cloreto de etila em atividades de trabalho	H10	Conjuntivite
	T33	Geladura superficial
	T34	Geladura com necrose de tecidos
Cloreto de vinila em atividades de trabalho	C22	Neoplasia maligna do fígado e das vias biliares intra-hepáticas
	D69	Púrpura e outras afecções hemorrágicas
	I73.0	Síndrome de Raynaud
	I73.8	Outras doenças vasculares periféricas especificadas
	J30.3	Outras rinites alérgicas
	J31.0	Rinite crônica
	J31.2	Faringite crônica
	J45	Asma
	K71	Doença hepática tóxica
	K71.1	Doença hepática tóxica com necrose hepática
	K71.2	Doença hepática tóxica com hepatite aguda
	K71.3	Doença hepática tóxica com hepatite crônica persistente
	K71.6	Doença hepática tóxica com hepatite não classificada em outra parte
	K71.8	Doença hepática tóxica com outros transtornos do fígado
	K76.6	Hipertensão portal
	M89.5	Osteolise
	T57.8	Efeito tóxico de outras substâncias inorgânicas especificadas
Cloro gasoso em atividades de trabalho	F13.2	Transtornos mentais e comportamentais devidos ao uso de sedativos e hipnóticos – síndrome de dependência
	J31.0	Rinite crônica
	J31.2	Faringite crônica
	J40	Bronquite não especificada como aguda ou crônica
	J44	Outras doenças pulmonares obstrutivas crônicas
	J68.0	Bronquite e pneumonite devida a produtos químicos, gases, fumaças e vapores
	J68.1	Edema pulmonar devido a produtos químicos, gases, fumaças e vapores

Agentes e/ou Fatores de Risco Químicos	CID10	Doença Relacionada ao Trabalho
	J68.3	Afecções respiratórias agudas e subagudas devidas a produtos químicos, gases, fumaças e vapores; outras
	J68.4	Afecções respiratórias crônicas devidas a produtos químicos, gases, fumaças e vapores
	T59.4	Efeito tóxico do cloro gasoso
Clorobenzeno e/ou diclorobenzeno, e seus derivados em atividades de trabalho	E03	Outros hipotireoidismos
	E80.2	Outras porfirias
	K71	Doença hepática tóxica
	K71.1	Doença hepática tóxica com necrose hepática
	K71.2	Doença hepática tóxica com hepatite aguda
	K71.3	Doença hepática tóxica com hepatite crônica persistente
	K71.6	Doença hepática tóxica com hepatite não classificada em outra parte
	K71.8	Doença hepática tóxica com outros transtornos do fígado
	L81.4	Outras formas de hiperpigmentação pela melanina
Clorofenol em atividades de trabalho	L80	Vitiligo
	L81.5	Leucodermia, não classificada em outra parte
Clorofluorcarbono em atividades de trabalho	T53.5	Efeito tóxico do clorofluorcarbono
Clorofórmio em atividades de trabalho	K71	Doença hepática tóxica
	K71.1	Doença hepática tóxica com necrose hepática
	K71.2	Doença hepática tóxica com hepatite aguda
	K71.3	Doença hepática tóxica com hepatite crônica persistente
	K71.6	Doença hepática tóxica com hepatite não classificada em outra parte
	K71.8	Doença hepática tóxica com outros transtornos do fígado
	T53.1	Efeito tóxico do clorofórmio
Cobalto em atividades de trabalho	I49	Outras arritmias cardíacas
	J84	Outras doenças pulmonares intersticiais
Cobre e seus compostos em atividades de trabalho	K03.7	Alterações pós-eruptivas da cor dos tecidos duros dos dentes
	T56.4	Efeito tóxico do cobre e seus compostos
Combinação de toluenos alfa-clorados e cloreto de benzoila em atividades de trabalho	C34	Neoplasia maligna dos brônquios e dos pulmões
Combustível de biomassa (principalmente madeira) em atividades de trabalho	C34	Neoplasia maligna dos brônquios e dos pulmões
Compostos corrosivos orgânicos em atividades de trabalho	T54.1	Efeito tóxico de outros compostos corrosivos orgânicos

Agentes e/ou Fatores de Risco Químicos	CID10	Doença Relacionada ao Trabalho
Compostos nitrogenados (ácido nítrico, dinitrofenol) em atividades de trabalho	L81.4	Outras formas de hiperpigmentação pela melanina
Corantes em atividades de trabalho	L23.4	Dermatite alérgica de contato devida a corantes
Cosméticos em atividades de trabalho	L23.2	Dermatite alérgica de contato devida a cosméticos (fabricação/manipulação)
	L24.3	Dermatite de contato por irritantes devida a cosméticos
Creosoto em atividades de trabalho	C44	Outras formas de neoplasias malignas da pele
	L81.4	Outras formas de hiperpigmentação pela melanina
Cromo e seus compostos tóxicos em atividades de trabalho	J30.3	Outras rinites alérgicas
	J31.0	Rinite crônica
	J31.2	Faringite crônica
	J34.0	Abscesso, furúnculo e antraz do nariz
	J34.8	Outros transtornos especificados do nariz e dos seios paranasais
	J45	Asma
	L08.9	Infecção localizada da pele e do tecido subcutâneo, não especificada
	L23.0	Dermatite alérgica de contato devida a metais
	L23.5	Dermatite alérgica de contato devida a outros produtos químicos
	L24.5	Dermatite de contato por irritantes devida a outros produtos químicos
	L98.4	Úlcera crônica da pele, não classificada em outra parte
	T56.2	Efeito tóxico do cromo e seus compostos
Cromo hexavalente e seus compostos em atividades de trabalho	C30.0	Neoplasia maligna da cavidade nasal
	C31	Neoplasia maligna dos seios da face
	C34	Neoplasia maligna dos brônquios e dos pulmões
Derivados do fenol, do pentaclorofenol e do hidrobenzonitrilo em atividades de trabalho	D70	Agranulocitose
	L70.8	Outras formas de acne
Derivados organometálicos (chumbo tetraetila, metil-mercúrio, organoestanho) em atividades de trabalho	F02.8	Demência em outras doenças específicas classificadas em outros locais
	F05.0	Delirium não superposto a uma demência, assim descrito
	G92	Encefalopatia tóxica
Destilação do carvão mineral (hulha) em atividades de trabalho	C44	Outras neoplasias malignas da pele
Detergentes em atividades de trabalho	L24.0	Dermatite de contato por irritantes devida a detergentes

Agentes e/ou Fatores de Risco Químicos	CID10	Doença Relacionada ao Trabalho
Diazinona em atividades de trabalho	C34	Neoplasia maligna dos brônquios e dos pulmões
Dibromocloropropano em atividades de trabalho	N46	Infertilidade masculina
Dicloroacetileno e/ou diisocianato em atividades de trabalho	J40	Bronquite não especificada como aguda ou crônica
Diclorometano e/ou cloreto de metileno em atividades de trabalho	C22	Neoplasia maligna do fígado e das vias biliares intra-hepáticas
	C82	Linfoma não-Hodgkin, folicular (nodular)
	C83	Linfoma não-Hodgkin difuso
	C84	Linfomas de células T cutâneas e periféricas
	C85	Linfoma não-Hodgkin de outros tipos e de tipo não especificado
	C91	Leucemia linfoide
	C92	Leucemia mieloide
	C93	Leucemia monocítica
	C94	Outras leucemias de células de tipo especificado
	C95	Leucemia de tipo celular não especificado
	G25.9	Doenças extrapiramidais e transtornos dos movimentos, não especificados
	H46	Neurite óptica
	T53.4	Efeito tóxico do diclorometano
Dióxido de enxofre em atividades de trabalho	J40	Bronquite não especificada como aguda ou crônica
Dissulfeto de carbono em atividades de trabalho	F02.8	Demência em outras doenças específicas classificadas em outros locais
	F05.0	Delirium não superposto a uma demência, assim descrito
	F06	Outros transtornos mentais devidos à lesão e disfunção cerebral e a doença física
	F06.7	Transtorno cognitivo leve
	F07	Transtornos de personalidade e do comportamento devidos a doença, a lesão e a disfunção cerebral
	F09	Transtorno mental orgânico ou sintomático não especificado
	F32	Episódios depressivos
	F33	Transtorno depressivo recorrente
	F48.0	Neurastenia
	H46	Neurite óptica
	H49.0	Paralisia do terceiro par [oculomotor]
	H52.5	Transtornos da acomodação
	H91.0	Perda de audição ototóxica
	I20	Angina pectoris
	I21	Infarto agudo do miocárdio

Agentes e/ou Fatores de Risco Químicos	CID10	Doença Relacionada ao Trabalho
	I25.1	Doença ateroesclerótica do coração
	I67.2	Aterosclerose cerebral
	I70	Ateroesclerose
	T65.4	Efeito tóxico do dissulfeto de carbono
Drogas em atividades de trabalho	L23.3	Dermatite alérgica de contato devida a drogas em contato com a pele
	L24.4	Dermatite de contato por irritantes devida a drogas em contato com a pele
Fundição de ferro e aço em atividades de trabalho (emissões do processo)	C34	Neoplasia maligna dos brônquios e dos pulmões
Fornos de coque em atividades de trabalho (emissões provenientes)	C34	Neoplasia maligna dos brônquios e dos pulmões
Exaustão de motores a diesel em atividades de trabalho (emissões provenientes)	C34	Neoplasia maligna dos brônquios e dos pulmões
	C67	Neoplasia maligna da bexiga
Enzimas de origem animal, vegetal ou bacteriana em atividades de trabalho	H10	Conjuntivite
	J30.3	Outras rinites alérgicas
	J31.0	Rinite crônica
	J31.2	Faringite crônica
	J45	Asma
	L98.4	Úlcera crônica da pele, não classificada em outra parte
Erionita em atividades de trabalho	C45	Mesotelioma
Ésteres orgânicos e derivados em atividades de trabalho	F18	Transtornos mentais e comportamentais devidos ao uso de solventes voláteis
	G62.2	Polineuropatia devida a outros agentes tóxicos
	J40	Bronquite não especificada como aguda ou crônica
Estireno em atividades de trabalho	C82	Linfoma não-Hodgkin, folicular (nodular)
	C83	Linfoma não-Hodgkin difuso
	C84	Linfomas de células T cutâneas e periféricas
	C85	Linfoma não-Hodgkin de outros tipos e de tipo não especificado
	C91	Leucemia linfoide
	C92	Leucemia mieloide
	C93	Leucemia monocítica
	C94	Outras leucemias de células de tipo especificado
	C95	Leucemia de tipo celular não especificado
	J40	Bronquite não especificada como aguda ou crônica
Éter de petróleo (benzina) em atividades de trabalho	F18	Transtornos mentais e comportamentais devidos ao uso de solventes voláteis

Agentes e/ou Fatores de Risco Químicos	CID10	Doença Relacionada ao Trabalho
	J40	Bronquite não especificada como aguda ou crônica
Éter dietílico diclorado em atividades de trabalho	J45	Asma
Fabricação de eletrodo de carbono em atividades de trabalho	C34	Neoplasia maligna dos brônquios e dos pulmões
Fármacos antineoplásicos em atividades de trabalho	C34	Neoplasia maligna dos brônquios e dos pulmões
	C82	Linfoma não-Hodgkin, folicular (nodular)
	C83	Linfoma não-Hodgkin difuso
	C84	Linfomas de células T cutâneas e periféricas
	C85	Linfoma não-Hodgkin de outros tipos e de tipo não especificado
	C91	Leucemia linfoide
	C92	Leucemia mieloide
	C93	Leucemia monocítica
	C94	Outras leucemias de células de tipo especificado
	C95	Leucemia de tipo celular não especificado
Fenol e homólogos em atividades de trabalho	J31.0	Rinite crônica
	J31.2	Faringite crônica
	J40	Bronquite não especificada como aguda ou crônica
	T54.0	Efeito tóxico do fenol e homólogos do fenol
Fibras artificiais e minerais em atividades de trabalho	J40	Bronquite não especificada como aguda ou crônica
Fluoreto de hidrogênio em atividades de trabalho (gás)	J31.0	Rinite crônica
	J31.2	Faringite crônica
Flúor ou seus compostos tóxicos em atividades de trabalho	H10	Conjuntivite
	J40	Bronquite não especificada como aguda ou crônica
	J31.0	Rinite crônica
	J31.2	Faringite crônica
	J68.0	Bronquite e pneumonite devida a produtos químicos, gases, fumaças e vapores
	J68.1	Edema pulmonar devido a produtos químicos, gases, fumaças e vapores
	J68.4	Afecções respiratórias crônicas devidas a produtos químicos, gases, fumaças e vapores
	L24.5	Dermatite de contato por irritantes devida a outros produtos químicos
	M85.1	Fluorose esquelética
Fluoreto gasoso e/ou ácido fluorídrico em atividades de trabalho	T59.5	Efeito tóxico do fluoreto gasoso e ácido fluorídrico

Agentes e/ou Fatores de Risco Químicos	CID10	Doença Relacionada ao Trabalho
Fluoroedenita em atividades de trabalho	C45	Mesotelioma
Formaldeído em atividades de trabalho	C11	Neoplasia maligna da nasofaringe
	C30.0	Neoplasia maligna da cavidade nasal
	C31	Neoplasia maligna dos seios da face
	C67	Neoplasia maligna da bexiga
	C82	Linfoma não-Hodgkin, folicular (nodular)
	C83	Linfoma não-Hodgkin difuso
	C84	Linfomas de células T cutâneas e periféricas
	C85	Linfoma não-Hodgkin de outros tipos e de tipo não especificado
	C91	Leucemia linfoide
	C92	Leucemia mieloide
	C93	Leucemia monocítica
	C94	Outras leucemias de células de tipo especificados
	C95	Leucemia de tipo celular não especificado
	J45	Asma
	T59.2	Efeito tóxico de formaldeído
Fósforo e seus compostos em atividades de trabalho	G62.2	Polineuropatia devida a outros agentes tóxicos
	J40	Bronquite não especificada como aguda ou crônica
	K71	Doença hepática tóxica
	K71.1	Doença hepática tóxica com necrose hepática
	K71.2	Doença hepática tóxica com hepatite aguda
	K71.3	Doença hepática tóxica com hepatite crônica persistente
	K71.6	Doença hepática tóxica com hepatite não classificada em outra parte
	K71.8	Doença hepática tóxica com outros transtornos do fígado
	L23.5	Dermatite alérgica de contato devida a outros produtos químicos
	L24.5	Dermatite de contato por irritantes devida a outros produtos químicos
	M83.5	Outras osteomalácias do adulto induzidas por drogas
	M87	Osteonecrose
	M87.1	Osteonecrose devida a drogas
	M87.3	Outras osteonecroses secundárias
	T57.1	Efeito tóxico do fósforo e seus compostos
Fuligem em atividades de trabalho	C34	Neoplasia maligna dos brônquios e dos pulmões

Agentes e/ou Fatores de Risco Químicos	CID10	Doença Relacionada ao Trabalho
	C44	Outras neoplasias malignas da pele
	C67	Neoplasia maligna da bexiga
Fumos de solda em atividades de trabalho	C34	Neoplasia maligna dos brônquios e dos pulmões
	C64	Neoplasia maligna do rim, exceto pelve renal
	J40	Bronquite não especificada como aguda ou crônica
Furfural e álcool furfurílico em atividades de trabalho	H10	Conjuntivite
	J30.3	Outras rinites alérgicas
	J31.0	Rinite crônica
	J31.2	Faringite crônica
	J45	Asma
Gás mostarda em atividades de trabalho	C32	Neoplasia maligna da laringe
	C34	Neoplasia maligna dos brônquios e dos pulmões
Gases anestésicos em atividades de trabalho	G92	Encefalopatia tóxica
Gases, fumaças e vapores em atividades de trabalho (outros)	T59	Efeito tóxico de outros gases, fumaças e vapores
	T59.8	Efeito tóxico de outros gases, fumaças e vapores especificados
Glicóis e derivados em atividades de trabalho	H55	Nistagmo e outros movimentos irregulares do olho
	J40	Bronquite não especificada como aguda ou crônica
	T52.3	Efeito tóxico de glicóis
Hexaclorobenzeno (HCB) em atividades de trabalho	K71	Doença hepática tóxica
	K71.1	Doença hepática tóxica com necrose hepática
	K71.2	Doença hepática tóxica com hepatite aguda
	K71.3	Doença hepática tóxica com hepatite crônica persistente
	K71.6	Doença hepática tóxica com hepatite não classificada em outra parte
	K71.8	Doença hepática tóxica com outros transtornos do fígado
Hidrocarbonetos alifáticos e/ou aromáticos e/ou seus derivados tóxicos em atividades de trabalho	H30	Inflamação coriorretiniana
	L08.9	Infecção localizada da pele e do tecido subcutâneo, não especificada
Hidrocarbonetos alifáticos em atividades de trabalho (derivados halogenados)	G62.2	Polineuropatia devida a outros agentes tóxicos
	G92	Encefalopatia tóxica
	I46	Parada cardíaca
	I49	Outras arritmias cardíacas

Agentes e/ou Fatores de Risco Químicos	CID10	Doença Relacionada ao Trabalho
	J40	Bronquite não especificada como aguda ou crônica
	K71	Doença hepática tóxica
	K71.1	Doença hepática tóxica com necrose hepática
	K71.2	Doença hepática tóxica com hepatite aguda
	K71.3	Doença hepática tóxica com hepatite crônica persistente
	K71.6	Doença hepática tóxica com hepatite não classificada em outra parte
	K71.8	Doença hepática tóxica com outros transtornos do fígado
	L24.2	Dermatite de Contato por Irritantes devida a Solventes
	N00	Síndrome nefrítica aguda
	N17	Insuficiência renal aguda
	T53	Efeito tóxico de derivados halogênicos de hidrocarbonetos alifáticos e aromáticos
	T53.6	Efeito tóxico de outros derivados halogênicos de hidrocarbonetos alifáticos
	T53.9	Efeito tóxico de derivados halogênicos de hidrocarbonetos alifáticos e aromáticos não especificados
Hidrocarbonetos alifáticos em atividades de trabalho (derivados nítricos)	J40	Bronquite não especificada como aguda ou crônica
Hidrocarbonetos aromáticos em atividades de trabalho (derivados halogenados)	L24.2	Dermatite de contato por irritantes devida a solventes
	G92	Encefalopatia tóxica
	L70.8	Outras formas de acne
	L81.8	Outros transtornos especificados da pigmentação
	T53	Efeito tóxico de derivados halogênicos de hidrocarbonetos alifáticos e aromáticos
	T53.7	Efeito tóxico de derivados halogênicos de hidrocarbonetos aromáticos
	T53.9	Efeito tóxico de derivados halogênicos de hidrocarbonetos alifáticos e aromáticos não especificados
Hidrocarbonetos clorados em atividades de trabalho	G53	Transtornos dos nervos cranianos em doenças classificadas em outra parte
Hidrocarbonetos policíclicos aromáticos em atividades de trabalho	L24.1	Dermatite de contato por irritantes devida a óleos e gorduras
Hidrocarbonetos provenientes do processo de refino de petróleo em atividades de trabalho	C44	Outras neoplasias malignas da pele
	C82	Linfoma não-Hodgkin, folicular (nodular)
	C83	Linfoma não-Hodgkin difuso
	C84	Linfomas de células T cutâneas e periféricas

Agentes e/ou Fatores de Risco Químicos	CID10	Doença Relacionada ao Trabalho
	C85	Linfoma não-Hodgkin de outros tipos e de tipo não especificado
	C91	Leucemia linfoide
	C92	Leucemia mieloide
	C93	Leucemia monocítica
	C94	Outras leucemias de células de tipo especificado
	C95	Leucemia de tipo celular não especificado
Hidroquinona e ésteres derivados em atividades de trabalho	L80	Vitiligo
	L81.5	Leucodermia, não classificada em outra parte
Hormônios sintéticos em atividades de trabalho	T38	Intoxicação por hormônios, seus substitutos sintéticos e seus antagonistas não classificados em outra parte
Iodo em atividades de trabalho	F13.2	Transtornos mentais e comportamentais devidos ao uso de sedativos e hipnóticos – síndrome de dependência
	H10	Conjuntivite
	J02.9	Faringite aguda não especificada
	J04.2	Laringotraqueíte aguda
	J32	Sinusite crônica
	J37.1	Laringotraqueíte crônica
	J40	Bronquite não especificada como aguda ou crônica
	J68.0	Bronquite e pneumonite devida a produtos químicos, gases, fumaças e vapores
	J68.1	Edema pulmonar devido a produtos químicos, gases, fumaças e vapores
	J68.3	Afecções respiratórias agudas e subagudas devidas a produtos químicos, gases, fumaças e vapores outras
	J68.4	Afecções respiratórias crônicas devidas a produtos químicos, gases, fumaças e vapores
	L23.5	Dermatite alérgica de contato devida a outros produtos químicos
	L70.8	Outras formas de acne
Isocianatos orgânicos em atividades de trabalho	H10	Conjuntivite
	J30.3	Outras rinites alérgicas
	J31.0	Rinite crônica
	J31.2	Faringite crônica
	J45	Asma
Látex em atividades de trabalho	J45	Asma
Manganês e seus compostos tóxicos em atividades de trabalho	F02.8	Demência em outras doenças específicas classificadas em outros locais

Agentes e/ou Fatores de Risco Químicos	CID10	Doença Relacionada ao Trabalho
	F05.0	Delirium não superposto a uma demência, assim descrito
	F06	Outros transtornos mentais devidos à lesão e disfunção cerebral e a doença física
	F06.7	Transtorno cognitivo leve
	F07	Transtornos de personalidade e do comportamento devidos a doença, a lesão e a disfunção cerebral
	F09	Transtorno mental orgânico ou sintomático não especificado
	F32	Episódios depressivos
	F33	Transtorno depressivo recorrente
	F48.0	Neurastenia
	G21.2	Parkinsonismo secundário devido a outros agentes externos
	H30	Inflamação coriorretiniana
	J68.0	Bronquite e pneumonite devida a produtos químicos, gases, fumaças e vapores
	J68.1	Edema pulmonar devido a produtos químicos, gases, fumaças e vapores
	J68.4	Afecções respiratórias crônicas devidas a produtos químicos, gases, fumaças e vapores
	T57.2	Efeito tóxico do manganês e seus compostos
Material particulado e poluição do ar atmosférico em atividades de trabalho	C34	Neoplasia maligna dos brônquios e dos pulmões
Medicamentos como macrolídeos, ranitidina, penicilina e seus sais, e cefalosporinas em atividades de trabalho	J30.3	Outras rinites alérgicas
	J31.0	Rinite crônica
	J31.2	Faringite crônica
	J45	Asma
Mercúrio e seus compostos tóxicos em atividades de trabalho	F02.8	Demência em outras doenças específicas classificadas em outros locais
	F05.0	Delirium não superposto a uma demência, assim descrito
	F06	Outros transtornos mentais devidos à lesão e disfunção cerebral e a doença física
	F06.7	Transtorno cognitivo leve
	F07	Transtornos de personalidade e do comportamento devidos a doença, a lesão e a disfunção cerebral
	F07.1	Síndrome pós-encefalítica
	F09	Transtorno mental orgânico ou sintomático não especificado
	F32	Episódios depressivos
	F33	Transtorno depressivo recorrente

Agentes e/ou Fatores de Risco Químicos	CID10	Doença Relacionada ao Trabalho
	F48.0	Neurastenia
	G11.1	Ataxia cerebelar de início precoce
	G25.2	Outras formas especificadas de tremor
	G25.9	Doenças extrapiramidais e transtornos dos movimentos, não especificados
	G53	Transtornos dos nervos cranianos em doenças classificadas em outra parte
	G62.2	Polineuropatia devida a outros agentes tóxicos
	G92	Encefalopatia tóxica
	H46	Neurite óptica
	H91.0	Perda de audição ototóxica
	I49	Outras arritmias cardíacas
	K05.1	Gengivite crônica
	K12.1	Outras formas de estomatite
	L23.0	Dermatite alérgica de contato devida a metais
	N03	Síndrome nefrítica crônica
	N14.3	Nefropatia induzida por metais pesados
	N97	Infertilidade feminina
	T56.1	Efeito tóxico do mercúrio e seus compostos
Metais tóxicos em atividades de trabalho	F02.8	Demência em outras doenças específicas classificadas em outros locais
	F05.0	Delirium não superposto a uma demência, assim descrito
	T56	Efeito tóxico de metais
	T56.8	Efeitos tóxicos de outros metais
	T56.9	Efeito tóxico do metal, não especificado
Metanol em atividades de trabalho	H46	Neurite óptica
Metil-n-butil cetona (MBK) em atividades de trabalho	G62.2	Polineuropatia devida a outros agentes tóxicos
Micro-organismos e parasitas infecciosos vivos e seus produtos tóxicos em atividades de trabalho	L08.9	Infecção localizada da pele e do tecido subcutâneo, não especificada
Molibdênio em atividades de trabalho	M10	Gota
Monocloroetileno em atividades de trabalho	T57.8	Efeito tóxico de outras substâncias inorgânicas especificadas
Monometil éter de hidroquinona (MBEH) em atividades de trabalho	L80	Vitiligo
	L81.5	Leucodermia, não classificada em outra parte
Monóxido de carbono em atividades de trabalho	F02.8	Demência em outras doenças específicas classificadas em outros locais
	F05.0	Delirium não superposto a uma demência, assim descrito
	G92	Encefalopatia tóxica

Agentes e/ou Fatores de Risco Químicos	CID10	Doença Relacionada ao Trabalho
	H91.0	Perda de audição ototóxica
	I20	Angina pectoris
	I21	Infarto agudo do miocárdio
	I46	Parada cardíaca
	I49	Outras arritmias cardíacas
	T58	Efeito tóxico do monóxido de carbono
N, N-dimetilformamida em atividades de trabalho	C62	Neoplasia maligna dos testículos
Naftóis adicionados a corantes em atividades de trabalho	L81.4	Outras formas de hiperpigmentação pela melanina
Névoas ácidas em atividades de trabalho	C32	Neoplasia maligna da laringe
	C34	Neoplasia maligna dos brônquios e dos pulmões
	J31.0	Rinite crônica
	J31.2	Faringite crônica
	J32	Sinusite crônica
	J44	Outras doenças pulmonares obstrutivas crônicas
	J68.4	Afecções respiratórias crônicas devidas a produtos químicos, gases, fumaças e vapores
	K03.2	Erosão dentária
Névoas de cádmio ou seus compostos em atividades de trabalho	K03.7	Alterações pós-eruptivas da cor dos tecidos duros dos dentes
Névoas de fluoretos ou seus compostos tóxicos em atividades de trabalho	K03.2	Erosão dentária
Névoas de óleos de corte em atividades de trabalho	J68.0	Bronquite e pneumonite devida a produtos químicos, gases, fumaças e vapores
N-hexano em atividades de trabalho	G62.2	Polineuropatia devida a outros agentes tóxicos
Níquel e seus compostos em atividades de trabalho	C30.0	Neoplasia maligna da cavidade nasal
	C31	Neoplasia maligna dos seios da face
	C34	Neoplasia maligna dos brônquios e dos pulmões
	J30.3	Outras rinites alérgicas
	J31.0	Rinite crônica
	J31.2	Faringite crônica
	J45	Asma
	K03.7	Alterações pós-eruptivas da cor dos tecidos duros dos dentes
	L23.0	Dermatite alérgica de contato devida a metais
Nitroderivados e aminoderivados do benzeno e seus homólogos em atividades de trabalho	T65.3	Efeito tóxico de nitroderivados e aminoderivados do benzeno e seus homólogos
Nitrogênio em atividades de trabalho (compostos inorgânicos)	J40	Bronquite não especificada como aguda ou crônica
Nitroglicerina e outros ésteres do ácido nítrico em atividades de trabalho	G44.1	Cefaleia vascular, não classificada em outra parte

Agentes e/ou Fatores de Risco Químicos	CID10	Doença Relacionada ao Trabalho
	I20	Angina pectoris
	I21	Infarto agudo do miocárdio
	I49	Outras arritmias cardíacas
Óleo de xisto em atividades de trabalho	C44	Outras neoplasias malignas da pele
Óleo mineral não tratado em atividades de trabalho	C44	Outras neoplasias malignas da pele
Óleos de corte em atividades de trabalho	L81.4	Outras formas de hiperpigmentação pela melanina
Óleos e gorduras de origem mineral ou sintéticos em atividades de trabalho	L24.1	Dermatite de contato por Irritantes devida a óleos e gorduras
	L72.8	Outras formas de cistos foliculares da pele e do tecido subcutâneo
Ósmio e seus derivados em atividades de trabalho	J40	Bronquite não especificada como aguda ou crônica
Outras substâncias especificadas em atividades de trabalho	T65.8	Efeito tóxico de outras substâncias especificadas
Óxido de etileno em atividades de trabalho	C50	Neoplasia maligna da mama
	C82	Linfoma não-Hodgkin, folicular (nodular)
	C83	Linfoma não-Hodgkin difuso
	C84	Linfomas de células T cutâneas e periféricas
	C85	Linfoma não-Hodgkin de outros tipos e de tipo não especificado
	C91	Leucemia linfoide
	C92	Leucemia mieloide
	C93	Leucemia monocítica
	C94	Outras formas de leucemias de células de tipo especificado
	C95	Leucemia de tipo celular não especificado
	G62.2	Polineuropatia devida a outros agentes tóxicos
Ozônio e/ou ozoneto e/ou peróxidos em atividades de trabalho	J40	Bronquite não especificada como aguda ou crônica
Para-aminofenol em atividades de trabalho	L80	Vitiligo
	L81.5	Leucodermia, não classificada em outra parte
Para-butilfenol em atividades de trabalho	L80	Vitiligo
	L81.5	Leucodermia, não classificada em outra parte
Para-cresol em atividades de trabalho	L80	Vitiligo
	L81.5	Leucodermia, não classificada em outra parte
Parafenilenodiamina e seus derivados em atividades de trabalho	L81.4	Outras formas de hiperpigmentação pela melanina
Pentóxido de vanádio em atividades de trabalho	J30.3	Outras rinites alérgicas
	J31.0	Rinite crônica
	J31.2	Faringite crônica

Agentes e/ou Fatores de Risco Químicos	CID10	Doença Relacionada ao Trabalho
	J45	Asma
Percloroetileno e outros agentes usados nos processos de limpeza à seco em atividades de trabalho	C15	Neoplasia maligna do esôfago
	C67	Neoplasia maligna da bexiga
Pigmentos e solventes usados nos processos de impressão em atividades de trabalho	C34	Neoplasia maligna dos brônquios e dos pulmões
	C64	Neoplasia maligna do rim, exceto pelve renal
	C67	Neoplasia maligna da bexiga
Plásticos em atividades de trabalho	L23.5	Dermatite alérgica de contato devida a outros produtos químicos
Poeira da cana-de-açúcar em atividades de trabalho	J67.1	Bagaçose
Poeira de algodão em atividades de trabalho	J30.3	Outras rinites alérgicas
	J44	Outras doenças pulmonares obstrutivas crônicas
	J45	Asma
	J66	Doenças das vias aéreas devida a poeiras orgânicas específicas
	J66.0	Bissinose
Poeira de alumínio em atividades de trabalho	J63.0	Aluminose (do pulmão)
Poeira de cânhamo em atividades de trabalho	J30.3	Outras rinites alérgicas
	J44	Outras doenças pulmonares obstrutivas crônicas
	J45	Asma
	J66	Doenças das vias aéreas devida a poeiras orgânicas específicas
	J66.2	Canabinose
Poeira de cimento em atividades de trabalho	H01.0	Blefarite
	H10	Conjuntivite
	J31.0	Rinite crônica
	J31.2	Faringite crônica
	J40	Bronquite não especificada como aguda ou crônica
Poeira de calcário e/ou gesso e/ou cal em atividades de trabalho	J40	Bronquite não especificada como aguda ou crônica
Poeira de cortiça em atividades de trabalho	J67.3	Suberose
Poeira de estanho em atividades de trabalho	J63.5	Estanhose
Poeira de ferro em atividades de trabalho	J63.4	Siderose
Poeira de linho em atividades de trabalho	J30.3	Outras rinites alérgicas
	J44	Outras doenças pulmonares obstrutivas crônicas
	J45	Asma
	J66	Doenças das vias aéreas devida a poeiras orgânicas específicas
	J66.1	Doença dos cardadores de linho

Agentes e/ou Fatores de Risco Químicos	CID10	Doença Relacionada ao Trabalho
Poeira de talco em atividades de trabalho	J62.0	Pneumoconiose devida a pó de talco
Poeiras contendo micro-organismos e parasitas infecciosos vivos e seus produtos tóxicos em atividades de trabalho	J67	Pneumonite de hipersensibilidade devida a poeiras orgânicas
	J67.0	Pulmão de fazendeiro
	J67.2	Pulmão dos criadores de pássaros
	J67.4	Pulmão dos trabalhadores do malte
	J67.5	Pulmão dos que trabalham com cogumelos
	J67.7	Doença pulmonar devida aos sistemas de ar condicionado e de umidificação do ar
	J67.8	Pneumonites de Hipersensibilidade Devidas a Outras Poeiras Orgânicas
	J67.9	Pneumonite de hipersensibilidade devida a poeira orgânica não especificada
Poeiras da indústria do couro em atividades de trabalho	C30.0	Neoplasia maligna da cavidade nasal
	C31	Neoplasia maligna dos seios da face
Poeiras de sisal em atividades de trabalho	J30.3	Outras rinites alérgicas
	J44	Outras doenças pulmonares obstrutivas crônicas
	J45	Asma
	J66	Doenças das vias aéreas devida a poeiras orgânicas específicas
	J66.8	Doenças das vias aéreas devida a outras poeiras orgânicas específicas
Poeiras de berílio e seus compostos tóxicos em atividades de trabalho	J63.2	Beriliose
Poeiras de carboneto (carbeto) de rocha fosfática, de alumina, de zircônio em atividades de trabalho	J63.8	Pneumoconiose devida a outras poeiras inorgânicas especificadas
Poeiras de carvão mineral em atividades de trabalho	J44	Outras doenças pulmonares obstrutivas crônicas
	J60	Pneumoconiose dos mineiros de carvão
	J99.1	Transtornos respiratórios em outras doenças sistêmicas do tecido conjuntivo classificadas em outra parte [Síndrome de Caplan]
	M05.3	Artrite reumatoide com comprometimento de outros órgãos e sistemas [Síndrome de Caplan]
Poeiras de madeira em atividades de trabalho	C11	Neoplasia maligna da nasofaringe
	C14	Neoplasia maligna de outras localizações e de localizações mal definida, do lábio, cavidade oral e faringe
	C30.0	Neoplasia maligna da cavidade nasal
	C31	Neoplasia maligna dos seios da face
	L81.4	Outras formas de hiperpigmentação pela melanina

Agentes e/ou Fatores de Risco Químicos	CID10	Doença Relacionada ao Trabalho
Poeiras minerais em atividades de trabalho (outras)	J44	Outras doenças pulmonares obstrutivas crônicas
Poeiras orgânicas da indústria do mobiliário em atividades de trabalho	C31	Neoplasia maligna dos seios da face
Colas e solventes usados nas atividades de carpintaria e marcenaria em atividades de trabalho	C30.0	Neoplasia maligna da cavidade nasal
	C31	Neoplasia maligna dos seios da face
Poeiras de metais duros em atividades de trabalho	J63	Pneumoconiose devida a outras poeiras inorgânicas
Poeiras de sílica livre cristalina em atividades de trabalho	C34	Neoplasia maligna dos brônquios e dos pulmões
	J44	Outras doenças pulmonares obstrutivas crônicas
	J60	Pneumoconiose dos mineiros de carvão
	J62.8	Pneumoconiose devida a outras poeiras que contenham sílica
	J65	Pneumoconiose associada com tuberculose
	J99.1	Transtornos respiratórios em outras doenças sistêmicas do tecido conjuntivo classificadas em outra parte [Síndrome de Caplan]
	M05.3	Artrite reumatoide com comprometimento de outros órgãos e sistemas [Síndrome de Caplan]
Poeiras não especificadas em atividades de trabalho	J65	Pneumoconiose associada com tuberculose
Poeiras orgânicas em atividades de trabalho	C30.0	Neoplasia maligna da cavidade nasal
	J67	Pneumonite de hipersensibilidade devida a poeiras orgânicas
	J67.0	Pulmão de fazendeiro
	J67.2	Pulmão dos criadores de pássaros
	J67.4	Pulmão dos trabalhadores do malte
	J67.5	Pulmão dos que trabalham com cogumelos
	J67.7	Doença pulmonar devida aos sistemas de ar condicionado e de umidificação do ar
	J67.8	Pneumonites de hipersensibilidade devidas a outras poeiras orgânicas
	J67.9	Pneumonite de hipersensibilidade devida a poeira orgânica não especificada
Poeiras, gases e vapores de diferentes origens em atividades de trabalho	H01.1	Dermatoses não infecciosas da pálpebra
Policlorofenóis ou seus sais de sódio em atividades de trabalho	C49	Neoplasia maligna do tecido conjuntivo e de outros tecidos moles
	C82	Linfoma não-Hodgkin, folicular (nodular)
	C83	Linfoma não-Hodgkin difuso
	C84	Linfomas de células T cutâneas e periféricas
	C85	Linfoma não-Hodgkin de outros tipos e de tipo não especificado

Agentes e/ou Fatores de Risco Químicos	CID10	Doença Relacionada ao Trabalho
	C91	Leucemia linfoide
	C92	Leucemia mieloide
	C93	Leucemia monocítica
	C94	Outras leucemias de células de tipo especificado
	C95	Leucemia de tipo celular não especificado
Prata em atividades de trabalho	K03.7	Alterações pós-eruptivas da cor dos tecidos duros dos dentes
Produção de eletrodo de carvão em atividades de trabalho;	C34	Neoplasia maligna dos brônquios e dos pulmões
Pirólise de plásticos e teflon em atividades de trabalho (produtos)	J30.3	Outras rinites alérgicas
	J31.0	Rinite crônica
	J31.2	Faringite crônica
	J45	Asma
Proteínas animais em aerossóis em atividades de trabalho	J30.3	Outras rinites alérgicas
	J45	Asma
Quinino e seus derivados em atividades de trabalho	L81.4	Outras formas de hiperpigmentação pela melanina
Resina epóxi em atividades de trabalho	J45	Asma
Sais de ouro em atividades de trabalho	L81.4	Outras formas de hiperpigmentação pela melanina
Sais de prata em atividades de trabalho	H11.1	Degenerações e depósitos de conjuntiva
	L81.4	Outras formas de hiperpigmentação pela melanina
Selênio e seus compostos em atividades de trabalho	H10	Conjuntivite
	J31.0	Rinite crônica
	J31.2	Faringite crônica
	J40	Bronquite não especificada como aguda ou crônica
	J68.4	Afecções respiratórias crônicas devidas a produtos químicos, gases, fumaças e vapores
Solventes em atividades de trabalho	L60	Afecções das unhas
	J68.0	Bronquite e pneumonite devida a produtos químicos, gases, fumaças e vapores
Solventes clorados neurotóxicos em atividades de trabalho	H46	Neurite óptica
Solventes halogenados em atividades de trabalho	G25.9	Doenças extrapiramidais e transtornos dos movimentos, não especificados
	G50	Transtornos do nervo trigêmeo
	H10	Conjuntivite
	J68.0	Bronquite e pneumonite devida a produtos químicos, gases, fumaças e vapores

Agentes e/ou Fatores de Risco Químicos	CID10	Doença Relacionada ao Trabalho
	J68.1	Edema pulmonar devido a produtos químicos, gases, fumaças e vapores
	J68.3	Afecções respiratórias agudas e subagudas devidas a produtos químicos, gases, fumaças e vapores outras
	J68.4	Afecções respiratórias crônicas devidas a produtos químicos, gases, fumaças e vapores
	K71	Doença hepática tóxica
	K71.1	Doença hepática tóxica com necrose hepática
	K71.2	Doença hepática tóxica com hepatite aguda
	K71.3	Doença hepática tóxica com hepatite crônica persistente
	K71.6	Doença hepática tóxica com hepatite não classificada em outra parte
	K71.8	Doença hepática tóxica com outros transtornos do fígado
Solventes orgânicos em atividades de trabalho	C34	Neoplasia maligna dos brônquios e dos pulmões
	C67	Neoplasia maligna da bexiga
	C82	Linfoma não-Hodgkin, folicular (nodular)
	C83	Linfoma não-Hodgkin difuso
	C84	Linfomas de células T cutâneas e periféricas
	C85	Linfoma não-Hodgkin de outros tipos e de tipo não especificado
	C91	Leucemia linfoide
	C92	Leucemia mieloide
	C93	Leucemia monocítica
	C94	Outras leucemias de células de tipo especificado
	C95	Leucemia de tipo celular não especificado
	F06	Outros transtornos mentais devidos à lesão e disfunção cerebral e a doença física
	F06.7	Transtorno cognitivo leve
	F07	Transtornos de personalidade e do comportamento devidos a doença, a lesão e a disfunção cerebral
	F09	Transtorno mental orgânico ou sintomático não especificado
	F32	Episódios depressivos
	F33	Transtorno depressivo recorrente
	F48.0	Neurastenia
	G25.2	Outras formas especificadas de tremor
	G92	Encefalopatia tóxica
	H91.0	Perda de audição ototóxica
	T52	Efeitos tóxicos de Solventes Orgânicos

Agentes e/ou Fatores de Risco Químicos	CID10	Doença Relacionada ao Trabalho
	T52.8	Efeito tóxico de outros solventes orgânicos
Substâncias asfixiantes em atividades de trabalho (outras)	F02.8	Demência em outras doenças específicas classificadas em outros locais
	F05.0	Delirium não superposto a uma demência, assim descrito
Substância corrosiva, não especificada em atividades de trabalho	T54.9	Efeito tóxico de substância corrosiva, não especificada
Substâncias de origem vegetal (cereais, farinhas, serragem etc.) em atividades de trabalho	J30.3	Outras rinites alérgicas
	J45	Asma
Substâncias inorgânicas em atividades de trabalho	T57	Efeito tóxico de outras substâncias inorgânicas
	T57.8	Efeito tóxico de outras substâncias inorgânicas especificadas
Substâncias químicas sensibilizantes da pele e das vias respiratórias em atividades de trabalho	J30.3	Outras rinites alérgicas
	J31.0	Rinite crônica
	J31.2	Faringite crônica
	J45	Asma
Sulfato de tálio em atividades de trabalho	G92	Encefalopatia tóxica
Sulfeto de carbono em atividades de trabalho	G62.2	Polineuropatia devida a outros agentes tóxicos
Sulfeto de hidrogênio em atividades de trabalho	F02.8	Demência em outras doenças específicas classificadas em outros locais
	F05.0	Delirium não superposto a uma demência, assim descrito
	G52.0	Transtornos do nervo olfatório
	G92	Encefalopatia tóxica
	J40	Bronquite não especificada como aguda ou crônica
Sulfitos e/ou bissulfitos e/ou persulfatos em atividades de trabalho	J30.3	Outras rinites alérgicas
	J31.0	Rinite crônica
	J31.2	Faringite crônica
	J45	Asma
Tabaco e nicotina em atividades de trabalho	T65.2	Efeito tóxico do tabaco e da nicotina (Doença da Folha Verde do Tabaco)
Tálio e seus compostos em atividades de trabalho	G62.2	Polineuropatia devida a outros agentes tóxicos
	G92	Encefalopatia tóxica
	L63	Alopécia areata
	N14.3	Nefropatia induzida por metais pesados
Tetracloroetileno em atividades de trabalho	C67	Neoplasia maligna da bexiga
	F06	Outros transtornos mentais devidos à lesão e disfunção cerebral e a doença física
	F06.7	Transtorno cognitivo leve

Agentes e/ou Fatores de Risco Químicos	CID10	Doença Relacionada ao Trabalho
	F07	Transtornos de personalidade e do comportamento devidos a doença, a lesão e a disfunção cerebral
	F09	Transtorno mental orgânico ou sintomático não especificado
	F32	Episódios depressivos
	F33	Transtorno depressivo recorrente
	F48.0	Neurastenia
	T53.3	Efeito tóxico do tetracloroetileno
Terpenos e/ou vanádio, e seus compostos, em atividades de trabalho	J40	Bronquite não especificada como aguda ou crônica
Tetracloreto de carbono em atividades de trabalho	H10	Conjuntivite
	H46	Neurite óptica
	K71	Doença hepática tóxica
	K71.1	Doença hepática tóxica com necrose hepática
	K71.2	Doença hepática tóxica com hepatite aguda
	K71.3	Doença hepática tóxica com hepatite crônica persistente
	K71.6	Doença hepática tóxica com hepatite não classificada em outra parte
	K71.8	Doença hepática tóxica com outros transtornos do fígado
	T53.0	Efeito tóxico do tetracloreto de carbono
Tetracloroetano em atividades de trabalho	G25.2	Outras formas especificadas de tremor
Tiocianatos em atividades de trabalho	E03	Outros hipotireoidismos
Tiouracil em atividades de trabalho	E03	Outros hipotireoidismos
Tioureia em atividades de trabalho	E03	Outros hipotireoidismo
Tolueno e outros solventes aromáticos neurotóxicos em atividades de trabalho	F06	Outros transtornos mentais devidos à lesão e disfunção cerebral e a doença física
	F06.7	Transtorno cognitivo leve
	F07	Transtornos de personalidade e do comportamento devidos a doença, a lesão e a disfunção cerebral
	F09	Transtorno mental orgânico ou sintomático não especificado
	F32	Episódios depressivos
	F33	Transtorno depressivo recorrente
	F48.0	Neurastenia
	H91.0	Perda de audição ototóxica
	T52.2	Efeito tóxico de homólogos do benzeno
Tório em atividades de trabalho	K76.6	Hipertensão portal
Tricloroetileno em atividades de trabalho	C22	Neoplasia maligna do fígado e das vias biliares intra-hepáticas
	C64	Neoplasia maligna do rim, exceto pelve renal

Agentes e/ou Fatores de Risco Químicos	CID10	Doença Relacionada ao Trabalho
	C82	Linfoma não-Hodgkin, folicular (nodular)
	C83	Linfoma não-Hodgkin difuso
	C84	Linfomas de células T cutâneas e periféricas
	C85	Linfoma não-Hodgkin de outros tipos e de tipo não especificado
	C91	Leucemia linfoide
	C92	Leucemia mieloide
	C93	Leucemia monocítica
	C94	Outras leucemias de células de tipo especificado
	C95	Leucemia de tipo celular não especificado
	F06	Outros transtornos mentais devidos à lesão e disfunção cerebral e a doença física
	F06.7	Transtorno cognitivo leve
	F07	Transtornos de personalidade e do comportamento devidos a doença, a lesão e a disfunção cerebral
	F09	Transtorno mental orgânico ou sintomático não especificado
	F32	Episódios depressivos
	F33	Transtorno depressivo recorrente
	F48.0	Neurastenia
	G50	Transtornos do nervo trigêmeo
	H46	Neurite óptica
	H91.0	Perda de audição ototóxica
	T53.2	Efeito tóxico do tricloroetileno
Tricloroetano e outros solventes orgânicos halogenados neurotóxicos em atividades de trabalho	F06	Outros transtornos mentais devidos à lesão e disfunção cerebral e a doença física
	F06.7	Transtorno cognitivo leve
	F07	Transtornos de personalidade e do comportamento devidos a doença, a lesão e a disfunção cerebral
	F09	Transtorno mental orgânico ou sintomático não especificado
	F32	Episódios depressivos
	F33	Transtorno depressivo recorrente
	F48.0	Neurastenia
Xileno em atividades de trabalho	H91.0	Perda de audição ototóxica
	J40	Bronquite não especificada como aguda ou crônica
	T52.2	Efeito tóxico de homólogos do benzeno
Zinco e seus compostos em atividades de trabalho	J40	Bronquite não especificada como aguda ou crônica
	T56.5	Efeito tóxico do zinco e seus compostos

Agentes e/ou Fatores de Risco Químicos	CID10	Doença Relacionada ao Trabalho
Plantas ou manipulação de plantas em atividades de trabalho	L23.7	Dermatite alérgica de contato devido a plantas, exceto alimentos
	L24.7	Dermatite de contato por irritantes devido a plantas, exceto alimentos
Mordedura ou picadura de serpente e/ou outros répteis e/ou escorpião e/ou aranha e/ou outros artrópodes e/ou peixe e/ou outros animais marinhos e/ou outros animais venenosos não especificados em atividades de trabalho	T63	Efeito tóxico de contato com animais venenosos

LISTA A – Agentes e/ou Fatores de Risco com respectivas Doenças Relacionadas ao Trabalho (Parte III)

Agentes e/ou Fatores de Risco Biológicos	CID10	Doença Relacionada ao Trabalho
Agentes biológicos do tipo vírus não classificados em outras partes em atividades de trabalho	A98	Outras febres hemorrágicas por vírus, não classificadas em outra parte
Ancylostoma em atividades de trabalho (espécies)	B76	Ancilostomíase
	B76.0	Ancilostomose
Arbovírus da Mayaro (MAYV) em atividades de trabalho	A93.8	Febres virais especificadas transmitidas por artrópodes
(Febre de Mayaro); Outras		
Aspergillus em atividades de trabalho (espécies)	B44	Aspergilose
Bacillus anthracis em atividades de trabalho	A22	Carbúnculo
Bactérias e fungos causadores de micetoma em atividades de trabalho	B47	Micetoma
Borrelia burgdorferi em atividades de trabalho	A69.2	Doença de Lyme
Brucella em atividades de trabalho (espécies)	A23	Brucelose
Burkholderia mallei em atividades de trabalho	A24.0	Mormo
Candida albicanse outras espécies do mesmo gênero, potencialmente patogênicas em atividades de trabalho sob condições de umidade e irritação mecânica	B37	Candidíase
Chlamydia psittaci ou *Chlamydia pneumoniae* em atividades de trabalho	A70	Infecções causadas por *Clamídia psittaci* (Febre dos papagaios, Ornitose, Psitacose)
Chlamydia trachomatis em atividades de trabalho	A71	Tracoma
Clostridium tetani em atividades de trabalho	A35	Outros tipos de tétano
Coccidioides immitis em atividades de trabalho	B38	Coccidioidomicose
Coronavírus SARS-CoV-2 em atividades de trabalho	B34.2	Infecção por coronavírus de localização não especificada
Coxiella burnetii em atividades de trabalho	A78	Febre Q
Cryptococcus neoformans (ou *Filobasidiella neoformans*) em atividades de trabalho	B45	Criptococose
Ecchinococcus em atividades de trabalho (espécies)	B67	Equinococose
Entamoeba histolytica em atividades de trabalho	A06	Amebíase

Agentes e/ou Fatores de Risco Biológicos	CID10	Doença Relacionada ao Trabalho
Erysipelothrix rhusiopathiae em atividades de trabalho	A26	Erisipelóide
Francisella tularensis em atividades de trabalho	A21	Tularemia
Fungos do gênero *Epidermophyton*, *Microsporum* e *Trichophyton* durante atividades de trabalho em temperatura elevada e umidade	B35	Dermatofitose
Fungos durante atividades de trabalho em temperatura elevada e umidade, exceto aqueles dos gêneros *Epidermophyton*, *Microsporum* e *Trichophyton*	B36	Outras micoses superficiais
Hantavírus em atividades de trabalho	B33.4	Síndrome (cardio-)pulmonar por Hantavírus [SPH] [SCPH]
Herpes simples tipo 1 (HVS-1) em atividades de trabalho	B00	Infecções pelo vírus do herpes [herpes simples]
	C46	Sarcoma de Kaposi
Histoplasma capsulatum em atividades de trabalho	B39	Histoplasmose
Leishmania braziliensis em atividades de trabalho	B55	Leishmaniose
	B55.1	Leishmaniose cutânea
	B55.2	Leishmaniose cutâneo-mucosa
Leptospira icterohaemorrhagiae e outras espécies *Lesptospira* em atividades de trabalho	A27	Leptospirose
Meningococo em atividades de trabalho	A39	Infecção meningocócica
Mosquito (*Aedes aegypti*), transmissor do arbovírus da Chikungunya (CHIKV), em atividades de trabalho	A92.0	Febre de Chikungunya
Mosquito (*Aedes aegypti*), transmissor do arbovírus da Dengue, em atividades de trabalho	A90	Dengue [Dengue Clássico]
Mosquito (*Aedes aegypti*), transmissor do arbovírus da Zika, em atividades de trabalho	U06.9	Doença pelo Zika vírus, não especificada
Mosquito transmissor do arbovírus da Febre Amarela em atividades de trabalho	A95	Febre Amarela
Mycobacterium tuberculosis (Bacilo de Koch) ou *Mycobacterium bovis* em atividades de trabalho	A15	Tuberculose respiratória, com confirmação bacteriológica e histológica
	A16	Tuberculose das vias respiratórias, sem confirmação bacteriológica ou histológica
	A17	Tuberculose do sistema nervoso
	A18	Tuberculose de outros órgãos
	A19	Tuberculose miliar
Neisseria meningitidis em atividades de trabalho	G01	Meningite em doenças bacterianas classificadas em outra parte
Onchocerca em atividades de trabalho (espécies)	B73	Oncocercose
Papilomavírus em atividades de trabalho	B07	Verrugas de origem viral
Papilomavírus humano tipos 5 e/ou 8 em atividades de trabalho	C44	Outras neoplasias malignas da pele

Agentes e/ou Fatores de Risco Biológicos	CID10	Doença Relacionada ao Trabalho
Papilomavírus humano tipo 16 em atividades de trabalho	C06	Neoplasia maligna de outras partes e de partes não especificadas da boca
	C09	Neoplasia maligna da amígdala
	C14	Neoplasia maligna de outras localizações e de localizações mal definida, do lábio, cavidade oral e faringe
	C21	Neoplasia maligna do ânus e do canal anal
	C32	Neoplasia maligna da laringe
	C52	Neoplasia maligna da vagina
	C53	Neoplasia maligna de colo do útero
	C60	Neoplasia maligna de pênis
Papilomavírus humano tipo 18 em atividades de trabalho	C06	Neoplasia maligna de outras partes e de partes não especificadas da boca
	C21	Neoplasia maligna do ânus e do canal anal
	C51	Neoplasia maligna da vulva
	C53	Neoplasia maligna de colo do útero
	C60	Neoplasia maligna de pênis
Papilomavírus humano tipo 26 e/ou 31 e/ou 35 e/ou 39 e/ou 45 e/ou 51 e/ou 52 e/ou 53 e/ou 56 e/ou 58 e/ou 59 e/ou 66 e/ou 67 e/ou 68 e/ ou 70 e/ou 73 e/ou 82 em atividades de trabalho	C53	Neoplasia maligna de colo do útero
Papilomavírus humano tipo 33 em atividades de trabalho	C21	Neoplasia maligna do ânus e do canal anal
	C51	Neoplasia maligna da vulva
	C53	Neoplasia maligna de colo do útero
Paracoccidioides brasiliensis em atividades de trabalho	B41	Paracoccidioidomicose
Plasmodium em atividades de trabalho (espécie não especificada do gênero)	B54	Malária não especificada
Plasmodium falciparum em atividades de trabalho	B50	Malária por Plasmodium falciparum
	C82	Linfoma não-Hodgkin, folicular (nodular)
	C83	Linfoma não-Hodgkin difuso
	C84	Linfomas de células T cutâneas e periféricas
	C85	Linfoma não-Hodgkin de outros tipos e de tipo não especificado
	C91	Leucemia linfoide
	C92	Leucemia mieloide
	C93	Leucemia monocítica
	C94	Outras leucemias de células de tipo especificado
	C95	Leucemia de tipo celular não especificado
Plasmodium malariae em atividades de trabalho	B52	Malária por Plasmodium malariae
Plasmodium vivax em atividades de trabalho	B51	Malária por Plasmodium vivax

Agentes e/ou Fatores de Risco Biológicos	CID10	Doença Relacionada ao Trabalho
Plasmodium diferente da *malariae, vivax* e *falciparum*, ou outros protozoários em atividades de trabalho (espécies)	B53	Outras formas de malária confirmadas por exames parasitológicos
Poliovírus em atividades de trabalho	A80	Poliomielite aguda
Rickettsia em atividades de trabalho	A79	Outras rickettsioses
Rickettsia rickettsii, e outras espécies de *Rickettsia*, em atividades de trabalho	A77	Febre maculosa [rickettsioses transmitidas por carrapatos]
Sarcoptes scabiei em atividades de trabalho	B86	Escabiose [sarna]
Schistosoma em atividades de trabalho (espécies)	B65	Esquistossomose [bilharziose] [Schistosomíase]
Schistosoma haematobium em atividades de trabalho	C67	Neoplasia maligna da bexiga
Sporothrix schenkii em atividades de trabalho	B42	Esporotricose
Streptococcus suis em atividades de trabalho	A40.8	Outras septicemias estreptocócicas
	G00.2	Meningite estreptocócica
Toxocara canis e/ou *Toxocara cati* em atividades de trabalho	B83.0	Larva migrans visceral
Treponema pallidum em atividades de trabalho	A65	Sífilis não-venérea
Trypanosoma cruzi em atividades de trabalho	B57	Doença de Chagas
Vírus da Hepatite A (HAV) em atividades de trabalho	B15	Hepatite aguda A
Vírus da Hepatite B (HBV) em atividades de trabalho	B16	Hepatite aguda B
	C22	Neoplasia maligna do fígado e das vias biliares intra-hepáticas
	C82	Linfoma não-Hodgkin, folicular (nodular)
	C83	Linfoma não-Hodgkin difuso
	C84	Linfomas de células T cutâneas e periféricas
	C85	Linfoma não-Hodgkin de outros tipos e de tipo não especificado
	C91	Leucemia linfoide
	C92	Leucemia mieloide
	C93	Leucemia monocítica
	C94	Outras leucemias de células de tipo especificado
	C95	Leucemia de tipo celular não especificado
Vírus da Hepatite C (HCV) em atividades de trabalho	B17	Outras hepatites virais agudas
	C22	Neoplasia maligna do fígado e das vias biliares intra-hepáticas
	C82	Linfoma não-Hodgkin, folicular (nodular)
	C83	Linfoma não-Hodgkin difuso
	C84	Linfomas de células T cutâneas e periféricas
	C85	Linfoma não-Hodgkin de outros tipos e de tipo não especificado

Agentes e/ou Fatores de Risco Biológicos	CID10	Doença Relacionada ao Trabalho
	C91	Leucemia linfoide
	C92	Leucemia mieloide
	C93	Leucemia monocítica
	C94	Outras leucemias de células de tipo especificado
	C95	Leucemia de tipo celular não especificado
Vírus da Hepatite E (HEV) em atividades de trabalho	B17	Outras hepatites virais agudas
Vírus da Imunodeficiência Humana (HIV) em atividades de trabalho	B20	Doença pelo vírus da imunodeficiência humana [HIV], resultando em doenças infecciosas e parasitárias
	B21	Doença pelo vírus da imunodeficiência humana [HIV], resultando em neoplasias malignas
	B22	Doença pelo vírus da imunodeficiência humana [HIV] resultando em outras doenças especificadas
	B23	Doença pelo vírus da imunodeficiência humana [HIV] resultando em outras doenças
	B24	Doença pelo vírus da imunodeficiência humana [HIV] não especificada
	C21	Neoplasia maligna do ânus e do canal anal
	C22	Neoplasia maligna do fígado e das vias biliares intra-hepáticas
	C44	Outras neoplasias malignas da pele
	C46	Sarcoma de Kaposi
	C51	Neoplasia maligna da vulva
	C52	Neoplasia maligna da vagina
	C53	Neoplasia maligna de colo do útero
	C60	Neoplasia maligna de pênis
	C69	Neoplasia maligna do olho e anexos
	C82	Linfoma não-Hodgkin, folicular (nodular)
	C83	Linfoma não-Hodgkin difuso
	C84	Linfomas de células T cutâneas e periféricas
	C85	Linfoma não-Hodgkin de outros tipos e de tipo não especificado
	C91	Leucemia linfoide
	C92	Leucemia mieloide
	C93	Leucemia monocítica
	C94	Outras leucemias de células de tipo especificado
	C95	Leucemia de tipo celular não especificado
Vírus da raiva em atividades de trabalho	A82	Raiva
Vírus da rubéola em atividades de trabalho	B06	Rubéola
Vírus do sarampo em atividades de trabalho	B05	Sarampo
Vírus Epstein-Barr em atividades de trabalho	C11	Neoplasia maligna da nasofaringe

Agentes e/ou Fatores de Risco Biológicos	CID10	Doença Relacionada ao Trabalho
	C82	Linfoma não-Hodgkin, folicular (nodular)
	C83	Linfoma não-Hodgkin difuso
	C84	Linfomas de células T cutâneas e periféricas
	C85	Linfoma não-Hodgkin de outros tipos e de tipo não especificado
	C91	Leucemia linfoide
	C92	Leucemia mieloide
	C93	Leucemia monocítica
	C94	Outras leucemias de células de tipo especificado
	C95	Leucemia de tipo celular não especificado
Vírus influenza em atividades de trabalho	J11	Influenza [gripe] devida a vírus não identificado
	J11.1	Influenza [gripe] com outras manifestações respiratórias, devida a vírus não identificado
Vírus linfotrópico de células T humanas tipo 1 em atividades de trabalho	C82	Linfoma não-Hodgkin, folicular (nodular)
	C83	Linfoma não-Hodgkin difuso
	C84	Linfomas de células T cutâneas e periféricas
	C85	Linfoma não-Hodgkin de outros tipos e de tipo não especificado
	C91	Leucemia linfoide
	C92	Leucemia mieloide
	C93	Leucemia monocítica
	C94	Outras leucemias de células de tipo especificado
	C95	Leucemia de tipo celular não especificado
Vírus não especificado da hepatite em atividades de trabalho	B18	Hepatite viral crônica
	B19	Hepatite viral não especificada
	D89.1	Crioglobulinemia
Vírus Orf em atividades de trabalho	B08.0	Infecções por ortopoxvírus
Vírus Varicela-zoster (VVZ) em atividades de trabalho	B01	Varicela [Catapora]

LISTA A – Agentes e/ou Fatores de Risco com respectivas Doenças Relacionadas ao Trabalho (Parte IV)

Agentes e/ou Fatores de Risco	CID10	Doença Relacionada ao Trabalho
Ambiente de trabalho com iluminação ausente ou deficiente.	H55	Nistagmo e outros movimentos irregulares do olho
Aplicação de força (Biomecânica do trabalho)	I83	Varizes dos membros inferiores
	M16	Coxartrose [artrose do quadril]
	M17	Gonartrose [artrose do joelho]

Agentes e/ou Fatores de Risco	CID10	Doença Relacionada ao Trabalho
	M50	Transtornos dos discos cervicais
	M50.0	Transtorno do disco cervical com mielopatia
	M50.1	Transtorno do disco cervical com radiculopatia
	M50.2	Outro deslocamento de disco cervical
	M50.3	Outra degeneração de disco cervical
	M50.8	Outros transtornos de discos cervicais
	M50.9	Transtorno não especificado de disco cervical
	M51	Outros transtornos de discos intervertebrais
	M51.0	Transtornos de discos lombares e de outros discos intervertebrais com mielopatia
	M51.1	Transtornos de discos lombares e de outros discos intervertebrais com radiculopatia
	M51.2	Outros deslocamentos discais intervertebrais especificados
	M51.3	Outra degeneração especificada de disco intervertebral
	M51.8	Outros transtornos especificados de discos intervertebrais
	M53.1	Síndrome cervicobraquial
	M54	Dorsalgia
	M54.2	Cervicalgia
	M54.3	Ciática
	M54.4	Lumbago com ciática
	M54.5	Dor lombar baixa
	M65	Sinovites e tenossinovites
	M65.4	Tenossinovite estilóide radial [de Quervain]
	M65.8	Outras sinovites e tenossinovites
	M65.9	Tenossinovites, não especificadas
	M72.0	Fibromatose de fáscia palmar [Dupuytren]
	M75	Lesões do ombro
	M75.0	Capsulite adesiva do ombro
	M75.1	Síndrome do manguito rotador
	M75.2	Tendinite bicipital
	M75.3	Tendinite calcificante do ombro
	M75.5	Bursite do ombro
	M75.8	Outras lesões do ombro
	M75.9	Lesão não especificada do ombro
	M77	Outras entesopatias
	M77.0	Epicondilite medial
	M77.1	Epicondilite lateral

Agentes e/ou Fatores de Risco	CID10	Doença Relacionada ao Trabalho
	M77.8	Outras entesopatias não classificadas em outra parte
	M79.8	Outros transtornos especificados dos tecidos moles
	M84.3	Fratura de fadiga ("stress") não classificada em outra parte
Manipulação manual de carga (Biomecânica do trabalho)	I83	Varizes dos membros inferiores
	K40	Hérnia inguinal
	K41	Hérnia femoral
	K42	Hérnia umbilical
	K43	Hérnia ventral
	K44	Hérnia diafragmática
	K45	Outras hérnias abdominais
	K46	Hérnia abdominal não especificada
	M16	Coxartrose [artrose do quadril]
	M17	Gonartrose [artrose do joelho]
	M47.8	Outras espondiloses
	M50	Transtornos dos discos cervicais
	M50.0	Transtorno do disco cervical com mielopatia
	M50.1	Transtorno do disco cervical com radiculopatia
	M50.2	Outro deslocamento de disco cervical
	M50.3	Outra degeneração de disco cervical
	M50.8	Outros transtornos de discos cervicais
	M50.9	Transtorno não especificado de disco cervical
	M51	Outros transtornos de discos intervertebrais
	M51.0	Transtornos de discos lombares e de outros discos intervertebrais com mielopatia
	M51.1	Transtornos de discos lombares e de outros discos intervertebrais com radiculopatia
	M51.2	Outros deslocamentos discais intervertebrais especificados
	M51.3	Outra degeneração especificada de disco intervertebral
	M51.8	Outros transtornos especificados de discos intervertebrais
	M53.1	Síndrome cervicobraquial
	M54	Dorsalgia
	M54.2	Cervicalgia
	M54.3	Ciática
	M54.4	Lumbago com ciática
	M54.5	Dor lombar baixa

Agentes e/ou Fatores de Risco	CID10	Doença Relacionada ao Trabalho
Movimentos articulares repetitivos (Biomecânica do trabalho)	G54.0	Transtornos do plexo braquial
	G56	Mononeuropatias dos membros superiores
	G56.0	Síndrome do túnel do carpo
	G56.1	Outras lesões do nervo mediano
	G56.2	Lesões do nervo cubital [ulnar]
	G56.3	Lesão do nervo radial
	G56.8	Outras mononeuropatias dos membros superiores
	G57.3	Lesão do nervo poplíteo lateral
	K07.6	Transtornos da articulação temporomandibular
	M16	Coxartrose [artrose do quadril]
	M17	Gonartrose [artrose do joelho]
	M50	Transtornos dos discos cervicais
	M50.0	Transtorno do disco cervical com mielopatia
	M50.1	Transtorno do disco cervical com radiculopatia
	M50.2	Outro deslocamento de disco cervical
	M50.3	Outra degeneração de disco cervical
	M50.8	Outros transtornos de discos cervicais
	M50.9	Transtorno não especificado de disco cervical
	M51	Outros transtornos de discos intervertebrais
	M51.0	Transtornos de discos lombares e de outros discos intervertebrais com mielopatia
	M51.1	Transtornos de discos lombares e de outros discos intervertebrais com radiculopatia
	M51.2	Outros deslocamentos discais intervertebrais especificados
	M51.3	Outra degeneração especificada de disco intervertebral
	M51.8	Outro transtornos especificados de discos intervertebrais
	M53.1	Síndrome cervicobraquial
	M54	Dorsalgia
	M54.2	Cervicalgia
	M54.3	Ciática
	M54.4	Lumbago com ciática
	M54.5	Dor lombar baixa
	M65	Sinovites e tenossinovites
	M65.3	Dedo em gatilho
	M65.4	Tenossinovite estilóide radial [de Quervain]
	M65.8	Outras sinovites e tenossinovites

Agentes e/ou Fatores de Risco	CID10	Doença Relacionada ao Trabalho
	M65.9	Tenossinovites, não especificadas
	M70	Transtornos dos tecidos moles relacionados com o uso, o uso excessivo e a pressão
	M70.0	Sinovite crepitante crônica da mão e do punho
	M70.1	Bursite da mão
	M70.2	Bursite do olécrano
	M70.3	Outras bursites do cotovelo
	M70.4	Bursite pré-patelar
	M70.5	Outras bursites do joelho
	M70.8	Transtornos dos tecidos moles relacionados com o uso, uso excessivo e pressão; outros
	M70.9	Transtorno não especificado dos tecidos moles relacionados com o uso, uso excessivo e pressão.
	M72.0	Fibromatose de fáscia palmar [Dupuytren]
	M75	Lesões do ombro
	M75.0	Capsulite adesiva do ombro
	M75.1	Síndrome do manguito rotador
	M75.2	Tendinite bicipital
	M75.3	Tendinite calcificante do ombro
	M75.5	Bursite do ombro
	M75.8	Outras lesões do ombro
	M75.9	Lesão não especificada do ombro
	M77	Outas entesopatias
	M77.0	Epicondilite medial
	M77.1	Epicondilite lateral
	M77.8	Outras entesopatias não classificadas em outra parte
	M79.8	Outris transtornos especificados dos tecidos moles
	M84.3	Fratura de fadiga ("stress") não classificada em outra parte
Ortostatismo prolongado (Biomecânica do trabalho)	I83	Varizes dos membros inferiores
Posições forçadas (Biomecânica do trabalho)	G54.0	Transtornos do plexo braquial
	G56	Mononeuropatias dos membros superiores
	G56.0	Síndrome do túnel do carpo
	G56.1	Outras lesões do nervo mediano
	G56.2	Lesões do nervo cubital [ulnar]
	G56.3	Lesão do nervo radial
	G56.8	Outras mononeuropatias dos membros superiores
	G57.3	Lesão do nervo poplíteo lateral

Agentes e/ou Fatores de Risco	CID10	Doença Relacionada ao Trabalho
	M16	Coxartrose [artrose do quadril]
	M17	Gonartrose [artrose do joelho]
	M23.3	Outros transtornos de menisco
	M50	Transtornos dos discos cervicais
	M50.0	Transtorno do disco cervical com mielopatia
	M50.1	Transtorno do disco cervical com radiculopatia
	M50.2	Outro deslocamento de disco cervical
	M50.3	Outra degeneração de disco cervical
	M50.8	Outros transtornos de discos cervicais
	M50.9	Transtorno não especificado de disco cervical
	M51	Outros transtornos de discos intervertebrais
	M51.0	Transtornos de discos lombares e de outros discos intervertebrais com mielopatia
	M51.1	Transtornos de discos lombares e de outros discos intervertebrais com radiculopatia
	M51.2	Outros deslocamentos discais intervertebrais especificados
	M51.3	Outra degeneração especificada de disco intervertebral
	M51.8	Outros transtornos especificados de discos intervertebrais
	M53.1	Síndrome cervicobraquial
	M54	Dorsalgia
	M54.2	Cervicalgia
	M54.3	Ciática
	M54.4	Lumbago com ciática
	M54.5	Dor lombar baixa
	M65	Sinovites e tenossinovites
	M65.3	Dedo em gatilho
	M65.4	Tenossinovite estilóide radial [de Quervain]
	M65.8	Outras sinovites e tenossinovites
	M65.9	Tenossinovites, não especificadas
	M70	Transtornos dos tecidos moles relacionados com o uso, o uso excessivo e a pressão, de origem ocupacional
	M70.0	Sinovite crepitante crônica da mão e do punho
	M70.1	Bursite da mão
	M70.2	Bursite do olécrano
	M70.3	Outras bursites do cotovelo
	M70.4	Bursite pré-patelar
	M70.5	Outras bursites do joelho

Agentes e/ou Fatores de Risco	CID10	Doença Relacionada ao Trabalho
	M70.8	Transtornos dos tecidos moles relacionados com o uso, uso excessivo e pressão; outros
	M70.9	Transtorno não especificado dos tecidos moles relacionados com o uso, uso excessivo e pressão.
	M72.0	Fibromatose de fáscia palmar [Dupuytren]
	M75	Lesões do ombro
	M75.0	Capsulite adesiva do ombro
	M75.1	Síndrome do manguito rotador
	M75.2	Tendinite bicipital
	M75.3	Tendinite calcificante do ombro
	M75.5	Bursite do ombro
	M75.8	Outras lesões do ombro
	M75.9	Lesão não especificada do ombro
	M77	Outras entesopatias
	M77.0	Epicondilite medial
	M77.1	Epicondilite lateral
	M77.8	Outras entesopatias não classificadas em outra parte
	M79.8	Outros transtornos especificados dos tecidos moles
	M84.3	Fratura de fadiga ("stress") não classificada em outra parte
Pressão e/ou fricção da pele (Biomecânica do trabalho)	L84	Calos e calosidades
Traumatismos das unhas (Biomecânica do trabalho)	L60	Afecções das unhas
Trabalho com sobrecarga vocal associada e/ou agravada por:	J04.2	Laringotraqueíte aguda
Fatores psicossociais relacionados à característica e à organização do trabalho: jornada de trabalho prolongada, sobrecarga,	J37.1	Laringotraqueíte crônica
acúmulo de atividades ou de funções, ausência de pausas e de locais de descanso durante a jornada, falta de autonomia, ritmo de trabalho acelerado para o cumprimento de metas, trabalho sob forte pressão, insatisfação com o trabalho ou com a	J38	Doenças das cordas vocais e da laringe não classificadas em outra parte
	J38.2	Nódulos das cordas vocais
remuneração, postura e equipamentos inadequados, dificuldade de acesso à hidratação e aos sanitários, dentre outros não especificados.		
•Fatores relacionados ao ambiente de trabalho: pressão sonora acima dos níveis de conforto, acústica desfavorável, mobiliário e recursos materiais inadequados ou insuficientes, desconforto e choque térmico, má qualidade do ar, ventilação		

Agentes e/ou Fatores de Risco	CID10	Doença Relacionada ao Trabalho
inadequada do ambiente, baixa umidade, exposição a produtos químicos irritativos de vias aéreas superiores (solventes, vapores metálicos, gases asfixiantes) e presença de poeira ou fumaça no local de trabalho, dentre outros não especificados.		
	R49	Distúrbios da voz
	J37.1	Laringotraqueíte crônica
	J38	Doenças das cordas vocais e da laringe não classificadas em outra parte
	J38.2	Nódulos das cordas vocais
	R49	Distúrbios da voz

LISTA A – Agentes e/ou Fatores de Risco com respectivas Doenças Relacionadas ao Trabalho (Parte V)

Agentes e/ou Fatores de Risco Psicossociais no Trabalho	CID10	Doença Relacionada ao Trabalho
Fatores psicossociais relacionados a: Gestão organizacional: Deficiências na administração de recursos humanos, que incluem estilo de comando, modalidades de pagamento e contratação [terceirização, trabalho intermitente, microempreendedor individual, pejotização e uberização], participação, acesso a integração e treinamento, serviços de	F10	Transtornos mentais e comportamentais devidos ao uso de álcool
	F11	Transtornos mentais e comportamentais devidos ao uso de opiáceos
	F12	Transtornos mentais e comportamentais devidos ao uso de canabinóides
	F13	Transtornos mentais e comportamentais devidos ao uso de sedativos e hipnóticos
assistência social, mecanismos de avaliação de desempenho e estratégias para gerenciar mudanças que afetam as pessoas, entre outros.		
Contexto da organização do trabalho: Deficiência nas formas de comunicação, tecnologia, modalidade de organização do trabalho e demandas qualitativas e		
	F13.2	Transtornos mentais e comportamentais devidos ao uso de sedativos e hipnóticos – síndrome de dependência
	F14	Transtornos mentais e comportamentais devidos ao uso da cocaína
	F15	Transtornos mentais e comportamentais devidos ao uso de outros estimulantes, inclusive a cafeína

Agentes e/ou Fatores de Risco Psicossociais no Trabalho	CID10	Doença Relacionada ao Trabalho
quantitativas do trabalho, entre outros. Características das relações sociais no trabalho: Deficiência no clima das relações, coesão e qualidade das interações, inclusive trabalho em equipe, assédio psicológico, entre outros.		
	F16	Transtornos mentais e comportamentais devidos ao uso de alucinógenos
	F17	Transtornos mentais e comportamentais devidos ao uso de fumo
Conteúdo das tarefas do trabalho: Exigências de carga mental (velocidade, complexidade, atenção, profundidade, variedade e restrição de tempo); o próprio conteúdo da tarefa que é definida através do nível de responsabilidade direta (por bens, pela segurança de outros, por informações confidenciais, pela vida e saúde	F18	Transtornos mentais e comportamentais devidos ao uso de solventes voláteis
	F19	Transtornos mentais e comportamentais devidos ao uso de múltiplas drogas e ao uso de outras substâncias psicoativas
	F22	Transtornos delirantes persistentes
de outros, por orientação e resultados); demandas emocionais (pelo atendimento ao cliente); especificação de sistemas de controle e definição de funções, entre outros. Condições do ambiente de trabalho: Deficiência em aspectos físicos (temperatura,	F23	Transtornos psicóticos agudos e transitórios
	F32	Episódios depressivos
	F33	Transtorno depressivo recorrente
	F41	Outros transtornos ansiosos
	F43	Reações ao "stress" grave e transtornos de adaptação
ruído, iluminação, ventilação, vibração); químicos; biológicos; projeto de trabalho e saneamento, como fatores psicossociais agravantes ou coadjuvantes. Interação pessoa-tarefa: Avaliar a relevância do conhecimento e das habilidades que a pessoa possui em relação às demandas da tarefa, os níveis de iniciativa e autonomia permitidos e de reconhecimento, bem como a identificação da pessoa		
	F43.1	Estado de "stress" pós-traumático
	F43.2	Transtornos de adaptação
	F45	Transtornos somatoformes
	F48.0	Neurastenia
com a tarefa e com a organização. Jornada de trabalho: Problemas na organização e duração da jornada de trabalho; existência ou ausência de pausas durante o dia, diferente da hora das refeições; trabalho em turno e noturno; tipo e frequência de rotação dos turnos; número e	F48.8	Outros transtornos neuróticos especificados

Agentes e/ou Fatores de Risco Psicossociais no Trabalho	CID10	Doença Relacionada ao Trabalho
	F51.2	Transtorno do ciclo vigília-sono devido a fatores não-orgânicos
	G45.9	Isquemia cerebral transitória não especificada
	G47.2	Distúrbios do ciclo vigília-sono
	I10	Hipertensão essencial (primária)
frequência de horas extras mensais e duração e frequência de intervalos semanais; Trabalho intermitente. Violência e Assédio moral/sexual: Violência física ou psicológica relacionada a aspectos do trabalho.	I20	Angina pectoris
	I21	Infarto agudo do miocárdio
	I67.4	Encefalopatia hipertensiva
	K27	Úlcera péptica de localização não especificada
	M65	Sinovites e tenossinovites
Discriminação.	M65.3	Dedo em gatilho
	M65.4	Tenossinovite estilóide radial [de Quervain]
	M65.8	Outras sinovites e tenossinovites
	M65.9	Tenossinovites, não especificadas
	M70	Transtornos dos tecidos moles relacionados com o uso, o uso excessivo e a pressão, de origem ocupacional
	M70.0	Sinovite crepitante crônica da mão e do punho
	M70.1	Bursite da mão
	M70.2	Bursite do olécrano
	M70.3	Outras bursites do cotovelo
	M70.4	Bursite pré-patelar
	M70.5	Outras bursites do joelho
	M70.8	Transtornos dos tecidos moles relacionados com o uso, uso excessivo e pressão; outros
	M70.9	Transtorno não especificado dos tecidos moles relacionados com o uso, uso excessivo e pressão.
	M72.0	Fibromatose de fáscia palmar [Dupuytren]
	M75	Lesões do ombro
	M75.0	Capsulite adesiva do ombro
	M75.1	Síndrome do manguito rotador
	M75.2	Tendinite bicipital
	M75.3	Tendinite calcificante do ombro
	M75.5	Bursite do ombro
	M75.8	Outras lesões do ombro
	M75.9	Lesão não especificada do ombro
	M77	Outras entesopatias

Agentes e/ou Fatores de Risco Psicossociais no Trabalho	CID10	Doença Relacionada ao Trabalho
	M77.0	Epicondilite medial
	M77.1	Epicondilite lateral
	M77.8	Outras entesopatias não classificadas em outra parte
	M79.8	Outros transtornos especificados dos tecidos moles
	X60-X84	Lesões autoprovocadas intencionalmente (Suicídio)
	Z73.0	Esgotamento (Burnout)
Fatores psicossociais relacionados a: Risco de morte e trauma no trabalho: amputações e esmagamentos, queimaduras, choques elétricos de alta tensão, acidentes de trânsito, queda de alturas, explosões, afogamentos e outros; assaltos, assaltos/ataques à integridade física, entre outros	F10	Transtornos mentais e comportamentais devidos ao uso de álcool
	F11	Transtornos mentais e comportamentais devidos ao uso de opiáceos
	F12	Transtornos mentais e comportamentais devidos ao uso de canabinóides
	F13	Transtornos mentais e comportamentais devidos ao uso de sedativos e hipnóticos
	F13.2	Transtornos mentais e comportamentais devidos ao uso de sedativos e hipnóticos – síndrome de dependência
	F14	Transtornos mentais e comportamentais devidos ao uso da cocaína
	F15	Transtornos mentais e comportamentais devidos ao uso de outros estimulantes, inclusive a cafeína
	F16	Transtornos mentais e comportamentais devidos ao uso de alucinógenos
	F17	Transtornos mentais e comportamentais devidos ao uso de fumo
	F18	Transtornos mentais e comportamentais devidos ao uso de solventes voláteis
	F19	Transtornos mentais e comportamentais devidos ao uso de múltiplas drogas e ao uso de outras substâncias psicoativas
	F22	Transtornos delirantes persistentes
	F23	Transtornos psicóticos agudos e transitórios
	F32	Episódios depressivos
	F33	Transtorno depressivo recorrente
	F41	Outros transtornos ansiosos
	F43	Reações ao "stress" grave e transtornos de adaptação
	F43.1	Estado de "stress" pós-traumático

Agentes e/ou Fatores de Risco Psicossociais no Trabalho	CID10	Doença Relacionada ao Trabalho
	F43.2	Transtornos de adaptação
	F45	Transtornos somatoformes
	F48.0	Neurastenia
	F48.8	Outros transtornos neuróticos especificados
	F51.2	Transtorno do ciclo vigília-sono devido a fatores não-orgânicos
	G45.9	Isquemia cerebral transitória não especificada
	G47.2	Distúrbios do ciclo vigília-sono
	I10	Hipertensão essencial (primária)
	I20	Angina pectoris
	I21	Infarto agudo do miocárdio
	I67.4	Encefalopatia hipertensiva
	K27	Úlcera péptica de localização não especificada
	X60-X84	Lesões autoprovocadas intencionalmente (Suicídio)
	Z73.0	Esgotamento (Burnout)
Fatores psicossociais relacionados a: Jornada de trabalho: Problemas na organização e duração da jornada de trabalho; existência ou ausência de pausas durante o dia, diferente da hora das refeições; trabalho em turno e noturno; tipo e frequência de rotação dos turnos; número · e frequência de horas extras mensais e duração e frequência de intervalos semanais; Trabalho intermitente	I46	Parada cardíaca
	I60	Hemorragia subaracnóide
	I61	Hemorragia intracerebral
	I63	Infarto cerebral
	I64	Acidente vascular cerebral, não especificado como hemorrágico ou isquêmico
Fatores psicossociais relacionados a jornada de trabalho (Trabalho em turnos; Trabalho noturno)	E11	Diabetes mellitus não insulino-dependente
	E66	Obesidade
	E88.8	Outros distúrbios metabólicos não especificados
Fatores psicossociais relacionados a jornada de trabalho (Trabalho noturno)	C18	Neoplasia maligna do cólon
	C20	Neoplasia maligna do reto
	C50	Neoplasia maligna da mama
	C61	Neoplasia maligna da próstata
Desemprego	F10	Transtornos mentais e comportamentais devidos ao uso de álcool
	F11	Transtornos mentais e comportamentais devidos ao uso de opiáceos

Agentes e/ou Fatores de Risco Psicossociais no Trabalho	CID10	Doença Relacionada ao Trabalho
	F12	Transtornos mentais e comportamentais devidos ao uso de canabinóides
	F13	Transtornos mentais e comportamentais devidos ao uso de sedativos e hipnóticos
	F13.2	Transtornos mentais e comportamentais devidos ao uso de sedativos e hipnóticos – síndrome de dependência
	F14	Transtornos mentais e comportamentais devidos ao uso da cocaína
	F15	Transtornos mentais e comportamentais devidos ao uso de outros estimulantes, inclusive a cafeína
	F16	Transtornos mentais e comportamentais devidos ao uso de alucinógenos
	F17	Transtornos mentais e comportamentais devidos ao uso de fumo
	F18	Transtornos mentais e comportamentais devidos ao uso de solventes voláteis
	F19	Transtornos mentais e comportamentais devidos ao uso de múltiplas drogas e ao uso de outras substâncias psicoativas
	F22	Transtornos delirantes persistentes
	F23	Transtornos psicóticos agudos e transitórios
	F32	Episódios depressivos
	F33	Transtorno depressivo recorrente
	F41	Outros transtornos ansiosos
	F43	Reações ao "stress" grave e transtornos de adaptação
	F43.2	Transtornos de adaptação
	F45	Transtornos somatoformes
	F48.0	Neurastenia
	F48.8	Outros transtornos neuróticos especificados
	F51.2	Transtorno do ciclo vigília-sono devido a fatores não-orgânicos
	G45.9	Isquemia cerebral transitória não especificada
	G47.2	Distúrbios do ciclo vigília-sono
	I10	Hipertensão essencial (primária)
	I20	Angina pectoris
	I21	Infarto agudo do miocárdio
	I67.4	Encefalopatia hipertensiva
	K27	Úlcera péptica de localização não especificada
	X60-X84	Lesões autoprovocadas intencionalmente (Suicídio)

LISTA A – Agentes e/ou Fatores de Risco com respectivas Doenças Relacionadas ao Trabalho (Parte VI)

Agentes e/ou Fatores de Risco Outros	CID10	Doença Relacionada ao Trabalho
Sequela de acidente de trabalho com traumatismo cranioencefálico.	F05.0	Delirium não superposto a uma demência, assim descrito
	F07.1	Síndrome pós-encefalítica
Complicação evolutiva das pneumoconioses graves, principalmente silicose.	I27.9	Cardiopatia pulmonar não especificada
Sequela de acidente de trabalho com trauma ósseo	M93.1	Doença de Kienböck do Adulto
	M93.8	Outras osteocondropatias, especificadas

ANEXO V
LISTA DE DOENÇAS RELACIONADAS AO TRABALHO

LISTA B – DOENÇAS RELACIONADAS AO TRABALHO COM RESPECTIVOS AGENTES E/OU FATORES DE RISCO (PORTARIA GM/MS N. 5.674, DE 1º DE NOVEMBRO DE 2024)

Capítulo I – Algumas doenças infecciosas e parasitárias

CID10	Doença Relacionada ao Trabalho	Agentes e/ou Fatores de Risco
A06	Amebíase	• Exposição a *Entamoeba histolytica* em atividades de trabalho.
A15	Tuberculose respiratória, com confirmação bacteriológica e histológica	• Exposição a *Mycobacterium tuberculosis* (Bacilo de Koch) ou *Mycobacterium bovis* em atividades de trabalho.
A16	Tuberculose das vias respiratórias, sem confirmação bacteriológica ou histológica	• Exposição a *Mycobacterium tuberculosis* (Bacilo de Koch) ou *Mycobacterium bovis* em atividades de trabalho.
A17	Tuberculose do sistema nervoso	• Exposição a *Mycobacterium tuberculosis* (Bacilo de Koch) ou *Mycobacterium bovis* em atividades de trabalho.
A18	Tuberculose de outros órgãos	• Exposição a *Mycobacterium tuberculosis* (Bacilo de Koch) ou *Mycobacterium bovis* em atividades de trabalho.
A19	Tuberculose miliar	• Exposição a *Mycobacterium tuberculosis* (Bacilo de Koch) ou *Mycobacterium bovis* em atividades de trabalho.
A21	Tularemia	• Exposição a *Francisella tularensis* em atividades de trabalho.
A22	Carbúnculo	• Exposição a *Bacillus anthracis* em atividades de trabalho.
A23	Brucelose	• Exposição a espécies de *Brucella* em atividades de trabalho.
A24.0	Mormo	• Exposição a *Burkholderia mallei* em atividades de trabalho
A26	Erisipelóide	• Exposição a *Erysipelothrix rhusiopathiae* em atividades de trabalho.
A27	Leptospirose	• Exposição a *Leptospira icterohaemorrhagiae*, e outras espécies *Lesptospira* em atividades de trabalho.
A35	Outros tipos de tétano	• Exposição a *Clostridium tetani* em atividades de trabalho.

CID10	Doença Relacionada ao Trabalho	Agentes e/ou Fatores de Risco
A39	Infecção meningocócica	• Exposição a meningococo em atividades de trabalho.
A40.8	Outras septicemias estreptocócicas	• Exposição a *Streptococcus suis* em atividades de trabalho.
A65	Sífilis não-venérea	• Exposição a *Treponema pallidum* em atividades de trabalho.
A69.2	Doença de Lyme	• Exposição a *Borrelia burgdorferi* em atividades de trabalho.
A70	Infecções causadas por *Clamídia psittaci* (Febre dos papagaios, Ornitose, Psitacose)	• Exposição a *Chlamydia psittaci* ou *Chlamydia pneumoniae* em atividades de trabalho.
A71	Tracoma	• Exposição a *Chlamydia trachomatis* em atividades de trabalho.
A77	Febre maculosa [rickettsioses transmitidas por carrapatos]	• Exposição a *Rickettsia rickettsii* e outras espécies de *Rickettsia* em atividades de trabalho.
A78	Febre Q	• Exposição a *Coxiella burnetii* em atividades de trabalho.
A79	Outras rickettsioses	• Exposição a *Rickettsia* em atividades de trabalho.
A80	Poliomielite aguda	• Exposição a poliovírus em atividades de trabalho.
A82	Raiva	• Exposição a vírus da raiva em atividades de trabalho.
A90	Dengue [Dengue Clássico]	• Exposição a mosquito (*Aedes aegypti*), transmissor do arbovírus da Dengue em atividades de trabalho.
A92.0	Febre de Chikungunya	• Exposição a mosquito (*Aedes aegypti*), transmissor do arbovírus da Chikungunya (CHIKV) em atividades de trabalho.
A93.8	Febres virais especificadas transmitidas por artrópodes (Febre de Mayaro); Outras	• Exposição a arbovírus da Mayaro (MAYV) em atividades de trabalho.
A95	Febre Amarela	• Exposição a mosquito transmissor do arbovírus da Febre Amarela em atividades de trabalho.
A98	Outras febres hemorrágicas por vírus, não classificadas em outra parte	• Exposição a agentes biológicos do tipo vírus não classificados em outras partes em atividades de trabalho.
B00	Infecções pelo vírus do herpes [herpes simples]	• Exposição a vírus Herpes simples tipo 1 (HVS-1) em atividades de trabalho.
B01	Varicela [Catapora]	• Exposição a vírus varicela zoster (VVC)em atividades de trabalho.
B05	Sarampo	• Exposição a vírus do sarampo em atividades de trabalho.
B06	Rubéola	• Exposição a vírus da rubéola em atividades de trabalho.
B07	Verrugas de origem viral	• Exposição a papilomavírus em atividades de trabalho.
B08.0	Outras infecções por ortopoxvírus	• Exposição a vírus Orf em atividades de trabalho.
B15	Hepatite aguda A	• Exposição a vírus da hepatite A (HAV) em atividades de trabalho.
B16	Hepatite aguda B	• Exposição a vírus da hepatite B (HBV) em atividades de trabalho.
B17	Outras hepatites virais agudas	• Exposição a vírus da hepatite C (HCV) e/ou vírus da hepatite E (HEV) em atividades de trabalho.
B18	Hepatite viral crônica	• Exposição a vírus não especificado da hepatite em atividades de trabalho.

CID10	Doença Relacionada ao Trabalho	Agentes e/ou Fatores de Risco
B19	Hepatite viral não especificada	• Exposição a vírus não especificado da hepatite em atividades de trabalho.
B20	Doença pelo vírus da imunodeficiência humana [HIV], resultando em doenças infecciosas e parasitárias	• Exposição a Vírus da Imunodeficiência Humana (HIV) em atividades de trabalho.
B21	Doença pelo vírus da imunodeficiência humana [HIV], resultando em neoplasias malignas	• Exposição a Vírus da Imunodeficiência Humana (HIV) em atividades de trabalho.
B22	Doença pelo vírus da imunodeficiência humana [HIV] resultando em outras doenças especificadas	• Exposição a Vírus da Imunodeficiência Humana (HIV) em atividades de trabalho.
B23	Doença pelo vírus da imunodeficiência humana [HIV] resultando em outras doenças	• Exposição a Vírus da Imunodeficiência Humana (HIV) em atividades de trabalho.
B24	Doença pelo vírus da imunodeficiência humana [HIV] não especificada	• Exposição a Vírus da Imunodeficiência Humana (HIV) em atividades de trabalho.
B33.4	Síndrome (cardio-pulmonar) por Hantavírus [SPH] [SCPH]	• Exposição a hantavírus em atividades de trabalho.
B35	Dermatofitose	• Exposição a fungos do gênero *Epidermophyton*, *Microsporum* e *Trichophyton* durante atividades de trabalho em temperatura elevada e umidade.
B36	Outras micoses superficiais	• Exposição a fungos durante atividades de trabalho em temperatura elevada e umidade, exceto aqueles dos gêneros *Epidermophyton*, *Microsporum* e *Trichophyton*.
B37	Candidíase	• Exposição a *Candida albicans* e outras espécies do mesmo gênero, potencialmente patogênicas em atividades de trabalho, sob condições de umidade e irritação mecânica.
B38	Coccidioidomicose	• Exposição a *Coccidioides immitis* em atividades de trabalho.
B39	Histoplasmose	• Exposição a *Histoplasma capsulatum* em atividades de trabalho.
B41	Paracoccidioidomicose	• Exposição a *Paracoccidioides brasiliensis* em atividades de trabalho.
B42	Esporotricose	• Exposição a *Sporothrix schenkii* em atividades de trabalho.
B44	Aspergilose	• Exposição as espécies de *Aspergillus* em atividades de trabalho
B45	Criptococose	• Exposição a *Cryptococcus neoformans* ou *Filobasidiella neoformans* em atividades de trabalho.
B47	Micetoma	• Exposição a bactérias e fungos causadores de micetoma em atividades de trabalho.
B50	Malária por Plasmodium falciparum	• Exposição a *Plasmodium falciparum* em atividades de trabalho.
B51	Malária por Plasmodium vivax	• Exposição a *Plasmodium vivax* em atividades de trabalho.
B52	Malária por Plasmodium malariae	• Exposição a *Plasmodium malariae* em atividades de trabalho.
B53	Outras formas de malária confirmadas por exames parasitológicos	• Exposição a espécies do *Plasmodium* diferentes da *malariae*, *vivax* e *falciparum*, ou outros protozoários, em atividades de trabalho.

CID10	Doença Relacionada ao Trabalho	Agentes e/ou Fatores de Risco
B54	Malária não especificada	• Exposição a espécie não especificada do gênero *Plasmodium* em atividades de trabalho.
B55	Leishmaniose	• Exposição a *Leishmania braziliensis* em atividades de trabalho.
B55.1	Leishmaniose cutânea	• Exposição a *Leishmania braziliensis* em atividades de trabalho.
B55.2	Leishmaniose cutâneo-mucosa	• Exposição a *Leishmania braziliensis* em atividades de trabalho.
B57	Doença de Chagas	• Exposição a *Trypanosoma cruzi* em atividade de trabalho.
B65	Esquistossomose [bilharziose] [Schistosomíase]	• Exposição a espécies de *Schistosoma* em atividades de trabalho.
B67	Equinococose	• Exposição a espécies de *Ecchinococcus* em atividades de trabalho.
B73	Oncocercose	• Exposição a espécies de *Onchocerca* em atividades de trabalho.
B76	Ancilostomíase	• Exposição a espécies de *Ancylostoma* em atividades de trabalho.
B76.0	Ancilostomose	• Exposição a espécies de *Ancylostoma* em atividades de trabalho.
B83.0	Larva *migrans* visceral	• Exposição a *Toxocara canis* e/ou *Toxocara cati* em atividades de trabalho.
B86	Escabiose [sarna]	• Exposição a *Sarcoptes scabiei* em atividades de trabalho.
U06.9	Doença pelo Zika vírus, não especificada	• Exposição a mosquito (*Aedes aegypti*), transmissor do arbovírus da Zika em atividades de trabalho.
B34.2	Infecção por coronavírus de localização não especificada	• Exposição a SARS-CoV-2 em atividades de trabalho

Capítulo II – Neoplasias (tumores)

CID10	Doença Relacionada ao Trabalho	Agentes e/ou Fatores de Risco
C00	Neoplasia maligna do lábio	• Exposição a radiações não ionizantes (ultravioleta) em atividades de trabalho.
C06	Neoplasia maligna de outras partes e de partes não especificadas da boca	• Exposição a papilomavírus humano tipo 16 e/ou 18 em atividades de trabalho.
C08	Neoplasia maligna de outras glândulas salivares maiores e as não especificadas	• Exposição a radiações ionizantes (raios-X e/ou gama; e/ou iodo radioativo, incluindo iodo-131) em atividades de trabalho.
C09	Neoplasia maligna da amígdala	• Exposição a papilomavírus humano tipo 16 em atividades de trabalho.
C11	Neoplasia maligna da nasofaringe	• Exposição a formaldeído e/ou poeiras de madeira e/ou vírus Epstein-Barr em atividades de trabalho.
C14	Neoplasia maligna de outras localizações e de localizações mal definida, do lábio, cavidade oral e faringe	• Exposição a poeiras de madeira e/ou papilomavírus humano tipo 16 em atividades de trabalho.

CID10	Doença Relacionada ao Trabalho	Agentes e/ou Fatores de Risco
C15	Neoplasia maligna do esôfago	• Exposição a percloroetileno e outros agentes usados nos processos de limpeza à seco; e/ou agentes químicos usados no processo de produção da borracha, incluindo processo de vulcanização; e/ou agentes químicos usados na produção e beneficiamento de tecidos, em atividades de trabalho; • Exposição a radiações ionizantes (raios-X e/ou gama) em atividades de trabalho.
C16	Neoplasia maligna do estômago	• Exposição a agentes químicos usados no processo de produção da borracha, incluindo processo de vulcanização; e/ou asbesto ou amianto; e/ou compostos inorgânicos do chumbo; e/ou agentes químicos usados na produção e beneficiamento de tecidos, em atividades de trabalho; • Exposição a radiações ionizantes (raios-X e/ou gama) em atividades de trabalho.
C18	Neoplasia maligna do cólon	• Exposição a asbesto ou amianto em atividades de trabalho. • Exposição a radiações ionizantes (raios-X e/ou gama) em atividades de trabalho. • Jornada de trabalho em turno noturno
C20	Neoplasia maligna do reto	• Exposição a asbesto ou amianto em atividades de trabalho. • Exposição a radiações ionizantes (raios-X e/ou gama) em atividades de trabalho. • Jornada de trabalho em turno noturno
C21	Neoplasia maligna do ânus e do canal anal	• Exposição a papilomavírus humano tipo 16 e/ou 18 e/ou 33 e/ou Vírus da Imunodeficiência Humana (HIV) em atividades de trabalho
C22	Neoplasia maligna do fígado e das vias biliares intra-hepáticas	• Exposição a aflatoxina; e/ou cloreto de vinila; e/ou 1,2-dicloropropano; e/ou arsênio e seus compostos; e/ou agrotóxicos organoclorados (DDT); e/ou tricloroetileno; e/ou diclorometano em atividades de trabalho. • Exposição a radiações ionizantes (plutônio e/ou tório-232 e seus produtos de decaimento; e/ou raios-X e/ou gama) em atividades de trabalho. • Exposição a vírus da hepatite B (HBV); e/ou vírus da hepatite C (HCV); e/ou vírus da Imunodeficiência Humana (HIV) em atividades de trabalho.
C23	Neoplasia maligna da vesícula biliar	• Exposição a radiações ionizantes (tório-232 e seus produtos de decaimento) em atividades de trabalho.
C25	Neoplasia maligna do pâncreas	• Exposição a radiações ionizantes (tório-232 e seus produtos de decaimento; e/ou raios-X e/ou gama) em atividades de trabalho.
C30.0	Neoplasia maligna da cavidade nasal	• Exposição a agentes químicos usados no processo de produção de álcool isopropílico; e/ou cromo hexavalente e seus compostos; e/ou formaldeído; e/ou níquel e seus compostos; e/ou poeiras da indústria do couro; e/ou poeiras de madeira; e/ou colas e solventes usados nas atividades de carpintaria e marcenaria; e/ou poeiras orgânicas, em atividades de trabalho. • Exposição a radiações ionizantes (rádio-226 e/ou rádio-228, e produtos de seu decaimento) em atividades de trabalho.

CID10	Doença Relacionada ao Trabalho	Agentes e/ou Fatores de Risco
C31	Neoplasia maligna dos seios da face	• Exposição a agentes químicos usados no processo de produção de álcool isopropílico; e/ou cromo hexavalente e seus compostos; e/ou formaldeído; e/ou níquel e seus compostos; e/ou poeiras da indústria do couro; e/ou poeiras de madeira; e/ou colas e solventes usados nas atividades de carpintaria e marcenaria; e/ou poeiras orgânicas da indústria do mobiliário, em atividades de trabalho. • Exposição a radiações ionizantes (rádio-226 e rádio-228, e seus produtos do decaimento) em atividades de trabalho.
C32	Neoplasia maligna da laringe	• Exposição a asbesto ou amianto; e/ou névoas ácidas; e/ou agentes químicos usados no processo de produção da borracha, incluindo processo de vulcanização; e/ou gás mostarda, e/ou agentes químicos usados na produção e beneficiamento de tecidos, em atividades de trabalho; • Exposição a papilomavírus humano tipo 16 em atividades de trabalho.
C34	Neoplasia maligna dos brônquios e dos pulmões	• Exposição a agentes químicos provenientes da produção de alumínio; e/ou arsênio e seus compostos; e/ou asbesto ou amianto; e/ou berílio e seus compostos; e/ou bis clorometil éter e clorometil metil éter; e/ou cádmio e seus compostos; e/ou cromo hexavalente e seus compostos; e/ou gaseificação de carvão; e/ou alcatrão de carvão; e/ou emissões proveniente dos fornos de coque; e/ou emissões provenientes da • exaustão de motores a diesel; e/ou emissões do processo de fundição de ferro e aço; e/ou fármacos antineoplásicos MOPP (mistura de vincristina-prednisona-nitrogênio-mostarda-procarbazina); e/ou níquel e seus compostos; e/ou material particulado e poluição do ar atmosférico; e/ou solventes orgânicos; e/ou agentes químicos usados no processo de produção da borracha, incluindo processo de vulcanização; e/ou • poeiras de sílica livre cristalina; e/ou fuligem; e/ou fumos de solda; e/ou gás mostarda; e/ou névoas ácidas; e/ou benzeno; e/ou combustível de biomassa (principalmente madeira); e/ou betume e seus resíduos; e/ou fabricação de eletrodo de carbono; e/ou carboneto de silício; e/ou produção de eletrodo de carvão; e/ou combinação de toluenos alfa-clorados e cloreto de benzoila; e/ou diazinona; e/ou agrotóxicos; e/ou • pigmentos e solventes usados nos processos de impressão; e/ou 2,3,7,8 tetraclorodibenzo-p-dioxina (TCDD); e/ou agentes químicos usados na produção e beneficiamento de tecidos, em atividades de trabalho. • Exposição a radiações ionizantes (plutônio; e/ou rádio-222 e os produtos de seu decaimento; e/ou radônio; e/ou raios-X; e/ou gama) em atividades de trabalho.
C40	Neoplasia maligna dos ossos e cartilagens articulares dos membros	• Exposição a radiações ionizantes (rádio-224 e/ou rádio-226 e/ou rádio-228, e seus produtos de decaimento; e/ou plutônio; e/ou raios-X e/ou gama; e/ou iodo radioativo, incluindo iodo-131) em atividades de trabalho.

CID10	Doença Relacionada ao Trabalho	Agentes e/ou Fatores de Risco
C41	Neoplasia maligna dos ossos e das cartilagens articulares de outras localizações e de localizações não especificadas	• Exposição a radiações ionizantes (rádio-224 e/ou rádio-226 e/ou rádio-228, e seus produtos de decaimento; e/ou plutônio, raios-X e/ou gama; e/ou iodo radioativo, incluindo iodo-131) em atividades de trabalho.
C43	Melanoma maligno da pele	• Exposição a bifenilas policloradas (PCB) em atividades de trabalho. • Exposição a radiações não ionizantes (ultravioleta e/ou infravermelha) em atividades de trabalho.
C44	Outras neoplasia maligna da pele	• Exposição a arsênio e seus compostos; e/ou alcatrão de carvão; e/ou fuligem; e/ou destilação do carvão mineral (hulha); e/ou óleo mineral não tratado; e/ou óleo de xisto; e/ou creosoto; e/ou hidrocarbonetos provenientes do processo de refino de petróleo; e/ou azatioprina; e/ou ciclosporina; e/ou agrotóxicos organofosforados (parationa) em atividades de trabalho. • Exposição a radiações não ionizantes (ultravioleta); e/ou radiações ionizantes (raios-X e/ou gama) em atividades de trabalho. • Exposição a Vírus da Imunodeficiência Humana (HIV); e/ou papilomavírus humano tipos 5 e/ou 8, em atividades de trabalho.
C45	Mesotelioma	• Exposição a asbesto ou amianto; e/ou erionita; e/ou fluoroedenita em atividades de trabalho; e/ou atividades de pintura.
C46	Sarcoma de Kaposi	• Exposição a herpes simples tipo 1 (HVS-1) e/ou Vírus da Imunodeficiência Humana (HIV) em atividades de trabalho.
C49	Neoplasia maligna do tecido conjuntivo e de outros tecidos moles	• Exposição a 2,3,7,8-tetraclorodibenzo-p-dioxina (TCDD); e/ou policlorofenóis ou seus sais de sódio em atividades de trabalho. • Exposição a radiações ionizantes (iodo radioativo, incluindo iodo-131) em atividades de trabalho.
C50	Neoplasia maligna da mama	• Exposição a agrotóxicos organoclorados (dieldrin); e/ou óxido de etileno; e/ou bifenilas policloradas (PCB) em atividades de trabalho. • Exposição a radiações ionizantes (raios-X e/ou gama) em atividades de trabalho. • Jornada de trabalho em turno noturno.
C51	Neoplasia maligna da vulva	• Exposição a papilomavírus humano tipo 18 e/ou 33 e/ou Vírus da Imunodeficiência Humana (HIV) em atividades de trabalho.
C52	Neoplasia maligna da vagina	• Exposição a papilomavírus humano tipo 16 e/ou Vírus da Imunodeficiência Humana (HIV) em atividades de trabalho.
C53	Neoplasia maligna de colo do útero	• Exposição a papilomavírus humano tipo 16 e/ou 18 e/ou 26 e/ou 31 e/ou 33 e/ou 35 e/ou 39 e/ou 45 e/ou 51 e/ou 52 e/ou 53 e/ou 56 e/ou 58 e/ou 59 e/ou 66 e/ou 67 e/ou 68 e/ou 70 e/ou 73 e/ou 82 e/ou Vírus da Imunodeficiência Humana (HIV) em atividades de trabalho.

CID10	Doença Relacionada ao Trabalho	Agentes e/ou Fatores de Risco
C56	Neoplasia maligna de ovário	• Exposição a asbesto ou amianto em atividades de trabalho. • Exposição a radiações ionizantes (raios-X e/ou gama) em atividades de trabalho.
C60	Neoplasia maligna de pênis	• Exposição a papilomavírus humano tipo 16 e/ou 18; e/ou Vírus da Imunodeficiência Humana (HIV) em atividades de trabalho.
C61	Neoplasia maligna da próstata	• Exposição a arsênio e seus compostos; e/ou cádmio e seus compostos; e/ou agrotóxicos organofosforados (malationa); e/ou agentes químicos usados no processo de produção da borracha, incluindo processo de vulcanização; e/ou agentes químicos usados na produção e beneficiamento de tecidos, em atividades de trabalho. • Exposição a radiações ionizantes (raios-X e/ou gama; e/ou tório-232 e seus produtos de decaimento) em atividades de trabalho. • Jornada de trabalho em turno noturno.
C62	Neoplasia maligna dos testículos	• Exposição a agrotóxicos organoclorados (DDT); e/ou N, N-dimetilformamida; e/ou ácido perfluorooctanoico em atividades de trabalho.
C64	Neoplasia maligna do rim, exceto pelve renal	• Exposição a tricloroetileno; e/ou arsênio e seus compostos; e/ou cádmio e seus compostos; e/ou ácido perfluorooctanoico; e/ou pigmentos e solventes usados nos processos de impressão; e/ou fumos de solda em atividades de trabalho. • Exposição a radiações ionizantes (raios-X e/ou gama; e/ou tório-232 e produtos de seu decaimento) em atividades de trabalho.
C65	Neoplasia maligna da pelve renal	• Exposição a ácido aristolóquico em atividades de trabalho.
C66	Neoplasia maligna dos ureteres	• Exposição a ácido aristolóquico em atividades de trabalho.
C67	Neoplasia maligna da bexiga	Exposição a arsênio e seus compostos; e/ou agentes químicos decorrentes da produção de alumínio; e/ou agentes químicos usados na produção de magenta; e/ou agentes químicos usados na produção de auramina; e/ou solventes orgânicos; e/ou agentes
		químicos usados no processo de produção da borracha, incluindo processo de vulcanização; e/ou aminas aromáticas (4-aminobifenil; e/ou 2-naftilamina; e/ou 4-cloro-orto-toluidina; e/ou orto-toluidina; e/ou benzidina; e/ou toluidina); e/ou alcatrão de carvão; e/ou percloroetileno e outros agentes usados nos processos de limpeza à seco; e/ou emissões provenientes da exaustão de motores a diesel; e/ou formaldeído e outras
		substâncias químicas usadas em produtos cosméticos para cabelos; e/ou 2-mercaptobenzotiazol; e/ou pigmentos e solventes usados nos processos de impressão; e/ou fuligem; e/ou tetracloroetileno; e/ou ciclofosfamida; e/ou agentes químicos usados na produção e beneficiamento de tecido, em atividades de trabalho.
		• Exposição a radiações ionizantes (raios-X e/ou gama) em atividades de trabalho. • Exposição a Schistosoma haematobium em atividades de trabalho.

CID10	Doença Relacionada ao Trabalho	Agentes e/ou Fatores de Risco
C69	Neoplasia maligna do olho e anexos	• Exposição a radiações não ionizantes (ultravioleta); e/ou Vírus da Imunodeficiência Humana (HIV) em atividades de trabalho.
C71	Neoplasia maligna do encéfalo	• Exposição a radiações ionizantes (raios-X e/ou gama); e/ou radiações não ionizantes (campos eletromagnéticos de radiofrequência – incluindo os provenientes de telefone sem fio) em atividades de trabalho.
C72	Neoplasia maligna da medula espinhal, dos nervos cranianos e de outras partes do sistema nervoso central	• Exposição a radiações ionizantes (raios-X e/ou gama); e/ou radiações não ionizantes (campos eletromagnéticos de radiofrequência – incluindo os provenientes de telefone sem fio) em atividades de trabalho.
C73	Neoplasia maligna da glândula tireoide	• Exposição a radiações ionizantes (raios-X e/ou gama; e/ou iodo radioativo – incluindo iodo-131) em atividades de trabalho.
C82	Linfoma não-Hodgkin, folicular (nodular)	• Exposição a benzeno; e/ou agrotóxicos organoclorados (lindano, pentaclorofenol, DDT) e organofosforados (diazinona, malationa); e/ou glicina substituída (glifosato); e/ou 1,3-butadieno; e/ou formaldeído; e/ou diclorometano; e/ou cloreto de metileno; e/ou agentes químicos usados no processo de produção da borracha, incluindo processo de vulcanização; e/ou óxido de etileno; e/ou solventes orgânicos; e/ou hidrocarbonetos
		provenientes do processo de refino de petróleo; e/ou bifenilas policloradas (PCB); e/ou policlorofenóis ou seus sais de sódio; e/ou estireno; e/ou tricloroetileno; e/ou 2,3,7,8-tetraclorodibenzo-p-dioxina (TCDD); e/ou fármacos antineoplásicos (azatioprina, bussulfano, clorambucila, ciclofosfamida, ciclosporina, etoposido com cisplatina e bleomicina, biscloroetil nitrosoureia – BCNU, melfalano, mitroxantona, mostarda
		nitrogenada, MOPP, semustina (metil-CCNU), teniposido, tiotepa, treossulfano); e/ou ácido diclorofenoxiacético (2,4-D); e/ou agentes químicos usados na produção e beneficiamento de tecidos, em atividades de trabalho. • Exposição a radiações ionizantes (produtos de fissão, incluindo estrôncio-90; e/ou fósforo-32; e/ou tório-232 e os produtos de seu decaimento; e/ou raios-X e/ou gama)
		em atividades de trabalho. • Exposição a vírus da hepatite C (HCV); e/ou Vírus da Imunodeficiência Humana (HIV); e/ou vírus da hepatite B (HBV); e/ou vírus linfotrópico de células T humanas tipo 1; e/ou vírus Epstein-Barr; e/ou Plasmodium falciparum em atividades de trabalho.
C83	Linfoma não-Hodgkin difuso	• Exposição a benzeno; e/ou agrotóxicos organoclorados (lindano, pentaclorofenol, DDT) e organofosforados (diazinona, malationa); e/ou glicina substituída (glifosato); e/ou 1,3-butadieno; e/ou formaldeído; e/ou diclorometano; e/ou cloreto de metileno; e/ou agentes químicos usados no processo de produção da borracha, incluindo processo de vulcanização; e/ou óxido de etileno; e/ou solventes orgânicos; e/ou hidrocarbonetos

CID10	Doença Relacionada ao Trabalho	Agentes e/ou Fatores de Risco
		provenientes do processo de refino de petróleo; e/ou bifenilas policloradas (PCB); e/ou policlorofenóis ou seus sais de sódio; e/ou estireno; e/ou tricloroetileno; e/ou 2,3,7,8-tetraclorodibenzo-p-dioxina (TCDD); e/ou fármacos antineoplásicos (azatioprina, bussulfano, clorambucila, ciclofosfamida, ciclosporina, etoposido com cisplatina e bleomicina, biscloroetil nitrosoureia – BCNU, melfalano, mitroxantona, mostarda
		nitrogenada, MOPP, semustina (metil-CCNU), teniposido, tiotepa, treossulfano); e/ou ácido diclorofenoxiacético (2,4-D); e/ou agentes químicos usados na produção e beneficiamento de tecidos, em atividades de trabalho. • Exposição a radiações ionizantes (produtos de fissão, incluindo estrôncio-90; e/ou fósforo-32; e/ou tório-232 e os produtos de seu decaimento; e/ou raios-X e/ou gama)
		em atividades de trabalho. • Exposição a vírus da hepatite C (HCV); e/ou Vírus da Imunodeficiência Humana (HIV); e/ou vírus da hepatite B (HBV); e/ou vírus linfotrópico de células T humanas tipo 1; e/ou vírus Epstein-Barr; e/ou Plasmodium falciparum em atividades de trabalho.
C84	Linfomas de células T cutâneas e periféricas	• Exposição a benzeno; e/ou agrotóxicos organoclorados (lindano, pentaclorofenol, DDT) e organofosforados (diazinona, malationa); e/ou glicina substituída (glifosato); e/ou 1,3-butadieno; e/ou formaldeído; e/ou diclorometano; e/ou cloreto de metileno; e/ou agentes químicos usados no processo de produção da borracha, incluindo processo de vulcanização; e/ou óxido de etileno; e/ou solventes orgânicos; e/ou hidrocarbonetos
		provenientes do processo de refino de petróleo; e/ou bifenilas policloradas (PCB); e/ou policlorofenóis ou seus sais de sódio; e/ou estireno; e/ou tricloroetileno; e/ou 2,3,7,8-tetraclorodibenzo-p-dioxina (TCDD); e/ou fármacos antineoplásicos (azatioprina, bussulfano, clorambucila, ciclofosfamida, ciclosporina, etoposido com cisplatina e bleomicina, biscloroetil nitrosoureia – BCNU, melfalano, mitroxantona, mostarda
		nitrogenada, MOPP, semustina (metil-CCNU), teniposido, tiotepa, treossulfano); e/ou ácido diclorofenoxiacético (2,4-D); e/ou agentes químicos usados na produção e beneficiamento de tecidos, em atividades de trabalho. • Exposição a radiações ionizantes (produtos de fissão, incluindo estrôncio-90; e/ou fósforo-32; e/ou tório-232 e os produtos de seu decaimento; e/ou raios-X e/ou gama)
		em atividades de trabalho. • Exposição a vírus da hepatite C (HCV); e/ou Vírus da Imunodeficiência Humana (HIV); e/ou vírus da hepatite B (HBV); e/ou vírus linfotrópico de células T humanas tipo 1; e/ou vírus Epstein-Barr; e/ou Plasmodium falciparum em atividades de trabalho.

CID10	Doença Relacionada ao Trabalho	Agentes e/ou Fatores de Risco
C85	Linfoma não-Hodgkin de outros tipos e de tipo não especificado	• Exposição a benzeno; e/ou agrotóxicos organoclorados (lindano, pentaclorofenol, DDT) e organofosforados (diazinona, malationa); e/ou glicina substituída (glifosato); e/ou 1,3-butadieno; e/ou formaldeído; e/ou diclorometano; e/ou cloreto de metileno; e/ou agentes químicos usados no processo de produção da borracha, incluindo processo de vulcanização; e/ou óxido de etileno; e/ou solventes orgânicos; e/ou hidrocarbonetos
		provenientes do processo de refino de petróleo; e/ou bifenilas policloradas (PCB); e/ou policlorofenóis ou seus sais de sódio; e/ou estireno; e/ou tricloroetileno; e/ou 2,3,7,8-tetraclorodibenzo-p-dioxina (TCDD); e/ou fármacos antineoplásicos (azatioprina, bussulfano, clorambucila, ciclofosfamida, ciclosporina, etoposido com cisplatina e bleomicina, biscloroetil nitrosoureia – BCNU, melfalano, mitroxantona, mostarda
		nitrogenada, MOPP, semustina (metil-CCNU), teniposido, tiotepa, treossulfano); e/ou ácido diclorofenoxiacético (2,4-D); e/ou agentes químicos usados na produção e beneficiamento de tecidos, em atividades de trabalho. • Exposição a radiações ionizantes (produtos de fissão, incluindo estrôncio-90; e/ou fósforo-32; e/ou tório-232 e os produtos de seu decaimento; e/ou raios-X e/ou gama)
		em atividades de trabalho. • Exposição a vírus da hepatite C (HCV); e/ou Vírus da Imunodeficiência Humana (HIV); e/ou vírus da hepatite B (HBV); e/ou vírus linfotrópico de células T humanas tipo 1; e/ou vírus Epstein-Barr; e/ou Plasmodium falciparum em atividades de trabalho.
C91	Leucemia linfoide	• Exposição a benzeno; e/ou agrotóxicos organoclorados (lindano, pentaclorofenol, DDT) e organofosforados (diazinona, malationa); e/ou glicina substituída (glifosato); e/ou 1,3-butadieno; e/ou formaldeído; e/ou diclorometano; e/ou cloreto de metileno; e/ou agentes químicos usados no processo de produção da borracha, incluindo processo de vulcanização; e/ou óxido de etileno; e/ou solventes orgânicos; e/ou hidrocarbonetos
		provenientes do processo de refino de petróleo; e/ou bifenilas policloradas (PCB); e/ou policlorofenóis ou seus sais de sódio; e/ou estireno; e/ou tricloroetileno; e/ou 2,3,7,8-tetraclorodibenzo-p-dioxina (TCDD); e/ou fármacos antineoplásicos (azatioprina, bussulfano, clorambucila, ciclofosfamida, ciclosporina, etoposido com cisplatina e bleomicina, biscloroetil nitrosoureia – BCNU, melfalano, mitroxantona, mostarda
		nitrogenada, MOPP, semustina (metil-CCNU), teniposido, tiotepa, treossulfano); e/ou ácido diclorofenoxiacético (2,4-D); e/ou agentes químicos usados na produção e beneficiamento de tecidos, em atividades de trabalho. • Exposição a radiações ionizantes (produtos de fissão, incluindo estrôncio-90; e/ou fósforo-32; e/ou tório-232 e os produtos de seu decaimento; e/ou raios-X e/ou gama)

CID10	Doença Relacionada ao Trabalho	Agentes e/ou Fatores de Risco
		em atividades de trabalho. • Exposição a vírus da hepatite C (HCV); e/ou Vírus da Imunodeficiência Humana (HIV); e/ou vírus da hepatite B (HBV); e/ou vírus linfotrópico de células T humanas tipo 1; e/ou vírus Epstein-Barr; e/ou Plasmodium falciparum em atividades de trabalho.
C92	Leucemia mieloide	• Exposição a benzeno; e/ou agrotóxicos organoclorados (lindano, pentaclorofenol, DDT) e organofosforados (diazinona, malationa); e/ou glicina substituída (glifosato); e/ou 1,3-butadieno; e/ou formaldeído; e/ou diclorometano; e/ou cloreto de metileno; e/ou agentes químicos usados no processo de produção da borracha, incluindo processo de vulcanização; e/ou óxido de etileno; e/ou solventes orgânicos; e/ou hidrocarbonetos
		provenientes do processo de refino de petróleo; e/ou bifenilas policloradas (PCB); e/ou policlorofenóis ou seus sais de sódio; e/ou estireno; e/ou tricloroetileno; e/ou 2,3,7,8-tetraclorodibenzo-p-dioxina (TCDD); e/ou fármacos antineoplásicos (azatioprina, bussulfano, clorambucila, ciclofosfamida, ciclosporina, etoposido com cisplatina e bleomicina, biscloroetil nitrosoureia – BCNU, melfalano, mitroxantona, mostarda
		nitrogenada, MOPP, semustina (metil-CCNU), teniposido, tiotepa, treossulfano); e/ou ácido diclorofenoxiacético (2,4-D); e/ou agentes químicos usados na produção e beneficiamento de tecidos, em atividades de trabalho. • Exposição a radiações ionizantes (produtos de fissão, incluindo estrôncio-90; e/ou fósforo-32; e/ou tório-232 e os produtos de seu decaimento; e/ou raios-X e/ou gama)
		em atividades de trabalho. • Exposição a vírus da hepatite C (HCV); e/ou Vírus da Imunodeficiência Humana (HIV); e/ou vírus da hepatite B (HBV); e/ou vírus linfotrópico de células T humanas tipo 1; e/ou vírus Epstein-Barr; e/ou Plasmodium falciparum em atividades de trabalho.
C93	Leucemia monocítica	• Exposição a benzeno; e/ou agrotóxicos organoclorados (lindano, pentaclorofenol, DDT) e organofosforados (diazinona, malationa); e/ou glicina substituída (glifosato); e/ou 1,3-butadieno; e/ou formaldeído; e/ou diclorometano; e/ou cloreto de metileno; e/ou
		agentes químicos usados no processo de produção da borracha, incluindo processo de vulcanização; e/ou óxido de etileno; e/ou solventes orgânicos; e/ou hidrocarbonetos provenientes do processo de refino de petróleo; e/ou bifenilas policloradas (PCB); e/ou policlorofenóis ou seus sais de sódio; e/ou estireno; e/ou tricloroetileno; e/ou 2,3,7,8-tetraclorodibenzo-p-dioxina (TCDD); e/ou fármacos antineoplásicos
		(azatioprina, bussulfano, clorambucila, ciclofosfamida, ciclosporina, etoposido com cisplatina e bleomicina, biscloroetil nitrosoureia – BCNU, melfalano, mitroxantona, mostarda nitrogenada, MOPP, semustina (metil-CCNU), teniposido, tiotepa, treossulfano); e/ou ácido diclorofenoxiacético (2,4-D); e/ou agentes químicos usados na produção e beneficiamento de tecidos, em atividades de trabalho.

CID10	Doença Relacionada ao Trabalho	Agentes e/ou Fatores de Risco
		• Exposição a radiações ionizantes (produtos de fissão, incluindo estrôncio-90; e/ou fósforo-32; e/ou tório-232 e os produtos de seu decaimento; e/ou raios-X e/ou gama) em atividades de trabalho. • Exposição a vírus da hepatite C (HCV); e/ou Vírus da Imunodeficiência Humana (HIV); e/ou vírus da hepatite B (HBV); e/ou vírus linfotrópico de células T humanas tipo 1; e/ou
		vírus Epstein-Barr; e/ou Plasmodium falciparum em atividades de trabalho.
C94	Outras leucemias de células de tipo especificado	• Exposição a benzeno; e/ou agrotóxicos organoclorados (lindano, pentaclorofenol, DDT) e organofosforados (diazinona, malationa); e/ou glicina substituída (glifosato); e/ou 1,3-butadieno; e/ou formaldeído; e/ou diclorometano; e/ou cloreto de metileno; e/ou agentes químicos usados no processo de produção da borracha, incluindo processo de vulcanização; e/ou óxido de etileno; e/ou solventes orgânicos; e/ou hidrocarbonetos
		provenientes do processo de refino de petróleo; e/ou bifenilas policloradas (PCB); e/ou policlorofenóis ou seus sais de sódio; e/ou estireno; e/ou tricloroetileno; e/ou 2,3,7,8-tetraclorodibenzo-p-dioxina (TCDD); e/ou fármacos antineoplásicos (azatioprina, bussulfano, clorambucila, ciclofosfamida, ciclosporina, etoposido com cisplatina e bleomicina, biscloroetil nitrosoureia – BCNU, melfalano, mitroxantona, mostarda
		nitrogenada, MOPP, semustina (metil-CCNU), teniposido, tiotepa, treossulfano); e/ou ácido diclorofenoxiacético (2,4-D); e/ou agentes químicos usados na produção e beneficiamento de tecidos, em atividades de trabalho.
		• Exposição a radiações ionizantes (produtos de fissão, incluindo estrôncio-90; e/ou fósforo-32; e/ou tório-232 e os produtos de seu decaimento; e/ou raios-X e/ou gama) em atividades de trabalho.
		• Exposição a vírus da hepatite C (HCV); e/ou Vírus da Imunodeficiência Humana (HIV); e/ou vírus da hepatite B (HBV); e/ou vírus linfotrópico de células T humanas tipo 1; e/ou vírus Epstein-Barr; e/ou Plasmodium falciparum em atividades de trabalho.
C95	Leucemia de tipo celular não especificado	• Exposição a benzeno; e/ou agrotóxicos organoclorados (lindano, pentaclorofenol, DDT) e organofosforados (diazinona, malationa); e/ou glicina substituída (glifosato); e/ou 1,3-butadieno; e/ou formaldeído; e/ou diclorometano; e/ou cloreto de metileno; e/ou
		agentes químicos usados no processo de produção da borracha, incluindo processo de vulcanização; e/ou óxido de etileno; e/ou solventes orgânicos; e/ou hidrocarbonetos provenientes do processo de refino de petróleo; e/ou bifenilas policloradas (PCB); e/ou policlorofenóis ou seus sais de sódio; e/ou estireno; e/ou tricloroetileno; e/ou 2,3,7,8-tetraclorodibenzo-p-dioxina (TCDD); e/ou fármacos antineoplásicos

CID10	Doença Relacionada ao Trabalho	Agentes e/ou Fatores de Risco
		(azatioprina, bussulfano, clorambucila, ciclofosfamida, ciclosporina, etoposido com cisplatina e bleomicina, biscloroetil nitrosoureia – BCNU, melfalano, mitroxantona, mostarda nitrogenada, MOPP, semustina (metil-CCNU), teniposido, tiotepa, treossulfano); e/ou ácido diclorofenoxiacético (2,4-D); e/ou agentes químicos usados na produção e beneficiamento de tecidos, em atividades de trabalho.
		• Exposição a radiações ionizantes (produtos de fissão, incluindo estrôncio-90; e/ou fósforo-32; e/ou tório-232 e os produtos de seu decaimento; e/ou raios-X e/ou gama) em atividades de trabalho. Exposição a vírus da hepatite C (HCV); e/ou Vírus da Imunodeficiência Humana (HIV); e/ou vírus da hepatite B (HBV); e/ou vírus linfotrópico de células T humanas tipo 1; e/ou
		vírus Epstein-Barr; e/ou Plasmodium falciparum em atividades de trabalho.

Capítulo III – Doenças do sangue e dos órgãos hematopoiéticos e alguns transtornos imunitários

CID10	Doença Relacionada ao Trabalho	Agentes e/ou Fatores de Risco
D46	Síndromes mielodisplásicas	• Exposição a benzeno em atividades de trabalho. • Exposição a radiações ionizantes em atividades de trabalho.
D55.8	Outras anemias devidas a transtornos enzimáticos	• Exposição a chumbo e seus compostos tóxicos em atividades de trabalho.
D59	Anemia hemolítica adquirida	Exposição a derivados nitrados e aminados do benzeno; e/ou arsênio e seus compostos em atividades de trabalho.
D59.2	Anemia hemolítica não-auto-imune induzida por drogas	• Exposição a derivados nitrados e aminados do benzeno em atividades de trabalho.
D59.4	Outras anemias hemolíticas não-autoimunes	• Exposição a benzeno em atividades de trabalho.
D59.8	Outras anemias hemolíticas adquiridas	• Exposição a antimônio e seus compostos em atividades de trabalho.
D61.2	Anemia aplástica devida a outros agentes externos	• Exposição a benzeno em atividades de trabalho. • Exposição a radiações ionizantes em atividades de trabalho.
D61.9	Anemia aplástica não especificada	• Exposição a benzeno em atividades de trabalho. • Exposição a radiações ionizantes em atividades de trabalho.
D64	Outras anemias	• Exposição a chumbo e seus compostos em atividades de trabalho.
D69	Púrpura e outras afecções hemorrágicas	• Exposição a benzeno; e/ou cloreto de vinila em atividades de trabalho. • Exposição a radiações ionizantes em atividades de trabalho.

CID10	Doença Relacionada ao Trabalho	Agentes e/ou Fatores de Risco
D70	Agranulocitose	• Exposição a benzeno; e/ou derivados do fenol, do pentaclorofenol e do hidroxibenzonitrilo em atividades de trabalho. • Exposição a radiações ionizantes em atividades de trabalho.
D72.8	Outros transtornos especificados dos glóbulos brancos	• Exposição a benzeno em atividades de trabalho. • Exposição a radiações ionizantes em atividades de trabalho.
D74	Metemoglobinemia	• Exposição a aminas aromáticas e seus derivados; e/ou derivados nitrados e aminados do benzeno em atividades de trabalho.
D74.8	Outras metemoglobinemias	• Exposição a aminas aromáticas e seus derivados em atividades de trabalho.
D89.1	Crioglobulinemia	• Exposição a vírus não especificado da hepatite em atividades de trabalho.

Capítulo IV – Doenças endócrinas nutricionais e metabólicas

CID10	Doença Relacionada ao Trabalho	Agentes e/ou Fatores de Risco
E03	Outros hipotireoidismos	• Exposição a chumbo e seus compostos tóxicos; e/ou clorobenzeno e seus derivados; e/ou tiouracil; e/ou tiocianatos; e/ou tioureia; e/ou agrotóxicos organoclorados (DDT) em atividades de trabalho.
E04.9	Bócio não-tóxico, não especificado	• Exposição a ácidos orgânicos em atividades de trabalho.
E11	Diabetes mellitus não insulinodependente	• Jornada de trabalho (Trabalho em turnos; Trabalho noturno).
E66	Obesidade	• Jornada de trabalho (Trabalho em turnos; Trabalho noturno).
E80.2	Outras porfirias	• Exposição a clorobenzeno e seus derivados em atividades de trabalho.
E88.8	Outros distúrbios metabólicos não especificados	• Jornada de trabalho (Trabalho em turnos; Trabalho noturno).

Capítulo V – Transtornos mentais e comportamentais

CID10	Doença Relacionada ao Trabalho	Agentes e/ou Fatores de Risco
F02.8	Demência em outras doenças específicas classificadas em outros locais	• Exposição a manganês e seus compostos tóxicos; e/ou monóxido de carbono; e/ou sulfeto de hidrogênio; e/ou outras substâncias asfixiantes; e/ou dissulfeto de carbono; e/ou metais tóxicos; e/ou mercúrio; e/ou chumbo e seus compostos tóxicos; e/ou arsênio; e/ou derivados organometálicos (chumbo tetraetila e organoestanho) em atividades de trabalho.

CID10	Doença Relacionada ao Trabalho	Agentes e/ou Fatores de Risco
F05.0	Delirium não superposto a uma demência, assim descrito	• Exposição a brometo de metila; e/ou dissulfeto de carbono; e/ou monóxido de carbono; e/ou sulfeto de hidrogênio; e/ou outras substâncias asfixiantes; e/ou metais tóxicos; e/ou manganês e seus compostos tóxicos; e/ou mercúrio; e/ou chumbo e seus compostos tóxicos; e/ou arsênio; e/ou derivados organometálicos (chumbo tetraetila e organoestanho) em atividades de trabalho. • Sequela de acidente de trabalho com traumatismo cranioencefálico.
F06	Outros transtornos mentais devidos à lesão e disfunção cerebral e a doença física	• Exposição a tolueno e outros solventes aromáticos neurotóxicos; e/ou chumbo e seus compostos tóxicos; e/ou tricloroetileno; e/ou tetracloroetileno; e/ou tricloroetano e outros solventes orgânicos halogenados neurotóxicos; e/ou brometo de metila; e/ou manganês e seus compostos tóxicos; e/ou mercúrio e seus compostos tóxicos; e/ou dissulfeto de carbono; e/ou solventes orgânicos, em atividades de trabalho.
F06.7	Transtorno cognitivo leve	• Exposição a tolueno e outros solventes aromáticos neurotóxicos; e/ou chumbo e seus compostos tóxicos; e/ou tricloroetileno; e/ou tetracloroetileno; e/ou tricloroetano e outros solventes orgânicos halogenados neurotóxicos; e/ou brometo de metila; e/ou manganês e seus compostos tóxicos; e/ou mercúrio e seus compostos tóxicos; e/ou dissulfeto de carbono; e/ou solventes orgânicos, em atividades de trabalho.
F07	Transtornos de personalidade e do comportamento devidos à doença, a lesão e a disfunção cerebral	• Exposição a tolueno e outros solventes aromáticos neurotóxicos; e/ou tricloroetileno; e/ou tetracloroetileno; e/ou tricloroetano e outros solventes orgânicos halogenados neurotóxicos; e/ou brometo de metila; e/ou manganês e seus compostos tóxicos; e/ou mercúrio e seus compostos tóxicos; e/ou dissulfeto de carbono; e/ou solventes orgânicos; e/ou chumbo e seus compostos tóxicos em atividades de trabalho.
F07.1	Síndrome pós-encefalítica	• Exposição a mercúrio e seus compostos, em atividades de trabalho. • Sequela de acidente de trabalho com traumatismo cranioencefálico.
F09	Transtorno mental orgânico ou sintomático não especificado	• Exposição a tolueno e outros solventes aromáticos neurotóxicos; e/ou tricloroetileno e/ou tetracloroetileno e/ou tricloroetano e/ou outros solventes orgânicos halogenados neurotóxicos; e/ou brometo de metila; e/ou manganês e seus compostos tóxicos; e/ou mercúrio e seus compostos tóxicos; e/ou dissulfeto de carbono; e/ou solventes orgânicos; e/ou chumbo e seus compostos tóxico em atividades de trabalho.
F10	Transtornos mentais e comportamentais devidos ao uso de álcool	• Fatores psicossociais relacionados a: gestão organizacional; e/ou contexto da organização do trabalho; e/ou característica das relações sociais no trabalho; e/ou conteúdo das tarefas do trabalho; e/ou condição do ambiente de trabalho; e/ou interação pessoa-tarefa; e/ou jornada de trabalho; e/ou violência e assédio moral/sexual no trabalho; e/ou discriminação no trabalho e/ou risco de morte e trauma no trabalho. • Desemprego.

CID10	Doença Relacionada ao Trabalho	Agentes e/ou Fatores de Risco
F11	Transtornos mentais e comportamentais devidos ao uso de opiáceos	Fatores psicossociais relacionados a: gestão organizacional; e/ou contexto da organização do trabalho; e/ou característica das relações sociais no trabalho; e/ou conteúdo das tarefas do trabalho; e/ou condição do ambiente de trabalho; e/ou interação pessoa-tarefa; e/ou jornada de trabalho; e/ou violência e assédio moral/sexual no trabalho; e/ou discriminação no trabalho e/ou risco de morte e trauma no trabalho. • Desemprego.
F12	Transtornos mentais e comportamentais devidos ao uso de canabinóides	• Fatores psicossociais relacionados a: gestão organizacional; e/ou contexto da organização do trabalho; e/ou característica das relações sociais no trabalho; e/ou conteúdo das tarefas do trabalho; e/ou condição do ambiente de trabalho; e/ou interação pessoa-tarefa; e/ou jornada de trabalho; e/ou violência e assédio moral/sexual no trabalho; e/ou discriminação no trabalho e/ou risco de morte e trauma no trabalho. • Desemprego.
F13	Transtornos mentais e comportamentais devidos ao uso de sedativos e hipnóticos	• Fatores psicossociais relacionados a: gestão organizacional; e/ou contexto da organização do trabalho; e/ou característica das relações sociais no trabalho; e/ou conteúdo das tarefas do trabalho; e/ou condição do ambiente de trabalho; e/ou interação pessoa-tarefa; e/ou jornada de trabalho; e/ou violência e assédio moral/sexual no trabalho; e/ou discriminação no trabalho e/ou risco de morte e trauma no trabalho; • Desemprego.
F13.2	Transtornos mentais e comportamentais devidos ao uso de sedativos e hipnóticos – síndrome de dependência	• Exposição a bromo e/ou cloro e/ou iodo em atividades de trabalho.
		• Fatores psicossociais relacionados a: gestão organizacional; e/ou contexto da organização do trabalho; e/ou característica das relações sociais no trabalho; e/ou conteúdo das tarefas do trabalho; e/ou condição do ambiente de trabalho; e/ou interação pessoa-tarefa; e/ou jornada de trabalho; e/ou violência e assédio moral/sexual no trabalho; e/ou discriminação no trabalho e/ou risco de morte e trauma no trabalho; • Desemprego.
F14	Transtornos mentais e comportamentais devidos ao uso da cocaína	• Fatores psicossociais relacionados a: gestão organizacional; e/ou contexto da organização do trabalho; e/ou característica das relações sociais no trabalho; e/ou conteúdo das tarefas do trabalho; e/ou condição do ambiente de trabalho; e/ou interação pessoa-tarefa; e/ou jornada de trabalho; e/ou violência e assédio moral/sexual no trabalho; e/ou discriminação no trabalho e/ou risco de morte e trauma no trabalho. • Desemprego.
F15	Transtornos mentais e comportamentais devidos ao uso de outros estimulantes, inclusive a cafeína	• Fatores psicossociais relacionados a: gestão organizacional; e/ou contexto da organização do trabalho; e/ou característica das relações sociais no trabalho; e/ou conteúdo das tarefas do trabalho; e/ou condição do ambiente de trabalho; e/ou interação pessoa-tarefa; e/ou jornada de trabalho; e/ou violência e assédio moral/sexual no trabalho; e/ou discriminação no trabalho e/ou risco de morte e trauma no trabalho. • Desemprego.

CID10	Doença Relacionada ao Trabalho	Agentes e/ou Fatores de Risco
F16	Transtornos mentais e comportamentais devidos ao uso de alucinógenos	• Fatores psicossociais relacionados a: gestão organizacional; e/ou contexto da organização do trabalho; e/ou característica das relações sociais no trabalho; e/ou conteúdo das tarefas do trabalho; e/ou condição do ambiente de trabalho; e/ou interação pessoa-tarefa; e/ou jornada de trabalho; e/ou violência e assédio moral/sexual no trabalho; e/ou discriminação no trabalho e/ou risco de morte e trauma no trabalho; • Desemprego.
F17	Transtornos mentais e comportamentais devidos ao uso de fumo	• Fatores psicossociais relacionados a: gestão organizacional; e/ou contexto da organização do trabalho; e/ou característica das relações sociais no trabalho; e/ou conteúdo das tarefas do trabalho; e/ou condição do ambiente de trabalho; e/ou interação pessoa-tarefa; e/ou jornada de trabalho; e/ou violência e assédio moral/sexual no trabalho; e/ou discriminação no trabalho e/ou risco de morte e trauma no trabalho; • Desemprego.
F18	Transtornos mentais e comportamentais devidos ao uso de solventes voláteis	• Exposição a álcoois e derivados; e/ou ésteres orgânicos; e/ou éter de petróleo (benzina) em atividades de trabalho. • Fatores psicossociais relacionados a: gestão organizacional; e/ou contexto da organização do trabalho; e/ou característica das relações sociais no trabalho; e/ou conteúdo das tarefas do trabalho; e/ou condição do ambiente de trabalho; e/ou interação pessoa-tarefa; e/ou jornada de trabalho; e/ou violência e assédio moral/sexual no trabalho; e/ou discriminação no trabalho e/ou risco de morte e trauma no trabalho. • Desemprego.
F19	Transtornos mentais e comportamentais devidos ao uso de múltiplas drogas e ao uso de outras substâncias psicoativas	Fatores psicossociais relacionados a: gestão organizacional; e/ou contexto da organização do trabalho; e/ou característica das relações sociais no trabalho; e/ou conteúdo das tarefas do trabalho; e/ou condição do ambiente de trabalho; e/ou interação pessoa-tarefa; e/ou jornada de trabalho; e/ou violência e assédio moral/sexual no trabalho; e/ou discriminação no trabalho e/ou risco de morte e trauma no trabalho. • Desemprego.
F22	Transtornos delirantes persistentes	• Fatores psicossociais relacionados a: gestão organizacional; e/ou contexto da organização do trabalho; e/ou característica das relações sociais no trabalho; e/ou conteúdo das tarefas do trabalho; e/ou condição do ambiente de trabalho; e/ou interação pessoa-tarefa; e/ou jornada de trabalho; e/ou violência e assédio moral/sexual no trabalho; e/ou discriminação no trabalho e/ou risco de morte e trauma no trabalho. • Desemprego.
F23	Transtornos psicóticos agudos e transitórios	• Fatores psicossociais relacionados a: gestão organizacional; e/ou contexto da organização do trabalho; e/ou característica das relações sociais no trabalho; e/ou conteúdo das tarefas do trabalho; e/ou condição do ambiente de trabalho; e/ou interação pessoa-tarefa; e/ou jornada de trabalho; e/ou violência e assédio moral/sexual no trabalho; e/ou discriminação no trabalho e/ou risco de morte e trauma no trabalho. Desemprego.

CID10	Doença Relacionada ao Trabalho	Agentes e/ou Fatores de Risco
F32	Episódios depressivos	• Exposição a tolueno e outros solventes aromáticos neurotóxicos; e/ou chumbo e seus compostos tóxicos; e/ou tricloroetileno e/ou tetracloroetileno e/ou tricloroetano e/ou outros solventes orgânicos halogenados neurotóxicos; e/ou brometo de metila; e/ou manganês e seus compostos tóxicos; e/ou mercúrio e seus compostos tóxicos; e/ou
		• dissulfeto de carbono; e/ou outros solventes orgânicos; e/ou agrotóxicos, em atividades de trabalho. Fatores psicossociais relacionados a: gestão organizacional; e/ou contexto da organização do trabalho; e/ou característica das relações sociais no trabalho; e/ou conteúdo das tarefas do trabalho; e/ou condição do
		ambiente de trabalho; e/ou interação pessoa-tarefa; e/ou jornada de trabalho; e/ou violência e assédio moral/sexual no trabalho; e/ou discriminação no trabalho e/ou risco de morte e trauma no trabalho. • Desemprego.
F33	Transtorno depressivo recorrente	• Exposição a tolueno e outros solventes aromáticos neurotóxicos; e/ou chumbo e seus compostos tóxicos; e/ou tricloroetileno e/ou tetracloroetileno e/ou tricloroetano e/ou outros solventes orgânicos halogenados neurotóxicos; e/ou brometo de metila; e/ou manganês e seus compostos tóxicos; e/ou mercúrio e seus compostos tóxicos; e/ou
		dissulfeto de carbono; e/ou outros solventes orgânicos; e/ou agrotóxicos, em atividades de trabalho. • Fatores psicossociais relacionados a: gestão organizacional; e/ou contexto da organização do trabalho; e/ou característica das relações sociais no trabalho; e/ou conteúdo das tarefas do trabalho; e/ou condição do
		ambiente de trabalho; e/ou interação pessoa-tarefa; e/ou jornada de trabalho; e/ou violência e assédio moral/sexual no trabalho; e/ou discriminação no trabalho e/ou risco de morte e trauma no trabalho. • Desemprego.
F41	Outros transtornos ansiosos	• Fatores psicossociais relacionados a: gestão organizacional; e/ou contexto da organização do trabalho; e/ou característica das relações sociais no trabalho; e/ou conteúdo das tarefas do trabalho; e/ou condição do ambiente de trabalho; e/ou interação pessoa-tarefa; e/ou jornada de trabalho; e/ou violência e assédio moral/sexual no trabalho; e/ou discriminação no trabalho e/ou risco de morte e trauma no trabalho. • Desemprego.
F43	Reações ao "*stress*" grave e transtornos de adaptação	• Fatores psicossociais relacionados a: gestão organizacional; e/ou contexto da organização do trabalho; e/ou característica das relações sociais no trabalho; e/ou conteúdo das tarefas do trabalho; e/ou condição do ambiente de trabalho; e/ou interação pessoa-tarefa; e/ou jornada de trabalho; e/ou violência e assédio moral/sexual no trabalho; e/ou discriminação no trabalho e/ou risco de morte e trauma no trabalho. • Desemprego.

CID10	Doença Relacionada ao Trabalho	Agentes e/ou Fatores de Risco
F43.1	Estado de"stress" pós-traumático	• Fatores psicossociais relacionados a: gestão organizacional; e/ou contexto da organização do trabalho; e/ou característica das relações sociais no trabalho; e/ou conteúdo das tarefas do trabalho; e/ou condição do ambiente de trabalho; e/ou interação pessoa-tarefa; e/ou jornada de trabalho; e/ou violência e assédio moral/sexual no trabalho; e/ou discriminação no trabalho e/ou risco de morte e trauma no trabalho.
F43.2	Transtornos de adaptação	• Fatores psicossociais relacionados a: gestão organizacional; e/ou contexto da organização do trabalho; e/ou característica das relações sociais no trabalho; e/ou conteúdo das tarefas do trabalho; e/ou condição do ambiente de trabalho; e/ou interação pessoa-tarefa; e/ou jornada de trabalho; e/ou violência e assédio moral/sexual no trabalho; e/ou discriminação no trabalho e/ou risco de morte e trauma no trabalho. • Desemprego.
F45	Transtornos somatoformes	• Fatores psicossociais relacionados a: gestão organizacional; e/ou contexto da organização do trabalho; e/ou característica das relações sociais no trabalho; e/ou conteúdo das tarefas do trabalho; e/ou condição do ambiente de trabalho; e/ou interação pessoa-tarefa; e/ou jornada de trabalho; e/ou violência e assédio moral/sexual no trabalho; e/ou discriminação no trabalho e/ou risco de morte e trauma no trabalho. • Desemprego.
F48.0	Neurastenia	• Exposição a tolueno e outros solventes aromáticos neurotóxicos; e/ou tricloroetileno; e/ou tetracloroetileno; e/ou tricloroetano e outros solventes orgânicos halogenados neurotóxicos; e/ou brometo de metila; e/ou manganês e seus compostos tóxicos; e/ou mercúrio e seus compostos tóxicos; e/ou dissulfeto de carbono; e/ou solventes orgânicos; e/ou chumbo e seus compostos tóxicos, em atividades de trabalho.
		• Fatores psicossociais relacionados a: gestão organizacional; e/ou contexto da organização do trabalho; e/ou característica das relações sociais no trabalho; e/ou conteúdo das tarefas do trabalho; e/ou condição do ambiente de trabalho; e/ou interação pessoa-tarefa; e/ou jornada de trabalho; e/ou violência e assédio moral/sexual no trabalho; e/ou discriminação no trabalho e/ou risco de morte e trauma no trabalho. • Desemprego.
F48.8	Outros transtornos neuróticos especificados	• Fatores psicossociais relacionados a: gestão organizacional; e/ou contexto da organização do trabalho; e/ou característica das relações sociais no trabalho; e/ou conteúdo das tarefas do trabalho; e/ou condição do ambiente de trabalho; e/ou interação pessoa-tarefa; e/ou jornada de trabalho; e/ou violência e assédio moral/sexual no trabalho; e/ou discriminação no trabalho e/ou risco de morte e trauma no trabalho. • Desemprego.

CID10	Doença Relacionada ao Trabalho	Agentes e/ou Fatores de Risco
F51.2	Transtorno do ciclo vigília-sono devido a fatores não-orgânicos	• Fatores psicossociais relacionados a: gestão organizacional; e/ou contexto da organização do trabalho; e/ou característica das relações sociais no trabalho; e/ou conteúdo das tarefas do trabalho; e/ou condição do ambiente de trabalho; e/ou interação pessoa-tarefa; e/ou jornada de trabalho; e/ou violência e assédio moral/sexual no trabalho; e/ou discriminação no trabalho e/ou risco de morte e trauma no trabalho. • Desemprego.
X60 – X84	Lesões autoprovocadas intencionalmente (Suicídio)	• Fatores psicossociais relacionados a: gestão organizacional; e/ou contexto da organização do trabalho; e/ou característica das relações sociais no trabalho; e/ou conteúdo das tarefas do trabalho; e/ou condição do ambiente de trabalho; e/ou interação pessoa-tarefa; e/ou jornada de trabalho; e/ou violência e assédio moral/sexual no trabalho; e/ou discriminação no trabalho e/ou risco de morte e trauma no trabalho; • Desemprego.
Z73.0	Esgotamento (Burnout)	• Fatores psicossociais relacionados a: gestão organizacional; e/ou contexto da organização do trabalho; e/ou característica das relações sociais no trabalho; e/ou conteúdo das tarefas do trabalho; e/ou condição do ambiente de trabalho; e/ou interação pessoa-tarefa; e/ou jornada de trabalho; e/ou violência e assédio moral/sexual no trabalho; e/ou discriminação no trabalho e/ou risco de morte e trauma no trabalho.

Capítulo VI – Doenças do sistema nervoso

CID10	Doença Relacionada ao Trabalho	Agentes e/ou Fatores de Risco
G00.2	Meningite estreptocócica	• Exposição a *Streptococcus suis* em atividades de trabalho.
G01	Meningite em doenças bacterianas classificadas em outra parte	• Exposição a *Neisseria meningitidis* em atividades de trabalho.
G11.1	Ataxia cerebelar de início precoce	• Exposição a mercúrio e seus compostos tóxicos; e/ou agrotóxicos organofosforados em atividades de trabalho.
G21.2	Parkinsonismo secundário devido a outros agentes externos	• Exposição a manganês e seus compostos tóxicos; e/ou agrotóxicos em atividades de trabalho.
G25.2	Outras formas especificadas de tremor	• Exposição a brometo de metila; e/ou tetracloroetano; e/ou mercúrio e seus compostos tóxicos; e/ou outros solventes orgânicos; e/ou agrotóxicos neurotóxicos em atividades de trabalho.
G25.9	Doenças extrapiramidais e transtornos dos movimentos, não especificados	• Exposição a mercúrio e seus compostos tóxicos; e/ou diclorometano; e/ou cloreto de metileno; e/ou solventes halogenados, em atividades de trabalho.
G40.1	Epilepsia e síndromes epilépticas sintomáticas definidas por sua localização (focal) (parcial) com crises parciais simples	• Exposição a ácido cianídrico; e/ou cianetos; e/ou nitrila (acrilonitrila, e outros) em atividades de trabalho.
G44.1	Cefaleia vascular, não classificada em outra parte	• Exposição a ésteres do ácido nítrico em atividades de trabalho.

CID10	Doença Relacionada ao Trabalho	Agentes e/ou Fatores de Risco
G45.9	Isquemia cerebral transitória não especificada	• Fatores psicossociais relacionados a: gestão organizacional; e/ou contexto da organização do trabalho; e/ou característica das relações sociais no trabalho; e/ou conteúdo das tarefas do trabalho; e/ou condição do ambiente de trabalho; e/ou interação pessoa-tarefa; e/ou jornada de trabalho; e/ou violência e assédio moral/sexual no trabalho; e/ou discriminação no trabalho e/ou risco de morte e trauma no trabalho; • Desemprego.
G47.2	Distúrbios do ciclo vigília-sono	• Fatores psicossociais relacionados a: gestão organizacional; e/ou contexto da organização do trabalho; e/ou característica das relações sociais no trabalho; e/ou conteúdo das tarefas do trabalho; e/ou condição do ambiente de trabalho; e/ou interação pessoa-tarefa; e/ou jornada de trabalho; e/ou violência e assédio moral/sexual no trabalho; e/ou discriminação no trabalho e/ou risco de morte e trauma no trabalho; • Desemprego.
G50	Transtornos do nervo trigêmeo	• Exposição a tricloroetileno e outros solventes halogenados neurotóxicos em atividades de trabalho.
G52.0	Transtornos do nervo olfatório	Exposição a cádmio ou seus compostos; e/ou sulfeto de hidrogênio em atividades de trabalho.
G53	Transtornos dos nervos cranianos em doenças classificadas em outra parte	• Exposição a mercúrio e seus compostos; e/ou hidrocarbonetos clorados em atividades de trabalho.
G54.0	Transtornos do plexo braquial	• Biomecânica do trabalho com: movimentos articulares repetitivos; e/ou posições forçadas.
G56	Mononeuropatias dos membros superiores	Biomecânica do trabalho com: movimentos articulares repetitivos; e/ou posições forçadas.
G56.0	Síndrome do túnel do carpo	• Biomecânica do trabalho com: movimentos articulares repetitivos; e/ou posições forçadas.
G56.1	Outras lesões do nervo mediano	• Biomecânica do trabalho com: movimentos articulares repetitivos; e/ou posições forçadas.
G56.2	Lesões do nervo cubital [ulnar]	• Biomecânica do trabalho com: movimentos articulares repetitivos; e/ou posições forçadas.
G56.3	Lesão do nervo radial	• Biomecânica do trabalho com: movimentos articulares repetitivos; e/ou posições forçadas.
G56.8	Outras mononeuropatias dos membros superiores	• Biomecânica do trabalho com: movimentos articulares repetitivos; e/ou posições forçadas.
G57.3	Lesão do nervo poplíteo lateral	• Biomecânica do trabalho com: movimentos articulares repetitivos; e/ou posições forçadas.
G62.2	Polineuropatia devida a outros agentes tóxicos	• Exposição a arsênio e seus compostos; e/ou chumbo e seus compostos tóxicos; e/ou fósforo; e/ou sulfeto de carbono; e/ou n-hexano; e/ou metil-n-butil cetona (MBK); e/ou acrilamida; e/ou álcoois; e/ou cetonas; e/ou agrotóxicos; e/ou derivados halogenados dos hidrocarbonetos alifáticos; e/ou ésteres orgânicos; e/ou mercúrio e seus compostos; e/ou tálio e seus compostos; e/ou óxido de etileno em atividades de trabalho.
G62.8	Outras polineuropatias especificadas	• Exposição a radiações ionizantes em atividades de trabalho.

CID10	Doença Relacionada ao Trabalho	Agentes e/ou Fatores de Risco
G92	Encefalopatia tóxica	• Exposição a arsênio e seus compostos; e/ou chumbo e seus compostos tóxicos; e/ou derivados halogenados de hidrocarbonetos alifáticos e/ou aromáticos; e/ou mercúrio e seus derivados tóxicos; e/ou cetonas; e/ou solventes orgânicos; e/ou gases anestésicos; e/ou monóxido de carbono; e/ou sulfeto de hidrogênio; e/ou cianetos; e/ou derivados organometálicos (metil-mercúrio, chumbo tetraetila, estanho orgânico); e/ou sulfato de tálio; e/ou tálio em atividades de trabalho.

Capítulo VII – Doenças do olho e anexos

CID10	Doença Relacionada ao Trabalho	Agentes e/ou Fatores de Risco
H01.0	Blefarite	• Exposição a arsênio e seus compostos; e/ou poeira de cimento em atividades de trabalho. • Exposição a radiações ionizantes em atividades de trabalho.
H01.1	Dermatoses não infecciosas da pálpebra	• Exposição a poeiras, gases e vapores de diferentes origens em atividades de trabalho.
H10	Conjuntivite	• Exposição a arsênio e seus compostos; e/ou berílio e seus compostos tóxicos; e/ou flúor ou seus compostos tóxicos; e/ou iodo; e/ou cloreto de etila; e/ou tetracloreto de carbono; e/ou solventes halogenados; e/ou ácido sulfídrico (sulfeto de hidrogênio); e/ou acrilatos; e/ou poeira de cimento; e/ou enzimas de origem animal,
		• vegetal ou bacteriana; e/ou furfural e álcool furfurílico; e/ou isocianatos orgânicos; e/ou selênio e seus compostos em atividades de trabalho. • Exposição a radiações ionizantes; e/ou radiações não ionizantes (ultravioleta) em atividades de trabalho.
H11.0	Pterígio	• Exposição a radiação não ionizante (ultravioleta e/ou infravermelha) em atividades de trabalho.
H11.1	Degenerações e depósitos de conjuntiva	• Exposição a sais de prata em atividades de trabalho.
H16	Ceratite	• Exposição a arsênio e seus compostos; e/ou ácido sulfídrico (sulfeto de hidrogênio) em atividades de trabalho. • Exposição a radiações ionizantes; e/ou radiações não ionizantes (ultravioleta e/ou infravermelha) em atividades de trabalho.
H16.2	Ceratoconjuntivite	• Exposição a radiação não ionizante (ultravioleta e/ou infravermelha) em atividades de trabalho.
H26	Outras cataratas	• Exposição a radiação não ionizante (ultravioleta e/ou infravermelha e/ou micro-ondas) em atividades de trabalho.
H28	Catarata e outros transtornos do cristalino em doenças classificadas em outra parte	• Exposição a radiações ionizantes; e/ou radiações não ionizantes (ultravioleta e/ou infravermelha) em atividades de trabalho.
H30	Inflamação coriorretiniana	• Exposição a manganês e seus compostos tóxicos; e/ou hidrocarbonetos aromáticos (naftalina, benzeno) em atividades de trabalho.

CID10	Doença Relacionada ao Trabalho	Agentes e/ou Fatores de Risco
H46	Neurite Óptica	• Exposição a brometo de metila; e/ou diclorometano; e/ou cloreto de metileno; e/ou solventes clorados neurotóxicos; e/ou tetracloreto de carbono; e/ou dissulfeto de carbono; e/ou metanol; e/ou álcoois e derivados; e/ou chumbo e seus compostos; e/ou tricloroetileno; e/ou mercúrio e seus compostos em atividades de trabalho.
H49.0	Paralisia do terceiro par [oculomotor]	• Exposição a dissulfeto de carbono; e/ou chumbo e seus compostos em atividades de trabalho.
H52.5	Transtornos da acomodação	• Exposição a dissulfeto de carbono em atividades de trabalho.
H55	Nistagmo e outros movimentos irregulares do olho	• Exposição a glicóis e derivados em atividades de trabalho. • Ambiente de trabalho com iluminação ausente ou deficiente.

Capítulo VIII – Doenças do ouvido e da apófise mastoide

CID10	Doença Relacionada ao Trabalho	Agentes e/ou Fatores de Risco
H65.9	Otite média não-supurativa, não especificada	• Variação de pressão ambiental no trabalho.
H72	Perfuração da membrana do tímpano	• Variação de pressão ambiental no trabalho.
H83.0	Labirintite	• Exposição a brometo de metila, em atividades de trabalho. • Variação de pressão ambiental no trabalho.
H83.3	Efeitos do ruído sobre o ouvido interno	• Exposição a níveis de pressão sonora elevados no trabalho.
H91.0	Perda de audição ototóxica	• Exposição a xileno; e/ou tolueno e outros solventes aromáticos neurotóxicos; e/ou solventes orgânicos; e/ou monóxido de carbono; e/ou arsênio e seus compostos; e/ou chumbo e seus compostos tóxicos; e/ou mercúrio e seus compostos tóxicos; e/ou dissulfeto de carbono; e/ou tricloroetileno, e/ou agrotóxicos, em atividades do trabalho.
H93.8	Outros transtornos especificados do ouvido	• Exposição a brometo de metila em atividades de trabalho. • Variação de pressão ambiental no trabalho.
T70.0	Otite barotraumática	• Variação de pressão ambiental no trabalho.
T70.1	Sinusite barotraumática	• Variação de pressão ambiental no trabalho.
T70.3	Mal dos caixões [doença de descompressão]	• Variação de pressão ambiental no trabalho.

Capítulo IX – Doenças do aparelho circulatório

CID10	Doença Relacionada ao Trabalho	Agentes e/ou fatores de Risco
I10	Hipertensão essencial (primária)	• Exposição a chumbo e seus compostos tóxicos em atividades de trabalho. • Exposição a níveis de pressão sonora elevados no trabalho. • Fatores psicossociais relacionados a: gestão organizacional; e/ou contexto da organização do trabalho; e/ou característica das relações sociais no

CID10	Doença Relacionada ao Trabalho	Agentes e/ou fatores de Risco
		trabalho; e/ou conteúdo das tarefas do trabalho; e/ou condição do ambiente de trabalho; e/ou interação pessoa-tarefa; e/ou jornada de trabalho; e/ou violência e assédio moral/sexual no trabalho; e/ou discriminação no trabalho e/ou risco de morte e trauma no trabalho; • Desemprego.
I20	Angina pectoris	• Exposição a monóxido de carbono; e/ou dissulfeto de carbono; e/ou nitroglicerina e outros ésteres do ácido nítrico em atividades de trabalho. • Fatores psicossociais relacionados a: gestão organizacional; e/ou contexto da organização do trabalho; e/ou característica das relações sociais no trabalho; e/ou conteúdo das tarefas do trabalho; e/ou condição do
		ambiente de trabalho; e/ou interação pessoa-tarefa; e/ou jornada de trabalho; e/ou violência e assédio moral/sexual no trabalho; e/ou discriminação no trabalho e/ou risco de morte e trauma no trabalho; • Desemprego
I21	Infarto agudo do miocárdio	• Exposição a monóxido de carbono; e/ou dissulfeto de carbono; e/ou nitroglicerina e outros ésteres do ácido nítrico em atividades de trabalho. • Fatores psicossociais relacionados a: gestão organizacional; e/ou contexto da organização do trabalho; e/ou característica das relações sociais no
		trabalho; e/ou conteúdo das tarefas do trabalho; e/ou condição do ambiente de trabalho; e/ou interação pessoa-tarefa; e/ou jornada de trabalho; e/ou violência e assédio moral/sexual no trabalho; e/ou discriminação no trabalho e/ou risco de morte e trauma no trabalho; • Desemprego
I25.1	Doença ateroesclerótica do coração	• Exposição a dissulfeto de carbono em atividades de trabalho.
I27.9	Cardiopatia pulmonar não especificada	• Complicação evolutiva das pneumoconioses graves, principalmente silicose.
I34.8	Outros transtornos não-reumáticos da valva mitral	• Exposição a asbesto ou amianto em atividades de trabalho.
I46	Parada cardíaca	• Exposição a derivados halogenados dos hidrocarbonetos alifáticos; e/ou monóxido de carbono em atividades de trabalho. • Fatores psicossociais relacionados à jornada de trabalho.
I49	Outras arritmias cardíacas	• Exposição a arsênio e seus compostos; e/ou chumbo e seus compostos tóxicos; e/ou derivados halogenados dos hidrocarbonetos alifáticos; e/ou mercúrio e seus compostos tóxicos; e/ou monóxido de carbono; e/ou agrotóxicos organofosforados e carbamatos; e/ou cobalto; e/ou nitroglicerina e outros ésteres do ácido nítrico em atividades de trabalho.
I60	Hemorragia subaracnóide	• Fatores psicossociais relacionados à jornada de trabalho.
I61	Hemorragia intracerebral	• Fatores psicossociais relacionados à jornada de trabalho.

CID10	Doença Relacionada ao Trabalho	Agentes e/ou fatores de Risco
I63	Infarto cerebral	• Fatores psicossociais relacionados à jornada de trabalho.
I64	Acidente vascular cerebral, não especificado como hemorrágico ou isquêmico	• Fatores psicossociais relacionados à jornada de trabalho.
I67.2	Aterosclerose cerebral	• Exposição a dissulfeto de carbono em atividades de trabalho.
I67.4	Encefalopatia hipertensiva	• Fatores psicossociais relacionados a: gestão organizacional; e/ou contexto da organização do trabalho; e/ou característica das relações sociais no trabalho; e/ou conteúdo das tarefas do trabalho; e/ou condição do ambiente de trabalho; e/ou interação pessoa-tarefa; e/ou jornada de trabalho; e/ou violência e assédio moral/sexual no trabalho; e/ou discriminação no trabalho e/ou risco de morte e trauma no trabalho; • Desemprego.
I70	Ateroesclerose	• Exposição a dissulfeto de carbono em atividades de trabalho.
I73.0	Síndrome de raynaud	• Exposição a cloreto de vinila em atividades de trabalho. • Exposição a vibração e/ou trabalho em baixas temperaturas.
I73.8	Outras doenças vasculares periféricas especificadas	• Exposição a cloreto de vinila em atividades de trabalho. • Exposição a vibração e/ou trabalho em baixas temperaturas.
I83	Varizes dos membros inferiores	• Biomecânica do trabalho com: ortostatismo prolongado; e/ou aplicação de força e/ou manipulação manual de carga.

Capítulo X – Doenças do aparelho respiratório

CID10	Doença Relacionada ao Trabalho	Agentes e/ou Fatores de Risco
J02.9	Faringite aguda não especificada	• Exposição a bromo; e/ou iodo; e/ou agentes químicos cáusticos e/ou tóxicos, em atividades de trabalho.
J04.2	Laringotraqueíte aguda	• Exposição a bromo; e/ou iodo; e/ou agentes químicos cáusticos e/ou tóxicos, em atividades de trabalho. • Trabalho com sobrecarga vocal associada e/ou agravada por: o Fatores psicossociais relacionados à característica e à organização do trabalho: jornada de trabalho prolongada, sobrecarga, acúmulo de
		atividades ou de funções, ausência de pausas e de locais de descanso durante a jornada, falta de autonomia, ritmo de trabalho acelerado para o cumprimento de metas, trabalho sob forte pressão, insatisfação com o trabalho ou com a remuneração, postura e equipamentos inadequados, dificuldade de acesso à hidratação e aos sanitários, dentre outros não

CID10	Doença Relacionada ao Trabalho	Agentes e/ou Fatores de Risco
		especificados. o Fatores relacionados ao ambiente de trabalho: pressão sonora acima dos níveis de conforto, acústica desfavorável, mobiliário e recursos materiais inadequados ou insuficientes, desconforto e choque térmico, má qualidade do ar, ventilação inadequada do ambiente, baixa umidade,
		exposição a produtos químicos irritativos de vias aéreas superiores (solventes, vapores metálicos, gases asfixiantes) e presença de poeira ou fumaça no local de trabalho, dentre outros não especificados.
J11	Influenza [gripe] devida a vírus não identificado	• Exposição ao vírus influenza em atividades de trabalho.
J11.1	Influenza [gripe] com outras manifestações respiratórias, devida a vírus não identificado	• Exposição ao vírus influenza em atividades de trabalho.
J30.3	Outras rinites alérgicas	• Exposição a carbonetos metálicos de tungstênio sintetizados; e/ou cromo e seus compostos tóxicos; e/ou poeiras de algodão e/ou linho e/ou cânhamo e/ou sisal; e/ou acrilatos; e/ou aldeído fórmico e seus polímeros; e/ou aminas aromáticas e seus derivados; e/ou anidrido ftálico; e/ou azodicarbonamida; e/ou carbonetos de metais duros, como cobalto e titânio; e/ou enzimas de origem animal, vegetal ou
		• bacteriana; e/ou agentes imunoalérgicos de origem animal e vegetal; e/ou furfural e álcool furfurílico; e/ou isocianatos orgânicos; e/ou níquel e seus compostos; e/ou pentóxido de vanádio; e/ou cloreto de vinila; e/ou produtos da pirólise de plásticos e teflon; e/ou sulfitos, bissulfitos e persulfatos; e/ou medicamentos como macrolídeos, ranitidina, penicilina e seus sais, e cefalosporinas; e/ou proteínas
		• animais em aerossóis; e/ou outras substâncias de origem vegetal (cereais, farinhas, serragem, etc.); e/ou outras substâncias químicas sensibilizantes da pele e das vias respiratórias em atividades de trabalho.
J31.0	Rinite crônica	• Exposição a carbonetos metálicos de tungstênio sintetizados; e/ou cromo e seus compostos tóxicos; e/ou acrilatos; e/ou aldeído fórmico e seus polímeros; e/ou aminas aromáticas e seus derivados; e/ou anidrido ftálico; e/ou azodicarbonamida; e/ou carbonetos de metais duros, como cobalto e titânio; e/ou enzimas de origem animal, vegetal ou bacteriana; e/ou furfural e álcool furfurílico; e/ou isocianatos
		orgânicos; e/ou níquel e seus compostos; e/ou pentóxido de vanádio; e/ou cloreto de vinila; e/ou produtos da pirólise de plásticos e teflon; e/ou sulfitos, bissulfitos e persulfatos; e/ou medicamentos como macrolídeos, ranitidina, penicilina e seus sais, e cefalosporinas e/ou outras substâncias químicas sensibilizantes da pele e das vias respiratórias; e/ou arsênio e seus compostos; e/ou cloro gasoso; e/ou cromo e

CID10	Doença Relacionada ao Trabalho	Agentes e/ou Fatores de Risco
		• seus compostos tóxicos; e/ou flúor; e/ou gás de fluoreto de hidrogênio; e/ou amônia; e/ou anidrido sulfuroso; e/ou poeira de cimento; e/ou fenol e homólogos; e/ou névoas ácidas; e/ou selênio e seus compostos em atividades de trabalho.
J31.2	Faringite crônica	• Exposição a carbonetos metálicos de tungstênio sintetizados; e/ou cromo e seus compostos tóxicos; e/ou acrilatos; e/ou aldeído fórmico e seus polímeros; e/ou aminas aromáticas e seus derivados; e/ou anidrido ftálico; e/ou azodicarbonamida; e/ou carbonetos de metais duros, como cobalto e titânio; e/ou enzimas de origem animal, vegetal ou bacteriana; e/ou furfural e álcool furfurílico; e/ou isocianatos
		orgânicos; e/ou níquel e seus compostos; e/ou pentóxido de vanádio; e/ou cloreto de vinila; e/ou produtos da pirólise de plásticos e teflon; e/ou sulfitos, bissulfitos e persulfatos; e/ou medicamentos como macrolídeos, ranitidina, penicilina e seus sais, e cefalosporinas e/ou outras substâncias químicas sensibilizantes da pele e das vias respiratórias; e/ou arsênio e seus compostos; e/ou cloro gasoso; e/ou flúor;
		e/ou gás de fluoreto de hidrogênio; e/ou amônia; e/ou anidrido sulfuroso; e/ou poeira de cimento; e/ou fenol e homólogos; e/ou névoas ácidas; e/ou selênio e seus compostos em atividades de trabalho.
J32	Sinusite crônica	• Exposição a bromo; e/ou iodo; e/ou névoas ácidas em atividades de trabalho.
J34.0	Abscesso, furúnculo e antraz do nariz	• Exposição a arsênio e seus compostos; e/ou cádmio ou seus compostos; e/ou cromo e seus compostos tóxicos; e/ou soluções e aerossóis de ácido cianídrico e seus derivados em atividades de trabalho.
J34.8	Outros transtornos especificados do nariz e dos seios paranasais	• Exposição a arsênio e seus compostos; e/ou cromo e seus compostos tóxicos em atividades de trabalho.
J37.1	Laringotraqueíte crônica	• Exposição a bromo; e/ou iodo; e/ou agentes químicos cáusticos e/ou tóxicos, em atividades de trabalho. • Trabalho com sobrecarga vocal associada e/ou agravada por: o Fatores psicossociais relacionados à característica e à organização do trabalho: jornada de trabalho prolongada, sobrecarga, acúmulo de
		atividades ou de funções, ausência de pausas e de locais de descanso durante a jornada, falta de autonomia, ritmo de trabalho acelerado para o cumprimento de metas, trabalho sob forte pressão, insatisfação com o trabalho ou com a remuneração, postura e equipamentos inadequados, dificuldade de acesso à hidratação e aos sanitários, dentre outros não
		especificados. o Fatores relacionados ao ambiente de trabalho: pressão sonora acima dos níveis de conforto, acústica desfavorável, mobiliário e recursos materiais inadequados ou insuficientes, desconforto e choque térmico, má qualidade do ar, ventilação inadequada do ambiente, baixa umidade,

CID10	Doença Relacionada ao Trabalho	Agentes e/ou Fatores de Risco
		exposição a produtos químicos irritativos de vias aéreas superiores (solventes, vapores metálicos, gases asfixiantes) e presença de poeira ou fumaça no local de trabalho, dentre outros não especificados.
J38	Doenças das cordas vocais e da laringe não classificadas em outra parte	• Exposição a bromo; e/ou iodo; e/ou agentes químicos cáusticos e/ou tóxicos, em atividades de trabalho. • Trabalho com sobrecarga vocal associada e/ou agravada por: o Fatores psicossociais relacionados à característica e à organização do trabalho: jornada de trabalho prolongada, sobrecarga, acúmulo de atividades ou de
		funções, ausência de pausas e de locais de descanso durante a jornada, falta de autonomia, ritmo de trabalho acelerado para o cumprimento de metas, trabalho sob forte pressão, insatisfação com o trabalho ou com a remuneração, postura e equipamentos inadequados, dificuldade de acesso à hidratação e aos sanitários, dentre outros não especificados.
		o Fatores relacionados ao ambiente de trabalho: pressão sonora acima dos níveis de conforto, acústica desfavorável, mobiliário e recursos materiais inadequados ou insuficientes, desconforto e choque térmico, má qualidade do ar, ventilação inadequada do ambiente, baixa umidade, exposição a produtos químicos irritativos de vias aéreas superiores (solventes, vapores
		metálicos, gases asfixiantes) e presença de poeira ou fumaça no local de trabalho, dentre outros não especificados.
J38.2	Nódulos das cordas vocais	• Exposição a bromo; e/ou iodo; e/ou agentes químicos cáusticos e/ou tóxicos, em atividades de trabalho. • Trabalho com sobrecarga vocal associada e/ou agravada por: o Fatores psicossociais relacionados à característica e à organização do trabalho: jornada de trabalho prolongada, sobrecarga, acúmulo de
		atividades ou de funções, ausência de pausas e de locais de descanso durante a jornada, falta de autonomia, ritmo de trabalho acelerado para o cumprimento de metas, trabalho sob forte pressão, insatisfação com o trabalho ou com a remuneração, postura e equipamentos inadequados, dificuldade de acesso à hidratação e aos sanitários, dentre outros não
		especificados. o Fatores relacionados ao ambiente de trabalho: pressão sonora acima dos níveis de conforto, acústica desfavorável, mobiliário e recursos materiais inadequados ou insuficientes, desconforto e choque térmico, má qualidade do ar, ventilação inadequada do ambiente, baixa umidade,
		exposição a produtos químicos irritativos de vias aéreas superiores (solventes, vapores metálicos, gases asfixiantes) e presença de poeira ou fumaça no local de trabalho, dentre outros não especificados.

CID10	Doença Relacionada ao Trabalho	Agentes e/ou Fatores de Risco
J40	Bronquite não especificada como aguda ou crônica	• Exposição a ácido sulfúrico; e/ou zinco e seus compostos; e/ou selênio e seus compostos; e/ou dióxido de enxofre; e/ou cádmio e seus compostos; e/ou poeira de cimento; e/ou poeira de calcário e/ou gesso e/ou cal; e/ou fumos de solda; e/ou ácidos orgânicos; e/ou ácido cianídrico; e/ou cianetos e/ou nitrila; e/ou álcoois e derivados; e/ou aldeído fórmico e seus polímeros; e/ou amidos, anidridos e
		derivados; e/ou antimônio e seus compostos; e/ou berílio e seus compostos; e/ou bromo; e/ou cloro; e/ou iodo; e/ou butadieno; e/ou cetonas; e/ou cloreto de carbono ou fósforo; e/ou compostos inorgânicos do nitrogênio; e/ou compostos inorgânicos do fósforo; e/ou derivados halogenados e/ou nítricos dos hidrocarbonetos alifáticos; e/ou dicloroacetileno e/ou diisocianatos; e/ou ésteres
		orgânicos e derivados; e/ou éter de petróleo (benzina); e/ou fenol e homólogos; e/ou fibras artificiais e minerais; e/ou flúor ou seus compostos tóxicos; e/ou glicóis e derivados; e/ou sulfeto de hidrogênio; e/ou ósmio e seus derivados; e/ou ozônio, ozoneto e peróxidos; e/ou estireno; e/ou terpenos, vanádio e seus compostos; e/ou xileno em atividades de trabalho.
J42	Bronquite crônica não especificada	• Exposição a arsênio e seus compostos; e/ou amônia; e/ou álcoois em atividades de trabalho.
J44	Outras doenças pulmonares obstrutivas crônicas	• Exposição a cloro gasoso; e/ou poeiras de sílica livre cristalina; e/ou poeiras de algodão e/ou linho e/ou cânhamo e/ou sisal; e/ou amônia; e/ou anidrido sulfuroso; e/ou névoas ácidas; e/ou poeiras de carvão mineral; e/ou poeiras minerais em atividades de trabalho.
J45	Asma	• Exposição a carbonetos metálicos de tungstênio sintetizados; e/ou cromo e seus compostos tóxicos; e/ou poeiras de algodão e/ou linho e/ou cânhamo e/ou sisal; e/ou acrilatos; e/ou aldeído fórmico e seus polímeros; e/ou aminas aromáticas e seus derivados; e/ou anidrido ftálico; e/ou azodicarbonamida; e/ou carbonetos de metais duros (cobalto e titânio); e/ou enzimas de origem animal, vegetal ou
		bacteriana; e/ou furfural e álcool furfurílico; e/ou isocianatos orgânicos; e/ou níquel e seus compostos; e/ou pentóxido de vanádio; e/ou cloreto de vinila; e/ou produtos da pirólise de plásticos e teflon; e/ou sulfitos, bissulfitos e persulfatos; e/ou medicamentos: macrolídeos, ranitidina, penicilina e seus sais, cefalosporinas; e/ou proteínas animais em aerossóis; e/ou outras substâncias de origem vegetal
		(cereais, farinhas, serragem, etc.); e/ou outras substâncias químicas sensibilizantes da pele e das vias respiratórias; e/ou formaldeído; e/ou resina epóxi; e/ou látex; e/ou alcaloide; e/ou éter dietílico diclorado em atividades de trabalho.
J60	Pneumoconiose dos mineiros de carvão	• Exposição a poeiras de carvão mineral; e/ou poeiras de sílica livre cristalina em atividades de trabalho.
J61	Pneumoconiose devida a amianto [asbesto] e outras fibras minerais	• Exposição a asbesto ou amianto em atividades de trabalho.

CID10	Doença Relacionada ao Trabalho	Agentes e/ou Fatores de Risco
J62.0	Pneumoconiose devida a pó de talco	• Exposição a poeira de talco em atividades de trabalho.
J62.8	Pneumoconiose devida a outras poeiras que contenham sílica	• Exposição a poeiras de sílica livre cristalina em atividades de trabalho.
J63	Pneumoconiose devida a outras poeiras inorgânicas	• Exposição a poeiras de metais duros em atividades de trabalho.
J63.0	Aluminose (do pulmão)	• Exposição a poeira de alumínio em atividades de trabalho.
J63.2	Beriliose	• Exposição a poeiras de berílio e seus compostos tóxicos em atividades de trabalho.
J63.4	Siderose	• Exposição a poeira de ferro em atividades de trabalho.
J63.5	Estanhose	• Exposição a poeira de estanho em atividades de trabalho.
J63.8	Pneumoconiose devida a outras poeiras inorgânicas especificadas	• Exposição a poeiras de carbonetos metálicos de tungstênio sintetizados; e/ou de carbonetos de metais duros; e/ou de rocha fosfática, de alumina, de zircônio em atividades de trabalho.
J65	Pneumoconiose associada com tuberculose	• Exposição a poeiras de sílica livre cristalina; e/ou poeiras não especificadas, em atividades de trabalho.
J66	Doenças das vias aéreas devida a poeiras orgânicas específicas	• Exposição a poeiras de algodão e/ou linho e/ou cânhamo e/ou sisal em atividades de trabalho.
J66.0	Bissinose	• Exposição a poeira de algodão em atividades de trabalho.
J66.1	Doença dos cardadores de linho	• Exposição a poeira de linho em atividades de trabalho.
J66.2	Canabinose	• Exposição a poeira de cânhamo em atividades de trabalho.
J66.8	Doenças das vias aéreas devida a outras poeiras orgânicas específicas	• Exposição a poeira de sisal, entre outras, em atividades de trabalho.
J67	Pneumonite de hipersensibilidade devida a poeiras orgânicas	• Exposição a poeiras contendo micro-organismos e parasitas infecciosos vivos e seus produtos tóxicos; e/ou outras poeiras orgânicas em atividades de trabalho.
J67.0	Pulmão de fazendeiro	• Exposição a poeiras contendo micro-organismos e parasitas infecciosos vivos e seus produtos tóxicos; e/ou poeiras orgânicas em atividades de trabalho.
J67.1	Bagaçose	• Exposição a poeira da cana-de-açúcar em atividades de trabalho.
J67.2	Pulmão dos criadores de pássaros	• Exposição a poeiras contendo micro-organismos e parasitas infecciosos vivos e seus produtos tóxicos; e/ou outras poeiras orgânicas em atividades de trabalho.
J67.3	Suberose	• Exposição a poeira de cortiça em atividades de trabalho.
J67.4	Pulmão dos trabalhadores do malte	• Exposição a poeiras contendo micro-organismos e parasitas infecciosos vivos e seus produtos tóxicos; e/ou outras poeiras orgânicas em atividades de trabalho.
J67.5	Pulmão dos que trabalham com cogumelos	• Exposição a poeiras contendo micro-organismos e parasitas infecciosos vivos e seus produtos tóxicos; e/ou outras poeiras orgânicas em atividades de trabalho.
J67.7	Doença pulmonar devida aos sistemas de ar condicionado e de umidificação do ar	• Exposição a poeiras contendo micro-organismos e parasitas infecciosos vivos e seus produtos tóxicos; e/ou outras poeiras orgânicas em atividades de trabalho.

CID10	Doença Relacionada ao Trabalho	Agentes e/ou Fatores de Risco
J67.8	Pneumonites de hipersensibilidade devidas a outras poeiras orgânicas	• Exposição a poeiras contendo micro-organismos e parasitas infecciosos vivos e seus produtos tóxicos; e/ou outras poeiras orgânicas em atividades de trabalho.
J67.9	Pneumonite de hipersensibilidade devida a poeira orgânica não especificada	• Exposição a poeiras contendo micro-organismos e parasitas infecciosos vivos e seus produtos tóxicos; e/ou outras poeiras orgânicas em atividades de trabalho.
J68.0	Bronquite e pneumonite devida a produtos químicos, gases, fumaças e vapores	• Exposição a berílio e seus compostos tóxicos; e/ou bromo; e/ou cádmio ou seus compostos; e/ou cloro gasoso; e/ou flúor ou seus compostos tóxicos; e/ou solventes; e/ou iodo; e/ou manganês e seus compostos tóxicos; e/ou cianeto de hidrogênio; e/ou névoas de óleos de corte em atividades de trabalho.
J68.1	Edema pulmonar devido a produtos químicos, gases, fumaças e vapores	• Exposição a berílio e seus compostos tóxicos; e/ou bromo; e/ou cádmio ou seus compostos; e/ou cloro gasoso; e/ou flúor ou seus compostos tóxicos; e/ou solventes halogenados; e/ou iodo; e/ou manganês e seus compostos tóxicos; e/ou cianeto de hidrogênio; e/ou agrotóxicos (carbamatos, dipiridilos, fosfetos metálicos, halocarbonetos, organofosforados, piretroides) em atividades de trabalho.
J68.3	Afecções respiratórias agudas e subagudas devidas a produtos químicos, gases, fumaças e vapores; outras	• Exposição a bromo; e/ou cádmio ou seus compostos; e/ou cloro gasoso; e/ou solventes halogenados; e/ou iodo; e/ou cianeto de hidrogênio; e/ou amônia; e/ou ácido sulfúrico em atividades de trabalho.
J68.4	Afecções respiratórias crônicas devidas a produtos químicos, gases, fumaças e vapores	• Exposição a arsênio e seus compostos; e/ou berílio e seus compostos; e/ou bromo; e/ou cádmio ou seus compostos; e/ou cloro gasoso; e/ou flúor ou seus compostos tóxicos; e/ou solventes halogenados; e/ou iodo; e/ou manganês e seus compostos tóxicos; e/ou cianeto de hidrogênio; e/ou ácido sulfídrico (sulfeto de hidrogênio); e/ou carbonetos de metais duros; e/ou amônia; e/ou anidrido sulfuroso; e/ou névoas ácidas; e/ou acrilatos; e/ou selênio e seus compostos em atividades de trabalho.
J70.0	Manifestações pulmonares agudas devidas à radiação	• Exposição a radiações ionizantes em atividades de trabalho.
J70.1	Manifestações pulmonares crônicas e outras, devidas a radiação	• Exposição a radiações ionizantes em atividades de trabalho.
J84	Outras doenças pulmonares intersticiais	• Exposição a cobalto em atividades de trabalho.
J90	Derrame pleural não classificado em outra parte	• Exposição a asbesto ou amianto em atividades de trabalho.
J92	Placas pleurais	• Exposição a asbesto ou amianto em atividades de trabalho.
J98.2	Enfisema intersticial	• Exposição a cádmio ou seus compostos em atividades de trabalho.
J99.1	Transtornos respiratórios em outras doenças sistêmicas do tecido conjuntivo classificadas em outra parte [Síndrome de Caplan]	• Exposição a poeiras de carvão mineral; e/ou poeiras de sílica livre cristalina em atividades de trabalho.
R49	Distúrbios da Voz	• Exposição a bromo; e/ou iodo; e/ou agentes químicos cáusticos e/ou tóxicos, em atividades de trabalho. • Trabalho com sobrecarga vocal associada e/ou agravada por: o Fatores psicossociais relacionados à característica e à organização do trabalho: jornada de trabalho prolongada, sobrecarga, acúmulo de

CID10	Doença Relacionada ao Trabalho	Agentes e/ou Fatores de Risco
		atividades ou de funções, ausência de pausas e de locais de descanso durante a jornada, falta de autonomia, ritmo de trabalho acelerado para o cumprimento de metas, trabalho sob forte pressão, insatisfação com o trabalho ou com a remuneração, postura e equipamentos inadequados, dificuldade de acesso à hidratação e aos sanitários, dentre outros não
		especificados. o Fatores relacionados ao ambiente de trabalho: pressão sonora acima dos níveis de conforto, acústica desfavorável, mobiliário e recursos materiais inadequados ou insuficientes, desconforto e choque térmico, má qualidade do ar, ventilação inadequada do ambiente, baixa umidade,
		exposição a produtos químicos irritativos de vias aéreas superiores (solventes, vapores metálicos, gases asfixiantes) e presença de poeira ou fumaça no local de trabalho, dentre outros não especificados.

Capítulo XI – Doenças do aparelho digestivo

CID10	Doença Relacionada ao Trabalho	Agentes e/ou Fatores de Risco
K03.2	Erosão dentária	• Exposição a névoas de fluoretos ou seus compostos tóxicos; e/ou névoas ácidas; e/ou ácido sulfúrico em atividades de trabalho.
K03.7	Alterações pós-eruptivas da cor dos tecidos duros dos dentes	• Exposição a névoas de cádmio ou seus compostos; e/ou cobre; e/ou níquel; e/ou prata em atividades de trabalho.
K05.1	Gengivite crônica	• Exposição a mercúrio e seus compostos tóxicos em atividades de trabalho.
K07.6	Transtornos da articulação temporomandibular	• Biomecânica do trabalho com movimentos articulares repetitivos
K12.1	Outras formas de estomatite	• Exposição a arsênio e seus compostos; e/ou bromo; e/ou mercúrio e seus compostos tóxicos em atividades de trabalho.
K27	Úlcera péptica de localização não especificada	Fatores psicossociais relacionados a: gestão organizacional; e/ou contexto da organização do trabalho; e/ou característica das relações sociais no trabalho; e/ou conteúdo das tarefas do trabalho; e/ou condição do ambiente de trabalho; e/ou interação pessoa-tarefa; e/ou jornada de trabalho; e/ou violência e assédio moral/sexual no trabalho; e/ou discriminação no trabalho e/ou risco de morte e trauma no trabalho; • Desemprego
K40	Hérnia inguinal	• Biomecânica do trabalho com manipulação manual de carga.
K41	Hérnia femoral	• Biomecânica do trabalho com manipulação manual de carga.
K42	Hérnia umbilical	• Biomecânica do trabalho com manipulação manual de carga.
K43	Hérnia ventral	• Biomecânica do trabalho com manipulação manual de carga.

CID10	Doença Relacionada ao Trabalho	Agentes e/ou Fatores de Risco
K44	Hérnia diafragmática	• Biomecânica do trabalho com manipulação manual de carga.
K45	Outras hérnias abdominais	• Biomecânica do trabalho com manipulação manual de carga.
K46	Hérnia abdominal não especificada	• Biomecânica do trabalho com manipulação manual de carga.
K52	Outras gastroenterites e colites não-infecciosas	• Exposição a arsênio e seus compostos; e/ou cádmio ou seus compostos em atividades de trabalho; • Exposição a radiações ionizantes em atividades de trabalho.
K59.8	Outros transtornos funcionais especificados do intestino	• Exposição a chumbo e seus compostos tóxicos em atividades de trabalho.
K71	Doença hepática tóxica	• Exposição a arsênio e seus compostos; e/ou cloreto de vinila; e/ou clorobenzeno; e/ou tetracloreto de carbono; e/ou clorofórmio; e/ou solventes halogenados; e/ou hexaclorobenzeno (HCB); e/ou bifenilas policloradas (PCB); e/ou 2,3,7,8-tetraclorodibenzo-p-dioxina (TCDD); e/ou fósforo e seus compostos; e/ou derivados halogenados dos hidrocarbonetos alifáticos em atividades de trabalho.
K71.1	Doença hepática tóxica com necrose hepática	• Exposição a arsênio e seus compostos; e/ou cloreto de vinila; e/ou clorobenzeno; e/ou tetracloreto de carbono; e/ou clorofórmio; e/ou solventes halogenados; e/ou hexaclorobenzeno (HCB); e/ou bifenilas policloradas (PCB); e/ou 2,3,7,8-tetraclorodibenzo-p-dioxina (TCDD); e/ou fósforo e seus compostos; e/ou derivados halogenados dos hidrocarbonetos alifáticos em atividades de trabalho.
K71.2	Doença hepática tóxica com hepatite aguda	• Exposição a arsênio e seus compostos; e/ou cloreto de vinila; e/ou clorobenzeno; e/ou tetracloreto de carbono; e/ou clorofórmio; e/ou solventes halogenados; e/ou hexaclorobenzeno (HCB); e/ou bifenilas policloradas (PCB); e/ou 2,3,7,8-tetraclorodibenzo-p-dioxina (TCDD); e/ou fósforo e seus compostos; e/ou derivados halogenados dos hidrocarbonetos alifáticos em atividades de trabalho.
K71.3	Doença hepática tóxica com hepatite crônica persistente	• Exposição a arsênio e seus compostos; e/ou cloreto de vinila; e/ou clorobenzeno; e/ou tetracloreto de carbono; e/ou clorofórmio; e/ou solventes halogenados; e/ou hexaclorobenzeno (HCB); e/ou bifenilas policloradas (PCB); e/ou 2,3,7,8-tetraclorodibenzo-p-dioxina (TCDD); e/ou fósforo e seus compostos; e/ou derivados halogenados dos hidrocarbonetos alifáticos em atividades de trabalho.
K71.6	Doença hepática tóxica com hepatite não classificada em outra parte	• Exposição a arsênio e seus compostos; e/ou cloreto de vinila; e/ou clorobenzeno; e/ou tetracloreto de carbono; e/ou clorofórmio; e/ou solventes halogenados; e/ou hexaclorobenzeno (HCB); e/ou bifenilas policloradas (PCB); e/ou 2,3,7,8-tetraclorodibenzo-p-dioxina (TCDD); e/ou fósforo e seus compostos; e/ou derivados halogenados dos hidrocarbonetos alifáticos em atividades de trabalho.

CID10	Doença Relacionada ao Trabalho	Agentes e/ou Fatores de Risco
K71.8	Doença hepática tóxica com outros transtornos do fígado	• Exposição a arsênio e seus compostos; e/ou cloreto de vinila; e/ou clorobenzeno; e/ou tetracloreto de carbono; e/ou clorofórmio; e/ou solventes halogenados; e/ou hexaclorobenzeno (HCB); e/ou bifenilas policloradas (PCB); e/ou 2,3,7,8-tetraclorodibenzo-p-dioxina (TCDD); e/ou fósforo e seus compostos; e/ou derivados halogenados dos hidrocarbonetos alifáticos em atividades de trabalho.
K76.6	Hipertensão portal	• Exposição a arsênio e seus compostos; e/ou cloreto de vinila; e/ou tório em atividades de trabalho.

Capítulo XII – Doenças da pele e do tecido subcutâneo

CID10	Doença Relacionada ao Trabalho	Agentes e/ou Fatores de Risco
L08.9	Infecção localizada da pele e do tecido subcutâneo, não especificada	• Exposição a cromo e seus compostos tóxicos; e/ou derivados tóxicos de hidrocarbonetos alifáticos e/ou aromáticos; e/ou micro-organismos e parasitas infecciosos vivos e seus produtos tóxicos; e/ou agentes químicos e/ou físicos e/ou biológicos que afetem a pele em atividades de trabalho.
L23.0	Dermatite alérgica de contato devida a metais	• Exposição a cromo e seus compostos tóxicos; e/ou mercúrio e seus compostos tóxicos; e/ou níquel e seus compostos em atividades de trabalho.
L23.1	Dermatite alérgica de contato devida a adesivos	• Exposição a adesivos em atividades de trabalho.
L23.2	Dermatite alérgica de contato devida a cosméticos (fabricação/manipulação)	• Exposição a cosméticos em sua manipulação/fabricação em atividades de trabalho.
L23.3	Dermatite alérgica de contato devida a drogas em contato com a pele	• Exposição a drogas em atividades de trabalho.
L23.4	Dermatite alérgica de contato devida a corantes	• Exposição a corantes em atividades de trabalho.
L23.5	Dermatite alérgica de contato devida a outros produtos químicos	• Exposição a cromo e seus compostos tóxicos; e/ou fósforo ou seus produtos tóxicos; e/ou iodo; e/ou alcatrão; e/ou breu e/ou betume e/ou carvão mineral e/ou resíduos dessas substâncias; e/ou borracha; e/ou agrotóxicos; e/ou plásticos em atividades de trabalho.
L23.6	Dermatite alérgica de contato devida a alimentos em contato com a pele	• Exposição a alimentos em sua fabricação/manipulação em atividades de trabalho.
L23.7	Dermatite alérgica de contato devido a plantas, exceto alimentos	• Manipulação de plantas em atividades de trabalho.
L24.0	Dermatite de contato por irritantes devida a detergentes	• Exposição a detergentes em atividades de trabalho.
L24.1	Dermatite de contato por irritantes devida a óleos e gorduras	• Exposição a óleos e gorduras; e/ou hidrocarbonetos policíclicos aromáticos em atividades de trabalho.
L24.2	Dermatite de contato por irritantes devida a solventes	• Exposição a benzeno; e/ou derivados halogenados dos hidrocarbonetos aromáticos e/ou alifáticos; e/ou cetonas em atividades de trabalho.
L24.3	Dermatite de contato por irritantes devida a cosméticos	• Exposição a cosméticos em atividades de trabalho.

CID10	Doença Relacionada ao Trabalho	Agentes e/ou Fatores de Risco
L24.4	Dermatite de contato por irritantes devida a Drogas em contato com a pele	• Exposição a drogas em atividades de trabalho.
L24.5	Dermatite de contato por irritantes devida a outros produtos químicos	• Exposição a arsênio e seus compostos; e/ou berílio e seus compostos tóxicos; e/ou bromo; e/ou cromo e seus compostos tóxicos; e/ou flúor ou seus compostos tóxicos; e/ou fósforo em atividades de trabalho.
L24.6	Dermatite de contato por irritantes devida a alimentos em contato com a pele	Exposição a alimentos em atividades de trabalho.
L24.7	Dermatite de contato por irritantes devido a plantas, exceto alimentos	• Exposição a plantas em atividades de trabalho.
L25.9	Dermatite de contato não especificada, de causa não especificada	• Exposição a agrotóxicos (organoclorados, organofosforados e carbamatos) em atividades de trabalho.
L50.0	Urticária alérgica	• Exposição a agrotóxicos em atividades de trabalho.
L50.2	Urticária devida a frio e a calor	Exposição a temperaturas extremas (altas ou baixas) em atividades de trabalho.
L50.6	Urticária de Contato	• Exposição a agentes químicos e/ou físicos e/ou biológicos que afetem a pele em atividades de trabalho.
L55	Queimadura solar	• Exposição a radiações não ionizantes (ultravioleta e/ ou infravermelha) em atividades de trabalho.
L56	Outras alterações agudas da pele devidas a radiação ultravioleta	• Exposição a radiação não ionizante (ultravioleta) em atividades de trabalho.
L56.2	Dermatite por fotocontato (Dermatite de Berloque)	• Exposição a radiação não ionizante (ultravioleta) em atividades de trabalho.
L56.3	Urticária solar	• Exposição a radiação não ionizante (ultravioleta e/ou infravermelha) em atividades de trabalho.
L57.0	Ceratose actínica	• Exposição a radiações não ionizantes (ultravioleta e/ ou infravermelha) em atividades de trabalho.
L57.8	Outras alterações da pele devidas a exposição crônica à radiação não-ionizante	Exposição a radiações não ionizantes em atividades de trabalho.
L58	Radiodermatite	• Exposição a radiações ionizantes em atividades de trabalho.
L58.0	Radiodermatite aguda	• Exposição a radiações ionizantes em atividades de trabalho.
L58.1	Radiodermatite crônica	• Exposição a radiações ionizantes em atividades de trabalho.
L58.9	Radiodermatite, não especificada	• Exposição a radiações ionizantes em atividades de trabalho.
L59.9	Afecções da pele e do tecido subcutâneo relacionadas com a radiação, não especificadas	• Exposição a radiações ionizantes em atividades de trabalho.
L60	Afecções das unhas	• Exposição solventes em atividades de trabalho; • Exposição a umidade em atividades de trabalho; • Biomecânica do trabalho com traumatismos das unhas.
L63	Alopecia areata	• Exposição a tálio e seus compostos em atividades de trabalho.

CID10	Doença Relacionada ao Trabalho	Agentes e/ou Fatores de Risco
L70.8	Outras formas de acne	• Exposição a derivados halogenados dos hidrocarbonetos aromáticos (monoclorobenzeno, monobromobenzeno, hexaclorobenzeno); e/ou derivados do fenol, do pentaclorofenol e do hidrobenzonitrilo; e/ou bifenilas policloradas (PCB); e/ou iodo em atividades de trabalho.
L72.8	Outras formas de cistos foliculares da pele e do tecido subcutâneo	• Exposição a óleos e gorduras de origem mineral ou sintéticos em atividades de trabalho.
L80	Vitiligo	Exposição a arsênio e seus compostos; e/ou hidroquinona e ésteres derivados; e/ou monometil éter de hidroquinona (MBEH); e/ou para-aminofenol; e/ou para-butilfenol; e/ou para-cresol; e/ou catecol e pirocatecol; e/ou clorofenol em atividades de trabalho.
L81.4	Outras formas de hiperpigmentação pela melanina	• Exposição a arsênio e seus compostos; e/ou clorobenzeno e/ou diclorobenzeno; e/ou alcatrão; e/ou betume; e/ou carvão mineral; e/ou creosoto, e/ou breu; e/ou piche e/ou coaltar e/ou resíduos dessas substâncias; e/ou antraceno e dibenzoantraceno; e/ou bismuto; e/ou citostáticos; e/ou compostos nitrogenados (ácido nítrico, dinitrofenol); e/ou naftóis adicionados a corantes; e/ou óleos de corte; e/ou parafenilenodiamina e seus derivados; e/ou poeiras de madeira; e/ou quinino e seus derivados; e/ou sais de ouro; e/ou sais de prata em atividades de trabalho.
L81.5	Leucodermia, não classificada em outra parte	• Exposição a arsênio e seus compostos; e/ou hidroquinona e ésteres derivados; e/ou monometil éter de hidroquinona (MBEH); e/ou para-aminofenol; e/ou para-butilfenol; e/ou para-cresol; e/ou catecol e pirocatecol; e/ou clorofenol em atividades de trabalho.
L81.8	Outros transtornos especificados da pigmentação	• Exposição a derivados halogenados dos hidrocarbonetos aromáticos (monocloro-benzeno, monobromo-benzeno, hexaclorobenzeno) em atividades de trabalho.
L84	Calos e calosidades	• Biomecânica do trabalho com pressão e/ou fricção da pele.
L85.1	Ceratose adquirida [ceratodermia] palmar e plantar	• Exposição a arsênio e seus compostos em atividades de trabalho.
L92.3	Granuloma de corpo estranho da pele e do tecido subcutâneo	• Exposição a berílio e seus compostos em atividades de trabalho.
L98.4	Úlcera crônica da pele, não classificada em outra parte	Exposição a cromo e seus compostos tóxicos; e/ou enzimas de origem animal, vegetal ou bacteriana em atividades de trabalho.
T33	Geladura superficial	• Exposição a cloreto de etila em atividades de trabalho. • Exposição a baixas temperaturas no trabalho.
T34	Geladura com necrose de tecidos	• Exposição a cloreto de etila em atividades de trabalho. • Exposição a baixas temperaturas no trabalho.

Capítulo XIII – Doenças do sistema osteomuscular e do tecido conjuntivo

CID10	Doença Relacionada ao Trabalho	Agentes e/ou Fatores de Risco
M05.3	Artrite reumatoide com comprometimento de outros órgãos e sistemas [Síndrome de Caplan]	• Exposição a poeiras de carvão mineral; e/ou poeiras de sílica livre cristalina em atividades de trabalho.
M10	Gota	• Exposição a molibdênio em atividades de trabalho.
M10.1	Gota induzida pelo chumbo	• Exposição a chumbo e seus compostos tóxicos em atividades de trabalho.
M16	Coxartrose [artrose do quadril]	• Biomecânica do trabalho com: aplicação de força; e/ou manipulação manual de carga; e/ou movimentos articulares repetitivos; e/ou posições forçadas. • Exposição a vibração em atividades de trabalho.
M17	Gonartrose [artrose do joelho]	• Biomecânica do trabalho com: aplicação de força; e/ou manipulação manual de carga; e/ou movimentos articulares repetitivos; e/ou posições forçadas. • Exposição a vibração em atividades de trabalho.
M19	Outras artroses	• Exposição a chumbo e seus compostos tóxicos em atividades de trabalho. • Exposição a vibração em atividades de trabalho.
M23.3	Outros transtornos de menisco	• Biomecânica do trabalho com posições forçadas.
M47.8	Outras espondiloses	• Biomecânica do trabalho com manipulação manual de carga.
M50	Transtornos dos discos cervicais	• Biomecânica do trabalho com: manipulação manual de carga; e/ou movimentos articulares repetitivos; e/ou posições forçadas e/ou aplicação de força. • Exposição a vibração em atividades de trabalho.
M50.0	Transtorno do disco cervical com mielopatia	• Biomecânica do trabalho com: manipulação manual de carga; e/ou movimentos articulares repetitivos; e/ou posições forçadas e/ou aplicação de força. • Exposição a vibração em atividades de trabalho.
M50.1	Transtorno do disco cervical com radiculopatia	• Biomecânica do trabalho com: manipulação manual de carga; e/ou movimentos articulares repetitivos; e/ou posições forçadas e/ou aplicação de força. • Exposição a vibração em atividades de trabalho.
M50.2	Outro deslocamento de disco cervical	• Biomecânica do trabalho com: manipulação manual de carga; e/ou movimentos articulares repetitivos; e/ou posições forçadas e/ou aplicação de força. • Exposição a vibração em atividades de trabalho.
M50.3	Outra degeneração de disco cervical	• Biomecânica do trabalho com: manipulação manual de carga; e/ou movimentos articulares repetitivos; e/ou posições forçadas e/ou aplicação de força. • Exposição a vibração em atividades de trabalho.
M50.8	Outros transtornos de discos cervicais	• Biomecânica do trabalho com: manipulação manual de carga; e/ou movimentos articulares repetitivos; e/ou posições forçadas e/ou aplicação de força. • Exposição a vibração em atividades de trabalho.

CID10	Doença Relacionada ao Trabalho	Agentes e/ou Fatores de Risco
M50.9	Transtorno não especificado de disco cervical	• Biomecânica do trabalho com: manipulação manual de carga; e/ou movimentos articulares repetitivos; e/ou posições forçadas e/ou aplicação de força. • Exposição a vibração em atividades de trabalho.
M51	Outros transtornos de discos intervertebrais	• Biomecânica do trabalho com: manipulação manual de carga; e/ou movimentos articulares repetitivos; e/ou posições forçadas e/ou aplicação de força. • Exposição a vibração em atividades de trabalho.
M51.0	Transtornos de discos lombares e de outros discos intervertebrais com mielopatia	• Biomecânica do trabalho com: manipulação manual de carga; e/ou movimentos articulares repetitivos; e/ou posições forçadas e/ou aplicação de força. • Exposição a vibração em atividades de trabalho.
M51.1	Transtornos de discos lombares e de outros discos intervertebrais com radiculopatia	• Biomecânica do trabalho com: manipulação manual de carga; e/ou movimentos articulares repetitivos; e/ou posições forçadas e/ou aplicação de força. • Exposição a vibração em atividades de trabalho.
M51.2	Outros deslocamentos discais intervertebrais especificados	• Biomecânica do trabalho com: manipulação manual de carga; e/ou movimentos articulares repetitivos; e/ou posições forçadas e/ou aplicação de força. • Exposição a vibração em atividades de trabalho.
M51.3	Outra degeneração especificada de disco intervertebral	• Biomecânica do trabalho com: manipulação manual de carga; e/ou movimentos articulares repetitivos; e/ou posições forçadas e/ou aplicação de força. Exposição a vibração em atividades de trabalho.
M51.8	Outros transtornos especificados de discos intervertebrais	• Biomecânica do trabalho com: manipulação manual de carga; e/ou movimentos articulares repetitivos; e/ou posições forçadas e/ou aplicação de força. • Exposição a vibração em atividades de trabalho.
M53.1	Síndrome cervicobraquial	• Biomecânica do trabalho com: manipulação manual de carga; e/ou movimentos articulares repetitivos; e/ou posições forçadas e/ou aplicação de força. • Exposição a vibração em atividades de trabalho.
M54	Dorsalgia	• Biomecânica do trabalho com: manipulação manual de carga; e/ou movimentos articulares repetitivos; e/ou posições forçadas e/ou aplicação de força. • Exposição a vibração em atividades de trabalho.
M54.2	Cervicalgia	• Biomecânica do trabalho com: manipulação manual de carga; e/ou movimentos articulares repetitivos; e/ou posições forçadas e/ou aplicação de força. • Exposição a vibração em atividades de trabalho.
M54.3	Ciática	• Biomecânica do trabalho com: manipulação manual de carga; e/ou movimentos articulares repetitivos; e/ou posições forçadas e/ou aplicação de força. • Exposição a vibração em atividades de trabalho.
M54.4	Lumbago com ciática	• Biomecânica do trabalho com: manipulação manual de carga; e/ou movimentos articulares repetitivos; e/ou posições forçadas e/ou aplicação de força. • Exposição a vibração em atividades de trabalho.

CID10	Doença Relacionada ao Trabalho	Agentes e/ou Fatores de Risco
M54.5	Dor lombar baixa	Biomecânica do trabalho com: manipulação manual de carga; e/ou movimentos articulares repetitivos; e/ou posições forçadas e/ou aplicação de força. • Exposição a vibração em atividades de trabalho.
M65	Sinovites e tenossinovites	• Biomecânica do trabalho com: movimentos articulares repetitivos; e/ou posições forçadas e/ou aplicação de força. • Fatores psicossociais relacionados a: gestão organizacional; e/ou contexto da organização do trabalho; e/ou característica das relações sociais no trabalho; e/ou conteúdo das tarefas do trabalho; e/ou condição do ambiente de trabalho; e/ou interação pessoa-tarefa; e/ou jornada de trabalho; e/ou violência e assédio moral/sexual no trabalho; e/ou discriminação no trabalho.
M65.3	Dedo em gatilho	• Biomecânica do trabalho com: movimentos articulares repetitivos; e/ou posições forçadas. • Fatores psicossociais relacionados a: gestão organizacional; e/ou contexto da organização do trabalho; e/ou característica das relações sociais no trabalho; e/ou conteúdo das tarefas do trabalho; e/ou condição do ambiente de trabalho; e/ou interação pessoa-tarefa; e/ou jornada de trabalho; e/ou violência e assédio moral/sexual no trabalho; e/ou discriminação no trabalho.
M65.4	Tenossinovite estilóide radial [de Quervain]	• Biomecânica do trabalho com: movimentos articulares repetitivos; e/ou posições forçadas e/ou aplicação de força. • Fatores psicossociais relacionados a: gestão organizacional; e/ou contexto da organização do trabalho; e/ou característica das relações sociais no trabalho; e/ou conteúdo das tarefas do trabalho; e/ou condição do ambiente de trabalho; e/ou interação pessoa-tarefa; e/ou jornada de trabalho; e/ou violência e assédio moral/sexual no trabalho; e/ou discriminação no trabalho.
M65.8	Outras sinovites e tenossinovites	• Biomecânica do trabalho com: movimentos articulares repetitivos; e/ou posições forçadas e/ou aplicação de força. • Fatores psicossociais relacionados a: gestão organizacional; e/ou contexto da organização do trabalho; e/ou característica das relações sociais no trabalho; e/ou conteúdo das tarefas do trabalho; e/ou condição do ambiente de trabalho; e/ou interação pessoa-tarefa; e/ou jornada de trabalho; e/ou violência e assédio moral/sexual no trabalho; e/ou discriminação no trabalho.
M65.9	Tenossinovites, não especificadas	• Biomecânica do trabalho com: movimentos articulares repetitivos; e/ou posições forçadas e/ou aplicação de força. • Fatores psicossociais relacionados a: gestão organizacional; e/ou contexto da organização do trabalho; e/ou característica das relações sociais no trabalho; e/ou conteúdo das tarefas do trabalho; e/ou condição do ambiente de trabalho; e/ou interação pessoa-tarefa; e/ou jornada de trabalho; e/ou violência e assédio moral/sexual no trabalho; e/ou discriminação no trabalho.

CID10	Doença Relacionada ao Trabalho	Agentes e/ou Fatores de Risco
M70	Transtornos dos tecidos moles relacionados com o uso, o uso excessivo e a pressão	• Biomecânica do trabalho com: movimentos articulares repetitivos; e/ou posições forçadas. • Exposição a vibração em atividades de trabalho. • Fatores psicossociais relacionados a: gestão organizacional; e/ou contexto da organização do trabalho; e/ou característica das
		relações sociais no trabalho; e/ou conteúdo das tarefas do trabalho; e/ou condição do ambiente de trabalho; e/ou interação pessoa-tarefa; e/ou jornada de trabalho; e/ou violência e assédio moral/sexual no trabalho; e/ou discriminação no trabalho
M70.0	Sinovite crepitante crônica da mão e do punho	• Biomecânica do trabalho com: movimentos articulares repetitivos; e/ou posições forçadas; • Fatores psicossociais relacionados a: gestão organizacional; e/ou contexto da organização do trabalho; e/ou característica das relações sociais no trabalho; e/ou conteúdo das tarefas do trabalho; e/ou condição do ambiente de trabalho; e/ou interação pessoa-tarefa; e/ou jornada de trabalho; e/ou violência e assédio moral/sexual no trabalho; e/ou discriminação no trabalho.
M70.1	Bursite da mão	Biomecânica do trabalho com: movimentos articulares repetitivos; e/ou posições forçadas; • Fatores psicossociais relacionados a: gestão organizacional; e/ou contexto da organização do trabalho; e/ou característica das relações sociais no trabalho; e/ou conteúdo das tarefas do trabalho; e/ou condição do ambiente de trabalho; e/ou interação pessoa-tarefa; e/ou jornada de trabalho; e/ou violência e assédio moral/sexual no trabalho; e/ou discriminação no trabalho.
M70.2	Bursite do Olécrano	• Biomecânica do trabalho com: movimentos articulares repetitivos; e/ou posições forçadas; • Fatores psicossociais relacionados a: gestão organizacional; e/ou contexto da organização do trabalho; e/ou característica das relações sociais no trabalho; e/ou conteúdo das tarefas do trabalho; e/ou condição do ambiente de trabalho; e/ou interação pessoa-tarefa; e/ou jornada de trabalho; e/ou violência e assédio moral/sexual no trabalho; e/ou discriminação no trabalho.
M70.3	Outras bursites do cotovelo	• Biomecânica do trabalho com: movimentos articulares repetitivos; e/ou posições forçadas; • Fatores psicossociais relacionados a: gestão organizacional; e/ou contexto da organização do trabalho; e/ou característica das relações sociais no trabalho; e/ou conteúdo das tarefas do trabalho; e/ou condição do ambiente de trabalho; e/ou interação pessoa-tarefa; e/ou jornada de trabalho; e/ou violência e assédio moral/sexual no trabalho; e/ou discriminação no trabalho.
M70.4	Bursite pré-patelar	• Biomecânica do trabalho com: movimentos articulares repetitivos; e/ou posições forçadas; • Fatores psicossociais relacionados a: gestão organizacional; e/ou contexto da organização do trabalho; e/ou característica das relações sociais no trabalho; e/ou conteúdo das tarefas do trabalho; e/ou condição do ambiente de trabalho; e/ou interação pessoa-tarefa; e/ou jornada de trabalho; e/ou violência e assédio moral/sexual no trabalho; e/ou discriminação no trabalho.

CID10	Doença Relacionada ao Trabalho	Agentes e/ou Fatores de Risco
M70.5	Outras bursites do joelho	• Biomecânica do trabalho com: movimentos articulares repetitivos; e/ou posições forçadas; • Fatores psicossociais relacionados a: gestão organizacional; e/ou contexto da organização do trabalho; e/ou característica das relações sociais no trabalho; e/ou conteúdo das tarefas do trabalho; e/ou condição do ambiente de trabalho; e/ou interação pessoa-tarefa; e/ou jornada de trabalho; e/ou violência e assédio moral/sexual no trabalho; e/ou discriminação no trabalho.
M70.8	Transtornos dos tecidos moles relacionados com o uso, uso excessivo e pressão; outros	• Biomecânica do trabalho com: movimentos articulares repetitivos; e/ou posições forçadas; • Fatores psicossociais relacionados a: gestão organizacional; e/ou contexto da organização do trabalho; e/ou característica das relações sociais no trabalho; e/ou conteúdo das tarefas do trabalho; e/ou condição do ambiente de trabalho; e/ou interação pessoa-tarefa; e/ou jornada de trabalho; e/ou violência e assédio moral/sexual no trabalho; e/ou discriminação no trabalho.
M70.9	Transtorno não especificado dos tecidos moles relacionados com o uso, uso excessivo e pressão.	• Biomecânica do trabalho com: movimentos articulares repetitivos; e/ou posições forçadas; • Fatores psicossociais relacionados a: gestão organizacional; e/ou contexto da organização do trabalho; e/ou característica das relações sociais no trabalho; e/ou conteúdo das tarefas do trabalho; e/ou condição do ambiente de trabalho; e/ou interação pessoa-tarefa; e/ou jornada de trabalho; e/ou violência e assédio moral/sexual no trabalho; e/ou discriminação no trabalho.
M72.0	Fibromatose de fáscia palmar [*Dupuytren*]	• Biomecânica do trabalho com: movimentos articulares repetitivos; e/ou posições forçadas; e/ou aplicação de força. • Exposição a vibração em atividades de trabalho. • Fatores psicossociais relacionados a: gestão organizacional; e/ou contexto da organização do trabalho; e/ou característica das
		relações sociais no trabalho; e/ou conteúdo das tarefas do trabalho; e/ou condição do ambiente de trabalho; e/ou interação pessoa-tarefa; e/ou jornada de trabalho; e/ou violência e assédio moral/sexual no trabalho; e/ ou discriminação no trabalho.
M75	Lesões do Ombro	• Biomecânica do trabalho com: movimentos articulares repetitivos; e/ou posições forçadas; e/ou aplicação de força. • Exposição a vibração em atividades de trabalho. • Fatores psicossociais relacionados a: gestão organizacional; e/ou contexto da organização do trabalho; e/ou característica das
		relações sociais no trabalho; e/ou conteúdo das tarefas do trabalho; e/ou condição do ambiente de trabalho; e/ou interação pessoa-tarefa; e/ou jornada de trabalho; e/ou violência e assédio moral/sexual no trabalho; e/ ou discriminação no trabalho.

CID10	Doença Relacionada ao Trabalho	Agentes e/ou Fatores de Risco
M75.0	Capsulite Adesiva do Ombro	• Biomecânica do trabalho com: movimentos articulares repetitivos; e/ou posições forçadas; e/ou aplicação de força. • Exposição a vibração em atividades de trabalho. • Fatores psicossociais relacionados a: gestão organizacional; e/ou contexto da organização do trabalho; e/ou característica das
		relações sociais no trabalho; e/ou conteúdo das tarefas do trabalho; e/ou condição do ambiente de trabalho; e/ou interação pessoa-tarefa; e/ou jornada de trabalho; e/ou violência e assédio moral/sexual no trabalho; e/ou discriminação no trabalho.
M75.1	Síndrome do manguito rotador	• Biomecânica do trabalho com: movimentos articulares repetitivos; e/ou posições forçadas; e/ou aplicação de força. • Exposição a vibração em atividades de trabalho. • Fatores psicossociais relacionados a: gestão organizacional; e/ou contexto da organização do trabalho; e/ou característica das
		relações sociais no trabalho; e/ou conteúdo das tarefas do trabalho; e/ou condição do ambiente de trabalho; e/ou interação pessoa-tarefa; e/ou jornada de trabalho; e/ou violência e assédio moral/sexual no trabalho; e/ou discriminação no trabalho.
M75.2	Tendinite bicipital	• Biomecânica do trabalho com: movimentos articulares repetitivos; e/ou posições forçadas; e/ou aplicação de força. • Exposição a vibração em atividades de trabalho. • Fatores psicossociais relacionados a: gestão organizacional; e/ou contexto da organização do trabalho; e/ou característica das
		relações sociais no trabalho; e/ou conteúdo das tarefas do trabalho; e/ou condição do ambiente de trabalho; e/ou interação pessoa-tarefa; e/ou jornada de trabalho; e/ou violência e assédio moral/sexual no trabalho; e/ou discriminação no trabalho.
M75.3	Tendinite Calcificante do Ombro	• Biomecânica do trabalho com: movimentos articulares repetitivos; e/ou posições forçadas; e/ou aplicação de força. • Exposição a vibração em atividades de trabalho. • Fatores psicossociais relacionados a: gestão organizacional; e/ou contexto da organização do trabalho; e/ou característica das
		• relações sociais no trabalho; e/ou conteúdo das tarefas do trabalho; e/ou condição do ambiente de trabalho; e/ou interação pessoa-tarefa; e/ou jornada de trabalho; e/ou violência e assédio moral/sexual no trabalho; e/ou discriminação no trabalho.
M75.5	Bursite do Ombro	• Biomecânica do trabalho com: movimentos articulares repetitivos; e/ou posições forçadas; e/ou aplicação de força. Exposição a vibração em atividades de trabalho. • Fatores psicossociais relacionados a: gestão organizacional; e/ou

CID10	Doença Relacionada ao Trabalho	Agentes e/ou Fatores de Risco
		contexto da organização do trabalho; e/ou característica das relações sociais no trabalho; e/ou conteúdo das tarefas do trabalho; e/ou condição do ambiente de trabalho; e/ou interação pessoa-tarefa; e/ou jornada de trabalho; e/ou violência e assédio moral/sexual no trabalho; e/ou discriminação no trabalho.
M75.8	Outras lesões do ombro	• Biomecânica do trabalho com: movimentos articulares repetitivos; e/ou posições forçadas; e/ou aplicação de força. • Exposição a vibração em atividades de trabalho. • Fatores psicossociais relacionados a: gestão organizacional; e/ou contexto da organização do trabalho; e/ou característica das
		relações sociais no trabalho; e/ou conteúdo das tarefas do trabalho; e/ou condição do ambiente de trabalho; e/ou interação pessoa-tarefa; e/ou jornada de trabalho; e/ou violência e assédio moral/sexual no trabalho; e/ou discriminação no trabalho.
M75.9	Lesão não especificada do ombro	• Biomecânica do trabalho com: movimentos articulares repetitivos; e/ou posições forçadas; e/ou aplicação de força. • Exposição a vibração em atividades de trabalho. • Fatores psicossociais relacionados a: gestão organizacional; e/ou contexto da organização do trabalho; e/ou característica das
		relações sociais no trabalho; e/ou conteúdo das tarefas do trabalho; e/ou condição do ambiente de trabalho; e/ou interação pessoa-tarefa; e/ou jornada de trabalho; e/ou violência e assédio moral/sexual no trabalho; e/ou discriminação no trabalho.
M77	Outras entesopatias	• Biomecânica do trabalho com: movimentos articulares repetitivos; e/ou posições forçadas; e/ou aplicação de força. • Exposição a vibração em atividades de trabalho. • Fatores psicossociais relacionados a: gestão organizacional; e/ou contexto da organização do trabalho; e/ou característica das
		relações sociais no trabalho; e/ou conteúdo das tarefas do trabalho; e/ou condição do ambiente de trabalho; e/ou interação pessoa-tarefa; e/ou jornada de trabalho; e/ou violência e assédio moral/sexual no trabalho; e/ou discriminação no trabalho.
M77.0	Epicondilite medial	• Biomecânica do trabalho com: movimentos articulares repetitivos; e/ou posições forçadas; e/ou aplicação de força. • Exposição a vibração em atividades de trabalho. • Fatores psicossociais relacionados a: gestão organizacional; e/ou contexto da organização do trabalho; e/ou característica das
		relações sociais no trabalho; e/ou conteúdo das tarefas do trabalho; e/ou condição do ambiente de trabalho; e/ou interação pessoa-tarefa; e/ou jornada de trabalho; e/ou violência e assédio moral/sexual no trabalho; e/ou discriminação no trabalho.

CID10	Doença Relacionada ao Trabalho	Agentes e/ou Fatores de Risco
M77.1	Epicondilite lateral	• Biomecânica do trabalho com: movimentos articulares repetitivos; e/ou posições forçadas; e/ou aplicação de força. • Exposição a vibração em atividades de trabalho. • Fatores psicossociais relacionados a: gestão organizacional; e/ou contexto da organização do trabalho; e/ou característica das
		relações sociais no trabalho; e/ou conteúdo das tarefas do trabalho; e/ou condição do ambiente de trabalho; e/ou interação pessoa-tarefa; e/ou jornada de trabalho; e/ou violência e assédio moral/sexual no trabalho; e/ou discriminação no trabalho.
M77.8	Outras entesopatias não classificadas em outra parte	• Biomecânica do trabalho com: movimentos articulares repetitivos; e/ou posições forçadas; e/ou aplicação de força. • Exposição a vibração em atividades de trabalho. • Fatores psicossociais relacionados a: gestão organizacional; e/ou contexto da organização do trabalho; e/ou característica das
		relações sociais no trabalho; e/ou conteúdo das tarefas do trabalho; e/ou condição do ambiente de trabalho; e/ou interação pessoa-tarefa; e/ou jornada de trabalho; e/ou violência e assédio moral/sexual no trabalho; e/ou discriminação no trabalho.
M79.8	Outros transtornos especificados dos tecidos moles	• Biomecânica do trabalho com: movimentos articulares repetitivos; e/ou posições forçadas; e/ou aplicação de força. • Exposição a vibração em atividades de trabalho. • Fatores psicossociais relacionados a: gestão organizacional; e/ou contexto da organização do trabalho; e/ou característica das
		• relações sociais no trabalho; e/ou conteúdo das tarefas do trabalho; e/ou condição do ambiente de trabalho; e/ou interação pessoa-tarefa; e/ou jornada de trabalho; e/ou violência e assédio moral/sexual no trabalho; e/ou discriminação no trabalho.
M83.5	Outras osteomalácias do adulto induzidas por drogas	• Exposição a cádmio ou seus compostos; e/ou fósforo e seus compostos em atividades de trabalho.
M84.3	Fratura de fadiga ("stress") não classificada em outra parte	• Biomecânica do trabalho com: movimentos articulares repetitivos; e/ou posições forçadas; e/ou aplicação de força; • Exposição a vibração em atividades de trabalho.
M85.1	Fluorose esquelética	Exposição a flúor ou seus compostos tóxicos em atividades de trabalho.
M87	Osteonecrose	• Exposição a fósforo e seus compostos em atividades de trabalho. • Exposição a radiações ionizantes em atividades de trabalho.
M87.1	Osteonecrose devida a drogas	• Exposição a fósforo e seus compostos em atividades de trabalho. • Exposição a vibração e/ou radiações ionizantes em atividades de trabalho.

CID10	Doença Relacionada ao Trabalho	Agentes e/ou Fatores de Risco
M87.3	Outras osteonecroses secundárias	• Exposição a fósforo e seus compostos em atividades de trabalho. • Exposição a vibração e/ou radiações ionizantes em atividades de trabalho.
M89.5	Osteolise	• Exposição a cloreto de vinila em atividades de trabalho.
M90.3	Osteonecrose em "mal dos caixões"	• Variação de pressão ambiental no trabalho.
M93.1	Doença de Kienböck do Adulto	• Exposição a vibração em atividade de trabalho. • Sequela de acidente de trabalho com trauma ósseo
M93.8	Outras osteocondropatias, especificadas	• Exposição a vibração em atividade de trabalho. • Sequela de acidente de trabalho com trauma ósseo

Capítulo XIV – Doenças do aparelho geniturinário

CID10	Doença Relacionada ao Trabalho	Agentes e/ou Fatores de Risco
N00	Síndrome nefrítica aguda	• Exposição a derivados halogenados dos hidrocarbonetos alifáticos em atividades de trabalho.
N03	Síndrome nefrítica crônica	• Exposição a mercúrio e seus compostos tóxicos em atividades de trabalho.
N14.3	Nefropatia induzida por metais pesados	• Exposição a cádmio ou seus compostos; e/ou chumbo e seus compostos tóxicos; e/ou mercúrio e seus compostos tóxicos; e/ou tálio e seus compostos em atividades de trabalho.
N17	Insuficiência renal aguda	• Exposição a derivados halogenados dos hidrocarbonetos alifáticos; e/ou arsênio e seus compostos tóxicos em atividades de trabalho.
N18	Insuficiência renal crônica	• Exposição a chumbo e seus compostos em atividades de trabalho.
N30.0	Cistite aguda	• Exposição a aminas aromáticas e seus derivados em atividades de trabalho.
N46	Infertilidade masculina	• Exposição a chumbo e seus compostos tóxicos; e/ou clordecona; e/ou dibromocloropropano em atividades de trabalho. • Exposição a radiações ionizantes e/ou altas temperaturas em atividades de trabalho.
N97	Infertilidade feminina	• Exposição a anilina; e/ou benzeno; e/ou mercúrio e seus compostos em atividades de trabalho. • Exposição a radiações ionizantes em atividades de trabalho.

Capítulo XIX – Intoxicações exógenas

CID10	Doença Relacionada ao Trabalho	Agentes e/ou Fatores de Risco
T36	Intoxicação por antibióticos sistêmicos	• Exposição a antibióticos em atividades de trabalho
T38	Intoxicação por hormônios, seus substitutos sintéticos e seus antagonistas não classificados em outra parte	• Exposição a hormônios sintéticos em atividades de trabalho

CID10	Doença Relacionada ao Trabalho	Agentes e/ou Fatores de Risco
T51.0	Efeito tóxico do etanol	• Exposição a álcool etílico em atividades de trabalho.
T51.1	Efeito tóxico do metanol	• Exposição a álcool metílico em atividades de trabalho.
T51.2	Efeito tóxico do 2-propanol	• Exposição a álcool propílico em atividades de trabalho.
T51.8	Efeito tóxico de outros álcoois	• Exposição a outros álcoois em atividades de trabalho.
T52	Efeitos tóxicos de Solventes Orgânicos	• Exposição a solventes orgânicos em atividades de trabalho.
T52.1	Efeito tóxico do benzeno	• Exposição a benzeno em atividades de trabalho.
T52.2	Efeito tóxico de homólogos do benzeno	• Exposição a tolueno e/ou xileno em atividades de trabalho.
T52.3	Efeito tóxico de glicóis	• Exposição a glicóis em atividades de trabalho.
T52.4	Efeito tóxico de cetonas	• Exposição a cetonas em atividades de trabalho.
T52.8	Efeito tóxico de outros solventes orgânicos	• Exposição a solventes orgânicos em atividades de trabalho.
T53	Efeito tóxico de derivados halogênicos de hidrocarbonetos alifáticos e aromáticos	• Exposição a derivados halogenados dos hidrocarbonetos alifáticos e/ou aromáticos em atividades de trabalho.
T53.0	Efeito tóxico do tetracloreto de carbono	• Exposição a tetracloreto de carbono em atividades de trabalho.
T53.1	Efeito tóxico do clorofórmio	• Exposição a clorofórmio em atividades de trabalho.
T53.2	Efeito tóxico do tricloroetileno	• Exposição a tricloroetileno em atividades de trabalho.
T53.3	Efeito tóxico do tetracloroetileno	• Exposição a tetracloroetileno em atividades de trabalho.
T53.4	Efeito tóxico do diclorometano	• Exposição a diclorometano em atividades de trabalho.
T53.5	Efeitos tóxicos do clorofluorcarbono	Exposição a clorofluorcarbono em atividades de trabalho.
T53.6	Efeito tóxico de outros derivados halogênicos de hidrocarbonetos alifáticos	• Exposição a derivados halogenados dos hidrocarbonetos alifáticos em atividades de trabalho.
T53.7	Efeito tóxico de derivados halogênicos de hidrocarbonetos aromáticos	• Exposição a derivados halogenados dos hidrocarbonetos aromáticos em atividades de trabalho.
T53.9	Efeito tóxico de derivados halogênicos de hidrocarbonetos alifáticos e aromáticos não especificados	• Exposição a derivados halogenados dos hidrocarbonetos alifáticos e/ou aromáticos não especificados em atividades de trabalho.
T54	Efeito tóxico de corrosivos	• Exposição a agentes químicos corrosivos em atividades de trabalho.
T54.0	Efeito tóxico do fenol e homólogos do fenol	• Exposição a fenol e homólogos em atividades de trabalho.
T54.1	Efeito tóxico de outros compostos corrosivos orgânicos	• Exposição a outros compostos corrosivos orgânicos em atividades de trabalho.
T54.2	Efeito tóxico de ácidos corrosivos e substâncias semelhantes	• Exposição a ácidos corrosivos e substâncias semelhantes em atividades de trabalho.
T54.3	Efeito tóxico de bases (álcalis) cáusticas(os) e substâncias semelhantes	• Exposição a bases (álcalis) cáusticas(os) e substâncias semelhantes em atividades de trabalho.
T54.9	Efeito tóxico de substância corrosiva, não especificada	• Exposição a substância corrosiva, não especificada em atividades de trabalho.
T56	Efeito tóxico de metais	• Exposição a metais tóxicos em atividades de trabalho.

CID10	Doença Relacionada ao Trabalho	Agentes e/ou Fatores de Risco
T56.0	Efeito tóxico do chumbo e seus compostos	• Exposição a chumbo e seus compostos em atividades de trabalho.
T56.1	Efeito tóxico do mercúrio e seus compostos	• Exposição a mercúrio e seus compostos em atividades de trabalho.
T56.2	Efeito tóxico do cromo e seus compostos	• Exposição a cromo e seus compostos em atividades de trabalho.
T56.3	Efeito tóxico do cádmio e seus compostos	• Exposição a cádmio e seus compostos em atividades de trabalho.
T56.4	Efeito tóxico do cobre e seus compostos	• Exposição a cobre e seus compostos em atividades de trabalho.
T56.5	Efeito tóxico do zinco e seus compostos	• Exposição a zinco e seus compostos em atividades de trabalho.
T56.7	Efeito tóxico do berilo e seus compostos	• Exposição a berílio e seus compostos em atividades de trabalho.
T56.8	Efeitos tóxicos de outros metais	• Exposição a metais tóxicos em atividades de trabalho.
T56.9	Efeito tóxico do metal, não especificado	• Exposição a metais tóxicos em atividades de trabalho.
T57	Efeito tóxico de outras substâncias inorgânicas	• Exposição a substâncias inorgânicas em atividades de trabalho.
T57.0	Efeito tóxico do arsênico e seus compostos	Exposição a arsênio e seus compostos em atividades de trabalho.
T57.1	Efeito tóxico do fósforo e seus compostos	• Exposição a fósforo e seus compostos em atividades de trabalho.
T57.2	Efeito tóxico do manganês e seus compostos	• Exposição a manganês e seus compostos em atividades de trabalho.
T57.3	Efeito tóxico do cianeto de hidrogênio (ácido cianídrico)	• Exposição a cianeto de hidrogênio (ácido cianídrico) em atividades de trabalho.
T57.8	Efeito tóxico de outras substâncias inorgânicas especificadas	• Exposição a cloreto de vinila; e/ou monocloroetileno; e/ou outras substâncias inorgânicas especificadas em atividades de trabalho.
T58	Efeito tóxico do monóxido de carbono	• Exposição a monóxido de carbono em atividades de trabalho.
T59	Efeito tóxico de outros gases, fumaças e vapores	• Exposição a outros gases, fumaças e vapores em atividades de trabalho.
T59.2	Efeito tóxico de formaldeído	• Exposição a formaldeído em atividades de trabalho.
T59.4	Efeito tóxico do cloro gasoso	• Exposição a cloro gasoso em atividades de trabalho.
T59.5	Efeito tóxico do fluoreto gasoso e ácido fluorídrico	• Exposição a fluoreto gasoso e/ou ácido fluorídrico em atividades de trabalho.
T59.6	Efeito tóxico do ácido sulfídrico	• Exposição a ácido sulfídrico (sulfeto de hidrogênio) em atividades de trabalho.
T59.8	Efeito tóxico de outros gases, fumaças e vapores especificados	• Exposição a gases, fumaças e vapores em atividades de trabalho.
T60	Efeito tóxico de pesticidas	• Exposição a agrotóxicos em atividades de trabalho.
T60.0	Efeito tóxico de inseticidas organofosforados e carbamatos	• Exposição a agrotóxicos organofosforados e/ou carbamatos em atividades de trabalho.
T60.1	Efeito tóxico de inseticidas halogenados	• Exposição a agrotóxicos em atividades de trabalho.

CID10	Doença Relacionada ao Trabalho	Agentes e/ou Fatores de Risco
T60.2	Efeito tóxico de outros inseticidas	• Exposição a agrotóxicos em atividades de trabalho.
T60.4	Efeito tóxico de rodenticidas	• Exposição a agrotóxicos em atividades de trabalho.
T60.8	Efeito tóxico de outros pesticidas	• Exposição a agrotóxicos em atividades de trabalho.
T63	Efeito tóxico de contato com animais venenosos	• Mordedura ou picadura de serpente; e/ou outros répteis; e/ou escorpião; e/ou aranha; e/ou outros artrópodes; e/ou peixe; e/ou outros animais marinhos; e/ou outros animais venenosos não especificados em atividades de trabalho.
T65.2	Efeito tóxico do tabaco e da nicotina (Doença da Folha Verde do Tabaco)	• Exposição a tabaco e nicotina em atividades de trabalho.
T65.3	Efeito tóxico de nitroderivados e aminoderivados do benzeno e seus homólogos	• Exposição a nitroderivados e aminoderivados do benzeno e seus homólogos em atividades de trabalho.
T65.4	Efeito tóxico do dissulfeto de carbono	• Exposição a dissulfeto de carbono em atividades de trabalho.
T65.8	Efeito tóxico de outras substâncias especificadas	• Exposição a outras substâncias especificadas em atividades de trabalho.
T66	Efeitos não especificados de radiação	• Exposição a radiações ionizantes em atividades de trabalho.
T67	Efeitos do calor e da luz	• Exposição a altas temperaturas no trabalho.

ANEXO VI[1]

HIPÓTESES EM QUE SE RECONHECE O NEXO TÉCNICO EPIDEMIOLÓGICO – RELAÇÃO ENTRE CID E CNAE

LISTA C
(INCLUÍDA PELO DECRETO N. 6.957, DE 2009)

Nota:

1 — São indicados intervalos de CID-10 em que se reconhece Nexo Técnico Epidemiológico, na forma do § 3º do art. 337, entre a entidade mórbida e as classes de CNAE indicadas, nelas incluídas todas as subclasses cujos quatro dígitos iniciais sejam comuns.

Intervalo CID-10	CNAE
A15-A19	0810 1091 1411 1412 1533 1540 2330 3011 3701 3702 3811 3812 3821 3822 3839 3900 4120 4211 4213 4222 4223 4291 4299 4312 4321 4391 4399 4687 4711 4713 4721 4741 4742 4743 4744 4789 4921 4923 4924 4929 5611 7810 7820 7830 8121 8122 8129 8610 9420 9601
E10-E14	1091 3600 3701 3702 3811 3812 3821 3822 3839 3900 4120 4211 4213 4222 4223 4291 4292 4299 4313 4319 4329 4399 4721 4921 4922 4923 4924 4929 4930 5030 5231 5239 8011 8012 8020 8030 8121 8122 8129 8411 9420
F10-F19	0710 0990 1011 1012 1013 1220 1532 1622 1732 1733 2211 2330 2342 2451 2511 2512 2531 2539 2542 2543 2593 2814 2822 2840 2861 2866 2869 2920 2930 3101 3102 3329 3600 3701 3702 3811 3812 3821 3822 3839 3900 4120 4211 4213 4221 4292 4299 4313 4319 4321 4329 4399 4520 4912 4921 5030 5212 5221 5222 5223 5229 5231 5232 5239 5250 5310 6423 7810 7820 7830 8121 8122 8129 8411 8423 8424 9420
F20-F29	0710 0990 1011 1012 1013 1031 1071 1321 1411 1412 2330 2342 2511 2543 2592 2861 2866 2869 2942 3701 3702 3811 3812 3821 3822 3839 3900 4120 4211 4213 4222 4223 4291 4292 4299 4312 4391 4399 4921 4922 4923 4924 4929 5212 5310 6423 7732 7810 7820 7830 8011 8012 8020 8030 8121 8122 8129 8423 9420
F30-F39	0710 0892 0990 1011 1012 1013 1031 1220 1311 1313 1314 1321 1330 1340 1351 1359 1411 1412 1413 1422 1531 1532 1540 2091 2123 2511 2710 2751 2861 2930 2945 3299 3600 4636 4711 4753 4756 4759 4762 4911 4912 4921 4922 4923 4924 4929 5111 5120 5221 5222 5223 5229 5310 5620 6110 6120 6130 6141 6142 6143 6190 6311 6422 6423 6431 6550 8121 8122 8129 8411 8413 8423 8424 8610 8711 8720 8730 8800
F40-F48	0710 0990 1311 1321 1351 1411 1412 1421 1532 2945 3600 4711 4753 4756 4759 4762 4911 4912 4921 4922 4923 4924 4929 5111 5120 5221 5222 5223 5229 5310 6110 6120 6130 6141 6142 6143 6190 6311 6422 6423 8011 8012 8020 8030 8121 8122 8129 8411 8423 8424 8610

1. Lista Anexa ao Decreto n. 3.048, de 6 de maio de 1999. Regulamento da Previdência Social.

Intervalo CID-10	CNAE
G40-G47	0113 0210 0220 0810 1011 1012 1013 1321 1411 1412 1610 1621 1732 1733 1931 2330 2342 2511 2539 2861 3701 3702 3811 3812 3821 3822 3839 3900 4120 4211 4213 4222 4223 4291 4292 4299 4313 4319 4399 4921 4922 4923 4924 4929 4930 5212 8011 8012 8020 8030 8121 8122 8129
G50-G59	0155 1011 1012 1013 1062 1093 1095 1313 1351 1411 1412 1421 1529 1531 1532 1533 1539 1540 2063 2123 2211 2222 2223 2229 2349 2542 2593 2640 2710 2759 2944 2945 3240 3250 4711 5611 5612 5620 6110 6120 6130 6141 6142 6143 6190 6422 6423 8121 8122 8129 8610
H53-H54	0210 0220 0810 1071 1220 1610 1622 2330 2342 3701 3702 3811 3812 3821 3822 3839 3900 4120 4211 4212 4213 4222 4223 4291 4299 4312 4313 4319 4321 4329 4391 4399 4741 4742 4743 4744 4789 4921 4922 4923 4924 4929 4930 8011 8012 8020 8030 8121 8122 8129
I05-I09	4921
I10-I15	0111 1411 1412 4921 4922 4923 4924 4929 5111 5120
I20-I25	1621 4120 4211 4213 4221 4222 4223 4291 4299 4329 4399 4921 4922 4930 6110 6120 6130 6141 6142 6143 6190
I30-I52	0113 0210 0220 0810 1011 1012 1013 1061 1071 1411 1412 1610 1931 2029 2330 2342 3600 3701 3702 3811 3812 3821 3822 3839 3900 4120 4211 4213 4222 4223 4291 4292 4299 4312 4313 4319 4391 4399 4621 4622 4623 4921 4922 4923 4924 4929 4930 8121 8122 8129 8411 9420
I60-I69	0810 1071 2330 2342 3600 3701 3702 3811 3812 3821 3822 3839 3900 4120 4211 4213 4222 4223 4291 4299 4312 4313 4319 4321 4391 4399 4921 4922 4923 4924 4929 4930 8112 8121 8122 8129 8411 8591 9200 9311 9312 9313 9319 9420
I80-I89	1011 1012 1013 1020 1031 1033 1091 1092 1220 1311 1321 1351 1411 1412 1413 1422 1510 1531 1532 1540 1621 1622 2123 2342 2542 2710 2813 2832 2833 2920 2930 2944 2945 3101 3102 3329 3701 3702 3811 3812 3821 3822 3839 3900 4621 4622 4623 4721 4722 4921 4922 5611 5612 5620 8011 8012 8020 8030 8121 8122 8129 8411 8610 9420 9491 9601
J40-J47	0810 1031 1220 1311 1321 1351 1411 1412 1610 1622 1629 2330 2342 2539 3101 3102 3329 4120 4211 4213 4292 4299 4313 4319 4399 4921 8121 8122 8129 8411
k35-K38	0810 1011 1012 1013 1071 1411 1412 1531 1540 1610 1621 1732 1733 2451 2511 2512 2832 2833 2930 3101 3329 4621 4622 4623 4921 4922 8610
K40-K46	0113 0210 0220 0230 0810 1011 1012 1013 1020 1031 1033 1041 1051 1061 1066 1071 1091 1122 1321 1354 1510 1610 1621 1622 1629 1722 1732 1733 1931 2211 2212 2219 2330 2341 2342 2349 2443 2449 2451 2511 2512 2521 2539 2541 2542 2543 2592 2593 2710 2815 2822 2832 2833 2861 2866 2869 2930 2943 2944 2945 3011 3101 3102 3329 3701 3702 3811 3812 3821 3822 3839 3900 4120 4211 4212 4213 4221 4222 4223 4291 4292 4299 4312 4313 4319 4321 4329 4391 4399 4621 4622 4623 4632 4634 4687 4721 4722 4741 4742 4743 4744 4789 4921 4922 4930 5212 8121 8122 8129 9420
L60-L75	8610
L80-L99	0113 1011 1012 1013 1071 1411 1412 1610 1621 1931 2451 5611 5620 8121 8122 8129 8610
M00-M25	0113 0131 0133 0210 0220 0810 0892 0910 1011 1012 1013 1020 1031 1033 1041 1051 1052 1061 1064 1071 1072 1091 1122 1220 1311 1321 1351 1354 1411 1412 1413 1532 1621 1732 1733 1931 2012 2019 2312 2330 2341 2342 2349 2431 2443 2449 2511 2522 2539 2543 2550 2710 2813 2815 2822 2852 2853 2854 2861 2862 2865 2866 2869 2920 2930 2944 2945 2950 3011 3102 3600 3701 3702 3811 3812 3821 3822 3839 3900 4120 4211 4212 4213 4221 4222 4223 4291 4292 4299 4312 4313 4319 4321 4329 4391 4399 4621 4622 4623 4636 4661 4711 4721 4921 4922 4923 4924 4929 4930 5012 5021 5212 5310 5611 5620 7719 8121 8122 8129 8411 8424 8430 8591 8610 9200 9311 9312 9313 9319 9420 9491 9601
M30-M36	1412 8121 8122 8129 8610

Intervalo CID-10	CNAE
M40-M54	0113 0131 0133 0210 0220 0230 0500 0710 0810 0892 0910 0990 1011 1012 1013 1020 1031 1033 1041 1051 1052 1061 1062 1064 1071 1072 1092 1122 1311 1312 1321 1323 1340 1351 1354 1411 1412 1413 1421 1422 1510 1532 1610 1621 1622 1623 1629 1710 1721 1722 1732 1733 1931 2012 2019 2029 2040 2091 2093 2123 2211 2212 2219 2221 2222 2312 2320 2330 2341 2342 2349 2391 2431 2439 2441 2443 2449 2451 2511 2513 2521 2522 2539 2542 2543 2550 2592 2593 2710 2722 2733 2813 2815 2822 2832 2833 2852 2853 2854 2861 2862 2864 2866 2869 2920 2930 2942 2943 2944 2945 2950 3011 3101 3102 3240 3321 3329 3600 3701 3702 3811 3812 3821 3822 3839 3900 4120 4211 4212 4213 4222 4223 4291 4292 4299 4311 4312 4313 4319 4321 4329 4391 4399 4621 4622 4623 4632 4636 4661 4681 4682 4685 4686 4687 4689 4921 4922 4923 4924 4929 4930 5012 5021 5211 5212 5221 5222 5223 5229 5310 5612 5620 6431 7719 7732 8121 8122 8129 8424 8430 8610 9420
M60-M79	0113 0155 0210 0220 1011 1012 1013 1020 1031 1033 1051 1052 1062 1064 1092 1093 1094 1095 1096 1099 1122 1311 1314 1321 1323 1340 1351 1352 1354 1359 1411 1412 1413 1414 1421 1510 1521 1529 1531 1532 1533 1540 1623 1732 1733 1742 1749 2040 2063 2091 2110 2121 2123 2211 2219 2221 2222 2223 2229 2312 2319 2342 2349 2439 2443 2449 2451 2531 2539 2541 2542 2543 2550 2591 2592 2593 2610 2631 2632 2640 2651 2710 2721 2722 2732 2733 2740 2751 2759 2813 2814 2815 2822 2823 2824 2840 2853 2854 2861 2864 2866 2869 2920 2930 2941 2942 2943 2944 2945 2949 3092 3101 3102 3104 3230 3240 3250 3291 3299 3316 3329 3701 3702 3811 3812 3821 3822 3839 3900 4221 4632 4634 4711 4713 4912 5111 5120 5212 5221 5222 5223 5229 5310 5320 5612 5620 6021 6022 6110 6120 6130 6141 6142 6143 6190 6209 6311 6399 6422 6423 6431 6550 7410 7490 7719 7733 8121 8122 8129 8211 8219 8220 8230 8291 8292 8299 8610 9420 9601
S00-S09	0210 0220 0230 0810 1011 1012 1013 1033 1041 1061 1071 1122 1321 1510 1532 1610 1621 1622 1732 1733 1931 2212 2330 2342 2391 2511 2512 2539 2542 2543 2593 2832 2833 2866 2869 2930 3011 3101 3102 3329 3701 3702 3811 3812 3821 3822 3839 3900 4120 4211 4213 4221 4222 4223 4291 4292 4299 4312 4313 4319 4321 4329 4391 4399 4520 4530 4541 4542 4621 4622 4623 4635 4671 4672 4673 4674 4679 4687 4731 4732 4741 4742 4743 4744 4789 4921 4922 4930 5212 5320 7810 7820 7830 8011 8012 8020 8030 8121 8122 8129 9420
S20-S29	0113 0131 0133 0210 0220 0230 0810 1011 1012 1013 1071 1321 1510 1610 1621 1622 1629 1732 1733 1931 2330 2342 2512 2539 2543 2832 2833 2866 2869 3600 3701 3702 3811 3812 3821 3822 3839 3900 4120 4211 4213 4221 4222 4223 4291 4292 4299 4321 4399 4621 4622 4623 4632 4687 4741 4742 4743 4744 4789 4921 4922 4930 5212 5310 8121 8122 8129 9420
S30-S39	0131 0133 0210 0220 1011 1012 1013 1061 1071 1610 1621 2330 2342 2511 2512 3101 3329 3701 3702 3811 3812 3821 3822 3839 3900 4120 4211 4213 4221 4222 4223 4291 4299 4312 4313 4319 4321 4329 4391 4399 4621 4622 4623 4687 4722 4741 4742 4743 4744 4789 4921 4930 5212 5221 5222 5223 5229 7810 7820 7830 8121 8122 8129 9420
S40-S49	0131 0133 0210 0220 0500 0810 1011 1012 1013 1031 1033 1041 1051 1061 1064 1071 1091 1122 1321 1351 1354 1411 1412 1510 1531 1532 1533 1540 1610 1621 1622 1623 1629 1722 1732 1733 1931 2212 2221 2222 2223 2229 2330 2342 2349 2391 2451 2511 2512 2539 2542 2543 2592 2593 2710 2813 2815 2822 2823 2832 2833 2861 2866 2869 2930 2944 2945 2950 3101 3102 3329 3701 3702 3811 3812 3821 3822 3839 3900 4120 4211 4213 4221 4222 4223 4291 4292 4299 4312 4313 4319 4321 4329 4391 4399 4520 4530 4541 4542 4618 4621 4622 4623 4635 4661 4671 4672 4673 4674 4679 4687 4721 4722 4731 4732 4741 4742 4743 4744 4784 4789 4921 4922 4930 5212 5221 5222 5223 5229 5310 5320 7719 7810 7820 7830 8011 8012 8020 8030 8121 8122 8129 9420
S50-S59	0210 0220 0810 1011 1012 1013 1031 1033 1041 1051 1061 1064 1071 1091 1092 1093 1096 1099 1122 1311 1321 1354 1411 1412 1510 1531 1532 1533 1540 1610 1621 1622 1623 1629 1722 1732 1733 2211 2221 2222 2223 2229 2330 2341 2342 2391 2511 2512 2539 2542 2543 2592 2593 2710 2759 2813 2822 2823 2832 2833 2861 2866 2869 2930 2944 2945 2950 3011 3101 3102 3329 3701 3702 3811 3812 3821 3822 3839 3900 4120 4211 4213 4221 4222 4223 4291 4292 4299 4312 4313 4319 4321 4322 4329 4391 4399 4520 4621 4622 4623 4635 4661 4685 4686 4687 4689 4711 4721 4722 4741 4742 4743 4744 4784 4789 4921 4923 4924 4929 4930 5212 5221 5222 5223 5229 5310 5320 7719 7732 7810 7820 7830 8011 8012 8020 8030 8121 8122 8129 9420

Intervalo CID-10	CNAE
S60-S69	0113 0210 0220 0500 0810 1011 1012 1013 1031 1033 1041 1042 1051 1052 1061 1062 1063 1064 1071 1072 1091 1092 1093 1094 1096 1099 1122 1311 1312 1321 1323 1340 1351 1353 1354 1359 1411 1412 1510 1529 1531 1532 1533 1540 1610 1621 1622 1623 1629 1710 1721 1722 1731 1732 1733 1741 1742 1749 1813 1931 2012 2019 2029 2061 2063 2091 2092 2123 2211 2212 2219 2221 2222 2223 2229 2311 2312 2319 2330 2341 2342 2349 2391 2392 2399 2431 2439 2441 2443 2449 2451 2452 2511 2512 2513 2521 2522 2531 2532 2539 2541 2542 2543 2550 2591 2592 2593 2599 2632 2651 2710 2721 2722 2732 2733 2740 2751 2759 2790 2811 2812 2813 2814 2815 2821 2822 2823 2824 2825 2829 2831 2832 2833 2840 2852 2853 2854 2861 2862 2864 2865 2866 2869 2920 2930 2941 2942 2943 2944 2945 2949 2950 3011 3012 3032 3091 3092 3099 3101 3102 3103 3104 3220 3230 3240 3250 3291 3299 3319 3329 3701 3702 3811 3812 3821 3822 3832 3839 3900 4120 4211 4213 4221 4222 4223 4291 4292 4299 4312 4313 4319 4321 4322 4329 4391 4399 4520 4621 4622 4623 4632 4634 4661 4671 4672 4673 4674 4679 4681 4682 4685 4686 4687 4689 4711 4721 4722 4741 4742 4743 4744 4789 4930 5211 5212 5320 5819 5829 7719 7732 7810 7820 7830 8121 8122 8129 8423 9420 9529
S70-S79	0210 0220 1011 1012 1013 1033 1122 1610 1621 1622 2330 2391 2511 2512 2539 3101 3329 3701 3702 3811 3812 3821 3822 3839 3900 4120 4211 4213 4221 4222 4223 4291 4299 4312 4321 4391 4399 4520 4530 4541 4542 4618 4687 4731 4732 4741 4742 4743 4744 4784 4789 4921 4930 5212 5221 5222 5223 5229 5232 5250 5320 7810 7820 7830 8011 8012 8020 8030 8121 8122 8129 9420
S80-S89	0210 0220 0230 0500 0710 0810 0990 1011 1012 1013 1031 1033 1041 1051 1061 1062 1064 1071 1072 1092 1096 1099 1122 1321 1351 1354 1411 1412 1510 1531 1532 1540 1610 1621 1622 1623 1629 1710 1721 1722 1732 1733 1931 2012 2019 2029 2073 2091 2211 2219 2222 2312 2320 2330 2341 2342 2391 2439 2443 2449 2451 2511 2512 2521 2522 2539 2542 2543 2550 2592 2593 2651 2710 2812 2813 2815 2821 2822 2823 2831 2832 2833 2840 2852 2854 2861 2862 2864 2865 2866 2869 2930 2943 2944 2945 2950 3011 3101 3102 3329 3600 3701 3702 3811 3812 3821 3822 3839 3900 4120 4211 4213 4221 4222 4223 4291 4292 4299 4312 4313 4319 4321 4322 4329 4391 4399 4520 4530 4541 4542 4618 4621 4622 4623 4632 4635 4636 4637 4639 4661 4671 4672 4673 4674 4679 4681 4682 4685 4686 4687 4689 4711 4722 4723 4731 4732 4741 4742 4743 4744 4784 4789 4912 4921 4922 4923 4924 4929 4930 5211 5212 5221 5222 5223 5229 5232 5250 5310 5320 7719 7732 7810 7820 7830 8011 8012 8020 8030 8121 8122 8129 8423 8424 9420
S90-S99	0210 0220 0500 0810 1011 1012 1013 1031 1033 1041 1051 1061 1062 1064 1071 1072 1092 1093 1122 1311 1321 1351 1354 1411 1412 1510 1532 1610 1621 1622 1623 1629 1710 1721 1722 1732 1733 1931 2029 2091 2219 2221 2222 2312 2330 2341 2342 2391 2431 2439 2441 2443 2449 2451 2511 2512 2513 2521 2522 2531 2539 2542 2543 2592 2593 2710 2722 2815 2822 2831 2832 2833 2840 2852 2853 2854 2861 2862 2865 2866 2869 2920 2930 2943 2944 2945 2950 3011 3101 3102 3329 3600 3701 3702 3811 3812 3821 3822 3839 3900 4120 4211 4213 4221 4222 4223 4291 4292 4299 4312 4313 4319 4321 4322 4329 4391 4399 4621 4622 4623 4661 4681 4682 4685 4686 4687 4689 4711 4784 4912 4921 4922 4930 5111 5120 5212 5221 5222 5223 5229 5232 5250 5310 5320 6423 6431 6550 7719 7732 7810 7820 7830 8011 8012 8020 8030 8121 8122 8129 8423 8424 8610 9420
T90-T98	0210 0220 0710 0810 0892 0910 1011 1013 1020 1031 1033 1041 1042 1061 1062 1071 1072 1091 1092 1093 1122 1220 1311 1312 1321 1351 1352 1353 1411 1412 1510 1531 1532 1533 1540 1610 1621 1622 1629 1733 1932 2014 2019 2029 2032 2091 2211 2221 2223 2229 2312 2320 2330 2341 2342 2391 2451 2511 2512 2521 2522 2539 2542 2592 2593 2640 2740 2751 2790 2813 2814 2822 2862 2864 2866 2869 2920 2930 2944 2945 2950 3091 3092 3101 3102 3600 3701 3702 3811 3812 3821 3822 3839 3900 4120 4211 4213 4221 4291 4292 4299 4312 4313 4319 4321 4322 4391 4399 4635 4661 4681 4682 4687 4721 4741 4743 4744 4784 4922 4923 4924 4929 4930 5012 5021 5030 5212 5221 5222 5223 5229 5231 5232 5239 5250 5310 5320 7719 7732 8011 8012 8020 8030 8121 8122 9420

ANEXO VII[1]
RELAÇÃO DAS SITUAÇÕES QUE DÃO DIREITO AO AUXÍLIO-ACIDENTE

QUADRO N. 1

Aparelho visual

Situações:

a) acuidade visual, após correção, igual ou inferior a 0,2 no olho acidentado;

b) acuidade visual, após correção, igual ou inferior a 0,5 em ambos os olhos, quando ambos tiverem sido acidentados;

c) acuidade visual, após correção, igual ou inferior a 0,5 no olho acidentado, quando a do outro olho for igual a 0,5 ou menos, após correção;

d) lesão da musculatura extrínseca do olho, acarretando paresia ou paralisia;

e) lesão bilateral das vias lacrimais, com ou sem fístulas, ou unilateral com fístula.

NOTA 1 — A acuidade visual restante é avaliada pela escala de Wecker, em décimos, e após a correção por lentes.

NOTA 2 — A nubécula e o leucoma são analisados em função da redução da acuidade ou do prejuízo estético que acarretam, de acordo com os quadros respectivos.

QUADRO N. 2

Aparelho auditivo

TRAUMA ACÚSTICO

a) perda da audição no ouvido acidentado;

b) redução da audição em grau médio ou superior em ambos os ouvidos, quando os dois tiverem sido acidentados;

c) redução da audição, em grau médio ou superior, no ouvido acidentado, quando a audição do outro estiver também reduzida em grau médio ou superior.

NOTA 1 — A capacidade auditiva em cada ouvido é avaliada mediante audiometria apenas aérea, nas frequências de 500, 1.000, 2.000 e 3.000 Hertz.

NOTA 2 — A redução da audição, em cada ouvido, é avaliada pela média aritmética dos valores, em decibéis, encontrados nas frequências de 500, 1.000, 2.000 e 3.000 Hertz, segundo adaptação da classsificação de Davis & Silvermann, 1970.

Audição normal — até vinte cinco decibéis;

Redução em grau mínimo — vinte e seis a quarenta decibéis;

Redução em grau médio — quarenta e um a setenta decibéis;

Redução em grau máximo — setenta e um a noventa decibéis;

Perda de audição — mais de noventa decibéis.

1. Relação constante do Anexo III do Decreto n. 3.048, de 6 de maio de 1999. Regulamento da Previdência Social.

QUADRO N. 3

Aparelho da fonação

Situação:

Perturbação da palavra em grau médio ou máximo, desde que comprovada por métodos clínicos objetivos.

QUADRO N. 4

Prejuízo estético

Situações: Prejuízo estético, em grau médio ou máximo, quando atingidos crânios, e/ou face, e/ ou pescoço ou perda de dentes quando há também deformação da arcada dentária que impede o uso de prótese.

NOTA 1 — Só é considerada como prejuízo estético a lesão que determina apreciável modificação estética do segmento corpóreo atingido, acarretando aspecto desagradável, tendo-se em conta sexo, idade e profissão do acidentado.

NOTA 2 — A perda anatômica de membro, a redução de movimentos articulares ou a alteração da capacidade funcional de membro não são consideradas como prejuízo estético, podendo, porém, ser enquadradas, se for o caso, nos quadros respectivos.

QUADRO N. 5

Perdas de segmentos de membros

Situações:

a) perda de segmento ao nível ou acima do carpo;

b) perda de segmento do primeiro quirodáctilo, desde que atingida a falange proximal;

c) perda de segmentos de dois quirodáctilos, desde que atingida a falange proximal em pelo menos um deles;

d) perda de segmento do segundo quirodáctilo, desde que atingida a falange proximal;

e) perda de segmento de três ou mais falanges, de três ou mais quirodáctilos;

f) perda de segmento ao nível ou acima do tarso;

g) perda de segmento do primeiro pododáctilo, desde que atingida a falange proximal;

h) perda de segmento de dois pododáctilos, desde que atingida a falange proximal em ambos;

i) perda de segmento de três ou mais falanges, de três ou mais pododáctilos.

NOTA: Para efeito de enquadramento, a perda parcial de parte óssea de um segmento equivale à perda do segmento. A perda parcial de partes moles sem perda de parte óssea do segmento não é considerada para efeito de enquadramento.

QUADRO N. 6

Alterações articulares

Situações:

a) redução em grau médio ou superior dos movimentos da mandíbula;

b) redução em grau máximo dos movimentos do segmento cervical da coluna vertebral;

c) redução em grau máximo dos movimentos do segmento lombo-sacro da coluna vertebral;

d) redução em grau médio ou superior dos movimentos das articulações do ombro ou do cotovelo;

e) redução em grau médio ou superior dos movimentos de pronação e/ou de supinação do antebraço;

f) redução em grau máximo dos movimentos do primeiro e/ou do segundo quirodáctilo, desde que atingidas as articulações metacarpo-falangeana e falange-falangeana;

g) redução em grau médio ou superior dos movimentos das articulações coxo-femural e/ou joelho, e/ou tíbio-társica.

NOTA 1 — Os graus de redução de movimentos articulares referidos neste quadro são avaliados de acordo com os seguintes critérios:

Grau máximo: redução acima de dois terços da amplitude normal do movimento da articulação;

Grau médio: redução de mais de um terço e até dois terços da amplitude normal do movimento da articulação;

Grau mínimo: redução de até um terço da amplitude normal do movimento da articulação.

NOTA 2 — A redução de movimentos do cotovelo, de pronação e supinação do antebraço, punho, joelho e tíbio-társica, secundária a uma fratura de osso longo do membro, consolidada em posição viciosa e com desvio de eixo, também é enquadrada dentro dos limites estabelecidos.

QUADRO N. 7

Encurtamento de membro inferior

Situação:

Encurtamento de mais de 4 cm (quatro centímetros).

NOTA: A preexistência de lesão de bacia deve ser considerada quando da avaliação do encurtamento.

QUADRO N. 8

Redução da força e/ou da capacidade funcional dos membros

Situações:

a) redução da força e/ou da capacidade funcional da mão, do punho, do antebraço ou de todo o membro superior em grau sofrível ou inferior da classificação de desempenho muscular;

b) redução da força e/ou da capacidade funcional do primeiro quirodáctilo em grau sofrível ou inferior;

c) redução da força e/ou da capacidade funcional do pé, da perna ou de todo o membro inferior em grau sofrível ou inferior.

NOTA 1 — Esta classificação se aplica a situações decorrentes de comprometimento muscular ou neurológico. Não se aplica a alterações decorrentes de lesões articulares ou de perdas anatômicas constantes dos quadros próprios.

NOTA 2 — Na avaliação de redução da força ou da capacidade funcional é utilizada a classificação da carta de desempenho muscular da *The National Foundation for Infantile Paralysis*, adotada pelas Sociedades Internacionais de Ortopedia e Traumatologia, e a seguir transcrita:

Desempenho muscular

Grau 5 — Normal — cem por cento — Amplitude completa de movimento contra a gravidade e contra grande resistência.

Grau 4 — Bom — setenta e cinco por cento — Amplitude completa de movimento contra a gravidade e contra alguma resistência.

Grau 3 — Sofrível — cinquenta por cento — Amplitude completa de movimento contra a gravidade sem opor resistência.

Grau 2 — Pobre — vinte cinco por cento — Amplitude completa de movimento quando eliminada a gravidade.

Grau 1 — Traços — dez por cento — Evidência de leve contração. Nenhum movimento articular.

Grau 0 (zero) — zero por cento — Nenhuma evidência de contração.

Grau E ou EG — zero por cento — Espasmo ou espasmo grave.

Grau C ou CG — Contratura ou contratura grave.

NOTA — O enquadramento dos casos de grau sofrível ou inferior abrange, na prática, os casos de redução em que há impossibilidade de movimento contra alguma força de resistência além da força de gravidade.

QUADRO N. 9

Outros aparelhos e sistemas

Situações:

a) segmentectomia pulmonar que acarrete redução em grau médio ou superior da capacidade funcional respiratória; devidamente correlacionada à sua atividade laborativa;

b) perda do segmento do aparelho digestivo cuja localização ou extensão traz repercussões sobre a nutrição e o estado geral.

DOENÇAS PROFISSIONAIS E AS DO TRABALHO

As doenças profissionais e as do trabalho, que após consolidações das lesões resultem sequelas permanentes com redução da capacidade de trabalho, deverão ser enquadradas conforme o art. 104 deste Regulamento.

ANEXO VIII
TABELA DA SUSEP PARA CÁLCULO DA INDENIZAÇÃO EM CASO DE INVALIDEZ PERMANENTE[1]

Invalidez Permanente	Discriminação	Porcentagem sobre importância segurada
TOTAL	Perda total da visão de ambos os olhos	100
	Perda total do uso de ambos os membros superiores	100
	Perda total do uso de ambos os membros inferiores	100
	Perda total do uso de ambas as mãos	100
	Perda total do uso de um membro superior e um membro inferior	100
	Perda total do uso de uma das mãos e de um dos pés	100
	Perda total do uso de ambos os pés	100
	Alienação mental total e incurável	100
PARCIAL DIVERSOS	Perda total da visão de um olho	30
	Perda total da visão de um olho, quando o segurado já não tiver a outra vista	70
	Surdez total incurável de ambos os ouvidos	40
	Surdez total incurável de um dos ouvidos	20
	Mudez incurável	50
	Fratura não consolidada do maxilar inferior	20
	Imobilidade do segmento cervical da coluna vertebral	20
	Imobilidade do segmento tóraco-lombo-sacro da coluna vertebral	25

1. Tabela instituída pela revogada Circular da Superintendência de Seguros Privados (SUSEP) n. 29, de 20 de dezembro de 1991, mas que foi mantida em vigor pelo art. 110 da Circular SUSEP n. 302, de 19 de setembro de 2005. Contudo, a mencionada Circular SUSEP n. 302/2005 foi expressamente revogada pelo art. 94, I, da Circular SUSEP n. 667/2022, que entrou em vigor no dia 1º de agosto de 2022. Desse modo, essa tabela não tem mais respaldo normativo em atos da SUSEP.

Invalidez Permanente	Discriminação	Porcentagem sobre importância segurada
PARCIAL MEMBROS INFERIORES	Perda total do uso de um dos membros superiores	70
	Perda total do uso de uma das mãos	60
	Fratura não consolidada de um dos úmeros	50
	Fratura não consolidada de um dos segmentos rádio-ulnares	30
	Anquilose total de um dos ombros	25
	Anquilose total de um dos cotovelos	25
	Anquilose total de um dos punhos	20
PARCIAL MEMBROS SUPERIORES	Perda total do uso de um dos polegares, inclusive o metacarpiano	25
	Perda total do uso de um dos polegares, exclusive o metacarpiano	18
	Perda total do uso da falange distal do polegar	9
	Perda total do uso de um dos dedos indicadores	15
	Perda total do uso de um dos dedos mínimos ou um dos dedos médios	12
	Perda total do uso de um dos dedos anulares	9
	Perda total do uso de qualquer falange, excluídas as do polegar: indenização equivalente a 1/3 do valor do dedo respectivo	
PARCIAL MEMBROS INFERIORES	Perda total do uso de um dos membros inferiores	70
	Perda total do uso de um dos pés	50
	Fratura não consolidada de um fêmur	50
	Fratura não consolidada de um dos segmentos tíbio-peroneiros	25
	Fratura não consolidada da rótula	20
	Fratura não consolidada de um pé	20
	Anquilose total de um dos joelhos	20
	Anquilose total de um dos tornozelos	20
	Anquilose total de um quadril	20
	Perda parcial de um dos pés, isto é, perda de todos os dedos e de uma parte do mesmo pé	25
	Amputação do primeiro dedo	10
	Amputação de qualquer outro dedo	3
	Perda total do uso de uma falange do primeiro dedo, indenização equivalente a 1/2, e dos demais dedos, equivalente a 1/3 do respectivo dedo	
	Encurtamento de um dos membros inferiores	
	de 5 (cinco) centímetros ou mais	15
	de 4 (quatro) centímetros	10
	de 3 (três) centímetros	6
	Menos de 3 (três) centímetros: sem indenização	

ANEXO IX
TABELAS DE EXPECTATIVA DE SOBREVIDA NO BRASIL — ANO 2019

EXPECTATIVA DE SOBREVIDA NO BRASIL — AMBOS OS SEXOS — 2019					
Idade exata em anos	**Expectativa de sobrevida em anos**	**Idade exata em anos**	**Expectativa de sobrevida em anos**	**Idade exata em anos**	**Expectativa de sobrevida em anos**
12	65,7	35	44,3	58	24,3
13	64,8	36	43,3	59	23,5
14	63,8	37	42,4	60	22,7
15	62,8	38	41,5	61	21,9
16	61,9	39	40,6	62	21,2
17	60,9	40	39,7	63	20,4
18	60,0	41	38,8	64	19,7
19	59,0	42	37,9	65	18,9
20	58,1	43	37,0	66	18,2
21	57,2	44	36,1	67	17,5
22	56,3	45	35,2	68	16,8
23	55,3	46	34,3	69	16,1
24	54,4	47	33,4	70	15,5
25	53,5	48	32,6	71	14,8
26	52,6	49	31,7	72	14,2
27	51,6	50	30,8	73	13,6
28	50,7	51	30,0	74	12,9
29	49,8	52	29,2	75	12,4
30	48,9	53	28,3	76	11,8
31	47,9	54	27,5	77	11,3
32	47,0	55	26,7	78	10,7
33	46,1	56	25,9	79	10,2
34	45,2	57	25,1	80 ou mais	9,7

Fonte: Tábua completa de mortalidade — IBGE — 2019.

EXPECTATIVA DE SOBREVIDA NO BRASIL — SEXO FEMININO — 2019					
Idade exata em anos	**Expectativa de sobrevida em anos**	**Idade exata em anos**	**Expectativa de sobrevida em anos**	**Idade exata em anos**	**Expectativa de sobrevida em anos**
12	69,2	35	46,9	58	26,1
13	68,2	36	46,0	59	25,3
14	67,2	37	45,0	60	24,4
15	66,3	38	44,1	61	23,6
16	65,3	39	43,1	62	22,8
17	64,3	40	42,2	63	22,0
18	63,3	41	41,2	64	21,2
19	62,4	42	40,3	65	20,4
20	61,4	43	39,4	66	19,7
21	60,4	44	38,5	67	18,9
22	59,5	45	37,5	68	18,1
23	58,5	46	36,6	69	17,4
24	57,5	47	35,7	70	16,7
25	56,5	48	34,8	71	16,0
26	55,6	49	33,9	72	15,3
27	54,6	50	33,0	73	14,6
28	53,6	51	32,1	74	14,0
29	52,7	52	31,3	75	13,4
30	51,7	53	30,4	76	12,7
31	50,7	54	29,5	77	12,1
32	49,8	55	28,6	78	11,6
33	48,8	56	27,8	79	11,0
34	47,9	57	26,9	80 ou mais	10,5

Fonte: Tábua completa de mortalidade — IBGE — 2019.

EXPECTATIVA DE SOBREVIDA NO BRASIL — SEXO MASCULINO — 2019					
Idade exata em anos	**Expectativa de sobrevida em anos**	**Idade exata em anos**	**Expectativa de sobrevida em anos**	**Idade exata em anos**	**Expectativa de sobrevida em anos**
12	62,3	35	41,5	58	22,2
13	61,3	36	40,6	59	21,5
14	60,3	37	39,7	60	20,7
15	59,4	38	38,8	61	20,0
16	58,4	39	37,9	62	19,3
17	57,5	40	37,1	63	18,6
18	56,6	41	36,2	64	17,9
19	55,7	42	35,3	65	17,2
20	54,8	43	34,4	66	16,5
21	53,9	44	33,6	67	15,8
22	53,0	45	32,7	68	15,2
23	52,2	46	31,9	69	14,5
24	51,3	47	31,0	70	13,9
25	50,4	48	30,2	71	13,3
26	49,5	49	29,3	72	12,7
27	48,6	50	28,5	73	12,2
28	47,7	51	27,7	74	11,6
29	46,8	52	26,9	75	11,1
30	46,0	53	26,1	76	10,6
31	45,1	54	25,3	77	10,1
32	44,2	55	24,5	78	9,6
33	43,3	56	23,7	79	9,1
34	42,4	57	23,0	80 ou mais	8,7

Fonte: Tábua completa de mortalidade — IBGE — 2019.

ANEXO X
TABELAS DE EXPECTATIVA DE SOBREVIDA NO BRASIL – ANO 2020

EXPECTATIVA DE SOBREVIDA NO BRASIL — AMBOS OS SEXOS — 2020					
Idade exata em anos	**Expectativa de sobrevida em anos**	**Idade exata em anos**	**Expectativa de sobrevida em anos**	**Idade exata em anos**	**Expectativa de sobrevida em anos**
12	66,0	35	44,4	58	24,4
13	65,0	36	43,5	59	23,6
14	64,0	37	42,6	60	22,8
15	63,0	38	41,7	61	22,0
16	62,1	39	40,8	62	21,3
17	61,1	40	39,9	63	20,5
18	60,2	41	38,9	64	19,8
19	59,2	42	38,0	65	19,0
20	58,3	43	37,1	66	18,3
21	57,4	44	36,2	67	17,6
22	56,4	45	35,4	68	16,9
23	55,5	46	34,5	69	16,2
24	54,6	47	33,6	70	15,6
25	53,7	48	32,7	71	14,9
26	52,8	49	31,9	72	14,3
27	51,8	50	31,0	73	13,7
28	50,9	51	30,1	74	13,0
29	50,0	52	29,3	75	12,5
30	49,1	53	28,5	76	11,9
31	48,1	54	27,6	77	11,3
32	47,2	55	26,8	78	10,8
33	46,3	56	26,0	79	10,3
34	45,4	57	25,2	80 ou mais	9,8

Fonte: Tábua completa de mortalidade — IBGE — 2020

EXPECTATIVA DE SOBREVIDA NO BRASIL — SEXO FEMININO — 2020					
Idade exata em anos	**Expectativa de sobrevida em anos**	**Idade exata em anos**	**Expectativa de sobrevida em anos**	**Idade exata em anos**	**Expectativa de sobrevida em anos**
12	69,4	35	47,1	58	26,2
13	68,4	36	46,1	59	25,4
14	67,4	37	45,2	60	24,6
15	66,5	38	44,2	61	23,8
16	65,5	39	43,3	62	22,9
17	64,5	40	42,4	63	22,1
18	63,5	41	41,4	64	21,3
19	62,6	42	40,5	65	20,6
20	61,6	43	39,5	66	19,8
21	60,6	44	38,6	67	19,0
22	59,6	45	37,7	68	18,3
23	58,7	46	36,8	69	17,5
24	57,7	47	35,9	70	16,8
25	56,7	48	35,0	71	16,1
26	55,8	49	34,1	72	15,4
27	54,8	50	33,2	73	14,8
28	53,8	51	32,3	74	14,1
29	52,9	52	31,4	75	13,5
30	51,9	53	30,5	76	12,8
31	50,9	54	29,7	77	12,2
32	50,0	55	28,8	78	11,7
33	49,0	56	27,9	79	11,1
34	48,1	57	27,1	80 ou mais	10,6

Fonte: Tábua completa de mortalidade — IBGE — 2020

EXPECTATIVA DE SOBREVIDA NO BRASIL — SEXO MASCULINO — 2020					
Idade exata em anos	**Expectativa de sobrevida em anos**	**Idade exata em anos**	**Expectativa de sobrevida em anos**	**Idade exata em anos**	**Expectativa de sobrevida em anos**
12	62,5	35	41,7	58	22,3
13	61,5	36	40,8	59	21,6
14	60,6	37	39,9	60	20,8
15	59,6	38	39,0	61	20,1
16	58,6	39	38,1	62	19,4
17	57,7	40	37,2	63	18,7
18	56,8	41	36,3	64	18,0
19	55,9	42	35,5	65	17,3
20	55,0	43	34,6	66	16,6
21	54,1	44	33,7	67	15,9
22	53,2	45	32,9	68	15,3
23	52,4	46	32,0	69	14,6
24	51,5	47	31,2	70	14,0
25	50,6	48	30,3	71	13,4
26	49,7	49	29,5	72	12,8
27	48,8	50	28,7	73	12,2
28	47,9	51	27,8	74	11,7
29	47,0	52	27,0	75	11,1
30	46,1	53	26,2	76	10,6
31	45,2	54	25,4	77	10,1
32	44,4	55	24,6	78	9,6
33	43,5	56	23,9	79	9,2
34	42,6	57	23,1	80 ou mais	8,7

Fonte: Tábua completa de mortalidade — IBGE — 2020

ANEXO XI
TABELAS DE EXPECTATIVA DE SOBREVIDA NO BRASIL – ANO 2021

EXPECTATIVA DE SOBREVIDA NO BRASIL — AMBOS OS SEXOS — 2021					
Idade exata em anos	**Expectativa de sobrevida em anos**	**Idade exata em anos**	**Expectativa de sobrevida em anos**	**Idade exata em anos**	**Expectativa de sobrevida em anos**
12	66,2	35	44,6	58	24,5
13	65,2	36	43,7	59	23,7
14	64,2	37	42,8	60	23,0
15	63,2	38	41,8	61	22,2
16	62,3	39	40,9	62	21,4
17	61,3	40	40,0	63	20,6
18	60,4	41	39,1	64	19,9
19	59,4	42	38,2	65	19,2
20	58,5	43	37,3	66	18,4
21	57,6	44	36,4	67	17,7
22	56,6	45	35,5	68	17,0
23	55,7	46	34,6	69	16,3
24	54,8	47	33,7	70	15,7
25	53,9	48	32,9	71	15,0
26	52,9	49	32,0	72	14,4
27	52,0	50	31,1	73	13,7
28	51,1	51	30,3	74	13,1
29	50,2	52	29,5	75	12,6
30	49,2	53	28,6	76	12,0
31	48,3	54	27,8	77	11,4
32	47,4	55	27,0	78	10,9
33	46,5	56	26,1	79	10,4
34	45,5	57	25,3	80 ou mais	9,9

Fonte: Tábua completa de mortalidade — IBGE — 2021

EXPECTATIVA DE SOBREVIDA NO BRASIL — SEXO FEMININO — 2021					
Idade exata em anos	**Expectativa de sobrevida em anos**	**Idade exata em anos**	**Expectativa de sobrevida em anos**	**Idade exata em anos**	**Expectativa de sobrevida em anos**
12	69,6	35	47,3	58	26,4
13	68,6	36	46,3	59	25,5
14	67,6	37	45,4	60	24,7
15	66,6	38	44,4	61	23,9
16	65,7	39	43,5	62	23,1
17	64,7	40	42,5	63	22,3
18	63,7	41	41,6	64	21,5
19	62,7	42	40,6	65	20,7
20	61,8	43	39,7	66	19,9
21	60,8	44	38,8	67	19,1
22	59,8	45	37,9	68	18,4
23	58,8	46	36,9	69	17,7
24	57,9	47	36,0	70	16,9
25	56,9	48	35,1	71	16,2
26	55,9	49	34,2	72	15,5
27	55,0	50	33,3	73	14,9
28	54,0	51	32,4	74	14,2
29	53,0	52	31,6	75	13,6
30	52,1	53	30,7	76	12,9
31	51,1	54	29,8	77	12,3
32	50,1	55	28,9	78	11,8
33	49,2	56	28,1	79	11,2
34	48,2	57	27,2	80 ou mais	10,6

Fonte: Tábua completa de mortalidade — IBGE — 2021

EXPECTATIVA DE SOBREVIDA NO BRASIL — SEXO MASCULINO — 2021					
Idade exata em anos	**Expectativa de sobrevida em anos**	**Idade exata em anos**	**Expectativa de sobrevida em anos**	**Idade exata em anos**	**Expectativa de sobrevida em anos**
12	62,7	35	41,8	58	22,5
13	61,8	36	41,0	59	21,7
14	60,8	37	40,1	60	21,0
15	59,8	38	39,2	61	20,2
16	58,9	39	38,3	62	19,5
17	57,9	40	37,4	63	18,8
18	57,0	41	36,5	64	18,1
19	56,1	42	35,6	65	17,4
20	55,2	43	34,8	66	16,7
21	54,3	44	33,9	67	16,0
22	53,4	45	33,0	68	15,4
23	52,6	46	32,2	69	14,7
24	51,7	47	31,3	70	14,1
25	50,8	48	30,5	71	13,5
26	49,9	49	29,6	72	12,9
27	49,0	50	28,8	73	12,3
28	48,1	51	28,0	74	11,8
29	47,2	52	27,2	75	11,2
30	46,3	53	26,4	76	10,7
31	45,4	54	25,6	77	10,2
32	44,5	55	24,8	78	9,7
33	43,6	56	24,0	79	9,2
34	42,7	57	23,2	80 ou mais	8,8

Fonte: Tábua completa de mortalidade — IBGE — 2021

ANEXO XII
TABELAS DE EXPECTATIVA DE SOBREVIDA NO BRASIL – ANO 2022

EXPECTATIVA DE SOBREVIDA NO BRASIL — AMBOS OS SEXOS — 2022

Idade exata em anos	Expectativa de sobrevida em anos	Idade exata em anos	Expectativa de sobrevida em anos	Idade exata em anos	Expectativa de sobrevida em anos
11	65,7	38	40,7	65	18,1
12	64,7	39	39,8	66	17,4
13	63,7	40	38,9	67	16,7
14	62,8	41	38,0	68	16,0
15	61,8	42	37,1	69	15,4
16	60,8	43	36,2	70	14,7
17	59,9	44	35,3	71	14,0
18	58,9	45	34,4	72	13,4
19	58,0	46	33,5	73	12,8
20	57,1	47	32,7	74	12,2
21	56,2	48	31,8	75	11,6
22	55,3	49	30,9	76	11,0
23	54,4	50	30,1	77	10,4
24	53,5	51	29,2	78	9,9
25	52,6	52	28,4	79	9,4
26	51,6	53	27,5	80	8,8
27	50,7	54	26,7	81	8,3
28	49,8	55	25,9	82	7,9
29	48,9	56	25,1	83	7,4
30	48,0	57	24,3	84	7,0
31	47,1	58	23,5	85	6,6
32	46,2	59	22,7	86	6,2
33	45,3	60	21,9	87	5,9
34	44,3	61	21,1	88	5,6
35	43,4	62	20,4	89	5,3
36	42,5	63	19,6	90 ou mais	5,1
37	41,6	64	18,9		

Fonte: Tábua completa de mortalidade — IBGE — 2022

EXPECTATIVA DE SOBREVIDA NO BRASIL — SEXO FEMININO — 2022

Idade exata em anos	Expectativa de sobrevida em anos	Idade exata em anos	Expectativa de sobrevida em anos	Idade exata em anos	Expectativa de sobrevida em anos
11	69,2	38	43,2	65	19,5
12	68,2	39	42,2	66	18,8
13	67,2	40	41,3	67	18,0
14	66,2	41	40,4	68	17,3
15	65,2	42	39,4	69	16,5
16	64,3	43	38,5	70	15,8
17	63,3	44	37,6	71	15,1
18	62,3	45	36,7	72	14,4
19	61,3	46	35,8	73	13,7
20	60,4	47	34,9	74	13,0
21	59,4	48	34,0	75	12,4
22	58,5	49	33,1	76	11,7
23	57,5	50	32,2	77	11,1
24	56,5	51	31,3	78	10,5
25	55,6	52	30,4	79	9,9
26	54,6	53	29,5	80	9,4
27	53,6	54	28,7	81	8,9
28	52,7	55	27,8	82	8,3
29	51,7	56	26,9	83	7,8
30	50,8	57	26,1	84	7,4
31	49,8	58	25,2	85	6,9
32	48,9	59	24,4	86	6,5
33	47,9	60	23,5	87	6,2
34	47,0	61	22,7	88	5,8
35	46,0	62	21,9	89	5,5
36	45,1	63	21,1	90 ou mais	5,2
37	44,1	64	20,3		

Fonte: Tábua completa de mortalidade — IBGE — 2022

EXPECTATIVA DE SOBREVIDA NO BRASIL — SEXO MASCULINO — 2022

Idade exata em anos	Expectativa de sobrevida em anos	Idade exata em anos	Expectativa de sobrevida em anos	Idade exata em anos	Expectativa de sobrevida em anos
11	62,3	38	38,1	65	16,5
12	61,3	39	37,2	66	15,9
13	60,3	40	36,3	67	15,2
14	59,3	41	35,5	68	14,6
15	58,3	42	34,6	69	14,0
16	57,4	43	33,7	70	13,4
17	56,5	44	32,9	71	12,8
18	55,5	45	32,0	72	12,2
19	54,7	46	31,2	73	11,6
20	53,8	47	30,3	74	11,0
21	52,9	48	29,5	75	10,5
22	52,1	49	28,6	76	10,0
23	51,2	50	27,8	77	9,5
24	50,3	51	27,0	78	9,0
25	49,5	52	26,2	79	8,5
26	48,6	53	25,4	80	8,0
27	47,7	54	24,6	81	7,6
28	46,9	55	23,8	82	7,2
29	46,0	56	23,0	83	6,7
30	45,1	57	22,3	84	6,4
31	44,2	58	21,5	85	6,0
32	43,4	59	20,8	86	5,7
33	42,5	60	20,0	87	5,4
34	41,6	61	19,3	88	5,1
35	40,7	62	18,6	89	4,9
36	39,8	63	17,9	90 ou mais	4,7
37	39,0	64	17,2		

Fonte: Tábua completa de mortalidade — IBGE — 2022

ANEXO XIII ÍNTEGRA DO ACÓRDÃO DO CONFLITO DE COMPETÊNCIA N. 7.204-1, JULGADO PELO PLENO DO SUPREMO TRIBUNAL FEDERAL NO DIA 29 DE JUNHO DE 2005

Ementa: Constitucional. Competência judicante em razão da matéria. Ação de indenização por danos morais e patrimoniais decorrentes de acidente do trabalho, proposta pelo empregado em face de seu (ex-)empregador. Competência da Justiça do Trabalho. Art. 114 da Magna Carta. Redação anterior e posterior à Emenda Constitucional n. 45/04. Evolução da jurisprudência do Supremo Tribunal Federal. Processos em curso na Justiça Comum dos Estados. Imperativo de política judiciária.

1. Numa primeira interpretação do inciso I do art. 109 da *Carta de Outubro*, o Supremo Tribunal Federal entendeu que as ações de indenização por danos morais e patrimoniais decorrentes de acidente do trabalho, ainda que movidas pelo empregado contra seu (ex-)empregador, eram da competência da Justiça comum dos Estados-Membros.

2. Revisando a matéria, porém, o Plenário concluiu que a Lei Republicana de 1988 conferiu tal competência à Justiça do Trabalho. Seja porque o art. 114, já em sua redação originária, assim deixava transparecer, seja porque aquela primeira interpretação do mencionado inciso I do art. 109 estava, em boa verdade, influenciada pela jurisprudência que se firmou na Corte sob a égide das Constituições anteriores.

3. Nada obstante, como imperativo de política judiciária — haja vista o significativo número de ações que já tramitaram e ainda tramitam nas instâncias ordinárias, bem como o relevante interesse social em causa —, o Plenário decidiu, por maioria, que o marco temporal da competência da Justiça trabalhista é o advento da EC 45/04. Emenda que explicitou a competência da Justiça Laboral na matéria em apreço.

4. A nova orientação alcança os processos em trâmite pela Justiça comum estadual, desde que pendentes de julgamento de mérito. É dizer: as ações que tramitam perante a Justiça comum dos Estados, com sentença de mérito anterior à promulgação da EC 45/04, lá continuam até o trânsito em julgado e correspondente execução. Quanto àquelas cujo mérito ainda não foi apreciado,

hão de ser remetidas à Justiça do Trabalho, no estado em que se encontram, com total aproveitamento dos atos praticados até então. A medida se impõe, em razão das características que distinguem a Justiça comum estadual e a Justiça do Trabalho, cujos sistemas recursais, órgãos e instâncias não guardam exata correlação.

5. O Supremo Tribunal Federal, guardião-mor da Constituição Republicana, pode e deve, em prol da segurança jurídica, atribuir eficácia prospectiva às suas decisões, com a delimitação precisa dos respectivos efeitos, toda vez que proceder a revisões de jurisprudência definidora de competência *ex ratione materiae*. O escopo é preservar os jurisdicionados de alterações jurisprudenciais que ocorram sem mudança formal do Magno Texto.

6. Aplicação do precedente consubstanciado no julgamento do Inquérito 687, Sessão Plenária de 25.08.99, ocasião em que foi cancelada a Súmula 394 do STF, por incompatível com a Constituição de 1988, ressalvadas as decisões proferidas na vigência do verbete.

7. Conflito de competência que se resolve, no caso, com o retorno dos autos ao Tribunal Superior do Trabalho.

ACÓRDÃO

Vistos, relatados e discutidos estes autos, acordam os Ministros do Supremo Tribunal Federal, por seu Tribunal Pleno, na conformidade da ata do julgamento e das notas taquigráficas, por unanimidade de votos, em conhecer o conflito e, por maioria, definir a competência da justiça trabalhista a partir da Emenda Constitucional n. 45/2004, para julgamento das ações de indenização por danos morais e patrimoniais decorrentes de acidente de trabalho, vencido, no caso, o Senhor Ministro Marco Aurélio, na medida em que não estabelecia a edição da emenda constitucional como marco temporal para competência da justiça trabalhista. Votou a Presidente.

Brasília, 29 de junho de 2005.

Ellen Gracie — Presidente.

Carlos Ayres Britto — Relator.

RELATÓRIO

O Senhor Ministro Carlos Ayres Britto (Relator)

Trata-se de conflito negativo de competência, suscitado pelo Tribunal Superior do Trabalho em face do recentemente extinto Tribunal de Alçada do Estado de Minas Gerais.

2. Por meio dele, conflito, discute-se a competência para processar e julgar ação indenizatória por danos morais e patrimoniais decorrentes de acidente do trabalho, quando tal ação é proposta por empregado contra o seu empregador. Donde a controvérsia: competente é a Justiça comum estadual, ou a Justiça especializada do trabalho?

3. Pois bem, o fato é que Vicente Giacomini Perón ajuizou, na Justiça do Trabalho e contra o então Banco do Estado de Minas Gerais/BEMGE, ação de indenização por motivo de doença profissional. O que levou a Junta de Conciliação e Julgamento de Ubá/MG a se dar por incompetente e determinar a remessa dos autos a uma das Varas Cíveis daquela mesma Comarca. Pelo que a Justiça estadual julgou o pedido parcialmente procedente, resultando daí a interposição de recurso de apelação pelo Banco demandado.

4. Acontece que, ao apreciar o apelatório, o Tribunal de Alçada de Minas Gerais declinou de sua competência e determinou a devolução dos autos à Junta de Conciliação e Julgamento de Ubá/MG. Esta última, agora sim, aceitou o processamento da ação e, também ela, julgou parcialmente procedente o pedido do autor. Fato que ensejou a interposição de recurso ordinário — apenas parcialmente provido pelo TRT/3ª Região — e, posteriormente, recurso de revista.

5. Foi quando, na análise desta última impugnação, a 5ª Turma do egrégio Tribunal Superior do Trabalho reconheceu a incompetência da Justiça especial, de maneira a suscitar o presente conflito negativo de competência (tendo em vista a recusa anteriormente externada pelo Tribunal de Alçada de Minas Gerais).

6. Prossigo neste relato para consignar que o Ministério Público Federal opinou pela procedência da suscitação, em parecer assim ementado:

> "Conflito negativo de competência. Quinta Turma do TST e Tribunal de Alçada de Minas Gerais. Ação de indenização por danos materiais e morais decorrentes de acidente de trabalho. Art. 109, Inciso I, da CF, e Art. 114, da CF, com a nova redação dada pela Emenda Constitucional n. 45/2004. Remanesce a competência da Justiça Estadual para julgar ação indenizatória fundada em acidente de trabalho. Precedentes. Parecer pelo conhecimento do conflito, para que se declare competente a Justiça Comum Estadual".

É o relatório, que submeto ao egrégio Plenário desta Casa (RI/STF, art. 6º, inciso I, "d").

VOTO

O Senhor Ministro Carlos Ayres Britto (Relator) — Conforme visto, a questão que se põe neste conflito consiste em saber a quem compete processar e julgar as ações de reparação de danos morais e patrimoniais advindos do acidente do trabalho. Ações propostas pelo empregado em face de seu empregador, de sorte a provocar o seguinte questionamento: a competência é da Justiça comum estadual, segundo concluiu o órgão suscitante (TST), ou é da Justiça Obreira, como entendeu o suscitado (antigo Tribunal de Alçada de Minas Gerais)?

9. Começo por responder que a jurisprudência do Supremo Tribunal Federal proclama a competência da Justiça trabalhista para o conhecimento das ações indenizatórias por danos morais **decorrentes da relação de emprego**. Pouco importando se a controvérsia comporta resolução à luz do Direito Comum, e não do Direito do Trabalho.

Todavia, desse entendimento o STF vem excluindo as ações reparadoras de danos morais, **fundadas em acidente do trabalho** (ainda que movidas pelo empregado contra seu empregador), para incluí-las na competência da Justiça comum dos Estados. Isso por conta do inciso I do art. 109 da Constituição Republicana. Foi o que o Tribunal Pleno decidiu, por maioria de votos, quando do julgamento do RE 438.639, Sessão do dia 09.03.2005, na qual fiquei vencido, como Relator, na companhia do eminente Ministro Marco Aurélio.

10. Nada obstante, valendo-me do art. 6º do Regimento Interno da Casa, trago o presente conflito ao conhecimento deste colendo Plenário para rediscutir a matéria. É que, a meu sentir, a norma que se colhe do inciso I do art. 109 da *Lei das Leis* não autoriza concluir que a Justiça comum estadual detém competência para apreciar as ações que o empregado propõe contra o seu empregador, pleiteando reparação por danos morais ou patrimoniais decorrentes de acidente do trabalho. É dizer: quanto mais reflito sobre a questão, mais me convenço de que a primeira parte do dispositivo constitucional determina mesmo que compete aos **juízes federais** processar e julgar *as causas em que a União, entidade autárquica ou empresa pública federal* ***forem interessadas na condição de autoras, rés, assistentes ou oponentes***... Mas esta é apenas

a regra geral, plasmada segundo o critério de distribuição de competência em razão da pessoa. Impõe-se atentar para a segunda parte do inciso, assim vocalizada: ... *exceto as de falência, **as de acidente de trabalho** e as sujeitas à Justiça Eleitoral e à Justiça do Trabalho.* E esta segunda parte, como exceção que é, deve ser compreendida no contexto significante daquela primeira, consubstanciadora de regra geral. Em discurso quiçá mais elucidativo: à luz da segunda parte do inciso I do art. 109 da Constituição Federal, tem-se que as causas de acidente do trabalho em que a União, entidade autárquica ou empresa pública federal forem interessadas, na condição de autora, ré, assistente ou oponente, **não são da competência dos juízes federais.**

11. Remarque-se, então, que as causas de acidente do trabalho, excepcionalmente excluídas da competência dos juízes federais, só podem ser as chamadas ações acidentárias. Ações, como sabido, movidas pelo segurado contra o INSS, a fim de discutir questão atinente a benefício previdenciário. Logo, feitos em que se faz presente interesse de uma autarquia federal, é certo, mas que, por exceção, se deslocam para a competência da Justiça comum dos Estados. Por que não repetir? Tais ações, expressamente excluídas da competência dos juízes federais, passam a caber à Justiça comum dos Estados, segundo o critério residual de distribuição de competência. Tudo conforme serena jurisprudência desta nossa Corte de Justiça, cristalizada no enunciado da Súmula 501.

12. Outra, porém, é a hipótese das ações reparadoras de danos oriundos de acidente do trabalho, **quando ajuizadas pelo empregado contra o seu empregador**. Não contra o INSS. É que, agora, não há interesse da União, nem de entidade autárquica ou de empresa pública federal, a menos, claro, que uma delas esteja na condição de empregadora. O interesse, reitere-se, apenas diz respeito ao empregado e seu empregador. Sendo desses dois únicos protagonistas a legitimidade processual para figurar nos polos ativo e passivo da ação, respectivamente. Razão bastante para se perceber que a regra geral veiculada pela primeira parte do inciso I do art. 109 da Lei Maior — definidora de competência em razão da pessoa que integre a lide — não tem como ser erigida a norma de incidência, visto que ela não trata de relação jurídica entre empregados e empregadores. Já a parte final do inciso I do art. 109 da Magna Carta, segundo demonstrado, cuida é de outra coisa: excepcionar as hipóteses em que a competência seria da própria Justiça Federal.

13. Deveras, se a vontade objetiva do Magno Texto fosse excluir da competência da Justiça do Trabalho matéria ontologicamente afeita a ela, Justiça Obreira, certamente que o faria no próprio âmbito do art. 114. Jamais no contexto do art. 109, versante, este último, sobre competência de uma outra categoria de juízes.

14. Noutro modo de dizer as coisas, não se encaixando em nenhuma das duas partes do inciso I do art. 109 as ações reparadoras de danos resultantes de acidente do trabalho, em que *locus* da Constituição elas encontrariam sua específica norma de regência? Justamente no art. 114, que proclama a competência da Justiça especial aqui tantas vezes encarecida. Competência que de pronto se define pelo exclusivo fato de o litígio eclodir entre trabalhadores e empregadores, como figura logo no início do texto normativo em foco. E já me antecipando, ajuízo que a nova redação que a EC n. 45/04 conferiu a esse dispositivo, para abrir significativamente o leque das competências da Justiça Laboral em razão da matéria, só veio robustecer o entendimento aqui esposado.

15. Com efeito, estabelecia o *caput* do art. 114, em sua redação anterior, que era da Justiça do Trabalho a competência para conciliar e julgar os dissídios individuais e coletivos **entre trabalhadores e empregadores**, além de **outras controvérsias decorrentes da relação de trabalho**. Ora, um acidente de trabalho é fato ínsito à interação trabalhador/empregador. A causa e seu efeito. Porque sem o vínculo trabalhista o infortúnio não se configuraria; ou seja, o acidente só é acidente de trabalho se ocorre no próprio âmago da relação laboral. A

possibilitar a deflagração de efeitos morais e patrimoniais imputáveis à responsabilidade do empregador, em regra, ora por conduta comissiva, ora por comportamento omissivo.

16. Como de fácil percepção, para se aferir os próprios elementos do ilícito, sobretudo a culpa e o nexo causal, é imprescindível que se esteja mais próximo do dia a dia da complexa realidade laboral. Aspecto em que avulta a especialização mesma de que se revestem os órgãos judicantes de índole trabalhista. É como dizer: órgãos que se debruçam cotidianamente sobre os fatos atinentes à relação de emprego (muitas vezes quanto à própria existência dela) e que por isso mesmo detêm melhores condições para apreciar toda a trama dos delicados aspectos objetivos e subjetivos que permeiam a relação de emprego. Daí o conteúdo semântico da Súmula 736, deste Excelso Pretório, assim didaticamente legendada: *Compete à Justiça do Trabalho julgar as ações que tenham como causa de pedir o descumprimento de normas trabalhistas relativas à segurança, higiene e saúde dos trabalhadores.*

17. Em resumo, a relação de trabalho é a invariável matriz das controvérsias que se instauram entre trabalhadores e empregadores. Já a matéria genuinamente acidentária, voltada para o benefício previdenciário correspondente, é de ser discutida com o INSS, perante a Justiça comum dos Estados, por aplicação da norma residual que se extrai do inciso I do art. 109 da *Carta de Outubro.*

18. Nesse rumo de ideias, renove-se a proposição de que a nova redação do art. 114 da *Lex Maxima* só veio aclarar, expletivamente, a interpretação aqui perfilhada. Pois a Justiça do Trabalho, que já era competente para conciliar e julgar os dissídios individuais e coletivos **entre trabalhadores e empregadores, além de outras controvérsias decorrentes da relação trabalhista**, agora é confirmativamente competente para processar e julgar **as ações de indenização por dano moral ou patrimonial, decorrentes da relação de trabalho** (inciso VI do art. 114).

19. Acresce que a norma fundamental do inciso IV do art. 1º da Constituição Republicana ganha especificação trabalhista em vários dispositivos do art. 7º, como o que prevê a redução dos riscos inerentes ao trabalho, por meio de normas de saúde, higiene e segurança (inciso XXII), e o que impõe a **obrigação do seguro contra acidente do trabalho, sem prejuízo, note-se, da indenização por motivo de conduta dolosa ou culposa do empregador** (inciso XXVIII). Vale dizer, o direito à indenização em caso de acidente de trabalho, quando o empregador incorrer em dolo ou culpa, vem enumerado no art. 7º da Lei Maior como autêntico direito trabalhista. E como todo direito trabalhista, é de ser tutelado pela Justiça especial, até porque desfrutável às custas do empregador (nos expressos dizeres da Constituição).

20. Tudo comprova, portanto, que a longa enunciação dos direitos trabalhistas veiculados pelo art. 7º da Constituição parte de um pressuposto lógico: a hipossuficiência do trabalhador perante seu empregador. A exigir, assim, interpretação extensiva ou ampliativa, de sorte a autorizar o juízo de que, ante duas defensáveis exegeses do texto constitucional (art. 114, como penso, ou art. 109, inciso I, como tem entendido esta Casa), deve-se optar pela que prestigia a competência especializada da Justiça do Trabalho.

21. Por todo o exposto, e forte no art. 114 da Lei Maior (redações anterior e posterior à EC 45/04), concluo que não se pode excluir da competência da Justiça Laboral as **ações de reparação de danos morais e patrimoniais decorrentes de acidente de trabalho, propostas pelo empregado contra o empregador**. Menos ainda para incluí-las na competência da Justiça comum estadual, com base no inciso I do art. 109 da *Carta de Outubro.*

22. No caso, pois, julgo improcedente este conflito de competência e determino o retorno dos autos ao egrégio Tribunal Superior do Trabalho, para que proceda ao julgamento do recurso de revista manejado pelo empregador.

23. É o meu voto.

VOTO

O Sr. Ministro Carlos Velloso — Senhora Presidente, na verdade não há falar em procedência ou improcedência. Sugiro: conheço o conflito e dou pela competência da Justiça do Trabalho.

O Sr. Ministro Carlos Britto (Relator) — Pode ser também assim.

O Sr. Ministro Carlos Velloso — Esta parece-me ser, tecnicamente, a melhor.

O Sr. Ministro Marco Aurélio — Quando o conflito seria procedente?

A Sra. Ministra Ellen Gracie (Presidente) — Seria procedente se o conflito fosse positivo.

RETIFICAÇÃO DE VOTO

O Sr. Ministro Carlos Britto (Relator) — Acho melhor essa forma sugerida pelo Ministro Carlos Velloso. Perfeito, conheço do conflito para determinar o retorno dos autos ao egrégio Tribunal Superior do Trabalho, a fim de que proceda ao julgamento do recurso.

VOTO

O Senhor Ministro Cezar Peluso — Senhor Presidente, peço vênia aos eminentes Ministros, especialmente aos que me antecedem, tendo em conta que, no julgamento do Recurso Extraordinário n. 438.639/MG, julgado no dia 9 de março último, insisti muito sobre a conclusão que, afinal, foi adotada pela Corte, contra os votos dos eminentes Ministros Relator e Marco Aurélio.

Recebi, depois, um trabalho muito bem fundamentado e muito bem documentado de um juiz do TRT de Minas Gerais, *Dr.* Sebastião Geraldo de Oliveira, cujas considerações levaram-me a rever aquela posição. E tal posição, que teve modesta influência no teor do acórdão, baseou-se no princípio fundamental da chamada *unidade de convicção*, segundo o qual, por conta dos graves riscos de decisões contraditórias, sempre ininteligíveis para os jurisdicionados e depreciativas para a Justiça, não convém que causas, com pedidos e qualificações jurídicos diversos, mas fundadas no mesmo fato histórico, sejam decididas por juízos diferentes. O princípio, a meu ver, é irretocável e ainda é o que deve presidir a solução da questão da competência neste caso.

Mas parece-me que, conforme propôs o eminente Ministro-Relator, deva ser outra a resposta que promana daquele princípio.

É que a revisão do tema me convenceu de que, tanto as ações acidentárias, evidentemente oriundas de relação de trabalho, como, sem exceção, todas as demais ações resultantes de relação de trabalho, devam, em nome do mesmo princípio, ser atribuídas à Justiça do Trabalho. A especialização e a universalidade desta já recomendariam, quando menos em teoria, tal solução, por razões mais que óbvias, como acabou de demonstrar o voto do eminente Ministro Carlos Britto.

Pesaram-me, sobretudo, duas outras ordens de consideração.

A primeira, porque o que dava suporte constitucional à jurisprudência da Corte quanto à competência da Justiça estadual para as ações de acidente do trabalho, à luz da Constituição atual, era menos o fato de nesta já não constar norma expressa equivalente às prescrições do art. 123, § 1º, da Constituição de 1946, e do art. 142, § 2º, da Constituição de 1967, os quais atribuíam aquelas causas à Justiça ordinária dos Estados, do que o fato de tirar-se do artigo 109, *caput*, da Constituição vigente, por exclusão hermenêutica, igual consequência normativa.

Antes da Emenda n. 45, parecia deveras consistente a leitura de que, se estavam excetuadas da competência da Justiça Federal as causas de acidente do trabalho, em que sempre é interessada autarquia federal, só podiam elas caber na competência da Justiça dos Estados, porque a mesma norma as excluía das que eram, por outras regras, sujeitas à Justiça do Trabalho.

Mas, de lá para cá, a evolução da legislação acidentária, sobretudo com a equiparação dos valores dos benefícios acidentários e previdenciários, e a disseminação dos órgãos da Justiça trabalhista, competentes para tantas outras causas ligadas à própria segurança do trabalho, desenharam nova realidade judiciária, que as próprias exigências da *unidade de convicção* e da especialização de conhecimentos não poderiam deixar de considerar nas perspectivas da revisão daquela exceção constitucional. Isso, sem cogitar da necessidade de coerência axiológica que impunha a vigente Constituição da República, ao conceber a indenização acidentária como direito típico da condição jurídica do empregado e, portanto, como irradiação da relação de trabalho, como se vê ao art. 7º, inc. XXVIII, da mesma Constituição.

É, portanto, dentro desse quadro, que há de interpretar-se a Emenda n. 45, quando, explicitando, no inc. I do art. 114, o caráter geral da competência da Justiça do Trabalho, nela incluiu todas as ações oriundas da relação de trabalho.

Suposto não tenha sido essa a intenção do constituinte derivado, a cujo olhar atento não poderia escapar a necessidade de, para guardar congruência com o eventual propósito de submissão das causas de acidente de trabalho àquela Justiça especializada, dar nova redação ao artigo 109, *caput* — para evitar dúvidas —, de modo algum pode esquivar-se, diante do papel precário e relativo do material histórico e das correlatas intenções do legislador, a conclusão de que outra há de ser a leitura da norma que excepciona as ações acidentárias da competência da Justiça Federal.

O que com isso pretendo dizer é que, perante a novidade representada pelos termos da Emenda n. 45, em particular pela redação introduzida no inc. I do art. 114, deve o art. 109, *caput,* significar apenas que as ações de acidente do trabalho não são da competência da Justiça Federal e, por conseguinte, que a sede dessa competência deve buscar-se alhures, agora designadamente no próprio art. 114, que a açambarcou.

Essa interpretação acomoda ambas as cláusulas constitucionais, reverencia a especialização e a funcionalidade da Justiça do Trabalho, alivia a Justiça estadual e sustenta-se na necessária *unidade de convicção*, sem esvaziar o disposto no inc. VI, onde apenas se divisa a positivação, mediante relevo destinado a superar todas as dúvidas, da jurisprudência desta Corte, que, sob a redação original do art. 114, *caput,* entendia — a meu ver, com indiscutível acerto — que, para efeito dessa competência distribuída com apoio em vários princípios, entre os quais o da *unidade de convicção*, era e é irrelevante a província taxinômica das normas aplicáveis ao caso, se direito trabalhista ou civil, e, pois, também a natureza mesma da responsabilidade, se negocial ou aquiliana.

Essa conjugação conduz, portanto, a meu ver, ao seguinte resultado prático: são, agora, da competência exclusiva da Justiça do Trabalho todas as ações oriundas da relação de trabalho, sem exceção alguma, trate-se de ações acidentárias típicas ou de indenização de outra espécie e de outro título.

Senhor Presidente, a única objeção que me ocorreria, na hipótese, é que tal exegese poderia, eventualmente, implicar sobrecarga à Justiça do Trabalho. Mas as considerações daquele eminente Juiz trabalhista mineiro provaram que, sobretudo depois da equiparação dos valores dos benefícios acidentários e dos benefícios previdenciários, cuja diferença justificava que os empregados recorressem às ações acidentárias, estas são hoje raras, e a sua transferência não vai agravar a Justiça do Trabalho.

Com essa proposta, acompanho o voto do eminente Relator, para declarar que todas as ações de indenização resultantes de relação do trabalho, inclusive as acidentárias típicas, são da competência da Justiça do Trabalho.

VOTO

DEBATE

O Senhor Ministro Sepúlveda Pertence — Gostaria de trazer ao Tribunal uma preocupação. No mérito, também me convenci da necessidade da revisão do entendimento majoritário do RE 438639: o Ministro Cezar Peluso mesmo acaba de nobremente reconhecer que as razões do seu voto naquele precedente — que pelo menos a mim haviam convencido efetivamente — não procediam: seja sob prisma da unidade de convicção, seja sob aquele de política judiciária, ao qual nos referimos.

O excelente trabalho de *amicus curiae* do ilustre magistrado Sebastião Geraldo de Oliveira me fez despertar para que, há muitos anos, não ouvia falar, aqui no Distrito Federal — das minhas origens forenses —, sobre a Vara de Acidentes de Trabalho. Simplesmente porque ela desapareceu, em razão deste fato econômico que S.Exa. realça: a equiparação do benefício previdenciário à indenização tarifada do acidente de trabalho. Isso fez com que a ação acidentária contra o INSS sirva hoje, na maioria das vezes, apenas ao trabalhador informal, porque o trabalhador formal terá igual cobertura do sistema previdenciário.

Agora, preocupa-me o problema intertemporal. Vamos decidir assim, em recurso extraordinário, mesmo em casos anteriores à emenda constitucional?

Vejam bem: alguns Tribunais de Alçada mudaram a sua orientação em face da nossa jurisprudência anterior, que afirmava, na hipótese, a competência da Justiça comum estadual. Realmente me angustia, em ações do tipo "acidente de trabalho", destruir, em recurso extraordinário, todo um processo feito para fazer tudo recomeçar, quando se seguira a orientação jurisprudencial do Supremo ao tempo.

Então, embora não tenha objeções — aqui, revendo a minha convicção anterior — de que, mesmo anteriormente à EC 45, caberia decidir pela competência da Justiça do Trabalho, estou em que se há de evitar que a nossa viragem jurisprudencial de hoje atinja os processos anteriores em que se haja observado o nosso entendimento de então.

O Sr. Ministro Carlos Britto (Relator) — O meu voto é nesse sentido.

O Senhor Ministro Sepúlveda Pertence — Creio que, pelo menos na jurisdição do recurso extraordinário, deveríamos deixar claro que aplicaremos a jurisprudência anterior.

Coloco o problema para o Tribunal.

O Sr. Ministro Carlos Velloso — Esta decisão tomada aqui terá efeito *ex nunc*, não é verdade?

O Senhor Ministro Sepúlveda Pertence — Sim, o que já temos firmado em matéria de competência.

O Senhor Ministro Gilmar Mendes — De certa forma, em outros casos muda-se de orientação.

O Senhor Ministro Sepúlveda Pertence — Lembro o caso do cancelamento da Súmula n. 394 (Inq. 687), quando o Tribunal ressalvou da nova orientação os processos anteriormente julgados, numericamente, muito menos do que os de acidentes de trabalho.

O Sr. Ministro Carlos Britto (Relator) — Então aplicaremos o efeito *ex nunc* à nossa decisão?

A Sra. Ministra Ellen Gracie (Presidente) — Ressalvam-se os atos praticados. O que foi praticado perante a Justiça comum segue valendo.

O Sr. Ministro Carlos Velloso - Devem existir dezenas de recursos extraordinários.

O Senhor Ministro Sepúlveda Pertence - O que está nas instâncias ordinárias, temos de decidir — e estou de acordo com o eminente Relator — que a nova orientação, reforçada pela Emenda Constitucional n. 45, é de aplicar-se imediatamente. Agora, na instância extraordinária, aplicaremos a jurisprudência antiga sobre os casos pendentes.

A Sra. Ministra Ellen Gracie (Presidente) — Há ainda o problema, Ministro *Sepúlveda Pertence*, de termos súmula a esse respeito, teria de ser proposta a revisão da Súmula n. 235. Seria o caso de o eminente Relator, desde logo, propor o seu cancelamento.

Gostaria de colher o voto do Ministro Eros Grau, até porque Sua Excelência é Relator do precedente exatamente em sentido contrário, o RE n. 394.943.

O Senhor Ministro Sepúlveda Pertence — A Súmula é anterior. Vossa Excelência citou a mudança a partir de quando a Constituição deixou de ser explícita no estabelecer que competia à Justiça estadual, como nos textos de 1946 e 1967. Ela está prejudicada, é apenas anotar nas novas edições.

O Senhor Ministro Gilmar Mendes — Mas é bom dizer.

VOTO

O Senhor Ministro *Eros Grau* — Senhora Presidente, também fiquei extremamente impressionado com esse trabalho, que chegou às minhas mãos de um juiz do Trabalho, e desejo reformular a minha posição para, a exemplo do que fez o Ministro Carlos Velloso, acompanhar o Ministro Carlos Britto.

Quero, ainda, relembrar o fato de que na Primeira Turma, quando se decidiu esse caso, havia uma preocupação muito grande no sentido de não tornar nulo um longuíssimo processo. De modo que estou muito sensibilizado pela preocupação do Ministro *Sepúlveda Pertence* com relação aos efeitos.

Acompanho o voto do Ministro-Relator.

VOTO

O Senhor Ministro Gilmar Mendes — Senhor Presidente, na assentada em que se proferiu a decisão no outro sentido, eu tinha me manifestado, *a priori*, preocupado com o esvaziamento do texto constitucional *ex novo*, uma vez que estávamos a dizer, de certa forma, que, a despeito da mudança constitucional, haveria de se fazer, pelo menos, uma interpretação e, talvez, uma redução teleológica. Isso foi até observado no voto do Ministro Marco Aurélio.

Agora, gostaria de fazer um outro registro da importância da abertura processual no âmbito da jurisdição constitucional. Antes de receber esse trabalho, tive oportunidade de conversar com o Dr. Sebastião de Oliveira e ele fez uma série de considerações que, a meu ver, invalidavam as premissas fático-jurídicas daquela decisão. À época, tive oportunidade de dizer-lhe: lamentavelmente o senhor não apresentou um memorial ou não se habilitou como *amicus curiae* perante o Tribunal. Por isso, gostaria de ressaltar a importância dessas considerações sobre aquilo que hoje chamamos os fatos, nome *iuri genericus*, legislativos no âmbito da jurisdição constitucional. Já o disse o Ministro Cezar Peluso quanto às premissas equivocadas, o Ministro Sepúlveda Pertence também tinha feito considerações a propósito de política judiciária como um instrumento decisivo para a formulação de um juízo sobre competência. Na época, o Dr. Sebastião de Oliveira até observava que também o Ministro Carlos Velloso laborara em equívoco ao considerar que não havia varas trabalhistas suficientes.

Até mesmo em relação ao Estado de Minas Gerais, o Ministro Carlos Velloso se equivocou, porque hoje há, sem dúvida, uma maior democratização.

Portanto, essa relação fatos e normas, essa relação intrincada, é extremamente relevante e mostra a necessidade dessa abertura processual e procedimental, em sede de ADI.

O Senhor Ministro Sepúlveda Pertence — É um caso em que devíamos ter aberto uma instrução, pelo menos, estatística.

O Senhor Ministro Gilmar Mendes — Isso já foi destacado no belíssimo voto do Ministro *Celso de Mello*, em outra oportunidade, sobre a importância do *amicus curiae*, mas gostaria de fazer esse registro porque este caso me parece emblemático, por todas as considerações feitas naquele caso da importância de um julgamento devidamente informado, que pode levar a resultados outros. Isso é célebre nos Estados Unidos, a partir do chamado *Brandeis Brief*, em 1908, que focava exatamente esses fatos. Na Alemanha, tem também sido objeto de tanta consideração.

Só gostaria, portanto, de fazer esse breve e pequeno registro, essa nota de pé de página, tendo em vista o prosseguimento dessas nossas cogitações em torno dos chamados fatos e prognoses legislativos.

O Senhor Ministro Marco Aurélio — Senhora Presidenta, quando do pronunciamento anterior, tivemos um escore que poderia enquadrar como acachapante. E ouvi vozes cogitando, até mesmo, da edição da primeira súmula vinculante a versar a óptica da maioria.

Talvez a evolução que ocorre hoje, em um espaço de tempo que diria até diminuto, sirva a uma reflexão maior quanto à necessidade de se marchar com absoluta segurança na edição de verbetes que venham a compor a súmula vinculante da jurisprudência predominante do Supremo Tribunal Federal.

Defrontamo-nos com um conflito de competência negativo a envolver processo subjetivo, e não processo objetivo. Devemos atuar, consideradas as balizas desse mesmo processo, nos limites do conflito de competência, já que não nos cabe, aqui, proceder como se fôssemos órgão consultivo, pretendendo solucionar pendências não compreendidas, sob os ângulos objetivo e subjetivo, neste processo.

É certo que, para emitir entendimento a respeito, devemos levar em conta outros dispositivos da Constituição Federal, em uma interpretação sistemática da Lei Fundamental — aí está o ponto, e quero deixar muito claro o meu pensamento —, sem chegarmos à definição da competência para julgamento de ações de segurados contra o Instituto Nacional do Seguro Social, ações que surjam em virtude de acidente do trabalho. Somos convocados a dirimir a competência quanto à ação ajuizada por um ex-empregado — creio — contra um ex-empregador, que se diz ter origem na relação empregatícia, revelando, como causa de pedir, dano moral e, como pedido, a correspondente indenização.

Circunscrevo, portanto, o âmbito de atuação a essa matéria e reafirmo a óptica exteriorizada — acompanhei, no caso, o Ministro Carlos Ayres Britto — no processo anterior, quando o Plenário assentou que a competência para julgar a ação movida pelo ex-empregado contra o ex-empregador, considerado o dano moral, seria da Justiça comum e não da Justiça do Trabalho.

Diria que antes mesmo da Emenda Constitucional n. 45/2004 já se tinha a definição da competência da Justiça do Trabalho para julgar essas ações. Por que assim afirmo? Porque o artigo 114 da Constituição Federal, na redação primitiva, previa a competência da Justiça do Trabalho para conciliar e julgar os dissídios individuais e coletivos. Por que a alusão aqui a dissídio? Esse vocábulo vem de uma época em que a Justiça do Trabalho não integrava o Judiciário. Ela veio a integrá-lo em 1946. Antes, era um apêndice do Ministério do Trabalho, e aí se tem, na Consolidação das Leis do Trabalho, a referência, não a ação, mas a dissídio. Eis o antigo teor do art. 114:

> "Art. 114. Compete à Justiça do Trabalho conciliar e julgar dissídios individuais e coletivos entre trabalhadores e empregadores, abrangidos os entes de direito público externo e da administração pública direta e indireta dos Municípios, do Distrito Federal, dos Estados e da União, e, na forma da lei, outras controvérsias decorrentes da relação de trabalho, (...)"

Essa cláusula ficou jungida a outras controvérsias decorrentes da relação de trabalho, mas sem o envolvimento, a meu ver — porque a premissa para a competência da Justiça do Trabalho já estava na primeira parte do art. 114 —, de trabalhadores e empregadores. Veio a Emenda n. 45 e, em bom vernáculo, de forma clara e precisa, explicitou competir à Justiça do Trabalho, e não à Justiça comum, processar e julgar as ações de indenização por dano moral ou patrimonial decorrentes da relação de trabalho, envolvendo, evidentemente — porque aí temos de partir para a interpretação sistemática, e não podemos desprezar o artigo 109, § 3º, da Carta —, empregado e empregador.

Não vou adiante para definir se, com a emenda aludida, cessou a competência da Justiça comum para julgar ações de segurados, empregados, ou não — não importa —, contra o Instituto, tendo em conta acidente de trabalho.

Não adentro essa matéria — se o fizesse, concluiria de forma diversa da lançada pelo Ministro Cezar Peluso — para definir pelo menos, para explicitar a conclusão quanto ao conflito negativo. A emenda não versou sobre o deslocamento da competência para processar e julgar essas ações da Justiça comum para a Justiça do Trabalho. A Emenda não trouxe qualquer preceito derrogando a Lei Fundamental quanto ao art. 109, inciso I, que, relativamente à competência da Justiça Federal *stricto sensu* — porque a do Trabalho também é uma Justiça Federal —, prevê:

> "Art. 109. Aos juízes federais compete processar e julgar:
>
> I — as causas em que a União, entidade autárquica" — portanto instituto — "ou empresa pública federal forem interessadas na condição de autoras, rés, assistentes ou oponentes, exceto as de falência, as de acidentes de trabalho e as sujeitas à Justiça Eleitoral e à Justiça do Trabalho;"

Poderíamos concluir que, antes da Emenda n. 45, as ações excepcionadas sob o ângulo dos acidentes, contra o Instituto, estariam compreendidas na competência da Justiça do Trabalho? A resposta desta Corte foi negativa, revelando a competência da Justiça comum, presente o § 3º do art. 109:

> "§ 3º Serão processadas e julgadas" — e esse parágrafo continua a compor o arcabouço normativo constitucional — "na justiça estadual, no foro do domicílio dos segurados ou beneficiários, as causas em que forem parte instituição de previdência social e segurado, (...)"

Ocorrido o acidente, buscada a verba devida em face do seguro existente, tem-se ação ajuizada contra o Instituto. E ajuizada no foro próprio, definido pela Lei Fundamental, que é a Justiça Federal. Mas fica essa parte do voto apenas como lastro para solucionar o conflito em mesa, para julgamento, e concluir ser extremo de dúvidas — muito embora assim não tenha parecido e, aí, vejo que a primeira instância, o juiz que preparou o trabalho encaminhado a todos nós e nesta assentada muito elogiado, é mais convincente do que por vezes integrantes do próprio Tribunal — competência da Justiça do Trabalho.

Concluo que competente, no caso, reafirmando a óptica anterior, é a Justiça do Trabalho. Talvez, houvesse à época do julgamento no Tribunal Superior do Trabalho o que contido na Emenda n. 45, o julgamento da minha *ex* e eterna Corte tivesse sido outro.

O Senhor Ministro Cezar Peluso – Peço permissão aos eminentes Ministros para tornar a manifestar-me. Como foi chamada à colação a minha nova postura sobre a competência das ações típicas de acidente do trabalho, e para que não pareça seja só por gosto de exercício intelectual ou falta de assunto que Ministro do Supremo Tribunal Federal faz certas considerações, quero dizer, em primeiro lugar, que o art. 109, I, da Constituição da República, como qualquer outra disposição constitucional ou legal, é sujeito a interpretação. Em segundo lugar, que a questão da competência para as ações acidentárias típicas está umbilicalmente ligada ao objeto deste conflito. E está por quê? Porque, conforme já acentuei no julgamento anterior e torno agora a acentuar, o critério último para responder a ambas as questões é o da *unidade de convicção*. Se o fato jurídico pode, ao mesmo tempo, ser qualificado por normas de duas taxinomias, uma de caráter acidentário e outra concernente a responsabilidade aquiliana ou negocial, as ações processuais que se irradiam de ambas essas qualificações jurídicas não podem ser atribuídas a *Justiças* diferentes e, pois, a órgãos jurisdicionais diversos. Doutro modo, teremos uma consequência prática gravíssima, que é a possibilidade de decisões contraditórias baseadas na apreciação retórica e na valoração jurídica do mesmo fato histórico. Noutras palavras, se o mesmo fato pode ser tomado como acidente do trabalho e, ao mesmo tempo, como fonte de responsabilidade contratual ou aquiliana, não vejo como, atribuindo-se a *Justiças* diferentes ambas as causas, não se corra o risco de, numa, o órgão jurisdicional reconhecer que o fato em si não existiu e, na outra, o juízo declarar que o mesmíssimo fato existiu. Tal contradição lógica - embora não jurídica — é absolutamente ininteligível para os jurisdicionados e altamente depreciativa para o Judiciário. Como entender-se que a Justiça, por dois órgãos distintos, proclame que o fato existiu e que não existiu? É esta preocupação com a absorção social das decisões jurisdicionais e com a necessidade de evitar — já estamos, por conta de outras causas, sujeitos a isso — o desprestígio da função jurisdicional que me obriga a sustentar que a competência para as ações de indenização por dano moral ou material, fundadas em fato que pode também caracterizar acidente do trabalho, deva ser da mesma Justiça que a tenha para as ações de indenização acidentária típica.

É o que eu gostaria de deixar registrado, Senhora Presidente.

VOTO

O Sr. Ministro Carlos Velloso — Senhora Presidente, os eminentes Ministros Carlos Britto e Cezar Peluso já disseram tudo. Assim, direi apenas duas palavras. Primeiro, para louvar o trabalho do Juiz Sebastião Geraldo de Oliveira, meu coestaduano. No seu trabalho, Sua Excelência, autêntico *amicus curiae*, trouxe-nos esclarecimentos valiosos. Na condição de um juiz diligente, trabalhador, ele quer ver cada vez maior a sua justiça.

Confesso até que votei — e o disse ao meu eminente Colega Ministro Sepúlveda Pertence — mais tendo em consideração um motivo de política judiciária. Temia mandar para a Justiça do Trabalho milhares de ações; a carga brutal de processos resultaria em detrimento dos trabalhadores. Laborava, de outro lado, em engano, pois não sabia que a Justiça trabalhista havia se expandido tanto no Brasil, especialmente no meu Estado natal, a minha Minas.

Penitencio-me pelo engano e fico muito contente pela salutar expansão da Justiça do Trabalho.

Eliminado o motivo de política judiciária, estou plenamente à vontade para, diante do disposto na Emenda n. 45/2004, art. 114, dizer que a competência, no caso, é da Justiça do Trabalho, a partir da Emenda n. 45, não só para as ações de indenização por dano moral ou patrimonial decorrente da relação de trabalho — art. 114, inciso VI —, mas, como bem acentuou o Senhor Ministro Cezar Peluso, para as ações de acidente do trabalho.

Com efeito, a exceção inscrita no inciso I do art. 109 da Constituição, que dispõe sobre a competência dos juízes federais, "exceto as de acidente do trabalho", não estabelece competência da Justiça comum, só diz que essas causas não são da competência dos juízes federais.

Posta assim a questão, com o advento da Emenda n. 45, a ampliar sobremaneira a competência da Justiça do Trabalho, — "compete à Justiça do Trabalho processar e julgar as ações oriundas da relação de trabalho" —, observa-se a exceção que retira da competência dos juízes federais o julgamento dessas ações de acidente do trabalho, tendo, de um lado, uma autarquia federal, e reconhece-se que a competência é, a partir da Emenda n. 45, da Justiça do Trabalho.

Com essas breves considerações, Senhora Presidente, louvando mais uma vez o trabalho do meu eminente colega, Juiz Sebastião Geraldo de Oliveira, do Tribunal Regional do Trabalho da 3ª Região, acompanho o voto do eminente Ministro-Relator.

VOTO

O Senhor Ministro Sepúlveda Pertence - Senhora Presidente, evito sempre uma citação de *Hughes* quanto ao papel de cortes como esta: a de que a Constituição seria o que a Suprema Corte diz que ela é. Sempre preferi, por razões até de modéstia, outra definição: aquela de termos a grave e às vezes triste responsabilidade de errar por último. Por isso estou muito à vontade, passados três meses da nossa decisão no RE n. 438.639, para voltar atrás como os demais Colegas que então compuseram a maioria.

Também fui impressionado com o tema e levado a nova reflexão e convencido ao final do equívoco da decisão anterior por este exemplar trabalho de *amicus curiae* do ilustre Juiz Sebastião Geraldo de Oliveira, do TRT de Minas.

E, com o Ministro Marco Aurélio, penso até não estar em causa, aqui, o problema das ações acidentárias propriamente ditas. Mas, para a minha convicção, na linha do voto do Ministro Cezar Peluso, esse ponto é essencial, pois, ao que entendi do voto de Sua Excelência — que também me levou, naquela ocasião, a acompanhá-lo — ao argumento da unidade de cognição era essencial a interpretação do art. 109, I, como determinante da competência da Justiça comum ordinária estadual para a ação acidentária, hoje sempre proposta contra o INSS, detentor do monopólio de seguros de acidente.

Acontece que essa interpretação era tipicamente o que Barbosa Moreira chama de "*interpretação retrospectiva*", que não observou que, quando se firmou, por exemplo, a Súmula n. 235, não havia apenas a regra excludente da competência da Justiça Federal, mas, também, o art. 123 da Constituição de 1946, o art. 134, § 2º da Constituição de 1967, e o art. 142, § 2º da Carta de 1969, isto é, havia também uma outra norma excludente, no capítulo da Justiça do Trabalho, para deixar explícito que a ela não competiria, mas, sim, à Justiça comum dos Estados e do Distrito Federal o julgamento das ações de acidente de trabalho.

Só por isso é que, na verdade, na minha linha de convicção, estamos sendo obrigados a avançar e dizer que as ações acidentárias comuns já eram, sob a Constituição vigente, da competência da Justiça do Trabalho. No entanto, persisto na opinião de que, na instância extraordinária, só a partir de agora devemos aplicar esse entendimento aos casos novos.

Com isso, Senhora Presidente, acompanho o voto do eminente Ministro Carlos Britto, com escusas pelo erro anterior, e declaro a competência, neste conflito, do Tribunal Superior do Trabalho.

EXPLICAÇÃO

O Sr. Ministro Carlos Britto (Relator) – Senhora Presidente, não falei, por equívoco, e agora penitencio-me por isso, o nome do eminente Doutor Sebastião. Mas quero dizer que a visita que recebi dele em grande parte me honra, confirmando o meu primeiro voto proferido, em 1º.2.2005, no RE n. 394.943, na Primeira Turma. Essa visita alentou-me sobremodo e levou-me a reelaborar o voto, claro que mantendo o núcleo do primeiro, de 1º de fevereiro de 2005, mas com um ânimo novo no sentido de convencer Vossas Excelências de que, efetivamente, quando se trata não de ação acidentária, propriamente dita, perante o INSS, mas de indenização por danos morais resultantes de acidente do trabalho, nas ações propostas pelos empregados contra os seus empregadores, a Justiça é, cristalinamente, a do Trabalho.

O Doutor Sebastião homenageou-me com sua visita e muito me animou a prosseguir na luta. De sorte que é muito bonito ver-se num Plenário como este um voto vencido tornar-se um voto vencedor, todos de espírito aberto para a rediscussão do tema. O Direito só tem a ganhar com isso e, certamente, a Justiça também.

Quero fazer o registro, portanto, da valiosa contribuição recebida do eminente magistrado de Minas Gerais.

VOTO

O Senhor Ministro Sepúlveda Pertence – Senhora Presidente, penso que a melhor fórmula é essa mesmo. Direito intertemporal é isso: só a partir da Emenda; fica o resto como *obter dictum*.

O Senhor Ministro Marco Aurélio – Senhora Presidenta, peço a Vossa Excelência para registrar o meu entendimento sobre o alcance do artigo 114, considerada a redação primitiva: já entendia competente a Justiça do Trabalho.

A Sra. Ministra Ellen Gracie (Presidente) — Ministro Marco Aurélio, Vossa Excelência vai declarar voto?

O Senhor Ministro Marco Aurélio — Sim. Fico vencido. Não adotarei a prática de cancelar as notas taquigráficas, vou declarar o voto. Apenas pediria para consignar que fico vencido quanto ao termo inicial da competência.

A Sra. Ministra Ellen Gracie (Presidente) — Vossa Excelência retroage essa competência?

O Sr. Ministro Carlos Britto (Relator) — Entendi assim desde o meu primeiro voto, porém acompanho o Ministro Sepúlveda Pertence quanto a esse marco temporal necessário.

O Senhor Ministro Gilmar Mendes — Quando do julgamento anterior, falamos logo na eventual edição de uma súmula.

O Senhor Ministro Sepúlveda Pertence — Digo, apenas para registro histórico, que antes de nos chegar o trabalho do Juiz mineiro, eu quis propô-la. Parei, porque a edição da Súmula exige *reiteradas decisões sobre a mesma questão*.

O Senhor Ministro Gilmar Mendes — Sim, mas logo teremos decisões que não chegarão ao Plenário, porque teremos decisões monocráticas e, depois, os tradicionais agravos regimentais, como conhecemos nas Turmas.

O Senhor Ministro Sepúlveda Pertence — A primeira súmula tem de ter pelo menos umas três decisões, com relatório lido.

A Sra. Ministra Ellen Gracie (Presidente) — Bem discutidas.

O Senhor Ministro Gilmar Mendes — Estaríamos pelo menos em processo de elaboração. Eu estava concitando o Ministro Carlos Britto a pensar alto, uma vez que ele é o autor do voto.

O Senhor Ministro Cezar Peluso — Até porque é um mecanismo novo que deve ser aplicado.

O Sr. Ministro Carlos Britto (Relator) — Está sugerido.

A Sra. Ministra Ellen Gracie (Presidente) — Gostaria que a Taquigrafia apenas incluísse na proclamação a observação de que o Ministro Marco Aurélio, no caso, fica parcialmente vencido, na medida em que não estabelecia a edição da Emenda Constitucional n. 45 como marco temporal para a competência da Justiça trabalhista. É isso Ministro Marco Aurélio?

O Senhor Ministro Marco Aurélio — Sim, Excelência.

O Sr. Ministro Carlos Britto (Relator) — Veja bem, aí é atribuir efeitos à nossa decisão a partir da Emenda n. 45. Isso não implica deixar de reconhecer que a competência já existisse anteriormente à Emenda n. 45. Não é isso, Ministro Sepúlveda Pertence?

O Senhor Ministro Sepúlveda Pertence — A Justiça não é uma academia. Adoto, por razões de política judiciária, a fórmula proposta no enunciado pela Senhora Presidente, da Emenda Constitucional n. 45.

O Sr. Ministro Carlos Britto (Relator) — Simplesmente como um imperativo de política judiciária.

O Senhor Ministro Sepúlveda Pertence — Pouco importa esteja eu a confessar que, desde 1988, descobri que estava errado. Mas essa era a orientação do Tribunal e aí não me animo a dar provimento a recurso extraordinário para desfazer processos de acidentes de trabalho em razão da minha nova visão do problema.

O Sr. Ministro Carlos Britto (Relator) — Então, em se tratando de imperativo de política judiciária, concordo inteiramente.

Extrato de ata: Conflito de Competência 7.204-1 Minas Gerais

Relator: Min. Carlos Britto

Suscitante(s): Tribunal Superior do Trabalho

Suscitado(a/s): Tribunal de Alçada do Estado de Minas Gerais

Interessado(a/s): Vicente Giacomini Peron

Advogado(a/s): Hélcio de Oliveira Fernandes e Outro(a/s)

Interessado(a/s): Banco BEMGE S/A

Advogado(a/s): José Maria Riemma e Outro(a/s)

Decisão: O Tribunal, por unanimidade, conheceu o conflito e, por maioria, definiu a competência da justiça trabalhista, a partir da Emenda Constitucional n. 45/2004, para julgamento das ações de indenização por danos morais e patrimoniais decorrentes de acidente do trabalho, vencido, no caso, o Senhor Ministro *Marco Aurélio*, na medida em que não estabelecia a edição da emenda constitucional como marco temporal para competência da justiça trabalhista. Votou a Presidente. Ausente, justificadamente, o Senhor Ministro *Nelson Jobim* (Presidente). Presidiu o julgamento a Senhora Ministra *Ellen Gracie* (Vice-Presidente). Plenário, 29.6.2005.

BIBLIOGRAFIA

ABBAGNANO, Nicola. *Dicionário de filosofia.* Trad. coord. e rev. por Alfredo Bosi, com a colaboração de Maurice Cunio *et al.* 2. ed. São Paulo: Mestre Jou, 1982.

AGUIAR, Roger Silva. *Responsabilidade civil* — a culpa, o risco e o medo. São Paulo: Atlas, 2011.

________. *Responsabilidade civil objetiva* — do risco à solidariedade. São Paulo: Atlas, 2007.

ALENCAR, Eduardo Fornazari. *A prescrição do dano moral decorrente de acidente do trabalho.* São Paulo: LTr, 2004.

ALMEIDA, Cléber Lúcio de. *Responsabilidade civil do empregador e acidente de trabalho.* Belo Horizonte: Del Rey, 2003.

ALMEIDA NETO, Amaro Alves. Dano existencial - A tutela da dignidade da pessoa humana. *Revista Síntese,* São Paulo, v. XII, n. 80, 2012.

ALVES, Vilson Rodrigues. *Acidentes de trânsito e responsabilidade civil.* Campinas: Bookseller, 2002. t. 2.

ALVIM, Agostinho. *Da inexecução das obrigações e suas consequências.* 4. ed. atual. São Paulo: Saraiva, 1972.

AMARANTE, Aparecida I. *Responsabilidade civil por dano à honra.* 3. ed. Belo Horizonte: Del Rey, 1996.

AMORIM, Sebastião Luiz; OLIVEIRA, José de. *Responsabilidade civil*: acidente do trabalho. São Paulo: Saraiva, 2001.

ANDRADE, André Gustavo C. de. A evolução do conceito de dano moral. *Revista da Ajuris,* Porto Alegre, v. 30, n. 92, p. 111-140, dez. 2003.

ANDRADE, André Gustavo de. *Dano moral & indenização punitiva.* 2. ed. Rio de Janeiro: Lumen Juris, 2009.

ANDRADE, Ronaldo Alves. *Dano moral à pessoa e sua valoração.* São Paulo: Juarez de Oliveira, 2000.

ANTUNES, Evelise Dias. *Teletrabalho:* o novo lócus de trabalho pós-pandêmico? Tese doutorado - Faculdade de Saúde Pública da Universidade de São Paulo, 2022.

ASSIS, Araken. *Doutrina e prática do processo civil contemporâneo.* São Paulo: RT, 2001.

AZEVEDO, Antônio Danilo Moura de. *A teoria dinâmica de distribuição do ônus da prova no direito processual civil brasileiro.* Disponível em:<http://jus2.uol.com.br/doutrina/texto.asp?id=10264>Acesso em: 25 fev. 2009.

BANDEIRA DE MELLO, Celso Antônio. *Curso de direito administrativo.* 22. ed. São Paulo: Malheiros, 2007.

BANDEIRA DE MELLO, Oswaldo Aranha. *Princípios gerais do direito administrativo.* 2. ed. Rio de Janeiro: Forense, 1979.

BANDINI, Márcia. Prevenindo o Coronavírus: orientações da OMS para implantar plano de prevenção e contingência nas empresas. *Revista Proteção.* Novo Hamburgo. V. XXXIII, n. 340, p. 54, abr. 2020.

BARBI, Celso Agrícola. *Comentários ao Código de Processo Civil.* 4. ed. Rio de Janeiro: Forense, 1986. v. 1.

BARREIROS, Dorival. Saúde e segurança nas pequenas empresas. *Revista Brasileira de Saúde Ocupacional*, São Paulo, v. 18, n. 70, p. 25-28, abr./maio/jun. 1990.

BARROS, Alice Monteiro de. *Curso de direito do trabalho.* 7. ed. São Paulo: LTr, 2011.

BATALHA, Wilson de Souza Campos. *Direito intertemporal.* Rio de Janeiro: Forense, 1980.

BEBBER, Júlio César. Danos extrapatrimoniais — estético, biológico e existencial: breves considerações. *Revista LTr*, São Paulo, v. 73, n. 1. p. 26-29, jan. 2009.

BELMONTE, Alexandre Agra. Parametrização dos danos extrapatrimoniais. In TEIXEIRA FILHO, João de Lima; BELMONTE, Alexandre Agra e FREDIANE, Yone (Coord.) *O futuro das relações de trabalho no centenário da Organização Internacional do Trabalho: Anais da Academia Brasileira de Direito do Trabalho.* Porto Alegre: Lex Magister, 2020.

BEVILÁQUA, Clóvis. *Código Civil dos Estados Unidos do Brasil.* 4. ed. Rio de Janeiro: Francisco Alves, 1939.

BINDER, Maria Cecília Pereira; ALMEIDA, Ildeberto Muniz. Acidentes do trabalho: Descompasso entre o avanço dos conhecimentos e a prevenção. In: MENDES, René (Org.). *Patologia do trabalho.* 3. ed. São Paulo: Atheneu, 2013. v. 1.

BITTAR, Carlos Alberto. *Reparação civil por danos morais.* 3. ed. rev. atual. e ampl., 2. t. São Paulo: Revistas dos Tribunais, 1999.

BITTAR, Carlos Alberto. Responsabilidade civil nas atividades perigosas. In: CAHALI, Yussef Said (Coord.). *Responsabilidade civil*: doutrina e jurisprudência. 2. ed. atual. p. 91-109. São Paulo: Saraiva, 1988.

BOUCINHAS FILHO, Jorge Cavalcanti; ALVARENGA, Rúbia Zanotelli. O dano existencial e o direito do trabalho. *Revista LTr,* São Paulo. v. 77, n.4, p. 450-458, abr. 2013.

BRANDÃO, Cláudio. *Acidente do trabalho e responsabilidade civil do empregador.* 5 ed. Brasília: Ed. Venturoli, 2023.

BRANDIMILLER, Primo A. *Perícia judicial em acidentes e doenças do trabalho.* São Paulo: Senac, 1996.

CABRAL, Lenz Alberto Alves. *Abre a CAT?* nexo causal no acidente do trabalho/doença ocupacional. 5. ed. São Paulo: LTr, 2016.

CAHALI, Yussef Said. *Dano moral.* 3. ed. rev. atual. e ampl. São Paulo: Revista dos Tribunais, 2005.

CAIRO JÚNIOR, José. *O acidente do trabalho e a responsabilidade civil do empregador.* São Paulo: LTr, 2003.

CALIXTO, Marcelo Junqueira. *A culpa na responsabilidade civil.* Rio de Janeiro: Renovar, 2008.

CAMPOS, José Luiz Dias. Responsabilidade civil e criminal decorrente do acidente do trabalho na Constituição de 1988 — Ação civil pública — Ministério Público e o ambiente do trabalho. *Revista LTr,* São Paulo, v. 52, n. 12, p. 1423-1436, dez. 1988.

CAMPOS, José Luiz Dias; CAMPOS, Adelina B. Dias. *Acidentes do trabalho*: prevenção e reparação. 3. ed. São Paulo: LTr, 1996.

CARVALHO FILHO, José dos Santos. *Manual de direito administrativo.* 14. ed. rev. e ampl. Rio de Janeiro: Lumen Juris, 2005.

CARVALHO, Maurício Chiesa. Compromisso integral - Unir ESG à ISO 45001 e à ISO 45003 proporciona sustentabilidade às empresas. *Revista Proteção.* Novo Hamburgo. V. XXXVII, n. 389, p. 46-50, maio/2024.

CARVALHO, Priscilla de Souza. A teoria dinâmica do ônus da prova e sua repercussão no direito processual do trabalho. In: KOURI, Luiz Ronan Neves; FERNANDES, Nadia Soraggi; CARVALHO, Ricardo Wagner Rodrigues de (Coord.). *Tendências do processo do trabalho.* São Paulo: LTr, 2010.

CARVALHO, Ricardo Wagner Rodrigues de. O instituto da prescrição e a arguição *ex officio*: aplicação no processo do trabalho. In: KOURI, Luiz Ronan Neves; FERNANDES, Nadia Soraggi; CARVALHO, Ricardo Wagner Rodrigues de (Coord.). *Tendências do processo do trabalho.* São Paulo: LTr, 2010.

CASTELO, Jorge Pinheiro. Panorama geral da reforma trabalhista - Aspectos de direito processual/material. *Revista LTr,* São Paulo, v. 81, n.12. dez. 2017.

CASTRO DO NASCIMENTO, Tupinambá Miguel. *Comentários à nova lei de acidentes do trabalho.* Porto Alegre: Síntese, 1976.

CASTRO, Carlos Alberto Pereira de; LAZZARI, João Batista. *Manual de direito previdenciário.* 24. ed. Rio de Janeiro: Forense, 2021.

CAVALIERI FILHO, Sérgio. *Programa de responsabilidade civil.* 9. ed. São Paulo: Atlas, 2010.

________. *Programa de responsabilidade civil.* 10. ed. São Paulo: Atlas, 2012.

________. *Programa de responsabilidade civil.* 16. ed. São Paulo: Atlas, 2023.

CHAVES, Luciano Athayde. *A recente reforma no processo comum e seus reflexos no direito judiciário do trabalho.* 3. ed. rev. e ampl. São Paulo: LTr, 2007.

CHIOVENDA, Giuseppe. *Instituições de direito processual civil.* Trad. por Paolo Capitanio. 2. ed. Campinas: Bookseller, 2000.

CLÈVE, Clèmerson Merlin. *Atividade legislativa do Poder Executivo.* 2. ed. São Paulo: Revista dos Tribunais, 2000.

COIMBRA, J. R. Feijó. *Acidentes de trabalho e moléstias profissionais.* Rio de Janeiro: Edições Trabalhistas, 1990.

COSTA, Hertz J. *Acidentes do trabalho na atualidade.* Porto Alegre: Síntese, 2003.

COSTA, Walmir Oliveira da. Dano moral nas relações de trabalho: questões controvertidas após a Emenda Constitucional n. 45. *Revista do TST,* Brasília, v. 73, n. 2, p. 105-120, abr./jun. 2007.

COUTURE, Eduardo J. *Interpretação das leis processuais.* Trad. Por Gilda Maciel Corrêa Meyer Russomano. 4. ed. Rio de Janeiro: Forense, 1994.

CRETELLA JÚNIOR, José. *Comentários à Constituição brasileira de 1988.* 2. ed. Rio de Janeiro: Forense Universitária, 1991. v. 2.

CRISPIN, Carlos Alberto. A responsabilidade civil por acidente do trabalho do trabalhador portuário avulso. *Revista LTr,* São Paulo, v. 71, n. 2, p. 191-197, fev. 2007.

CRUZ, Gisela Sampaio da. *O problema do nexo causal na responsabilidade civil.* Rio de Janeiro: Renovar, 2005.

CUNHA GONÇALVES, Luiz da. *Tratado de direito civil:*em comentário ao Código Civil português; adaptação ao direito brasileiro completada sob supervisão dos Ministros Orozimbo Nonato, Costa Manso e Vicente Ráo. São Paulo: Max Limonad, 1957. v. 12, t. 2.

DAL COL, Helder Martinez. A prescrição nas ações indenizatórias por acidente do trabalho no Código Civil de 2002. *Revista RT,* São Paulo,v. 821, p. 11-19, mar. 2004.

________. *Responsabilidade civil do empregador:* acidentes do trabalho. Rio de Janeiro: Forense, 2005.

DALAZEN, João Oreste. A reforma do Judiciário e os novos marcos da competência material da Justiça do Trabalho no Brasil. In: COUTINHO, Grijalbo Fernandes; FAVA, Marcos Neves (Coord.). *Nova competência da Justiça do Trabalho.* São Paulo: LTr, 2005.

DALLEGRAVE NETO, José Affonso. *Responsabilidade civil no direito do trabalho.* 5. ed. São Paulo: LTr, 2014.

DELGADO, José Augusto. Reflexões sobre o regime tributário das indenizações. In: MACHADO, Hugo de Brito. *Regime tributário das indenizações.* Fortaleza: Instituto Cearense de Estudos Tributários — ICET, 2000.

DELGADO, Mauricio Godinho. Direito do trabalho e processo do trabalho: critérios para importação de regras legais civis e processuais civis. *Revista LTr,* São Paulo, v. 71, p. 553-554, maio 2007.

DEPARTMENT OF HEALTH & HUMAN SERVICES - USA. *Diretrizes para a preparação dos locais de trabalho para o COVID-19.* Washington: OSHA, 2020. Disponível em: <https://www.osha.gov/Publications/OSHA3990.pdf>. Acesso 21 dez. 2020.

DIAS, José de Aguiar. *Da responsabilidade civil.* 10. ed. Rio de Janeiro: Forense, 1995. 2 v.

DIDIER Jr., Fredie. *Curso de direito processual civil*: introdução ao direito processual civil. 23. ed. Salvador: Juspodivm, 2021. v. 1.

DIDIER Jr., Fredie; CUNHA, Leonardo Carneiro da. *Curso de direito processual civil.* 18 ed. Salvador: Juspodivm, 2021. v. 3.

DINIZ, Ana Paola Santos Machado. *Saúde no trabalho*: prevenção, dano e reparação. São Paulo: LTr, 2003.

DINIZ, Maria Helena. *Curso de direito civil brasileiro*: responsabilidade civil. 21. ed. São Paulo: Saraiva, 2007. v. 7.

DIREITO, Carlos Alberto Menezes; CAVALIERI FILHO, Sérgio. *Comentários ao novo Código Civil.* 2. ed. Rio de Janeiro: Forense, 2007. v. 13.

EL TRABAJO en el mundo. Ginebra: Oficina Internacional del Trabajo, 1985. v. 2

FADEL, Sérgio Sahione. *Código de Processo Civil comentado.* 7. ed. Atualizado por Carreira Alvim. Rio de Janeiro: Forense, 2004.

FARIAS, Cristiano Chaves; BRAGA NETO, Felipe Peixoto; ROSENVALD, Nelson. *Novo tratado de responsabilidade civil.* 3. ed. São Paulo: Saraiva Educação, 2018.

FARIAS, Cristiano Chaves; BRAGA NETO, Felipe Peixoto; ROSENVALD, Nelson. *Curso de direito civil:* responsabilidade civil 9. ed. Salvador: Juspodivm, 2022. v. 3.

FATOR Acidentário de prevenção 2018. *Revista CIPA,* São Paulo, Ano 39, n. 459, p. 64-65, dez. 2017.

FERREIRA FILHO, Manoel Gonçalves. *Comentários à Constituição brasileira.* 4. ed. São Paulo: Saraiva, 1983.

FERREIRA, Roberto Schaan. O dano e o tempo: responsabilidade civil. *Revista de Estudos Jurídicos,* São Leopoldo, v. 25, n. 64, p. 65-76, jan./abr. 1992.

FONTES, Saulo Tarcísio de Carvalho. Acidente de trabalho — competência da Justiça do Trabalho: os reflexos da Emenda Constitucional n. 45. In: COUTINHO, Grijalbo

Fernandes; FAVA, Marcos Neves (Coord.). *Nova competência da Justiça do Trabalho.* São Paulo: LTr, 2005.

FRADA, Manuel A. Carneiro. Nos 40 anos do código civil português — Tutela da personalidade e dano existencial. *Revista do Ministério Público do RS*: Porto Alegre, n. 82, 2017.

FRANÇA, R. Limongi. Responsabilidade aquiliana e suas raízes. In: CAHALI, Yussef Said (Coord.). *Responsabilidade civil*: doutrina e jurisprudência. 2. ed. atual. São Paulo: Saraiva, 1988.

FREIRA E SILVA, Bruno; BISSOLI DO BEM, Camila de Castro B. A distribuição dinâmica do ônus da prova no processo do trabalho. *Revista LTr*, v. 83, n.01, p. 47. Jan. 2019.

FUNDAÇÃO JORGE DUPRAT FIGUEIREDO DE SEGURANÇA E MEDICINA DO TRABALHO. *Prevenção à Covid - 19: orientações para prevenção e controle da Covid - 19 nos locais de trabalho [texto]*– São Paulo: Fundacentro, 2020. Disponível em: <http://antigo.fundacentro.gov.br/biblioteca/biblioteca-digital/publicacao/detalhe/2020/6/orientacoes-para-prevencao-e-controle-da-covid-19-nos-locais-de-trabalho>. Acesso em 4 jan. 2021.

FUNDAÇÃO OSWALDO CRUZ: *Emissão de Comunicação de Acidente de Trabalho (CAT) para trabalhadores que contraíram o novo Coronavírus (Covid-19) em decorrências de suas atividades laborais.* Rio de Janeiro: FIOCRUZ, 2020. (ENSP, CST). Disponível em: <https://www.arca.fiocruz.br/bitstream/icict/43175/2/documento_st_._cat._covid-19._julho.2020_final.pdf>. Acesso em: 4 jan. 2021.

FUNDAÇÃO OSWALDO CRUZ: *Orientações técnicas para a investigação e notificação de casos de Covid-19 relacionados ao trabalho.* SUS/BAHIA. Organizado por Letícia Coelho da Costa Nobre e Jesuína do Socorro Mendes Castro. Sesab/Suvisa/Divast/Cesat. Salvador: Cesat/Divast, 2020. p. 15-16. Disponível em: <http://renastonline.ensp.fiocruz.br/sites/default/files/arquivos/recursos/orientacoes_tecnicas_covid-st_divast_atualizado_setembro_2020.pdf.>. Acesso em: 4 jan. 2021.

GAGLIANO, Pablo Stolze; PAMPLONA FILHO, Rodolfo. *Novo curso de direito civil, v. III-*:responsabilidade civil. 5. ed. rev. e atual. São Paulo: Saraiva, 2007.

GEHLING, Ricardo. Ações sobre acidente do trabalho contra o empregador — competência, coisa julgada e prescrição. *Revista LTr*, São Paulo, v. 69, n. 12, p. 1451-1457, dez. 2005.

GOMES, José Jairo. *Responsabilidade civil e eticidade.* Belo Horizonte: Del Rey, 2005.

GONÇALES, Odonel Urbano. *Manual de direito previdenciário.* 10. ed. São Paulo: Atlas, 2002.

GONÇALVES, Carlos Roberto. *Comentários ao Código Civil*: parte especial: direito das obrigações.São Paulo: Saraiva, 2003. v. 11.

________. *Responsabilidade civil.* 10. ed. São Paulo: Saraiva, 2015.

________. *Responsabilidade civil.* 14. ed. São Paulo: Saraiva, 2012.

________. *Responsabilidade civil*:doutrina, jurisprudência.7. ed. atual. e ampl. São Paulo: Saraiva, 2002.

GONÇALVES, Edwar Abreu. *Manual de segurança e saúde no trabalho.* 4. ed. São Paulo: LTr, 2008.

GURFINKEL, Valter. *A Tabela da SUSEP e suas limitações em perícias médicas.* Disponível em <https://www.medicosperitos.com.br/artigos/49/A-Tabela-da-SUSEP-e-suas-limitacoes-em-pericias-medicas>. Acesso em: 23 fev. 2023.

HASSON, Roland. *Acidente de trabalho & competência.* Curitiba: Juruá, 2002.

HIRONAKA, Giselda Maria Fernandes Novaes. *Responsabilidade pressuposta.* Belo Horizonte: Del Rey, 2005.

JOSSERAND, Louis. Evolução da responsabilidade civil. Trad. de: Raul Lima. *Revista Forense,* Rio de Janeiro,v. 86, p. 548-559, jun. 1941.

JUSTEN FILHO, Marçal. *Curso de direito administrativo.* 2. ed. rev. e atual. São Paulo: Saraiva, 2006.

LACERDA, Galeno. O código e o formalismo processual. *Revista Ajuris,* Porto Alegre, v. 28, p. 7-14, jul. 1983.

LAPA, Reginaldo. Buscar as causas em vez de culpados. *Revista CIPA,* São Paulo, v. XXXIII, n. 385, p. 92, out. 2011.

LEAL, Antônio Luís da Câmara. *Da prescrição e da decadência*: teoria geral do direito civil. 4. ed. Rio de Janeiro: Forense, 1982.

LEITE, Carlos Henrique Bezerra. *Curso de direito processual do trabalho.* 6. ed. São Paulo: LTr, 2008.

LIEBMAN, Enrico Tullio. *Eficácia e autoridade da sentença.* 3. ed. Rio de Janeiro: Forense, 1984.

LIMA, Alcides de Mendonça. *Comentários ao Código de Processo Civil.* 5. ed. rev. e atual. Rio de Janeiro: Forense, 1987. v. VI.

LIMA, Alvino. *Culpa e risco.* 1. ed. 2. t. São Paulo: Revista dos Tribunais, 1963.

LIMA, Francisco Meton Marques de; LIMA, Francisco Péricles Rodrigues Marques. *Reforma trabalhista:* entenda ponto por ponto. São Paulo: LTr, 2017.

LOPES NETTO, André. Risco e perigo. *Revista CIPA,* São Paulo, v. XXVI, n. 311, p. 100-102, out. 2005.

LOPES, Miguel Maria da Serpa. *Curso de direito civil.* Obrigações em geral, 5. ed. rev. e atual. Rio de Janeiro: Freitas Bastos, 1989. v. II.

LOPEZ, Teresa Ancona. *O dano estético*: responsabilidade civil. 4. ed. rev., atual. e ampl. por Tiago Pavinatto. São Paulo: Almedina, 2021.

LORA, Ilse Marcelina Bernardi. A prescrição nas ações de indenização decorrentes de acidentes do trabalho — o problema da competência. Disponível em:<http://www.anamatra.org.br>. Acesso em: 10 fev. 2006.

MACHADO, Hugo de Brito (Coord). Regime tributário das indenizações. In: ________. *Regime tributário das indenizações.* Fortaleza: Instituto Cearense de Estudos Tributários — ICET, 2000.

MAGANO, Octávio Bueno. *Lineamentos de infortunística.* São Paulo: José Bushatsky, 1976.

MARANHÃO, Ney Stany Morais. *Responsabilidade civil no objetiva pelo risco da atividade*: uma perspectiva civil-constitucional. Rio de Janeiro: Forense; São Paulo: Método, 2010.

MARTINS-COSTA, Judith. *Comentários ao novo Código Civil*: do inadimplemento das obrigações. Rio de Janeiro: Forense, 2003. v. 5, t. 2.

MARTINS-COSTA, Judith. Os danos à pessoa no direito brasileiro e a natureza da sua reparação. *Revista da Faculdade de Direito da UFRGS.* Porto Alegre, v. 19, mar. 2001.

MEIRELES, Edilton. A nova Justiça do Trabalho — competência e procedimento. In: COUTINHO, Grijalbo Fernandes; FAVA, Marcos Neves (Coord.). *Nova competência da Justiça do Trabalho.* São Paulo: LTr, 2005.

MEIRELLES, Hely Lopes. *Direito administrativo brasileiro.* 29. ed., atualização de Eurico de Andrade Azevedo, Délcio Balestero Aleixo e José Emmnuel Burle Filho. São Paulo: Malheiros, 2004.

MELO, Raimundo Simão de. *Direito ambiental do trabalho e a saúde do trabalhador.* 3. ed. São Paulo: LTr, 2008.

________. Indenização material e moral decorrentes de acidentes do trabalho — competência para apreciá-las. *Revista LTr,* São Paulo, v. 63, n. 3. p. 349-351, mar. 1999.

________. Prescrição nas ações acidentárias. *Revista LTr,* São Paulo, v. 70, n. 10, p. 1170-1178, out. 2006.

MENDES, René; WAISSMANN, William. Bases históricas da patologia do trabalho. In: MENDES, René (Org). *Patologia do trabalho.* 3. ed. atual. e ampl. São Paulo: Atheneu, 2013. v. 1.

MINISTÉRIO DA SAÚDE DO BRASIL. *Doenças relacionadas ao trabalho:* manual de procedimentos para os serviços de saúde.Org. DIAS, Elizabeth Costa. Brasília: Ministério da Saúde do Brasil, 2001.

MINISTÉRIO DA ECONOMIA. *Nota Técnica esclarece sobre caracterização da Covid-19 como doença ocupacional: Obrigatoriedade de emissão de CAT pelas empresas permanece inalterada.* Brasil, 17 dez. 2020. Disponível em: <https://www.gov.br/economia/pt-br/assuntos/noticias/2020/previdencia/dezembro/nota-tecnica-esclarece-sobre-caracterizacao-da-covid-19-como-doenca-ocupacional>. Acesso em 31 dez. 2020.

MINISTÉRIO DA SAÚDE. *Sobre a doença.* Brasília, 2020. Disponível em: <https://coronavirus.saude.gov.br/sobre-a-doenca#definicaodecaso>. Acesso em 21 dez. 2020.

MOLINA, André Araújo. Dano existencial por violação dos direitos fundamentais ao lazer e à desconexão do trabalhador. *Revista LTr,* São Paulo. v. 81, n. 4, abr. 2017.

MOLINA, André Araújo. *Os direitos fundamentais na pós-modernidade.* Rio de Janeiro: Lumen Juris, 2017.

MONTEIRO, Antônio Lopes; BERTAGNI, Roberto Fleury de Souza. *Acidentes do trabalho e doenças ocupacionais.* 5. ed. São Paulo: Saraiva, 2009.

MONTEIRO, Antônio Lopes. Os aspectos legais das tenossinovites. In: CODO, Wanderley; ALMEIDA, Maria Celeste C. G. (org.). *LER*: diagnóstico, tratamento e prevenção: uma abordagem multidisciplinar. Petrópolis: Vozes, 1995.

MONTEIRO, Washington de Barros. *Curso de direito civil.* 34. ed. São Paulo: Saraiva, 1985. v. 1, Parte geral.

MONTENEGRO, Antônio Lindbergh C. *Ressarcimento de danos.* 8. ed. ampl. e atual. Rio de Janeiro: Lumen Juris, 2005.

MORAES, Maria Celina Bodin de. *Danos à pessoa humana*:uma leitura civil-constitucional dos danos morais. Rio de Janeiro: Renovar, 2003.

MORAES, Maria Celina Bodin de. Risco, solidariedade e responsabilidade objetiva. *Revista dos Tribunais,* São Paulo, ano 95, v. 854, p. 11-37, dez. 2006.

MOREIRA, José Carlos Barbosa. *Temas de direito processual.* Segunda série. 2. ed. São Paulo: Saraiva, 1998.

NETTO, Felipe Braga. *Novo manual de responsabilidade civil.* 3. ed. rev., ampl. e atual. São Paulo: Editora Juspodivm, 2022.

NORONHA, Fernando. *Direito das obrigações*: fundamentos do direito das obrigações: introdução à responsabilidade civil. São Paulo: Saraiva, 2003. v. 1.

OLIVEIRA, Francisco Antônio de. A prescrição com cara nova. *Revista LTr,* São Paulo, v. 70, n. 5, p. 519-522, maio 2006.

OLIVEIRA, José de. *Acidentes do trabalho*: teoria, prática, jurisprudência. 3. ed. atual. e ampl. São Paulo: Saraiva, 1997.

OLIVEIRA NETO, Célio Pereira. *Trabalho em ambiente virtual*: causas, efeitos e conformação. São Paulo: LTr, 2018.

OLIVEIRA, Sebastião Geraldo de. Atualidades sobre indenização por dano moral decorrente do acidente do trabalho. *Revista do TST,* Brasília,v. 73, n. 2, p. 121-157, abr./jun. 2007.

OLIVEIRA, Sebastião Geraldo de. *Proteção jurídica à saúde do trabalhador.* 6. ed. São Paulo: LTr, 2011.

OPTIZ, Oswaldo; OPTIZ, Sílvia. *Acidentes do trabalho e doenças profissionais.* 3. ed. atual. São Paulo: Saraiva, 1988.

ORGANIZAÇÃO MUNDIAL DA SAÚDE. (2020). *Transmissão do SARS-CoV-2: implicações para as precauções de prevenção de infecção. Resumo científico.* 9 de julho de 2020. World Health Organization. Disponível em: <https://iris.paho.org/handle/10665.2/52472>. Acesso em: 21 dez. 2020.

ORGANIZACIÓN MUNDIAL DE LA SALUD. OMS. 2020. *Preguntas y respuestas sobre la enfermedad por coronavirus (COVID-19).* Disponível em: < https://www.who.int/es/emergencies/diseases/novel-coronavirus-2019/advice-for-public/q-a-coronaviruses>. Acesso em 26 maio 2020.

ORGANIZAÇÃO PAN-AMERICANA DA SAÚDE. *Alerta Epidemiológico: Complicações e sequelas da COVID-19. 12 de agosto de 2020*, Washington, D.C.: PAHO/WHO; 2020. Disponível em: <https://www.paho.org/bra/index.php?option=com_docman&view=download&slug=alerta-epidemiologico-complicacoes-e-sequelas-da-covid-19&Itemid=965>. Acesso em 4 jan. 2021.

_________. *Folha informativa COVID-19* - Escritório da OPAS e da OMS no Brasil. 17 de dezembro de 2020, Washington, D.C.: PAHO/WHO; 2020. Disponível em: <https://www.paho.org/pt/covid19>. Acesso em 24 dez. 2020.

ORGANIZACIÓN INTERNACIONAL DEL TRABAJO. *El trabajo peligroso mata a millones y cuestabillones.* Ginebra: Oficina Internacional del Trabajo, 2003.

________. *La seguridad en cifras.* Ginebra: Oficina Internacional del Trabajo, 2003. PAMPLONA FILHO, Rodolfo. *O dano moral na relação de emprego.* São Paulo: LTr, 1998.

________. Responsabilidade civil nas relações de trabalho e o novo Código Civil brasileiro. *Revista LTr,* São Paulo, v. 67, n. 5, p. 556-564, maio 2003.

PAMPLONA FILHO, Rodolfo; ANDRADE JÚNIOR, Luiz Carlos Vilas Boas. A torre de babel das novas adjetivações do dano. *Revista LTr*, São Paulo, v. 78, n. 5, p. 554-563, maio 2014.

PAMPLONA FILHO, Rodolfo; VILLATORE, Marco Antônio César. *Direito do trabalho doméstico.* 2. ed. São Paulo: LTr, 2001.

PASTORE, José. José Pastore e Paulo Jobim na campanha "Prevenção é vida". *Revista Cipa,* São Paulo, v. 20, n. 240, p. 60-65, nov. 1999.

PAULA, Alexandre de. *Código de Processo Civil anotado.* 3. ed. São Paulo: Revista dos Tribunais, 1986.

PAULA, Carlos Alberto Reis de. *A especificidade do ônus da prova no processo do trabalho.* São Paulo: LTr, 2001.

PEDROTTI, Irineu Antônio; PEDROTTI, William Antônio. *Acidentes do trabalho.* 4. ed. São Paulo: Liv. e Ed. Universitária de Direito, 2003.

PEREIRA, Caio Mário da Silva. *Instituições de direito civil.* 7. ed. Rio de Janeiro: Forense, 1986. v. 7.

________. *Responsabilidade civil.* 9. ed. 8. t. Rio de Janeiro: Forense, 2002.

PINTO, José Augusto Rodrigues. Prescrição, indenização acidentária e doença ocupacional. *Revista LTr*, São Paulo, v. 70, n.1, p. 5-12, jan. 2006.

________. *Processo trabalhista de conhecimento.* São Paulo: LTr, 1993.

________. Reconhecimento *ex officio* da prescrição e processo do trabalho. *Revista LTr,* São Paulo, v. 70, n. 4, p. 391-395, abr. 2006.

PONTES DE MIRANDA, Francisco Cavalcanti. *Comentários ao Código de Processo Civil.* 3. ed. Rio de Janeiro: Forense, 1997. t. 5.

________. *Tratado de direito privado.* 2. ed. Rio de Janeiro: Borsoi, 1955. t. 6.

________. *Tratado de direito privado.* Rio de Janeiro: Borsoi, 1967. t. 54.

PORTO, Mário Moacyr. Dano moral. *Revista dos Tribunais,* São Paulo, v. 590, p. 37-40, dez. 1984.

PORTUGAL, Carlos Giovani Pinto. *Responsabilidade civil por dano ao projeto de vida.* Curitiba: Juruá, 2016

RÁO, Vicente. *O direito e a vida dos direitos.* 3. ed., anot. atual. São Paulo: Revista dos Tribunais, 1991. v. 2.

REALE, Miguel. *História do novo Código Civil.* São Paulo: Revista dos Tribunais, 2005.

REIS, Clayton. A teoria do risco na modernidade — uma antevisão do futuro. In:LEITE, Eduardo de Oliveira (Coord.). *Grandes temas da atualidade.* Rio de Janeiro: Forense, 2006. v. 6.

________. *Dano moral.* 4. ed. Rio de Janeiro: Forense, 1994.

REY, Luís. *Dicionário de termos técnicos em saúde.* 2ª ed. Rio de Janeiro: Guanabara Koogan, 2003. Verbete endemia.

RIZZARDO, Arnaldo. *A reparação nos acidentes de trânsito.* 9. ed. São Paulo: Revista dos Tribunais, 2001.

________. *Direito das obrigações.* 2. ed. Rio de Janeiro: Forense, 2004.

________. *Responsabilidade civil*: Lei 10.406, de 10.1.2002. Rio de Janeiro: Forense, 2005.

ROCHA, Cármen Lúcia Antunes. *O direito à vida digna.* Belo Horizonte: Fórum, 2004.

ROCHA, Júlio César de Sá da. *Direito ambiental e meio ambiente do trabalho*: dano, prevenção e proteção jurídica. São Paulo: LTr, 1997.

RODRIGUES, Sílvio. *Direito civil*: responsabilidade civil. 19. ed. São Paulo: Saraiva, 2002. v. 4.

ROMITA, Arion Sayão. *Direitos fundamentais nas relações de trabalho.* 2. ed. rev. e aum. São Paulo: LTr, 2007.

________. Pronúncia de ofício de prescrição trabalhista. *Suplemento Trabalhista LTr,* n. 100, p. 421-423, 2006.

ROSENVALD, Nelson; BRAGA NETO, Felipe. *Código civil comentado artigo por artigo.* 4 ed. São Paulo : Juspodivm, 2023.

RUSSOMANO, Mozart Victor. *Comentários à Consolidação das Leis do Trabalho.* Rio de Janeiro: Forense, 1990. v.1.

________. *Curso de previdência social.* Rio de Janeiro: Forense, 1983.

SAAD, Eduardo Gabriel. O acidente do trabalho, benefício previdenciário e a indenização de direito comum. *Revista LTr,* São Paulo, v. 47, n. 8, p. 905-911, ago. 1983.

SAAD, Teresinha Lorena Pohlmann. A indenização devida ao acidentado do trabalho. *Revista de Previdência Social,* São Paulo, v. 20, n. 183, p. 111-112, fev. 1996.

________. Previdência social como instrumento de prevenção dos riscos do trabalho. *Revista de Previdência Social,* São Paulo, v. 20, n. 190, p. 781-784, set. 1996.

________. *Responsabilidade civil da empresa nos acidentes do trabalho.* 3. ed. São Paulo: LTr, 1999.

SADY, João José. *Direito do meio ambiente de trabalho.* São Paulo: LTr, 2000.

SALIM, Adib Pereira Netto. A teoria do risco criado e a responsabilidade objetiva do empregador em acidentes de trabalho. *Revista LTr,* São Paulo, v. 69, p. 457-463, abr. 2005.

SANSEVERINO. Paulo de Tarso Vieira. *Princípio da reparação integral.* São Paulo: Saraiva, 2010.

SANTANA, Héctor Valverde. *Prescrição e decadência nas relações de consumo.* São Paulo: Revista dos Tribunais, 2003.

SANTOS, Antônio Jeová. *Direito intertemporal e o novo Código Civil.* São Paulo: Revista dos Tribunais, 2003.

SANTOS, Javier Alonso. A Avaliação do Prejuízo Estético. In VIEIRA, Duarte Nuno e QUINTERO, José Alvarez (Coord.) *Aspectos práticos da avaliação do dano corporal em direito civil.* Coimbra: Imprensa da Universidade de Coimbra, 2008, n. 2.

SANTOS, José Aparecido dos. *Curso de cálculos de liquidação trabalhista.* 2. ed. Curitiba: Juruá, 2008.

SANTOS, Moacyr Amaral. *Comentários ao Código de Processo Civil.* 4. ed. Rio de Janeiro: Forense, 1986. v. IV.

________. *Primeiras linhas de direito processual civil.* 15. ed. São Paulo: Saraiva, 1993. v. 2.

SANTOS, Pedro Otávio Oliveira; NINOMIYA Vitor Yukio; CARVALHO, Ricardo Tadeu de. *Envelhecimento e covid-19: o impacto das comorbidades nos idosos e a relação como o novo coronavírus.* CORONAVÍRUS: Secretaria de Estado de Minas Gerais. Disponível em: <https://coronavirus.saude.mg.gov.br/blog/166-envelhecimento-e-covid-19>. Acesso em 4 jan. 2021.

SANTOS, Ricardo Bechara. O seguro de responsabilidade civil do empregador e a nova Carta Constitucional de 1988, dolo e culpa. *Revista Forense,* Rio de Janeiro, v. 304, p. 345-349, out./nov./dez. 1988.

SARASATE, Paulo. *A Constituição do Brasil ao alcance de todos.* Rio de Janeiro: Freitas Bastos, 1967.

SCHREIBER, Anderson. *Novos paradigmas da responsabilidade civil*: da erosão dos filtros da reparação à diluição dos danos. 5. ed. São Paulo: Atlas, 2013.

SERRA VIEIRA, Patrícia Ribeiro. *A responsabilidade civil objetiva no direito de danos.* Rio de Janeiro: Forense, 2005.

SESSAREGO, Carlos Fernandes. Reconocimiento y reparación del "Dano al proyecto de vida" em el umbral Del siglo XXI. In: SOARES, Flaviana Rampazzo (Coord.). *Danos extrapatrimoniais no direito do trabalho.* São Paulo: LTr, 2017. p. 65-93.

SEVERO, Sérgio. *Os danos extrapatrimoniais.* São Paulo: Saraiva, 1996.

SILVA FILHO, Artur Marques. A responsabilidade civil e o dano estético. *Revista dos Tribunais*, São Paulo, v. 689, p. 38-47, mar. 1993.

SILVA, Alessandro. A responsabilidade do empregador por danos decorrentes de acidente do trabalho: o que há de constitucional? *Revista LTr*, São Paulo, v. 81, n. 8, ago. 2017.

SILVA, Antônio Álvares da. *Pequeno tratado da nova competência trabalhista*. São Paulo: LTr, 2005.

SILVA, De Plácido e. *Vocabulário jurídico*. 10. ed. Rio de Janeiro: Forense, 1987. v. 1.

SILVA, José Afonso da. *Direito ambiental constitucional*. 3. ed. rev. e atual. São Paulo: Malheiros, 2000.

SILVA, Ovídio A. Baptista da. *Sentença e coisa julgada*: ensaios e pareceres. 4. ed. rev. e ampl. Rio de Janeiro: Forense, 2003.

SILVA, Wilson Melo da. *O dano moral e sua reparação*. 3. ed. rev. ampl. Rio de Janeiro: Forense, 1983.

________. *Responsabilidade sem culpa*. 2. ed. São Paulo: Saraiva, 1974.

SOARES, Flaviana Rampazzo (Coord.). A construção de uma teoria do dano existencial no Direito do Trabalho. In: *Danos extrapatrimoniais no direito do trabalho*. São Paulo: LTr, 2017.

SOARES, Flaviana Rampazzo (Coord.). *Danos extrapatrimoniais no direito do trabalho*. São Paulo: LTr, 2017.

SOARES, Flaviana Rampazzo. *Responsabilidade civil por dano existencial*. Porto Alegre: Livraria do Advogado, 2009.

SOUZA JÚNIOR, Antônio Umberto *et al*. *Reforma trabalhista*: análise comparativa e crítica da Lei n. 13.467/2017. São Paulo: Rideel, 2018.

SOUTO MAIOR, Jorge Luiz. A prescrição do direito de ação para pleitear indenização por dano moral e material decorrente de acidente do trabalho. *Revista LTr*, São Paulo, v. 70, p. 535-547, maio 2006.

STOCO, Rui. *Tratado de responsabilidade civil*. 9. ed. rev. atual. e ampl. São Paulo: Revista dos Tribunais, 2013.

STRENGER, Irineu. *Responsabilidade civil no direito interno e internacional*. 2. ed. rev. atual. ampl. São Paulo: LTr, 2000.

SÜSSEKIND, Arnaldo. *Direito constitucional do trabalho*. 2. ed. ampl. e atual. Rio de Janeiro: Renovar, 2001.

TARTUCE, Flávio. *Direito Civil, v. 2 — Direito das obrigações e responsabilidade civil*. 12. ed. Rio de Janeiro: Forense; São Paulo: Método, 2017.

________. *Responsabilidade civil objetiva e risco* — a teoria do risco concorrente. São Paulo: Método, 2011.

TEIXEIRA FILHO, Manoel Antônio. A Justiça do Trabalho e a Emenda Constitucional n. 45/2004. *Revista LTr*, São Paulo, v. 69, n. 1, p. 5-29, jan. 2005.

________. *A prova no processo do trabalho*. 8. ed. São Paulo: LTr, 2003.

________. As novas leis alterantes do processo civil e sua repercussão no processo do trabalho. *Revista LTr*, São Paulo, v. 70, n. 3, p. 274-299, mar. 2006.

TEPEDINO, Gustavo. A constitucionalização do direito civil: perspectivas interpretativas diante do novo Código. In: NAVES, Bruno Torquato de Oliveira; FIÚZA, César; FREIRE DE SÁ, Maria de Fátima (Coord.). *Direito civil*: atualidades. Belo Horizonte: Del Rey, 2003.

________. *Temas de direito civil*. 2. ed. Rio de Janeiro: Renovar, 2001.

TEPEDINO, Gustavo; TERRA, Aline de Miranda Valverde; GUEDES, Gisela Sampaio da Cruz. *Fundamentos do direito civil:* responsabilidade civil. 2 ed. Rio de Janeiro: Forense, 2021.

TEPEDINO, Gustavo; BARBOZA, Heloisa Helena; MORAES, Maria Celina Bodin de. *Código Civil interpretado conforme a Constituição da República*. Rio de Janeiro: Renovar, 2006. v. II.

THEODORO JÚNIOR, Humberto. *As novas reformas do Código de Processo Civil*. 1. ed., 5. t. Rio de Janeiro: Forense, 2007.

________. *Comentários ao novo Código Civil*. Rio de Janeiro: Forense, 2003. v. 3, t. 2.

________. *Curso de direito processual civil*. 45. ed. Rio de Janeiro: Forense,2006. v.1.

________. *Dano moral*. 4. ed. atual. e ampl. São Paulo: Juarez de Oliveira, 2001.

TREVISO, Marco Aurélio Marsiglia. A Lei n. 11.457/2007 e o processo do trabalho. *Jornal Trabalhista Consulex,* Brasília, Ano XXIV, n. 1175, jun. 2007.

VALE, Vander Zambeli. Acidente do trabalho — Culpa do empregador — Indenização — Competência da Justiça do Trabalho. *Jornal Trabalhista,* Brasília, v. 13, n. 601, p. 389-392, 1996.

VENDRAME, Antônio Carlos. Acidente do trabalho: análise de riscos realizada de modo incorreto pelos peritos geram desacertos. *Revista Proteção*. Novo Hamburgo. V. XXIX, n. 290, fev. 2016.

VENOSA, Sílvio de Salvo. *Direito civil*: parte geral. 2. ed. São Paulo: Atlas, 2002.

________. *Direito civil*: responsabilidade civil. 15. ed. São Paulo: Atlas, 2015.

________. *Direito civil*: sucessões. 3. ed. São Paulo: Atlas, 2003.

VILHENA, Paulo Emílio Ribeiro de. *Direito público, direito privado*: sob o prisma das relações jurídicas. 2. ed. Belo Horizonte: Del Rey, 1996.

ÍNDICE ALFABÉTICO E REMISSIVO

(A numeração indica a página)

CASO FORTUITO OU DE FORÇA MAIOR

COMPETÊNCIA

COVID-19

NEXO CAUSAL

NORMAS DE SEGURANÇA E SAÚDE DO TRABALHADOR

PENSIONAMENTO

EDITORA
JusPODIVM
www.editorajuspodivm.com.br

COLOR system

JUS4241